설계자를 위한 **입문서!**

AutoCAD 2026

기본 + 활용

청담북스

AutoCAD 2026

여러분이 CAD(Computer Aided Design) 도구의 대명사인 AutoCAD를 배우고자 하는 분명하고 다양한 이유가 있겠지만, 아마도 도면(Engineering Drawing)을 작도하거나 기존 도면을 수정 및 편집하기를 원할 것입니다.

요즈음 AutoCAD를 배우려는 사람들은 학창 시절에 '기계 제도(機械 製圖)'를 배우지 못했거나 현재 직장에 근무하면서도 설계(Design)와 관련된 업무들을 수행한 경험이 전혀 없는 상태에서 AutoCAD를 배우려고 하는 것이 일반적인 추세입니다. 또한 그러한 사람 중에는 컴퓨터를 이용하고 다루는 것에 전혀 익숙하지 못한 고령자들도 다수 있습니다.

AutoCAD로 기계 도면을 작성하려면, 먼저 '기계 제도'를 완벽하게 익히고, 기본적인 기계 공학 실무 지식을 익혀야 합니다. 여러분이 엔지니어로서 도면을 작도하거나 해석할 능력을 갖추지 못하면, 어떤 일을 하더라도 적절한 대우를 받지 못하게 될 것입니다. 왜냐하면 '기계 제도'에 대한 충분한 지식과 이해가 부족하다면, '기계 제도' 표준과 원칙들이 산업 현장에서 설계와 기계 제작 과정에 왜 필요하고, 어떻게 적용되고, 어떠한 결과를 만들고, 완성된 기계에 어떤 영향을 미치게 되는가에 대해 이해할 수 없는 경우가 허다합니다. 또한 여러분이 '기계 제도'와 기계 공학 실무 지식을 완벽하게 이해하지 못한 상태에서 AutoCAD를 배우면, 결국 도면을 작성하는 것이 아니라 쓸데없는 그림을 그리는 꼴이 되고, 그러한 그림으로 기계들을 절대 제작할 수 없습니다.

이러한 관점에서 초보자에게 '기계 제도'의 기초 개념과 원리들을 설명하고 바르게 적용하면서 AutoCAD를 이용해서 다양하고 복잡한 표준 기계 부품의 형상 및 실무 도면을 작성하는 방법을 스스로 작도하면서 익힐 수 있도록 실습과제의 내용을 엄선해서 이 교재를 구성했습니다. 또한 기계 설계 업무를 수행하는 실무자에게 AutoCAD에서 지원하고, 이용할 수 있는 다양하고, 중요한 명령(Command), 옵션(Option) 및 도구(Tool)들의 사용법을 설명하고, 그 특성들을 소개해서 그들이 스스로 그 기능들을 완벽하게 습득할 수 있는 기초 학습 안내서입니다.

이 AutoCAD 2026 기본+활용 교재에서는 기존의 도형 작도법은 물론이고, AutoCAD 2006 릴리즈 버전에서부터 추가된 '동적모드 입력(Dynamic mode Input)' 기능에 의한 Head-up Design 및 'Polar Tracking(극좌표 추적)' 기능을 설정해서 AutoCAD 2026 릴리즈 버전의 새로운 도형 작도법을 추가하고자 노력했습니다. 이러한 새로 추가된 도형 작도법은 AutoCAD 2010 이후의 릴리즈 버전에서도 문제없이 적용할 수 있을 것입니다. 다만 주의해야 할 점은 AutoCAD 초보자는 기존의 도형 작도법을 먼저 완벽하게 익힌 다음에 새로운 도형 작도법을 익혀서 도면을 작도하기를 당부드립니다. 그리고 새로운 도형 작도법은 고사양의 고성능 컴퓨터(?)에서만 편리하게 수행할 수 있습니다.

이 교재의 모든 내용을 처음부터 끝까지 정독하고, 제공된 다양한 실습과제 도면들을, AutoCAD를 사용해서 스스로 작도함으로써 자연스럽게 '기계 제도'와 AutoCAD 명령(Command)과 옵션(option) 그리고 도형 작도법에 동시에 숙달함으로써 진정한 기계 엔지니어로서 AutoCAD를 배우고, 도면을 작성하고, 그 기능들을 모든 설계 실무에서 다양하게 활용하게 된다면, AutoCAD의 뛰어나고 강력한 기능들과 숨겨진 진정한 가치들을 느끼고 발견하게 될 것입니다.

끝으로 이 교재를 출간하면서 설명이 세련되지 못하고, 내용의 표현이 부적절한 부분들이 있을 것으로 생각하며, 미비하고 부족한 점들은 독자 여러분들의 진심 어린지도 편달을 주신다면, 앞으로 새로운 개정판에 그러한 내용을 적극적으로 수정 보완하겠습니다.

마지막으로 오늘의 저를 있게 해 주신 부모님, 은사님, 우리 가족들 그리고 출판에 도움을 주신 청담북스 사장님과 관계자 여러분 모두에게 진심으로 감사드립니다.

2025년 7월

– 카페 주소 : http://cafe.naver.com/dkemf7285
– 카페 이름 : CAD 박사
기계 공학 제도
AutoCAD 2D/3D
whicpsy@gmail.com

CHAPTER 1
AutoCAD 소개(AutoCAD introduction)

01 AutoCAD 2026 시작하기(Getting started with AutoCAD 2026)   16

1.1 AutoCAD 2026 실행하기(Running AutoCAD 2026)   16
1.2 시작 인터페이스(Start interface)   18
    1) 시작 탭(Start tab)   18
    2) 새 도면 파일 시작하기(Getting started with a new drawing file)   19
    3) 최근 탭(Recent tab)   21
    4) Autodesk 프로젝트 탭(Autodesk docs tab)   21
    5) 학습(Learning tab)   22
    6) 내 정보(My insights tab)   22
    7) 연결(Connect)   22
1.3 그래픽 사용자 인터페이스(Graphic user interface)   23
    1) 그래픽 사용자 인터페이스(Graphic user interface)   23
    2) 응용프로그램 메뉴(Application menu)   25
    3) 신속 접근 도구 막대(Quick access toolbar)   25
    4) 리본 메뉴(Ribbon menu)   28
    5) 검색 및 정보센터(Search and infocenter)   33
    6) 도면 혹은 그래픽 영역(Drawing or graphic window)   34
    7) 십자선 커서 및 선택 상자(Crosshair line cursor and pickbox)   34
    8) 명령 창 및 명령행(Command window and command line)   37
    9) 좌표 시스템(Coordinate system)   39
    10) 상태 막대(Status bar)   40
    11) ViewCube 및 탐색 막대(Navigation bar)   41

02 명령 인터페이스(Command interface)   43

2.1 AutoCAD 명령 인터페이스   43
    1) 명령 및 옵션 인터페이스 개요(Command & option interface overview)   43
    2) 명령행 인터페이스(Command line interface)   44
    3) 명령행에 옵션 문자 입력 혹은 옵션 클릭   46
    4) 단축 메뉴 혹은 팝업메뉴(Shortcut or Popup menu)   47
    5) 배치 공간(Layout workspace)   48
    6) AutoCAD 명령의 취소 및 종료
       (Cancel and terminate of AutoCAD commands)   49
    7) 도면 세션 및 AutoCAD 종료(Drawing session and exit of AutoCAD)   49
2.2 마우스 및 키보드 사용법   51
    1) 마우스의 각 버튼과 휠 기능(Each button & wheel function of the mouse)   51
    2) AutoCAD 기능키(AutoCAD function Key)   52

　　　　　3) AutoCAD의 유용한 키(Useful keys in AutoCAD)　　　　　53

03　도면 파일 관리하기(Managing drawing files)　　　　　55

3.1 도면 파일(Drawing file)　　　　　55
　　　　　1) 새 도면 파일 만들기(Create a new drawing file)　　　　　55
　　　　　2) 템플릿(원형) 도면 파일(Prototype drawing)　　　　　56
　　　　　3) 도면 파일 열기(Open a drawing file)　　　　　65
　　　　　4) 파일 탭(File tab)　　　　　67
　　　　　5) 도면 파일 저장하기(Save a drawing file)　　　　　68
　　　　　6) 도면 안전 예방(DWG file safety precautions)　　　　　72

CHAPTER 2
도면 작도 기초(Drawing drafting basics)

01　도면 작도 기초(Drawing drafting basics)　　　　　76

1.1 AutoCAD 기초(AutoCAD basics)　　　　　76
　　　　　1) 도면 작도 개요(Drawing overview)　　　　　76

1.2 좌표계(Coordinate system)　　　　　77
　　　　　1) 절대 좌표계(Cartesian coordinate system)　　　　　78
　　　　　2) 극좌표계(Polar coordinate system)　　　　　80
　　　　　3) 상대 좌표 및 상대 극좌표(Relative coordinate & relative polar coordinate)　　　　　82
　　　　　4) 마지막 혹은 최종 좌표(Last or last coordinate)　　　　　86
　　　　　5) 점 필터(Point filter)　　　　　87
　　　　　6) 데이터 입력(Enter data)　　　　　88

1.3 기초 객체 작도(Creating basic objects)　　　　　89
　　　　　1) 선 명령(Line command)　　　　　89
　　　　　2) 원 명령(Circle command)　　　　　97
　　　　　3) 호 명령(Arc command)　　　　　101
　　　　　4) 지우기 명령(Erase command)　　　　　103
　　　　　5) 명령 취소 및 명령 복구 명령(UNDO and REDO command)　　　　　104

02　도면층 개념 및 활용(Layer concepts and utilization)　　　　　107

2.1 도면층 개요(Layer overview)　　　　　107
2.2 도면층 특성(Layer properties)　　　　　110
2.3 도면층 제어(Layer controlling)　　　　　114
2.4 도면층 도구(Layer tools)　　　　　118

03 병렬 및 간격 띄우기 형상 작도(Creating parallel & offset geometry) — 121

- 3.1 간격띄우기 명령(Offset command) — 121
- 3.2 자르기 명령((Trim command) — 125
- 3.3 연장 명령((Extend command) — 127
- 3.4 모깎기 명령((Fillet command) — 130
- 3.5 모따기 명령(Chamfer command) — 133

04 화면표시 제어(Display controls) — 149

- 4.1 화면 제어 도구(Display tools) — 149
  - 1) 줌 명령(Zoom command) — 150
  - 2) 초점이동 명령(Pan command) — 155

CHAPTER 3
도면 설정(Drawing setups)

01 도면 작도 순서(Drawing drafting order) — 160

- 1.1 도면 작도 순서 및 과정(Drawing order and process) — 160
- 1.2 도면 구성요소에 축척 적용하기(To apply scale to drawing components) — 161
- 1.3 AutoCAD에서 도면을 그리는 원칙(Principles of drawing in AutoCAD) — 162

02 도면 양식 및 제도 규정(Drawing forms & system regulations) — 163

- 2.1 도면 용지의 크기(Size of drawing paper) — 164
- 2.2 척도(Scale) — 165
- 2.3 투상법(Method of projection) — 167
  - 1) 각 투상도의 명칭(Name of each projection view) — 167
  - 2) 제1각법 및 제3각법(First and third view projection) — 168
  - 3) 정투상도의 뷰 정렬(Alignment of orthogonormal views) — 168
  - 4) 투상법의 기호(a symbol of the projection method) — 169
- 2.4 선종류와 용도(Types and uses of lines) — 170
  - 1) 모양에 의한 선종류(Linetype of by shape) — 171
  - 2) 선종류 및 굵기(Linetype and lineweight) — 171
  - 3) 용도에 의한 선종류(Linetype by use) — 171
  - 4) 선의 우선순위(the priorities of line) — 172

03 도면 설정(Drawing setup) — 173

- 3.1 도면 단위와 정밀도 (Drawing units and accuracy) — 174

1) 도면 단위(Drawing units)	174
2) 도면 단위 및 정밀도 설정(Setting drawing units and accuracy)	175
3.2 도면 척도(Drawing scale)	178
3.3 도면 한계 및 범위(Drawing limits and extents)	180
3.4 도면 양식에 요소 추가하기(To add an element to a drawing form)	186

CHAPTER 4
그리기 및 수정 보조 도구(Drawing & modification aids)

01 그리기 보조 도구(Drawing aids)   190

1.1 객체 스냅(Object snaps)	190
1) 객체 스냅(OSNAP)은?	190
2) 객체 스냅 재정의(OSNAP override)	193
1.2 객체 스냅 추적(Object snap tracking)	195
1) 객체 스냅 추적의 개요(OTRACK overview)	195
2). 객체 스냅 추적 이용하기(Using object snap tracking)	196
1.3 극좌표 추적 및 극좌표 스냅(Polar tracking and polarsnap)	201
1) 극좌표 추적 및 극좌표 스냅 이용하기(Use polar tracking and polarsnap)	202
1.4 그리드 및 스냅(Grid and snap)	208
1.5 직교 모드(Ortho mode)	209
1.6 선택 순환(Selection cycling)	210

02 도면에서 객체 선택(Selecting objects in the drawing)   214

2.1 선택 세트(Selection set)	214
2.2 객체 선택 옵션(Select objects options)	215
1) 단일 선택(Single selection, selecting objects by picking)	215
2) 윈도우(W) 혹은 교차(C) 선택(Window or cross selection)	216
3) 윈도우 폴리곤(WP) 선택 옵션(Window Polygon selection option)	217
4) 교차 폴리곤(CP) 선택 옵션(Crossing Polygon selection option)	218
5) 울타리(F) 선택 옵션(Fence selection option)	218
6) 모두(ALL) 선택 옵션(ALL selection option)	219
7) 최종(L) 선택 옵션(Last selection option)	219
8) 이전(Previous) 선택 옵션(Previous selection option)	220
9) 올가미 선택 옵션(Lasso selection option)	220
2.3 객체를 선택하기 위한 다른 방법들(Other methods for selecting objects)	221

03 그립 편집(Grip editing) — 222
3.1 그립으로 객체 선택(Selecting object with grip) — 222
3.2 그립 이용하기(Using grip) — 223

04 새로운 작도 인터페이스(Headup design) — 226
4.1 동적 입력 인터페이스(Dynamic input interface) — 226
   1) 동적 입력 인터페이스 개요(Dynamic input interface overview) — 226
   2) 동적 입력 인터페이스 이용하기(Using the dynamic input interface) — 229
   3) 직접 거리 입력 이용하기(Using direct distance entry) — 234

CHAPTER 5
객체 정의하기(Defining objects)

01 복합 객체 그리기(Draws complex objects) — 240
1.1 폴리선 명령(Polyline command) — 241
1.2 폴리선 편집 명령(Pedit command) — 244

02 스플라인 작도(Creating splines) — 249
2.1 스플라인 명령(Spline command) — 250
2.2 스플라인 편집 명령(Splinedit command) — 254

03 다각형 그리기(Draw a polygon) — 256
3.1 직사각형 명령(Rectangle command) — 256
3.2 폴리곤 명령(Polygon command) — 258
3.3 타원 명령(Ellipse command) — 260

04 선형 객체 그리기(Draw the linear object) — 274
4.1 구성선 명령(Xline command) — 274
4.2 광선 명령(Ray command) — 276
4.3 여러 줄 스타일 명령(Mlstyle command) — 277
4.4 여러 줄 명령(Mline command) — 281
4.5 여러 줄 편집 명령(Mledit command) — 282

CHAPTER 6
객체 특성(Objects properties)

01 객체 특성(Object properties) — 290
- 1.1 객체 특성(Object properties) — 290
- 1.2 빠른 특성(Quick properties) — 293
- 1.3 특성 팔레트 이용하기(Using the properties palette) — 298
- 1.4 객체 특성 변경(Changing object properties) — 301
- 1.5 특성 일치 명령(Matchprop command) — 307
- 1.6 도면층별 특성(ByLayer properties) — 309

02 선종류 개념 및 활용(Linetype concepts & utilization) — 310
- 2.1 선종류(Linetype) — 310
- 2.2 도면에 선종류 추가하기(Adding linetype to your drawing) — 312

CHAPTER 7
객체 조작하기(Manipulating objects)

01 객체 이동 및 복사하기(Moving & copying objects) — 326
- 1.1 이동 명령(Move command) — 326
- 1.2 복사 명령(Copy command) — 330

02 객체 회전 및 대칭하기(Rotating & mirroring objects) — 334
- 2.1 회전 명령(Rotate command) — 334
- 2.2 대칭 명령(Mirror command) — 341

03 객체 패턴 만들기(Creating object patterns) — 345
- 3.1 직사각형 배열 명령(Rectangular array command) — 345
- 3.2 원형 배열 명령(Polar array command) — 351
- 3.3 경로 배열 명령(Path array command) — 355
- 3.4 배열 편집 명령(Arrayedit command) — 357

04 객체 크기 변경(Changing an object's size) — 363

- 4.1 축척 명령(Scale command) — 363
- 4.2 결합 명령(Join command) — 367
- 4.3 끊기 명령(Break command) — 371
- 4.4 길이 조정 명령(Lengthen command) — 374
- 4.5 신축 명령(Stretch command) — 376

05 객체 정보 조회 이용하기(Using objects inform. inquiry) — 379

- 5.1 측정 정보(Measuring information) — 379
- 5.2 조회 명령(Inquiry command) — 382
    - 1) 거리 측정(Measure distance) — 382
    - 2) 측정(Measure) : 빠른 작업 — 384
- 5.3 ID 점(ID point) — 388
- 5.4 리스트 명령(List command) — 389
- 5.5 영역/질량 특성 명령(Massprop command) — 390

06 점 이용하기(Using points in drawings) — 392

- 6.1 점 스타일 명령(Ptype command) — 392
- 6.2 점 명령(Point command) — 394
- 6.3 등분할 – 개수 분할 명령(Divide command) — 396
- 6.4 길이 분할 명령(Measure command) — 398
- 6.5 경계 명령(Boundary command) — 400
- 6.6 영역 명령(Region command) — 401

CHAPTER 8
문자, 해치 및 블록(Text, hatch and block)

01 도면에 주석 작업하기(Annotating the drawings) — 412

- 1.1 문자 스타일 명령(Style command) — 412
- 1.2 단일 행 문자 명령(Text or dtext command) — 418
- 1.3 여러 줄 문자 명령(Mtext command) — 423

02 문자 편집하기(Editing text) — 432

- 2.1 문자 편집하기(Editing text) — 432

2.2 여러 줄 문자열과 그립(Mtext columns and grips) 440

03 해치 객체(Hatching objects) 445

3.1 해치 객체(Hatching objects) 445
    1). 해치 패턴 및 그러데이션 채우기(Hatch patterns and gradient fills) 445
    2). 해치 및 그러데이션 채우기 요점(Key points for hatch and gradient fill) 447
    3). 연관 해치 패턴(Associative hatch patterns) 448
3.2 해치 명령(Hatch command) 451
3.3 해치 객체 편집(Editing hatch objects) 463

04 블록 이용하기(Using blocks) 468

4.1 블록 만들기(Create blocks) 469
4.2 블록 삽입하기(Inserting blocks) 477

CHAPTER 9
치수 작업(Dimensioning)

01 치수 스타일(Dimension style) 490

1.1 치수(Dimension)란? 490
1.2 치수 스타일 명령(Dimstyle command) 491
1.3 치수 스타일 수정(Modify a dimension style) 505
1.4 치수 스타일 재지정(Overriding a dimension style) 507

02 치수 작업(Creating dimensions) 511

2.1 치수 객체(Dimension object) 511
2.2 선형 치수 명령(Dimlinear command) 513
2.3 정렬 치수 명령(Dimaligned command) 514
2.4 각도 치수 명령(Dimangular command) 515
2.5 연속 치수 명령(Dimcontinue command) 517
2.6 기준선 치수 명령(Dimbaseline command) 519

03 곡선 객체에 치수 작업(Creating Dim on curved objects) 522

3.1 반지름 치수 명령(Dimradius command) 522
3.2 지름 치수 명령(Dimdiameter command) 524

3.3 호 길이 치수 명령(Dimarc command) ... 526
3.4 꺾기 치수 명령(Dimjogged command) ... 528
3.5 중심 표식 명령(Centermark command) ... 529

04 개선된 치수 작업(Enhancing dimensions) ... 531

4.1 치수 명령(Dim command) ... 531
4.2 빠른 작업 치수 명령(Qdim command) ... 533
4.3 세로좌표 치수 명령(Dimordinate command) ... 535
4.4 치수 꺾기선 명령(Dimjogline command) ... 537
4.5 치수 간격 명령(Dimspace command) ... 539
4.6 치수 끊기 명령(Dimbreak command) ... 541

05 치수 편집(Editing dimension) ... 543

5.1 치수 편집(Editing dimensions) ... 543
5.2 치수 편집 - 화살표 반전(Editing dimension - Flip arrow) ... 548
5.3 유용한 치수 편집 도구(Useful dimension editing tools) ... 549

06 기타 치수 명령(Other dimension commands) ... 552

6.1 치수 업데이트 명령(-Dimstyle command) ... 552
6.2 치수 재지정 명령(Dimoverride command) ... 553
6.3 치수 재연관 명령(Dimreassociate command) ... 558

07 지시선을 갖는 주석(Annotation with leader) ... 561

7.1 다중 지시선 개요(Multileader overview) ... 561
7.2 다중 지시선 스타일 명령(Mleaderstyle command) ... 564
7.3 다중 지시선 이용하기(Using multileader) ... 569
7.4 지시선 명령(Leader command) ... 580
7.5 지시선 명령(Qleader command) ... 581
7.6 공차 명령(Tolerance command) ... 582

CHAPTER 10
도면 출력(Plot drawings)

01 도면 출력(Plot a drawings)   606
   1.1 플로터 구성(Configuring a plotter)   607
   1.2 플롯 스타일 작성하기(Creating a plot style)   612
   1.3 기본 플롯 스타일 설정(Setting up a default plot style)   618

02 도면 출력하기(Plotting drawings)   620
   2.1 도면 플롯하기(Plotting a drawing)   620
   2.2 모형 공간에서 출력하기 (Plotting from model space)   630
   2.3 배치에서 출력하기(Plotting from layout)   636

03 도면 작성 과정(요약)   644
   3.1 대상체 선정(Selection of object)   644
   3.2 도면 시트 설정과 축척 계산
      (Drawing Sheet Settings and Scale Calculation)   645
   3.3 단위 및 정밀도 설정(Setting units & accuracy)   646
   3.4 도면 한계 설정 및 윤곽선과 중심마크 작도
      (Setting drawing limits and draw contours and center marks)   646
   3.5 선종류 축척 설정(Linetype scale setting)   647
   3.6 도면층 만들기(Creating a layer)   647
   3.7 삼각 투상법에 따른 도면 뷰 작도(Drawing view by triangular projection)   648
   3.8 해치 작업(Hatch work)   649
   3.9 주서 작업(Text work)   649
   3.10 치수 작업(Dimensional work)   650

- **학습 목표**

  ① AutoCAD 시작하기(Starting AutoCAD)
  ② AutoCAD 인터페이스 숙달하기(Dealing with the AutoCAD interface)
  ③ AutoCAD 명령 인터페이스 즉 파일 중심 명령어 처리(Dealing with file oriented commands) 숙달하기
  ④ AutoCAD에서 마우스 및 키보드 사용 익히기
  ⑤ 도면 파일 관리하기(Managing Drawing file)

CHAPTER 1

AutoCAD 소개
(AutoCAD introduction)

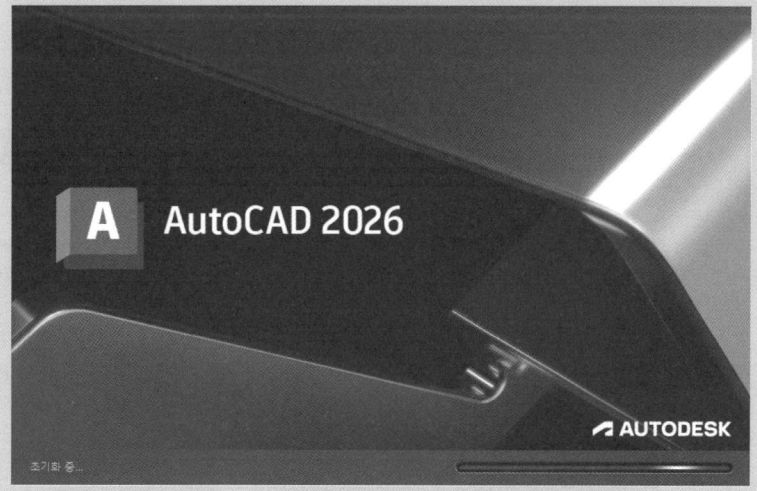

01 AutoCAD 2026 시작하기
(Getting started with AutoCAD 2026)

CAD(Computer-Aided Design)에 입문하신 것을 환영합니다. Autodesk 사의 제품인 AutoCAD는 엔지니어링, 건축, 건설, 제조, 미디어 및 엔터테인먼트 산업에 기술 솔루션을 제공합니다. AutoCAD는 떠오른 아이디어를 설계, 시각화, 시뮬레이션 및 게시할 수 있는 완벽한 소프트웨어입니다. AutoCAD는 놀라운 디자인을 만들고, 문서화 작업 속도를 높이며, 엔지니어링 및 건축 도면의 정밀도를 높일 수 있는 풍부한 생산성 도구와 명령을 제공합니다. 또한 AutoCAD는 2D 및 3D 도면을 작성할 수 있는 기능이 매우 다양합니다. AutoCAD를 사용하면, 고객, 하도급업체 및 동료와 더욱더 효율적으로 설계를 공유할 수 있습니다. AutoCAD는 2D 및 3D 도면을 작성하는 주 기능 때문에 엔지니어, 건축가, 프로젝트 관리자, 그래픽 디자이너 및 기타 많은 전문가가 광범위한 산업 분야에서 사용하고 있습니다.

1.1 AutoCAD 2026 실행하기(Running AutoCAD 2026)

Microsoft Windows 10 (64비트) 운영체제(O/S)에서 AutoCAD 2026 버전을 실행하는 다양한 방법들은 다음과 같습니다.

1 컴퓨터 데스크톱 아래에 있는 '작업 표시줄(Task bar)' 왼쪽의 ■[(시작)] 버튼을 클릭한 상태에서 다음 그림처럼 마우스 커서로 오른쪽에 있는 스크롤 슬라이더(Scroll Slider)를 아래로 내리면서 'AutoCAD 2026 - 한국어(Korean)' 폴더를 찾아서 맨 오른쪽에 있는 ▶[(확장)] 아이콘을 클릭 ⇨ [AutoCAD 2026 - 한국어(Korean)] 메뉴 항목을 클릭합니다.

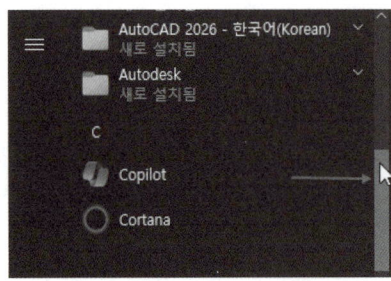 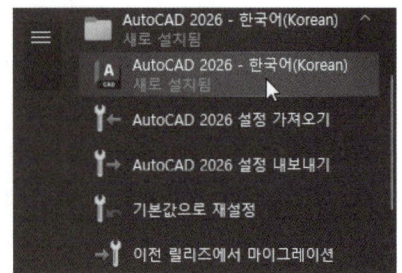

또는

1 다음 그림처럼 바탕 화면에 있는 AutoCAD 2026의 단축(Shortcut) 아이콘을 더블 클릭합니다.

또는

1 다음 왼쪽 그림과 같이 바탕 화면에 있는 AutoCAD 2026의 단축 아이콘을 마우스 오른쪽 버튼으로 클릭하고, 표시되는 팝업메뉴(Popup menu)에서 [열기(Open)] 항목을 클릭합니다.

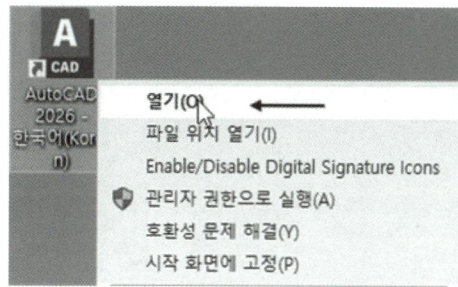 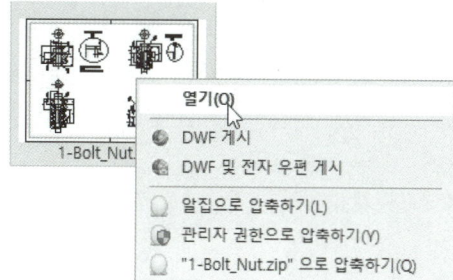

또는

1 윈도우(Windows) 바탕 화면에 파일 탐색기를 호출해서 위의 오른쪽 그림과 같이 저장된 '도면 파일(*.DWG)' 이름을 더블 클릭하거나 마우스 오른쪽 버튼으로 클릭한 후 팝업메뉴(Popup menu)에서 [열기(Open)] 항목을 클릭합니다.

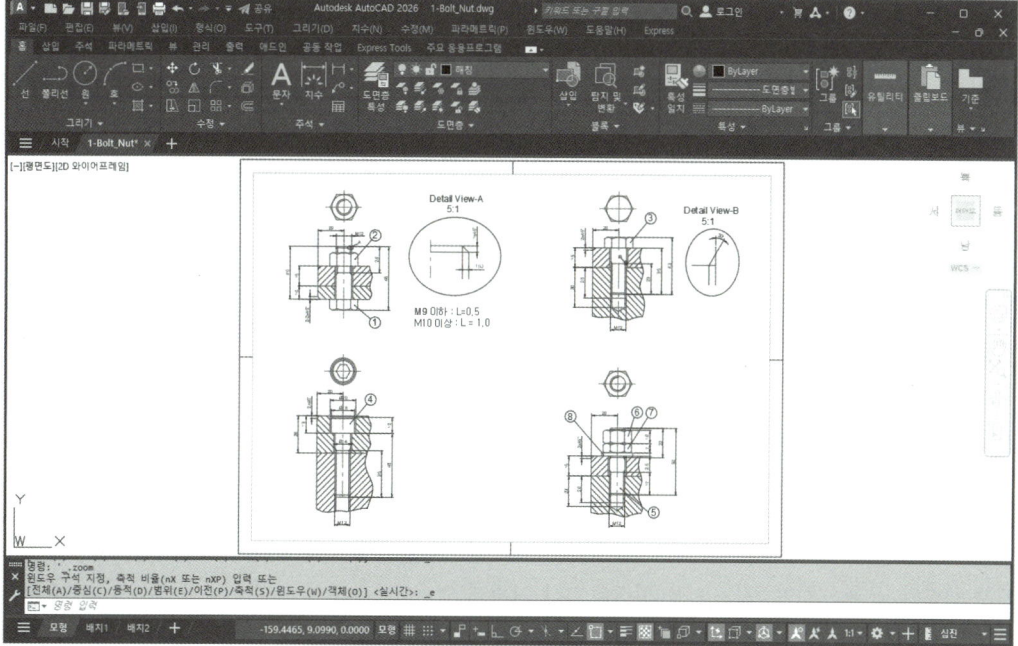

〈AutoCAD에 열린 도면〉

1.2 시작 인터페이스(Start interface)

1) 시작 탭(Start tab)

바탕 화면에 있는 AutoCAD 2026 응용프로그램(Application) 아이콘을 더블 클릭해서 실행하면, 다음 그림과 같이 '시작' 탭(Tab)이 표시되며, 설계자는 이 탭에서 설계 작업을 시작할 수 있습니다.

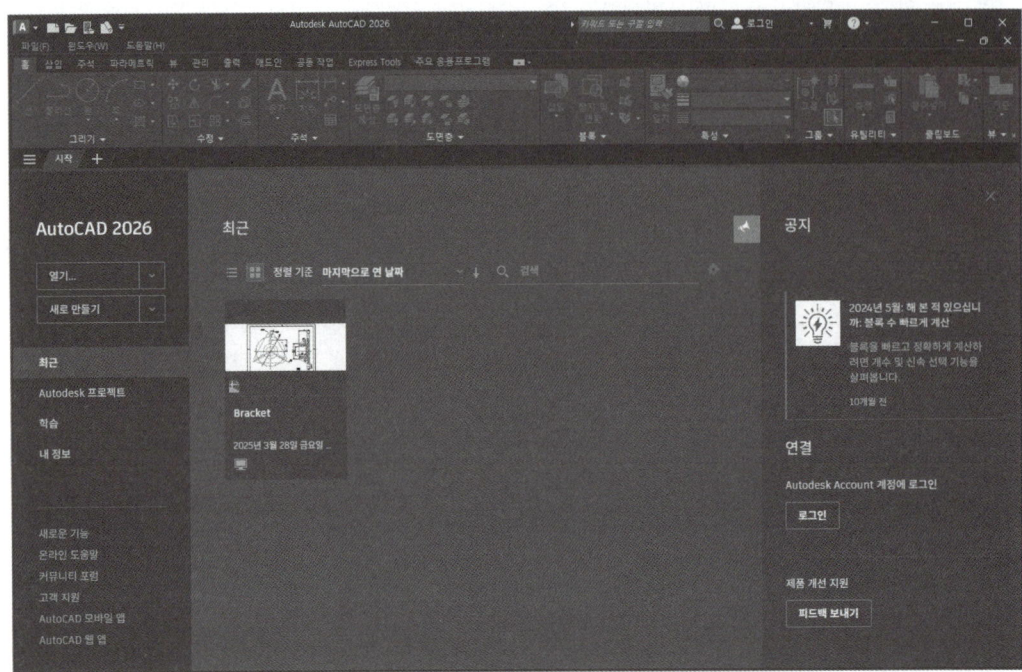

〈AutoCAD 2026 시작 탭〉

우리는 '시작' 탭(Tab) 초기 화면에서 다음 작업을 수행할 수 있습니다:

1️⃣ 기존 도면 파일 혹은 시트 세트(Sheet sets) 열기, AutoCAD와 함께 제공되는 샘플 도면 파일 탐색
2️⃣ 새 도면을 시작하거나 온라인으로 액세스한 더 많은 템플릿 파일(Template file) 다운로드
3️⃣ 최근에 열어 본 도면 파일 보기(목록 또는 아이콘)
4️⃣ AutoCAD에 Software 및 Hardware에 대한 공지 사항이 있는지 확인
5️⃣ Autodesk 회사로 피드백(feedback) 보내기

우리는 설계 작업 중에도 언제든지 [시작] 탭을 클릭하면 그것의 화면이 다시 나타납니다. 따라서 우리는 신속하고, 편리하게 새 도면을 시작하거나 기존 도면을 열 수 있습니다.

2) 새 도면 파일 시작하기(Getting started with a new drawing file)

우리는 다음 방법의 하나를 이용해서 새 도면 파일을 시작할 수 있습니다.

1 다음 그림과 같이 '응용프로그램 메뉴(Application menu)'의 오른쪽에 있는 매우 작은 역삼각형 드롭다운을 클릭한 후 하위 메뉴에서 [새로 만들기(New)] 항목을 클릭합니다.

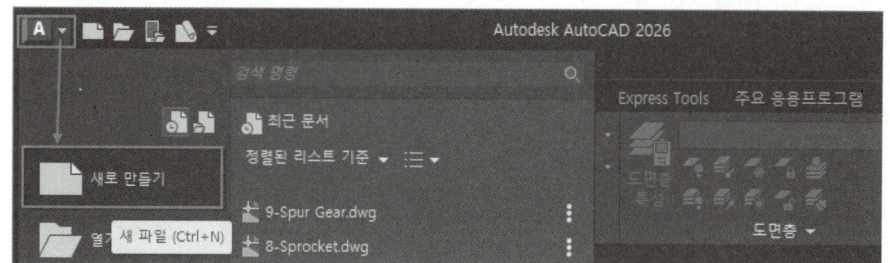

1 다음 그림과 같이 '신속 호출 도구 막대'에서 [새로 만들기(New)] 명령 아이콘 클릭합니다.

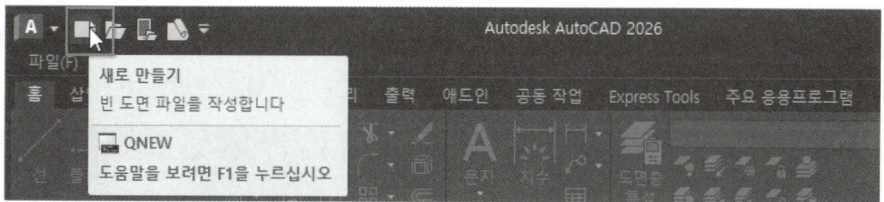

1 다음 그림과 같이 마우스 왼쪽 버튼으로 '시작' 탭 왼쪽에 ≡ 아이콘을 클릭해서 하위 메뉴에서 [+ 새 도면] 항목을 클릭합니다. 즉시 새로운 도면이 열리게 됩니다.

만일 ≡ 아이콘을 클릭해서 하위 메뉴에서 [새로 만들기] 항목을 클릭하면, 여러분이 원하는 도면 템플릿 파일을 선택할 수 있는 '템플릿 선택' 대화상자를 호출하게 됩니다.

다음 그림과 같이 '템플릿 선택' 대화상자의 '이름' 목록에서 템플릿 도면 파일로 [acadiso.dwt] 파일을 선택하고, 오른쪽 아래에 있는 [열기(O)] 버튼을 클릭합니다. 즉시 새로운 도면(Drawing1.dwg) 파일이 열리게 됩니다.

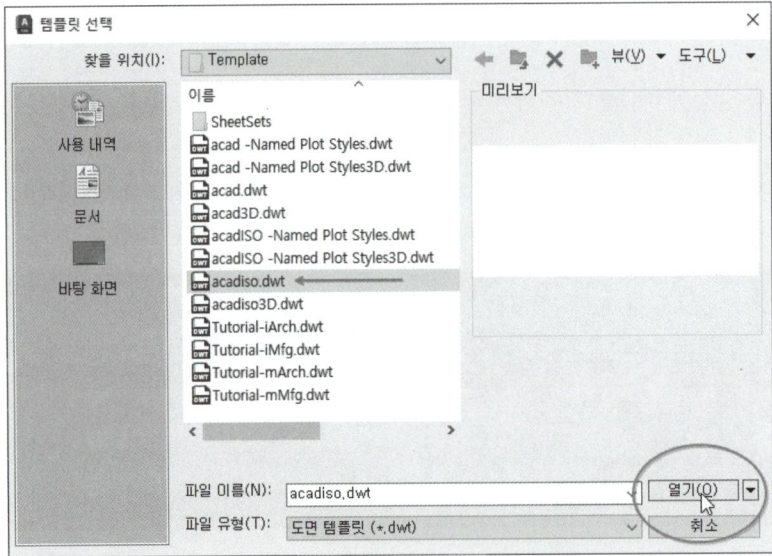

1 다음 왼쪽 그림처럼 [시작] 탭에 마우스 오른쪽 버튼으로 클릭한 후에 [새로 만들기] 항목을 클릭하여 '템플릿 선택' 대화상자에서 [acadiso.dwt] 파일을 선택하고 [열기(O)] 버튼을 클릭합니다.

1 다음 오른쪽 그림과 같이 [시작] 탭 오른쪽에 있는 [+(새 도면)] 탭을 클릭합니다.

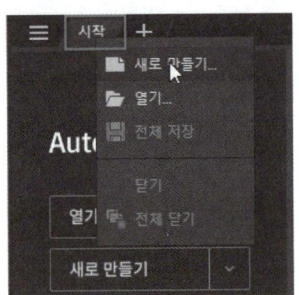 

1 다음 아래 왼쪽 그림과 같이 '시작' 탭 영역에서 [새로 만들기] 오른쪽 드롭다운 ▼(꺾쇠) 기호를 클릭한 후 하위의 [acadiso.dwt] 항목을 클릭하거나 [템플릿 찾아보기] 항목을 클릭하여 적절한 도면 템플릿 파일을 선택할 수 있는 '템플릿 선택' 대화상자가 표시됩니다. 대화상자에서 [acadiso.dwt] 파일을 선택하고 [열기(O)] 버튼을 클릭합니다.

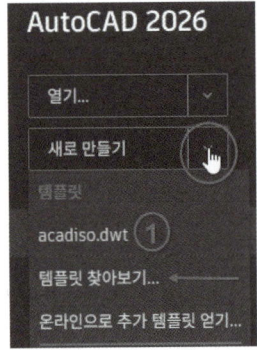 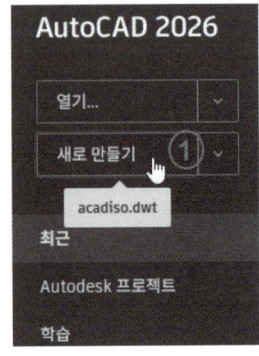

1 위 오른쪽 그림과 같이 '시작' 탭 영역에서 [새로 만들기] 옵션을 클릭하면, 기본 도면 템플릿 'acadiso.dwt' 파일을 베이스로 새 도면 파일이 열립니다.

만일 기본 도면 템플릿 파일이 이전에 지정되어 있지 않으면, 적절한 도면 템플릿 파일을 선택할 수 있는 '템플릿 선택' 대화상자가 표시됩니다. 템플릿 선택 대화상자에서 [acadiso.dwt] 파일을 선택하고 [열기(O)] 버튼을 클릭합니다. (참고로 직전에 선택해서 시작한 도면 템플릿 파일이 [새로 만들기]에 지정됩니다.)

다음 그림과 같이 템플릿 도면(acadiso.dwt)파일을 베이스로 하는 'Drawing1.dwg' 새 도면이 열리게 됩니다. 이 도면을 흔히 '스크래치(Scratch)' 도면이라고 말하기도 하고, AutoCAD 2026 버전의 그래픽 인터페이스(GUI)가 표시됩니다.

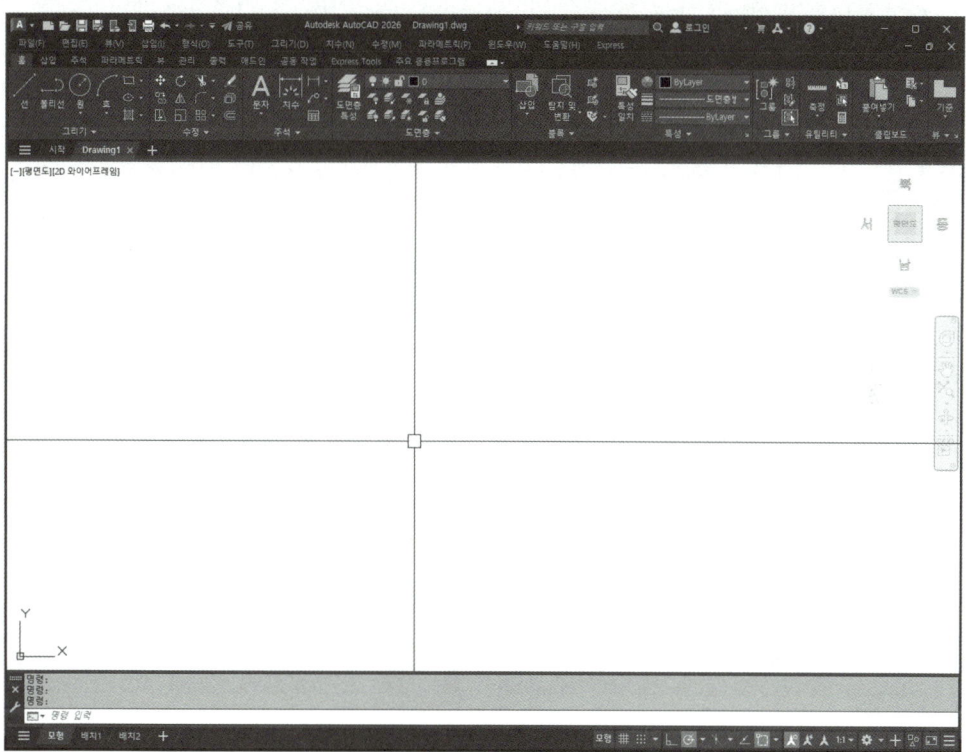

〈AutoCAD 2026 첫 번째 도면 화면〉

3) 최근 탭(Recent tab)

최근 하위 탭(Recent tab)은 기본적으로 '시작' 탭에서 활성화됩니다. 따라서 최근에 연 문서(도면) 목록이 화면에 표시됩니다. 목록에서 최근에 연 문서(도면) 파일을 클릭하여 다시 열 수 있습니다.

4) Autodesk 프로젝트 탭(Autodesk docs tab)

Autodesk 프로젝트는 이전 버전까지 Autodesk Docs라고 했습니다.

이 하위 탭은 연결된 드라이브에 액세스하여 프로젝트의 파일을 쉽게 관리하는 데 사용됩니다. Autodesk Docs에서 연결된 드라이브에 액세스하려면, 시스템에 Desktop 커넥터가 설치되어 있어야 합니다. Autodesk 데이터 관리 소스를 시스템의 데스크톱 폴더(연결된 드라이브)와 통합하여 파일을 쉽게 관리할 수 있는 서비스입니다.

5) 학습(Learning tab)

하위 학습 탭에서는 팁 및 비디오 튜토리얼의 형태로 다양한 학습 자원(Resource)에 액세스할 수 있습니다. 만일 인터넷에 연결할 수 없는 경우 학습 페이지가 표시되지 않습니다.

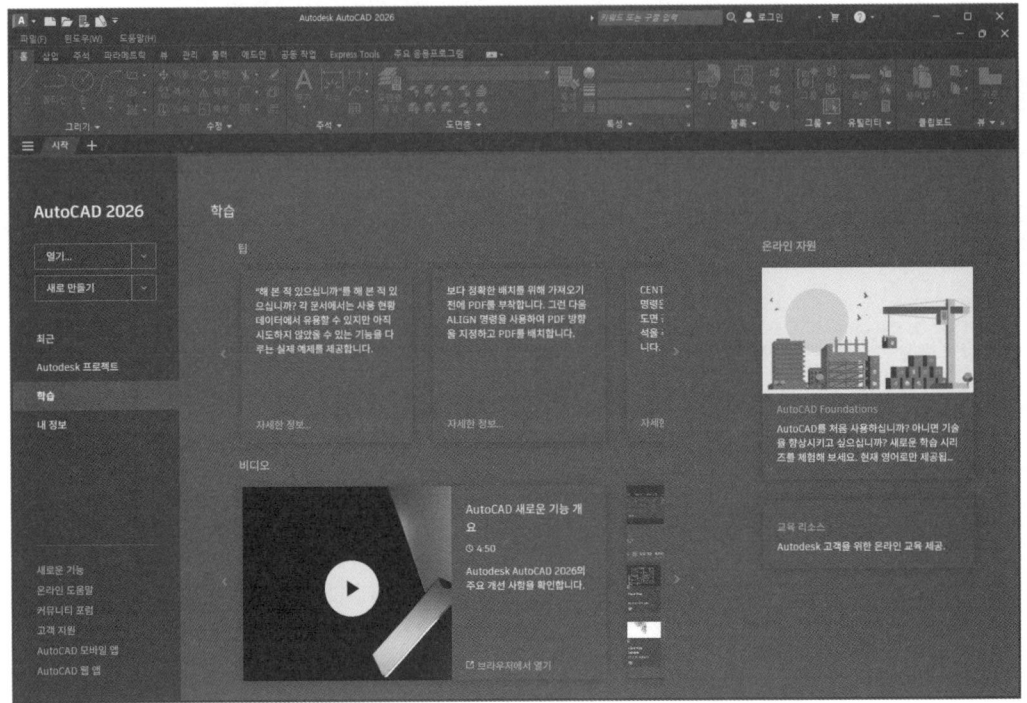

6) 내 정보(My insights tab)

하위 내 정보(My Insights) 탭은 사용자의 사용법에 따라 정보와 기능을 제공합니다. 내 정보는 AutoCAD 사용을 기반으로 사용자에게 표시되는 정보입니다. 콘텐츠는 정보를 제공하고 실행할 수 있도록 설계되었습니다.

7) 연결(Connect)

'시작' 탭의 오른쪽 패널에 있는 연결(Connect) 영역은 Autodesk 계정에 로그인하여 온라인 서비스에 액세스하는 데 사용됩니다. 이 영역에서 온라인 양식에 액세스하여 피드백을 제공할 수도 있습니다.

1.3 그래픽 사용자 인터페이스(Graphic user interface)

1) 그래픽 사용자 인터페이스(Graphic user interface)

우리는 AutoCAD 2026 응용프로그램의 새로운 기능을 사용하기 전에 기본 사항을 숙지해야 합니다. 만일 여러분이 AutoCAD를 처음 접하는 분이라면 AutoCAD GUI(Graphic user interface) 부분을 주의 깊게 정독해야 합니다. 이 부분은 도면 파일 열기 및 닫기, 도면 일부를 자세히 보기, 도면 변경 등 AutoCAD의 다양한 기본 작업을 여러분에게 소개합니다. 만일 여러분이 이전 버전의 AutoCAD에 익숙하다면 이 부분을 검토하여 아직 사용하지 않은 새로 추가된 기능을 숙지해야 합니다.

AutoCAD GUI는 리본(Ribbon) 및 응용프로그램 메뉴(Application menu)를 기반으로 합니다. 이러한 인터페이스의 가장 중요한 기능은 도면 영역(그래픽 영역)을 좀 더 크게 사용할 수 있다는 것입니다.

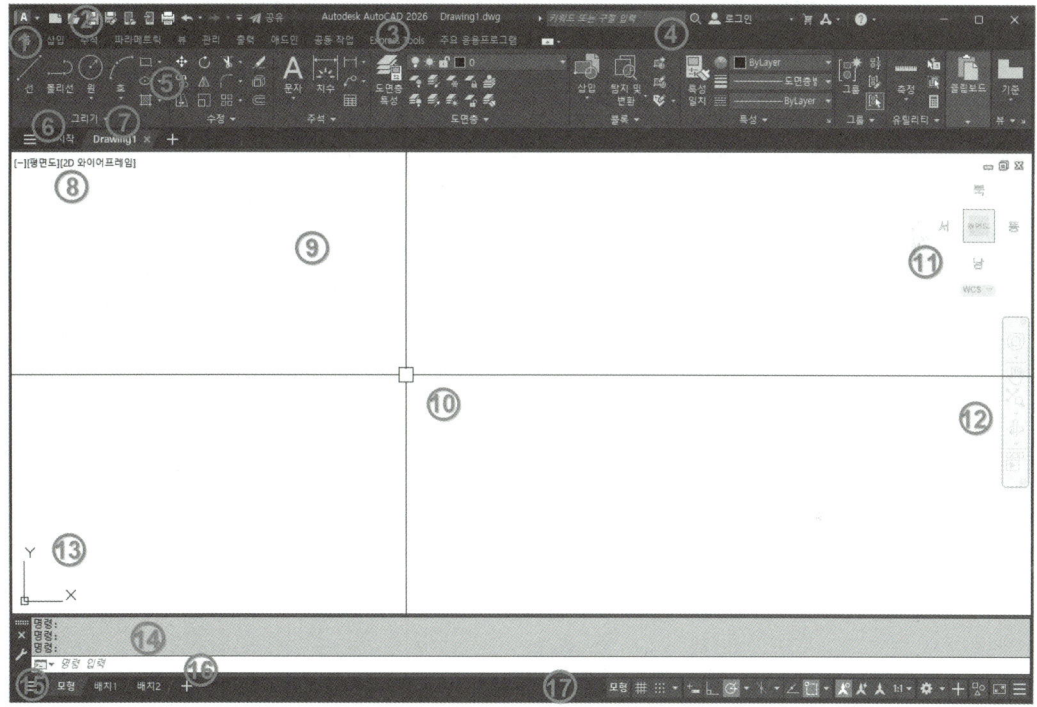

〈Windows 10 AutoCAD 2026 버전 사용자 인터페이스〉

❶ 응용프로그램 메뉴(Application menu)   ❷ 신속 접근 도구 막대(Quick access toolbar)
❸ 버전 및 도면 파일 이름   ❹ 정보센터(InfoCenter) 및 로그인(Login)
❺ 리본 메뉴(Ribbon menu - 탭/패널)   ❻ 시작 탭(Start tab)
❼ 파일 탭(File tab)   ❽ 뷰포트/뷰/뷰 스타일 컨트롤
❾ 도면/그래픽 영역(Drawing/graphic window) ❿ 십자선 커서(Cross-hair cursor)
⓫ View Cube   ⓬ 탐색 막대(Navigation bar)
⓭ 좌표계 아이콘(UCS icon)   ⓮ 명령 윈도우(Command window)

❶❺ 모형 탭(Model tab)　　　　　❶❻ 배치 탭(Layout tab)
❶❼ 상태 도구 막대(Status toolbar)

> **참고** 풀다운 메뉴(Pulldown memu)
>
> AutoCAD에는 최초 릴리즈 버전부터 지금까지 오랫동안 유지해 온 풀다운 메뉴(Pulldown menu)가 있는데, 이 메뉴를 사용하려면;
>
> **1** 신속 접근도구 막대 맨 오른쪽에 있는 ▼(역삼각형)을 클릭한 후에
>
> **2** 하위 메뉴에서 [메뉴 막대 표시(Show menu bar)] 항목을 클릭합니다.
> 리본 메뉴 위에 풀다운 메뉴가 표시됩니다.
>
> 만일 풀다운 메뉴를 리본 메뉴에서 사라지게 하려면;
>
> **3** 하위 메뉴에서 [메뉴 막대 숨기기(Hide menu bar)] 항목을 클릭합니다.
> 풀다운 메뉴가 사라집니다.

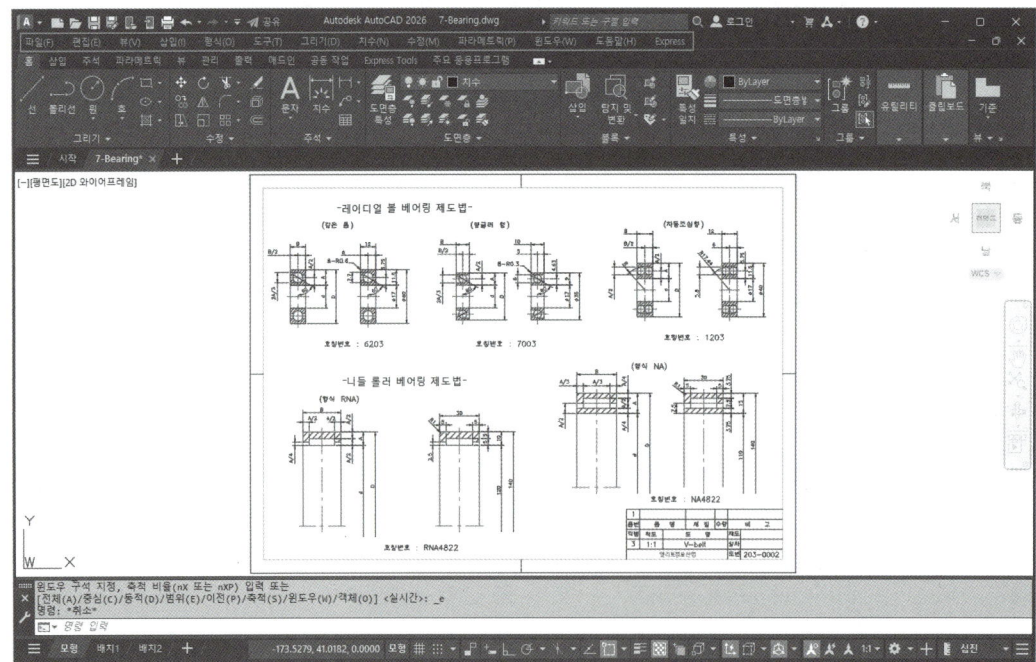

〈AutoCAD 2026 버전 풀다운 메뉴 인터페이스〉

2) 응용프로그램 메뉴(Application menu)

'응용프로그램 메뉴(Application menu)'는 AutoCAD 그래픽 사용자 인터페이스(GUI)의 왼쪽 위에 있는 메뉴 도구로 흔히 'A 메뉴'라고도 합니다. 'A 메뉴'는 도면 파일을 시작, 열기, 저장, 내보내기 및 인쇄/게시하는 데 일반적으로 도면 문서 파일에 사용되는 도구를 액세스하는 데 사용됩니다.

응용프로그램 메뉴(Application menu)를 호출하려면,

화면 왼쪽 위 모서리에 있는 빨간색 AutoCAD 아이콘(Application 버튼)의 드롭다운을 클릭합니다.

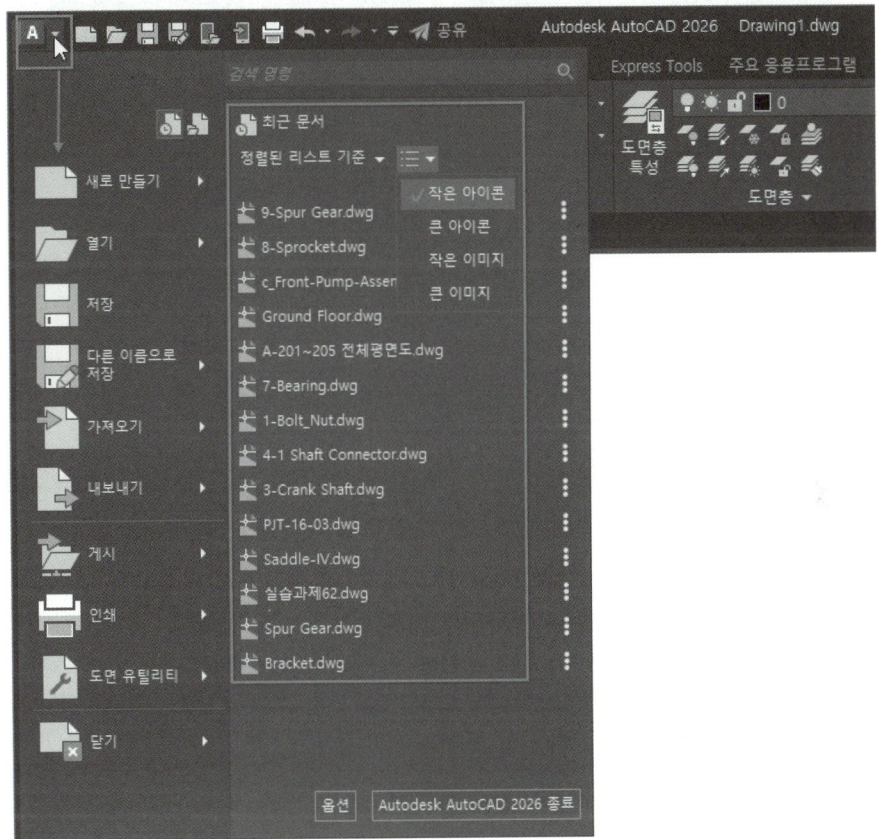

3) 신속 접근 도구 막대(Quick access toolbar)

'신속 접근 도구 막대'는 새로 만들기, 열기, 저장, 다른 이름으로 저장, 플롯, 실행 취소, 실행 복구 및 도면 공유와 같이 자주 사용되는 도구와 함께 제공됩니다. 신속 접근 도구 막대는 다음 그림처럼 화면의 왼쪽 위 'A 메뉴' 오른쪽에 있기 때문에 언제든지 신속하게 사용할 수 있습니다.

시작 탭　　　　　　　　　　　　　　　활성 도면

기본 도구 외에도 신속 접근 도구 막대에서 도구를 추가하거나 제거하도록 사용자 정의할 수 있습니다. 신속 접근 도구 막대에서 명령 혹은 도구를 추가하려면,

신속 접근 도구 막대 맨 오른쪽 끝에 있는 ▼(역삼각형) 기호를 클릭하면, 현재 신속 접근 도구 막대에 있는 명령이나 도구는 '이름' 앞에 ✓(체크마크)가 있고, 만일 그것을 클릭해서 체크마크 표시를 제어해서 그 명령이나 도구를 신속 접근 도구 막대에 추가 및 제거할 수 있습니다.

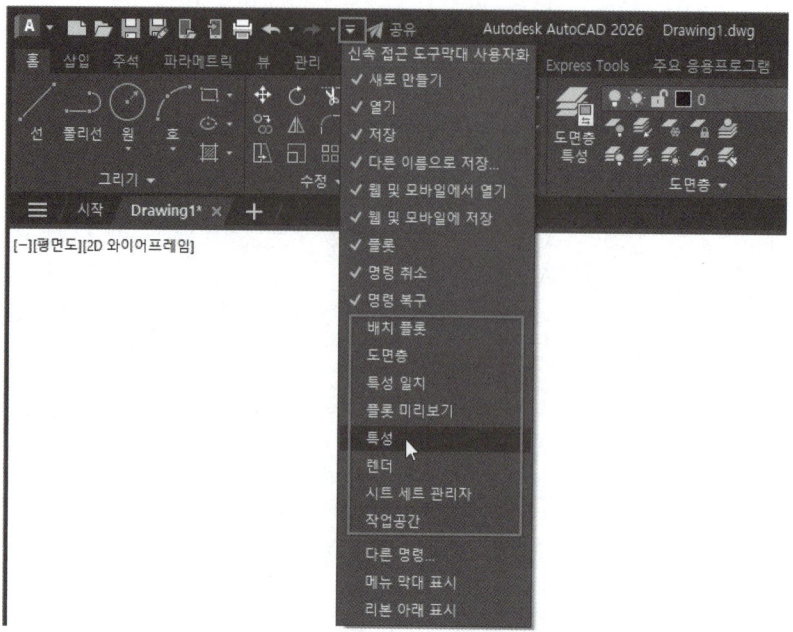

만일 위 그림에 없는 명령이나 도구를 신속 접근 도구 막대에 추가 및 제거하려면, 다음 그림과 같이 신속 접근 도구 막대 영역에서 마우스 오른쪽 버튼을 클릭합니다. 이 플라이아웃 단축 메뉴에서 '신속 접근 도구 막대 사용자화' 메뉴를 클릭하면, '사용자 인터페이스 사용자화' 대화상자가 나타납니다.

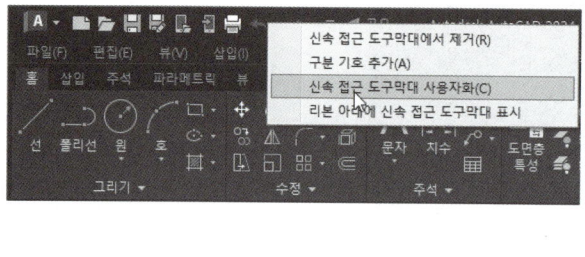
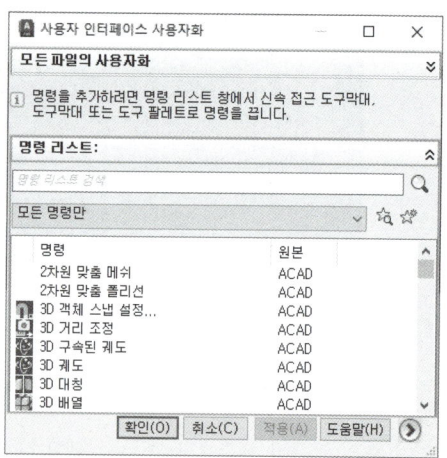

이 대화상자에는 AutoCAD에서 사용할 수 있는 모든 도구/명령 목록이 표시됩니다.

1 '사용자 인터페이스 사용자화' 대화상자에서 신속 접근 도구 막대에 추가할 도구/명령 위로 커서를 이동한 다음 마우스 왼쪽 버튼을 길게 누릅니다.

2 그런 다음 신속 접근 도구 막대에서 이 도구를 추가할 위치로 커서를 끈 다음 마우스 왼쪽 버튼을 놓습니다. 선택한 도구가 신속 접근 도구 막대의 지정된 위치에 추가됩니다.

마찬가지로 '사용자 인터페이스 사용자화' 대화상자에서 신속 접근 도구 막대로 도구를 하나씩 끌어서 여러 도구를 추가할 수 있습니다.

3 또한 Ctrl 키를 누른 상태에서 '사용자 인터페이스 사용자화' 대화상자에서 신속 접근 도구 막대로 한 번에 여러 도구를 끌어서 놓을 수 있습니다.

4 신속 접근 도구 막대에 필요한 도구를 추가한 후 '사용자 인터페이스 사용자화' 대화상자의 '확인' 버튼을 클릭하여 '사용자 인터페이스 사용자화' 대화상자를 종료합니다.

❏ 도면 공유(Share drawing)

이 도구는 AutoCAD web의 외부 참조를 포함한 현재 버전의 도면 링크를 공유합니다. AutoCAD를 사용하면, 링크를 사용하여 외부 참조를 포함한 도면 사본을 다른 사용자와 공유할 수 있습니다.

도면을 공유하려면,

① 도면을 저장한 다음

② 신속 호출 도구 막대에서 도면 '공유' 도구를 클릭합니다.

이 도면에 대한 링크 공유 창이 나타납니다.

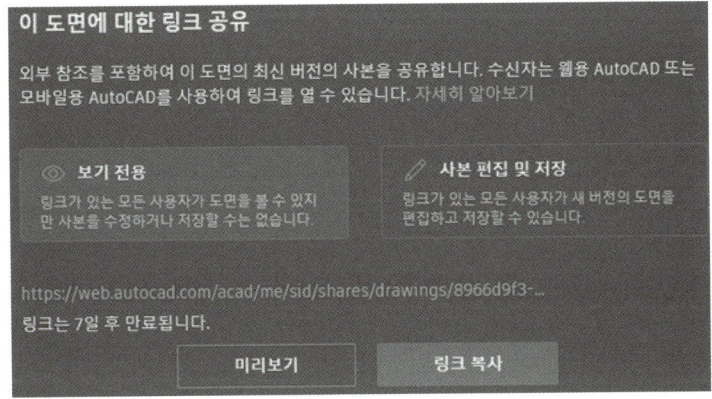

도면 파일을 볼 수만 있고 파일의 편집, 저장 또는 다운로드가 허용되지 않는 읽기 전용 복사본을 공유하려면, 이 도면에 대한 링크 공유 창에서 '보기 전용' 옵션을 선택한 다음 창에서 생성된 링크를 복사합니다.

한편, 파일을 보고 편집하고 저장할 수 있는 편집 가능한 복사본을 공유하려면,

이 도면에 대한 링크 공유 창에서 '사본 편집 및 저장' 옵션을 선택한 다음 창에서 생성된 링크를 복사합니다.

이제 이 링크를 도면 사본에 액세스할 수 있는 모든 사용자에게 제공할 수 있습니다.

링크를 사용하여 AutoCAD 웹 앱에서 도면 파일을 열 수도 있습니다.

도면의 편집된 복사본에서 변경된 내용은 원본 파일에 반영되지 않습니다.

4) 리본 메뉴(Ribbon menu)

❑ 리본 정의(Ribbon defined)

Microsoft Windows의 주메뉴(Main Menu) 플랫폼인 '리본 메뉴(Ribbon menu)'는 각 설계 영역과 관련된 도구(Tool) 및 컨트롤(Control)만 포함하는 특수한 도구 팔레트(Tool palette)입니다.

AutoCAD의 리본 메뉴는 홈(Home), 삽입(Insert) 및 주석(Annotation)과 같은 일련의 탭(Tab)으로 구성되어 있으며 각 탭에는 유사한 도구 세트가 서로 다른 패널(Pannel)로 그룹화되어 있습니다. 예를 들어, 도면 객체를 만드는 데 사용되는 도구는 '그리기(Draw)' 패널에 배치되고 객체를 수정하거나 편집하는 데 사용되는 도구는 '수정(Modify)' 패널에 그룹화됩니다.

리본 메뉴에서 도구, 패널 및 탭의 사용 가능 여부는 활성화된 작업 공간에 따라 달라집니다.

기본적으로 리본 메뉴는 도면 영역의 맨 위에 수평으로 고정됩니다. 리본 메뉴를 도면 영역의 오른쪽 또는 왼쪽에 수직으로 고정할 수 있습니다. 리본 메뉴가 도면 영역 내에서 이동할 수 있도록 리본의 고정을 해제할 수도 있습니다. 리본 메뉴를 도면 영역의 오른쪽 또는 왼쪽에 수직으로 고정하려면, 리본 메뉴에서 탭을 마우스 오른쪽 버튼으로 클릭하고, 단축 메뉴에서 '고정 해제' 옵션을 클릭합니다.

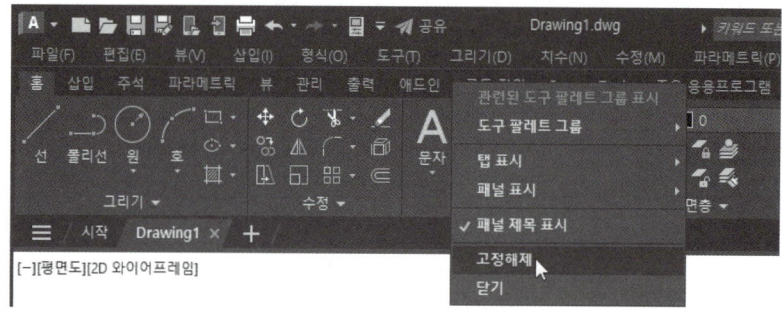

리본 메뉴가 고정 해제되고 도면 영역에 부동 상태로 나타납니다. 다음으로 고정되지 않은 리본의 제목 표시줄을 마우스 오른쪽 버튼을 클릭합니다. 단축 메뉴에서 '왼쪽으로 고정(Anchor Left) 〈' 또는 '오른쪽으로 고정(Anchor right) 〉' 옵션을 클릭합니다.

리본 메뉴를 기본 위치(도면 영역 위쪽 수평)로 다시 고정하려면, 리본 메뉴의 제목 표시줄에 있는 마우스 왼쪽 버튼을 누른 상태에서 리본 메뉴를 도면 영역의 위쪽으로 끕니다. 그런 다음 리본 메뉴 창의 윤곽선이 도면 영역의 맨 위에 나타나면 마우스 왼쪽 버튼을 놓습니다.

전체 리본 메뉴의 기본 표시 상태를 다음 그림처럼 최소화된 세 가지 상태로 변경할 수도 있습니다.

① 탭으로 최소화
② 패널 제목으로 최소화,
③ 패널 버튼으로 최소화를 선택합니다.

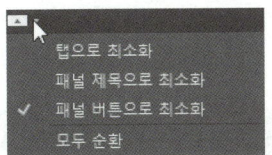

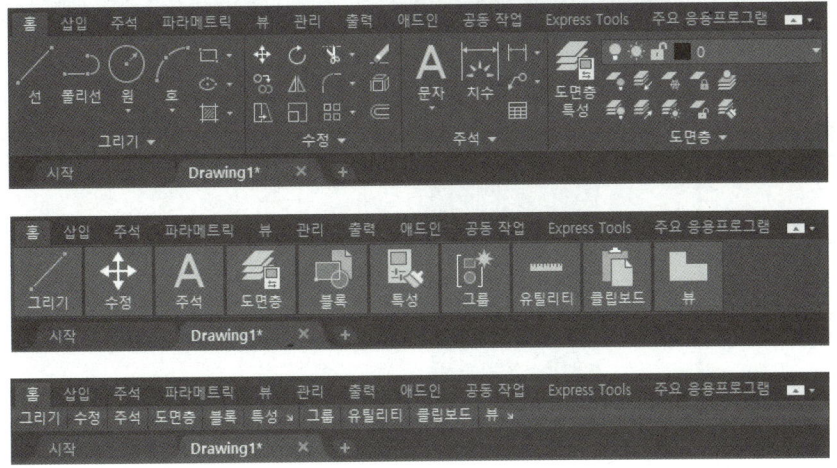

❑ 리본 컨트롤(Ribbon controls)

'제도 및 주석' 또는 '3D 모델링' 작업 공간으로 AutoCAD를 시작하면, '리본 메뉴(Ribbon menu)'가 기본적으로 표시됩니다. 그것은 일련의 탭(Tab)들로 구성되고, 각각의 탭은 자신만의 패널(Pannel)들로 구성됩니다. 각 탭에는 '풀다운 메뉴(Pulldown-down menu)' 혹은 도구 막대(Toolbar), 팔레트(Palette) 및 대화상자(Dialog box)에서 찾을 수 있는 관련 명령과 컨트롤들이 그룹화되어 있는 각 패널 세트가 포함되어 있습니다.

리본 메뉴(Ribbon menu)' 영역을 마우스 오른쪽 버튼으로 클릭하고, 하위 메뉴에서 탭 또는 패널을 선택하여 선호하는 옵션을 선택하여 리본 메뉴의 탭과 관련 패널들을 켜거나 끌 수 있습니다. 패널이 속한 탭을 마우스 오른쪽 버튼으로 클릭하여 패널 제목을 설정하거나 해제할 수도 있습니다. 또한 '리본 메뉴(Ribbon menu)' 구성을 저장할 수 있습니다.

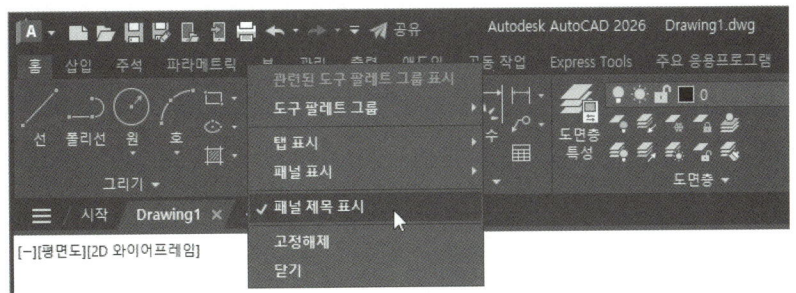

리본 메뉴의 각 탭에는 '그리기', '수정' 및 '주석' 같은 관련 명령 및 도구 그룹이 포함된 자신만의 패널 세트가 있습니다. 일부 패널은 더 많은 명령 및 도구를 표시하도록 확장할 수 있습니다.

마찬가지로 아이콘 아래 혹은 오른쪽에 있는 역삼각형 기호를 표시한 '원(Circle)' 명령 아이콘과 같은 일부 명령들은 하위 메뉴를 확장하여 추가 옵션을 설정해서 호출할 수 있습니다.

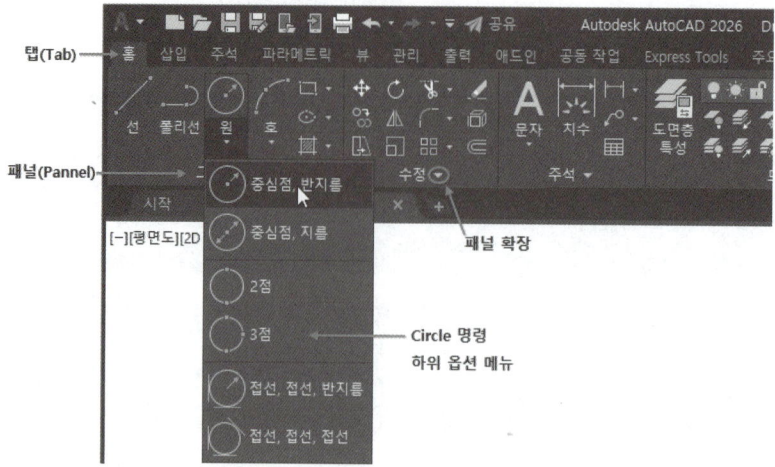

① 탭(Tabs) : 제어 패널의 용도와 이름을 식별합니다.

② 패널(Pannels) : 선택된 명령 아이콘에 연결된 관련 명령 및 도구 그룹을 포함합니다.

③ 패널 확장 기호 : 다음 그림처럼 패널 제목 오른쪽의 ■(역삼각형) 기호를 누른 채로 있으면 그 패널은 확장되어 더 많은 명령 및 도구 아이콘들이 표시됩니다.

❏ 탭 표시 제어(Tab displays ON/OFF)

탭을 켜거나 끄려면, '리본 메뉴(Ribbon menu)' 영역에서 마우스 오른쪽 버튼을 클릭하고 [탭 표시] ⇨ [탭 이름]을 클릭합니다. '리본 메뉴(Ribbon menu)'에서 그 탭을 표시 혹은 세거합니다. 다음 왼쪽 그림처럼 현재 표시된 '탭 이름(Tab Name)' 앞에는 ✔확인 표시(check mark)'가 표시되어 있습니다.

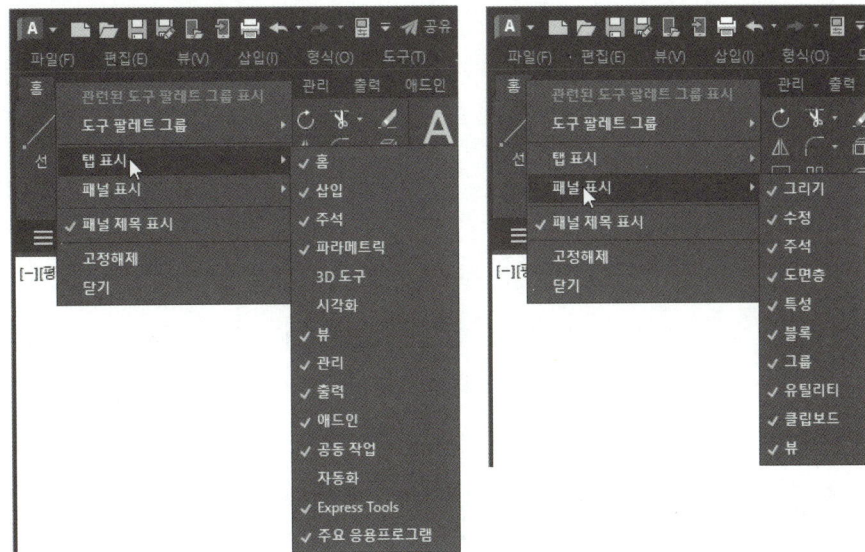

❏ 패널 가시성(Pannel visibility)

리본 메뉴 영역에 특정 패널을 표시하거나 끄려면, 위 오른쪽 그림과 같이 리본 메뉴 영역에 마우스 오른쪽 버튼으로 클릭하고 원하는 패널 이름을 선택합니다. 리본 메뉴 영역에서 그 패널은 제거됩니다. 현재 표시된 패널은 다음 그림과 같이 '패널 이름(Panel Name)' 앞에 ☑[확인 표시(check mark)]가 표시됩니다. 표시되는 패널은 리본 메뉴에서 끄기 전의 마지막 위치(잠금 또는 플로팅)에 나타납니다.

❏ 패널 도구 가시성(Pannel tools visibility)

일부 패널은 '패널 이름' 오른쪽에 있는 검은색 ▼(역삼각형) 화살표를 선택하면, 추가 명령 아이콘을 표시하기 위해 확장됩니다. 확장된 패널의 왼쪽 아래에 있는 **푸시핀**(Push pin)을 선택하여 이러한 패널을 열어 모든 명령 아이콘을 표시할 수 있습니다.

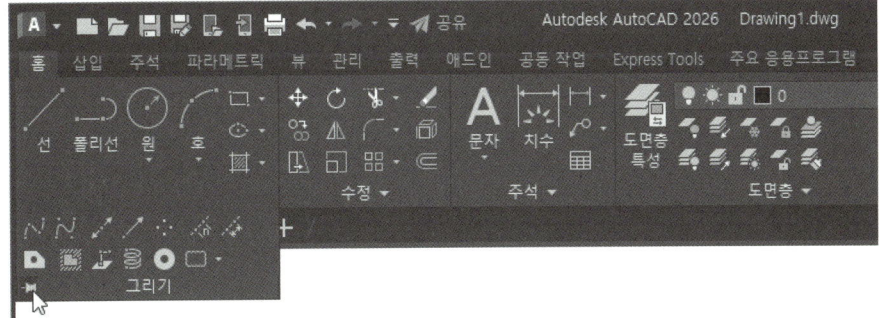

❏ 패널 고정 혹은 유동(Pannel docked or floating)

패널에는 고정(Docked) or 유동(Floating)의 두 가지 상태가 있습니다. 기본적으로 모든 패널은 해당 탭에 고정됩니다. 도면(그래픽) 영역에서 패널을 끌어다 놓으면 패널이 유동됩니다.

패널을 유동 상태로 만드는 한 가지 중요한 기능은 다른 탭이 활성화되어 있는 동안 패널을 볼 수 있다는 것입니다. 다음 그림과 같이 유동 패널의 오른쪽 위의 작은 버튼을 클릭하여 패널을 해당 탭으로 다시 복귀할 수 있습니다.

'리본 메뉴(Ribbon menu)'의 탭 이름의 오른쪽 맨 끝에 있는 ▭(역삼각형) 기호를 클릭하여 그것을 여러 표시 상태로 순환하도록 제어할 수 있습니다. 이 새로운 기능의 주요 목적은 AutoCAD 인터페이스 화면에 더 많은 도면(그래픽) 영역을 제공하는 것입니다.

❏ 툴팁(Tooltip)

AutoCAD '리본 메뉴(Ribbon menu)'에는 매우 간단한 도움말 기능이 있습니다. 이 기능을 '툴팁(Tooltip)'이라고 합니다. '옵션(Option)' 명령에서 툴팁 기능의 표시 여부를 제어합니다.

다음 그림처럼 마우스 커서를 명령 위에 놓으면 작은 도움말 대화상자가 나타납니다. 사용자가 마우스 커서를 명령 아이콘 위에 더 오래 머물면 AutoCAD가 더 자세한 도움말 대화상자를 표시합니다.

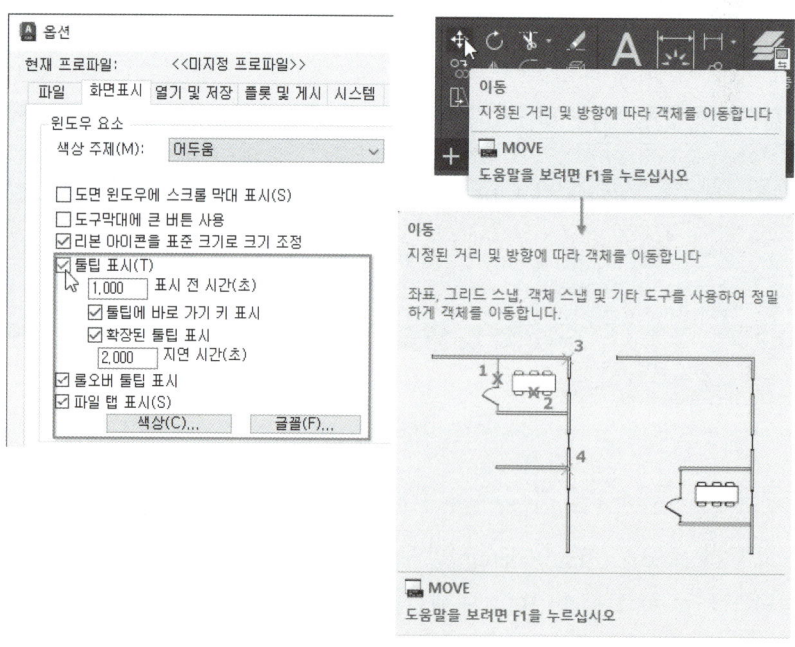

5) 검색 및 정보센터(Search and infocenter)

❏ 커뮤니케이션 센터(Communications center)

정보센터(InfoCenter) 메뉴 모음을 통해서 액세스할 수 있는 커뮤니케이션 센터(Communications center)는 바탕 화면에 실시간 알림, 알림 및 뉴스를 제공합니다. 이 기능들을 사용하려면 인터넷에 연결되어 있어야 합니다. 다음은 액세스할 수 있는 정보 소스의 일부 목록입니다.

① 새로운 소프트웨어 업데이트(New software updates)
② 제품 지원(Product support)
③ CAD 관리자 채널(CAD manager channel)

정보센터(InfoCenter)는 AutoCAD의 다른 도구와 함께 온라인 및 오프라인에서 도면에 있는 문자 혹은 구문을 검색하거나 도움말 항목에 액세스할 수 있는 AutoCAD에 내장된, 즉 설계 작업 중에 이용할 수 있는 검색 도구입니다. 예를 들어, 검색 필드에 단어나 구를 입력하면 AutoCAD가 Autodesk Exchange 창을 열고 온라인 및 오프라인에서 모든 관련 항목을 찾습니다. 온라인이란 일부 인기 블로그와 함께 모든 오토데스크 웹 사이트를 의미합니다. 로그인을 사용하여 Autodesk 계정(Autodesk Account)에 액세스하기도 합니다.

❏ 액세스(Access)

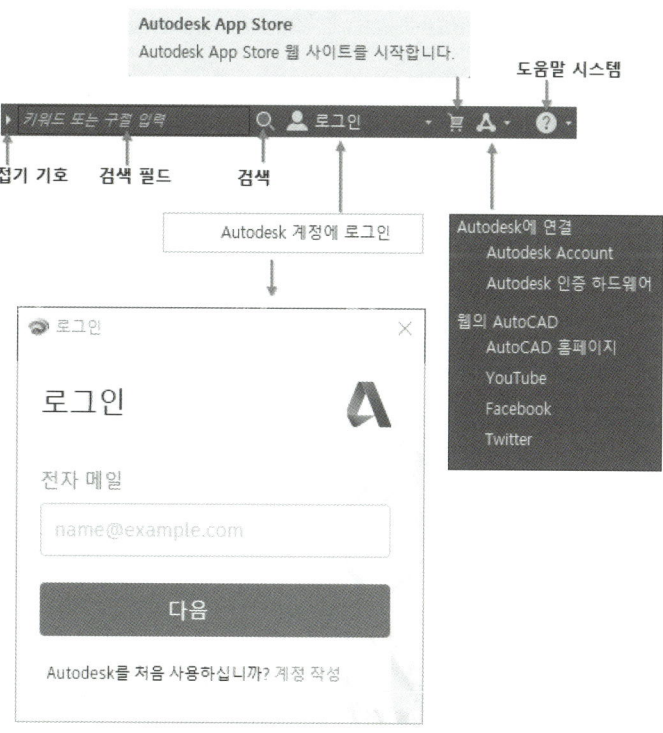

6) 도면 혹은 그래픽 영역(Drawing or graphic window)

도면(그래픽) 영역 혹은 창(Drawing/graphic area or window)은 과거에 수작업 설계에서 사용했던 제도판과 같이 객체를 배치해서 작도하는 무한 평면 혹은 공간입니다. 우리는 이 무한 평면에 모든 도면 형상들을 그릴 수 있습니다. 또한 3D를 위한 XYZ 공간과 2D를 위한 XY 평면이 있는 정확하고 정밀한 작업 환경입니다. 상태 막대의 왼쪽 부분에서 도면 영역 위치의 좌표를 모니터링할 수 있습니다.

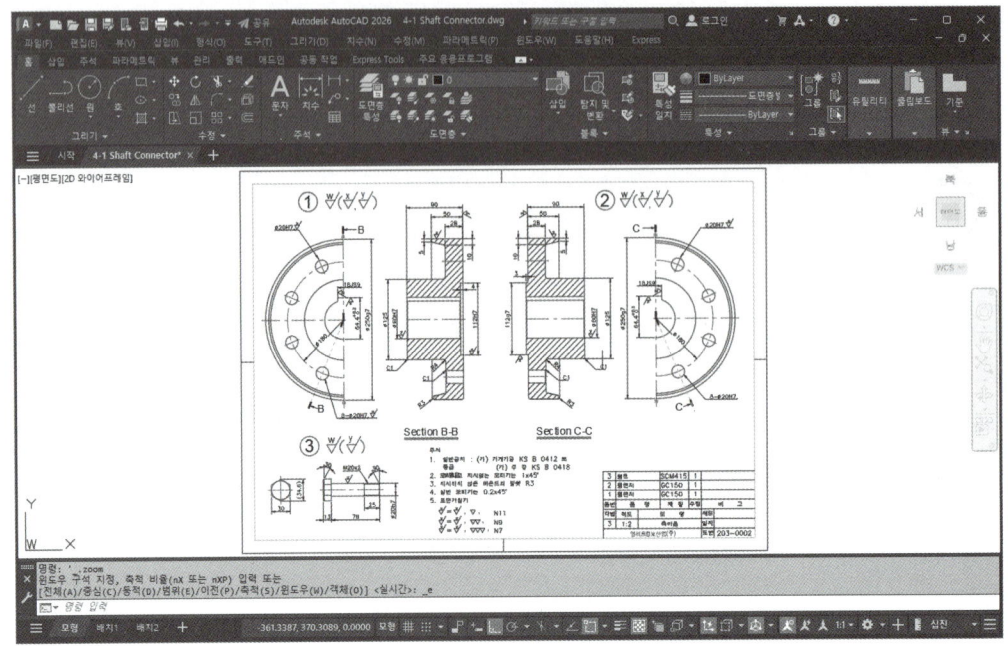

7) 십자선 커서 및 선택 상자(Crosshair line cursor and pickbox)

❏ 십자선 커서(Crosshair line cursor)

AutoCAD 도면 영역에 마우스(Mouse)를 자유롭게 움직이면, 수평 및 수직으로 교차하는 두 개의 선과 그것의 교차점에 작은 상자가 항상 표시되는데 두 선을 '십자선 커서((Crosshair line cursor)', 작은 상자를 '조준창(Aperture box)'이라고 합니다. 마우스 십자선 커서는 도면 평면에서 임의 위치를 찾거나 지정하는데 편리하고, 마우스 조준창은 도면 영역에서 객체를 선택할 때 객체 스냅(OSNAP) 하는 데 도움을 주기 때문입니다.

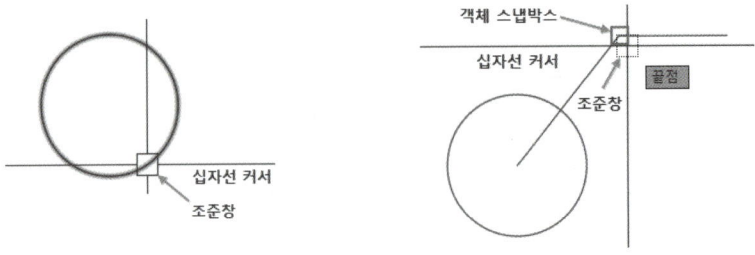

❏ 조준창(AutoSnap aperture)

우리는 '객체 스냅(OSNAP)' 기능이 활성 상태인 것을 알리기 위해 AutoSnap 조준창 상자를 이용할 수 있습니다. 기본적으로 이 옵션은 비활성(OFF) 되어 있습니다. 다음 그림은 스냅 점 선택을 위해서 AutoSnap 조준창 상자가 활성(ON)화되어 있습니다. 조준창 상자의 일부분이 유효한 스냅 점을 가진 객체에 닿으면(Hovering) 선택할 수 있는 스냅 점을 나타내는 AutoSnap 표식과 조준창이 나타납니다.

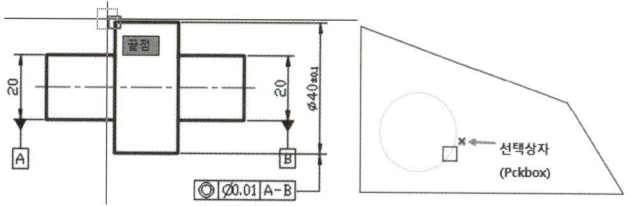

❏ 선택 상자(Pickbox)

AutoCAD에서 객체를 수정 및 편집하는 명령을 호출하면, '*객체 선택:*' 프롬프트가 명령행에 표시됩니다. 동시에 도면 영역에 마우스 십자선 커서가 위의 오른쪽 그림처럼 '옵션' 대화상자에 미리 설정된 크기로 작은 사각형으로 변환되어 나타나는데 이것을 '선택 상자(Pickbox)'라고 합니다.

만일 도면 영역에서 엔티티(Entity) 혹은 객체(Object)를 선택할 때, '선택 상자'가 너무 작으면, 그것을 선택하기가 어렵고, '선택 상자'가 너무 크면, 교차하거나 인접한 다른 엔티티 혹은 객체를 선택할 수 있으므로 도면 작업을 시작하기 전에 알맞은 적당한 크기로 설정해서 객체 수정 작업을 해야 합니다.

연습 과제〉 십자선 및 선택 상자 크기 설정(Setting cursor & pickbox)

1 만일 마우스 십자선의 수직선과 수평선의 길이가 짧다면, [A 메뉴] 하단의 [옵션(Options)] 명령 아이콘을 클릭하고, '옵션' 대화상자에서 [화면표시] 탭을 클릭합니다.

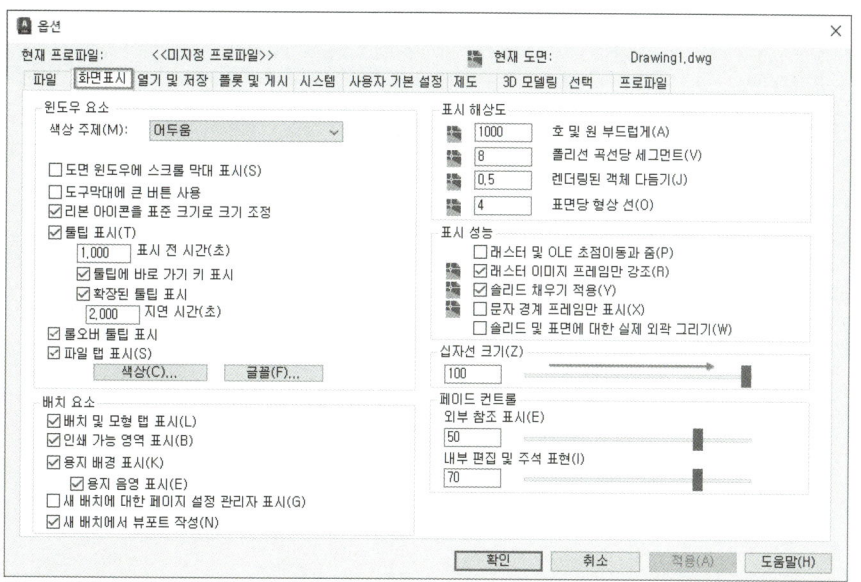

2 대화상자의 '십자선 크기' 영역에서 크기 값이 100이 설정되도록 슬라이드 막대를 마우스 왼쪽 버튼으로 클릭한 상태로 맨 오른쪽으로 이동합니다.

　대화상자 하단의 [적용] 버튼을 클릭합니다.

3 '옵션' 대화상자의 [선택] 탭을 클릭하고, 왼쪽 위의 '확인란 크기' 영역에서 슬라이드 바를 선택해서 알맞은 크기(40%)로 이동해서 설정합니다.

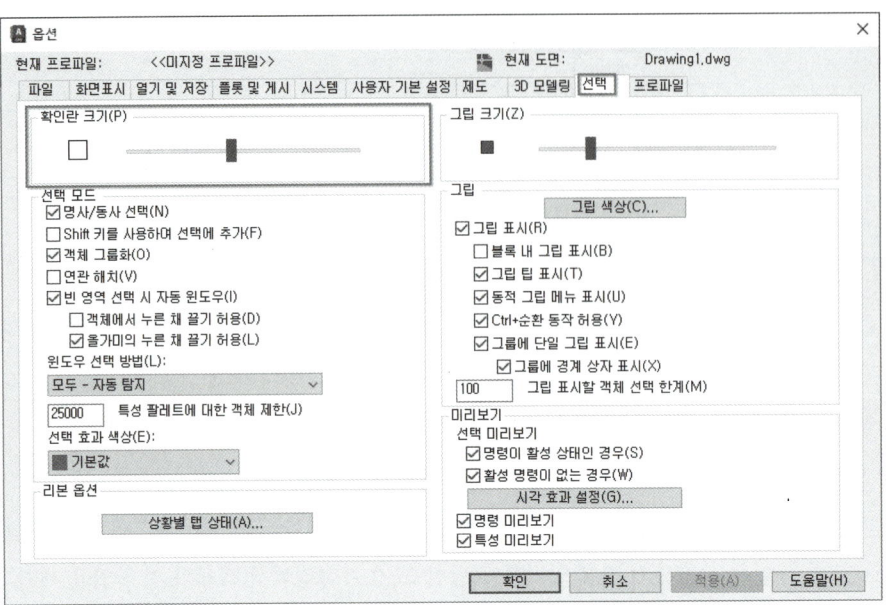

4 다음 그림처럼 [제도] 탭에서 조준창 크기의 설정 및 필요한 옵션 설정이 완료되면, [적용] 및 [확인] 버튼을 클릭합니다.

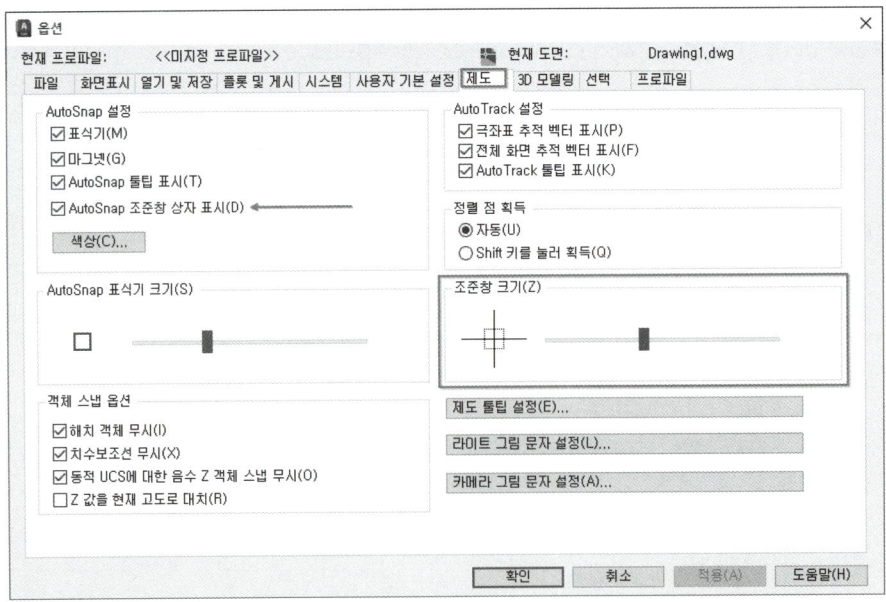

8) 명령 창 및 명령행(Command window and command line)

❏ 명령 창(Command window)

'명령 창(Command window)'과 '명령행(Command line)'은 AutoCAD에서 명령을 입력하는 필드일 뿐만 아니라 설계를 위해 서로 대화를 주고받는 중요한 인터페이스 도구입니다.

AutoCAD는 '명령 창'을 사용하여 정보를 '프롬프트(Prompt)' 합니다. 프롬프트는 설계자에게 많은 정보 및 설계 프로세스를 제어하는 상황 및 위치를 알려줄 것입니다. 설계자가 그것을 이해하고, 요구하는 대응을 하면, 설계자가 원하는 결과를 AutoCAD는 도면 영역에 도시할 것입니다.

따라서 설계자는 설계 중에는 '명령 창'과 '명령행'을 주의 깊게 보고 그 의도(Intent) 및 의미를 완벽하게 이해해야 합니다.

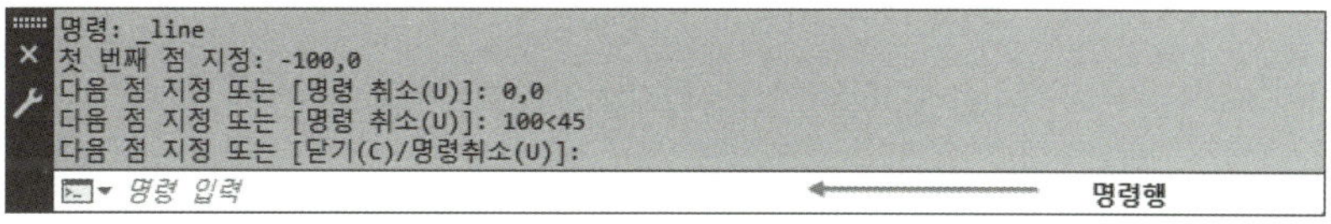

```
명령: _line
첫 번째 점 지정: -100,0
다음 점 지정 또는 [명령 취소(U)]: 0,0
다음 점 지정 또는 [명령 취소(U)]: 100<45
다음 점 지정 또는 [닫기(C)/명령취소(U)]:
▼ 명령 입력                              ← 명령행
```

〈명령 창〉

설계자는 '명령 창'에서 프롬프트 및 발생하는 활동(Event)을 관찰하고 이해하는 것이 중요합니다. 각 명령 프로세스 단계에서 AutoCAD는 선택할 수 있는 일련의 '옵션'을 제공하고, 설계자는 '옵션'을 선택하거나 적절한 대응으로 데이터를 입력해야 합니다.

다음 그림과 같이 정상 작동 시 '명령 창'에는 세 개의 '명령:' 행이 표시하고 도면 영역 하단에 고정할 것을 권장합니다. 처음 두 행은 즉시 명령 기록이 나열되고, 활성 명령에서 호출할 수 있는 설정 또는 옵션이 표시됩니다.

```
명령:
명령:
명령:
▼ 명령 입력
```

맨 아래 행은 '명령행'입니다. 우리는 활성 명령 상태에서 이곳에 집중해야 하고, 커서 위치, 즉 '명령:' 프롬프트에 데이터를 입력한 후에는 항상 엔터키(Enter key)를 눌러야 합니다.

'명령 창'은 보통 도면 영역 하단에 있지만, 그 영역을 자유롭게 이동할 수 있습니다. 도면 영역 가장자리에 고정하거나 그 위에 띄워 둘 수 있습니다. '명령 창'의 왼쪽 수직 막대를 클릭하고 드래그해서 도면 영역의 부동 위치에 배치합니다. '명령 창'을 도면 영역 위에 띄우면 보기가 부분적으로 제한되지만, 그것을 관찰하기 위한 알림 역할을 하므로 이 구성의 이점을 얻을 수 있습니다.

❏ 명령 순서(Command Sequence)

AutoCAD에서 명령 프로세스는 간단하지만, 그것을 완벽하게 이해하는 것이 무엇보다 중요합니다. 만일 AutoCAD를 성공적으로 사용하려면, 예를 들어 원(Circle) 객체를 작도할 때 다음 명령 프롬프트의 프로세스와 일반적인 명령 순서에 익숙해져야 합니다.

1️⃣ '명령 창'의 명령 대기 상태에서 명령어(C 혹은 Circle)를 입력하고 엔터키를 누르거나 리본 메뉴 [홈] 탭 ⇨ [그리기] 패널에서 [원(Circle)] 명령 아이콘을 클릭해서 호출합니다.

2️⃣ '명령행'에 원의 중심점을 지정하기 위해 다음 그림처럼 도면 영역에 임의의 위치(P1)를 마우스 왼쪽 버튼으로 클릭하거나 중심점의 좌표를 입력합니다.

3️⃣ '명령행'에 [지름(D)] 옵션을 호출하기 위해서 D를 입력하고 엔터키를 누르거나 '명령행'에서 [지름(D)] 옵션을 마우스 왼쪽 버튼으로 클릭합니다.

4️⃣ 도면 영역에서 마우스 왼쪽 버튼으로 루버-밴드 선(Rubber bend line)을 드래그-클릭해서 임의 지름을 지정(P2)하거나 '명령행'에 지름값으로 30을 입력하고 엔터키를 누릅니다.

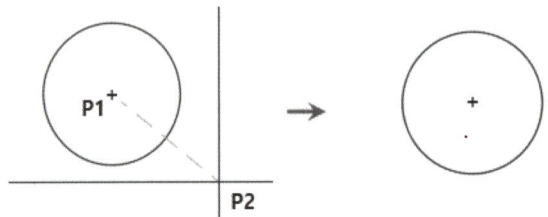

〈지름 옵션을 이용한 원(Circle) 명령 순서〉

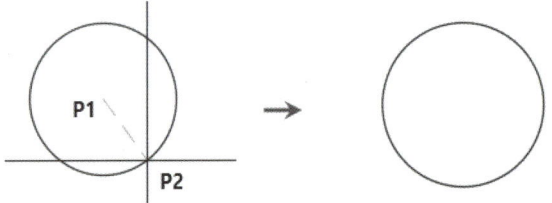

〈디폴트 반지름 옵션을 이용한 원(Circle) 명령 순서〉

우리는 설계 중에 언제든지 전체 명령 프롬프트 및 메시지를 명령 창에서 보기 위해서 F2 기능키를 누르면, 화면에 표시되고, 다시 F2 기능키를 누르면, 화면에서 사라집니다. 이러한 기능은 편리할 뿐만 아니라 도면 영역을 가능한 한 크게 표시하는 AutoCAD '명령 창'의 표시(On) 및 제거(Off)하는 토글(Toggle) 기능을 지원합니다.

9) 좌표 시스템(Coordinate system)

AutoCAD가 실행되면, 다음 왼쪽 그림과 같이 도면 영역 왼쪽 아래에 좌표계 아이콘이 표시됩니다. 도면 영역의 좌표계 아이콘은 현재 활성(열린) 도면의 좌표계를 표시하는 기호로 기본적으로 '표준 좌표 시스템[World coordinate system(WCS)]' 아이콘이 표시됩니다.

AutoCAD 좌표계 아이콘의 X, Y, Z는 X축, Y축, Z축을 표시하고, 이 세 개의 축이 만나는 교차점이 원점(0, 0, 0)입니다. 따라서 WCS는 2D 도면 평면의 기준점이고, 3D 공간에서 모델링 작업 시에도 기준점이 되는 매우 중요한 역할을 하게 됩니다.

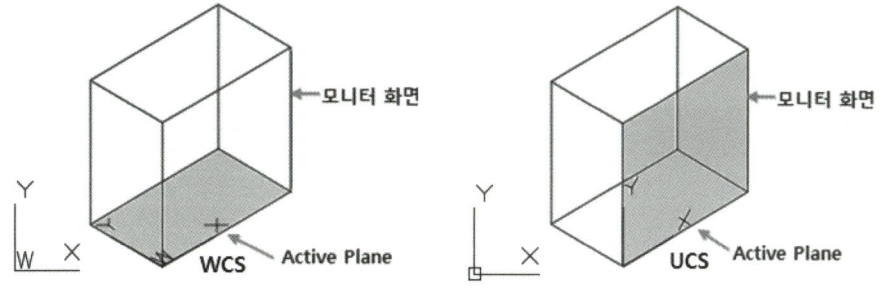

화면의 도면 영역에는 무한 3D 공간으로 좌표계의 X축(가로 방향 - 3시 방향 - 동쪽)과 Y축(수직 방향 - 12시 방향 - 북쪽)이 만나는 교차점이 AutoCAD 설계 작업 공간의 절대 원점(0, 0, 0)을 표시합니다. 절대 원점(Origin)은 어떤 상황에서도 변하지 않으며, 무한 3D 공간 또는 2D 평면의 절대적인 기준이 된다는 것을 의미합니다.

WCS 아이콘은 [뷰] 탭 ⇨ [뷰포트 도구] 패널에서 표시(On)/제거(Off)할 수 있습니다. 다음 그림처럼 AutoCAD 작업 공간에는 표준 좌표 시스템(WCS)뿐만 아니라 우리가 정의하는 사용자 좌표 시스템 (UCS - User coordinate system) 아이콘도 표시할 수 있습니다. UCS도 3D 공간에서 모델링 작업 시 기준점이 되는 매우 중요한 역할을 하게 됩니다. UCS 아이콘도 필요에 따라 도면 영역에서 표시(On) 혹은 제거(Off)할 수 있습니다.

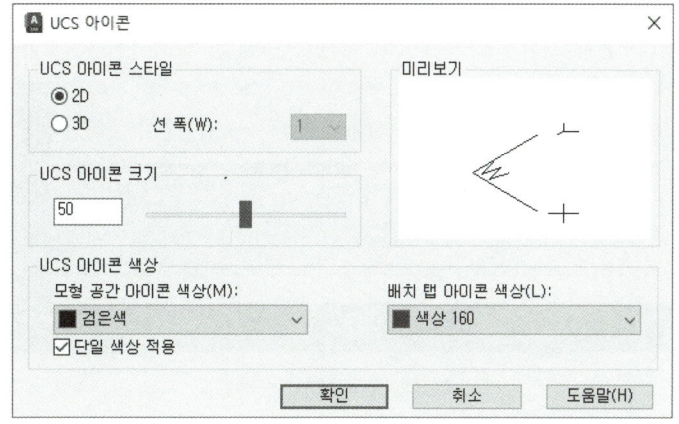

〈UCS 특성 대화상자〉

10) 상태 막대(Status bar)

상태 막대(상태 표시줄)는 AutoCAD 도면 영역의 맨 아래 명령 창 아래에 있습니다.

❑ 좌표 표시(Coordinates display)

상태 막대 왼쪽에는 도면에서 십자선 커서(Pointer)의 위치를 표시하는 좌표값이 표시됩니다. 좌표 표시를 끄거나 켜려면 이 영역을 클릭합니다. 현재 위치에는 두 가지 가능성이 있습니다.

판독 값에는 X, Y, Z값 또는 도면 영역에서 이동할 때 십자선의 거리 및 극좌표 각이 표시됩니다.

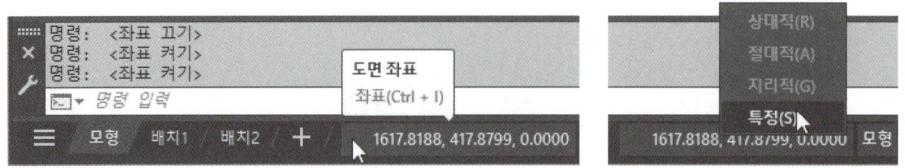

❑ 제도 설정(Drafting settings)

좌표 표시 오른쪽에는 다음 그림과 같이 도면 객체를 쉽게 그릴 수 있도록 제도 도구들을 활성화하는 버튼들이 있습니다. 이러한 기능을 통칭하여 '제도 설정'이라고 합니다.

상태 막대의 왼쪽에는 '모형'은 항상 활성 상태이고, '배치 n'을 표시하는 버튼이 있습니다.

상태 막대에 표시된 토글 도구들이 반드시 사용할 수 있는 모든 도구는 아닙니다. 이것을 사용자가 지정하려면, 맨 오른쪽의 마지막 도구 ☰ 버튼을 클릭하면 상태 막대에 표시(Checking) 및 제거(No Checking)할 수 있는 목록이 나타납니다.

목록에 체크마크가 있는 도구는 상태 막대에 표시되어 있고, 그것을 클릭하면 상태 막대에서 제거됩니다. 목록에 체크마크가 없는 도구는 클릭하면, 상태 막대에 표시됩니다.

〈상태 막대 표시 목록〉

11) ViewCube 및 탐색 막대(Navigation bar)

❑ ViewCube

ViewCube는 도면 영역의 오른쪽 위 끝에 뷰 시점을 제어하는 도구입니다.

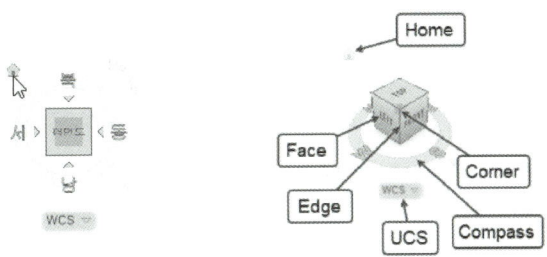

ViewCube는 도면 또는 모델의 '뷰(View)/방향(Orientation)'을 변경하는 데 사용됩니다. ViewCube를 사용하여 모델의 표준 뷰와 등각 뷰 간에 전환할 수 있습니다. 3D 모델을 다른 표준 뷰와 등각 뷰로 볼 수 있는 3D 모델링 환경에서 주로 사용됩니다. 기본적으로 비활성 상태입니다. ViewCube 위로 커서를 이동하면 커서가 활성화되어 탐색 도구로 작동합니다. ViewCube 구성요소를 사용하여 도면을 탐색할 수 있습니다.

다음에는 다양한 ViewCube 구성요소에 관해 설명합니다.

① 홈(Home) : ViewCube의 Home(홈) 아이콘은 도면의 현재 뷰를 기본 원점으로 전환하는 데 사용됩니다.

② 구석(Corner) : ViewCube의 구석은 등각 뷰를 가져오거나 뷰를 모든 방향으로 자유롭게 회전하는 데 사용됩니다. 등각 뷰를 얻으려면, ViewCube의 구석을 클릭하고 뷰를 모든 방향으로 자유롭게 회전하려면 마우스 왼쪽 버튼을 길게 눌러 ViewCube의 구석을 끕니다.

③ 나침판(Compass) : 나침반은 뷰를 회전하는 데 사용됩니다. 이렇게 하려면, 나침반 링의 왼쪽 마우스 버튼을 누른 상태에서 커서를 끕니다.

④ 모서리(Edge) : ViewCube의 모서리는 모서리 뷰를 얻거나 뷰를 모든 방향으로 자유롭게 회전하는 데 사용됩니다. 모서리 뷰를 얻으려면, ViewCube의 모서리를 클릭하고 뷰를 모든 방향으로 자유롭게 회전하려면 마우스 왼쪽 버튼을 길게 눌러 ViewCube의 모서리를 끕니다.

⑤ 면(Face) : ViewCube의 면은 상단, 전면 또는 오른쪽과 같은 직교 뷰를 얻는 데 사용됩니다. 예를 들어 도면 또는 모델의 맨 위 '뷰(View)'를 보려면, ViewCube의 맨 위 면을 클릭합니다.

⑥ UCS(User Coordinate System) : ViewCube의 UCS 옵션에서 사용할 수 있는 아래쪽 화살표를 클릭하면 UCS 드롭다운 목록이 나타납니다. 이 드롭다운 목록의 옵션을 사용하여 기존 UCS를 선택하거나 새 UCS를 생성할 수 있습니다.

만일 ViewCube가 도면 영역의 오른쪽 모서리에 표시되지 않으면, 리본 메뉴의 '뷰(View)' 탭에 있는 '뷰포트 도구(Viewport Tools)' 패널에서 ViewCube 명령 아이콘을 클릭합니다.

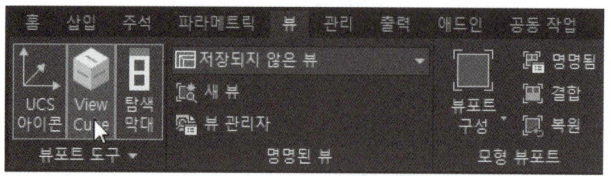 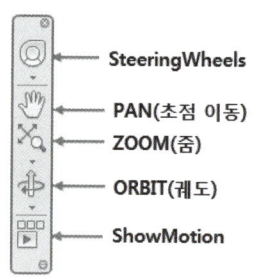

❑ 탐색 막대(Navigation bar)

탐색 막대는 확대/축소 및 이동과 같은 탐색 도구에 액세스하는 데 사용됩니다.

도면 영역의 오른쪽에서 사용할 수 있습니다. 리본 메뉴 '뷰' 탭 '뷰 도구' 패널에서 탐색 막대를 클릭하여 탐색 모음의 디스플레이를 켜거나 끌 수 있습니다.

위의 오른쪽 그림처럼 탐색 막대는 'SteeringWheels', '초점이동(Pan)', '줌(Zoom)', '궤도(Orbit)'와 같은 명령을 이용해서 모형과 객체를 다양한 방법으로 이동, 확대, 축소, 회전하는 것을 가능하게 해 주는 도구입니다. 사용할 수 있는 통합 탐색 도구는 다음과 같습니다.

① Steering Wheels : 탐색 막대에 있는 도구 간을 빠르게 전환하는 데 사용할 수 있는 다음 그림처럼 다양한 휠 형태의 집합 도구입니다.

② 초점이동(Pan) : 화면에 평행하게 뷰를 이동합니다.

③ 줌(Zoom) : 모형의 현재 뷰 배율을 높이거나 낮추는 탐색 도구 세트입니다.

④ 궤도(Orbit) : 모형의 현재 뷰를 회전하는 데 사용하는 탐색 도구 세트입니다.

⑤ ShowMotion : 설계 검토, 프레젠테이션과 북마크(Bookmark) 스타일 탐색을 위한 작성 및 재생에 사용하도록 화면상 표시 기능을 제공하는 설계자 인터페이스 요소입니다.

• 탐색 막대는 유동적이라 도면 창 내의 어느 위치, 가로 및 세로 방향으로 이동해서 고정할 수 있습니다.

• 다음 그림처럼 SteeringWheels를 다수의 일반 탐색 도구를 단일 인터페이스로 결합함으로써 작업자의 시간을 절약할 수 있습니다. Steering Wheels는 작업에 따라 다르게 표시되므로 서로 다른 '뷰(View)'에서 모형을 탐색하고 방향을 조정할 수 있습니다.

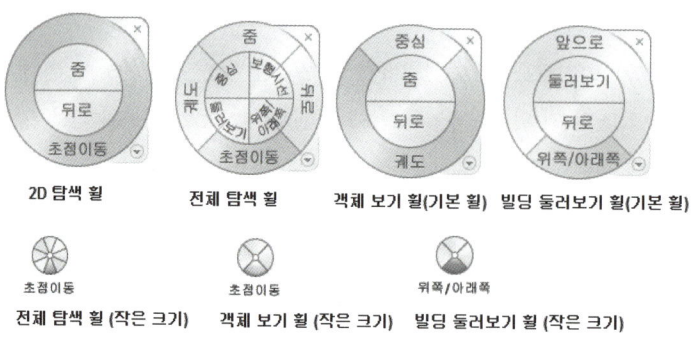

〈Steering Wheels 탐색 도구〉

02 명령 인터페이스 (Command interface)

2.1 AutoCAD 명령 인터페이스

1) 명령 및 옵션 인터페이스 개요(Command & option interface overview)

리본 메뉴는 Windows 응용프로그램의 공통 인터페이스 플랫폼이기 때문에 AutoCAD 응용프로그램은 그것을 채택해야 합니다. AutoCAD의 유일한 인터페이스는 명령행이고, 명령 프로세스의 다양한 측면을 제어하는 옵션들이 있습니다. AutoCAD 명령 인터페이스는 디폴트 프롬프트, 옵션 프롬프트 및 메시지로 구성되고, 상호 대화식 프로그램이기 때문에 명령을 호출하면, 디폴트 프롬프트와 옵션 프롬프트를 명령행에 표시합니다. 디폴트 프롬프트는 설계자가 반드시 대응해야만 한다는 의미이고, 현재 활성 명령 프로세스에 필요한 옵션만 프롬프트 합니다. 즉 현재 활성 명령 프로세스에 필요한 개수의 옵션만 프롬프트 한다는 의미입니다. 프롬프트 된 옵션 중에서 활성을 원하는 옵션을 클릭하거나 키워드 문자를 입력해서 계속해서 명령을 실행해야 합니다.

AutoCAD 한글 버전 인터페이스는 메뉴, 도구 막대, 팔레트, 대화상자, 명령행에 명령어 외에 설정, 프롬프트, 옵션이 한글로 표시됩니다. 그렇지만 AutoCAD에서 키보드로 한글은 절대로 입력할 수 없으며 무조건 영문 알파벳과 숫자만을 입력해야 AutoCAD가 입력된 내용을 스스로 인식해서 해석하고 옵션 혹은 프롬프트를 한글, 영문 혹은 숫자로 표시하게 됩니다. 따라서 AutoCAD 한글 버전은 어떤 경우에도 한글은 절대로 입력할 수 없다는 것을 명심해야 합니다.

❑ 명령행 정의(Command line defined)

명령행은 설계자가 AutoCAD 프로그램과 대화하고, 소통하는 기본적인 중요한 도구로서 프롬프트 정보 즉 명령, 옵션 혹은 도구를 입력하라는 메시지가 표시됩니다.

〈명령행 인터페이스〉

2) 명령행 인터페이스(Command line interface)

① 명령 옵션(Option)은 명령행 프롬프트에서 [...](대괄호) 안에 표시됩니다. 명령행에 표시된 명령 옵션의 대문자는 해당 옵션을 호출하기 위해서 입력하는 키워드 문자를 표시합니다. 그러나 그것을 대문자로 입력할 필요는 없습니다.

② 명령에 대한 디폴트 옵션이 있는 경우 이 옵션은 언제나 프롬프트 메시지 오른쪽 끝에 〈...〉 꺾쇠 내에 표시됩니다. 디폴트 옵션을 호출하려면, 엔터키를 누릅니다.

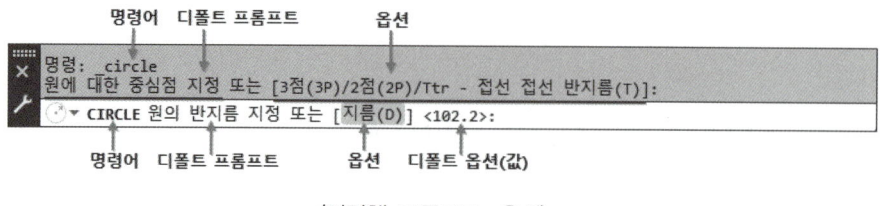

〈명령행 프롬프트, 옵션〉

AutoCAD에서 명령을 호출(Access)하는 방법은 다음과 같습니다.

① 리본 메뉴에서 명령 아이콘을 클릭해서 호출

② 명령행(Command line)에 명령어를 입력해서 호출

③ 풀다운 메뉴(Pulldown menu)에서 명령을 클릭(Click)해서 호출

④ 단축 메뉴(Shortcut menu)에서 명령을 클릭(Click)해서 호출

⑤ 도구 막대(Toolbar)에서 명령 아이콘을 클릭해서 호출

일반적으로 AutoCAD에서 명령을 호출하고 실행하는 순서는 다음과 같습니다.

① 명령 호출 ⇨ 도면 윈도우에서 위치 선택 혹은 객체 선택

② 도면 윈도우에서 객체 선택 ⇨ 명령 호출

명령을 실행하는 동안에, 다음의 세 가지 방법으로 옵션(Option)을 호출해서 이용할 수 있습니다.

① 명령행에서 옵션 표시 키워드 문자 입력

② 마우스 왼쪽 버튼으로 클릭

③ 단축(팝업) 메뉴에서 옵션 선택

❏ 대화형 명령 인터페이스(Interactive command interface)

AutoCAD의 전형적인 대화형 명령 인터페이스로 사각형 객체를 작도하려면;

1 '직사각형(Rectang)' 명령을 호출하고,

2 다음 그림처럼 도면 영역에 마우스 왼쪽 버튼을 클릭해서 첫 번째 구석 점(P1)을 지정합니다.

3 명령행 프롬프트에서 [치수(D)] 옵션을 호출합니다.

④ 엔터키를 눌러 직사각형의 길이에 대한 디폴트 값 〈10.0〉을 적용합니다.
⑤ 엔터키를 눌러 직사각형의 폭에 대한 디폴트 값 〈10.0〉을 적용합니다.
⑥ 도면 영역에서 점(P1)보다 오른쪽 위 방향으로 임의의 점(P2)을 클릭합니다.
　도면 영역에 다음 그림과 같이 변의 길이가 10인 정사각형이 작도될 것입니다.

명령: _rectang
첫 번째 구석점 지정 또는 [모따기(C)/고도(E)/모깎기(F)/두께(T)/폭(W)]: P1
다른 구석점 지정 또는 [영역(A)/치수(D)/회전(R)]: D
직사각형의 길이 지정 〈10.0〉: 〈CR〉
직사각형의 폭 지정 〈10.0〉: 〈CR〉
다른 구석점 지정 또는 [영역(A)/치수(D)/회전(R)]: P2

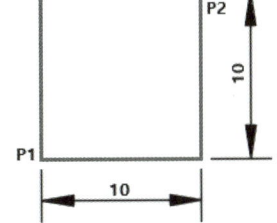

> **참고** 직사각형 작도
>
> 만일 프롬프트에서 길이 및 폭의 치수 값을 다르게 입력하면, 직사각형을 작도하게 될 것입니다.

❏ 단축 명령어(Command alias)

　AutoCAD는 영문 소문자 혹은 대문자를 구별 없이 명령어를 입력해서 명령을 호출하지만, 작업 실행 속도를 위해, 다음과 같은 편리한 단축 명령어(Command alias) 입력 기능을 제공하고 있습니다. AutoCAD 응용프로그램의 **acad.pgp** 파일은 완전한 명령어를 입력하는 대신에 단축 명령어를 입력해서 작업할 수 있는 단축 명령어 정의 기능을 제공합니다.

　예를 들면, '선(Line)' 명령 대신에 단축 명령어로 L, '원(Circle)' 명령 대신에 C, '복사(Copy)' 명령 대신에 CO 단축 명령어를 명령행에 입력해서 그 명령을 호출할 수 있습니다.

　단축 명령어를 정의하거나 수정하려면, 리본 메뉴 [관리] 탭 ▷ [사용자화] 패널 ▷ [별칭 편집] 명령 아이콘을 클릭합니다. 다음 그림처럼 **acad.pgp** ASCII 파일에 모든 AutoCAD 명령의 단축 명령어들이 정의되어 있습니다(경고 - 초보자는 절대 단축 명령어 수정하지 말 것).

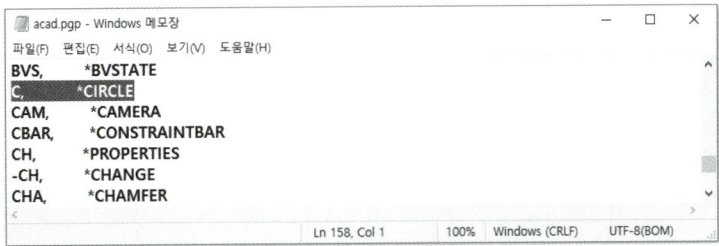

〈acad.pgp 파일 내용〉

3) 명령행에 옵션 문자 입력 혹은 옵션 클릭

명령을 호출하면, 명령행에 명령어, 그것의 디폴트 프롬프트 및 옵션 리스트가 표시됩니다. 옵션은 옵션 문자와 괄호 안에 영문 글자와 숫자의 파란색으로 표시됩니다. 또한, 명령행에 옵션들은 프롬프트에서 [ ](대괄호) 내부에 스페이스 혹은 /(빗금)로 구분되어 나열되는데, 키워드는 옵션 끝의 ( )(괄호) 안에 있는 숫자 및 영문 대문자로 표시됩니다.

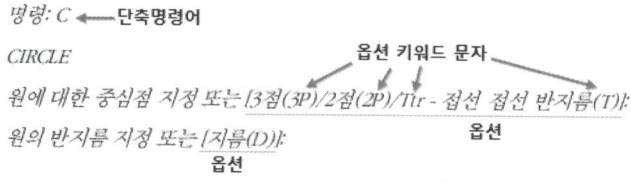

〈옵션 프롬프트〉

옵션을 활성화하기 위해서 명령행에서 원하는 옵션의 파란색 부분을 마우스 왼쪽 버튼으로 클릭하거나 옵션 다음에 있는 ( )(괄호) 안에 있는 숫자 및 영문 대문자만 입력하면, 그 옵션이 호출되어 실행됩니다. 예를 들면, '원(Circle)' 명령을 실행하고, [3점(3P)] 옵션을 호출하려면, 3P를 입력하거나 마우스 왼쪽 버튼으로 [3점(3P)] 옵션을 클릭한 후 다음 그림처럼 반시계 방향으로 세 점을 차례로 지정하면 원이 작도됩니다.

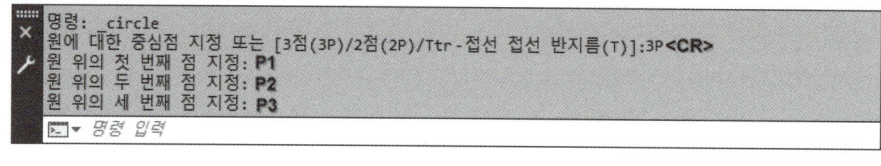

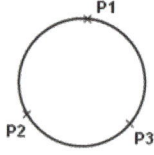

또 다른 중요한 예를 들면, '원(Circle)' 명령을 실행하고, 접원을 작도하기 위해서 [Ttr - 접선 접선 반지름(T)] 옵션을 호출하려면 대문자 T 글자만 입력하면 됩니다.

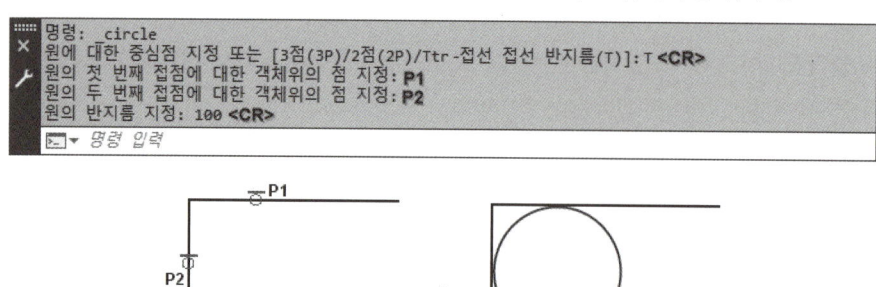

4) 단축 메뉴 혹은 팝업메뉴(Shortcut or Popup menu)

AutoCAD에서 단축 메뉴(Shortcut Menu)는 상황에 따라 다르게 표시됩니다. 도면 영역을 마우스 오른쪽 버튼으로 클릭하면 단축(바로 가기) 메뉴에 표시되는 옵션을 호출할 수 있습니다. 현재 활성 명령 프로세스에 따라 단축 메뉴가 변경됨을 의미합니다. 예를 들어, 명령 프롬프트에 있는 경우 즉 명령이 호출되어 활성 상태에서 그 명령의 단축 메뉴를 호출하면, 그 명령 자체에 있는 옵션들과 또 다른 옵션을 이용할 수 있습니다.

❏ 단축 메뉴 정의(Definition of shortcut menu)

단축 메뉴 옵션은 여러 영역으로 구성됩니다. 이용할 수 있는 옵션은 활성 작업의 현재 상황에 따라 다르며 단축 메뉴를 활성화하면 변경됩니다. 다음 그림은 '폴리선(Pline)' 명령 프로세스 중에 호출된 단축 메뉴를 보여 줍니다.

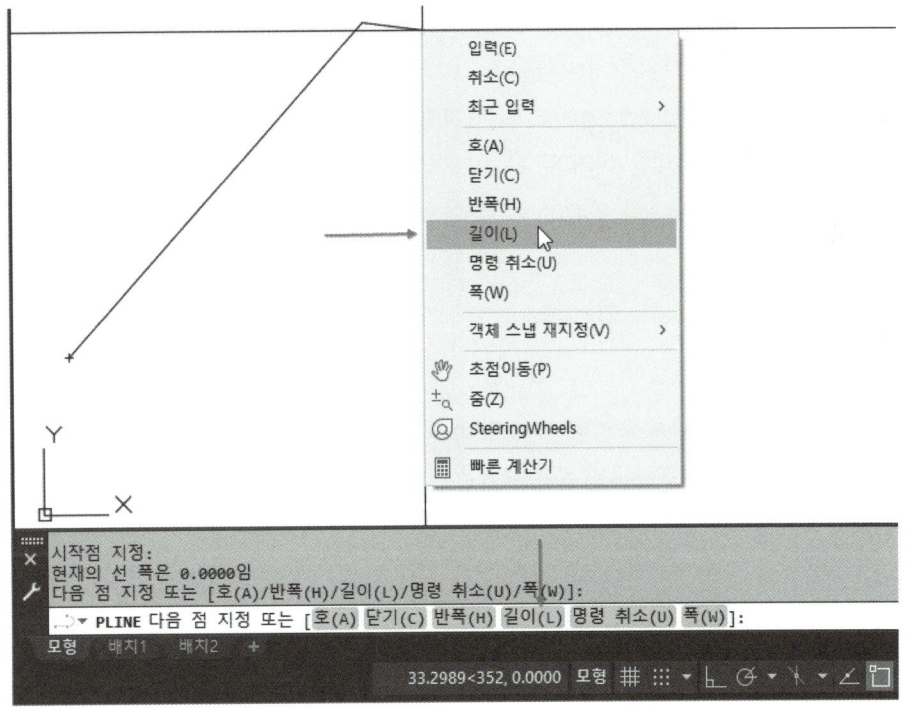

단축 메뉴의 상단 영역에는 '입력', '취소' 및 '최근 입력' 옵션이 있습니다. 단축 메뉴의 중간 영역에는 현재 명령과 관련된 옵션이 있습니다. 이 메뉴의 옵션이 명령행의 옵션과 어떻게 일치하는지 확인해 봅니다.

우리가 활성 명령에 옵션을 사용하려면, 단축 메뉴에서 옵션을 선택합니다. 이것은 명령행에 옵션의 대문자를 입력하는 것과 같은 효과가 있습니다. 단축 메뉴의 하단 영역에는 '초점이동(Pan)' 및 '줌(Zoom)' 명령이 있으며 '빠른 계산기(Quickcalc)' 명령을 호출할 수 있습니다.

❏ AutoCAD 단축 메뉴의 핵심 요점(Key points of AutoCAD Shortcut menu)

① 단축 메뉴는 현재 명령 프로세스 상황에 따라 달라지므로 객체 그리기(Drawing) 또는 수정(Editing) 여부와 같은 AutoCAD의 현재 컨텍스트(Context)에 따라 옵션이 달라집니다.

② 명령행에 명령 옵션 키워드를 키보드로 입력하는 대신 단축 메뉴를 사용할 수 있는데 이렇게 하면 설계 속도가 빨라지고 활성 명령의 하위 옵션으로 작업하는데 선호되는 방법입니다.

5) 배치 공간(Layout workspace)

AutoCAD는 사용자 인터페이스 요소에 대해 MS Windows 표준을 준수하지만, AutoCAD 응용프로그램에만 해당하는 일부 사용자 인터페이스 요소 유형들이 있습니다.

AutoCAD에는 '모델 공간(Model space)'과 '용지 혹은 도면 공간(Paper space)'이라는 두 가지 다른 작업 환경을 지원합니다. 기본적으로 AutoCAD를 시작할 때 '모델 공간(Model space)'은 도면 작성을 위한 활성화된 환경입니다. '모델 공간(Model space)'에서 생성된 도면은 1:1 축척이며, 모델의 실제크기를 나타내지만, '용지 공간(Paper space)'은 도면 플롯(Plot)을 위한 다양한 도면 뷰(View)를 생성하는 데 사용됩니다. '용지 공간(Paper space)'을 '배치(Layout)'라고도 합니다. '용지 공간(Paper space)'에서 다양한 도면 뷰를 나타내는 여러 뷰포트(Viewports)를 작성할 수 있습니다. '용지 공간(Paper space)'은 최종 도면을 인쇄하거나 플롯(Plot) 할 수 있는 용지 한 장에 불과합니다.

❏ 배치 및 도면 시트(Layout and drawing sheets)

AutoCAD에서 '모형 공간(모형 탭)'은 설계를 생성하는 영역입니다. '배치(Layout-도면 시트) 공간 탭'은 주석, 테두리, 제목 블록 및 플롯(Plot)을 위한 것입니다. 설계 작업을 할 때는 모형 공간에서 항상 실 척도(1:1)로 작도해야 합니다. 모델 공간 환경은 설계를 생성할 수 있는 무제한 평면을 제공합니다. '배치(Layout)'를 사용하여 용지의 실제크기와 같은 영역을 나타내는 도면 시트(Drawing sheets)를 작성합니다. AutoCAD 명령 창의 하단에 있는 상태 막대에 있는 버튼을 클릭하여 모형 공간(Model space)과 배치 공간(Layout) 사이를 전환할 수 있습니다.

〈모형 공간, 배치 공간 도구〉

6) AutoCAD 명령의 취소 및 종료(Cancel and terminate of AutoCAD commands)

- 명령 실행하는 동안에 현재 활성 명령 실행을 취소하려면;

1 키보드에서 Esc 키를 누릅니다.

2 다음 그림처럼 단축 메뉴에서 [취소]를 클릭합니다.

- 명령이 호출되어 실행이 완료되었으면;

1 키보드에서 엔터키 혹은 스페이스 바를 눌러 명령을 정상적으로 종료합니다.

2 다음 그림처럼 단축 메뉴에서 [입력]을 클릭합니다.

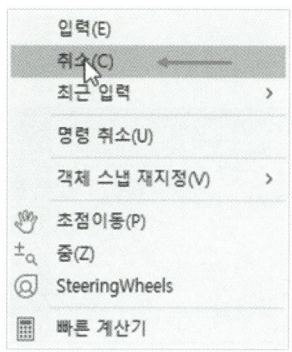 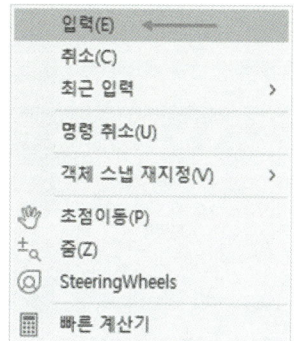

- 도면 영역에서 객체들을 선택하고, [Del] 키를 누르면 선택된 객체들은 삭제됩니다.

  [Del] 키를 이용해서 객체들을 삭제하는 것은 리본 메뉴 [수정] 패널에서 [지우기(Erase)] 명령 아이콘을 클릭하고, 도면 영역에서 객체를 선택해서 엔터키를 누르는 것을 이용하는 것보다 매우 편리합니다.

7) 도면 세션 및 AutoCAD 종료(Drawing session and exit of AutoCAD)

AutoCAD [닫기(Close)] 명령은 현재 열려 있는 파일 또는 열려 있는 모든 파일을 닫습니다.

- 도면 세션을 닫으려면;

1 [응용프로그램 메뉴] ➪ [닫기] ➪ [현재 도면] 혹은 [모든 도면] 클릭

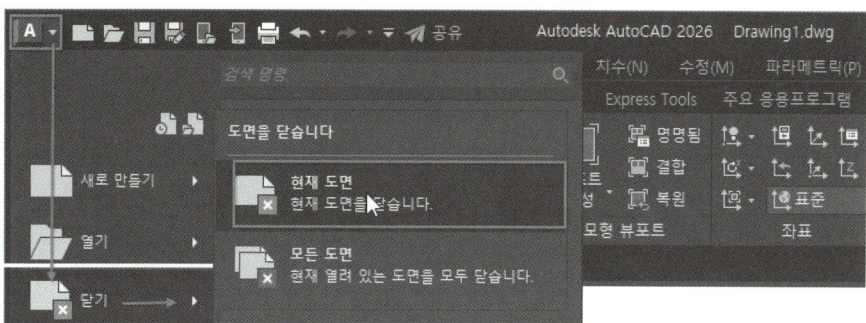

2 풀다운 메뉴 [파일] ⇨ [닫기] 클릭

열려 있는 파일이 수정되었으면 AutoCAD는 다음 대화상자와 같이 저장할지? 저장하지 않을지? 또는 닫을지 묻습니다.

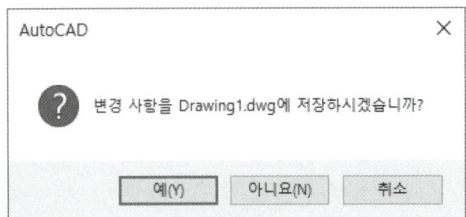

- AutoCAD 응용프로그램을 종료하기 위해서는;

1 [-응용프로그램 메뉴] ⇨ [AutoCAD 2026 종료] 클릭

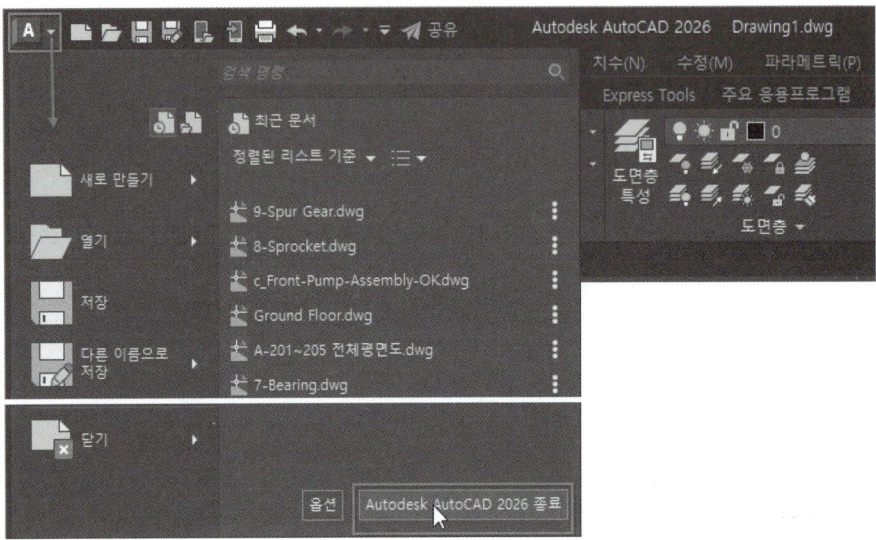

2 풀다운 메뉴 [파일] ⇨ [종료] 클릭

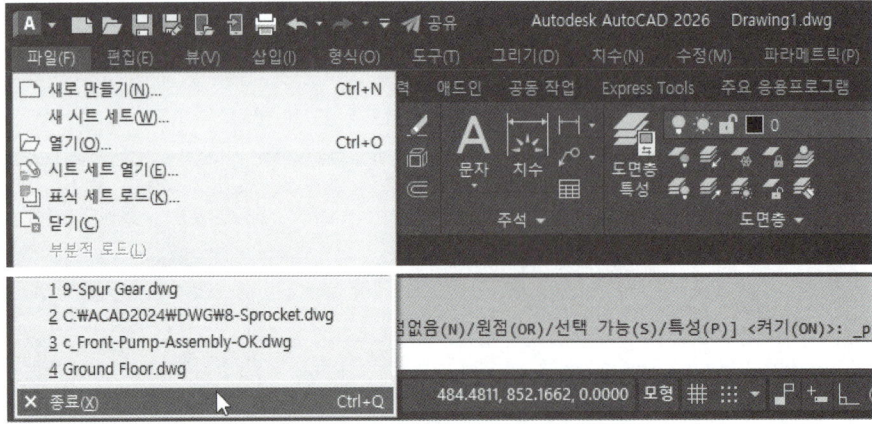

2.2 마우스 및 키보드 사용법

1) 마우스의 각 버튼과 휠 기능(Each button & wheel function of the mouse)

AutoCAD에서 마우스는 기본적인 입력 장치로 도면 설계 작업을 수행하는 데 필요합니다. 일반적인 마우스의 각 버튼과 휠의 기능들에 대해서는 다음 그림의 설명을 참고합니다.

- 왼쪽 버튼(MLB)
  - 마우스 왼쪽 버튼은 가장 빈번하게 사용하는 중요한 포인팅(Pointing) 및 선택(Pick) 버튼으로 메뉴, 아이콘, 도구, 대화상자 옵션, 도면 윈도우에서 위치 지정 및 대상 객체를 선택하는 데 사용합니다.
- 오른쪽 버튼(MRB)
  - 마우스 오른쪽 버튼은 엔터키 기능과 도면 윈도우에서 선택된 대상 객체에 맞는 단축 메뉴를 표시하는 데 사용합니다.

□ 마우스 휠 기능

AutoCAD에서 휠 마우스는 표준 포인팅 장치로서, 왼쪽과 오른쪽 버튼 사이에 휠이 있습니다. 우리는 도면 영역에서 이 휠을 조금씩 양방향으로 회전시킬 수 있습니다. 따라서 명령을 호출하지 않고도 이 휠을 사용하여 도면 및 도면 객체를 확대/축소하는 것은 물론이고 초점 이동할 수 있습니다.

도면 영역에서 확대 및 축소를 원하는 위치에 마우스 커서를 놓은 후 휠을 앞쪽으로 회전하면, 객체의 화면표시를 실시간 확대할 수 있습니다. 휠을 반대로 회전하면, 객체의 화면표시를 실시간 축소할 수 있습니다. 도면 영역에서 화면 이동을 원하는 위치에 마우스 커서를 놓은 후 휠을 누른 상태에서 마우스를 이동하면, 객체의 화면 초점이동을 실시간으로 할 수 있습니다.

도면 영역에서 마우스 휠을 더블 클릭하면, 도면 영역에 '줌(Zoom)' 하여 모든 객체의 최대 범위를 표시합니다. 모형의 각 객체 범위가 계산되어 모형이 윈도우를 채울 방법을 결정하는 데 사용됩니다.

AutoCAD의 ZOOMFACTOR 시스템 변수는 전방 또는 후방의 확대/축소 증분 변화를 제어합니다. 변수의 기본 설정값은 60이고, 이 설정값이 높을수록 확대/축소비율이 커지고, 적을수록 작아집니다.

❏ 휠 마우스 이용 방법

조작	기능
휠을 앞으로 회전	실시간 확대(Realtime Zoom)
휠을 뒤로 회전	실시간 축소(Realtime Zoom)
휠 더블 클릭	줌 범위(Zoom Extent)
휠을 클릭한 상태로 드래그	실시간 초점이동(Pan)
Shift 키와 동시에 휠을 누른 상태에서 드래그	구속 궤도 회전(Constrained Orbit)
Ctrl 키와 동시에 휠을 누른 상태에서 드래그	실시간 초점이동(Joystick)

2) AutoCAD 기능키(AutoCAD function Key)

- 키보드 기능키는 명령어를 입력해서 실행시키는 것이 아니라, 키보드의 기능키를 누르면 지정된 명령이나 설정 도구가 실행되는 것을 말합니다.
- 도면 작업 중간에 일일이 해당 명령어를 치는 것이 매우 번거로우므로 이렇게 기능키 이용해서 작업할 수 있도록 만들어 놓은 것입니다. 따라서 기능키는 매우 편리한 유용한 기능이고, 기능키들을 외워두면, 도면 작업 속도를 높이는 지름길입니다.

기능키	키 조합	명령	설 명
F1		HELP	도움말 호출
F2		Text window	명령(문자) 윈도우 전환
F3	CTRL-F	OSNAP ON/OFF	객체 스냅 모드 켜기/끄기
F4		3D OSNAP ON/OFF	3D 객체 스냅 모드 켜기/끄기
F5		ISOPLANE	등각 평면 전환
F6	CTRL-D	DYNAMIC UCS ON/OFF	동적 UCS 켜기/끄기
F7	CTRL-G	GRID ON/OFF	모눈 모드 켜기/끄기
F8	CTRL-L	ORTHO ON/OFF	직교모드 켜기/끄기
F9	CTRL-B	SNAP ON/OFF	스냅 모드 켜기/끄기
F10	CTRL-U	POLAR ON/OFF	극좌표 추적 켜기/끄기
F11	CTRL-W	OSNAP TRACKING ON/OFF	객체 스냅 추적 켜기/끄기
F12		DYNAMIC INPUT ON/OFF	동적 입력모드 켜기/끄기

〈상태 막대〉

3) AutoCAD의 유용한 키(Useful keys in AutoCAD)

키보드 입력을 사용하는 것은 컴퓨터를 사용하는 모든 사람에게 친숙하고, 숙달되어야 합니다. AutoCAD 응용프로그램에서 수행하는 대부분 작업에서 키보드 입력을 사용하지만, 특히 빈번하게 사용하는 특수한 키들이 있습니다. 키 혹은 키 조합은 매우 편리한 유용한 기능이고, 이러한 키, 키 조합들을 외워두면, 도면 작업 속도를 높이는 지름길입니다.

❑ 특수 키보드들

우리는 다음 키를 가장 자주 사용합니다. 이러한 키보드들은 AutoCAD에서 작업 중에 특별한 의미를 부여합니다. 따라서 설계자는 다음 표에 있는 키의 기능들은 AutoCAD를 사용하는 동안에 언제든지 사용할 수 있도록 반드시 암기 하기길 권장합니다.

키	조합키	호출 상황	설명
Esc	CTRL-C		Command interrupt(명령 실행 중지)
Del	CTRL-X		객체 혹은 엔티티 삭제
SHIFT			직교모드 일시적 제어
SHIFT+MRB			객체 스냅 설정 메뉴 호출
ENTER(엔터) 〈CR〉		명령 실행 중	명령 완료
	CTRL-J	명령: 프롬프트	이전 명령 반복 호출
SPACE BAR		명령 실행 중	명령 완료
	CTRL-J	명령: 프롬프트	이전 명령 반복 호출
	CTRL-Z		UNDO(명령 취소)
	CTRL-Y		REDO(명령 복구)

① Esc 키를 사용하여 현재 활성 명령 및 작업을 모두 취소하고, 명령: 프롬프트로 즉 명령 대기 상태로 돌아갑니다.
② 명령행에 키보드로 데이터 입력 후 반드시 엔터키(Enter key)를 누릅니다. 엔터키를 눌러 명령을 완료할 수도 있습니다.
③ 스페이스 바(Space bar)를 누르는 것은 엔터키를 누르는 것과 같으며 종종 사용하기 더 쉽습니다.
④ 명령: 프롬프트에서 즉 명령 대기 상태에서 스페이스 바(Space bar) 또는 엔터키를 누르면, 마지막으로 사용된 명령이 반복 호출됩니다.
 AutoCAD에서 이렇게 반복해서 신속하게 명령을 호출하는 방법은 설계자의 작업 생산성을 위한 매우 유용한 기능입니다.
⑤ ↑(위쪽) 및 ↓(아래쪽) 화살표 키를 누르면, 사용된 이전 명령이 순환됩니다.

⑥ 명령 프로세스가 활성일 때, Tab 키는 호출된 대화상자에서 탐색하는 데 특히 유용합니다. 그리고 '동적 입력(Dynamic Input)' 모드에서 필드 간에 이동하려면 Tab 키를 사용하고, 데이터 입력 후에 엔터키를 누르지 않도록 주의해야 합니다.

⑦ 그 외 Shift 키와 Ctrl 키 역시 형상 그리기 및 수정하는 동안에 특수한 용도로 다양하고, 빈번하게 사용하는 데 추후 학습 과정에서 소개하도록 하겠습니다.

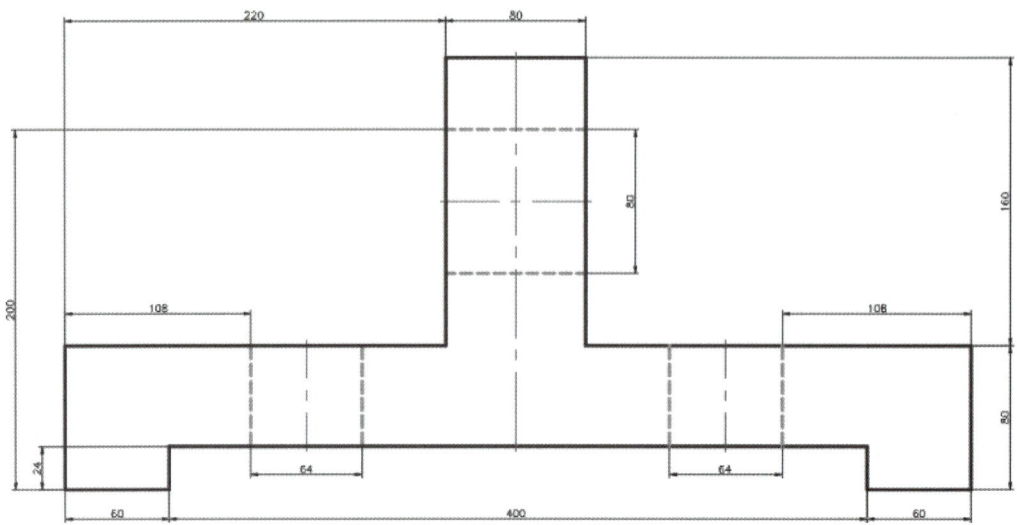

〈샘플 도면〉

03 도면 파일 관리하기 (Managing drawing files)

3.1 도면 파일(Drawing file)

1) 새 도면 파일 만들기(Create a new drawing file)

AutoCAD를 실행한 후 도면 작도를 시작하기 위해서는 미리 만들어 저장해 놓은 템플릿(원형) 도면 파일(Prototype drawing)을 기반으로 새 도면을 시작합니다.

새 도면을 시작하려면, 신속 호출 도구 막대에 있는 [새로 만들기(New)] 명령 아이콘을 클릭합니다.

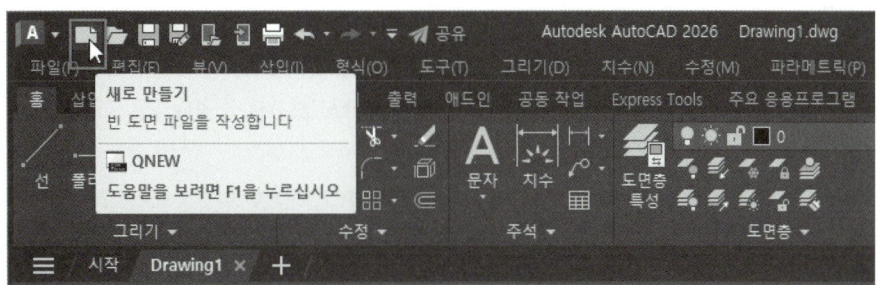

'템플릿 선택' 대화상자가 표시됩니다. '템플릿 선택' 대화상자에는 사전에 작도되어 저장된 템플릿 도면 파일들이 포함되어 있습니다.

1 '템플릿 선택' 대화상자에서 원하는 템플릿 파일을 선택합니다.
   (AutoCAD 템플릿 파일의 확장자는 *.dwt).
2 미터법 단위로 도면을 작도하려면, [템플릿 파일(acadiso.dwt)]을 선택하고, [열기(Open)] 버튼을 클릭합니다.
3 AutoCAD는 새 도면 파일을 시작합니다(AutoCAD 도면 파일의 확장자는 *.dwg).

새 도면 파일은 Drawing1.dwg 와 같은 임시 이름을 가지고 있으므로 즉시 의미 있는 파일 이름으로 변경하는 것을 권장합니다.

2) 템플릿(원형) 도면 파일(Prototype drawing)

대부분 기업의 설계부 혹은 설계 프로젝트는 일관된 모양과 기능을 보장하기 위해 도면에 대한 일관된 표준 작성 지침을 가지고 있습니다. 우리는 도면 템플릿(Drawing template)을 작성하여 이러한 표준 작성 지침을 도면 특성 및 기타 설정 형식으로 저장할 수 있습니다. 우리가 새 도면을 작성할 때, 이 사용자화 템플릿을 사용하여 이러한 표준 작성 지침의 일관성을 보장할 수 있습니다. 또한 사용자화 도면 템플릿을 사용하면, 도면을 시작할 때마다 필요한 표준을 설정하는 데 걸리는 시간을 절약할 수 있습니다. 대부분의 설계팀에는 도면 템플릿(Drawing template)을 작성하여 팀원들이 이용할 수 있도록 하는 CAD 관리자가 있습니다.

AutoCAD는 새 도면을 작성하기 위한 다양한 도면 템플릿 파일들을 제공합니다. 이러한 사전 정의된 도면 템플릿은 대부분 기본 도면을 작성하는 데 적합합니다.

❏ 도면 템플릿 정의(Definition of drawing templates)

도면 템플릿은 단위, 표제란, 도면층, 문자 스타일 및 치수 스타일과 같은 미리 정의된 표준 설정의 집합으로, 많은 도면을 작성하는 데 사용할 수 있습니다. 도면 템플릿 파일의 확장자는 .dwt 입니다.

❏ 도면 템플릿 및 CAD 표준(Drawing templates and CAD standards)

우리가 설계 작성과 관련된 팀원이 많은 프로젝트에서 작업할 때 모든 팀 구성원이 같은 도면 설정을 일관되게 따르지 않을 수도 있습니다. 따라서 도면 간 일관성을 유지하기 위해 .dwt 파일을 공유하고 사용하여 CAD 표준(CAD standards)을 설정할 수 있습니다.

도면 템플릿 파일을 작성하려면, 필요한 도면 설정을 정의하고 파일을 도면 템플릿으로 저장합니다. 도면 템플릿 파일을 도면 표준(DWS) 파일로 저장할 수도 있습니다. 그런 다음 DWS 파일을 사용하여 설정된 표준을 위반하는지 도면 템플릿을 사용하여 도면을 확인하고 매핑할 수 있습니다.

❏ 템플릿 특성 및 설정(Template properties and settings)

도면 템플릿을 작성할 때, 우리는 새 템플릿을 사용하여 작성할 수 있는 도면 유형에 따라 템플릿 특성 및 설정의 전부 또는 일부를 저장할 수 있습니다. 우리는 필요한 경우 나중에 이러한 속성을 수정할 수 있습니다.

우리는 작성하는 모든 새 도면의 시작점을 제공하기 위해 템플릿 도면을 이용합니다. 대부분 설계 환경에서 도면은 몇 가지 공통 특성 및 설정을 공유합니다.

도면 템플릿을 저장할 때 모든 도면 공통점을 저장할 수 있으므로 새 도면을 작성할 때마다 특성 및 설정을 작성하거나 조정할 필요가 없습니다. 도면 템플릿 파일에 저장해야 하는 도면 특성 및 설정들은 다음과 같습니다.

① 도면 용지 시트 크기 - 도면 한계(Limits) 명령

② 축척(Scale) - 선종류(Linetype) 명령

③ 단위 및 단위 형식(Unit and Unit format), 정밀도(Accuracy) - 단위(Units) 명령

④ 윤곽선(Border), 표제란, 부품난, 중심마크

⑤ 도면층(Layer) 작성 및 설정 - 도면층(Layer) 명령

⑥ 선종류(Linetype) 설정 - 선종류(Linetype) 명령

⑦ 선가중치(Lineweight) 설정 - 선가중치(Lweight) 명령

⑧ 문자 스타일(Text style) - 문자 스타일(Style) 명령

⑨ 치수 스타일(Dimension style) - 치수 스타일(Dimstyle) 명령

⑩ 품번, 다듬질 등 각종 기호

⑪ 배치 뷰포트 및 축척(Layout)

⑫ 플롯 및 게시 설정(Pagesetup)

다음의 도면 설정들은 필요하면 설정해서 도면 템플릿 파일에 저장하고 이용할 수 있는 부가적인 내용입니다.

① 스냅 및 모눈 간격(Snap and grid space)

② 다중 지시선 스타일(Multileader style)

③ 테이블 스타일(Table style)

④ 배치 및 페이지 설정(Layout and page setup)

❏ 도면 템플릿 파일 위치(Drawing template file location)

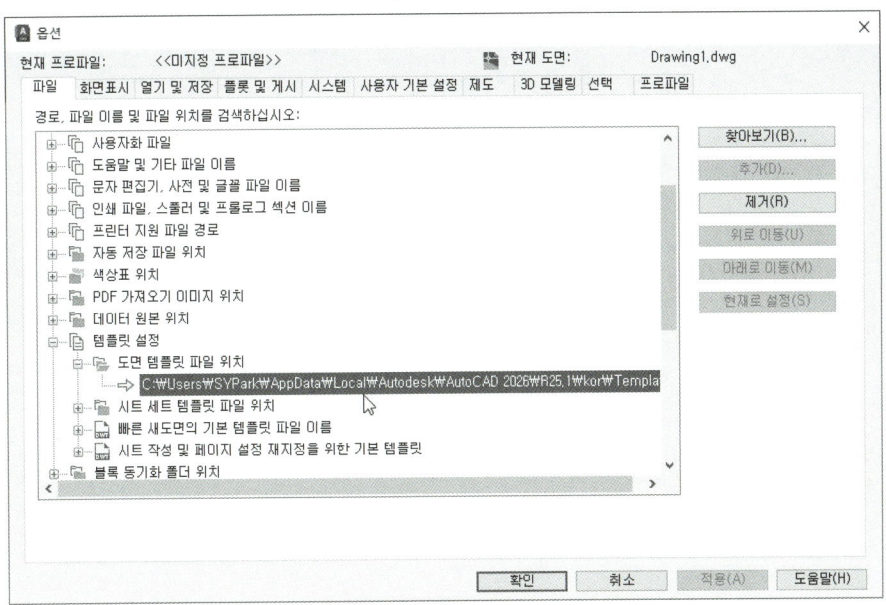

❏ 템플릿 옵션 대화상자(Template option dialog box)

'템플릿 옵션' 대화상자를 사용하여 도면 단위를 영국식 또는 미터법으로 설정하고 템플릿에 대한 설명을 제공하며 새 도면층 알림을 제어할 수 있습니다.

❏ 템플릿 옵션 대화상자 호출(Access the template option dialog box)

1 명령행 : SaveAS

혹은

1 [응용프로그램 메뉴] ⇨ [다른 이름으로 저장] ⇨ [도면 템플릿] 클릭

'다른 이름으로 도면 저장' 대화상자에서 도면 템플릿 파일의 이름을 지정하고, [저장] 버튼을 클릭하면 다음 그림과 같이 '템플릿 옵션' 대화상자가 호출됩니다.

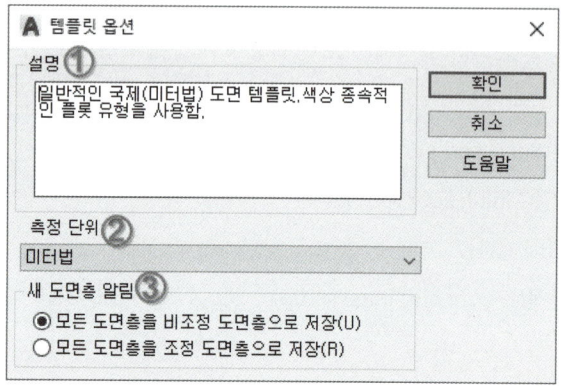

옵션	설명
① 설명	.dwt 파일에 대한 설명을 지정합니다. 이 설명은 새 도면 작성 대화상자에 표시됩니다.
② 측정 단위	이 템플릿을 기반으로 하는 도면에 인치 단위를 사용할지 또는 미터법 단위를 사용할지 설정합니다.
③ 새 도면층 알림	.dwt 파일의 모든 도면층은 기본적으로 조정되지 않은 것으로 저장됩니다. 모든 도면층이 조정되지 않았거나 조정된 것으로 저장합니다. 조정되지 않은 도면층으로 .dwt 파일을 저장하면, 도면층 기준선이 작성되지 않으므로 새 도면층 알림이 표시되지 않습니다. 조정된 도면층으로 템플릿을 저장하면, 도면층 기준선이 작성되므로 AutoCAD는 도면의 새 도면층에 대해 사용자에게 알립니다.

연습 과제〉 새 도면 작성 대화상자(원형 도면 작성)

1 AutoCAD 2026을 실행하고, 새 도면을 시작합니다.

2 Startup 시스템 변수를 1로 재설정합니다.

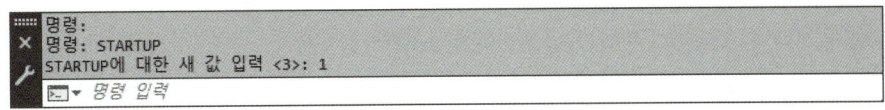

3 명령행에 New라고 입력합니다.

다음 그림처럼 '새 도면 작성' 대화상자가 표시되고, 대화상자 상단에는 세 가지 탭(Tab)이 있습니다.

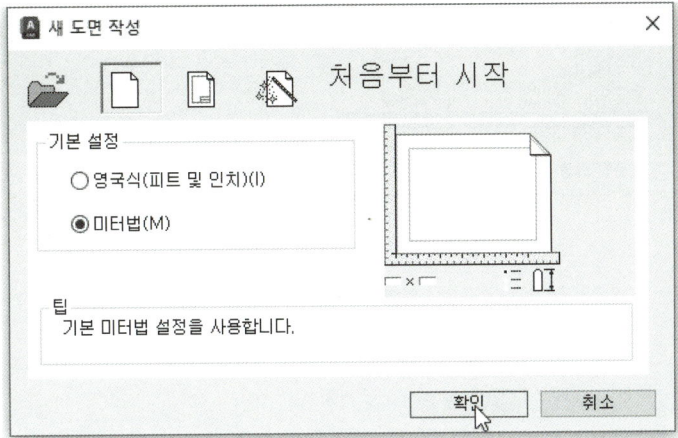

① ▯(처음부터 시작) : 기본 용지 크기, 단위만 설정하여 새 템플릿(원형) 도면 파일을 작성.

② ▯(템플릿 사용) : 템플릿 폴더에 저장된 템플릿(원형 도면) 파일을 열어서 새 도면 파일 시작.

③ ▯(마법사 사용) : 마법사를 이용해서 원하는 도면 단위, 각도, 각도 측정, 각도 방향 및 시트 크기를 설정해서 새 템플릿(원형) 도면 파일을 작성.

❏ 처음부터 시작(Start from scratch)

1 '새 도면 작성' 대화상자에서 ▯(처음부터 시작) 버튼을 클릭합니다.

2 기본 설정 영역에서 [미터법]을 체크 설정하고, [확인] 버튼을 클릭합니다.

이것은 도면의 단위는 mm이고, 용지 크기(도면 한계)는 A3(420x297mm)인 새 도면이 열리게 됩니다.

이 도면에는 두 개의 속성(단위 및 용지 크기)만을 가지게 됩니다.(acadiso.dwt 템플릿 파일과 동일)

만일 '새 도면 작성' 대화상자의 [처음부터 시작] 탭에서

2 기본 설정에서 [영국식(피트 및 인치)]을 체크 설정하고, [확인] 버튼을 클릭합니다.

이것은 단위는 inch이고, 용지 크기(도면 한계)는 A4(12x9inch)인 새 도면이 열리게 됩니다.

이 도면에는 두 개의 속성(단위 및 용지 크기)만을 가지게 됩니다.(acad.dwt 템플릿 파일과 동일)

❏ 템플릿 사용(Use a template)

1 '새 도면 작성' 대화상자에서 📄(템플릿 사용) 버튼을 클릭합니다.

2 '템플릿 선택' 리스트에서 원하는 템플릿 파일을 선택해서 새 도면을 시작하게 됩니다.

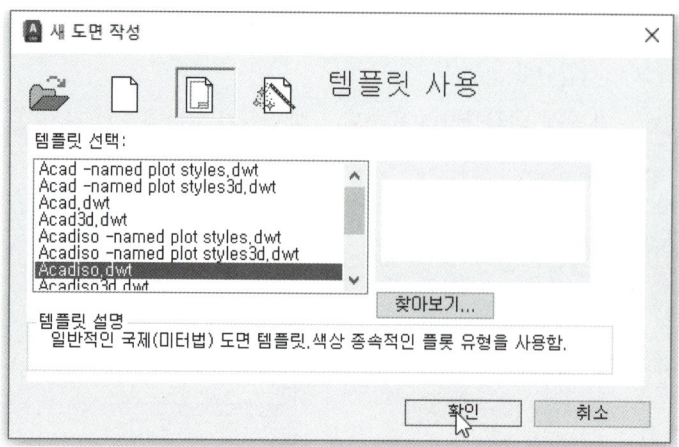

❏ 마법사를 이용한 새 도면 설정(Use a Wizard)

1 '새 도면 작성' 대화상자에서 📄(마법사 사용) 버튼을 클릭합니다.

① '마법사 선택'에서 [고급 설정]을 선택하고, [확인] 버튼을 클릭합니다.

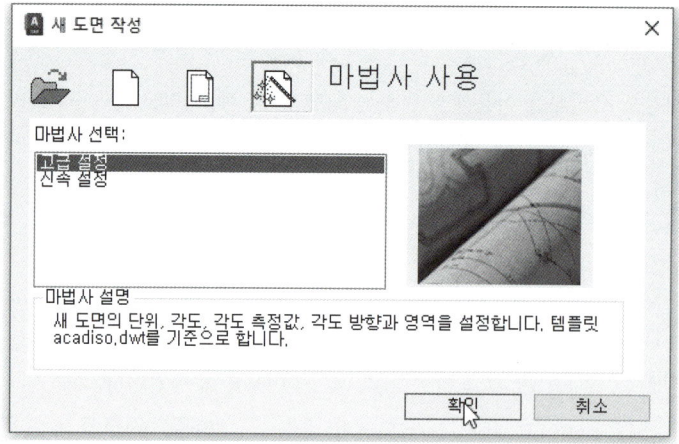

2 '고급 설정' 대화상자에서 측정 단위와 정밀도를 설정합니다.

① 측정 단위로 [십진(D)]을 선택합니다.

② 정밀도는 [0.0] 으로 지정합니다.

③ 설정이 완료되면, [다음] 버튼을 클릭합니다.

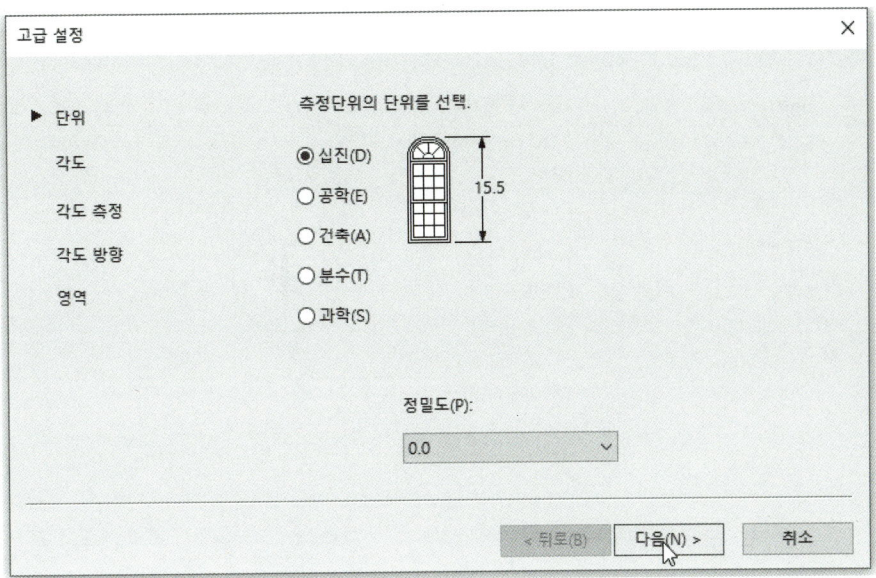

3 '고급 설정' 대화상자에서 각도의 측정 단위와 정밀도를 설정합니다.

① [십진 도수(I)]를 선택하고, 각도 정밀도를 0으로 지정합니다.

② [다음] 버튼을 클릭합니다.

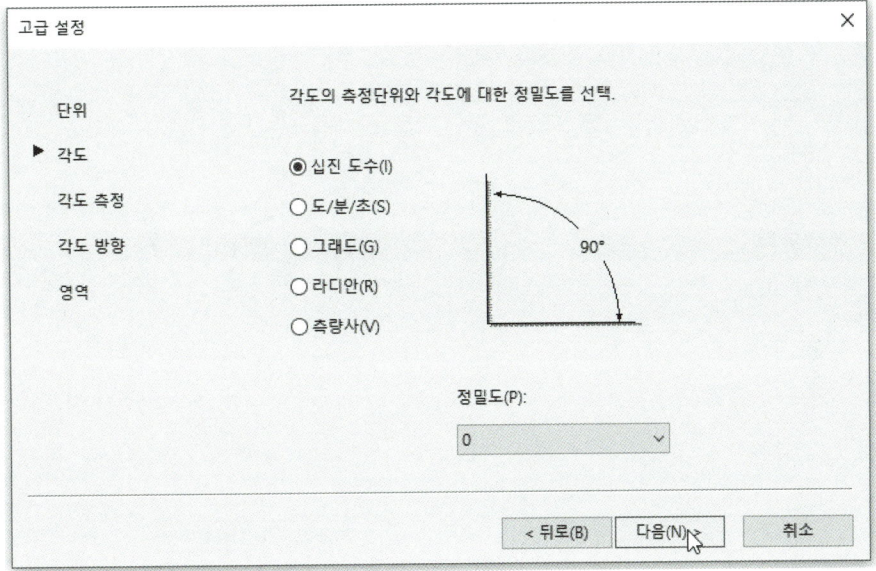

4 '고급 설정' 대화상자에서 각도 측정의 기준 방향 설정합니다.

① [동(E)]을 선택합니다.

② [다음] 버튼을 클릭합니다.

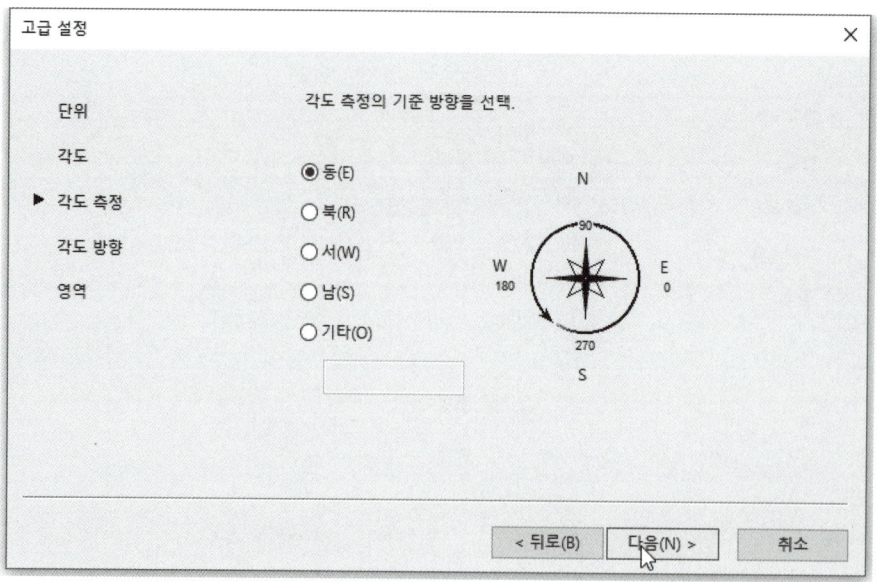

5 '고급 설정' 대화상자에서 각도 측정 방향 설정합니다.

① [반 시계 방향(O)]을 선택합니다.

② [다음] 버튼을 클릭합니다.

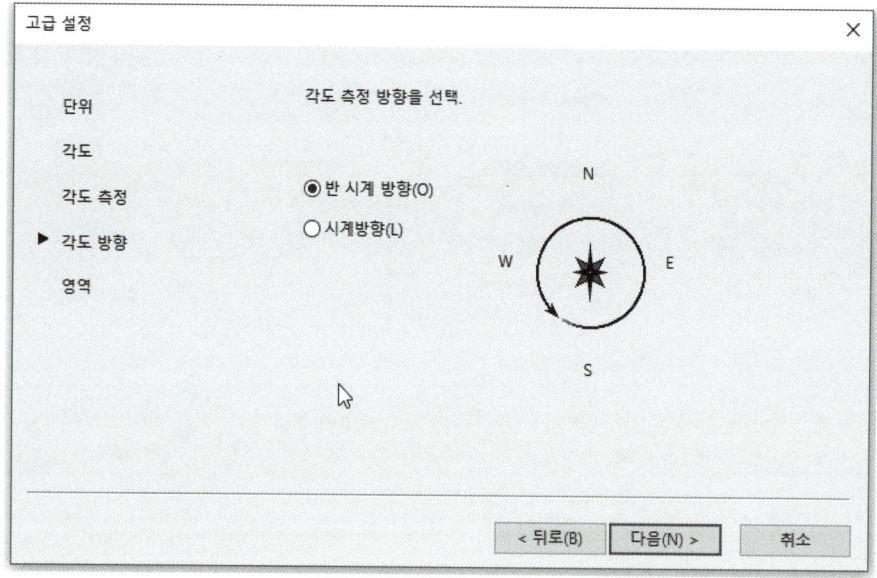

6 '고급 설정' 대화상자에서 도면 영역 즉 도면 용지 크기를 설정합니다.

① 도면 용지 크기는 KS규격(KS A0106 KS B0001)을 참고하여 설정합니다.

② 만일 A0 도면 용지 크기를 설정하려면, 도면 영역을 폭(1189), 길이(841)로 입력합니다.

③ 하단의 [마침] 버튼을 클릭합니다.

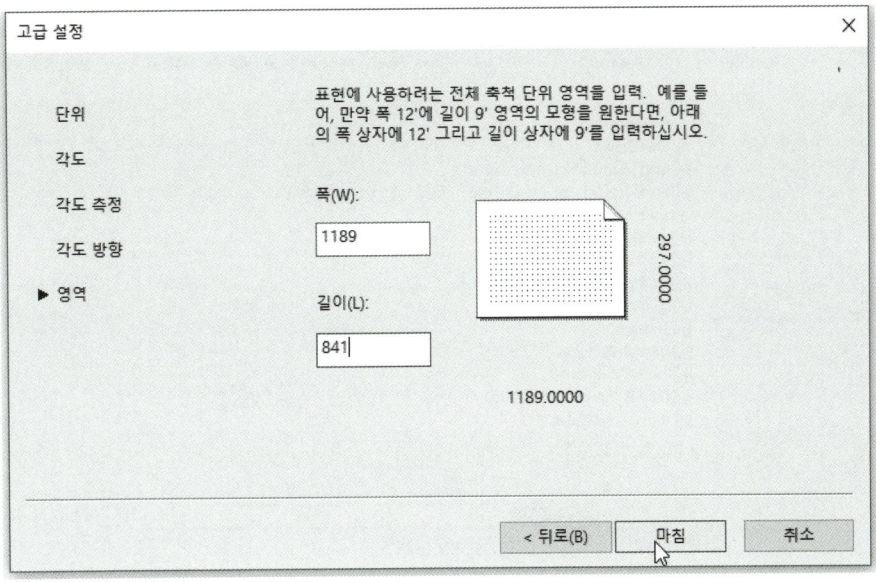

④ 새로운 빈 도면 파일이 열리고, 이 도면 파일은 미터법 측정 단위, 정밀도는 '0.0', 도면 용지 경계는 1189x841mm(A0 도면 용지)입니다.

❏ 추가 작업(Additional tasks)

① 페이지 설정(Page setting) 및 배치(Layout)를 설정합니다.
② 도면층(Layer) 특성 관리자 대화상자에서 도면층을 만듭니다.
③ 문자 스타일(Text style)을 설정합니다.
④ 치수 스타일(Dimension style)을 설정합니다.
⑤ 윤곽선(Border), 중심마크(Center mark) 및 표제란(Title block)을 작도합니다.

> **참고** 추가 작업(Additional tasks)
>
> AutoCAD를 이용해서 위의 추가 작업을 하는 자세한 방법은 이 교재의 뒷부분에서 체계적으로 설명하고 익히게 될 것입니다.

7 [응용프로그램 메뉴] ⇨ [다른 이름으로 저장] ⇨ [도면 템플릿]을 클릭합니다.

'다른 이름으로 도면 저장' 대화상자에서

'파일 유형'을 **.dwt** 로 설정하고,

'파일 이름'으로 **A0-Formpart.dwt** 이라고 입력합니다.

[저장] 버튼을 클릭합니다.

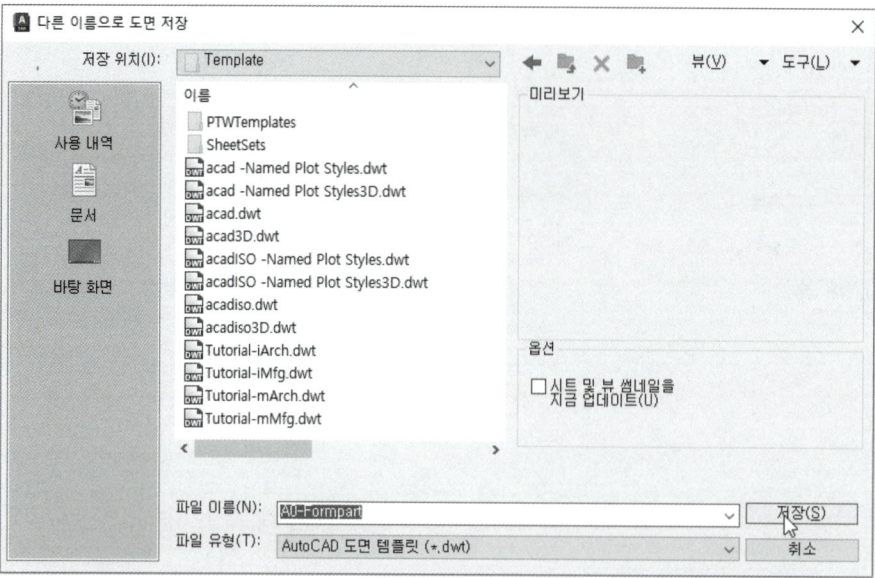

8 '템플릿 옵션' 대화상자의 '설명'에 간략한 설명을 입력하고, [확인] 버튼을 클릭합니다.

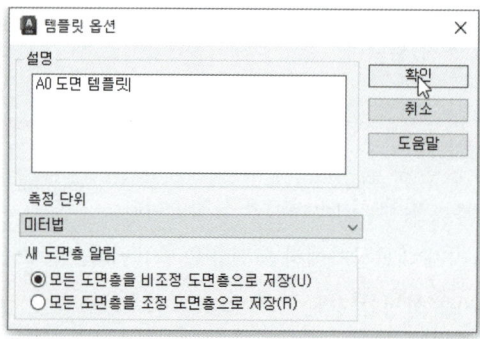

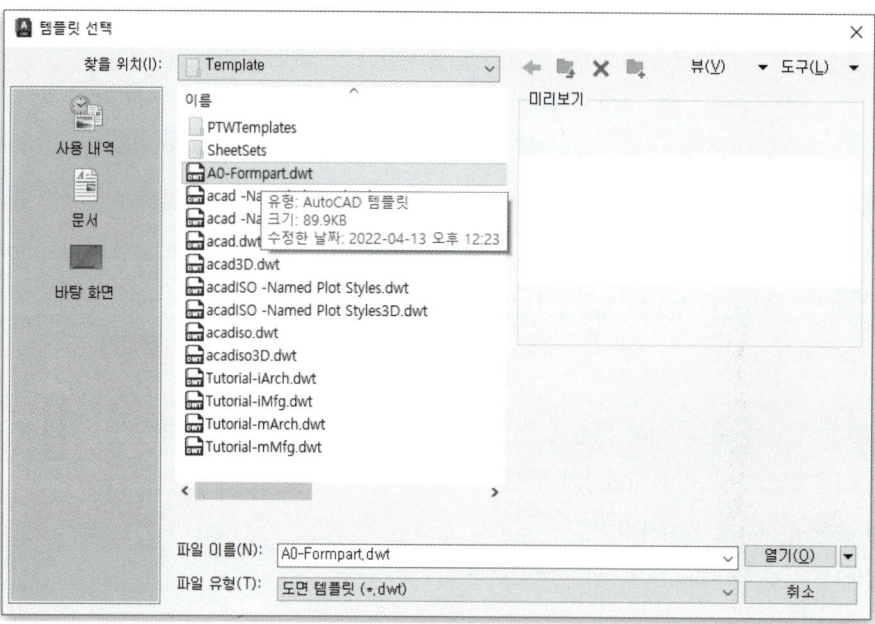

3) 도면 파일 열기(Open a drawing file)

　기존에 저장된 도면(**.dwt**) 파일을 열려면, '열기(Open)' 명령을 호출해서 원하는 도면 파일을 선택합니다. 하드 디스크의 폴더에 저장된 도면 파일(**.dwt**)을 열면, 그 폴더에 백업용 도면 파일(.bak)이 자동으로 생성됩니다. 다음에 소개한 다양한 방법으로 명령을 호출해서 도면 파일을 열 수 있습니다.

❏ 열기 명령 호출(Access open command)

1️⃣ 도구 막대 : 신속 호출 도구 막대 ⇨ [열기(Open)] 클릭

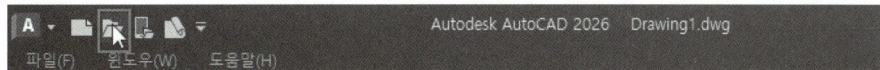

2️⃣ 풀다운 메뉴 : [파일(File)] ⇨ [열기(Open)] 클릭

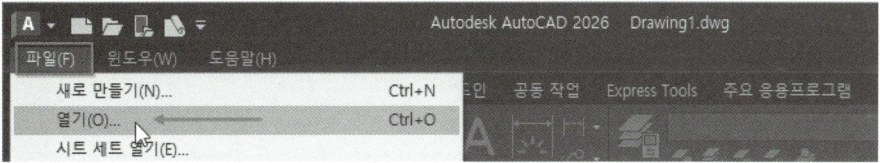

3️⃣ 응용프로그램 메뉴 : [응용프로그램 메뉴] ⇨ [열기(Open)] 클릭

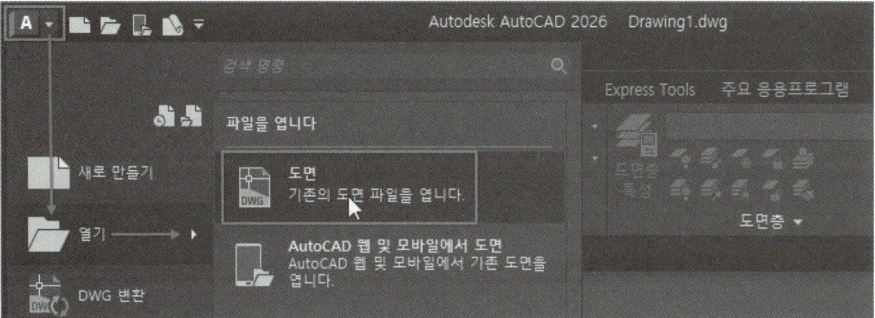

4️⃣ 명령행 : Open CR〉

5️⃣ [시작] 탭

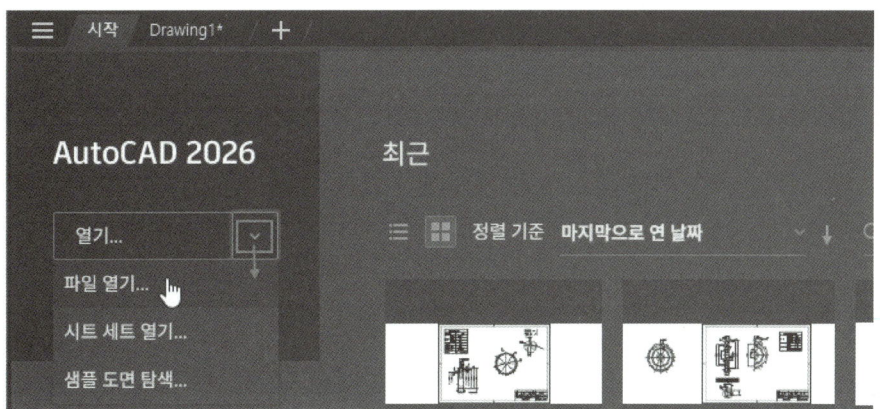

❏ '파일 선택' 대화상자에서 도면 파일(.dwg) 선택

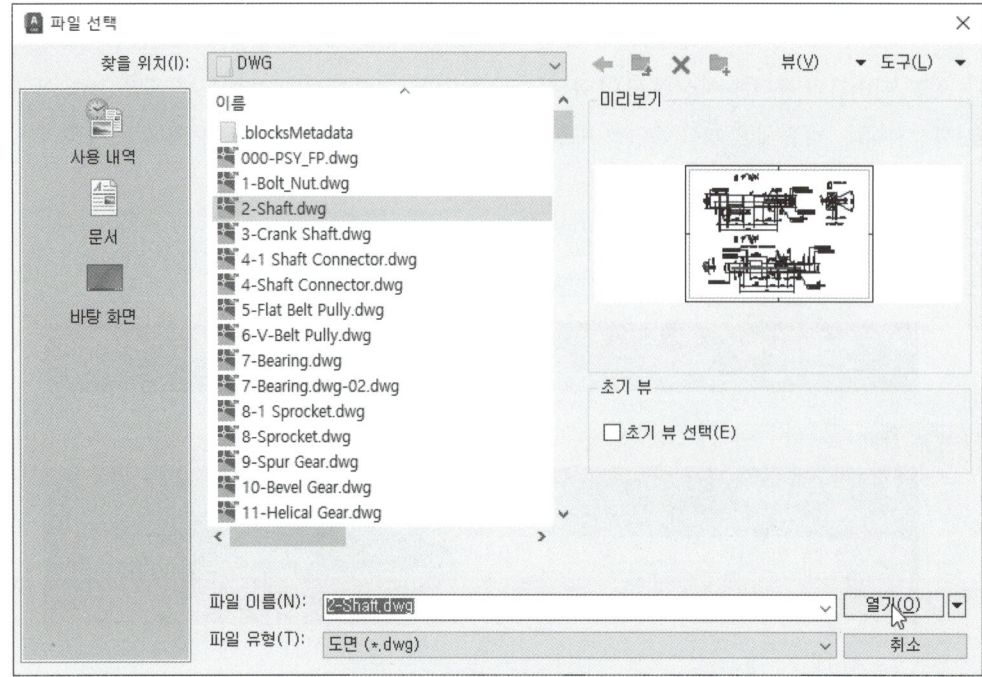

〈파일 선택 탐색기〉

'파일 선택' 대화상자에서 원하는 도면 파일을 선택하고, [열기(O)] 버튼을 클릭합니다.

다음 그림과 같이 도면 영역에 도면 객체 형상이 표시됩니다.

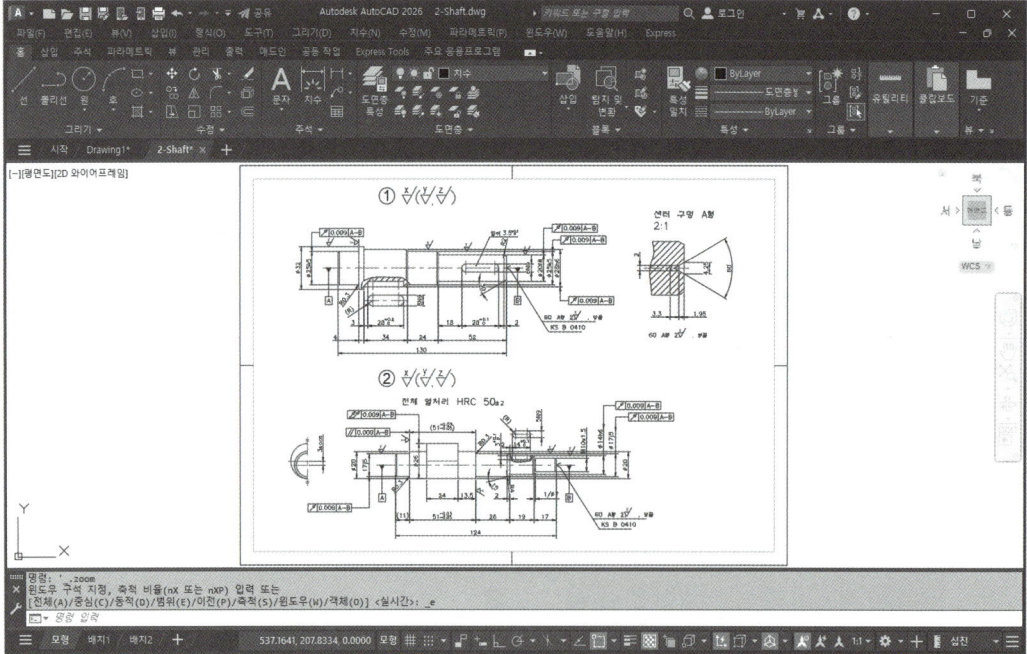

4) 파일 탭(File tab)

리본 메뉴 아래에 있는 [파일] 탭 영역에 다음 그림과 같이 열린 각 [도면 이름] 탭이 나타납니다.

현재 [파일] 탭은 더 밝은 회색으로 나타나고 다른 탭은 더 어두운 회색(검은색)으로 나타납니다. 탭 중 하나 위에 마우스를 놓으면 다음 두 가지 작업이 수행됩니다.

① 이 도면 파일의 경로가 표시됩니다.

② 이 파일의 모형 공간 및 배치들에 대한 썸네일을 표시합니다. 모형 공간 뷰 썸네일에는 파란색 프레임이 있을 것입니다. 마우스를 오른쪽으로 이동하면 그래픽 영역에 레이아웃이 표시됩니다. 찾고 있는 항목이 있으면 배치(Layout) 보기를 클릭하여 이동합니다.

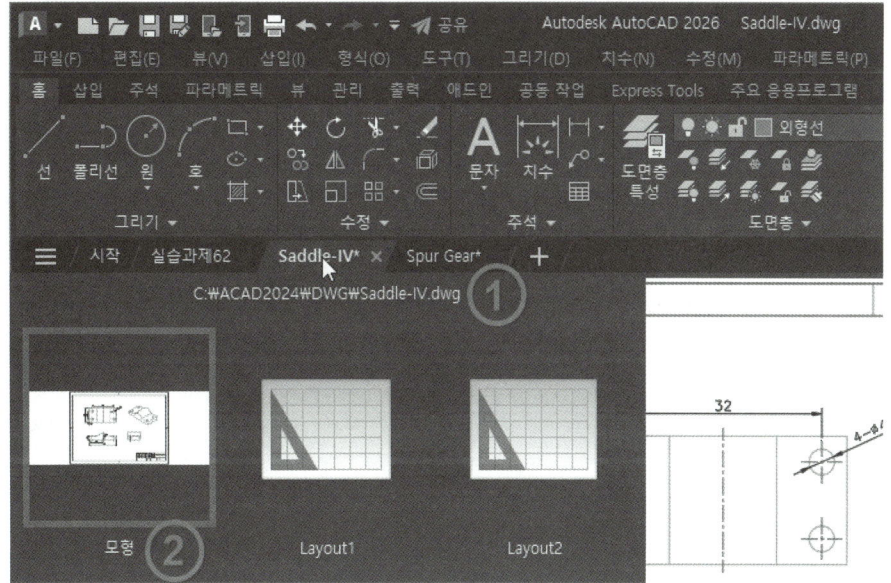

③ [파일] 탭의 파일 레이블(이름) 옆에 별표(*)가 있으면 이 파일이 수정되었으므로 변경 내용을 저장해야 합니다.

④ 파일을 닫으려면 파일 레이블(이름) 옆에 ×를 클릭하고 탭을 닫습니다.

⑤ 사용자는 [파일] 탭과 [배치(Layout)] 탭을 해제하여 사용자 지정할 수 있습니다. 리본 메뉴 [뷰] 탭으로 이동하여 [인터페이스] 패널을 찾기만 하면 됩니다. [인터페이스] 패널에서 두 개의 아이콘이 파란색으로 표시되지만 해제하려면 각 아이콘을 한 번 클릭합니다.

⑥ [파일] 탭에 열린 도면 파일 이름을 클릭 앤 드래그해서 도면 영역으로 가져와 별도의 창으로 만들 수 있습니다. 이것은 멀티 디스플레이 설정에 적합합니다.

언제든지 유동 도면 영역의 제목 표시줄에 마우스 오른쪽 버튼으로 클릭하면, 다음 옵션이 표시됩니다. 이 옵션을 사용하면 도면 파일을 [파일] 탭으로 다시 이동하고, 부동 창을 고정하고, 부동 창으로 저장 및 저장하고, 닫고, 파일 경로 및 파일 위치를 복사할 수 있습니다.

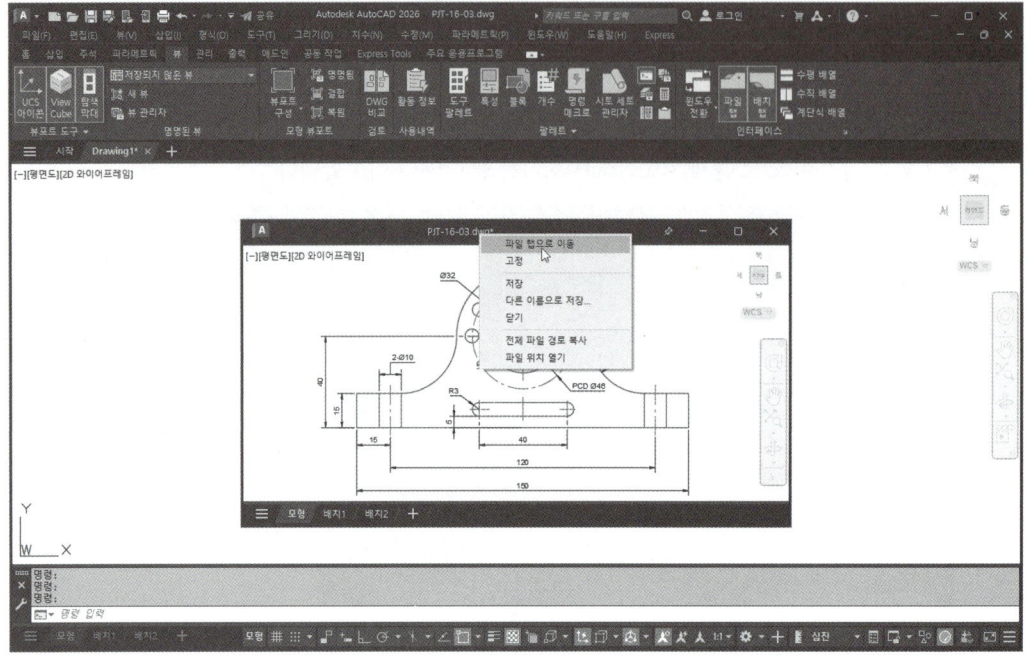

5) 도면 파일 저장하기(Save a drawing file)

우리는 새 도면을 시작하자마자 최초로 고유한 이름을 지정해서 도면 파일을 저장하고, 설계 중에도 수시로 [저장(Save)] 명령을 사용하여 도면 파일을 저장해야 합니다. 처음 도면 파일을 저장할 때는 '다른 이름으로 도면 저장' 대화상자가 나타납니다. 도면을 저장할 폴더로 이동하고 유일한 파일 이름을 입력한 다음 [저장(Save)] 버튼을 클릭합니다.

만일 여러분이 도면에 자신만의 유일한 이름을 지정해서 저장하려면, [다른 이름으로 저장(SaveAs)] 명령을 호출합니다.

❏ 저장 명령 호출(Access save command)

1 도구 막대 : 신속 호출 도구 막대 ⇨ [저장(Save)], [다른 이름으로 저장(SaveAs)] 클릭

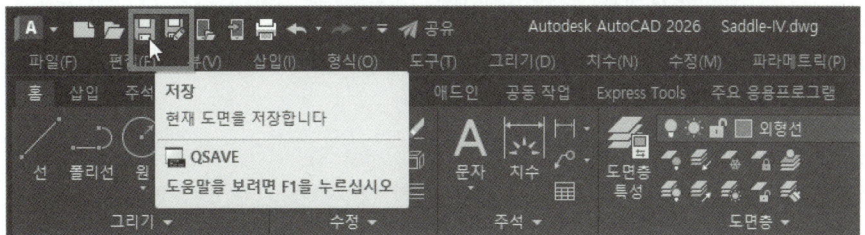

2 응용프로그램 메뉴 : [응용프로그램 메뉴] ⇨ [저장(Save)], [다른 이름으로 저장(SaveAs)] 클릭

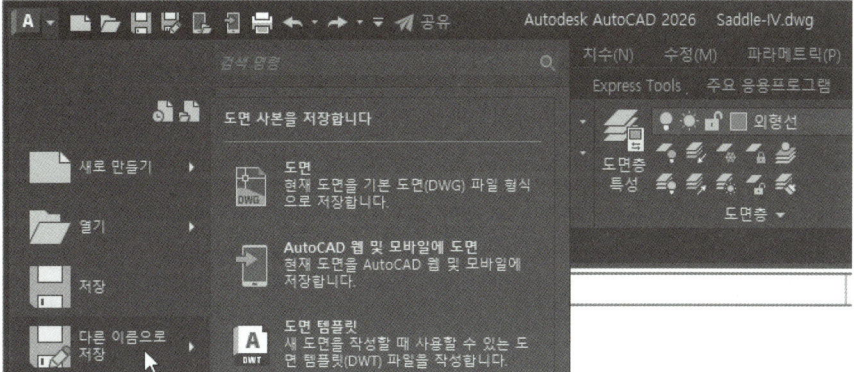

3 명령행 : SAVE, SaveAs〈CR〉

4 풀다운 메뉴 : [파일] ⇨ [저장(Save)]; [다른 이름으로 저장(SaveAs)] 클릭

❏ '다른 이름으로 도면 저장' 대화상자에서 저장

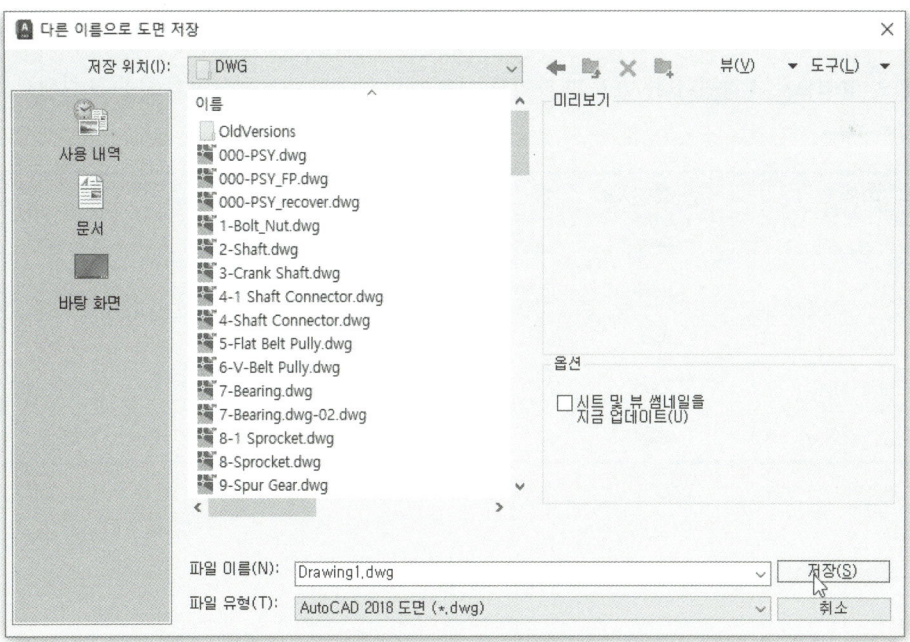

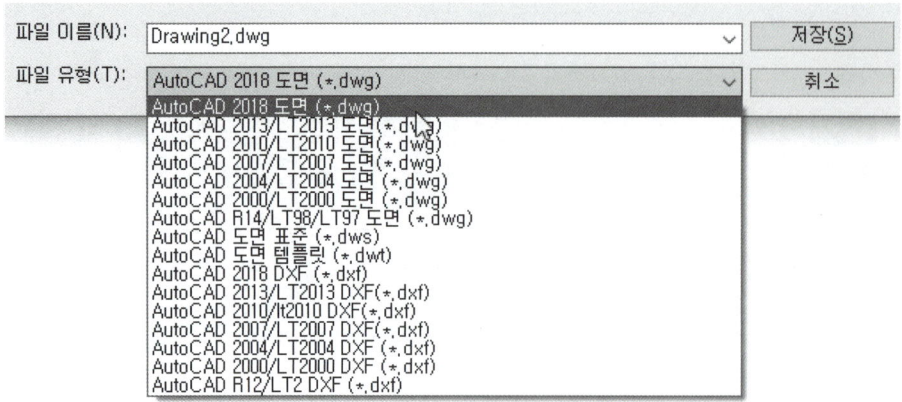

> **참고** 도면 저장(Save drawings)
>
> 설계자는 새 도면을 작성하는 즉시 저장하는 습관을 지녀야 하며 도면 작업 중에도 주기적으로 혹은 수시로 저장해야 합니다. 이것은 쉽게 학습할 수 있는 습관이며 예기치 않은 시스템 장애가 발생할 때 매우 중요합니다.
>
> 설계는 오랜 시간 동안 앉아서 고된 두뇌 활동을 병행하면서 작업을 해야 하므로, 일반적으로 설계자의 건강 특히 시력 및 허리 보호를 위해서 도면 작업을 하는 동안에 50분마다 도면 파일을 저장하고, 10분간 휴식하는 것이 좋습니다. 휴식하는 동안에 커피를 마시거나 흡연하는 것보다 가벼운 체조 혹은 스트레칭하고, 푸른 먼 산을 바라볼 것을 권장합니다.

❏ AutoCAD 도면 파일 저장 유형(Type of storage of the AutoCAD drawing file)

도면 파일의 확장자는 **.dwg** 이며, 도면이 저장되는 기본 파일 형식을 변경하지 않으면, 도면은 최신 도면 파일 형식으로 저장됩니다. 이 도면 파일 형식은 파일 압축과 네트워크상의 사용을 위해서 최적화됩니다.

파일	유형(확장자)	설명
도면 파일	**.dwg**	AutoCAD 도면 파일 형식입니다.
도면 표준	**.dws**	도면 표준 파일 형식입니다.
도면 템플릿	**.dwt**	도면 템플릿(원형 도면) 파일 형식입니다.
도면 교환 파일	**.dxf**	도면 파일 데이터 교환을 위한 산업 표준 파일 형식입니다.
도면 교환(이진)	**.dxb**	도면 파일 데이터 교환을 위한 산업 표준 파일 형식입니다.

❏ 도면 파일 호환성(Drawing file compatibility)

Autodesk 사는 AutoCAD에 새로운 기능들의 추가 등 여러 가지 이유로 도면 파일 형식을 계속해서 변경합니다. AutoCAD 릴리즈 버전에 따라 도면 파일은 각각 고유한 유형으로 저장됩니다.

AutoCAD 2018 DWG Format	R2018 ~ R2026
AutoCAD 2013 DWG Format	R2013 ~ R2017
AutoCAD 2010 DWG Format	R2010 ~ R2012
AutoCAD 2007 DWG Format	R2007 ~ R2009
AutoCAD 2004 DWG Format	R2004 ~ R2006
AutoCAD 2000 DWG Format	R2000 ~ R2002
AutoCAD 14 DWG Format	R14

따라서 AutoCAD 도면 파일은 Upward compatibility(상향식 호환성)는 지원하지만, Downward compatibility (하향식 호환성)은 지원하지 않습니다.

다음 그림과 같이 '옵션' 대화상자 '파일 저장' 영역에서 사용자가 원하는 도면 파일 저장 유형을 설정하면, 설정된 파일 형식이 도면을 저장하는 기본 형식이 됩니다. 따라서 무조건 설정된 도면 파일 저장 유형으로 저장됩니다.

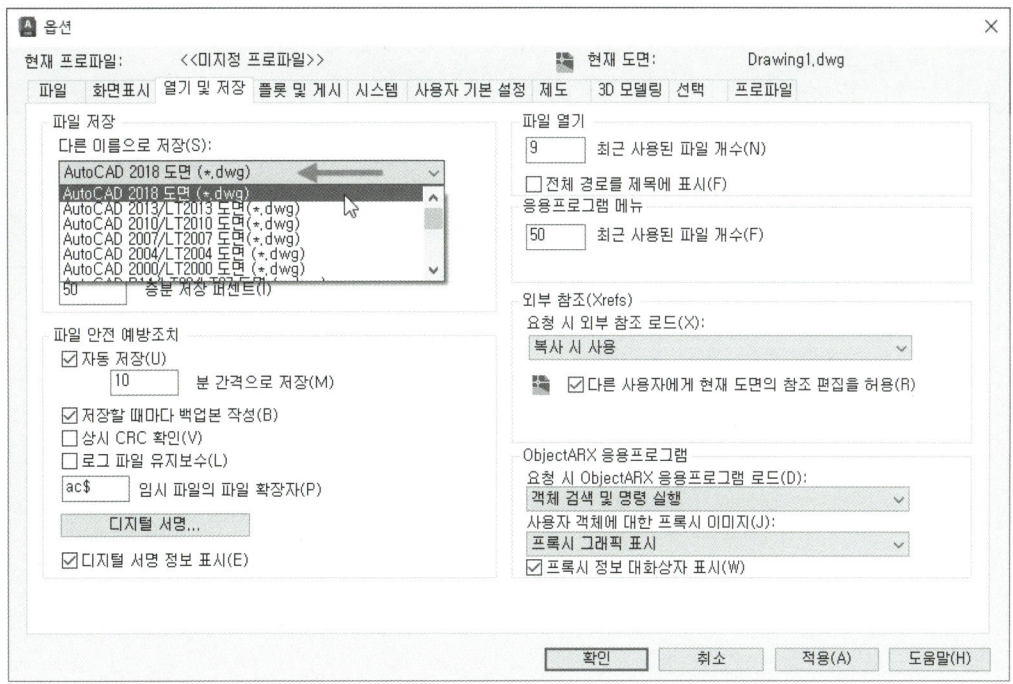

〈옵션 대화상자 도면 파일 저장 유형 지정〉

6) 도면 안전 예방(DWG file safety precautions)

❑ 도면 자동 저장(AutoSave)

- 설계자는 원하는 설정된 시간마다 도면 정보를 자동으로 저장하도록 설정할 수 있습니다.
- 저장할 때 백업 파일(.bak)을 작성하도록 설정할 수 있습니다.

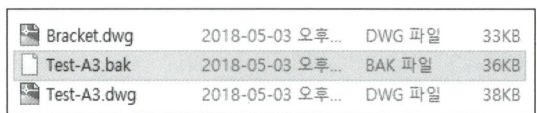

〈도면 백업 파일〉

- AutoCAD는 자동으로 '.sv$' 파일에 도면 정보들을 저장합니다.
- [응용프로그램(Application) 메뉴] ⇨ [옵션(Options)]을 클릭합니다.

① '옵션' 대화상자에서 [열기 및 저장] 탭을 클릭하고, 다음 그림처럼 설정합니다.

② [자동 저장]을 클릭해서 체크마크를 표시하고 저장 시간 간격은 30분~50분으로 설정할 것을 권장합니다.

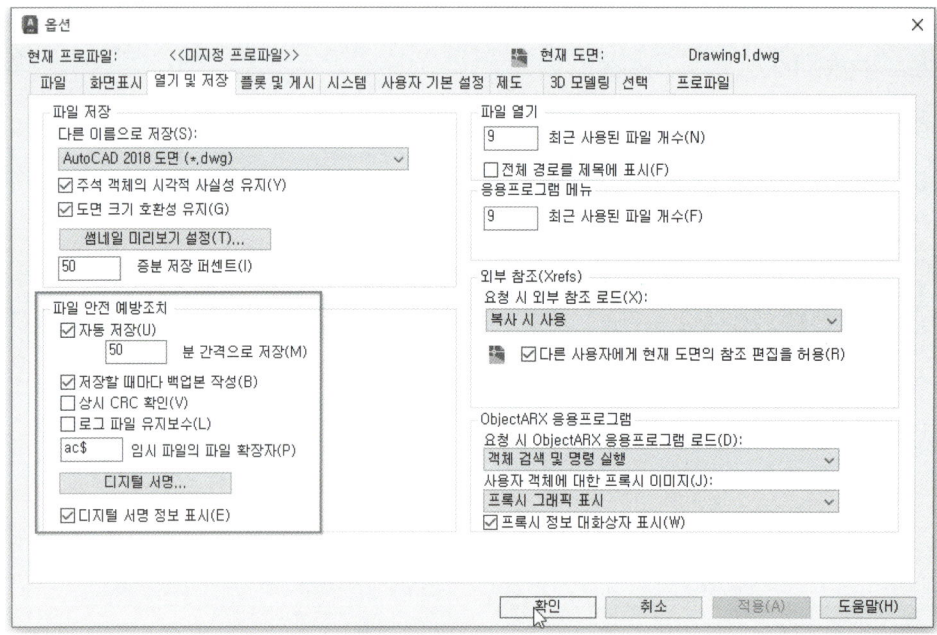

〈옵션 대화상자 열기 및 저장 탭 파일 안전 예방조치〉

❑ 임시 도면 파일(Temporary DWG file)

- '옵션' 대화상자의 [파일] 탭을 클릭합니다.

① 다음 그림처럼 임시 도면 파일 위치 폴더에 '.ac$' 확장자로 저장됩니다.

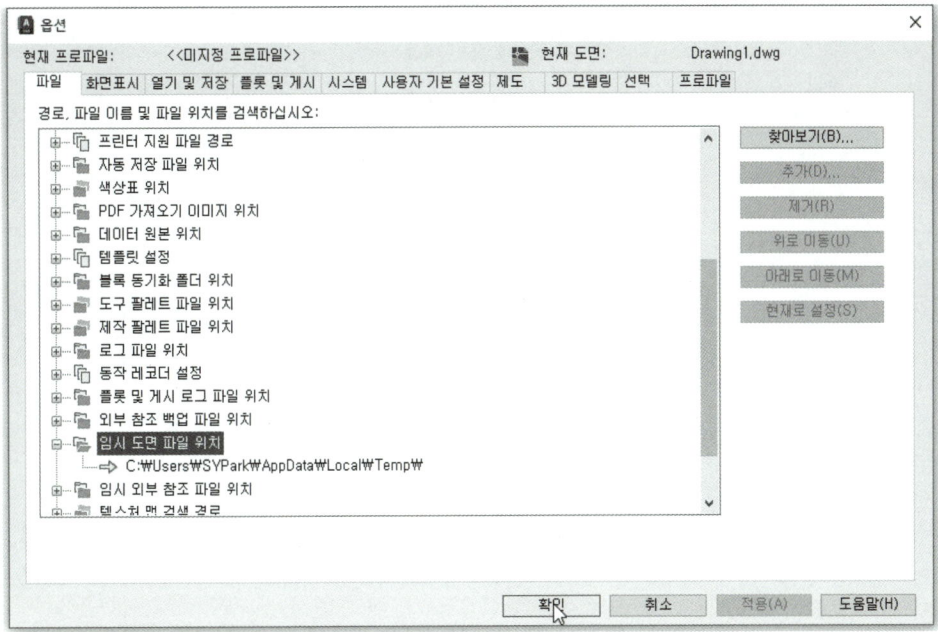

〈임시 도면 파일 탐색기〉

- AutoCAD가 크래시(Crash) 되거나 시스템이 멈추면, 즉시 시스템을 재부팅합니다.
- 윈도우 탐색기를 열고, 임시 도면 파일 위치로 지정된 경로 폴더에서 임시 도면 파일을 검색해서 xxx_x.ac$ 파일을 xxx.dwg로 '파일 확장자'를 변경합니다.
- AutoCAD를 실행해서 그 도면 파일(xxx.dwg)을 열고 다시 저장한다면 복구할 수 있습니다.
- 자세한 내용은 [응용프로그램(Application) 메뉴] ⇨ [도면 유틸리티] ⇨ [도면 복구 관리자 열기]를 클릭하고, '도면 복구 관리자' 팔레트를 이용합니다.

■ 학습 목표

① 기본 좌표계를 식별하고, 도형 작도 시 절대, 상대 혹은 극좌표를 이용합니다.
② 선, 원, 호 및 지우기 명령을 사용하여 도면에서 기본 객체를 작도하고 지웁니다.
③ 명령 취소(UNDO) 및 명령 복구(REDO) 명령을 유용하게 사용합니다.
④ 도면층(Layer)을 작성해서 도면 객체들을 관리할 수 있습니다.
⑤ Offset, Trim, Extend, Fillet, Chamfer 명령을 이용합니다.
⑥ 화면표시 제어를 위해 줌(Zoom) 및 초점이동(Pan) 명령을 사용하여 객체 화면표시 비율을 조정합니다.

CHAPTER

2

도면 작도 기초
(Drawing drafting basics)

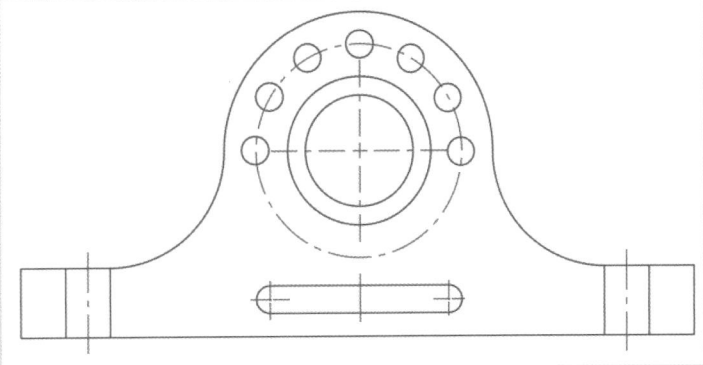

01 도면 작도 기초
(Drawing drafting basics)

1.1 AutoCAD 기초(AutoCAD basics)

1) 도면 작도 개요(Drawings Overview)

모든 도면은 도면 용지(Sheet)를 설정하고, 선(Line), 원(Circle), 호(Arc)와 같은 기본 도면 요소들로 대상체 형상을 작도하는 것으로 시작됩니다. 이러한 도면 요소들은 복잡한 형상의 빌딩 블록 역할을 하므로 우리는 이러한 형상들을 작도하는 AutoCAD 명령의 사용에 숙달해야 합니다.

초보자가 이러한 AutoCAD 명령에 숙달하려면, 메뉴에서 명령의 위치와 작동 방식을 익히는 것뿐만이 아니라 기본 좌표계, 객체 스냅, 객체 스냅 추적 및 기본 객체 작도에 도움이 되는 설계 작업에 필요한 다양한 기능과 설정에 대한 이해와 함께 그것들의 이용 방법에 숙달되어야 합니다.

일반적으로 AutoCAD 응용프로그램에서 도면 작도 작업을 수행하는 방법은 여러 가지가 있습니다. 이용할 수 있는 명령, 도구 및 기능에 대해 완벽하게 이해하고, 숙달되면 설계자 자신에게 가장 적합한 작도 방법을 자연스럽게 습득할 수 있을 것입니다.

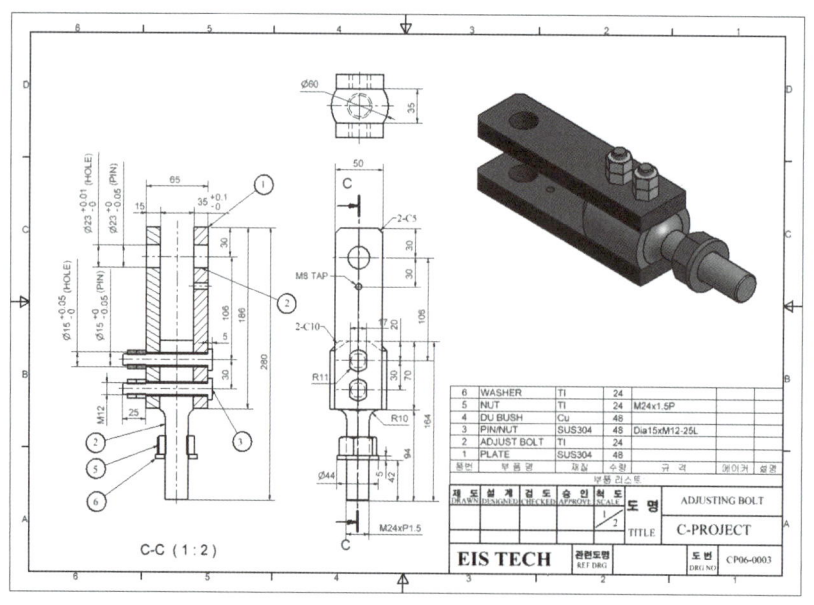

1.2 좌표계(Coordinate system)

AutoCAD의 2D 평면 또는 3D 작업 공간에서 임의의 위치를 표시하거나 지정하는 도구를 '좌표계 (Coordinate system)'라고 합니다. AutoCAD는 '절대 좌표 시스템(Absolute coordinate system)', '극좌 표 시스템(Polar coordinate system)', '구좌표 시스템(Sphere coordinate system)'을 구현해서 지원하 는데 평면에서는 절대 좌표계와 극좌표계(2차원 좌표계)를 사용하고, 3D 공간에서는 2차원 좌표계는 물론이고, 구 좌표계(3차원 좌표계)를 사용해야 합니다.

AutoCAD에서 작도하는 모든 객체 형상은 정밀해야 합니다. 그것은 설계자가 필요로 하는 것보다 더 정밀하게 작도될 것입니다. AutoCAD는 소수점 14자리까지 정밀도를 제공합니다. 도면 영역에 작도 된 모든 객체 형상은 단순한 2차원 X, Y 좌표계(절대 좌표계)를 기반으로 도면 영역에 작도되어 배치됩 니다. 우리는 이것을 AutoCAD에서 '표준 좌표계[World coordinate system (WCS)]'라고 합니다.

설계자가 원하는 곳에 객체(엔티티)를 배치하는 방법을 알기 위해 이러한 좌표계를 완벽하게 이해 해야 합니다. 다음 그림은 AutoCAD '표준 좌표계(WCS)'가 어떻게 작동하는가를 보여 줍니다.

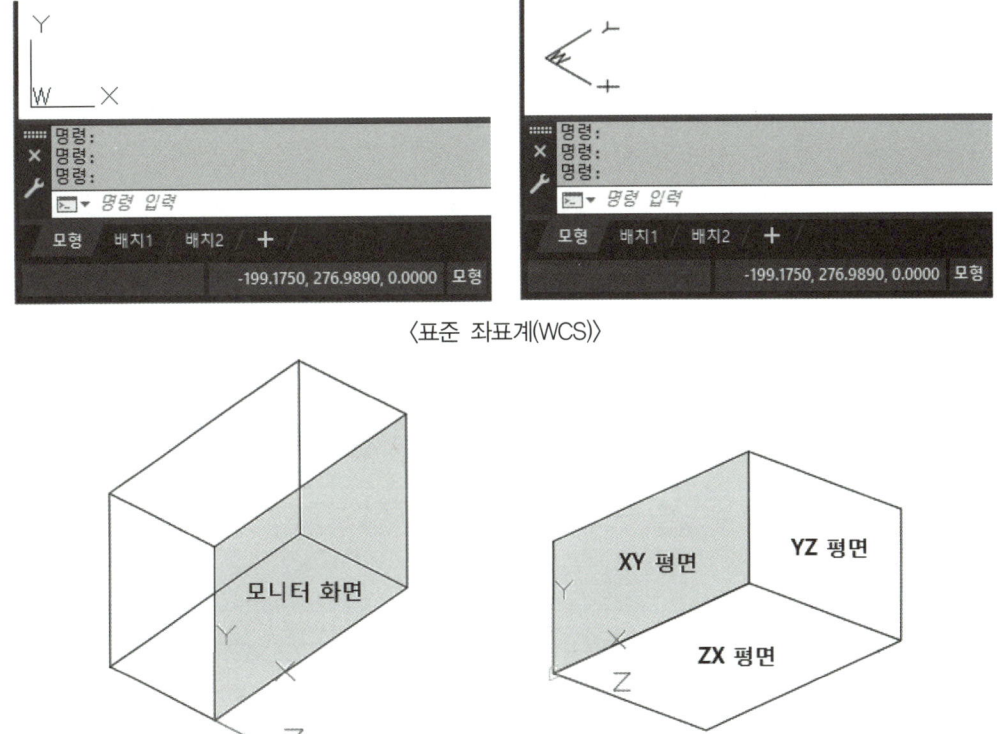

〈표준 좌표계(WCS)〉

우리가 2D 형상을 작도하는 동안에, 데이터 입력은 궁극적으로 절대 좌표(x, y) 또는 극좌표(거리 〈각도〉)의 형태로 AutoCAD에 전달됩니다. 이러한 좌표를 수동으로 입력하거나 도면 영역(그래픽 창) 에서 마우스 왼쪽 버튼으로 임의의 점을 클릭해서 지정할 수 있습니다.

1) 절대 좌표계(Cartesian coordinate system)

■ *AutoCAD는 어떤 단위(미터법, 인치 혹은 피트) 설정을 사용하더라도 도면 영역에 있는 임의의 점 (Point) 위치를 절대(데카르트) 좌표(X, Y)로 표시하고, 저장합니다.*

'절대(데카르트) 좌표계'는 AutoCAD 도면 영역에 지정한 모든 점은 원점(0, 0)을 기준으로 측정되며 점의 위치는 X와 Y 좌표로 정의됩니다. '절대 좌표계'에서 X축은 수평 방향, Y축은 수직 방향을 나타내며 원점은 0,0에 위치합니다. 양의 X는 오른쪽으로 이동하고 양의 Y는 위로 이동하며 Z축은 양의 방향은 모니터 화면으로부터 설계자를 향해 이동합니다. AutoCAD에서 '절대 좌표계'는 다음 그림처럼 2D 평면상 임의의 점에 대한 절대 좌표값은 현재 좌표계의 원점(0, 0)을 기준으로 X, Y 두 축으로부터의 거리로 표시됩니다. 절대 좌표값은 다음의 표와 그림처럼 콤마(,)에 의해 분리된 X, Y 형식으로 입력해서 점의 위치를 표시합니다.

좌표계	입력 형식
절대 좌표계	X, Y

다음 그림에서 점(P1)은 원점에서 음의 X축을 따라 10개의 단위와 음의 Y축을 따라 5개의 단위를 측정하는 좌표(x=-10, y=-5)에 있습니다. 마찬가지로 점(P2)은 원점에서 X축을 따라 10단위, Y축을 따라 10단위를 측정하는 좌표(x=10, y=10)에 있습니다.

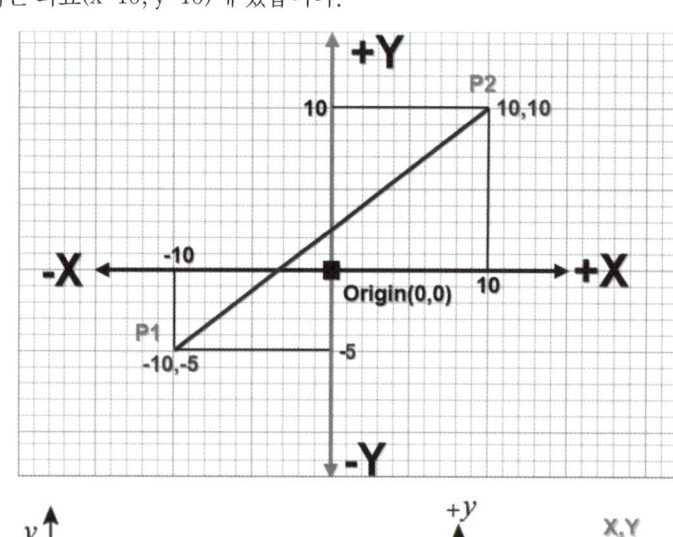

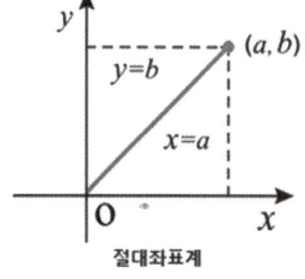

절대좌표계

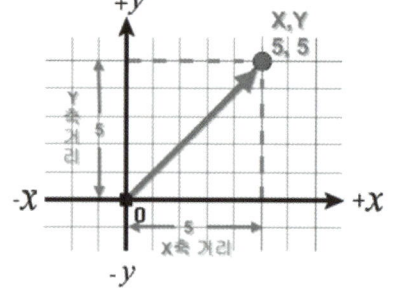

AutoCAD에서 도면 작업은 2D 작업이기 때문에 X, Y 좌표만 고려됩니다. Z 좌표는 항상 0(Zero)이므로 지정할 필요가 없습니다.

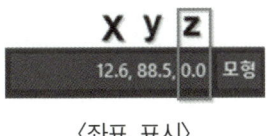

〈좌표 표시〉

연습 과제〉 절대 좌표 입력하기(Enter absolute coordinates)

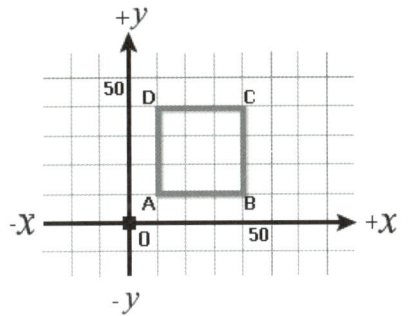

모서리	절대 좌표	
	X 좌표값	Y 좌표값
A	10	10
B	40	10
C	40	40
D	10	40

1️⃣ 위 왼쪽 그림의 정사각형은 한 변의 길이가 30으로 절대 좌표값으로 각 모서리 A, B, C, D점들의 좌표를 표시하면 위의 오른쪽 표와 같습니다.

2️⃣ AutoCAD를 실행하고, 새 도면을 시작합니다.

3️⃣ 위의 오른쪽 표에 기록된 절대 좌표값을 참고해서, '선(Line)' 명령을 호출해서 도면 영역에서 작도하면, 다음 아래 그림처럼 정사각형 도형을 작도할 수 있습니다.

```
명령: line
첫 번째 점 지정: 10,10
다음 점 지정 또는 [명령 취소(U)]: 40,10
다음 점 지정 또는 [명령 취소(U)]: 40,40
다음 점 지정 또는 [닫기(C)/명령취소(U)]: 10,40
다음 점 지정 또는 [닫기(C)/명령취소(U)]: 10,10
다음 점 지정 또는 [닫기(C)/명령취소(U)]:
명령 입력
```

〈명령 창/명령행 프롬프트〉

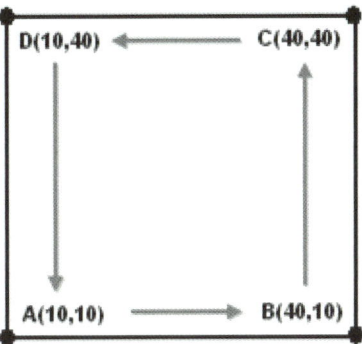

2) 극좌표계(Polar coordinate system)

- *AutoCAD에서 각도를 측정하려면, 각도의 절대적 기준으로 X축(동쪽, 오른쪽, 3시)을 0°로 지정한 다음 반시계 방향(CCW)으로 측정합니다.*

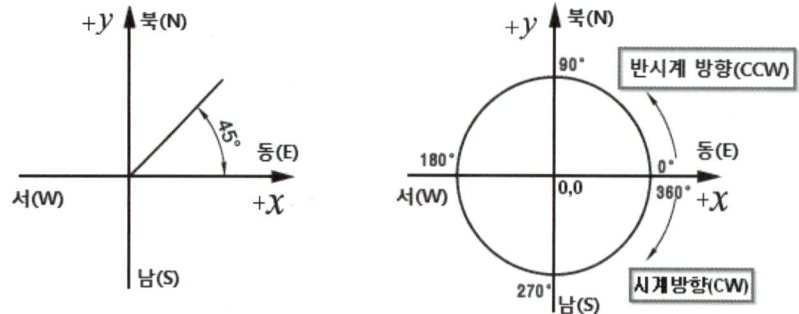

따라서 AutoCAD에서는 다음 그림과 같이 +X축이 0°이고 각도의 절대 기준선이 됩니다. 각도는 반시계 방향(CCW)으로 +각도로, 시계 방향(CW)으로 -각도로 측정됩니다.

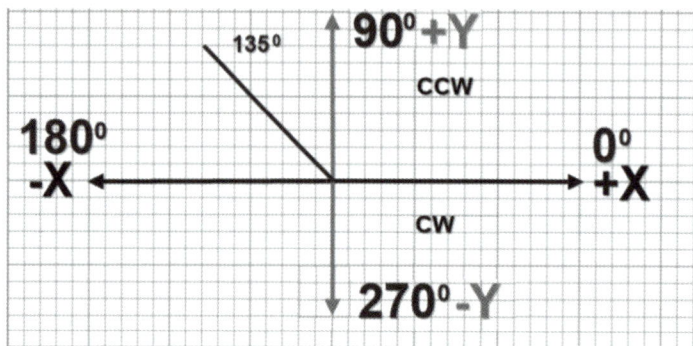

AutoCAD에서 극좌표는 거리와 각도에 의해 결정되는 하나의 점입니다. 2D 평면상 임의의 점(P2)을 극좌표로 표시하려면, 다음 그림처럼 절대 원점(P1)으로부터 반지름(Radius-거리)과 각도(Angle) 성분으로 표시할 수 있습니다.

좌표계	형식
극좌표계	D < α

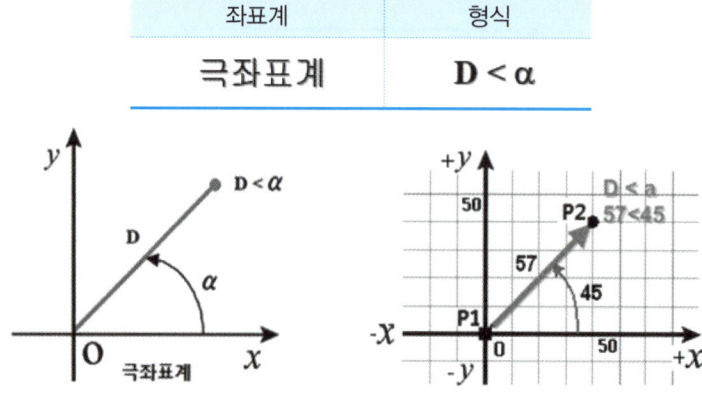

연습 과제〉 극좌표 입력하기(Enter polar coordinates)

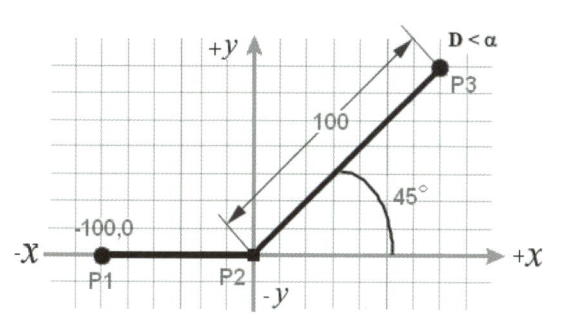

모서리	극좌표	
	X 좌표값	Y 좌표값
P1	−100	0
P2	0	0
지정점	극좌표 값	
	거리	각도
P3	100	45

1 위 그림에서 수평선의 시작점(P1)과 끝점(P2) 그리고 경사선의 끝점(P3)을 절대 좌표와 극좌표로 표시하면 위의 표와 같습니다(단 P1, P2 점들은 절대 좌표값임).

2 위의 표에 기록된 절대 좌표값과 극 좌표값을 참고하고, '선(Line)' 명령을 호출해서 도면 영역에 작도하면, 아래 그림의 도형을 작도할 수 있습니다.

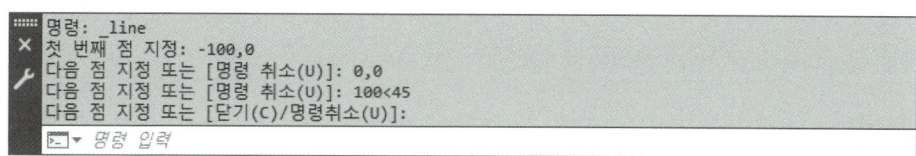

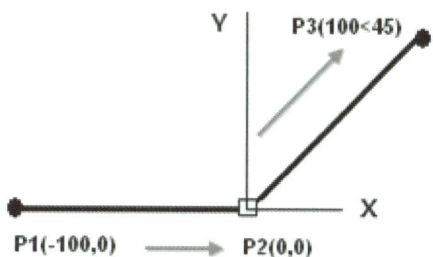

다음 그림의 샘플 도형은 선에 대한 정보는 제공되지만, AutoCAD가 시작점에서 선을 작도하는 데 필요한 각도는 아닙니다.

(a) 0°가 3시 위치에 있다는 기본 원칙
(b) 180°가 9시 위치에 있다는 사실
(c) 180°와 그리고자 하는 선 사이의 각도는 150°입니다.

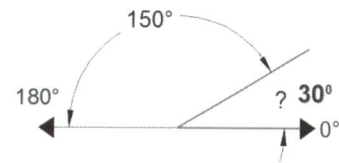

따라서 우리는 선을 작도하는 데 필요한 각도는 30°라는 것을 계산할 수 있고, 이러한 정보를 통해 어떤 각도가 필요한지 알 수 있습니다.

3) 상대 좌표 및 상대 극좌표(Relative coordinate & relative polar coordinate)

❑ 상대 좌표(Relative coordinate)

AutoCAD는 2D 평면 혹은 3D 작업 공간에서 형상을 신속 정확하게 작도하기 위해서 '상대 절대 좌표 (Relative absolute coordinates)' 혹은 줄여서 '상대 좌표' 입력을 지원합니다.

'상대 좌표'를 입력하려면, 상대 원점을 지정하기 위해 먼저 절대 좌표를 반드시 입력해야 합니다. 좌표값을 입력할 때, 절대 좌표 또는 상대 좌표 형식을 준수해야 합니다.

① 절대 좌표는 원점(0, 0)에 상대적인 현재 좌표계의 특정 점을 나타냅니다.
 절대 좌표를 입력하려면, 값을 절대 좌표(x, y) 또는 극좌표(거리〈각도)로 입력합니다.

② 상대 좌표는 이전에 선택한 점(상대 원점)에서 찾은 점입니다.
 상대 좌표를 입력하려면, 첫 번째 점을 선택한 다음 @ 기호를 사용하여 다음 좌표점 앞에 배치합니다. 예를 들어 @3, 5 는 양의 x 방향으로 3 증분 단위를 의미하며, 마지막으로 선택한 지점에서 양의 y 방향으로 5 증분 단위를 의미합니다.

대부분은 설계자는 원점이 어디인가를 알 수 없습니다. 기존 선의 끝점에서 이어지는 선을 그려야 하는 때도 있습니다. 이를 위해 설계자는 '상대 좌표'를 사용합니다.

- 절대점(Absolute Point)은 도면 공간상의 정확한 점입니다.
- 상대점(Relative Point)은 도면 공간상의 임의의 점에 대해 상대적인 점입니다.

다음 그림에서 점(P2)의 상대 좌표값은 바로 직전 점(상대 원점 - P1)의 좌표값을 기준으로 X축의 증분(△X - 거리)과 Y축의 증분(△Y - 거리)으로 측정됩니다. 상대 좌표값은 @X, Y 형식으로 입력합니다.

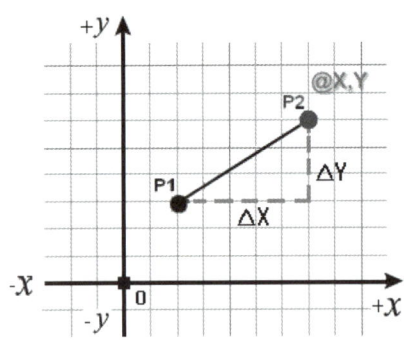

AutoCAD에서 @ 기호는 이전의 점(상대 원점)으로부터 상대적인 새 위치의 좌표값을 지정하는 것을 의미하는 상대 좌표 구분자로 이용됩니다.

좌표계	형식
상대 좌표계	@ X, Y

연습 과제〉 상대 좌표 입력하기(Enter relative coordinates)

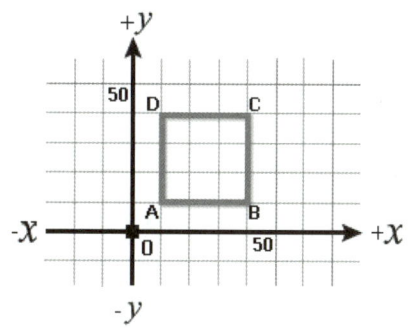

모서리	상대 절대 좌표	
	X 좌표값	Y 좌표값
A	10	10
B	@30	0
C	@0	30
D	@-30	0

1 위 그림의 정사각형은 한 변의 길이가 30으로 각 모서리 점의 상대 좌표를 표시하면 위 오른쪽의 표와 같습니다(단 A점은 절대 좌표값임).

2 위의 오른쪽 표에 기록된 절대 좌표값과 상대 좌표값을 참고하고, '선(Line)' 명령을 사용해서 도면 영역에 작도하면, 앞의 절대 좌표로 그린 정사각형과 같은 도형을 작도할 수 있습니다.

```
명령: _line
첫 번째 점 지정: 10,10
다음 점 지정 또는 [명령 취소(U)]: @30,0
다음 점 지정 또는 [명령 취소(U)]: @0,30
다음 점 지정 또는 [닫기(C)/명령취소(U)]: @-30,0
다음 점 지정 또는 [닫기(C)/명령취소(U)]: @0,-30
다음 점 지정 또는 [닫기(C)/명령취소(U)]:
명령 입력
```

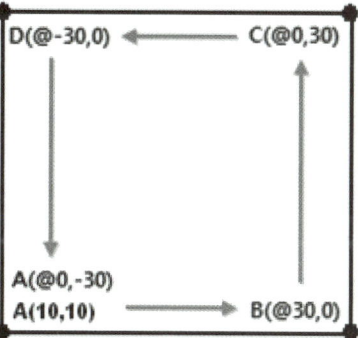

□ 상대 극좌표(Relative polar coordinate)

AutoCAD는 2D 평면 혹은 3D 작업 공간에서 도형을 신속 정확하게 도시하기 위해서 '상대 극좌표 (Relative polar coordinate)' 입력을 지원합니다.

상대 극좌표를 입력하기 위해서는 상대 원점을 지정하기 위해서 먼저 절대 좌표를 반드시 입력해야 합니다.

다음 그림에서 점(P2)의 상대 극좌표 값은 바로 직전 점(상대 원점 - P1)의 좌표값을 기준으로, 기준 점(상대 원점)으로 좌표 지점까지의 거리(반지름)와 X축과의 각도로 표시합니다.

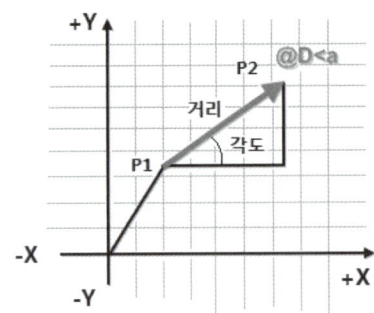

상대 극좌표 값은 @거리<각도(@D<A) 형식으로 입력합니다. AutoCAD에서 @ 기호는 이전의 점(상대 원점)으로부터 상대적인 새 위치의 좌표값을 지정하는 것을 의미하는 상대 좌표 구분자입니다.

좌표계	형식
상대극좌표계	@ D < α

연습 과제〉 상대 극좌표 입력하기(To enter relative polar coordinates)

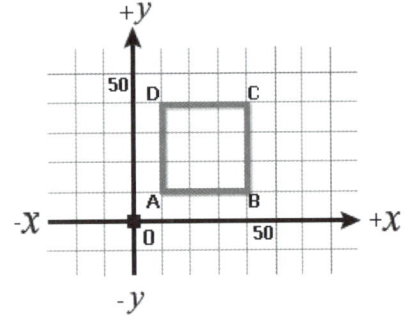

모서리	상대 극좌표	
	X 좌표값	Y 좌표값
A	10	10
B	@30	<0
C	@30	<90
D	@30	<180

1 위 도형은 한 변의 길이가 30인 정사각형으로 절대값 및 상대 극좌표 값으로 각 모서리 점을 표시하면 위의 표와 같습니다(단 A점은 절대 좌표값임).

2 위의 표에 기록된 절대값과 상대 극좌표 값들을 참고하고, '선(Line)' 명령을 사용해서 도면 영역에 작도하면, 앞에서 절대 좌표, 상대 좌표로 그린 정사각형과 같은 도형을 작도할 수 있습니다.

```
명령: _line
첫 번째 점 지정: 10,10
다음 점 지정 또는 [명령 취소(U)]: @30<0
다음 점 지정 또는 [명령 취소(U)]: @30<90
다음 점 지정 또는 [닫기(C)/명령취소(U)]: @30<180
다음 점 지정 또는 [닫기(C)/명령취소(U)]: @30<-90
다음 점 지정 또는 [닫기(C)/명령취소(U)]:
명령 입력
```

〈명령 창/명령행 프롬프트〉

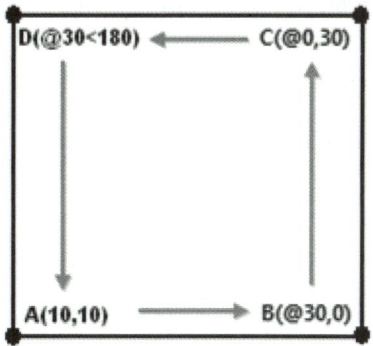

이러한 상대적으로 점의 좌표를 계산하는 것을 '상대 좌표' 및 '상대 극좌표'라고 하고, 비교적 간단한 좌표계 시스템이지만 그것을 이해하고, 능숙하게 적재적소에 적용하는 것은 AutoCAD를 사용해서 설계 및 제도 작업하기 위한 핵심 기능이며, 아래 및 다음 단원에서 지루하게 실습하게 될 것입니다.

AutoCAD를 효율적으로 사용하려면 이 '상대 좌표 시스템'을 빈번하게 적용해서 작업해야 합니다. '상대 좌표 시스템'을 완벽하게 이해하고 익숙해지기 전까지는 AutoCAD를 배우는 것이 조금은 성가신 일이 될 것입니다. 그러나 설계자가 모든 이용 가능한 좌표계에 완벽하게 숙달할수록 이것이 설계 및 제도의 핵심 기초이기 때문에 설계자는 AutoCAD를 배우는 속도가 점점 더 빨라진다는 것입니다.

❏ AutoCAD에서 점의 좌표 입력하기(Entering points in AutoCAD)

설계자는 AutoCAD에서 세 개의 다른 좌표 시스템(좌표계)을 사용하여 명령행에 점의 위치 좌표를 직접 입력할 수 있습니다. 설계자가 이용하는 좌표계는 상황에 따라 어떤 좌표계가 더 적합한지에 따라 사용할 수 있습니다.

세 개의 좌표계는 다음과 같습니다.

① 절대 좌표계 : 이 좌표계를 이용하는 것은 설계자가 표준 좌표계(WCS)의 원점과 관련된 점을 입력합니다. 점의 좌표를 입력하려면, 정확한 점에 대한 X, Y를 입력합니다.

② 상대 좌표계 : 이 좌표계를 이용하는 것은 설계자가 입력한 첫 번째 점을 기준으로 점 좌표를 입력할 수 있습니다. 한 점을 입력한 후 즉 절대 좌표를 입력한 후에 다음 점을 @X, Y로 입력합니다. 이것은 AutoCAD에서 첫 번째 점부터 다른 점까지 X 단위에, Y 단위에 이전 점을 기준으로 선을 그립니다.

③ 극좌표계 : 절대 좌표계를 사용한 후에 설계자가 특정 각도에서 특정 거리를 두고 선을 그리려는 경우 이 상대 극좌표계를 사용할 수 있습니다. 이때 점 좌표값은 @D〈A로 입력합니다. 이 경우, D는 거리이고 A는 각도입니다. 예를 들어, @10〈90은 첫 번째 점에서 10단위를 위쪽으로 선을 작도합니다.

위에 나와 있는 세 가지 좌표 입력 방법은 AutoCAD가 키보드 입력을 허용하는 유일한 방법입니다.

4) 마지막 혹은 최종 좌표(Last or last coordinate)

　AutoCAD는 마지막에 지정한 점의 좌표값을 항상 추적, 저장하는데 이것을 '최종 좌표'라고 하며 이전 명령에 사용되었던 마지막 점을 지정하는 좌표값입니다. 최종 좌표값은 @로 표시합니다. 최종 좌표값은 마지막 점을 지정하는 데 사용된 좌표 방식과는 무관하게 적용됩니다.

연습 과제〉 최종 좌표 사용하기(Using last coordinates)

　수평선 및 수직선의 교차점으로부터 X 방향으로 20, Y 방향으로 15 떨어진 지점을 중심으로 지름 20인 원(Circle 객체를 작도합니다.

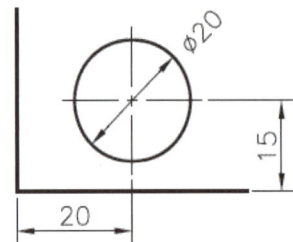 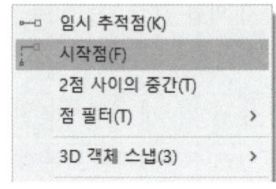

1 '선(Line)' 명령 호출해서 다음 그림처럼 임의 크기의 수평선 및 수직선을 작도합니다.

2 '선(Line)' 명령을 호출하고, 교차점(P1)을 선택해서 최종 좌표로 인식합니다.

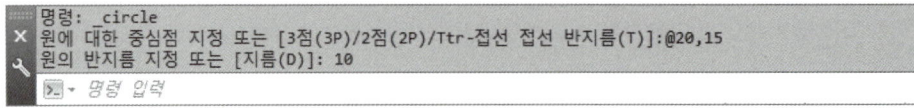

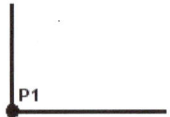

3 '원(Circle)' 명령을 호출하고, 중심점으로 @20, 15를 입력하고, 지름 20인 원을 그립니다.

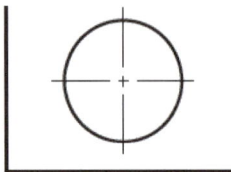

5) 점 필터(Point filter)

'점 필터(Point filter)'는 도형을 작도할 때, 좌표값을 직접 입력하지 않고, 기존 도형에서 참조할 수 있는 좌표 점과의 관계를 이용하여 새로운 좌표 점을 입력해야 할 때 대응하는 좌표값을 적용하는 것입니다.

'점 필터(Point filter)'는 AutoCAD에서 기존 도형의 참조 점 좌표에서 첫 번째 위치의 X 좌표값, 두 번째 위치의 Y 좌표값처럼 하나의 좌표 성분 값을 가져와서 입력할 수 있는 기능을 제공합니다.

'점 필터(Point filter)'는 다음 그림처럼 단축 메뉴에서 선택하거나 키보드에서 입력할 수 있습니다.

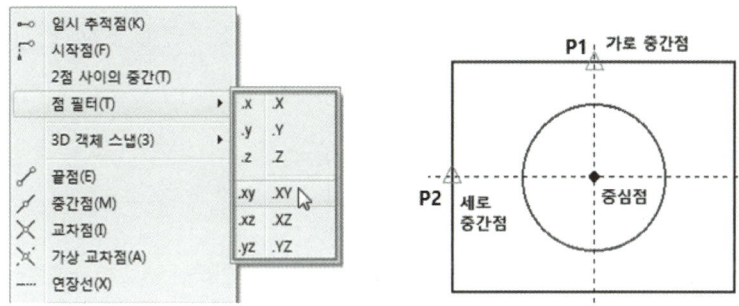

연습 과제〉 점 필터 사용하기(Using point filter)

다음 그림처럼 사각형의 가로와 세로의 중간을 지나는 수평, 수직선의 교차점에 원(Circle)의 중심점을 작도하고자 할 때 '점 필터(Point filter)'를 사용하면 간편하게 작업할 수 있습니다.

1 리본 [홈] 탭 ⇨ [그리기] 패널의 [원(Circle)] 명령 아이콘을 클릭합니다.
2 명령 프롬프트에 .x 를 입력하고, 스페이스 바(Space Bar)를 누릅니다.
3 위의 그림처럼 가로 중간점(P1), 세로 중간점(P2)을 클릭하면 원의 중심점이 자동으로 스냅 됩니다.
4 마우스 커서를 드래그해서 원의 반지름으로 P3 점을 클릭합니다.

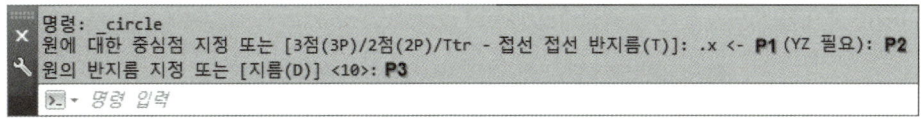

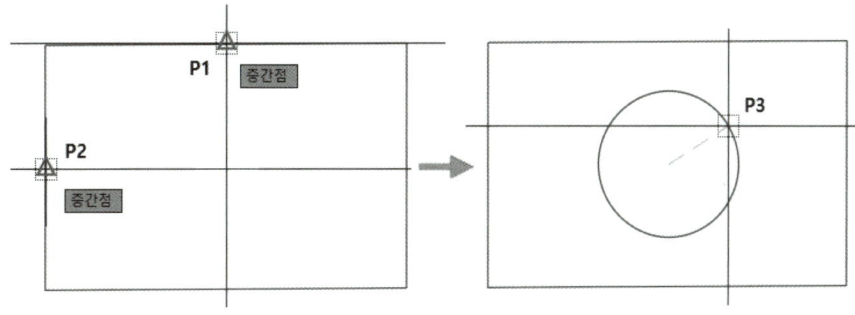

6) 데이터 입력(Enter data)

AutoCAD에서 점(Point)을 지정해야 하는 경우 즉 명령행에 점 혹은 거릿값을 지정하라는 프롬프트가 표시되면, 언제든지 좌표값을 입력할 수 있습니다.

① *모든 도면에는 표준 좌표계(WCS)가 포함됩니다.*
WCS는 모든 도면에서 같으므로 변경할 수 없습니다. 예를 들어, 절대 좌표 10, 10에 배치된 객체는 모든 도면에서 동일한 위치에 배치될 것입니다.

② *사용자 좌표계(UCS)를 구체적으로 정의하지 않는 한, 설계자가 작성한 모든 객체 형상은 WCS를 기준으로 그려집니다.*

〈표준 좌표계 및 사용자 좌표계 아이콘〉

AutoCAD에서 모든 작도 작업에는 데이터(좌표) 입력 형식이 필요합니다. 작도하는 형상 유형과 관계없이 데이터를 하나의 형태 또는 다른 형태로 계속 입력할 수 있습니다.

우리는 명령행, '동적 입력(Dynamic input)', 직접 거리 입력, 단축 메뉴 및 절대(데카르트) 좌표계를 사용하여 데이터를 입력할 수 있습니다. 명령행을 적극 사용하고, 다양한 좌표 유형을 이해하고, '동적 입력(Dynamic input)' 인터페이스를 활성화 및 사용하고, 직접 거리를 사용하여 값을 입력하고, 단축 메뉴를 사용하여 명령과 옵션을 액세스할 수 있습니다.

AutoCAD에서 임의의 점 위치를 절대 원점으로부터 거리를 측정하는 것보다 상대 원점으로부터 거리를 측정하기가 더욱 쉽고 빠르게 좌표값을 측정할 수 있습니다. 따라서 우리는 AutoCAD를 이용해서 형상 작도 작업을 하는 동안에 상대 좌표를 빈번하게 사용하게 되므로 상대 좌표 입력 방식을 완벽하게 숙지하시기를 바랍니다. 다음 그림과 같이 상태 막대에서 '동적 입력(Dynamic input)' 도구를 클릭해서 활성화하면, 상대성은 자동으로 구현됩니다.

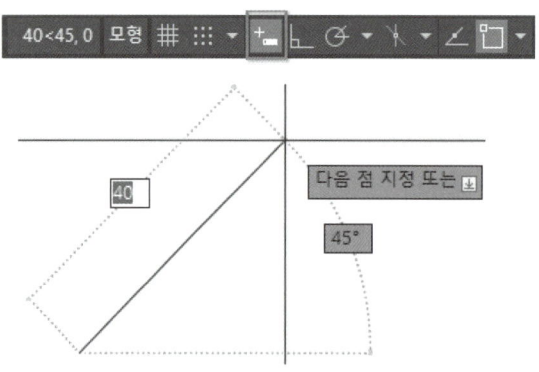

〈동적 입력 인터페이스를 이용한 작도법〉

1.3 기초 객체 작도(Creating basic objects)

1) 선 명령(Line command)

기하학적으로 선(Line)은 두 점 사이의 최단 거리로 정의됩니다. 시작점과 끝점을 지정하여 선을 그릴 수 있습니다. AutoCAD에서 '선(Line)' 명령을 사용해서 선 세그먼트(Line segment)를 그릴 수 있는데 각 선 세그먼트는 단일 객체를 나타냅니다. '선(Line)' 명령을 호출하려면,

1 [홈] 탭 ⇨ [그리기] 패널에서 [선(Line)] 명령 아이콘을 클릭합니다.

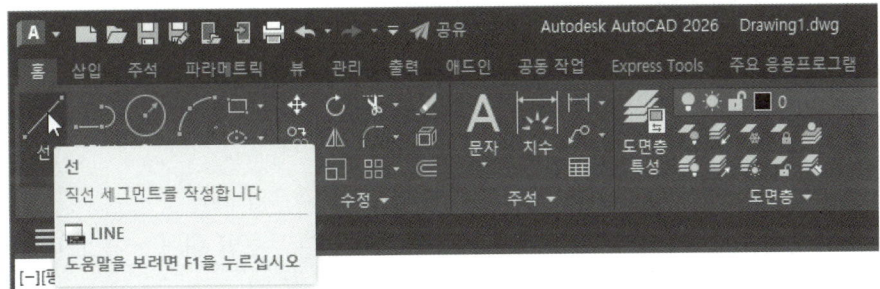

〈리본 홈 탭 ⇨ 그리기 패널 선(Line) 명령〉

명령: _line
첫 번째 점 지정: P1
다음 점 지정 또는 [명령 취소(U)]: P2
다음 점 지정 또는 [명령 취소(U)]: P3
다음 점 지정 또는 [닫기(C)/명령 취소(U)]: ⟨CR⟩

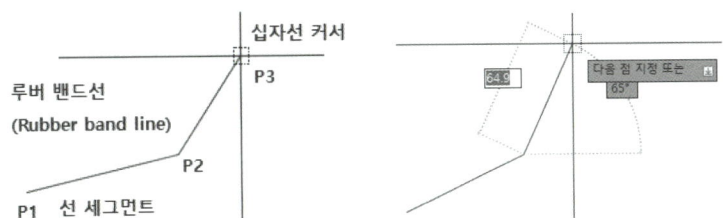

2 첫 번째 프롬프트에서 명령행 또는 '동적 입력' 상자에 첫 번째 점(P1)의 좌표(X, Y)를 입력합니다. 또는 도면 영역을 클릭하여 선의 첫 번째 점(P1)을 지정합니다.

3 명령행 또는 '동적 입력' 상자에 두 번째 점(P2)의 좌표(X, Y)를 입력하거나 도면 영역에 두 번째 점(P2)을 클릭합니다.

도면 영역에서 지정된 두 점 사이에 선 세그먼트가 작도됩니다. 또한 루버밴드 선이 커서에 연결되면 선의 다음(세 번째) 점(P3)을 지정하라는 메시지가 표시됩니다.

4 마찬가지로 선 세그먼트를 작성하기 위해 도면 영역에서 세 번째 점(P3)을 지정할 수 있습니다.

다음 세 번째 점(P3)을 계속 지정한 후 완료되면, 다음 중 하나를 수행합니다.

① 선 형상을 닫지 않고 종료하려면, 엔터키를 누릅니다.

또는 Esl 키를 누릅니다(Esc 키는 일반적으로 중단을 의미).

② 선 형상을 닫고 명령을 끝내려면, 명령행에 C를 입력하거나 명령행 프롬프트에서 [닫기] 옵션을 클릭합니다.

③ 실수하면 키보드에서 U를 입력하거나 프롬프트에서 [명령 취소] 옵션을 클릭하여 마지막 지점을 실행 취소할 수 있습니다.

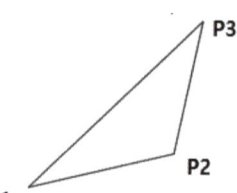

❑ 선 명령 지침(Line command guidelines)

① 선(Line) 명령은 선의 단일 세그먼트 또는 선의 다중 세그먼트를 작도하는 데 사용합니다.

② 선(Line) 명령의 활성 상태에서 [닫기(C)] 옵션을 호출하여 마지막 선 세그먼트의 끝점과 첫 번째 선 세그먼트의 시작점을 연결해서 닫힌 다각형을 작도합니다.

③ 선 세그먼트는 연결되더라도 각각 별도의 독립적인 단일 객체입니다.

④ 선(Line) 명령을 시작하고 시작점을 선택하는 대신 엔터키를 누르면, 이전 선 세그먼트의 끝과 같이 선택한 마지막 지점에서 선(Line) 명령이 재개됩니다.

⑤ 선(Line) 명령의 활성 상태에서 하나 이상의 선 세그먼트를 작도한 다음에 [명령 취소(U)] 옵션으로 U를 입력한 다음 엔터키를 누르거나 [명령 취소(U)]를 마우스 커서로 클릭하여 선(Line) 명령을 완전히 종료하지 않고 작도된 선 세그먼트를 실행 취소할 수 있습니다. 즉 루버밴드 상태로 작도된 선 세그먼트의 직전 점(Point)으로 이동되면서 작도된 선 세그먼트를 지우게 됩니다.

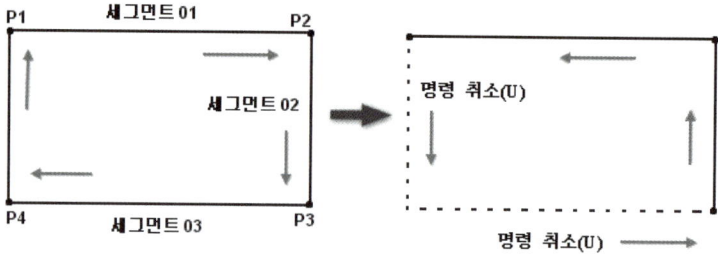

〈명령 취소(U) 옵션 프로세스〉

연습 과제〉 직교선 및 경사선(Orthogonal and sloping lines)

1 상태 막대에서 ▙(직교 모드) 버튼을 클릭해서 직교 모드를 활성화(ON)합니다.

2 리본(Ribbon) 메뉴에서 [홈] 탭 ⇨ [그리기] 패널에서 ▰[선(Line)] 명령 아이콘을 클릭하고, P1 지점을 클릭합니다.

3 커서를 아래쪽으로 이동하면, 오직 수직선이 드래그됩니다.

① P2 지점을 클릭하고, 계속 오른쪽으로 드래그해서 P3 지점을 클릭하고, 위쪽으로 드래그해서 P4

지점을 클릭합니다. 계속해서 왼쪽으로 드래그해서 P5 지점을 클릭합니다.

② 일시적으로 직교 모드를 해제하기 위해서, Shift 키를 누른 상태에서 아래쪽으로 이동해서 P6, P7 지점을 클릭해서 위의 그림처럼 경사선을 작도합니다.

4 다시 직교 모드를 활성화하기 위해, Shift 키를 릴리즈하고, P1 점을 클릭합니다.

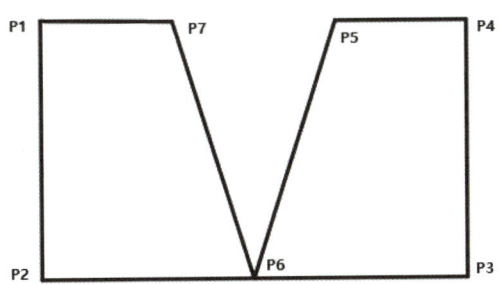

참고 〉 Shift 키 활용

1. (직교모드)가 활성(ON)인 경우
   – Shift 키를 누르면, 일시적으로 직교모드가 해제(OFF)됩니다.
   – Shift 키를 릴리즈 하면, 직교모드가 활성화(ON)됩니다.
2. (직교모드)가 비활성(OFF)인 경우
   – Shift 키를 누르면, 일시적으로 직교모드가 활성화(ON)됩니다.
   – Shift 키를 릴리즈 하면, 직교모드가 해제(OFF)됩니다.

연습 과제 〉 도면 작도 프로세스(중요)

1 새 도면을 시작합니다. - acadiso.dwt 템플릿 도면 호출
2 용지 크기(도면 한계)를 확인합니다. - Limits 명령에 따른 용지 크기 설정
3 단위 및 정밀도를 확인합니다.- Units 명령에 따른 단위 및 정밀도 설정
4 척도(Scale)를 확인합니다. - Linetype 명령에 따른 척도 설정
5 상태 막대에서 필요한 다음 도구들을 활성화합니다.

① 동적 입력(Dynamic input mode)

② 극좌표 추적(Polar Tracking)

③ 객체 스냅 추적(OTRACK)

④ 객체 스냅(OSNAP)

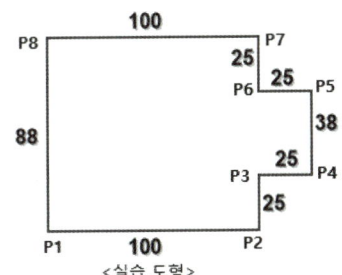

<실습 도형>

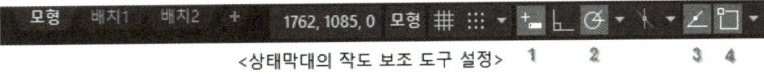

<상태막대의 작도 보조 도구 설정>

6 리본 [홈] 탭 ⇨ [그리기] 패널에서 [선(Line)] 명령 아이콘을 클릭합니다.

실습과제 1〉 선(Line) 명령과 좌표 입력으로 다음 도형을 작도합니다.

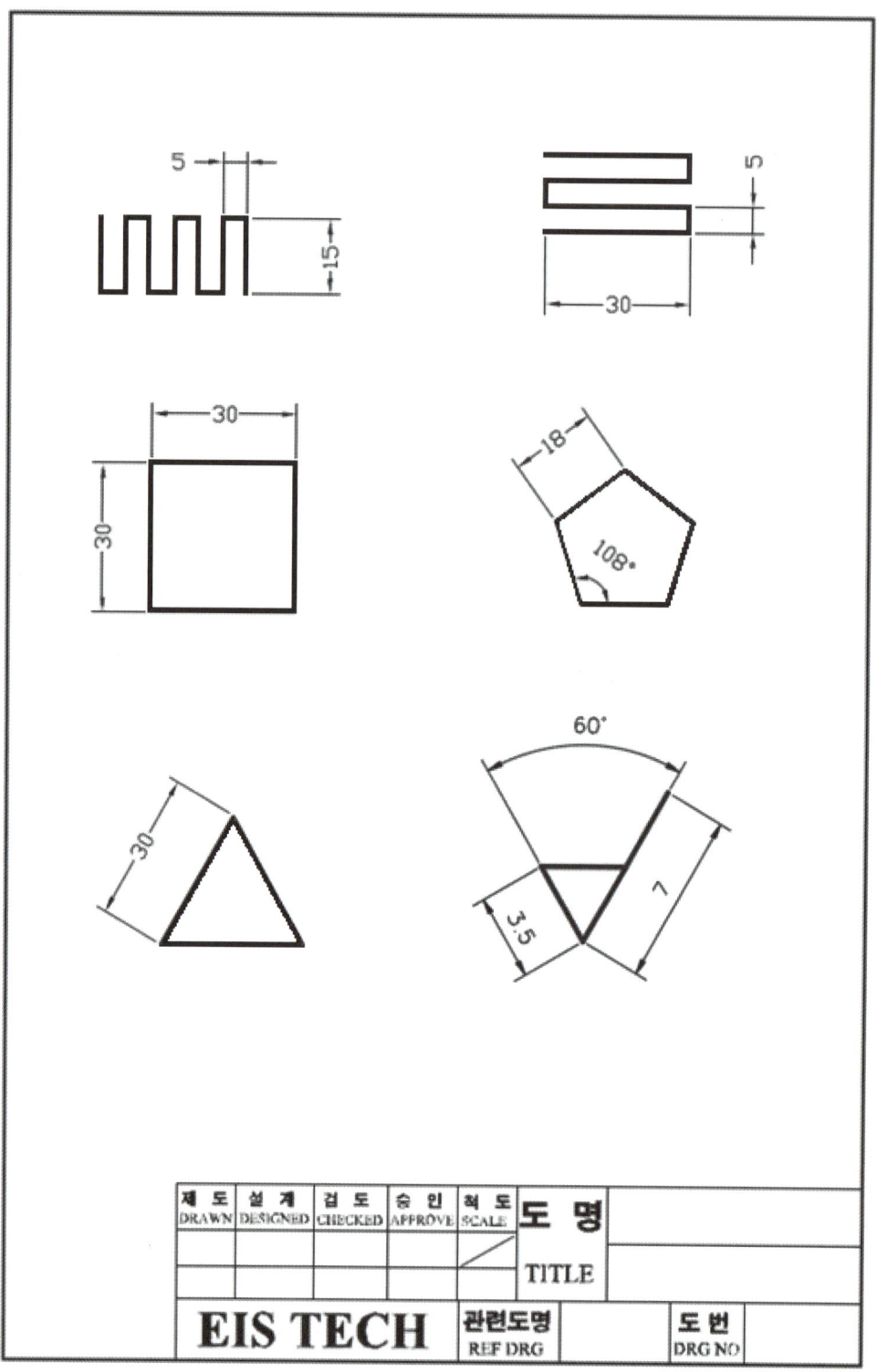

실습과제 2> 선(Line) 명령과 좌표 입력으로 다음 도형을 작도합니다.

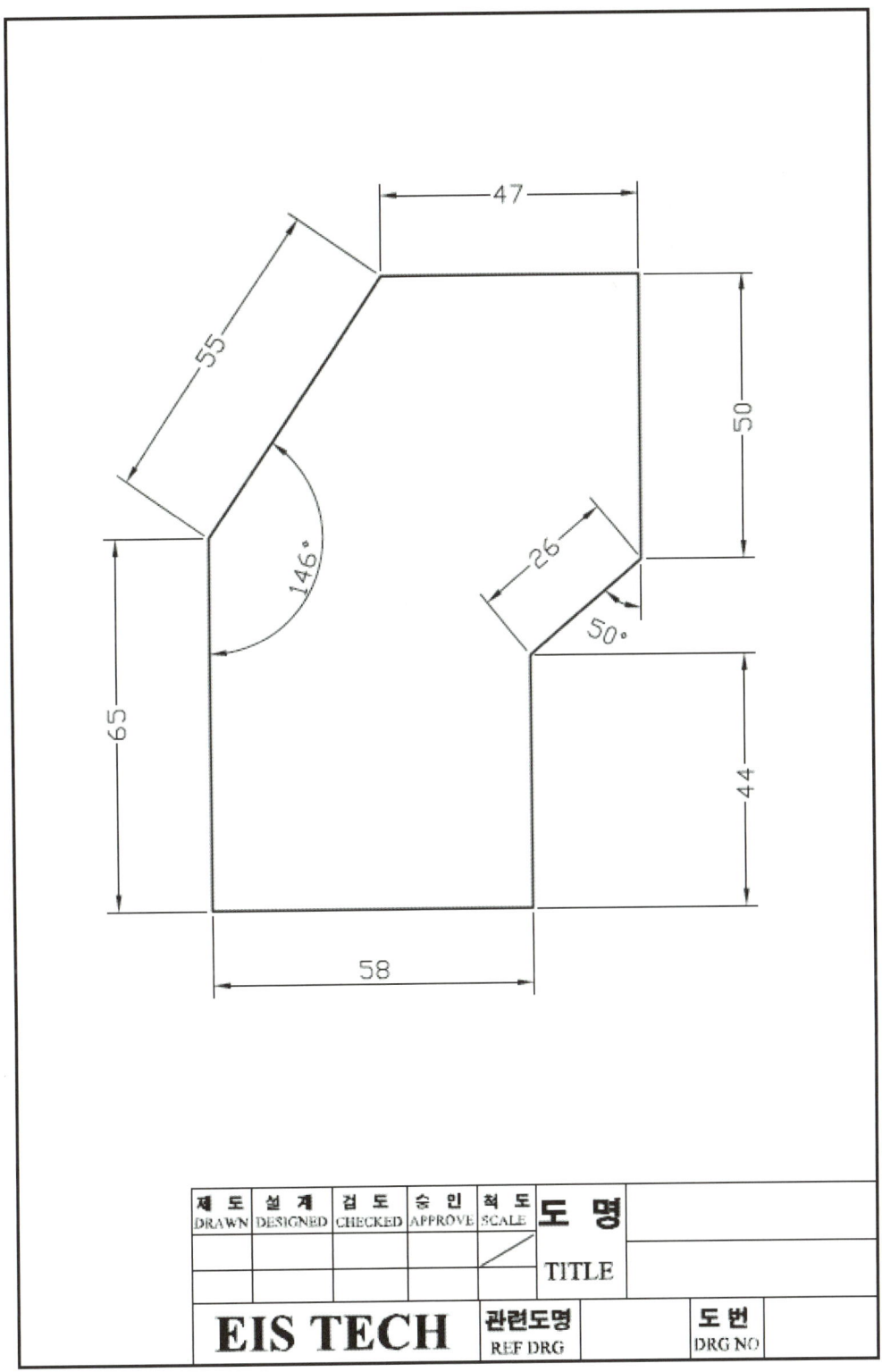

실습과제 3〉 선(Line) 명령과 좌표 입력으로 다음 도형을 작도합니다.

(참고 : X80/Y120 - 절대 좌표 표시임)

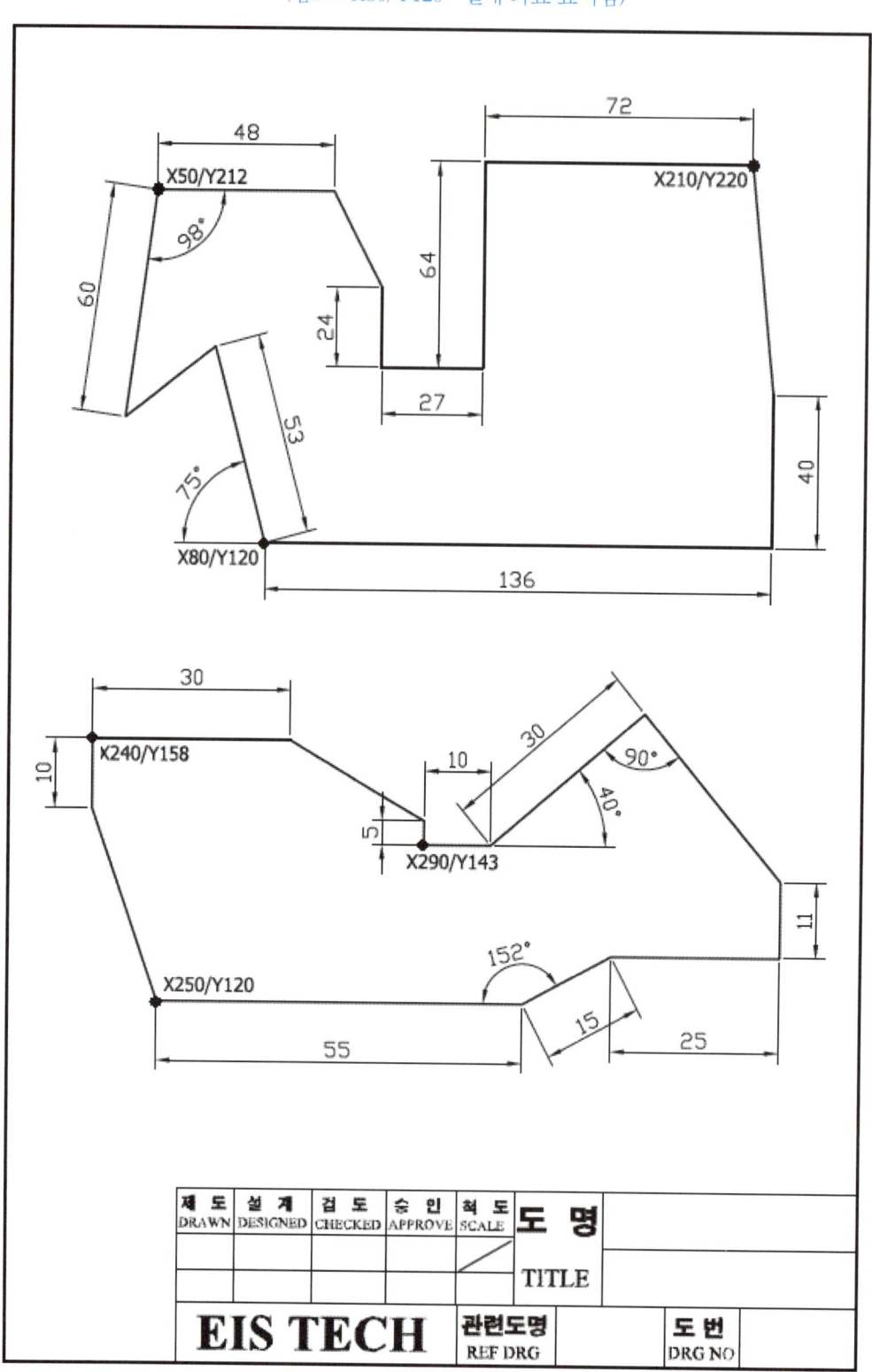

실습과제 4〉 선(Line) 명령과 좌표 입력으로 다음 도형을 작도합니다.

(참고 : X25/Y140 - 절대 좌표 표시임)

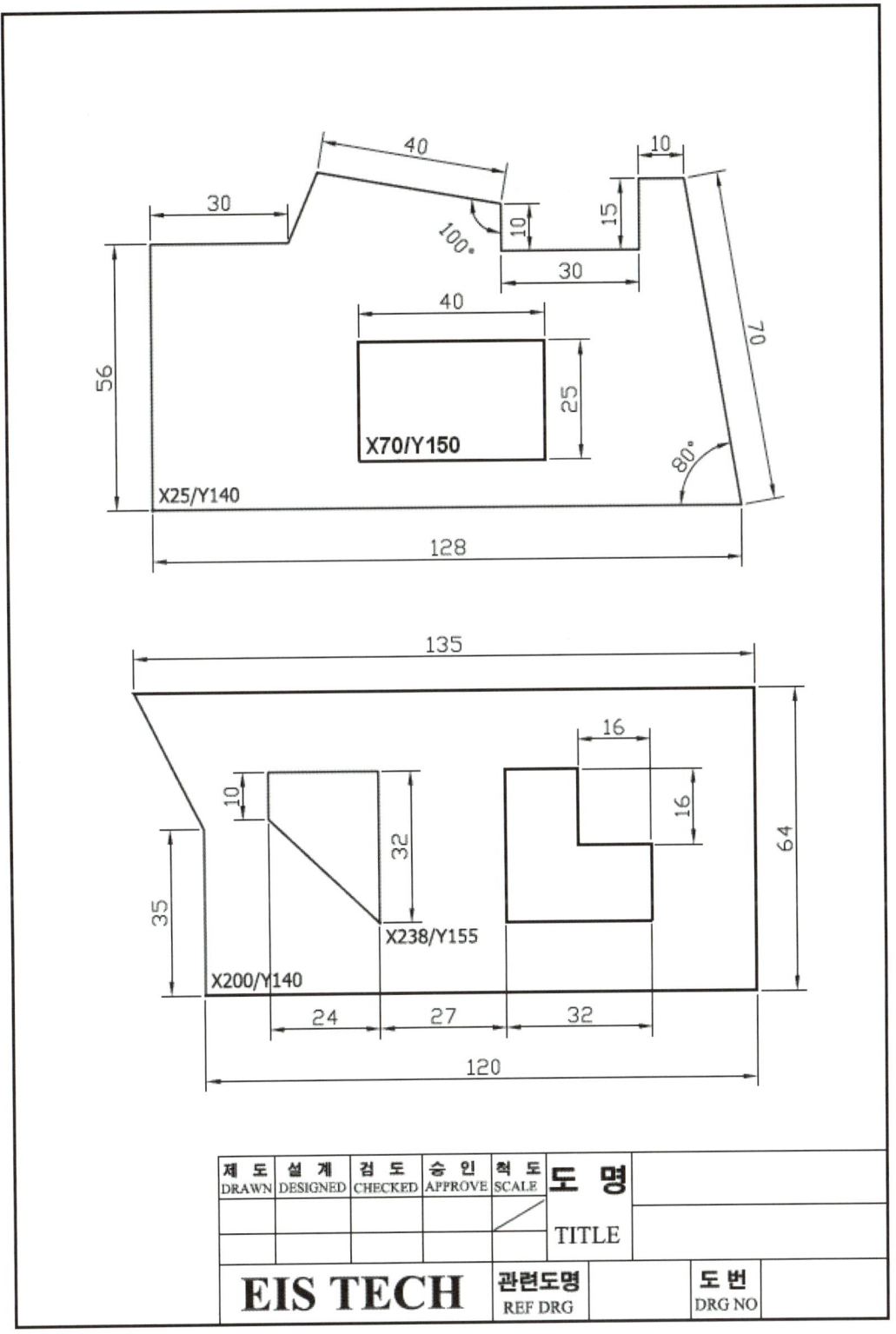

실습과제 5〉 선(Line) 명령과 좌표 입력으로 다음 도형을 작도합니다.

(참고 : X150/Y40 - 절대 좌표 표시임)

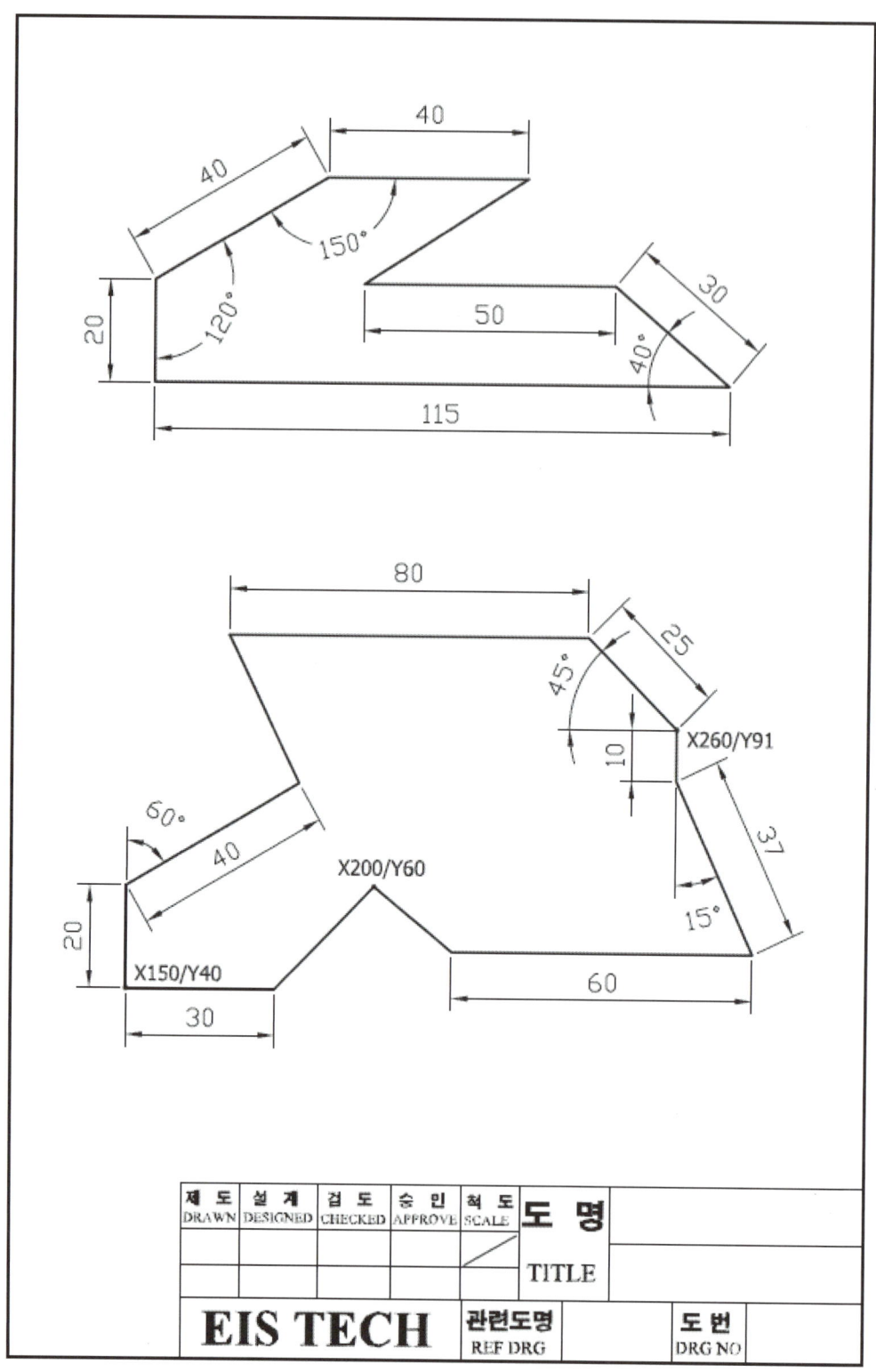

2) 원 명령(Circle command)

원(Circle) 명령을 사용하여 도면 영역에 원 객체를 작도합니다. 원(Circle) 명령을 실행하려면, [홈] 탭 ⇨ [그리기] 패널에서 [원(Circle)] 명령 아이콘의 역삼각형을 클릭하여 다음 그림과 같이 사용할 수 있는 옵션을 클릭해서 호출합니다.

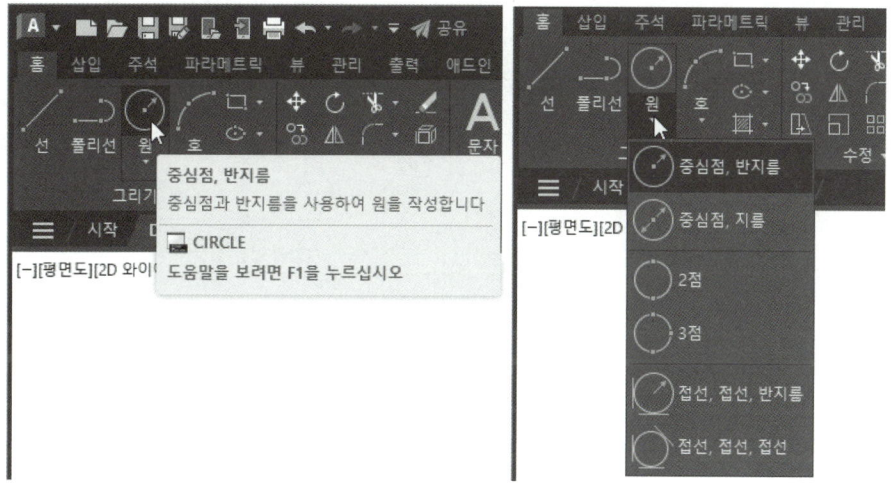

〈그리기 패널에서 옵션을 포함한 원(Circle) 명령 호출〉

명령: _circle
원에 대한 중심점 지정 또는 [3점(3P)/2점(2P)/Ttr - 접선 접선 반지름(T)]: P1
원의 반지름 지정 또는 [지름(D)]: 10

1 첫 번째 프롬프트에서 중심점(P1) 좌표를 입력하거나 마우스 커서로 지정합니다.
2 두 번째 프롬프트에서 반지름 거리(10)를 입력하거나 커서를 드래그해서 P2 점을 지정합니다.
혹은 두 번째 프롬프트에서 [지름(D)] 옵션을 호출해서 지름 거리를 입력하거나 커서를 드래그해서 지정합니다.

다음 그림은 원(Circle) 명령의 모든 옵션을 호출해서 원을 작도하는 방법을 예시하고 있습니다.

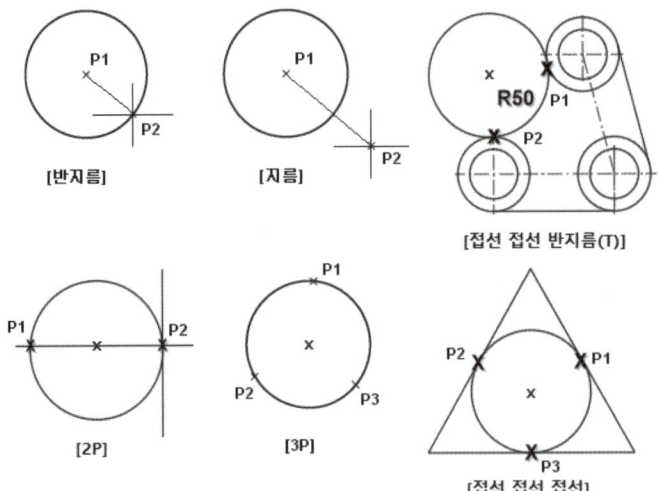

❏ 원 명령 지침(Circle command guideline)

① 명령행에서 실행할 때의 원 객체의 기본값은 중심, 반지름입니다.
　원을 정의할 중심점과 반지름을 지정합니다.
② 리본 메뉴 [홈] 탭 ⇨ [그리기] 패널에서 '원(Circle)' 명령 아이콘 드롭다운 메뉴에서 옵션을 클릭하면, 해당 명령 아이콘이 그리기 패널에 계속 표시됩니다.
③ 원의 중심점을 지정하고, 마지막으로 만든 원과 같은 크기를 원하면 엔터키를 누릅니다.
④ 중심점을 지정한 후 [지름(D)] 옵션을 호출하기 위해 D를 입력하고, 원의 지름을 입력하거나 엔터 키를 누릅니다.

연습 과제〉 원 명령(Circle command)

이 연습 과제에서는 원(Circle) 명령을 호출해서 원 객체를 작도하는 것에 대한 개요입니다.

1️⃣ 다음 왼쪽 그림과 같이 직교하는 선을 작도합니다.
2️⃣ 다음 오른쪽 그림과 같이 '원(Circle)' 명령의 [2점(2P)] 옵션을 호출해서 원을 작도합니다.
　① 수직선의 상단 끝점(P)을 클릭합니다.
　② 커서를 드래그해서 수평선의 오른쪽 끝점(P2)을 클릭합니다.

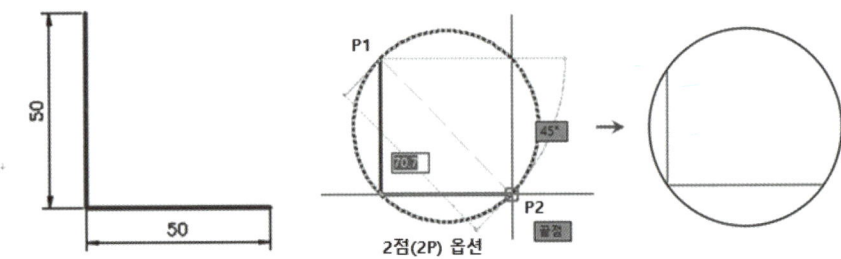

3 '원(Circle)' 명령의 [3점(3P)] 옵션을 호출해서 다음 왼쪽 그림처럼 원을 작도합니다.

4 '원(Circle)' 명령의 [Ttr - 접선 접선 반지름(T)] 옵션을 호출하고, 반지름 20을 입력해서 다음 오른쪽 그림처럼 접원을 작도합니다.

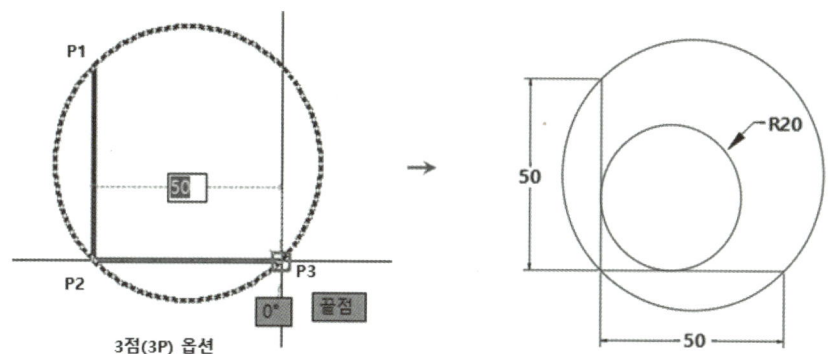

실습과제 6〉 다음 도형과 원을 작도합니다.

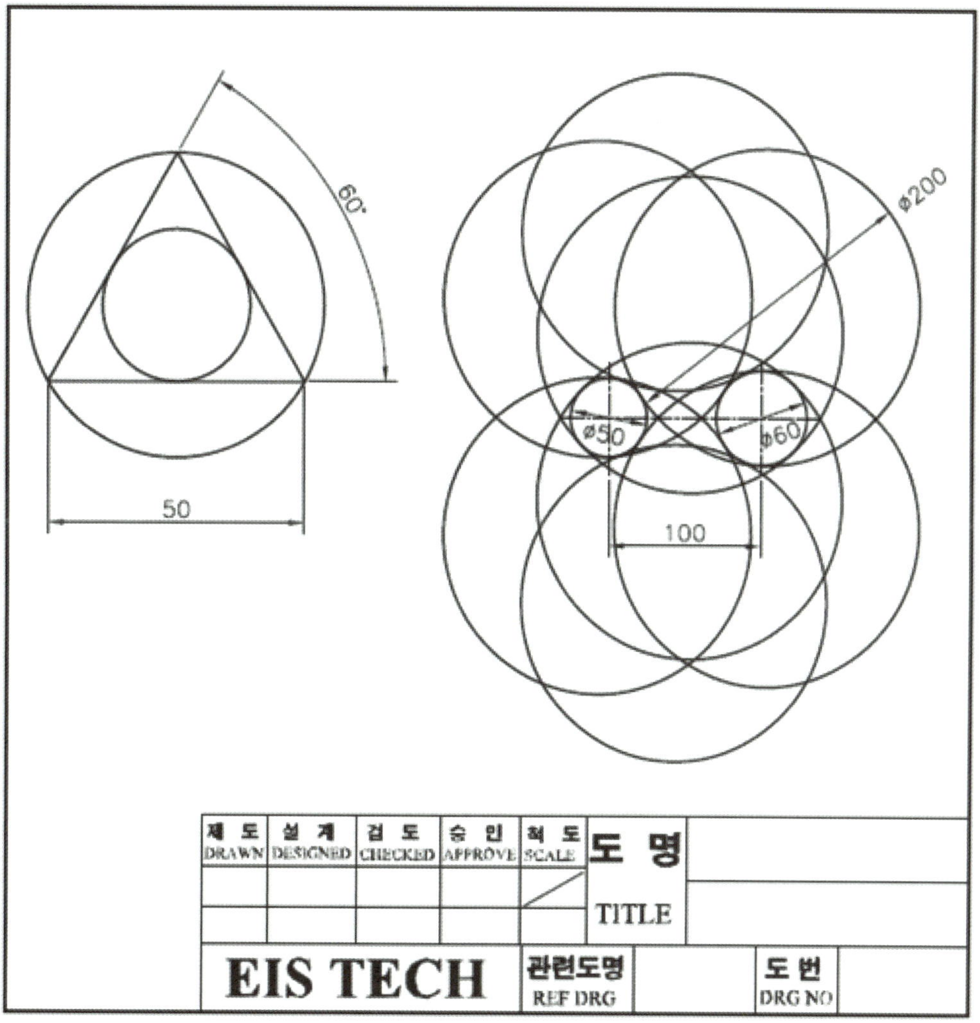

실습과제 7〉 다음 도면의 도형과 원을 작도합니다.

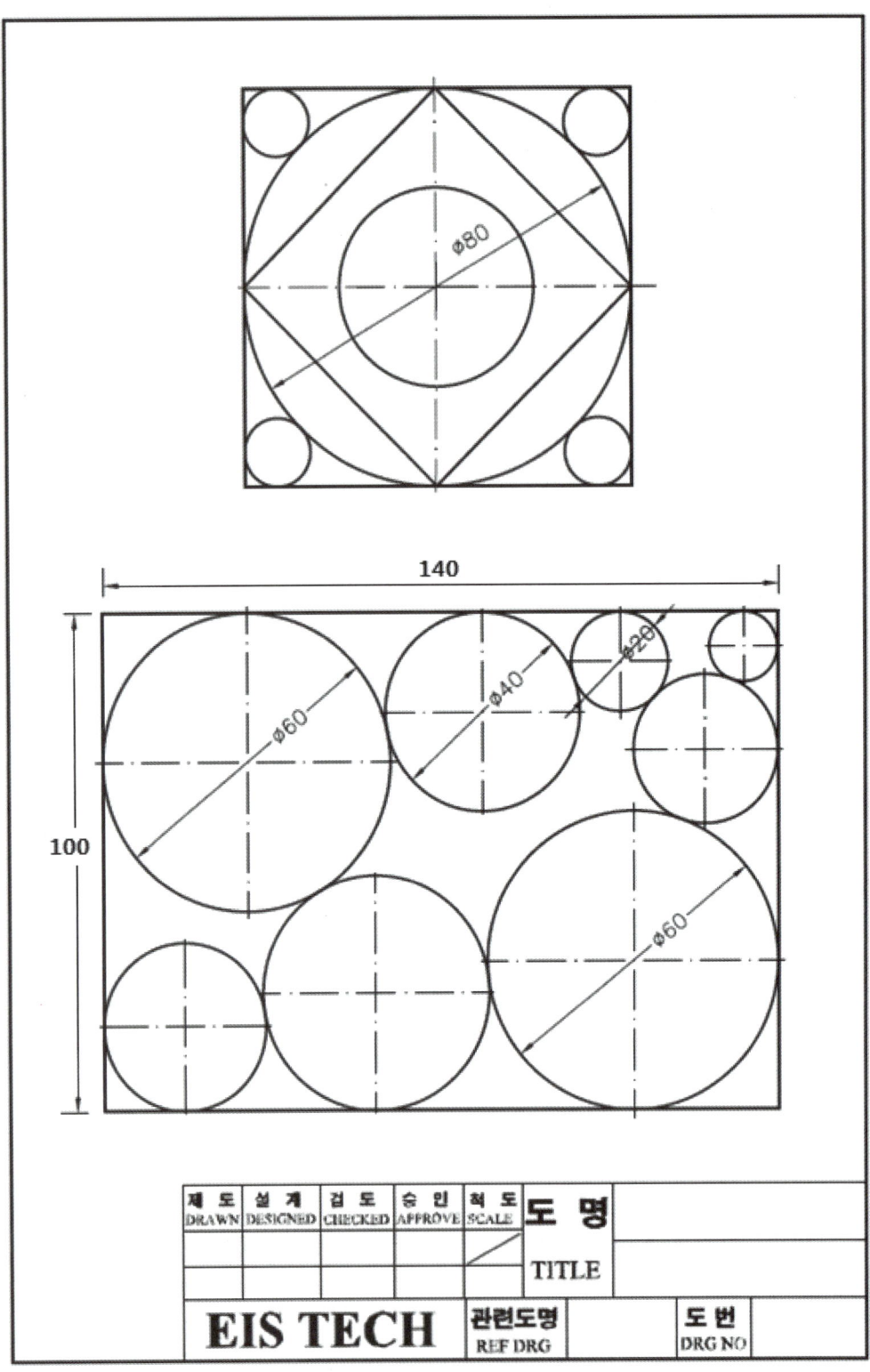

3) 호 명령(Arc command)

'호(Arc)' 명령은 원의 일부분인 호를 그립니다. AutoCAD는 완전한 호를 작도하기 위해 다음 그림과 같이 원형 호와 관련된 8개의 정보를 사용합니다.

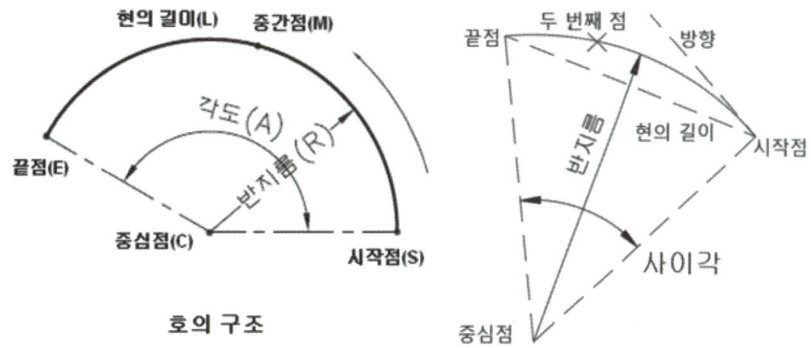

위 그림의 8개의 정보 중 3개를 제공하면 AutoCAD는 호를 그릴 수 있지만 3개는 그릴 수 없습니다. 필요한 정보의 조합은 [홈] 탭 ⇨ [그리기] 패널에서 [호(Arc)] 명령 아래의 역삼각형을 클릭하여 사용할 수 있는 모든 방법을 확인할 수 있습니다.

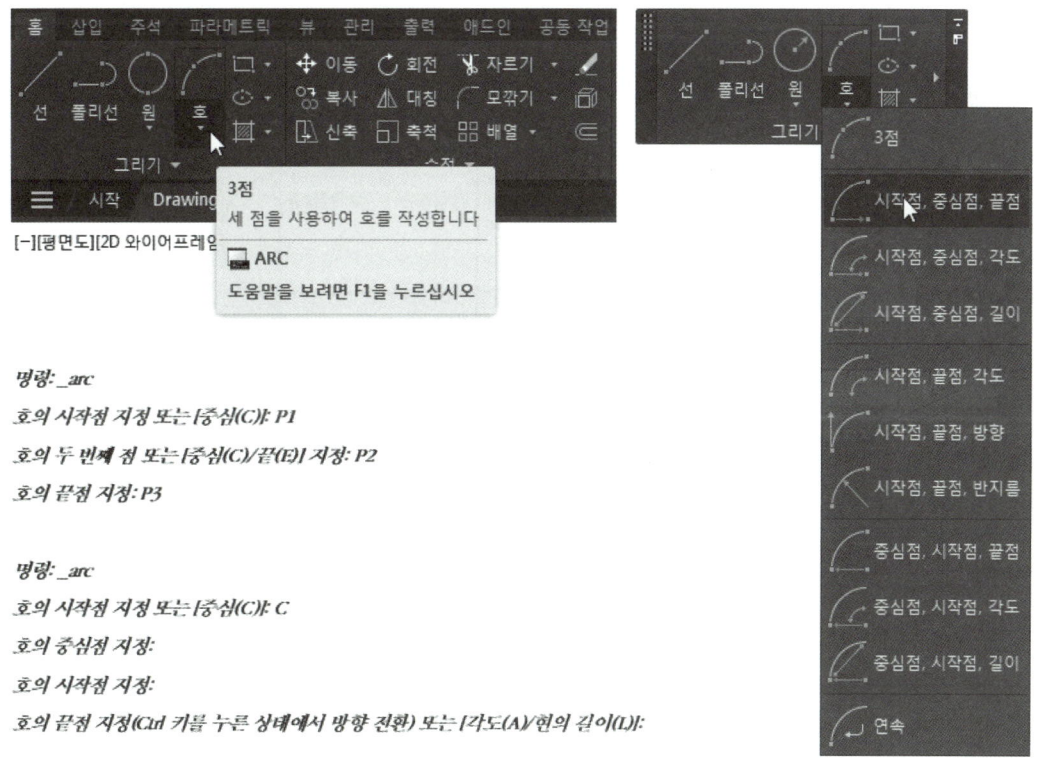

호(Arc) 명령 프롬프트에서 시작점은 항상 필수 정보입니다. 그렇지만, 먼저 호의 [중심(C)] 옵션을 호출해서 중심점을 지정하고 호의 시작점, 끝점을 지정하는 것 명심하시기를 바랍니다.

일반적으로 설계자는 점을 지정할 때 반시계(CCW) 방향으로 생각해야 하지만, 반대로 시계 방향으로 작업하려면 Ctrl 키를 누르기만 하면 변경됩니다. 다음 왼쪽 그림은 반시계 방향으로 세 점을 지정해서 생성되는 호를 작도하고, 오른쪽 그림은 중심점, 시작점, 끝점 순으로 호를 작도합니다.

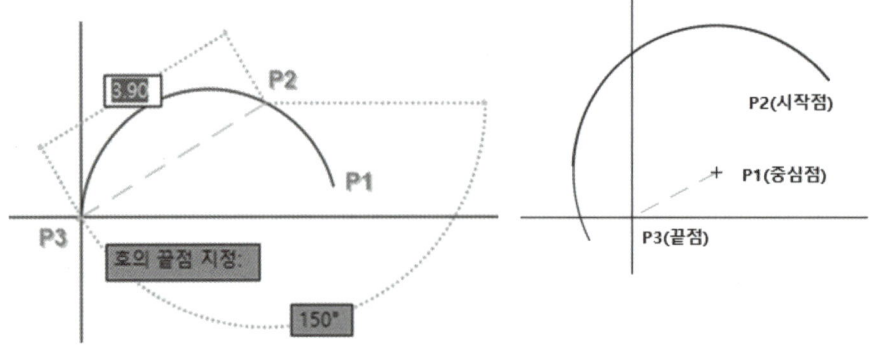

연습 과제〉 호(Arc) 명령 이용하기(Using arc command)

1 '선(Line)' 명령을 호출하고, 임의 크기의 직사각형을 작도합니다.
2 '호(Arc)' 명령을 호출해서 다음 오른쪽 그림과 같이 4개의 호를 작도합니다.
반시계 방향으로 호의 중심점(C), 시작점(S), , 끝점(E)을 클릭합니다.

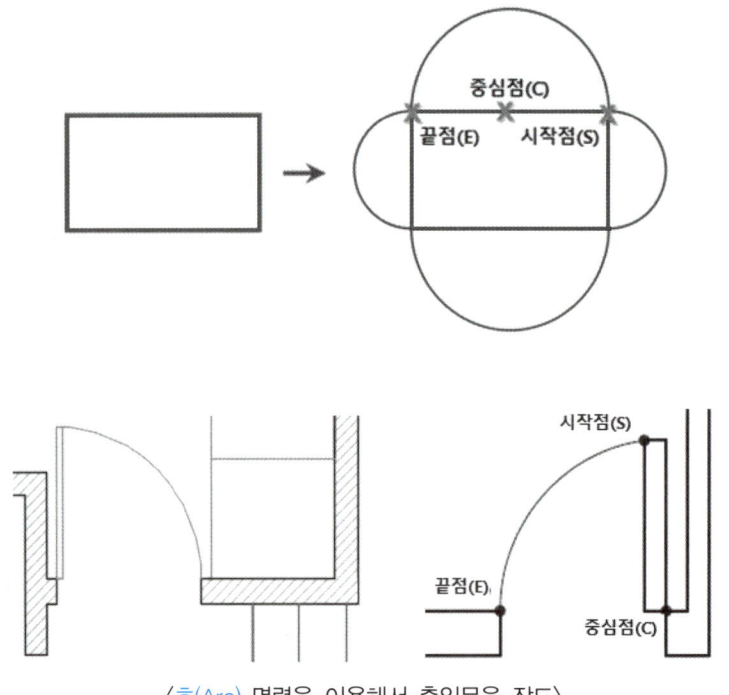

〈호(Arc) 명령을 이용해서 출입문을 작도〉

4) 지우기 명령(Erase command)

'지우기(Erase)' 명령을 사용하여 도면 영역에서 형상 객체를 제거합니다. 객체를 직접 선택하거나 '윈도우(Window)'나 '교차(Crossing)' 선택 옵션을 사용하여 선택할 수 있습니다.
[홈] 탭 ⇨ [수정] 패널에서 [지우기(Erase)] 명령 아이콘을 클릭합니다.

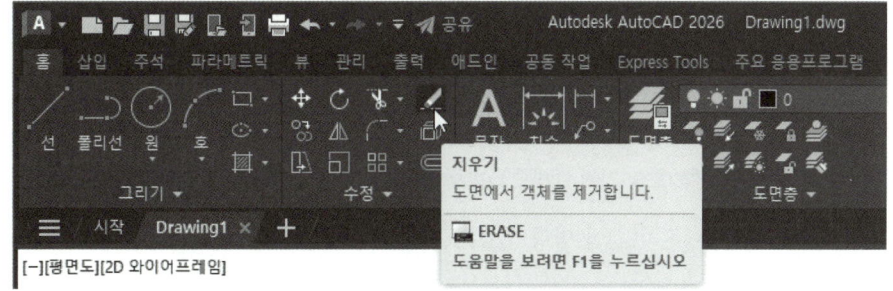

〈수정 패널 지우기(Erase) 명령 아이콘〉

명령행에서 *객체 선택:* 프롬프트에서 원하는 객체를 선택하고, 엔터키를 누릅니다.

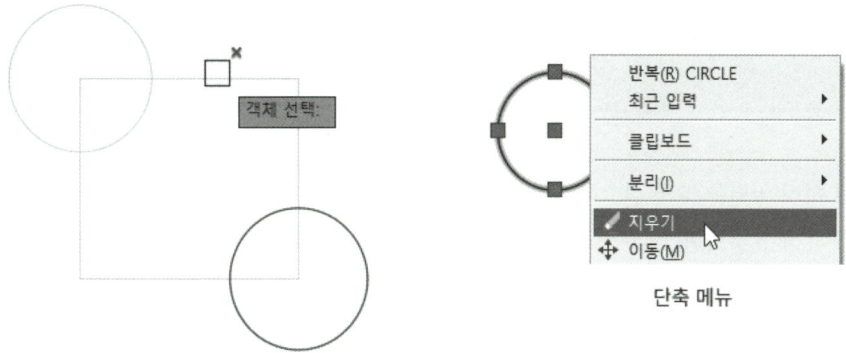

단축 메뉴

다음과 같은 또 다른 방법으로 신속하고, 편리하게 객체를 삭제할 수 있습니다.

1️⃣ 도면 영역에서 원하는 객체들을 선택한 후 Del 키를 누릅니다.
2️⃣ 도면 영역에서 원하는 객체들을 선택한 후 위의 오른쪽 그림과 같이 마우스 오른쪽 버튼을 클릭하고, 단축 메뉴에서 [지우기]를 클릭합니다.

> **참고** 마지막으로 지운 객체를 복원하려면
>
> • 명령 프롬프트에서 [OOPS]를 입력합니다.
>
> 조금 전에 삭제한 객체들이 복원됩니다. 또한 [Erase], [Block] 또는 [Wblock] 명령을 사용하여 도면 윈도우 영역에서 삭제하거나 제거된 마지막 객체들이 화면에 복원됩니다.
> '소거(Purge) 명령'으로 제거된 도면층의 객체를 [OOPS] 명령을 사용하여 복원할 수는 없습니다.

5) 명령 취소 및 명령 복구 명령(UNDO and REDO command)

AutoCAD에서 작도 작업을 하는 동안에 실수하게 되면, 잘못한 것을 취소, 삭제 또는 실행 취소하는 방법을 익혀야 합니다. Esc 키를 누르면 실행 중인 명령을 취소하고, 대화상자를 종료할 수 있습니다. '명령 취소(UNDO)' 및 '명령 복구(REDO)' 명령은 작도 오류를 수정하는 데 도움이 됩니다. 이러한 명령들은 현재 도면 세션에서만 사용할 수 있습니다.

❏ 명령 취소 명령 호출(Access an UNDO command)

'명령 취소(UNDO)' 명령은 마지막 명령의 효과를 실행 취소합니다.

신속 호출 도구 막대에서 '명령 취소(UNDO)' 명령 아이콘을 클릭하여 호출할 수 있습니다.

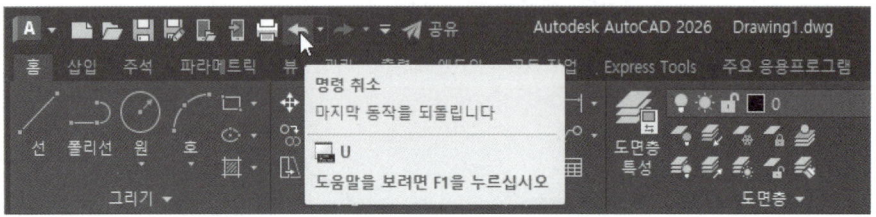

실행된 여러 명령을 명령 취소하려면 오른쪽의 작은 역삼각형 화살표를 클릭합니다.

명령 목록이 표시되면, 마우스 커서를 아래로 드래그해서 선택하고, 클릭합니다.

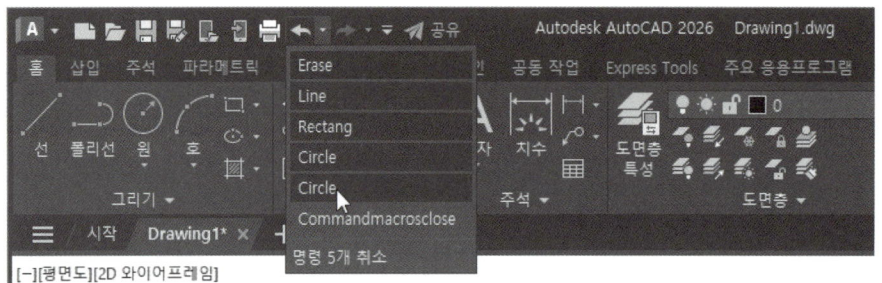

또한 명령행에서 u를 입력합니다. (의미가 다르므로 UNDO를 입력하지 마세요).

혹은 키보드에서 Ctrl + Z를 누를 수 있습니다.

다음 그림처럼 명령행에서 UNDO를 입력하고 엔터키를 누르면 명령행 프롬프트에서 '명령 취소(UNDO)' 명령 옵션 목록이 프롬프트로 표시됩니다.

〈명령 취소(UNDO) 명령 옵션〉

❏ 명령 복구 명령 호출(Access a REDO command)

'명령 복구(REDO)' 명령은 명령 취소 명령의 실행 취소합니다.

신속 호출 도구 막대에서 '명령 복구(REDO)' 명령 아이콘을 클릭하여 호출할 수 있습니다.

명령 취소된 여러 명령을 다시 명령 복구하려면, 오른쪽의 작은 화살표를 클릭합니다.
명령 목록이 표시되면, 마우스 커서를 아래로 드래그해서 선택하고, 클릭합니다.

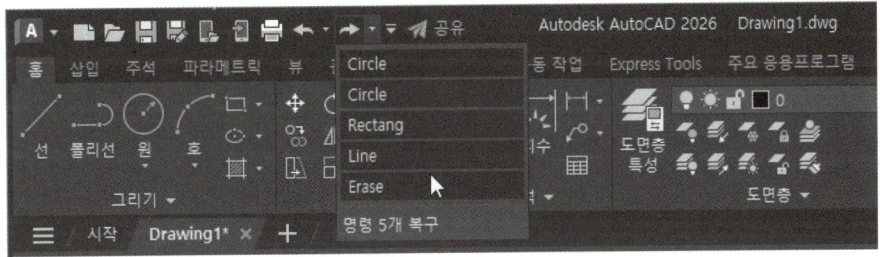

또한 명령행에 REDO를 입력하거나 Ctrl + Y를 누를 수 있습니다.

❏ 명령 취소 및 명령 복구 명령 지침(UNDO and REDO command guidelines)

① 명령 취소(UNDO) 정보는 도면의 현재 세션에만 저장됩니다.
　도면을 종료하고 다시 열면, 이전 세션에서 수행한 명령 단계를 명령 취소(UNDO)할 수 없습니다.
② '명령 복구(REDO)' 명령은 '명령 취소(UNDO)' 명령 작업 직후에 사용할 수 있습니다.
③ 도면의 시작 부분까지 모두 취소할 수 있습니다(컴퓨터의 메모리가 충분히 장착되어야 함.)
④ 고급 명령 취소(UNDO) 옵션을 보려면, 명령행에 UNDO를 입력합니다.
⑤ 명령행에 MREDO를 입력하여 고급 명령 복구(REDO) 옵션을 표시합니다.
⑥ 여러 개의 도면이 열려 있는 경우 각 도면에 별도의 명령 취소(UNDO) 정보가 포함되어 있으므로 각 도면에서 명령 취소(UNDO) 명령을 독립적으로 사용할 수 있습니다.

참고〉 명령 취소(UNDO) 명령 사용 시
- [UNDO] 명령을 실행하기 전에 도면 파일을 저장한 후 실행해야 합니다.
- [UNDO] 명령을 실행해야만 [REDO] 명령이 활성화되고, 호출할 수 있습니다.

연습 과제〉 명령 취소 및 명령 복구 명령(UNDO & REDO command)

이 연습 과제의 과정을 통해서 우리는 도면에서 '명령 취소(UNDO)' 및 '명령 복구(REDO)' 명령을 사용하는 방법에 대한 개요를 이해하게 됩니다.

1 신속 접근 도구 막대의 '명령 취소(UNDO)' 명령 아이콘을 클릭하거나 명령행에 U를 입력합니다.

2 명령 취소(UNDO)' 명령 아이콘을 선택할 때마다 단일 작업이 실행 취소됩니다.
명령행에 U를 입력하였을 때 엔터키를 계속 눌러 명령 취소(UNDO) 명령을 반복할 수 있습니다.

3 '명령 복구(REDO)' 명령을 호출하려면, 신속 호출 도구 막대에서 '명령 복구(REDO)' 명령 아이콘을 클릭하거나 명령 취소(UNDO) 작업 직후에 '명령 복구(REDO)' 명령을 호출합니다.

4 도면이 원하는 상태로 돌아갈 때까지 반복해서 '명령 복구(REDO)' 명령을 호출합니다.

5 신속 호출 도구 막대의 '명령 취소(UNDO)' 명령 아이콘 또는 '명령 복구(REDO)' 명령 목록(드롭다운)에 액세스하여 명령 취소(UNDO) 또는 명령 복구(REDO) 단계를 강조 표시할 수 있습니다.

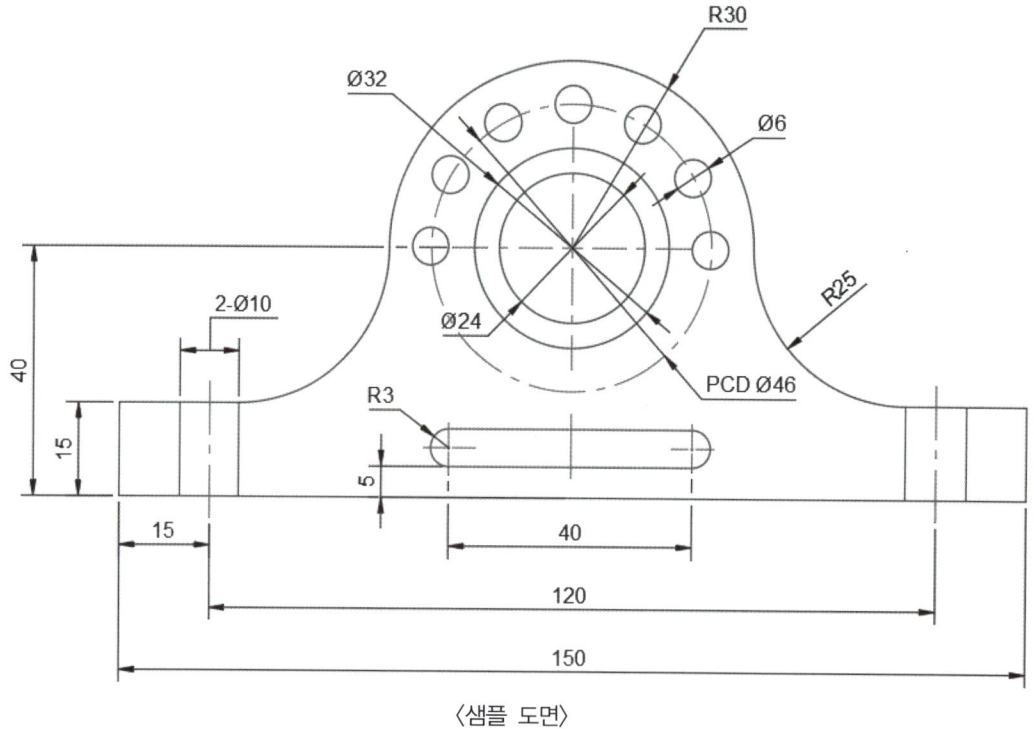

〈샘플 도면〉

02 도면층 개념 및 활용
(Layer concepts and utilization)

2.1 도면층 개요(Layer overview)

❏ 도면층 정의(Layer definition)

'도면층(Layer)'은 색상(Color), 선종류(Linetype) 및 선가중치(Lineweight)를 지정하여 도면 객체를 도시하는 투명 용지입니다. 그것은 도면을 구성하고 제어할 뿐만 아니라 도면을 관리하는 가장 중요한 도구입니다. 도면층의 각 객체는 그 도면층의 '특성(Properties)'을 유지합니다. 객체는 도시할 도면층에 설정된 색상(Color), 선종류(Linetype) 및 선가중치(Lineweight)에 따라서 작도됩니다. 이러한 설정을 '도면층별(ByLayer)'이라고 합니다. 이것은 개별 객체를 제어하는 대신 도면층을 제어하여 도면을 제어하고 관리합니다. 객체를 관리하는 데 도면층을 이용하려면, '도면층 특성 관리자(Layer properties manager)' 대화상자를 호출해야 합니다. 이 대화상자에서 현재 도면층을 지정하고, 객체를 작도하고, 도면층의 가시성을 설정 및 해제하고, 도면층을 고정하고, 도면층을 잠글 수 있습니다.

도면을 구성하려면 논리적으로 그룹화하는 방법으로 도면층을 이용합니다. 많은 산업 도면층 표준(Industrial layer standard)이 있으며 설계자 이러한 표준 중 하나를 적용합니다. 가장 중요한 것은 도면층을 활용하기 위한 표준(Standard)을 세우고 그것을 따르는 것입니다.

도면층 작성을 시작하려면, [홈] 탭 ⇨ [도면층] 패널에서 [도면층 특성] 아이콘을 클릭합니다.

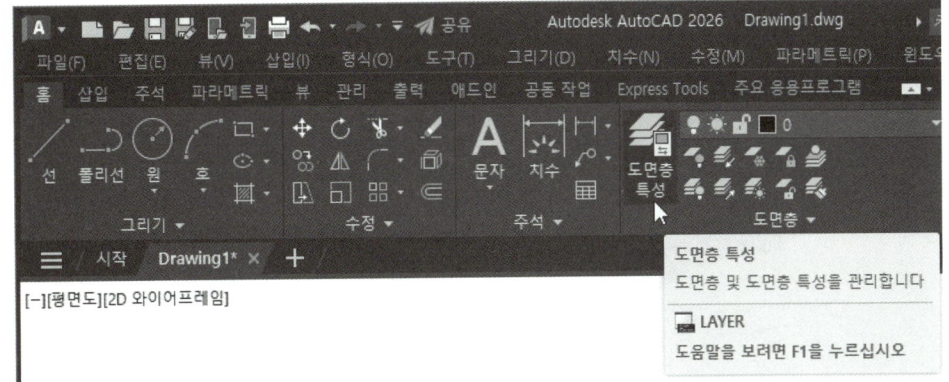

모든 AutoCAD 도면에는 다음 그림과 같이 0(Zero)이라는 고유한 도면층이 존재합니다. 이 도면층은 삭제하거나 이름을 바꿀 수 없습니다. 그러나 설계자가 만든 다른 도면층은 삭제하고 이름을 바꿀 수 있습니다. '현재 도면층(Current layer)'은 설계자가 객체를 그릴 수 있는 유일한 도면층입니다.

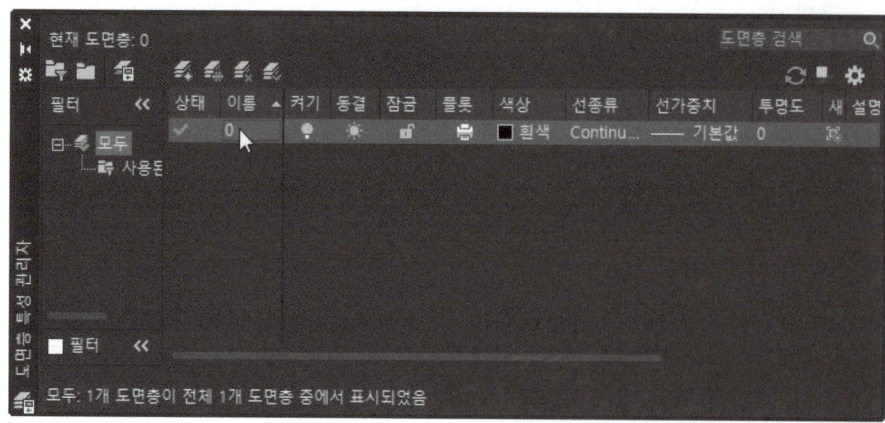

❏ 도면층으로 객체 구성(Organizing objects with layers)

도면의 복잡성이 증가함에 따라 설계 데이터를 효율적으로 관리하는 데 도면 객체의 구성이 중요해집니다. 보통 설계자는 도면층(Layer)을 사용하여 도면의 객체를 논리적으로 구성하고 색상(Color), 선종류(Linetype) 및 선가중치(Lineweight) 등의 '도면층 설계 지침(Layer design standard)'을 적용합니다. 객체를 도면층으로 그룹화할 때 단일 도면층을 제어하여 이러한 객체를 제어할 수 있습니다.

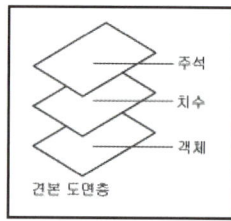 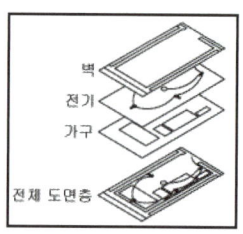

예를 들어, 모든 치수(Dimension)를 단일 도면층에 배치하는 경우 해당 도면층을 동결(Freeze)하는 것만으로 치수를 도면에서 숨길 수 있습니다. 다음 그림은 객체를 구성하는 데 도면층을 사용하는 방식을 보여 줍니다. 다음 왼쪽 그림은 유사한 객체의 논리적 그룹화를 계층적으로 나타내고 오른쪽 그림은 AutoCAD 응용프로그램 도면 영역에 표시되는 형상 객체를 나타냅니다.

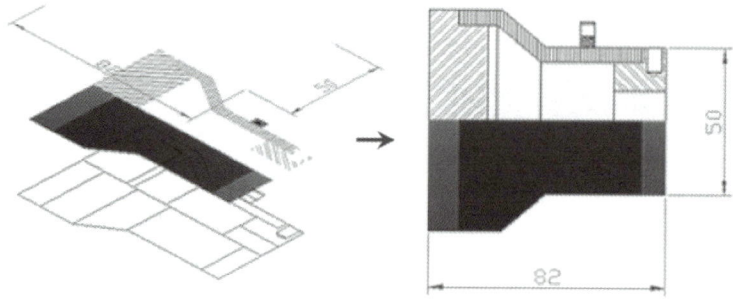

도면에 도면층(Layer)을 사용하는 것은 관련 설계 요소 그룹이 포함된 투명 매체가 전체 설계에 걸쳐 배치되는 수동 도면 환경에서 중첩(overlays)을 사용하는 것과 유사합니다. 그 결과, 설계자가 작도한 모든 객체가 표시되고, 중첩(Overlays)을 쉽게 제거할 수 있으며, 설계 의도가 구현될 수 있도록 설계 작업의 모든 측면에 집중할 수 있습니다.

❏ 도면층 핵심 요점(Layer key points)

① 도면층(Layer)을 사용하여 도면의 객체를 구성합니다.
② 도면층(Layer)에는 해당 도면층에 도시될 객체의 색상(Color), 선종류(Linetype) 및 선가중치(Lineweight)를 결정하는 특성(Properties) 설정들이 있습니다.
③ '도면층 특성 관리자' 대화상자를 사용하여 도면층을 생성하고 관리합니다.
④ 모든 도면에는 최소한 기본 도면층 0(Zero)이 포함됩니다.
⑤ 도면을 구성하려면 객체의 기능, 모양 또는 기타 공통점에 따라 도면층(Layer)으로 그룹화하는 것을 고려해야 합니다.
⑥ 도면층(Layer)에 대한 표준(Standard)을 설정할 수 있는 도면층화 관련 산업계 표준(Industrial standard)이 많이 있습니다.
⑦ 도면층(Layer)을 사용하여 도면을 구성할 때 전체 객체 그룹을 쉽게 제어할 수 있습니다.

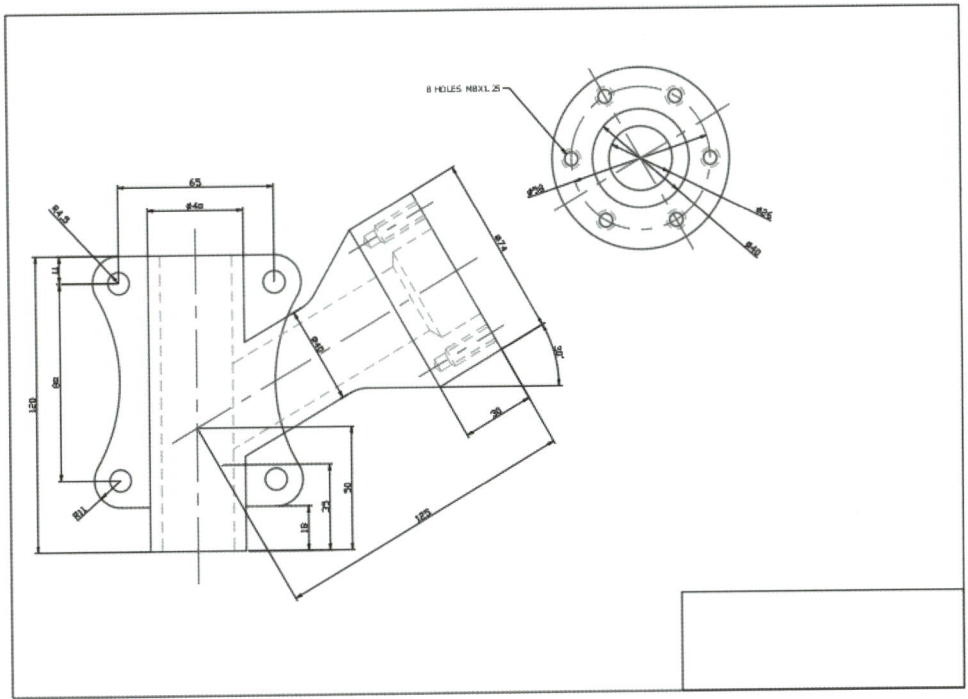

〈도면층으로 작도된 샘플 도면〉

2.2 도면층 특성(Layer properties)

❏ 새 도면층 작성하기(Create a new layer).

'도면층 특성 관리자' 대화상자에서 현재 도면에 새 도면층을 추가할 수 있습니다.

1 '도면층 특성 관리자' 대화상자에서 [새 도면층] 아이콘을 클릭합니다.

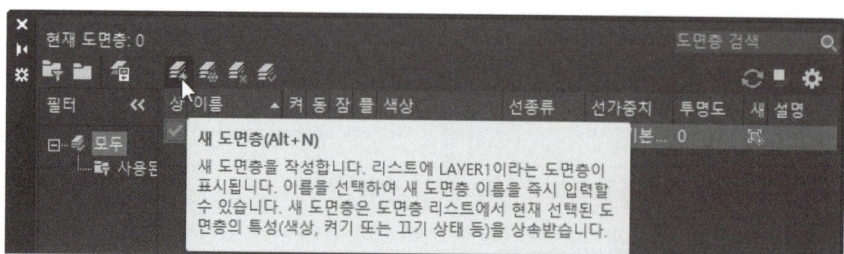

임시 이름 '도면층1'인 새 도면층이 작성되고, '이름' 필드가 강조 표시되는데 선호하는 도면층 이름으로 [외형선]을 입력합니다.

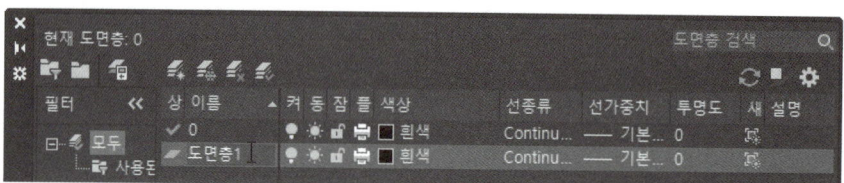

❏ 도면층에 색상 설정하기(Set a color for a layer).

도면층에 사용할 수 있는 256가지 색상 중 하나를 설정할 수 있습니다. 처음 9가지 색상은 이름 또는 번호(색상 1부터 9까지)를 클릭해서 설정할 수 있습니다. 다른 색상은 클릭하거나 숫자를 입력해서 설정해야 합니다.

도면층(Layer)에 색상(Color)을 설정하려면, 다음 단계를 수행해야 합니다.

1 '도면층 특성 관리자' 대화상자에서 색상 설정을 원하는 도면층 이름을 선택합니다.

2 그 도면층의 색상 필드 아이콘을 클릭하면, '색상 선택' 대화상자가 표시됩니다.

3 '색상 선택' 대화상자에서 원하는 색상을 클릭하고, [확인] 버튼을 클릭합니다.

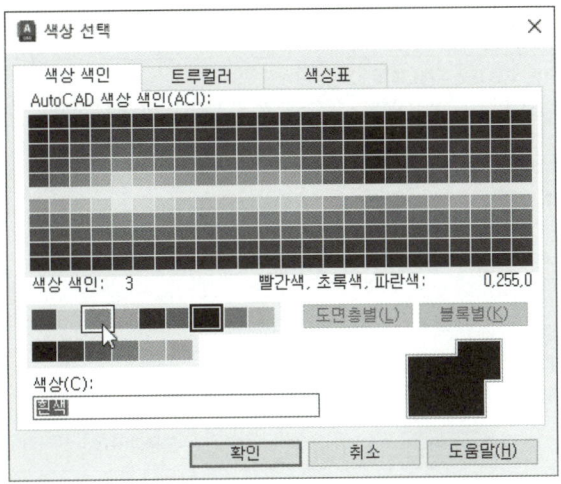

도면층(Layer)의 색상을 설정하거나 수정하는 또 다른 편리한 방법은 다음 그림처럼 [홈] 탭 ⇨ [도면층] 패널의 드롭다운 목록을 사용하는 것입니다.

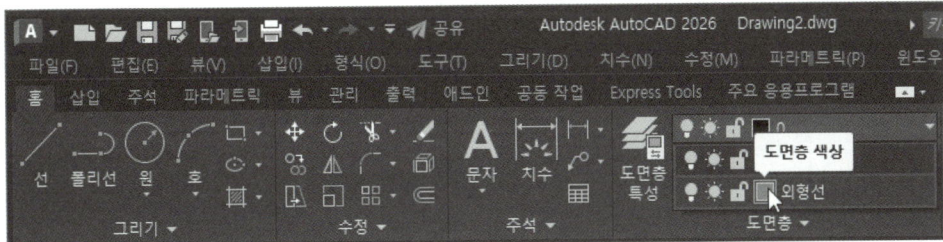

❏ **도면층에 선종류 설정하기(Set a linetype for a layer).**

AutoCAD에는 acad.lin 및 acadiso.lin 의 두 가지 선종류 파일이 포함되어 있습니다. 색상(Color)과 달리 선종류(Linetype)는 현재 도면 파일에 로드되지 않습니다. 따라서 설계자는 필요할 때 원하는 선종류 유형을 로드해야 합니다.

도면층(Layer)의 선종류(Linetype)를 설정하려면, 다음 단계를 수행합니다.

1 '도면층 특성' 대화상자에서 원하는 도면층 이름을 선택합니다.

2 선종류 필드에서, 선종류 이름을 클릭합니다.

3 '선종류 선택' 대화상자에서 원하는 선종류 유형이 나열되었으면 선택합니다.
그렇지 않으면 로드해야 합니다. '로드(Load)' 버튼을 클릭합니다.

4 '선종류 로드' 대화상자에서 원하는 선종류 유형을 찾아 선택하고 [확인] 버튼을 클릭합니다.

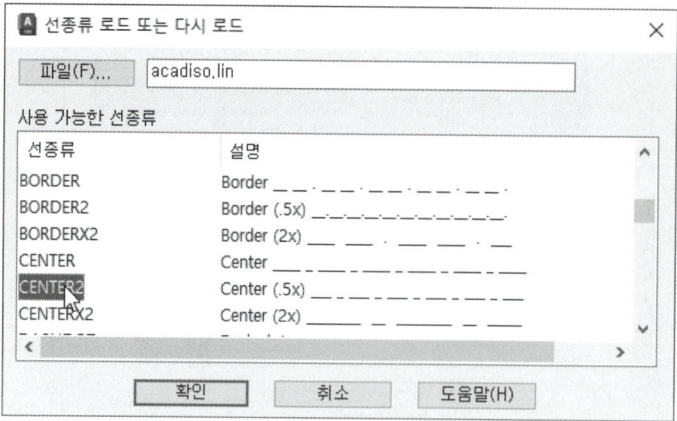

5 이제 선종류가 로드되었습니다. 선종류를 선택하고 [확인] 버튼을 클릭합니다.

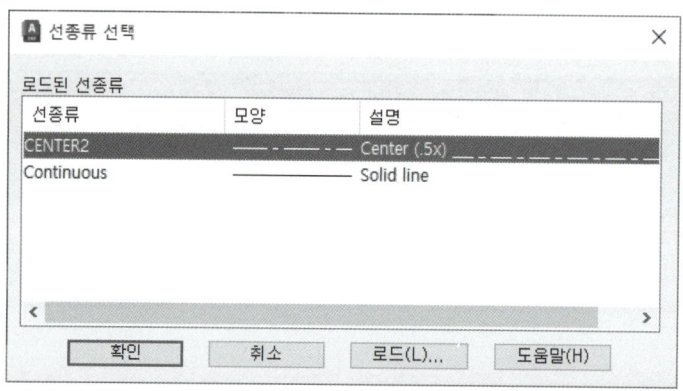

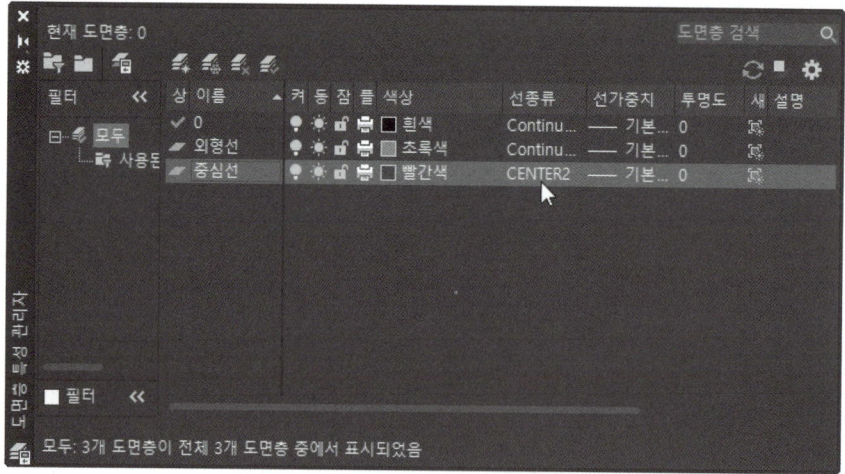

❏ 도면층에 선가중치 설정하기(Set a lineweight for a layer).

일반적으로 AutoCAD 도면에서 선가중치(Lineweight)는 기본값(0.25mm)으로 설정된 상태로 작도하고, 출력(Plot)할 때 제도 규정에 따른 선가중치를 지정합니다.

출력 시 선가중치를 지정하는 방법은 이 교재의 [출력(Plot)] 명령 부분을 참고합니다.

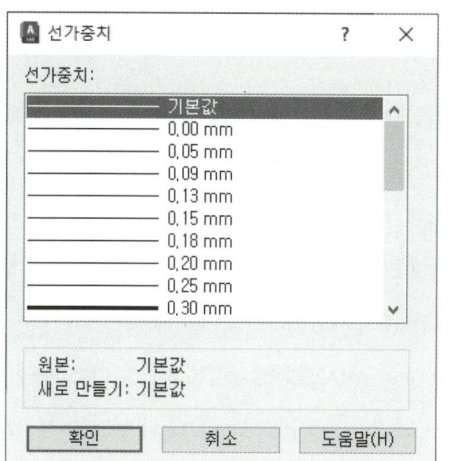

도면 영역에서 객체의 선가중치(Lineweight)를 보려면, 위의 오른쪽 그림처럼 상태 막대에서 [선가중치 표시/숨기] 도구를 클릭해서 활성화합니다.

❏ 현재 도면층으로 설정하기(Set the current layer).

도면층을 '현재 도면층(Current Layer)'으로 지정하는 방법은 여러 가지가 있습니다.

1️⃣ '도면층 특성 관리자' 대화상자에서, 원하는 도면층을 선택하고, [현재로 설정] 아이콘을 클릭하는 것입니다.

2️⃣ 또 다른 방법은 '도면층 특성 관리자' 대화상자에서 원하는 도면층 이름을 더블 클릭하는 것입니다.

3️⃣ 가장 쉬운 방법은 다음과 같이 리본 메뉴 [홈] 탭 ⇨ [도면층] 패널의 도면층 드롭다운 목록에서 원하는 도면층 이름을 클릭하는 것입니다.

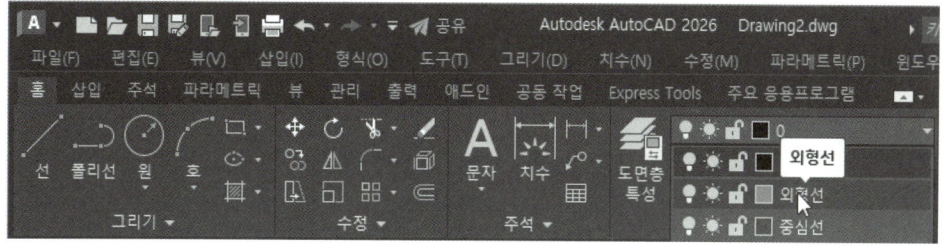

2.3 도면층 제어(Layer controlling)

이 단원에서는 도면층의 가시성(Visibility), 잠금(Locking), 플로팅(Plotting), 삭제(Delete), 이름을 변경(Rename)하는 등을 제어하는 방법에 대해 알아보겠습니다.

❏ 도면층 가시성, 잠금 및 플롯 제어하기(Controlling layer visibility, locking, and plotting).

AutoCAD는 다음 그림처럼 '도면층 특성 관리자' 대화상자 또는 [홈] 탭 ⇨ [도면층] 패널 도면층 드롭 다운 목록에서 도면층 표시(On)/끄기(Off), 동결(Freeze)/동결 해제(Thaw), 도면층 잠금(Lock)/잠금 해제(Unlock), 도면층 플롯(Plot) 및 플롯 못하는 도면층(not plot layer)에 대한 제어를 제공합니다.

새 도면층이 작성되면, 켜기(On), 해동(Thaw), 잠금 해제(Unlock) 및 플롯(Plot)이 설정됩니다. 개별적으로 도면층을 끄거나 동결하여 도면층에 존재하는 객체들을 숨길 수 있습니다. 동결(Freeze)은 도면층의 객체가 도면에서 고려되지 않으므로 일시적으로 도면 크기가 줄어들기 때문에 동결 해제보다 더 깊은 효과를 가집니다(도면이 느려지는 경우 동결을 사용하여 도면 크기를 줄입니다.)

현재 도면층을 끄려고 하면, 다음 메시지가 표시됩니다.

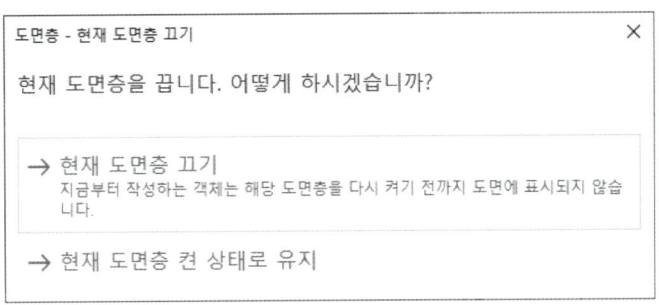

현재 도면층(Current layer)을 동결(Freeze)하려고 하면, AutoCAD에 다음 메시지가 표시됩니다.

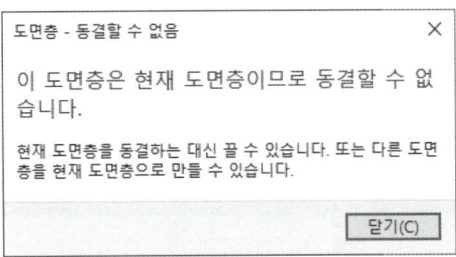

도면층을 잠그면 객체가 도면층에 상주하지만, 수정 명령에 대해 선택되지 않습니다. 잠긴 도면층의 객체는 희미하게 사라지고 가까이 가면 작은 잠금 아이콘이 나타나 도면층이 잠겨 있음을 알 수 있습니다.

도면층을 'No Plot'으로 설정하면, 이 도면층의 객체는 표시되지만 출력되지 않습니다.

도면층 켜기/끄기(On/Off), 동결 해제/동결(Thaw/Freeze) 및 잠금/잠금 해제(Lock/Unlock)는 '도면층' 패널 및 '도면층 특성 관리자'의 드롭다운 목록을 사용하여 제어할 수 있지만, 'Plot/No Plot'은 '도면층 특성 관리자' 대화상자에서만 제어할 수 있습니다.

❑ 도면층 삭제 및 이름 변경하기(Deleting and renaming layers)

AutoCAD는 객체를 포함하는 도면층 및 현재 도면층(Current layer)은 삭제되지 않고, 빈 도면층만 삭제됩니다.

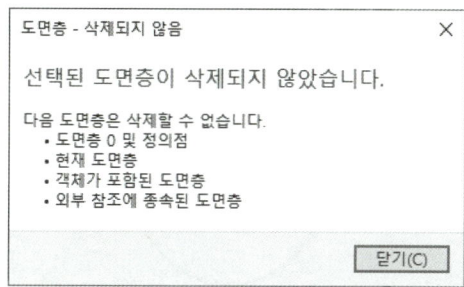

도면층(Layer)을 삭제하려면, 다음 단계를 수행해야 합니다.

① '도면층 특성 관리자' 대화상자에서, 삭제를 원하는 도면층을 선택합니다.
② 키보드에서 Del 키를 누르거나 대화상자에서 [도면층 삭제] 아이콘을 클릭합니다.

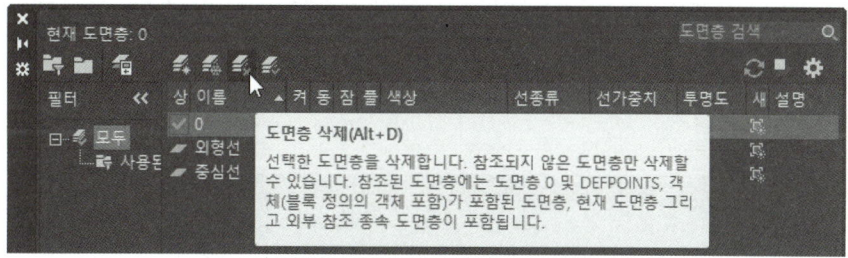

도면층(Layer) 이름을 변경하려면, '도면층 특성 관리자' 대화상자에서 기존 도면층 이름을 클릭하고, 새 이름을 입력한 후 엔터키를 누릅니다.

❑ 객체의 도면층을 현재 도면층으로 지정하기(Make an object's layer the current layer)

이 방법은 도면층을 현재 도면층(Current layer)으로 만드는 가장 빠른 방법입니다. 명령을 호출한 후에는 해당 도면층에 있는 객체를 선택하기만 하면 됩니다.

다음 작업 프로세스를 수행합니다.

1 [홈] 탭 ➪ [도면층] 패널에서 [현재로 설정] 명령 아이콘을 클릭합니다.

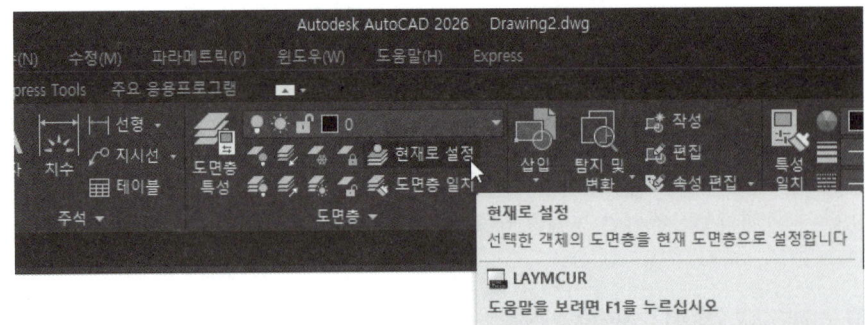

2 프롬프트에서 도면 영역에서 원하는 객체를 선택합니다.

명령: _Laymcur
현재로 설정될 도면층을 갖고 있는 객체 선택:
외형선은(는) 이제 현재 도면층입니다.

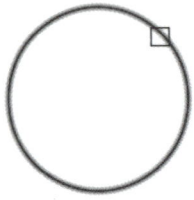

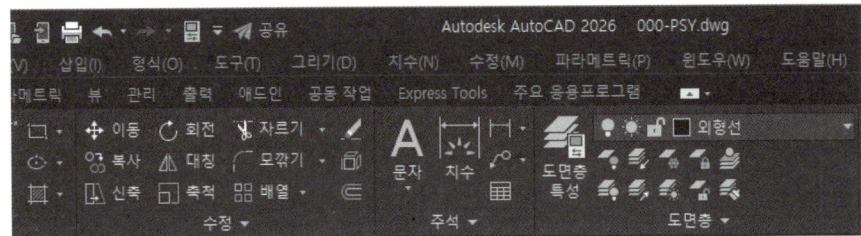

❏ 도면층 작업만 실행 취소하는 방법(How to undo only layer actions)

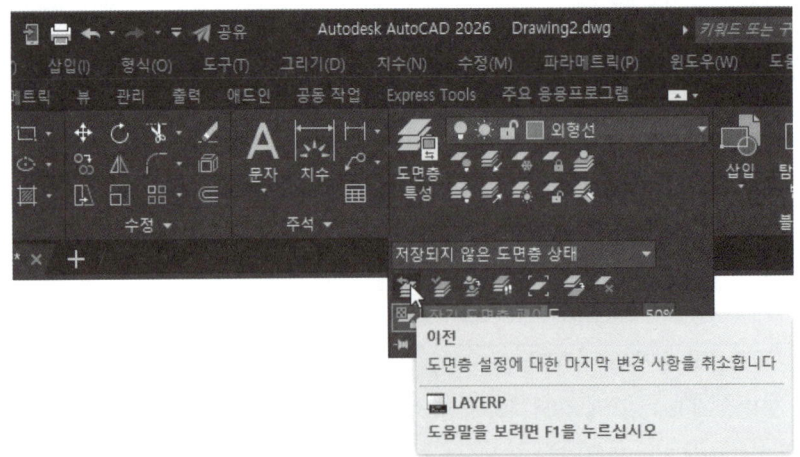

❏ 한 도면층에서 다른 도면층으로 객체를 이동(Moving objects from one layer to another).

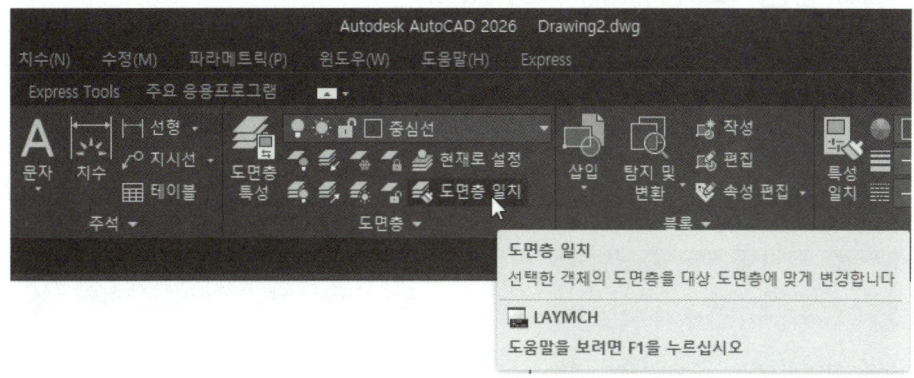

변경할 객체 선택:

객체 선택: P1   1개를 찾음

객체 선택:〈CR〉

대상 도면층의 객체 선택 또는 [이름(N)]: P2

하나의 객체가 "외형선" 도면층으로 변경되었습니다. (현재 도면층)

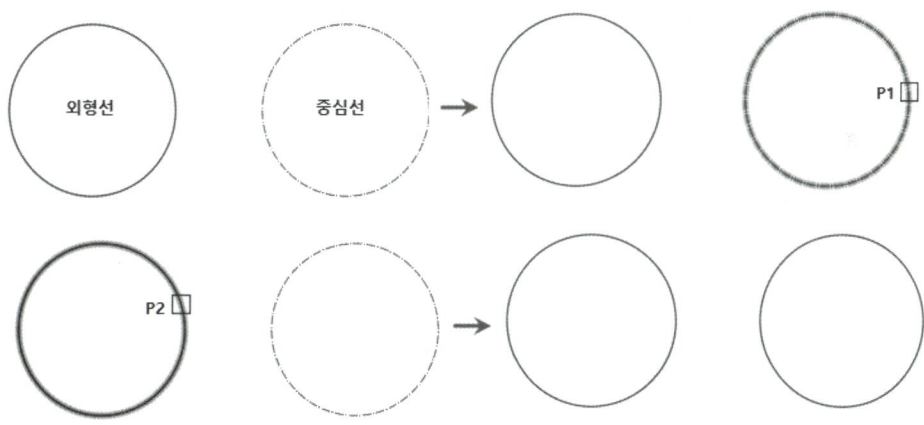

❏ 객체에 대한 즉각적인 정보 읽기

AutoCAD는 다음 그림과 같이 도면 영역에 있는 객체 위로 마우스를 가져가면, 그 객체에 대한 즉각적인 정보를 표시합니다.

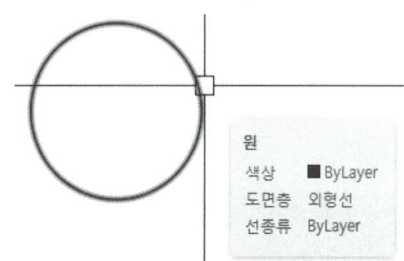

2.4 도면층 도구(Layer tools)

❏ 도면층 제어 목록(Layer control list)

도면층 제어 목록은 [홈] 탭 ➪ [도면층] 패널에 있습니다.

도면층 제어 목록에서 드롭다운 화살표를 클릭해서 도면의 도면층 목록을 표시합니다.

 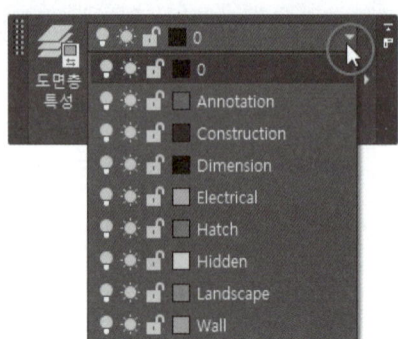

〈도면층 제어 목록〉

도면층 제어 목록은 다음의 2가지 기능 목적을 제공합니다.

① 일반적인 작업에서는 현재 도면층이 표시됩니다. 그러나 명령 호출 없이 객체를 선택하면 그 객체가 존재하는 도면층이 목록에 표시됩니다. 설계 작업 시 객체가 어느 도면층에 있는지 아는 것이 도움이 됩니다. 그러나 드롭다운 목록에서 도면층을 선택하여 선택한 객체 또는 객체를 다른 도면층에 배치할 수도 있습니다.

<현재 도면층>   <선택된 객체 도면층>

② 도면층을 생성한 후 도면층 제어 목록을 사용하여 편리하고, 신속하게 도면층을 현재 도면층으로 만들거나 도면층 상태를 일시 중지 또는 해동, 잠금 또는 잠금 해제 또는 도면층 켜기 또는 끄기로 변경할 수 있습니다.

❏ 도면층에서 다른 도면층으로 객체를 이동하는 방법

AutoCAD의 모든 객체는 도면층에 있어야 합니다.

한 도면층에서 다른 도면층으로 객체를 이동하려면, 다음 단계를 수행합니다.

1 원하는 객체를 클릭합니다.

2 [홈] 탭 ➪ [도면층] 패널에서 도면층 드롭다운 목록을 클릭하고 원하는 도면층 이름을 클릭합니다.

3 선택한 객체를 모두 선택 취소하려면, Esc 키를 한 번 누릅니다.

❑ 도면층 특성 관리자(Layer properties manager)

'도면층 특성 관리자' 대화상자에서 여러 작업을 수행할 수 있습니다. 예를 들면, 대화상자에서 원하는 도면층을 선택하고 마우스 오른쪽 버튼을 클릭하면, 다음과 같은 단축 메뉴가 나타납니다.

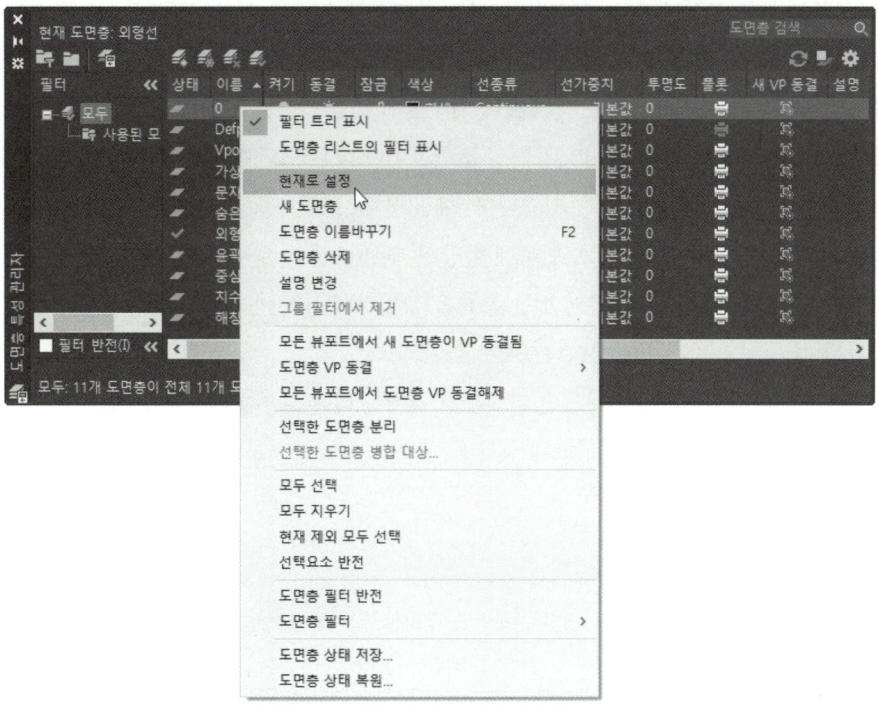

❑ CAD 도면에서의 도면층 설정

도면층	선종류	색상	선가중치	선 이름
윤곽선(OL)	Continuous	Blue	0.8mm	윤곽선
외형선(VL)	Continuous	Green	0.5mm	외형선
숨은선(HL)	HIDDEN2	Yellow	0.35mm	숨은선
중심선(CL)	CENTER2	Red	0.18mm	중심선
가상선(IL)	PHANTOM2	Pink	0.18mm	가상선
치수선(FL)	Continuous	White	0.18mm	가는 실선(치수, 해칭)
표면선(SL)	CENTER	Green	0.5mm	표면처리 표시선
절단선(DL)	CENTER	White	0.18mm	절단선
다듬질선(RS)	Continuous	Cyan	0.26mm	다듬질 기호

❑ 도면층 0(Zero)에 대한 지침(Guidelines for layer 0)

다음은 도면층 0(Zero)과 관련된 몇 가지 구체적인 지침입니다.

① 회사의 도면 템플릿(Drawing template)에 이미 제공되지 않는 경우 새 도면을 시작할 때 '도면층 특성 관리자'에서 도면층 0(Zero) 외에 필요한 도면층을 제약 없이 작성할 수 있습니다.

② 먼저 현재 도면층(Current layer)으로 지정한 다음 객체를 그릴 수 있습니다. 그러면 도면층 0(Zero) 대신 현재 도면층에 형상이 자동으로 배치됩니다.

③ 형상을 배치할 현재 도면층을 지정하지 않으면 도면층 0(Zero)을 활성 작업 도면층으로 간주합니다. 그런 다음 설계자는 언제든지 객체를 원하는 도면층으로 이동합니다.

④ 도면층 0(Zero)에 단순 블록(Block) 형상을 만들어야 다른 도면층에 삽입할 때 도면층 0(Zero)의 속성(Properties)을 상속받을 수 있습니다. 예를 들어, 도면층 0(Zero)에서 만들어 '가구' 도면층에 삽입된 '의'자 블록은 '가구' 도면층에 할당된 특성(색상, 선종류, 선종류)과 함께 나타납니다.

⑤ 도면층 0(Zero)에 여러 도면층이 있는 블록을 삽입하여 블록에 할당된 도면층과 색상이 도면에 삽입될 때 작성된 방식으로 나타나도록 해야 합니다.

⑥ 도면층 0(Zero)에 객체를 생성하면 언제든지 객체를 다른 도면층에 할당할 수 있습니다.

> **참고** 도면 작업에서 도면층을 이용하면;
> - 도면 자체는 물론이고 다양한 객체들의 관리가 쉽습니다.
> - 매우 복잡한 도면을 작업하는 경우, 화면에 객체를 일시적으로 숨기거나 필요할 때 다시 표시할 수 있습니다.
> - 객체가 화면에 표시되지만, 선택 불가능(잠금)으로 설정하면, 편집 작업을 좀 더 쉽고 빠르게 수행할 수 있습니다.
> - 객체의 선가중치와 지정된 색상에 따라 최종 도면을 인쇄할 수 있습니다.
> - 네트워크 설계 환경에서 프로젝트를 수행하는 경우, 외부 참조한 도면의 잠긴 도면층 객체들은 수정할 수 없어 자동으로 보호되어 동시 공동 작업을 수행할 수 있습니다.

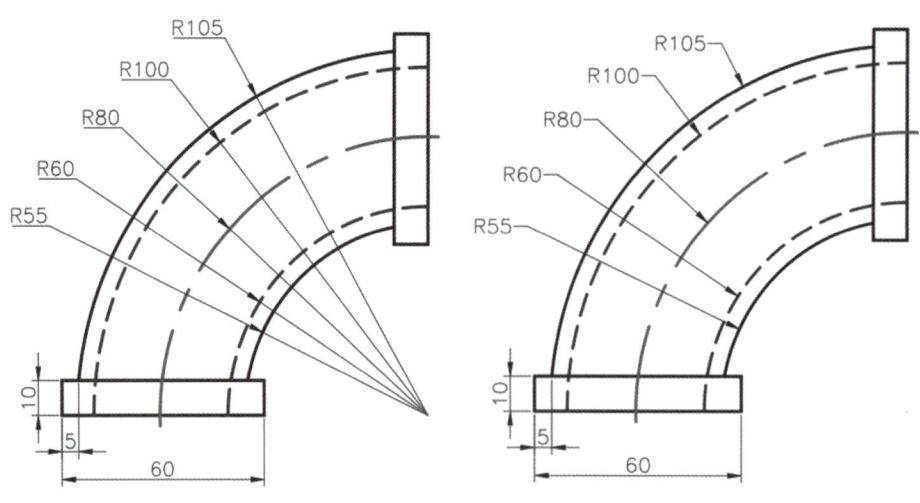

〈샘플 도면〉

# 03 병렬 및 간격 띄우기 형상 작성
(Creating parallel & offset geometry)

3.1 간격띄우기 명령(Offset command)

'간격띄우기(Offset)' 명령은 간격띄우기 거리 혹은 통과점을 사용하여 원본 객체와 평행한 복사본을 만듭니다. 새 객체는 원래 객체와 동일한 특성을 가집니다.

리본 메뉴 [홈] 탭 ⇨ [수정] 패널에서 [간격띄우기(Offset)] 명령 아이콘을 클릭합니다.

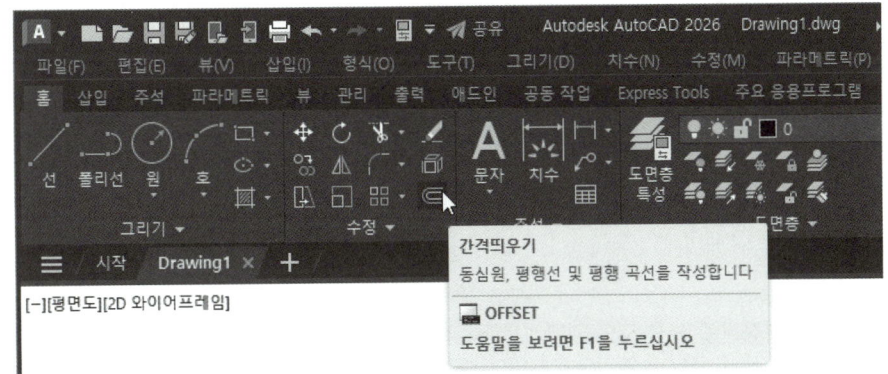

❑ 간격띄우기 거리 옵션(Offset distance option)

원본 객체와 새 병렬 객체 복사본 사이의 거리를 알고 있으면, 이 값을 입력하고 원본 객체를 선택한 다음 새 객체를 배치할 방향을 클릭해서 지정합니다. 다음과 같은 AutoCAD 프롬프트가 표시됩니다.

명령: _offset
현재 설정: 원본 지우기=아니오 도면층=원본 OFFSETGAPTYPE=0
간격띄우기 거리 지정 또는 [통과점(T)/지우기(E)/도면층(L)] 〈통과점〉: 20〈CR〉
간격띄우기할 객체 선택 또는 [종료(E)/명령 취소(U)] 〈종료〉: (원본 객체 선택)
간격띄우기할 면의 점 지정 또는 [종료(E)/다중(M)/명령 취소(U)] 〈종료〉: (사본을 배치할 방향 지정)
간격띄우기할 객체 선택 또는 [종료(E)/명령 취소(U)] 〈종료〉: 〈CR〉

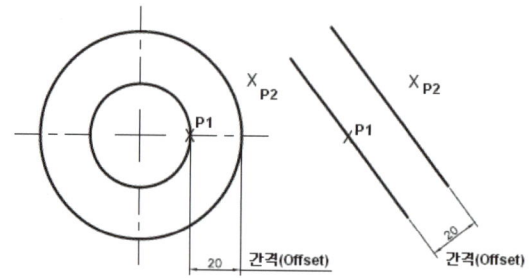

이렇게 하면 단일 객체의 간격띄우기를 만들 수 있습니다. 동일한 간격띄우기 명령을 사용하여 더 많은 객체의 간격띄우기를 만들려면 다른 객체를 선택하고 동일한 프로세스를 다시 수행하고, 엔터키를 누르거나 마우스 오른쪽 버튼을 클릭하면 명령이 종료됩니다.

참고 간격띄우기 거리를 입력할 때 다음의 방법을 이용합니다.

입력 데이터 유형	입력 방법
정수를 입력하는 경우	정수 그대로 입력합니다. 25 ⇨ 25
실수를 입력하는 경우	실수 그대로 입력합니다. 25.4 ⇨ 25.4
정수를 2로 나누는 경우	25 ⇨ 25/2
실수를 2로 나누는 경우	소수점을 제거하고, 소수점 자릿수만큼 0을 붙여 나눕니다. 25.4 ⇨ 254/20 25.42 ⇨ 2542/200 25.426 ⇨ 25426/2000
도면 영역 혹은 객체로부터 거릿값 가져오기	도면 영역에서 두 점을 클릭하면, 두 점 사이의 거릿값이 간격 띄우기 거리로 가져오게 됩니다.

❏ **통과점 옵션(Through option)**

간격띄우기 거리를 몰라도 도면에서 새 평행 객체의 통과점을 알고 있는 경우 이 옵션을 사용하면, 작업을 수행하는 데 도움이 됩니다. 다음과 같은 AutoCAD 프롬프트가 표시됩니다.

명령: _offset

현재 설정: 원본 지우기=아니오 도면층=원본 OFFSETGAPTYPE=0

간격띄우기 거리 지정 또는 [통과점(T)/지우기(E)/도면층(L)] ⟨100.0000⟩: T⟨CR⟩

간격띄우기할 객체 선택 또는 [종료(E)/명령 취소(U)] ⟨종료⟩: (원본 객체 선택)

통과점 지정 또는 [종료(E)/다중(M)/명령 취소(U)] ⟨종료⟩: (통과점 선택 지정)

간격띄우기할 객체 선택 또는 [종료(E)/명령 취소(U)] ⟨종료⟩: ⟨CR⟩

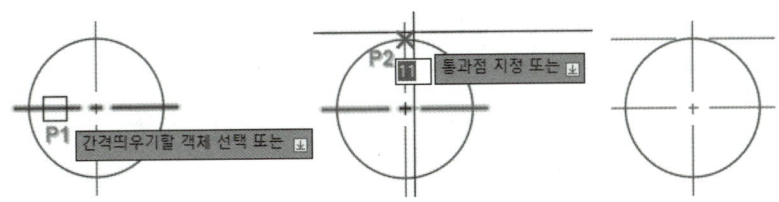

이렇게 하면 단일 간격띄우기를 만들 수 있습니다. 동일한 '간격띄우기(OFFSET)' 명령을 사용하여 더 많은 간격띄우기를 만들려면 다른 객체를 선택하고 동일한 프로세스를 다시 수행합니다. 엔터키를 누르거나 마우스 오른쪽 버튼을 클릭하면 명령이 종료됩니다.

❑ 다중 옵션(Multiple option)

[다중(M)] 옵션을 사용하여 간격띄우기 측면을 반복적으로 클릭하거나 새 통과점을 지정하여 동일한 명령에서 [간격띄우기 거리(Offset distance)] 또는 [통과점(Through)] 옵션을 반복할 수 있습니다.

명령: _offset
현재 설정: 원본 지우기=아니오. 도면층=원본 OFFSETGAPTYPE=0
간격띄우기 거리 지정 또는 [통과점(T)/지우기(E)/도면층(L)] <통과점>: ⟨CR⟩
간격띄우기 할 객체 선택 또는 [종료(E)/명령 취소(U)] <종료>: P1(원본 객체 선택)
통과점 지정 또는 [종료(E)/다중(M)/명령 취소(U)] <종료>: M⟨CR⟩
통과점 지정 또는 [종료(E)/명령 취소(U)] <다음 객체>: P2(통과점 지정)
통과점 지정 또는 [종료(E)/명령 취소(U)] <다음 객체>: P3(통과점 지정)
통과점 지정 또는 [종료(E)/명령 취소(U)] <다음 객체>: P4(통과점 지정)
간격띄우기 할 객체 선택 또는 [종료(E)/명령 취소(U)] <종료>: ⟨CR⟩

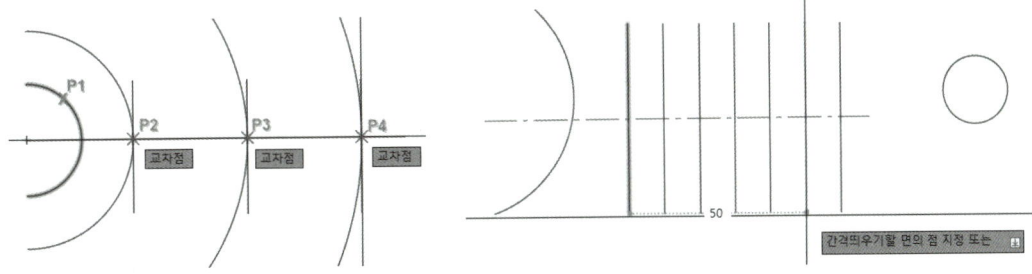

❑ 간격띄우기 명령을 사용하는 지침(Guidelines for using the offset command)

① '간격띄우기(Offset)' 명령 프로세스 동안 실수하는 경우 [명령 취소(U)] 옵션을 사용합니다.
② 간격띄우기 거리는 도면 윈도우에서 두 점을 선택하여 설정할 수도 있습니다.
   이 방법을 사용할 때는 도면의 객체 스냅과 참조 객체를 사용하여 거리를 정확하게 설정하는 것이 가장 좋습니다.
③ AutoCAD는 마지막으로 사용된 간격띄우기 거리를 기억하고 파일에 저장합니다. 엔터키를 눌러

이 거리를 허용하거나 새로운 간격띄우기 거리를 입력한 다음 엔터키를 누릅니다.

④ [다중(M)] 옵션을 사용하여 간격띄우기 할 원래 객체를 선택한 후 일련의 간격띄우기를 생성합니다. 그런 다음 계속해서 배치할 면의 임의 점을 클릭하여 필요한 개수만큼 간격 띄우기만 하면 됩니다.

⑤ 간격띄우기 [도면층(L)] 옵션을 현재로 변경하지 않는 한 간격띄우기 객체는 원본 객체의 색상, 도면층 및 선종류를 자동으로 유지합니다. 가장 일반적인 방법은 간격띄우기 객체를 원본 객체의 도면층에 생성하는 것입니다.

⑥ 원, 호 또는 폴리 선을 간격띄우기를 할 때 간혹 형상 제한으로 인해 객체 내부 또는 외부에 간격띄우기를 작성할 수 없습니다. 예를 들어, 원 반지름보다 거리를 지정한다면 원 내부로 간격띄우기를 할 수 없습니다.

⑦ 호 또는 원을 간격띄우기 할 때 새 호 및 원은 동일한 중앙점을 공유하므로 결과적으로 더 작거나 더 큰 호 또는 원이 됩니다. 닫힌 폴리선을 간격띄우기 하면 결과 객체가 더 작거나 더 커집니다.

⑧ [통과점(T)] 옵션을 시작하지 않으면, 엔터키를 누를 때까지 간격띄우기 명령이 활성화되어 있습니다. 그러한 경우 선택한 객체를 통해 하나의 간격띄우기만 생성됩니다.

⑨ 간격띄우기에는 자동 미리 보기 기능이 있으며, 이 기능은 클릭하여 수락하기 전에 결과를 표시합니다.

연습 과제〉 도면 영역 혹은 객체로부터 간격띄우기 거리 가져오기

1 리본 [홈] 탭 ⇨ [수정] 패널에서 [간격띄우기)] 아이콘을 클릭합니다.
  ① 다음 왼쪽 그림처럼 수평 중심선 객체의 왼쪽 교차점(P1)을 클릭합니다.
  ② 수평 중심선 객체의 오른쪽 교차점(P2)을 클릭합니다.
2 다음 오른쪽 그림처럼 원본 객체로 수직 중심선(P3)을 클릭합니다.
3 간격띄우기 할 방향(P4)을 지정합니다.

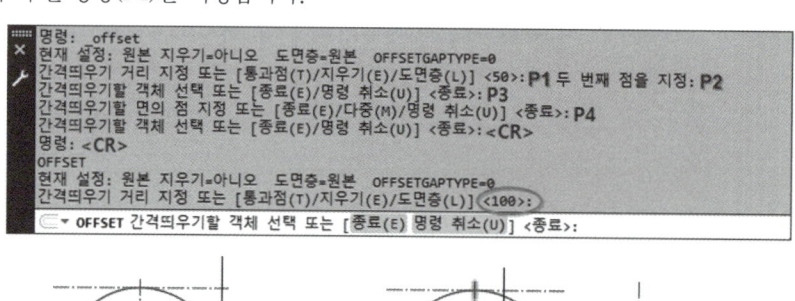

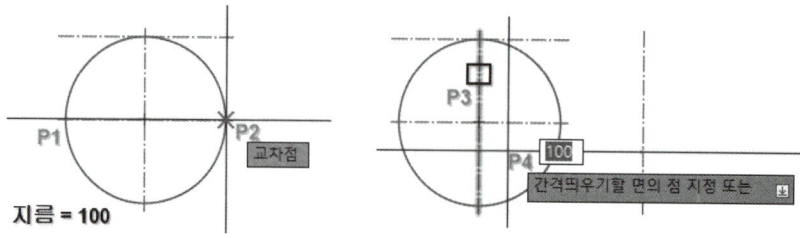

3.2 자르기 명령(Trim command)

'자르기(Trim)' 명령은 절단 모서리를 기준으로 객체의 일부를 제거합니다. 기본값은 도면의 모든 객체가 절단 모서리라고 간주하는 빠른 작업 모드이므로 제거할 객체 부분을 클릭하기만 하면 됩니다.
[홈] 탭 ⇨ [수정] 패널에서 [자르기(Trim)] 명령 아이콘을 클릭합니다.

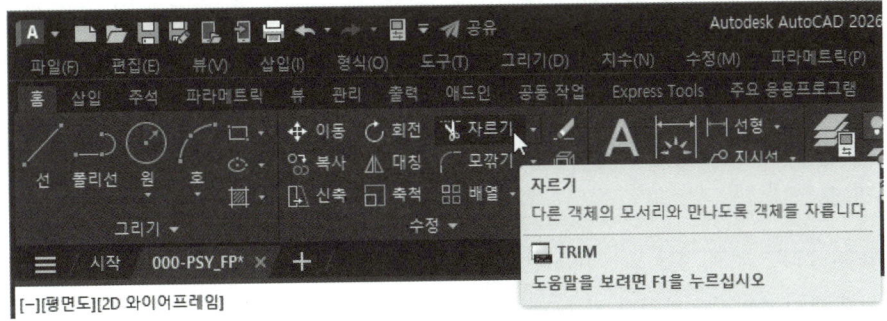

명령: _trim
현재 설정: 투영=뷰, 모서리=없음, 모드=빠른 작업
자를 객체를 선택하거나 Shift 키를 누른 채로 선택하여 확장 또는 [절단 모서리(T)/걸치기(C)/모드(O)/프로젝트(P)/지우기(R)]:

첫 번째 프롬프트는 AutoCAD에서 현재 설정을 알려주는 메시지입니다. '현재 모드 = 빠른 작업 모드'입니다. 두 번째 줄은 제거 또는 자르기할 객체의 부분을 클릭하도록 요청하는 것으로, 개별 클릭하거나 [울타리(F)] 옵션을 사용하거나 [걸치기(C)] 옵션을 선택할 수 있습니다. 자르기하는 동안 분리된 객체가 발생할 수 있습니다. 제거하려면 [지우기(R)] 옵션을 호출하거나 R이라고 입력합니다.

사용할 수 있는 [모드(O)] 옵션은 다음과 같습니다.

1 '표준(S)' 모드를 활성화하려면, [모드(O)] 옵션을 호출하면, 다음과 같은 프롬프트가 나타납니다.
자르기 모드 옵션 입력 [빠른 작업(Q)/표준(S)] 〈빠른 작업(Q)〉: S 〈CR〉
다음에 '자르기(Trim)' 명령을 호출하면, 다음과 같은 프롬프트가 표시됩니다.
현재 설정: 투영=UCS, 모서리=없음, 모드=표준
절단 모서리 선택…
객체 선택 또는 [모드(O)] 〈모두 선택〉:

2 절단 모서리를 먼저 지정하거나 엔터키를 눌러 절단 모서리가 될 모든 객체를 선택해야 합니다.
3 표준 모드는 빠른 작업 모드로 다시 변경할 때까지 기본 모드입니다.
4 두 모드에서 [절단 모서리(T)] 옵션을 호출하면, 원하는 만큼 절단 모서리를 지정할 수 있습니다.

❏ 빠른 작업 모드

객체를 자르려면 개별적으로 자를 객체를 선택하거나 빈 위치 점을 클릭하고 드래그해서 자를 객체를 교차 선택합니다. 모든 객체는 자동으로 절단 모서리로 작동합니다. 선택한 객체를 자를 수 없으면 대신 삭제됩니다.

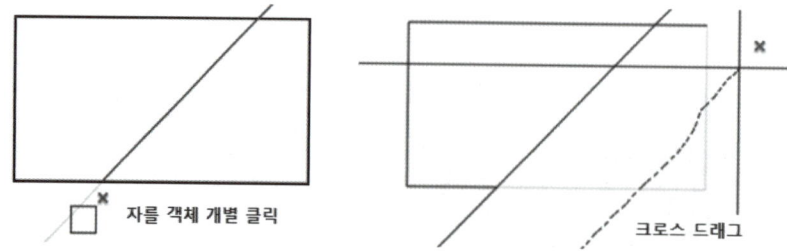

❏ 표준 모드

객체를 자르려면 먼저 절단 모서리를 선택하고 엔터키를 누릅니다. 자를 객체를 선택합니다. 모든 객체를 절단 모서리로 사용하려면 첫 객체 선택 프롬프트에서 엔터키를 누릅니다.

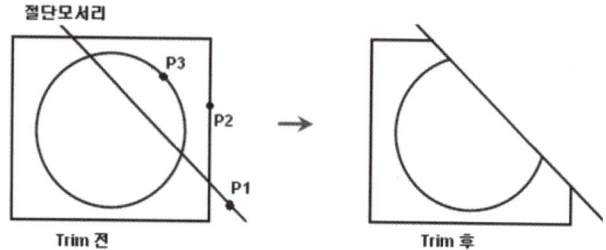

연습 과제〉 빠른 모드 자르기(Trim) 명령 이용하기

1 리본 메뉴 [수정] 패널 ➪ [자르기(Trim)] 명령 아이콘을 클릭합니다.

2 다음 오른쪽 그림처럼 자르기를 원하는 객체를 클릭합니다.

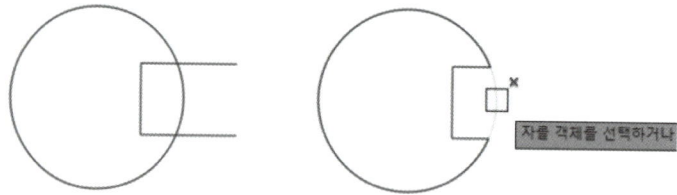

3 다음 그림처럼 만일 Shift 키를 누른 상태로 객체를 클릭하면 연장됩니다.

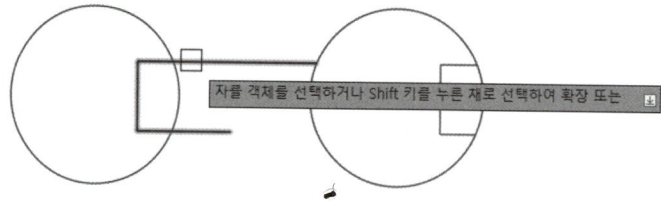

3.3 연장 명령(Extend command)

'연장(Extend)' 명령은 객체를 경계 가장자리로 연장합니다. 기본값은 도면의 모든 객체를 경계 모서리로 간주하는 빠른 모드이므로 연장할 객체 부분을 클릭하기만 하면 됩니다.

리본 메뉴 [홈] 탭 ⇨ [수정] 패널에서 [연장(Extend)] 명령 아이콘을 클릭합니다.

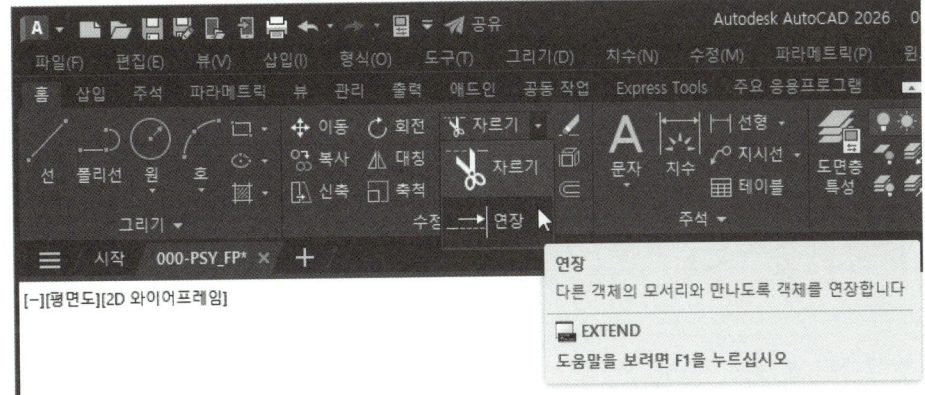

모든 옵션과 프롬프트는 '자르기(Trim)' 명령에서 이미 설명되어 있습니다. '자르기(Trim)' 및 '연장(Extend)' 명령의 마지막 기능은 서로 다른 명령을 사용하는 동안 각 명령을 사용할 수 있는 기능입니다. 다음 프롬프트를 확인합니다.

명령: _extend

현재 설정: 투영=UCS, 모서리=없음, 모드=빠른 작업

연장할 객체 선택 또는 Shift 키를 누른 채 선택하여 자르기 또는 [경계 모서리(B)/걸치기(C)/모드(O)/프로젝트(P)]: P1

연장할 객체 선택 또는 Shift 키를 누른 채 선택하여 자르기 또는 [경계 모서리(B)/걸치기(C)/모드(O)/프로젝트(P)]: ⟨CR⟩

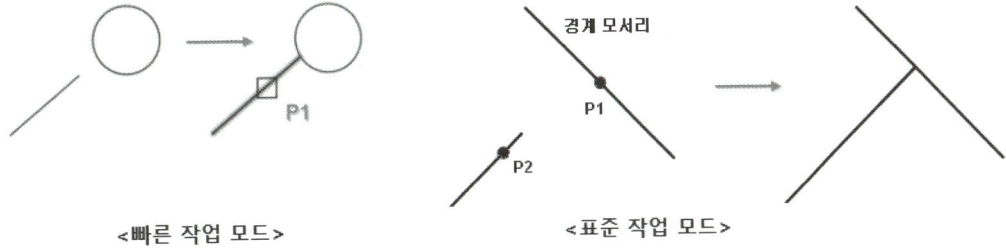

❏ **자르기 및 연장 명령 지침(Guidelines for trim and extend)**

자르기 및 연장 명령을 사용할 때는 다음 지침을 고려합니다.

① 절단 또는 경계 모서리는 선, 호, 원, 폴리선, 타원, 스플라인, 구성선, 영역, 블록, 텍스트 및 광선일 수 있습니다.

② 절단 또는 경계 모서리를 지정하지 않고 객체 선택 프롬프트에서 엔터키를 누르면 모든 객체가 잠재적 절단 또는 경계 모서리가 됩니다. 이를 암묵적 선택이라고 합니다.

③ Shift 키를 누른 상태에서 객체를 선택하여 자르기와 연장 사이를 전환할 수 있습니다.

예를 들어 '자르기(Trim)' 명령이면 Shift를 누르고 경계 모서리로 연장할 객체를 선택할 수 있습니다. 마찬가지로 '연장(Extend)' 명령이면 Shift 키를 누른 상태에서 객체를 절단 모서리로 잘라내기 할 수 있습니다.

④ 연장 모드에서 설정한 [모서리(E)] 옵션을 사용하는 경우 절단 및 경계 모서리는 자르기 또는 연장 중인 객체가 교차할 필요가 없습니다. 이 설정을 사용하면 절단 또는 경계 모서리가 연장되면 교차하는 위치로 객체를 자르거나 연장할 수 있습니다. 예를 들어, 다음 왼쪽 그림에서 아래쪽 선(2)은 오른쪽 그림처럼 선(1)이 점(3)까지 연장된 것처럼 연장될 수 있습니다.

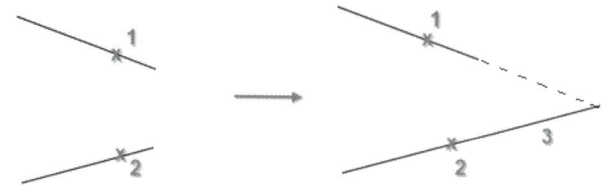

❏ **자르기 및 연장 명령 옵션 지침(Guidelines for trim and extend options)**

① '자르기(Trim)' 및 '연장(Extend)' 명령의 디폴트 모서리(Edge) 모드는 [연장 안 함(N)]입니다. 대부분은 이러한 명령들은 이 기본 설정과 함께 사용하는 것이 좋습니다.

② '자르기(Trim)' 및 '연장(Extend)' 명령의 [프로젝트(P)] 옵션은 3D를 위한 옵션입니다.

③ '자르기(Trim)' 및 '연장(Extend)' 명령의 [지우기(R)] 옵션을 사용하면 이러한 명령 중 하나에서 선 세그먼트를 지울 수 있습니다.

④ '자르기(Trim)' 및 '연장(Extend)' 명령의 [실행 취소(U)] 옵션을 사용하면 이러한 명령을 종료하지 않고 잘라내거나 연장하기 위해 수행한 작업을 되돌릴 수 있습니다.

연습 과제〉 빠른 작업 모드 연장(Extend) 명령 이용하기

1 리본 메뉴 [홈] 탭 ➪ [수정] 패널 ➪ [연장(Extend)] 명령 아이콘을 클릭합니다.

2 다음 그림처럼 연장하기를 원하는 객체를 클릭합니다.

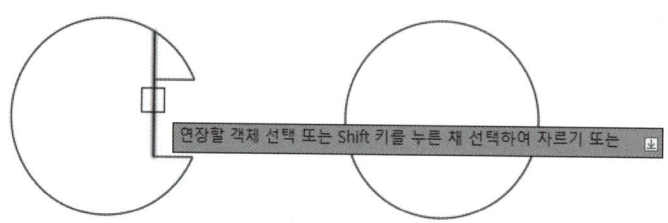

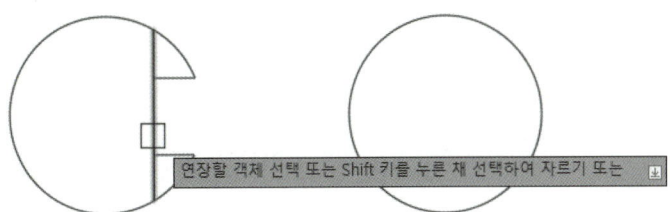

3 다음 그림처럼 만일 Shift 키를 누른 상태로 객체를 클릭하면 자르게 됩니다.

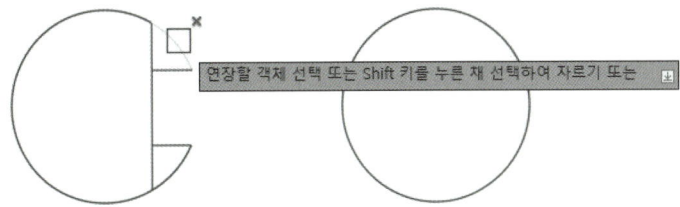

다음 왼쪽 그림처럼 되도록 계속해서 잘라내기를 합니다.

연습 과제〉 표준 작업 모드 연장(Extend) 명령 이용하기

1 리본 메뉴 [홈] 탭 ⇨ [수정] 패널에서 [연장(Extend)] 명령 아이콘을 클릭합니다.
   명령행에서 [경계 모서리(T)] 옵션을 클릭합니다.

2 경계 가장자리로 사용할 객체(1)를 선택한 다음 엔터키를 누르거나 객체를 선택하지 않고 엔터키를 누릅니다. 선택하지 않고 엔터키를 누르면 도면의 모든 적합한 객체가 잠재적 경계 가장자리로 취급되는 암묵적 선택이 활성화됩니다.

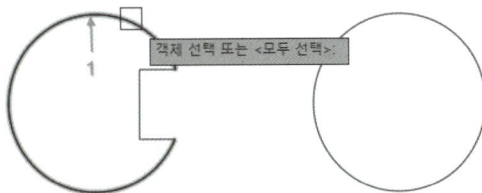

3 연장할 두 개의 객체(2)를 선택합니다.

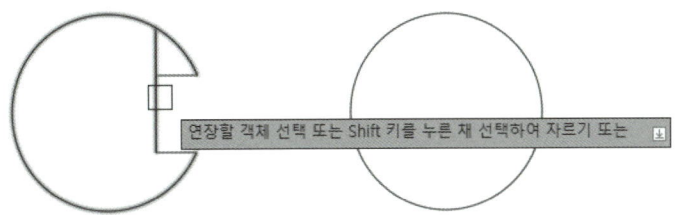

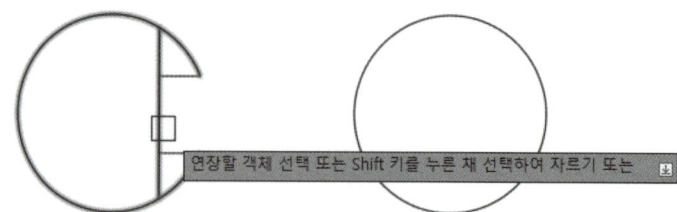

4 다음 그림과 같도록 Shift 키를 누른 상태로 해당 객체들을 클릭해서 잘라내기를 합니다.

3.4 모깎기 명령(Fillet command)

'모깎기(Fillet)' 명령은 지정된 반지름으로 부드럽게 장착된 호를 사용하여 두 객체를 빠르게 연결하거나 교차하는 두 개의 객체에 깔끔한 교차점을 만드는 것입니다. 선, 호, 원, 타원, 폴리선, X선, 스플라인 및 광선을 필렛할 수 있습니다.

기계 가공 현장에서는 보통 부품의 날카로운 모서리를 제거하기 위해 빈번하게 이 모깎기 작업을 하는데 안쪽 모서리는 **필렛(Fillet)**이라 하고 바깥쪽 모서리는 **라운드(Round)**라고 합니다.

'모깎기(Fillet)' 명령 첫 번째 프롬프트에서 반지름값을 설정해야 합니다. 0인 경우 두 선 사이에서만 모깎기를 사용할 수 있으며, 모깎기는 제안된 교차점까지 선을 확장/자르기합니다. 그러나 반지름값이 0보다 크면 모깎기는 선과 원을 사용하여 호를 사용하여 이러한 객체를 연결할 수 있습니다.

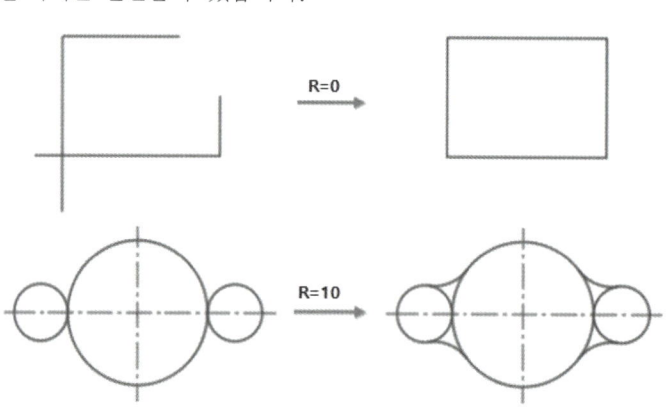

[홈] 탭 ⇨ [수정] 패널에서 [모깎기(Fillet)] 명령 아이콘을 클릭합니다.

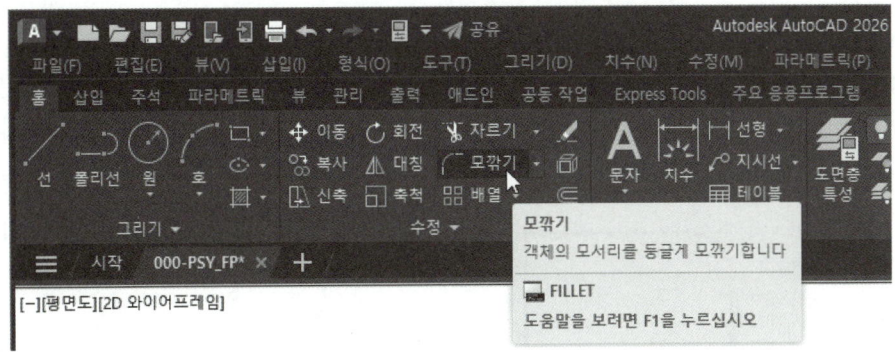

명령: _fillet

현재 설정: 모드 = 자르기, 반지름 = 0.0000

첫 번째 객체 선택 또는 [명령 취소(U)/폴리선(P)/반지름(R)/자르기(T)/다중(M)]: R⟨CR⟩

모깎기 반지름 지정 ⟨0.0000⟩: 15⟨CR⟩

첫 번째 객체 선택 또는 [명령 취소(U)/폴리선(P)/반지름(R)/자르기(T)/다중(M)]: P1

두 번째 객체 선택 또는 Shift 키를 누른 채 선택하여 구석 적용 또는 [반지름(R)]: P2

사용자는 이 명령의 첫 번째 프롬프트 메시지를 항상 확인해야 합니다. 이 명령은 반지름의 현재 값을 표시하기 때문입니다. 따라서 사용자가 반지름값을 유지할지 변경할지 결정합니다. 명령행에 R을 입력하거나 마우스 오른쪽 버튼으로 [반지름(R)] 옵션을 클릭하여 반지름의 새 값을 입력합니다.

명령행에 T를 입력하거나 마우스 오른쪽 버튼으로 [자르기(T)]를 클릭하여 0보다 큰 반지름으로 작업하는 동안 사용자는 원래 객체를 자르기할 수 있는 [자르기(T)] 또는 원래 객체를 그대로 유지할 수 있는 [자르지 않기(N)] 옵션 중 하나를 선택할 수 있습니다. 두 경우 모두 사용자는 두 번째 객체 위를 이동할 때 호를 볼 수 있으며 값이 올바른지 확인할 수 있습니다.

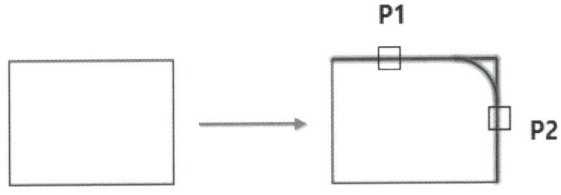

모깎기(Fillet) 명령은 명령당 하나의 모깎기만 허용합니다. 동일한 명령에 여러 모깎기를 만들려면 [다중(M)] 모드로 변경하기만 하면 됩니다. 실수하면 [명령 취소(U)] 옵션을 사용하여 마지막 작업을 실행 취소합니다. 명령을 종료하려면 엔터키를 누릅니다.

설계자는 '모깎기(Fillet)' 명령을 사용하는 동안 다음 두 가지 중요한 작업을 수행할 수 있습니다.

① 모깎기는 현재 반지름값과 관계없이 두 개의 평행선을 모깎기 합니다.

② Shift 키를 누른 상태에서 모깎기는 반지름의 현재 값과 관계없이 반지름 = 0인 두 줄을 채웁니다.

❑ 모깎기 명령 지침(Fillet command guidelines)

① 모깎기는 현재 반지름값과 관계없이 두 개의 평행선을 모깎기 합니다.

② [Shift] 키를 누른 상태에서 모깎기는 반지름의 현재 값과 관계없이 반지름 0인 두 줄을 채웁니다.

③ 다음 왼쪽 그림처럼 다각형 또는 전체 폴리 선의 모깎기(Fillet)를 작성하거나 전체 폴리 선에서 모깎기(Fillet)를 제거할 수도 있습니다.

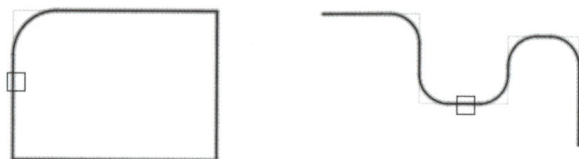

④ [다중(M)] 옵션을 시작하면 동일한 명령에서 다른 반지름값을 사용할 수 있습니다.

연습 과제〉 모깎기 명령 이용하기(Using fillet command)

다음 작업은 '모깎기(Fillet)' 명령으로 반지름을 모서리에 적용하는 방법에 관해 설명합니다.

1 리본 메뉴 [수정] 패널 ⇨ [모깎기(Fillet)] 명령 아이콘을 클릭합니다.

명령행에서 현재 모깎기 설정을 확인합니다. 필요한 경우 옵션을 적절하게 설정합니다.

명령: _fillet

현재 설정: 모드 = 자르기, 반지름 = 0.0000

첫 번째 객체 선택 또는 [명령 취소(U)/폴리선(P)/반지름(R)/자르기(T)/다중(M)]:

2 명령행에서 [반지름(R)] 옵션을 클릭해서 호출합니다.

① 20을 입력하고 엔터키를 누릅니다.

② 모깎기 할 첫 번째 객체를 클릭(P1)합니다.

③ 모깎기 할 두 번째 객체를 클릭(P2)합니다.

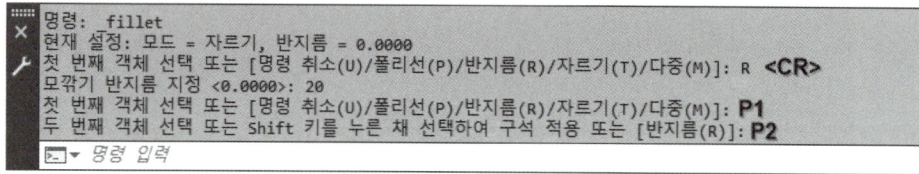

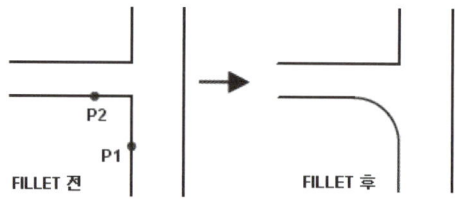

FILLET 전   FILLET 후

3.5 모따기 명령(Chamfer command)

'모따기(Chamfer)' 명령은 교차하는 두 객체 사이에 경사진 선을 생성할 수 있습니다. 이것은 보통 모서리의 구부러진 가장자리를 나타내기 위해 사용됩니다. 선, 폴리선, X선 및 광선을 모따기 할 수 있습니다.

리본 메뉴 [홈] 탭 ⇨ [수정] 패널에서 [모따기(Chamfer)] 명령 아이콘을 클릭합니다.

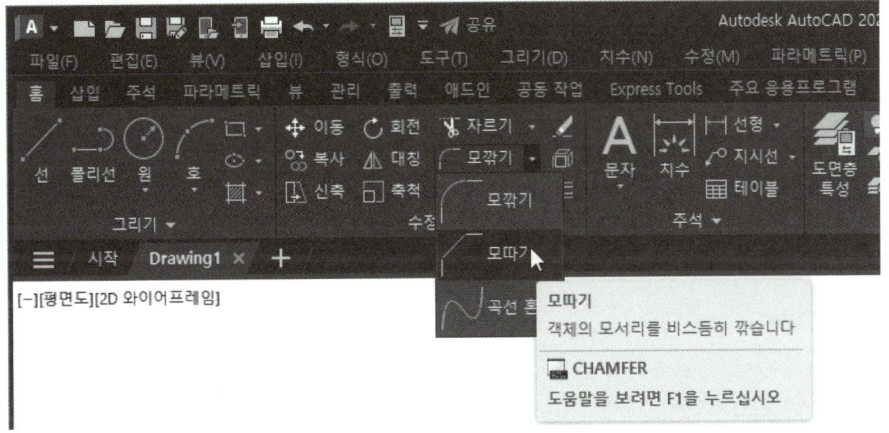

명령: _chamfer

(자르기 모드) 현재 모따기 거리1 = 0, 거리2 = 0

첫 번째 선 선택 또는 [명령 취소(U)/폴리선(P)/거리(D)/각도(A)/자르기(T)/메서드(E)/다중(M)]: D〈CR〉

첫 번째 모따기 거리 지정 〈0.0〉: 15〈CR〉

두 번째 모따기 거리 지정 〈0.0〉: 15〈CR〉

첫 번째 선 선택 또는 [명령 취소(U)/폴리선(P)/거리(D)/각도(A)/자르기(T)/메서드(E)/다중(M)]: P1

두 번째 선 선택 또는 Shift 키를 누른 채 선택하여 구석 적용 또는 [거리(D)/각도(A)/메서드(M)]: P2

사용된 메서드의 현재 값(거리 또는 거리 및 각도)과 현재 값을 보고하므로 사용자는 항상 이 명령의 첫 번째 프롬프트 메시지를 확인해야 합니다. 따라서, 여러분은 그것들을 유지할지 아니면 변경할지 결정할 것입니다. 사용자는 첫 번째 프롬프트에서 거리(또는 거리 및 각도)값을 입력해야 합니다.

만일 거리값이 0이면, '모따기(Chamfer)'를 사용하여 제안된 교차점으로 선을 연장/자르기할 수 있습니다. 그러나 거리(Distance)의 값이 0보다 크면, 모따기는 두 선 사이에 경사진 모서리 선을 생성합니다. 거리가 0보다 큰 상태에서 작업하는 동안 사용자는 원래 객체를 자르기할 수 있는 [자르기(T)]와 원래 객체를 그대로 유지할 수 있는 [자르지 않기(N)] 중에서 선택할 수 있습니다.

두 경우 모두 사용자는 두 번째 객체 위로 커서를 가져가면, 모따기 선을 볼 수 있으며 거리값이 올바른지 확인할 수 있습니다.

[다중(M)], [자르기(T)] 및 [명령 취소(U)]와 같은 옵션은 '모깎기(Fillet)' 명령에서 학습한 내용과 동일합니다. [메서드(M)] 옵션은 모따기 프로세스에 사용할 기본 방법을 선택합니다.

'모깎기(Fillet)' 명령과 또 다른 유사점은 [Shift] 키를 누른 상태에서 현재 거리값에 관계없이 두 선을 연장/자르기하여 모따기를 한다는 것입니다.

❏ 거리 옵션(Distance option)

'모따기(Chamfer)' 명령에서 [거리(D)] 옵션은 다음 그림처럼 두 가지 경우가 있습니다.

❏ 각도 옵션(Angle option)

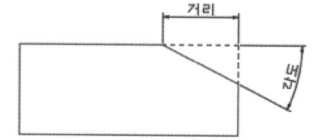

연습 과제〉 모따기 명령 이용하기(Using chamfer command)

이 연습에서는 8 x 6 직사각형을 그리고 모따기 명령을 사용하여 모따기를 만듭니다.

1 리본 [홈] 탭 ⇨ [수정] 패널 ⇨ [모따기(Chamfer)] 명령 아이콘을 클릭합니다.
2 명령행에서 [거리(D)] 옵션을 클릭해서 호출합니다.
  ① 첫 번째 모따기 거리로 3을 입력하고 엔터키를 누릅니다.
  ② 두 번째 모따기 거리로 1을 입력하고 엔터키를 누릅니다.
3 모따기 할 첫 번째 객체를 클릭(P1)합니다.
4 모따기 할 두 번째 객체를 클릭(P2)합니다.

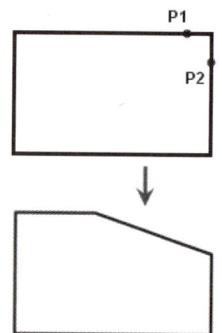

```
명령: _chamfer
(자르기 모드) 현재 모따기 거리1 = 0.0000, 거리2 = 0.0000
첫 번째 선 선택 또는 [명령 취소(U)/폴리선(P)/거리(D)/각도(A)/자르기(T)/메서드(E)/다중(M)]: D <CR>
첫 번째 모따기 거리 지정 <0.0000>: 3 <CR>
두 번째 모따기 거리 지정 <3.0000>: 1 <CR>
첫 번째 선 선택 또는 [명령 취소(U)/폴리선(P)/거리(D)/각도(A)/자르기(T)/메서드(E)/다중(M)]: P1
두 번째 선 선택 또는 Shift 키를 누른 채 선택하여 구석 적용 또는 [거리(D)/각도(A)/메서드(M)]: P2
명령 입력
```

연습 과제〉 Bracket 부품 작도 따라 하기

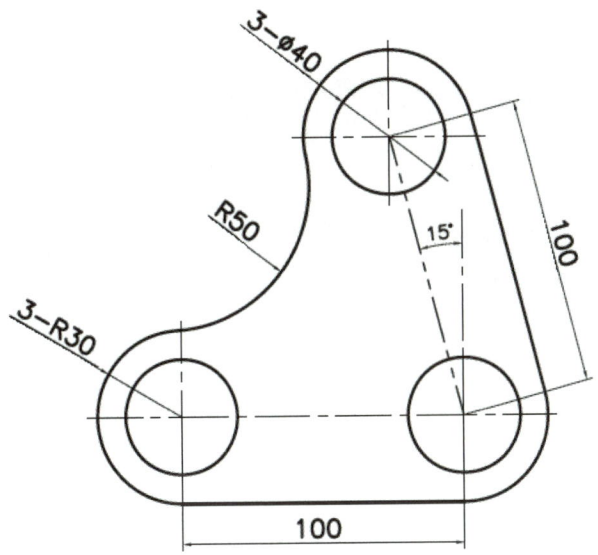

1. 신속 접근 도구 막대에서 [새로 만들기] 아이콘을 클릭합니다.

① 다음 그림처럼 '템플릿 선택' 대화상자에서 acadiso.dwt 파일을 선택한 후 [열기] 버튼을 클릭합니다.
현재 열린 스크래치(Scratch) 도면의 용지 크기는 A3(420 x 297) 이고, 단위는 mm입니다.

② [A 메뉴] ⇨ [도면 유틸리티] ⇨ [단위(Units)]를 클릭합니다.
또는 풀다운 메뉴 [형식] ⇨ [단위(Units)]를 클릭해서 호출합니다.
다음 그림처럼 '도면 단위' 대화상자에서 길이 유형을 [십진], 정밀도를 [0] 으로 설정하고, [확인] 버튼을 클릭합니다.

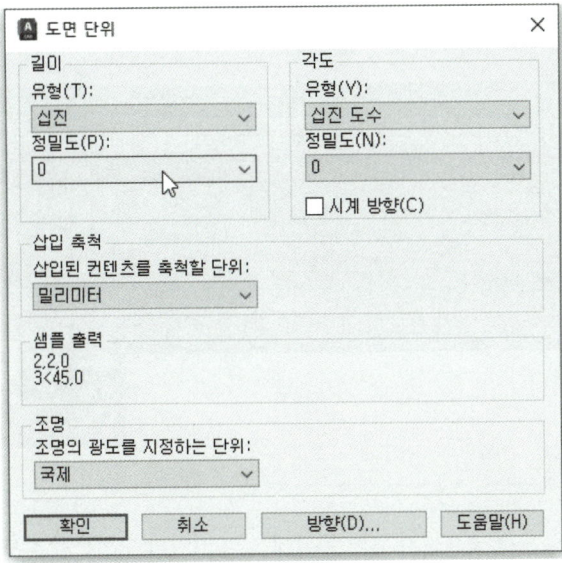

2 도면층을 설정하기 위해 [홈] 탭 ⇨ [도면층] 패널에서 아이콘을 클릭합니다.

① 다음 그림처럼 도면층을 만들고, 제도 규정에 따라 색상 및 선종류 속성만 설정합니다.
② '외형선' 도면층을 현재로 설정합니다.

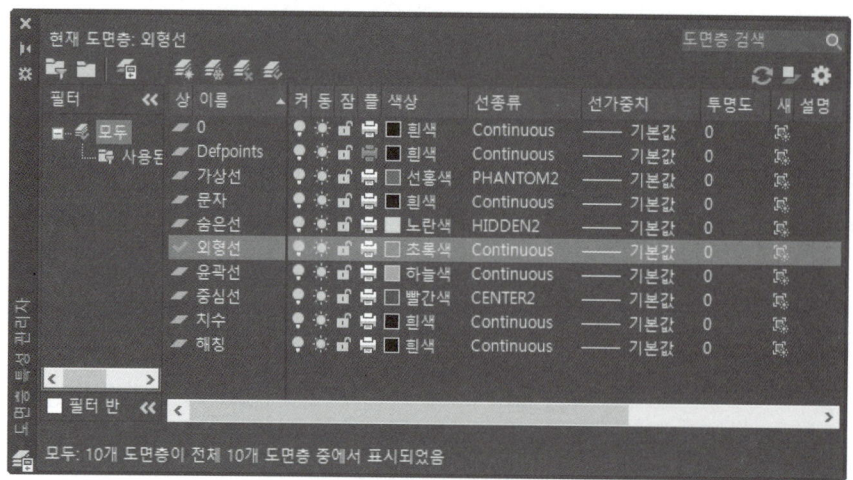

3 다음 그림처럼 임의의 점(P1)에서 100mm 길이의 수평 중심선을 작도합니다.

```
명령: line
첫 번째 점 지정: P1
다음 점 지정 또는 [명령 취소(U)]: @100,0 <CR>
다음 점 지정 또는 [종료(X)/명령취소(U)]: <CR>
```

① 방금 작도한 수평선을 선택한 후 다음 그림처럼 [홈] 탭 ⇨ [도면층] 패널에서 '도면층 제어 목록' 오른쪽 드롭다운을 클릭하고, [중심선] 도면층을 클릭해서 수평선을 '중심선' 도면층으로 이동시킵니다. 선택을 릴리스하기 위해 [Esc] 키를 누릅니다.

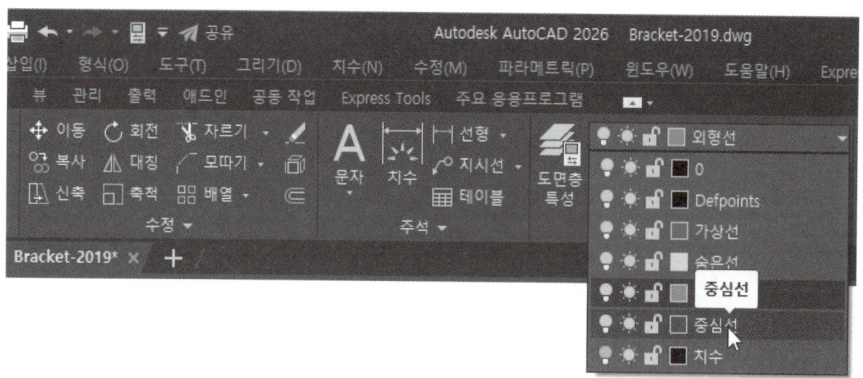

② 다음 왼쪽 그림처럼 수평 중심선의 왼쪽 끝점에 임의 크기의 수직선을 작도하고, 위와 같은 방법으로 그것을 '중심선' 도면층으로 이동시킵니다.

③ 왼쪽 수직 중심선을 [간격 띄우기(Offset)] 명령의 '통과점' 옵션을 이용해서 다음 그림처럼 왼쪽 수직 중심선을 오른쪽 수직 중심선으로 간격 띄우기합니다.

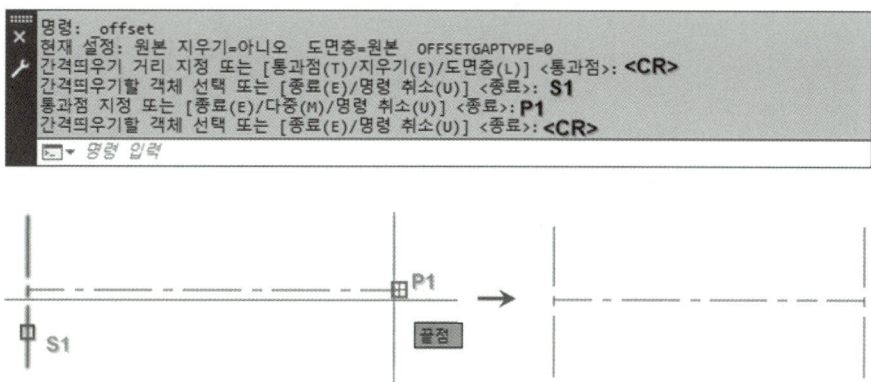

④ 다음 그림처럼 상대 극좌표를 입력해서 수평 중심선과 오른쪽 수직 중심선의 교차점으로부터 길이가 100mm, 각도가 105° 기울어진 경사 중심선을 작도합니다. 경사선을 중심선 도면층으로 이동합니다.

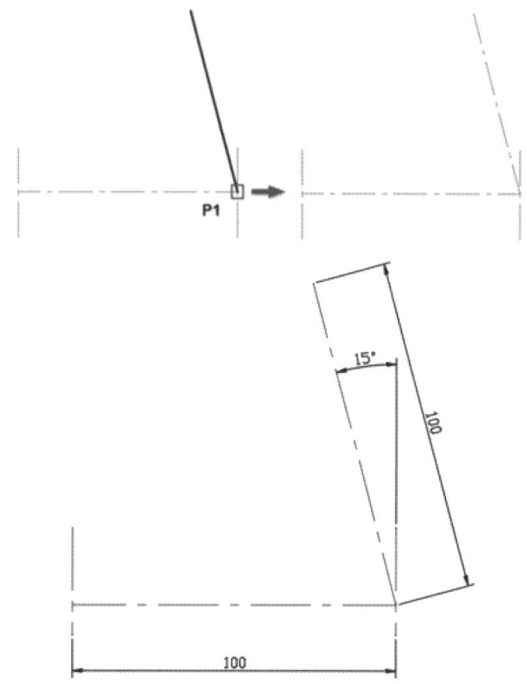

4 다음 왼쪽 그림처럼 경사 중심선의 끝점을 중심으로 반지름 20mm인 원을 작도합니다.

① 다음 우측 그림처럼 수평 중심선의 양 끝점에 반지름 20mm인 두 개의 원을 추가합니다.

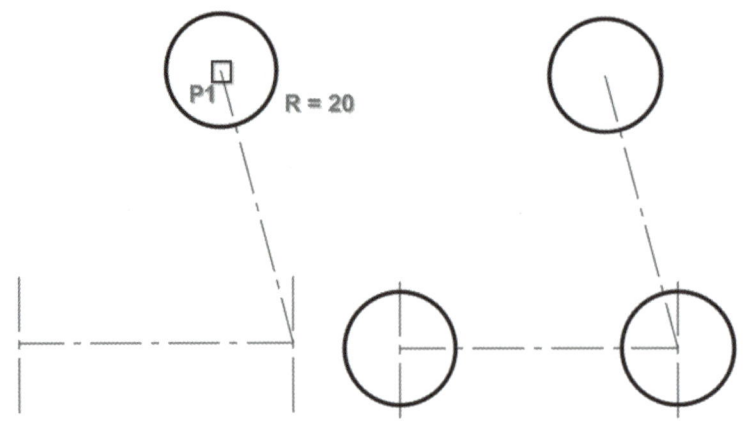

② 다음 그림처럼 반지름 30mm인 세 개의 동심원을 작도합니다.

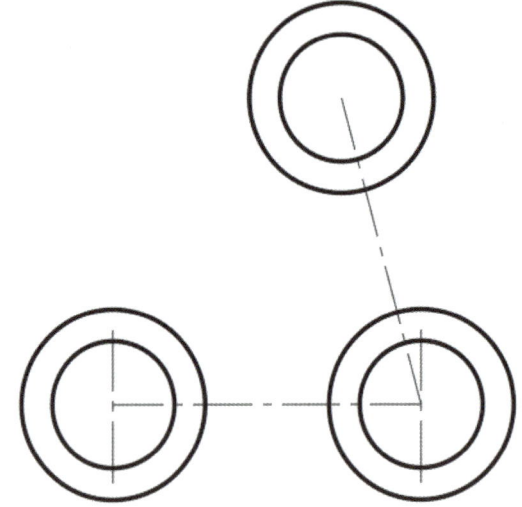

5 다음 그림처럼 [접선(Tan)] 객체 스냅을 이용해서 접선을 작도합니다.

① '선(Line)' 명령을 호출합니다.

② 도면 윈도우의 빈 영역으로 커서를 이동하고, 키보드에서 Shift 키를 누른 상태로 동시에 마우스 오른쪽 버튼을 클릭합니다.

③ '객체 스냅' 단축 메뉴에서 [접점(G)]을 클릭한 후 상단 원(S1)을 클릭합니다.

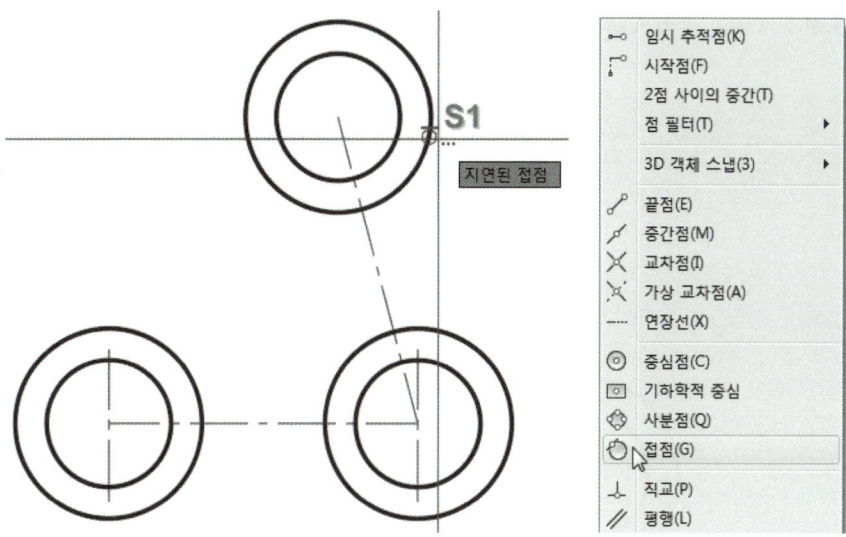

④ 다시 도면 윈도우의 빈 영역으로 커서를 이동하고, 키보드에서 Shift 키를 누르고 동시에 마우스 오른쪽 버튼을 클릭합니다.

⑤ '객체 스냅' 단축 메뉴에서 [접점(G)]을 클릭한 후 오른쪽 원(S2)을 클릭합니다.

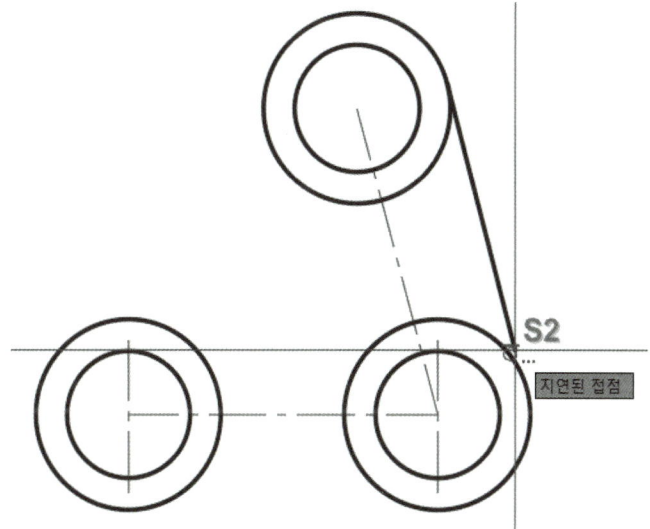

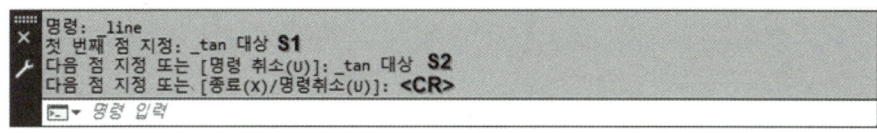

6 위의 5 번과 동일한 방법으로 다음 그림처럼 하단 접선을 작도합니다.

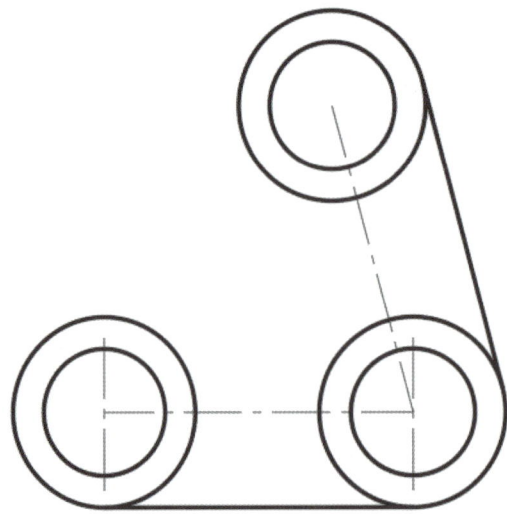

7 다음 왼쪽 그림처럼 반지름 50mm인 접원을 작도합니다.

① '원(Circle)' 명령을 호출합니다.

② [접선 접선 반지름(T)] 옵션을 지정합니다.

③ 다음 왼쪽 그림에서 상단 원의 접점(S1)을 선택합니다.

④ 다음 그림에서 왼쪽 아래 원의 접점(S2)을 선택합니다.

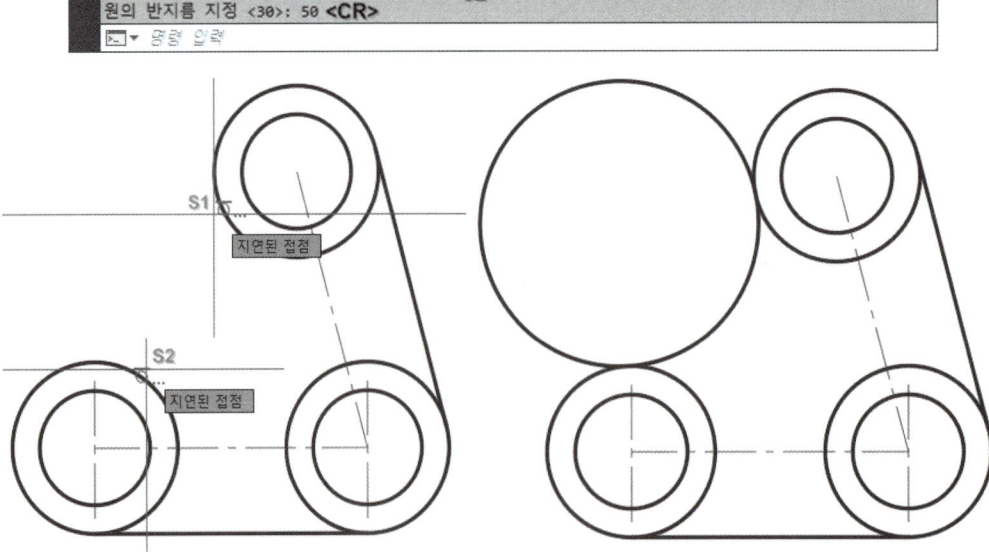

8 다음 그림처럼 '자르기(Trim)' 명령을 이용해서 형상을 자르기합니다.

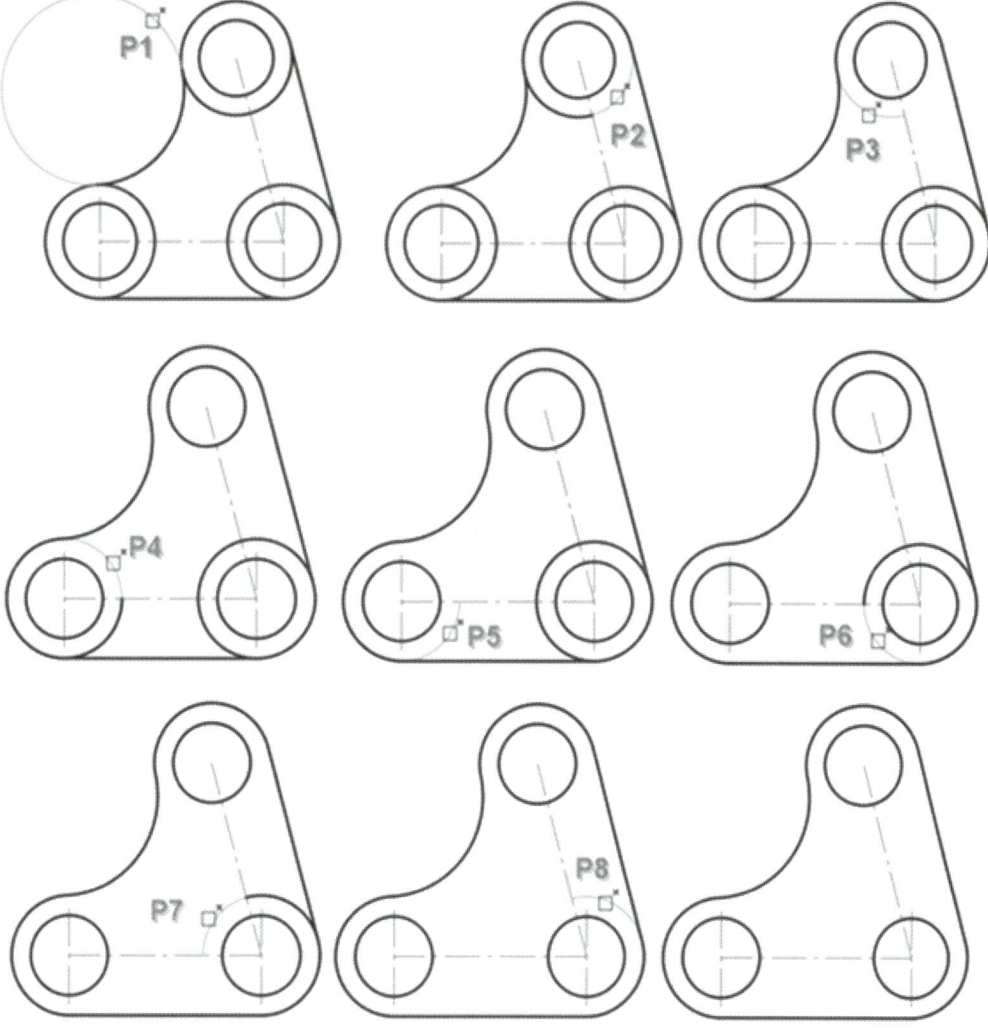

실습과제 8〉 도면층, 선종류를 이용해서 다음 도형을 작도합니다.

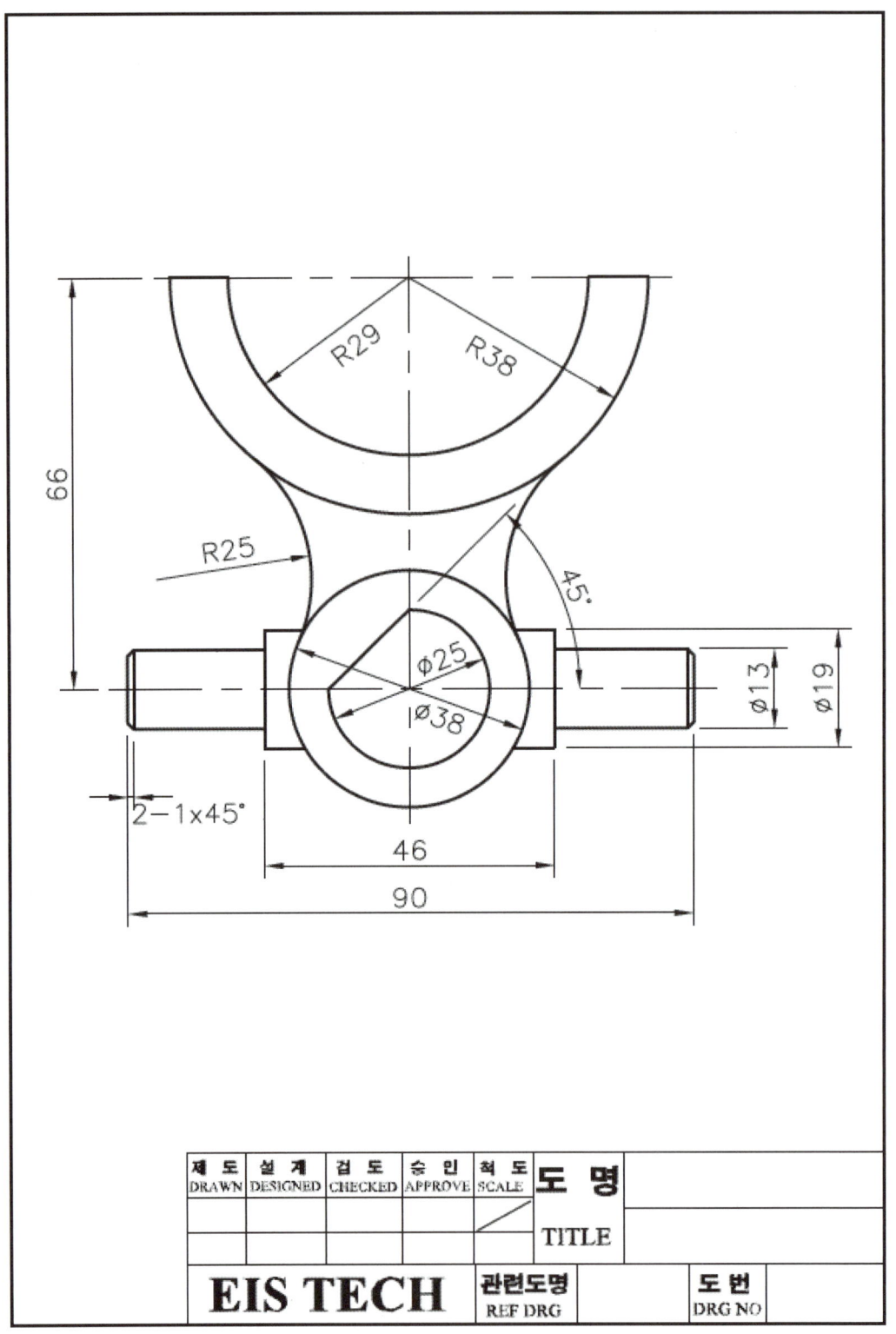

[작도 방법]

1 다음 그림처럼 보조선(중심선)들을 작도합니다(치수 제외).

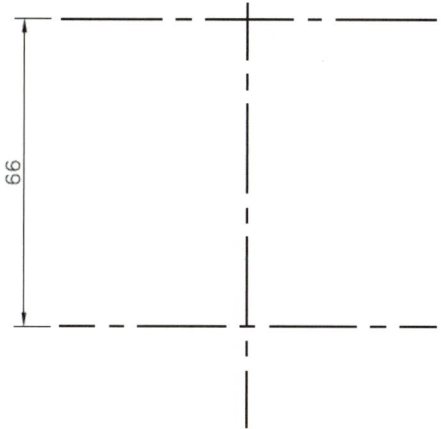

2 다음 그림처럼

① P1 점을 중심점으로 하는 지름 25mm와 지름 38mm의 원들을 작도합니다.

② P2 점을 중심점으로 하는 반지름 29mm와 반지름 38mm의 원들을 작도합니다.

③ 다음 그림처럼 '자르기(Trim)' 명령을 사용해서 형상을 잘라 완성합니다.

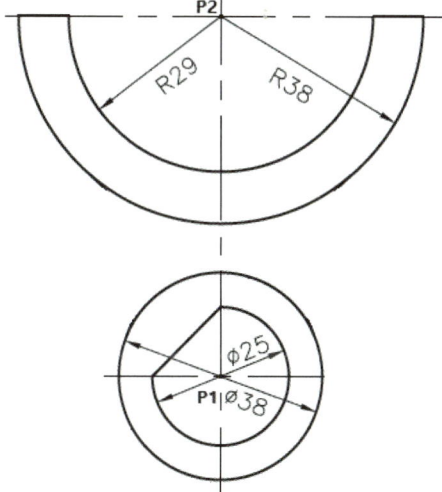

3 다음 그림처럼

① P1 점을 지나는 수평 중심선을 9.5mm 간격으로 위쪽과 아래쪽으로 '간격띄우기(Offset)' 명령을 사용해서 간격 띄우기합니다.

② P1 점을 지나는 수직 중심선을 23mm 간격으로 왼쪽과 오른쪽으로 '간격띄우기(Offset)' 명령을 사용해서 간격 띄우기합니다.

③ 다음 그림처럼 '자르기(Trim)' 명령을 사용해서 형상을 잘라 완성합니다.

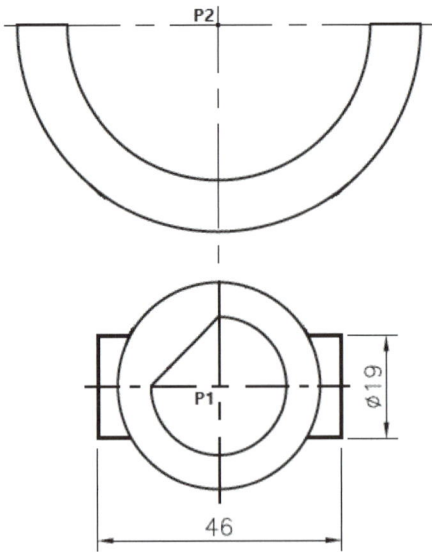

4 다음 그림처럼

① P1 점을 지나는 수평 중심선을 6.5mm 간격으로 위쪽과 아래쪽으로 '간격띄우기(Offset)' 명령을 사용해서 간격 띄우기합니다.

② P1 점을 지나는 수직 중심선을 45mm 간격으로 왼쪽과 오른쪽으로 '간격띄우기(Offset)' 명령을 사용해서 간격 띄우기합니다.

③ 다음 그림처럼 '자르기(Trim)' 명령을 사용해서 형상을 잘라 완성합니다.

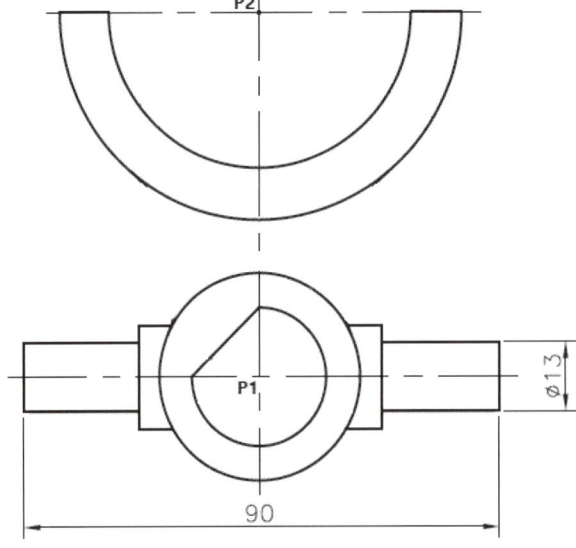

5 다음 그림처럼 길이 1mm 각도 45°로 설정하고, 다음 그림처럼 '모따기(Chamfer)' 명령을 사용해서 모따기를 합니다.

왼쪽 끝과 오른쪽 끝의 모따기 된 교차점들에서 2개의 수직선을 작도합니다.

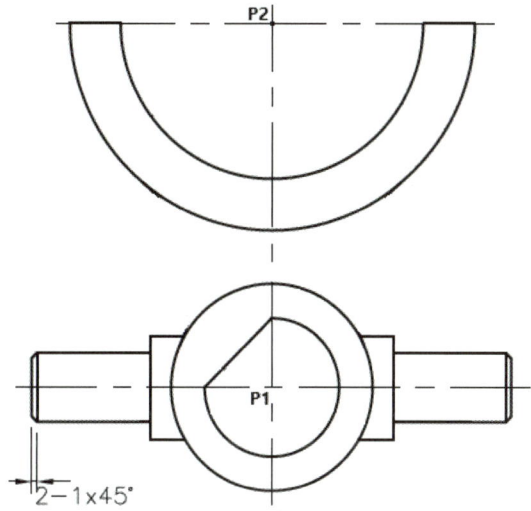

6 다음 그림처럼;

① '원(Circle)' 명령의 [접선-접선-반지름(T)] 옵션을 설정해서 반지름 25mm인 접원 2개를 왼쪽과 오른쪽에 작도합니다.

② 다음 그림처럼 '자르기(Trim)' 명령을 사용해서 형상을 잘라 완성합니다.

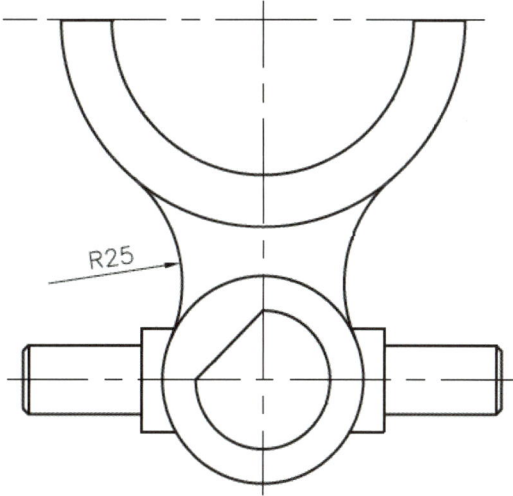

실습과제 9〉 도면층, 선종류를 이용해서 다음 도형을 작도합니다.

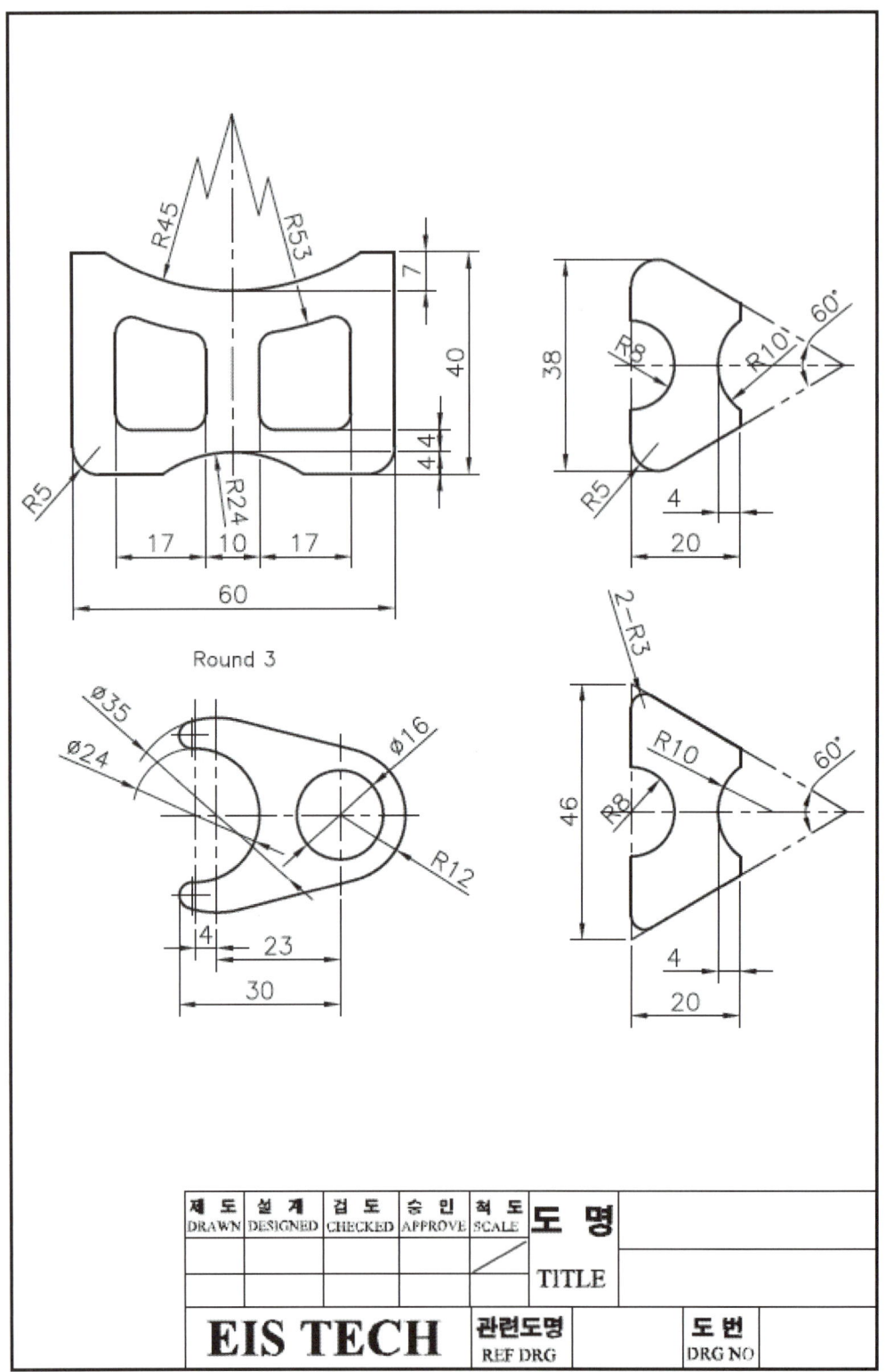

실습과제 10> 도면층, 선종류를 이용해서 다음 도형을 작도합니다.

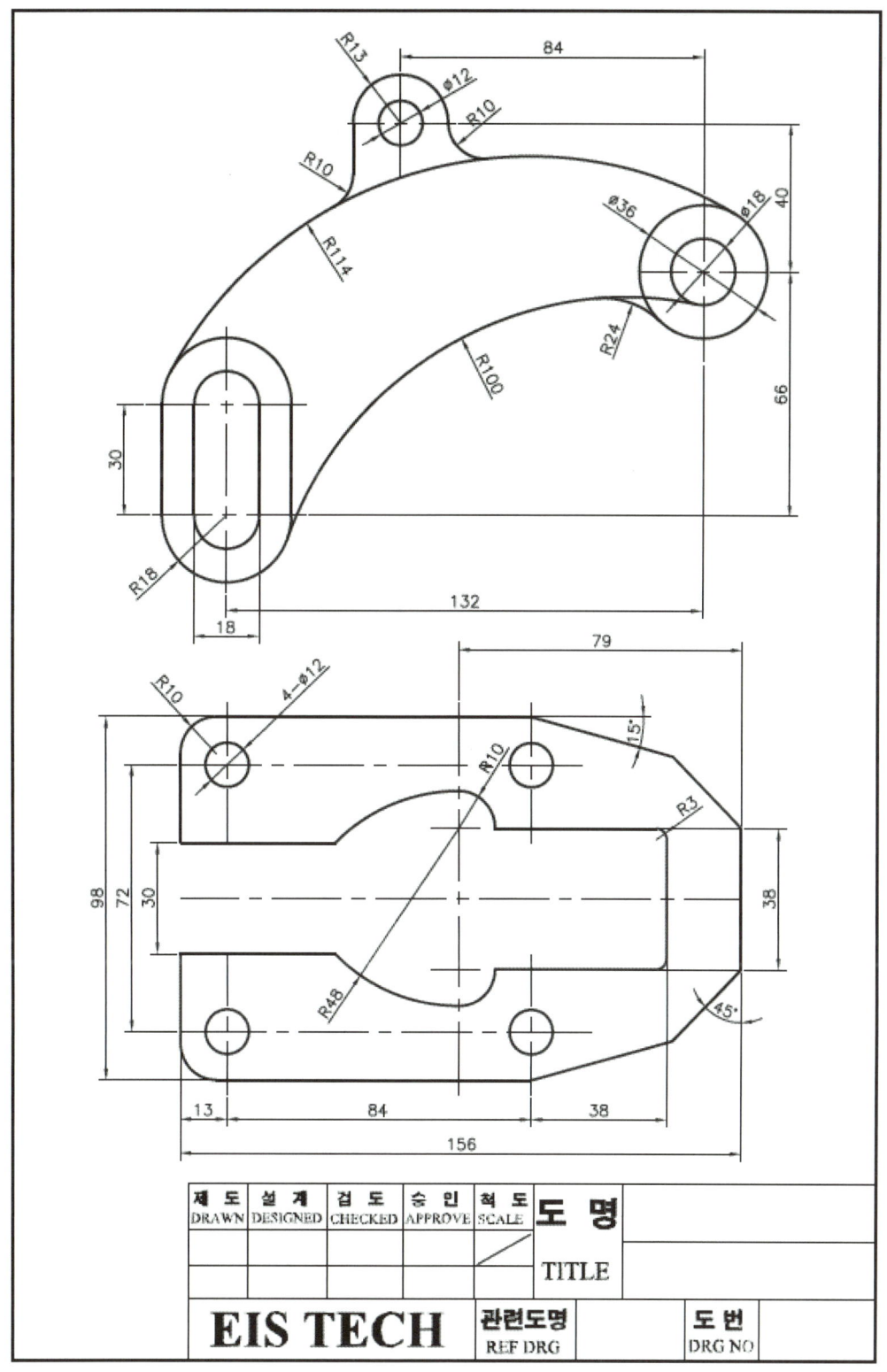

실습과제 11〉 도면층, 선종류를 이용해서 다음 도형을 작도합니다.

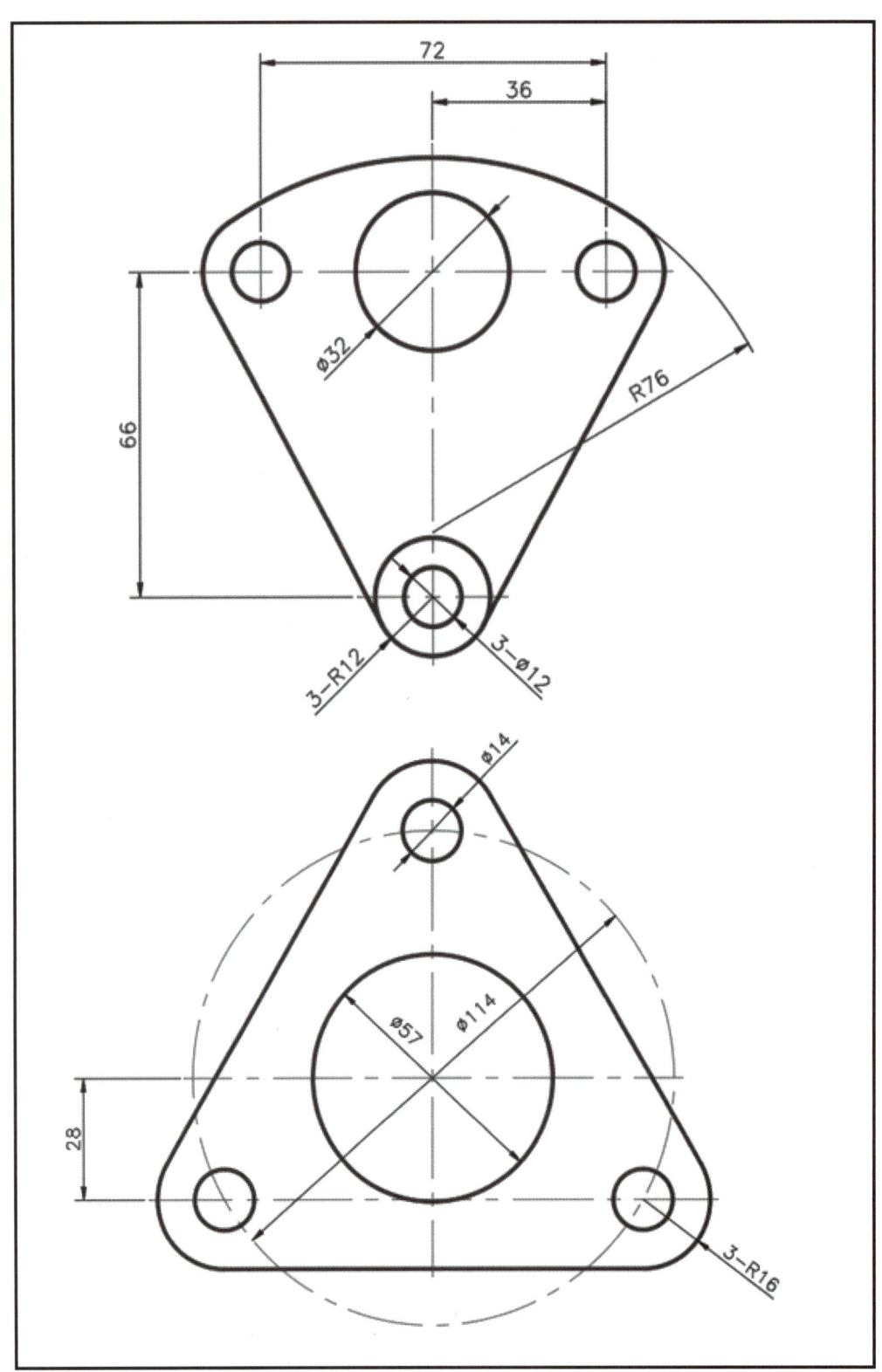

04 화면표시 제어 (Display controls)

4.1 화면 제어 도구(Display tools)

AutoCAD에서 탐색 막대 혹은 [뷰] 탭 ⇨ [탐색] 패널의 명령을 사용하여 도면을 탐색할 수 있습니다.

'확대/축소(Zoom)' 및 '초점이동(Pan)'과 같은 탐색 도구는 도면 영역의 오른쪽에 있는 탐색 막대에서 액세스할 수 있습니다. 다음에는 다양한 탐색 도구에 관해 설명합니다.

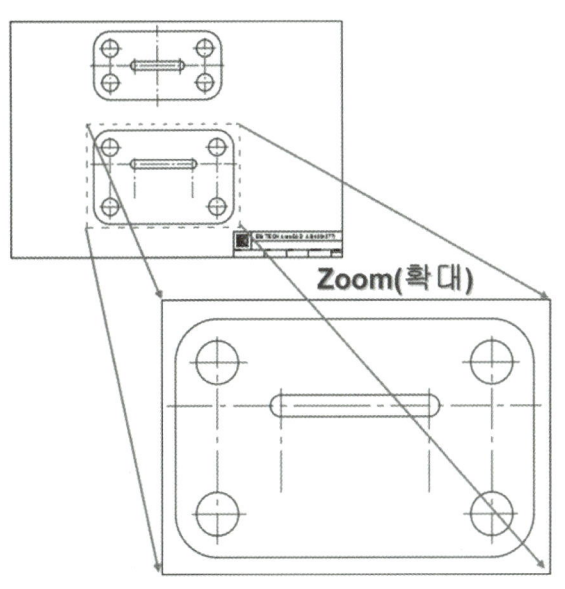

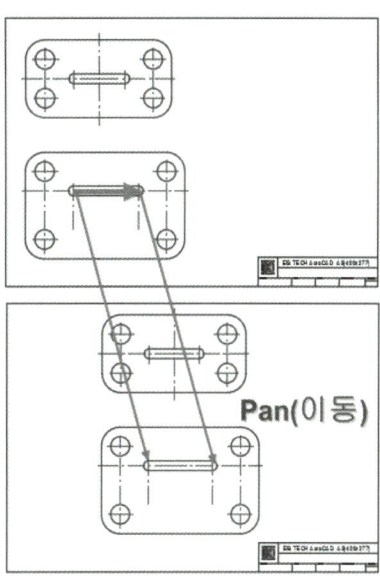

1) 줌 명령(Zoom command)

'줌(Zoom)' 명령은 도면 윈도우에서 객체들을 다양한 옵션들을 이용해서 확대/축소합니다.
[뷰] 탭 ⇨ [탐색] 패널에서 [줌(Zoom)] 드롭다운 하위 명령 옵션 아이콘을 클릭합니다.

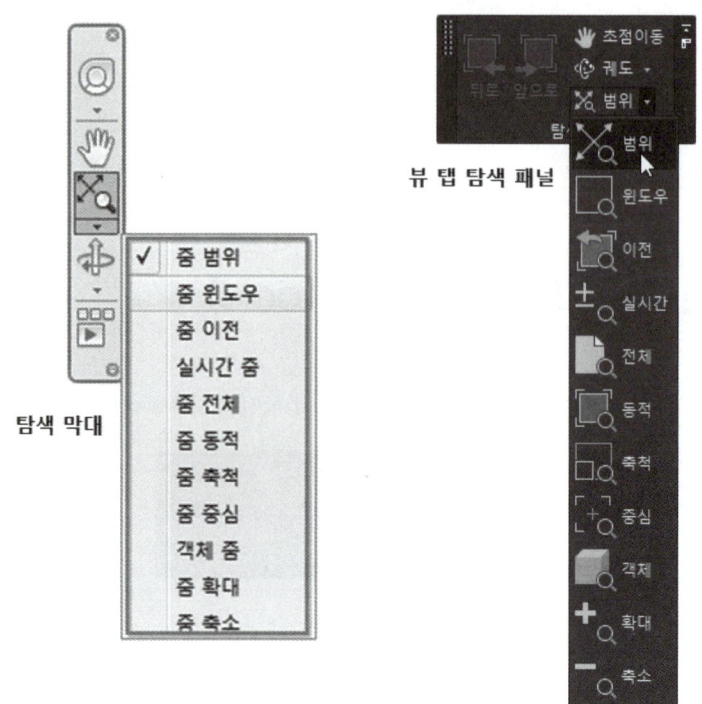

❑ 실시간 줌 옵션(Zoom in realtime option)

'실시간 줌(Zoom realtime)' 옵션은 도면 영역을 동적으로 확대하거나 축소하는 데 사용됩니다. 즉, 실시간 확대/축소 옵션을 사용하여 도면 영역의 '뷰(View)'를 동적으로 확대/축소할 수 있습니다.

'실시간 줌(Zoom realtime)' 옵션을 호출하려면, 탐색 도구 막대의 확대/축소 도구에서 아래쪽 화살표를 클릭합니다. 확대/축소 플라이아웃이 나타나고, 이 플라이아웃에서 '실시간 줌(Zoom realtime)' 옵션을 클릭합니다.

또는 '실시간 줌(Zoom realtime)' 명령 옵션을 호출하려면, 명령행에서 Z 또는 Zoom을 입력한 다음 Enter 키를 두 번 누릅니다.

명령: Z ⟨CR⟩
ZOOM
윈도우 구석 지정, 축척 비율(nX 또는 nXP) 입력 또는
[전체(A)/중심(C)/동적(D)/범위(E)/이전(P)/축척(S)/윈도우(W)/객체(O)] ⟨실시간⟩: ⟨CR⟩
ESC 또는 ENTER 키를 눌러 종료하거나 오른쪽 클릭하여 바로 가기 메뉴를 표시하십시오.

'실시간 줌(Zoom realtime)' 명령 옵션을 호출한 후 도면 영역에서 마우스 왼쪽 버튼을 누른 상태로 커서를 도면 영역에서 위쪽 또는 아래쪽으로 드래그합니다. 커서를 위쪽으로 드래그하면 도면 뷰가 확대되기 시작하고 커서를 아래쪽으로 드래그하면 도면 뷰가 축소되기 시작합니다.

도면 뷰를 확대하거나 축소하는 과정에서 도면의 축척은 같게 유지되며 뷰를 확대하거나 축소하기 위해 뷰 거리만 변경됩니다.

AutoCAD 인터페이스에 숙달된 설계자는 대부분은 마우스의 휠을 이용하여 실시간으로 도면의 화면표시를 확대/축소하거나 이동합니다.

연습 과제〉 실시간 줌(Zoom in Realtime)

이 연습에서는 실시간으로, 동적으로 확대/축소하는 방법을 개략적으로 설명합니다.

1 리본 메뉴 [뷰] 탭 ⇨ [탐색] 패널 ⇨ [줌 범위] 드롭다운 ⇨ [실시간]을 클릭합니다.

2 확대하려면, 다음 그림처럼 도면 윈도우 원하는 위치에서 마우스 왼쪽 버튼을 클릭한 상태에서 커서를 위로 끕니다.

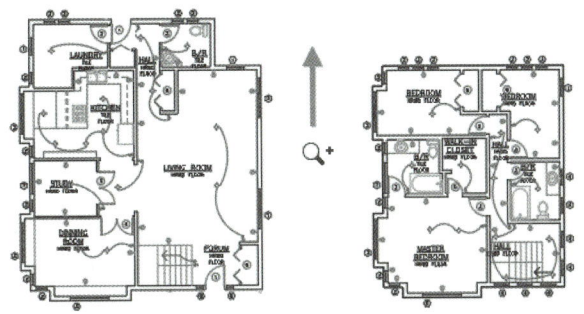

3 축소하려면, 다음 그림처럼 도면 윈도우 원하는 위치에서 마우스 왼쪽 버튼을 클릭한 상태에서 커서를 아래로 끕니다.

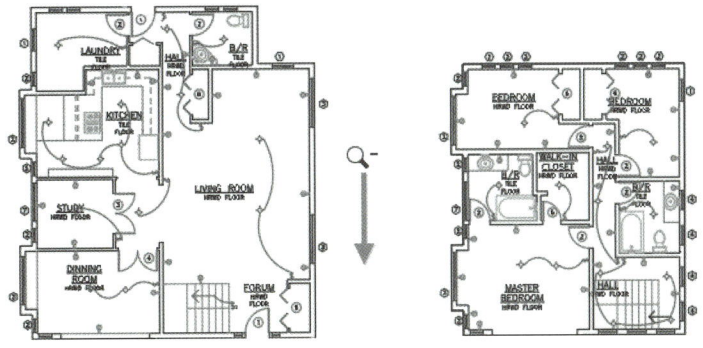

4 원하는 만큼 화면표시를 확대/축소합니다.

5 '줌(Zoom)' 명령을 종료하려면, 엔터키 혹은 Esc 키를 누릅니다.

줌 윈도우(W) 옵션(Zoom Window option)

'줌(Zoom) 윈도우(W)' 명령 옵션은 도면의 지정된 영역을 확대하는 데 사용됩니다.

'줌(Zoom) 윈도우(W)' 명령 옵션을 호출하려면, 탐색 막대에서 '줌(Zoom)' 플라이아웃(Flyout)을 호출한 다음 '줌 윈도우(W)' 명령 옵션을 클릭합니다. 또는 명령행에서 Z 또는 Zoom을 입력한 다음 엔터키를 누릅니다. 그런 다음 명령행에 W를 입력하여 윈도우 옵션을 호출합니다. 도면 영역에서 원하는 영역을 확대하기 위해, 다음 그림처럼 첫 번째 모서리(P1)를 클릭한 다음 윈도우의 대각선으로 두 번째 모서리(P2)를 클릭해서 지정합니다. 다음은 명령 프롬프트입니다:

명령: Z ⟨CR⟩ ZOOM

윈도우 구석 지정, 축척 비율(nX 또는 nXP) 입력 또는

[전체(A)/중심(C)/동적(D)/범위(E)/이전(P)/축척(S)/윈도우(W)/객체(O)] ⟨실시간⟩ : w ⟨CR⟩

첫 번째 구석 지정: P1

반대 구석 지정: P2

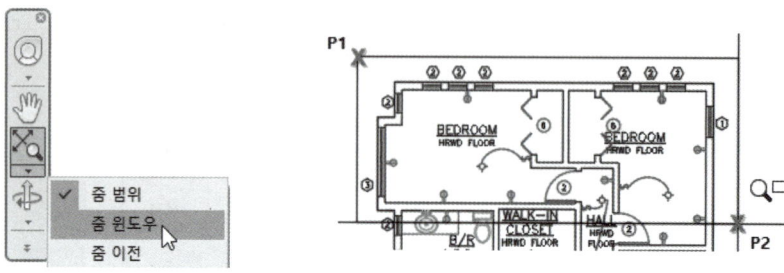

다음 그림처럼 도면 객체가 확대되어 도면 윈도우에 정의된 윈도우 영역으로 확대해서 표시됩니다.

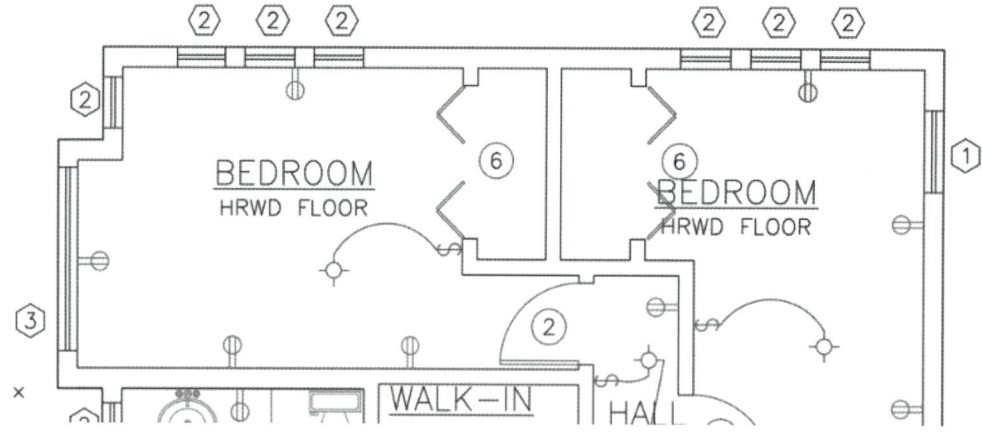

줌 전체(A) 옵션(Zoom All option)

'줌 전체(A)' 명령 옵션은 전체 도면 또는 '도면 한계(Limits)'를 도면 영역 내에 맞도록 확대/축소하는 데 사용됩니다.

도면이 커서 도면 한계를 벗어날 때 전체 도면이 모두 확대/축소 도구를 사용하여 도면 영역 내에 들어갑니다.

그러나 도면이 도면 한계보다 작으면 모두 확대/축소 도구를 사용할 때 도면 한계가 도면 영역 안에 들어갑니다.

'줌 전체(Zoom All)' 명령 옵션을 호출하려면, 탐색 막대의 확대/축소 도구에서 아래쪽 화살표를 클릭합니다. 확대/축소 플라이아웃이 나타나고, 이 플라이아웃에서 '줌 전체(A)' 명령 옵션을 클릭합니다.

또는 명령행에서 Z 또는 ZOOM을 입력한 다음 엔터키를 누릅니다.

다음으로 A 또는 ALL 옵션 키워드를 입력하여 '줌 전체(A)' 명령 옵션을 호출합니다.

다음 명령 프롬프트입니다:

명령: Z 〈CR〉 ZOOM

윈도우 구석 지정, 축척 비율(nX 또는 nXP) 입력 또는

[전체(A)/중심(C)/동적(D)/범위(E)/이전(P)/축척(S)/윈도우(W)/객체(O)] 〈실시간〉: a ror all 〈CR〉

❑ **줌 이전(P) 옵션(Zoom Previous option)**

'줌 이전(P)' 명령 옵션은 이전에 확대/축소된 도면 뷰를 표시하는 데 사용됩니다.

'줌 이전(P)' 명령 옵션을 호출하려면, 탐색 막대에서 '줌(Zoom)' 플라이아웃(fly out)을 호출한 다음 '줌 이전(P)' 명령 옵션을 클릭합니다. 또는 명령행에서 Z 또는 Zoom을 입력한 다음 Enter 키를 누릅니다. 그런 다음 명령행에 P를 입력하여 '줌 이전(P)' 명령 옵션을 호출합니다.

다음은 명령 프롬프트입니다:

명령: Z 〈CR〉 ZOOM

윈도우 구석 지정, 축척 비율(nX 또는 nXP) 입력 또는

[전체(A)/중심(C)/동적(D)/범위(E)/이전(P)/축척(S)/윈도우(W)/객체(O)] 〈실시간〉: p 〈CR〉

❑ **줌 범위(E) 옵션(Zoom Extents option)**

'줌 범위(E)' 명령 옵션은 도면 뷰를 확장하거나 축소하여 도면 영역 내부에 도면을 완전히 배치하는 데 사용됩니다. 이 도구를 사용하면 도면의 모든 도면요소가 도면 영역에서 최대 용량으로 확대됩니다.

'줌 범위(E)' 명령 옵션을 호출하려면 탐색 막대에서 '줌(Zoom)' 플라이아웃(fly out)을 호출한 다음 '줌 범위(E)' 명령 옵션을 클릭합니다. 또는 명령행에서 Z 또는 Zoom을 입력한 다음 엔터키를 누릅니다. 그런 다음 E를 입력하여 이 옵션을 호출합니다.

명령: Z 〈CR〉 ZOOM

윈도우 구석 지정, 축척 비율(nX 또는 nXP) 입력 또는

[전체(A)/중심(C)/동적(D)/범위(E)/이전(P)/축척(S)/윈도우(W)/객체(O)] 〈실시간〉: e 〈CR〉

❏ 줌 확대(In) 옵션(Zoom In option)

'줌 확대(In)' 명령 옵션은 도면 영역의 크기를 두 배로 늘려 도면을 확대하는 데 사용됩니다.

'줌 확대(In)' 명령 옵션을 호출하려면, 탐색 막대에서 '줌(Zoom)' 플라이아웃(fly out)을 호출한 다음 '줌 확대(In)' 명령 옵션을 클릭합니다. 또는 명령행에서 Z 또는 Zoom을 입력한 다음 엔터키를 누릅니다. 그런 다음 2X를 입력하여 이 옵션을 호출합니다.

명령: Z 〈CR〉

ZOOM

윈도우 구석 지정, 축척 비율(nX 또는 nXP) 입력 또는

[전체(A)/중심(C)/동적(D)/범위(E)/이전(P)/축척(S)/윈도우(W)/객체(O)] 〈실시간〉: 2x 〈CR〉

❏ 줌 축소(Out) 옵션(Zoom out option)

'줌 축소(Out)' 명령 옵션은 크기를 현재 도면 크기의 절반으로 줄여 도면을 축소하는 데 사용됩니다.

'줌 축소(Out)' 명령 옵션을 호출하려면, 탐색 막대에서 '줌(Zoom)' 플라이아웃(Flyout)을 호출한 다음 '줌 축소(Out)' 명령 옵션을 클릭합니다. 또는 명령행에서 Z 또는 Zoom을 입력한 다음 엔터키를 누릅니다. 그런 다음 명령행에 0.5X를 입력하여 이 도구를 호출합니다.

명령: Z 〈CR〉

ZOOM

윈도우 구석 지정, 축척 비율(nX 또는 nXP) 입력 또는

[전체(A)/중심(C)/동적(D)/범위(E)/이전(P)/축척(S)/윈도우(W)/객체(O)] 〈실시간〉: 0.5x 〈CR〉

> **참고** 탐색 막대 제어(Controls Navigation bar)
>
> 리본 메뉴 뷰(View) 탭에 있는 뷰포트 도구(Viewport tools) 패널에 있는 탐색 막대 도구를 사용하여 도면 영역의 탐색 막대 디스플레이를 켜거나 끌 수 있습니다. 기본적으로 이 도구는 뷰(View) 탭의 뷰포트 도구(Viewport tools) 패널에서 활성화됩니다. 결과적으로 도면 영역에서 탐색 막대의 디스플레이가 켜집니다.

〈뷰 탭 ⇨ 뷰포트 도구 패널 탐색 막대 제어〉

2) 초점이동 명령(Pan command)

'초점이동(Pan)' 명령은 도면 영역에서 도면 뷰를 이동하는 데 사용됩니다.

탐색 막대 혹은 [뷰] 탭 ⇨ [탐색] 패널에서 [초점이동(Pan)] 명령 아이콘을 클릭합니다.

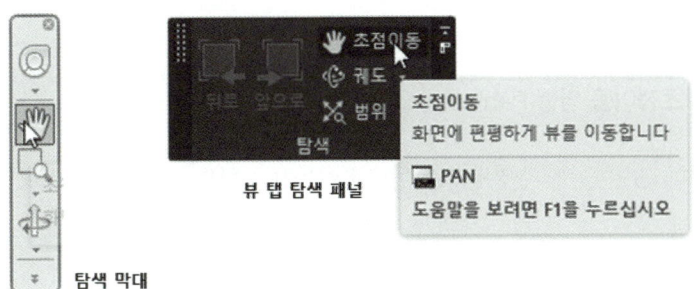

'초점이동(Pan)' 명령이 활성화되면, 다음 그림처럼 커서가 손 모양 아이콘으로 변경됩니다. 마우스 왼쪽 버튼을 누른 상태에서 커서를 드래그해서 도면 뷰를 이동할 수 있습니다.

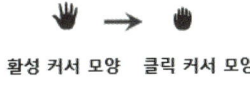

〈초점이동 명령 아이콘〉

❏ 초점이동 명령 옵션(Pan command option)

'초점이동(Pan)' 명령에서는 다음 그림처럼 도면 윈도우에서 마우스 오른쪽 버튼으로 클릭하여 단축 메뉴를 표시할 때 다른 '초점이동(Pan)' 및 'Zoom(확대/축소)' 명령 옵션들을 호출할 수 있습니다.

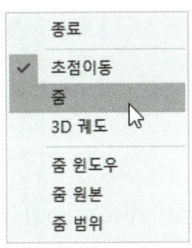

〈초점이동(PAN) 명령 활성 시 단축 메뉴〉

① 종료(Exit) : 클릭하면, 초점이동(Pan) 또는 Zoom realtime(실시간 줌) 명령을 종료합니다.

② 초점이동(Pan) : 클릭하면, 초점이동(Pan) 명령을 활성화합니다.

③ 줌(Zoom) : 클릭하면, 실시간 줌(Zoom)으로 전환됩니다.

④ 3D 궤도(3D Orbit) : 뷰의 3D Orbit(3D 궤도)를 수행하려면 이 항목을 선택합니다.

⑤ 줌 윈도우(Zoom Window) : Zoom Window 작업을 수행하고, 초점이동(Pan) 또는 실시간 확대/축소(Zoom realtime) 명령으로 돌아가려면 선택합니다.

⑥ 줌 원본(Zoom Original) : 초점이동(Pan) 또는 Zoom realtime(실시간 확대/축소) 명령을 시작하기 전에 화면 뷰로 돌아가려면 이 옵션을 선택합니다.

⑦ 줌 범위(Zoom Extents) : 도면 범위를 확대/축소하고 초점이동(Pan) 또는 Zoom realtime(실시간 확대/축소) 명령으로 돌아가려면 이 옵션을 선택합니다.

연습 과제〉 초점이동 명령(Pan command)

이 연습에서는 '초점이동(Pan)' 명령으로 객체를 이동하는 방법을 개략적으로 설명합니다.

1 [뷰] 탭 ⇨ [탐색] 패널 ⇨ [초점이동(Pan)] 명령 아이콘을 클릭합니다.

또는 탐색 막대에서 (초점이동) 명령 아이콘을 클릭합니다.

2 마우스를 도면 영역으로 가져가면, 커서가 (손 모양)으로 표시됩니다.

3 이동할 지점을 마우스 왼쪽 버튼으로 클릭한 후에 왼쪽 버튼을 누른 상태로 원하는 위치로 커서를 드래그합니다.

4 원하는 위치에서 마우스 왼쪽 버튼을 릴리즈 합니다.

5 '초점이동(Pan)' 명령을 종료하기 위해 Esc 키를 누릅니다.

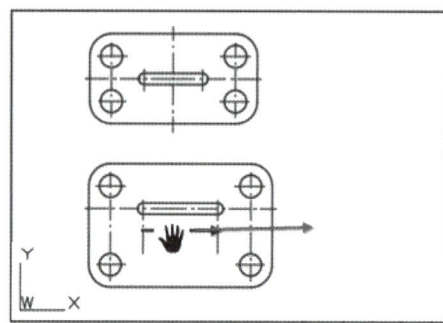 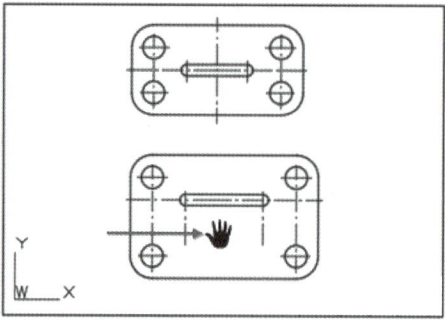

연습 과제〉 실시간 초점이동(Panning in realtime)

이 연습에서 실시간 동적으로 객체를 이동하는 방법을 개략적으로 설명합니다.

1 [뷰] 탭 ⇨ [탐색] 패널 ⇨ [초점이동(Pan)] 명령 아이콘을 클릭합니다.

2 다음 그림처럼 도면 영역에서 이동을 원하는 지점을 마우스 왼쪽 버튼으로 클릭한 상태로 이동을 원하는 방향으로 커서를 드래그합니다. 객체들이 원하는 위치로 이동되면 마우스 왼쪽 버튼을 놓습니다. 여전히 커서는 손 모양을 유지합니다. 즉 여전히 '초점이동(Pan)' 명령이 활성화 상태입니다.

CHAPTER 2 도면 작도 기초(Drawing drafting basics) 157

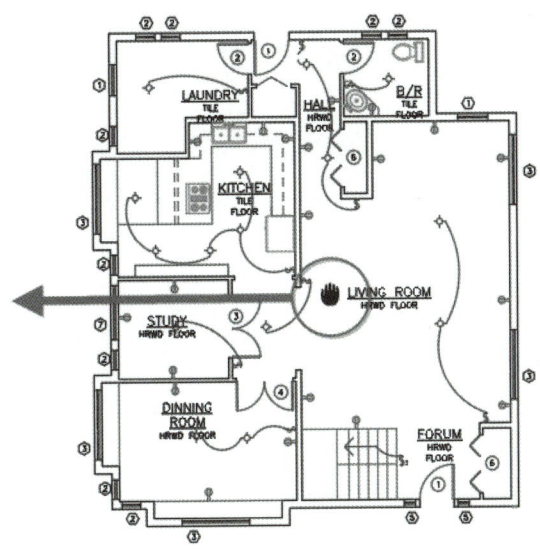

3 계속해서 원하는 만큼 마우스 왼쪽 버튼을 클릭 및 드래그(click and drag)합니다.

4 '초점이동(Pan)' 명령을 종료하려면, 엔터키 혹은 Esc 키를 누릅니다.

AutoCAD 인터페이스에 숙달된 설계자는 대부분은 도면 영역에 마우스의 휠을 누른 상태로 드래그 앤드 드롭을 이용하여 실시간으로 도면의 화면표시를 초점 이동합니다.

> **참고** Panning 작업 시 고려 사항
>
> Panning(초점이동)은 도면 창(Window)의 가로 및 세로 스크롤(Scroll) 막대를 사용하는 것과 같은 효과를 도면에 줍니다.

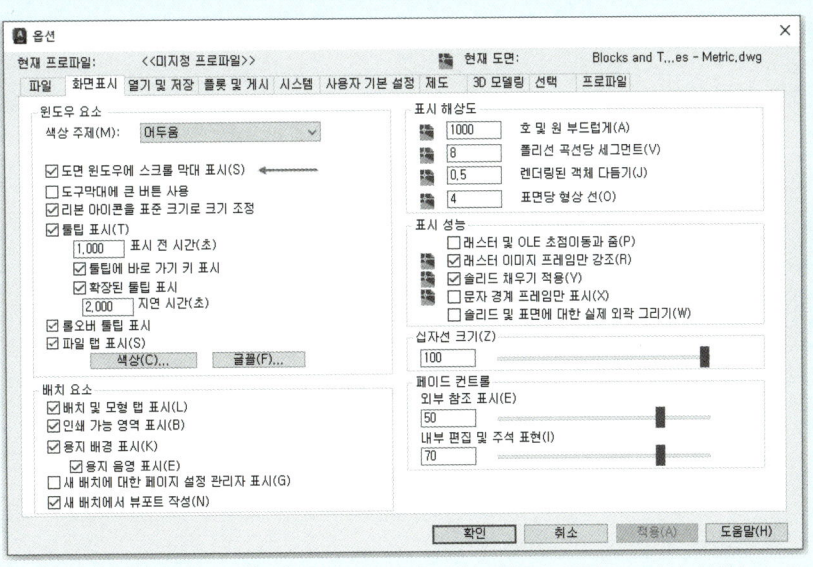

■ 학습 목표

① 일반적인 도면 작성 순서를 이해합니다.
② 도면 양식 및 제도 규정에 따라서 도면을 작성할 수 있습니다.
③ 투상법을 이해하고, 선종류(Linetype)와 용도에 따라 도면을 작성할 수 있습니다.
④ 단위(Units), 척도(Scale) 등을 적용해서 도면을 작성할 수 있습니다.

CHAPTER

3

도면 설정
(Drawing setups)

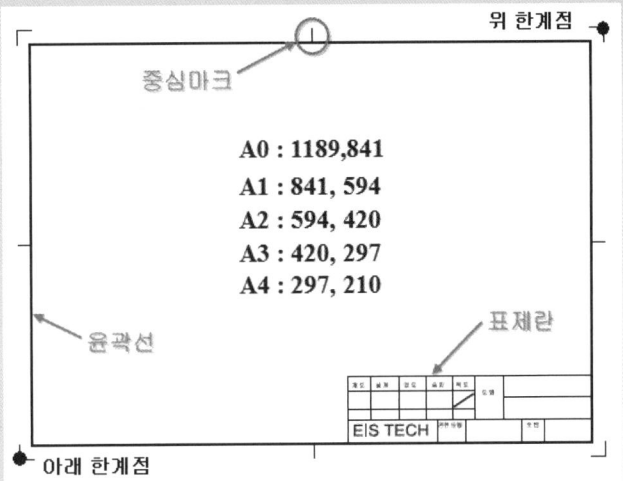

01 도면 작도 순서 (Drawing drafting order)

1.1 도면 작도 순서 및 과정(Drawing order & process)

모든 도면 작업(수작업 또는 CAD)은 다음의 네 가지 작업 과정으로 이루어집니다.

	작업 구분	시간 (백분율)	작업 내용
1	Drawing setups(도면 설정)	5%	용지 크기, 축척, 단위, 정밀도, 도면층
2	Drawing work(도면 작도)	40%	뷰 배치, 중심선 및 외형선 긋기
3	Decoration work	50%	해치, 주서, 치수, 공차 작업 및 BOM
4	Drawing check(도면 검사)	5%	검도

AutoCAD를 이용해서 도면을 그리는 과정 및 순서는 다음으로 요약할 수 있습니다.

1 대상체 선정
2 도면 시트 설정(Setup drawing sheet)
- 단위(Units), 축척(Scale)에 의한 용지 크기 및 도면 한계 설정
- 시트 윤곽선 및 중심마크 그리기
- 도면층(Layer), 색상(Color), 선종류(linetype) 계획 및 설정
- 문자 스타일(Text style) 설정
- 치수 스타일(Dimension style) 설정

3 뷰 배치(View layout), 기준선 및 중심선 긋기(Layout drawing)
4 도형의 윤곽 및 외형선 그리기
5 해치, 주서, 치수, 일반 공차, 기하 공차, 표면 거칠기 작업
6 자재 리스트(BOM) 및 표제란 작성
7 도면 검사

1.2 도면 구성요소에 축척 적용하기
(To apply scale to drawing components)

AutoCAD를 이용해서 작도된 도면 구성요소와 그것들에 축척(Scale)을 적용하는 방법을 정리하면 다음 표와 같습니다.

	작업	구분	작도 시 축척 적용
1	용지 설정 요소	윤곽선	축척의 역수를 곱해서 작도한다. (2:1 = 0.5, 1:2 = 2)
		중심마크	
2	형상 요소	외형선	선종류 축척은 적용하지만, 실측(실제 치수) 즉 1:1로 작도한다.
		숨은선	
		가상선	
		중심선	
3	치수 요소	치수선	출도에 표시될 크기에 축척의 역수를 곱해서 작도합니다. (2:1 = 0.5, 1:2 = 2)
		치수보조선	
		화살표	
		치수 문자	
4	해치	해치선	축척의 역수를 곱해서 작도합니다.000000000(2:1 = 0.5, 1:2 = 2)
5	문자	일반 문자	출도에 표시될 크기에 축척의 역수를 곱해서 기입한다. (2:1 = 0.5, 1:2 = 2)
		주서 문자	
		자재 리스트	
		표제란	
6	기호	다듬질 기호	출도에 표시될 크기에 축척의 역수를 곱해서 기입한다. (2:1 = 0.5, 1:2 = 2)

AutoCAD를 이용해서 도면 작업을 하는 것은 전통적인 수작업에 의한 도면 작업 과정들과 비교하면, 형상 객체에 축척(Scale)을 적용하는 것과 도면 시트(도면 한계, 윤곽선) 설정만 다를 뿐 나머지 모든 과정은 서로 같습니다.

1.3 AutoCAD에서 도면을 그리는 원칙 (Principles of drawing in AutoCAD)

- 출도 상태로 정확한 도면 용지(Sheet) 크기에 축척(Scale)을 적용한 형상 크기를 수작업으로 작도하는 것과 다르게 AutoCAD에서는 무한 평면을 제공하기 때문에 형상 객체는 설정한 축척(Scale)에 상관없이 무조건 1:1(실 치수)로 형상의 모양과 크기로 작도해야 합니다.
- 도면에서 모든 선종류(Linetype)는 작도 시에 적용해야 하지만, 선 굵기(선가중치)는 적용하지 않고 기본값(0.25mm)으로 작도하지만, 선 굵기(Lineweight)를 적용해서 최종 출력(Plot)하기 위해서 도면층(Layer)에 색상(Color)을 지정해서 작도해야 합니다[도면층(Layer) 이용 참고].
- 최종 완성 도면(Production drawing or final drawing)의 출력은 척도를 적용해서 무조건 흑색으로 인쇄해야 하며, 선종류와 선 굵기는 반드시 선에 대한 제도 규정에 따라 엄격하게 적용되어야 합니다.

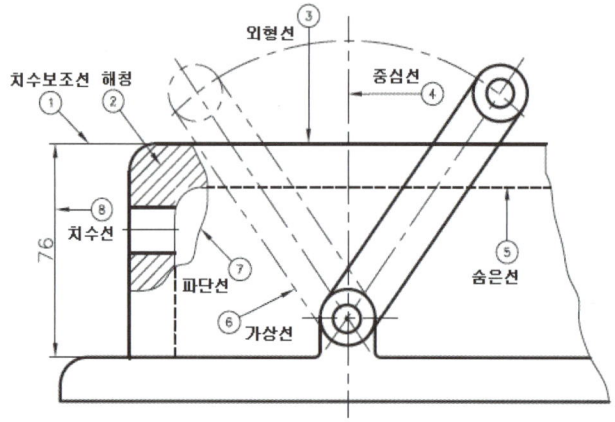

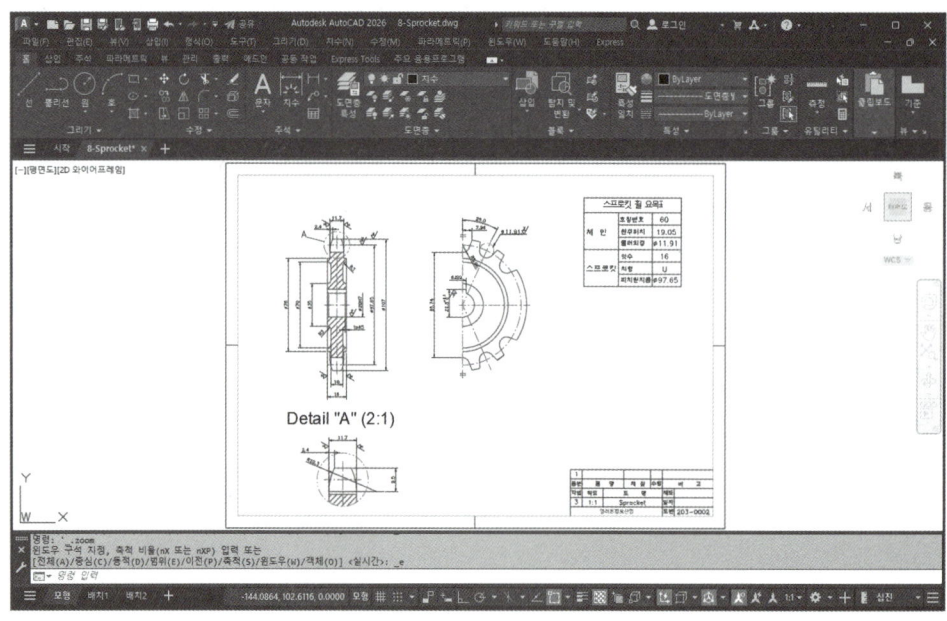

02 도면 양식 및 제도 규정
(Drawing forms & system regulations)

- 기계 제도에 사용되는 도면 용지는 기계 제도(**KS B 0001**) 규격과 도면의 크기 및 양식(**KS A 0106**)에서 정한 크기를 사용합니다.
- 따라서 도면 용지는 A0, A1, A2 A3, A4의 크기를 사용합니다.
- 도면 용지에는 다음 그림처럼 반드시 도면의 윤곽선, 표제란, 중심마크를 그려야 합니다.

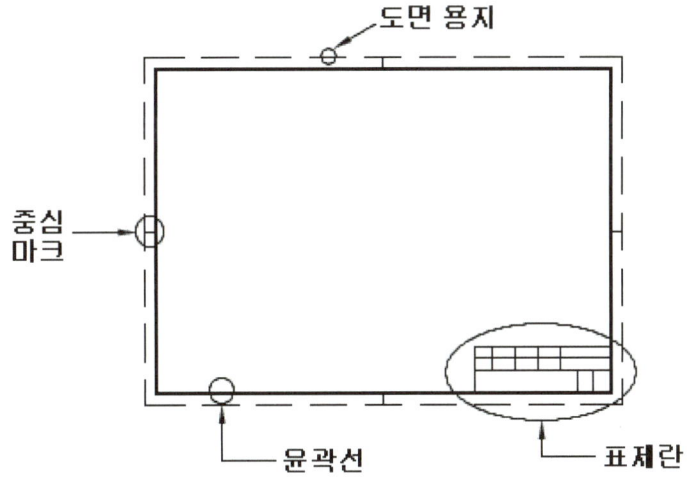

- 윤곽선(Borderline) - 도면에 도시하는 내용을 기재하는 영역을 명확하게 하고 용지의 가장자리에서 생기는 손상으로부터 기재 사항들을 해치지 않도록 그리는 테두리 선을 윤곽선이라고 하고 출도 시 굵기가 0.5mm의 실선으로 합니다.
- 중심마크(Center mark) - 도면을 복사하거나 마이크로필름을 제작할 때 편의를 위한 기준선으로 0.5mm 굵기의 실선으로 긋는다. 일반적으로 외형선, 윤곽선, 중심마크는 같은 선 굵기(선가중치)로 출도되어야 합니다.
- 표제란(Title block) - 도면의 오른쪽 아래 윤곽선 안쪽에 표제란을 그리고 이곳에 도면 번호, 도명(프로젝트 명칭), 척도, 각법, 작업자의 성명, 도면 작성 연월일, 도면 분류 번호 등을 기입 하는 곳으로 형식과 크기에 대한 일정한 규정은 없지만, 도면 용지의 크기에 맞춰서 비례적인 크기로 작성하며 도면을 보는 사람들이 모든 제도 정보를 파악할 수 있는 내용을 포함하여야 합니다.

2.1 도면 용지의 크기(Size of drawing paper)

- 한국 산업 규격(KS A 0206)에서 도면 시트의 크기(Size)는 도면 용지 크기로 표시하고 있습니다. 또한 한국 산업 규격(KS A 5201)에서 규정하는 A0 ~ A4의 크기에 따르도록 하고 있습니다.
- A0 용지의 크기는 다음 표와 그림처럼 가로 세로가 1,189mm × 841mm로 그 면적은 대략 $1m^2$이고, 가로 길이와 세로 길이의 비율은 1 : 1.4 (1:$\sqrt{2}$) 로 같다고 할 수 있습니다.

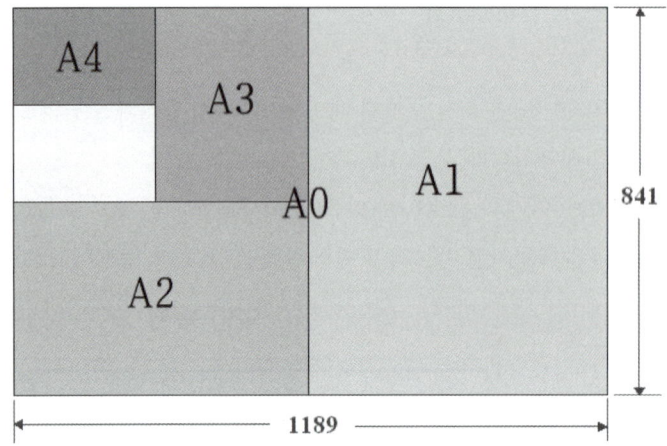

호칭		A0	A1	A2	A3	A4
크기(H x V) mm		1189 x 841	841 x 594	594 x 420	420 x 297	210 x 297
C		20	20	10	10	10
D	철하지 않을 때	20	20	10	10	10
	철할 때	25	25	25	25	25

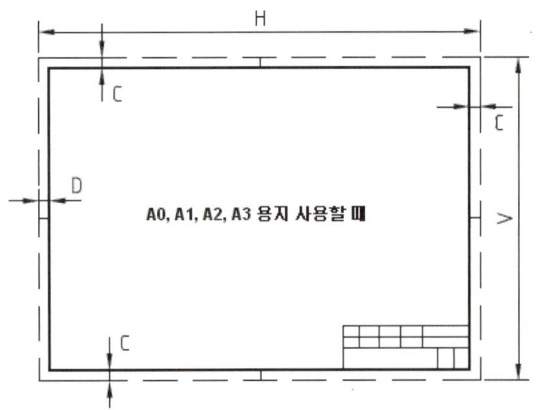
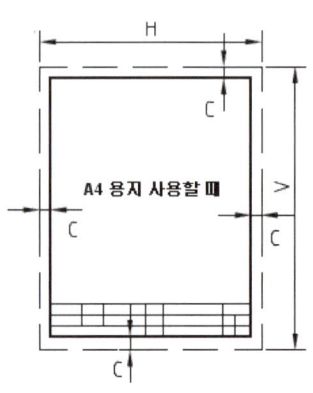

2.2 척도(Scale)

- 물체를 도면에 나타낸 크기와 실물 크기와의 비율을 척도(Scale)라고 합니다.
- 도면의 생명은 척도이고 제도와 도면 작업에서 척도는 가장 중요한 요소입니다.
- 도면의 품질을 좌우하는 정확도 및 정밀도는 KS 제도 규격에 입각한 작업자의 제도 능력, 척도, 투상법에 달려 있습니다.
- **KS A 0110** 제도 척도에는 가능하다면 1:1을 사용하는 것을 원칙으로 하고 축척과 배척은 정해진 배율만 사용하도록 규정하고 있습니다.

종류	의미	기준 축척(기계 도면인 경우)
축척	실물 크기보다 작게	1:2, 1:5, 1:10, 1:20, 1:50, 1:100, 1:200
현척	실물 크기와 같게	1:1
배척	실물 크기보다 크게	2:1, 5:1, 10:1, 20:1, 50:1

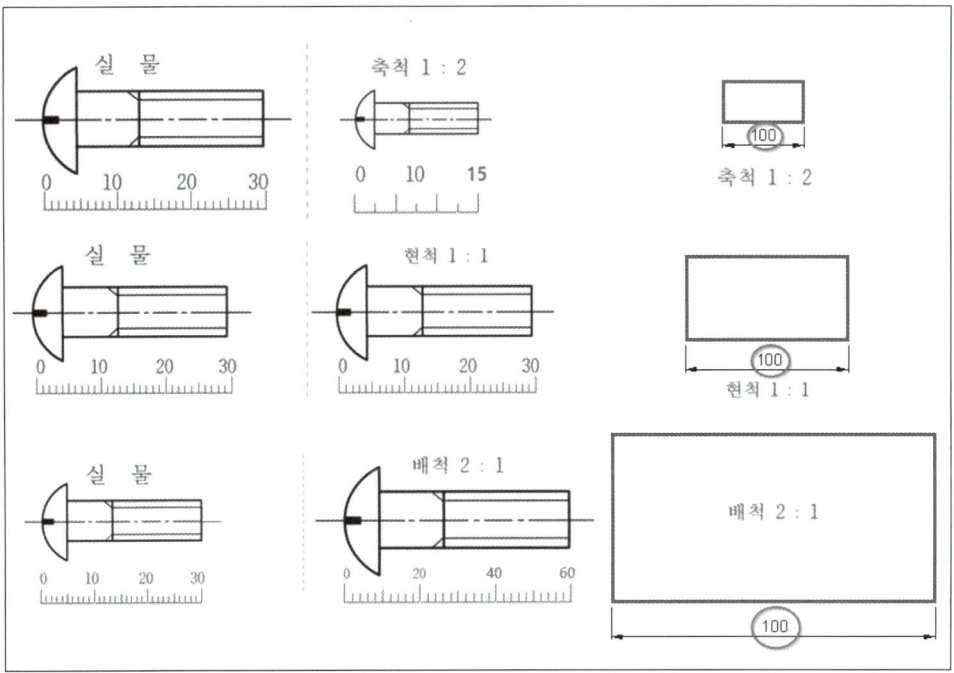

- 물체(대상체)를 도면 시트에서 크기와 실제크기의 비율인 척도(Scale)는 다음 그림처럼 표기합니다.

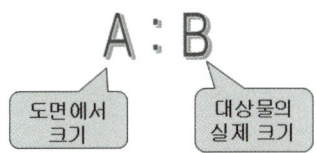

- 제한된 도면 시트 크기에 대상체를 작도하려면, 다음 그림처럼 대상체의 크기를 실제와 같게, 축소 혹은 확대해서 그려야 합니다.

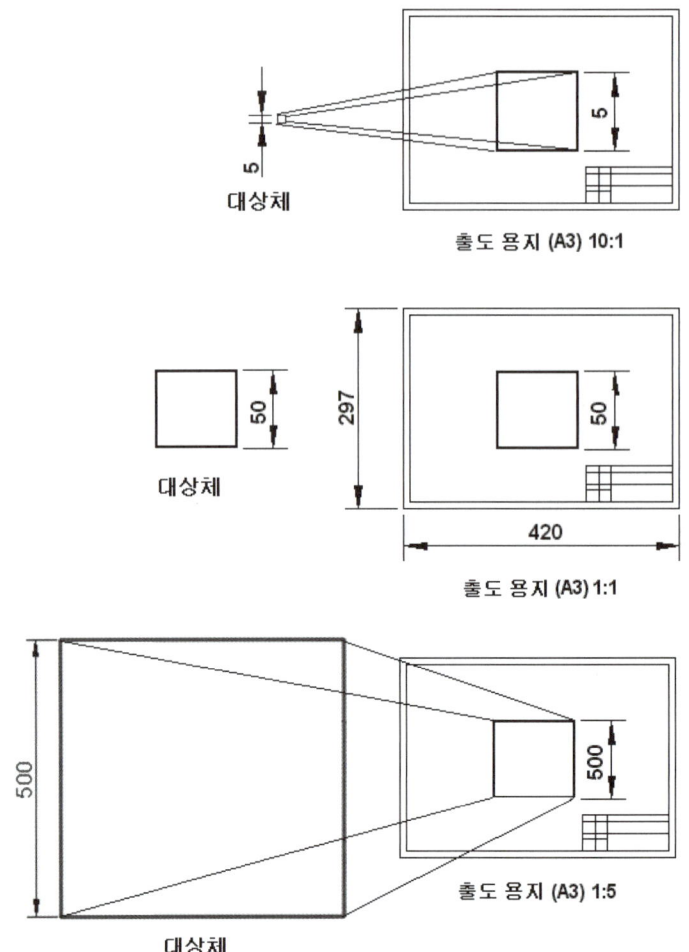

- 작도 후 표제란의 척도에 그 값을 기입하며 같은 도면 내에서 다른 척도로 부품을 그릴 때 그 옆에 척도를 기입해서 도면을 보는 사람에게 척도 적용을 알려주어야 합니다.

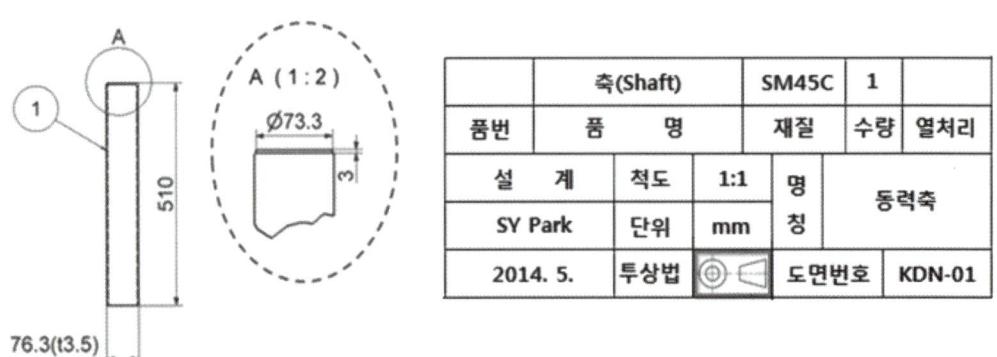

2.3 투상법(Method of projection)

1) 각 투상도의 명칭(Name of each projection view)

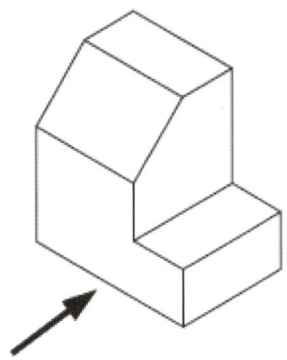

뷰 이름	시점	뷰 이름	시점
평면도(Top or plan view)	위	배면도(Rear view)	뒤
밑면도(Bottom view)	아래	우측면도(Right side view)	오른쪽
정면도(Front view)	앞	좌측면도(Left side view)	왼쪽

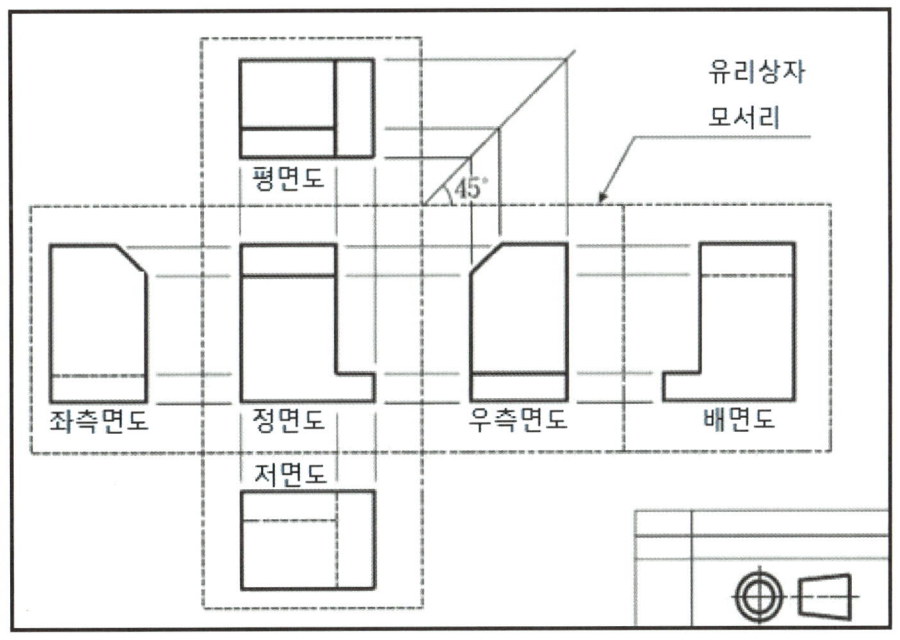

2) 제1각법 및 제3각법(First and third view projection)

- 위의 펼친그림에서 정면을 기준으로 유리 상자를 당겨서 펼치면 다음 그림처럼 각 뷰(View)를 배치하게 되는데 이것을 제3각법이라고 합니다.
- 위의 펼친그림에서 정면을 기준으로 유리 상자를 밀어서 펼치면, 다음 그림처럼 각 뷰(View)를 배치하게 되는데 이것을 제1각법이라고 합니다.

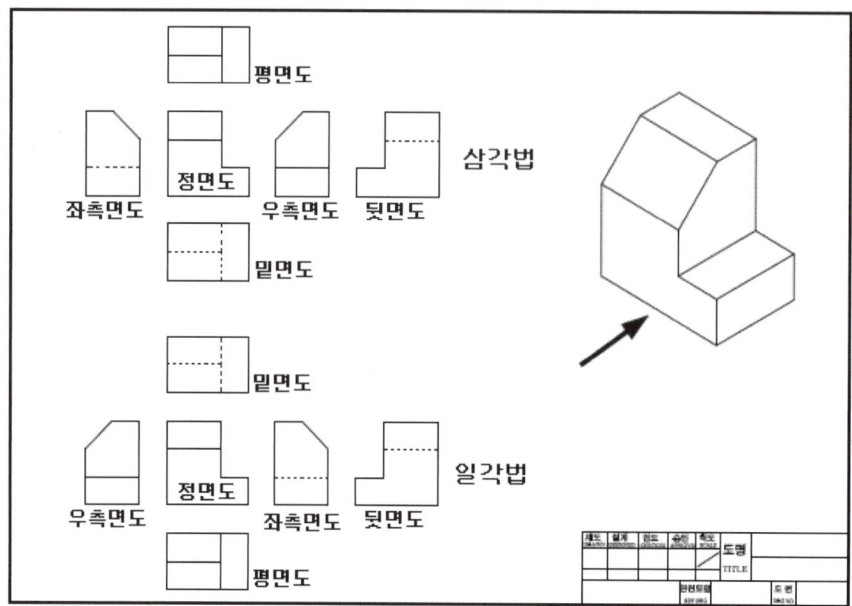

3) 정투상도의 뷰 정렬(Alignment of orthogonormal views)

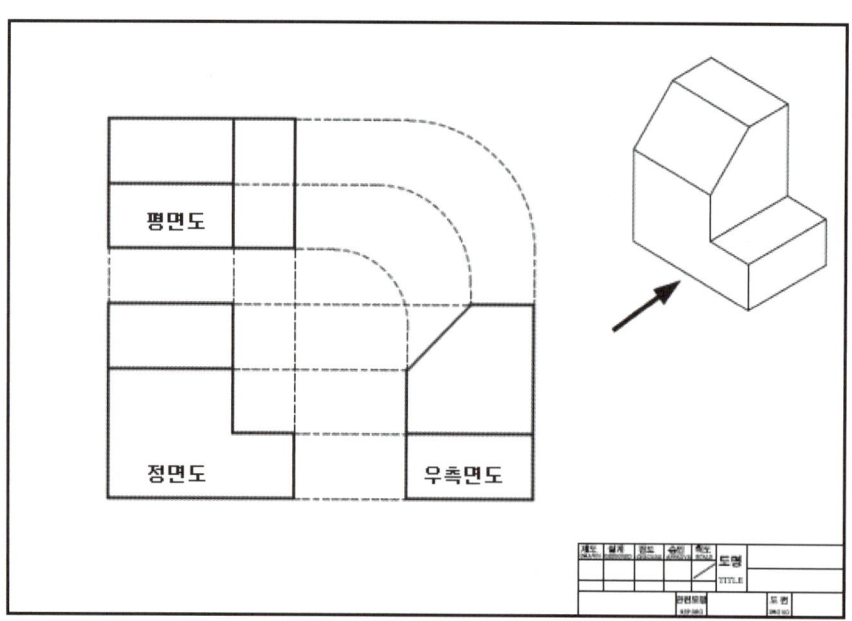

4) 투상법의 기호(a symbol of the projection method)

- 도면의 표제란에 각법은 다음 그림처럼 기호로 표시합니다.

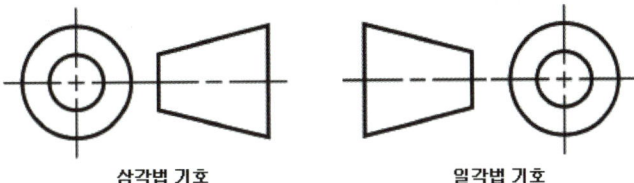

삼각법 기호　　　　　일각법 기호

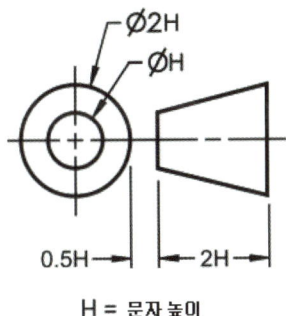

H = 문자 높이

참고〉 표준 화살표 길이 비율

제도에서 표준 화살표의 길이 비율은 1 : 3 정도이고, 각도는 15° 입니다.

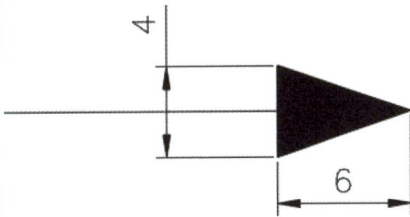

2.4 선종류와 용도(Types and uses of lines)

- 선(Line)은 도면을 구성하는 가장 중요한 요소로 도면에서 대상체 즉 모델을 선으로 도시합니다.
- 도면에 사용하는 선은 선의 굵기에 따라 분류하고, 굵기는 도형의 대소, 복잡함, 선의 종류 등에 따라서 결정됩니다.
- 도면에 주로 사용하는 선의 종류에는 [실선-외형선(實線)], [파선-숨은선(破線)], [1점 쇄선-중심선(鎖線)], [2점 쇄선-가상선(鎖線)]의 4종류가 있으며 파선(점선)일 때 반드시 3mm, 1mm를 준수할 필요는 없지만, 길이 비율에 대해서 유의해서 그리도록 합니다.
- 선종류는 가는선, 굵은선, 아주 굵은선이 있으며 그 비율은 1 : 2 : 4입니다. **KS B 0001** 기계 제도는 0.13, 0.18, 0.25, 0.35, 0.5, 0.7, 1.0, 1.4, 2.0mm 등 9개 기준값 중에서 도면의 크기에 따라 적절하게 선택하여 사용하도록 규정하고 있습니다.

선 굵기의 종류	비율	선 굵기
가는 선	1	0.35mm 이하
굵은 선	2	0.35mm ~ 0.7mm
아주 굵은 선	4	0.50mm ~ 2.0mm

선 굵기의 비율(KS A 0109)

- 예를 들면 가는선을 0.25mm로 할 때 굵은선은 0.5mm, 아주 굵은선은 1.0mm를 사용하여야 합니다. 기계공업 분야에 사용하는 도면에서 외형선은 주로 0.25mm 가는선과 0.5mm 굵은선을 사용합니다.

	가는선(1)	굵은선(2)	아주 굵은선(4)
A0~A2 선의 굵기	0.25mm	0.5mm	1.0mm
A3~A4 선의 굵기	0.13mm	2.5mm	0.5mm
	숨은선 가상선 중심선 치수선 해치선 파단선	외형선	윤곽선

- 선종류(Line type)와 선 굵기(Line weight)는 출도(Print Drawing)에 다음의 도면 해석을 위한 정보를 제공합니다.
    1. 물체의 외형선(Outline)인가 아니면 치수선(Dimension line)인가?
    1. 물체의 숨은선(Hidden line)인가 아니면 가상선인가?
    3. 물체의 대칭을 도시하는 중심선(Center line)인가?
- 도면에서 실제로 선의 굵기는 눈으로 선의 굵기를 구별할 수 있도록 선택해야 하지만 도면을 해독하는데 어려운 너무 굵거나 가는 선을 사용하면 안 됩니다.

1) 모양에 의한 선종류(Linetype of by shape)

선종류(Linetype)	기능
실선 (Continuous line)	———————
파선(Dashed line)	- - - - - - (3mm 1mm 3mm 1mm)
1점 쇄선(Chain line)	—·—·—·— (1mm 10~30mm)
2점 쇄선(Chain double-dashed line)	—··—··— (1mm 10~30mm)

2) 선종류 및 굵기(Linetype and lineweight)

명칭	선종류(Linetype)	선 굵기(mm)	기능
외형선	———	0.5 ~ 0.7	물체의 보이는 형상을 나타내는 선
숨은선	- - - - -	0.3 ~ 0.4	물체의 숨은 형상을 나타내는 선
중심선	—·—·—	0.1 ~ 0.25	도형의 중심을 표시하는 데 쓰이는 선
가상선	—··—··—	0.1 ~ 0.25	가상의 도형을 표시하는 데 쓰이는 선
보조선	———	0.3 ~ 0.4	치수선, 치수보조선, 지시선, 파단선, 해칭선을 나타내는 선

3) 용도에 의한 선종류(Linetype by use)

종류		선종류(Linetype)	용도에 의한 이름
실선	굵은 실선	———	외형선
	가는 실선	———	치수선, 치수보조선, 지시선
		/////////	해칭선
		—∿—	파단선
파선	굵은 파선	- - - - -	숨은선
	가는 파선	- - - - -	
1점 쇄선	가는 1점 쇄선	—·—·—·—	중심선
2점 쇄선	가는 2점 쇄선	—··—··—	가상선

선종류	선 모양	선의 용도
외형선 (Visible line)	▬▬▬▬▬	굵은 실선으로 물체의 보이는 부분을 나타낸다.
숨은선 (Hidden line)	▬ ▬ ▬ ▬ ▬	굵은 파선 또는 가는 파선으로 물체의 보이지 않는 부분을 나타낸다.
중심선 (Center line)	▬ · ▬ · ▬	가는 1점 쇄선으로 도형의 중심을 표시할 때 사용한다.
가상선 (Phantom line)	▬ ·· ▬ ·· ▬	가는 2점 쇄선으로 부품의 동작 상태나 가상의 물체를 나타낼 때 사용한다.
파단선 (Break line)	▬▬▬▬▬	가는 실선으로 물체의 단면을 표시할 때 사용한다.
해칭선 (Section line)	▬▬▬▬▬	도면층을 잠금 하면, 잠긴 도면층의 엔티티들은 선택할 수 없으므로 수정 및 편집이 불가합니다.
치수선 (Dimension line)	▬▬▬▬▬	가는 실선으로 치수를 기입할 때 쓰인다.
치수보조선 (Extension line)	▬▬▬▬▬	가는 실선으로 치수를 기입할 때 쓰인다.
지시선 (Leader line)	▬▬▬▬▬	가는 실선으로 개별 주(specific note), 치수, 참조 등을 기입할 때 사용한다.

4) 선의 우선순위(the priorities of line)

- 도면에서 두 종류 이상의 선들이 같은 위치에서 겹칠 때는 다음의 순위에 따라 우선되는 종류의 선으로 긋는다.

  ① 외형선(굵은 실선)

  ② 숨은선(점선, 파선)

  ③ 절단선(가는 일점쇄선)

  ④ 중심선(일점쇄선)

  ⑤ 무게 중심선

  ⑥ 치수 보조선(가는 실선)

- 따라서 도면에서 선들이 겹칠 때는 외형선(굵은 연속선) ⇨ 숨은선(점선, 파선) ⇨ 절단선 ⇨ 중심선(일점쇄선) 순으로 우선순위가 적용됩니다.
- 그리고 문자와 기호는 외형선보다 우선하기 때문에 선을 중단하거나 절단하고 문자 혹은 기호를 기입합니다.

03 도면 설정 (Drawing setup)

- 도면 설정은 먼저 대상체가 설정되면, 도면 용지(Drawing Sheet) 크기를 설정해야 합니다. 그러면 자동으로 척도가 설정됩니다.
- 도면 설정 작업은 제도 규정 및 해당 실무 규칙에 따라 진행되어야 합니다. 설정할 항목을 하나라도 누락하거나 잘못 설정한다면, 도면으로 인정받지 못하기 때문에, 제도 규정을 완벽하게 숙지하고, 풍부한 설계 경험을 가진 프로젝트 매니저 혹은 설계 팀장이 수행하는 것이 좋습니다.
- 도면 설정 작업은 일반적으로 도면을 작도하기 전에 몇 가지 항목을 순서대로 설정해야만 합니다. 도면 설정에 문제가 발생한다면, 아무리 대상체를 정확하고, 정밀하게 작도하더라도 그것은 도면이 아니라 쓸모없는 그림이 됩니다.
- 따라서 설계 프로젝트를 수행하기 전에 그것의 표준화가 선행되어야 합니다. 특히 도면 설정은 반듯이 표준화를 진행해서 해당 설계 프로젝트에 일관되게 사용할 도면 용지 템플릿을 작성해서 저장한 후 모든 설계팀원이 이것을 공유해서 도면 작성 작업을 수행해야 합니다.

3.1 도면 단위와 정밀도(Drawing units and accuracy)

1) 도면 단위(Drawing units)

'단위(Units)'는 도면에 작성하는 모든 형상의 크기 기준을 나타냅니다. AutoCAD를 이용해서 도면을 작성할 때 가장 먼저 수행해야 하는 작업 중 하나는 도면에 '단위(Units)'를 설정하는 것입니다. 단위 설정에 따라 거리 입력 방법 및 값이 설계자(사용자)에게 반환되는 방법이 결정됩니다. 설계자는 자신의 국가 산업 표준에 맞는 '단위(Units)' 유형을 선택해서 설정해야 합니다.

우리나라의 기계 설계자나 건축가는 보통 AutoCAD의 1밀리미터 단위와 실 세계에서의 1밀리미터 단위를 동일시 합니다. 이것은 AutoCAD를 시작하고, 밀리미터(mm) 단위를 설정하고 작도 즉 설계를 시작한다는 것을 의미합니다. 가끔 건축가는 AutoCAD의 1inch 단위와 실 세계에서의 1inch 단위를 동일시 하기도 합니다.

AutoCAD에서 6단위(Unit) 선을 작도하면, AutoCAD는 실제로 6단위(Unit)를 의미합니까? 6mm인가요, 6inch인가요, 아니면 둘 다인가요? AutoCAD는 설계자가 어떤 단위를 선택하더라도 모두 수용해서 처리합니다. 만일 우리가 6mm를 의미한다면 그렇게 되고, 6inch를 의미하는 경우 AutoCAD도 이 가정을 따릅니다.

중요한 것은 도면 파일 전체에서 '단위(Units)'의 일관성을 유지하는 것입니다. 이것은 제도를 할 모델 공간에서도 같게 적용해야 합니다. 그러나 인쇄(Plot)할 때는 작도 전의 '단위(Units)' 설정을 상기하고 그에 따라 도면 '축척(Scale)'을 설정해야 합니다.

다음 그림에서는 AutoCAD에서의 '단위(Units)'에 대한 가정을 보여 줍니다. 이 그림에서 하나의 선 세그먼트가 50 Units(단위) 길이로 그려졌습니다. 만일 미터법(위)과 영국식 치수 스타일(아래)로 치수를 기입할 때 치수는 서로 다른 길이를 표시합니다.

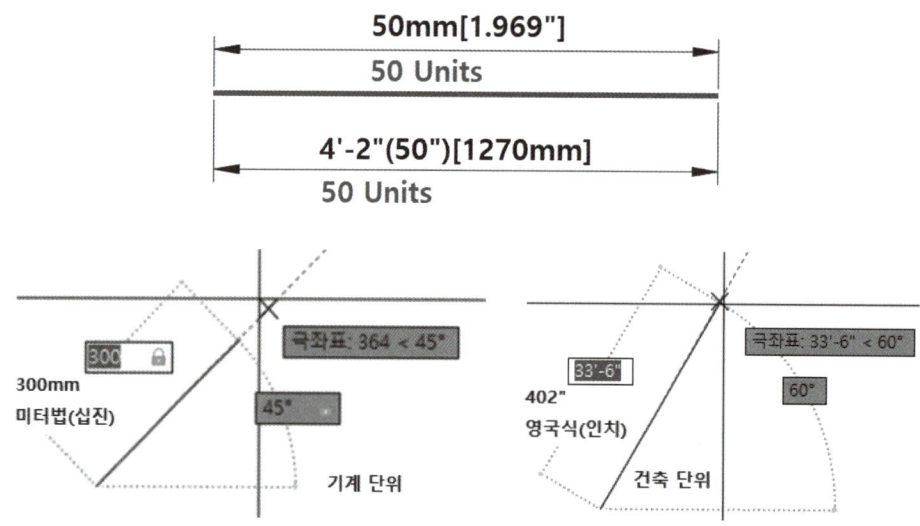

2) 도면 단위 및 정밀도 설정(Setting drawing units and accuracy)

우리는 AutoCAD '단위(Units)' 명령을 사용하여 도면의 단위를 설정할 수 있습니다. 언제든지 도면 단위를 변경할 수 있지만, 작성할 각 도면의 시작 부분에서 설정하는 것을 권장합니다.

도면 템플릿 또는 새 도면 마법사를 사용하면, 도면 단위가 그것을 베이스로 설정됩니다.

❏ 단위 명령 호출(Access an units command)

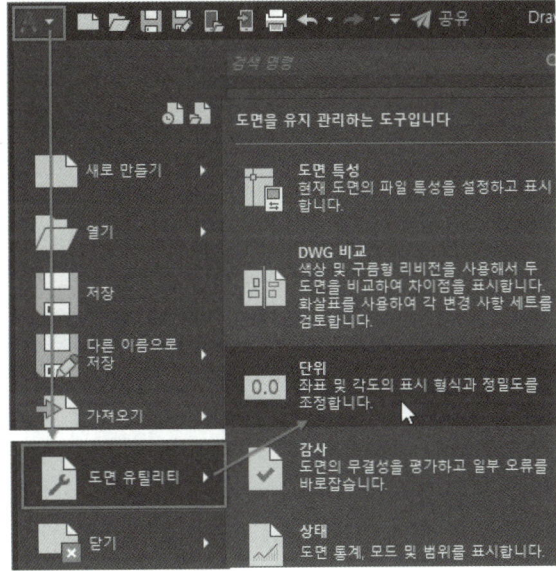

❏ 도면 단위 대화상자(Drawing units dialog box)

'단위(Units)' 명령을 호출하면, 다음 그림과 같이 '도면 단위' 대화상자가 표시됩니다.

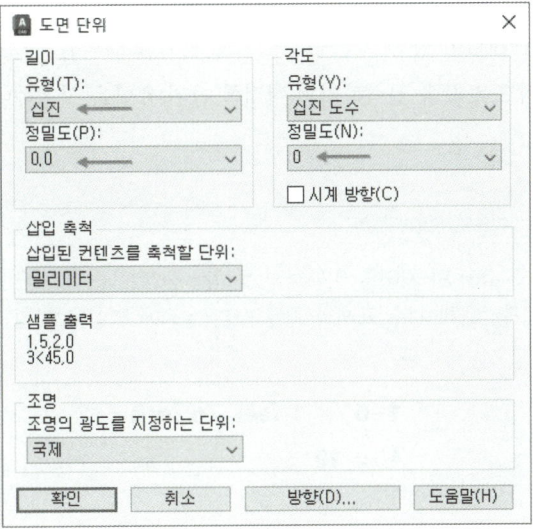

길이, 각도 및 삽입 축척에 대한 단위 유형을 설정할 수 있습니다. 길이 및 각도 단위 모두에 대한 정밀도를 설정할 수 있으며, 또한 각도 방향을 설정할 수 있습니다. 그리고 중요한 정밀도 옵션이 선택한 단위 형식으로 표시됩니다.

도면 단위를 설정하려면, 길이(Length) 및 각도(Angle) 목록에서 적절한 단위를 선택한 다음 길이와 각도에 대한 정밀도(Precision) 목록으로 단위의 정밀도를 설정합니다.

❏ 단위 지침(Units guideline)

다음은 AutoCAD에서 '단위(Units)'에 대해 참조해야 할 몇 가지 지침입니다.

① AutoCAD는 기본적으로 십진 단위(미터법)로 설정됩니다.
② 1단위는 1"(inch) 또는 1mm와 같을 수 있습니다.
③ 거리에 대한 inch 건축 단위를 입력해야 하는 경우, '건축' 유형 도면 단위를 선택해야 합니다. 만일 단위가 '십진'으로 설정되면 AutoCAD는 건축 단위 유형 1'-6"(18")을 이해하지 못합니다.
④ '건축' 단위를 사용하는 경우 feet(') 마크를 입력하지만, 기호가 입력되지 않으면 AutoCAD가 inch(")라고 가정하므로 inch를 입력할 필요는 없습니다. 예를 들면, 16'-2"는 간단히 16'2"라고 입력할 수 있습니다.
⑤ '건축' 단위를 사용할 때 16'-2" 또는 이와 같은 인치 값을 194로 입력할 수 있습니다.
⑥ '십진' 단위를 주 단위로 작업하는 경우 기본 소수점 단위 설정을 사용해야 합니다.
⑦ AutoCAD는 정확한 소수점 14자리(1.0000000000)입니다. 단위 정밀도는 '단위' 대화상자에서 결정한 가장 가까운 소수 자릿수로 반올림됩니다.
⑧ 도면 설정에서 결정된 도면 보조 도구를 사용하지 않는 한 도면 윈도우에서 단순히 점을 선택하는 것만으로는 정확한 길이 또는 각도를 지정했다고 보장할 수 없습니다.
⑨ 언제든지 도면 단위를 설정할 수 있지만 새 도면을 시작할 때 이 작업을 수행하는 것이 좋습니다.
⑩ 현재 단위 설정과 관계없이 항상 10진수 형식으로 단위를 입력할 수 있습니다.
⑪ 소수점 이외의 형식으로 값을 입력하려면 적절한 단위 유형을 설정해야 합니다.

> **참고** 단위 변환(Units conversion)
>
> AutoCAD는 1inch와 1mm의 차이를 이해하지 못하는 진정한 단위 기반 시스템이 아니지만 Inch 단위(예: 1'-6" = 18"), 대체 치수 표시와 같은 다른 설정에 영향을 미칠 수 있는 몇 가지 가정이 있습니다.
>
> $$1'\text{-}6" = 1\ feet - 6\ inch$$
> $$1' = 12"$$

❏ 정밀도 설정(Setting accuracy)

- Accuracy(정밀도)는 정도라고도 하며 도면 및 기계 가공 및 제작에서 매우 중요합니다.
  이것은 치수 값을 정수로 할 것인가? 아니면 실수로 할 것인가?
  만일 실수로 한다면 소수점 몇 자리까지 할 것인가를 지정하는 것이 정밀도입니다.
- 정밀도는 설계 오류가 일어나면, 정밀도가 오류를 수정하는 기준이자 열쇠 역할을 합니다.
- 정밀도를 필요 이상으로 높게 지정하면, 큰 문제가 발생합니다.
  만일 부품을 외주 업체에 가공을 의뢰한다면, 외주 가공비가 최소한 5배 이상 증가하기 때문에 설계자는 항상 정밀도에 유의해야 합니다.
- 보통 표면 다듬질에서 정수 혹은 1/10(소수점 한자리)의 정밀도는 수작업(줄, 샌드 페이퍼 - 사포)으로 가공이 가능하지만, 다듬질이 1/100(소수점 두자리) 이하의 정밀도는 정밀 연마기로 연마해야 하고, 고급 정밀 측정기로 측정해야만 정밀도를 만족하는 부품을 가공할 수 있기 때문입니다.
- 정밀도는 한 나라의 기술 수준(기술력)을 측정하는 지표로서 정밀 가공 기계로 유명한 독일, 정밀 시계로 유명한 스위스, 정밀 기계 부품 즉 소재 산업의 강자 일본, 우주 강국 미국, 소련, 중국이 최첨단 정밀 기술력 선진국입니다.

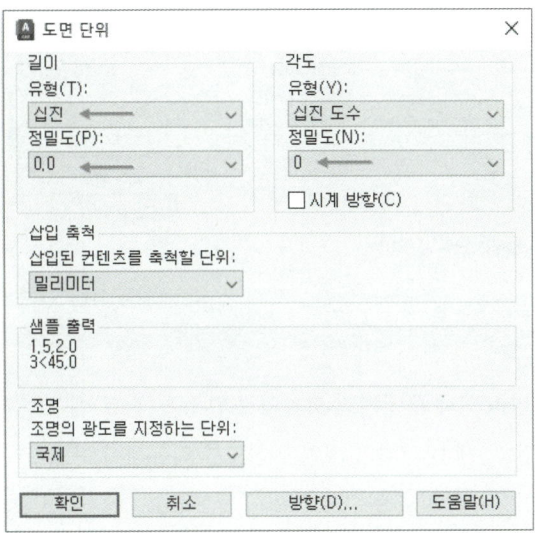

❏ 각도 및 중량 단위

- 도면 작도 시 각도 단위는 도, 분, 초를 이용 가능하지만, 일반 기계 도면은 도 단위만 사용합니다.
- 그리고 20°라고 단위를 붙이고, 중량은 kg으로 표기합니다.

3.2 도면 척도(Drawing scale)

- 대상체를 도면에 나타낸 크기와 대상체 크기와의 비율을 척도(Scale)라고 합니다.
- 도면 용지 크기를 결정하면, 그것을 대상체와의 크기를 비교해서 척도를 결정합니다.
- AutoCAD는 도면을 작도하기 위해 2D 무한 평면을 제공합니다. 따라서 대상체를 설정한 단위에 의해서 실물 크기(Full size) 즉 1:1 축척으로 작도해야 합니다.

  예를 들면, 매우 큰 밀링머신 같은 공작기계에서부터 매우 작은 메모리 칩을 작도하더라도 항상 대상체의 실제 치수 크기로 작도해야 합니다. 이것은 척도(Scale)의 개념을 이해 못 하는 CAD 초보자나 과거 제도판 수작업에 익숙한 설계자는 매우 놀라운 일입니다.

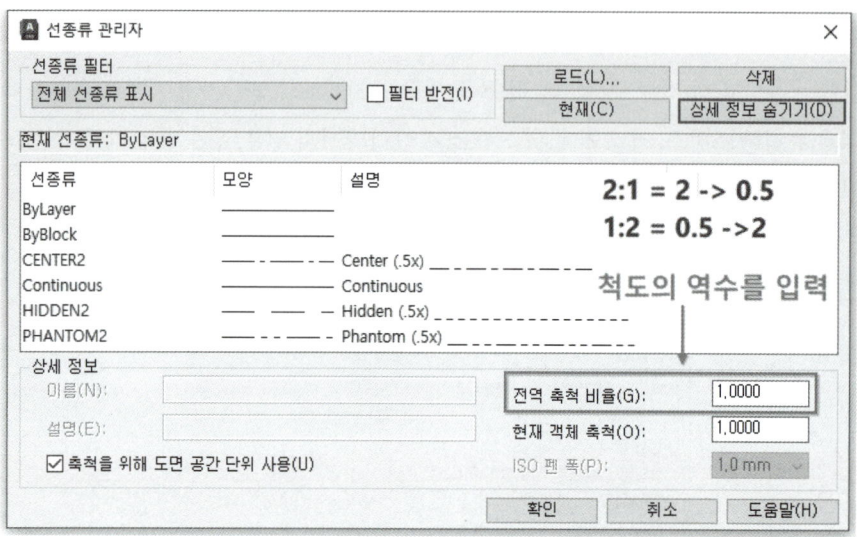

- 수작업 설계에서는 미리 인쇄된 정해진 크기의 도면 용지(시트)에 작도하기 때문에, 최종 도면 즉 A3 혹은 A1 시트(Sheet)에 대상체의 크기에 척도를 적용해서 작도합니다.

  만일 배척이면 실제 길이를 척도 인수로 곱해서 작도하고, 축척이면 실제 길이를 척도 인수로 나누어 작도해야 하는데 이것은 매우 번거롭고, 시간이 많이 소요됩니다.

- 그러나 AutoCAD에서 도면의 척도는 출력 단계에서만 적용하기 때문에, 설계자는 무조건 1:1로 도면을 작도해야 합니다. 그리고 척도는 완성된 도면을 출력(Plot)할 때 적용합니다.

- 만일 AutoCAD 도면 단위가 mm이고, 설계자가 건축 도면을 작도하면서 '도면 단위'를 1cm로 적용한다고 가정합니다.

  만일 거실 문 100도면 단위(100cm), 탁자의 높이 75도면 단위(75cm)로 작도한다면, cm을 기본 단위로 대상체를 작도했기 때문에 플롯을 할 때, 척도를 변경하지 않는다면, 1cm는 도면 단위가 mm이므로 1mm로 보이게 될 것입니다.

- 다른 말로 쉽게 설명하면, 이것은 1cm를 1mm로 작도했기 때문에 1/10의 척도(Scale)로서 1도면 단위(cm 수용)를 1mm로 출력하게 될 것입니다.

  플롯 명령을 이용해서 출력할 때, 10도면 단위(1cm = 10mm)가 도면 용지에 1mm로 출력되도록 즉 1/10(0.1 혹은 1cm = 10mm ➪ 1mm)인 척도를 적용해야 합니다.

  거실 문 100도면 단위는 그래픽 영역에 100cm = 1,000mm 길이로 작도하고, 출력할 때 1/10 축척을 적용해서 도면 용지에 100mm 길이로 인쇄됩니다.

  탁자 높이 75도면 단위는 그래픽 영역에 75cm = 750mm 길이로 작도하고, 출력할 때 1/10 축척을 적용해서 도면 용지에 75mm 길이로 인쇄됩니다.

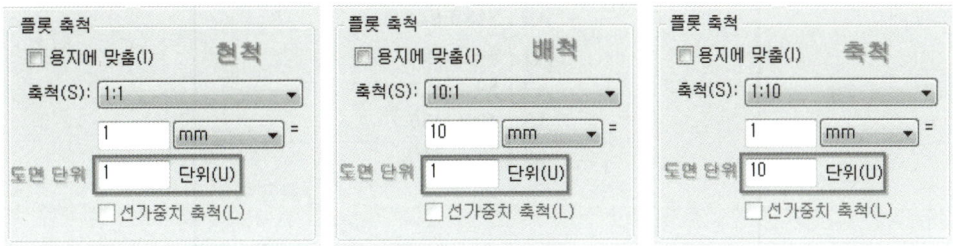

〈플롯 대화상자 축척〉

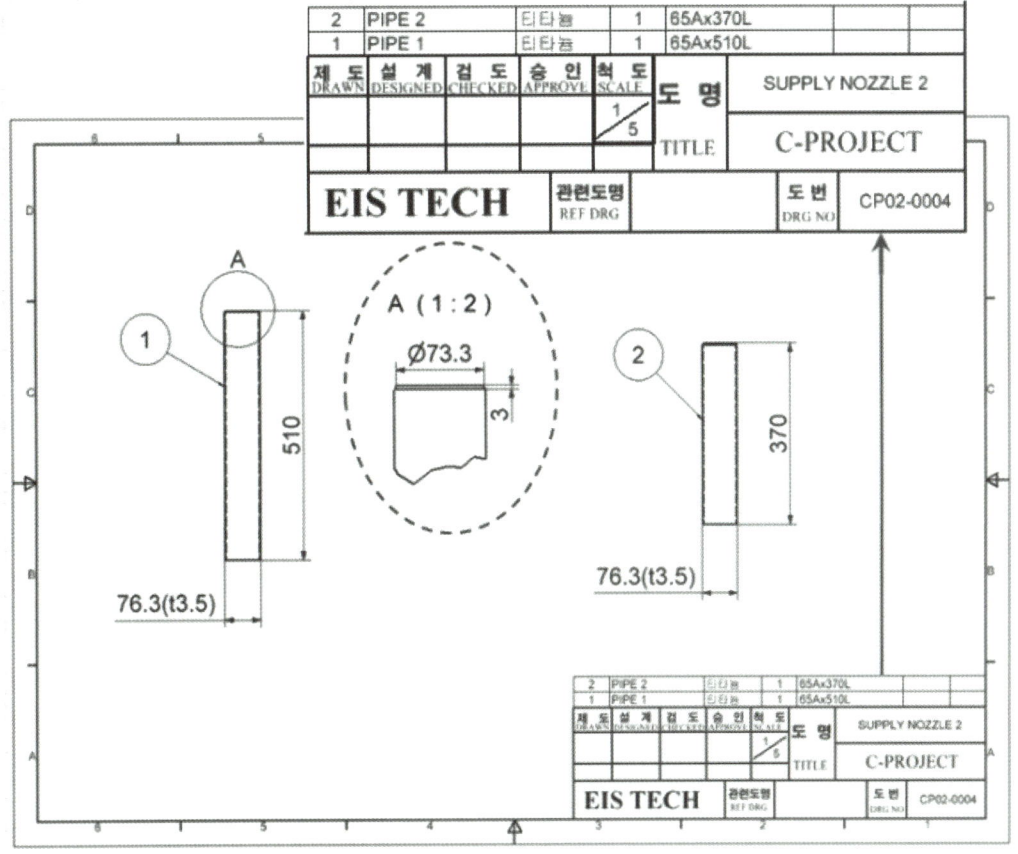

3.3 도면 한계 및 범위(Drawing limits and extents)

도면 단위(Units)를 정의한 후에는 도면 영역에서 도면 한계(작업 공간 = 용지 크기)를 설정하는 것이 중요합니다. 도면 한계는 도면 영역에서 보이지 않는 가상의 직사각형 경계로, 용지의 크기를 정의합니다.

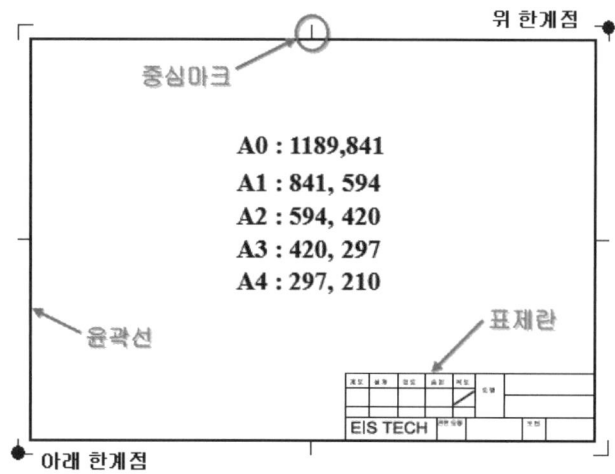

도면 한계를 설정하면, 경계 내에서 그리드 표시를 정의하고, 경계 내에서 도면을 확대 또는 축소하며 도면을 플롯(Plot) 하는 데 도움이 됩니다. 도면의 전체 크기에 따라 도면에 대한 도면 한계를 설정할 수 있습니다.

예를 들어, 대략 10,972.80mm x 8,534.40mm인 건물의 평면 뷰를 그리는 경우 21,945.60mm x 17,068.80cm 정도로 도면 한계를 설정할 수 있습니다. 도면 한계는 전체 도면을 수용하는 작업 영역의 크기이며 추가 공간이 있습니다.

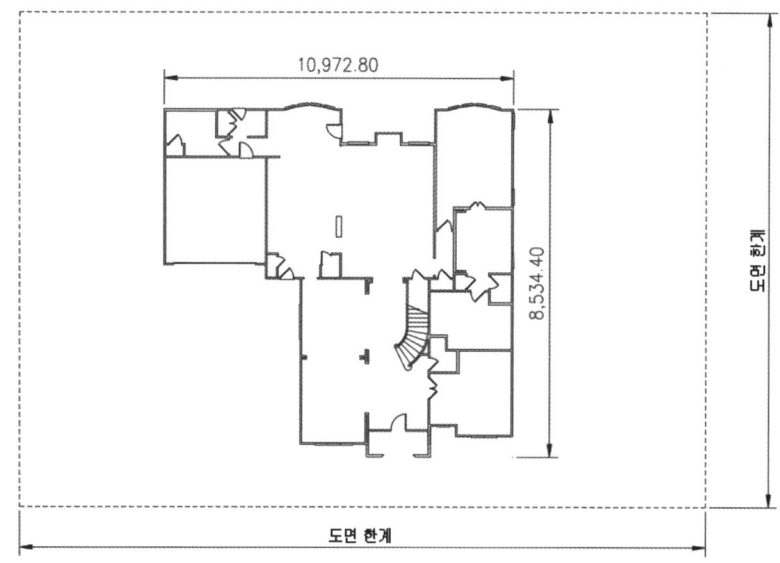

❏ 도면 한계 명령 호출(Access a limits command)

🍋 메뉴:	형식 ➪ 도면 한계
⌨ 명령 입력:	LIMITS 또는 투명 용도의 'LIMITS

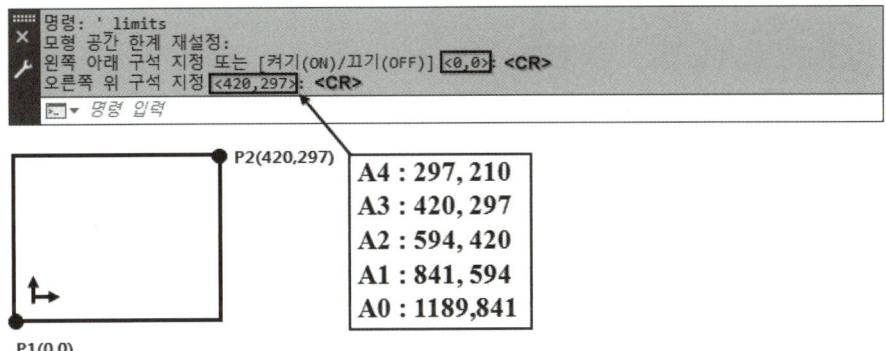

도면의 도면 한계를 정의하려면, 명령행에 Limits를 입력한 다음 엔터키를 누릅니다.

명령: '_limits

모형 공간 한계 재설정:

왼쪽 아래 구석 지정 또는 [켜기(ON)/끄기(OFF)] ⟨0.00,0.00⟩ : 0,0⟨CR⟩

오른쪽 위 구석 지정 ⟨420.00,297.00⟩ : 21945.60, 17068.80⟨CR⟩

> **참고** 도면 한계 내에 그리드 표시
>
> 그리드 표시가 켜져 있으면 그리드가 기본적으로 전체 도면 영역에 나타납니다.
> 도면 한계 내의 그리드를 표시하려면, 명령행에 Griddisplay를 입력하고, 0을 입력합니다.

연습 과제〉 도면 한계 영역 설정 및 활성화(Setting & enabling drawing limits)

1 도면 한계를 설정하고 활성화하기 위해 풀다운 메뉴 [형식] ➪ [도면 한계(Limits)] 명령을 클릭합니다.

```
명령: '_limits
모형 공간 한계 재설정:
왼쪽 아래 구석 지정 또는 [켜기(ON)/끄기(OFF)] <0,0>: <CR>
오른쪽 위 구석 지정 <420,297>: 210,297 <CR>
명령: '_limits
모형 공간 한계 재설정:
왼쪽 아래 구석 지정 또는 [켜기(ON)/끄기(OFF)] <0,0>: ON <CR>
```

- 이제 축척 1:1, A4(210x297) 도면 용지 크기로 도면 한계로 설정했으며, 설정된 도면 한계 영역을 활성화했습니다. 참고로 도면 영역에 도면 용지 경계선(Border line)이 작도되지 않습니다.

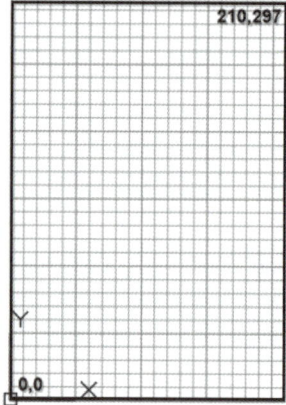

2 도면 한계 외부에 원(Circle) 객체를 작도합니다.

```
명령: circle
원에 대한 중심점 지정 또는 [3점(3P)/2점(2P)/Ttr - 접선 접선 반지름(T)]: -10,0<CR>
**외부 한계
CIRCLE 원에 대한 중심점 지정 또는 [3점(3P) 2점(2P) Ttr - 접선 접선 반지름(T)]:
```

- '** 외부 한계'라는 메시지 프롬프트가 명령 윈도우에 표시되면서 도면 영역에는 원 객체가 작성되지 않습니다. 즉 설정된 도면 한계 영역 외에는 어떠한 객체도 작도하는 것을 AutoCAD는 금지합니다.

❏ 도면 범위(Drawing extents)

- '도면 범위(Drawing extents)'는 도면 영역에 작도된 모든 객체를 포함하는 가상의 가장 작은 사각형 영역입니다.

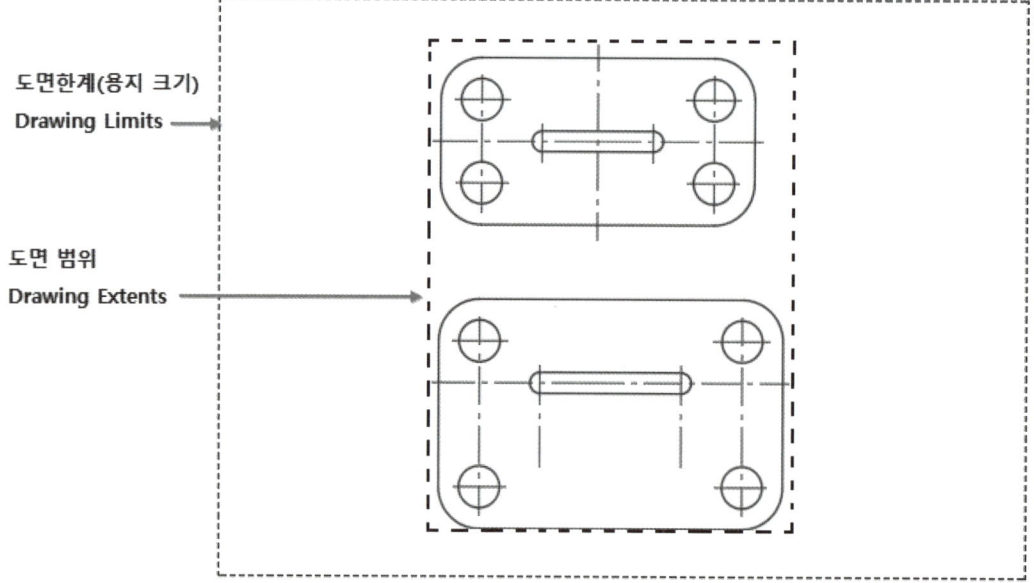

- 도면 한계 및 범위(Drawing limits and extents)는 '줌(Zoom)' 명령과 '플롯(Plot)' 명령의 옵션으로 제공되는 매우 중요한 개념입니다.

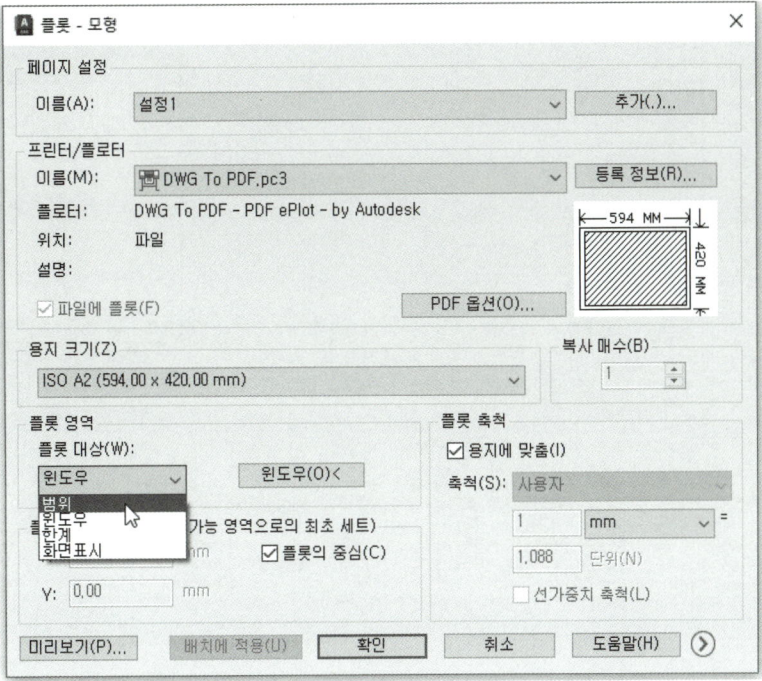

❏ Mvsetup 명령

- 우리가 새 도면 파일에 단위(Units) 유형과 정밀도(Precision)를 설정하고, 도면 축척 비율(Scale) 및 용지 크기를 결정한 후 도면 한계(Limits)를 설정해도 도면 윈도우에는 시각적인 결과가 표시되지 않습니다.
- 따라서 우리는 도면 한계에 직사각형 도면 용지 경계(Border) 및 윤곽선을 그려야 합니다.
- 이러한 작도 작업을 몇 가지 명령(Limits, Pline, Zoom)을 배치(Batch)로 실행하는 숨어있는 Mvsetup 유틸리티 명령을 AutoCAD는 제공합니다.

연습 과제〉 Mvsetup 명령 따라 하기

1 명령행에 mvsetup이라고 입력하고 엔터키를 누릅니다.
모형 공간에서 작업 중인지 또는 명명된 배치(도면 공간)에서 작업 중인지에 따라 표시되는 프롬프트가 다르게 표시됩니다. 모형 공간을 호출하고, 단위 유형을 호출합니다.
2 축척 비율을 입력합니다.
3 용지 폭과 높이를 입력합니다.

```
명령: MVSETUP
초기화 중...
도면 공간을 사용가능하게 합니까? [아니오(N)/예(Y)] <Y>: n <CR>
단위 유형 입력 [공학(S)/십진(D)/엔지니어링(E)/건축(A)/미터법(M)]: m <CR>
미터 축척
=================
    (5000)  1:5000
    (2000)  1:2000
    (1000)  1:1000
    (500)   1:500
    (200)   1:200
    (100)   1:100
    (75)    1:75
    (50)    1:50
    (20)    1:20
    (10)    1:10
    (5)     1:5
    (1)     전체
축척 비율 입력: 1 <CR>
용지 폭 입력: 210 <CR>
용지 높이 입력: 297 <CR>
.LIMITS
모형 공간 한계 재설정:
왼쪽 아래 구석 지정 또는 [켜기(ON)/끄기(OFF)] <0,0>: 0,0
오른쪽 위 구석 지정 <210,297>:
명령: _.PLINE
시작점 지정: 0,0
현재의 선 폭은 0임
다음 점 지정 또는 [호(A)/반폭(H)/길이(L)/명령 취소(U)/폭(W)]:
다음 점 지정 또는 [호(A)/닫기(C)/반폭(H)/길이(L)/명령 취소(U)/폭(W)]:
다음 점 지정 또는 [호(A)/닫기(C)/반폭(H)/길이(L)/명령 취소(U)/폭(W)]:
다음 점 지정 또는 [호(A)/닫기(C)/반폭(H)/길이(L)/명령 취소(U)/폭(W)]: 0,0
다음 점 지정 또는 [호(A)/닫기(C)/반폭(H)/길이(L)/명령 취소(U)/폭(W)]: _C
명령: _.ZOOM
윈도우 구석 지정, 축척 비율(nX 또는 nXP) 입력 또는
[전체(A)/중심(C)/동적(D)/범위(E)/이전(P)/축척(S)/윈도우(W)/객체(O)] <실시간>: _a
```

위의 오른쪽 그림처럼 A4(210x297) 용지 시트, 축척 1:1의 도면 한계를 경계로 작성합니다.

연습 과제〉 축척을 적용한 도면 한계 설정

- 척도(Scale)를 적용하는 도면 시트의 크기는 다음과 같이 계산됩니다.

$$\text{도면 단위(Drawing)} = \text{Scale의 역수} \times \text{Sheet Size}$$

❏ **척도가 1:1000이고, A1(841x594) 도면 시트에 mm로 도면 한계 설정**

- 1:100 = 1/100 = 100(척도의 역수)
- 가로 길이: 100(척도의 역수) x 841mm = 84,100mm
- 세로 길이: 100(척도의 역수) x 594mm = 59,400mm

```
명령: LIMITS
모형 공간 한계 재설정:
왼쪽 아래 구석 지정 또는 [켜기(ON)/끄기(OFF)] <0,0>: <CR>
오른쪽 위 구석 지정 <210,297>: 84100,59400 <CR>
명령: LIMITS
모형 공간 한계 재설정:
왼쪽 아래 구석 지정 또는 [켜기(ON)/끄기(OFF)] <0,0>: on <CR>
명령: ZOOM
윈도우 구석 지정, 축척 비율(nX 또는 nXP) 입력 또는
[전체(A)/중심(C)/동적(D)/범위(E)/이전(P)/축척(S)/윈도우(W)/객체(O)] <실시간>: a <CR>
모형 재생성 중.
```

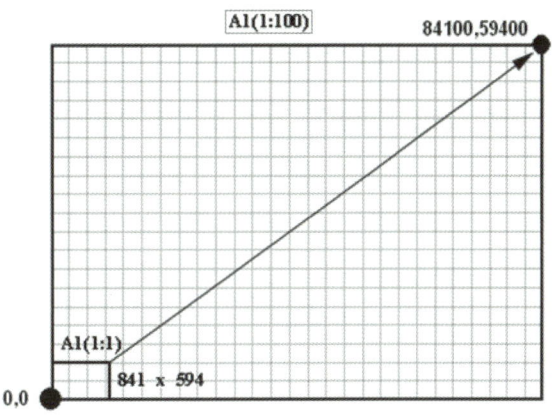

실제로는 위의 그림에 있는 표시된 그리드(모눈) 및 한계를 제한하는 보이지 않는 직사각형 도면 용지 경계선(Border line)은 도면 영역에 표시되지 않습니다.

❏ 배척이 2:1이고, A3(420x297) 도면 시트에 도면 한계 설정

- 2:1 = 2 = 1/2 = 0.5(척도의 역수)
- 가로 길이: 0.5(축척의 역수) x 420(A3 폭) = 210
- 세로 길이: 0.5(축척의 역수) x 297(A3 높이) = 148.5

```
명령: '_units
명령: LIMITS
모형 공간 한계 재설정:
왼쪽 아래 구석 지정 또는 [켜기(ON)/끄기(OFF)] <0.0,0.0>: <CR>
오른쪽 위 구석 지정 <84100.0,59400.0>: 210,148.5 <CR>
명령: LIMITS <CR>
모형 공간 한계 재설정:
왼쪽 아래 구석 지정 또는 [켜기(ON)/끄기(OFF)] <0.0,0.0>: on <CR>
명령: <그리드 켜기>
명령: Z <CR> ZOOM
윈도우 구석 지정, 축척 비율(nX 또는 nXP) 입력 또는
[전체(A)/중심(C)/동적(D)/범위(E)/이전(P)/축척(S)/윈도우(W)/객체(O)] <실시간>: a
```

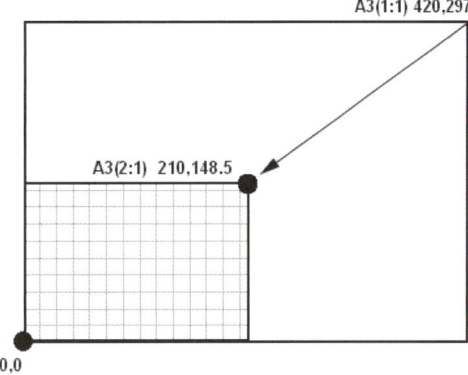

실제로는 위의 그림에 있는 표시된 그리드(모눈) 및 한계를 제한하는 보이지 않는 직사각형 도면 용지 경계선(Border line)은 도면 영역에 표시되지 않습니다.

3.4 도면 양식에 요소 추가하기
(To add an element to a drawing form)

- 도면 한계(도면 용지 크기)가 설정되면, 제도 규정에 따라 윤곽선을 추가해야 합니다.
- 윤곽선을 기준으로 중심 마크(Center mark)도 추가해야 합니다.
- 마지막으로 표제란을 추가해야 하지만 각법에 따른 대상체의 '뷰(View)'들을 추가하고, 형상을 도시하고, 치수, 주석 및 기호들을 작업하는 것이 더 중요하기 때문에 표제란은 나중에 도면 용지 오른쪽 아래의 모서리 빈 여백에 도면 용지 크기와 도시된 전체 형상과 어울리도록 추가해야 합니다.

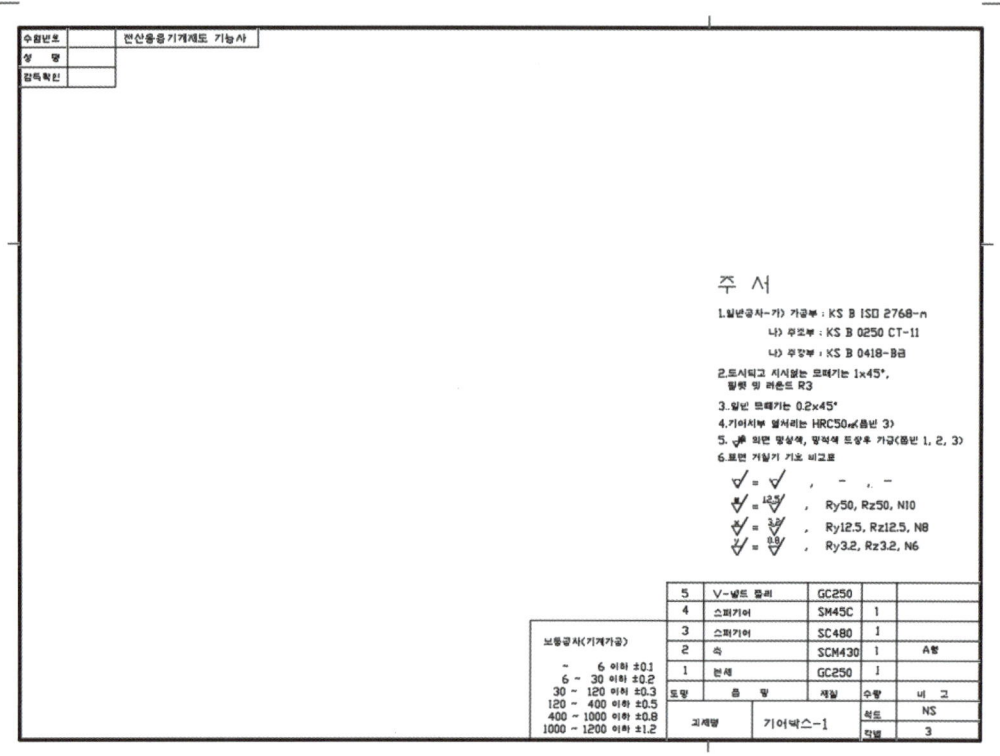

- 참고로 제도 규정에는 표제란에 대한 정확한 규정이 설명되어 있지 않습니다.
- 표제란의 추가와 더불어 자재 리스트(BOM)도 추가해야 합니다. 간혹 대규모 설계 프로젝트에서는 자재 리스트를 별도의 Microsoft 엑셀 시트에 작성하기도 합니다.
- 도면 작도가 완료되면, 시험 출력(Plot)을 해서 검도를 해야 합니다.
- 검도가 완료되면, [응용프로그램 메뉴] ⇨ [도면 유틸리티] ⇨ [소거(Purge)] 명령을 호출해서 도면 파일을 Clean-up 한 후 저장 매체에 영구 백업을 해서 저장 및 보관해야 합니다.

실습과제 12〉 다음 도면 용지(A2, A4)를 작도합니다.

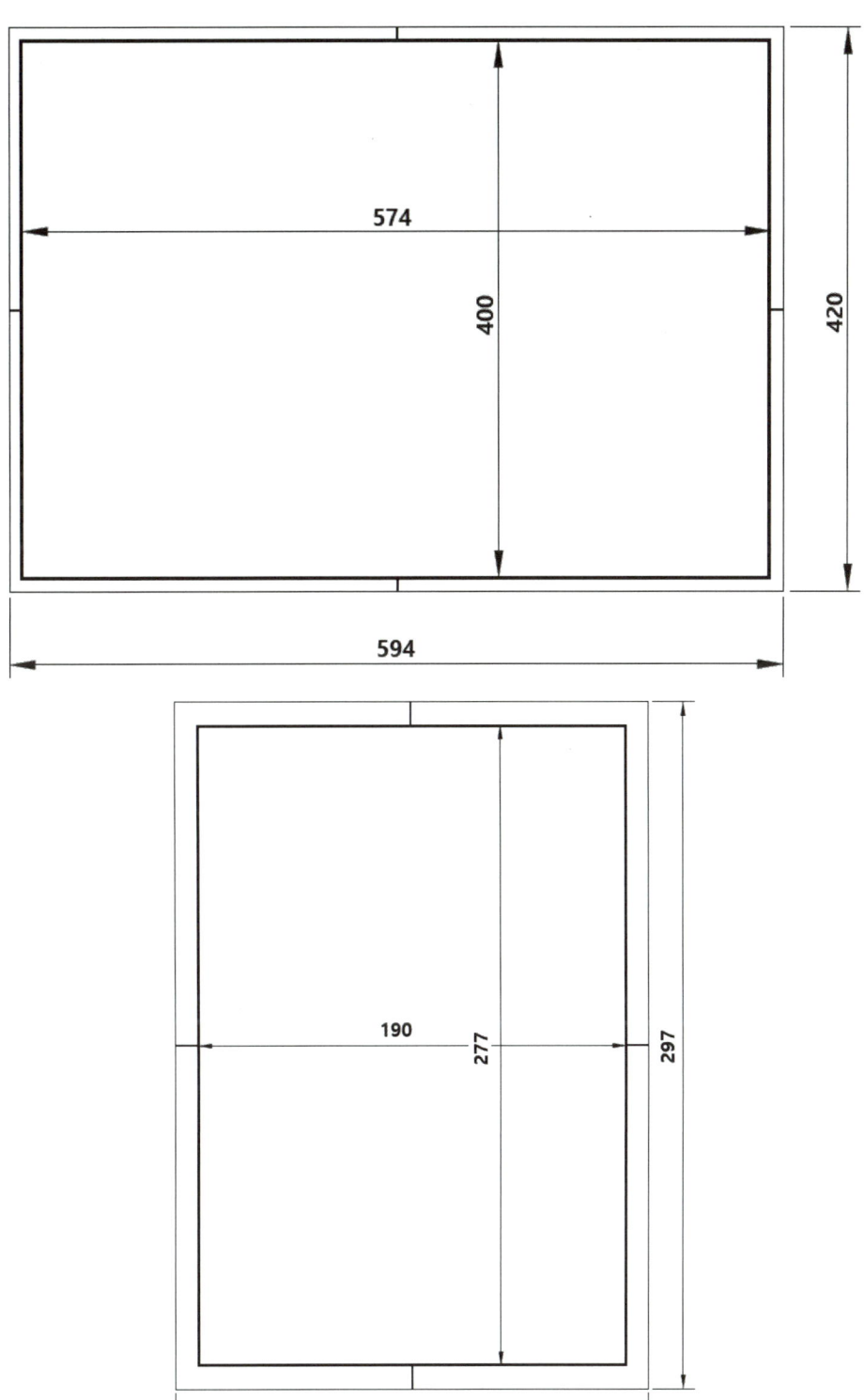

■ 학습 목표

① 객체 스냅(OSNAP)이 무엇인지 왜 사용해야 하는지를 이해할 수 있습니다.
② 극좌표 추적(Polar Tracking) 및 극좌표 스냅(PolarSnap) 모드를 효율적이고 효과적으로 사용합니다.
③ 객체 스냅 추적(Object Snap Tracking)을 사용하여 형상을 배치합니다.
④ 선택 세트(Selection Set)의 개념을 이해하고 선택 옵션을 이용합니다.
⑤ Grip을 이용해서 객체를 수정합니다.
⑥ 동적 입력(Dynamic input)에 의한 새로운 작도 인터페이스를 이용할 수 있습니다.

CHAPTER 4

그리기 및 수정 보조 도구
(Drawing & modification aids)

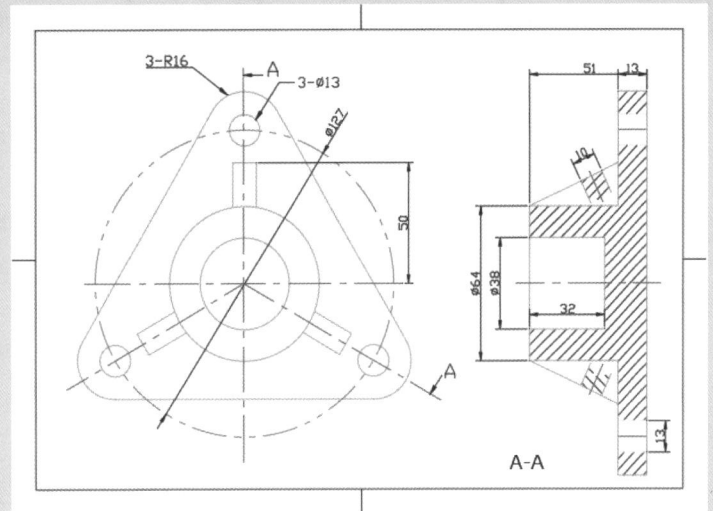

01 그리기 보조 도구 (Drawing aids)

1.1 객체 스냅(Object snaps)

1) 객체 스냅(OSNAP)은?

'객체 스냅(OSNAP)'은 AutoCAD 2D/3D 도면 영역에서 객체의 스냅 점(Snap)을 더 쉽고, 정확하게 선택할 수 있도록 도와주는 그리기 핵심 도구로서 도면 데이터베이스에 저장된 객체의 노드 점(Node point)을 정확하게 지정하는 도구입니다. 우리는 모든 도면 및 대부분의 도형 편집 작업에서 필수적으로 '객체 스냅(OSNAP)'을 사용해야 합니다. '객체 스냅(OSNAP)'을 사용하면, 모든 도면 객체의 정확성을 보장할 수 있습니다. 다음 그림은 '객체 스냅(OSNAP)'의 도면 영역에서 작동 예입니다.

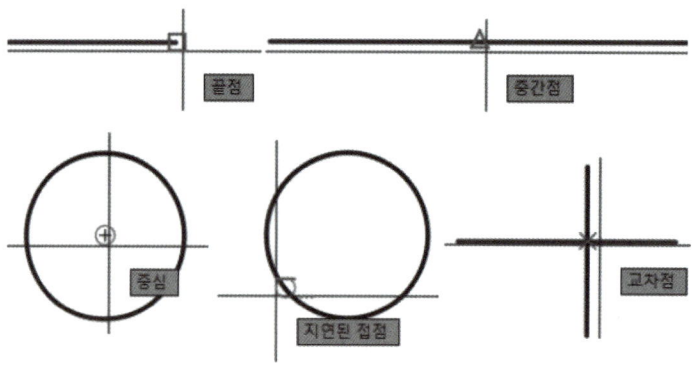

다음 왼쪽 그림은 '객체 스냅(OSNAP)'을 사용하여 출입문을 정확하게 배치한 위치를 보여 주고, 오른쪽 그림은 '객체 스냅(OSNAP)'을 사용하지 않을 때 어긋난 출입문 배치의 모양을 보여 줍니다.

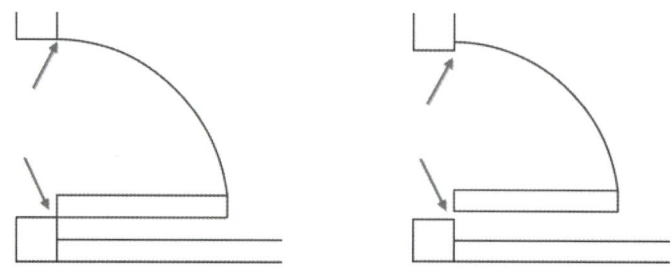

❏ 객체 스냅(OSNAP) 활성화

AutoCAD에서 다양한 방법들을 사용하여 '객체 스냅(OSNAP)'을 호출할 수 있습니다. 활성 중인 '객체 스냅(OSNAP)'은 보통 설정된 이후에 언제든지 켜고(ON), 끌(OFF) 수 있습니다. 그러나 '객체 스냅(OSNAP) 재정의(Override)'는 설정한 '객체 스냅(OSNAP)'을 한 번만 이용할 수 있습니다.

① '객체 스냅(OSNAP)' 버튼이 활성(ON)일 때 설정된 이용 가능한 객체 스냅을 참조합니다.
② '객체 스냅(OSNAP) 재정의(Override)'는 도구 막대, 단축 메뉴 또는 명령행을 통해 수동으로 선택하는 객체 스냅을 참조합니다. 객체 스냅은 사용자가 다음 점을 지정할 때까지 유효합니다.
③ '객체 스냅(OSNAP)'을 실행하는 또 다른 기능은 여러 객체 스냅을 동시에 켤 수 있다는 것입니다.

도면 작업에서 '객체 스냅(OSNAP)'을 활성화하려면, 다음 그림처럼 도면 영역 아래에 있는 상태 막대에서 [객체 스냅(OSNAP)] 토글(Toggle) 도구를 클릭합니다.

〈상태 막대 - 객체 스냅 도구〉

실행 중인 '객체 스냅(OSNAP)'을 켜거나 끄는 가장 빠른 방법은 상태 막대의 도구를 마우스 오른쪽 버튼으로 클릭해서 [객체 스냅 설정]을 클릭해서 '제도 설정' 대화상자에서 객체 스냅 옵션들을 설정할 수 있습니다. 또한 단축 메뉴에서 스냅 모드를 선택할 수도 있습니다. 선택한 객체 스냅 모드가 강조 표시됩니다. 다음 그림처럼 상태 막대에서 '객체 스냅(OSNAP)' 도구 오른쪽에 있는 작은 역삼각형을 클릭하면, '객체 스냅 점 설정' 옵션과 체크 목록(Check list)이 표시됩니다.

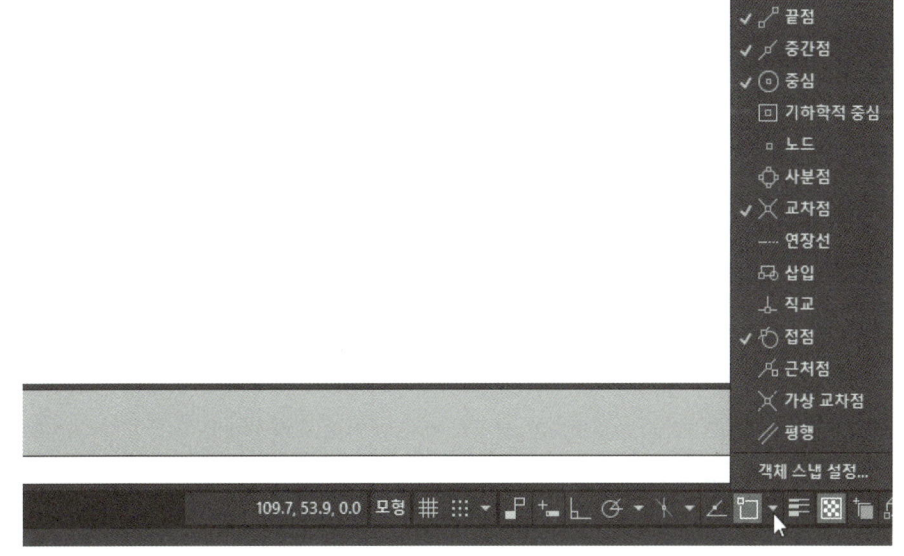

위의 그림에서 [객체 스냅 설정] 옵션을 클릭하면, '제도 설정' 대화상자가 나타납니다. 대화상자 '객체 스냅 모드' 영역에서 원하는 '객체 스냅(OSNAP)' 점들을 필요한 만큼 하나씩 켜거나 끌 수 있습니다. 모든 객체 스냅 모드를 켜지 않습니다. 원하는 객체 스냅(예: 끝점, 중간점 및 교차점)을 선택한 후 필요할 때마다 다른 객체 스냅을 추가하거나 '객체 스냅 재정의'를 사용하는 것이 좋습니다. AutoCAD에서 점을 지정하라는 프롬프트가 나타날 때마다 '객체 스냅(OSNAP)'을 이용할 수 있습니다.

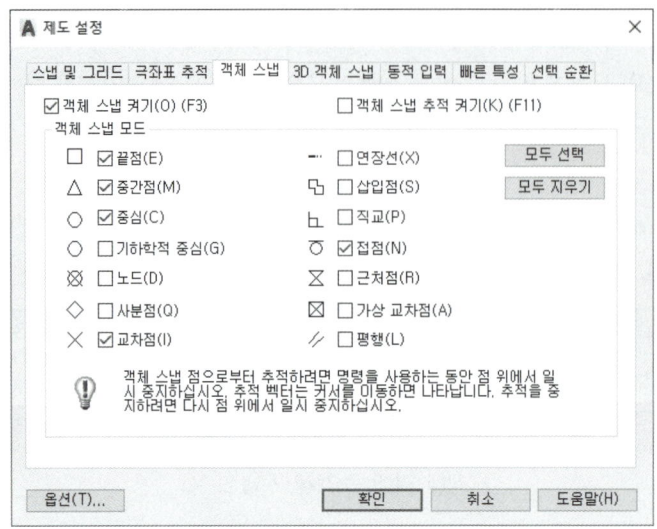

각 객체 스냅 앞에 'AutoSnap 표식'이라고 하는 아이콘이 있습니다. AutoSnap이 켜져 있으면, 커서를 객체 스냅 점 위로 접근할 때마다 이 AutoSnap 표식이 나타납니다. Tab 키를 눌러 사용할 수 있는 스냅 점을 순환합니다.

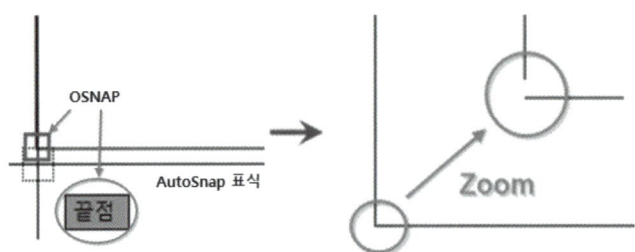

❏ 객체 스냅 중요 지침(Object snap key points)

① 객체 스냅(OSNAP)을 사용하여 도면의 다른 객체와 관련하여 객체를 배치하는 것은 정확성이 매우 중요합니다.
② 모든 객체에는 객체 스냅(OSNAP)으로 선택할 수 있는 점이 하나 이상 포함되어 있습니다.
③ 객체 스냅(OSNAP) 모드를 효율적으로 설정하여 도면 작업의 생산성을 향상할 수 있도록 활용하는 것이 매우 중요합니다.
④ 모든 객체 스냅 점들을 선택(Check)한다면, 컴퓨터 CPU에 과도한 부하가 걸려 AutoCAD의 실행 속도가 뚝 떨어져 설계 작업이 거의 불가능하게 됩니다.

2) 객체 스냅 재정의(OSNAP override)

'객체 스냅(OSNAP)' 도구가 켜져 있는 동안 '제도 설정' 대화상자에 체크된 모든 '객체 스냅(OSNAP) 모드'가 작동하지만, 그 외 다른 객체 스냅(OSNAP) 모드는 작동하지 않습니다. 일시적으로 모든 체크를 끄고, 단일 객체 스냅(OSNAP) 모드를 사용한 후 모든 체크를 활성으로 설정한다고 가정합니다. 이것을 '객체 스냅 재정의(OSNAP override)'라고 합니다. '객체 스냅 재정의(OSNAP override)'를 활성화하는 세 가지 방법은 다음과 같습니다.

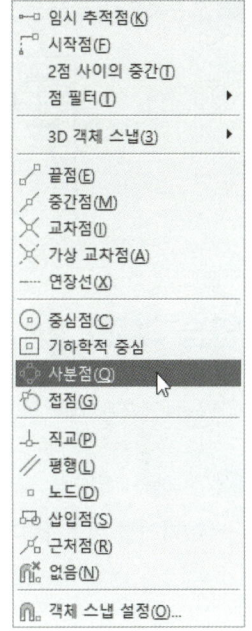

① 객체 스냅 재정의는 다음 점을 지정할 때까지 스냅이 유효함을 의미합니다. 설정 안 된 스냅 점을 선택하기 전에 키보드를 사용하여 원하는 객체 스냅(OSNAP)의 처음 영문 세 글자를 입력합니다.

- END, MID, CEN, NOD, QUA, INT, EXT, INS, PER, TAN, NEA, APP, PAR

② 설정 안 된 스냅 점을 도면 영역에 Shift 키를 누르고 마우스 오른쪽 버튼을 클릭하면, 다음 그림의 객체 스냅 단축 메뉴를 호출합니다. 단축 메뉴에서 원하는 객체 스냅 모드를 클릭합니다.

③ 설정 안 된 스냅 점을 '객체 스냅 도구 막대'에서 클릭하면 스냅 재정의 모드가 됩니다.

연습 과제〉 객체 스냅 이용하기(Using OSNAP)

다음 연습은 실행 중인 객체 스냅 이용에 대한 개요입니다.

1 상태 막대에서 [객체 스냅(OSNAP)] 도구 아이콘을 마우스 오른쪽 버튼으로 클릭한 후 '객체 스냅 설정'을 클릭합니다.

2 '제도 설정' 대화상자에서 필요한 객체 스냅들을 체크하고, '객체 스냅 켜기(F3)' 옵션을 체크한 후 [확인] 버튼을 클릭합니다.

3 '선(Line)' 명령을 호출합니다. 다음 그림처럼 도면 영역의 오른쪽 위 볼트 형상으로 커서를 가져갑니다. 커서가 스냅 점에 접근함에 따라 '끝점'이 표시됩니다.

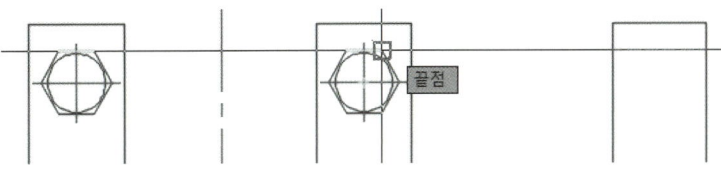

4 '끝점'을 클릭하여 스냅 점을 선택한 다음 오른쪽으로 커서를 드래그합니다.

'직교' 객체 스냅을 활성화하지 않았기 때문에 오른쪽 사각형 객체의 '끝점' 스냅이 표시됩니다.

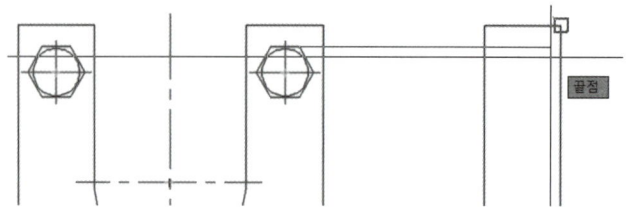

5 오른쪽으로 커서를 드래그해서 빈 곳을 클릭해서 수평선을 작도합니다.

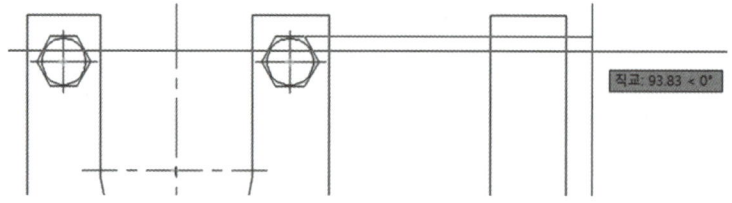

연습 과제〉 객체 스냅 재정의 이용하기(Using OSNAP override)

다음 연습은 객체 스냅 재정의를 사용하는 방법에 대한 개요입니다.

1 '선(Line)' 명령을 호출하고, 기존 원의 중심점으로 커서를 이동하면서 접근합니다.
'중심점' 스냅 점을 클릭합니다.

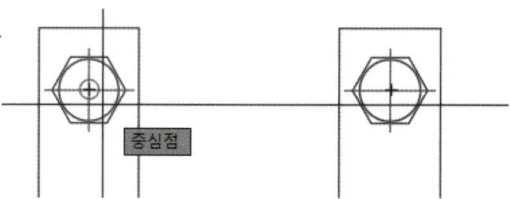

2 Shift 키를 누른 상태에서 도면 영역 빈 곳에 마우스 오른쪽 버튼을 클릭해서 다음 왼쪽 그림과 같이 '객체 스냅' 단축 메뉴에서 '직교'를 클릭합니다.

3 다음 오른쪽 그림처럼 오른쪽 기존 수직선으로 커서를 이동 접근하면서 '직교' 객체 스냅 표식이 표시되면 클릭합니다.

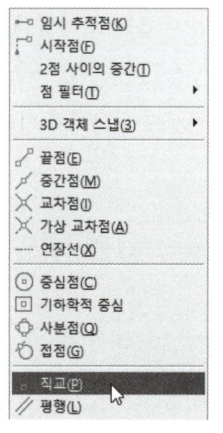
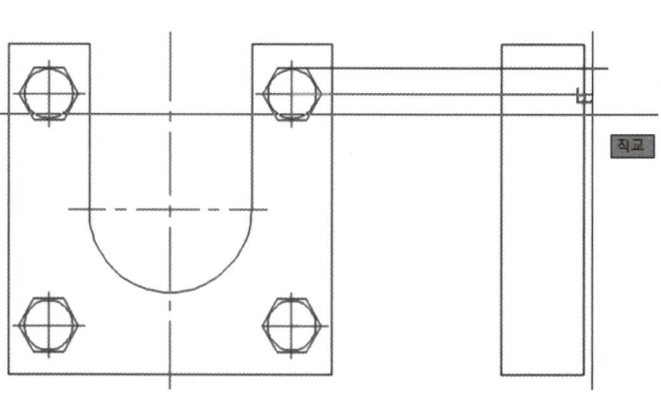

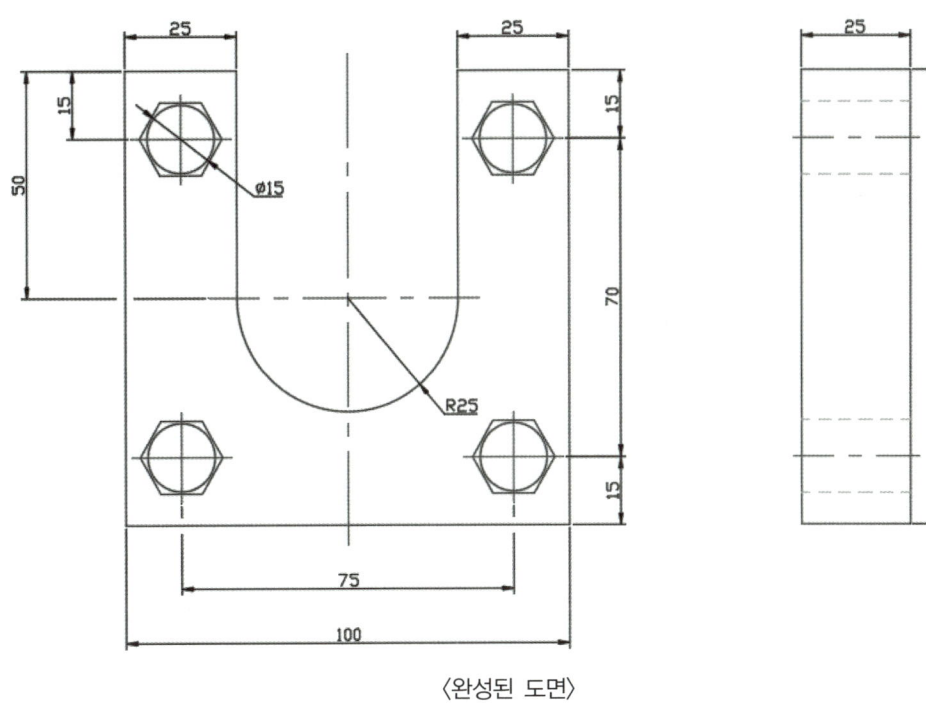

〈완성된 도면〉

1.2 객체 스냅 추적(Object snap tracking)

1) 객체 스냅 추적의 개요(OTRACK overview)

도면의 다른 객체와 상대적인 위치에 형상을 배치하거나 만들어야 하는 경우가 많습니다. 새 형상을 정렬하기 위해 구조적인 형상을 만들 수 있지만 '객체 스냅 추적(OTRACK)'을 사용하면 같은 결과를 훨씬 더 빨리 달성할 수 있습니다.

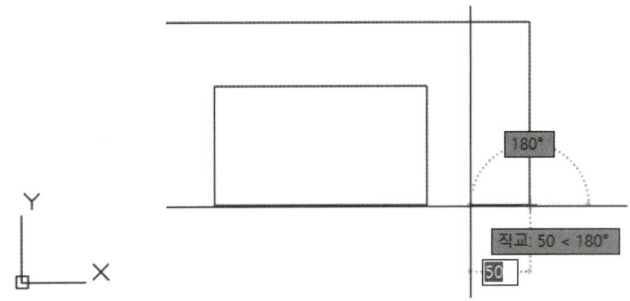

'객체 스냅 추적(OTRACK)'은 '객체 스냅(OSNAP)'과 함께 작동하여 최대 7개의 포인트를 일시적으로 획득하고 추적할 수 있습니다. 점을 획득하면, '객체 스냅 추적(OTRACK)'은 획득한 점을 기준으로 한 수평, 수직 또는 극좌표 정렬 경로를 제공합니다.

다음 그림에서는 객체 스냅 추적을 사용하여 작은 사각형을 큰 사각형 중앙으로 이동하고 있습니다. 작은 사각형을 큰 사각형의 중앙에 배치하기 위해 왼쪽 수직선의 중간점(1)과 아래 수평의 중간점(2)을 획득했습니다. 중간점의 삼각형 표식은 점이 획득되었음을 나타냅니다. 작은 사각형이 가상 교차점 근처에 배치되면 교차점을 나타내는 선형 경로(3)가 나타납니다. '동적 입력' 인터페이스는 현재 위치를 왼쪽 중간점에서 0도, 아래쪽 중간점에서 90도로 표시합니다.

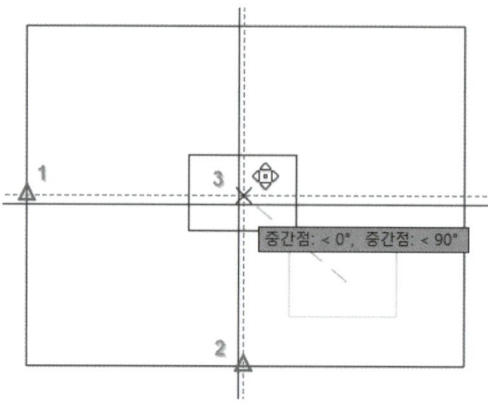

직사각형이나 다각형과 같은 비원형 객체의 중심을 알아야 하는 경우 '객체 스냅 추적(OTRACK)'을 사용하여 중앙점을 찾을 수 있습니다.

2) 객체 스냅 추적 이용하기(Using object snap tracking)

'객체 스냅 추적(OTRACK)'을 활성화하려면, 다음 그림처럼 상태 막대(상태 표시줄)에서 [객체 스냅 추적(OTRACK)] 도구를 클릭합니다.

'객체 스냅 추적(OTRACK)' 도구를 이용하는 프로세스는 다음과 같습니다.

① '객체 스냅 추적(OTRACK)'을 사용하면, 마우스 커서를 원하는 지점으로 이동하여 몇 초간 정지한 다음(클릭하지 않음) 오른쪽 또는 왼쪽(다음 지점에 따라 위 및 아래)으로 이동하면 양방향으로 무한 점선이 표시됩니다(이 선은 이동에 따라 수평 또는 수직이 됩니다).

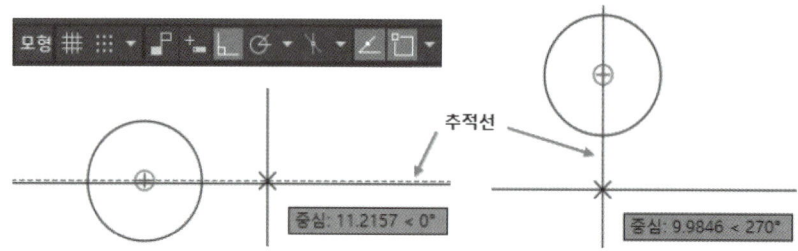

② 단일 점을 사용하여 원하는 점을 지정하려면, 필요한 방향으로 이동하고, 원하는 거리를 입력한 다음 엔터키를 누릅니다(동적 입력 활성화).

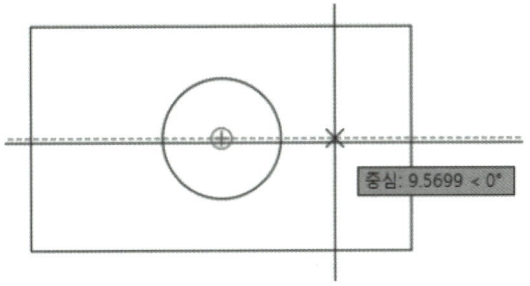

③ 두 개의 포인트가 필요한 경우 다음 포인트로 이동하여 몇 초간 머무른 후 원하는 방향으로 이동합니다. 또 다른 무한 점선(추적선)이 나타납니다. 두 추적선의 교차점으로 가면 그것이 우리가 필요한 요점이 될 것입니다.

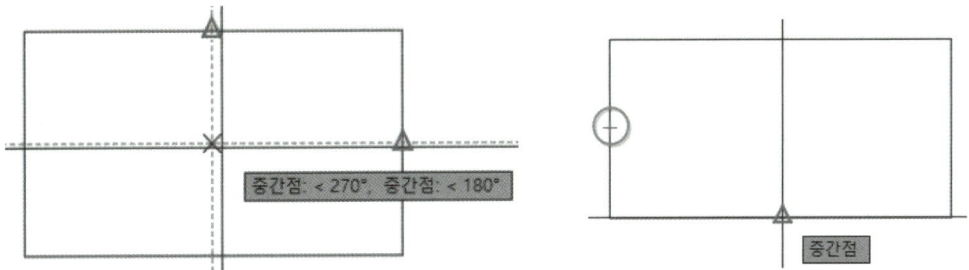

'객체 스냅 추적(OTRACK)'을 사용하려면, 실행 중인 객체 스냅을 사용하여 도면의 형상에서 점을 획득합니다. 기존 형상에서 점을 획득하면, 위의 오른쪽 그림처럼 점에 작은 더하기(+) 기호가 나타납니다. 이 점은 '객체 스냅 추적(OTRACK)'에 사용되고 있음을 나타냅니다. 이러한 작업 프로세스는 여러분이 '객체 스냅 추적(OTRACK)'을 사용하여 점을 지정하기 위해 현재의 극성 각도(증분 각도 및 추가 각도)를 사용할 수 있다는 것을 의미합니다.

상태 막대 혹은 '제도 설정' 대화상자의 '객체 스냅' 탭에서 또는 F11 기능 키를 눌러 '객체 스냅 추적(OTRACK)'을 설정합니다.

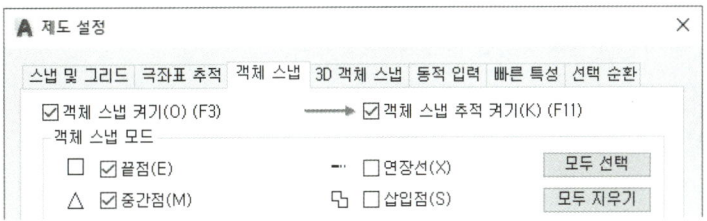

'객체 스냅 추적(OTRACK)'이 작동하려면, '객체 스냅'이 켜져 있어야 하며 다음 대화상자에서 모드를 선택해야 합니다. '극좌표 추적' 탭에서 '직교로만 추적'할지(간단한 방법) '전체 극좌표 각도 설정을 사용하여 추적'할지 선택할 수 있습니다.

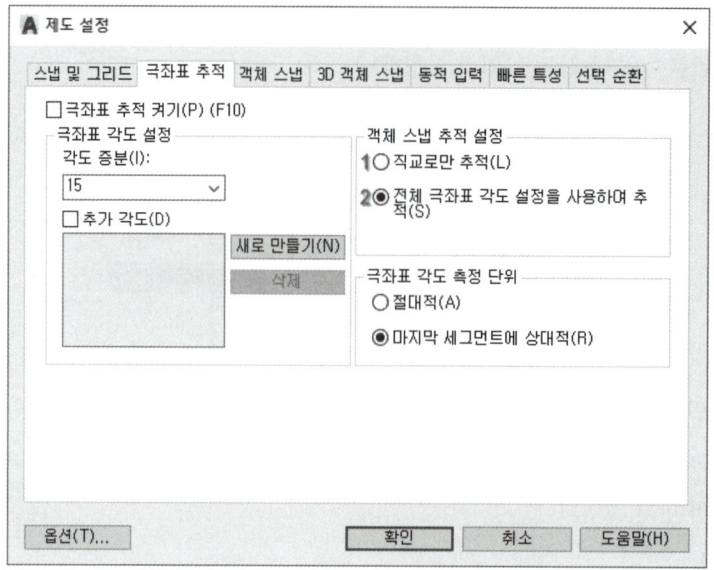

① 직교로만 추적 : 선형 경로는 수평 및 수직 선형에 대해서만 나타납니다.
② 전체 극좌표 각도 설정을 사용하여 추적 : 정의된 모든 극좌표에 대해 선형 경로가 나타납니다.

> **TIP** 객체 스냅 추적 제어(OTRACK control)
>
> Shift+Q를 길게 눌러 객체 스냅 추적을 일시적으로 켜거나 끕니다.

❏ 객체 스냅 추적의 지침(Object snap tracking guidelines)

① '객체 스냅 추적(OTRACK)'을 사용하여 구조적인 보조 형상을 작성할 필요가 없습니다.
② '객체 스냅 추적(OTRACK)'을 사용하여 비원형 객체의 중앙점을 계산할 수 있습니다.
  예를 들면 직사각형이나 다각형과 같은 비원형 객체의 중심을 알아야 하는 경우 '객체 스냅 추적(OTRACK)'을 사용하여 중앙점을 찾을 수 있습니다.
③ '동적 입력(Dynamic input)'과 함께 '객체 스냅 추적(OTRACK)'을 사용하면, '동적 입력' 인터페이스에 획득한 점과 관련된 위치 정보가 표시됩니다.

❏ 객체 스냅 추적으로 점을 획득하기 위한 지침(Guidelines for acquiring points with object snap tracking)

① 점을 획득하기 위해 커서를 점으로 이동해서 터치합니다.
② 획득된 점을 릴리스하기 위해, 커서로 획득된 점을 터치합니다.
③ 우리는 객체 스냅 추적을 위해 7개 점까지 획득할 수 있습니다.

④ 7개 이상의 점(Point) 획득을 시도하면, 이전 포인트는 처음 획득된 첫 번째 릴리스 기준으로, 자동으로 릴리스 됩니다.

❑ 객체 스냅 추적 설정 중요 요점(Object snap tracking settings key points)

① '객체 스냅 추적(OTRACK)'은 실행 중인 객체 스냅을 사용하여 점을 획득합니다.
② '객체 스냅 추적'을 사용하려면, 객체 스냅을 하나 이상 선택한 상태에서 객체 스냅을 켜야 합니다.
③ 객체 스냅 지점 위로 마우스를 가져가지만 선택하지는 않습니다.

연습 과제〉 객체 스냅 추적 이용하기(Using OTRACK)

다음 그림처럼 임의의 길이를 가진 두 선(선1, 선2)의 중간점(P1, P2)에서 수직선과 수평선이 교차하는 점(P3)을 찾아내고자 할 때 '객체 스냅 추적(OTRACK)' 기능을 이용합니다.

상태 막대에서 [객체 스냅] 및 [객체 스냅 추적] 도구를 클릭해서 활성화합니다.

1 '선(Line)' 명령을 호출하고, 커서를 이동해서 중간점(P1)을 스냅 합니다.
2 계속해서 커서를 이동해서 중간점(P2)을 스냅 합니다.
3 계속해서 커서를 이동해서 교차점(P3) 부근으로 접근하면, 다음 오른쪽 그림처럼 수직, 수평 추적선(점선)이 표시되면 클릭합니다.

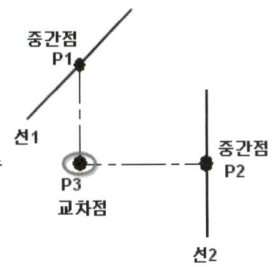

연습 과제〉 객체 스냅 추적 이용하기(Using OTRACK)

다음 연습 과제에서는 객체 스냅 추적을 사용하여 점을 획득하는 방법을 개략적으로 설명합니다.

1 상태 막대에서 [객체 스냅] 및 [객체 스냅 추적] 도구를 클릭해서 활성화합니다.

2 '선(Line)' 혹은 '폴리선(Pline)' 명령을 호출해서 다음 치수를 참고하여 도형을 작도합니다.

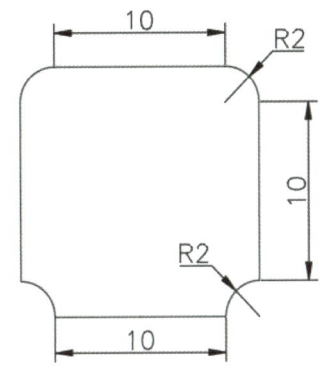

3 아래 그림과 같이 두 원을 작성합니다(반지름 = 1.0).

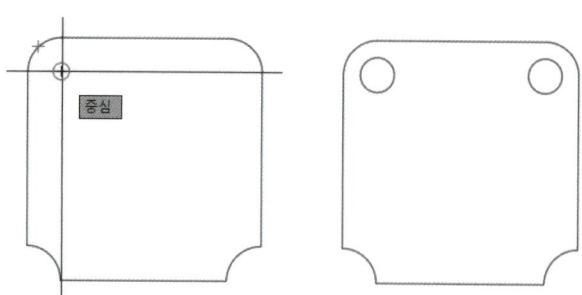

4 '객체 스냅(OSNAP)' 및 '객체 스냅 추적(OTRACK)'을 사용하여 도형의 중심에 원을 그립니다.
(반지름 = 2.0).

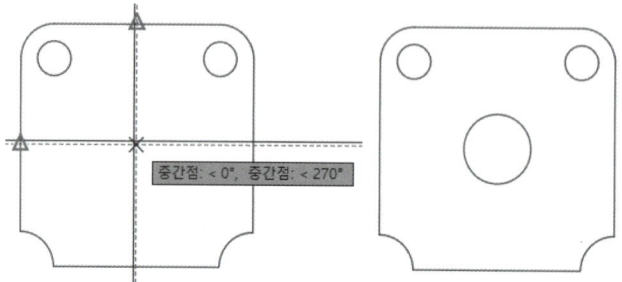

5 '객체 스냅(OSNAP)' 및 '객체 스냅 추적(OTRACK)'을 사용하여 다음 그림과 같이 두 원을 그립니다.
(반지름 = 0.5).

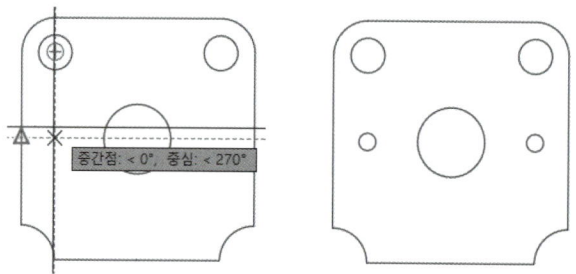

6 '제도 설정' 대화상자 '극좌표 추적(Polar tracking)' 탭에서 증분 각도를 45로 변경합니다. [추가 각도] 옵션을 체크하고, [새로 만들기] 버튼을 클릭한 후 225, 315를 입력합니다.

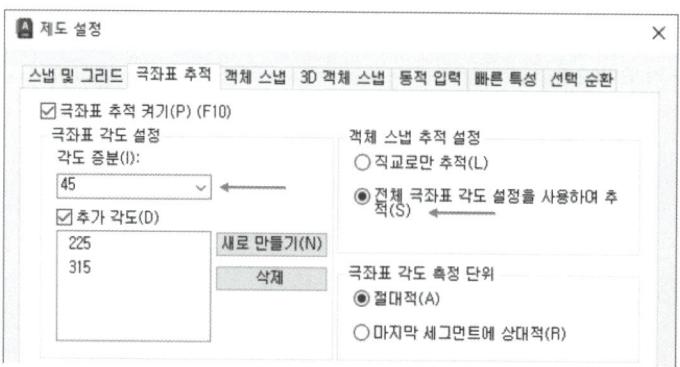

대화상자에서 [전체 극좌표 각도 설정을 사용하여 추적] 옵션이 켜져 있는지 확인하고, 아래 왼쪽 그림과 같이 '객체 스냅(OSNAP)', '객체 스냅 추적(OTRACK)' 및 '극좌표 추적(Polar tracking)'을 사용하여 아래쪽에 지정된 원(반지름 = 0.5)을 그립니다.

7 위의 6 작업을 수행하여 위의 오른쪽 그림과 같이 위쪽에 원(반지름 = 0.5)을 작도합니다.

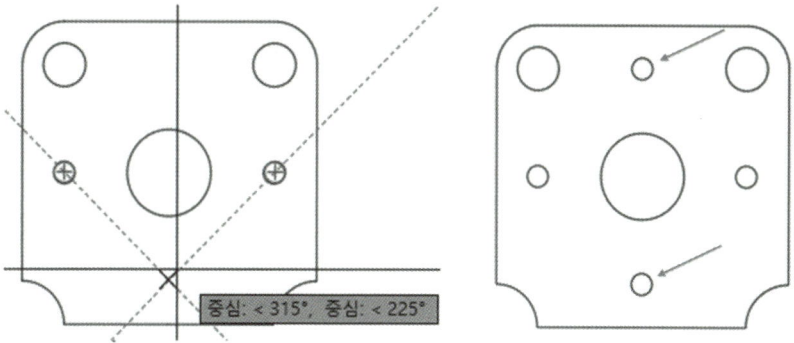

1.3 극좌표 추적 및 극좌표 스냅
(Polar tracking and polarsnap)

우리는 '극좌표 추적(Polar tracking)' 및 '극좌표 스냅(PolarSnap)'을 사용하여 다른 형상에서 정확한 거리 및 각도로 형상을 작도하는 방법에 대해 알아봅니다.

다음 그림에서는 '극좌표 추적(Polar tracking)' 및 '극좌표 스냅(PolarSnap)'을 사용하여 동일한 경로를 그립니다. 선형 경로는 커서 지점에서 무한히 확장된 점선으로 나타납니다. '극좌표계' 설명처럼 선택한 마지막 점에 상대적인 커서의 현재 위치가 표시됩니다. 왼쪽의 경로는 절대 각도 측정과 함께 '극좌표 추적(Polar tracking)'을 적용됐지만, 오른쪽 경로는 마지막 세그먼트에 '상대 극좌표'가 적용된 상태입니다.

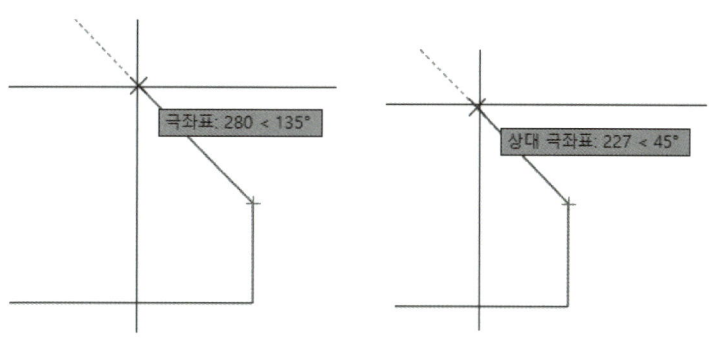

1) 극좌표 추적 및 극좌표 스냅 이용하기(Using polar tracking and polarsnap)

'극좌표 추적(Polar tracking)' 및 '극좌표 스냅(PolarSnap)'을 사용하면, 좌표 입력과 동일한 정밀도로 형상을 더 효율적으로 작도할 수 있습니다. 이러한 기능을 사용하려면, '제도 설정' 대화상자에서 옵션을 조정하고 상태 막대에서 '극좌표 추적(Polar tracking)' 도구를 켜야 합니다.

'극좌표 추적(Polar tracking)' 및 '극좌표 스냅(PolarSnap)'을 사용하면, 번거로운 좌표를 입력할 필요 없이 이전 형상을 정확하게 그릴 수 있습니다.

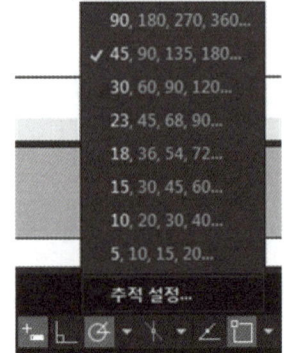

〈상태 막대 극좌표 추적 도구〉

❑ '제도 설정' 대화상자 ⇨ 극좌표 추적 탭

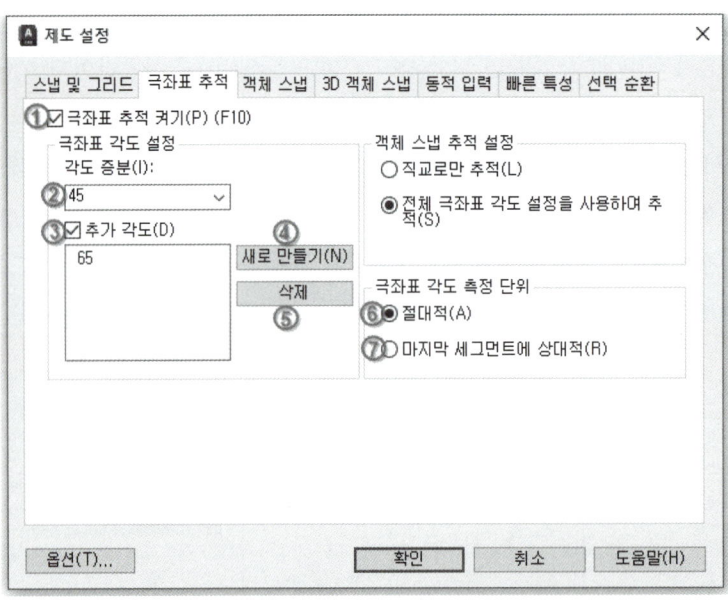

① : 선택하면, 극좌표 추적 도구를 켭니다. 또한, F10을 눌러 극좌표 추적을 켜거나 끌 수 있습니다.
② : 선택된 각도에 접근함에 따라 극좌표 정렬 경로를 증가하기 위해서 목록에서 각도를 선택합니다.

③ : 목록에 정의된 추가 각도로 스냅 하려면, 선택(Check)합니다.

④ : 추가 극좌표 스냅(PolarSnap) 각도를 정의하려면 클릭합니다.

⑤ : 추가 각도 목록에서 선택한 각도를 클릭하여 삭제합니다.

⑥ : 현재 좌표계에서 선형 경로의 각도를 절대 각도로 표시하려면, 클릭(Check)합니다.

⑦ : 마지막으로 작도한 세그먼트에 상대적인 선형 경로의 각도를 표시하려면, 클릭(Check)합니다.

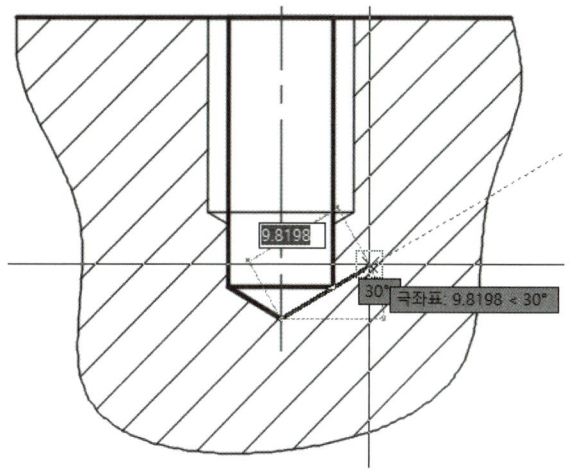

〈극좌표 추적(Polar Tracking) 기능에 의한 작도 예〉

❏ '제도 설정' 대화상자 ⇨ 스냅 및 그리드 탭

'제도 설정' 대화상자의 '스냅 및 그리드' 탭을 사용하여 '극좌표 추적(Polar tracking)' 도구에 사용할 스냅 설정을 조정할 수 있습니다.

다음 그림에 강조 표시된 옵션을 사용하여 '극좌표 추적(Polar tracking)' 정렬 경로를 따라 정밀하게 커서를 이동할 수 있습니다.

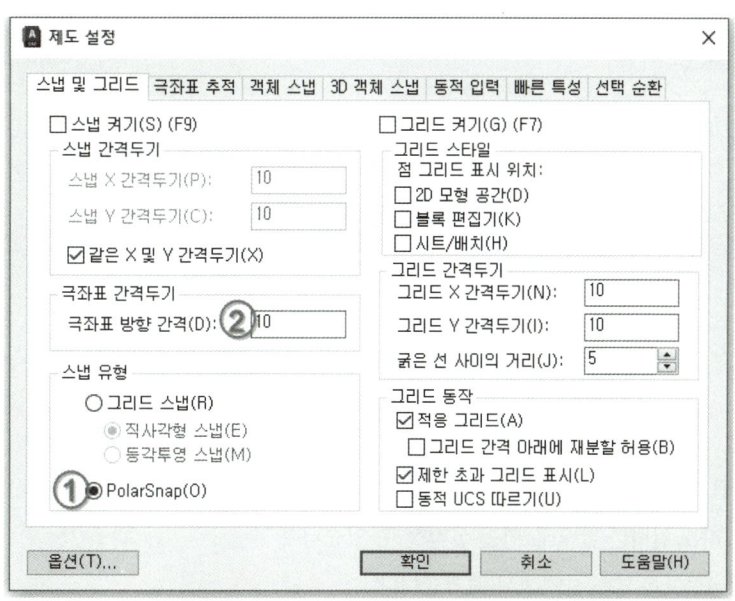

①: 커서를 선형 경로를 따라 미리 정의된 거리로 스냅 하려면 클릭(Check)합니다.
②: 커서가 선형 경로를 따라 이동할 때 커서가 증가할 거리를 입력합니다.
  이 옵션은 PolarSnap을 선택한 경우에만 사용할 수 있습니다.

❏ 극좌표 추적 및 극좌표 스냅 지침(Polar tracking & PolarSnap guidelines)

① '극좌표 추적(Polar tracking)'을 사용하면 커서를 이동하여 형상을 그리거나 편집하는 동안 사전에 정의된 각도 증분으로 빠르게 스냅 할 수 있습니다.

② 극좌표 추적은 커서 움직임을 수평 또는 수직 방향으로 제한하는 기존 '직교(Ortho)' 모드보다 유연하지만, 극좌표 추적은 공통 각도에서 쉽게 선을 그릴 수 있다는 동일한 이점을 제공합니다.

③ '극좌표 스냅(PolarSnap)'을 사용하면, 복잡한 좌표 입력의 이용을 요구하는 정렬 경로를 따라 점들을 선택할 수 있습니다.

④ 모든 커서 이동을 증가시키는 그리드 스냅과 달리, '극좌표 스냅(PolarSnap)'은 커서의 각도가 극좌표 추적 각도 증분과 같을 때만 커서가 증분 이동하도록 합니다. 커서 각도가 극좌표 추적 각도의 증분이 아닐 때 커서는 자유롭게 이동할 수 있습니다.

연습 과제〉 극좌표 추적 및 극좌표 스냅 이용하기

다음 연습에서 '극좌표 추적(Polar tracking)' 및 '극좌표 스냅(PolarSnap)'을 사용하여 형상을 작도하는 방법을 간략히 설명합니다.

1 상태 막대에서 ⓒ(극좌표 추적) 도구에 마우스 오른쪽 버튼을 클릭해서 [추적 설정]을 클릭합니다. 다음 그림처럼 '제도 설정' 대화상자의 '극좌표 추적' 탭에서 극좌표 추적을 켜고/끄고 목록에서 증분 각도를 선택할 수 있습니다.

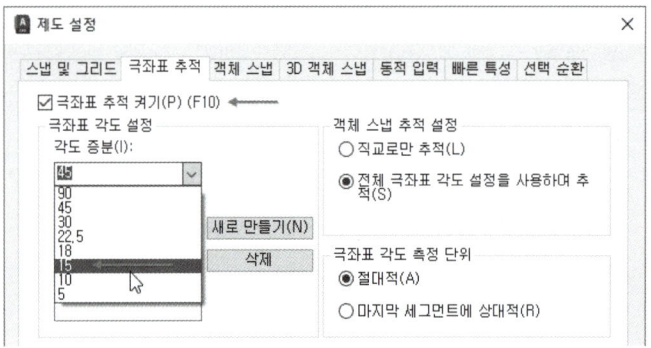

2 다음 그림처럼 '제도 설정' 대화상자의 '스냅 및 그리드' 탭에서 '극좌표 스냅(PolarSnap)' 증분을 설정하거나 직접 거리를 입력한 값으로 키를 설정할 수 있습니다.
① '스냅 켜기(F9)' 옵션을 선택해서 체크합니다.

② '스냅 유형' 영역에서 '극좌표 스냅(PolarSnap)'을 클릭해서 체크합니다.
③ '극좌표 간격 두기' 영역에서 '극좌표 방향 간격'을 10으로 입력합니다.
④ [확인] 버튼을 클릭합니다.

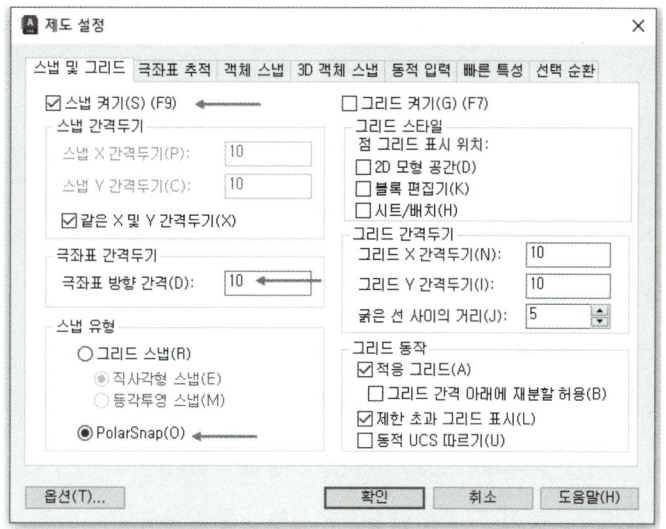

3 '선(Line)' 또는 '폴리선(Pline)' 명령으로 객체 작성을 시작합니다.

도면 영역에서 임의의 점을 클릭하고 다음 점으로 커서를 오른쪽으로 드래그해서 클릭합니다.

아래 왼쪽 그림처럼 '극좌표 추적' 도구 툴팁에 극좌표 거리 및 각도가 표시됩니다.

4 아래 오른쪽 그림처럼 정확한 거리와 점에 대한 '극좌표 추적' 팁을 사용하여 점을 계속 선택합니다.

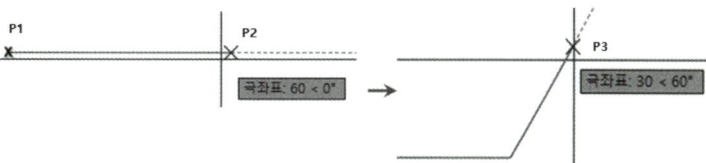

5 다음 그림처럼 정확한 거리와 점에 대한 '극좌표 추적' 도구 기능을 사용하여 점을 계속 선택합니다.

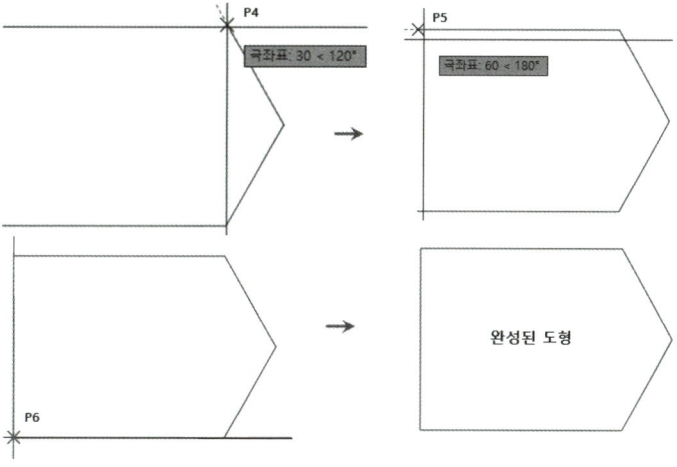

연습 과제〉 극좌표 추적 이용하기(Using polar tracking)

다음 왼쪽 그림처럼 평행사변형은 60°의 각도를 가지고 있습니다.

예를 들어, 다음 오른쪽 그림처럼 평행사변형의 우측 변과 동일한 길이와 각도로 그것 가까이에 경사선 그리기를 원한다면, '객체 스냅 추적(Object SNAP tracking)'과 '극좌표 추적(Polar tracking)'을 이용하게 될 것입니다.

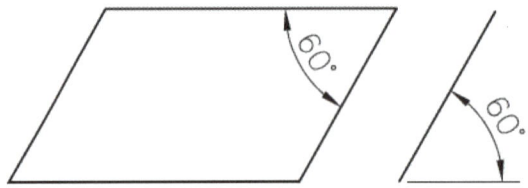

이미 알고 있듯이 직교 모드는 0°, 90°, 180°와 270°에서만 그릴 수 있습니다. 그러나 60°의 각도로 그려야 한다면 우리는 '극좌표 추적(Polar tracking)'을 설정해야 합니다.

1 상태 막대에서 ⊙(극좌표 추적) 도구에 마우스 오른쪽 버튼을 클릭해서 [추적 설정]을 클릭합니다.

2 '제도 설정' 대화상자 '극좌표 추적' 탭의 극좌표 각도 설정 영역에서 '각도 증분'의 드롭다운 리스트로부터 '30' 도를 선택합니다.

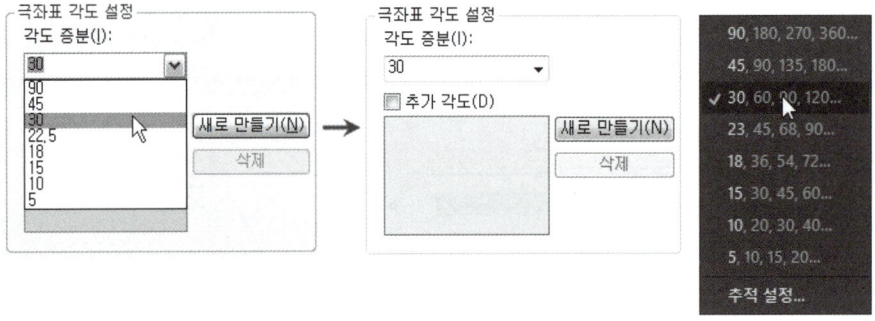

3 각도 추가를 위해, [추가 각도]를 체크하고, [새로 만들기] 버튼을 클릭합니다.

0° 각도를 입력합니다. 계속 [새로 만들기] 버튼을 클릭해서 동일한 방법으로 45°, 135°, 225°, 그리고 345° 각도들을 입력해서 설정합니다.

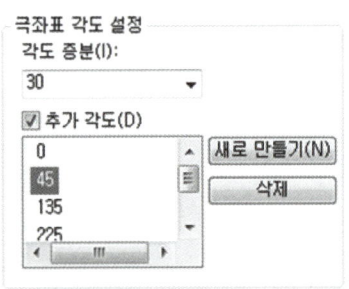 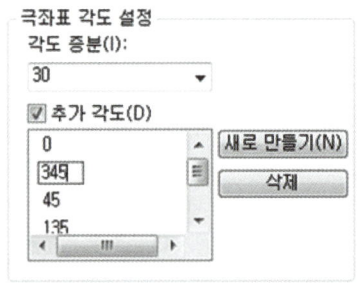

4 '극좌표 추적'은 동시에 '객체 스냅 추적'의 특성을 가지고 동작합니다.

다음 그림처럼 '제도 설정' 대화상자에 있는 항목들을 체크해서 설정합니다.

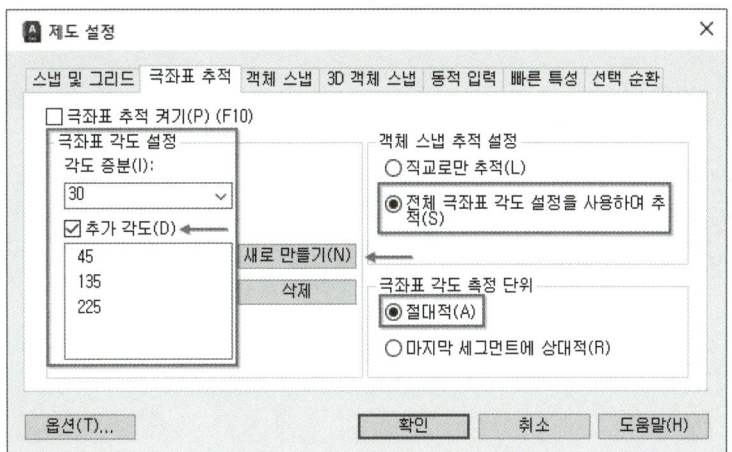

5 '선(Line)' 명령을 호출합니다.

평행사변형 모서리 P1 점으로 커서를 이동하면서 접근해서 끝점 객체 스냅을 클릭합니다.

오른쪽으로 '20〈0'만큼 이동해서 경사선의 시작점 P2를 클릭합니다.

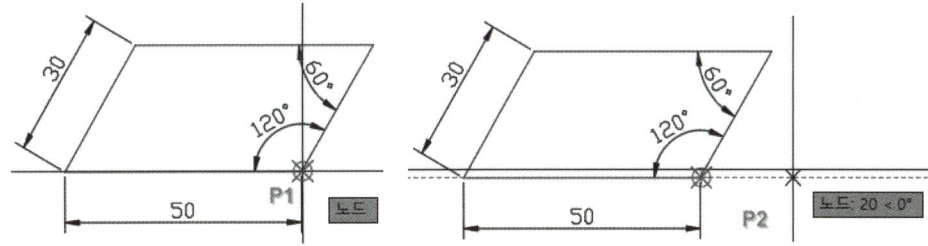

6 다음 그림처럼 커서를 이동해서 극좌표: '30〈60' 되는 P3 점을 클릭해서 지정하면, 기존의 평행사변형 객체와 정확하게 동일한 길이와 각도를 갖는 경사선을 작도하게 됩니다.

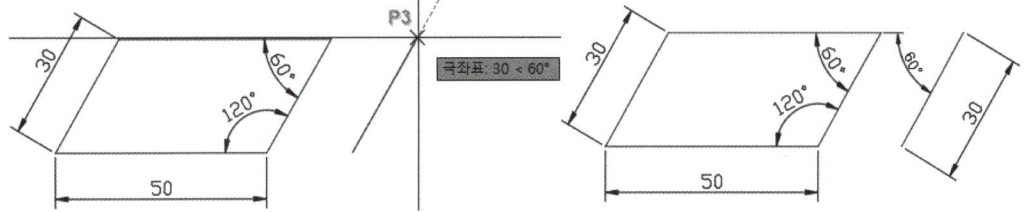

7 위의 5, 6번 작도 작업에서 마우스 커서를 점 P1으로 접근하고 나면, 그 점을 지나는 수평 점선(추적선)이 표시됩니다.

① 극좌표 각도 측정 단위를 '절대적'으로의 설정은 설계자가 객체 끝점에서 0°, 30°, 60°⋯⋯. 각도만을 갖도록 허용합니다.

② 따라서 선의 시작점 P2, 끝점 P3를 지정하기 전에 마우스 커서를 0도 방향(수평)에서 90도 방향(수

직)으로 반 시계 방향으로 서서히 이동하면, 0°, 30°, 45°, 60°, 90° 방향에만 점선(추적선)이 표시되고, 나머지 각도에서는 점선이 표시되지 않는 것을 볼 수 있을 것입니다.

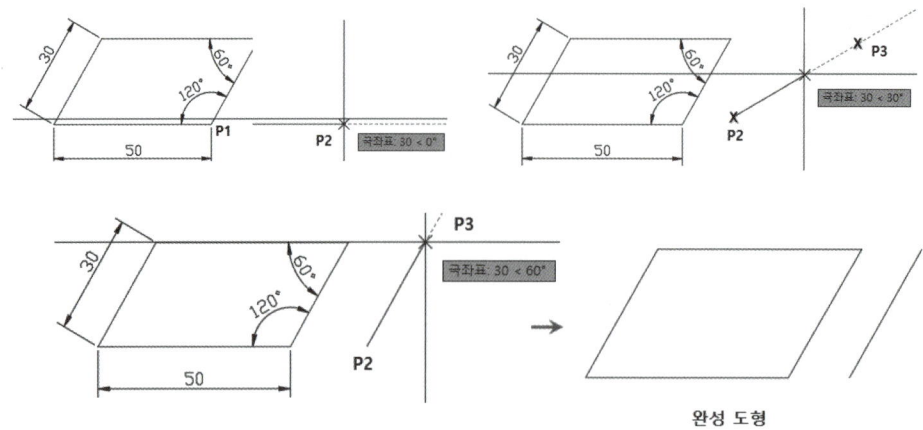

1.4 그리드 및 스냅(Grid and snap)

상태 막대에 있는 '모눈 혹은 그리드(Grid)'를 활성화하면, 도면 영역 배경에 수평 및 수직선의 격자 패턴이 나타납니다. '제도 설정' 대화상자 '스냅 및 그리드' 탭에서 옵션을 조정하면 도면 한계 영역에만 표시됩니다.

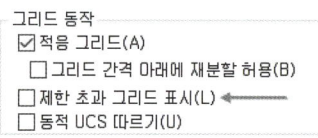

'그리드 또는 스냅'을 설정하려면, 상태 막대에서 '그리드 및 스냅' 도구를 클릭합니다.
이 두 설정을 서로 독립적으로 설정하거나 해제할 수 있습니다.

다음 그림에서는 '그리드(Grid)와 스냅(snap)'을 켠 상태로 점이 그리드 패턴과 완벽하게 정렬되는 방식을 확인할 수 있습니다.

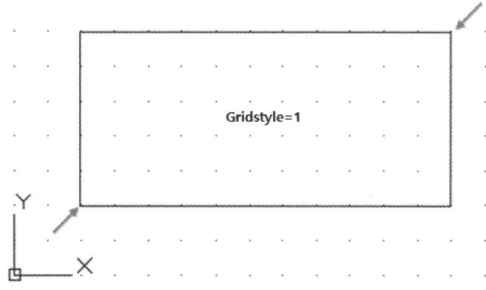

❏ 스냅 유형(SNAP type) - 등각 투영 스냅(Isometric snap)

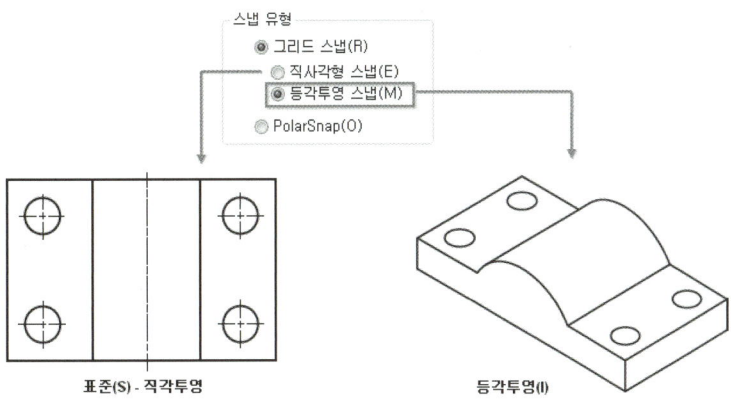

1.5 직교 모드(Ortho mode)

앞에서 설명한 '극좌표 추적(Polar tracking)'의 또 다른 작도 보조 기능이 '직교(Ortho)' 모드입니다. '직교(Ortho)' 모드를 켜면, 커서가 X 또는 Y 축에만 평행하게 이동하기 때문에 X 또는 Y 축을 따라 빠르게 수평선 혹은 수직선을 작도하거나 객체를 쉽게 수평 혹은 수직 방향으로 이동할 수 있습니다. 다음 그림에서는 '직교(Ortho)' 모드를 사용하여 선을 그렸습니다.

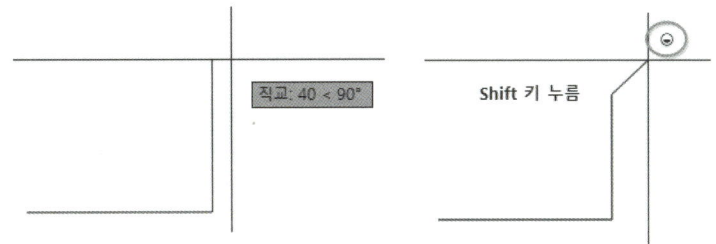

위의 오른쪽 그림에서 역삼각형은 임시 재정의 키를 사용할 때 나타나는 임시 재정의 기호를 나타냅니다. 이 경우, '직교(Ortho)' 모드에 대한 임시 재정의가 활성화되어 직교 모드가 일시적으로 해제됩니다. 상태 막대에서 [직교(Ortho)] 도구를 클릭하거나 F8 키를 눌러 '직교(Ortho)' 모드를 켜거나 끕니다.

형상을 그리거나 이동하는 동안 Shift 키를 길게 눌러 '직교(Ortho)' 모드를 임시로 활성 혹은 비활성을 제어할 수 있습니다. 예를 들면, 직교 모드에서 Shift 키를 누르고 있으면 일시적으로 직교 모드가 해제되고, Shift 키를 놓으면 직교(Ortho) 모드가 다시 활성화됩니다.

좀 더 자세한 내용은 이 교재의 앞부분 선(Line) 명령에서 '참고) Shift 키 활용'을 참고하시기를 바랍니다.

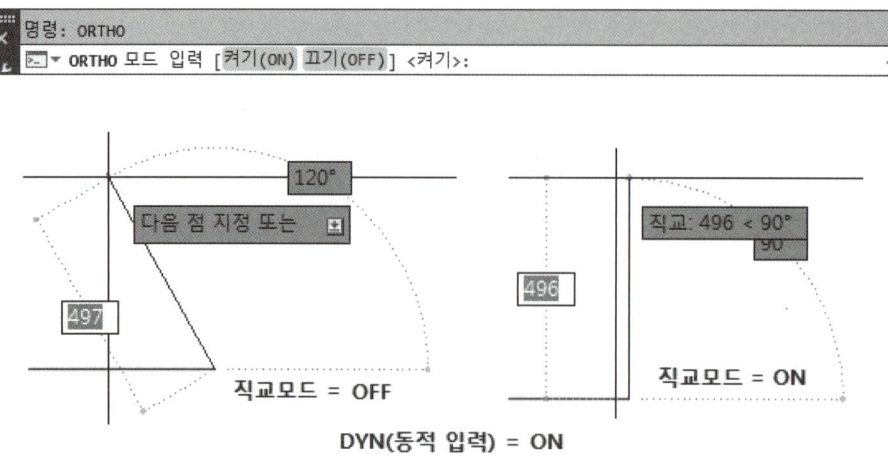

1.6 선택 순환(Selection cycling)

AutoCAD를 사용하여 도면을 작성하는 동안 객체들이 서로 겹쳐 작도되거나 다른 객체와 위치를 공유할 수 있어 원하는 객체를 선택하는데 어려울 수 있습니다. AutoCAD는 겹쳐 있는 두 개 이상의 객체를 선택할 때 알려주는 '순환 선택(Selection cycling)' 도구를 제공하여 설계자가 원하는 객체를 선택할 수 있는 편리한 기능을 제공합니다.

'순환 선택'을 활성화하려면, 상태 막대의 [순환 선택(Selection cycling)] 도구를 클릭합니다.

연습 과제〉 선택 순환 이용하기(Using selection cycling)

1 상태 막대에서 (선택 순환) 버튼을 클릭해서 활성화합니다.

2 수정 패널에서 [지우기(Erase)] 명령 아이콘을 클릭하고, 겹쳐 있는 객체를 클릭하면, '선택' 대화상자가 표시됩니다. 이것은 도면 영역에 두 개의 원 객체가 겹쳐 있다는 것을 알려줍니다.

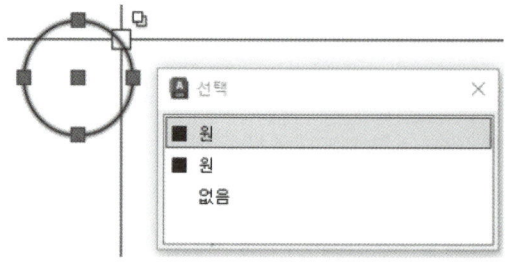

3 '선택' 대화상자에서 원하는 객체 이름을 클릭하면, 대화상자는 사라지고 그 객체가 선택됩니다.

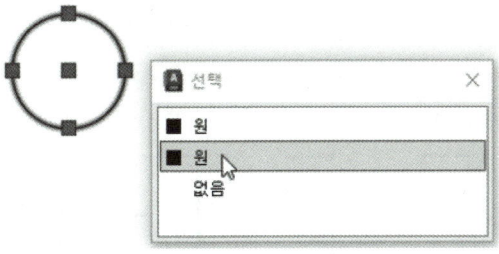

> **TIP** 중복 객체 삭제 명령(Overkill command)
>
> 도면을 작성하거나 외부에서 받은 도면에 겹쳐 있을 때, 한 번에 겹쳐 있는 선들을 삭제해 주는 기능을 제공해 줍니다.

실습과제 13〉 모눈/스냅 및 선(Line) 명령을 이용해서 도형을 작도합니다.

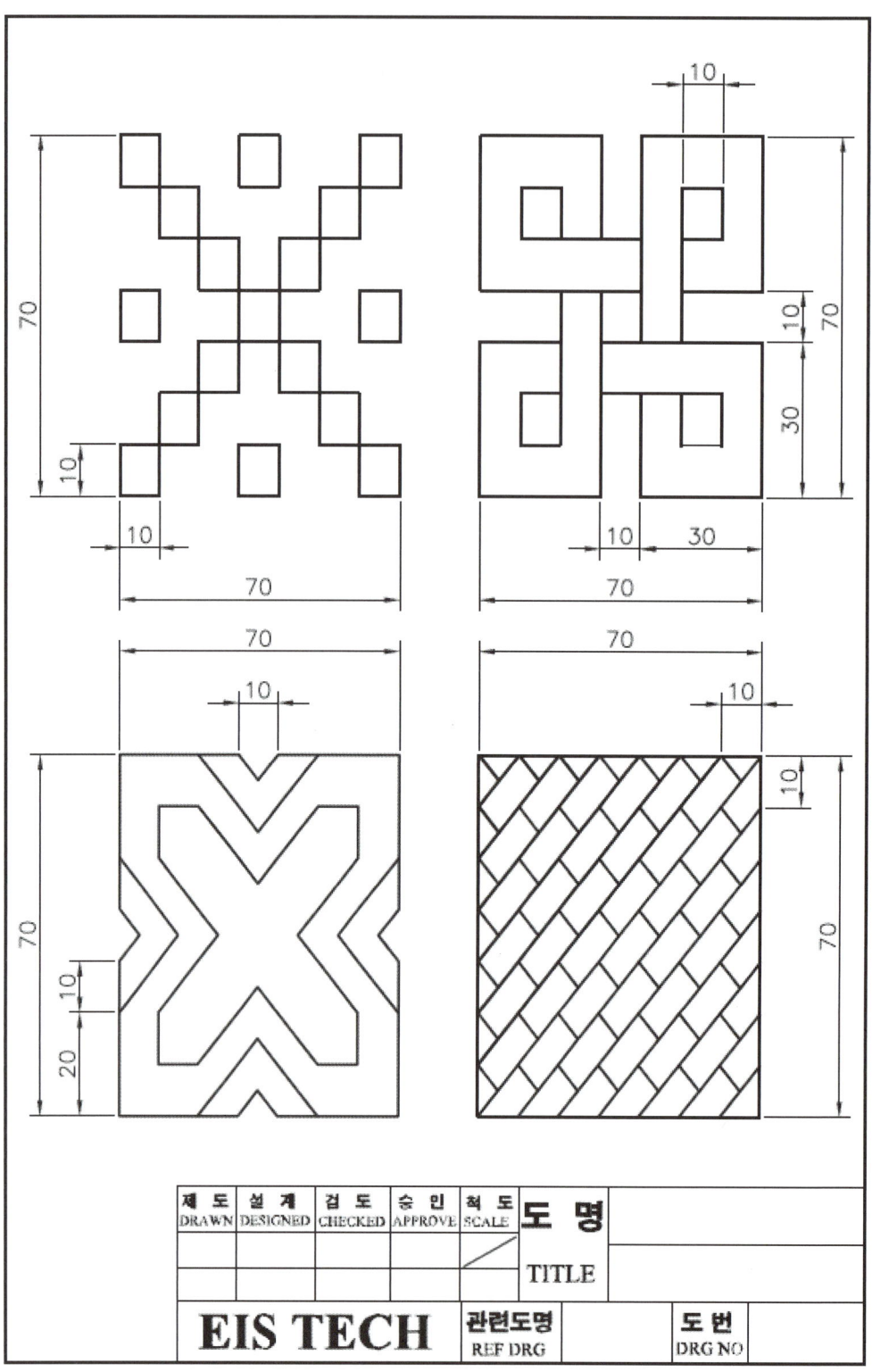

CHAPTER 4 그리기 및 수정 보조 도구(Drawing & modification aids)

실습과제 14〉 모눈/스냅 및 선(Line) 명령을 이용해서 도형을 작도합니다.

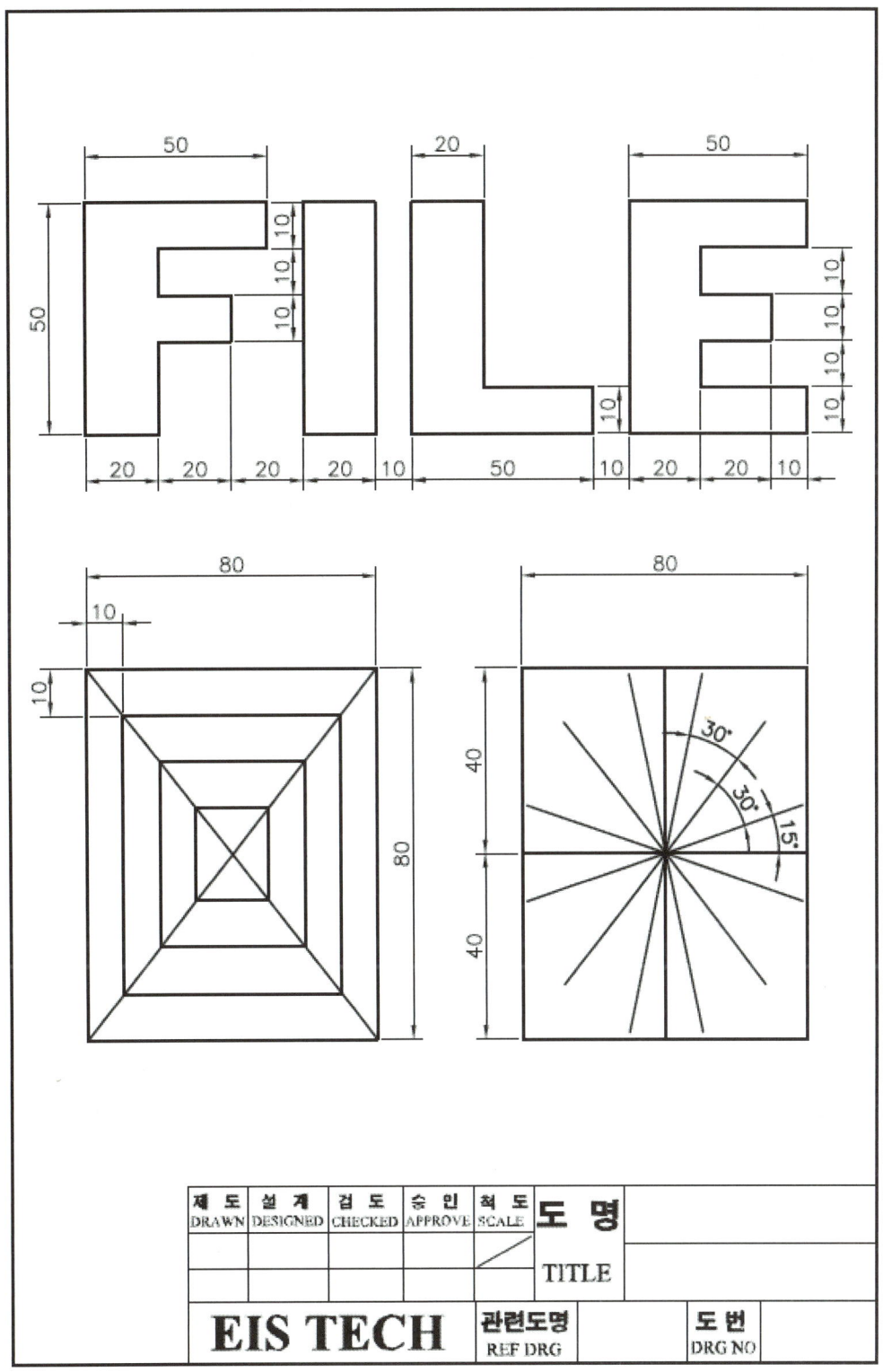

02 도면에서 객체 선택
(Selecting objects in the drawing)

2.1 선택 세트(Selection set)

AutoCAD에서 도면 작성을 위해 대상체를 도면(그래픽) 영역에 도시한 형상을 '객체(Object)'라고 말하고, 그것은 리본 메뉴 '홈(Home)' 탭 ⇨ '그리기(Draw)' 패널에 있는 다양한 명령으로 작도된 모든 도면 요소(Drawing element) 즉 그래픽 엔티티(Graphic entity)로 구성됩니다. 도면 영역에 작도된 모든 엔티티는 자신만의 고유한 '특성(Properties)'을 가지고 있습니다.

AutoCAD 리본 메뉴 '홈(Home)' 탭 ⇨ '수정(Modify)' 패널에 있는 명령을 이용해서 작도된 엔티티 혹은 객체들을 수정하기 위해 *객체 선택* 프롬프트에서 그것들을 선택하면, 그것들의 DWG 데이터베이스 정보가 컴퓨터 메모리(RAM)에 로드되는데 이것을 '선택 세트(Selection set)'라고 합니다.

'선택 세트(Selection set)'의 예를 들면, 오른쪽 그림처럼 도면 영역에서 원(Circle) 객체를 선택하고, 리본(Ribbon) 메뉴 '홈(Home)' 탭 ⇨ '특성(Properties)' 패널의 오른쪽 아래에 있는 ■(화살표)를 클릭해서 '특성(Properties)' 명령을 호출하면, '특성' 팔레트에 표시되고, 팔레트에 표시된 데이터들이 '선택 세트(Selection set)'입니다. 설계자가 이 '선택 세트(Selection set)'의 데이터를 직접 조작하는 것은 AutoCAD 명령을 호출해서 객체를 수정 및 편집 작업과 동일한 것입니다.

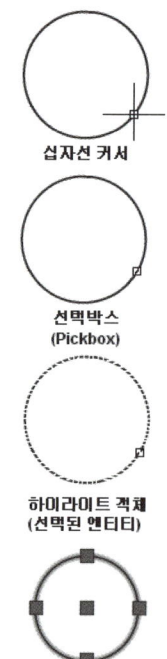

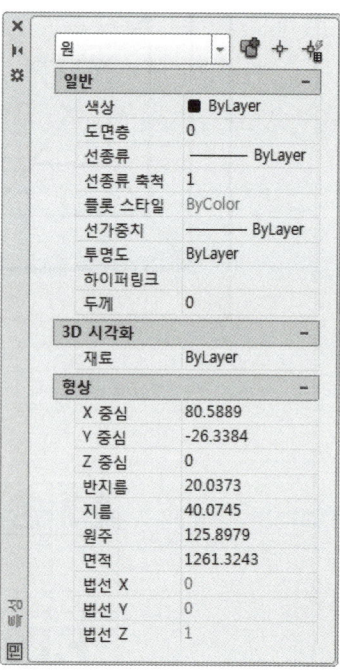

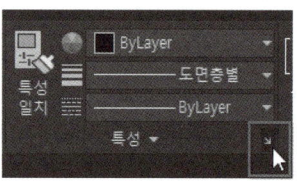

2.2 객체 선택 옵션(Select objects options)

도면 영역의 객체를 수정 및 편집하려면, 객체를 선택함으로써 '선택 세트(Selection set)'를 메모리에 로드해야 합니다. 객체를 선택하려면, *객체 선택:* 이라는 프롬프트를 호출해야 합니다.

[홈] 탭 ➪ [수정] 패널에 있는 대부분 수정 명령을 호출하면, *객체 선택:* 프롬프트가 표시되고 커서가 선택 상자로 바뀝니다. 이 프롬프트에서 키보드에서 아무것도 입력하지 않고 객체를 선택할 수도 있고, 특정 선택 모드를 활성화하기 위해 지금부터 설명할 '선택 옵션'을 호출할 수도 있습니다. '선택 옵션'은 작도된 형상이 복잡해짐에 따라 특히 수정 및 편집 작업 시 효과적으로 이용되기 때문에, AutoCAD에서 매우 중요한 개념입니다. 숨어있는 '선택 옵션'은 다음과 같습니다.

객체 선택: ?
점을 예상하거나 또는 윈도우(W)/최종(L)/걸치기(C)/상자(BOX)/모두(ALL)/울타리(F)/윈도우 폴리곤(WP)/걸침 폴리곤(CP)/그룹(G)/추가(A)/제거(R)/다중(M)/이전(P)/명령 취소(U)/자동(AU)/단일(SI)/하위 객체(SU)/객체(O)

객체 선택: 프롬프트에 모든 '선택 옵션'은 표시되지 않습니다. 그래서 유용한 옵션들은 외우는 것이 가장 좋습니다. 선호하는 '선택 옵션'의 대문자를 입력하고 엔터키를 누릅니다.

1) 단일 선택(Single selection, selecting objects by picking)

AutoCAD에서 엔티티 혹은 객체를 선택하는 가장 확실한 방법은 개별적으로 엔티티를 마우스 왼쪽 버튼의 선택 상자를 이용해서 직접 선택하는 것입니다. 일반적으로 이 방법은 엔티티 혹은 객체 위에 십자선 커서를 놓고 마우스 왼쪽 버튼을 클릭하면, 엔티티가 선택될 것입니다. 예를 들어 보면,

[홈] 탭 ➪ [수정] 패널에서 (지우기) 명령을 호출하면,

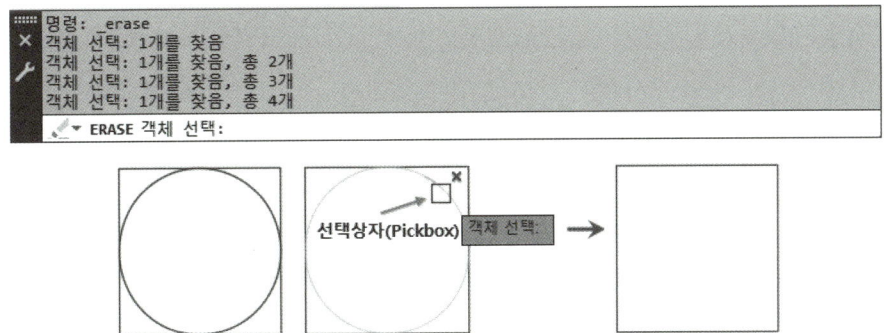

① 위의 그림처럼 십자선 커서가 선택 상자(Pickbox)로 변경되고, 설계자에게 하나 이상의 객체를 선택하라고 명령행에 *객체 선택:* 프롬프트가 표시됩니다.
② 객체를 선택하기 위해 객체 위에 커서 선택 상자를 놓고 마우스 왼쪽 버튼을 클릭합니다.

③ 객체가 선택되면 객체가 현재 선택된 것을 표시하기 위해 흐리게 되거나 하이라이트 되고, 명령행에 '1개를 찾음' 메시지를 표시합니다.

④ 추가 엔티티 선택 여부를 위해서 명령행에 *객체 선택:* 프롬프트를 계속 표시하게 됩니다.

⑤ 이때 설계자는 나머지 객체를 클릭해서 선택 세트에 객체를 추가하는 것을 계속하거나 선택 옵션을 입력해서 객체를 추가로 선택하거나 선택을 완료하려고 엔터키 혹은 스페이스 바(Space bar) 키를 눌러 줍니다.

⑥ *객체 선택:* 프롬프트에 하나 이상의 객체들을 클릭하면, 설계자는 효율적으로 하나의 선택 세트를 만들 수 있습니다.

2) 윈도우(W) 혹은 교차(C) 선택(Window or cross selection)

❏ 윈도우(W) 선택 옵션(Window selection option)

'윈도우(W)' 선택 옵션에는 수동 윈도우 선택 모드와 묵시적 윈도우 선택 모드를 지원합니다. *객체 선택:* 프롬프트에서 W를 입력하고 엔터키를 누릅니다. 이렇게 하면 윈도우 점을 정의할 때 커서 이동 방향에 대해 제한되지 않는 수동 윈도우 선택 창을 만들 수 있습니다. '윈도우(W)' 옵션을 지정하면, 다음 그림처럼 수동 윈도우 선택 모드로 왼쪽에서 오른쪽 또는 오른쪽에서 왼쪽으로 윈도우를 정의할 수 있으며, 선택된 윈도우 내에 완전히 있는 객체들만 '선택 세트'에 포함됩니다.

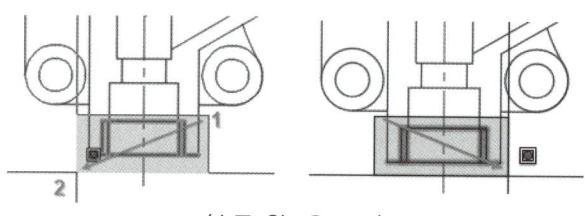

〈수동 윈도우 모드〉

❏ 교차 윈도우(C) 선택 옵션(Cross selection option)

'교차 윈도우(C)' 선택 옵션에는 수동 교차 윈도우 선택 모드와 묵시적 교차 윈도우 선택 모드를 지원합니다. *객체 선택:* 프롬프트에서 C를 입력하고 엔터키를 누릅니다. 이렇게 하면 교차 윈도우 점을 정의할 때 커서 이동 방향이 제한되지 않는 수동 교차 윈도우를 지정할 수 있습니다. '교차 윈도우(C)' 옵션을 지정하면, 교차 윈도우를 지정할 때 왼쪽에서 오른쪽 또는 오른쪽에서 왼쪽으로 윈도우를 정의할 수 있으며, 교차 윈도우 내부에 완전히 포함된 모든 객체 및 걸쳐 있는 객체들이 모두 선택됩니다.

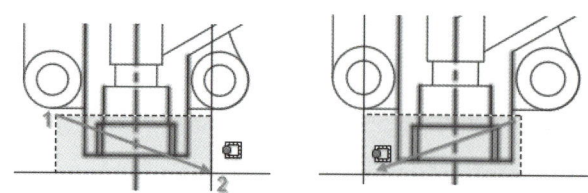

〈수동 교차 모드〉

❏ 묵시적 윈도우(W) 선택 옵션(Implied Window Selection option)

묵시적 윈도우(W) 옵션을 호출하려면, 윈도우(W) 옵션 호출 없이 명령행이 비어 있거나(활성화된 명령이 없거나) 객체 선택: 프롬프트에서 다음 그림처럼 도면 영역의 빈 부분에서 첫 번째 점을 왼쪽에 클릭하고, 오른쪽 대각선으로 이동해서 두 번째 점을 클릭하여 윈도우 선택을 자동으로 생성할 수 있습니다. 묵시적 윈도우(W) 선택은 윈도우에 완전히 포함된 모든 객체가 선택됩니다.

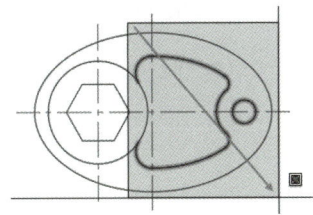

〈묵시적 윈도우 선택 및 색상(연한 청색)〉

❏ 묵시적 교차 윈도우(C) 선택 옵션(Implied Crossing Selection option)

묵시적 교차 윈도우(C) 옵션을 호출하려면, 교차 윈도우(C) 옵션 호출 없이 명령행이 비어 있거나(활성화된 명령이 없거나) 객체 선택: 프롬프트에서 다음 그림처럼 도면 영역의 빈 부분에서 첫 번째 점을 오른쪽에 클릭하고, 왼쪽 대각선으로 이동해서 두 번째 점을 클릭하여 교차 윈도우 선택을 자동으로 생성할 수 있습니다. 묵시적 교차 윈도우(C) 선택은 윈도우 내부에 완전히 포함된 모든 객체 및 윈도우에 걸쳐 있는 객체들이 모두 선택됩니다.

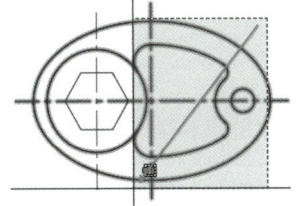

〈묵시적 교차 선택 및 색상(연한 녹색)〉

3) 윈도우 폴리곤(WP) 선택 옵션(Window Polygon selection option)

도면 영역에서 객체를 선택할 때 '윈도우 폴리곤(WP)' 모드는 직사각형이 아닌 불규칙한 다각형 윈도우를 지정합니다. 객체 선택: 프롬프트에서 WP를 입력하고, 엔터키를 누르면 다음과 같은 메시지가 나타납니다.

객체 선택: WP CR〉

첫 번째 폴리곤 점 또는 선택/끌기 커서:

선의 끝점 지정 또는 [명령 취소(U)]:

선의 끝점 지정 또는 [명령 취소(U)]:

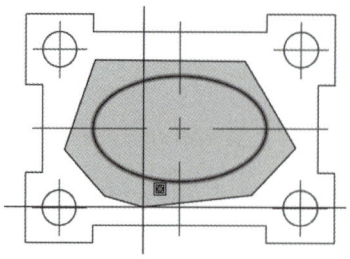

〈윈도우 폴리곤(WP) 선택〉

'윈도우 폴리곤(WP)' 모드를 종료하기 위해 엔터키를 누릅니다. '윈도우 폴리곤(WP)' 옵션은 '윈도우(W)' 옵션과 동일하게 지정한 다각형 윈도우 내부에 포함된 객체들만 선택됩니다.

4) 교차 폴리곤(CP) 선택 옵션(Crossing Polygon selection option)

'교차 폴리곤(CP)' 선택 모드는 WP와 같으며 객체를 포함하고 교차 다각형 윈도우를 지정할 수 있습니다. '교차 폴리곤(CP)' 선택 옵션을 다음 순서로 사용합니다.

① *객체 선택:* 프롬프트에 CP를 입력합니다.
② 선택할 객체를 둘러싸거나 교차하는 영역을 정의하는 점들을 지정합니다.
③ 엔터키를 눌러 다각형 선택 영역을 닫고, 선택을 완료합니다.

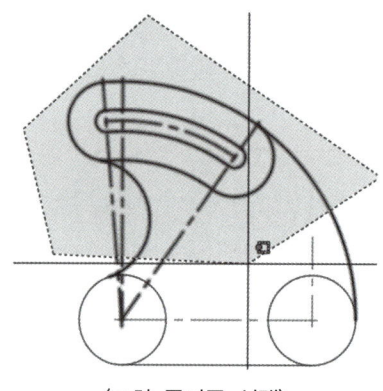

〈교차 폴리곤 선택〉

5) 울타리(F) 선택 옵션(Fence selection option)

'울타리(F)' 선택 모드에서는 다음 그림처럼 울타리를 작도해서 그 안에 포함된 객체 또는 교차하는 객체들을 선택합니다. '윈도우 폴리곤(WP)'와 '교차 폴리곤(CP)' 와는 반대로 '울타리(F)' 선택 모드의 선은 서로 교차할 수 있습니다.

'울타리(F)' 선택 옵션을 사용하여 객체를 선택하려면:
① *객체 선택:* 프롬프트에 F를 입력합니다.
② 선택할 객체를 가로지르는 일련의 선 세그먼트를 정의하는 점들을 지정합니다.

③ 엔터키를 눌러 선택 울타리를 완료합니다.

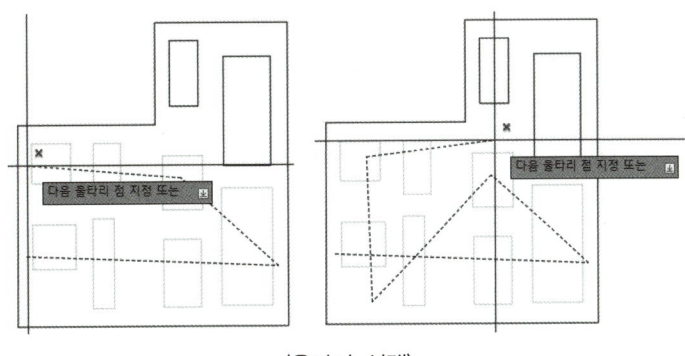

〈울타리 선택〉

6) 모두(ALL) 선택 옵션(ALL selection option)

객체 선택: 프롬프트에서 '모두(ALL)' 옵션을 입력하여 도면에 있는 모든 객체를 선택할 수 있습니다. 이 옵션을 사용하면 꺼짐, 해동 또는 잠금 해제된 도면층의 객체에도 영향을 미치기 때문에 주의해야 합니다. '모두(ALL)' 옵션을 사용하려면:

① *객체 선택:* 프롬프트에서 ALL을 입력하고 엔터키를 누릅니다.
② 표시된 모든 객체와 꺼진 도면층에 있는 모든 객체가 선택됩니다.
③ 엔터키를 눌러 선택을 완료합니다.

> **참고** 키보드에 의한 전체(ALL) 옵션
>
> Ctrl+A 방법을 사용하여 도면의 모든 객체를 선택할 수 있지만, 명령을 시작하기 전에 객체를 먼저 선택해야 합니다. *객체 선택:* 프롬프트에 응답하여 Ctrl+A를 누르면 도면의 모든 객체가 선택되지만, 현재 명령도 취소됩니다.

7) 최종(L) 선택 옵션(Last selection option)

가장 최근에 작도된 객체를 선택하려면, *객체 선택:* 프롬프트에 L을 입력합니다.
'최종(L)' 선택 옵션을 사용하려면:

① *객체 선택:* 프롬프트에서 L을 입력하고 엔터키를 누릅니다.
② 가장 최근에 생성된 객체를 선택합니다.
③ 엔터키를 눌러 선택을 완료합니다.

8) 이전(Previous) 선택 옵션(Previous selection option)

객체 선택: 프롬프트에서 P를 입력하여 가장 최근의 선택 세트를 불러올 수 있습니다.

'이전(P)' 옵션을 사용하려면:

① *객체 선택:* 프롬프트에서 P를 입력하고 엔터키를 누릅니다.

② 이전 선택 세트의 모든 객체가 다시 선택됩니다.

③ 엔터키를 눌러 선택을 완료합니다.

Shift 키를 누른 상태에서 객체를 다시 선택하면, 현재 선택 세트에서 객체를 제거할 수 있습니다. 여러 객체를 동시에 제거하려면 Shift 키를 누른 상태에서 묵시적 '윈도우(W)'와 묵시적 '교차 윈도우(C)' 선택 옵션 방법을 모두 사용할 수 있습니다.

> **TIP**
>
> 최종(L) 및 이전(P) 선택 옵션들은 사용하기 전에 반드시 선택 세트가 메모리에 만들어져 저장되어 있어야 합니다. 만일 선택 세트가 존재하지 않으면, 아래와 같은 메시지를 프롬프트 하는데 이 경우에 다양한 선택 옵션 중에서 작업 상황에 적당한 옵션을 이용해서 선택 세트(Selection set)를 사전에 만들어야 합니다.
>
> ```
> 명령: _move
> 객체 선택: P
> 이전 선택 세트가 없습니다.
> ▼ MOVE 객체 선택:
> ```

9) 올가미 선택 옵션(Lasso selection option)

설계자는 선택 옵션 문자를 입력하지 않고 '윈도우 폴리곤(WP)' 모드와 '교차 폴리곤(CP)' 모드를 결합할 수 있습니다. 선택 상자가 표시된 상태에서 클릭한 상태로 오른쪽으로 드래그하면 '윈도우 폴리곤(WP)'이 되고 왼쪽으로 드래그하면 '교차 폴리곤(CP)'이 되지만 아래 그림의 예와 유사한 불규칙한 모양입니다.

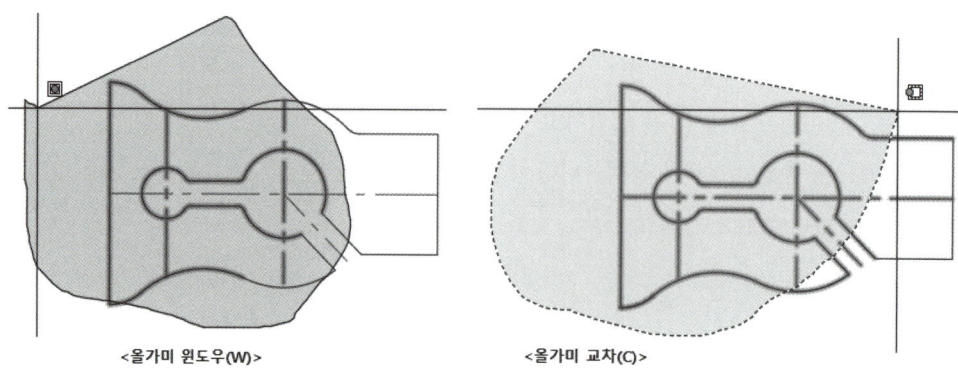

<올가미 윈도우(W)>　　　<올가미 교차(C)>

2.3 객체를 선택하기 위한 다른 방법들 (Other methods for selecting objects)

AutoCAD 수정 명령을 사용하는 방법에는 명령을 실행한 다음 객체를 선택하거나 객체를 선택한 다음 명령을 실행하는 두 가지가 있습니다. 이 기법을 명사/동사(Noun/Verb) 기법이라고 합니다.

명령을 실행하지 않고 다음을 수행할 수 있습니다.

① 객체를 클릭하여 단일 객체 선택
② 빈 곳을 클릭하고 오른쪽으로 이동하여 윈도우 모드로 이동합니다.
③ 빈 곳을 클릭하고 왼쪽으로 이동하여 교차(걸치기) 모드로 이동합니다.
④ 빈 곳을 클릭한 다음 WP를 입력하여 윈도우 폴리곤 모드로 이동합니다.
⑤ 빈 곳을 클릭한 다음 CP를 입력하여 교차 폴리곤 모드로 이동합니다.
⑥ 빈 곳을 클릭한 다음 F를 입력하여 울타리 모드를 가져옵니다.

도면 창에서 객체를 선택하고, 리본 메뉴 [홈] 탭 ⇨ [수정] 패널에서 원하는 명령을 실행하거나 도면 영역(창) 빈 곳에 마우스 오른쪽 버튼을 클릭하여 지우기(Erase), 이동(Move), 선택 복사(Copy Selection), 축척(Scale) 및 회전(Rotate)의 5가지 수정 명령이 포함된 바로 가기 메뉴를 표시할 수 있습니다.

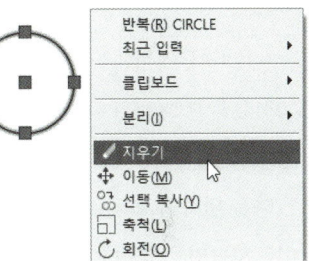

기본적으로 명사/동사(Noun/Verb) 기법은 작동하지만, 제어 방법을 알고 싶다면 다음 단계를 수행합니다.

1 'A 메뉴'를 클릭하고, 하위 메뉴에서 '옵션(Options)' 명령 아이콘을 클릭합니다.
2 '옵션' 대화상자에서 '선택' 탭을 클릭합니다.
3 '선택 모드' 영역에서 '명사/동사 선택'을 체크합니다.
4 '객체에서 누른 채 끌기 허용' : 커서가 선택할 수 있는 깨끗한 위치에 있지 않은 경우에도 창이나 교차점을 만들 수 있도록 허용을 설정합니다.
5 '윈도우(Window) 선택 방법'에서 '모두 - 자동 탐지(Both-automatic)'가 선택되어 있으므로 마우스를 클릭한 다음 마우스를 놓거나 클릭하고 끌면 두 가지 방법의 하나가 허용됩니다.

03 그립 편집(Grip editing)

3.1 그립으로 객체 선택(Selecting object with grip)

□ 그립 정의(Grips defined)

AutoCAD에서 '그립(Grip)'이라는 유용한 기능이 있습니다. '그립(Grip)'은 명령 대기 상태에서 마우스로 선택된 객체의 그립점에 표시되는 작은 솔리드로 채워진 사각형입니다. 이 그립점을 끌어 객체를 신속하게 신축(Stretch), 이동(Move), 회전(Rotate), 축척(Scale) 또는 대칭(Mirror)할 수 있습니다.

다음 왼쪽 그림처럼 명령을 실행하지 않은 상태에서 엔티티를 선택해서 엔티티 상에 푸른 그립 점들이 표시되면, 그때 다음 오른쪽 그림처럼 마우스 커서로 그립 점을 선택하면, 이러한 푸른 점들은 활성화되면서 그립 기능을 이용하게 됩니다. 이것은 다음 오른쪽 그림처럼 그립 점들을 클릭했을 때 그립 점에 지정된 어떤 동작을 할 준비가 되어 있다는 것을 의미합니다.

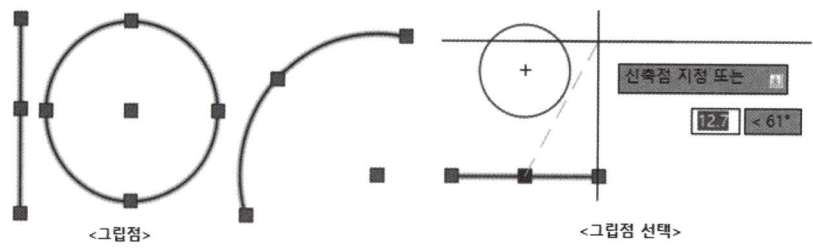

<그립점>   <그립점 선택>

선택한 객체에 대한 그립이 색상 상자로 표시됩니다. 그립을 클릭하면 색상이 변경되고 선택한 그립 또는 핫(Hot) 그립이 됩니다. 선택하지 않은 그립 위에 마우스를 놓으면 색상도 변경되어 Hover(계속 맴도는) 그립이 됩니다. 핫(Hot) 그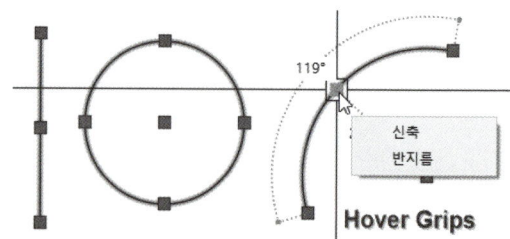

립을 사용하면, 이동, 대칭, 회전, 축척 및 신축과 같은 객체에 대한 편집 작업을 수행할 수 있습니다. Hover 그립은 특정 치수 정보를 표시할 수 있습니다.

다음 그림에서는 그립이 표시된 공통 객체를 보여 줍니다.

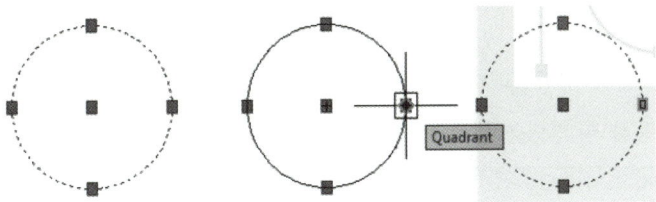

① 선택되지 않은 그립 : 이 그립은 기본적으로 파란색입니다.
② 선택된 그립 : 이 그립은 기본적으로 빨간색입니다.
③ Hover 그립 : 이 그립은 기본적으로 분홍색입니다.

3.2 그립 이용하기(Using grip)

❏ 호버 그립 이용하기(Using hover grips)

마우스로 객체를 선택하지 않고 그립 위에 놓으면 그립이 Hover 그립이 됩니다. 이러한 그립은 동적 입력과 함께 사용되어 도면에 있는 객체의 현재 길이, 각도 및 지름과 같은 실시간 치수 정보를 제공합니다. 다음 그림은 직사각형에 대한 Hover 그립 및 원형 물체에 Hover 그립이 표시됩니다.

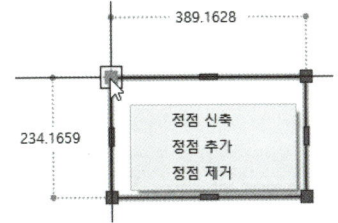
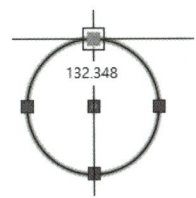

❏ 선택된 그립 이용하기(Using selected grips)

동적 입력을 설정한 상태에서 그립을 선택하여 길이 및 반지름과 같은 새 값을 입력할 수 있는 필드를 표시할 수 있습니다. 왼쪽 그림에는 직사각형의 상단 수평선 길이를 변경할 수 있는 선택한 그립이 표시됩니다. 오른쪽 그림에는 해당 값의 변경 결과가 나와 있습니다.

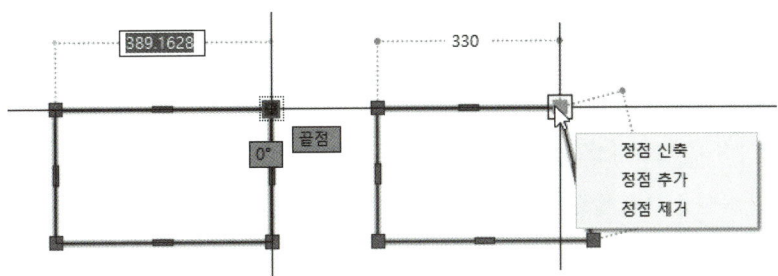

❏ 그립 편집 옵션 표시(Display grip editing options)

선택한 그립을 마우스 오른쪽 버튼으로 클릭하여 그립 편집 옵션 메뉴를 표시합니다. 기본 그립 편집 옵션은 '신축(Stretch)' 명령입니다.

그립 편집을 사용하면, 명령을 시작하지 않고도 메뉴에서 모든 작업을 수행할 수 있습니다.

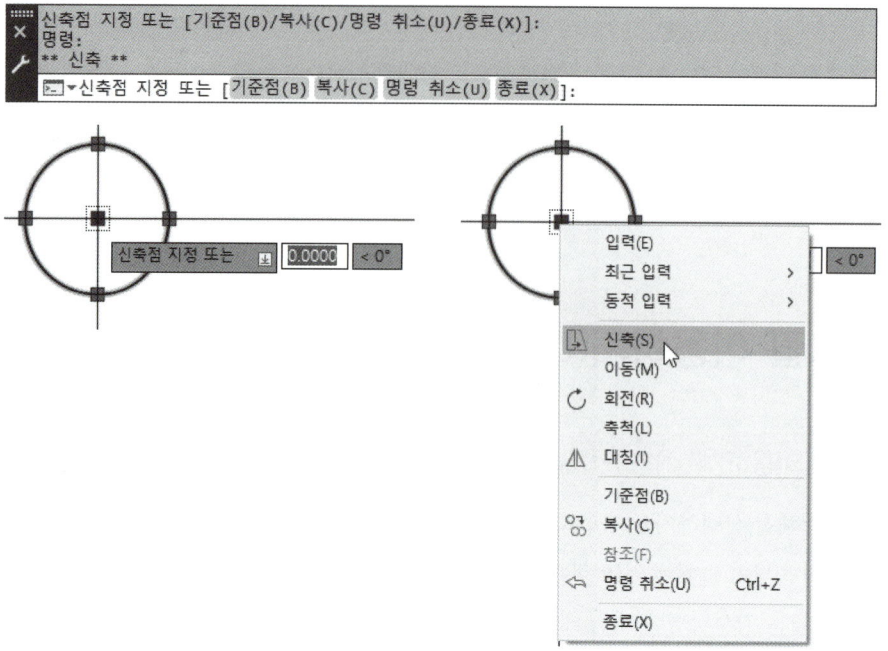

> **참고 〉 그립 선택 제거**
>
> 핫(Hot) 그립을 제거하려면, Esc 키를 누릅니다. 다시 Esc 키를 눌러 현재 선택 세트의 모든 그립에서 선택 항목들을 제거합니다. 선택 세트에서 단일 객체를 제거하려면 Shift 키를 누른 상태에서 그 객체를 클릭합니다.

❏ 그립 편집 지침(Grip editing guideline)

① 그립은 명령 실행이 없는 경우에만 선택한 객체들에 표시됩니다.

② 객체를 먼저 선택하여 그립으로 강조 표시한 다음 그 선택에 대한 수정 명령 중의 하나를 호출할 수 있습니다.

③ 동적 입력과 함께 사용하면 그립을 사용하여 동적 입력 필드에 길이, 각도, 반지름 및 좌표에 대한 새 값을 입력해서 그 형상의 크기를 조정할 수 있습니다.

④ 그립 복사 옵션을 그립 편집 작업과 결합할 수 있습니다. 도면의 아무 곳이나 마우스 오른쪽 버튼을 클릭하고 복사를 선택합니다. 원래 객체는 변경되지 않습니다. 그립 편집 명령 옵션을 사용하

여 다중 복사할 수 있습니다.
⑤ 그립 복사 옵션을 사용할 때 다음 복사본을 배치할 때 Shift 키를 눌러 첫 번째 복사본을 기준으로, 규칙적으로 다중 복사본을 배치해서 만들 수 있습니다.
⑥ 마우스 오른쪽 버튼을 클릭한 후 그립을 선택하여 선택한 객체의 기준점과 함께 잘라내기, 복사, 복사 또는 붙여넣기와 같은 클립보드 편집 옵션을 수행할 수 있습니다.
⑦ 그립으로 편집할 객체의 기준점을 변경할 수 있습니다. 도면의 아무 곳이나 마우스 오른쪽 버튼으로 클릭하고 기준점을 클릭하여 선택한 객체의 새 기준점을 정의합니다.
⑧ 그립 편집 중에 객체를 회전하거나 크기를 조정할 때 참조 옵션을 사용할 수 있습니다. 도면의 아무 곳이나 마우스 오른쪽 버튼으로 클릭하고 참조를 클릭합니다.

실습과제 15〉 도면층, 선종류를 이용해서 다음 도형을 작도합니다.

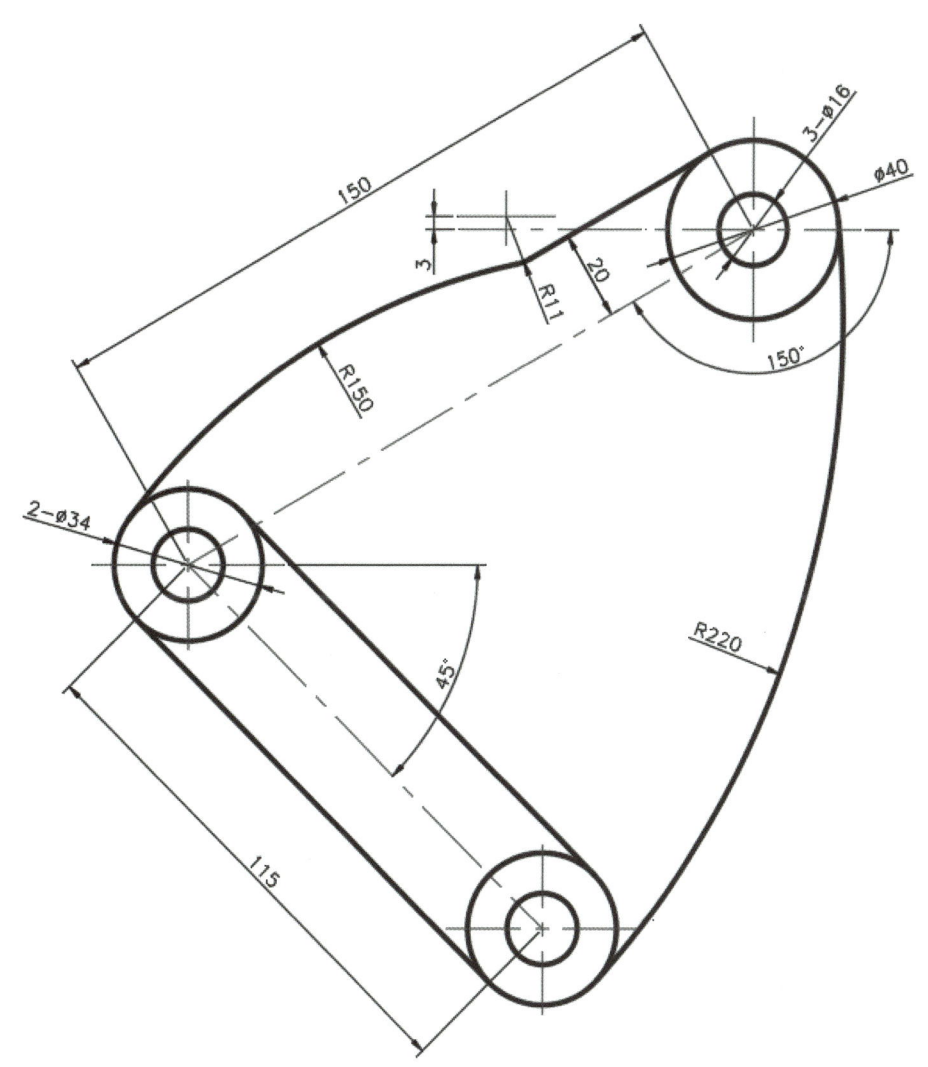

04 새로운 작도 인터페이스 (Headup design)

4.1 동적 입력 인터페이스(Dynamic input interface)

1) 동적 입력 인터페이스 개요(Dynamic input interface overview)

'동적 입력' 인터페이스는 데이터를 동적으로 입력하는 방법입니다. 일반적으로 도면 영역 아래에 있는 명령행에 데이터를 입력하는 대신 동적 입력 인터페이스를 사용하여 헤드업 설계를 수행할 수 있으며, 도면 영역 커서 위치에서 화면에 명령 정보를 입력할 수 있습니다.

'동적 입력' 인터페이스는 현재 작업에 따라 상황에 따라 달라집니다. 예를 들어, 선(Line)을 그릴 때와 원(Circle)을 그릴 때 입력 및 옵션이 다르고, 도형을 작도하거나 편집할 때도 차이가 있습니다.

두 가지 동적 입력 인터페이스 모드가 있습니다.

① 치수 입력(Dimensional input)
② 포인터 입력(Pointer input)

❑ 동적 입력 인터페이스 : 치수 입력모드

다음 그림은 치수 입력(Dimensional input)모드의 동적 입력 인터페이스를 나타냅니다. 이 모드는 상태 막대에서 '동적 입력' 도구를 활성화했을 때 사용할 수 있으며 일반적으로 선(Line), 원(Circle) 및 호(Arc)와 같은 일반적으로 그리기 명령에 사용됩니다.

① 길이 : 모드에 따라 이러한 필드에는 값 및 위치가 달라질 수 있습니다.
옆의 그림에서, 이 필드는 폴리 선(Polyline)의 현재 길이를 표시합니다. 명시적으로 지정할 값을 입력할 수 있습니다. Tab 키를 눌러 길이와 각도 필드를 순환할 수 있습니다.

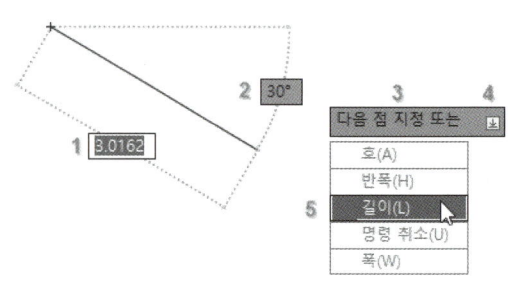

② 각도 : 이 필드는 커서의 각도를 나타냅니다.
③ 프롬프트 : 명령에 현재 단계에 대한 지시를 표시하고 명령행에 현재 프롬프트를 표시합니다.
④ 다운 화살표 : 키보드 아래쪽 화살표 키를 눌러 동적 입력 메뉴를 표시합니다.

이전에 선택한 좌표를 순환하려면 위쪽 화살표 키를 누릅니다.
⑤ 동적 입력 메뉴 : 명령에 대한 옵션을 선택합니다.

사용할 수 있는 옵션은 현재 상황에 따라 다르며 명령행에서 사용할 수 있는 옵션을 반영합니다.

❑ 동적 입력 인터페이스 : 포인터 입력모드

다음 그림에서는 키보드로 @10〈45 값이 입력되었기 때문에 동적 입력 인터페이스가 포인터 입력모드로 변경되었습니다. 포인터 입력모드에서는 포인터에 마치 명령행에 포커스가 있는 것처럼 좌표 정보를 입력할 수 있습니다.

절대 좌표와 상대 좌표의 경우 이 모드를 사용합니다. 이동, 복사 및 회전과 같은 명령의 기본 모드이기도 합니다.

잠금 아이콘은 수동으로 입력한 값을 나타냅니다. 값을 잠금 해제하려면, Tab 키를 눌러 입력 필드를 지정하고 DEL 키를 눌러 값을 지운 다음 Tab 키를 눌러 입력 필드를 종료합니다.

동적 입력의 기본 모드는 상대 좌표이지만 절대 좌표를 입력할 수도 있습니다. 절대 좌표를 입력하려면, 첫 번째 좌표는 파운드 기호를 입력한 후 X, Y(예 : #2, 20)를 입력합니다.

만일 2, 20을 입력하면, 점이 마지막으로 선택한 점에 상대 좌표 입력이 됩니다. 동적 입력 필드는 이러한 입력 형식을 반영하도록 조정됩니다. 이 경우 두 번째 필드는 Y 좌표를 나타냅니다.

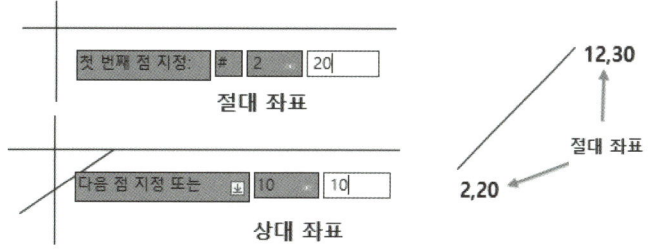

❏ 동적 입력 옵션(Dynamic input options)

명령행에 Dsettings를 입력하고, '제도 설정' 대화상자의 '동적 입력' 탭을 클릭하여 '동적 입력' 인터페이스와 관련된 설정을 변경할 수 있습니다.

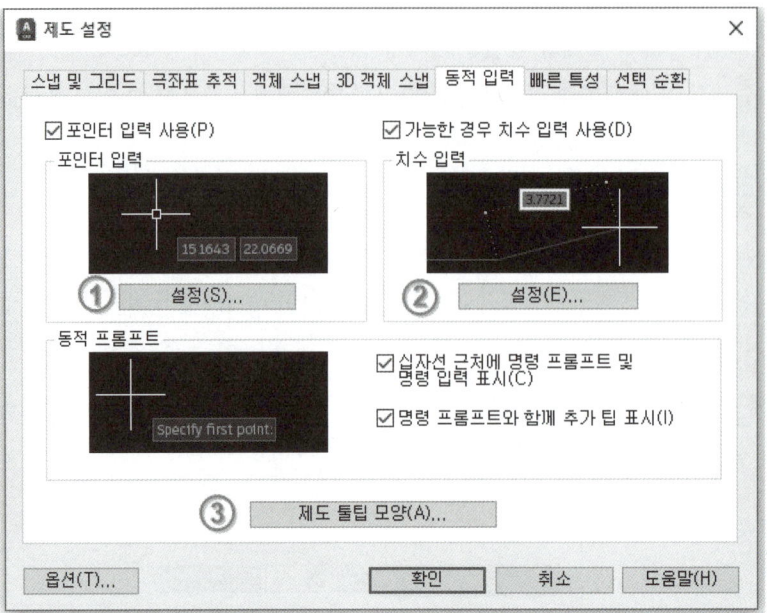

① 포인터 입력 설정 대화상자 호출
② 치수 입력 설정 대화상자 호출
③ 툴팁 모양 대화상자 호출

❏ 동적 입력을 이용하기 위한 지침(Guidelines for using dynamic input)

① '그립(Grip)'을 사용하여 객체를 신축하거나 새 객체를 만들 때 치수 입력은 예각만 표시합니다. 즉, 모든 각도는 180° 이하로 표시됩니다. 따라서 270°의 각도는 90°로 표시됩니다. 새 객체를 만들 때 지정하는 각도는 커서 위치에 따라 양의 각도 방향을 결정합니다.

② '동적 입력'은 명령 창을 대체하기 위한 것이 아닙니다.
작도 작업에서 동적 인터페이스 프롬프트와 명령행을 모두 사용합니다.

③ '동적 입력' 인터페이스는 상황에 따라 다릅니다.

④ '동적 입력'이 켜져 있으면 두 번째 또는 다음 점 프롬프트에 응답하여 입력하는 점은 기본적으로 상대적인 점으로 설정됩니다.

⑤ 커서의 위치와 객체 스냅(OSNAP), 극좌표 추적(Polar tracking) 및 도구 설명과 같은 기타 설정의 상태에 따라 객체 스냅(OSNAP) 팁 및 명령행 프롬프트를 포함한 다른 정보가 '동적 입력' 인터페이스에 나타날 수 있습니다.

2) 동적 입력 인터페이스 이용하기(Using the dynamic input interface)

'동적 입력' 인터페이스를 다양한 방법으로 사용할 수 있지만 도구의 기본 목표는 명령행 대신 도면 영역과 커서에 초점을 맞춰 Heads-up mode로 도형을 그리고 편집할 수 있도록 하는 것입니다. '동적 입력' 인터페이스는 현재 상황에 따라 다르므로 옵션 및 표시 모드는 작업 중인 컨텍스트에 따라 달라집니다.

다음 지침에서 일반적으로 그리기 및 편집 작업 중에 '동적 입력' 인터페이스를 사용하는 방법에 대해 간략히 설명합니다.

❏ 동적 입력모드(Dynamic input)

'동적 입력(Dynamic input)' 모드를 활성화하려면, 상태 막대에서 '동적 입력' 아이콘을 클릭해서 활성화해야 합니다.

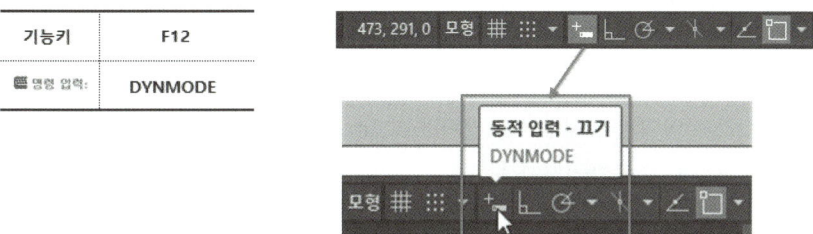

AutoCAD의 '동적 입력(Dynamic input)'은 다음과 같은 다양한 기능들을 제공합니다.

① 그래픽 영역 즉 도면 영역에 명령 프롬프트를 표시합니다.

이것을 Head-up design 기능이라고 합니다.

② 도면 영역에 선 객체를 작도하려고 하면, 그것의 길이와 각도를 일시적으로 표시하여 선을 정확하게 작도할 수 있도록 도와줍니다.

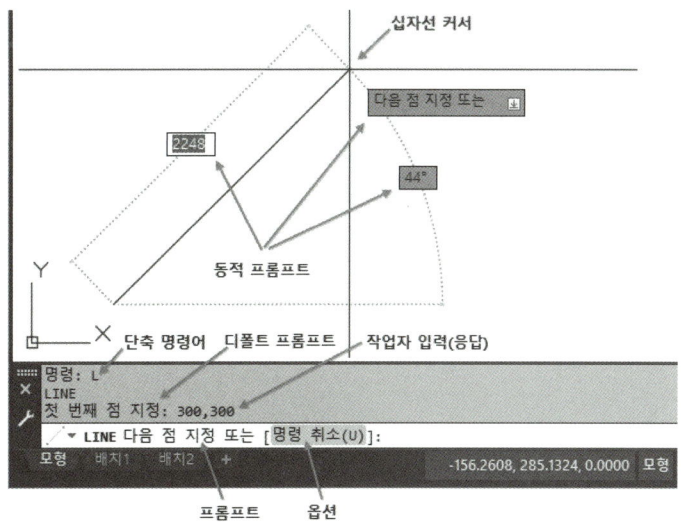

연습 과제〉 동적 입력을 이용해서 작도하기

이 연습 과제에서는 '동적 입력' 인터페이스 및 극좌표를 사용하여 형상을 작도하는 방법을 간략히 설명합니다. '동적 입력(Dynamic input)'이 활성화되었기 때문에 상대성이 적용되어 기호(@)를 입력할 필요가 없습니다.

1 '선(Line)' 명령을 호출합니다. 혹은 L이라고 입력하면 그림처럼 커서 부근에 '선(Line)' 명령에 대한 자동완성 기능이 활성화됩니다.

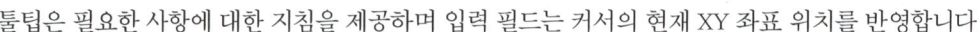

2 엔터키를 누르면 인터페이스가 즉시 점 입력(Point input)모드로 전환됩니다.

툴팁은 필요한 사항에 대한 지침을 제공하며 입력 필드는 커서의 현재 XY 좌표 위치를 반영합니다.

3 '동적 입력(Dynamic input)' 프롬프트에 첫 번째 점을 입력하라는 메시지가 표시됩니다.

거리(Distance) 입력 필드에 값 30을 입력하고 Tab 키를 눌러 거리를 잠그고 각도(Angle) 입력 필드를 활성화합니다. 각도 입력 필드에 값 0을 입력하고 Tab 키를 눌러 각도를 잠급니다.

도면 영역에서 임의의 점을 클릭합니다.

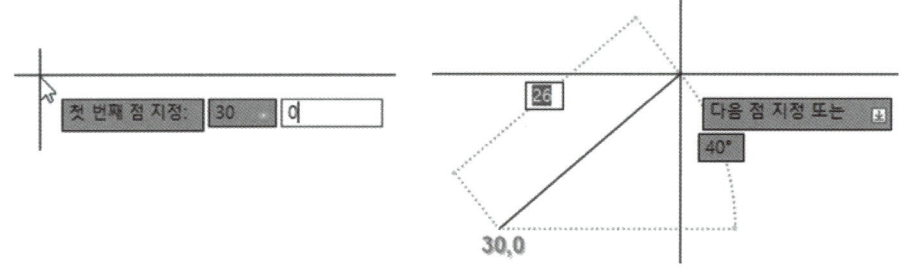

4 다음 왼쪽 그림처럼 거리 필드에 50을 입력하고 Tab 키를 눌러 각도 필드에 45를 입력하고 Tab 키를 눌러 잠급니다. 도면 영역에서 임의의 점을 클릭합니다.

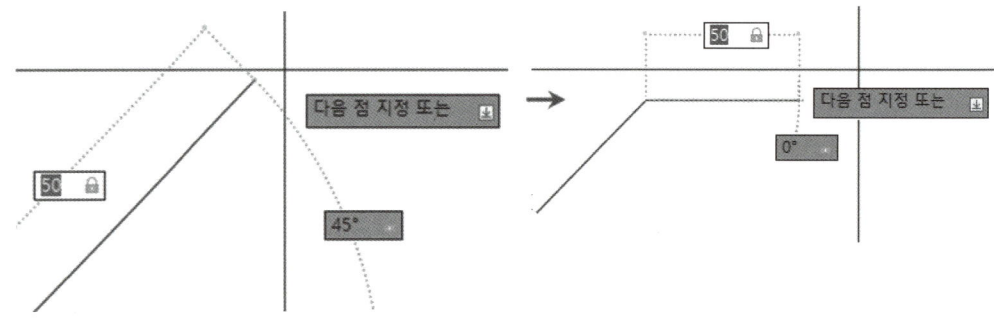

5 위의 오른쪽 그림처럼 거리 필드에 50을 입력하고 Tab 키를 눌러 각도 필드에 0을 입력하고 Tab 키를 눌러 잠급니다. 도면 영역에서 임의의 점을 클릭하고, 엔터키를 누릅니다.

연습 과제〉 동적 입력을 이용한 도형 편집하기

이 연습 과제에서 '동적 입력' 인터페이스를 사용하여 편집할 수 있는 몇 가지 방법을 간략히 설명합니다.

1 리본 메뉴 [홈] 탭 ⇨ [수정] 패널에서 [복사 (Copy)] 명령 아이콘을 클릭합니다.

복사할 객체(원)를 선택한 후 선택을 완료하기 위해 엔터키를 누릅니다.

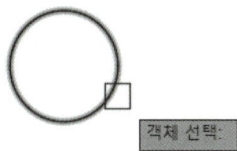

2 '동적 입력' 인터페이스는 기준점을 지정하라는 메시지를 표시합니다.

아래쪽 화살표를 누르고, 모드를 클릭합니다.

키보드의 화살표 키를 사용하여 단일 복사 모드 또는 다중 복사 모드로 전환할 수 있습니다.

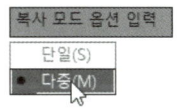

기본점 지정으로 원의 중심점을 클릭합니다.

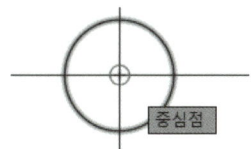

3 '동적 입력' 프롬프트에서 거리 필드에 @20을 입력한 후 Tab 키를 누릅니다.

각도 필드에 180을 입력한 후 Tab 키를 누릅니다.

도면 영역에서 임의의 점을 클릭해서 복사 객체(원) 배치한 후 '복사(Copy)' 명령을 완료하려면 엔터키를 누릅니다.

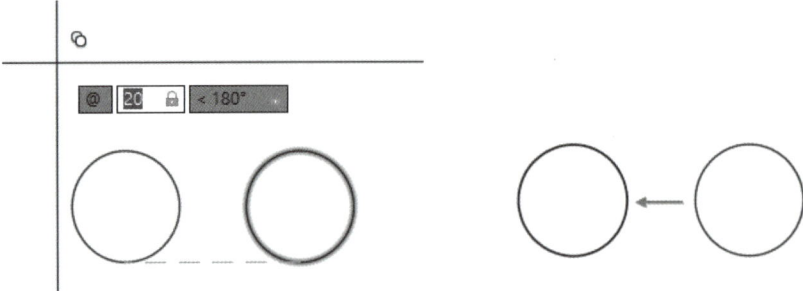

4 원 객체를 선택해서 그립을 활성화합니다.

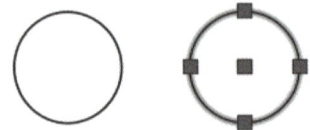

5 사분면 그립을 클릭하고 '동적 입력' 프롬프트에서 아래쪽 화살표를 누르고, 복사를 클릭합니다.

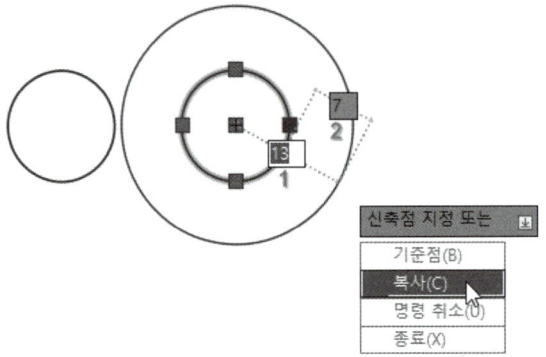

새 반지름(1)을 입력하거나 다른 옵션 중 하나에 Tab 키를 눌러 반지름을 늘리거나 줄이는 방법으로 원의 크기를 조정할 수 있습니다. 입력 필드 중 하나에 값을 입력하고 엔터키를 누릅니다.

6 중심점 그립을 선택하면, 원 객체를 이동할 수 있습니다.

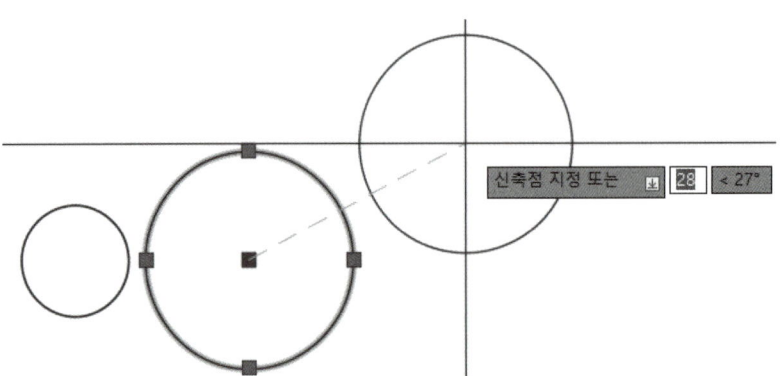

❏ 동적 입력 인터페이스를 사용하여 정보 표시
 (Using the dynamic input interface to reveal information)

객체 그립을 사용하여 선의 길이 또는 각도 또는 호 또는 원의 반지름을 볼 수 있습니다. 명령행이 비어 있는 상태에서 그립을 활성화할 형상을 선택합니다. 그립을 선택하지 않고 커서를 끝 그립 또는 원 사분원 위에 놓습니다. '동적 입력' 인터페이스는 선택한 형상의 크기 정보를 표시합니다.

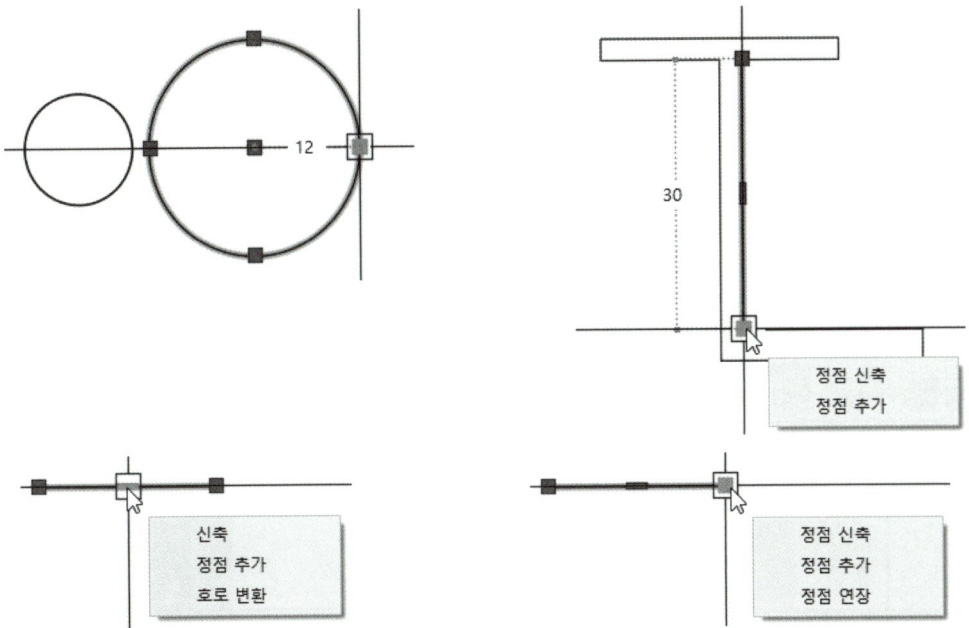

❏ 동적 입력 사용 지침(Guidelines for using dynamic input)

① 길이 또는 각도를 입력할 때 Tab 키를 눌러 값을 잠급니다.
② 길이 또는 각도를 입력하기 전에 Tab 키를 눌러 입력할 수 있는 입력 필드를 순환할 수 있습니다. 원하는 값을 입력하고 엔터키를 눌러 명령을 완료합니다.
③ 선의 길이 또는 각도 또는 호 또는 원의 반지름을 표시하려면, 형상을 선택하여 그립을 활성화합니다. 십자선 커서를 그립 중 하나 위에 놓습니다. '동적 입력(Dynamic input)' 인터페이스는 선택한 형상의 크기 정보를 표시합니다.
④ 그립을 사용하여 객체를 수정하려면 객체를 선택한 다음 그립을 선택합니다. Tab 키를 눌러 입력할 수 있는 필드를 순환합니다. 원하는 데이터를 입력하고 엔터키를 누릅니다.
⑤ '동적 입력(Dynamic input)'이 켜져 있으면 두 번째 또는 다음 점 프롬프트에 응답하여 입력하는 점은 기본적으로 상대 좌표점으로 설정됩니다.
⑥ X, Y 좌표값을 입력하려면 #를 눌러 절대 좌표 입력모드로 전환합니다.
  예 : #10, 25〈CR〉

3) 직접 거리 입력 이용하기(Using direct distance entry)

직접 거리 입력은 그리기 및 수정 명령을 사용하는 동안 데이터를 입력하는 쉽고 빠른 방법입니다. AutoCAD 명령행에 점을 선택하라는 프롬프트 메시지가 나타날 때마다 거릿값을 입력할 수 있습니다. 점 좌표는 이전에 선택한 점의 커서 각도와 입력한 거리를 기준으로 계산됩니다. 이 방법을 사용할 때는 상태 막대의 '극좌표 추적'을 활성화하는 것이 좋습니다. '동적 입력' 모드가 켜져 있든 꺼져 있든 이 데이터 입력 방법을 사용할 수 있습니다.

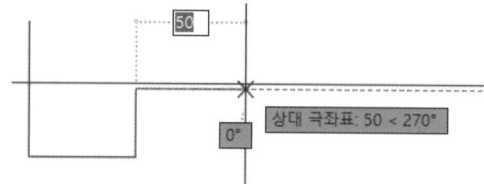

❏ 직접 거리 입력 사용 지침(Guidelines for using direct distance entry)

1 (극좌표 추적) 도구를 켜서 커서의 각도를 표시합니다.

2 (극좌표 추적) 도구 설정에서 원하는 증분 극좌표 각도를 설정합니다.

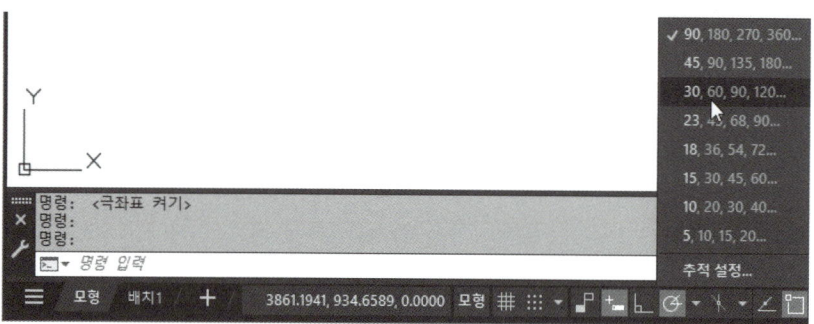

3 원하는 거리를 입력하고 엔터키를 누르고, 정확한 각도가 표시되는지 확인합니다.

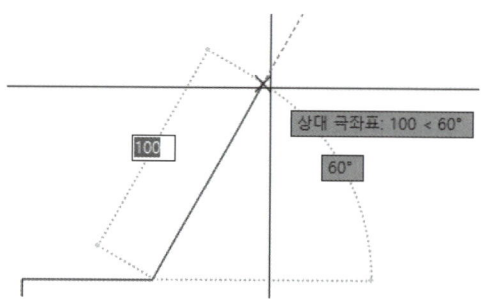

AutoCAD는 소수점 오른쪽(1.0~0)에 있는 정확한 14자리입니다. 따라서 거리를 입력하고 절대 정밀도를 위해 극좌표 스냅을 사용하는 것이 중요합니다. 동적 입력을 끄면 포인터로 표시되는 데이터 필드가 제한되지만, 이 기능을 켜거나 끌 때 직접 거리 입력을 사용할 수 있습니다.

연습 과제 〉 직접 거리 입력 이용하기(Using direct distance entry)

다음 연습 과제에서는 직접 거리 입력 방법을 사용하기 위한 개요를 제공합니다.

1 상태 막대에서 '동적 입력'을 해제하고, 극좌표 추적 설정이 그림처럼 설정되어 있는지 확인합니다.

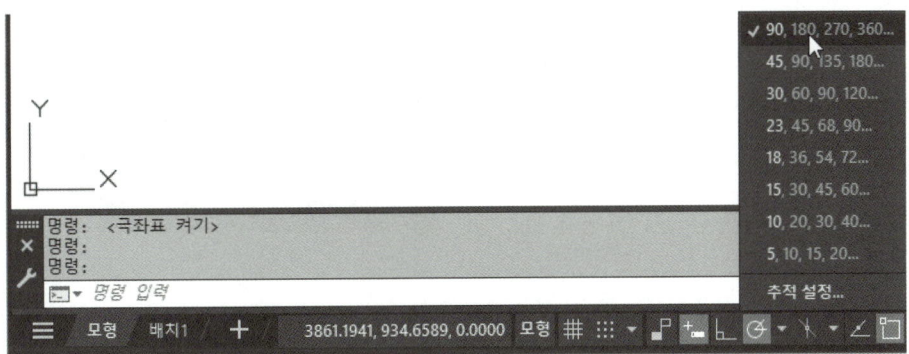

2 '선(Line)' 명령을 호출하고, 시작점(P1)을 클릭합니다. 다음 점을 지정하라는 프롬프트에 다음 그림처럼 오른쪽 수평 방향으로 커서를 드래그해서 명령행에 거리 100을 입력한 다음 엔터키를 누릅니다.

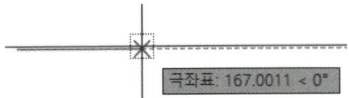

위의 그림에는 극좌표 추적 설정과 극좌표 추적이 활성화되면 커서 오른쪽 아래에 '극좌표 : 거리〈각도' 형식으로 상대 극좌표 모드를 구현합니다.

3 마우스 커서를 위쪽으로 드래그해서 100을 입력하고 엔터키를 누릅니다.

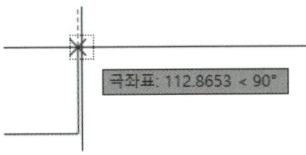

4 마우스 커서를 왼쪽으로 드래그해서 100을 입력하고 엔터키를 누릅니다.

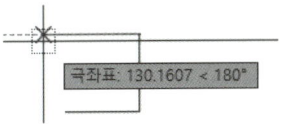

5 마우스 커서를 아래쪽으로 드래그해서 100을 입력하고 엔터키를 두 번 누릅니다.

다음 오른쪽 그림처럼 결과로 한 변이 100인 정사각형을 작도하게 됩니다.

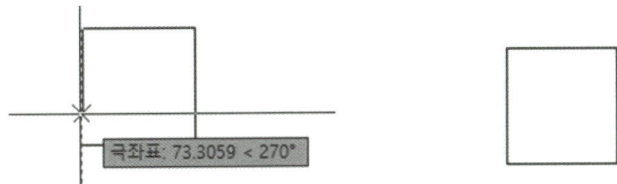

6 상태 막대의 극좌표 추적 설정을 다음 오른쪽 그림처럼 설정합니다.

다음 왼쪽 그림처럼 한 변이 100인 정삼각형을 작도합니다.

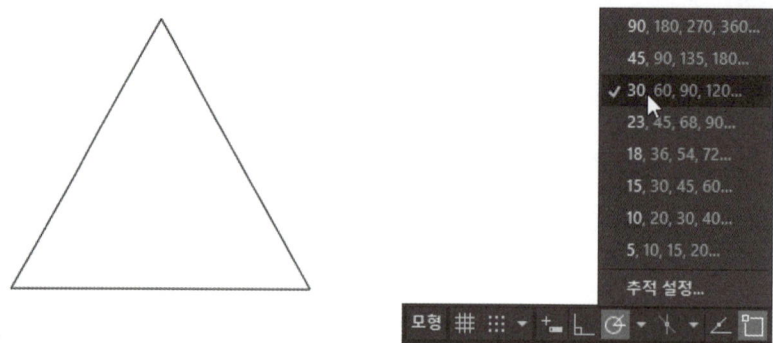

7 상태 막대의 극좌표 추적 설정을 다음 오른쪽 그림처럼 설정합니다.

다음 왼쪽 그림처럼 한 변이 100인 다각형을 작도합니다.

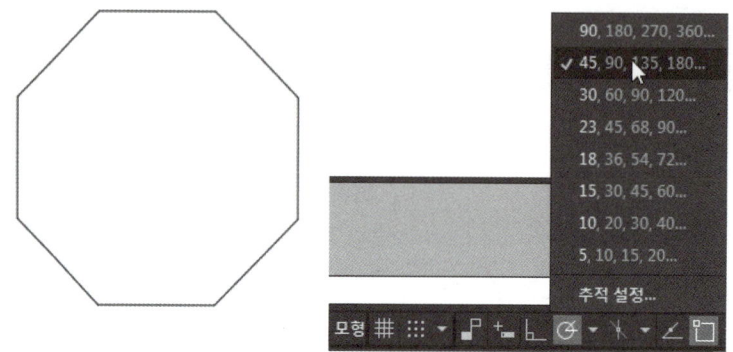

8 원점(0, 0) 또는 임의의 지점에서 다음 그림의 치수를 참고하여 '선(Line)' 명령을 호출해서 팔각형을 작도합니다.

ON - 동적 입력(Dynamic input))

OFF - 극좌표 추적(Polar tracking), 직교(Ortho), and 객체 스냅(Object snap)

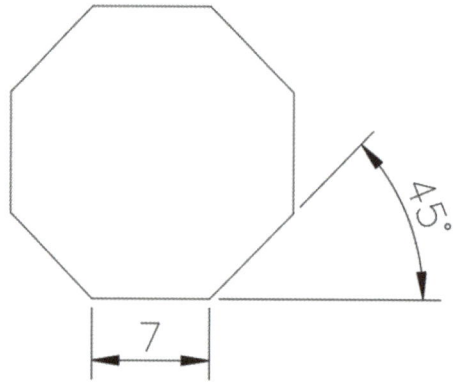

연습 과제〉 데이터 입력하기(Data entry)

다음 연습 과제에서는 명령줄, 키보드 및 동적 인터페이스를 포함한 다양한 입력 방법을 숙지합니다.

1 반지름 25인 두 개의 원을 작도합니다.

2 한 변의 길이가 50인 삼각형을 작도합니다.

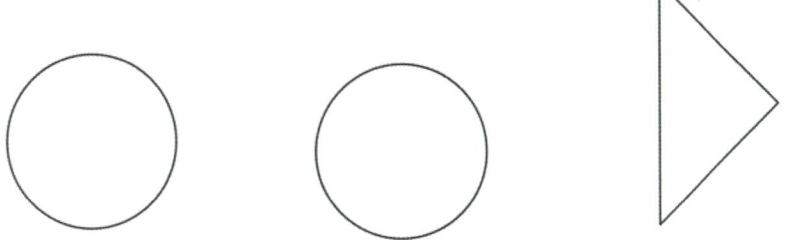

3 두 번째 원을 클릭하고, 3시 방향 그립점 위로 커서를 가져갑니다.
　　반지름이 25인 것을 확인하고, Esc 키를 눌러 선택 해제합니다.

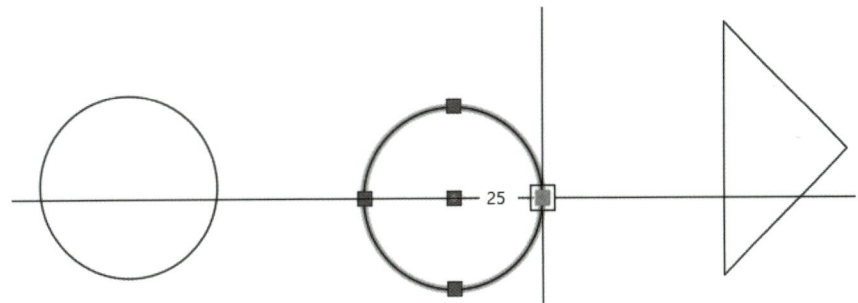

4 삼각형의 두 변을 클릭하고, 교차점에 커서를 가져갑니다.

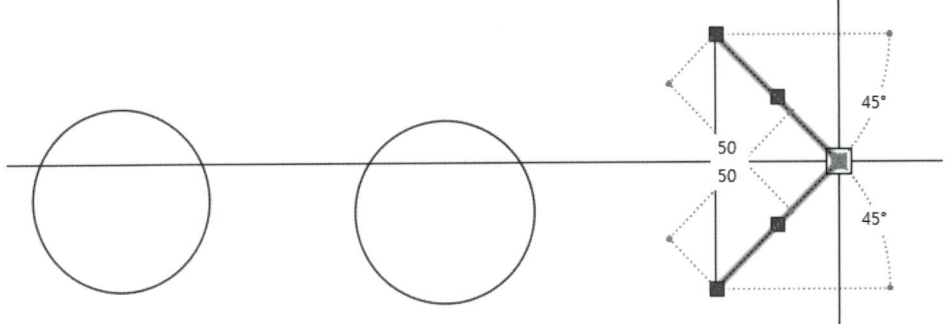

■ 학습 목표

① 폴리선(Polyline)을 이용하여 다양한 복합 객체를 작성합니다.
② 가장 부드러운 스플라인(Spline) 곡선을 이용해서 객체를 정의합니다.
③ 다각형(Polygon) 및 타원(Ellipse) 객체를 이용해서 도면을 작성합니다.
④ 도면에 도형을 배치하기 위해 선형 객체, 즉 구성선, 광선을 보조선으로 활용합니다.
⑤ 여러 줄 객체를 작도하고 편집 및 수정합니다.

CHAPTER

5

객체 정의하기
(Defining objects)

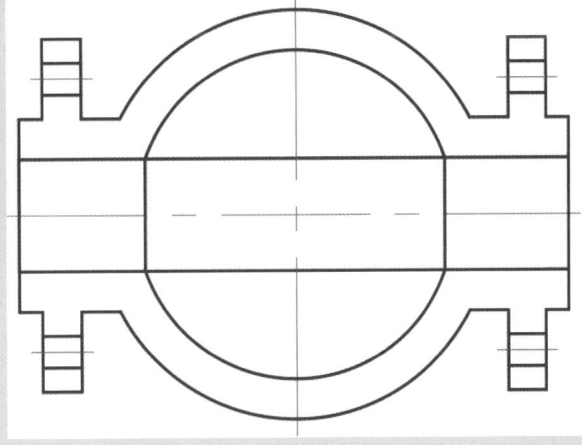

01 복합 객체 그리기
(Draws complex objects)

❏ 폴리선 정의(Definition of polyline)

폴리선(Polyline)은 선 및 호와 같은 공통 도면요소의 세그먼트를 단일 객체에 통합하는 특수 도면요소의 유형입니다. 폴리선에는 다른 객체에서는 사용할 수 없는 특수 특성도 있습니다.

이러한 특성에는 다음과 같은 내용이 포함됩니다.

- 전역 폭
- 시작 세그먼트 폭
- 끝 세그먼트 폭

폴리선을 사용하면 위에서 언급한 특성 외에도 객체 작성 중에 모양을 제어할 수 있을 뿐만 아니라 폴리선을 작성한 후 객체를 편집할 수 있는 특정 도구 및 옵션도 훨씬 더 많이 선택할 수 있습니다.

다음 그림에서는 여러 개의 객체가 표시되며 각 객체는 다른 방법을 사용하여 작성된 단일 폴리선을 나타냅니다.

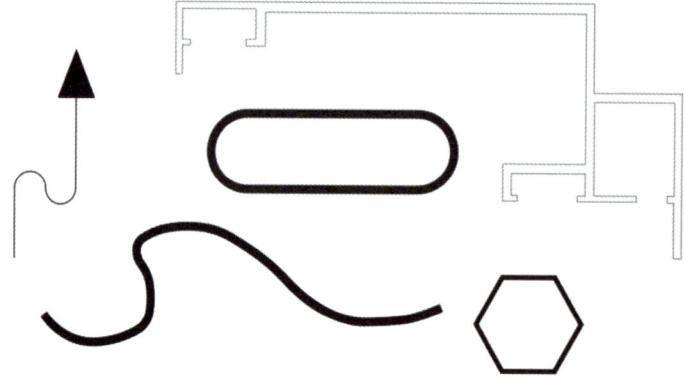

대지 경계 및 제안된 건물 공간을 나타내기 위해 폴리선이 사용됩니다. 건축 도면에 폴리선 객체를 사용하면, 설계자가 면적 또는 둘레와 같은 특성을 신속하게 결정할 수 있을 뿐만 아니라 폴리선을 강조하기 위한 전역 폭을 추가할 수 있습니다.

1.1 폴리선 명령(Polyline command)

'폴리선(Pline)' 명령은 다음과 같이 모두 또는 일부 기능을 수행합니다.

① 선 및 호 세그먼트를 작도합니다.
② '선(Line)' 및 '호(Arc)' 명령과 같이 선 및 호 세그먼트를 그리는 대신 동일한 명령에서 복합 객체로 작도합니다.
③ 시작 및 끝 폭을 갖는 선 및 호들을 작도합니다.

[홈] 탭 ⇨ [그리기] 패널에서 [폴리선(Pline)] 명령 아이콘을 클릭합니다.

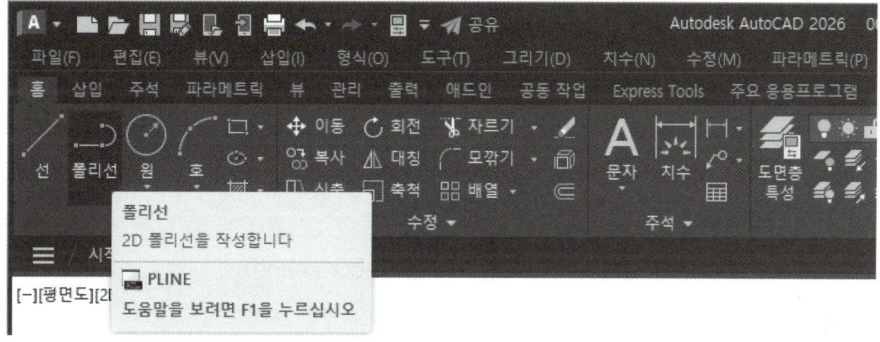

시작점 지정:
현재 선폭은 0.0000임
다음 점 지정 또는 [호(A)/반폭(H)/길이(L)/명령 취소(U)/폭(W)]:

AutoCAD는 첫 번째 점을 지정하라는 프롬프트하고 시작점을 지정하면, 현재 선폭을 표시합니다. '선(Line)' 명령처럼 동일한 방법으로 점을 계속 지정할 수 있습니다.

이때 명령행에 W를 입력하거나 마우스 오른쪽 버튼으로 [폭(W)] 옵션을 클릭하여 폭을 변경하면 다음과 같은 메시지가 표시됩니다.

시작 폭 지정 〈0.0000〉:
끝 폭 지정 〈0.0000〉:

시작 폭을 입력하고, 엔터키를 누른 다음 끝 폭을 입력합니다. 이 값은 저장되고, 다시 '폴리선(Pline)' 명령 호출 시 이 값을 프롬프트 합니다. 반폭에 대한 작업 과정도 같지만, 전체 폭을 지정하는 대신 반폭을 입력합니다. [명령 취소(U)] 및 [닫기(C)] 옵션은 폐곡선으로 폴리선을 작도합니다. [길이(L)] 옵션은 마지막 세그먼트의 각도를 사용하여 선의 길이를 지정합니다. [호(A)] 옵션을 호출하면, 선 세그먼트에 부착된 호를 그립니다. 다음 프롬프트가 표시됩니다.

호의 끝점 지정(Ctrl 키를 누른 상태에서 방향 전환) 또는
[각도(A)/중심(CE)/닫기(CL)/방향(D)/반폭(H)/선(L)/반지름(R)/두 번째 점(S)/명령 취소(U)/폭(W)]:

호는 선의 마지막 세그먼트에 부착되거나 폴리선 명령의 첫 번째 객체가 됩니다. 두 방법의 하나를 사용하면, 호의 첫 번째 점이 이미 알려져 있으므로 두 개가 더 필요합니다. AutoCAD는 마지막 선분의 각도가 호의 방향(접선)으로 간주한다고 가정합니다. 이 가정을 수락하면 끝점을 지정해야 합니다. 그렇지 않으면 다음 중에서 선택하여 두 번째 정보를 지정합니다:

① 호의 각도
② 호의 중심점
③ 호를 향한 또 다른 방향
④ 호의 반지름
⑤ 호의 파라미터에서 임의의 점이 될 수 있는 두 번째 점

두 번째 점으로 선택된 정보를 기반으로 세 번째 정보를 제공하도록 요청할 것입니다.

연습 과제〉 폴리선 명령 이용하기(Using the Pline command)

1 리본 메뉴 [홈] 탭 ⇨ [그리기] 패널 ⇨ [폴리선(Pline)] 명령 아이콘을 클릭합니다.
2 도면 영역에서 임의의 지점을 클릭해서 시작점(1)으로 지정합니다.
3 마우스 커서를 오른쪽(0도 방향)으로 드래그해서 클릭(2)해서 화살표 선의 길이를 지정합니다.
4 명령행 프롬프트에서 [폭(W)] 옵션을 클릭합니다.
5 시작 폭의 값을 10으로 입력합니다.
6 끝 폭의 값을 0으로 입력합니다.
7 마우스 커서를 오른쪽(0도 방향)으로 드래그해서 클릭(3)해서 화살표의 길이를 지정합니다.
8 명령을 종료하기 위해 엔터키를 누릅니다.

연습 과제〉 폴리선 명령 이용하기(Using the Pline command)

1 다음 왼쪽 그림처럼 점(Point)을 배치합니다. (아직 배우지 않았기 때문에 도면 영역에 점(Point) 배치가 어려우면, 크기를 무시하고, '폴리선(Pline)' 명령을 호출해서 번호 순서대로 작도 결과 도형 모양을 따라 클릭하시면 됩니다.)
2 '객체 스냅(OSNAP)'에서 노드(Node)를 활성화하고, [홈] 탭 ⇨ [그리기] 패널에서 [폴리선(Pline)] 명령을 호출해서 점들을 지나는 폴리선을 작도합니다.

3 점 마크(X)들을 삭제하거나 그것의 도면층을 동결합니다(작도 결과 도형).

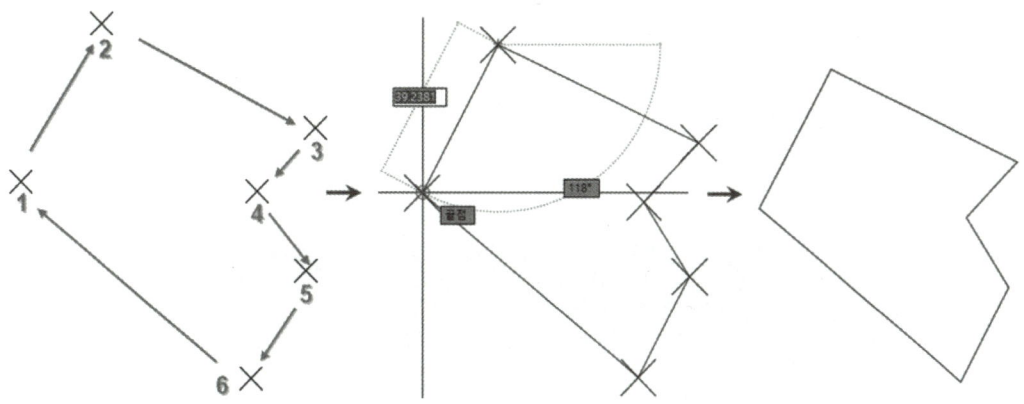

연습 과제〉 폴리선(Pline) 명령으로 다음의 도형을 작도합니다.

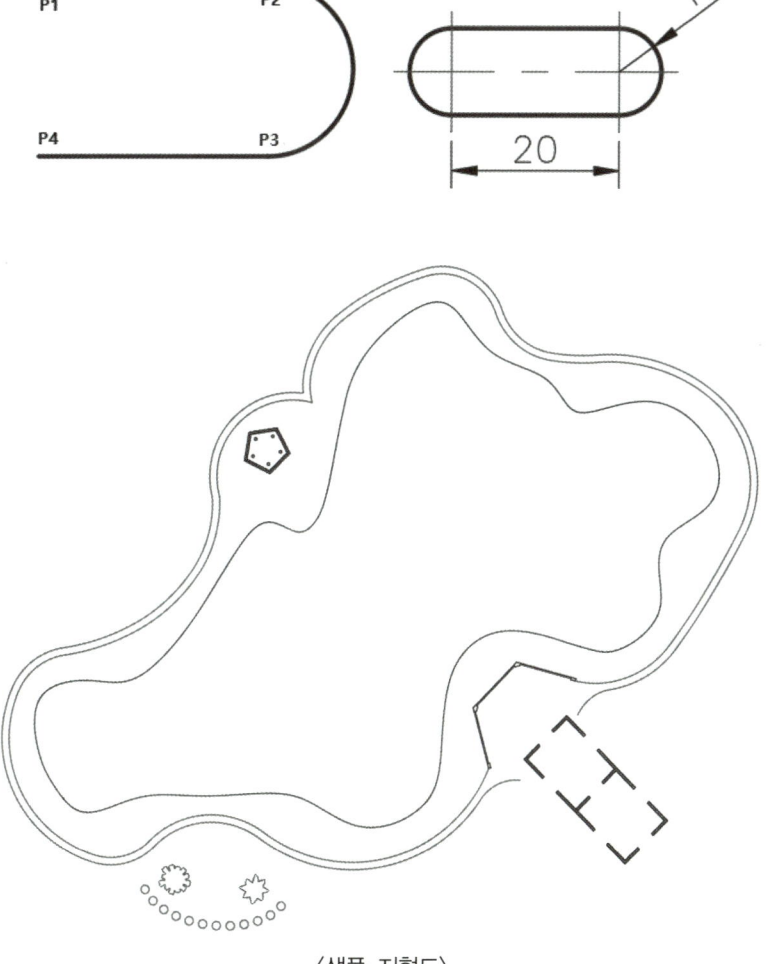

〈샘플 지형도〉

1.2 폴리선 편집 명령(Pedit command)

폴리선만 처리할 수 있는 특수 편집 명령입니다. 일반적인 객체 수정 및 편집 명령으로는 수행할 수 없는 특정 작업을 수행할 수 있습니다. 선과 호를 폴리선으로 변환할 수 있습니다. [홈] 탭 ⇨ [수정] 패널을 확장하고 '폴리선 편집(Pedit)' 명령 아이콘을 클릭합니다. (또는 도면 영역에서 폴리선을 더블 클릭)

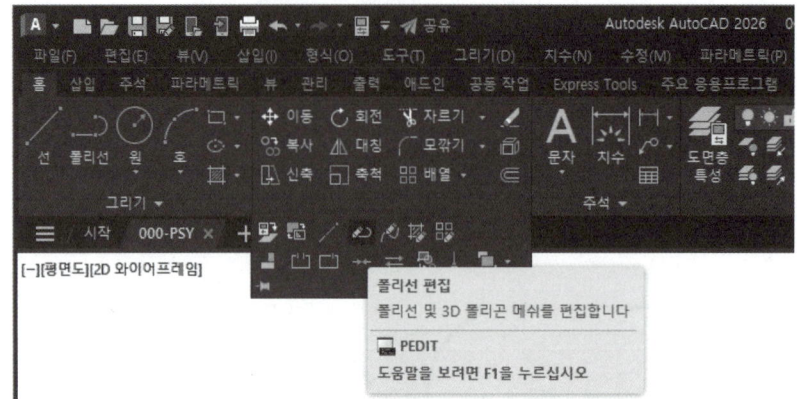

AutoCAD는 프롬프트에서 여러 편집 옵션 중 하나를 수행할 단일 폴리선을 선택하도록 요청합니다. 또한 AutoCAD는 다중 폴리선도 처리할 수 있습니다. 먼저 단일 폴리선에 대한 편집 옵션에 관해 설명한 다음 다중 폴리선에 대한 옵션에 관해 설명합니다.

❏ 열기(O) 및 닫기(C) 옵션

선택한 폴리선이 폐곡선이면 [열기(O)] 옵션이 프롬프트 되고, 그 반대의 경우에는 [닫기(C)] 옵션을 프롬프트 합니다. AutoCAD는 마지막으로 그린 세그먼트를 기억하고 이 세그먼트를 지워 열려 있는 폴리선을 만들기 때문에 이 두 옵션에 대한 프롬프트는 없습니다.

❏ 결합(J) 옵션

이 옵션은 선과 호를 첫 번째로 선택한 폴리선에 결합합니다. 선택한 폴리선에 결합할 객체를 선택하도록 프롬프트 합니다.

❏ 폭(W) 옵션

이 옵션은 선택된 폴리선에 적용할 폭을 입력하는 프롬프트를 표시합니다.

❏ 정점 편집(E) 옵션

이 옵션은 폴리선에서 정점을 선택한 다음, 이 정점에 대해 편집 옵션을 수행합니다. 이 옵션은 매우 길고 지루하며 매우 어렵습니다. 대신 설계자는 폴리선을 분해하고 모든 일반 수정 명령을 수행한 다음 선과 호를 단일 폴리선에 결합할 수 있습니다.

❏ 맞춤(F), 스플라인(S), 및 비곡선화(D) 옵션

[맞춤(F)] 및 [스플라인(S)] 옵션은 두 가지 다른 방법을 사용하여 직선 세그먼트 폴리선을 베지어 곡선 및 스플라인으로 변환하는 옵션입니다.

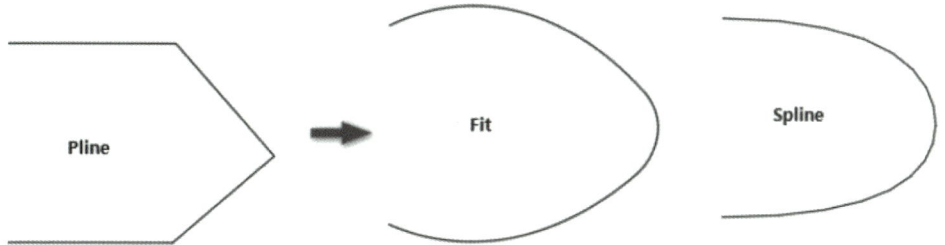

위 그림에서 알 수 있듯이 각 옵션은 프로세스를 다른 방식으로 처리합니다.

① [맞춤(F)] 옵션은 동일한 정점을 사용하고 곡선을 사용하여 연결하므로 대략적인 방법으로 간주합니다.
② [스플라인(S)] 옵션은 꼭짓점을 제어점으로 사용하여 필요한 원곡선을 그립니다.
  이 방법은 더욱 정확한 곡선을 표시합니다.
③ [비곡선화(D)] 옵션은 곡선 모양 폴리선에서 직선 폴리선으로 다시 변환합니다.

❏ 선종류 생성(L) 옵션

이 옵션을 사용하면 폴리선을 직선에서 곡선으로 변환하여 원래 선 유형을 유지할 수 있습니다. 선종류를 유지하려면 이 프롬프트에 대한 응답으로 켜기(ON)를 입력합니다.

❏ 반전(R) 옵션

이 옵션은 폴리선에서 정점의 순서를 반대로 합니다. 이는 다음과 같은 특수 라인 유형을 사용할 때 분명해집니다.

시스템 변수 PLINEREVERSEVERSEWIDS가 폴리선 폭을 반전시킬지를 제어합니다. 값이 0(zero)이면 폴리선이 반전되지 않지만, 값이 1이면 폴리선 폭이 반전됩니다. 반전(REVERSE) 명령 또는 폴리선 편집(PEDIT) 명령의 반전 옵션을 사용하여 폴리선의 방향을 반전할 수 있습니다.

❑ 다중(M) 옵션

이 옵션은 단일 수정 명령을 사용하여 다중 폴리선을 수정합니다. 이 명령의 또 다른 임무는 폴리선을 함께 결합하는 것입니다.

이는 앞서 설명한 선과 호를 결합하는 단일 폴리선에 대한 결합 옵션과는 다릅니다. 이 옵션은 폴리선을 단일 폴리선으로 함께 결합하는 것입니다. 이것은 정점 편집 옵션을 제외하고는 단일 폴리선을 편집하는 것과 동일합니다.

만일 [결합(J)] 옵션을 호출하면,

명령: _pedit
폴리선 선택 또는 [다중(M)]: M
객체 선택: 1개를 찾음
객체 선택: 1개를 찾음, 총 2개
객체 선택:
선, 호 및 스플라인을 폴리선으로 변환 [예(Y)/아니오(N)]? ⟨Y⟩
옵션 입력 [닫기(C)/열기(O)/결합(J)/폭(W)/맞춤(F)/스플라인(S)/비곡선화(D)/
선종류 생성(L)/반전(R)/명령 취소(U)]: J ⟨CR⟩
결합 형식 = 연장(E)
퍼지 거리 또는 [결합 형식(J)] 입력 ⟨0.0000⟩ :

첫 번째 줄은 '결합 형식 = 연장'의 현재 값을 보여 줍니다. 이 값을 변경하려면 [결합 형식(J)] 옵션을 호출합니다.

결합 형식 입력 [연장(E)/추가(A)/모두(B)] ⟨연장(E)⟩ :

- 연장(E) : AutoCAD는 두 끝을 서로 확장하여 다중 폴리선에 결합합니다.
- 추가(A) : AutoCAD가 두 끝 사이에 선을 추가합니다.
- 모두(B) : AutoCAD는 두 가지 방법을 모두 사용합니다.

또한 AutoCAD는 결합할 두 폴리선의 끝단 사이의 최대 허용 거리인 퍼지 거리를 알아야 합니다. 이 값보다 큰 값을 지정하면 AutoCAD는 폴리선 결합을 거부합니다.

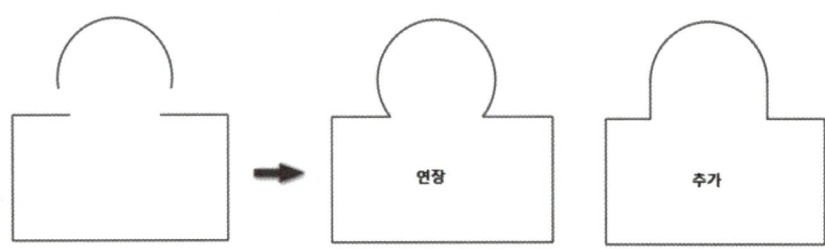

닫힌 폴리선이 있는 경우 기하학적 중심 객체 스냅을 사용하여 중심으로 스냅 할 수 있습니다. 여기에는 규칙적인 모양과 불규칙한 모양이 모두 포함됩니다.

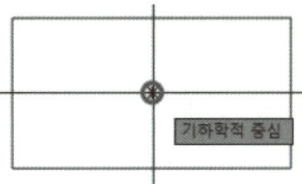

❑ **폴리선을 선과 호로 분해하기(Breaking down polyline into lines and arcs)**

'분해(Explode)' 명령은 폴리선을 선(Line)과 호(Arc)로 분해하고, 모든 다른 복합 객체를 분해할 수 있습니다. [홈] 탭 ➪ [수정] 패널에서 [분해(Explode)] 명령 아이콘을 클릭합니다.

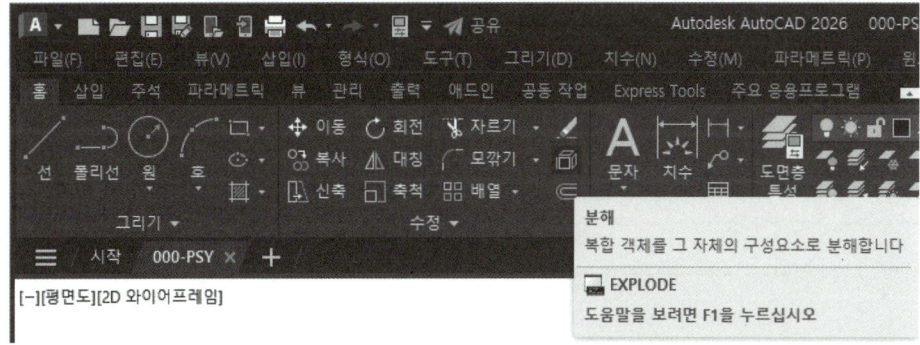

객체 선택 프롬프트에서 원하는 폴리선을 선택하고, 완료되면 엔터키를 누릅니다.

연습 과제〉 폴리선 편집 명령 이용하기(Using Pedit command)

다음 과정에서는 '폴리선 편집(Pedit)' 명령의 [결합(Join)] 옵션을 사용하여 일련의 선(Line)과 호(Arc)를 단일 폴리선으로 결합하는 방법에 대한 개요입니다.

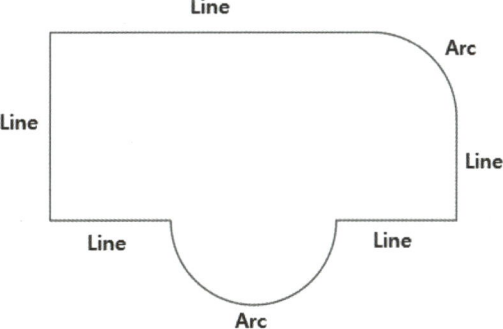

1 리본 메뉴 [홈] 탭 ➪ [수정] 패널 확장 ➪ [폴리선 편집(Pedit)] 명령 아이콘을 클릭합니다.

2 결합할 폴리선, 선 또는 호 중 하나를 선택합니다.

전환하기를 원하십니까? 〈Y〉 프롬프트가 표시됩니다.

엔터키를 누르고 명령행 프롬프트에서 [결합(J)] 옵션을 클릭해서 선택합니다.

3 폴리선으로 결합할 모든 객체를 선택하고 엔터키를 누릅니다.

4 폴리선 편집 명령을 완료하기 위해 엔터키를 누릅니다.

5 이제 위의 오른쪽 그림에 표시된 것처럼 선택하면 객체가 단일 폴리선 객체로 강조 표시됩니다.

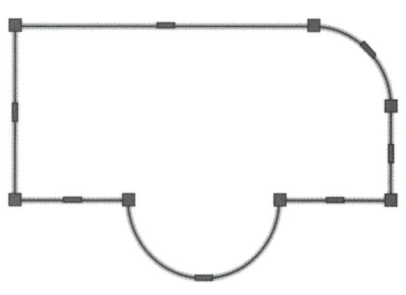

6 리본 메뉴 [홈] 탭 ⇨ [수정] 패널 확장 ⇨ [폴리선 편집(Pedit)] 아이콘을 클릭합니다.
폴리선을 선택하고, 프롬프트에서 [맞춤(F)] 옵션을 호출합니다.

7 프롬프트에서 '비곡선화(D)' 옵션을 호출합니다.

8 명령을 종료하기 위해 엔터키를 누릅니다.

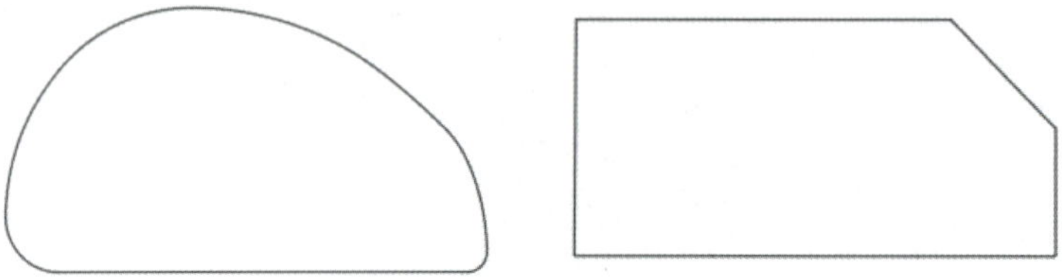

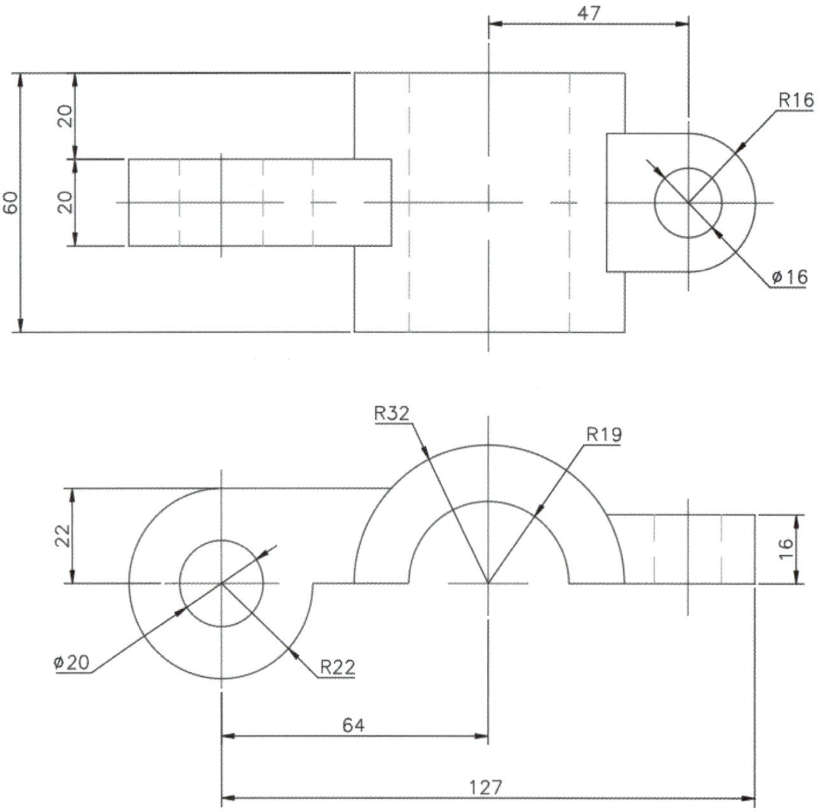

〈샘플 도면〉

02 스플라인 작도 (Creating splines)

❏ 스플라인 정의(Spline definition)

스플라인은 NURBS(NonUniform Rational B-Splines)를 베이스로 하는 제어점을 통과하는 가장 부드러운 곡선입니다. 스플라인은 부드러운 곡률을 허용하는 맞춤 공차를 사용하여 접합점을 통과하도록 도면에 지정됩니다. '그립(Grip)' 또는 '스플라인 편집(Splinedit)' 명령 옵션을 사용하여 스플라인을 편집할 수 있습니다.

[스플라인(S)] 옵션으로 편집된 폴리선은 스플라인과 유사할 수 있지만 스플라인 편집 객체 옵션을 사용하여 스플라인으로 변환되지 않는 한 여전히 폴리선일 수 있습니다. 스플라인화된 폴리선을 스플라인으로 변환할 수 있지만, 기본적인 AutoCAD 명령을 사용하여 스플라인은 폴리선으로 변환할 수 없습니다.

폴리선을 그리는 방법과 유사한 스플라인을 작성하여 연속된 각 점 또는 정점을 지정하여 객체의 모양을 결정합니다.

다음 오른쪽 그림은 폴리선의 예입니다. 각 그림은 정점을 강조 표시합니다. 스플라인을 작성할 때 선 세그먼트 대신 제어점을 통해 부드러운 곡선이 맞춤 되고 각 끝점의 접선을 지정해야 합니다. 다음 오른쪽 그림은 폴리선과 정확히 동일한 점을 통과하는 스플라인의 예입니다.

폴리선을 작성하고 '폴리선 편집(Pedit)' 명령을 사용하여 스플라인 폴리선을 작성할 수 있습니다. 그런 다음 객체 옵션과 함께 '스플라인 편집(Splinedit)' 명령을 사용하여 스플라인으로 변환할 수 있습니다.

스플라인으로 변환된 스플라인 폴리선과 스플라인 폴리선은 모두 동일하게 나타나지만, 두 폴리선은 본질적으로 서로 다른 객체이기 때문에 다르게 동작합니다. 곡면 성을 부드럽게 유지하고 스플라인이 특정 방식으로 동작하도록 만드는 것은 끝점의 접선 및 제어점의 공차입니다.

2.1 스플라인 명령(Spline command)

AutoCAD의 '스플라인(Spline)' 명령은 두 개 이상의 제어점들을 기준으로 NURBS(Non-Uniform Rational B-Splines) 베이스로 가장 부드러운 곡선을 작도합니다. 그것은 정확한 수학 방정식에 기초하여 스플라인 곡선을 그릴 것입니다. '스플라인(Spline)' 명령은 하나이지만 두 개의 키를 사용하여 맞춤점(Fit points) 또는 조정 정점(Control vertices)이라는 두 가지 다른 메서드를 호출합니다.

[홈] 탭 ⇨ [그리기] 패널을 확장하고 [스플라인 맞춤] 명령 아이콘을 클릭합니다.

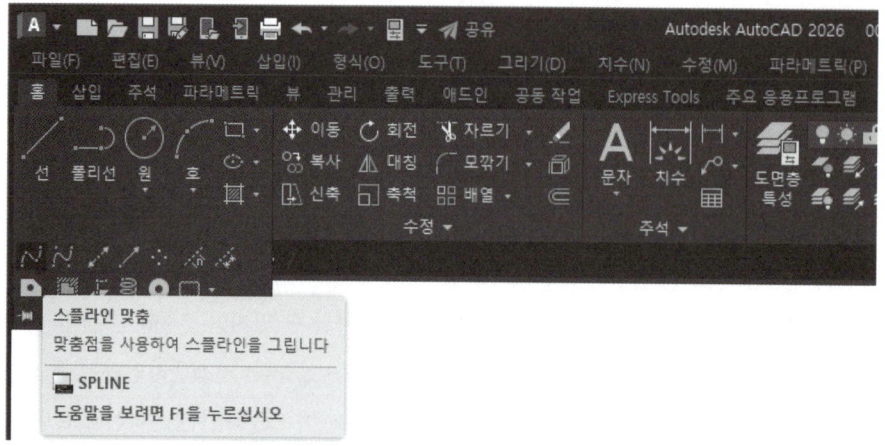

[홈] 탭 ⇨ [그리기] 패널을 확장하고 [스플라인 CV] 명령 아이콘을 클릭합니다.

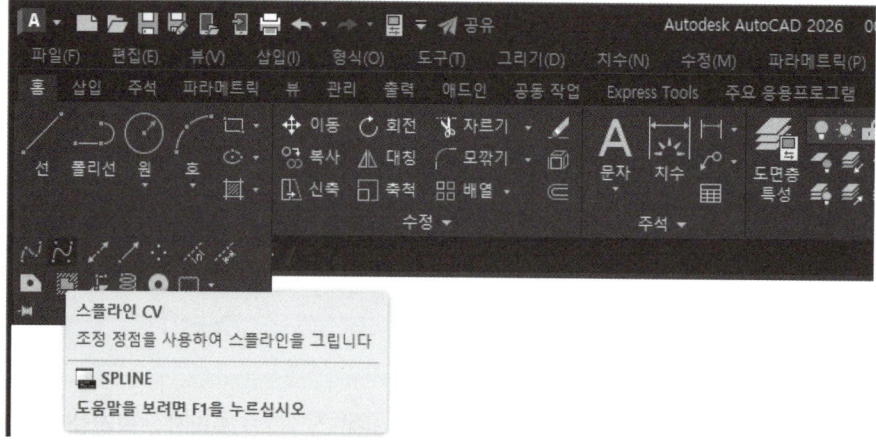

❑ 스플라인 맞춤점 이용하기(Using the fit points method)

이 방법은 맞춤점(Fit points)이 일치하는 스플라인을 그립니다. AutoCAD에서 원하는 점을 지정하여 형상을 자동으로 닫는 옵션과 함께 스플라인을 그릴 것을 프롬프트 합니다.

이전 버전의 AutoCAD에서는 시작 접선과 종료 접선을 지정했지만, 이 버전에서는 다음과같이 필요하지 않습니다. AutoCAD는 지정된 점을 기준으로 이 작업을 수행합니다. 위의 인수는 참이지만 AutoCAD 프롬프트에서 시작 접선(시작 접촉부)과 종료 접선(끝 접촉부)을 지정할 수 있습니다.

명령: _SPLINE
현재 설정: 메서드=맞춤 매듭=현
첫 번째 점 지정 또는 [메서드(M)/매듭(K)/객체(O)]: _M
스플라인 작성 메서드 입력 [맞춤(F)/CV(C)] 〈맞춤〉: _FIT
현재 설정: 메서드=맞춤 매듭=현
첫 번째 점 지정 또는 [메서드(M)/매듭(K)/객체(O)]:
다음 점 입력 또는 [시작 접촉부(T)/공차(L)]:
다음 점 입력 또는 [끝 접촉부(T)/공차(L)/명령 취소(U)]:
다음 점 입력 또는 [끝 접촉부(T)/공차(L)/명령 취소(U)/닫기(C)]:
다음 점 입력 또는 [끝 접촉부(T)/공차(L)/명령 취소(U)/닫기(C)]:

AutoCAD는 다음 그림처럼 선택한 점을 연결하는 곡선을 그립니다.

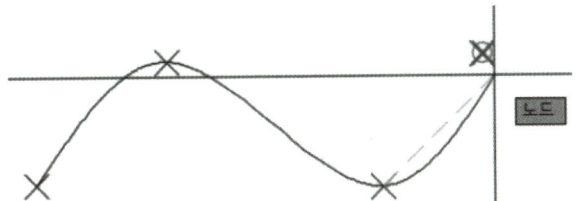

설계자는 시작점과 끝점 이외의 점에 대한 공차를 지정할 수 있습니다.

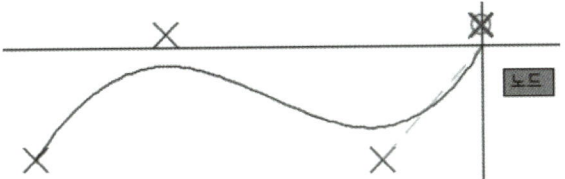

또한 다음 그림처럼 AutoCAD는 '폴리선 편집(Pedit)' 명령을 사용하여 모든 폴리선을 스플라인으로 변환하고 스플라인 명령의 맞춤 옵션으로 실제 스플라인으로 변환할 수 있습니다.

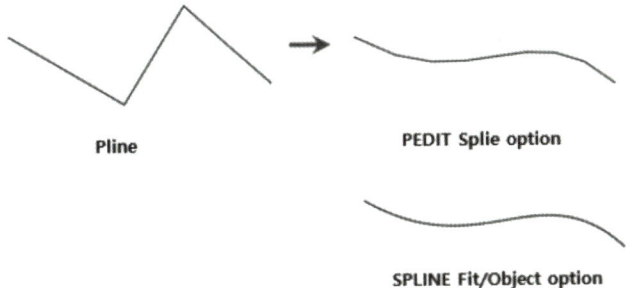

❏ 조정 정점 이용하기(Using the control vertices method)

이 방법은 제어 프레임을 정의하는 제어 정점을 사용하여 스플라인을 그립니다. 제어 프레임은 스플라인을 형상화하는 편리한 방법을 제공합니다. AutoCAD에서 원하는 점을 지정하여 형상을 자동으로 닫는 옵션과 함께 스플라인을 그릴 것을 프롬프트 합니다.

명령: _SPLINE
현재 설정: 메서드=맞춤 매듭=현
첫 번째 점 지정 또는 [메서드(M)/매듭(K)/객체(O)]: _M
스플라인 작성 메서드 입력 [맞춤(F)/CV(C)] 〈맞춤〉: _CV
현재 설정: 메서드=CV 차수=3+
첫 번째 점 지정 또는 [메서드(M)/각도(D)/객체(O)]:
다음 점 입력:
다음 점 입력 또는 [명령 취소(U)]:
다음 점 입력 또는 [닫기(C)/명령 취소(U)]:
다음 점 입력 또는 [닫기(C)/명령 취소(U)]:

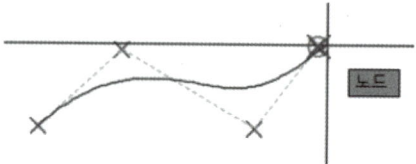

한편 [각도(D)] 옵션을 호출하여 스플라인의 차수를 지정하여 결과 스플라인의 다항식 정도를 설정할 수 있습니다. 설계자는 1도(선형), 2도(2차), 3도(입방체) 등을 10도까지 입력할 수 있습니다.

❏ 스플라인 주요 용어(Spline Key Terms)

① 열린 스플라인 : 첫 번째 점과 마지막 점이 함께 결합하지 않은 스플라인입니다.
② 닫힌 스플라인 : 첫 번째 점과 마지막 점이 동일하고 스플라인 명령의 닫기 옵션을 사용하여 생성된 스플라인입니다.
③ 맞춤 점(Fit points) : 스플라인을 작성할 때 지정하는 도면의 점.
④ 제어점(Control points) : 우리가 스플라인의 제어점들을 통과하는 스플라인을 재정의한 후에 맞춤 점 데이터들이 손실됩니다.
⑤ 맞춤점 공차(Fit point tolerance) : 우리가 지정한 맞춤점에 스플라인을 얼마나 가깝게 그려야 하는지에 대한 도면 단위의 최대값입니다. 기본값 0은 스플라인은 맞춤점을 통해 직접 그려져야 함을 의미합니다.
⑥ 시작 혹은 끝 접선(Start or end tangencies) : 열린 스플라인의 경우 스플라인이 접선이어야 하는 첫 번째 또는 마지막 맞춤점을 통과하는 벡터 방향을 정의할 수 있습니다. 닫힌 스플라인의 경우 접선은 처음 정의된 세그먼트와 마지막 정의된 세그먼트 간의 전환을 제어합니다.

연습 과제〉 스플라인 작도하기(Creating Spline) - 맞춤점(Fit)

다음 연습 과정은 도면에 스플라인(Spline)을 작도하는 개요를 제공합니다.

1 리본 메뉴 [홈] 탭 ➪ [그리기] 패널을 확장하고 [스플라인 맞춤] 명령 아이콘을 클릭합니다.

2 다음 그림처럼 스플라인이 통과해야 하는 위치를 연속해서 클릭합니다.

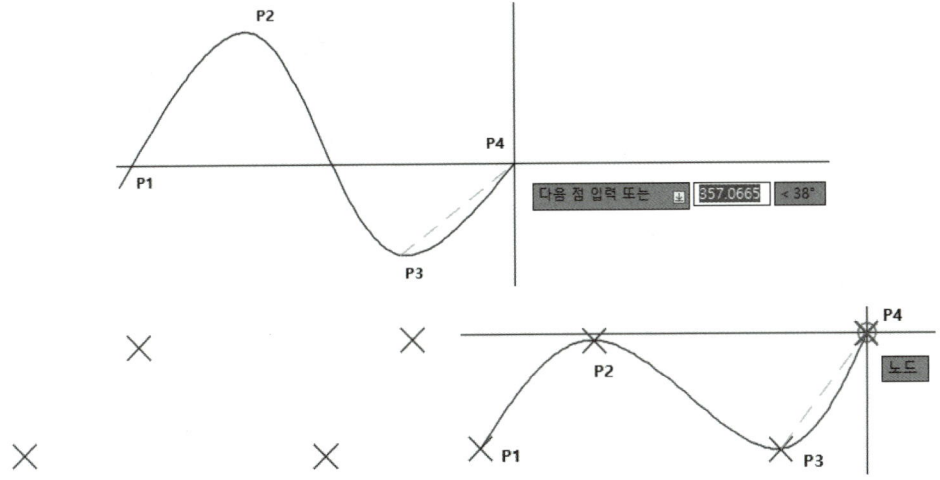

3 스플라인 작도를 종료하기 위해 엔터키를 누릅니다.

연습 과제〉 스플라인 작도하기(Creating Spline) - 조정 정점(CV)

다음 연습 과정은 도면에 스플라인(Spline)을 작도하는 개요를 제공합니다.

1 리본 메뉴 [홈] 탭 ➪ [그리기] 패널을 확장하고 [스플라인 CV] 명령 아이콘을 클릭합니다.

2 다음 그림처럼 스플라인이 통과해야 하는 위치를 연속해서 클릭합니다.

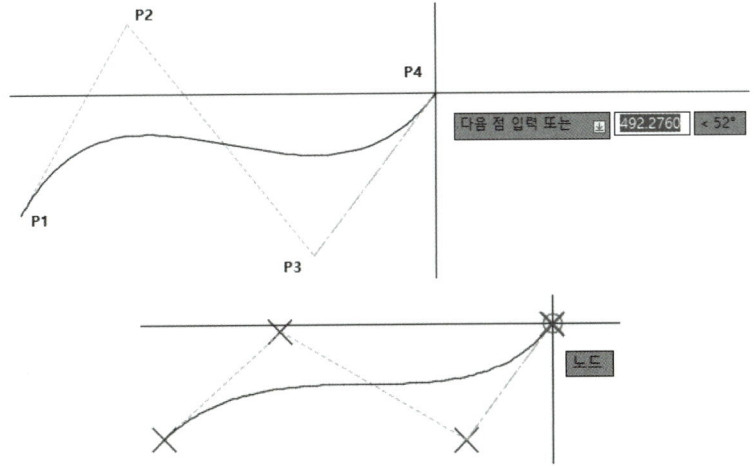

3 스플라인 작도를 종료하기 위해 엔터키를 누릅니다.

2.2 스플라인 편집 명령(Splinedit command)

[홈] 탭 ⇨ [수정] 패널을 확장하고 [스플라인 편집(Splinedit)] 명령 아이콘을 클릭하고, 스플라인을 선택합니다. 옵션을 호출하고, 프롬프트에 따라 작업을 진행합니다. 또 다른 방법은 도면 영역에서 스플라인을 더블 클릭합니다. 맞춤점(Fit) 방법으로 생성된 스플라인을 클릭하면, 역삼각형과 함께 맞춤점이 표시되므로 맞춤점 또는 조정 정점(CV)을 표시할 수 있습니다. 정점에 커서를 가져가면,

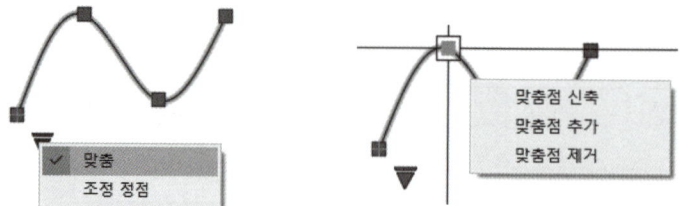

조정 정점(CV) 방법으로 생성된 스플라인을 클릭하거나, 다음의 조정 정점(CV) 시작점 또는 끝점에 머무르면 추가 옵션이 표시됩니다.

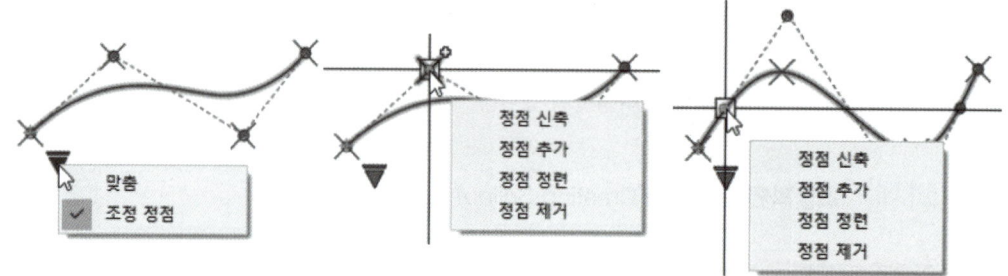

연습 과제〉 스플라인 편집하기(Editing Spline)

다음 연습 과정은 그림을 이용해서 도면에서 스플라인을 편집하는 개요를 제공합니다.

1 도면 영역에서 스플라인 객체를 클릭합니다.

2 다음 그림처럼 그립 제어점(1)을 클릭한 후 새로운 위치(2)로 드래그해서 클릭합니다.

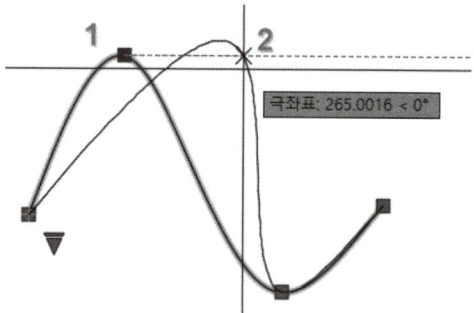

3 선택을 해제하기 위해 Esc 키를 누릅니다.

연습 과제〉 스플라인을 폴리선으로 변환하기(Converting spline to polyline)

다음 연습 과정은 스플라인을 폴리선으로 변환하는 개요를 제공합니다.

1 도면 영역에서 스플라인 객체를 클릭합니다.

2 도면 영역의 빈 곳에 마우스 오른쪽 버튼을 클릭한 후 단축 메뉴에서 [스플라인] ⇨ [폴리선으로 변환] 을 클릭합니다.

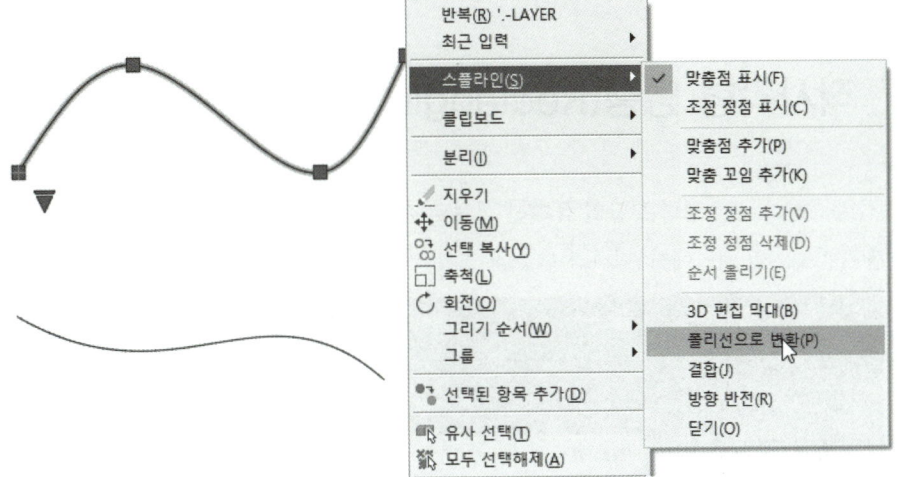

3 명령행에 정밀도도 10을 입력하거나 엔터키를 눌러 기본값을 적용합니다.
스플라인은 폴리선으로 변환됩니다.

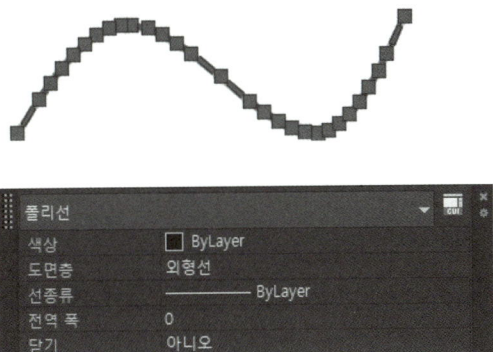

03 다각형 그리기 (Draw a polygon)

3.1 직사각형 명령(Rectangle command)

'직사각형(Rectangle)' 명령은 단일 폴리선 객체로 직사각형 또는 정사각형 객체를 그립니다. [홈] 탭 ⇨ [그리기] 패널에서 [직사각형(Rectangle)] 명령 아이콘 버튼을 클릭합니다.

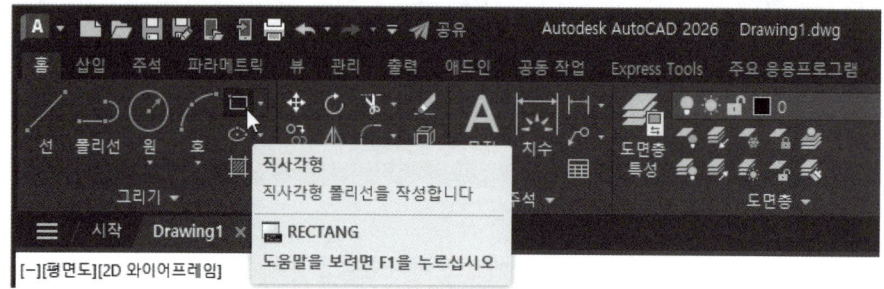

프롬프트에서 대각선으로 두 개의 반대쪽 모서리를 지정하여 직사각형을 그릴 수 있습니다. 사각형을 작도하는 다른 옵션에는 [영역(A)], [치수(D)] 및 [회전(R)] 옵션이 있습니다.

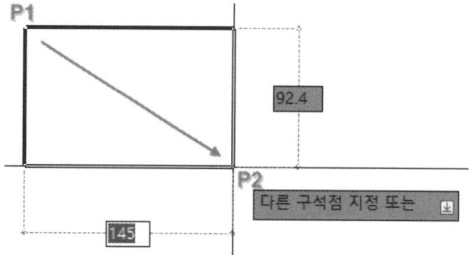

❏ 영역(A) 옵션

이 옵션은 두 번째 모서리를 지정하기 전에 직사각형의 총면적을 지정합니다. AutoCAD는 설계자에게 총면적을 입력하도록 요청한 다음 길이(X축) 또는 폭(Y축)을 입력하도록 요청합니다. 그런 다음 AutoCAD는 첫 번째 모서리 위와 오른쪽에 직사각형을 그립니다.

❏ 치수(D) 옵션

이 옵션은 길이(X축)와 폭(Y축)을 지정하여 직사각형을 그립니다. AutoCAD는 길이와 폭을 입력하라는 메시지를 표시합니다. 마지막 프롬프트에서는 설계자에게 두 번째 점의 위치를 입력하도록 요청합니다.

❏ 회전(R) 옵션

이 옵션은 회전 각도로 회전된 직사각형을 그립니다. 값을 입력하거나 점을 지정하여 회전 각도를 지정합니다.

❏ 직사각형 명령 지침(Rectangle command guidelines)

① '직사각형(Rectangle)' 명령은 폴리선 객체를 생성합니다.
② 직사각형이 폴리선이기 때문에 세그먼트를 선택하면 전체 직사각형이 선택됩니다.
③ 직사각형을 그리는 가장 간단한 방법은 첫 번째 모서리를 지정한 다음 반대쪽 모서리를 상대 x, y 좌표를 사용하여 지정하는 것입니다.
  예: 첫 번째 모서리 점을 선택한 후 @4, 5를 입력하여 4 x 5의 직사각형을 만듭니다.
④ 직사각형은 모든 모서리에서 시작할 수 있습니다.
  첫 번째 점을 선택한 후 @-4,-5를 입력하면 선택한 첫 번째 점의 왼쪽 아래 및 아래에 있는 사각형이 만들어집니다.

> **참고〉 영역(A) 옵션**
>
> 영역(A) 옵션을 사용하여 직사각형 크기를 지정할 때, 길이 프롬프트는 수평 거리를 참조하고 폭 프롬프트는 수직 거리를 참조합니다.
> 직사각형이 회전하는 경우 길이는 회전각을 따라 거리를 나타내고 폭은 회전각과 수직인 거리를 나타냅니다.

> **참고〉 치수(D) 옵션**
>
> 치수(D) 옵션을 사용할 때 방향을 선택하려면 클릭해야 합니다. 길이 및 폭의 값을 입력한 후 커서를 위아래 또는 왼쪽과 오른쪽으로 이동하여 사용할 수 있는 방향을 확인합니다. 원하는 방향이 표시되면 클릭하여 사각형을 만듭니다.

3.2 폴리곤 명령(Polygon command)

'폴리곤(Polygon)' 명령은 단일 폴리선 객체로 사용해서 다각형을 작도합니다.

[홈] 탭 ⇨ [그리기] 패널에서 [폴리곤(Polygon)] 명령 아이콘을 클릭합니다.

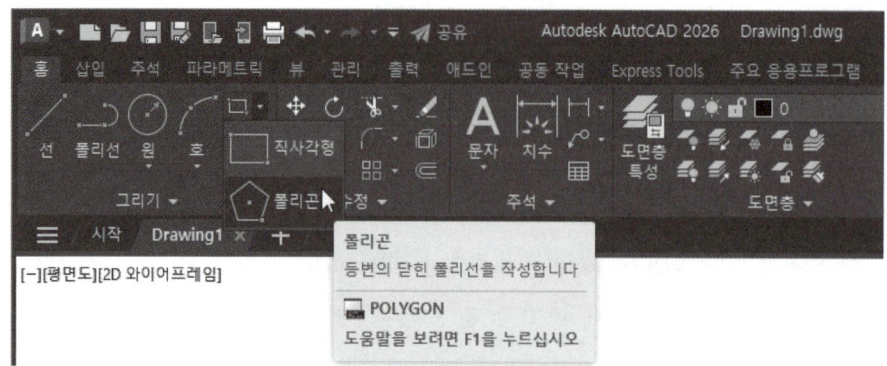

AutoCAD는 가상 내접원 혹은 외접원을 사용하거나 변 중 하나의 길이와 각도를 지정하여 다각형을 그리는 두 가지 방법을 제공합니다. 프롬프트에서 다각형 변의 개수를 입력합니다. 디폴트로 다각형의 중심을 지정하거나 [모서리(E)] 옵션을 호출하라고 프롬프트 합니다. 다음 프롬프트에서 [내접(I)] 혹은 [외접(C)] 옵션을 지정하면, 반지름값을 지정해야 합니다.

명령: _polygon

면의 수 입력 ⟨6⟩: 4⟨CR⟩

폴리곤의 중심을 지정 또는 [모서리(E)]: E⟨CR⟩

모서리의 첫 번째 끝점 지정: P1

모서리의 두 번째 끝점 지정: @100⟨0⟨CR⟩

명령: Polygon

면의 수 입력 ⟨4⟩: 6⟨CR⟩

폴리곤의 중심을 지정 또는 [모서리(E)]: P2

옵션을 입력 [원에 내접(I)/원에 외접(C)] ⟨I⟩: ⟨CR⟩

원의 반지름 지정: 60⟨CR⟩

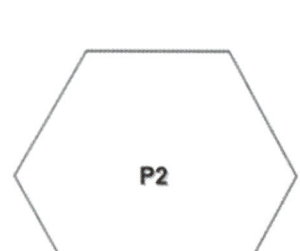

❑ 가상 원 이용하기

이 방법은 가상 원의 크기에 따라 달라집니다. 다각형은 그 안에 내접되거나 그 주위에 외접 됩니다. 원의 중심과 다각형이 일치하므로 원의 반지름이 다각형의 크기를 결정합니다. 다각형의 중심과 모서리 중 하나 사이의 거리를 알고 있는 경우 [내접(I)] 옵션을 사용합니다. 그러나 모서리 중 하나의 정점과 중심점 사이의 거리를 알고 있는 경우 [외접(C)] 옵션이 해결책입니다.

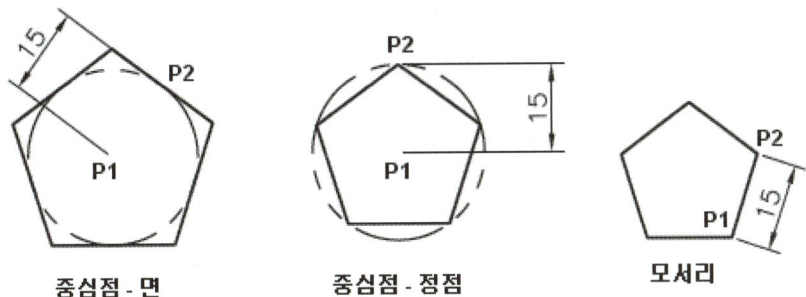

중심점 - 면　　　　　중심점 - 정점　　　　　모서리

❏ 모서리 중 하나의 길이와 각도 사용

다각형의 중심을 모르면, 위의 방법을 사용할 수 없습니다. 또는 한 변의 길이를 지정하면, 다른 변의 길이가 자동으로 알려집니다. 두 점을 한 변의 길이로 지정하는 동안 이 변의 각도도 지정합니다. 따라서 다른 변의 각도도 정의됩니다.

❏ 폴리곤 명령 지침(Polygon command guidelines)

① 폴리곤(다각형)은 3~1024 사이의 면을 가질 수 있습니다.
② 지정한 변의 수와 관계없이 모든 변의 길이는 동일합니다.
③ '폴리곤(Polygon)' 명령은 폴리선 객체를 생성합니다.
④ 폴리곤은 구름형 리비전 및 기타 유형의 주석 기호를 만드는 데 좋은 도구입니다.

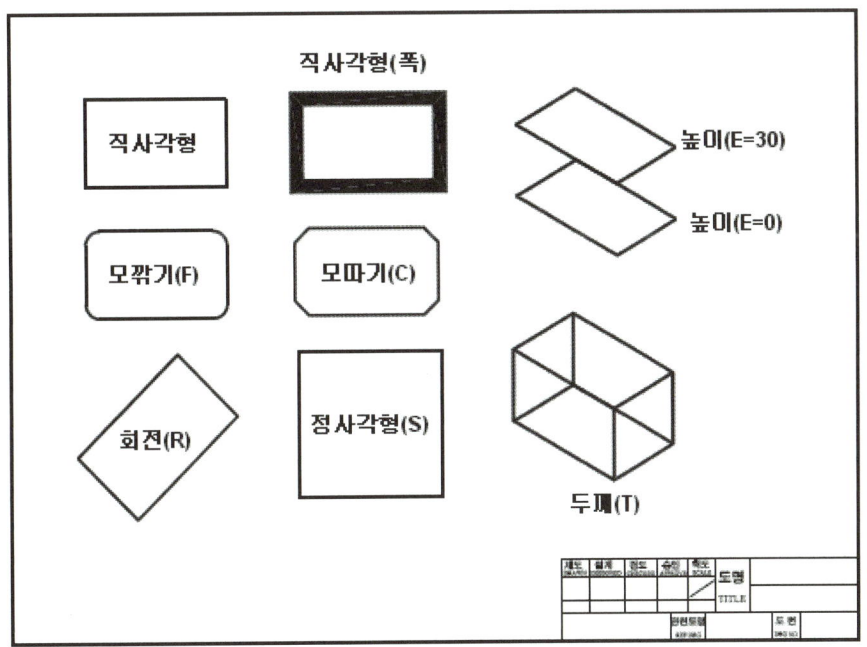

〈직사각형(RECTANGLE) 명령 옵션〉

3.3 타원 명령(Ellipse command)

타원은 장축과 단축을 정의하고 중심점을 통해 직각으로 교차하는 네 개의 고정된 점에 의해 생성되는 닫힌 원곡선입니다. '타원(Ellipse)' 명령은 타원 혹은 타원 호를 작도합니다.

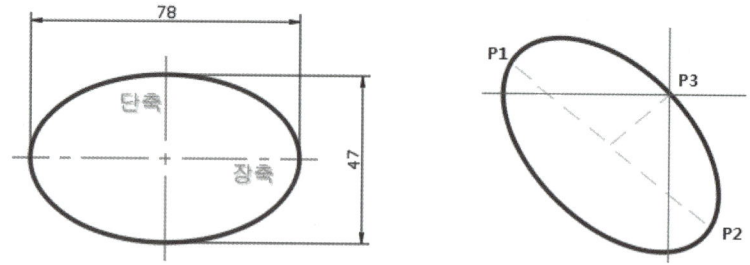

[홈] 탭 ⇨ [그리기] 패널에서 [타원(Ellipse)] 명령 아이콘을 클릭합니다.

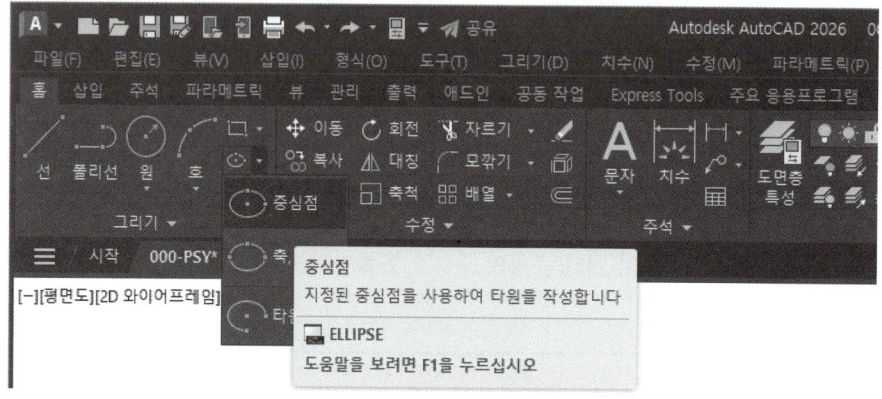

❑ 중심 옵션을 이용해서 타원 작도하기(Drawing an ellipse using the center option)

이 옵션을 이용해서 우리는 타원을 구성하는 세 점을 지정해야 합니다.

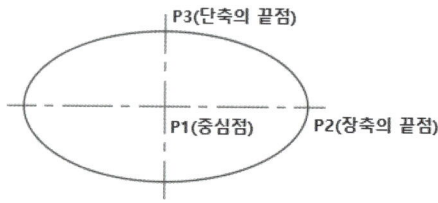

❑ 축 끝을 이용해서 타원 작도하기(Drawing an ellipse using axis points)

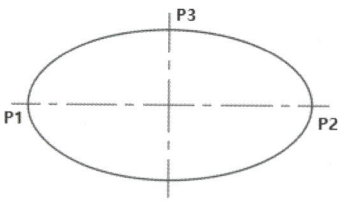

위의 두 가지 방법의 하나를 사용하면, 마지막 단계에 [회전(R)]이라는 옵션이 포함됩니다. 두 점을 정의하면 원이 그려집니다. 커서로 회전 지점을 클릭하면, 타원을 얻을 것입니다.

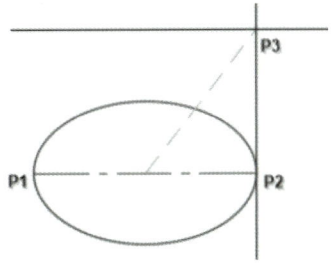

❑ 타원 호 작도(Creating an ellipse arc)

타원형 호를 그리는 첫 세 단계는 위에서 설명한 타원 자체를 그리는 것과 동일합니다.

그런 다음 AutoCAD에서 시작 각도와 종료 각도를 시계 반대 방향으로 지정하라는 메시지가 표시됩니다. 또 다른 방법은 첫 번째 각도를 지정한 후 끝 각도 대신 포함된 각도를 입력할 수 있습니다.

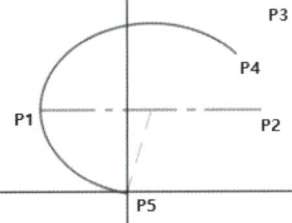

❑ 등각원(Isometric circle)

등각원은 객체의 등각 뷰를 그릴 때 특히 유용합니다.

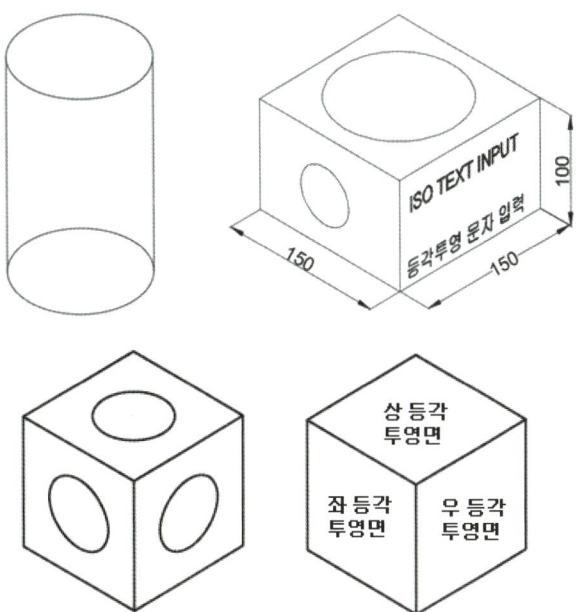

연습 과제〉 타원 작도하기(Creating an ellipse)

다음 연습 과정은 축 끝점을 정의하여 타원을 만드는 방법에 대한 개요를 제공합니다.

1 리본 메뉴 [홈] 탭 ⇨ [그리기] 패널 ⇨ [타원 - 축, 끝점] 명령 아이콘을 클릭합니다.

2 첫 번째 축 왼쪽 끝점(P1)을 지정하고, 다른 쪽의 끝점(P2)을 지정합니다.

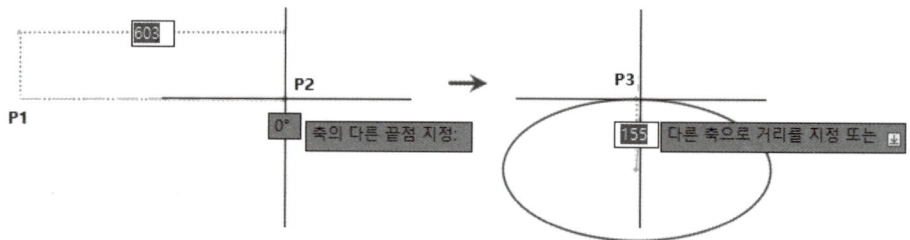

3 다른 축 끝점(P3)까지의 거리를 지정하려면 클릭합니다. 타원이 생성됩니다.

연습 과제〉 타원 호 그리기 작도하기(Creating an elliptical arc)

다음 연습 과정에서는 타원 호 작성에 대한 개요를 제공합니다. 타원을 작성하는 것과 동일합니다.

1 리본 메뉴 [홈] 탭 ⇨ [그리기] 패널에서 [타원 호] 명령 아이콘을 클릭합니다.

2 첫 번째 축 왼쪽 끝점(P1)을 지정하고, 다른 쪽의 끝점(P2)을 지정합니다.

3 다른 축 끝점(P3)까지의 거리를 지정하려면 클릭합니다.

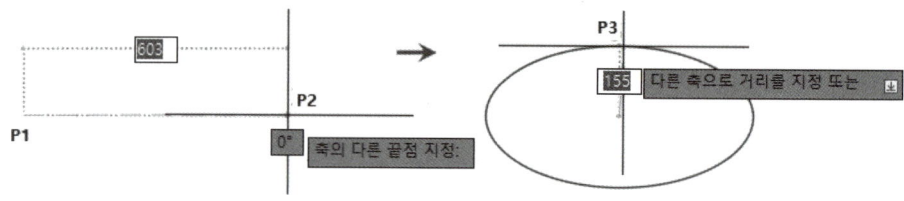

4 다음 그림처럼 시작점(P4)을 클릭해서 지정합니다.

5 다음 그림처럼 끝 각도(P5)를 클릭해서 지정합니다.

TIP〉 시작점과 끝 각도가 지정된 순서에 따라 타원의 어느 부분이 제거되는지 결정됩니다.

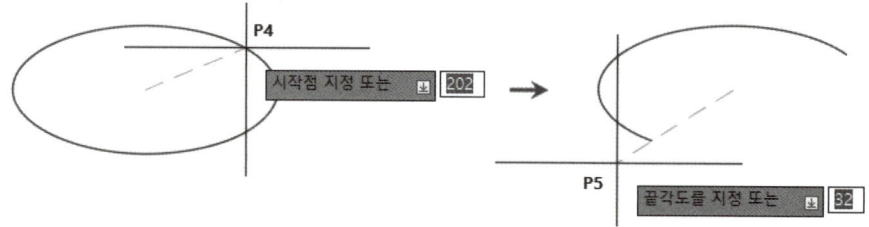

CHAPTER 5 객체 정의하기(Defining objects)

연습 과제〉 등각원 그리기(Draw isometric circle)

1 등각 투영 작업 환경 설정하기

① 다음 그림처럼 [SNAP(스냅)] 명령을 실행해서 등각 투영 환경을 설정합니다.

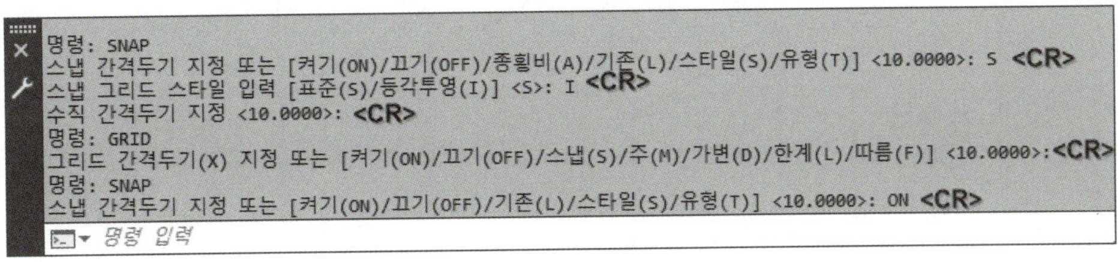

```
명령: SNAP
스냅 간격두기 지정 또는 [켜기(ON)/끄기(OFF)/종횡비(A)/기존(L)/스타일(S)/유형(T)] <10.0000>: S <CR>
스냅 그리드 스타일 입력 [표준(S)/등각투영(I)] <S>: I <CR>
수직 간격두기 지정 <10.0000>: <CR>
명령: GRID
그리드 간격두기(X) 지정 또는 [켜기(ON)/끄기(OFF)/스냅(S)/주(M)/가변(D)/한계(L)/따름(F)] <10.0000>: <CR>
명령: SNAP
스냅 간격두기 지정 또는 [켜기(ON)/끄기(OFF)/기존(L)/스타일(S)/유형(T)] <10.0000>: ON <CR>
```

② 또 다른 방법으로 상태 막대에서 '스냅 모드' 드롭다운 리스트를 클릭하고, [스냅 설정]을 클릭합니다. '제도 설정' 대화상자에서 '스냅 및 그리드' 탭의 '스냅 유형'에서 [등각 투영 스냅]을 클릭합니다. [확인] 버튼을 클릭합니다.

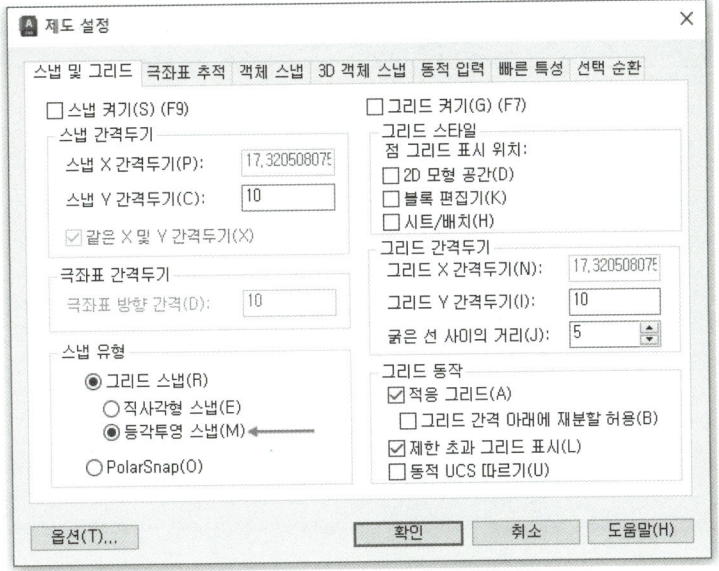

2 등각 투영면의 커서 제어 및 작도하기

① 상태 막대에서 [그리드 모드(F7)] 및 [스냅 모드(F9)] 버튼을 클릭합니다.

② F5 키를 눌러 커서가 다음 그림처럼 표시되면, '선(Line)' 명령을 이용해서 좌등각 투영면에 사각형을 작도합니다.

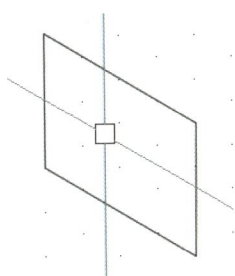

③ F5 키를 누르고, '선(Line)' 명령을 이용해서 상등각 투영면, 우등각 투영면에 사각형을 작도해서 육면체를 완성합니다.

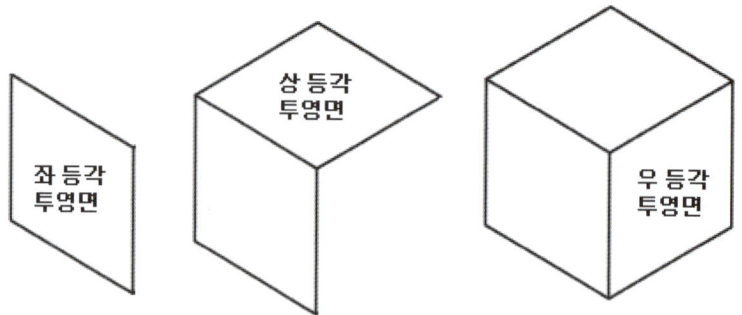

3 등각 투영 면에 '타원(Ellipse)' 명령을 이용해서 등각원을 작도합니다.

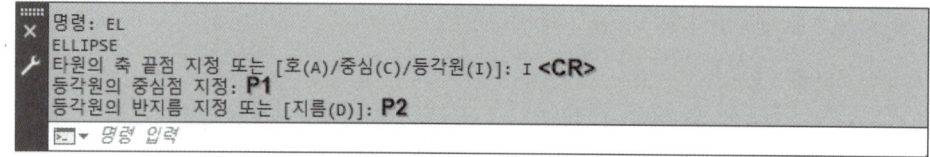

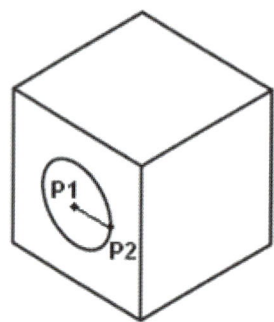

4 위와 동일한 방법으로 다음 그림처럼 상등각 투영면에 타원을 작도하고, 우등각 투영면에 타원을 작도해서 완성합니다.

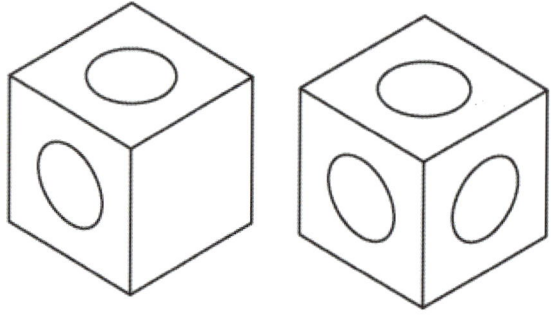

실습과제 16〉 도면층, 선종류를 이용해서 다음 도형을 작도합니다.

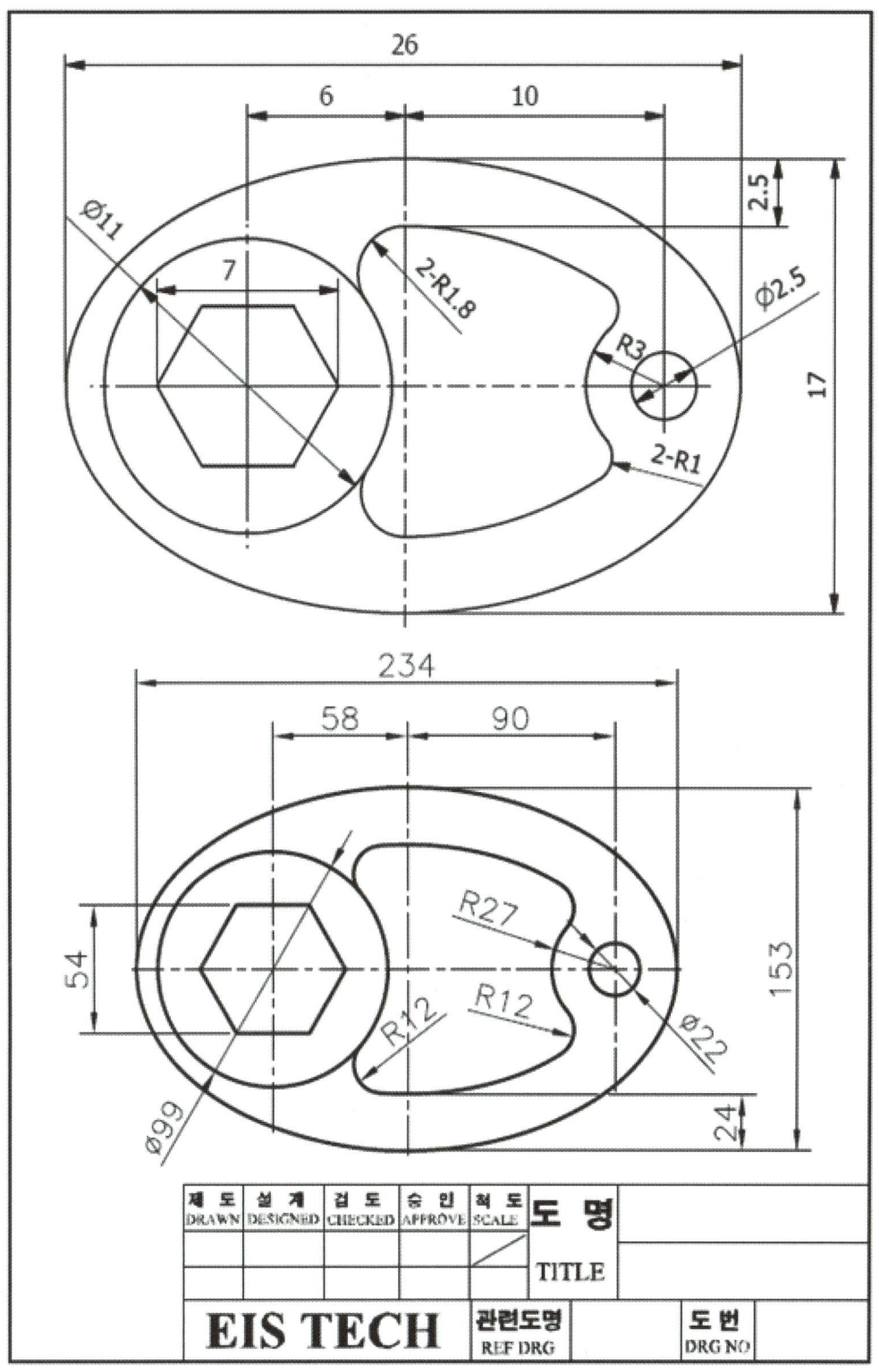

[작도 방법]

1 다음 왼쪽 그림처럼 보조선(수직, 수평 중심선)들을 작도합니다(치수 참고).

2 다음 오른쪽 그림처럼

① P1 점을 지나는 수직 중심선을 13mm 거리만큼 오른쪽으로 '간격 띄우기(Offset)' 명령을 호출해서 간격띄우기 합니다.

② P1 점을 지나는 수평 중심선을 8.5mm 거리만큼 위쪽으로 '간격 띄우기(Offset)' 명령을 호출해서 간격띄우기 합니다.

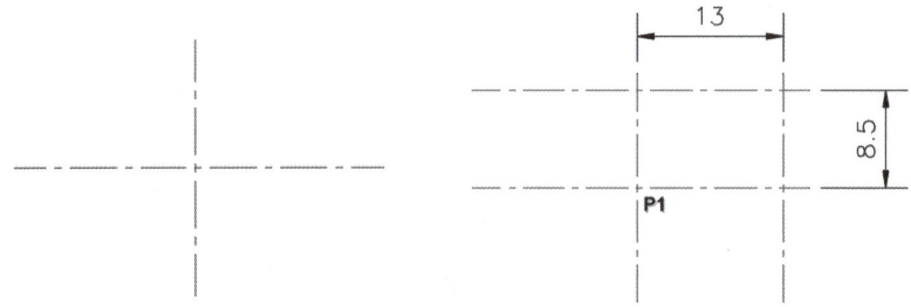

3 다음 왼쪽 그림처럼 중심점을 P1, 장축의 끝점을 P2, 단축의 끝점을 P3로 하는 타원을 작도합니다.

4 다음 오른쪽 그림처럼

① P1 점을 지나는 수직 중심선을 10mm 간격으로 오른쪽으로 '간격 띄우기(Offset)' 명령을 호출해서 간격띄우기 합니다.

② P1 점을 지나는 수직 중심선을 6mm 간격으로 왼쪽으로 '간격 띄우기(Offset)' 명령을 호출해서 간격 띄우기 합니다.

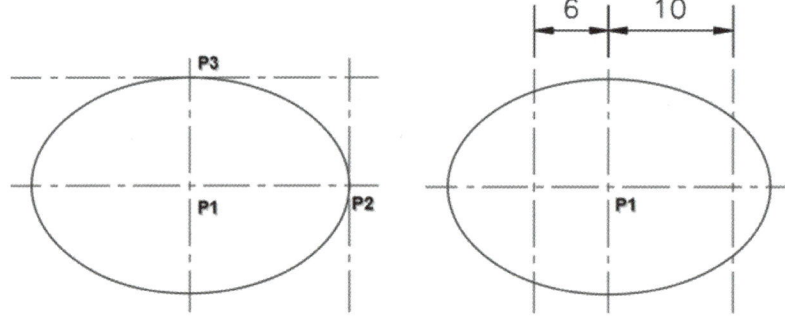

5 다음 오른쪽 그림처럼 오른쪽 교차점을 중심점으로 하는 지름 2.5mm, 반지름 3.0mm인 원들을 작도합니다.

6 다음 왼쪽 그림처럼

① P1 점을 지나는 수직 중심선을 3.5mm 간격으로 왼쪽으로 '간격 띄우기(Offset)' 명령을 호출해서 간격띄우기 합니다.

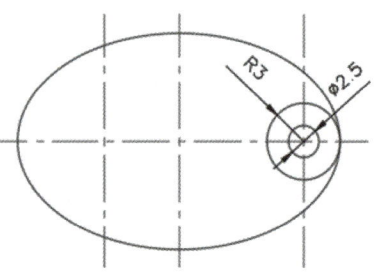

② P1 점을 중심으로 하고, P2 점에 접하는 내접 육각형을 '폴리곤(Polygon)' 명령을 호출해서 작도합니다.

7 다음 오른쪽 그림처럼,

① P1 점을 중심으로 하는 지름 11mm인 원을 작도합니다.

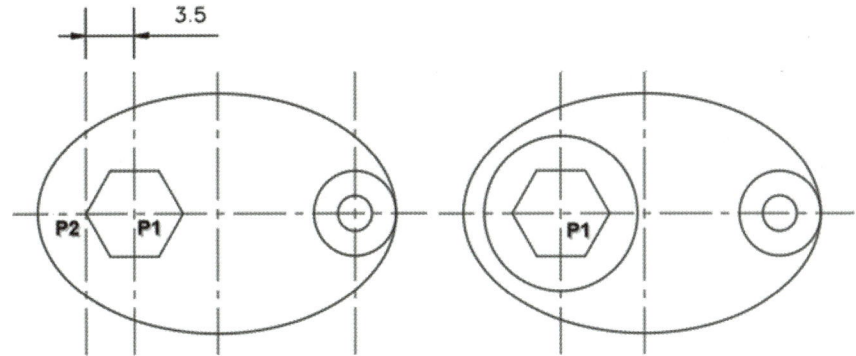

② 다음 왼쪽 그림처럼 2.5mm 간격으로 타원을 안쪽으로 '간격 띄우기(Offset)' 명령을 호출해서 간격 띄우기 합니다.

③ 다음 오른쪽 그림처럼 반지름 1.8mm와 1.0mm로 '모깎기(Fillet)' 명령을 호출해서 상하 2개씩 모깎기를 작도합니다.

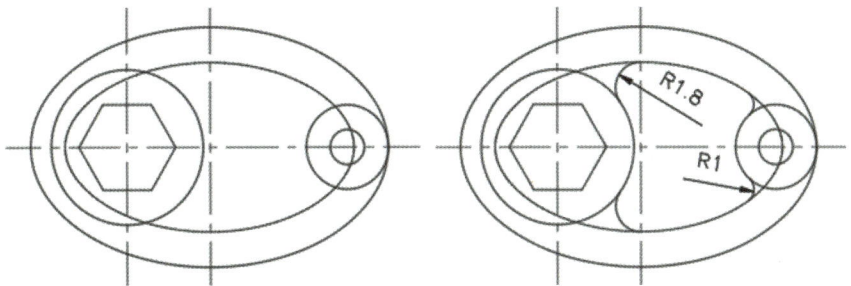

④ 다음 그림처럼 'TRIM(자르기)' 명령을 호출해서 형상을 잘라 완성합니다.

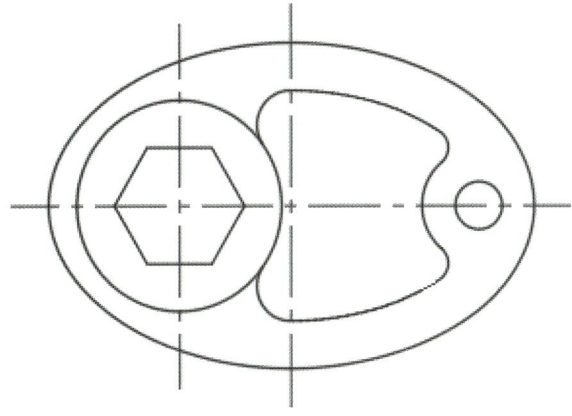

실습과제 17〉 도면층, 선종류를 이용해서 다음 도형을 작도합니다.

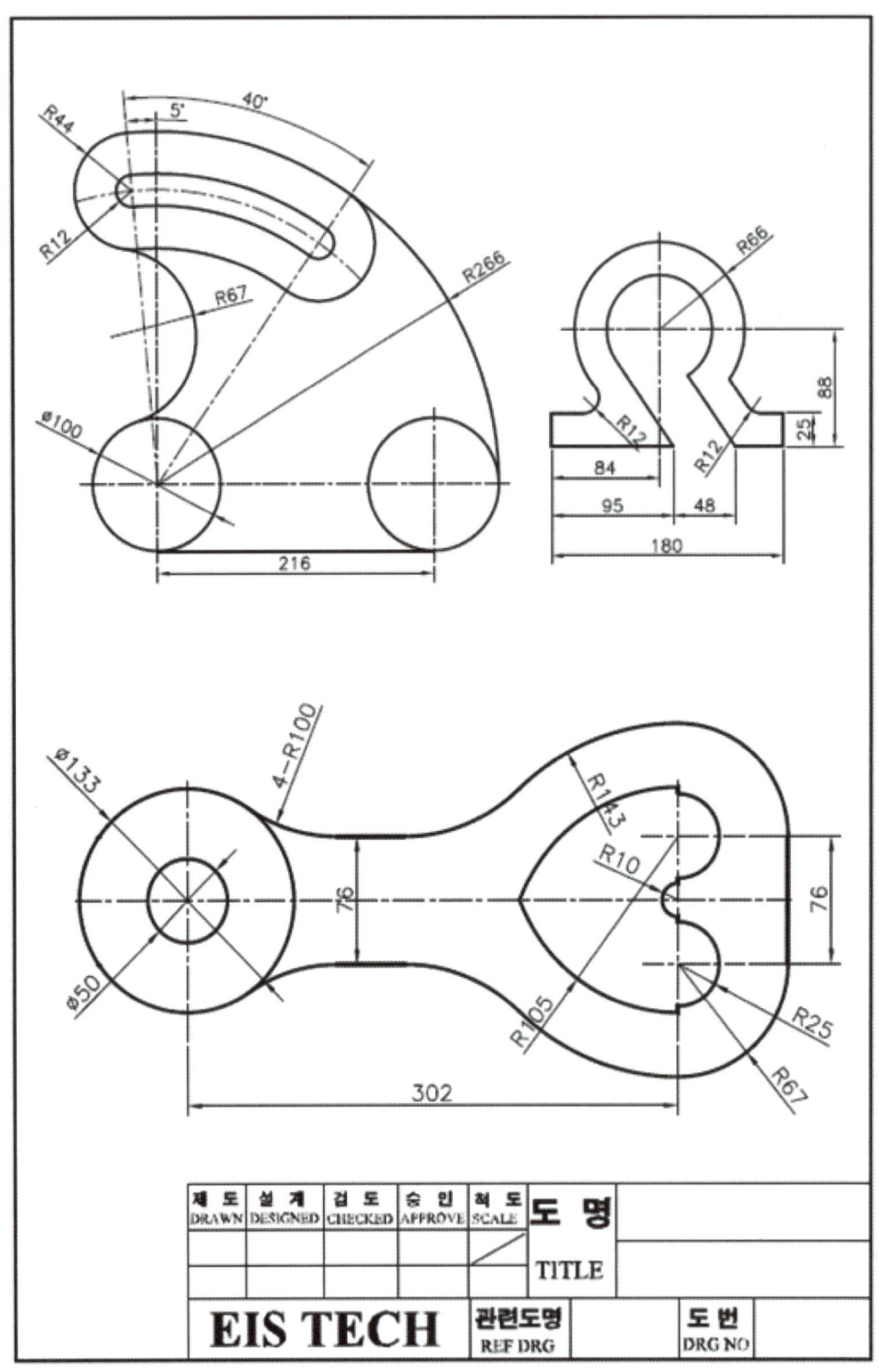

[작도 방법]

1 다음 왼쪽 그림처럼 보조선(수직, 수평 중심선 및 경사선)들을 작도합니다(치수 참고).

2 다음 중간 그림처럼 P1 점을 중심으로 반지름 222mm 원을 작도한 후 잘라서 호를 작도합니다.

다음 오른쪽 그림처럼 중심 호를 44mm와 12mm 간격으로 위쪽 및 아래쪽으로 '간격 띄우기(Offset)' 명령을 호출해서 간격띄우기 합니다.

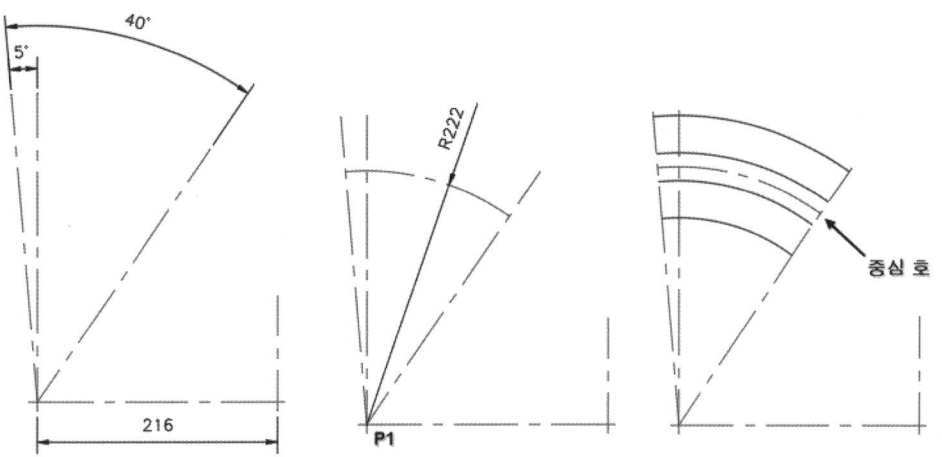

3 다음 그림처럼

① '호(Arc)' 명령을 호출하고, [중심(C)] 옵션을 설정해서 중심점(P1), 시작점(P2), 끝점(P3)을 차례로 선택해서 왼쪽과 오른쪽에 각각 2개씩 호를 작도합니다.

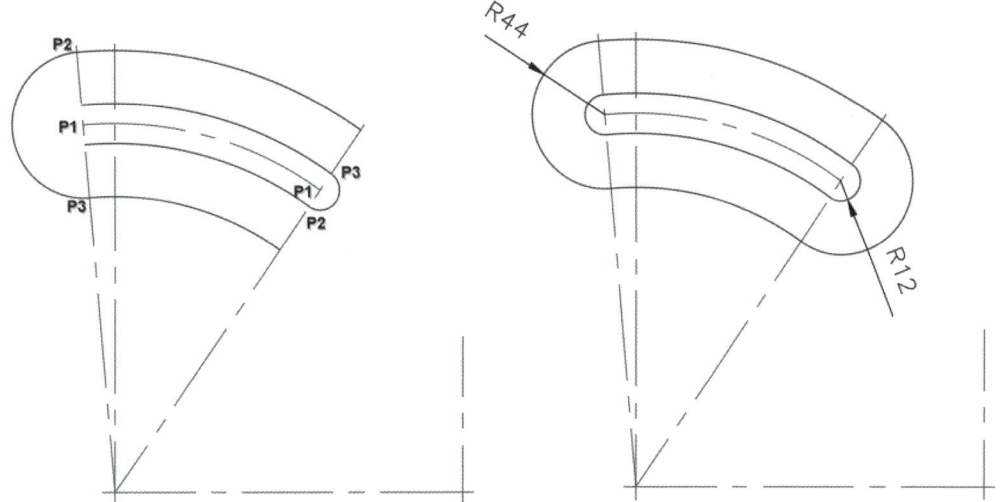

4 다음 그림처럼

① P1 점을 중심으로 지름 100mm 원을 작도합니다.

② P2 점을 중심으로 지름 100mm 원을 작도합니다.

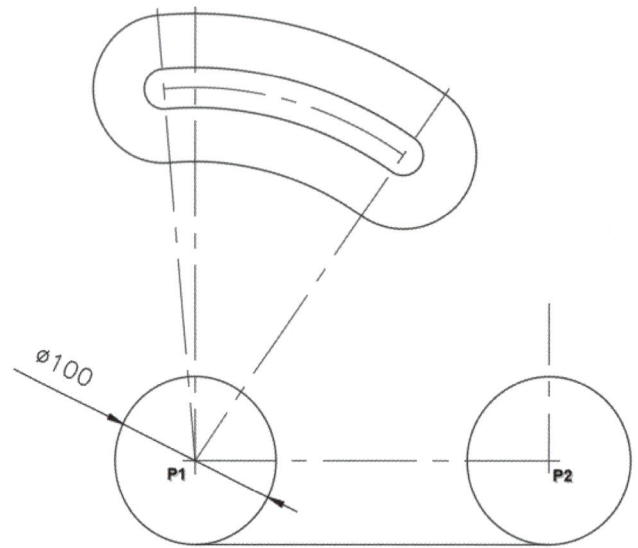

5 다음 그림처럼 왼쪽에 반지름 67mm 접원을 작도하고, 오른쪽에 반지름 266mm 접원을 작도합니다.

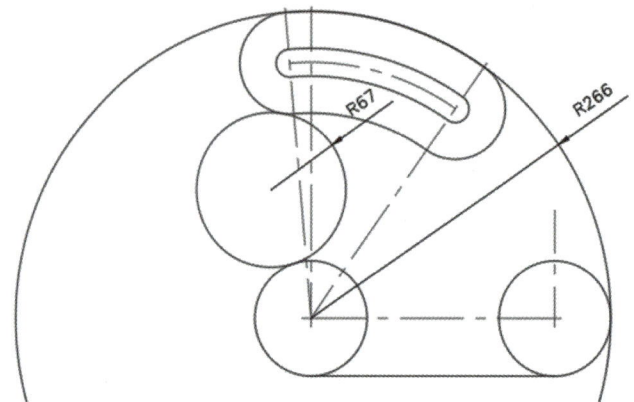

6 다음 그림처럼 '자르기(Trim)' 명령을 호출해서 형상을 잘라 완성합니다.

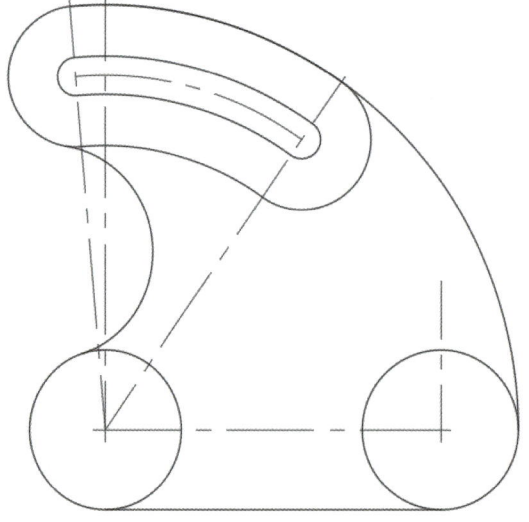

7 다음 그림처럼 두 개의 외형선이 겹치는 곳에서 상태 막대의 [순환 선택] 도구 버튼을 이용해서 44mm 로 간격띄우기 된 호를 선택해서 삭제합니다.

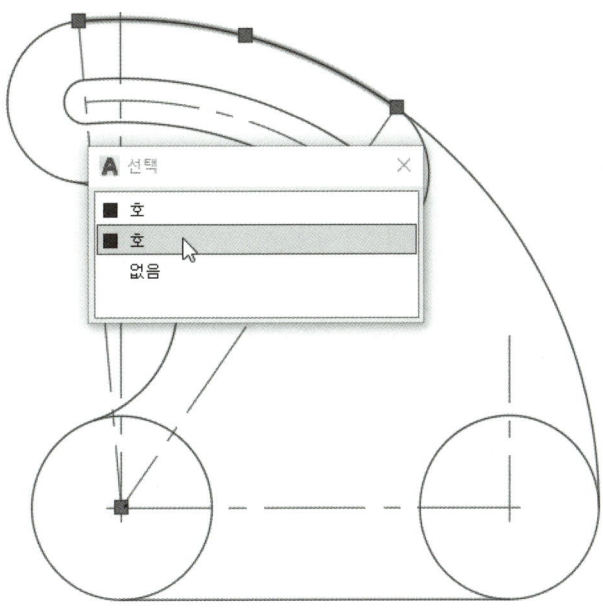

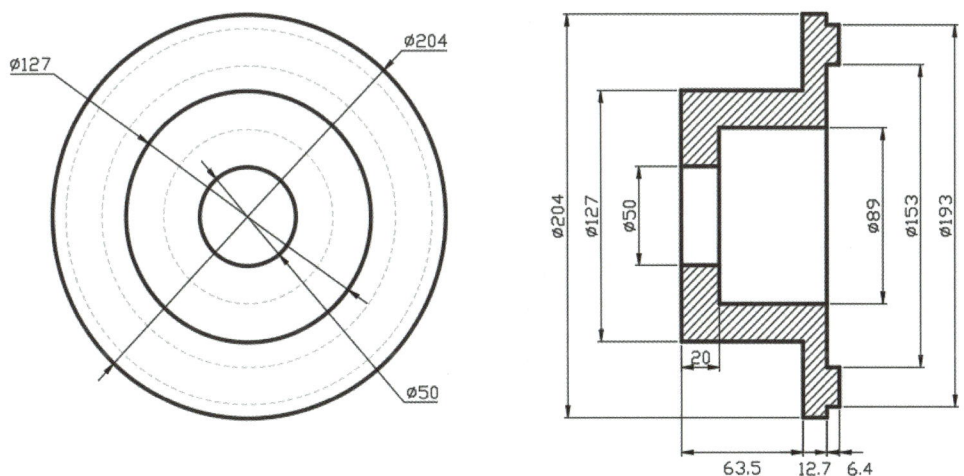

〈하우징 샘플 도면〉

실습과제 18〉 도면층, 선종류를 이용해서 다음 도형을 작도합니다.

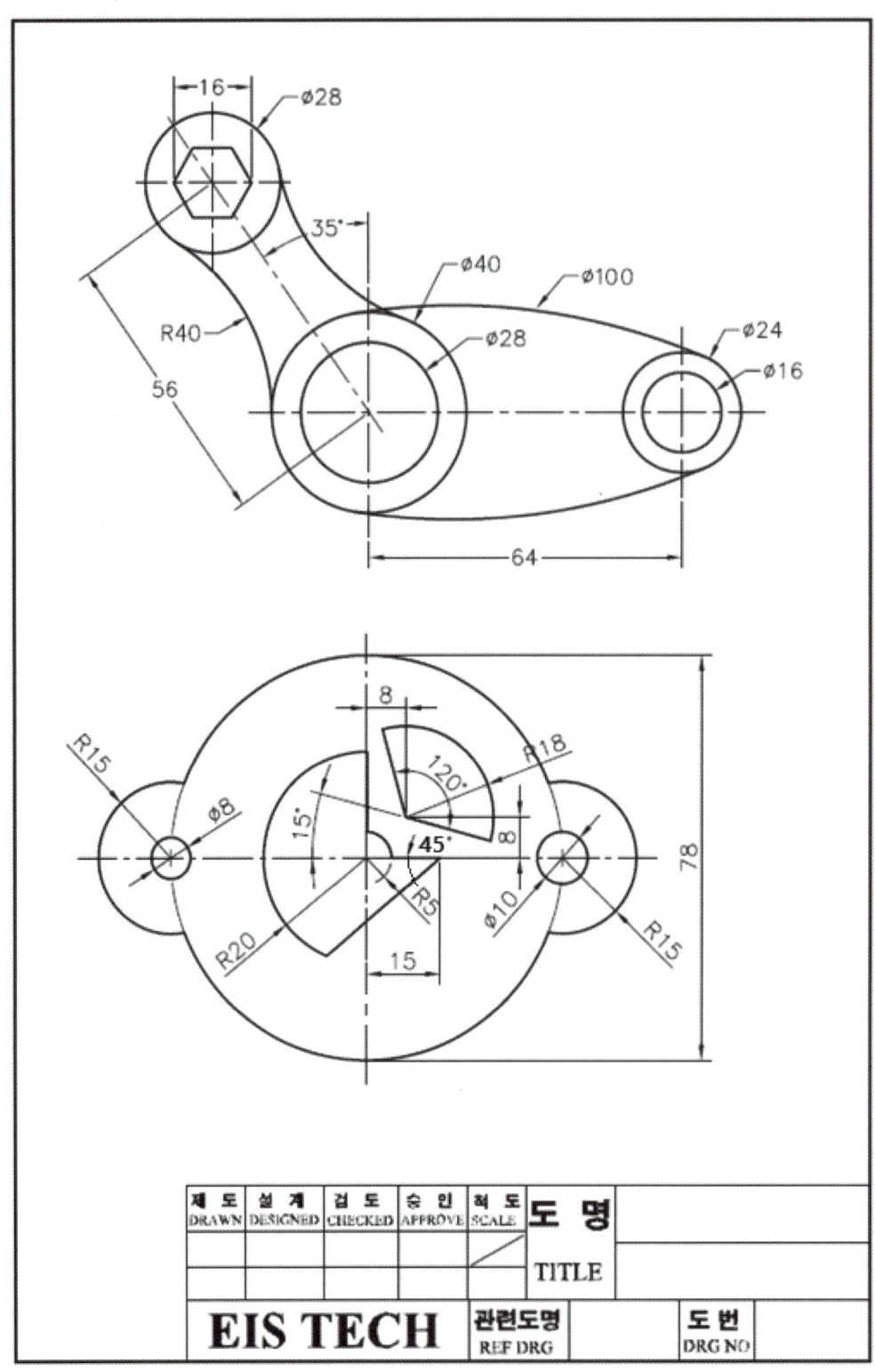

실습과제 19> 도면층, 선종류를 이용해서 다음 도형을 작도합니다.

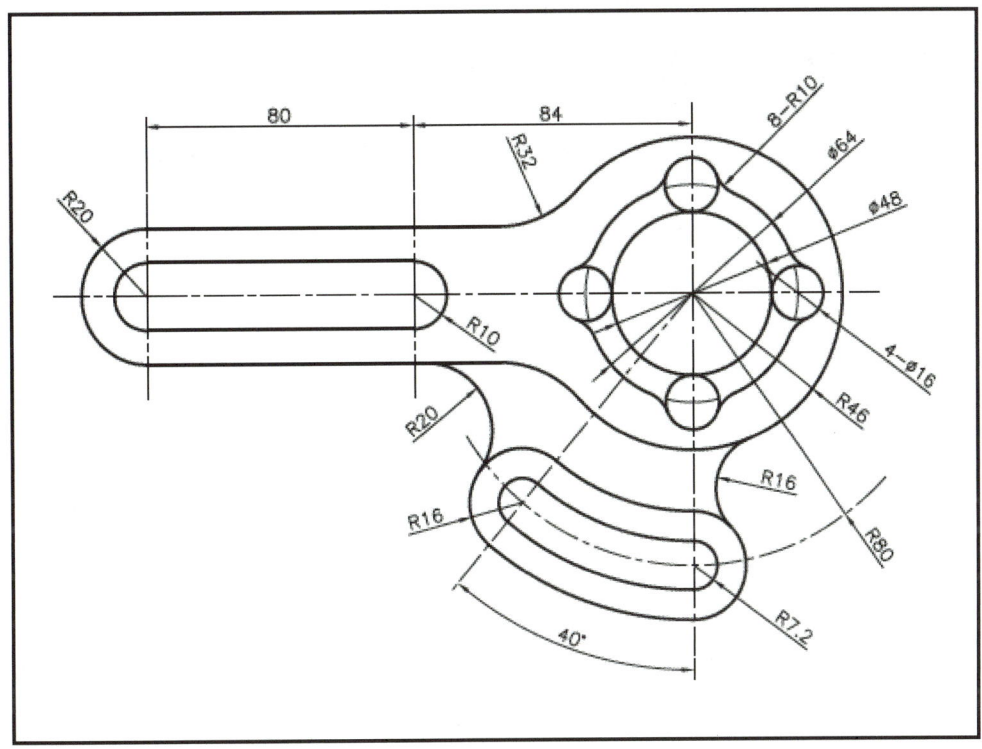

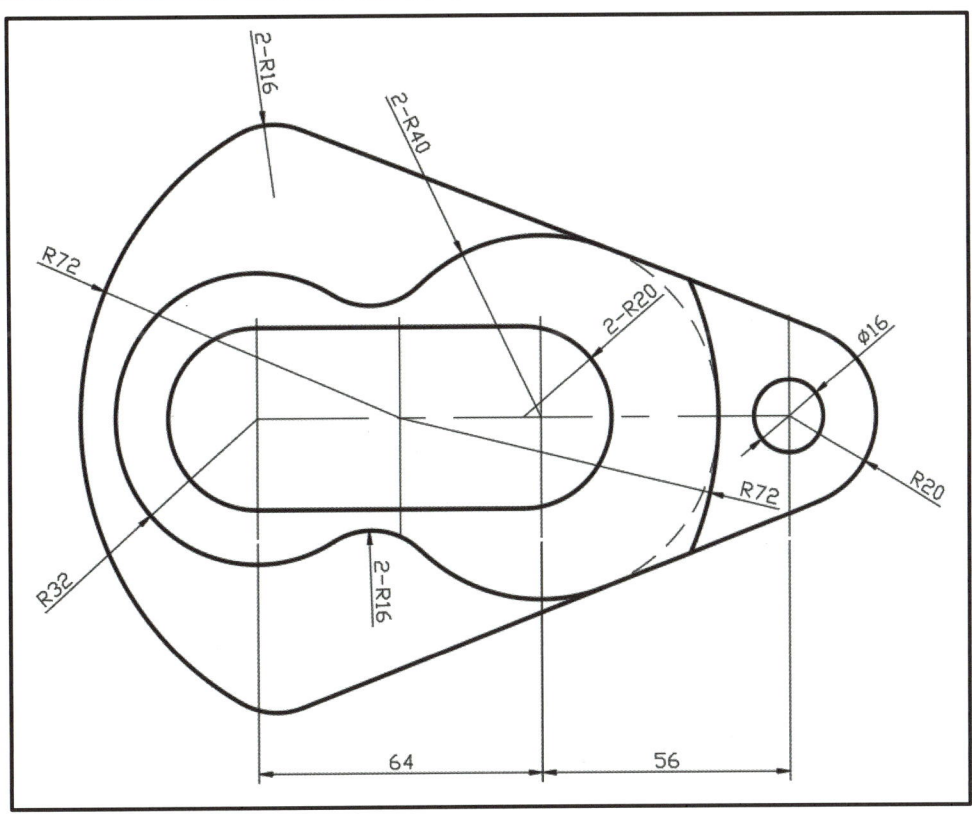

04 선형 객체 그리기
(Draw the linear object)

❏ 구성선 및 광선의 개요(Construction and ray line overview)

구성선(Construction line) 및 광선(Ray)은 객체를 작성하기 위한 보조선 역할을 합니다. 구성선은 양방향으로 무한한 길이로 연장되고 지정된 두 지점을 통과합니다. 반면, 광선(Ray)은 처음 지정된 점에서 한 방향으로만 무한한 길이로 확장됩니다. 두 객체는 자체적으로 필요하지 않습니다.

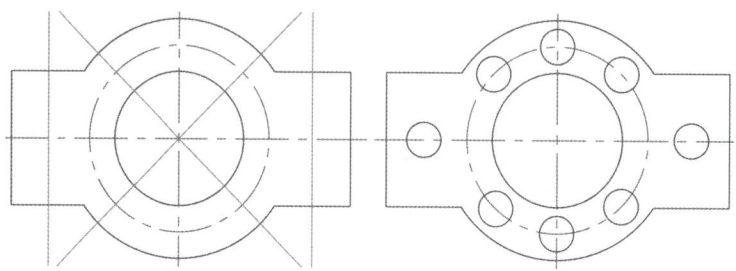

4.1 구성선 명령(Xline command)

'구성선(Xline)' 명령을 사용하면, 화면에 양방향으로 확장된 구성선을 그릴 수 있습니다.

[홈] 탭 ⇨ [그리기] 패널에서 [구성선(Xline)] 명령 아이콘을 클릭합니다.

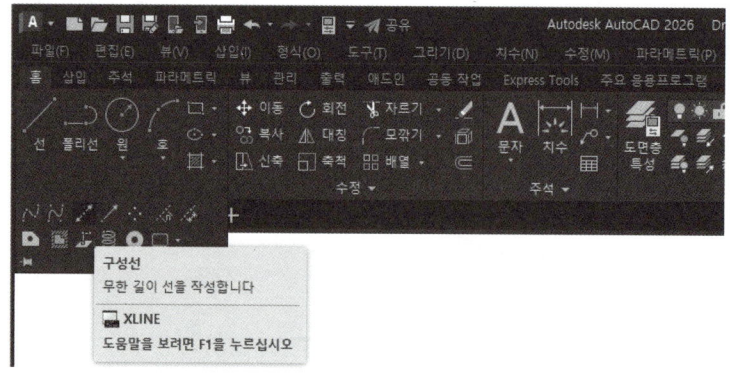

명령: _xline
점 지정 또는 [수평(H)/수직(V)/각도(A)/이등분(B)/간격띄우기(O)]:

프롬프트에서 구성선의 각도를 지정하는 다섯 가지 방법은 다음과 같습니다.

① 첫 번째 방법은 두 점을 지정하는 기본 방법입니다.

② [수평(H)] 및 [수직(V)] 옵션은 수평 또는 수직 구성선을 그리는 데 사용됩니다. 명령을 완료하려면 통과 지점을 지정합니다.

③ [각도(A)] 옵션은 각도를 사용하여 구성선을 그리는 데 사용됩니다.

④ [이등분(B)] 옵션에는 세 가지 점을 지정하는 작업이 포함됩니다.

프롬프트에 따라 첫 번째 포인트를 통과하고 두 번째 포인트와 세 번째 포인트 사이에 형성된 각도를 이등분합니다.

⑤ [간격띄우기(O)] 옵션은 프롬프트에 표시되는 것처럼 기존 선에 평행한 구성선을 생성합니다.

연습 과제〉 구성선 그리기(Draw a Xline)

1 상태 막대에서 [직교 모드] 버튼을 클릭합니다.

2 리본 [홈] 탭 ⇨ [그리기] 패널을 확장해서 (구성선) 명령 아이콘을 클릭하고 두 점을 지정합니다.

```
명령: xline
점 지정 또는 [수평(H)/수직(V)/각도(A)/이등분(B)/간격띄우기(O)]: P1
통과점을 지정: P2
통과점을 지정: <CR>
```

3 [수직(V)] 옵션에 의한 구성선을 다음 왼쪽 그림처럼 작도합니다.

```
명령: xline
점 지정 또는 [수평(H)/수직(V)/각도(A)/이등분(B)/간격띄우기(O)]: V <CR>
통과점을 지정: P1
통과점을 지정: P2
통과점을 지정: P3
통과점을 지정: <CR>
```

4 [각도(A)] 옵션에 의한 구성선을 다음 오른쪽 그림처럼 작도합니다.

```
명령: xline
점 지정 또는 [수평(H)/수직(V)/각도(A)/이등분(B)/간격띄우기(O)]: A <CR>
X선의 각도 입력 (0) 또는 [참조(R)]: 30 <CR>
통과점을 지정: P1
통과점을 지정: P2
통과점을 지정: P3
통과점을 지정: <CR>
```

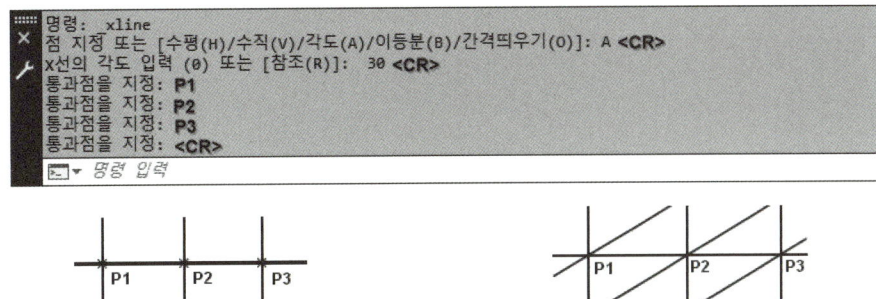

4.2 광선 명령(Ray command)

'광선(Ray)' 명령은 시작점에서 끝이 화면 너머로 확장되는 광선을 그립니다.

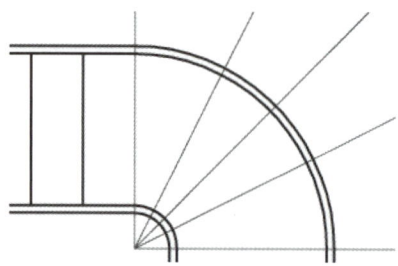

[홈] 탭 ⇨ [그리기] 패널을 확장해서 [광선(Ray)] 명령 아이콘을 클릭합니다.

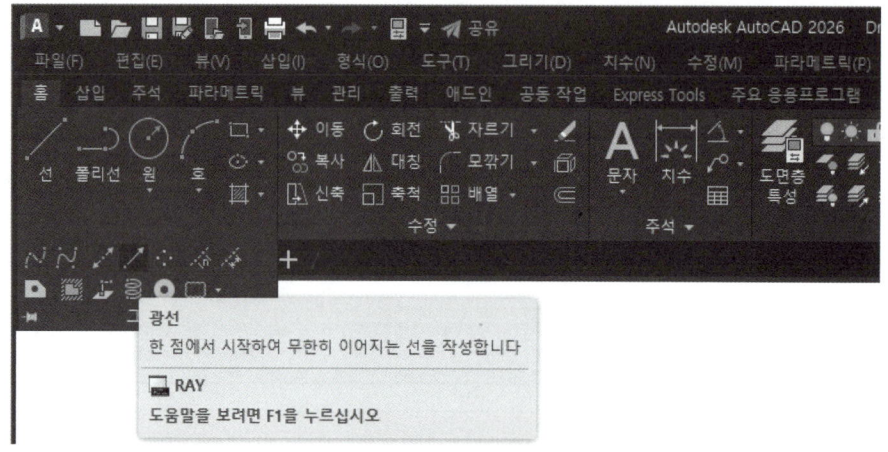

명령: _ray
시작점을 지정: P1   *통과점을 지정: P2*
통과점을 지정: P3   *통과점을 지정: P4*
통과점을 지정: P5   *통과점을 지정: ⟨CR⟩*

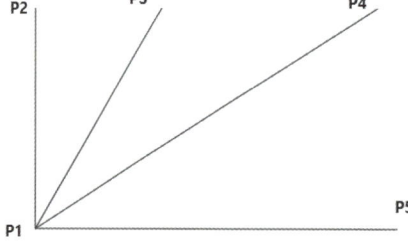

프롬프트에서 첫 번째 점은 시작점을 지정하고, 통과점을 지정해서 광선의 각도를 정의합니다. 동일한 시작점을 사용하여 원하는 수의 광선을 정의할 수 있습니다.

4.3 여러 줄 스타일 명령(Mlstyle command)

아파트 혹은 주택 평면도에서 벽체를 작도할 때 여러 줄(Multiple Line) 객체를 이용하면 매우 편리합니다.

여러 줄(Multiple line) 객체 작도를 시작하기 전에, 먼저 '여러 줄 스타일(Mlstyle)' 명령을 이용해서 여러 줄 스타일을 정의해야 합니다. '여러 줄 스타일(Mlstyle)' 명령은 여러 줄 객체를 정의하고, 수정 및 관리할 수 있습니다.

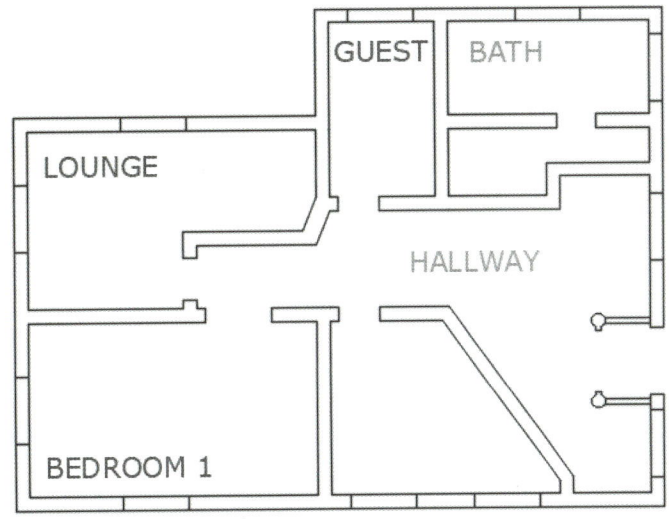

❏ 여러 줄 스타일 명령 호출((Access a Mlstyle command)

메뉴:	형식 ⇨ [여러 줄 스타일]
도구막대:	
리본:	
명령 입력:	Mlstyle

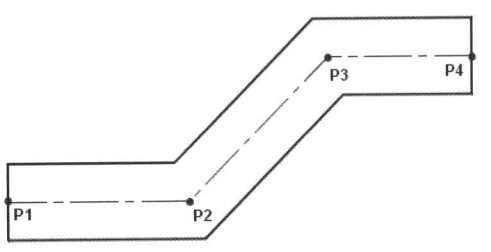

연습 과제〉 여러 줄 스타일 정의하기(Define a Mlstyle)

다음 연습 과제에서 여러 줄 스타일(Multiline style)을 정의하는 개요를 제공합니다.

1 명령행에 Mlstyle이라고 입력해서 엔터키를 누릅니다.

또는 풀다운 메뉴 [형식] ⇨ [여러 줄 스타일(Mlstyle)] 명령을 클릭해서 호출하면, 다음 그림과 같이 '여러 줄 스타일' 대화상자가 표시됩니다.

새 여러 줄 스타일을 정의하기 위해 대화상자에서 [새로 만들기] 버튼을 클릭합니다.

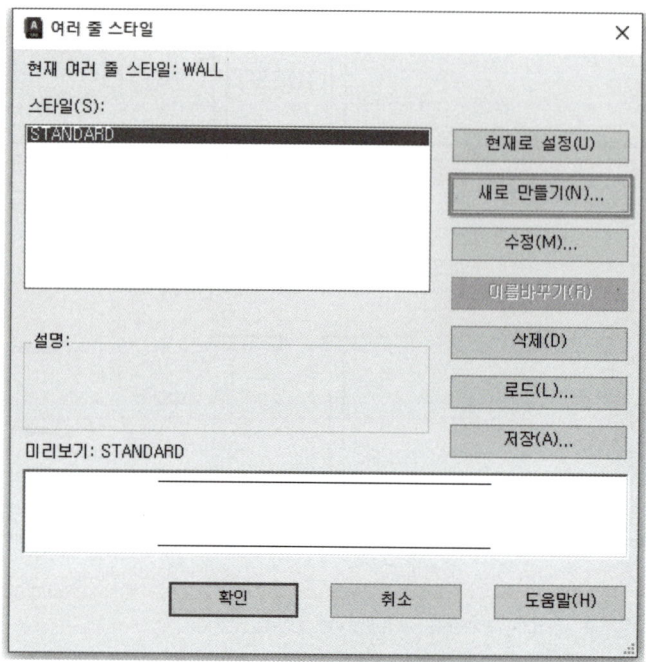

2 다음 그림과 같이 '새 여러 줄 스타일 작성' 대화상자에서 새 스타일 이름으로 Wall이라고 입력하고, [계속] 버튼을 클릭합니다.

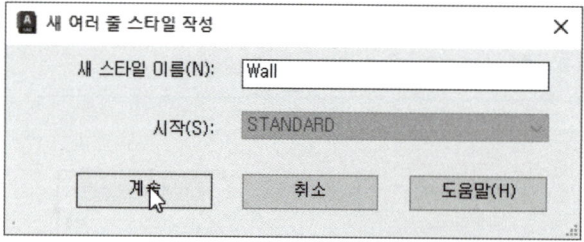

3 다음 그림처럼 표시된 '새 여러 줄 스타일' 대화상자에서 [추가] 버튼을 클릭해서 새로운 요소 하나를 추가합니다.

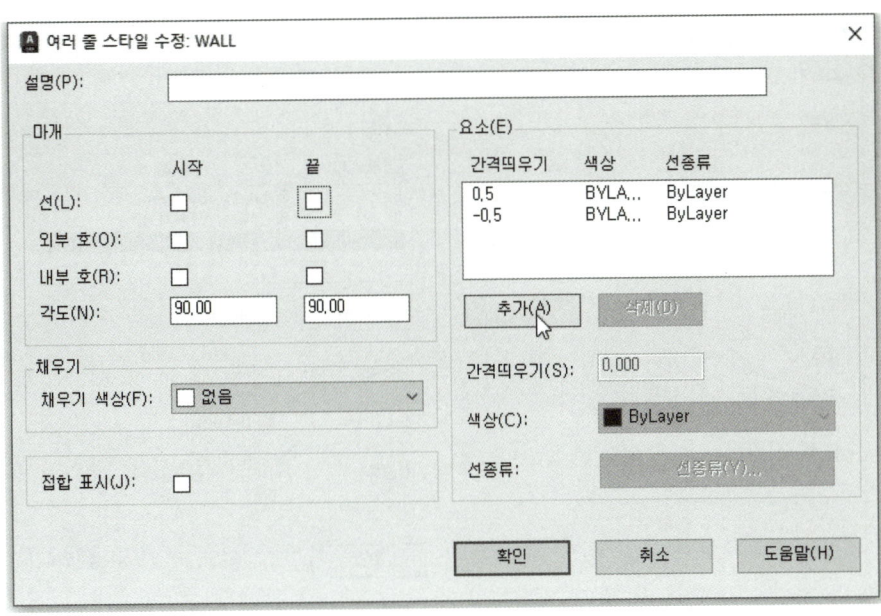

① 추가된 선(중간 요소)을 선택하고, 색상 드롭리스트 버튼을 눌러 [빨간색]으로 설정합니다.
② '선종류' 버튼을 눌러 [CENTER2] 선종류를 설정합니다.

만일 '선종류 선택' 대화상자에 [CENTER2] 선종류가 없다면, [로드] 버튼을 누르고 '선종류 로드 또는 다시 로드' 대화상자에서 [CENTER2] 선종류를 선택한 후 [확인] 버튼을 클릭합니다. 다시 '선종류 선택' 대화상자에서 [CENTER2]를 선택하고 [확인] 버튼을 클릭합니다.

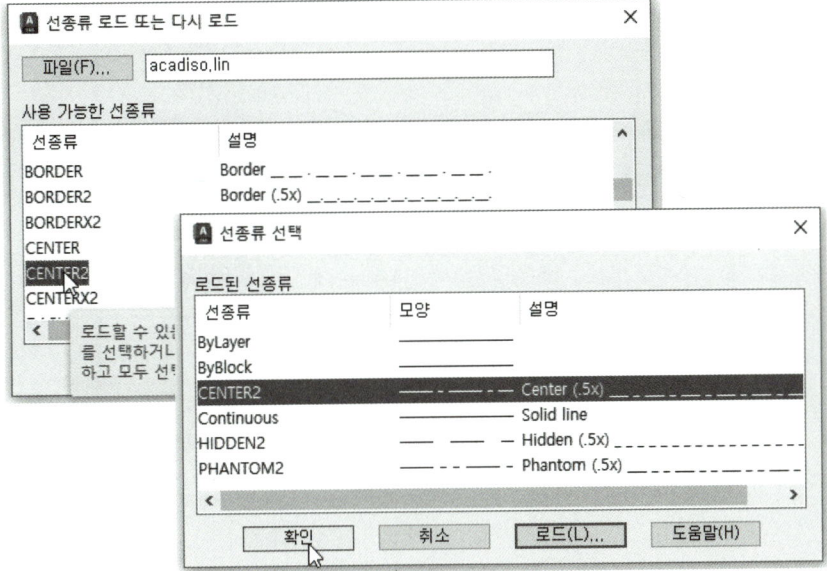

③ 첫 번째 선과 세 번째 선의 간격띄우기를 각각 5, -5로 설정합니다.
④ 마개 영역에서 선의 [시작] 및 [끝] 체크박스를 클릭합니다.
⑤ [확인] 버튼을 클릭합니다.

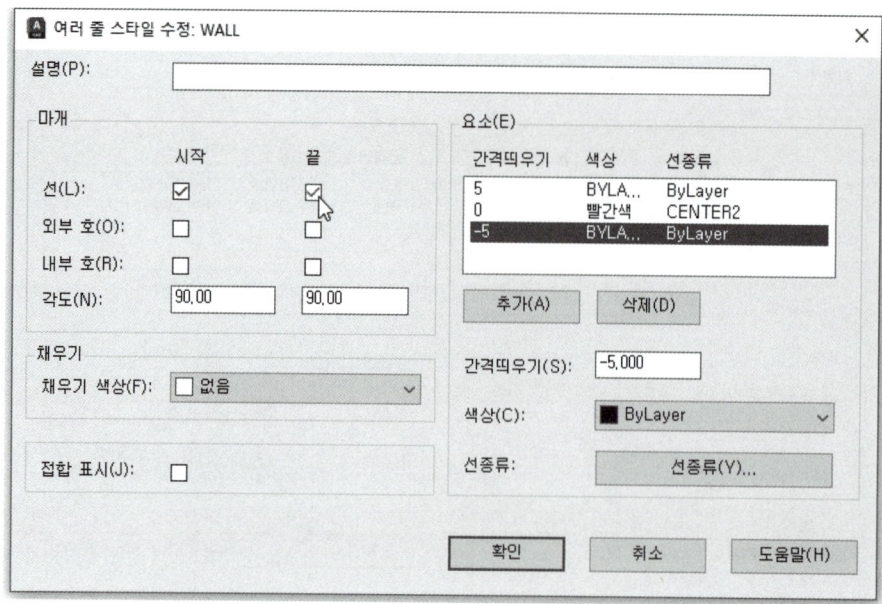

4 작성된 여러 줄 스타일을 활성화하기 위해 다음 그림처럼 '스타일' 영역의 리스트에서 [WALL]을 선택하고, 오른쪽 위의 [현재로 설정] 버튼을 클릭합니다.

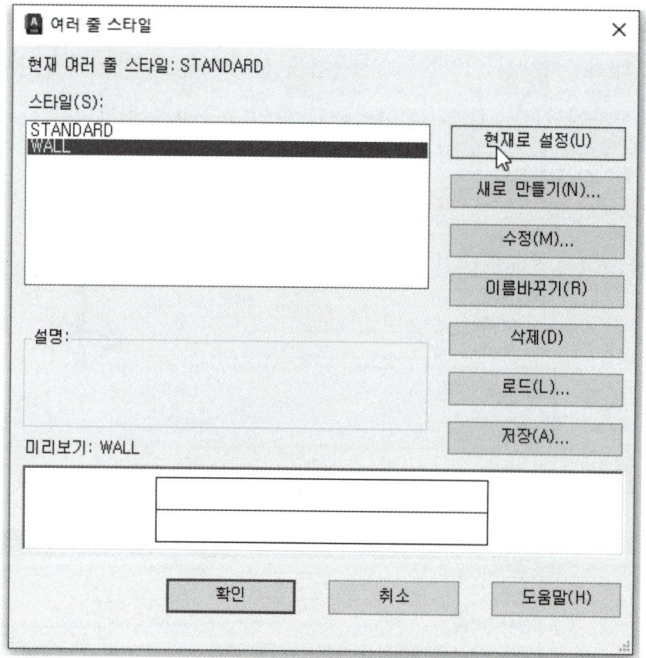

5 대화상자에서 새 여러 줄 스타일 정의를 완료하기 위해 [확인] 버튼을 클릭합니다.

4.4 여러 줄 명령(Mline command)

'여러 줄(Mline)' 명령은 미리 정의해서 설정된 여러 줄 스타일을 이용해서 여러 줄 객체를 작도합니다. 여러 줄 객체는 최대 16개의 평행선 요소를 구성할 수 있는 복합 객체입니다.

❏ 여러 줄 명령 호출(Access a Mline)

메뉴:	그리기 ⇨ (여러 줄)
도구막대:	
리본:	
명령 입력:	Mline

명령: _mline
현재 설정: 자리맞추기 = 맨 위, 축척 = 20.00, 스타일 = WALL
시작점 지정 또는 [자리맞추기(J)/축척(S)/스타일(ST)]:

❏ 자리맞추기(J) 옵션

지정하는 점(커서 위치)들 사이에 여러 줄이 그려지는 방법을 결정합니다.

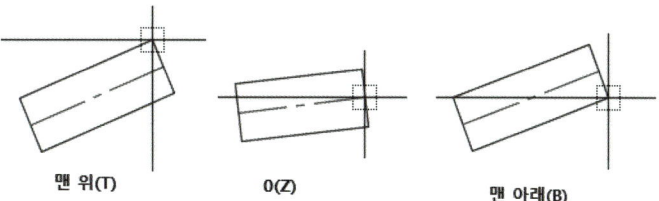

맨 위(T)   0(Z)   맨 아래(B)

❏ 축척(S) 옵션

여러 줄의 전체 폭을 조정합니다. 이 축척이 선종류 축척에 영향을 주지는 않습니다. 축척 비율은 여러 줄 스타일 정의에 설정된 폭을 기준으로 합니다. 축척 비율 2는 스타일 정의에 설정된 폭의 2배 폭을 갖는 여러 줄을 그립니다. 음의 축척 비율을 사용하면 간격띄우기 선의 순서가 반전됩니다.

❏ 스타일(ST) 옵션

정의된 여러 줄 중에 사용할 스타일을 지정해서 활성화합니다.

연습 과제〉 여러 줄 작도하기(Draw a Mline)

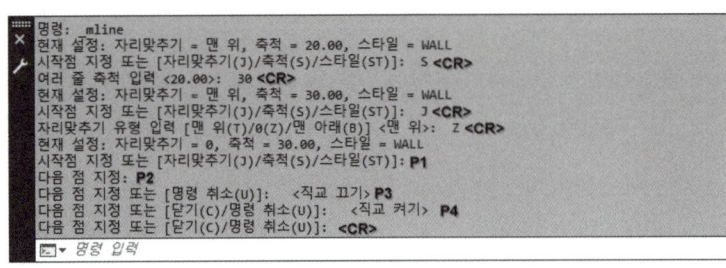

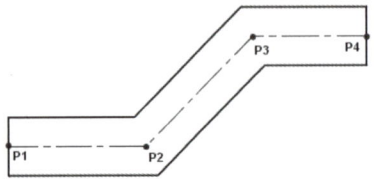

TIP〉 여러 줄 스타일(Mline style) 수정

도면에 작도된 여러 줄 스타일의 요소 및 여러 줄 특성은 편집할 수 없습니다. 정의된 기존 여러 줄 스타일을 수정하려면, 해당 여러 줄 스타일의 객체를 도면 영역에 그리기 전에 수정해야 합니다.

4.5 여러 줄 편집 명령(Mledit command)

'여러 줄 편집(Mledit)' 명령은 여러 줄 객체의 교차점, 중단점, 정점을 편집합니다.

❏ 여러 줄 편집 명령 호출(Access a Mledit)

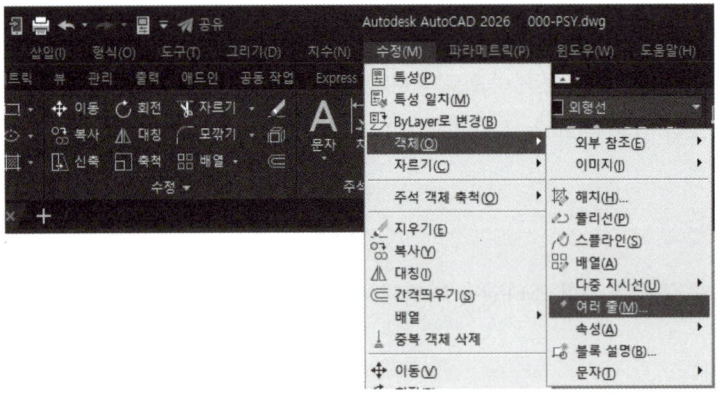

연습 과제〉 여러 줄 편집하기(Editing a Mline)

1️⃣ 풀다운 메뉴 [수정] ⇨ [객체] ⇨ [여러 줄] 명령을 클릭해서 호출합니다.

2️⃣ 다음 그림처럼 '여러 줄 편집 도구' 대화상자에서 편집을 원하는 도구 아이콘을 클릭합니다.

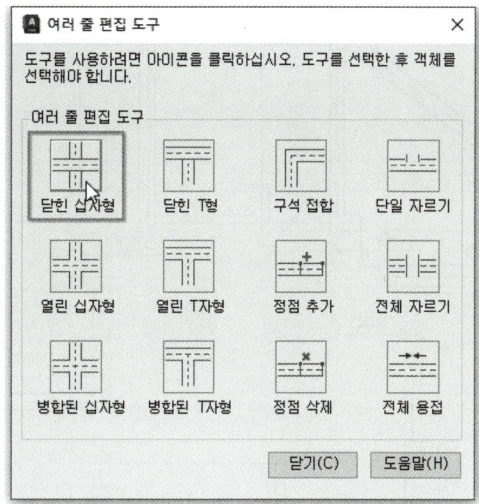

3️⃣ 다음 그림처럼 도면 윈도우에서 편집을 원하는 여러 줄 객체를 클릭(P1, P2)합니다.

4️⃣ 여러 줄 편집 명령을 종료하기 위해 엔터키를 누릅니다.

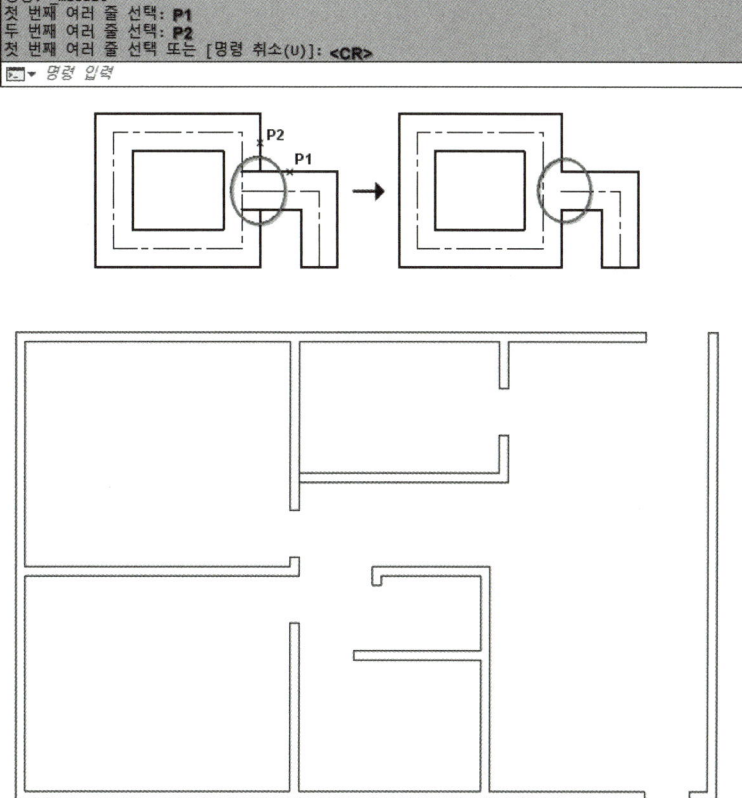

실습과제 20〉 간단한 사무실 평면도를 직접 작성해 보도록 합니다.

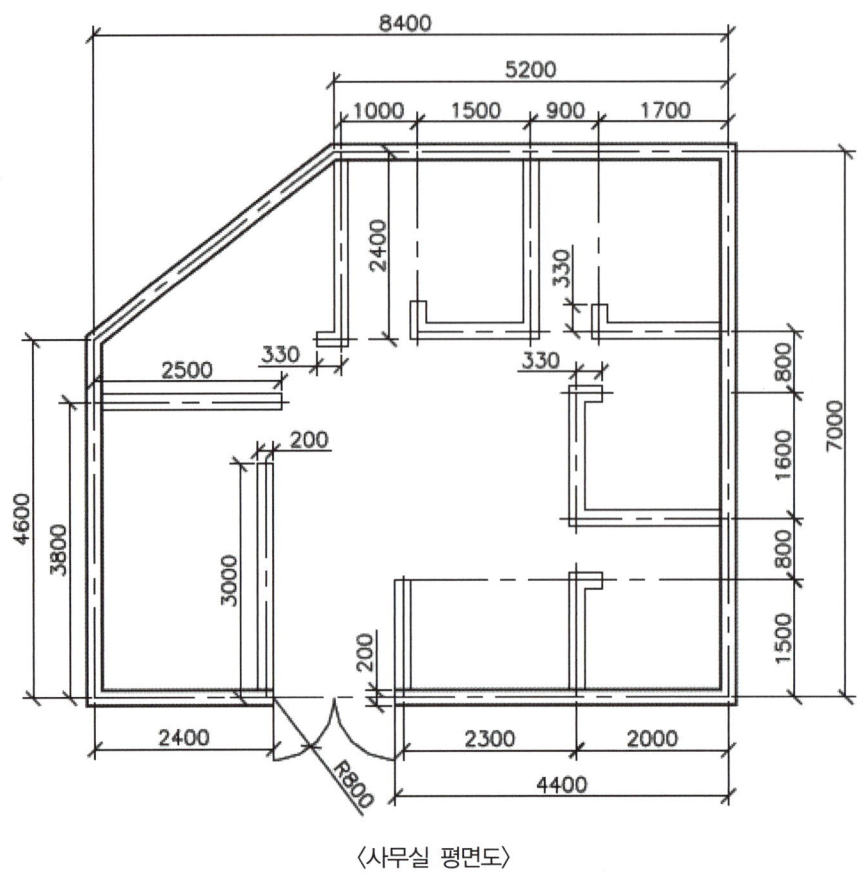

〈사무실 평면도〉

1 아래 그림처럼 벽체 또는 칸막이 중심선을 그립니다. (위의 그림에서 치수 참고).

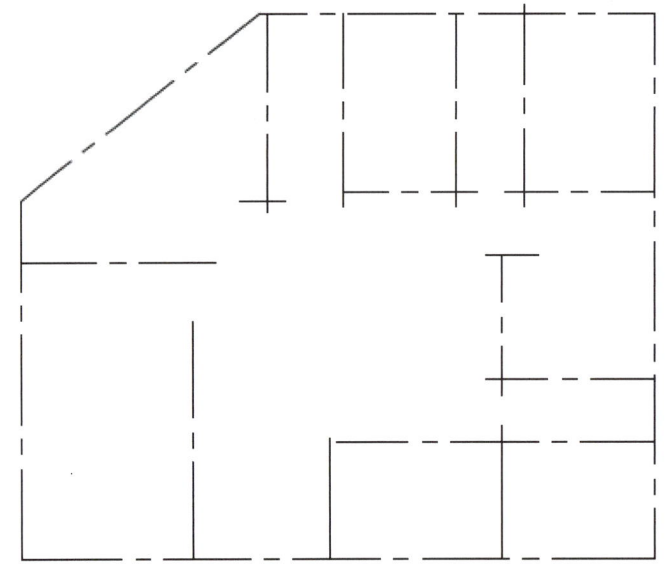

CHAPTER 5 객체 정의하기(Defining objects)

2 풀다운 메뉴에서 [형식] ⇨ [여러 줄 스타일] 명령을 클릭합니다.

① 다음 그림처럼 새로운 여러 줄 스타일(이름 - PTN)을 정의합니다.

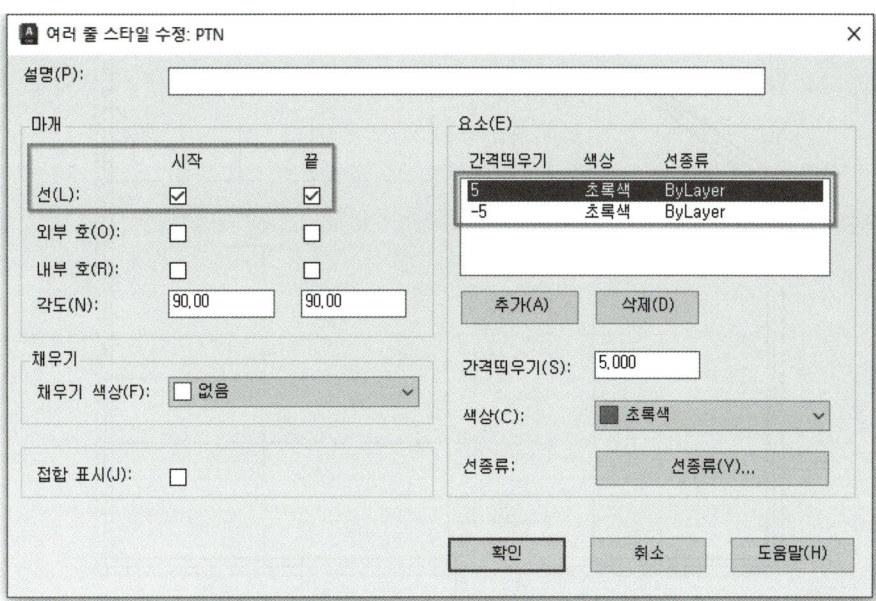

② 여러 줄 스타일 PTN을 선택하고, [현재로 설정] 버튼을 클릭해서 지정합니다.

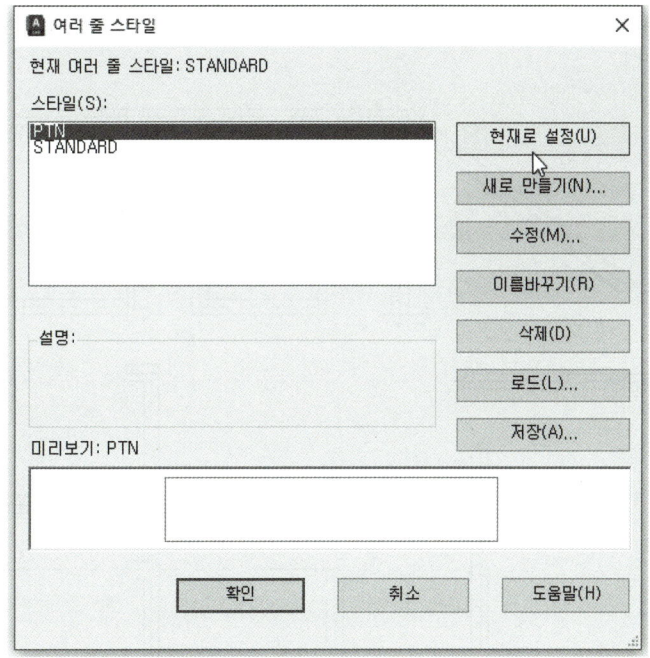

③ 대화상자를 닫기 위해 [확인] 버튼을 클릭합니다.

3 다음 그림처럼 벽체로 '여러 줄 스타일(PTN)'을 중심선을 기준으로 그리고, 출입문을 그립니다.

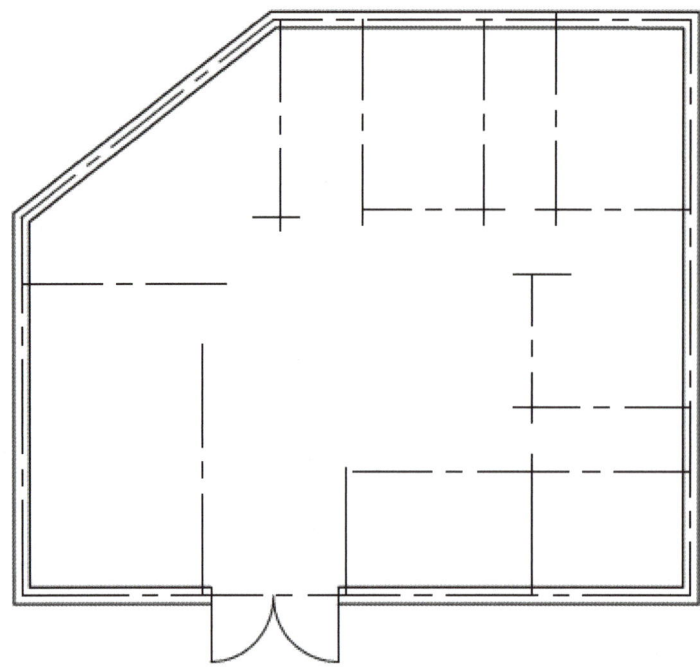

4 다음 그림처럼 칸막이 '여러 줄 스타일(PTN)'을 중심선을 기준으로 작도하고 [Mledit(여러 줄 편집)] 명령으로 편집합니다.

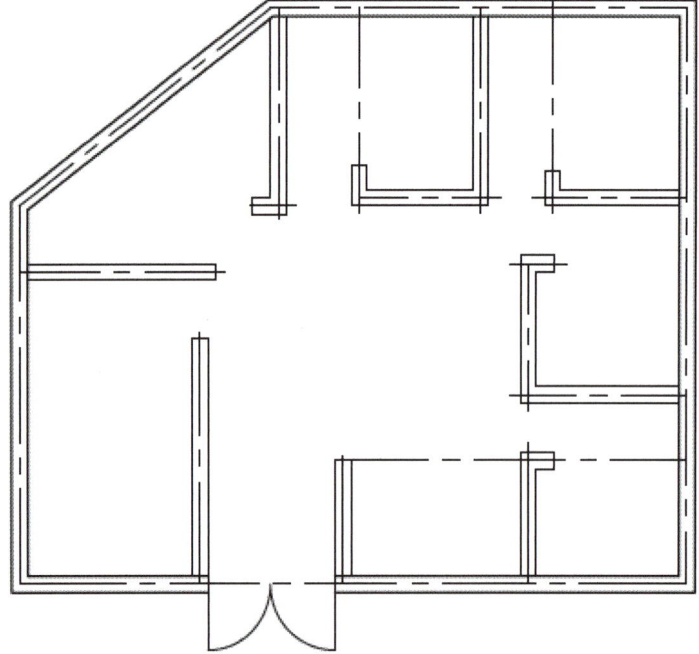

CHAPTER 5 객체 정의하기(Defining objects)

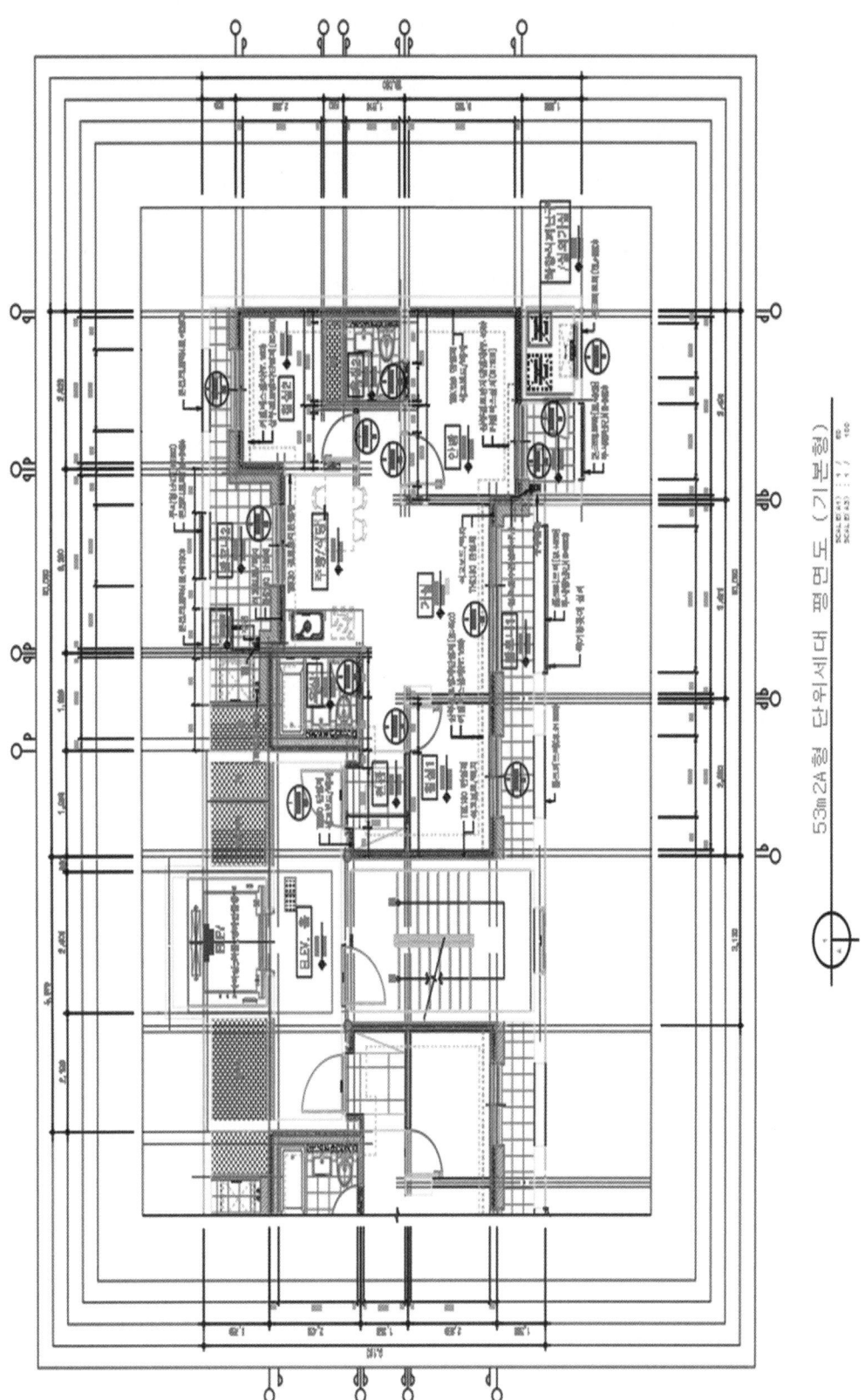

53m² 2A형 단위세대 평면도 (기본형)

■ 학습 목표

① 객체 특성을 이해하고, 객체를 수정하는 데 이용합니다.
② 빠른 특성 패널을 이용해서 객체를 수정합니다.
③ 특성 팔레트를 이용하여 객체 특성을 수정합니다.
④ 특성 일치 명령을 호출해서 객체 특성을 일치시킵니다.
⑤ 도면에 선종류를 추가하고, 사용합니다.

CHAPTER 6

객체 특성
(Objects properties)

옵션	기 능
색상(C)	선택된 엔티티의 색상을 변경합니다.
도면층(LA)	선택된 엔티티의 도면층을 변경합니다.
선종류(LT)	선택된 엔티티의 선종류를 변경합니다.
선종류축척(S)	선택된 엔티티의 선종류 축척을 변경합니다.
선가중치(LW)	선택된 엔티티의 선 가중치를 변경합니다.
두께(T)	선택된 엔티티의 Z축 방향 두께를 변경합니다.
투명도(TR)	선택한 객체의 투명도 레벨을 변경합니다.
재료(M)	부착된 객체의 재료를 변경합니다.
주석(A)	선택된 객체의 주석 특성을 변경합니다.
고도(E)	선택된 엔티티의 고도(Z축 값)를 변경합니다.

01 객체 특성 (Object properties)

1.1 객체 특성(Object properties)

❏ 객체 특성 정의(Definition of object properties)

AutoCAD에서 '객체 특성(Object properties)'은 도면 객체를 구성하는 기하학적 데이터베이스 정보로 각 객체가 도면 영역에 작도되면, 외적 혹은 내적으로 가지는 구성 요소들의 고유한 속성들을 말합니다. 그것은 도면 영역(화면) 및 출력 도면에서 객체의 모양을 제어합니다.

다음 그림에서 객체는 연속선 선종류와 고유한 색으로 표시됩니다. 단면선은 팬텀(이점쇄선) 선종류 및 고유한 색상으로 표시됩니다. 숨겨진 선은 숨은선(점선) 선종류와 고유한 색으로 표시됩니다.

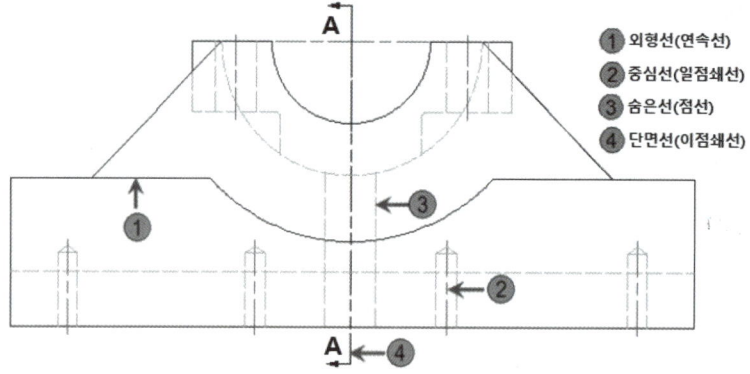

도면의 객체 정보는 이러한 객체의 색상과 선종류를 결정하는 '도면층(Layer)'으로 구성됩니다. 그러나 추가 조사 없이 '객체 특성(Object properties)'이 어떻게 할당되었는지 정확하게 알 수 없습니다. 그러나 '특성(Properties)' 명령은 상세한 객체 데이터베이스 정보를 검색 및 변경할 수 있습니다.

가장 신속하게 '특성(Properties)' 명령을 호출하려면, 다음과 같이 작업을 수행합니다.

1 도면 영역에서 특성 정보를 원하는 객체를 선택합니다.
2 도면 영역 빈 곳에 마우스 오른쪽 버튼을 클릭하고, 다음 그림과 같이 단축 메뉴에서 [특성(Properties)] 혹은 [빠른 특성]을 클릭합니다.

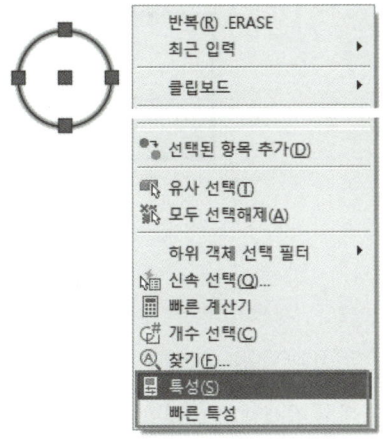

또한 상태 막대에서 '빠른 특성'을 클릭해서 활성화하고 객체를 선택하면, 가장 빠른 방법으로 중요한 객체 특성을 검색하거나 변경할 수 '빠른 특성' 팔레트를 호출할 수 있습니다. 도면 영역에서 객체를 더블 클릭해도 '빠른 특성' 팔레트를 호출할 수 있습니다.

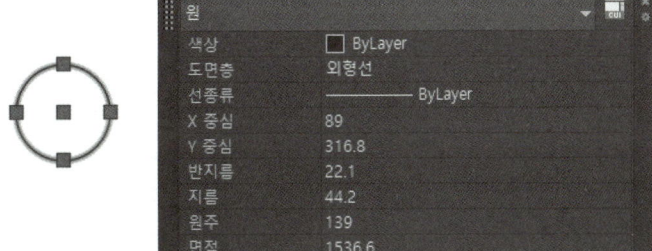

〈빠른 특성 팔레트〉

일부 객체 특성에 액세스하고 변경하는 또 다른 방법은 객체를 선택하고 리본 메뉴 [홈] 탭 ➪ [도면층] 및 [특성]패널의 '특성 컨트롤'에서 도면층을 변경하거나 색상, 선종류 또는 선가중치를 재정의하는 것입니다. 이러한 옵션은 도면층, 색상, 선종류 및 선가중치로 제한됩니다.

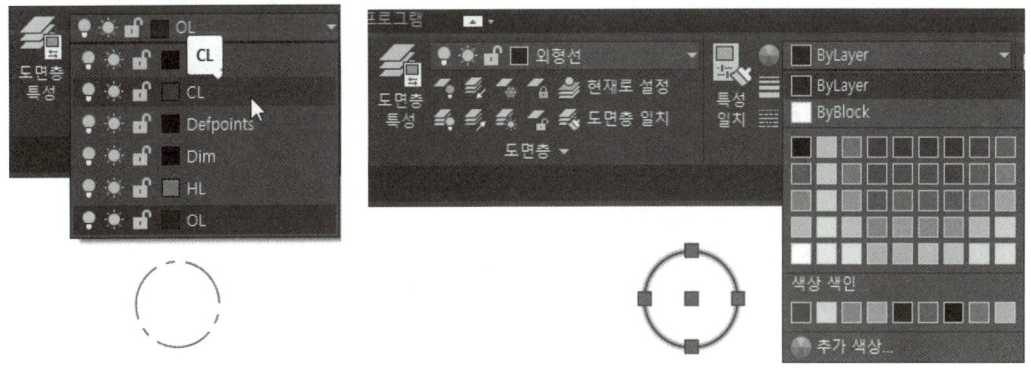

〈리본 메뉴 홈 탭 ➪ 도면층, 특성 패널〉

AutoCAD는 다음 그림과 같이 도면 영역에 있는 객체 위에 마우스 커서를 머물 때 해당 객체의 유형, 색상, 도면층, 선종류에 대한 즉각적인 특성 정보를 제공합니다.

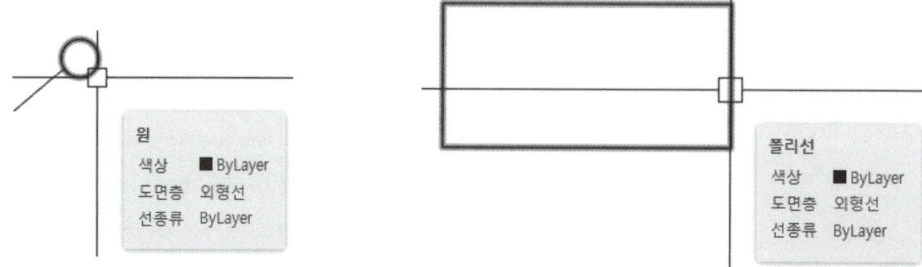

❏ 특성 관리자 팔레트(Properties manager palette)

다음 그림과 같이 '특성 팔레트'에서 검색해서 변경할 수 있는 객체 특성들의 더욱 완전한 목록에 액세스할 수 있습니다. '특성 팔레트'에 표시된 특성 목록은 선택한 객체 유형 또는 객체의 다양성에 따라서 달라집니다. '객체 특성'을 변경하는 또 다른 방법은 선택한 항목에 따라 다양한 옵션들을 제공하는 '특성 팔레트'를 앞에서 설명한 다양한 방법으로 호출하는 것입니다.

'특성' 및 '빠른 특성 팔레트'에서 특성을 변경하는 방법에는 두 가지 주목할 만한 단점이 있습니다.

① 단일 객체(Single Object)에만 적용됩니다.
② 폴리선, 블록, 해치 패턴 및 문자와 같은 일부 객체는 이 작업을 편집으로 해석합니다.

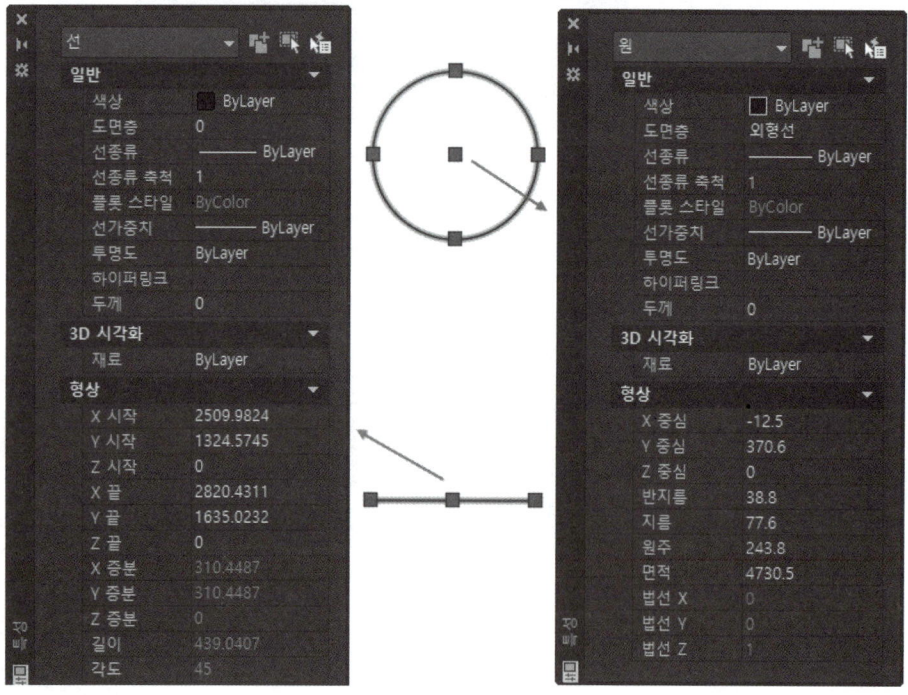

〈리본 메뉴 홈 탭 ⇨ 도면층, 특성 패널〉

1.2 빠른 특성(Quick properties)

'빠른 특성 팔레트'는 크고 완전한 '특성 팔레트'와 비교하면 공간을 차지하지 않고 '객체 특성'을 보고 수정할 수 있는 편리한 방법입니다. '빠른 특성'은 객체를 선택하면 자동으로 표시되고 객체를 선택 취소하면 사라집니다. '빠른 특성 팔레트'에 표시되는 객체의 특성을 보고 수정할 수 있습니다.

이 학습 과정 범위는 아니지만 CUI(Character User Interface) 대화상자를 사용하여 빠른 특성 팔레트에 표시되는 특성을 변경하여 가장 많이 사용하는 특성을 표시할 수 있습니다.

❑ 빠른 특성 팔레트(Quick properties palette)

다음 그림에서 객체 특성들을 '빠른 특성 팔레트'에서 제어할 수 있습니다.

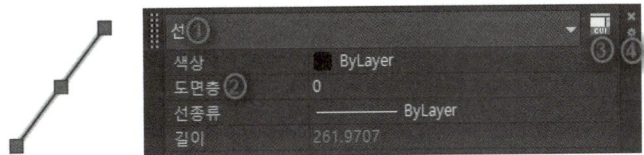

① 객체 유형 : 선택한 객체의 유형을 표시합니다.
② 객체 특성 : 일반 객체 특성을 나열합니다.
③ 사용자화 : '빠른 특성 팔레트'에 표시할 객체 유형과 특성을 지정할 수 있는 CUI(Character User Interface) 대화상자를 표시합니다.
④ 옵션 : '빠른 특성' 설정을 닫고, 사용자 정의하고, 변경할 수 있는 옵션 메뉴를 표시합니다. 또한, 위치 모드를 커서 또는 정적으로 설정하고 '빠른 특성 패널'이 자동으로 축소되는지를 지정할 수 있습니다.

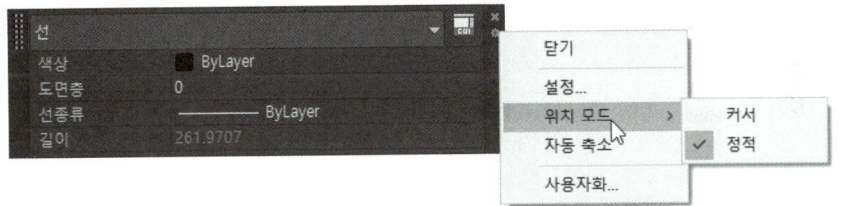

도면 영역에서 여러 개의 객체를 선택하면, '빠른 특성 팔레트'에는 선택한 모든 객체에 공통인 특성만 표시됩니다. 드롭다운 목록에서 특정 객체 유형을 선택하여 해당 객체 유형에 대한 모든 '빠른 특성'을 표시할 수 있습니다.

❏ 빠른 특성 설정(Quick properties settings)

우리는 '제도 설정' 대화상자의 '빠른 특성' 탭에서 '빠른 특성 팔레트'에 표시되는 방법과 위치를 지정할 수 있습니다. 다음 설정을 사용할 수 있습니다.

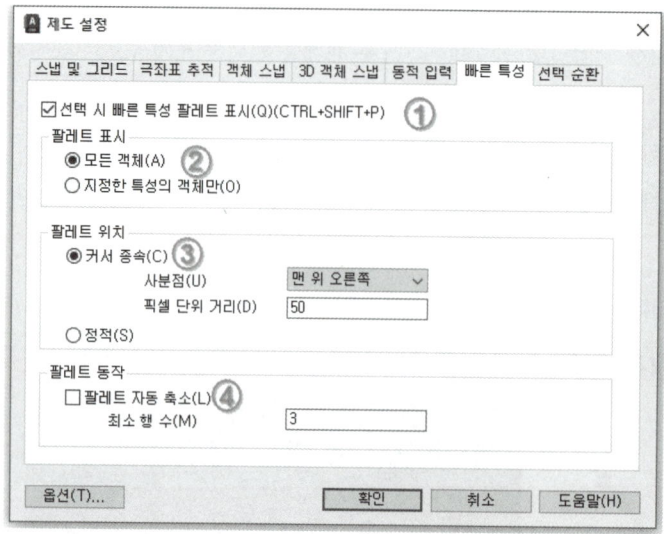

① 선택 시 '빠른 특성 팔레트' : 선택한 객체 유형을 표시합니다. 여러 객체를 선택하면 드롭다운 목록을 사용하여 특정 객체 유형을 선택할 수 있습니다.

② 팔레트 표시 : 업데이트 '빠른 특성 팔레트'에는 모든 객체 또는 사용자 지정 사용자 인터페이스(CUI)에 오직 빠른 특성을 정의한 객체들만 표시합니다.

③ 팔레트 위치 : '빠른 특성 팔레트'의 위치 모드를 커서 종속 또는 정적으로 설정합니다.

④ 팔레트 동작: '빠른 특성 팔레트'를 사용하여 기본 높이에 지정된 특성 수만 표시합니다.

기본 수보다 많은 특성을 사용할 수 있는 경우 특성을 보려면 '빠른 특성 팔레트'를 스크롤 하거나 확장해야 합니다.

❏ 팔레트 위치 : Palette location modes

'빠른 특성 팔레트'는 두 가지 다른 모드로 표시될 수 있습니다.

① 커서 종속 : 객체를 선택할 때 커서 옆에 팔레트를 표시하려면 이 옵션을 사용합니다.

② 정적 : 팔레트를 수동으로 재배치하지 않는 한 화면의 같은 위치에 표시하려면 이 옵션을 사용합니다.

'빠른 특성'이 설정되어 있으면, 객체를 선택할 때 '빠른 특성 팔레트'가 표시됩니다. 해당 객체의 선택을 취소하면 빠른 특성 패널이 다시는 표시되지 않습니다. 객체를 선택할 때마다 '빠른 특성 팔레트'가 표시되지 않도록 하려면, 상태 막대 또는 '제도 설정' 대화상자 '빠른 특성' 탭에서 전환(Toggle) 기능을 사용하여 빠른 특성을 제어합니다.

CHAPTER 6 객체 특성(Objects properties)

❏ **빠른 특성 명령 호출(Access quick properties command)**

상태 막대	빠른 특성 도구
객체 단축 메뉴	빠른 특성
단축키	Ctrl+Shift+P

〈상태 막대 빠른 특성 도구〉

연습 과제〉 빠른 특성 사용하기(Using quick properties)

다음 연습 과제에서 빠른 특성 사용에 대한 개요를 제공합니다.

1 상태 막대에서 [빠른 특성] 도구가 켜져 있는지 확인합니다.
2 도면 영역에서 하나의 객체를 선택합니다.
3 '빠른 특성 팔레트'에서 원하는 객체 특성을 보거나 변경합니다.
4 '빠른 특성 팔레트'를 종료하기 위해 Esc 키를 누릅니다.

연습 과제〉 빠른 특성 사용하기(Using quick properties)

이 연습 과제에서 '빠른 특성 팔레트'를 사용하여 다양한 객체 특성을 볼 수 있습니다. 또한, '빠른 특성 팔레트'를 사용자 지정하여 팔레트가 나타나는 상황과 팔레트가 표시되는 옵션을 제어할 수도 있습니다.

1 상태 막대에서 [빠른 특성] 도구를 클릭해서 활성화합니다.
마우스 오른쪽 버튼을 클릭하고 [빠른 특성 설정]을 클릭합니다.
2 '제도 설정' 대화상의 [빠른 특성] 탭에서 다음 그림처럼 설정합니다.

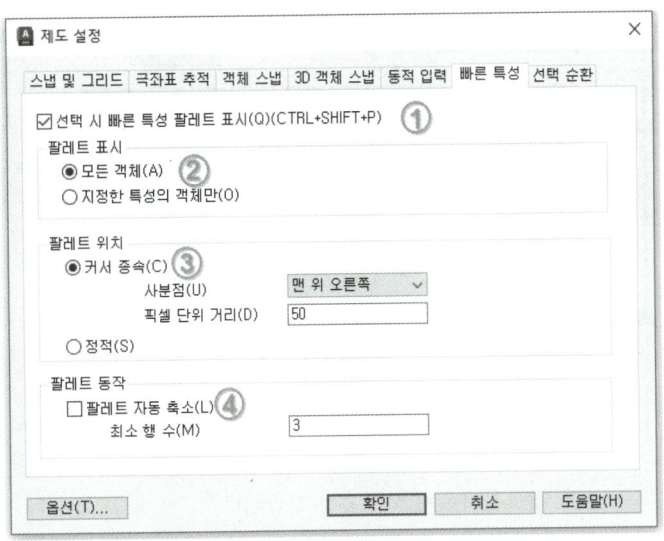

3 도면 영역에서 선(Line) 객체를 선택합니다.

'빠른 특성 팔레트'가 커서의 오른쪽 아래에 자동으로 나타납니다.

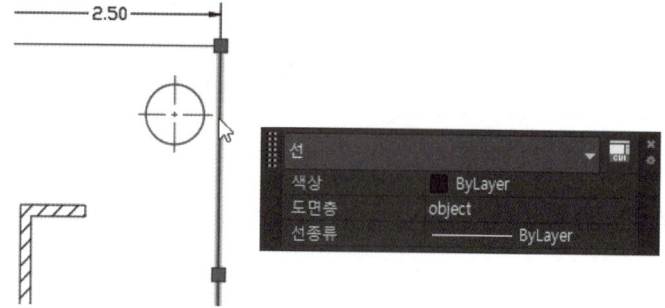

4 다음 그림처럼 '빠른 특성 팔레트' 위로 커서를 이동합니다.

팔레트가 확장되어 더 많은 속성을 표시합니다.

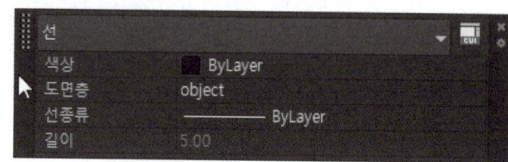

5 '빠른 특성 팔레트'를 종료하기 위해 Esc 키를 누릅니다.

6 도면 영역에서 선형 치수를 선택합니다.

'빠른 특성 팔레트'에는 세 개의 특성 행이 자동으로 표시됩니다.

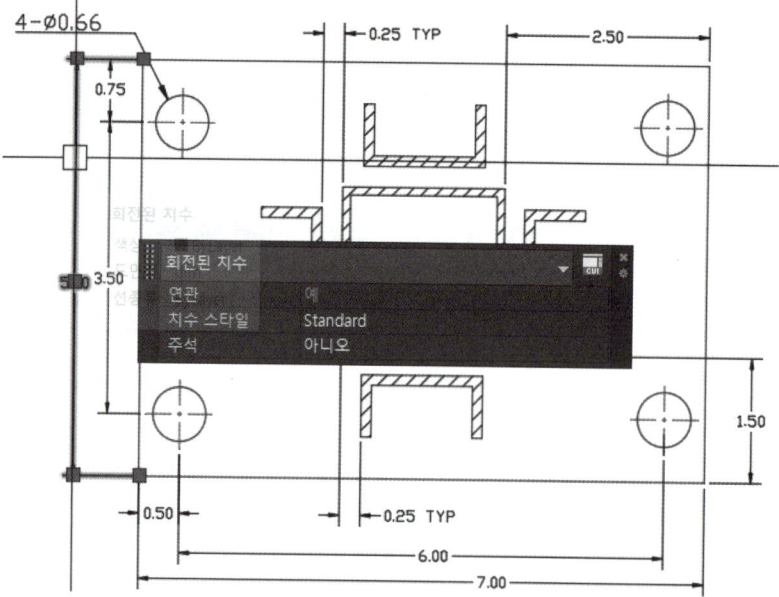

7 다음 그림처럼 '제도 설정' 대화상자에서 설정을 변경합니다.

CHAPTER 6 객체 특성(Objects properties) **297**

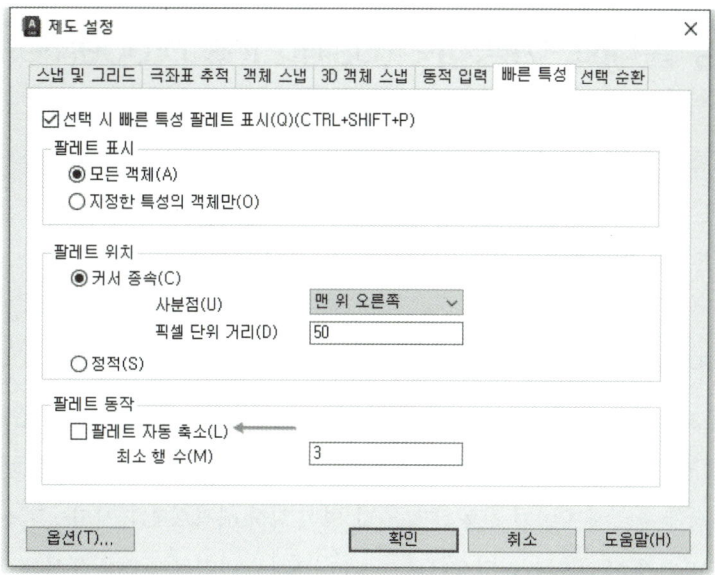

8 도면 영역에서 선형 치수를 선택합니다.

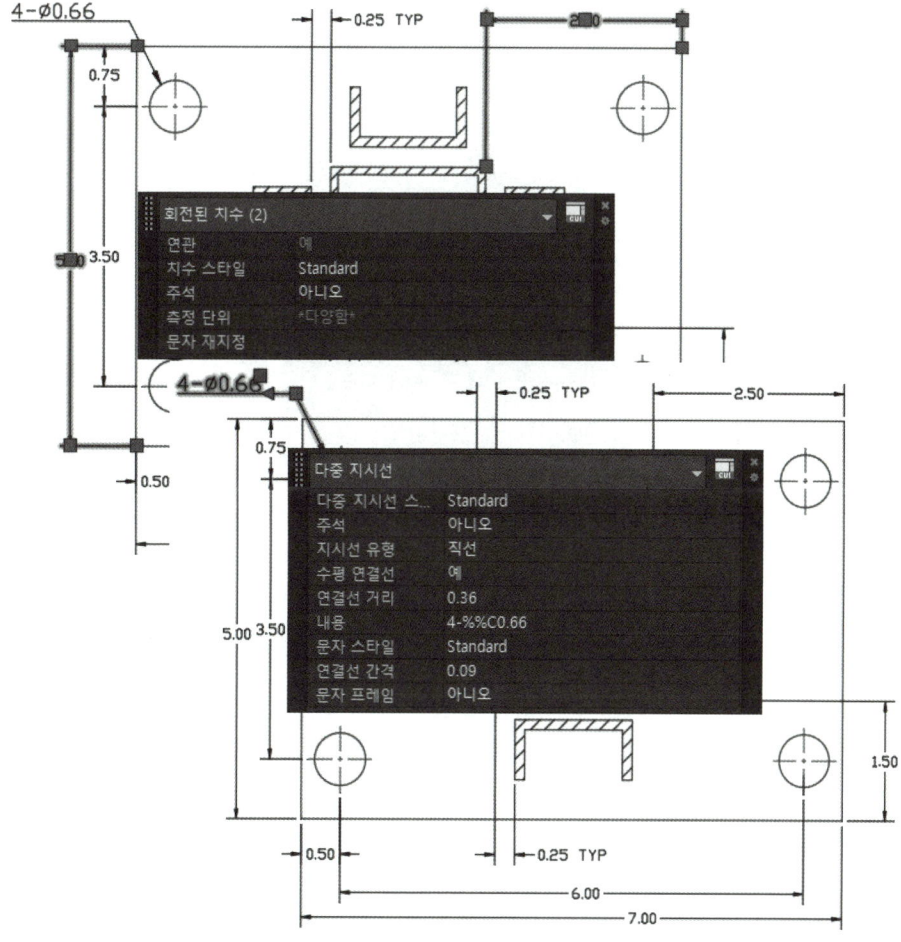

9 '빠른 특성 팔레트'를 종료하기 위해 Esc 키를 누릅니다.

1.3 특성 팔레트 이용하기(Using the properties palette)

'특성 팔레트'를 호출하여 객체의 색상(Color), 선종류(Linetype), 선가중치(Lineweight) 또는 도면층(Layer)과 같은 객체의 특성을 변경할 수 있습니다. '특성 팔레트'는 상황에 따라 달라지므로 선택한 객체 유형과 관련된 특성만 표시합니다.

❏ 객체 특성(Object properties)

'특성 팔레트'에서 '객체 특성(Object properties)'은 일반(General), 형상(Geometry), 기타(Misc)와 같은 개별 그룹으로 구성됩니다. 이러한 그룹을 축소하거나 확장할 각 그룹의 제목 영역에서 화살표를 클릭합니다. '특성 팔레트'에서 읽기 전용 특성은 값 열이 회색 배경으로 표시되므로 선택할 수 없습니다. 우리는 읽기/쓰기 특성 선택할 수 있습니다. 이러한 특성을 변경하기 위한 옵션은 특성에 따라 다릅니다. 일부는 목록(List)이고 일부는 단순 문자 필드이며, 다른 일부는 필드에서 아이콘을 눌러 점(Point)을 다시 정의해야 합니다.

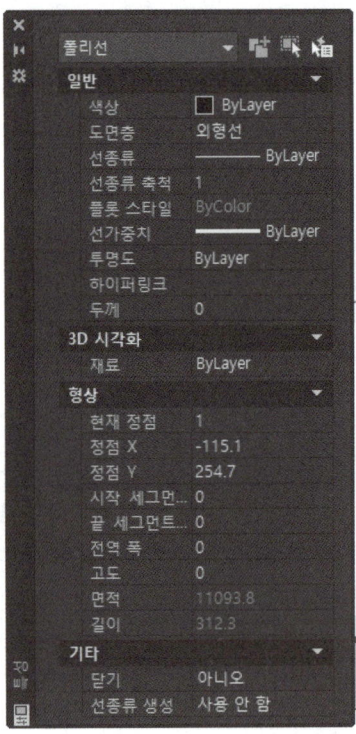

❏ 특성 명령 호출(Access properties command)

'특성 팔레트'를 호출하려면, [홈] 탭 ➪ [특성] 패널에서 ◢(특성) 클릭합니다.

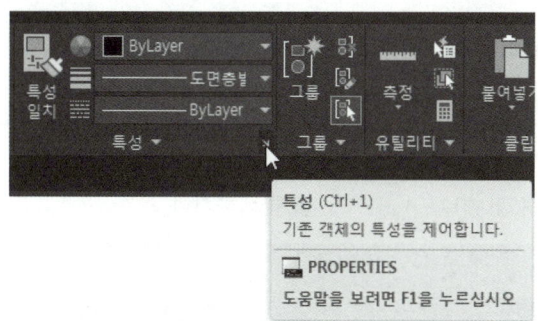

❏ 객체 유형 목록을 이용한 객체 선택(Selecting objects using the object types list)

여러 객체 유형을 선택하면, 객체 유형 목록에 모든 객체가 표시됩니다. 서로 다른 유형의 객체를 선택하면, '특성 팔레트'는 선택한 모든 객체 유형에 공통되는 특성 유형만 표시합니다.

선택한 각 객체 유형에 대해 객체 유형 이름이 목록에 나타납니다. 목록에서 객체 유형을 선택하여 해당 유형의 선택한 객체에 대한 특성을 제어할 수 있습니다.

예를 들어, 다음 그림에서 객체 유형 목록은 폴리선과 문자라는 두 개의 객체를 함께 표시합니다.

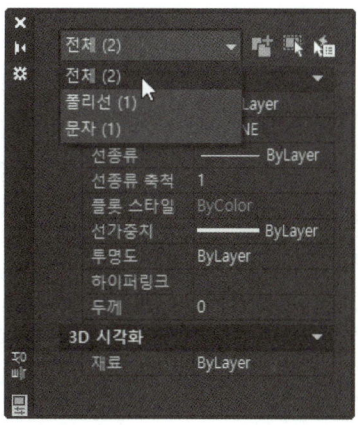

〈홈 탭 ➡ 특성 패널 특성 명령 아이콘〉

❏ 특성 팔레트를 사용하기 위한 요점(Key points for using the properties palette)

① '특성 팔레트'는 다른 명령을 사용하는 동안 열린 상태를 유지할 수 있다는 점에서 기존 대화상자 인터페이스와 다릅니다.

② 객체의 특성을 편집하는 다른 방법을 사용할 수 있지만, '특성 팔레트'는 여러 객체 유형과 여러 개체의 특성을 동시에 변경할 수 있는 공통 인터페이스를 제공합니다.

③ 커서가 팔레트에서 멀어질 때 팔레트를 축소하려면 '특성 팔레트'에서 자동 숨기기 아이콘(오른쪽 그림 참조)을 클릭합니다.

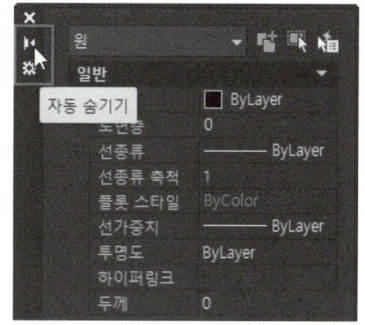

연습 과제〉 특성 팔레트 이용하기(Using properties palette)

다음 연습에서는 '특성 팔레트'를 사용하여 객체 특성을 변경하는 방법에 대해 간략히 설명합니다.

1 리본 메뉴 [홈] 탭 ⇨ [특성] 패널 ⇨ ↘(특성)을 클릭하거나 혹은 [Ctrl+1] 키를 누릅니다.

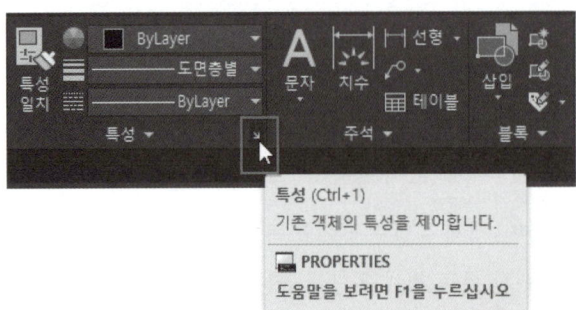

2 도면 영역에서 특성을 변경할 객체를 선택합니다.
3 읽기-쓰기 필드의 값을 변경할 수 있으며 모든 변경 사항이 실시간으로 발생합니다.
4 Esc 키를 눌러 객체 선택을 취소합니다.

'특성 팔레트'는 열린 상태로 유지됩니다.

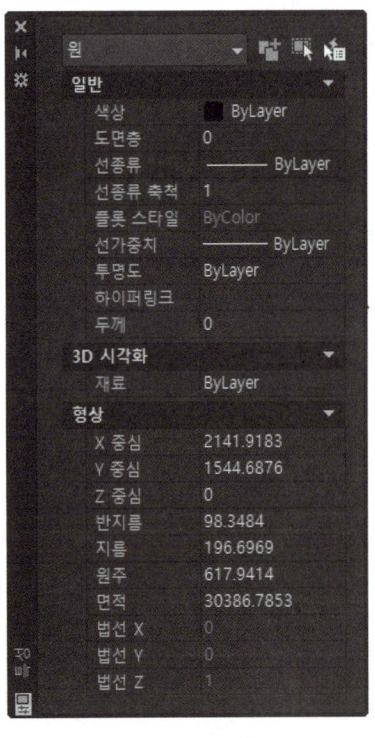
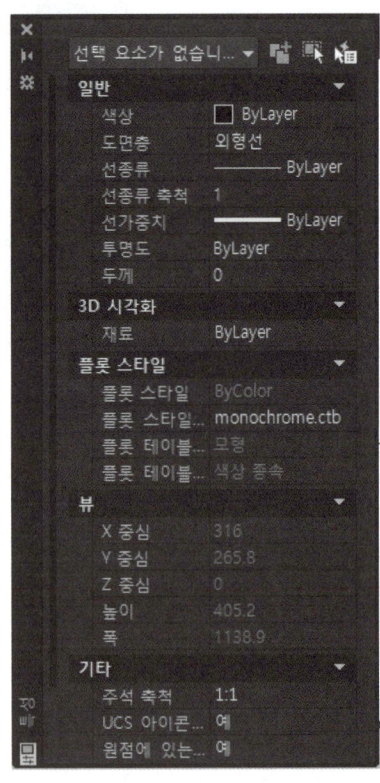

1.4 객체 특성 변경(Changing object properties)

객체의 특성을 변경하는 한 가지 방법은 리본 '홈' 탭의 '도면층' 및 '특성' 패널의 '컨트롤'을 사용하는 것입니다. 객체를 선택하고, 컨트롤 목록에서 원하는 특성 클릭해서 변경할 수 있습니다.

❏ 도면층 패널 - 도면층 컨트롤 목록(Layers panel - layer control list)

다음 그림은 '도면층' 패널을 보여 줍니다. 객체를 선택하고, 컨트롤 드롭다운 목록을 클릭하면, 해당 객체와 연결된 도면층을 보고 수정할 수 있습니다.

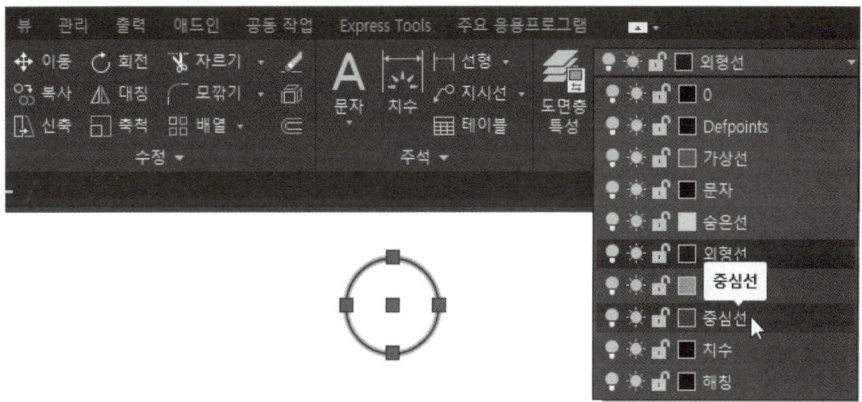

❏ 특성 패널 - 선종류 선택(Properties panel - select a linetype)

다음 그림은 객체의 색상, 선종류 및 선가중치를 보고 변경할 수 있습니다.

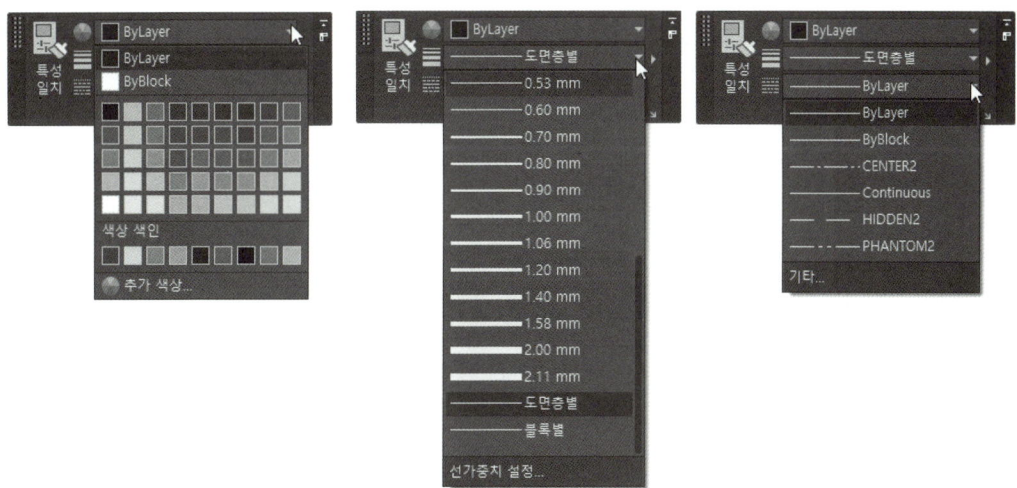

❏ 선가중치 표시/숨기기(Show/hide lineweight)

상태 막대의 '선가중치 표시/숨기기' 옵션은 도면에서 선가중치의 가시성을 제어합니다.

이 도구는 토글(Toggle) 기능이기 때문에 켜거나 끄려면 클릭하면 됩니다. 이 도구에 마우스 오른쪽 버튼을 클릭하고 '선가중치 설정'을 선택하여 선가중치의 표시 배율을 조정합니다.

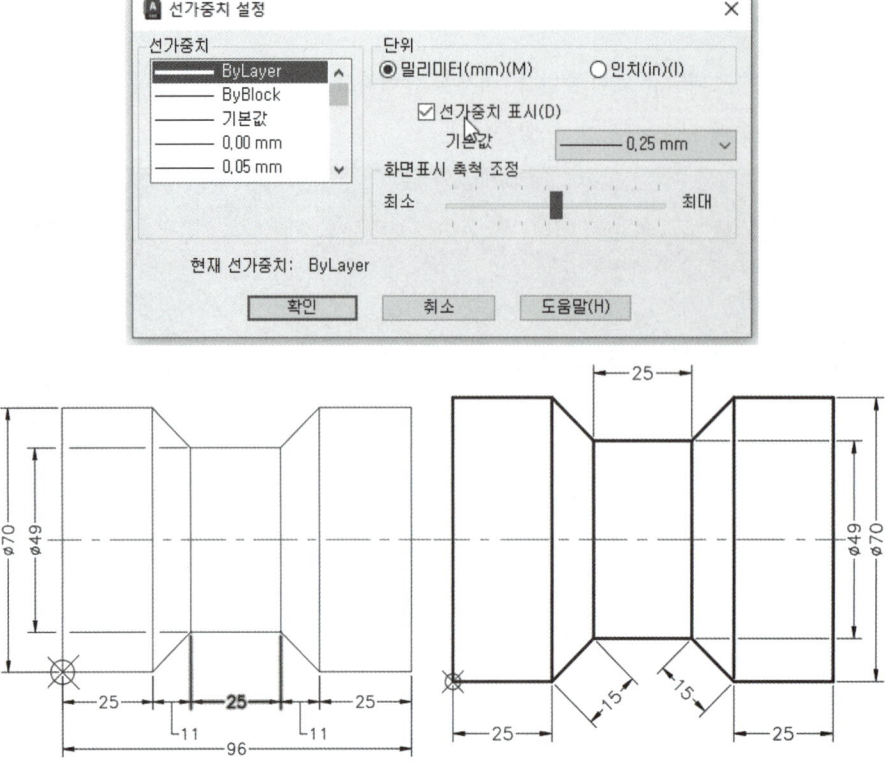

연습 과제〉 객체의 도면층 특성 변경하기(Change layer properties)

이 연습 과제에서 도면층 패널에서 '도면층 컨트롤 목록'을 사용하여 객체의 도면층 특성을 변경하는 방법에 대한 개요를 제공합니다.

1 도면 영역에서 다른 도면층으로 이동해야 하는 객체를 하나 이상 선택합니다.

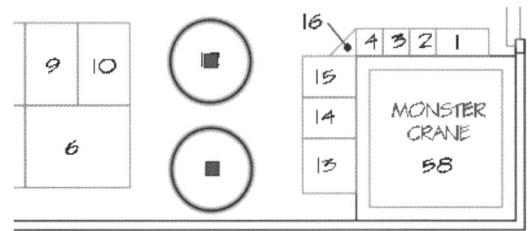

2 리본 메뉴 [홈] 탭 ⇨ [도면층] 패널 ⇨ 도면층 제어 목록의 드롭다운을 클릭합니다.

다음 그림처럼 객체를 이동할 도면층 이름(Table)을 클릭해서 선택합니다.

3 선택 객체를 해제하려면 Esc 키를 누릅니다.

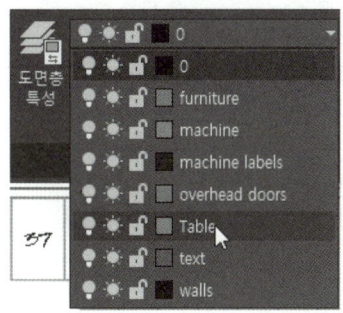
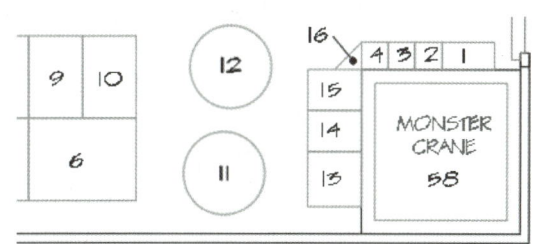

연습 과제〉 객체의 색상 특성 변경하기(Change color properties)

이 연습 과제에서 '특성 패널 목록'에서 색상을 선택하여 객체 색상을 변경하는 방법을 설명합니다.

1 도면 영역에서 색상을 변경해야 하는 객체를 하나 이상 선택합니다.

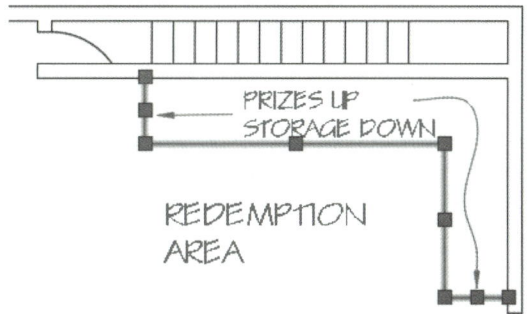

2 리본 메뉴 [홈] 탭 ⇨ [특성] 패널 ⇨ [객체 색상] 드롭다운을 클릭합니다.

다음 그림처럼 목록에서 원하는 색상을 선택합니다.

3 선택 객체를 해제하려면 Esc 키를 누릅니다.

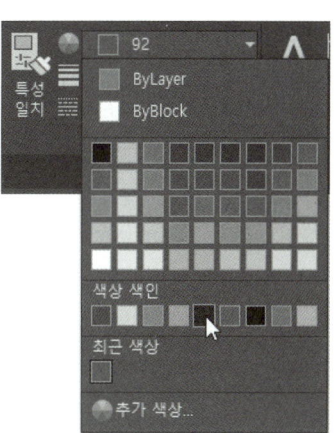

연습 과제〉 객체의 선종류 특성 변경하기(Change linetype properties)

다음 연습 과제에서는 '특성' 패널에서 '선종류 목록'을 선택하여 객체의 선종류를 변경하는 방법에 관해서 설명합니다. [기타]를 선택하여 목록에 없는 원하는 선종류를 로드할 수 있습니다.

1 다음 그림과 같이 도면 영역에서 선종류를 변경해야 하는 객체를 하나 이상 선택합니다.

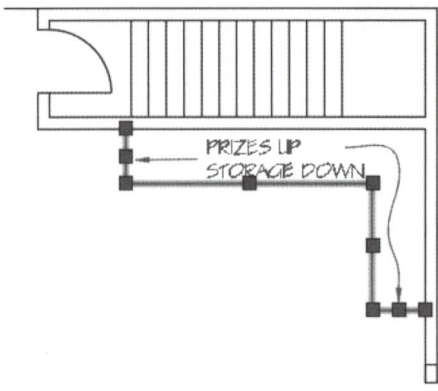

2 다음 그림과 같이 리본 메뉴 [홈] 탭 ⇨ [특성] 패널 ⇨ [선종류] 드롭다운을 클릭합니다.
선종류 목록에서 원하는 선종류 유형을 선택합니다.

3 선택 객체를 해제하려면 Esc 키를 누릅니다.

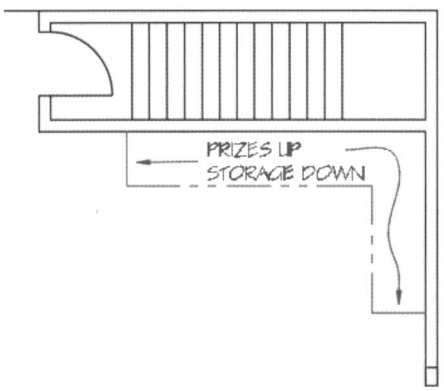

연습 과제〉 객체의 선가중치 특성 변경하기(Change lineweight properties)

이 연습 과제에서 특성 패널의 '선가중치(Lineweight)' 목록을 사용하여 객체의 선가중치를 변경하는 방법에 관해 설명합니다.

1 도면 영역에서 선가중치를 변경해야 하는 객체를 하나 이상 선택합니다.

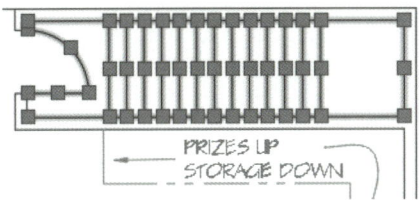

2 리본 메뉴 [홈] 탭 ⇨ [특성] 패널 ⇨ [선가중치] 드롭다운을 클릭합니다.

다음 그림처럼 목록에서 원하는 선가중치 유형을 선택합니다.

3 선택 객체를 해제하려면 Esc 키를 누릅니다.

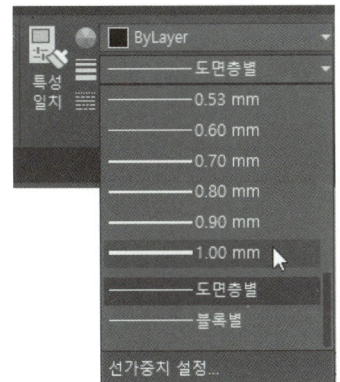
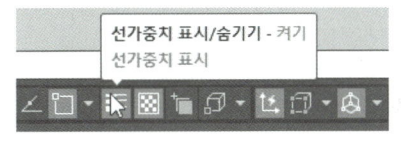

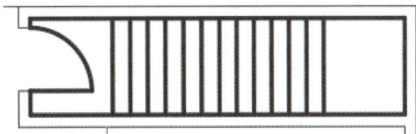

❑ 객체 특성 변경 지침(Change properties guidelines)

① 도면층 및 특성 패널을 표시해야 합니다. 리본 메뉴에 보이지 않으면 리본 메뉴의 [홈] 탭을 마우스 오른쪽 버튼으로 클릭하여 켭니다.

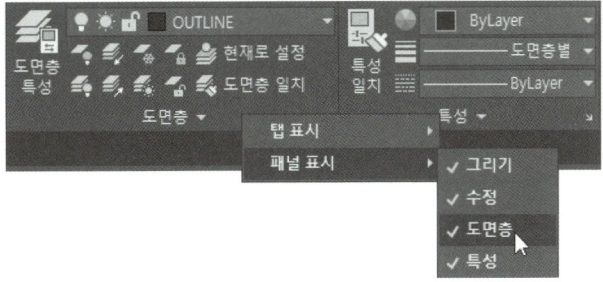

② 명령을 호출하지 않고 '윈도우(W)' 또는 '교차(C)' 선택 옵션을 사용하여 특성을 보거나 변경할 객체를 빠르게 선택합니다.

③ 잘못 객체를 선택하였으면 Shift 키를 누른 다음 다시 선택하여 선택 세트에서 제거합니다.

④ 서로 다른 특성을 가진 객체를 두 개 이상 선택하면, '특성 팔레트' 옵션의 필드가 공백이 됩니다. 한 번에 하나의 특성만 나열할 수 있기 때문입니다.

⑤ 둘 이상의 객체를 선택하고, 선택한 모든 객체에 할당할 특성을 선택할 수 있습니다.

⑥ 객체 특성은 가능한 도면층별(ByLayer)에 의해 결정되어야 합니다.

⑦ 목록에 표시되지 않는 선종류를 도면에 로드할 수 있습니다.

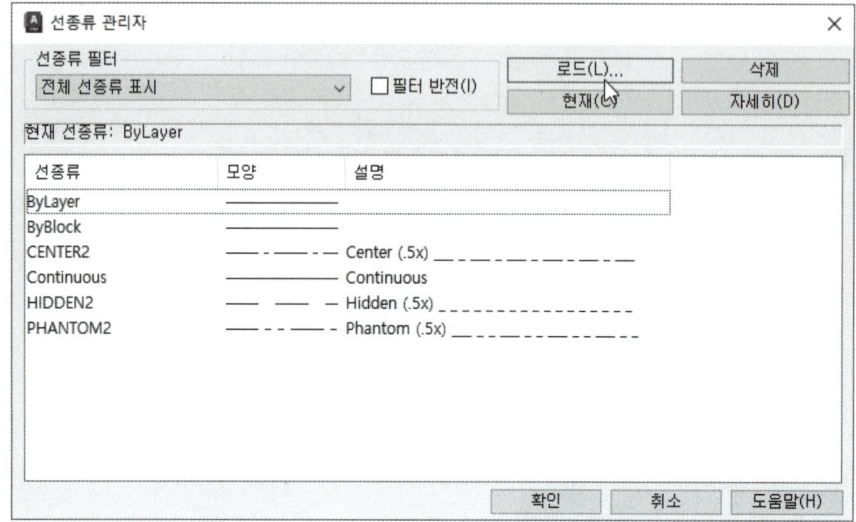

⑧ 상태 막대에 '선가중치(Lineweight) 표시' 옵션이 켜져 있는지 확인하고 '선가중치 설정' 대화상자에서 선가중치(Lineweight) 디스플레이를 조정합니다.

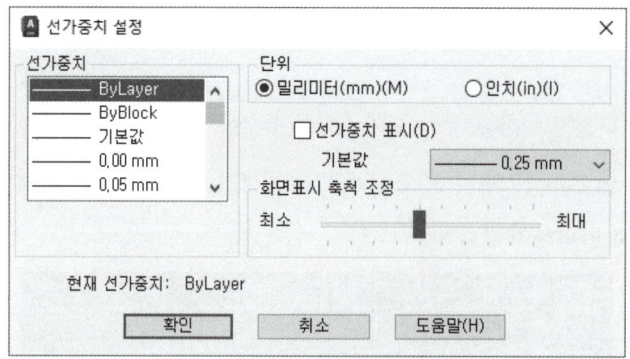

1.5 특성 일치 명령(Matchprop command)

'특성 일치(Matchprop)' 명령은 원하는 특정 객체의 특성을 다른 객체의 특성으로 일치시킵니다.
[홈] 탭 ⇨ [특성] 패널에서 [특성 일치(Matchprop)] 명령 아이콘을 클릭합니다.

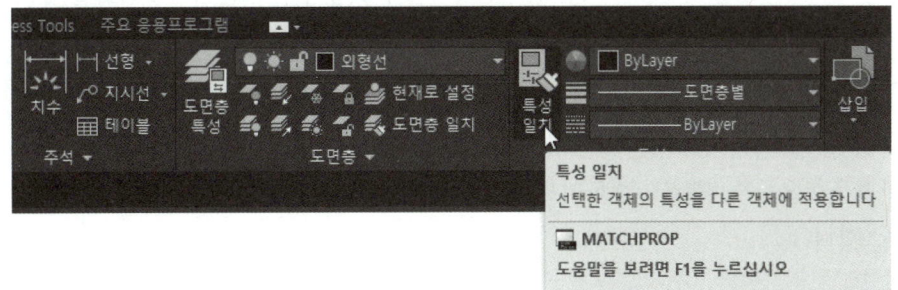

프롬프트에서 원본 객체를 선택하라고 합니다. 커서가 다음 그림처럼 변경됩니다.

원본 객체를 선택하면, 대상 객체를 선택하라고 프롬프트 합니다. 원본 객체와 특성 일치할 객체를 선택합니다. 설계자는 [설정(S)] 옵션을 호출하여 '특성 설정' 대화상자에서 영향을 받을 기본 특성과 고급 특성을 지정할 수 있습니다.

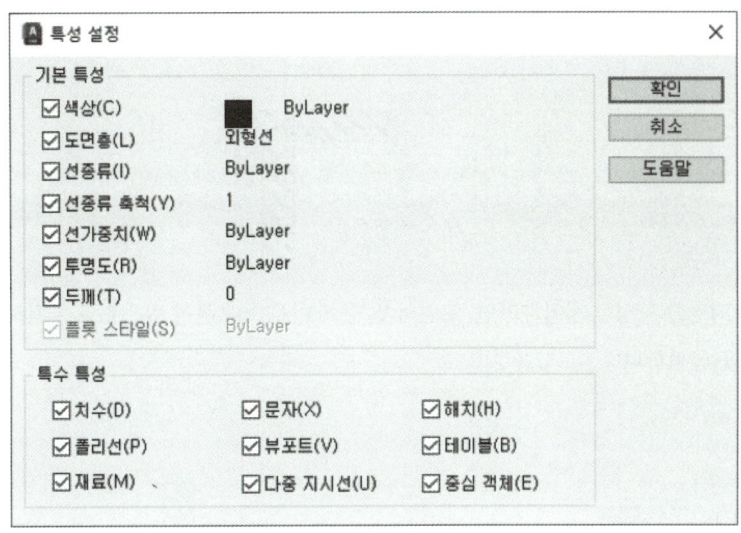

> **참고** 다중 도면에서 특성 일치
>
> 여러 개의 도면이 동시에 열려 있는 경우 특성 일치(Matchprop) 명령을 사용해서 한 도면의 객체 특성을 다른 도면의 객체에 일치시킬 수 있습니다.

❏ 특성 일치 명령을 위한 지침(Guidelines for matching properties)

① '특성 일치(Matchprop)' 명령을 호출해서 원본 객체는 하나만 선택할 수 있습니다.
② 원본 객체를 직접 선택해야 합니다. 묵시적 윈도우 선택 또는 기타 윈도우/교차/폴리곤/울타리 선택 방법을 사용할 수 없습니다.
③ 원본 객체의 속성을 객체 수에 제한 없이 일치시킬 수 있습니다. 대상 객체를 선택할 때 모든 '윈도우(W)/교차(C)/폴리곤(P)/울타리(F)' 선택 방법을 사용할 수 있습니다.
④ 한 도면의 객체에서 열려 있는 다른 도면의 객체에 대한 특성을 일치시킬 수 있습니다.
⑤ 일치하는 특성 설정을 조정하려면, '특성 일치(Matchprop)' 명령을 호출하고 원본 객체를 선택한 후 마우스 오른쪽 버튼을 클릭하여 단축 메뉴에서 [설정(S)]을 클릭해서 '특성 설정' 대화상자를 액세스합니다.

연습 과제〉 특성 일치 이용하기(Using Matchprop command)

이 연습 과제에서 '특성 일치(Matchprop)' 명령을 사용하여 원본 객체에서 대상 객체로 특성을 적용하는 방법을 간략히 설명합니다.

1 리본 메뉴 [홈] 탭 ➪ [특성] 패널 ➪ '특성 일치(Matchprop)' 명령 아이콘을 클릭합니다.
다음 그림처럼 도면 영역에서 원본 해치 객체를 클릭해서 선택합니다.

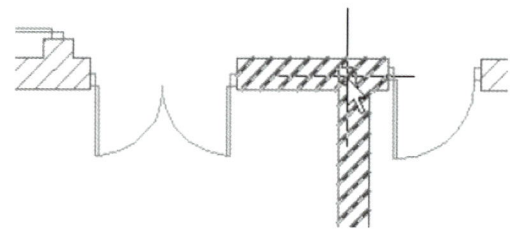

2 대상 객체에 지정할 특성을 제어하려면, 도면의 빈 곳에 마우스 오른쪽 버튼으로 클릭하고 단축 메뉴에서 [설정(S)]을 클릭합니다.

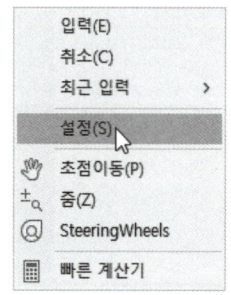
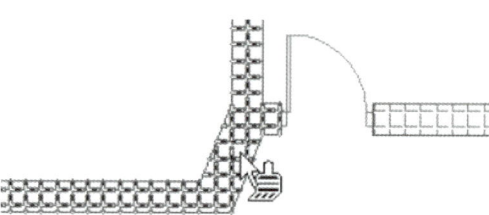

3 '특성 설정' 대화상자에서 원하는 특성 옵션을 체크(Check)하고, [확인] 버튼을 클릭합니다.
4 위 오른쪽 그림처럼 대상 객체를 클릭해서 선택합니다.

1.6 도면층별 특성(ByLayer poperties)

AutoCAD 리본 메뉴 [홈] 탭 ⇨ [특성] 패널에는 도면에 작성한 객체의 현재 특성 설정이 표시됩니다. 기본 설정은 '도면층별(ByLayer)'입니다. 즉, 객체 특성이 도면층에 설정된 특성에 의해서 결정된다는 의미입니다. 기본적으로 모든 객체는 색상, 선종류 및 선가중치에 대해서 '도면층별(ByLayer)' 설정을 사용합니다. 다음 그림은 리본 [홈] 탭 ⇨ [특성] 패널의 기본 '도면층별(ByLayer)' 설정을 보여 줍니다.

❑ 도면층별 특성 설정 정의(Definition of the ByLayer poperty stting)

'도면층별(ByLayer)' 특성 설정이 객체에 할당되고, 객체의 색상, 선종류, 선가중치 및 플롯 스타일을 지정합니다. 이러한 특수 특성 설정은 빨간색과 같은 특정 색상 또는 숨은선과 같은 특정 선종류를 사용하는 것과 같습니다.

특성 유형이 '도면층별(ByLayer)'로 설정되었을 때 객체는 객체의 도면층에 정의된 특성 설정으로 가정합니다. 도면층에서 특성을 변경하면, '도면층별(ByLayer)' 설정이 있는 모든 객체가 그에 따라 업데이트됩니다. '도면층별(ByLayer)' 설정은 동일한 도면층에 있는 객체 간에 일관성을 유지할 뿐만 아니라 도면층의 색상, 선종류 또는 선가중치 특성을 변경하면 그에 따라 모든 객체가 자동으로 업데이트되도록 합니다.

꼭 필요한 경우에만 객체의 색상, 선종류 또는 선가중치 특성을 기준 도면층이 아닌 다른 특성으로 재정의해야 합니다. 즉 이것을 '도면층별(ByLayer)' 규칙을 위반한다고 합니다.

동일한 색상과 선종류 유형의 객체가 포함된 도면을 보면, 자연스러운 유사함은 해당 객체가 동일한 도면층에 있다고 가정하는 것입니다.

❑ 도면층별로부터 객체 특성을 변경하는 예(Example of canging oject poperties from the ByLayer dfault)

특정 객체 유형을 자신의 도면층에 배치하는 것이 일반적인 제도 관행입니다. 예를 들어, 모든 중심선은 동일한 도면층에 있고, 모든 객체 외형선은 자신들만의 도면층에 존재해야 합니다. 이러한 구조를 따라가면, 화면의 도면 영역과 플롯된 도면 모두에서 모든 객체의 표시를 쉽게 제어할 수 있습니다.

도면 영역에서 객체 외형선, 중심선 및 숨은선은 모두 해당 특성을 기준 도면층으로 설정합니다. 객체 외형선의 도면층 선가중치를 변경하면, 해당 도면층의 모든 객체가 도면층 설정을 반영하도록 변경됩니다. 이 변경 사항은 도면 영역에 즉시 표시됩니다.

02 선종류 개념 및 활용
(Linetype concepts & utilization)

2.1 선종류(Linetype)

❏ **선종류 정의(Linetype defined)**

선종류(Linetype)는 객체의 모양을 결정하는 객체의 특성입니다. 선종류는 설계 작업에서 한 객체와 다른 객체를 구별하는 데 도움을 주게 됩니다. 선종류는 도면의 객체를 서로 구별하는 데 사용됩니다. 도면 뷰에서 숨겨진 형상을 도시 하거나, 형상에 대한 중심선을 표시하거나, 도면에 선명도를 추가하는 데 사용할 수 있습니다. 예를 들어, 다음 그림에서는 형상에 사용되는 실선(외형선) 유형과 치수 작업에 사용되는 중심선 유형을 보여 줍니다. 점선(숨은선) 유형은 숨겨진 형상을 나타냅니다.

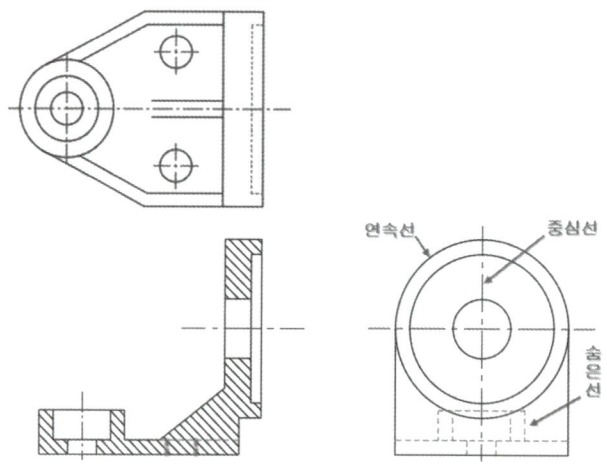

일반적인 도면에서는 여러 객체와 연관된 선종류를 찾을 수 있습니다. 사용되는 특정 선종류는 분야마다 다를 수 있지만, 선종류를 사용하는 개념은 일관성을 유지하는 것입니다. 그것들은 항상 객체들을 서로 구별하고 도면을 읽고 이해하기 쉽게 하려고 사용됩니다.

위의 그림에는 연속선(외형선), 숨은선 및 중심선 선종류가 포함되어 있습니다. 이러한 각 선종류는 그것들이 사용되는 분야의 도면 내에서 의미가 있습니다.

❏ 선종류의 예

다음 왼쪽 도면의 형상에서는 두 개의 강철 조각이 서로 겹치는 것을 볼 수 있는데 어떤 물체가 위에 놓여 있는지 구별할 수 없습니다. 다음 오른쪽 도면의 형상에서는 수직 강철 객체에 숨겨진 선을 사용하여 수평 강철 조각 아래에 수직 강철이 놓여 있음을 보여 줍니다.

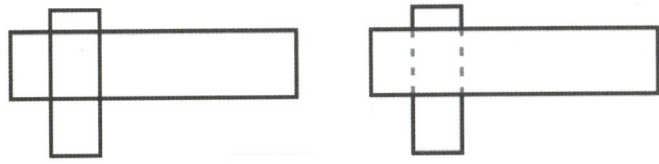

❏ 선종류 요점(Linetype key points)

① 선종류는 객체를 서로 구별하는 데 사용됩니다.
② 선종류는 도면에 시각적 선명도를 추가합니다.
③ 선종류는 객체의 모양을 결정하기 때문에 도면에 도시하는 형상의 모양에 따라서 정확한 선종류를 적용해서 작도해야 합니다.

❏ 선종류 관리 지침(Linetype management guidelines)

① 기본적으로 스크래치 도면에는 하나의 선종류, 즉 연속선 유형만 포함됩니다.
② 도면에 필요한 선종류만 추가합니다.
③ '선종류 관리자' 대화상자 또는 '소거(Purge)' 명령에서 참조되거나 사용되지 않는 선종류를 삭제합니다.
④ 도면에서 참조 중이거나 사용 중인 선종류는 삭제할 수 없습니다.
⑤ 다른 선종류를 사용하려면 먼저 도면에 선종류를 로드한 다음 객체나 도면층에 적용해야 합니다.
⑥ 'Ltscale' 명령을 사용하여 선종류 축척을 제어합니다. 예를 들어, Ltscale 척도가 24이면 도면에 있는 모든 선종류의 크기가 24로 증가합니다.

    LTSCALE=1.0   LTSCALE=0.5   LTSCALE=0.25

⑦ '특성 팔레트'를 사용하여 필요한 경우에만 개별 객체의 선종류 배율을 설정합니다. 개별 객체에 대해 설정된 선종류 축척 설정은 전체 LTSCLE 값에 곱합니다.
⑧ 특정 선종류는 정상 크기의 2배에서 사용할 수 있습니다. 예: HIDDEN, HIDDEN2(.5x) 및 HIDDENX2(2x)
⑨ 기본적으로 모든 객체 특성은 도면층별 모드로 그려지기 때문에 객체는 현재 도면층의 특성 설정을 사용합니다. '특성 팔레트'의 선종류 목록에서 특정 선종류를 선택하여 기본 모드를 재정의할 수 있습니다.

2.2 도면에 선종류 추가하기
(Adding linetype to your drawing)

도면에 선종류를 추가하려면, 일반적으로 선종류를 도면층에 설정한 다음 해당 도면층에 객체를 작도합니다. 객체의 선종류는 도면층별(ByLayer)로 설정될 수 있으며, 이것은 객체에 도면층의 선종류를 적용해서 작도된다는 것을 의미합니다.

기본적으로 도면에서 사용할 수 있는 유일한 선종류는 연속선(Continuous)입니다. 추가 선종류를 사용하려면, 도면에 해당 선종류를 로드(Load)해야 합니다. 도면에 선종류를 추가하는 기본 방법은 '선종류 관리자'를 사용하는 것입니다.

도면에 선종류를 추가하려면, [홈] 탭 ⇨ [특성] 패널에서 선종류 컨트롤 드롭다운을 클릭하고, [기타]를 클릭합니다. 또는 풀다운 메뉴에서 [형식] ⇨ [선종류]를 클릭합니다. '선종류 관리자' 대화상자가 표시됩니다.

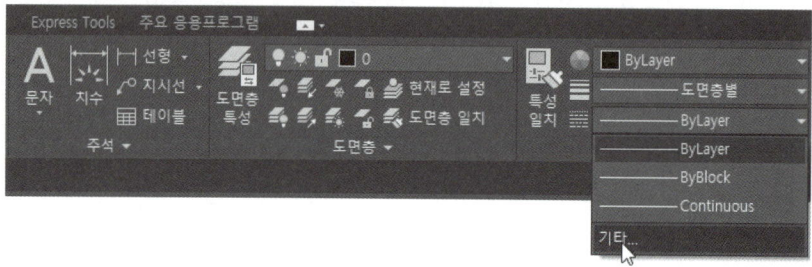

❑ 선종류 관리자 대화상자(Linetype manager dialog box)

'선종류 관리자' 대화상자에는 현재 도면에 로드된 모든 선종류가 표시됩니다.

추가 선종류를 로드 하려면, [로드] 버튼을 클릭합니다.

선종류를 삭제하려면, 선종류를 선택하고 [삭제] 버튼을 클릭합니다.

선종류가 현재 도면의 다른 객체에서 참조되고 있는 경우에는 삭제할 수 없습니다.

❏ 선종류 로드(Loading linetype)

'선종류 관리자' 대화상자에서 [로드] 버튼을 클릭하면, 다음 그림처럼 '선종류 로드 또는 다시 로드' 대화상자와 AutoCAD에서 제공하는 선종류 목록이 나타나 도면에 선종류를 추가할 수 있습니다. 목록을 스크롤 하여 원하는 선종류를 선택하고, [확인] 버튼을 클릭합니다.

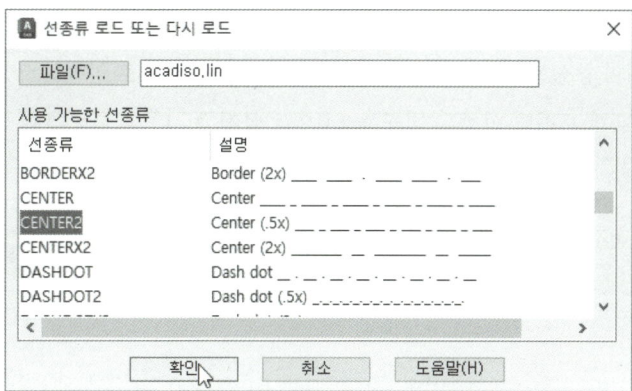

❏ 도면층 특성 관리자에서 선종류(Linetype) 유형 로드

또 다른 방법으로 '도면층 특성 관리자' 대화상자에서 도면에 선종류를 추가할 수 있습니다. 도면층에 선종류를 지정하려면, 다음 그림처럼 원하는 도면층의 선종류를 클릭합니다.

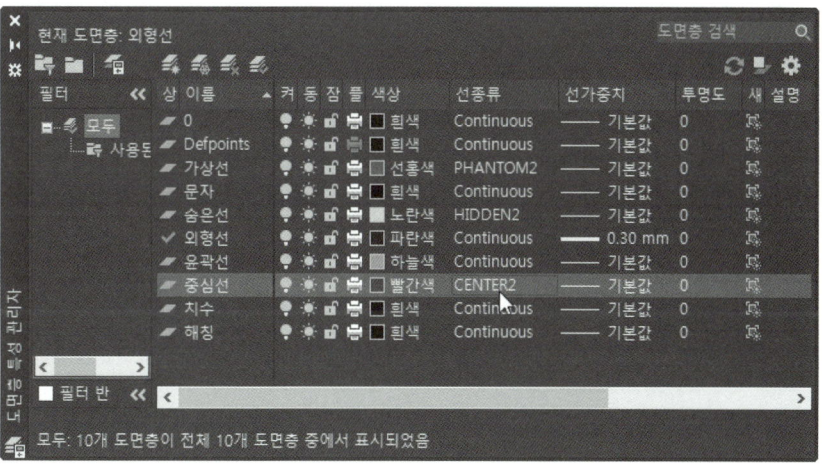

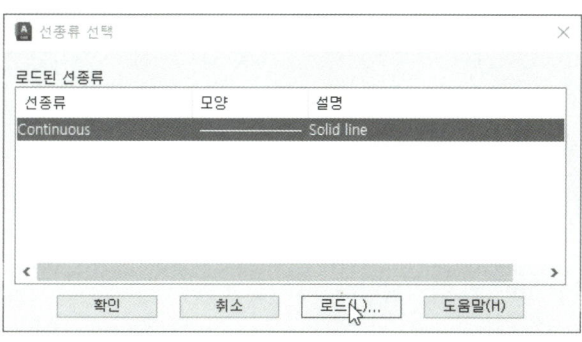

'선종류 선택' 대화상자에서 선종류를 사용할 수 없는 경우 [로드] 버튼을 클릭하여 '선종류 로드 또는 다시 로드' 대화상자를 호출하여 원하는 선종류를 로드합니다.

❑ 선종류 축척 제어하기(Controlling linetype scale)

도면의 객체 크기에 따라 선을 올바르게 나타내려면, 선종류 축척을 조정해야 할 수도 있습니다. 예를 들어, 12단위 길이의 중심선에서 간격을 보려면, 선종류 척도를 0.1로 설정하고 240단위 길이의 중심선에서 간격을 올바르게 보려면 선종류 척도를 1.0으로 설정합니다.

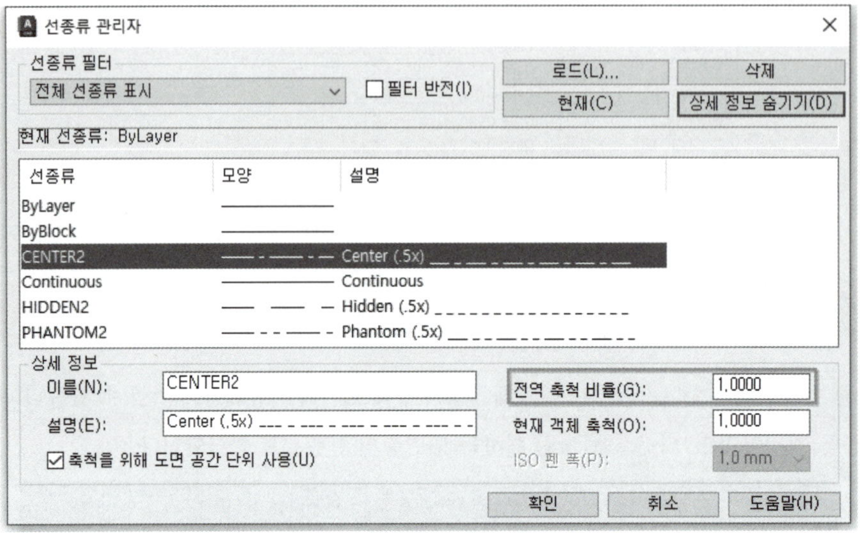

다음 그림에서 두 선 모두 중심선 유형이지만, 아래쪽 중심선은 더 작은 선종류 척도의 결과로 더 조밀한 패턴으로 중심선을 나타냅니다.

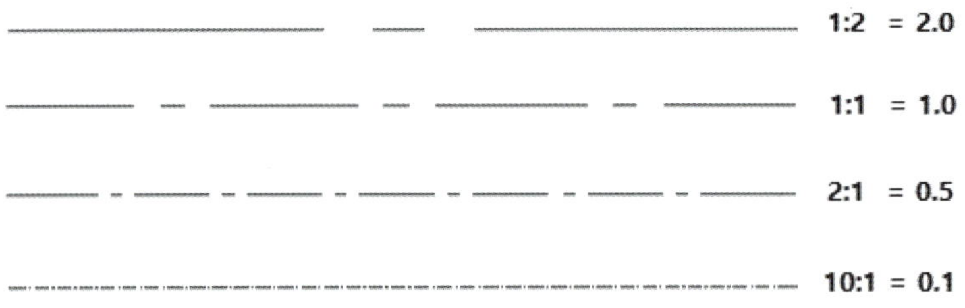

두 가지 다른 방법을 사용하여 도면에서 선종류 척도를 제어할 수 있습니다.

① Ltscale 명령

이것은 도면에서 선종류를 사용하는 모든 객체에 영향을 미치는 전역 선종류 축척 비율입니다. 전역 선종류 척도를 변경하려면, 명령행에 Ltscale을 입력한 다음 양수를 입력합니다. 이때 입력된 값은 '선종류 관리자' 대화상자 전역 축척 비율에 지정됩니다.

기본 전역 축척 비율은 1.0으로 설정됩니다.

② 선종류 축척 특성(Linetype scale property)

선택한 객체에 대해 선종류 척도 계수를 설정할 수 있습니다. 객체를 선택한 후 마우스 오른쪽 버튼을 클릭하고 단축 메뉴에서 [특성]을 선택합니다. 선종류 척도 특성 필드에 새 값을 입력합니다. 선종류 축척 특성은 도면의 전역 선종류 축척 비율과 함께 작동합니다.

예를 들어 전역 선종류 척도 비율이 2로 설정되고, 선종류 축척 특성이 0.5로 설정되면 실제 결과는 선택한 객체에 대해 선종류 축척 비율은 2.0 x 0.5 = 1.0이 됩니다.

실제 객체 선종류 축척 = 전역 선종류 축척 비율 X 객체 선종류 축척 비율

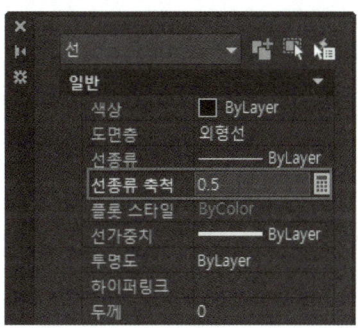

〈특성 팔레트 선종류 축척〉

연습 과제〉 도면에 선종류 추가하기(Adding a linetype)

다음 연습 과제에서는 도면에 선종류를 추가하기 위한 개요를 제공합니다.

1 리본 메뉴 [홈] 탭 ⇨ [특성] 패널 ⇨ 선종류 목록의 드롭다운을 클릭해서 [기타]를 클릭합니다.
2 '선종류 관리자' 대화상자에서 [로드] 버튼을 클릭합니다.

3 '선종류 로드 또는 다시 로드' 대화상자에서 원하는 선종류를 선택한 후 [확인] 버튼을 클릭합니다.

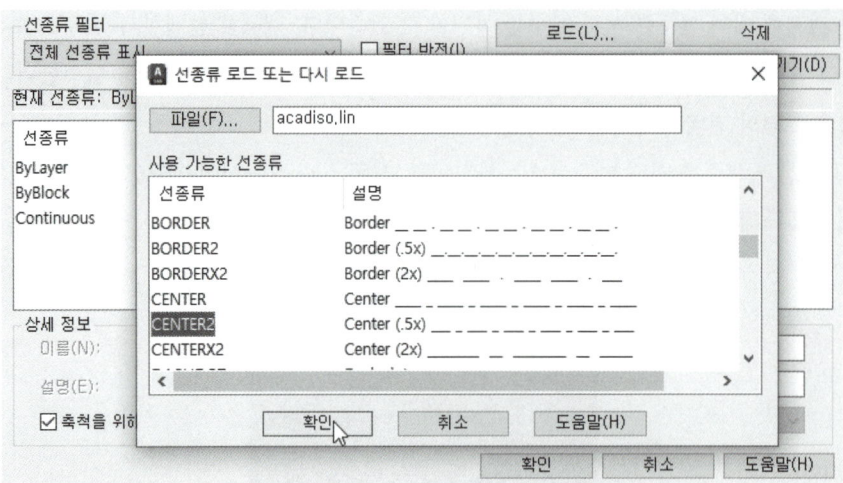

4 '선종류 관리자' 대화상자에 표시된 선종류를 선택하고 [확인]을 클릭합니다.

5 이제 도면층 또는 개별 객체에 적용할 수 있는 선 유형을 사용할 수 있습니다.

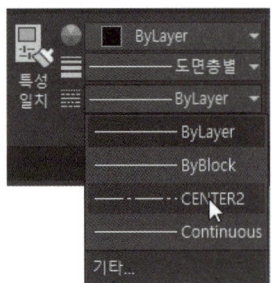

연습 과제〉 도면에 선종류 추가하기(Adding a linetype)

1 스크래치 도면을 시작하고 임의 크기의 직사각형을 작도합니다.

2 리본 메뉴 [홈] 탭 ⇨ [특성] 패널 ⇨ 선종류 목록 드롭다운을 클릭하고, [기타]를 선택합니다.

3 '선종류 관리자' 대화상자에서 [로드] 버튼을 클릭합니다.

4 '선종류 로드 또는 다시 로드' 대화상자에서 HIDDEN 선종류를 찾기 위해 아래로 스크롤 합니다.

5 [HIDDEN] 선종류를 선택한 후 [확인] 버튼을 클릭합니다.

6 '선종류 관리자' 대화상자에서 [확인] 버튼을 클릭합니다.

7 도면 윈도우에서 직사각형을 선택한 후 특성 패널의 선종류 리스트의 드롭다운을 클릭한 후 [HIDDEN] 선종류를 클릭합니다.

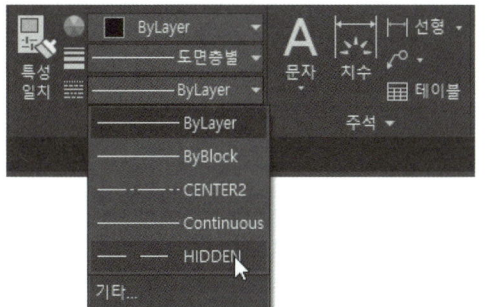

8 명령행에서 LTSCALE을 입력합니다. 5.0을 입력합니다.

실습과제 21〉 도면층, 선종류를 이용해서 다음 도형을 작도합니다.

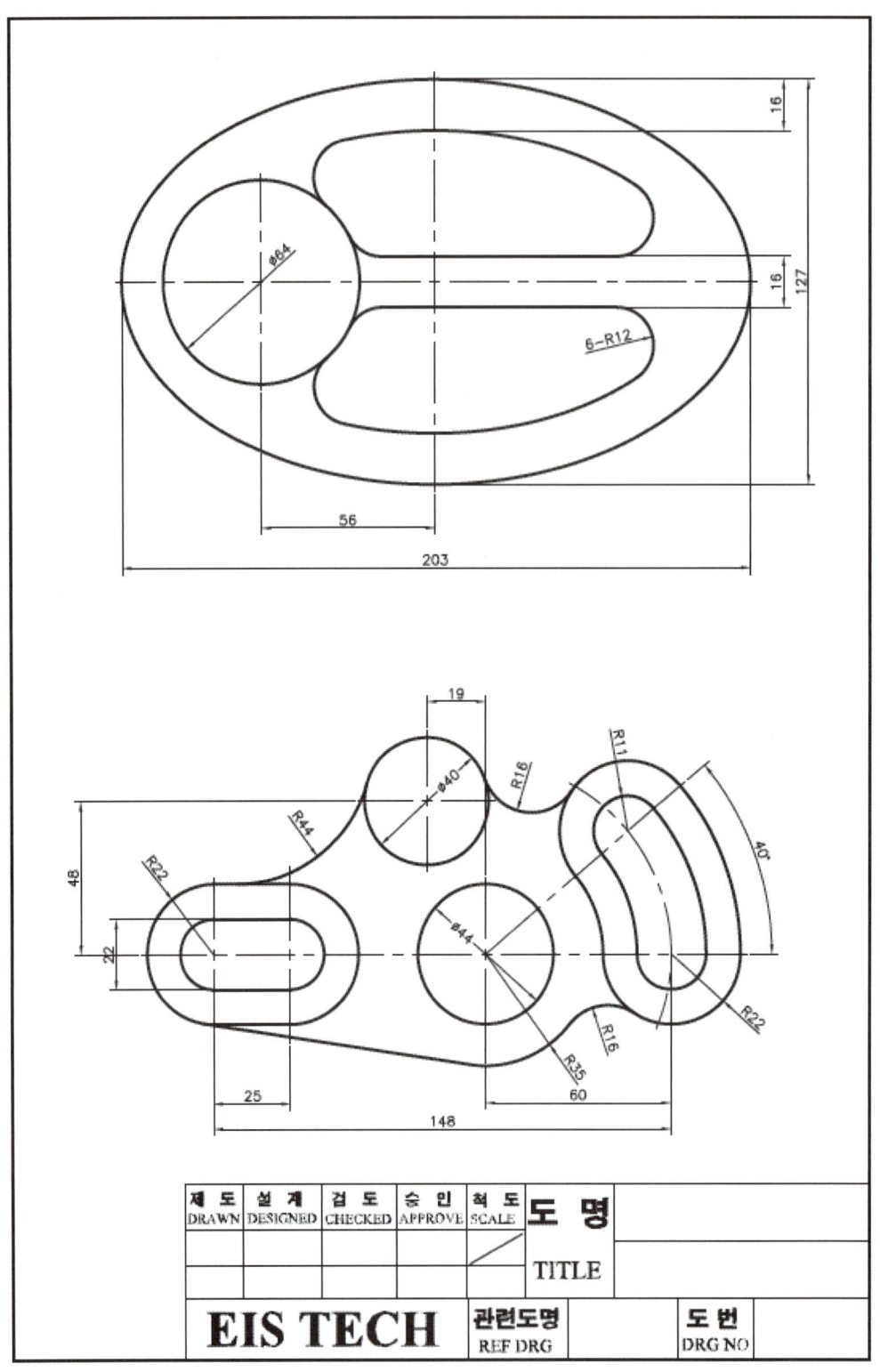

실습과제 22〉 도면층, 선종류를 이용해서 다음 도형을 작도합니다.

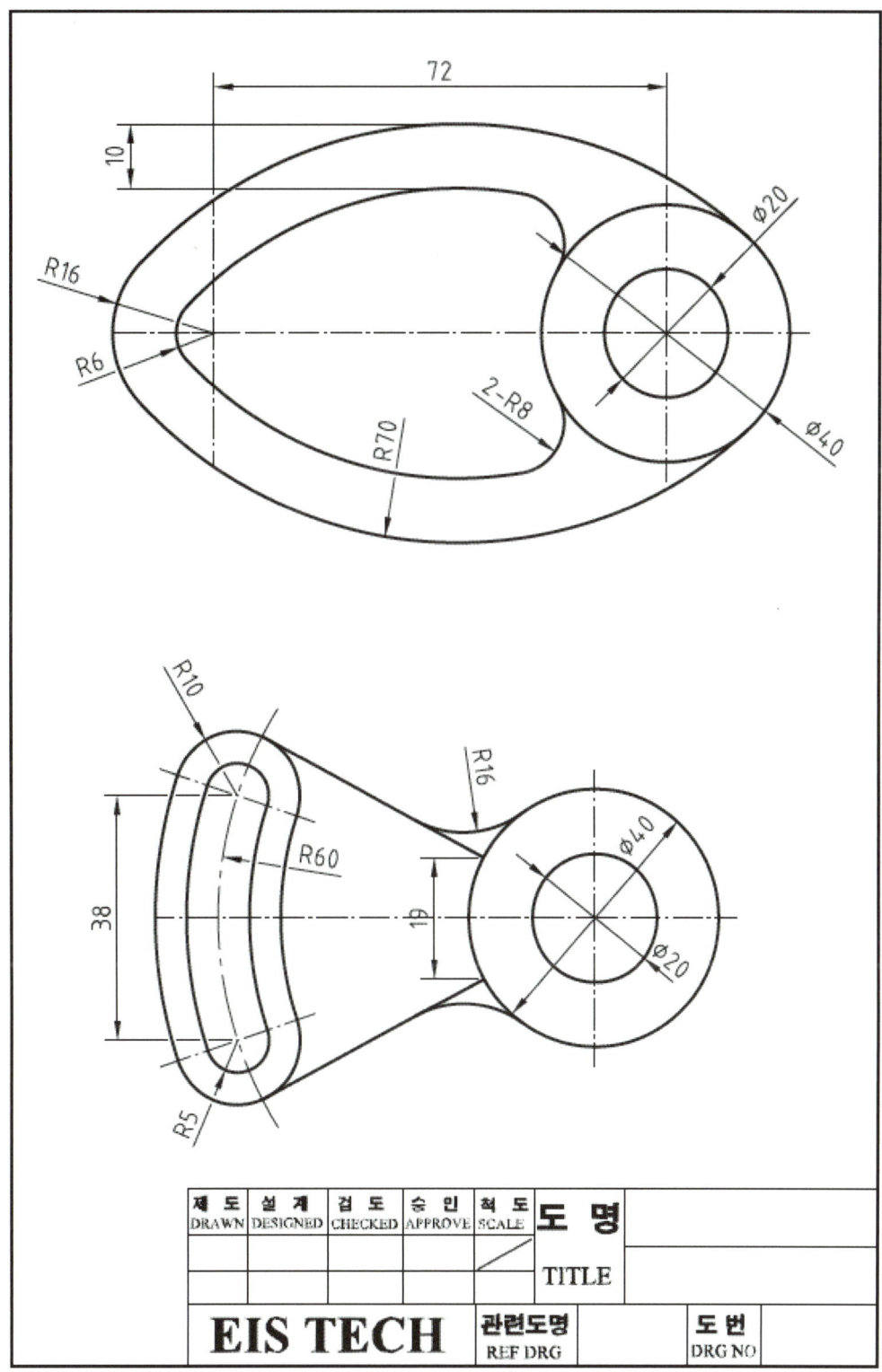

실습과제 23〉 도면층, 선종류를 이용해서 다음 도형을 작도합니다.

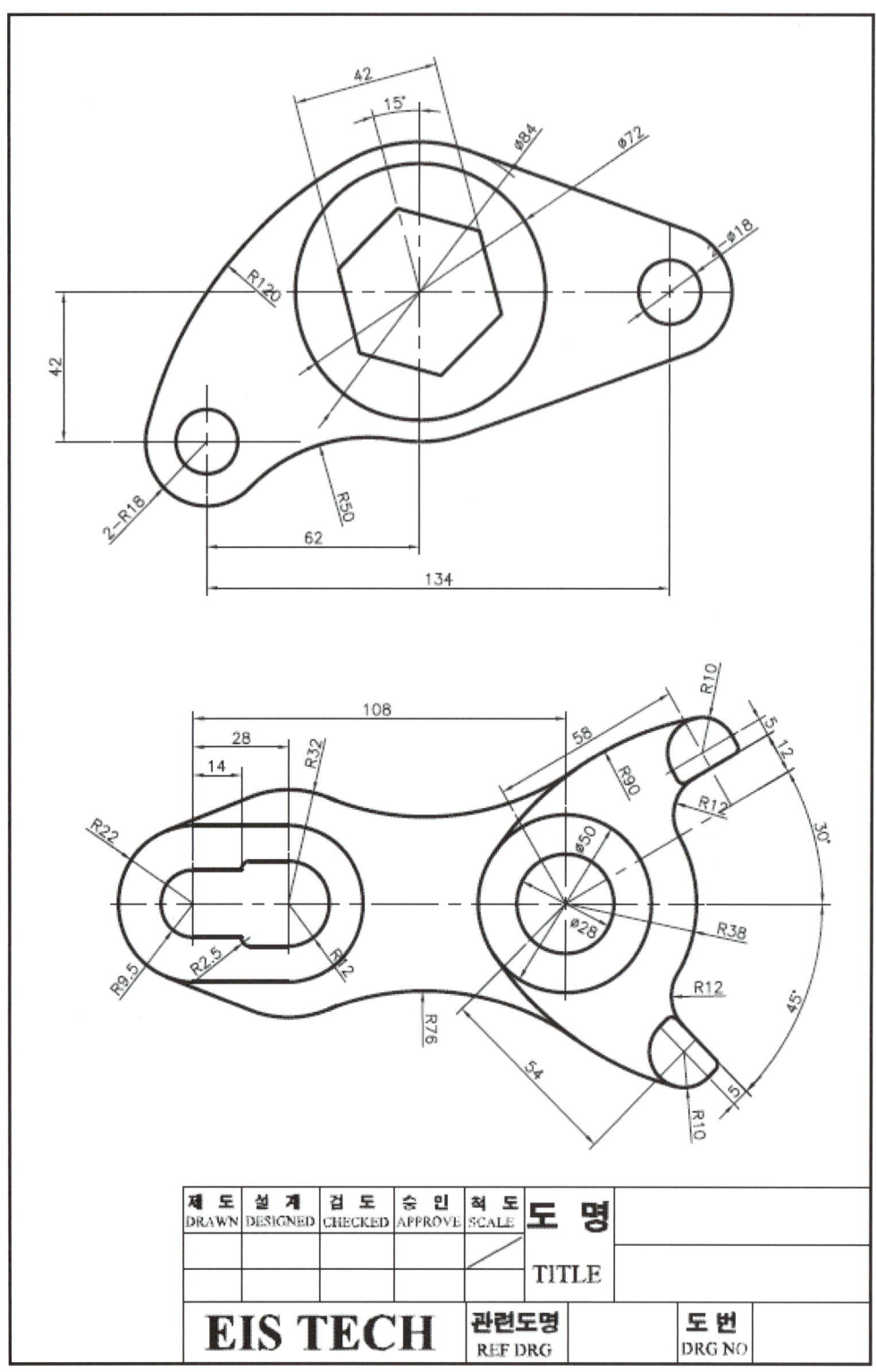

실습과제 24⟩ 도면층, 선종류를 이용해서 다음 도형을 작도합니다.

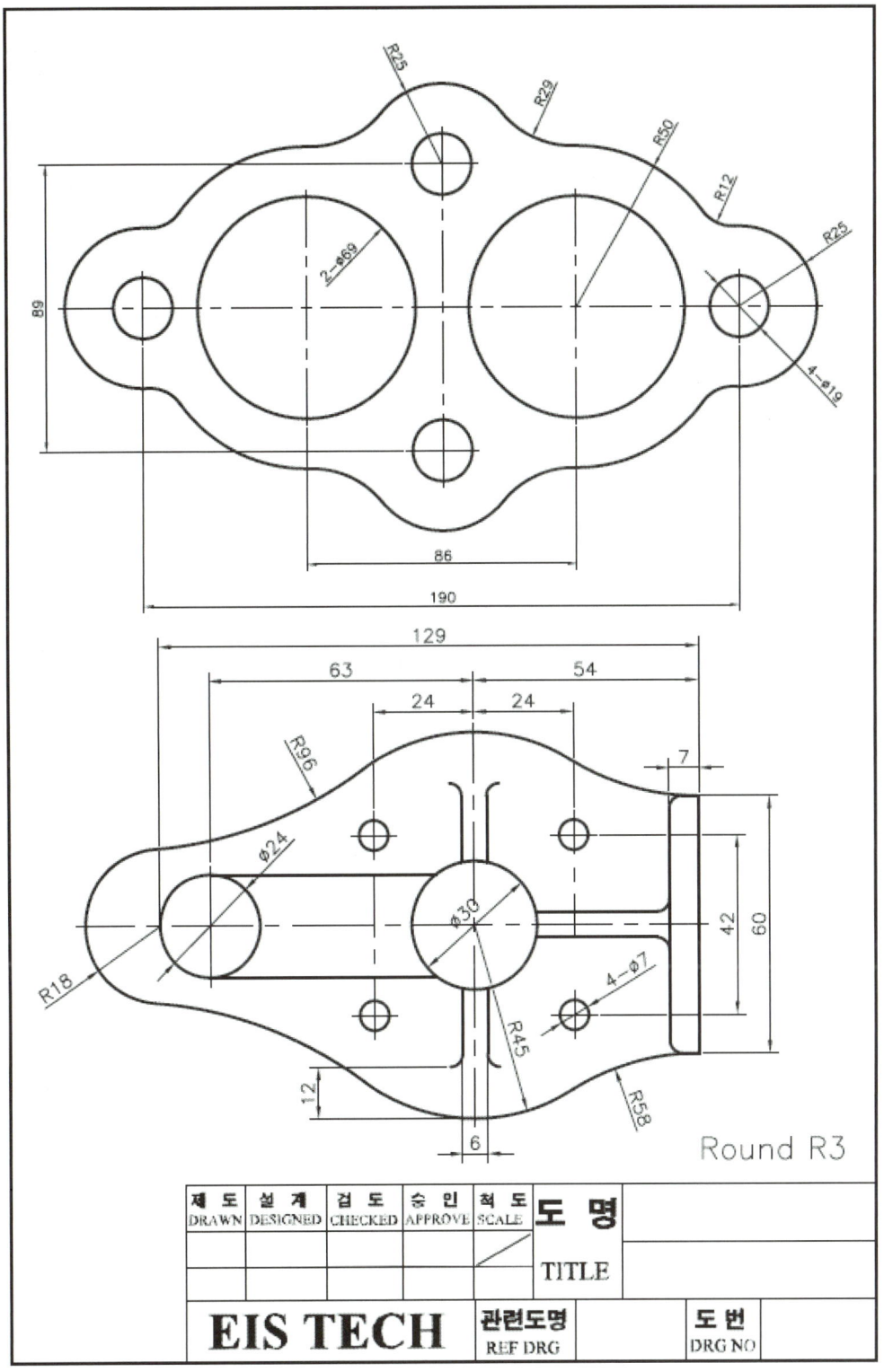

실습과제 25〉 도면층, 선종류를 이용해서 다음 도형을 작도합니다.

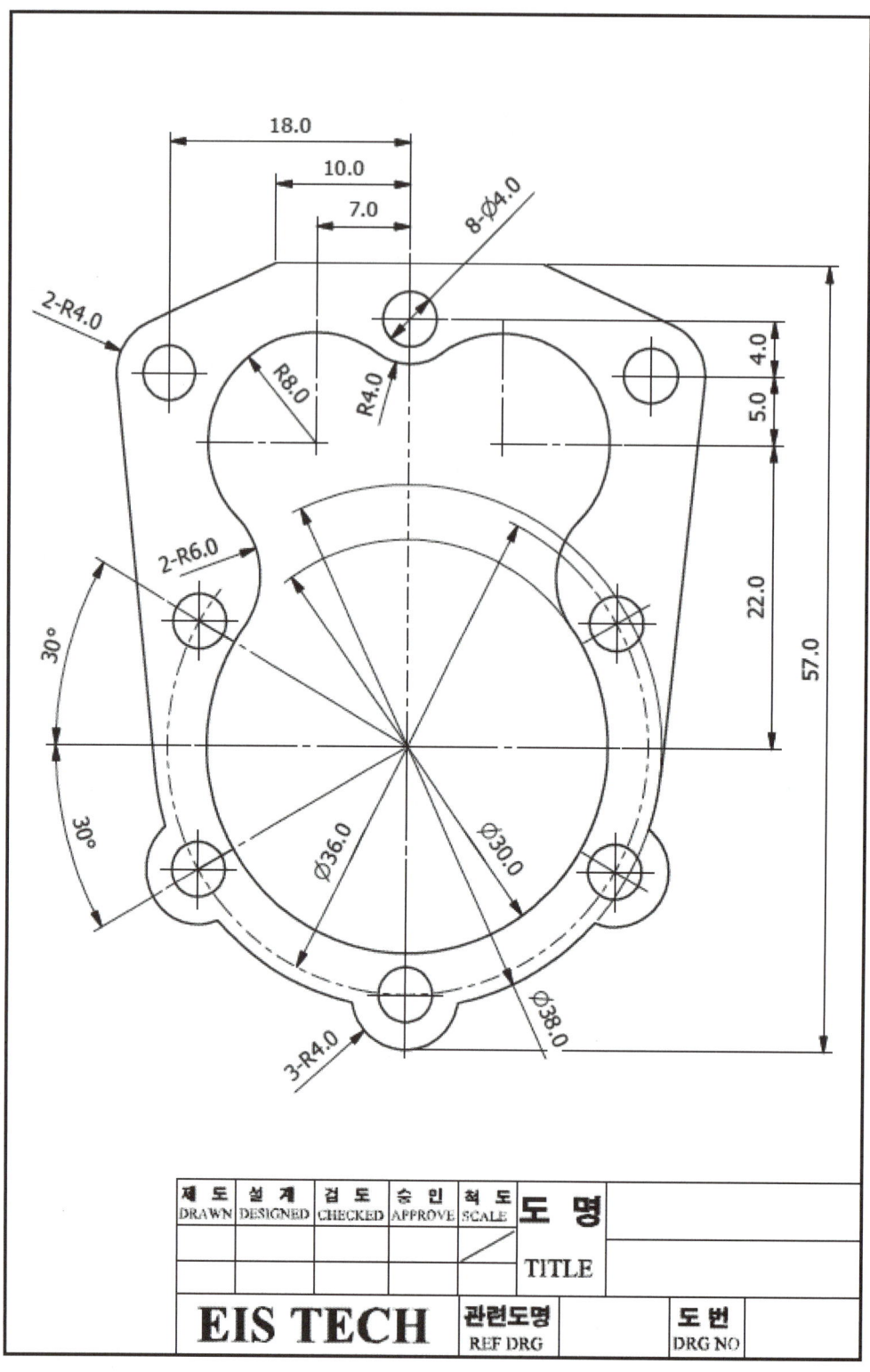

실습과제 26〉 도면층, 선종류를 이용해서 다음 도형을 작도합니다.

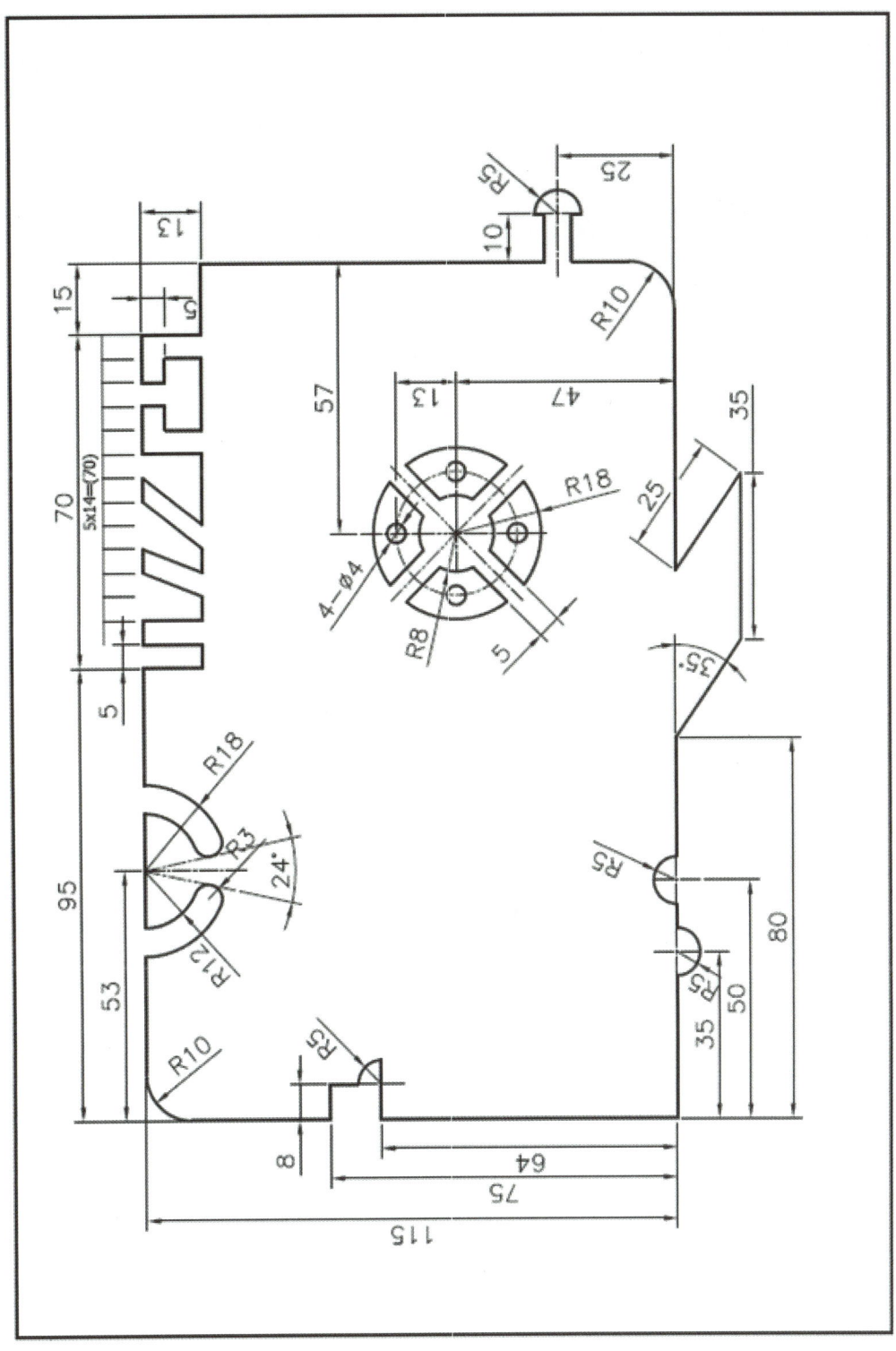

■ 학습 목표

① 객체 스냅, 좌표 입력 및 객체 스냅 추적을 사용하여 객체를 조작하려면, 그립 또는 이동(Move), 복사(Copy), 회전(Rotate), 대칭(Mirror), 배열(Array), 축척(Scale), 결합(Join), 끊기(Break), 길이 조정(Lengthen), 신축(Stretch) 명령을 사용할 수 있습니다.
② ID 점 명령을 사용하면 도면에 있는 모든 점의 정확한 위치를 검색할 수 있습니다.
③ List(리스트) 명령으로 선택한 객체의 특성 데이터를 표시할 수 있습니다.
④ 점(Point) 명령을 호출해서 도면 영역에 점들을 배치하고, 그것들을 참조해서 도면 객체를 작도할 수 있습니다. 점 객체를 이용해서 기존 객체를 분할할 수 있습니다.
⑤ 경계(Boundary) 명령을 이용하면, 경계 세트(테두리)를 작성할 수 있습니다.
⑥ 영역(Region) 명령으로 영역(Region) 객체로 변환해서 3D 객체를 작성하는 밑그림으로 활용할 수 있습니다.

CHAPTER

객체 조작하기
(Manipulating objects)

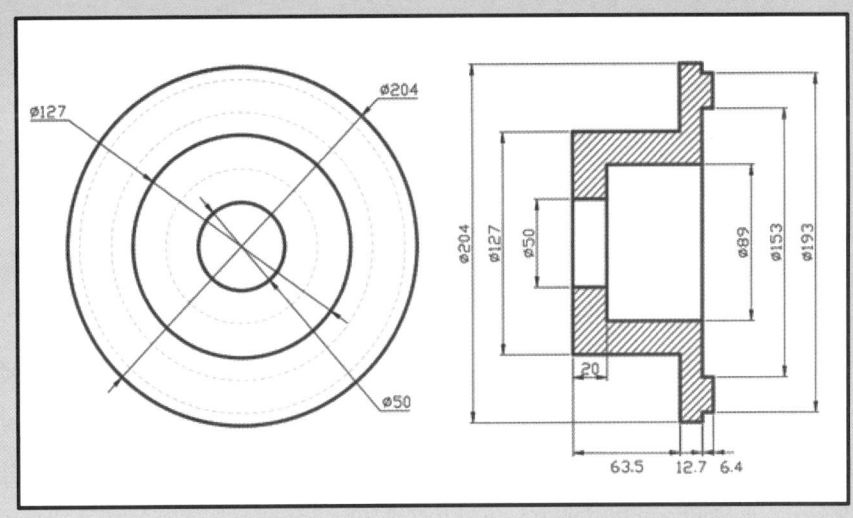

01 객체 이동 및 복사하기
(Moving & copying objects)

1.1 이동 명령(Move command)

'이동(Move)' 명령은 도면 영역에서 객체를 현재 위치에서 다른 위치로 이동할 수 있습니다.
[홈] 탭 ⇨ [수정] 패널에서 [이동(Move)] 명령 아이콘을 클릭합니다.

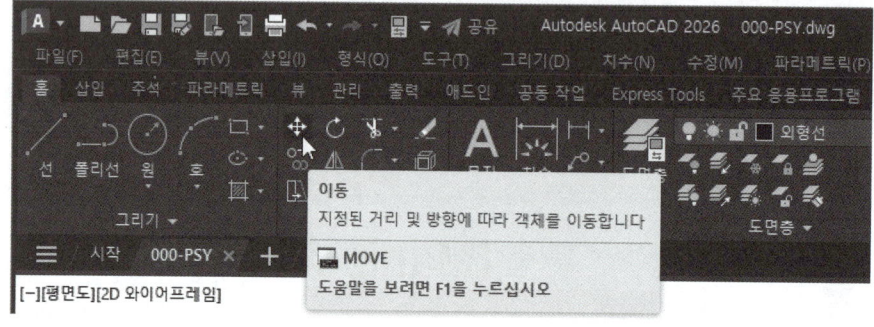

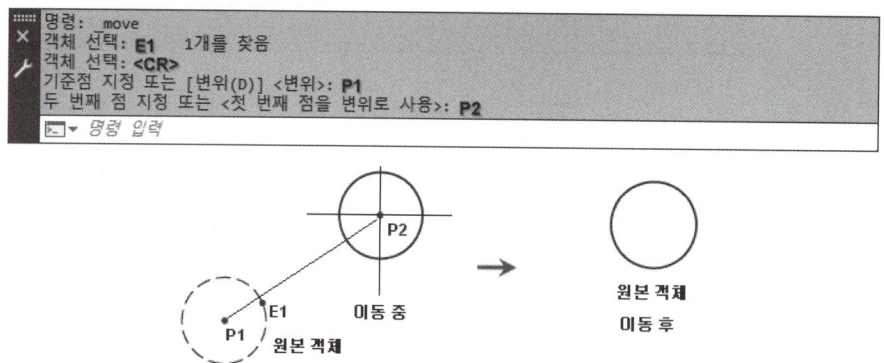

객체 선택: 프롬프트에서 설계자는 하나 이상의 객체를 선택하고, 다음 프롬프트에서 기준점을 지정해야 합니다. 기준점은 객체의 현재 위치(점)이며 거리와 각도를 이용해서 두 번째 위치(점)로 커서를 드래그하면, 객체도 따라서 이동합니다. 기준점의 주요 목표는 정확성입니다. 기준점을 선택하면 커서 모양이 다음 그림처럼 변경됩니다. 마지막 프롬프트에 두 번째 지점 또는 이동 대상을 지정하라는 메시지가 표시됩니다.

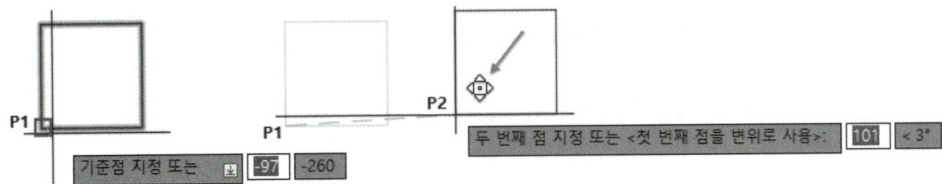

❑ 이동 명령 지침(Move command guidelines)

'이동(Move)' 명령을 사용할 때는 다음 지침을 참고합니다.

① 이동의 기준점을 지정할 때 다른 객체를 사용하여 이동에 대한 참조 벡터를 정의하지 않는 한 이동 대상 객체 위 또는 근처에 있어야 합니다.

② 기본적으로 '옵션' 대화상자 '선택' 탭에서 '명사/동사 선택(Noun/verb selection)' 옵션이 켜져 있고, 이렇게 하면 '이동(Move)' 명령을 시작하기 전에 이동할 객체를 선택할 수 있습니다.

연습 과제〉 객체 이동하기(Moving objects)

다음 연습에서 '이동(Move)' 명령을 사용하여 도면에서 객체를 이동하는 개요를 제공합니다.

1 리본 메뉴 [홈] 탭 ⇨ [수정] 패널 ⇨ [이동(Move)] 명령 아이콘을 클릭합니다.

2 다음 왼쪽 그림처럼 이동할 객체를 선택한 후 객체 선택을 완료하기 위해 엔터키를 누릅니다.

3 다음 오른쪽 그림처럼 객체를 이동할 기준점(From Point)을 지정합니다.

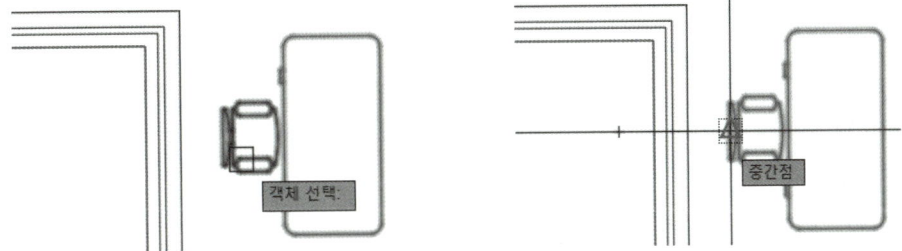

4 두 번째 점(To Point)을 지정하면, 객체가 두 번째 지정한 점으로 이동됩니다.

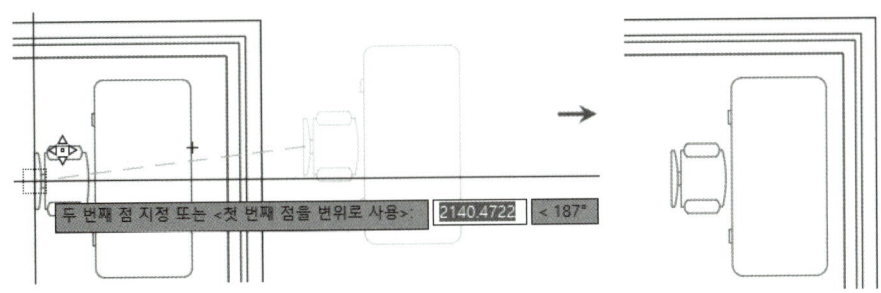

연습 과제〉 그립으로 객체 이동하기(Moving objects with grips)

다음 연습 과제에서는 그립을 사용하여 객체를 이동하는 방법에 대한 개요를 제공합니다.

1 다음 그림처럼 사각형을 선택해서 그립(Grip)을 활성화할 객체를 선택합니다.
2 그립점(P1)을 클릭하여 그립 편집 모드를 활성화합니다. 디폴트로 이 점은 이동의 기준점이 됩니다.
3 다음 그림처럼 도면의 빈 곳에 마우스 오른쪽 버튼을 클릭하고, 단축 메뉴에서 [이동]을 클릭합니다.

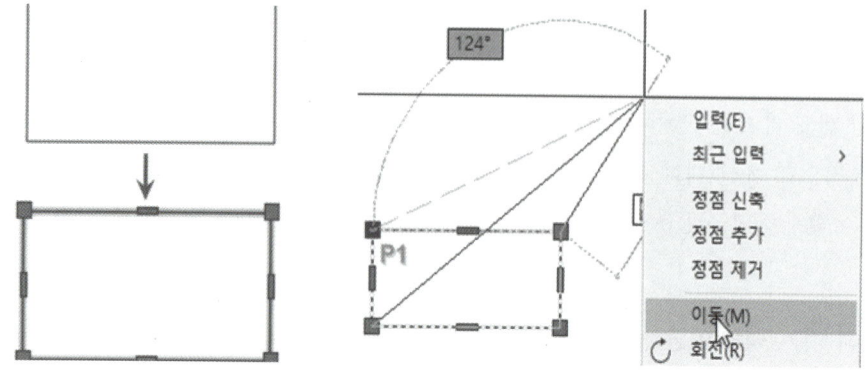

4 객체를 새 위치로 이동하기 위해 새로운 위치로 마우스 커서를 드래그해서 클릭합니다.
5 객체가 두 번째 지정한 점으로 이동됩니다.

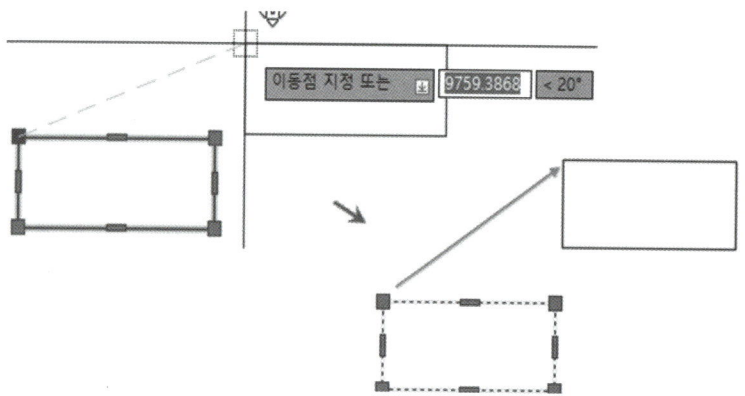

연습 과제〉 객체 이동하기(Moving objects)

1 다음 왼쪽 그림과 같이 임의 크기로 두 개의 직사각형을 작도합니다.
2 다음 오른쪽 그림처럼 작은 사각형에 그립을 활성화해서 그 사각형의 왼쪽 수직선 중간점이 큰 사각형의 오른쪽 수직선의 중간점에 오도록 이동합니다.

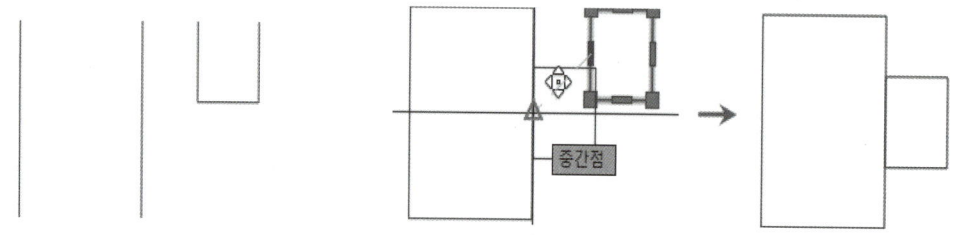

3 다음 왼쪽 그림처럼 큰 사각형을 선택하고, 위 오른쪽 모서리 그립점(P1)을 선택한 후 마우스 오른쪽 버튼을 눌러 단축 메뉴에서 [복사]를 클릭합니다.

다음 그림처럼 중간점을 클릭하고, 엔터키를 누릅니다. 그립 점을 해제하기 위해 Esc 키를 누릅니다.

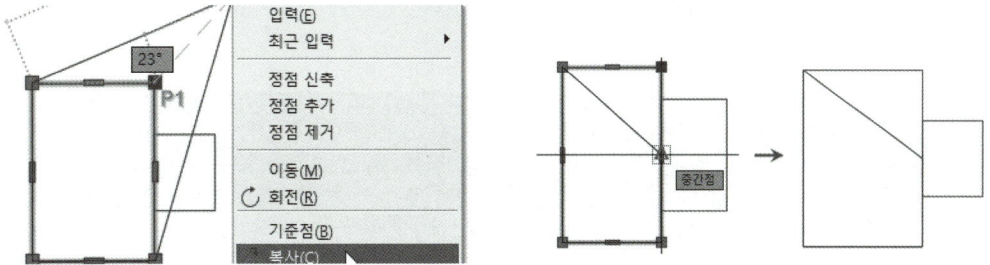

4 [이동(MOVE)] 명령 혹은 그립을 이용해서 다음 그림처럼 방금 복사한 도형을 왼쪽으로 이동합니다.

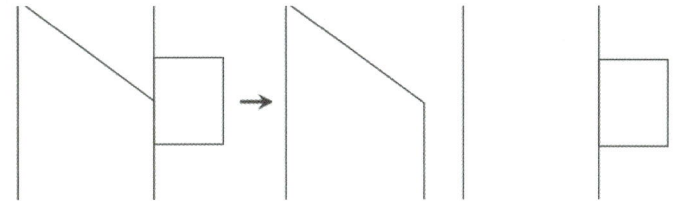

5 다음 그림처럼 오른쪽 작은 사각형을 선택합니다. 위 오른쪽 그립점(P1)을 선택한 후 마우스 오른쪽 버튼을 눌러 단축 메뉴에서 [이동]을 선택합니다.

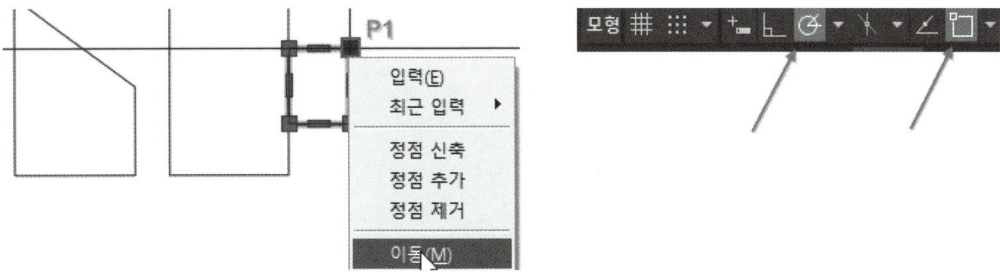

명령행에 40이라고 입력하고, 엔터키를 누릅니다.

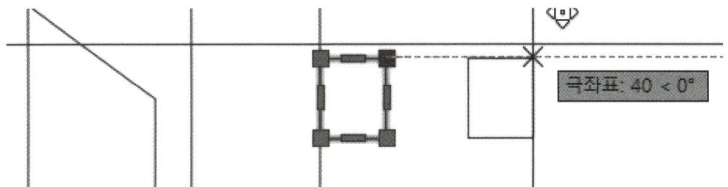

그립 점을 해제하기 위해 Esc 키를 누릅니다.

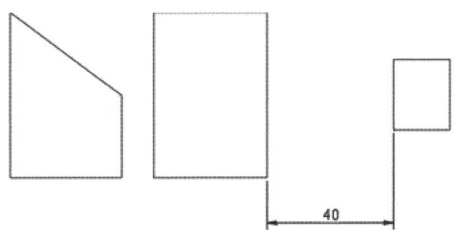

1.2 복사 명령(Copy command)

'복사(Copy)' 명령은 도면 영역에서 객체를 복사합니다.

[홈] 탭 ⇨ [수정] 패널에서 [복사(Copy)] 명령 아이콘을 클릭합니다.

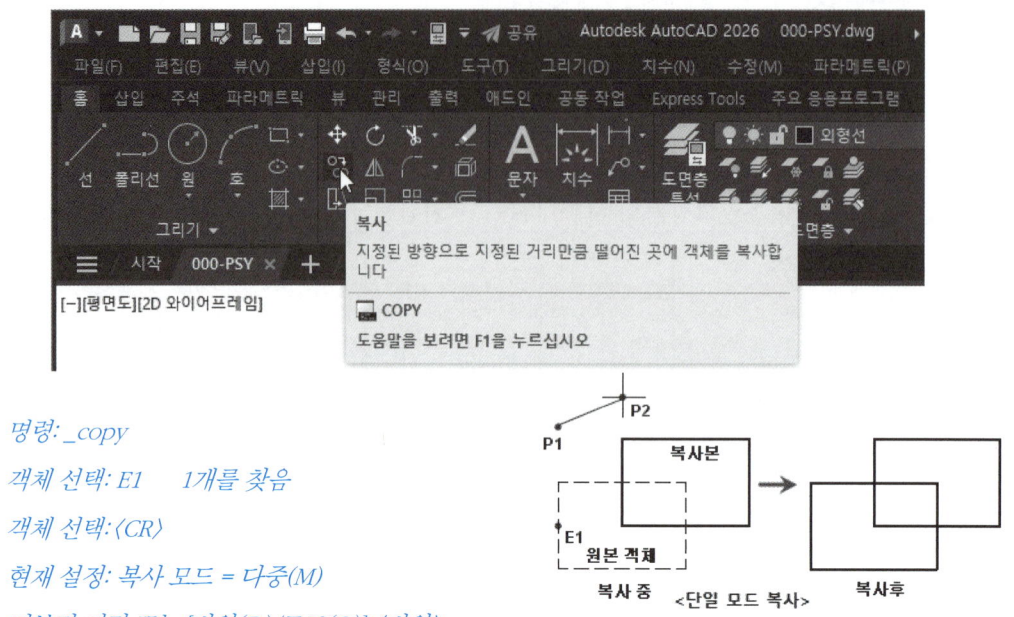

명령: _copy

객체 선택: E1   1개를 찾음

객체 선택: ⟨CR⟩

현재 설정: 복사 모드 = 다중(M)

기본점 지정 또는 [변위(D)/모드(O)] ⟨변위⟩ :

두 번째 점 지정 또는 [배열(A)] ⟨첫 번째 점을 변위로 사용⟩ : P2

두 번째 점 지정 또는 [배열(A)/종료(E)/명령 취소(U)] ⟨종료⟩ : P3

두 번째 점 지정 또는 [배열(A)/종료(E)/명령 취소(U)] ⟨종료⟩ : ⟨CR⟩

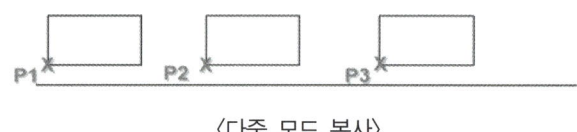

⟨다중 모드 복사⟩

객체 선택: 프롬프트에서 객체를 선택하면, 현재 모드(다중 모드)를 보고합니다. 이 모드는 동일한 명령에 여러 복사본을 만들 수 있음을 의미합니다. 다른 모드는 단일 모드 복사입니다.

다음 프롬프트에서 기준점을 지정하라는 메시지가 표시됩니다. 그런 다음 AutoCAD는 단일 복사 프로세스를 완료할 두 번째 점을 지정하라는 메시지를 표시한 다음 다른 두 번째 점을 작성하라는 메시지를 반복합니다.

이때 다음 세 가지 옵션을 사용할 수 있습니다.

① 배열(A) : 거리와 각도를 사용하여 동일한 객체의 배열을 만드는 옵션

② 종료(E) : 복사 명령을 종료하기 위한 옵션

③ 명령 취소(U) : 마지막 복사본 객체를 취소하기 위한 옵션

만일 [배열(A)] 옵션을 호출하면, 배열의 항목 수(원본 객체 포함)를 입력한 다음 객체 간의 거리를 지정합니다. 설계자는 [맞춤(F)] 옵션을 사용하여 총거리를 지정할 수 있으며 AutoCAD는 거리를 객체 수에 따라 균등하게 분할합니다. 기준점을 선택하면 커서 모양이 다음과 같이 변경됩니다.

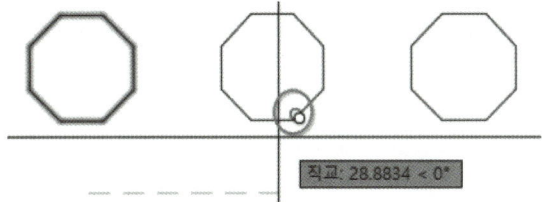

❏ 복사 명령 지침(Copy command guidelines)

'복사(Copy)' 명령을 이용할 때 다음 지침을 준수합니다.

① 복사본의 기준점을 지정할 때 복사본에 대한 참조 벡터를 정의하기 위해 다른 객체를 사용하지 않는 한 복사본은 복사되는 원본 객체 위 또는 근처에 있어야 합니다.
② 기본적으로 AutoCAD 옵션 대화상자에서 '명사-동사 선택' 옵션이 설정되어 복사 명령을 시작하기 전에 복사할 객체를 선택할 수 있습니다.

> **참고** 복사(COPY) 명령 vs 클립보드 복사(Ctrl-v)
>
> 바로 가기(단축) 메뉴에 있는 AutoCAD 복사(Copy) 명령과 MS Windows 복사 명령과 혼동하면 안 됩니다.
>
> 객체를 선택하고 도면의 빈 곳에 마우스 오른쪽 버튼으로 클릭하면, 기준점으로 복사 명령 및 복사 옵션이 단축 메뉴에 표시됩니다. 이러한 복사 옵션은 다른 표준 Windows 응용프로그램과 같이 형상 정보를 클립보드에 복사하여 다른 도면에 붙여 넣을 수 있도록 합니다.
>
>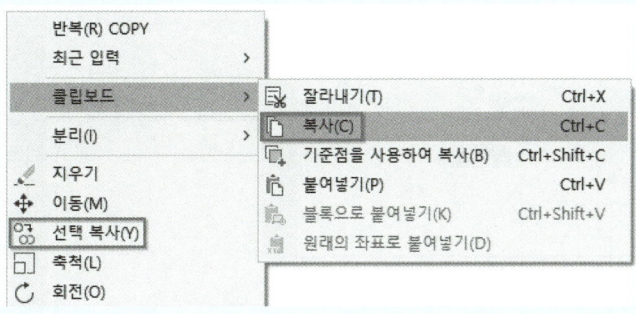

연습 과제〉 객체 복사하기(Copying objects)

다음 연습 과제에서는 도면의 객체 복사를 위한 개요를 설명합니다.

1 리본 메뉴 [홈] 탭 ⇨ [수정] 패널 ⇨ [복사(Copy)] 명령 아이콘을 클릭합니다.

2 복사할 원본 객체를 선택하고, 엔터키를 누릅니다.

3 복사하기 위해 기준점을 지정합니다.

4 복사본을 배치할 위치를 지정합니다.

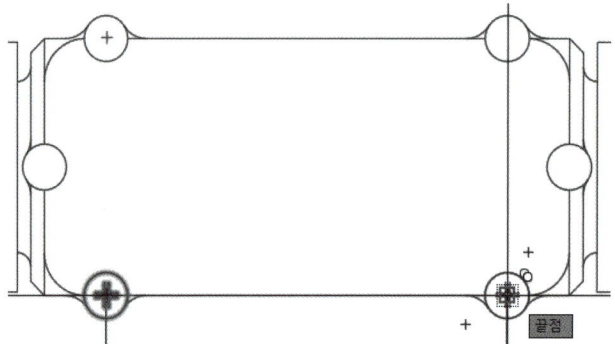

5 계속해서 배치 위치를 지정합니다.

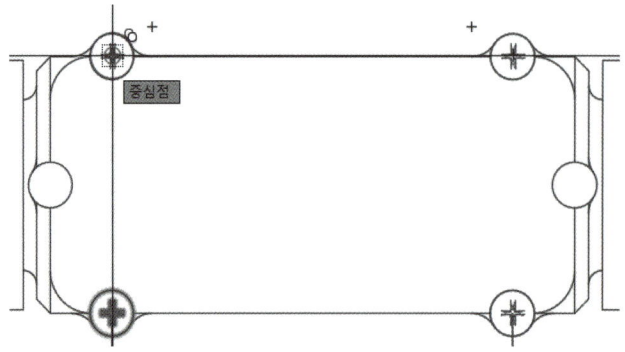

연습 과제〉 그립(Grip)으로 객체 복사하기(Copying objects)

다음 연습 과제에서는 그립을 사용하여 객체를 복사하는 방법을 간략히 설명합니다.

1 복사할 객체를 선택해서 그립 점을 표시합니다.
2 그립 점을 클릭하여 그립 편집 모드를 활성화합니다. 이 점은 이동(Move)의 기준점이 됩니다.
3 도면 영역의 빈 곳에 마우스 오른쪽 버튼을 클릭하고, 단축 메뉴에서 이동(Move)을 클릭합니다.
4 도면 영역의 빈 곳에 마우스 오른쪽 버튼을 클릭하고, 단축 메뉴에서 복사(Copy)를 클릭합니다.
5 복사본을 배치할 위치로 드래그해서 클릭합니다.

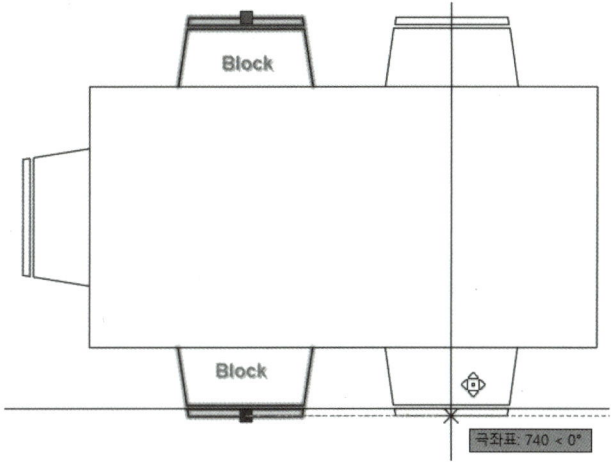

6 그립 점들을 해제하기 위해 Esc 키를 누릅니다.

참고〉 그립(Grip)

① 그립으로 신축하는 것이 기본 옵션 동작입니다.

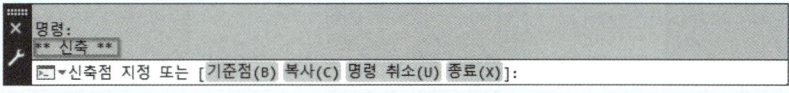

② 그립과 함께 복사를 사용할 때 이동, 대칭, 회전, 축척 또는 신축과 같은 옵션을 선택한 후 복사를 선택합니다.
③ 객체가 그립으로 작동하는 방법은 선택하는 그립에 따라 다릅니다. 예를 들어, 끝점 대신 선의 중간점 그립을 선택하면 복사한 대로 선을 이동할 수 있습니다.

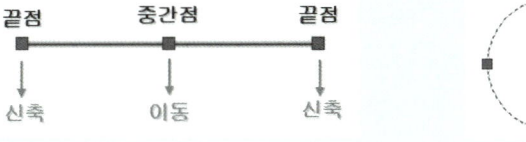

02 객체 회전 및 대칭하기
(Rotating & mirroring objects)

2.1 회전 명령(Rotate command)

'회전(Rotate)' 명령은 각도 혹은 참조를 이용해서 기준점을 회전 중심으로 해서 선택한 객체를 회전합니다. [홈] 탭 ➪ [수정] 패널에서 [회전(Rotate)] 명령 아이콘을 클릭합니다.

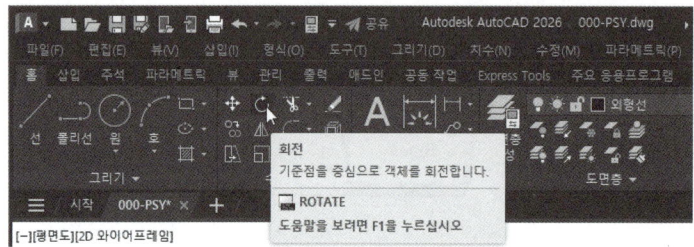

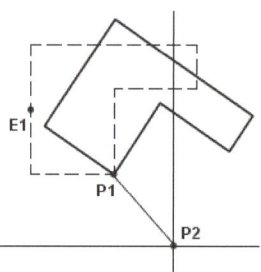

첫 번째 메시지는 현재 각도 방향과 각도 기준값에 대해 알려주는 것입니다. 객체 선택: 프롬프트에서 회전할 객체를 선택합니다. 다음에는 기준점(회전 중점)을 지정해야 합니다. 선택한 모든 객체가 회전 기준점 주위로 회전합니다.

[복사(C)] 옵션을 사용하여 선택한 객체의 복사본을 만든 다음 객체를 회전합니다. 기준점을 선택하

면 커서 모양이 다음과 같이 변경됩니다.

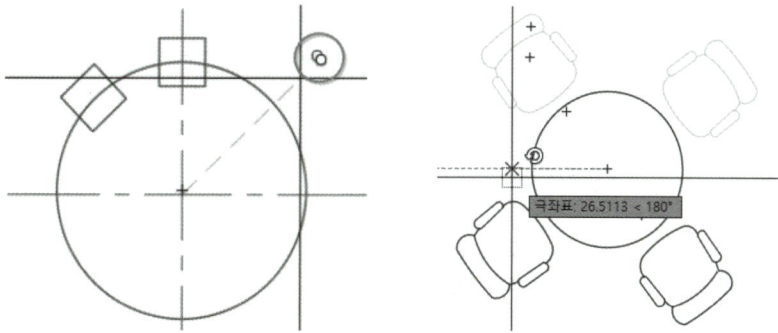

❑ 참조(R) 옵션

[참조(R)] 옵션은 회전 각도를 모를 때에 매우 유용합니다. 대신 현재 각도를 나타내는 두 점과 새 각도를 입력하는 두 점을 지정할 수 있습니다. 다음과 같은 프롬프트가 표시됩니다.

참조 각도를 지정 ⟨0⟩:
두 번째 점을 지정:
새 각도 지정 또는 [점(P)] ⟨0⟩:

각도를 입력할 수 있습니다. 두 점을 사용하여 각도를 입력하려는 경우 첫 번째로 선택할 점은 현재 및 새 각도입니다. 다음 그림을 참조합니다.

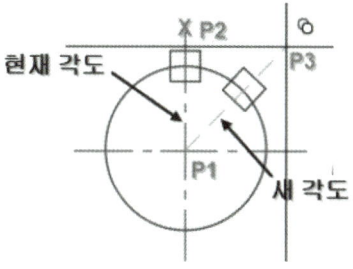

❑ 회전 명령 지침(Rotate command guidelines)

① 원래 객체를 회전하거나 복사 옵션을 사용하여 객체의 복사본을 회전합니다.
② 회전의 기준점은 회전하는 객체 위 또는 근처에 있어야 합니다. 기준점은 선택한 객체의 회전 지점을 나타내기 때문에 이 문제가 매우 중요합니다.
③ 가능하면 정확성을 위해 극좌표 추적을 사용하고 회전 각도를 정의하는 작업 과정의 속도를 높입니다.
④ 변경할 객체의 각도를 참조하려면 참조 옵션을 사용합니다. 해당 객체의 각도를 입력하거나, 두 점을 선택하여 각도 벡터를 결정한 다음 원하는 각도를 입력하여 각도를 지정할 수 있습니다.

연습 과제〉 객체 회전하기(Rotating objects)

다음 연습 과제에서는 회전 명령을 사용하여 객체를 회전하는 과정들의 개요를 제공합니다.

1 [홈] 탭 ⇨ [수정] 패널 ⇨ [회전(Rotate)] 명령 아이콘을 클릭합니다.

2 회전할 객체를 선택하고, 엔터키를 제공합니다.

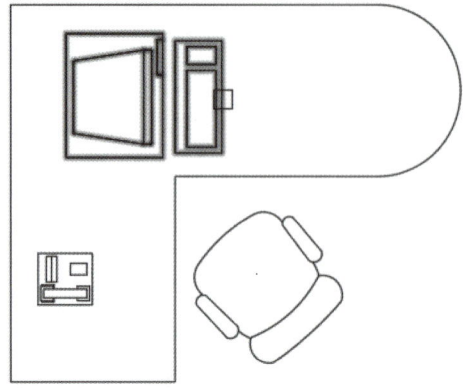

3 회전을 위한 기준점을 지정합니다. 객체는 이 회전 기준점에 대해서 회전합니다.

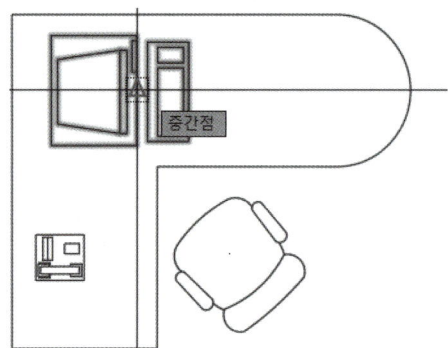

4 커서를 회전하거나 각도를 입력하여 회전 각도를 지정합니다.

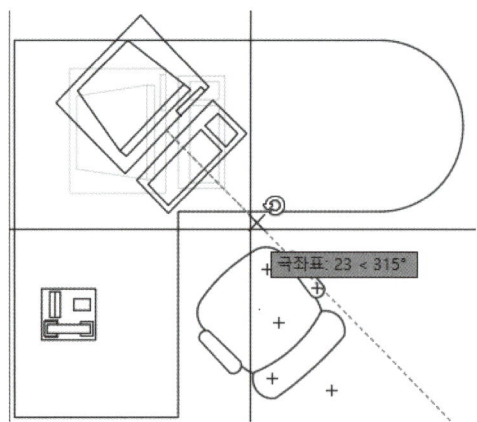

연습 과제〉 그립을 이용해서 객체 회전하기(Rotating objects)

다음 연습 과제에서는 그립을 사용하여 객체를 회전하는 방법에 대해 간략히 설명합니다.

1 그립을 활성화하기 위해 객체를 선택합니다.

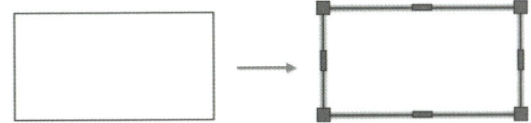

2 다음 그림처럼 그립점을 클릭하여 그립 편집 모드를 활성화합니다.

기본적으로 이 점은 회전의 중심점으로도 사용됩니다.

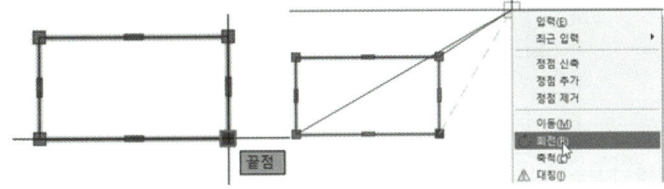

3 도면 윈도우의 빈 곳에 마우스 오른쪽 버튼을 클릭한 후 단축 메뉴에서 [회전]을 클릭합니다.

4 회전 각도를 입력하거나 커서를 회전해서 클릭합니다.

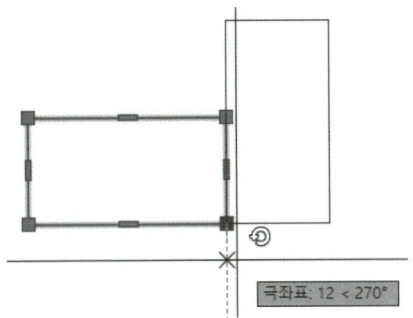

연습 과제〉 복사 옵션에 의한 객체 회전하기.

다음 연습 과제에서는 회전 명령을 사용하여 도면에서 객체를 회전합니다. 회전각을 지정하는 기본 회전 방법뿐만 아니라 회전 명령의 참조 및 복사 옵션을 사용합니다.

1 책상 위의 컴퓨터 객체를 회전하기 위해(컴퓨터 객체는 블록임)

① 리본 메뉴 [홈] 탭 ⇨ [수정] 패널 ⇨ [회전(Rotate)] 명령 아이콘을 클릭합니다.

② 컴퓨터 객체를 클릭하고, 엔터키를 누릅니다.

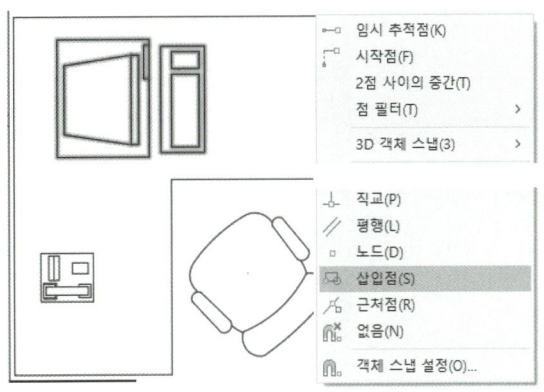

③ 도면 영역의 빈 곳에 Shift 키 + 마우스 오른쪽 버튼을 눌러 '객체 스냅' 단축 메뉴에서 [삽입점]을 클릭합니다.

④ 삽입 객체 스냅 표식을 표시하기 위해 컴퓨터 블록 위로 마우스 커서를 가져가면, 그 점이 표시되면 클릭해서 선택합니다.

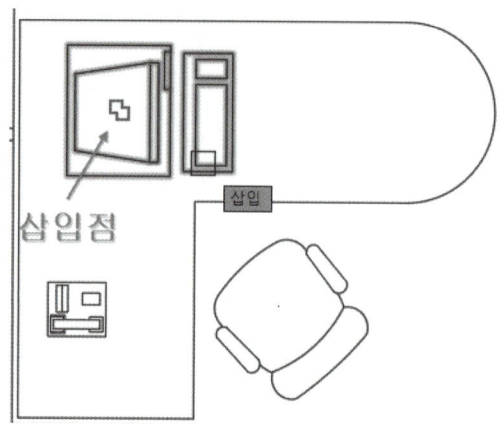

2 아래쪽 의자 객체와 마주 보이도록 컴퓨터 객체를 회전하기 위해

① 상태 막대에서 다음 도구가 활성인지를 확인합니다.

② 다음 그림처럼 극좌표 스냅이 315°가 표시되도록 시계 방향으로 마우스를 회전-드래그해서 클릭합니다. 이때 거리는 중요하지 않고, 커서가 다른 객체 스냅들이 활성화되지 않도록 주의해야 합니다.

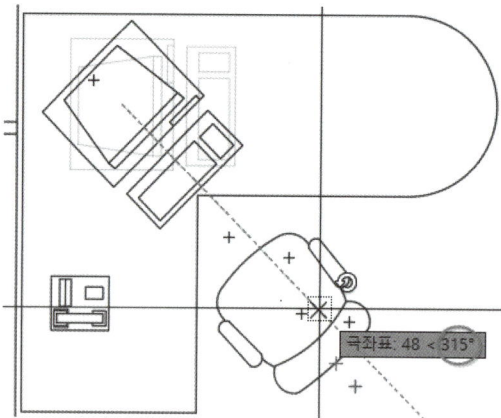

3 위쪽 의자를 회전하기 위해

① 리본 메뉴 [홈] 탭 ⇨ [수정] 패널 ⇨ [회전(Rotate)] 명령 아이콘을 클릭합니다.

② 컴퓨터 객체를 클릭하고, 엔터키를 누릅니다.

③ 도면 영역의 빈 곳에 Shift 키 + 마우스 오른쪽 버튼을 눌러 '객체 스냅' 단축 메뉴에서 [삽입점]을 클릭합니다.

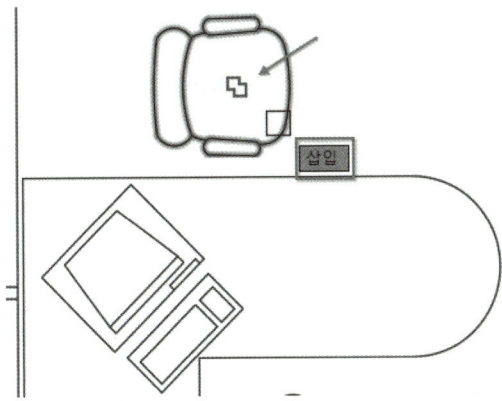

④ 회전 각도로 -90을 입력하고, 엔터키를 누릅니다.

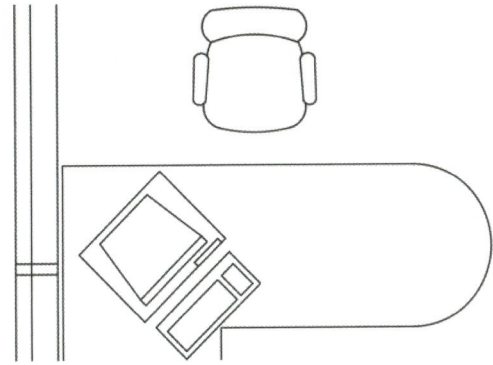

4 회의 원형 테이블에 의자 객체를 복사-회전하기 위해

① 리본 메뉴 [홈] 탭 ⇨ [수정] 패널 ⇨ [회전(Rotate)] 명령 아이콘을 클릭합니다.

② 의자 객체를 클릭하고, 엔터키를 누릅니다.

③ 기준점으로 회의 원형 테이블의 중심점을 클릭해서 선택합니다.

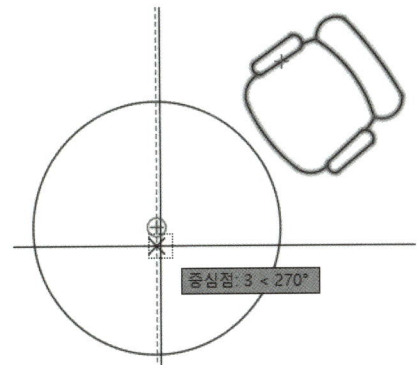

④ 명령행 프롬프트에서 [참조(R)] 옵션을 클릭해서 활성화합니다.

⑤ 참조 각도를 정의하기 위해 다음 그림처럼 회의 테이블의 중심점(1)과 의자 등받이의 중간점(2)을 선택합니다.

⑥ 회전 각도로 90을 입력하고, 엔터키를 누릅니다.

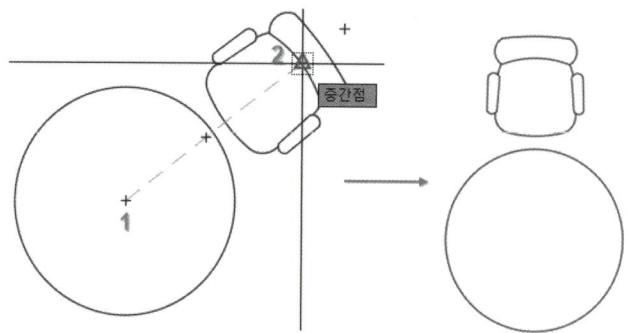

5 회의 원형 테이블에 의자 객체를 복사-회전하기 위해

① 리본 메뉴 [홈] 탭 ⇨ [수정] 패널 ⇨ [회전(Rotate)] 명령 아이콘을 클릭합니다.

② 의자 객체를 클릭하고, 엔터키를 누릅니다.

③ 기준점으로 회의 원형 테이블의 중심점을 클릭해서 선택합니다.

④ 명령행 프롬프트에서 [복사(C)]를 클릭해서 호출합니다.

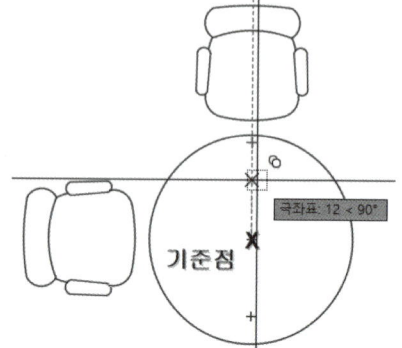

⑤ 극좌표 각이 90°로 표시되도록 커서를 드래그한 후 클릭해서 해당 점을 선택합니다.

6 회의 원형 테이블에 의자 객체를 복사-회전하기 위해

① 리본 메뉴 [홈] 탭 ⇨ [수정] 패널 ⇨ [회전(Rotate)] 아이콘을 클릭합니다.

② 두 개의 의자 객체들 클릭하고, 엔터키를 누릅니다.

③ 기준점으로 회의 원형 테이블의 중심점을 클릭해서 선택합니다.

④ 명령행 프롬프트에서 [복사(C)] 옵션을 클릭해서 호출합니다.

⑤ 극좌표 각이 90°로 표시되도록 커서를 드래그한 후 클릭해서 해당 점을 선택합니다.

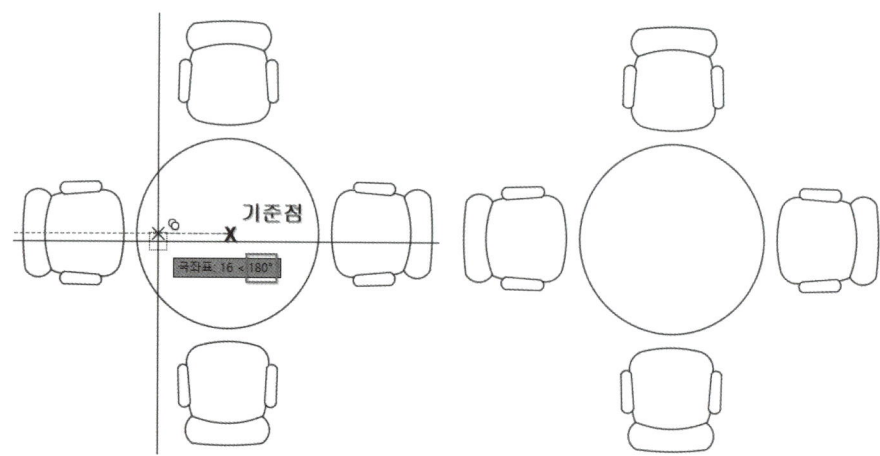

2.2 대칭 명령(Mirror command)

'대칭 명령(Mirror)' 명령은 대칭선을 이용해서 선택된 객체의 대칭 객체를 작성합니다.
[홈] 탭 ⇨ [수정] 패널에서 [대칭(Mirror)] 명령 아이콘을 클릭합니다.

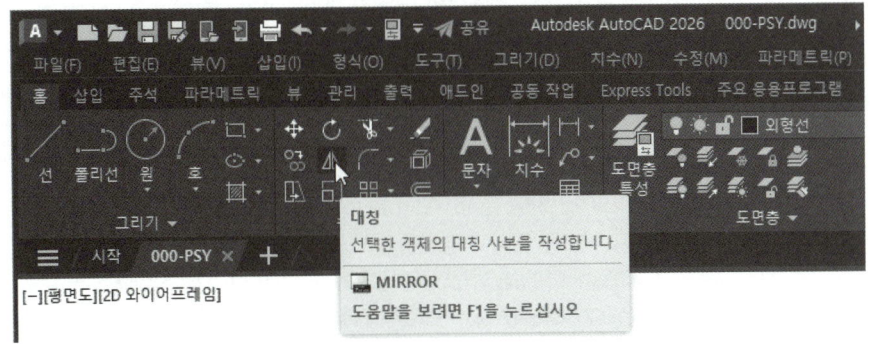

객체를 선택한 후 두 점을 지정하여 대칭선을 지정합니다. 대칭선을 그릴 필요가 없습니다. 마지막으로 원본 객체를 유지하거나 삭제하라는 메시지를 표시합니다.

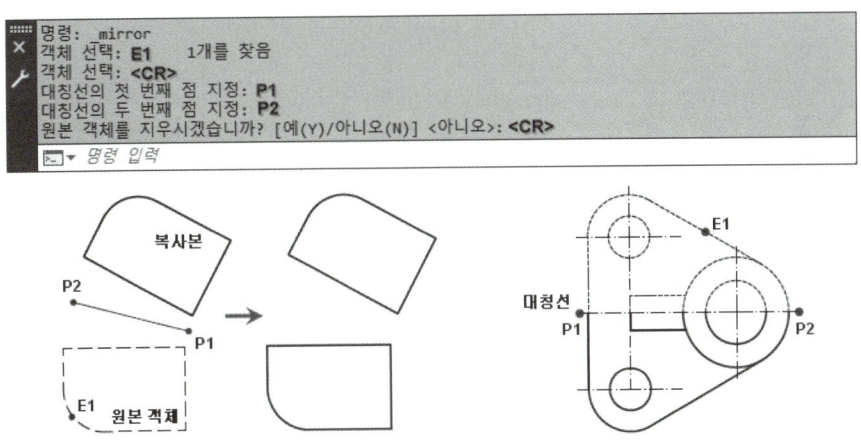

❏ 대칭 객체를 위한 지침(Guidelines for mirroring objects)

① 모든 객체에 대해 대칭 명령을 이용할 수 있습니다.
② 디폴트로 모든 새 도면에는 대칭 작업에서 텍스트가 반전되지 않도록 MIRRTEXT 시스템 변수가 0으로 설정됩니다.
③ MIRRTEXT를 0으로 설정하면 텍스트가 대칭되지 않지만, 텍스트 정렬이 대칭됩니다(예: 왼쪽 정렬에서 오른쪽으로).
④ 이전 버전에서 작성된 도면에는 MIRRTEXT 시스템 변수가 1로 설정되어 있을 수 있습니다. 이러한 파일 중 하나에서 텍스트 객체를 대칭하면 텍스트가 반대로 바뀝니다. 텍스트가 반전되지 않도록 하려면 MIRRTEXT 값을 0으로 설정합니다.

참고〉 문자 대칭(Mirroring the text)

MIRRTEXT 시스템 변수를 사용하여 대칭에서 문자를 반전시킬 수 있습니다. 디폴트로 MIRRTEXT 시스템 변수는 0으로 설정되며, 문자가 대칭될 때 반전되지 않음을 의미합니다. 문자를 반전해야 하는 경우 MIRRTEXT 시스템 변수의 값을 1로 설정합니다.

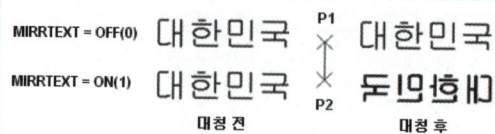

MIRRTEXT 시스템 변수는 TEXT(단일행 문자), ATTDEF(속성 정의) 또는 MTEXT(다중행 문자) 명령, 속성 정의 및 변수 속성으로 작성된 문자에 영향을 줍니다. 블록이 대칭될 때 그에 포함된 문자와 상수 속성은 MIRRTEXT 시스템 변수의 설정과 관계없이 거꾸로 보이게 됩니다.

MIRRHATCH 시스템 변수는 GRADIENT 또는 HATCH(해치) 명령을 사용하여 작성한 해치 객체에 적용됩니다. MIRRHATCH 시스템 변수를 사용하여 해치 패턴 방향이 대칭되는지 그대로 유지되는지를 조정합니다.

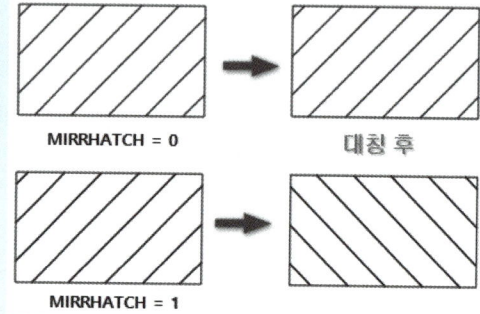

연습 과제〉 객체 대칭하기(Mirroring objects)

다음 연습 과제에서 MIRRTEXT 시스템 변수가 0으로 설정된 도면의 대칭 객체에 대한 개요입니다.

1 리본 메뉴 [홈] 탭 ⇨ [수정] 패널 ⇨ [대칭(Mirror)] 명령 아이콘을 클릭합니다.
2 다음 그림처럼 대칭할 객체들을 선택하고 엔터키를 누릅니다.

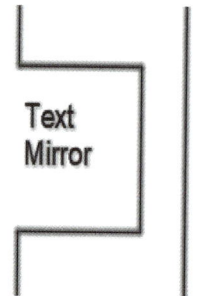

3 도면 영역에서 대칭선을 지정하기 위해 두 점을 클릭합니다.

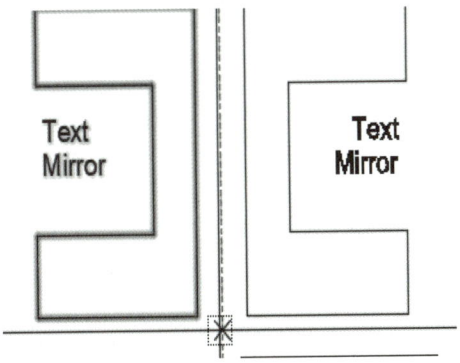

4 원본 객체를 지우려면 Y를 입력하고 원본 객체를 유지하려면 N을 입력합니다.
텍스트의 방향은 같게 유지됩니다.

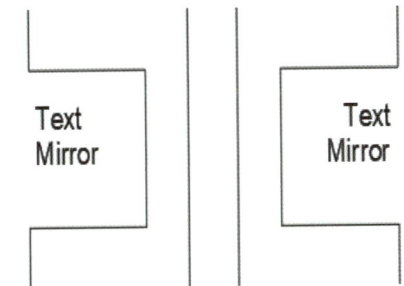

연습 과제〉 그립으로 객체 대칭하기(Mirroring objects using grips)

다음 연습 과제에서 그립(Grip)을 사용하여 객체를 대칭하는 방법에 대해 간략히 설명합니다.

1 다음 왼쪽 그림처럼 그립 편집을 위해 도면 영역에서 객체를 선택합니다.
2 다음 오른쪽 그림처럼 왼쪽 아래의 그립점을 클릭하여 그립 편집 모드를 활성화합니다.
디폴트로 이 점은 대칭선의 첫 번째 점으로 사용됩니다.

3 다음 왼쪽 그림과 같이 도면 영역의 빈 곳에 마우스 오른쪽 버튼을 클릭해서 단축 메뉴에서 [대칭]을 클릭합니다.
4 다음 오른쪽 그림처럼 마우스 커서를 드래그해서 대칭선의 두 번째 점을 클릭, 대칭 형상을 만듭니다.

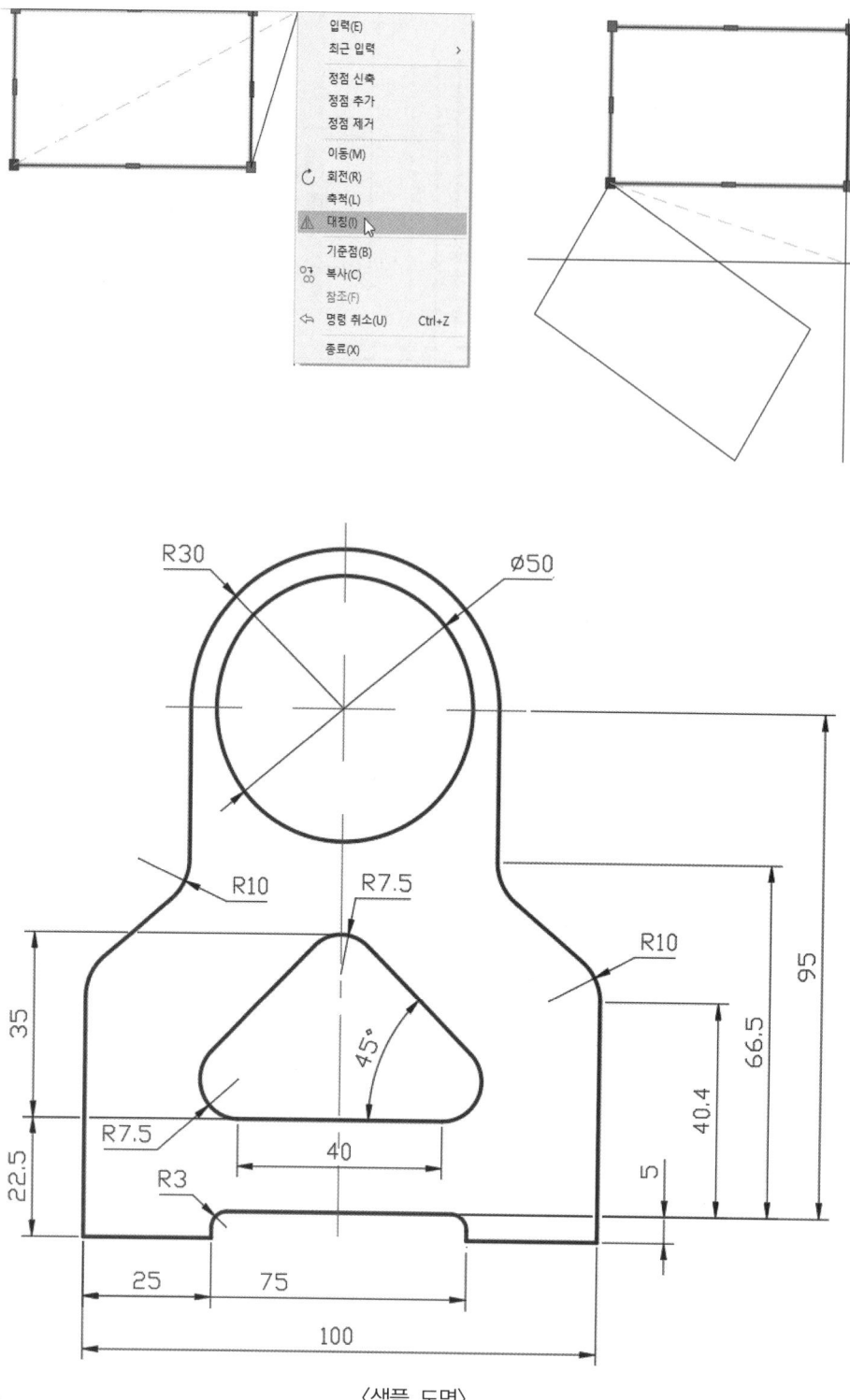

〈샘플 도면〉

03 객체 패턴 만들기
(Creating object patterns)

3.1 직사각형 배열 명령(Rectangular array command)

'직사각형 배열(Rectangular Array)' 명령은 행(Row)과 열(Column)을 사용하여 행렬 형식으로 반복 패턴 형상을 만듭니다. 그 결과 패턴 형상은 편집할 수 있는 하나의 복합 객체가 됩니다.

[홈] 탭 ⇨ [수정] 패널에서 [직사각형 배열(Rectangular Array)] 명령 아이콘을 클릭합니다.

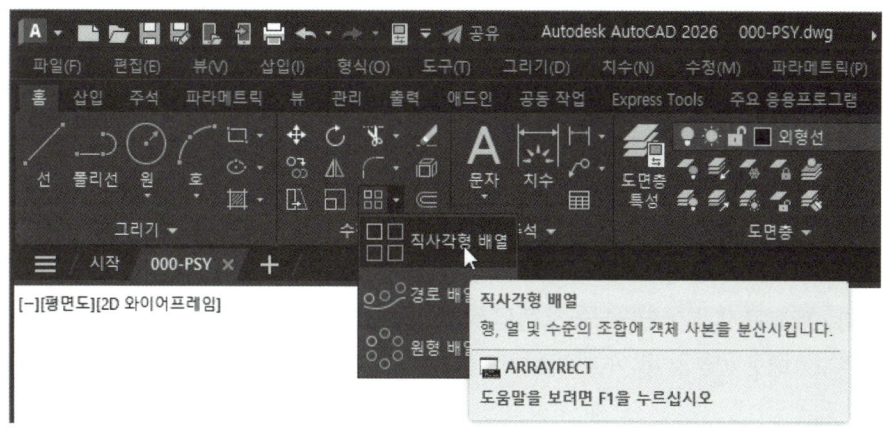

첫 번째 프롬프트에서 원하는 기준 객체를 선택하라는 메시지가 표시됩니다. 선택을 완료하고, 엔터 키를 누르면 AutoCAD가 다음 그림처럼 그립(Grip)을 보여 주는 3행 4열 패턴을 즉시 표시합니다.

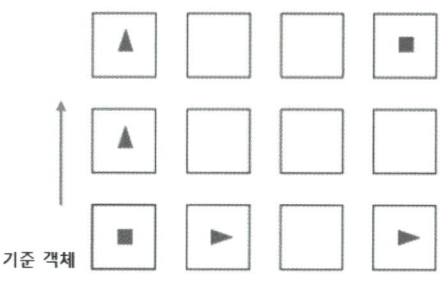

리본 메뉴에는 '배열 작성(Array Creation)'이라는 상황 탭이 표시됩니다.

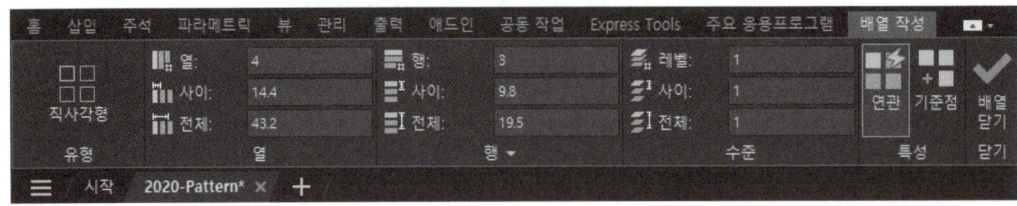

명령: _arrayrect

객체 선택: 1개를 찾음

객체 선택: (CR)

유형 = 직사각형 연관 = 예

그립을 선택하여 배열을 편집하거나 [연관(AS)/기준점(B)/개수(COU)/간격두기(S)/열(COL)/행(R)/레벨(L)/종료(X)] <종료>:

AutoCAD에서 배열을 편집할 적절한 그립(Grip)을 선택하라는 메시지가 표시됩니다. 설계자는 두 가지 방법을 사용하여 원하는 결과를 얻을 수 있습니다.

① '배열 작성' 상황 탭을 사용하여 위에서 언급한 작업을 수행합니다.
- 열 : 배열을 위한 열(수직 패턴)의 개수를 입력합니다.
- 열의 사이 : 각 열의 간격띄우기 거리를 입력합니다.
  시뮬레이션 된 미리 보기 창을 사용하여 패턴의 방향을 확인합니다.
- 행 : 배열을 위한 행(수평 패턴)의 개수를 입력합니다.
- 행의 사이 : 각 행의 간격띄우기 거리를 입력합니다.
- 연관 : 배열된 객체가 연관되는지 독립적인지를 지정합니다.
- 기준점 : 배열 기준점 및 기준점 그립의 위치를 정의합니다.

② 그립(Grip)을 사용하여 행 수, 행 간 거리, 열, 열 간 거리 및 배열 방향(아래 또는 위로, 오른쪽 또는 왼쪽)을 설정합니다.

❏ 배열 작성 상황 탭 이용하기(Using the array creation context tab)

숫자와 거리를 알고 있는 경우 [배열 작성] 상황 탭을 이용하는 것이 더 편리합니다. 이 방법을 사용하여 다음 작업을 시작합니다.

① 열 패널을 사용하여 세 가지 정보 중 두 가지를 입력합니다.
- 열(열의 개수), 사이(열 사이의 거리) 및 전체(열이 차지하는 총거리)입니다.
  설계자는 동일한 기준점을 사용하여 (왼쪽에서 왼쪽으로 또는 중앙에서 중앙으로) 거리를 측정하여 일관성을 유지해야 합니다. 또한 설계자는 배열 방향을 고려해야 하며, 양의 거리는 위쪽을 의미하고 음의 거리는 아래쪽을 의미합니다.

② 행 패널을 사용하여 세 가지 정보 중 두 가지를 입력합니다.
- 행(행의 개수), 사이(행 간 거리) 및 전체(행이 차지할 총거리)입니다.
설계자는 동일한 기준점을 사용하여 일관성을 유지해야 합니다. (위에서 위로 또는 중심에서 중심으로) 거리를 측정합니다. 또한 설계자는 배열 방향을 고려해야 하며, 양의 거리는 오른쪽으로, 음의 거리는 왼쪽으로 이동하는 것을 의미합니다.

③ 수준 패널 : 3D 전용이므로 2D에 대한 수준 무시.

④ 특성 패널의 연관은 배열에서 생성된 모든 객체가 배열을 구축하는 데 사용되는 모든 정보를 포함하는 단일 객체로 간주함을 의미합니다.

⑤ 특성 패널의 기준점은 기본적으로 첫 번째 객체는 배열의 기준점으로 간주하지만, AutoCAD에서는 다른 객체를 선택할 수 있습니다.

⑥ 명령을 종료하려면, '닫기' 패널에서 [배열 닫기] 아이콘을 클릭합니다.

❑ 그립을 이용해서 직사각형 배열 편집(Editing a rectangular array using grips)

직사각형 배열을 작성한 후 객체를 클릭하여 편집할 수 있습니다.

직사각형 배열 객체를 선택하면, 그립은 다음 그림과 같이 객체에 나타납니다.

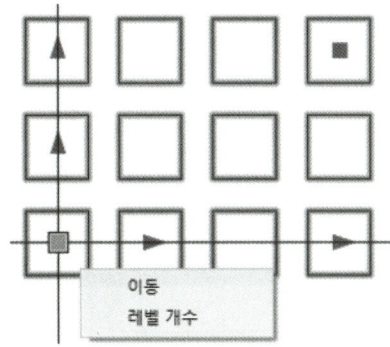

이 그림은 전체 배열 객체를 이동하거나 레벨 개수를 제어하기 위한 것입니다(3D 전용). 그립을 클릭 후 Ctrl 키를 사용하여 이러한 옵션 사이를 탐색합니다.

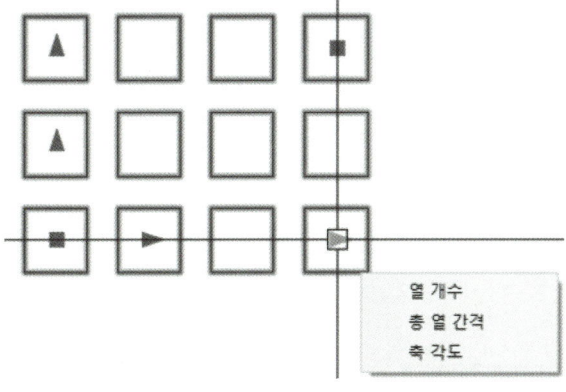

이 그림은 행 및 열 개수 또는 총 행 및 열 간격을 변경하기 위한 것입니다. 그립을 클릭한 후 Ctrl 키를 사용하여 이러한 옵션 사이를 탐색합니다.

❏ 상황 탭으로 직사각형 배열 편집(Editing a rectangular array using the context tab)

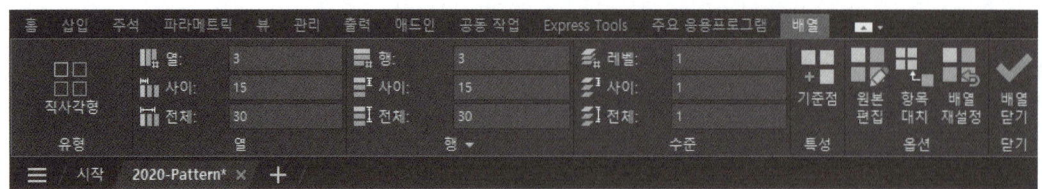

이 '배열' 상황 탭은 세 개의 아이콘이 있는 [옵션] 패널을 제외하고는 '배열 작성' 상황 탭과 거의 동일합니다.

① '원본 편집' 명령 아이콘은 배열된 객체 중 하나를 변경하여 다른 배열된 모든 객체에 반영합니다.
② '항목 대치' 명령 아이콘은 배열된 모양 중 하나 이상을 다른 모양으로 바꿉니다.
③ '배열 재설정' 명령 아이콘은 '항목 대치' 명령의 영향을 반대로 적용합니다.

❏ 빠른 특성으로 직사각형 배열 편집(Editing a rectangular array using quick properties)

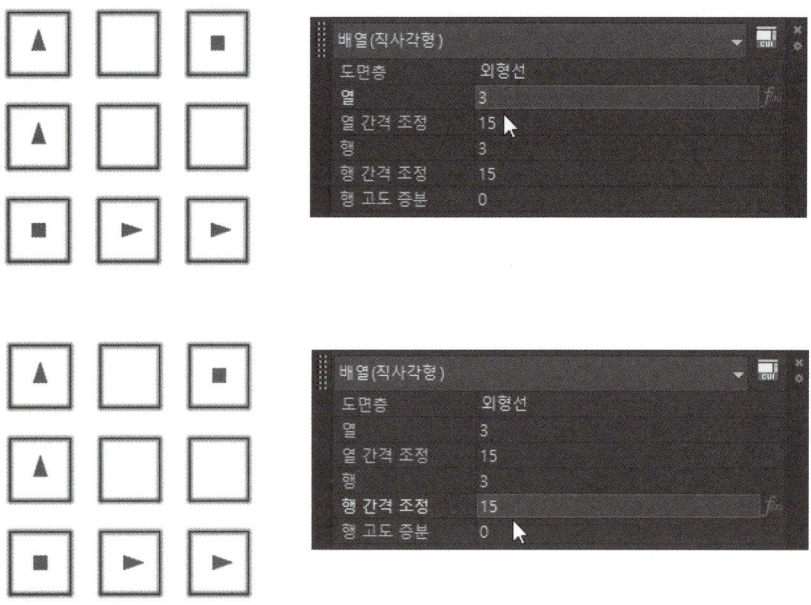

연습 과제〉 직사각형 배열 만들기(Creating a rectangular array of objects)

1 리본 [홈] 탭 ➪ [수정] 패널에서 ▦ [직사각형 배열] 아이콘을 클릭합니다.

배열할 객체를 선택하고 엔터키를 누릅니다.

2 '배열 작성' 탭이 리본 메뉴에 표시됩니다.

다음 그림처럼 열 필드에 3, 행 필드에 4를 입력합니다.

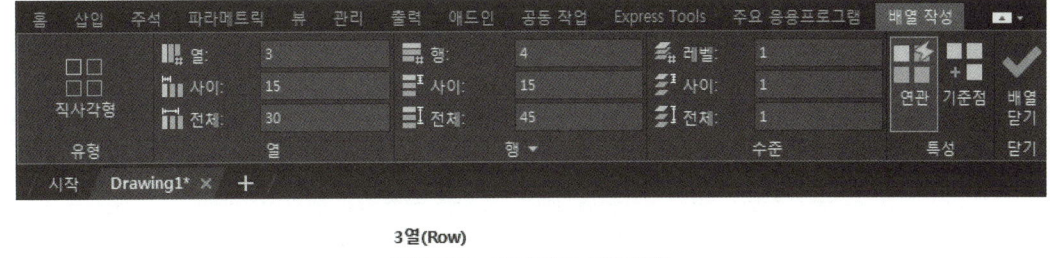

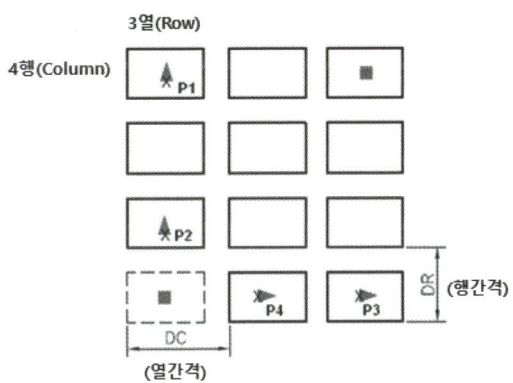

3 리본 메뉴 '배열 작성' 탭에서 [배열 닫기] 아이콘을 클릭합니다.

연습 과제〉 직사각형 배열 만들기(Creating a rectangular array of objects)

1 'Office1-metric.dwg' 도면 파일을 엽니다.

리본 [홈] 탭 ➪ [수정] 패널에서 ▦ [직사각형 배열] 아이콘을 클릭합니다.

다음 그림과 같이 배열할 객체를 선택하고 엔터키를 누릅니다.

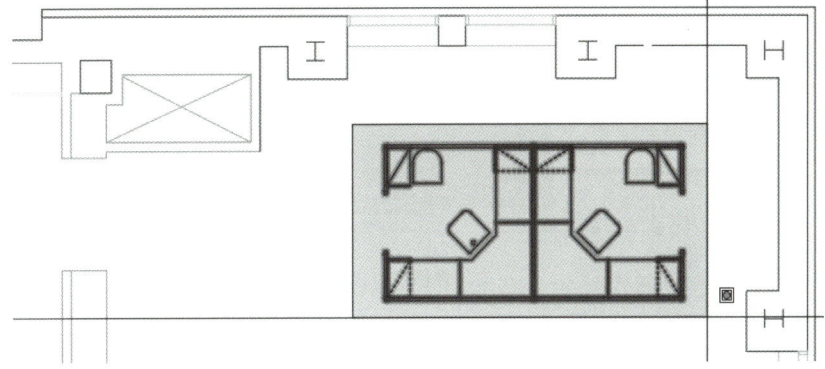

2 '배열 작성' 탭의 열과 행 패널에 다음 그림처럼 수치를 입력합니다.

열 개수 = 1,

행 개수 = 3

행 간격두기 = -250

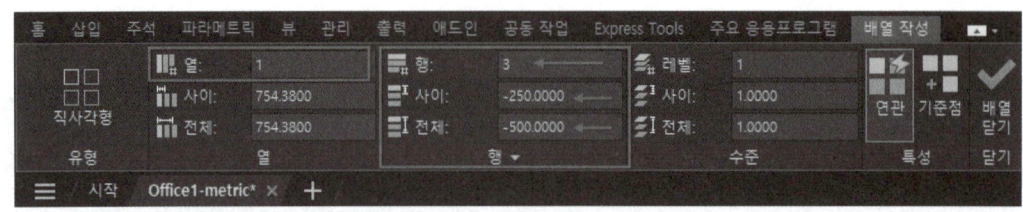

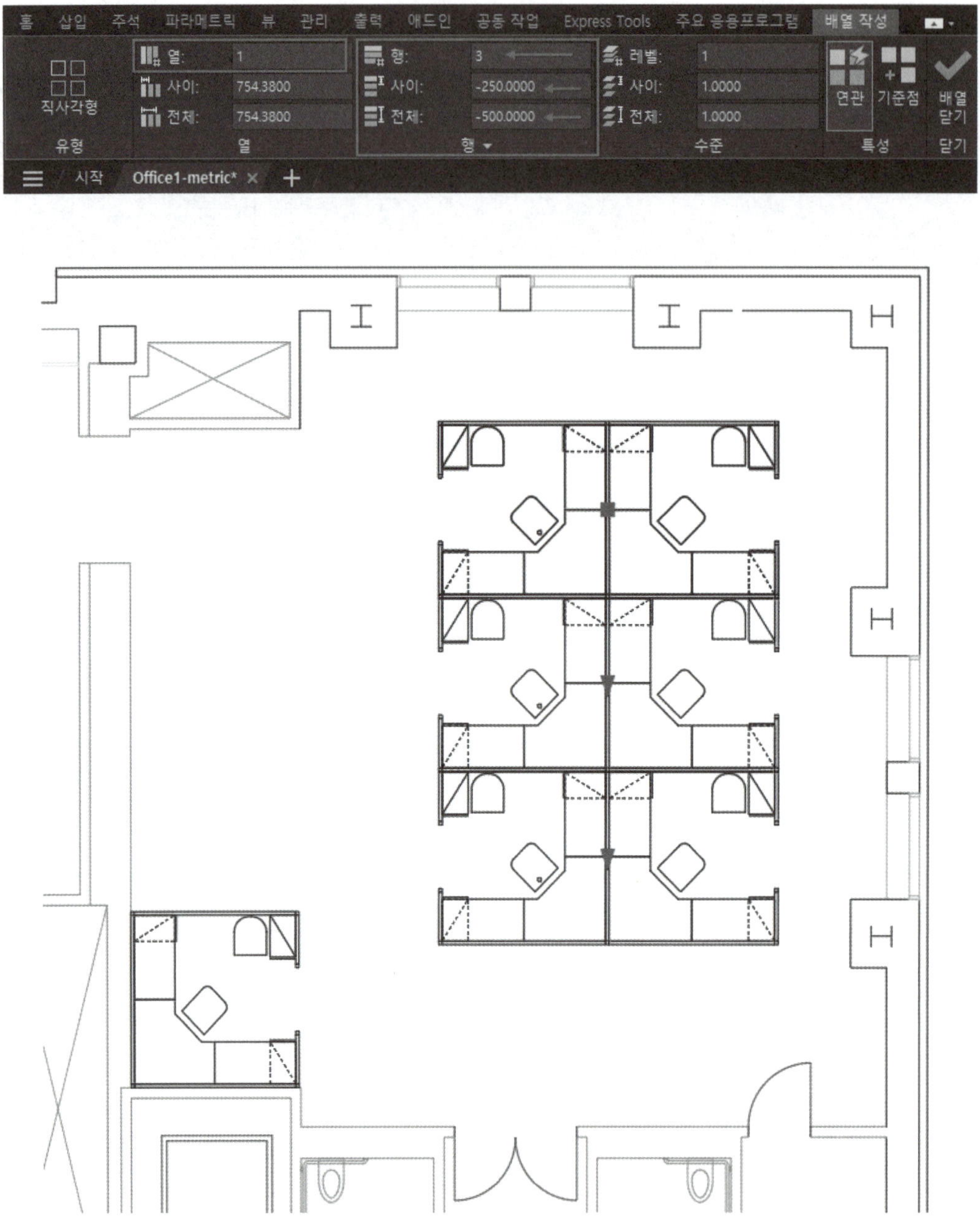

3 리본 메뉴 '배열 작성' 탭에서 [배열 닫기] 아이콘을 클릭합니다.

3.2 원형 배열 명령(Polar array command)

'원형 배열(Polar array)' 명령은 원형 순환 방식으로 객체를 복제합니다.

[홈] 탭 ⇨ [수정] 패널에서 [원형 배열(Polar array)] 명령 아이콘을 클릭합니다.

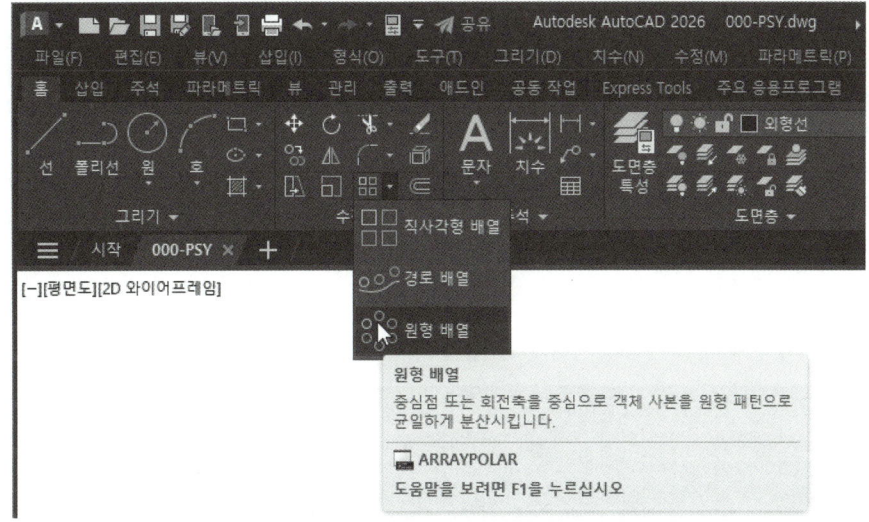

명령: _arraypolar

객체 선택: 1개를 찾음

객체 선택:

유형 = 원형 연관 = 예

배열의 중심점 지정 또는 [기준점(B)/회전축(A)]:

그립을 선택하여 배열을 편집하거나 [연관(AS)/기준점(B)/항목(I)/사이의 각도(A)/채울 각도(F)/행(ROW)/레벨(L)/항목 회전(ROT)/종료(X)]〈종료〉:

첫 번째 프롬프트에서 원하는 객체를 선택하라는 메시지가 표시되고 선택하면 엔터키를 누릅니다.
두 번째 프롬프트에는 배열 유형이 원형이고, 연관이 켜져 있다는 메시지가 표시됩니다.
세 번째 프롬프트는 배열의 중심점(회전 중심점)을 지정하라는 것입니다.
중심점(회전 중심점)을 지정하면 360°를 채우는 6개의 객체가 있는 원형 배열이 생성됩니다.
'배열 작성' 상황 탭이 표시됩니다.

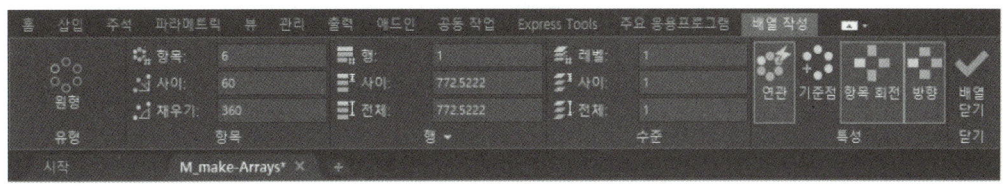

'배열 작성' 상황 탭에서 항목 수, 항목 간 각도 및 채우기 각도를 지정할 수 있습니다. 행 수와 행 간 거리를 지정할 수도 있습니다. '특성' 패널에서 연관 배열인지 여부를 입력하고 배열할 객체의 새 기준점을 지정하고 항목을 복사할 때 회전할지를 지정한 다음 배열 방향(CW 또는 CCW)을 지정합니다. [배열 닫기] 아이콘을 클릭합니다.

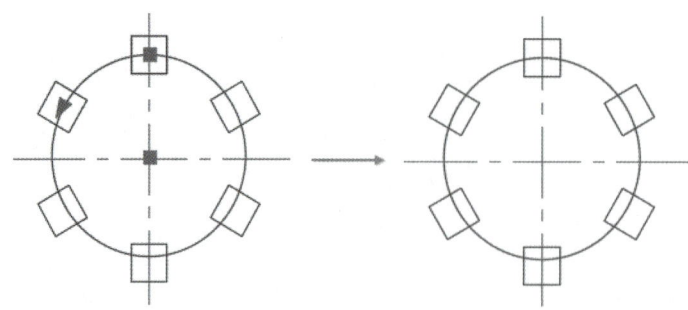

도면 영역에서 원형 배열 편집을 위해 원형 배열 객체를 선택하면, '배열' 상황 탭이 표시됩니다.

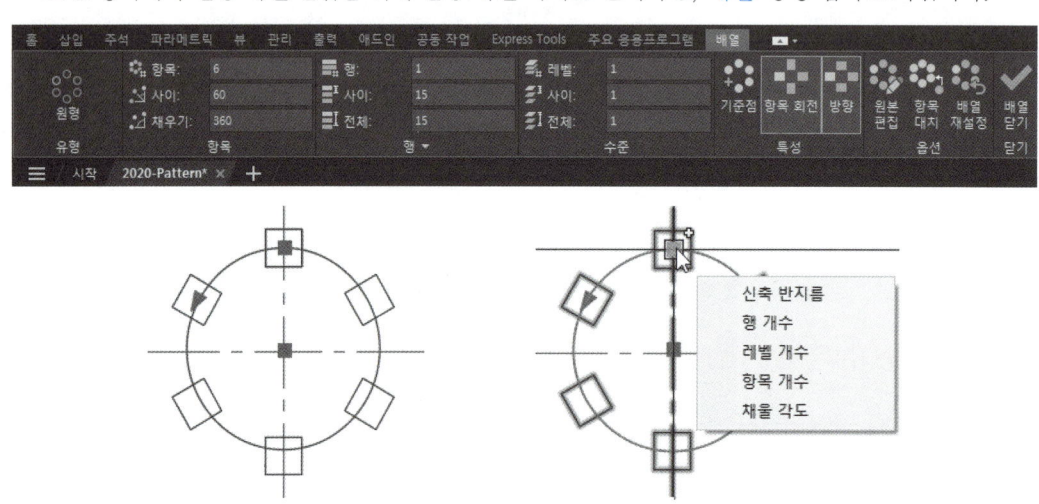

현재 반지름값과 함께 반지름 신축, 행 개수 변경, 레벨 개수 변경(3D 전용), 항목 개수 변경 및 채우기 각도 변경을 지원하는 메뉴가 표시됩니다.

다음 그림처럼 두 번째 화살표 그립은 첫 번째 항목과 두 번째 항목 사이의 현재 각도를 표시합니다.

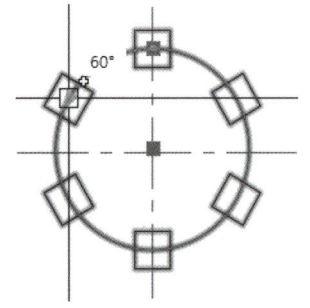
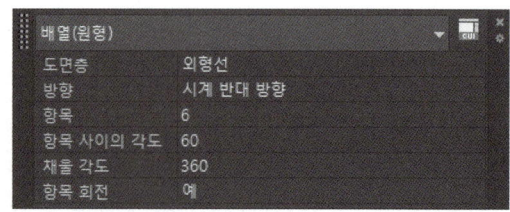

❑ 직사각형 대 원형 배열에 대한 지침(Guidelines for rectangular versus polar array)

배열 명령을 사용할 때는 다음 지침을 참고합니다.

① 규칙적으로 간격띄우기 객체를 많이 생성하는 경우 '배열(Array)' 명령이 '복사(Copy)' 명령보다 빠릅니다.

② 직사각형 배열의 경우 행과 열의 수와 각 행 사이의 거리를 지정합니다.

③ 원형 배열의 경우 객체의 복사본 수, 채울 각도 및 복사본을 회전할지를 지정합니다.

④ 객체를 배열할 중심점(회전 중심점)을 지정합니다.

⑤ 채울 각도에 대해 양수 또는 음수 값 여부에 따라 원형 배열이 반시계 방향으로 그려집니다.

연습 과제〉 원형 배열 만들기(Creating polar array of objects)

1 리본 [홈] 탭 [수정] 패널에서 [원형 배열] 아이콘을 클릭합니다.

① 배열할 객체를 선택하고 엔터키를 누릅니다.

② 회전 중심점을 선택합니다.

2 '배열 작성' 탭에 다음 그림처럼 항목 필드에 8을 입력합니다. 나머지 선호하는 옵션들을 설정합니다.

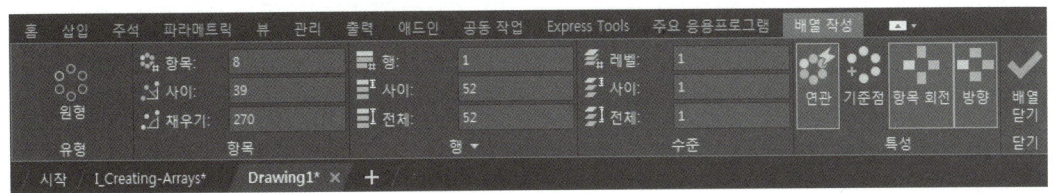

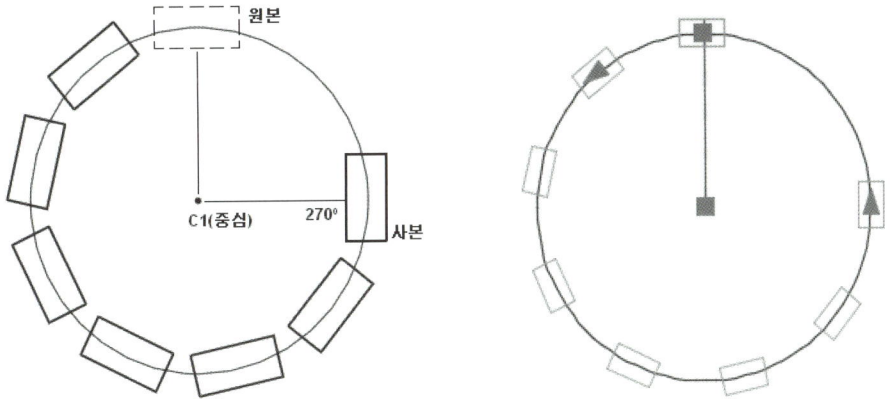

3 리본 메뉴 '배열 작성' 탭에서 [배열 닫기] 아이콘을 클릭합니다.

연습 과제〉 원형 배열 만들기(Creating polar array of objects)

1 'C_Polar Array.dwg' 도면 파일을 엽니다.

리본 [홈] 탭 ⇨ [수정] 패널에서 [원형 배열] 아이콘을 클릭합니다.

① 배열할 객체(의자)를 선택하고 엔터키를 누릅니다.

② 회전 중심점을 선택합니다.

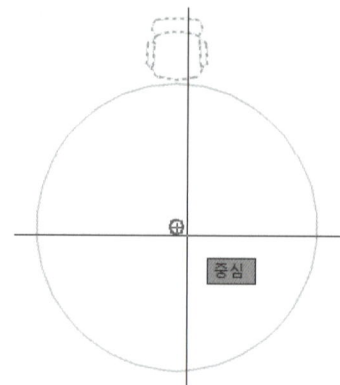

2 '배열 작성' 탭에 다음 그림처럼 항목 필드에 6을 입력합니다.

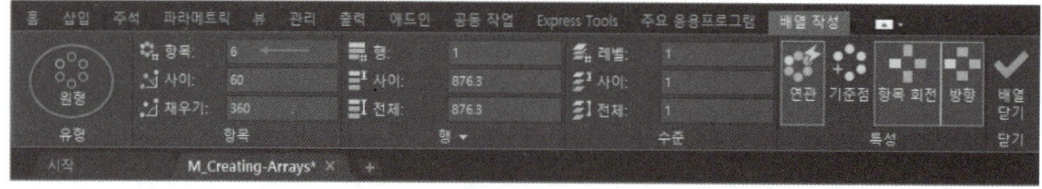

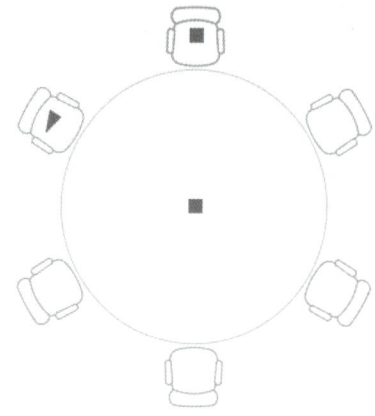

3 리본 메뉴 '배열 작성' 탭에서 [배열 닫기] 아이콘을 클릭합니다.

3.3 경로 배열 명령(Path array command)

'경로 배열(Path array)' 명령은 폴리선, 스플라인, 호 등과 같은 객체를 이용해서 배열을 작성합니다. [홈] 탭 ➪ [수정] 패널에서 [경로 배열(Path array)] 명령 아이콘을 클릭합니다.

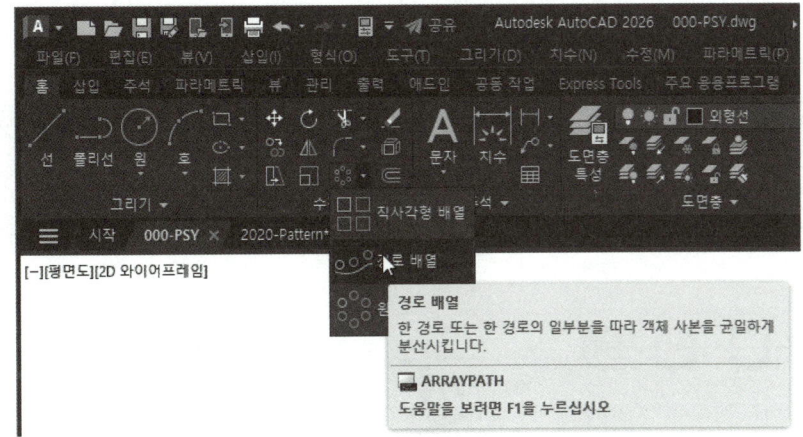

명령: _arraypath

객체 선택: P1   1개를 찾음

객체 선택:〈CR〉

유형 = 경로 연관 = 예

경로 곡선 선택: P2

그립을 선택하여 배열을 편집하거나 [연관(AS)/메서드(M)/기준점(B)/접선 방향(T)/항목(I)/행(R)/레벨(L)/항목 정렬(A)/Z 방향(Z)/종료(X)]〈종료〉:

첫 번째 프롬프트에서 원하는 객체(P1)를 선택하라는 메시지가 표시되고, 선택이 완료되면 엔터키를 누릅니다. 두 번째 프롬프트에는 배열 유형이 경로이고 연관이 켜져 있다는 메시지가 표시됩니다.

다음 프롬프트에서 설계자에게 경로 곡선을 선택하도록 요구합니다. 경로 곡선(P2)을 클릭해서 선택하면, AutoCAD는 경로 곡선을 참조해서 선택한 객체를 배열해서 표시합니다.

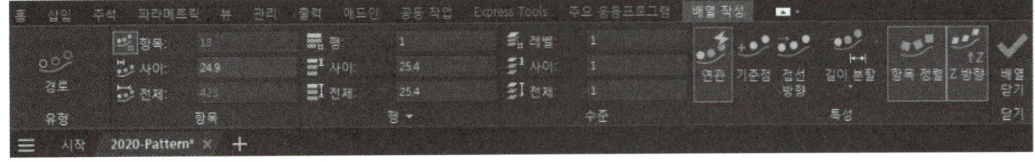

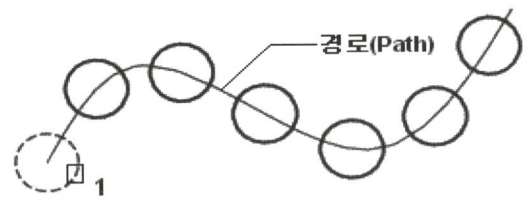

경로를 사용하여 객체를 배열하는 방법을 생각할 때 다음과 같은 세 가지가 떠오릅니다.

- 기준점
- 경로에 객체 정렬
- 등분할 혹은 길이 분할

배열 편집을 위해 도면 영역에서 경로 배열 객체를 선택합니다.

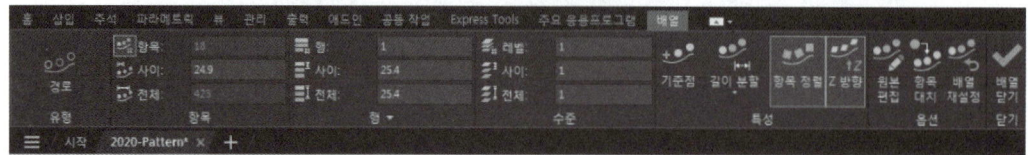

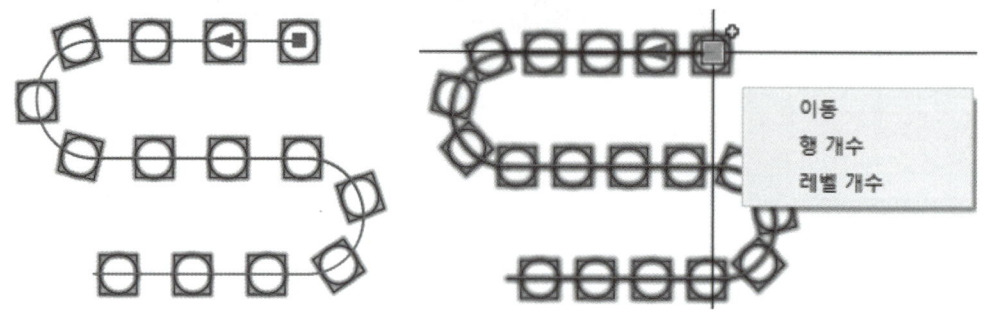

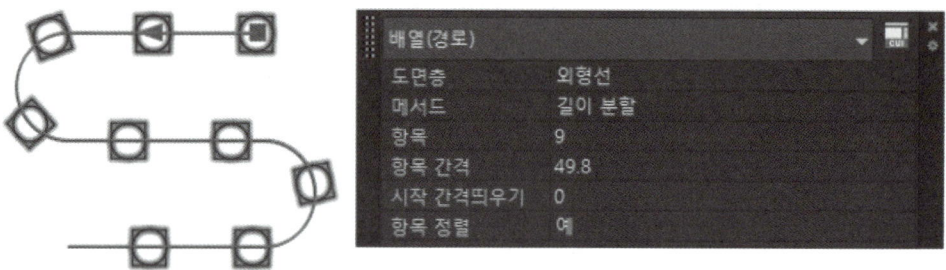

연습 과제〉 경로 배열 만들기(Creating path array of objects)

1 리본 [홈] 탭 [수정] 패널에서 [경로 배열] 아이콘을 클릭합니다.

　① 배열할 객체를 선택하고 엔터키를 누릅니다.

　② 경로 곡선을 선택합니다.

2 '배열 작성' 탭에 다음 그림처럼 항목 필드에 14를 입력합니다.

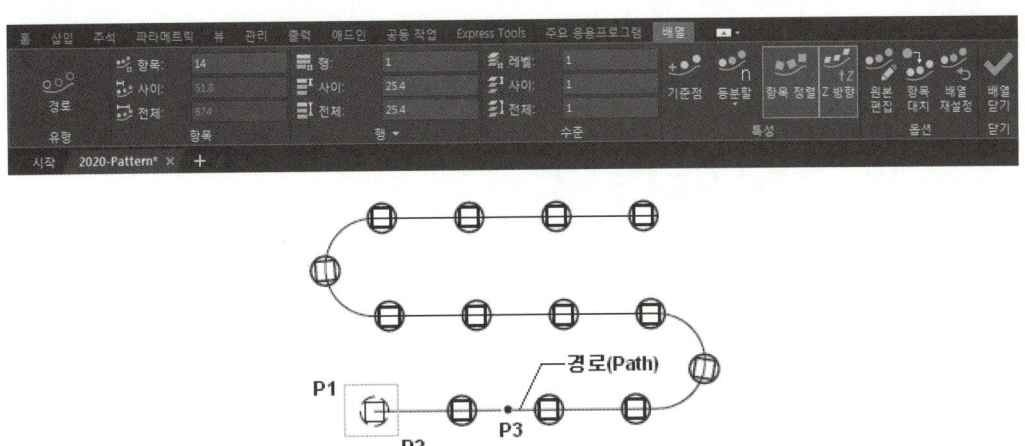

3 리본 메뉴 '배열 작성' 탭에서 [배열 닫기] 아이콘을 클릭합니다.

3.4 배열 편집 명령(Arrayedit command)

- 연관 배열 객체 및 해당 원본 객체를 편집합니다. 배열 특성 또는 원본 객체를 편집하거나 항목을 다른 객체로 대치하여 연관 배열을 수정합니다.
- 단일 배열 객체를 선택하고 편집할 때는 배열 편집기 리본 상황별 탭이 표시됩니다.
- 배열 편집기 리본 상황별 탭에서 사용할 수 있는 배열 특성은 선택한 배열의 유형에 따라 달라집니다.

[홈] 탭 ⇨ [수정]패널을 확장하고, [배열 편집(Arrayedit)] 명령 아이콘을 클릭합니다.

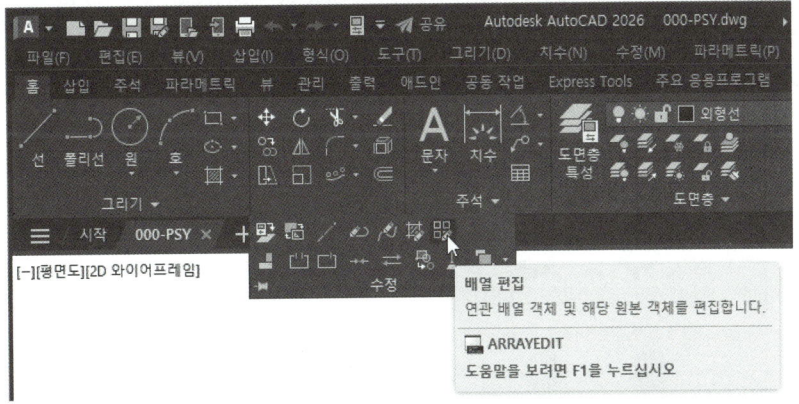

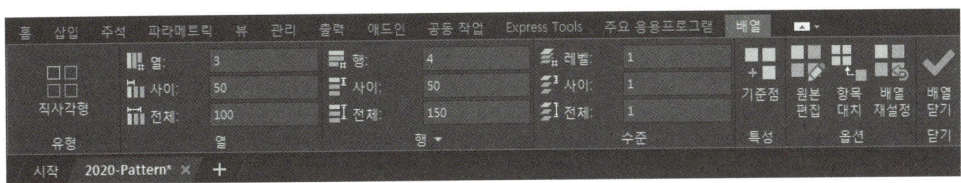

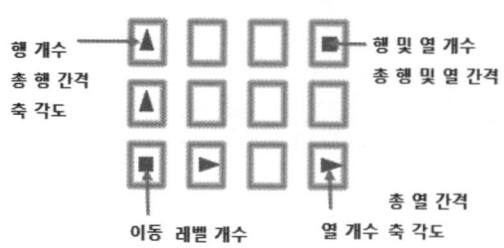

〈직사각형 배열 편집〉

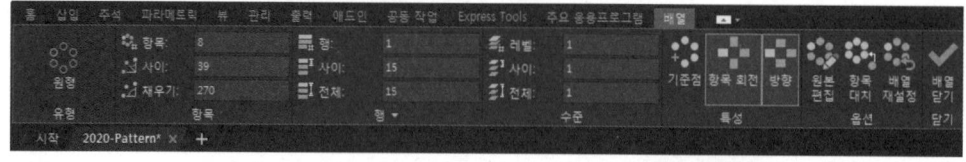

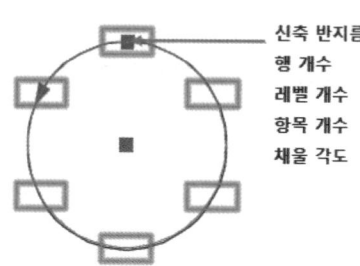

〈원형 배열 편집〉

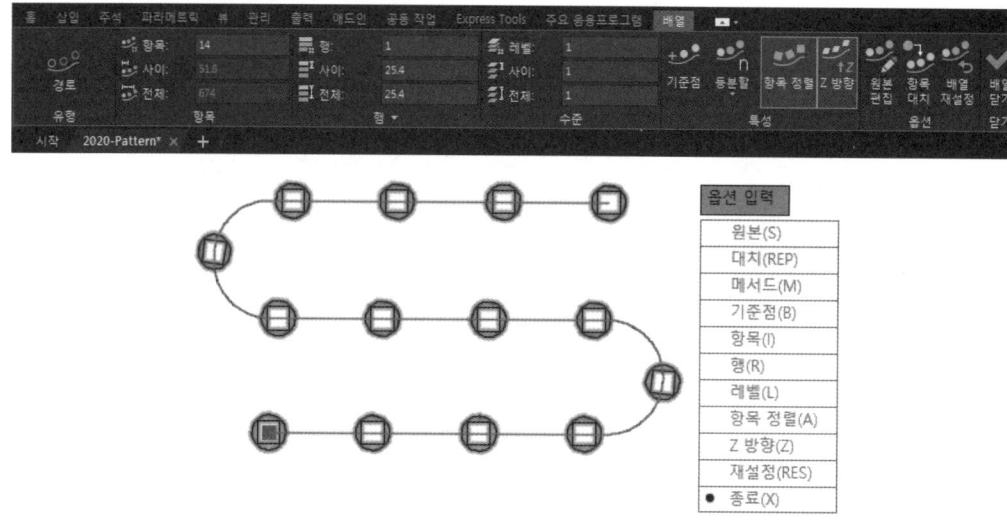

〈경로 배열 편집〉

실습과제 27〉 도면층, 선종류를 이용해서 다음 도형을 작도합니다.

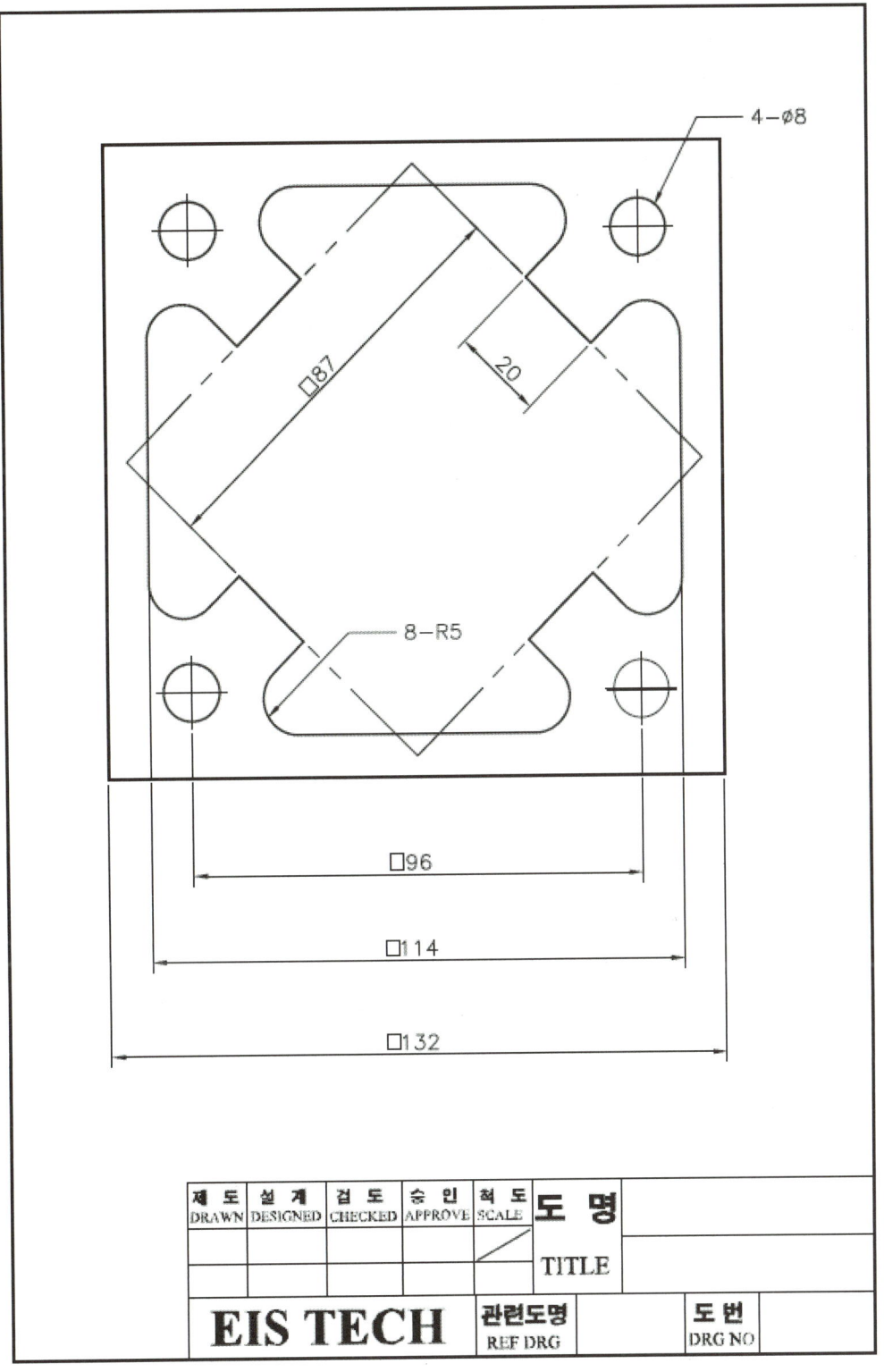

실습과제 28> 도면층, 선종류를 이용해서 다음 도형을 작도합니다.

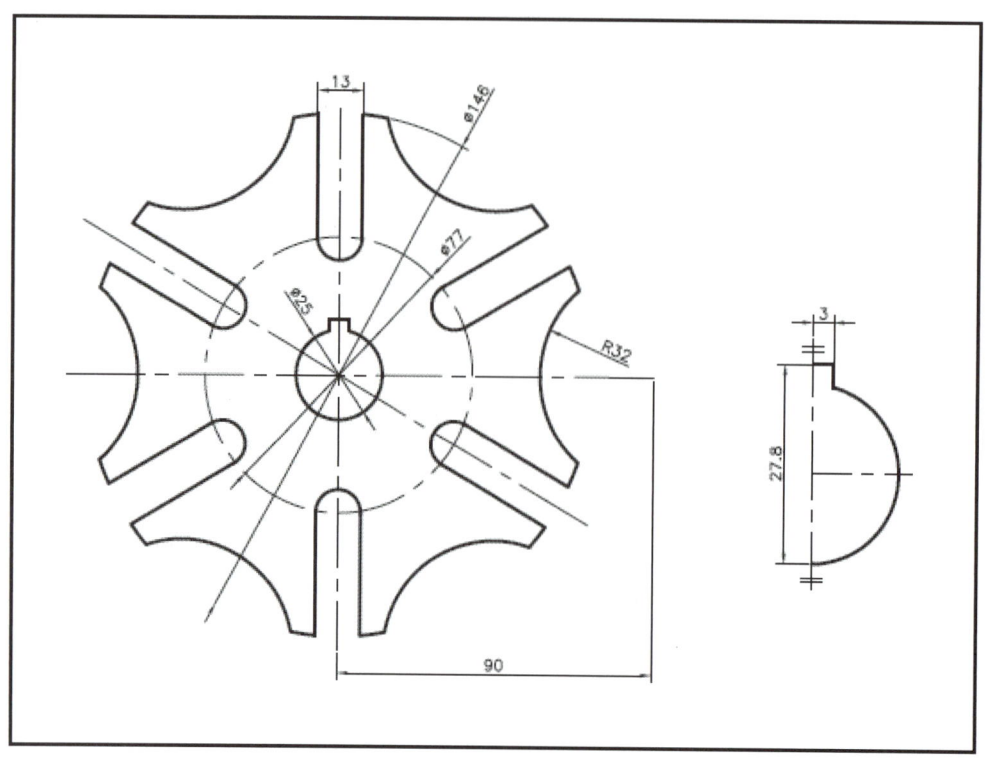

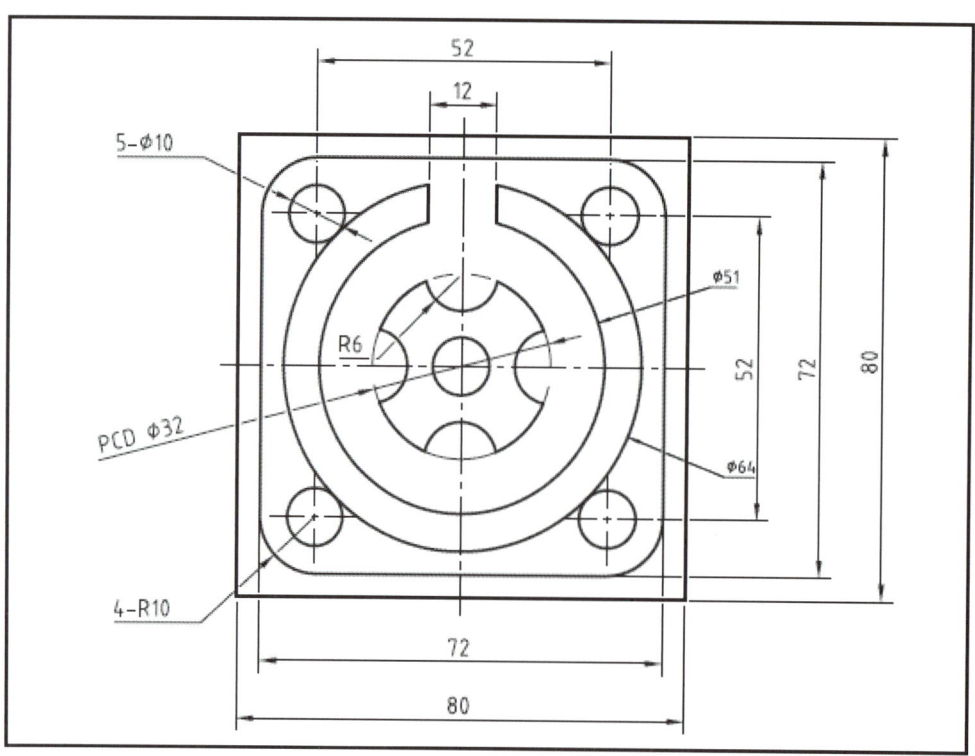

실습과제 29〉 도면층, 선종류를 이용해서 다음 도형을 작도합니다.

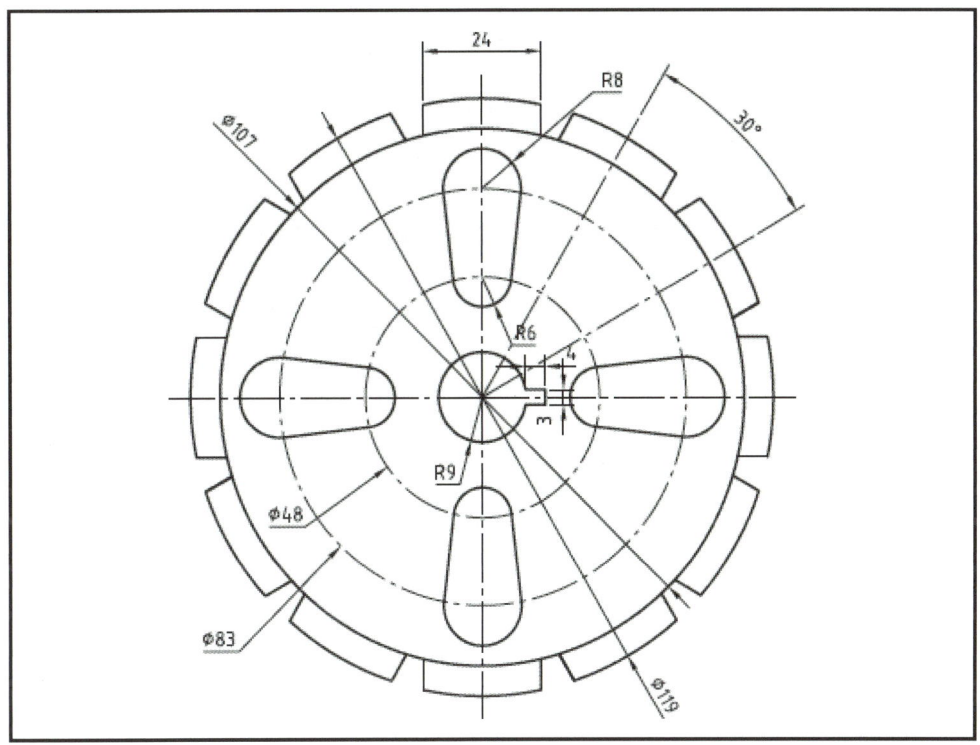

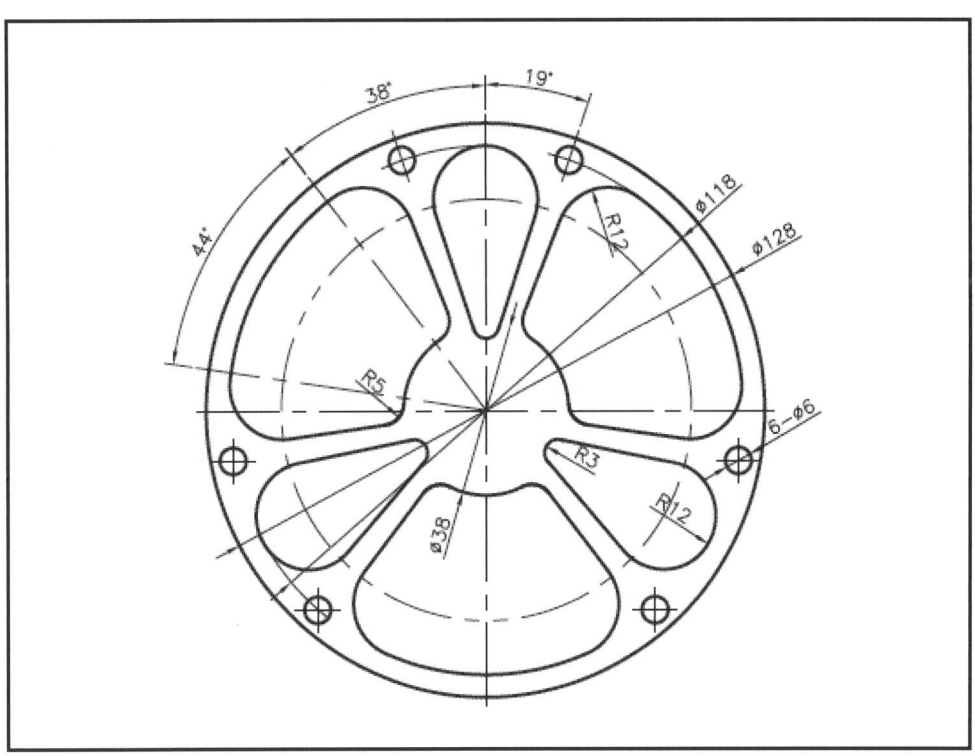

실습과제 30〉 도면층, 선종류를 이용해서 다음 도형을 작도합니다.

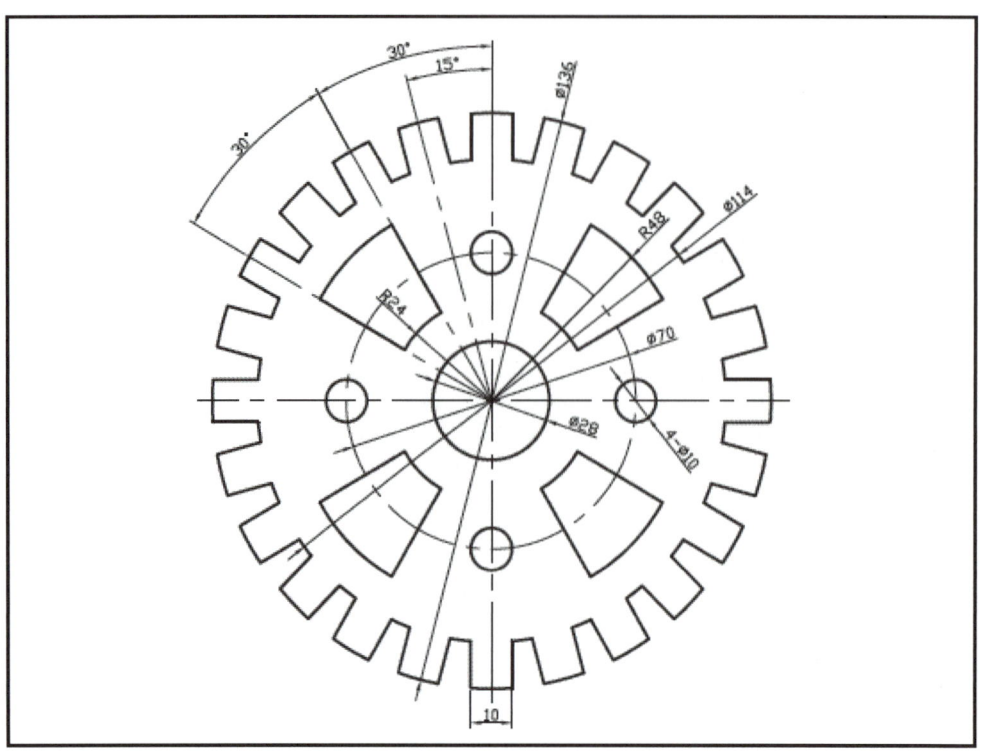

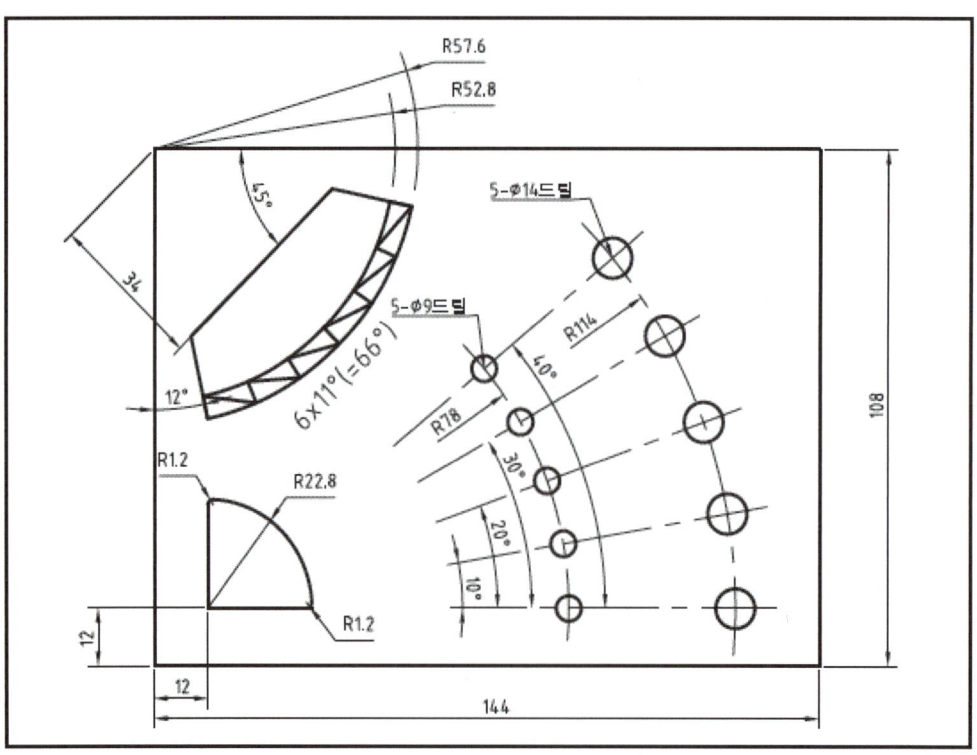

04 객체 크기 변경 (Changing an object's size)

4.1 축척 명령(Scale command)

'축척(Scale)' 명령은 축척 요인(숫자) 혹은 참조를 이용해서 객체의 크기를 크게 혹은 작게 합니다. [홈] 탭 ⇨ [수정] 패널에서 [축척(Scale)] 명령 아이콘을 클릭합니다.

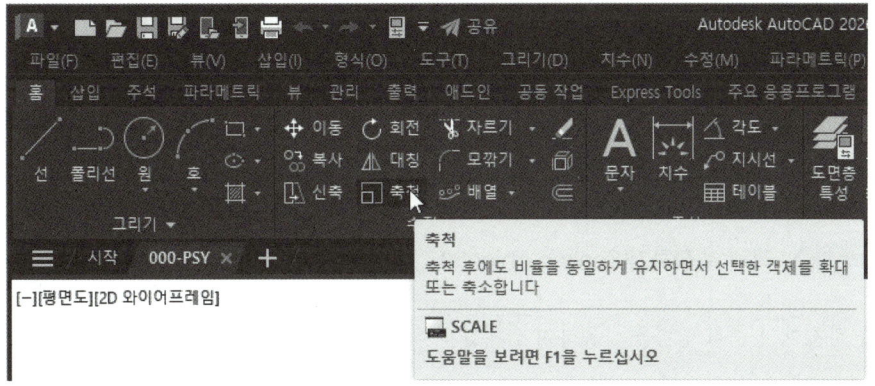

명령: _scale
객체 선택:　　　1개를 찾음
객체 선택:
기준점 지정:
축척 비율 지정 또는 [복사(C)/참조(R)]: 2.0

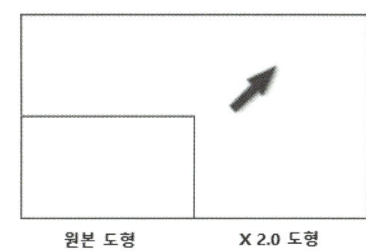

객체 선택: 프롬프트에서 객체를 선택합니다.

다음 프롬프트에서 기준점을 지정해야 하는데 여기서 기준점은 축척 작업의 중심점 역할을 하며 고정되어 있습니다. 선택한 모든 객체는 이 점에 비해 크거나 작아집니다. 기준점을 지정하면, 다음 그림과 같이 커서가 변경됩니다.

[복사(C)] 옵션을 사용하여 선택한 객체의 복사본을 만든 다음 크기를 조정합니다.

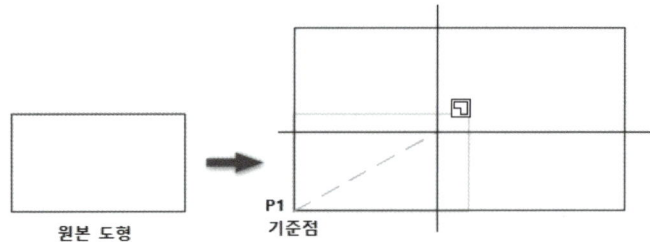

❏ 참조(R) 옵션

[참조(R)] 옵션은 축척 요인을 숫자로 모를 때에 매우 유용합니다. 대신 두 점을 지정하여 현재 길이를 나타내고 두 점을 지정하여 새로운 길이를 입력할 수 있습니다.

❏ 객체 축척에 대한 지침(Guidelines for scaling objects)

① 축척 비율 값이 1보다 작으면 형상의 크기가 줄어듭니다. 값이 1보다 크면 형상의 크기가 커집니다. 예를 들어, 축척 비율을 0.5로 입력하면 선택한 객체의 크기가 절반으로 줄어듭니다.

② 가장 최근에 사용된 축척 배율 계수는 현재 편집 세션에서 유지됩니다.

③ [참조(R)] 옵션을 사용하여 줄여서 표시하려면, 객체 스냅을 사용하여 객체에서 두 점을 클릭하여 기준 축척을 정의합니다. 이것은 종종 거리를 찾고 축척 계수를 계산하는 것보다 더 빠르고 정확합니다.

④ [기준점] 옵션을 사용하면 기준 거리를 정의하는 두 점이 축척 기준점과 독립적입니다.

연습 과제〉 객체 축적하기(Scaling objects)

다음 연습 과제에서 축척 명령을 사용하여 객체를 축적하는 방법에 대해 간략히 설명합니다.

1 리본 메뉴 [홈] 탭 ⇨ [수정] 패널 ⇨ [축척(Scale)] 명령 아이콘을 클릭합니다.

2 다음 왼쪽 그림처럼 축적할 객체들을 선택하고, 엔터키를 누릅니다.

3 다음 오른쪽 그림처럼 기준점을 지정합니다.

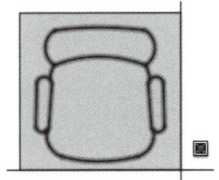 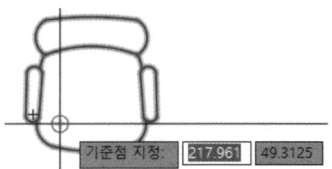

4 축척 비율(2.0)을 입력하고, 엔터키를 누릅니다.

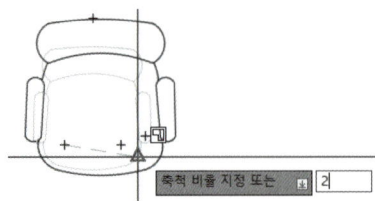

연습 과제〉 그립으로 객체 축적하기(Scaling objects using grips)

다음 연습 과제에서 그립을 사용하여 객체를 스케일링하는 방법에 관해 설명합니다.

1️⃣ 그립을 활성화할 객체를 선택합니다.

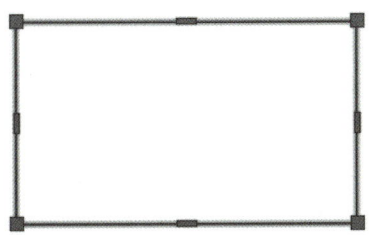 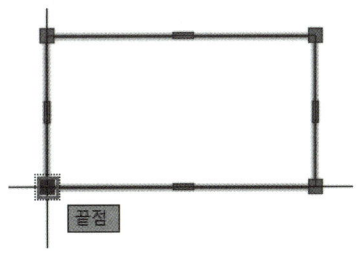

2️⃣ 위의 오른쪽 그림과 같이 직사각형의 왼쪽 아래 모서리 점을 그립 점으로 클릭하여 그립 편집 모드를 활성화합니다. 기본적으로 이 점은 축척의 기준점으로도 사용됩니다.

3️⃣ 도면 영역의 빈 곳에 마우스 오른쪽 버튼을 클릭하고, 단축 메뉴에서 [축척]을 클릭합니다.

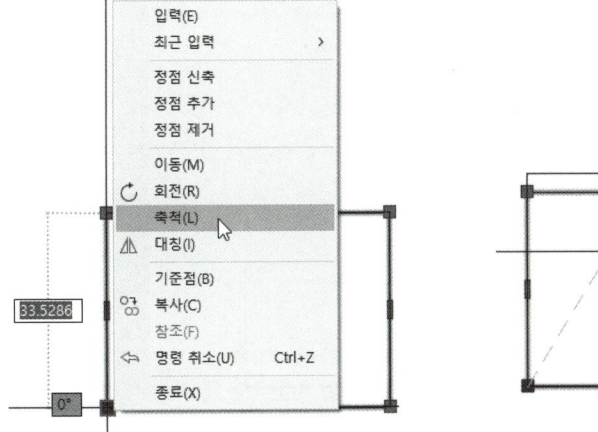 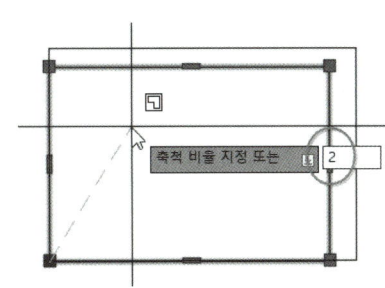

4️⃣ 위 오른쪽 그림처럼 축척 비율(2.0)을 입력하고, 엔터키를 누릅니다.

연습 과제〉 객체 축적하기(Scaling objects)

다음 연습 과제에서 객체를 그리고 참조 옵션과 함께 척도 명령을 사용하여 그것을 축적합니다.

1️⃣ 다음 그림처럼 1 x 2 직사각형을 작도합니다.

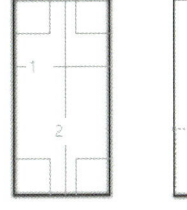 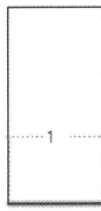 

2 [참조(R)] 옵션을 이용해서 위의 직사각형 객체를 축적하기 위해

① 리본 메뉴 [홈] 탭 ➡ [수정] 패널 ➡ [축척(Scale)] 명령 아이콘을 클릭합니다.

② 직사각형을 선택하고, 엔터키를 누릅니다.

③ 다음 왼쪽 그림처럼 기준점으로 직사각형의 왼쪽 아래 모서리를 클릭합니다.

3 명령행에서 [참조(R)] 옵션을 클릭해서 호출합니다.

① 다음 오른쪽 그림과 같이 참조 길이로 오른쪽 수직선 상하 끝점을 클릭해서 선택합니다.

4 새로운 길이로 5.0을 입력합니다.

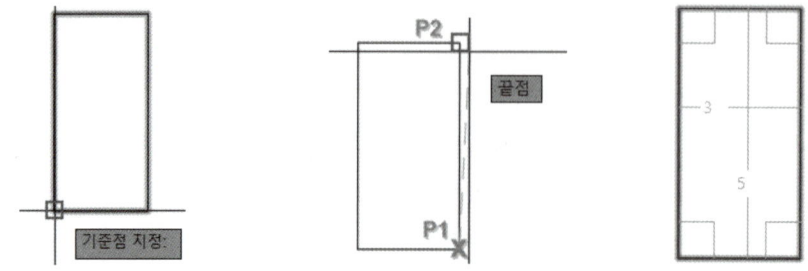

연습 과제 〉 객체 축적하기(Scaling objects)

다음 연습 과제에서 객체를 그리고 참조 옵션과 함께 척도 명령을 사용하여 그것을 축적합니다.

1 다음 그림처럼 임의의 크기로 작도합니다.

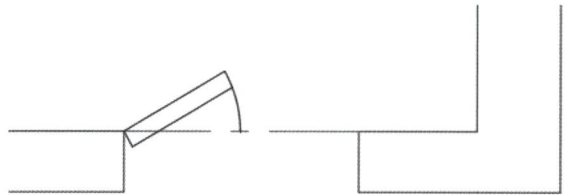

2 참조 옵션을 이용해서 위의 직사각형 객체를 축적하기 위해

① 리본 메뉴 [홈] 탭 ➡ [수정] 패널 ➡ [축척(Scale)] 명령 아이콘을 클릭합니다.

② 문 형상을 선택하고, 엔터키를 누릅니다.

③ 다음 그림처럼 기준점(P1)을 클릭해서 지정합니다.

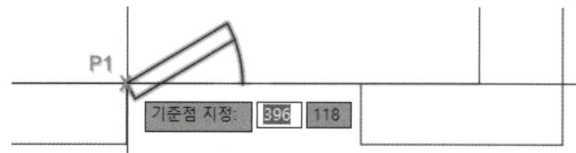

3 명령행에서 [참조(R)] 옵션을 클릭해서 호출합니다.

① 참조 길이로 다음 그림처럼 두 점(P2, P3)을 클릭해서 지정합니다.

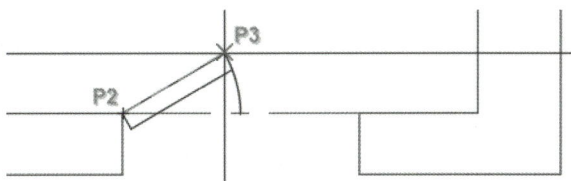

4 새로운 길이로 [점(P)] 옵션을 호출하고 다음 그림처럼 두 점(P4, P5)을 클릭합니다.

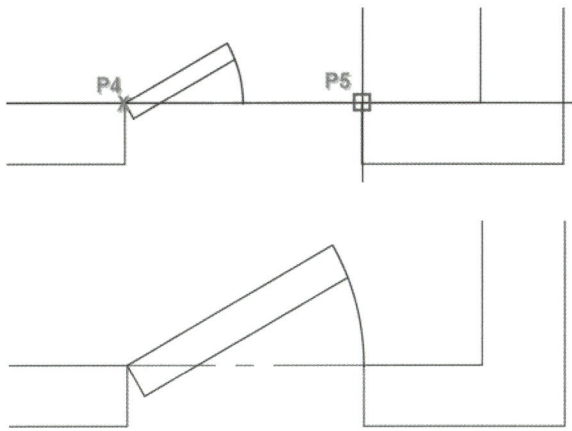

4.2 결합 명령(Join command)

또한 '결합(Join)' 명령은 선을 선에, 호를 호로, 폴리선을 폴리선에 결합하는 데 도움이 되므로 유용한 명령입니다. [홈] 탭 ➪ [수정] 패널을 확장하고 [결합(Join)] 명령 아이콘을 클릭합니다.

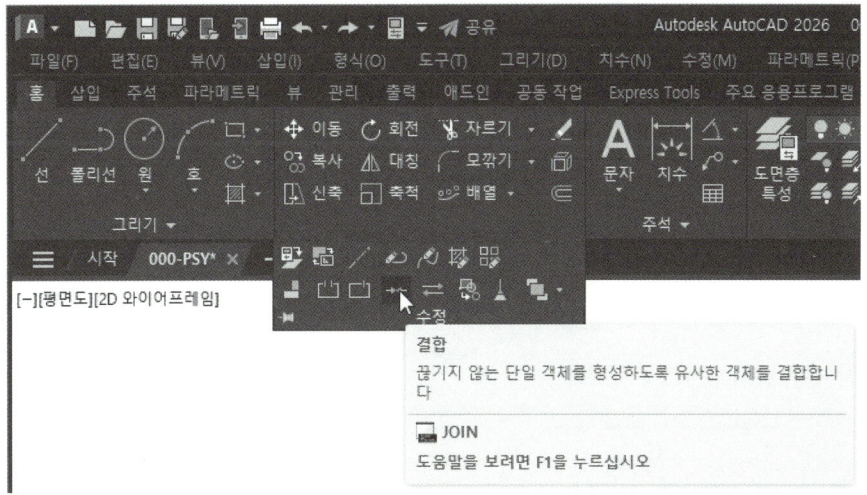

명령: _join
한 번에 결합할 원본 객체 또는 여러 객체 선택: 1개를 찾음

결합할 객체 선택: 1개를 찾음, 총 2개
결합할 객체 선택: ⟨CR⟩
2개 선이 1개 선으로 결합되었습니다.

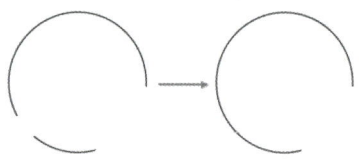

기본적인 프롬프트는 선 결합을 위한 것이며 호와 폴리선에 따라 다를 수 있습니다.
객체들을 결합에 성공하기 위해서는 몇 가지 조건이 있습니다.
① 선, 호 및 폴리선을 결합하여 단일 폴리선을 형성하지만, 객체 끝은 서로 연결되어야 합니다.
② 선, 호 및 폴리선이 연결되어 있지 않으면 연결된 그룹을 단일 폴리선으로 간주합니다.
③ 선을 결합하여 선을 형성하려면 선이 항상 동일선상에 존재해야 합니다.
④ 호를 결합하여 하나의 호를 형성하려면 호의 중심점이 같아야 합니다.
⑤ 호에 참여하는 동안 원을 작성할 의향이 있는지 묻는 특별한 프롬프트가 표시됩니다.
　　(호에서 원을 작성하는 유일한 명령)

❑ 결합(Join) 명령의 예

① 간격이 있는 두 선은 하나의 선으로 결합합니다.

② 두 개의 동심원 호는 하나의 호로 결합합니다.

③ 두 개의 동심원 타원 객체가 하나의 타원으로 결합합니다.

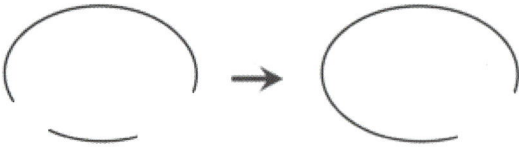

④ 선이 열린 폴리선에 결합합니다.

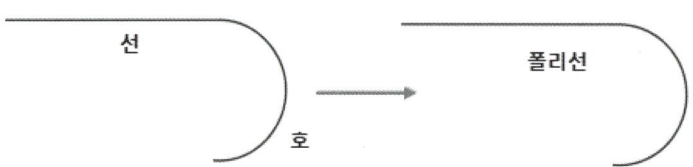

❏ 결합 명령 지침(Join command guidelines)

'결합(Join)' 명령을 사용하여 객체를 결합할 때 다음 규칙이 적용됩니다.

① 선, 호 및 폴리선을 결합하여 단일 폴리선을 형성할 수 있지만 객체 끝은 서로 연결되어야 합니다.
② 선, 호 및 폴리선이 연결되어 있지 않으면 연결된 각 그룹이 단일 폴리선으로 간주합니다.
③ 선을 결합하여 선을 형성하려면 선이 항상 동일선상에 있어야 합니다.
④ 호를 결합하여 하나의 호를 형성하려면 호의 중심점이 같아야 합니다.
⑤ 호에 참여하는 동안 원을 작성할 의향이 있는지 묻는 특별한 프롬프트가 나타납니다.
　(호에서 원을 작성하는 유일한 명령).

> **참고〉** 호 및 타원형 호 결합
>
> 호 또는 타원 호를 함께 결합하면, 소스 객체는 항상 반시계 방향으로 다른 객체로 확장됩니다.
> 다음 그림에서 소스 호는 점(1)에서 선택되고 다른 호는 점(2)에서 선택됩니다.
> 소스 호는 다른 호와 일치하도록 반시계 방향으로 연장됩니다.
>
>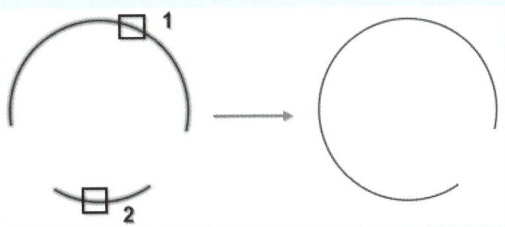

연습 과제〉 객체 결합하기(Joining objects)

도면을 편집할 때 세그먼트에 결합하거나 재결합해야 하는 변경 상황이 발생하는 경우가 많습니다.

1 도면 영역에 다음 왼쪽 그림처럼 작도합니다.
2 '자르기(Trim)' 명령을 호출해서 다음 왼쪽 그림처럼 잘라내기를 합니다.
3 다음 오른쪽 그림과 같이 사각형을 삭제합니다.

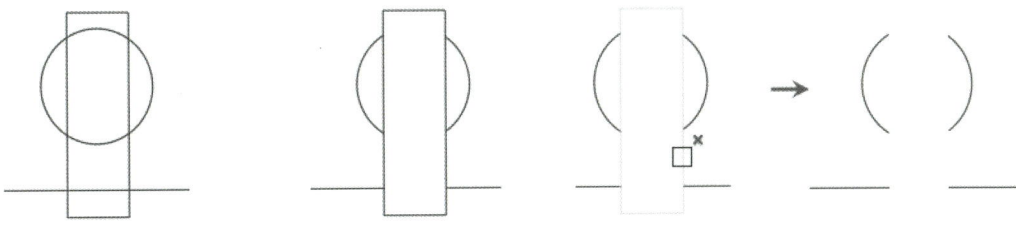

4 [홈] 탭 ⇨ [수정] 패널을 확장하고 [결합(Join)] 명령 아이콘을 클릭합니다.
두 선을 선택해서 두 세그먼트를 결합합니다.

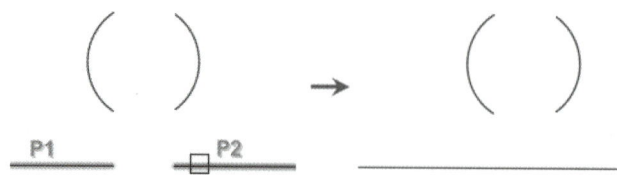

5 [홈] 탭 ⇨ [수정] 패널을 확장하고 [결합(Join)] 명령 아이콘을 클릭합니다.
두 호를 선택해서 두 호 세그먼트를 결합합니다.

6 '명령 취소(Undo)' 명령을 호출합니다.

7 '결합(Join)' 명령을 호출합니다.
① 호를 선택하고, 엔터키를 누릅니다.
② 명령행에서 [닫기(C)] 옵션을 클릭합니다.

8 오른쪽 호 세그먼트는 여전히 존재합니다.
① '지우기(Erase)' 명령을 호출합니다.
② 다음 그림처럼 선택합니다.
③ '선택' 대화상자에서 호를 선택하고 엔터키를 누릅니다.
겹쳐 있던 호 객체가 삭제됩니다.

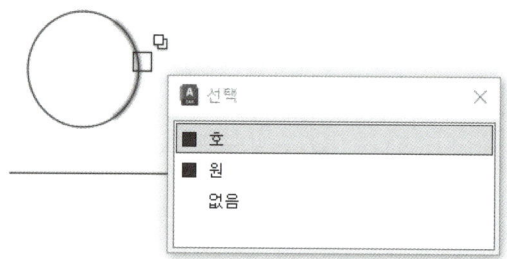

4.3 끊기 명령(Break command)

'끊기(Break)' 명령은 지정된 두 점 사이의 부분을 제거하여 객체를 두 객체로 분리하는 데 도움이 됩니다. [홈] 탭 ⇨ [수정] 패널을 확장하고 [끊기(Break)] 명령 아이콘을 클릭합니다.

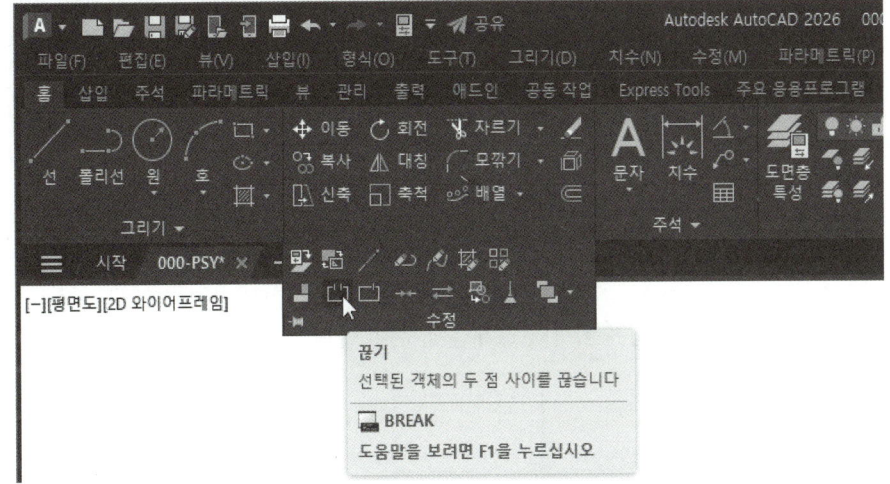

명령: _break
객체 선택:
두 번째 끊기점을 지정 또는 [첫 번째 점(F)]:

프롬프트에서 객체를 선택하기 위해 객체 상의 임의의 점을 클릭하면, 객체 선택과 동시에 첫 번째 끊기점이 지정됩니다. 제거할 두 번째 점(끊기점)을 클릭합니다. 이것으로 명령이 종료됩니다. 만일 그냥 선택으로 첫 번째 점을 지정하려면, [첫 번째 점(F)] 옵션을 호출하여 프롬프트에 따라 작업을 진행하면 됩니다.

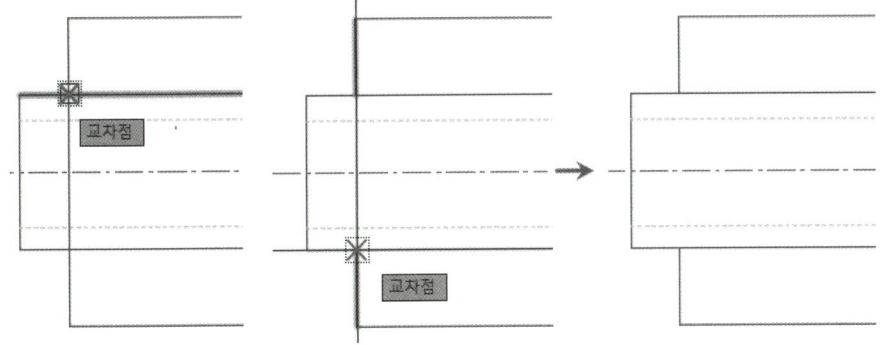

AutoCAD는 동일한 점에서 끊게 되는 다른 기법을 사용하여 다른 명령을 제공합니다.

[홈] 탭 ⇨ [수정] 패널을 확장하고 [점에서 끊기(Breakpoint)] 아이콘을 클릭합니다.

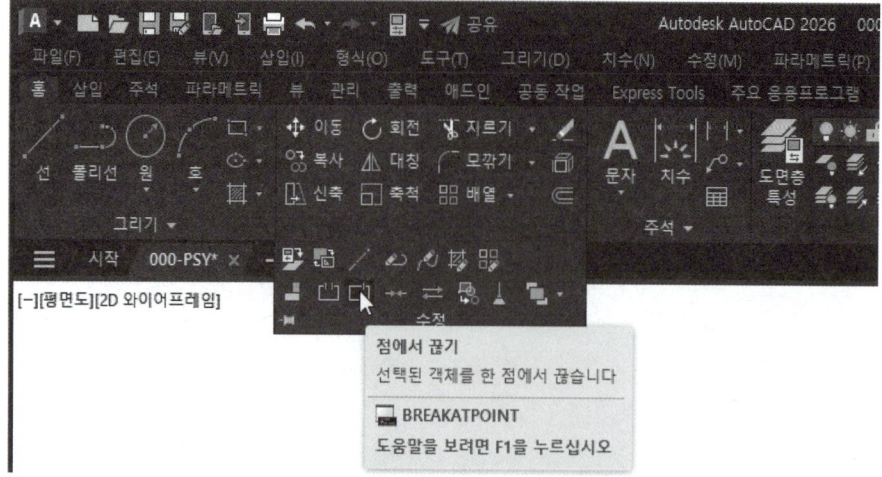

프롬프트에서 다음 그림처럼 수직선의 교차점에 두 번 클릭에서 제자리 끊기랍니다.

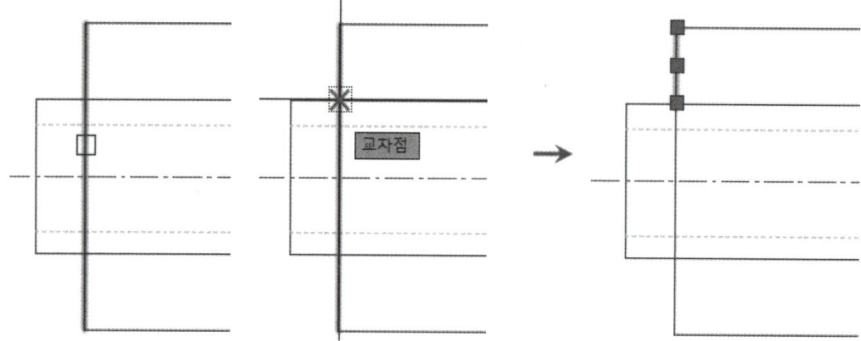

❑ 객체 끊기 지침(Guidelines for breaking objects)

① 선, 원, 호, 폴리선 및 스플라인에서 끊기 명령을 사용할 수 있습니다.

② [첫 번째 점(F)]을 옵션을 지정하지 않으면 객체가 선택된 지점이 첫 번째 점이 됩니다.

③ 다른 객체의 교차점에서 객체를 끊을 때는 먼저 끊을 객체를 지정해야 합니다.

④ 원 객체는 반시계 방향으로 끊어집니다. 제거되는 부분은 끊기점을 선택하는 순서에 따라 달라집니다.

⑤ @를 입력하고 엔터키를 눌러 첫 번째 점을 두 번째 점으로 사용할 수 있으며, 그 결과 끝점이 일치하도록 객체가 끊게 됩니다.

⑥ '끊기(Break)' 명령은 '자르기(Trim)' 명령을 사용하거나 간격 없이 특정 지점에서 객체를 끊기기를 할 수 있는 절단 가장자리가 없는 경우에만 '끊기(Break)' 명령을 사용합니다.

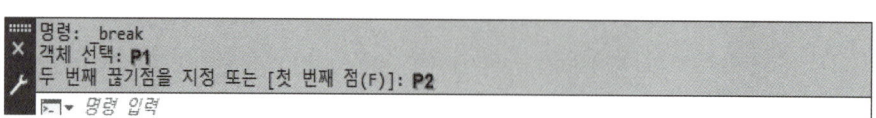

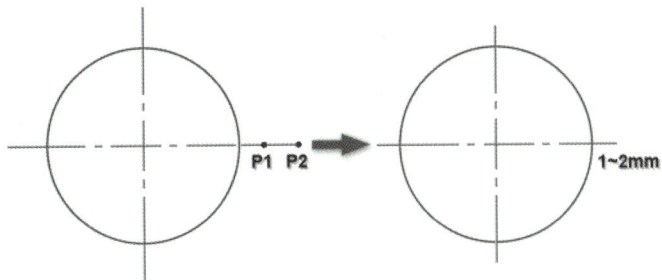

연습 과제〉 객체 끊기(Breaking objects)

이 연습에서는 '끊기(Break)' 명령을 사용하여 객체를 끊기기를 하는 개요에 관해 설명합니다.

1 리본 메뉴 [홈] 탭 ⇨ [수정] 확장 패널 ⇨ [끊기(Break)] 명령 아이콘을 클릭합니다.

2 끊을 객체를 선택합니다.

[첫 번째 점(F)] 옵션을 지정하지 않으면 객체를 선택하는 지점이 첫 번째 끊기점으로 사용됩니다.

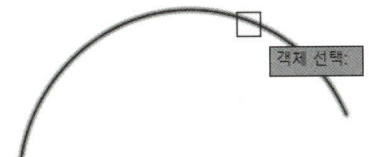

3 명령행에서 [첫 번째 점(F)] 옵션을 클릭하고, 끊을 첫 번째 점을 클릭합니다.

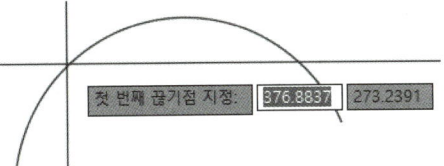

4 두 번째 끊을 점을 클릭합니다.

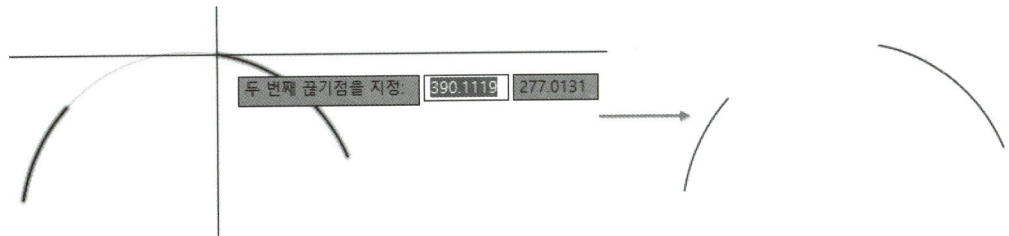

연습 과제〉 점에서 객체 끊기(Breaking objects using the break at point)

이 연습에서는 점에서 끊기기를 이용해서 '끊기(Break)' 명령을 사용하여 객체를 끊기기를 하는 개요에 관해 설명합니다.

1 리본 메뉴 [홈] 탭 ⇨ [수정] 확장 패널 ⇨ [점에서 끊기(Breakpoint)] 명령 아이콘을 클릭합니다.
2 끊을 객체를 선택합니다.
3 끊기점을 클릭합니다.

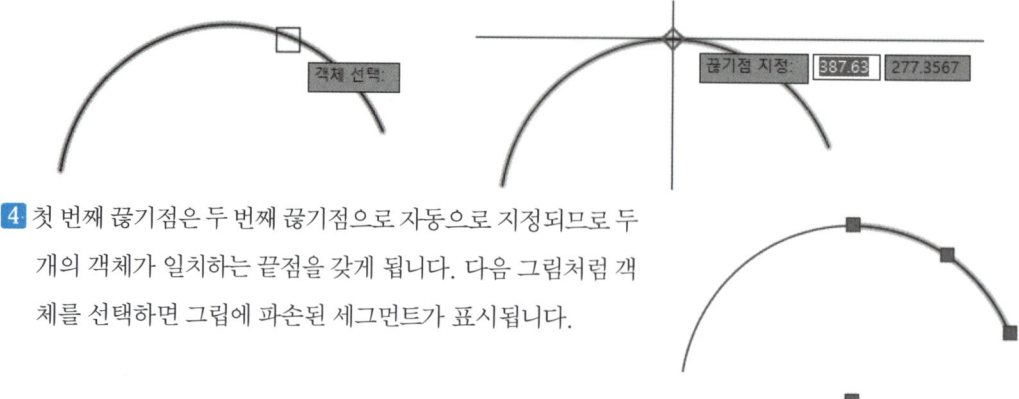

4 첫 번째 끊기점은 두 번째 끊기점으로 자동으로 지정되므로 두 개의 객체가 일치하는 끝점을 갖게 됩니다. 다음 그림처럼 객체를 선택하면 그립에 파손된 세그먼트가 표시됩니다.

4.4 길이 조정 명령(Lengthen command)

'길이 조정(Lengthen)' 명령은 몇 가지 방법(옵션)을 이용해서 객체로부터 길이를 추가하거나 제거할 수 있습니다.

[홈] 탭 ⇨ [수정] 패널을 확장하고 [길이 조정(Lengthen)] 명령 아이콘을 클릭합니다.

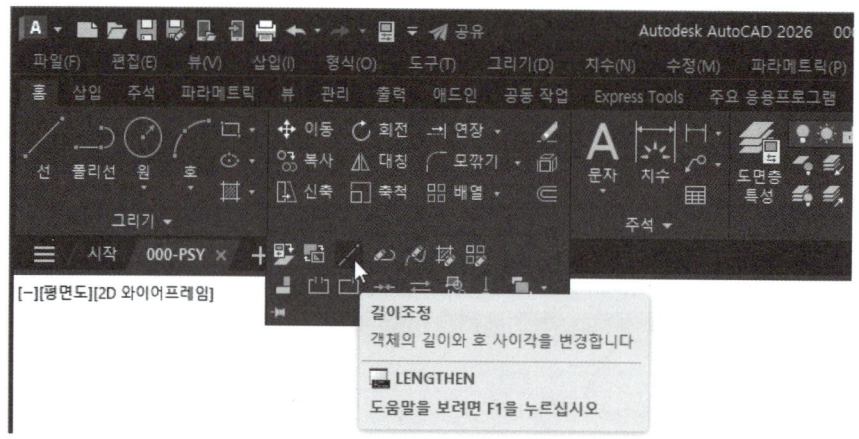

명령: _lengthen
측정할 객체 또는 [증분(DE)/퍼센트(P)/합계(T)/동적(DY)] 선택 〈증분(DE)〉:
현재 길이: 79.6
측정할 객체 또는 [증분(DE)/퍼센트(P)/합계(T)/동적(DY)] 선택 〈증분(DE)〉: DE
증분 길이 또는 [각도(A)] 입력 〈3.0〉: 3.0
변경할 객체 선택 또는 [명령 취소(U)]:

변경할 객체 선택 또는 [명령 취소(U)]:

객체를 클릭하면 현재 길이 단위를 사용하여 현재 길이를 보고합니다. AutoCAD에서는 객체의 길이를 늘이거나 단축하는 방법(옵션)이 여러 가지 있습니다.

① 증분(DE) : 설계자가 현재 길이에 추가하거나 현재 길이에서 제거할 수 있는 옵션입니다. 양의 값은 덧셈을 의미하고, 음의 값은 뺄셈을 의미합니다.

② 퍼센트(P) : 현재 길이의 백분율을 지정하여 길이에 추가하거나 길이에서 제거할 수 있는 백분율입니다. 길이를 추가하려면 100보다 큰 값을 입력하고, 길이를 제거하려면 100보다 작은 값을 입력합니다.

③ 합계(T) : 설계자는 객체의 새 합계 길이를 입력할 수 있습니다. 새 값이 현재 값보다 크면 길이가 개체에 추가되고, 그렇지 않으면 길이가 제거됩니다.

④ 동적(DY) : 마우스를 이용해서 객체의 길이를 추가하거나 제거할 수 있습니다.

연습 과제〉 길이 증분 하기(Increasing the length)

1 리본 메뉴 [홈] 탭 ⇨ [수정] 패널을 확장하고 [길이 조정(Lengthen)] 명령 아이콘을 클릭합니다.

2 측정할 객체를 선택합니다.

 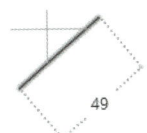

3 프롬프트에서 DE를 입력하거나 [증분(DE)] 옵션을 클릭합니다. 증분 길이로 11을 입력합니다.

4 다음 그림처럼 변경할 객체를 클릭합니다.

 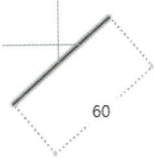

연습 과제〉 각도 증분 하기(Increasing the angle)

연습 과제〉 중심선 증분 하기(Increasing the center line)

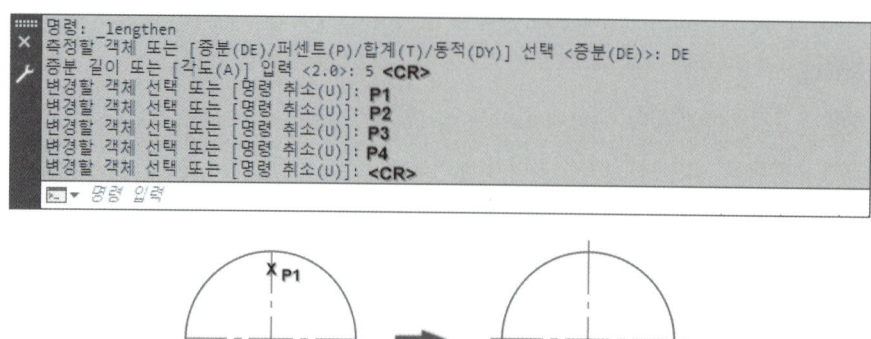

4.5 신축 명령(Stretch command)

'신축(Stretch)' 명령은 거리 및 각도를 이용해서 선택된 객체의 길이를 변경합니다.
[홈] 탭 ⇨ [수정] 패널에서 [신축(Stretch)] 명령 아이콘을 클릭합니다.

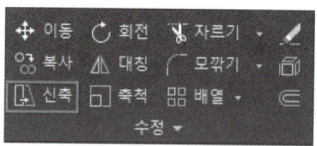

'신축(Stretch)' 명령은 C(교차) 또는 CP(교차 다각형) 모드를 사용하여 원하는 객체를 선택하도록 요청하기 때문에 다른 수정 명령과 다릅니다. C(교차) 또는 CP(교차 다각형) 내부에 완전히 포함된 모든 객체는 이동하는 반면, 교차한 객체는 길이를 늘이거나 줄여 늘립니다. 그런 다음 기준점(이동 및 복사 명령과 동일한 원리)을 지정하고, 마지막으로 두 번째 점을 지정해야 합니다.

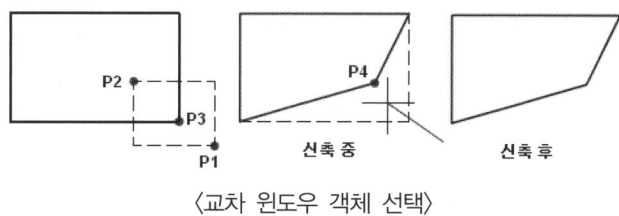

〈교차 윈도우 객체 선택〉

연습 과제〉 객체 신축하기(Stretching objects)

이 연습에서는 도면에서 객체를 신축하는 개요에 관해 설명합니다.

1 'M_Stretch-Object.dwg' 파일을 엽니다.

리본 메뉴 [홈] 탭 ⇨ [수정] 확장 패널 ⇨ [신축(Stretch)] 명령 아이콘을 클릭합니다.

2 교차(걸치기) 윈도우를 정의하거나 걸치기 폴리곤 윈도우를 선택하여 신축할 객체를 선택합니다.

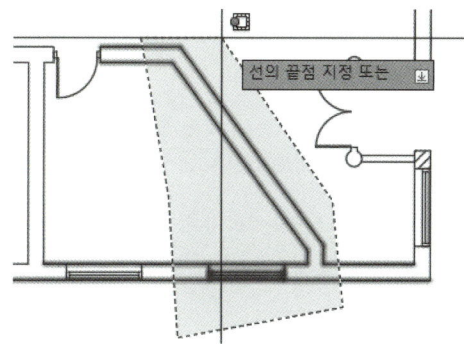

3 신축을 위해 기준점을 선택합니다.

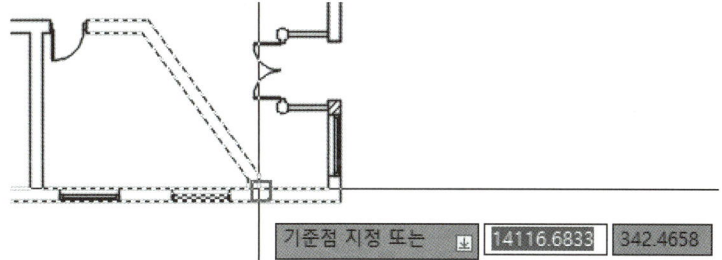

4 신축 거리를 위해 두 번째 점을 선택하거나 값을 입력합니다.

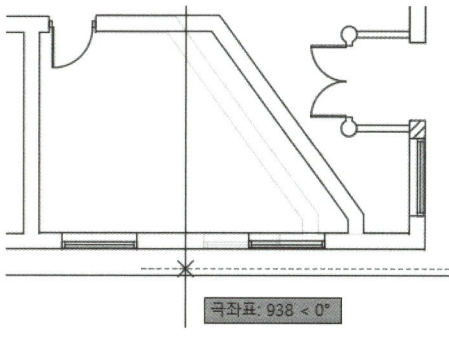

연습 과제〉 그립으로 객체 신축하기(Stretching objects using grips)

이 연습에서는 그립을 사용하여 물체를 신축하는 방법을 개괄적으로 설명합니다.

1 객체를 선택해서 그립(Grip)을 활성화합니다.
2 그립점을 선택합니다(Shift 키를 누른 상태에서 여러 개의 그립점을 선택합니다.)
3 새 위치로 그림 점들을 클릭 및 드래그합니다.

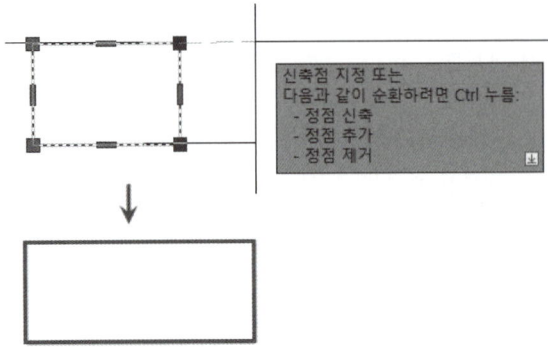

❏ **신축 명령 지침(Stretch command guidelines)**

① 객체를 확장할 때는 '교차 윈도우(CW)' 또는 '교차 폴리곤(CP)' 옵션을 사용하여 확장 윈도우를 정의해야 합니다. 묵시적 '윈도우(W)' 옵션을 사용하는 경우 왼쪽에서 오른쪽으로 선택을 생성해야 합니다.

② 선택 윈도우로 교차하는 객체는 신축되고 윈도우로 완전히 둘러싸인 객체는 이동됩니다.

③ 직선의 객체가 늘어나기 위해서, 극좌표 추적(Polar tracking) 또는 직교(Ortho) 모드가 활성화되어 있는지 확인합니다.

④ 객체를 신축으로 선택한 후 객체 근처에 있는 기준점을 선택하거나 실수로 스냅 할 수 있는 다른 객체와는 충분히 멀리 떨어져 있는 기준점을 선택합니다.

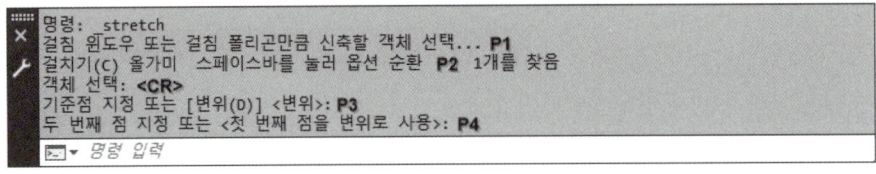

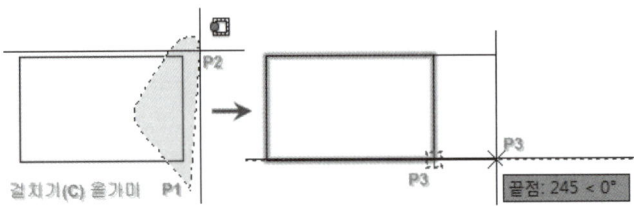

〈교차(걸치기) 올가미 객체 선택〉

05 객체 정보 조회 이용하기
(Using objects information inquiry)

이 단원에서 '측정(Measuregeom)' 명령 및 기타 조회 명령을 사용하여 도면에 있는 객체에 대한 기하학적 정보를 얻는 방법에 관해 설명합니다. 객체를 작성할 때 정의 점과 객체 유형은 도면 데이터베이스에 저장됩니다. 조회 도구 모음의 명령을 사용하여 이러한 정보를 검색하거나 거리, 각도, 영역, 객체 유형 및 기타 객체에 대한 중요한 데이터를 가져올 수 있습니다.

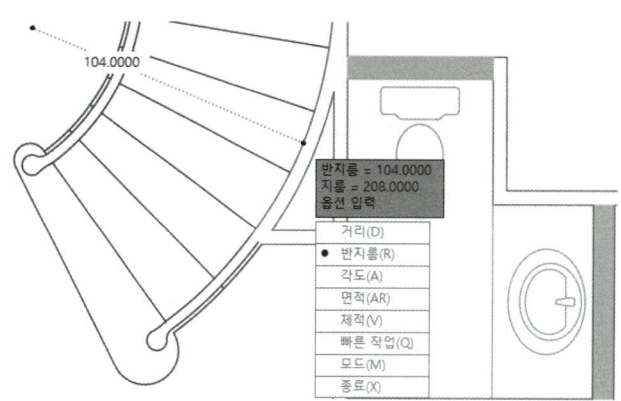

5.1 측정 정보(Measuring information)

AutoCAD에서 측정으로 선택한 물체의 거리, 반지름, 각도, 면적 및 부피 또는 점의 순서를 계산할 수 있습니다. 측정은 특히 건물 및 제조에 필요한 자료를 수집할 때 유용합니다. 다음 그림에서 반지름(Radius)은 벽돌 아치 반지름을 얻기 위해 사용되며 정확한 구조를 위해 필수적입니다.

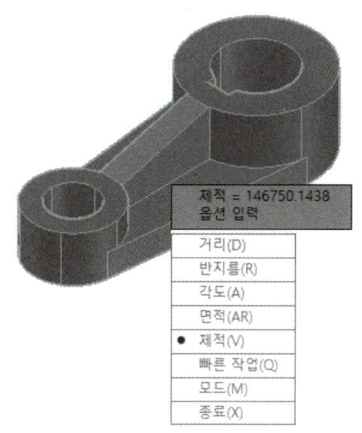 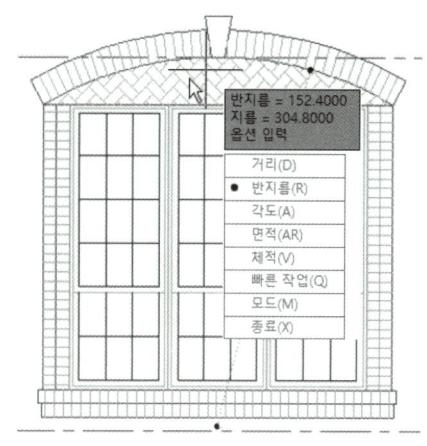

❏ 측정 정의(Definition of measuring)

측정은 특정 객체의 범위, 치수 및 용량을 확인하는 데 사용됩니다. 측정 기능을 사용하면 아치, 거실 영역, 폴리선 및 3D 솔리드 등의 기하학적 정보를 얻을 수 있습니다.

❏ 면적 측정 예(Example of area measurement)

다음 그림에서는 '면적(Area)' 도구를 사용하여 평면도의 전체 정사각형 영상을 얻은 결과를 보여 줍니다. '면적(Area)' 도구는 둘레 데이터도 제공합니다.

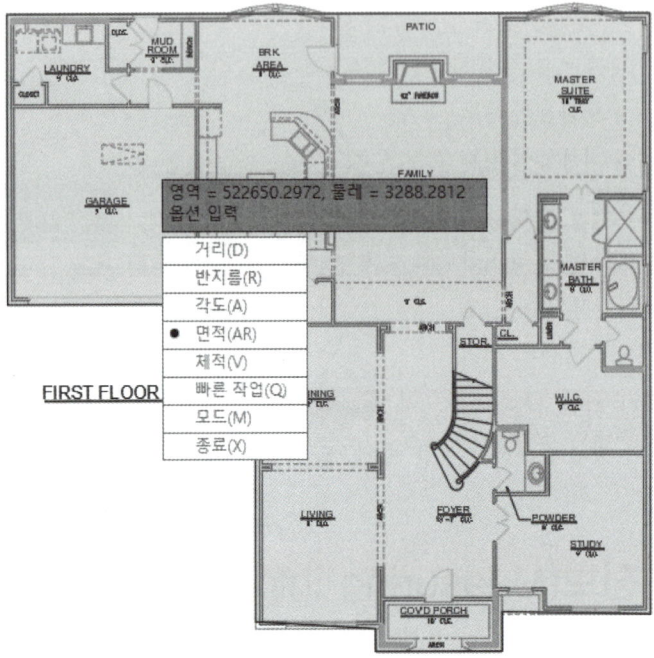

〈면적(영역) 정보〉

❏ 측정 명령 호출(Access a Measuregeom command)

리본 메뉴 [홈] 탭 ⇨ [유틸리티] 패널 ⇨ [측정(Measuregeom)] 명령 아이콘에서 드롭다운 역삼각형을 클릭합니다.

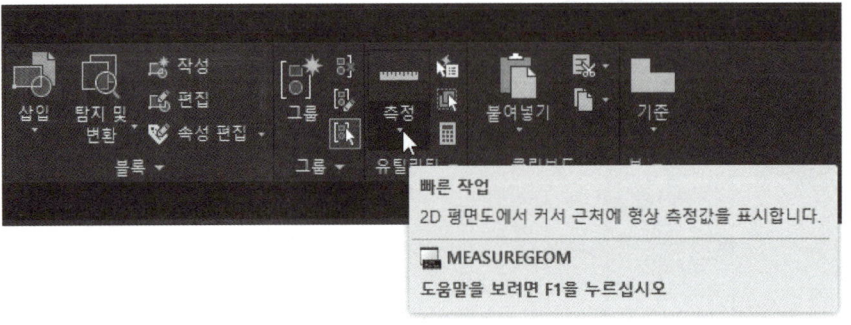

CHAPTER 7 객체 조작하기(Manipulating objects)

메뉴:	도구 ⇨ 조회 ⇨ 거리/반지름/각도/면적/체적
도구막대:	
리본:	홈 탭 ⇨ 유틸리티 패널 ⇨ 측정 드롭다운 ⇨거리/반지름/각도/면적/체적
명령 입력:	MEASUREGEOM

❏ 측정 명령 옵션 (Measuregeom command option)

다음 그림은 다양한 측정 도구와 이러한 도구가 무엇에 사용되는지를 보여 줍니다.

옵션	기능
거리(D)	지정된 두 점 사이의 거리 또는 여러 점 사이의 총 거리를 측정합니다.
반지름(R)	지정된 호 또는 원의 반지름 및 지름을 측정합니다.
각도(A)	지정된 호, 원, 선 또는 꼭짓점의 각도를 측정합니다.
면적(AR)	객체 또는 정의된 영역의 영역 및 둘레를 측정합니다. 영역을 정의할 때 실행 중인 총계를 유지하거나 총 계산 영역에서 지정된 영역을 빼는 옵션도 있습니다.
체적(V)	객체 또는 정의된 영역의 체적을 측정합니다. 체적을 정의할 때 실행 중인 총계를 유지하거나 계산된 총 체적에서 지정된 영역을 빼는 옵션도 있습니다.

> **참고** 선택 정확도
>
> 객체 스냅을 사용하여 형상을 만드는 것과 같은 이유로 객체 스냅을 사용하여 조회 명령의 지점을 선택하는 것이 중요합니다. 점 선택을 추정하면 반환되는 값이 정확하지 않습니다.

❏ 측정 명령 지침(Measuregeom cmmand gidelines)

측정 도구를 사용할 때 다음 지침을 고려합니다.

① 객체를 측징힐 때 객체를 신댁하는 위치에 따라 객제의 측정이 결정됩니다.
② 여러 점을 사용하는 경우 기존 선 세그먼트와 현재 루버밴드 선을 기준으로 한 거리의 실행 합계가 계산됩니다.
③ '측정(Measuregeom)' 명령은 자체 교차 객체의 영역을 계산할 수 없습니다.
④ '영역(Area)' 도구를 사용하여 추가 또는 빼기 모드를 켜고 영역을 정의할 때 실행 중인 전체 영역을 유지하거나 전체 영역에서 지정된 영역을 제외할 수 있습니다.
⑤ '체적(Volume)' 도구를 사용하여 추가(Add) 또는 빼기(Subtract) 모드를 켜고 영역을 정의할 때 실행 중인 체적 총계를 유지하거나 총 체적에서 지정된 영역을 감산할 수 있습니다.
⑥ '체적(Volume)' 도구를 사용할 때 3D 솔리드 또는 2D 객체를 선택할 수 있습니다. 그러나 2D 객체를 선택하는 경우 해당 객체의 높이를 지정해야 합니다.
⑦ 거리, 면적 및 체적 옵션을 사용할 때 폴리선을 선택할 수 있습니다.

5.2 조회 명령(Inquiry command)

'조회(Inquiry)' 명령 집합의 주요 목적은 두 점 사이의 길이를 측정하고, 원 또는 호의 반지름을 조회하고, 각도를 측정하고, 면적을 측정하거나, 3D 객체의 체적을 측정하는 것입니다. 설계자는 이 명령 집합을 사용하여 도면이 설계 의도에 따라 정확한지 확인합니다.

이러한 조회 도구 기능을 실행하려면, [홈] 탭 ⇨ [유틸리티] 패널을 클릭합니다.

유틸리티 패널에 있는 모든 명령을 호출하면, 커서는 다음처럼 변경됩니다.

 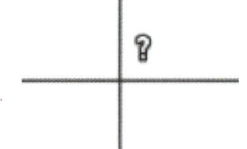

1) 거리 측정(Measure distance)

'측정(Measuregeom)' 명령의 [거리(D)] 옵션은 도면에서 두 점을 선택하라는 메시지를 표시한 다음 2D 및 3D 평면 모두에서 두 점 사이의 거리, XY 평면의 안과 각도의 각도, 델타값(각 축을 따라 이동한 거리)에 대한 정보를 반환합니다. 이 정보는 아래 표시된 형식으로 명령행에 표시됩니다. F2 키를 눌러 텍스트 창에 표시할 수도 있습니다.

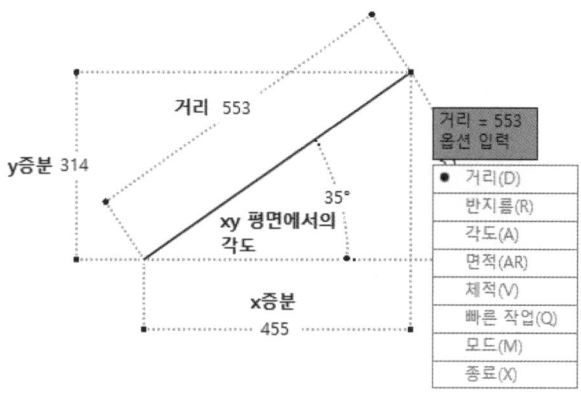

```
명령: _MEASUREGEOM
옵션 입력 [거리(D)/반지름(R)/각도(A)/면적(AR)/체적(V)/빠른 작업(Q)/모드(M)/종료(X)] <거리>: _d
첫 번째 점 지정: P1
두 번째 점 또는 [다중 점(M)] 지정: P2
거리 = 38.2,   XY 평면에서의 각도 = 0,   XY 평면으로부터의 각도 = 0
X증분 = 38.2,   Y증분 = 0.0,   Z증분 = 0.0
옵션 입력 [거리(D)/반지름(R)/각도(A)/면적(AR)/체적(V)/빠른 작업(Q)/모드(M)/종료(X)] <거리>: X
```

〈측정 명령 프롬프트〉

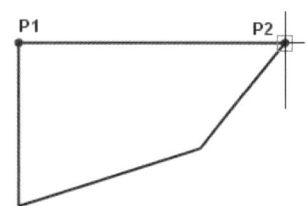

```
명령: DIST
첫 번째 점 지정: P1
두 번째 점 또는 [다중 점(M)] 지정: P2
거리 = 30.0,   XY 평면에서의 각도 = 30,   XY 평면으로부터의 각도 = 0
X증분 = 26.0,   Y증분 = 15.0,   Z증분 = 0.0
```

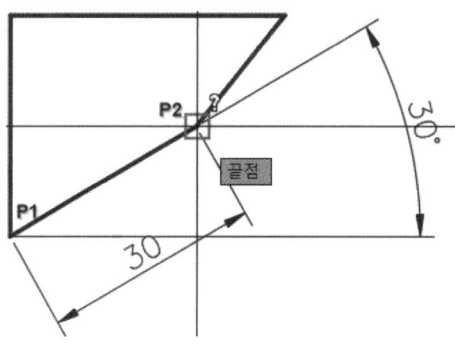

2) 측정(Measure) : 빠른 작업

마우스를 객체 위와 객체 간에 이동할 때 도면 내에 치수, 거리 및 각도를 동적으로 표시합니다. 이 옵션을 사용하면 도면 내의 평면도로 치수, 거리 및 각도를 신속하게 검토할 수 있습니다. 커서를 객체 사이 및 객체 위로 이동하면 치수, 거리 및 각도가 동적으로 표시됩니다.

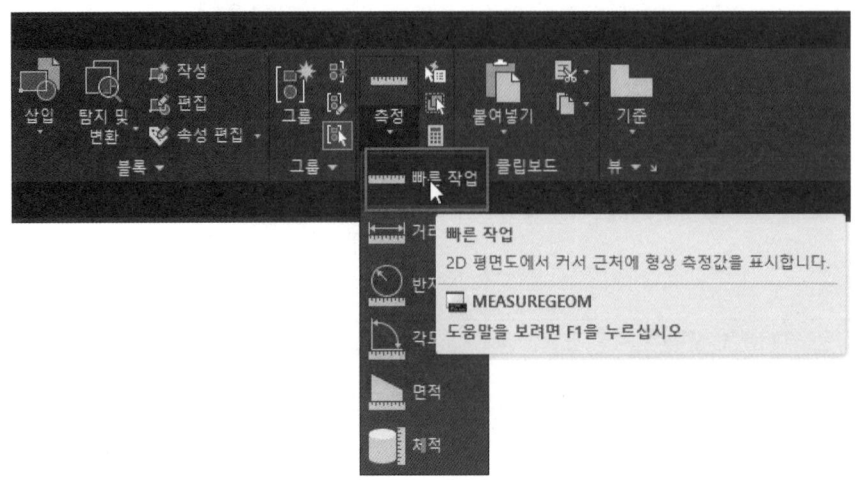

그림의 왼쪽에 표시되는 오렌지색 사각형은 정확하게 90도 각도를 나타냅니다.

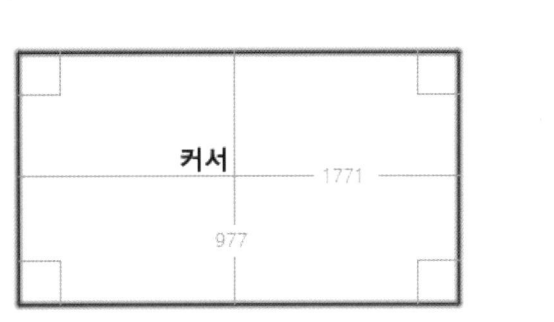
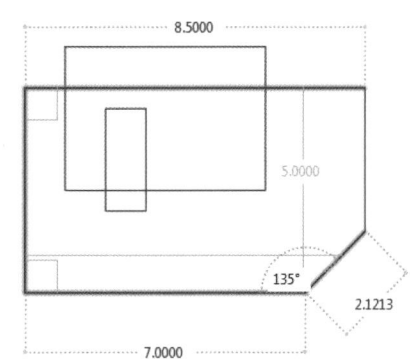

〈빠른 작업 – 거리 정보〉

기하학적 객체로 둘러싸인 공간 내부를 클릭하면, 녹색으로 강조 표시되고 계산된 값이 명령 윈도우 및 동적 툴팁에 표시됩니다. Shift 키를 누른 채 클릭하여 여러 영역을 선택하면 누적 면적 및 둘레가 계산됩니다. 다음 그림에 표시된 것처럼 닫힌 고립 영역의 둘레도 포함됩니다. Shift 키를 누른 채 클릭하여 영역을 선택 취소할 수도 있습니다. 선택한 영역을 지우려면 마우스를 조금만 이동하면 됩니다.

〈빠른 작업 – 면적(영역) 정보〉

연습 과제〉 거리 측정하기(Measuring distance)

이 연습에서는 '측정(Measuregeom)' 명령의 거리(Distance) 옵션을 사용하여 두 점 사이의 거리를 얻기 위한 개요를 제공합니다.

1 'Floor Plan.dwg' 도면 파일을 엽니다. 상태 막대에서 '동적 입력' 도구를 활성화합니다.

리본 메뉴에서 [홈] 탭 ⇨ [유틸리티] 패널 ⇨ [측정] 드롭다운 ⇨ [거리]를 클릭합니다.

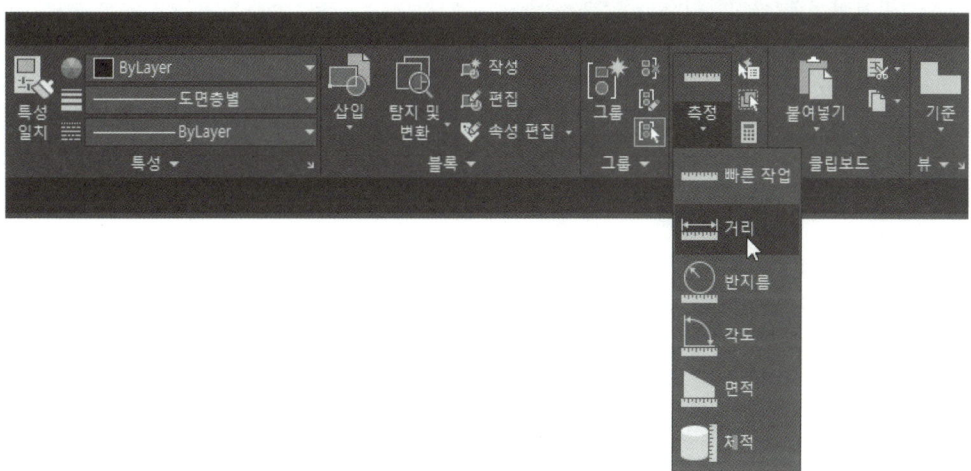

2 다음 그림처럼 첫 번째 점(P1-끝점)을 클릭합니다.

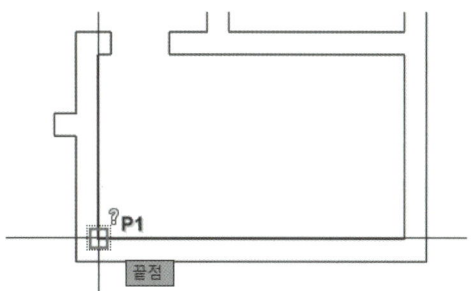

3 명령행에서 M이라고 입력하거나 [다중점(M)] 옵션을 클릭합니다. 다음 왼쪽 그림처럼 두 번째 점(P2)을 클릭하고, 계속해서 P3, P4, P1의 순서로 첫 번째 점에 도달할 때까지 끝점들을 선택합니다.

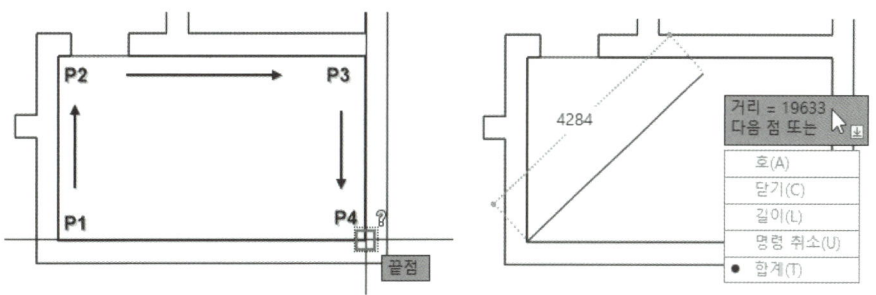

4 실행을 종료하기 위해 엔터키를 누릅니다.

5 명령행에서 [종료(X)] 옵션을 클릭해서 명령 실행을 종료합니다.

연습 과제〉 반지름 측정하기(Measuring radius)

이 연습에서 '측정(Measuregeom)' 명령의 '반지름(Radius)' 옵션을 사용하여 호의 반지름을 획득하기 위한 개요를 제공합니다.

1️⃣ 'Measure_Radius.dwg' 도면 파일을 엽니다. 상태 막대에서 '동적 입력' 도구를 활성화합니다.

리본 메뉴에서 [홈] 탭 ⇨ [유틸리티] 패널 ⇨ [측정] 드롭다운 ⇨ [반지름]을 클릭합니다.

2️⃣ 다음 그림처럼 호를 클릭합니다.

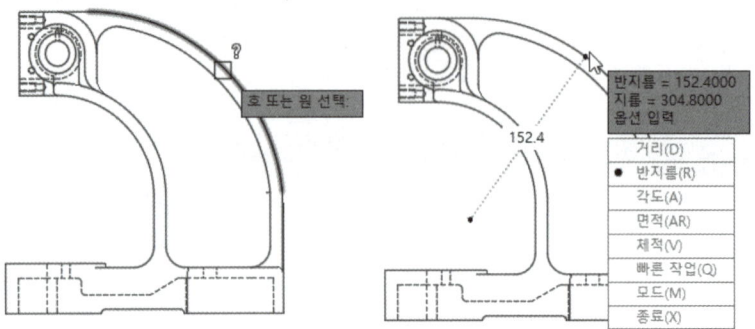

3️⃣ 명령행에서 [종료(X)] 옵션을 클릭해서 명령 실행을 종료합니다.

연습 과제〉 각도 측정하기(Measuring an angle)

이 연습에서 '측정(Measuregeom)' 명령의 '각도(Angle)' 옵션으로 각도 측정 개요를 제공합니다.

1️⃣ 'M_Offset-Objects.dwg' 도면 파일을 엽니다. 상태 막대에서 '동적 입력' 도구를 활성화합니다.

리본 메뉴에서 [홈] 탭 ⇨ [유틸리티] 패널 ⇨ [측정] 드롭다운 ⇨ [각도]를 클릭합니다.

2️⃣ 다음 그림처럼 첫 번째 선을 선택하고, 두 번째 선을 선택합니다.

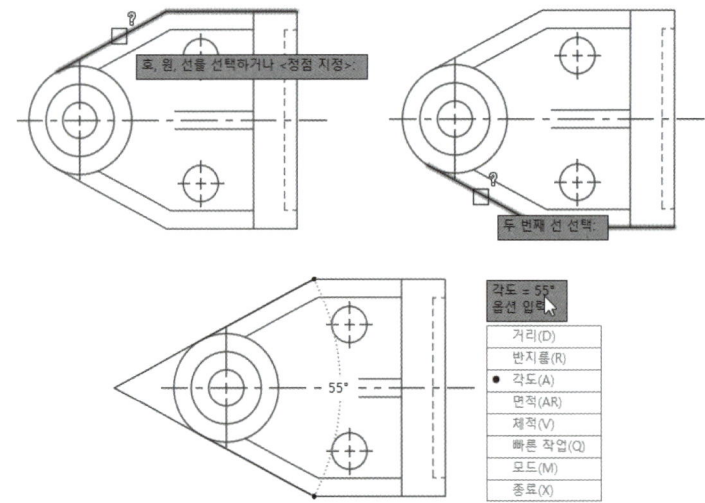

3️⃣ 표시된 각도를 확인한 후 [종료(x)] 옵션을 클릭합니다.

연습 과제 〉 면적 측정하기(Measuring an area)

이 연습에서는 '측정(Measuregeom)' 명령의 '면적(Area)' 옵션을 사용하여 영역의 면적을 측정하기 위한 개요를 제공합니다.

1 다음 왼쪽 그림과 같이 도형을 임의의 크기로 작도합니다.

2 리본 메뉴에서 [홈] 탭 ⇨ [유틸리티] 패널 ⇨ [측정] 드롭다운 ⇨ [빠른 작업]을 클릭합니다.

다음 오른쪽 그림과 같이 마우스 커서를 도형 위로 가져갑니다.

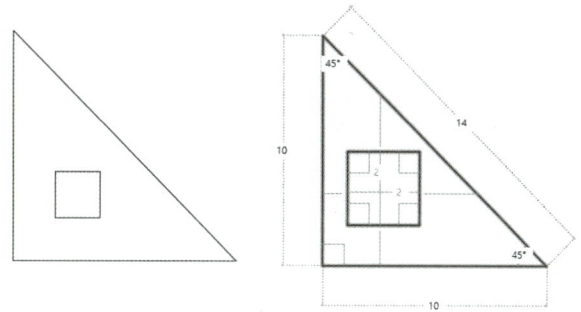

3 리본 메뉴에서 [홈] 탭 ⇨ [유틸리티] 패널 ⇨ [측정] 드롭다운 ⇨ [면적]을 클릭합니다.

① 명령행에서 [면적 추가(A)] 옵션을 클릭합니다.
② 삼각형의 세 모서리 점을 클릭한 후 엔터키를 누릅니다.
③ 다음 왼쪽 그림에서 전체 면적을 확인합니다.
④ 명령행에서 [면적 빼기(S)] 옵션을 클릭합니다.
⑤ 사각형의 네 모서리 점들을 클릭한 후 엔터키를 누릅니다.
⑥ 다음 오른쪽 전체 면적을 확인합니다.

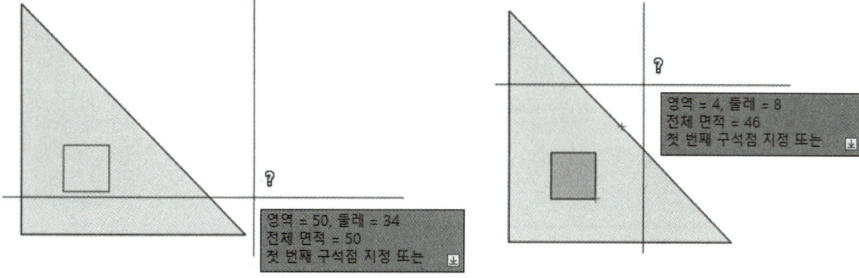

4 표시된 면적을 확인한 후 [종료(x)] 옵션을 클릭합니다.

참고 〉 빠른 작업 옵션은

UCS가 표준으로 설정되고 비주얼 스타일이 주로 2D 와이어 프레임으로 설정된 평면도의 2D 형상에서 주로 작업하도록 설계되었습니다. 측정되지 않는 객체에는 치수 및 해치와 같은 주석과 설계자 객체가 포함됩니다.

5.3 ID 점(ID point)

'ID 점(ID point)' 명령을 사용하면 도면에 있는 모든 점의 정확한 위치를 검색할 수 있습니다. 'ID 점(ID point)' 명령을 시작하면 점을 지정하라는 프롬프트가 표시됩니다. 도면의 점일 수도 있고 객체의 점일 수도 있습니다.

'ID 점(ID point)' 명령은 아래와 같이 선택한 점의 절대좌표를 반환합니다. 다른 모든 조회 명령과 마찬가지로 도면의 현재 단위로 값이 반환됩니다.

리본 메뉴에서 [홈] 탭 ➪ [유틸리티] 패널을 확장하고 [ID 점(ID point)] 명령 아이콘을 클릭합니다.

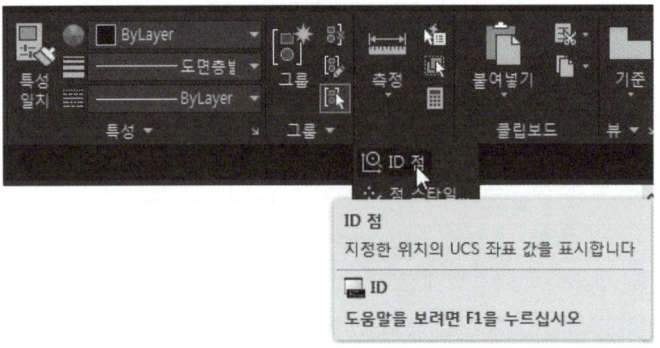

연습 과제〉 정확한 위치 식별하기(Identifying a precise location)

이 연습에서는 도면에서 정확한 위치를 식별하는 개요를 제공합니다.

① 리본 메뉴에서 [홈] 탭 ➪ [유틸리티] 패널 확장 ➪ [ID 점(ID Point)] 명령 아이콘을 클릭합니다.
② 다음 그림처럼 객체 스냅을 사용하여 도면 영역에서 두 개의 점을 정확하게 선택합니다.

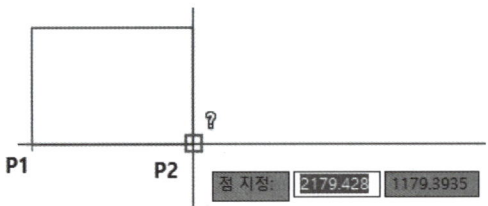

명령행에 절대좌표가 표시됩니다.

```
명령: '_id 점 지정: X = 2027.0447    Y = 1516.5881    Z = 0.0000
명령: '_id 점 지정: X = 2179.4280    Y = 1516.5881    Z = 0.0000
```

5.4 리스트 명령(List command)

'리스트(List)' 명령은 도면에서 선택한 객체에 대한 정보를 반환합니다. 이 정보는 명령 창에 문자로 표시됩니다. 검색되는 정보 유형은 선택한 객체 유형에 따라 다릅니다.

리본 메뉴에서 [홈] 탭 ⇨ [특성] 패널 확장 ⇨ [리스트(List)] 명령 아이콘을 클릭합니다.

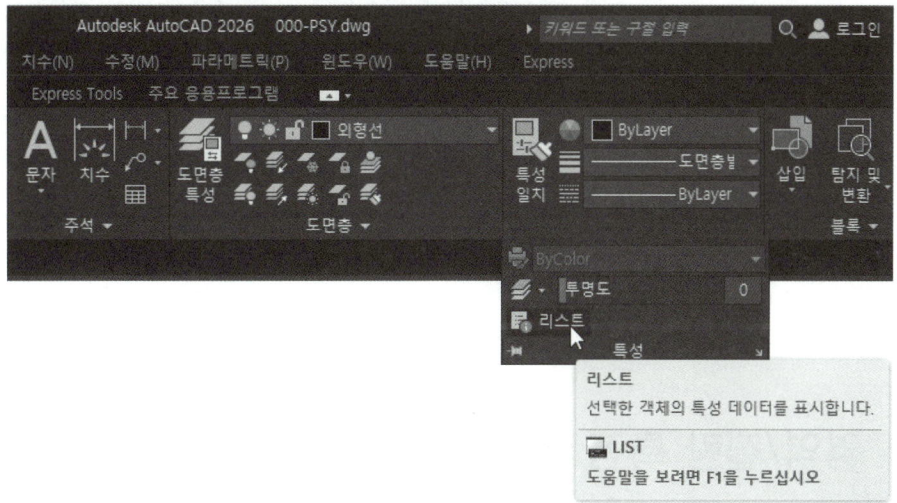

객체 선택: 프롬프트에서 원하는 하나 이상의 객체를 선택하여 다음과 같은 명령 창에 객체 정보를 얻을 수 있습니다.

① 객체 유형
② 공간(모형 혹은 배치)
③ 도면층
④ 핸들(도면 데이터베이스에 있는 유일한 식별자)
⑤ 형상 데이터(위치, 크기…….)

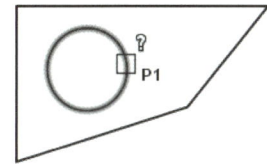

'리스트(List)' 명령을 호출하여 만일 다각형 객체를 선택하면,

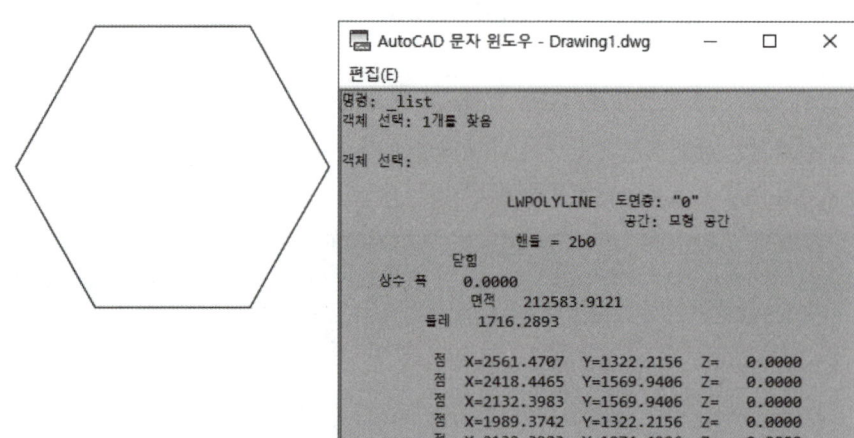

5.5 영역/질량 특성 명령(Massprop command)

'Massprop(영역/질량 특성)' 명령은 객체 영역 및 3D 솔리드의 질량 특성을 계산합니다.

❑ 영역/질량 특성 명령 호출(Access Massprop command)

메뉴:	도구 ⇨ 조회 ⇨ 영역/질량 특성
도구막대:	조회 ⇨ [아이콘]
리본:	
명령 입력:	Massprop

연습 과제〉 영역/질량 특성 구하기(Obtain Massprop)

1. [홈] 탭 ⇨ [그리기] 패널에서 [폴리선(Pline)] 명령으로 다음 그림처럼 임의의 사각형을 그립니다.
2. [홈] 탭 ⇨ [그리기] 패널을 확장하고 [영역(Region)] 명령을 호출합니다.
   사각형을 선택하고, 엔터키를 누릅니다. 사각형은 영역(Region) 객체로 변환됩니다.
3. 풀다운 메뉴 [도구] ⇨ [조회] ⇨ [영역/질량 특성(Massprop)]을 클릭합니다.
   또는 명령행에 Massprop이라고 입력합니다.
   사각형 객체를 선택하고 엔터키를 누릅니다.

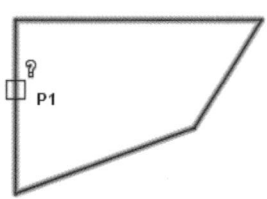

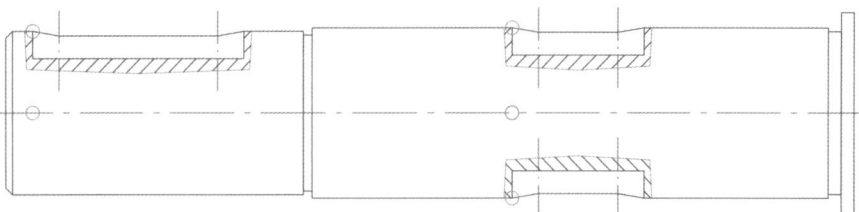

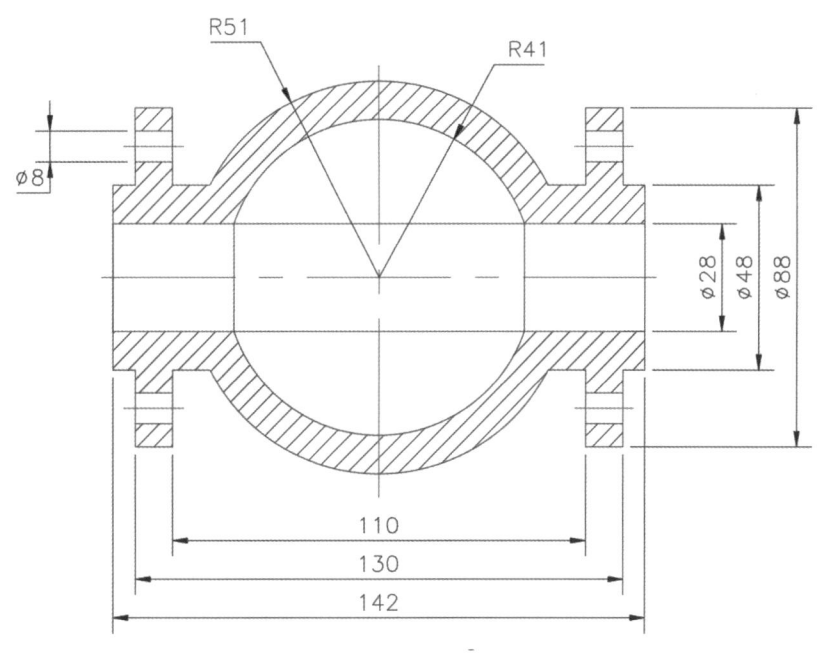

〈샘플 도면〉

06 점 이용하기 (Using points in drawings)

AutoCAD에서 점(Point)은 기본적으로 도면 영역에 독립적인 하나의 점 객체로 나타나며, 이러한 점을 참조하여 도면 객체를 작성할 수 있습니다. '점(Point)' 명령을 사용하여 간단하게 점을 도면 영역에 도시할 수 있으며, 이러한 점을 노드(Node)라고 합니다. 점을 도시 하려면, 명령행에 PO라고 입력한 다음 엔터키를 누르고 도면 영역에 클릭하거나 점을 만들 위치의 좌표를 입력해야 합니다.

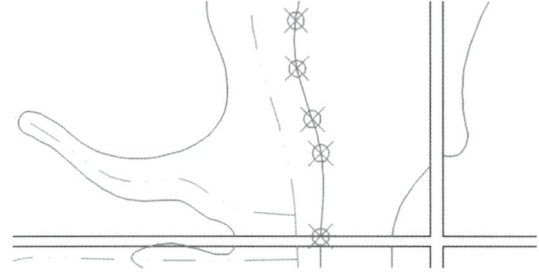

6.1 점 스타일 명령(Ptype command)

'점 스타일(Ptype)' 명령은 점의 모양을 설정하고 [점(PO)] 명령은 도면에 점을 도시합니다. 원하는 횟수만큼 점 스타일을 변경할 수 있으며, 이미 도시된 점은 새 점 스타일 도형으로 변경됩니다. [점 스타일(Ptype)] 명령은 점 스타일을 설정합니다.

[홈] 탭 ⇨ [유틸리티] 패널을 확장하고, [점 스타일(Ptype)] 명령 아이콘을 클릭합니다.

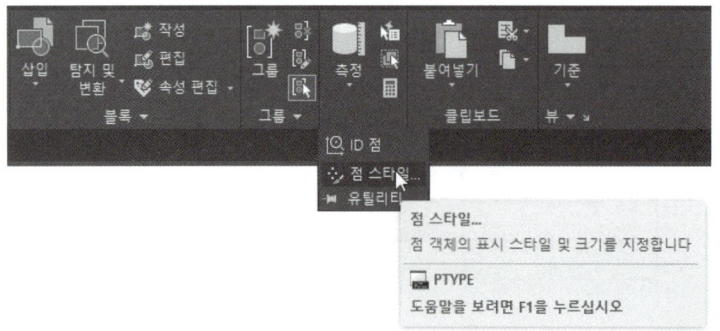

'점 스타일' 대화상자에서 이용할 수 있는 20개의 모양 중 하나를 선택한 다음 화면에 상대적인 크기 설정으로 또는 절대 단위로 크기 설정을 합니다.

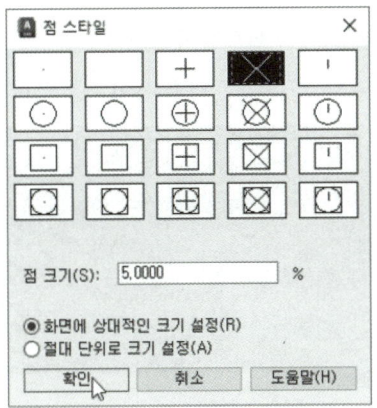

① 점 크기 : 점 표시 크기를 설정합니다. 입력한 값은 화면에 상대적이거나 절대 단위일 수 있습니다. 점 표시 크기는 PDSIZE 시스템 변수에 저장됩니다. 이후에 그리는 점 객체는 새 값을 사용하게 됩니다.

② 화면을 기준으로 크기 설정 : 점 표시 크기를 화면 크기에 대한 백분율로 설정합니다. [줌(Zoom)]확대 또는 축소해도 점 표시가 변경되지 않습니다.

③ 절대 단위로 크기 설정 : 점 표시 크기를 점 크기에서 지정한 실제 단위로 설정합니다.
점(Point)은 [줌(Zoom)] 확대 또는 축소에 따라 더 크게 또는 작게 표시됩니다.

연습 과제〉 점 스타일 및 크기 설정(Setting Ptype and size)

이 연습에서는 점 스타일을 정의하는 방법에 대한 개요를 제공합니다.

1 리본 메뉴에서 [홈] 탭 ⇨ [유틸리티] 패널 확장 ⇨ [점 스타일(Ptype)] 명령 아이콘을 클릭합니다.
 ① '점 스타일' 대화상자에서 점 스타일을 선택합니다.
 ② 점 크기 상자에서 크기를 화면에 대해 상대적으로 또는 절대 단위로 지정합니다.

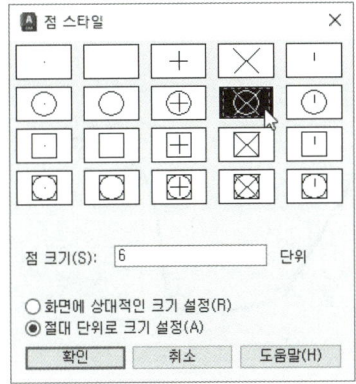

6.2 점 명령(Point command)

'점(PO)' 명령은 도면에 많은 점 객체를 삽입할 수 있습니다.

[홈] 탭 ⇨ [그리기] 패널에서 [다중 점(Point)] 명령 아이콘을 클릭합니다.

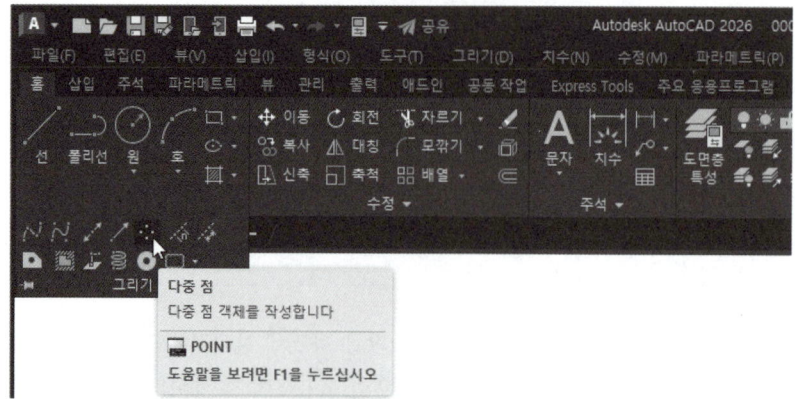

AutoCAD는 현재 점 모드를 프롬프트하고, 점 지정을 시작하라는 메시지를 표시하면 삽입할 위치를 계속 지정하고, 종료하려면 [Esc] 키를 누릅니다.

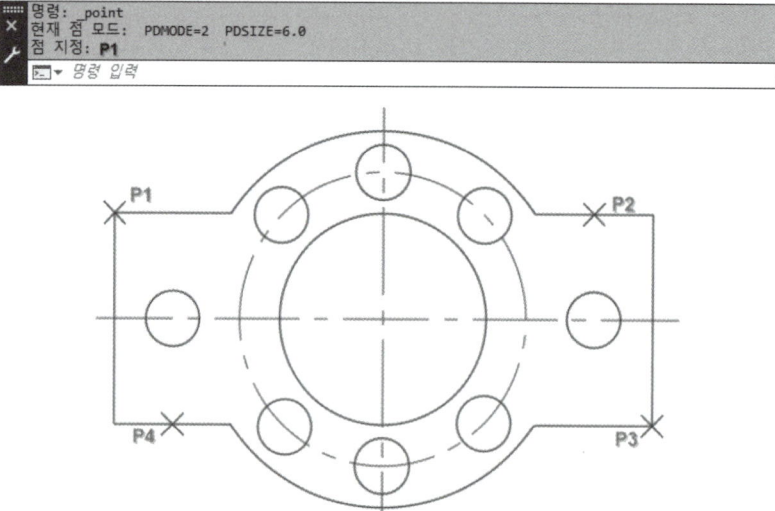

삽입된 점을 정확하게 선택하려면 노드(Node) 객체 스냅(OSNAP)을 켜야 합니다.

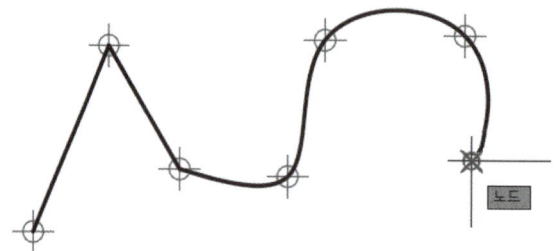

CHAPTER 7 객체 조작하기(Manipulating objects)

연습 과제〉 점 객체 작성하기(Draw a point object)

연습 과제 도면이 제공되지 않으니, 도면 영역에 부드러운 등고선을 그릴 수 있도록 설계자 임의로 클릭해서 점(Point) 배치를 하기 바랍니다.

1 리본 [홈] 탭 ⇨ [그리기] 패널을 확장하고 ▓ [다중 점(Multiple point)] 명령 아이콘을 클릭합니다.
2 다음 그림처럼 점의 위치를 클릭하거나 점을 배치할 좌표를 입력합니다.
   (부드러운 등고선이 되도록 임의로 점들을 배치.)

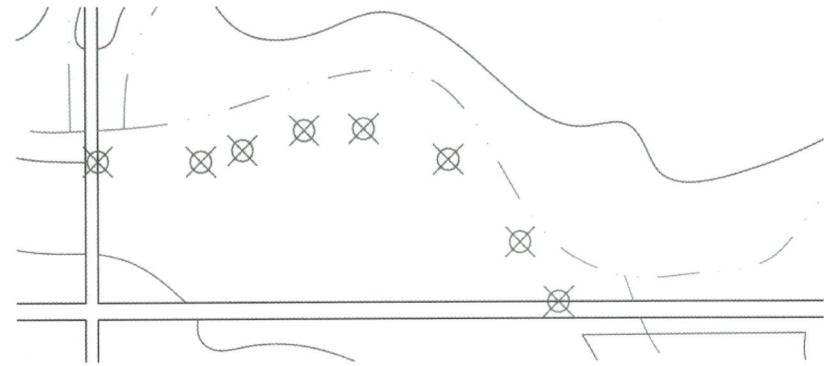

참고〉 점(노드) 객체 스냅 설정

점 객체는 객체 스냅 및 상대적 간격띄우기에 대한 노드(Node) 또는 참조 형상으로서 유용하게 사용됩니다.

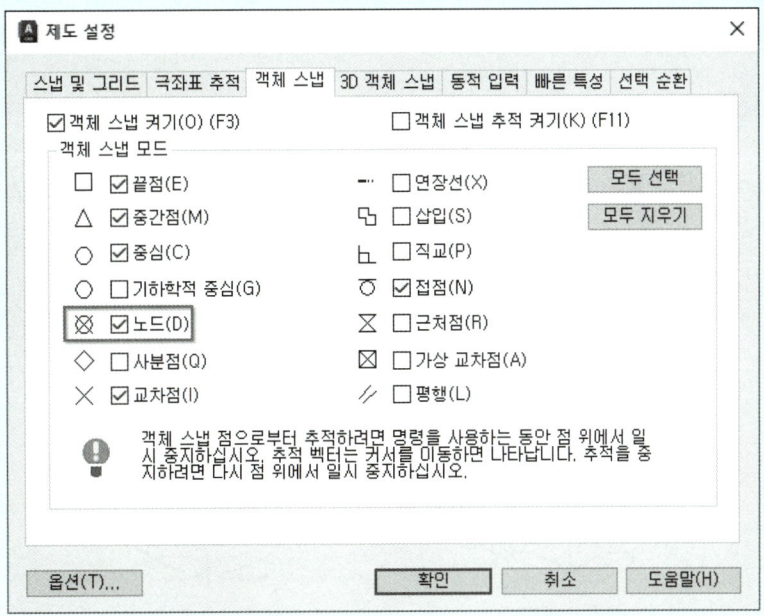

6.3 등분할 – 개수 분할 명령(Divide command)

'등분할(Divide)' 명령은 설계자가 지정한 개수 간격으로 균일하게 객체 길이 또는 둘레를 따라 일정 간격으로 점(Point) 또는 블록(Block)을 배치합니다.

[홈] 탭 ⇨ [그리기] 패널을 확장하고 [등분할(Divide)] 명령 아이콘을 클릭합니다.

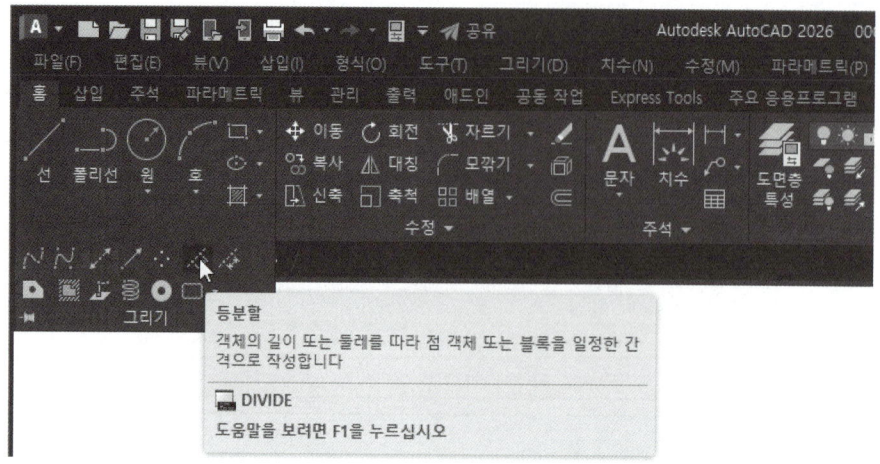

명령: _divide

등분할 객체 선택: P1

세그먼트의 개수 또는 [블록(B)] 입력: 24

AutoCAD는 분할을 원하는 객체를 선택한 다음 원하는 세그먼트 수를 입력하라는 프롬프트를 표시합니다.

❏ 등분할 명령 옵션(Divide command option)

- 블록(B) : 이 옵션은 블록이 현재 도면 내에 정의되어 있어야 하고, 동일한 간격으로 정렬 혹은 비정렬 배치할 수 있습니다. 블록은 선택한 객체가 원래 작성된 평면에 삽입됩니다. 블록 안에 변수 속성이 있는 경우 이 특성들은 포함되지 않습니다.

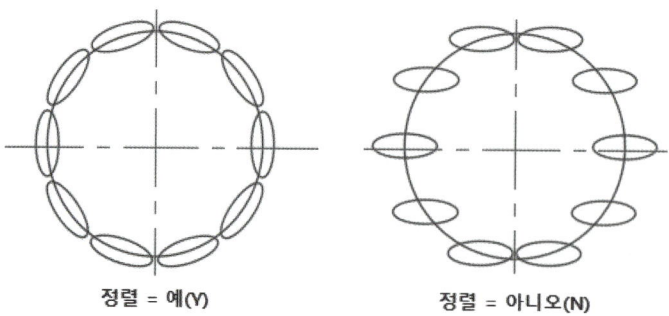

연습 과제 〉 객체를 동일한 간격으로 나누는 점을 삽입하기

1. 리본 메뉴에서 [홈] 탭 ⇨ [그리기] 패널 확장 ⇨ [등분할(Divide)] 명령 아이콘을 클릭합니다.
2. 선, 원, 타원, 폴리선, 호 또는 스플라인을 선택합니다.
3. 개수를 입력합니다.

   다음 그림과 같이 동일한 간격으로 점들이 선택한 객체 위에 배치됩니다.

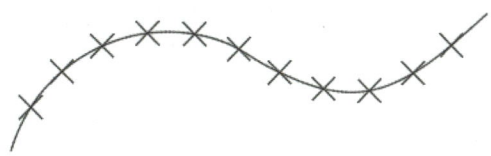

연습 과제 〉 객체를 동일한 간격으로 나누는 블록을 삽입하기

1. 리본 메뉴에서 [홈] 탭 ⇨ [그리기] 패널 확장 ⇨ [등분할(Divide)] 명령을 클릭합니다.
2. 선, 원, 타원, 폴리선, 호 또는 스플라인을 선택합니다.
3. 명령행 프롬프트에서 [블록(B)] 옵션을 클릭합니다.
4. 삽입할 블록의 이름을 입력합니다.
5. 블록을 선택한 객체에 정렬하려면 y를 입력합니다.

   회전 각도로 0도를 사용하려면 n을 입력합니다.
6. 블록 사이의 개수를 입력합니다.

   다음 그림과 같이 동일한 간격으로 블록들이 선택한 객체 위에 배치됩니다.

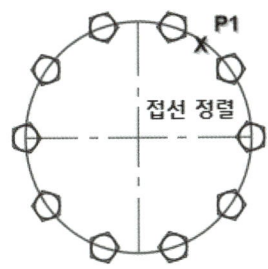
접선 정렬

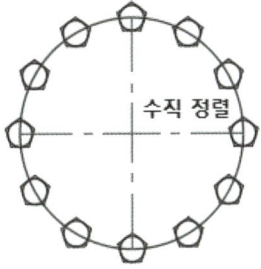
수직 정렬

6.4 길이 분할 명령(Measure command)

'길이 분할(Measure)' 명령은 설계자가 지정한 거리를 가진 세그먼트로 객체의 길이/둘레를 따라 분할된 간격으로 객체에 점 또는 블록을 배치합니다. 결과로 생성되는 점이나 블록은 항상 선택한 객체에 위치하며, UCS의 XY 평면에 따라 방향이 결정됩니다.

[홈] 탭 ➪ [그리기] 패널을 확장하고 [길이 분할(Measure)] 명령 아이콘을 선택합니다.

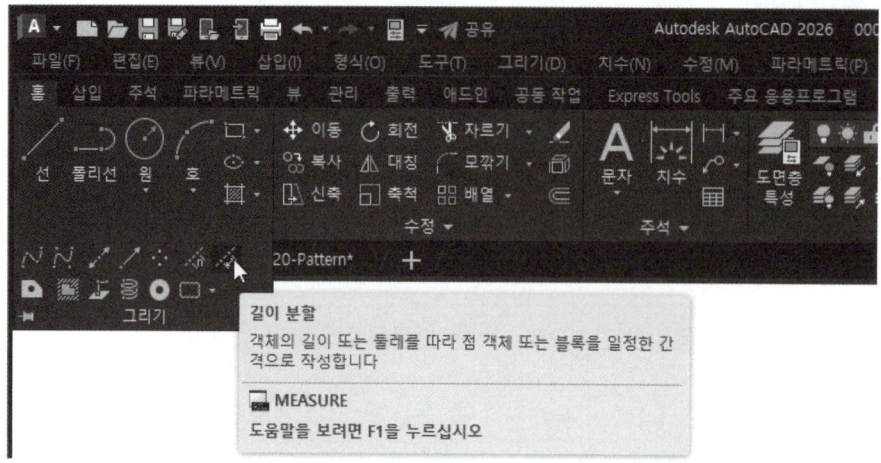

명령: _measure

길이 분할 객체 선택:

세그먼트의 길이 지정 또는 [블록(B)]: 12

AutoCAD는 분할을 원하는 객체를 선택한 다음 원하는 길이를 지정하라는 프롬프트를 표시합니다. 객체를 선택하면 AutoCAD가 선택 영역에서 가장 가까운 끝부터 측정을 시작하여 분할합니다.

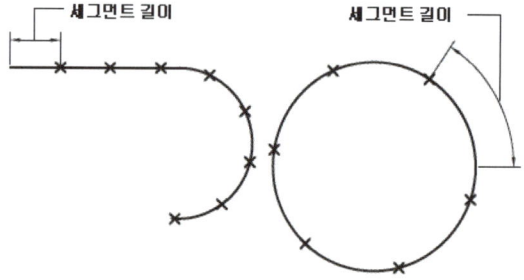

❑ 길이 분할(Measure) 명령 옵션 – 세그먼트 길이

- 객체를 선택하는 데 사용한 점에서 가장 가까운 끝점에서 시작하여 선택한 객체를 따라 지정된 간격으로 점 객체를 배치합니다.
- 닫힌 폴리선의 길이 부속 객체는 초기 정점(첫 번째 정점)에서 시작합니다.

- 원의 길이 부속 객체는 중심에서 현재 스냅 회전 각도로 설정된 각도로 시작합니다.
  스냅 회전 각도가 0이면 원의 길이 부속 객체는 원주에서 중심의 오른쪽으로 시작합니다.

연습 과제〉 객체를 따라 지정된 간격에 점을 삽입하기

1 리본 메뉴에서 [홈] 탭 ⇨ [그리기] 패널 확장 ⇨ [길이 분할(Measure)] 명령 아이콘을 클릭합니다.
2 선, 원, 타원, 폴리선, 호 또는 스플라인을 선택합니다.
3 점 간의 간격 길이를 지정합니다.
  다음 그림과 같이 지정한 길이 간격으로 점들이 선택한 객체 위에 배치됩니다.

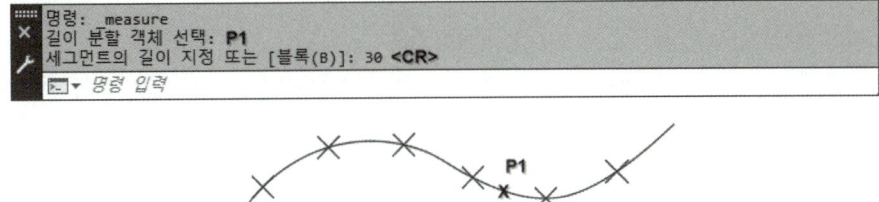

연습 과제〉 객체를 따라 지정된 간격으로 블록을 삽입하기

1 리본 메뉴에서 [홈] 탭 ⇨ [그리기] 패널 확장 ⇨ [길이 분할(Measure)] 명령 아이콘을 클릭합니다.
2 선, 원, 타원, 폴리선, 호 또는 스플라인을 선택합니다.
3 명령행 프롬프트에서 [블록(B)] 옵션을 클릭합니다.
4 삽입할 블록의 이름을 입력합니다.
5 블록을 선택한 객체에 정렬하려면 y를 입력합니다. 회전 각도로 0도를 사용하려면 n을 입력합니다.
6 블록 간의 간격 길이를 지정합니다.

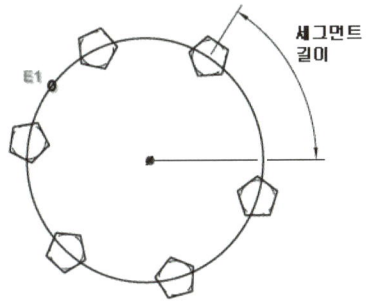

6.5 경계 명령(Boundary command)

만일 교차하는 2D 객체(선, 호, 원, 폴리선, 타원 등)가 여러 개 있고 이러한 복잡한 객체의 순 면적을 계산하려는 경우 '경계(Boundary)' 명령보다 더 유용한 명령은 없습니다. 결과 객체로 폴리선과 영역을 선택할 수 있습니다.

[홈] 탭 ⇨ [그리기] 패널에서 [경계(Boundary)] 명령 아이콘을 클릭합니다.

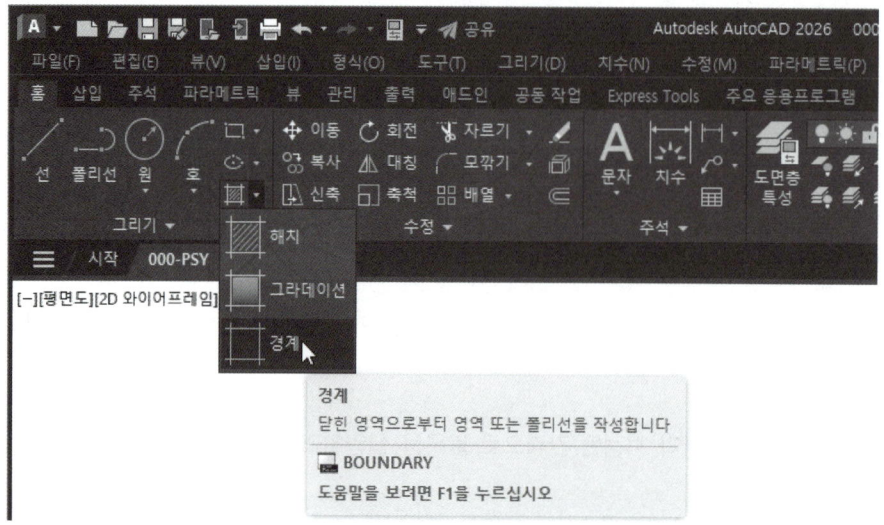

다음 그림과 같이 프롬프트 없이 '경계 선택' 대화상자가 나타납니다.

이 명령은 폴리선을 작성할 원하는 영역 내의 단순 클릭에 따라 달라집니다.

'경계 선택' 대화상자에서 [점 선택] 버튼을 클릭하고 원하는 영역을 클릭하고, [확인] 버튼을 클릭해서 명령을 종료합니다. 원하는 폴리선(또는 영역)이 작성됩니다.

필요하면 대화상자에서 다음 옵션을 선택합니다.

① 고립영역 탐지 : 이 옵션은 AutoCAD가 영역 내에서 객체를 식별 여부를 제어합니다.
② 객체 유형(폴리선 혹은 영역) : 원하는 객체 유형을 설정합니다.
③ 경계 세트 : 모든 객체를 생성에 포함할지(현재 뷰포트 옵션) 또는 새로 만들기 버튼 클릭해서 선택한 객체만 포함할지 설정합니다.

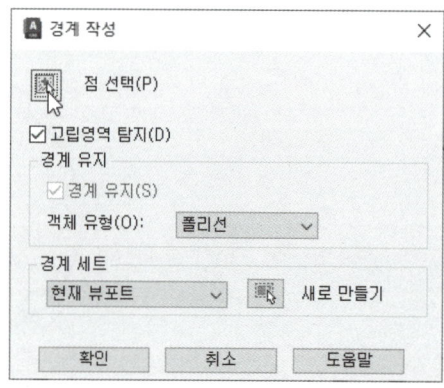

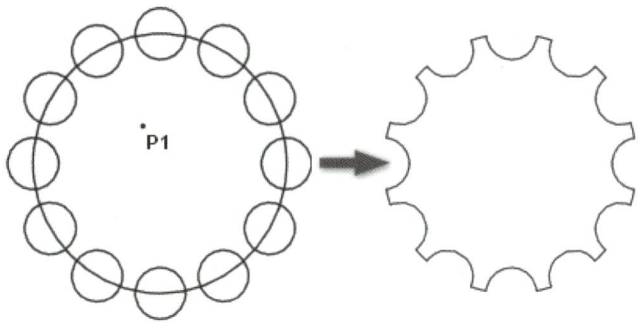

6.6 영역 명령(Region command)

영역은 객체의 닫힌 평면 루프에서 작성하는 2D 영역입니다. 유효한 객체로는 폴리선, 선, 원형 호, 원, 타원형 호, 타원, 스플라인이 포함됩니다. 각각 닫힌 루프는 별도의 영역으로 변환됩니다. 모든 걸친 교차점 및 자체 교차 곡선은 거부됩니다. '경계(Boundary)' 명령을 사용하여 영역을 작성할 수 있습니다. 선, 호, 원, 폴리선 등과 같은 와이어 프레임 2D 객체를 변환하려면 닫힌 형상만 선택해야 합니다.

[홈] 탭 ⇨ [그리기] 패널을 확장하고 [영역(Region)] 명령 아이콘을 클릭합니다.

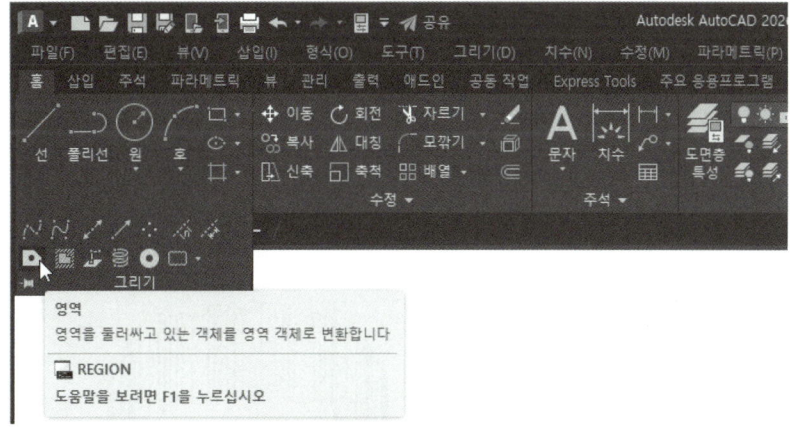

명령: _region
객체 선택: 1개를 찾음
객체 선택: 1 루프이(가) 추출됨.   1 영역이(가) 작성됨.

프롬프트에서 원하는 객체를 선택하고 완료되면, 엔터키를 누릅니다. 객체는 변환됩니다.

- 영역은 다음과 같은 경우에 사용할 수 있습니다.
  ① '영역/질량 특성(Massprop)' 명령을 사용하여 면적, 중심 등의 설계 정보 추출
  ② 해칭(Hatching) 및 음영 처리 적용
  ③ 부울(Boolean) 연산을 통해 단순 객체를 더욱 복잡한 객체로 결합
- '경계(Boundary)' 명령으로 닫힌 객체를 작성하고, '영역(Region)' 명령을 사용하여 닫힌 객체를 영역으로 변환합니다.
- 영역을 합하거나, 빼거나, 교차시켜 결합할 수 있습니다.

연습 과제〉 영역 정의하기(Define a region)

1 리본 메뉴에서 [홈] 탭 ▷ [그리기] 패널 확장 ▷ [영역(Region)] 명령 아이콘을 클릭합니다.
2 영역을 작성할 객체를 선택합니다.
  이들 객체는 각각 원 또는 닫힌 폴리선과 같은 닫힌 영역을 형성해야 합니다.
3 엔터키를 누릅니다.

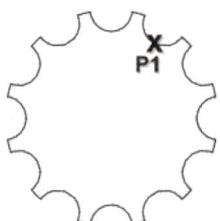

❑ 영역(Region) 활용

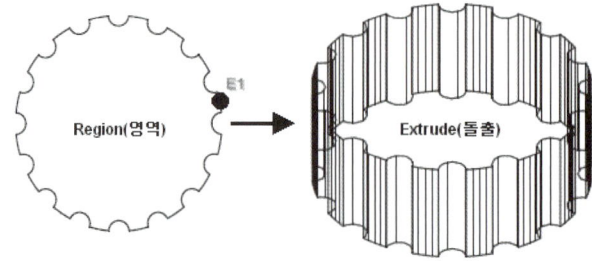

실습과제 31〉 도면층, 선종류를 이용해서 다음 도형을 작도합니다.

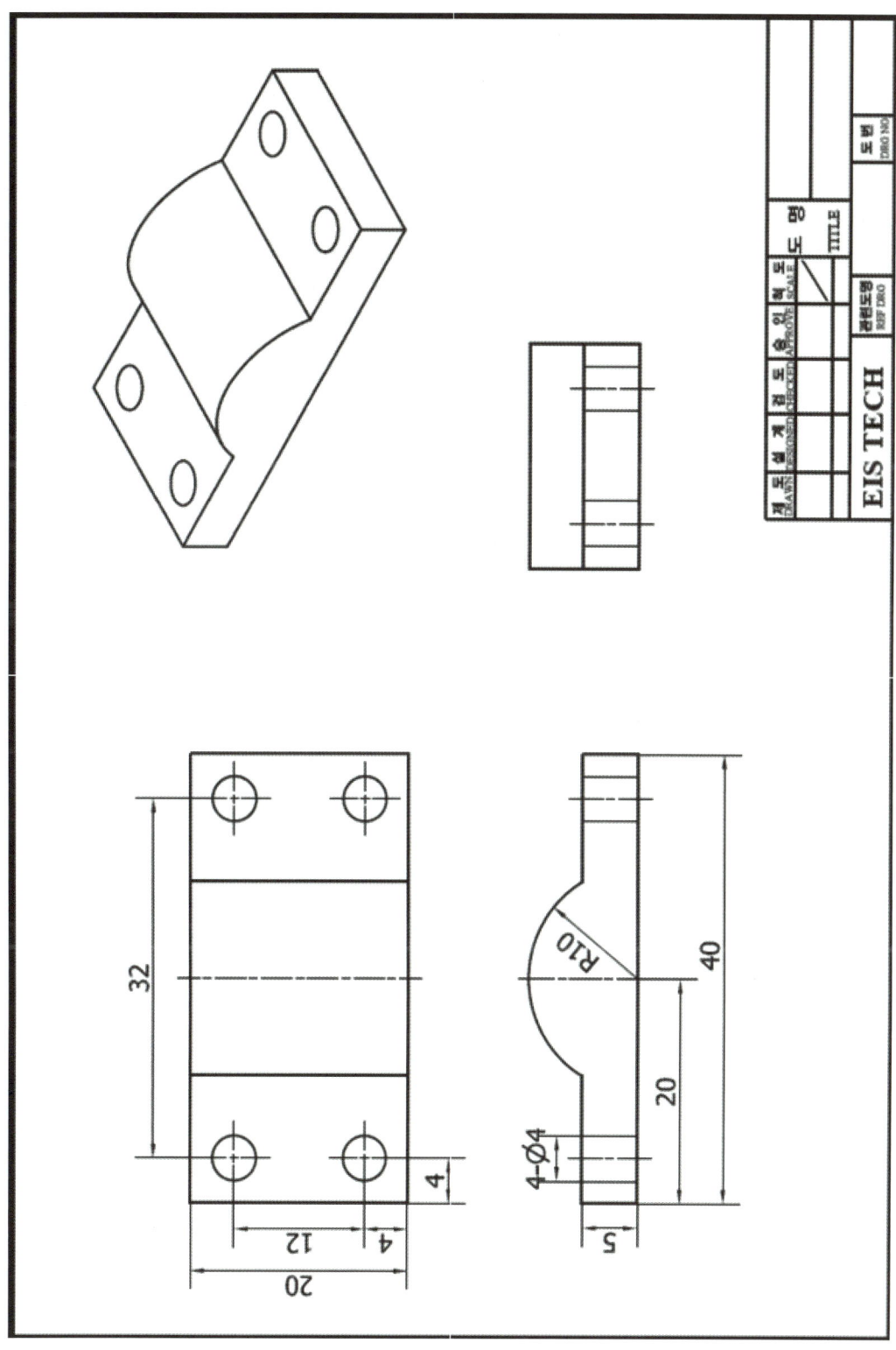

실습과제 32〉 도면층, 선종류를 이용해서 다음 도형을 작도합니다.

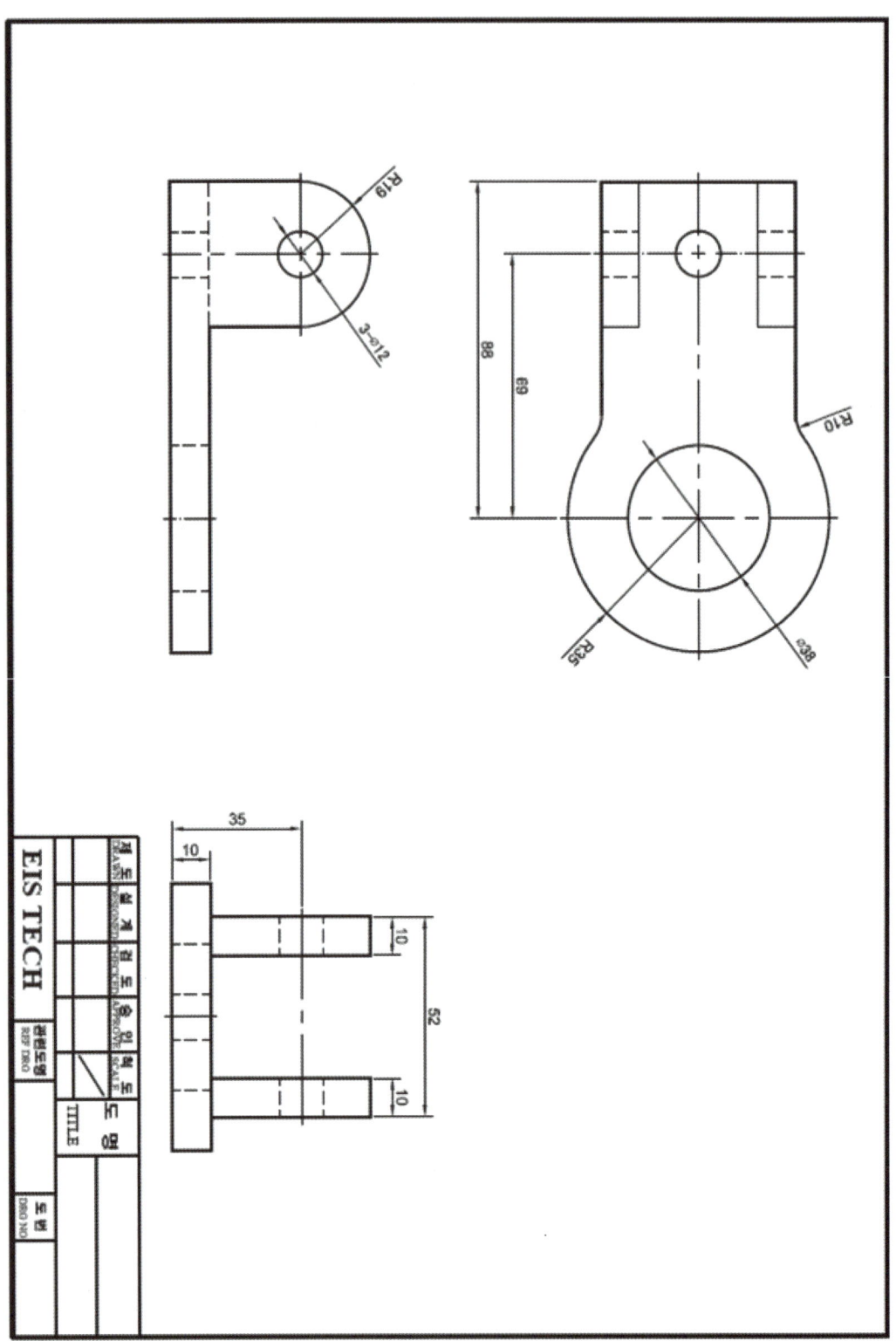

실습과제 33〉 도면층, 선종류를 이용해서 다음 도형을 작도합니다.

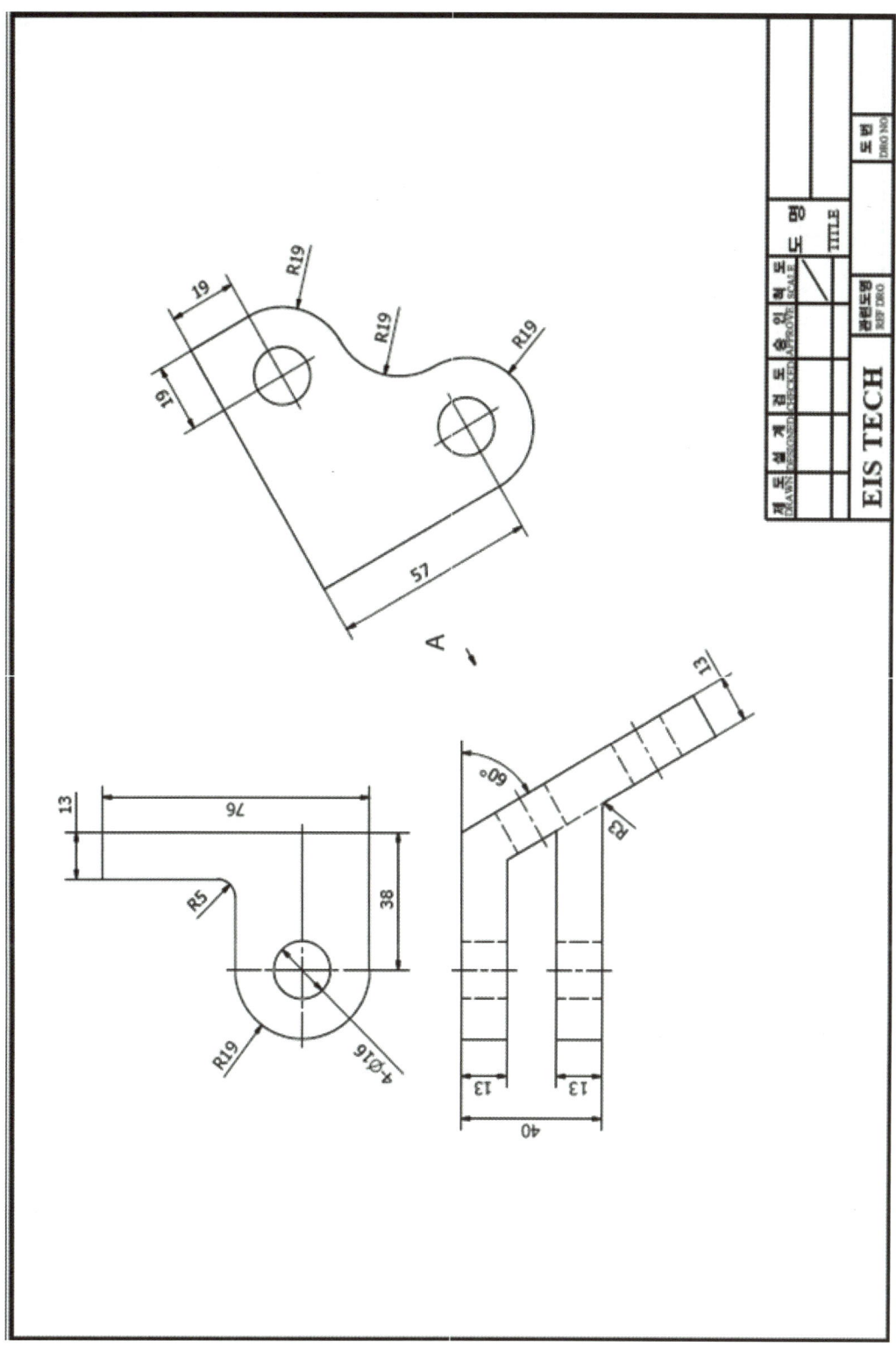

실습과제 34> 도면층, 선종류를 이용해서 다음 도형을 작도합니다.

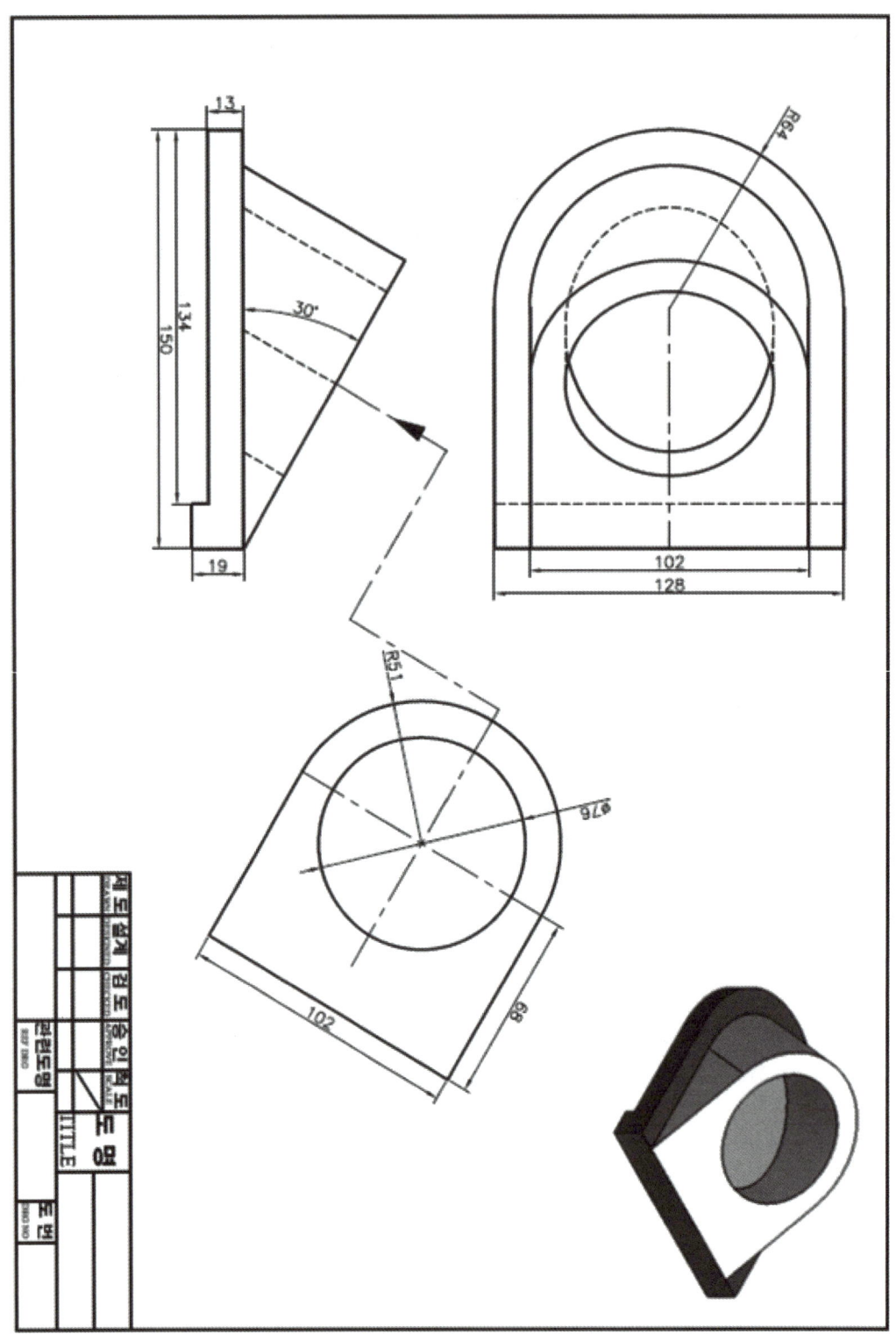

실습과제 35〉 도면층, 선종류를 이용해서 다음 도형을 작도합니다.

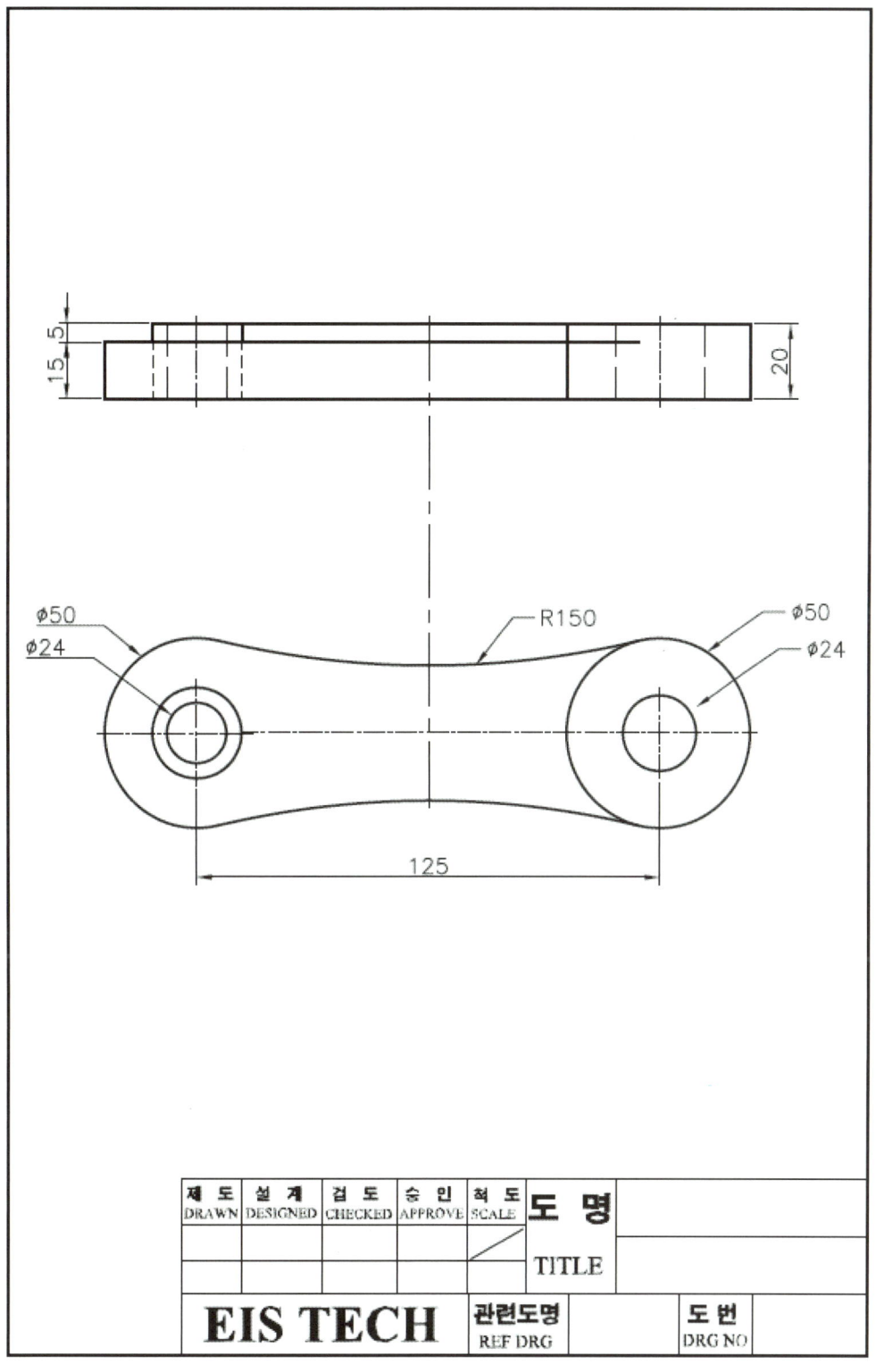

실습과제 36〉 도면층, 선종류를 이용해서 다음 도형을 작도합니다.

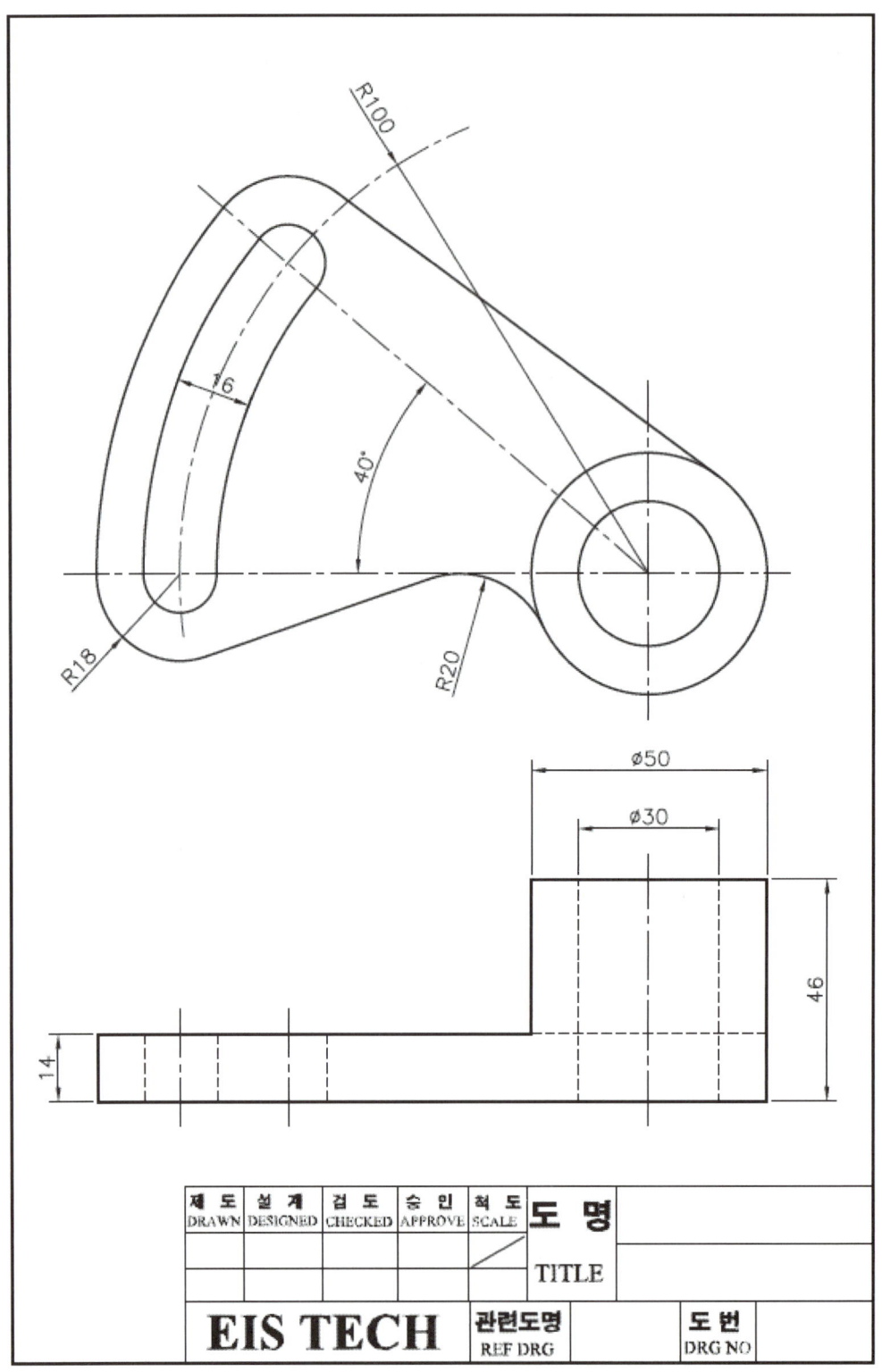

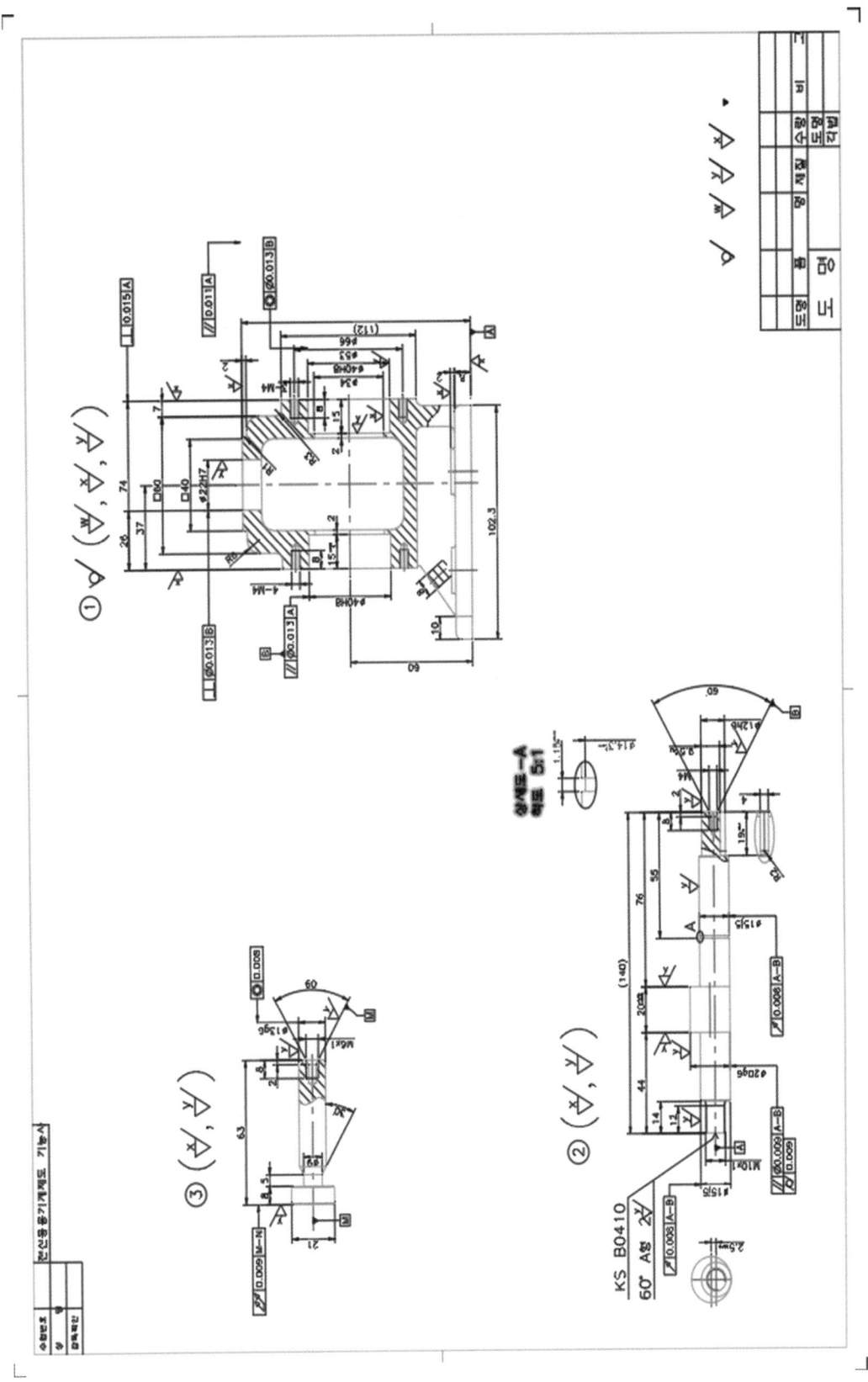

■ **학습 목표**

① 여러 줄 문자를 작성하기 위해 Mtext 명령을 이용할 수 있습니다.
② 단일 행 문자를 작성하기 위해 Text, Dtext 명령을 이용할 수 있습니다.
③ 문자를 편집하기 위해 다양한 방법들을 이용할 수 있습니다.
④ 문자를 관리하기 위해 문자 스타일(Style)을 이용할 수 있습니다.
⑤ 도면에 있는 객체에 해치 및 그라데이션 채우기 패턴을 작성할 수 있습니다.
⑥ 도면에 배치된 해치 및 그라데이션 채우기 패턴을 편집할 수 있습니다.
⑦ 블록 정의를 작성하고 블록 정의 또는 파일을 도면에 삽입하여 블록 참조를 배치합니다.

CHAPTER

8

문자, 해치 및 블록
(Text, hatch and block)

한글폰트 파일명	글꼴 유형	입력 샘플
whgtxt.shx	단선 고딕체	한글버젼
whgdtxt.shx	복선 고딕체	한글버젼
whtgtxt.shx	복선 태고딕체	한글버젼
whtmtxt.shx	복선 태명조체	한글버젼

01 도면에 주석 작업하기 (Annotating the drawings)

1.1 문자 스타일 명령(Style command)

설계 프로젝트를 수행하는데 다수의 설계자가 도면을 작성할 수 있습니다. 각 설계자가 주석을 위해 자신만의 문자 글꼴을 선택한다면, 결과 도면은 표준화되지 못할 것입니다.

'문자 스타일(Style)'을 사용하면, 미리 정의된 문자 형식을 제공하여 도면 전체에서 일관된 표준화된 모양을 만들 수 있습니다. 또한 도면 주석 문자의 기본 모양을 쉽게 제어할 수 있는데 각 문자 객체에는 글꼴, 높이, 폭 비율 및 기울기 각도와 같은 특성이 포함됩니다. 문자 스타일에 각 문자의 특성을 미리 정의하여 동일한 스타일을 사용하는 문자 객체의 모양을 표준화할 수 있습니다. 마지막으로 '문자 스타일(Style)'의 가장 큰 이점은 문자 스타일을 변경하면 특정 스타일을 사용하는 도면의 모든 주석 문자 객체를 업데이트할 수 있다는 것입니다.

오른쪽 평면도에서 문자 스타일은 문자 객체가 공간에 맞도록 더 작은 글꼴을 사용합니다.

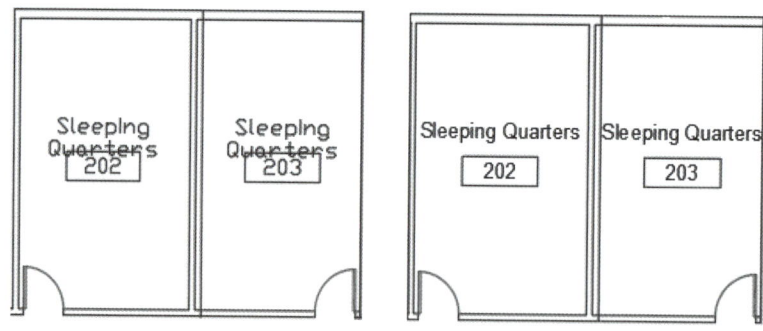

❑ 문자 스타일 요점(Style key point)

① 문자 스타일(Style)은 글꼴, 높이, 폭 비율 및 기울기 각도 같은 사전 정의된 문자 특성 모음입니다.
② 문자 스타일(Style)을 작성하여 도면에서 모든 문자 객체의 모양을 균일하게 유지할 수 있습니다.
③ 문자 스타일(Style)을 변경하는 것만으로 특정 스타일을 사용하는 도면의 모든 문자를 업데이트 할 수 있습니다.

④ 일반적으로 치수, 뷰 레이블, 표제란 또는 일반 도면 주석과 같은 객체에 대해 여러 문자 스타일을 작성합니다. [주석] 탭 ⇨ [문자] 패널에서 [문자 스타일(Style)] 명령 아이콘을 클릭합니다.

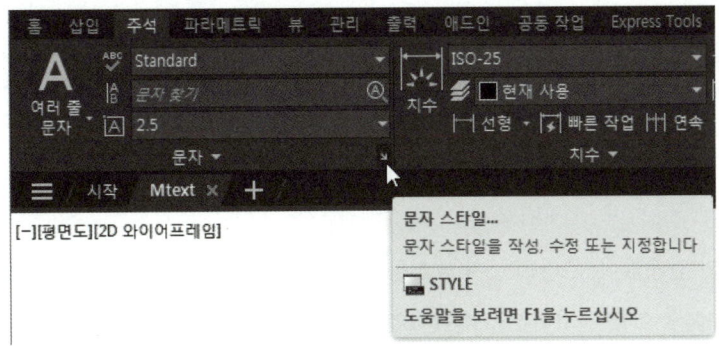

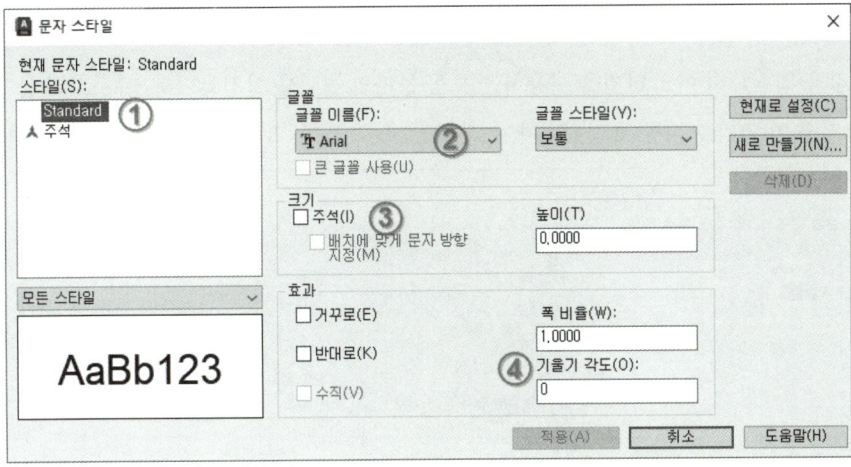

위의 그림에서 알 수 있는 것처럼 모든 새 도면에는 기본적인 문자 스타일 이름이 'Standard'이고, 이름이 '주석(Annotative)'인 두 개의 문자 스타일이 포함됩니다. 현재 문자 스타일로 설정된 다른 문자 스타일을 가진 템플릿 도면을 기반으로 새 도면을 작성하지 않는 한 'Standard'는 모든 새 도면의 현재 문자 스타일입니다. 우리는 문자 스타일을 만들고, 관리하기 위해 '문자 스타일' 대화상자를 이용합니다.

① 현재 문자 스타일을 보려면 이 영역을 사용합니다. 선택한 스타일을 편집하거나 이름을 변경할 수도 있습니다.

② 사용할 수 있는 글꼴 목록에서 글꼴 이름을 선택합니다. 필요한 경우 굵은 글꼴 또는 기울임 꼴 같은 글꼴 스타일을 적용합니다.

③ 이 영역에서 문자의 크기를 지정합니다. 만일 우리가 문자 크기를 주석으로 지정하도록 선택한다면, 높이 필드가 도면 문자 높이로 변경됩니다. 뷰포트 척도와 관계없이 이 스타일로 작성된 문에 대해 모든 레이아웃 뷰포트에 표시할 용지 문자 높이를 입력합니다.

④ 폭 비율(Width factor) 및 기울기 각도(Oblique angle)와 같이 문자에 적용할 효과를 선택합니다. 폭 비율이 1이면 정상입니다. 1보다 작으면 문자는 좁아지고 1보다 크면 문자가 넓어집니다.

> **참고〉 문자 스타일에 높이 적용하기**
>
> 문자 높이를 설정하면, 해당 스타일로 작성된 문자 높이의 기본값이 됩니다. 이 값이 0이면 단일 행 문자(Text)를 입력할 때마다 문자 높이를 지정하라는 메시지가 표시됩니다. 여러 줄 문자 명령 (Mtext)을 사용할 때 문자 패널의 목록에서 문자 높이를 선택하거나 입력할 수 있습니다.

❑ 주석 특성(Annotative property)

뷰포트 척도와 관계없이, 우리는 문자 높이를 도면 배치에 동일한 크기로 표시하고 플롯(Plot) 하려면, 주석 스타일(1)을 선택하거나 문자 스타일에 주석 특성(2)을 할당할 수 있습니다. 예를 들면, 뷰가 등각일 때 문자 객체가 수평으로 표시되도록 '배치에 맞게 문자 방향을 지정(3)'할 수 있습니다. 주석 (Annotative)을 체크하면, 높이(Height) 특성이 도면 문자 높이(Paper Text Height)(4)로 변경됩니다. 0 이외의 값을 입력하여 이 스타일을 사용하는 모든 문자의 높이를 설정합니다. 뷰포트의 문자는 도면 배치의 용지 높이 크기로 자동 조정됩니다.

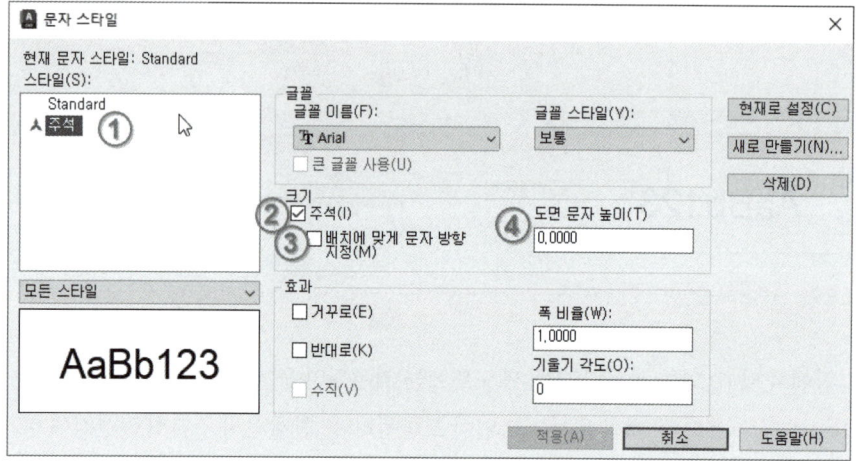

❑ 배치에 맞춘 문자의 예(Example of text oriented to layout)

다음 그림에서는 배치에 두 개의 뷰가 표시됩니다. 첫 번째 뷰에서는 평면 뷰 및 배치에 대해 정상인 문자가 작성된 방향과 동일한 방향으로 표시됩니다. 두 번째 그림에서는 뷰가 등각으로 변경되었지만, 문자가 배치 방향으로 유지됩니다.

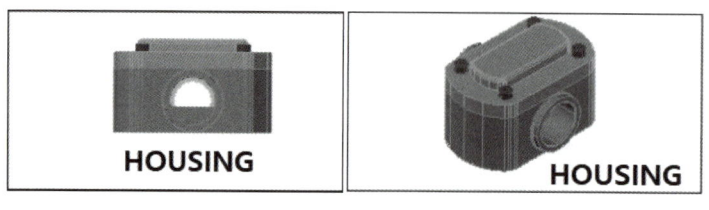

연습 과제〉 문자 스타일 만들고 이용하기(Creating and using text styles)

다음 연습 순서에서는 문자 스타일을 만들고 이용하는 개요를 제공합니다.

1 풀다운 메뉴에서 [형식] ⇨ [문자 스타일]을 호출합니다.

또는 [주석] 탭 ⇨ [문자] 패널에서 ▣(문자 스타일) 명령 아이콘을 클릭합니다.

2 '문자 스타일' 대화상자에서 [새로 만들기] 버튼을 클릭합니다.

① 스타일 이름으로 Notes라고 입력한 후 [확인] 버튼을 클릭합니다.

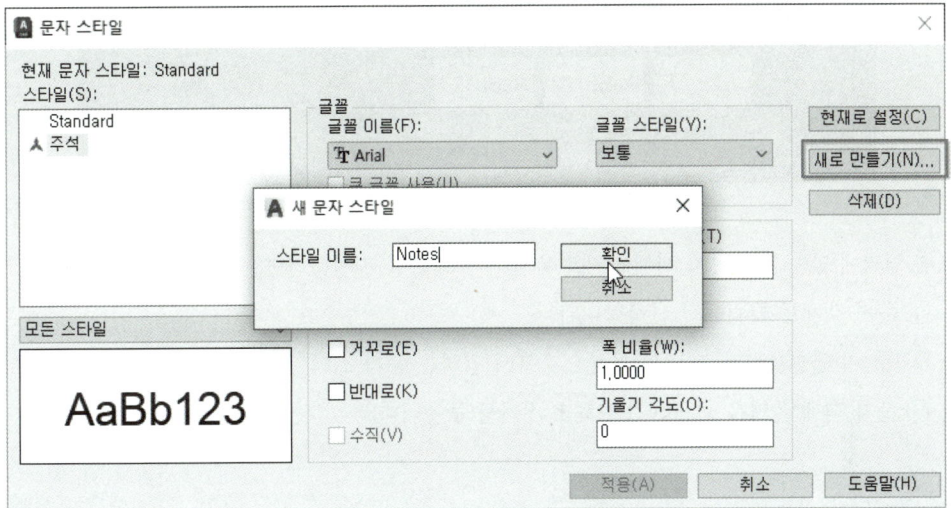

3 다음 그림처럼 새 스타일(1)을 선택하고, 글꼴 이름(2)을 지정하고, 높이(3)를 입력하고, [적용] 버튼을 클릭하고, [현재로 설정]을 클릭합니다. [닫기] 버튼을 클릭합니다.

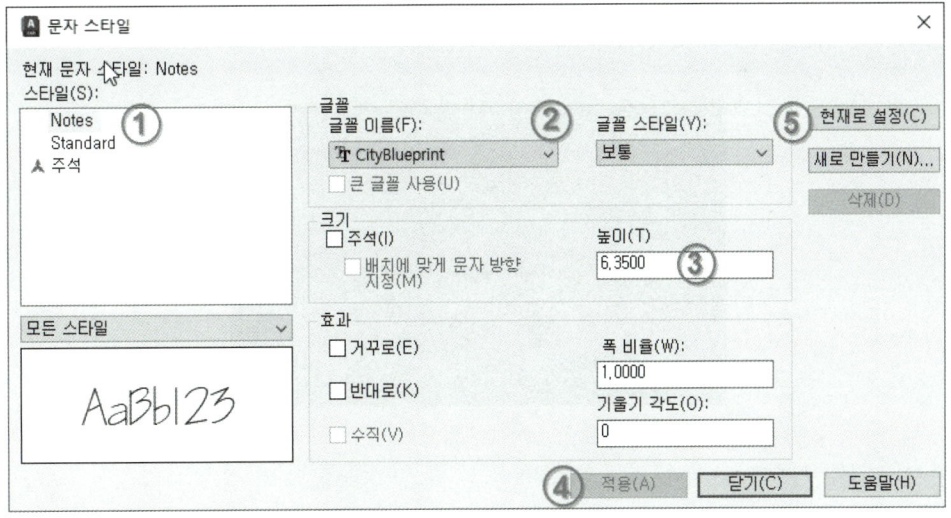

4 리본 [주석] 탭 ⇨ [문자] 패널에서 ▣[여러 줄 문자]를 클릭합니다.

문자를 입력할 영역을 지정할 대각선의 두 점(P1, P2)을 클릭합니다.

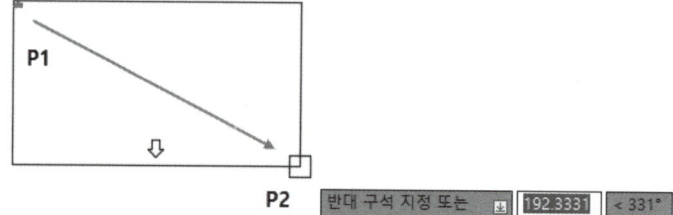

5️⃣ 문자 스타일을 변경하기 위해, 목록으로부터 문자 스타일을 선택합니다.

6️⃣ 도면 영역에 있는 기존 문자 객체에 새로운 문자 스타일을 지정하려면,

① 문자 객체를 클릭해서 선택합니다.

② [주석] 탭 ➪ [문자] 패널의 목록으로부터 원하는 문자 스타일을 선택합니다.

③ 문자 객체 선택을 해제하기 위해 Esc 키를 누릅니다.

> **참고** 스타일 재정의하기
>
> 스타일을 주석 또는 주석이 아닌 것으로 재정의하면, 해당 스타일을 사용한 문자 객체가 자동으로 업데이트되지 않습니다.
>
> 우리는 객체들에 새 문자 스타일을 업데이트하기 위해서 업데이트(Annoupdate) 명령을 사용하거나 특성 팔레트를 호출하여 객체의 문자 스타일을 변경할 수 있습니다.

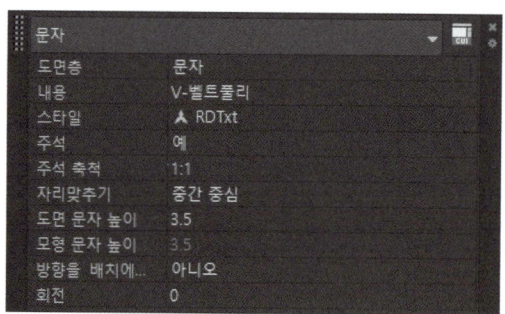

❏ 문자 스타일 지침(Text style guidelines)

① 새 도면이 다른 기본 문자 스타일을 가진 템플릿을 기반으로 하지 않는 한 모든 새 도면의 기본 문자 스타일은 'Standard'입니다.

② 모든 문자는 문자 스타일을 할당받게 됩니다. 새 문자 스타일을 작성하지 않으면 모든 문자가 'Standard' 문자 스타일을 할당받게 됩니다.

③ 'Standard' 문자 스타일을 위한 디폴트 글꼴은 Arial입니다.

④ 'Standard' 문자 스타일을 삭제할 수 없고 또는 이름 바꾸기도 할 수 없습니다.

⑤ 만일 우리가 다른 도면에서 문자를 복사하여 붙여 넣거나 특성이 다른 동일한 문자 스타일 이름을 가진 도면에 블록을 삽입하는 경우 호스트 도면의 문자 특성이 우선합니다.

⑥ 문자 스타일을 변경하면 그 문자 스타일을 사용하는 모든 문자 객체에 영향을 줍니다.

⑦ AutoCAD는 두 유형의 글꼴을 이용할 수 있습니다.

 - 도면 글꼴(*.shx)

 - 트루타입 글꼴(*.ttf)

⑧ 도면의 문자 특성을 일관되게 유지하는 데 필요한 문자 스타일들만 작성합니다.

⑨ 도면에 사용되지 않은 문자 스타일들은 삭제합니다.

참고〉 트루타입 글꼴(TrueType font)과 도면 글꼴(Drawing font)

트루타입 글꼴(TrueType font)은 윈도우 전용 시스템 폰트입니다. 도면용 글꼴이 아닙니다. AutoCAD 전용 폰트는 큰 글꼴(Big Font)이라고 하고, 벡터 폰트의 개념을 가지고 있습니다. 또한, 이것을 도면 폰트(Drawing font)라고도 합니다.

큰 글꼴은 시스템 폰트보다 화려하거나 미려하지 못한 결점이 있지만, 도면 파일(.shx)의 크기가 작아 상대적으로 시스템 속도에 영향을 미치지 않습니다.

AutoCAD에 내장된 완성형 한글 폰트(KS 5601)들은 다음과 같습니다.

한글폰트 파일명	글꼴 유형	입력 샘플
whgtxt.shx	단선 고딕체	한글버젼
whgdtxt.shx	복선 고딕체	한글버젼
whtgtxt.shx	복선 태고딕체	한글버젼
whtmtxt.shx	복선 태명조체	한글버젼

1.2 단일 행 문자 명령(Text or dtext command)

❏ 단일 행 문자 정의(Single line text defined)

단일 행 문자는 일반적으로 단일 단어, 문자 또는 짧은 문장이나 구 또는 절 정보에 사용되는 한 줄의 문자 행을 작성합니다. 각 행은 독립적인 객체입니다.

리본 [주석] 탭 ⇨ [문자] 패널에서 [단일 행 문자(Text)] 명령 아이콘을 클릭합니다.

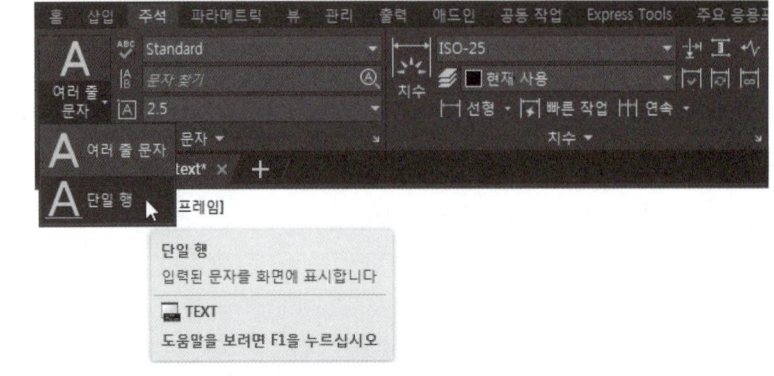

첫 번째 프롬프트 메시지는 현재 설정에 대한 몇 가지 정보를 제공하는 것입니다. 정보는 현재 스타일(Standard), 현재 높이(2.50), 이 문자의 주석 여부 및 문자의 자리맞추기를 보여 줍니다.

첫 번째 프롬프트에서 J 또는 S를 입력하여 현재 자리맞추기 및 스타일 설정을 변경하거나 문자 행의 시작점을 지정합니다. 문자의 높이(기본값)를 입력하고, 회전 각도(기본값)를 지정할 수 있습니다.

문자의 시작점 지정 또는 [자리맞추기(J)/스타일(S)]: P1
높이 지정 ⟨0⟩: 10⟨CR⟩
문자의 회전 각도 지정 ⟨0⟩:⟨CR⟩

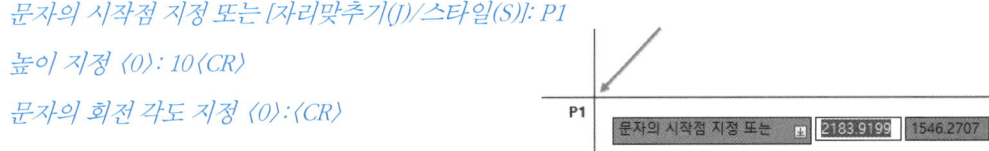

엔터키를 누르면 화면에 깜박이는 커서가 표시됩니다. 원하는 문자를 입력합니다. 행을 끝내려면, 엔터키를 누르고, 명령을 끝내려면, 엔터키를 두 번 누릅니다.

문자 명령을 참조할 때 단일 행 문자라는 용어가 사용되지만, 한 번에 한 행의 문자만 만들 수 있다는 의미는 아닙니다.

❏ 단일 행 문자 명령 옵션(Text or dtext command option)

'단일 행 문자(Text or dtext)' 명령을 시작한 후에는 키보드의 아래쪽 화살표를 누르거나 도면 영역의 빈 곳이나 마우스 오른쪽 버튼으로 클릭하여 바로 가기(단축) 메뉴에 액세스할 수 있는 [자리맞추기(J)] 또는 [스타일(S)] 옵션을 선택합니다.

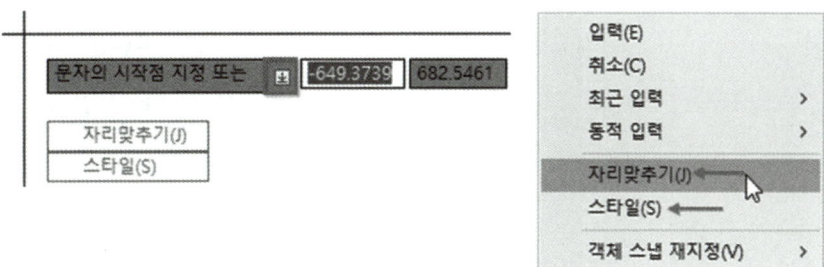

다음 그림은 [자리맞추기(J)] 옵션의 예가 있습니다.

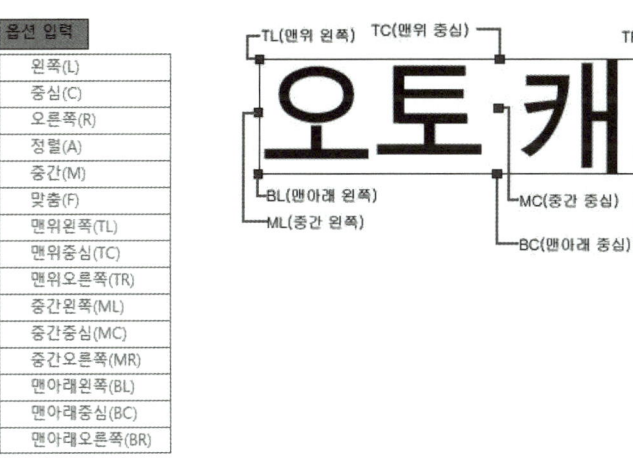

자리맞추기 옵션	시작점 및 효과	적용 결과
정렬(A)	문자의 높이 및 방향	AutoCAD P2 / P1
맞춤(F)	영역에 문자 맞춤	AutoCAD P1 P2
중심(C)	문자의 가로 중심	AutoCAD P1
중간(M)	문자 가로 및 세로 중심	AutoCAD P1
오른쪽(R)	기준선 오른쪽	AutoCAD P1

자리맞추기 옵션	시작점 및 효과	적용 결과
좌상단(TL)	왼쪽 위쪽	P1·AutoCAD
상단 중앙(TC)	위쪽 중심	AutoCAD (P1 위)
우상단(TR)	위쪽 오른쪽	AutoCAD·P1
좌측 중간(ML)	왼쪽 중간	P1·AutoCAD
중앙 중간(MC)	문자 가로세로 중간	Aut⊙CAD
우측 중간(MR)	오른쪽 중간	AutoCAD·P1
좌하단(BL)	왼쪽 아래	AutoCAD / P1
하단 중앙(BC)	아래쪽 중간	AutoCAD / P1
우하단(BR)	오른쪽 아래	AutoCAD P1

만일 [스타일(S)] 옵션을 호출하면, 현재 문자 스타일이 아닌 다른 문자 스타일을 지정하려면 이 옵션을 이용합니다.

> **참고** 문자 입력에서 현재 문자 스타일을 더 쉽게 선택
>
> 단일 행 문자(Text) 명령을 시작하기 전에 주석 탭 문자 패널을 엽니다.
>
> 문자 스타일 드롭리스트에서 문자 스타일 이름을 클릭합니다.

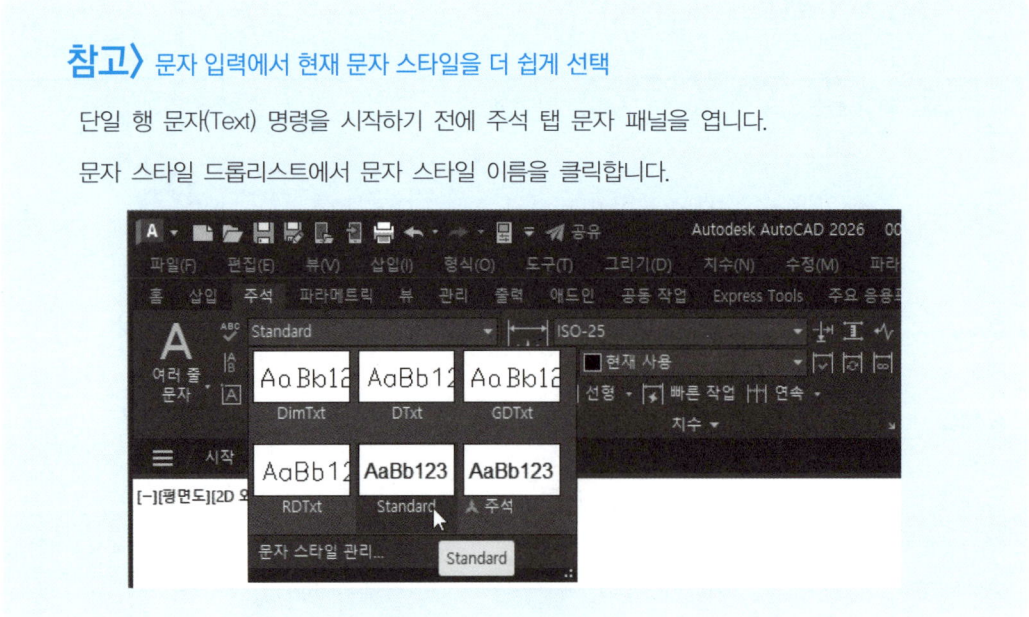

연습 과제〉 단일 행 문자 입력하기(Creating single line text)

1 리본 [주석] 탭 ⇨ [문자] 패널의 제목 막대 오른쪽의 ⬇버튼을 클릭합니다.

2 '문자 스타일' 대화상자에서 [새로 만들기] 버튼을 클릭합니다.

의미가 있는 유일한 스타일 이름을 입력하고 [확인] 버튼을 클릭합니다.

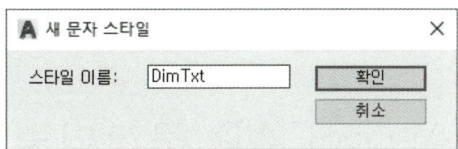

3 대화상자의 '글꼴' 영역에서 다음과 같이 설정하고 [적용] 버튼을 클릭합니다.

① 드롭다운 리스트를 클릭해서 **txt.shx** (영문 단선 고딕체) 글꼴을 지정합니다.

② [큰 글꼴 사용]을 체크하고, 오른쪽 드롭다운 리스트를 클릭해서 **whgtxt.shx** (완성형 한글 단선 고딕체)를 지정합니다.

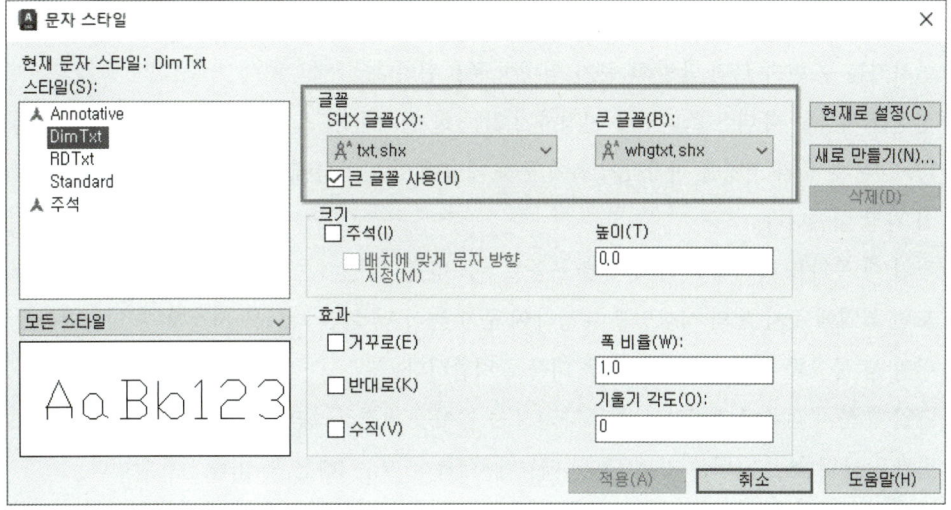

4 대화상자 '스타일' 영역에서 방금 만든 [Dimtxt] 스타일을 선택하고 [현재로 설정] 버튼을 클릭하고 [닫기] 버튼을 클릭합니다.

5 리본 [주석] 탭 ⇨ [문자] 패널에서 [여러 줄 문자] 아이콘의 플라이아웃을 클릭하고, [단일 행] 명령 아이콘을 클릭합니다.

① [자리맞추기(J)] 옵션을 설정하려면, 명령행에서 [자리맞추기(J)] 옵션을 입력하거나 도면의 빈 곳에 마우스 오른쪽 버튼으로 클릭하고 단축 메뉴에서 [자리맞추기]를 클릭합니다.

② 문자 입력을 위한 시작점(P1)을 지정합니다.

③ 높이(12)와 회전 각도(0)를 입력합니다.

④ 문자 입력을 시작합니다.

다음 그림처럼 'AutoCAD 문자 입력'이라고 입력합니다. 엔터키를 누를 때마다 문자의 새로운 행과 새로운 문자 객체를 입력할 수 있습니다. 빈 행에 엔터키를 누르면 '단일 행 문자(Text)' 명령을 종료합니다.

```
명령: _text
현재 문자 스타일: "DimTxt"  문자 높이: 2.5  주석: 아니오  자리맞추기: 좌하단
문자의 맨 아래 왼쪽 점 지정 또는 [자리맞추기(J)/스타일(S)]: P1
높이 지정 <2.5>: 12 <CR>
문자의 회전 각도 지정 <0>: <CR>
명령 입력
```

AutoCAD 문자입력
P1

❑ 단일 행 문자 지침(Single line text guidelines)

① 단일 행 문자를 작성할 때 각 행은 개별 문자 객체입니다.
② 엔터키를 누르면 이전 문자 행과 정렬된 다른 문자 행이 시작됩니다.
③ 도면 영역에서 점을 선택하면 다음 문자 행의 새 위치가 지정됩니다.
④ 엔터키를 두 번 누르면 단일 행 문자 명령이 종료됩니다.
⑤ 명령을 시작할 때 다른 스타일을 지정하지 않는 한 현재 문자 스타일로 단일 행 문자가 작성됩니다. 단일 행 문자 명령을 시작하기 전에 문자 패널에 있는 목록에서 다른 문자 스타일을 선택하기가 가장 쉽습니다.
⑥ 단일 행 문자를 작성할 때는 명령행 프롬프트를 따릅니다.
⑦ 도면 영역에 문자 행의 시작점을 지정하여 문자 높이 및 회전 각도를 지정할 수 있습니다.
⑧ 단일 행 문자를 편집하려면, 그것을 더블 클릭합니다.
⑨ 단일 행 문자 객체의 자리맞추기, 스타일 또는 높이를 변경하려면 객체를 선택하고 마우스 오른쪽 버튼을 클릭합니다. 바로 가기(단축) 메뉴에서 [특성] 또는 [빠른 특성]을 선택합니다.
⑩ 명령행 또는 문자 창(F2)과 같은 다른 위치에서 문자를 복사하여 단일 행 문자 입력 영역에 붙여 넣을 수 있습니다.
⑪ 여러 줄 문자를 분해하면 문자 객체의 단일 행 문자열이 됩니다.
⑫ 명령행에서 T를 입력하고 엔터키를 누르면 '여러 줄 문자(Multiline text)' 명령이 시작됩니다. 만일 Text를 입력하고 엔터키를 누르면 단일 행 문자(Text) 명령이 시작됩니다.
⑬ 문자는 항상 고유한 도면층에 배치하는 것이 좋습니다.

1.3 여러 줄 문자 명령(Mtext command)

❏ 여러 줄 문자 정의(Multiline text defined)

여러 줄 문자(Multiline Text)는 단어, 기호 및 기타 문자 정보의 모음으로, AutoCAD 내장 편집기를 사용하여 작성, 형식 지정 및 편집할 수 있습니다. 우리는 여러 줄 문자 단락을 단일 여러 줄(Mtext) 객체로 작성하고 자리 맞춤, 기울임 꼴, 밑줄, 굵게 및 삽입 기호를 포함하는 문자 모양을 선호하는 형식 지정을 할 수 있습니다.

❏ 여러 줄 문자 명령 호출(Access a Mtext command)

'여러 줄 문자(Mtext)' 명령을 사용하면, Microsoft Word 혹은 한글 워드프로세서 프로그램과 유사한 환경에서 보다 다양하고, 편리하게 문자를 입력할 수 있습니다.

[주석] 탭 ⇨ [문자] 패널에서 [여러 줄 문자(Mtext)] 명령 아이콘을 클릭합니다.

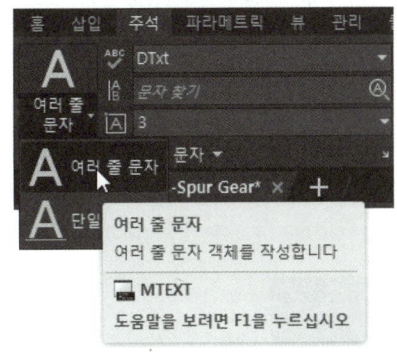 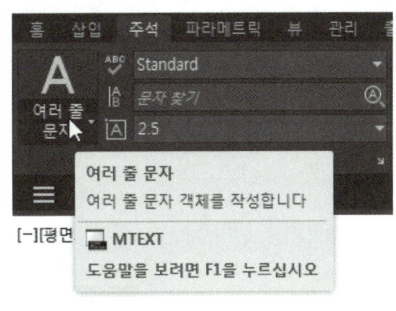

명령: _mtext
현재 문자 스타일: "Standard" 문자 높이: 2.5 주석: 아니오

첫 번째 프롬프트 메시지는 현재 설정에 대한 몇 가지 정보를 제공하는 것입니다.

메시지에는 현재 스타일(Standard)과 현재 높이(2.5) 및 이 문자가 주석이 될 것인지 아닌지를 보여줍니다. 대각선으로 입력할 영역을 지정해야 하므로 메시지가 표시된 후 커서가 다음으로 변경됩니다.

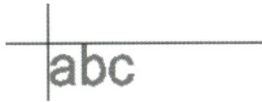

첫 번째 구석 지정:
반대 구석 지정 또는 [높이(H)/자리맞추기(J)/선 간격두기(L)/회전(R)/스타일(S)/폭(W)/열(C)]:

다음 그림처럼 도면 창에 문자를 입력할 영역을 정의하기 위해 대각선으로 두 점을 클릭합니다.

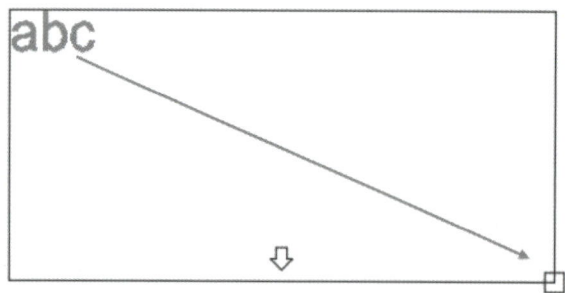

여러 줄 문자 입력 영역이 지정되면, 다음 그림처럼 리본 메뉴에 [문자 편집기] 상황 탭이 표시되고, 도면 창에는 문자 입력 표식기 표시됩니다. 우리는 [문자 편집기] 상황 탭에 있는 다양한 도구 패널의 옵션을 사용하여 문자 모양을 제어하고, 단락 형식을 지정하고, 기호를 삽입하고, 필드를 추가하고, 맞춤법을 검사하고, 도면의 주석과 관련된 기타 기능을 수행할 수 있습니다.

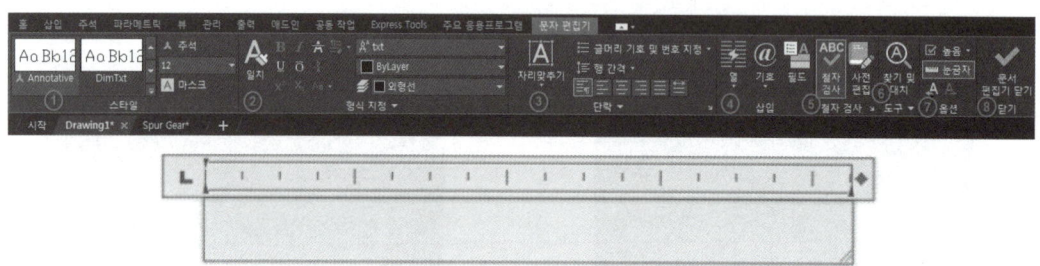

❑ 스타일 패널(Style panel)

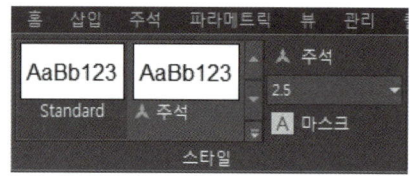

① '스타일' 패널에서 사용할 현재 문자 스타일을 선택하고 높이를 설정합니다.

② 배경 마스크(Background Mask)를 선택하면, 선택한 문자에 대해 '배경 마스크' 대화상자가 표시됩니다.

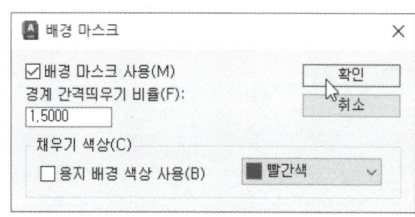
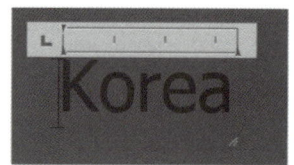

❏ 형식 지정 패널(Formatting panel)

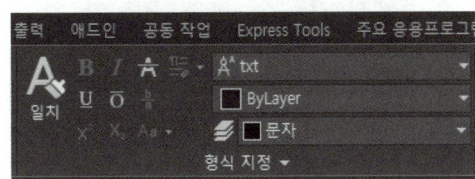

① '형식 지정' 패널에서 문자를 굵게, 기울임 꼴, 밑줄 또는 밑줄 표시 여부를 제어합니다.
   또한 우리는 현재 문자 스타일 글꼴 및 색상을 재정의하도록 선택할 수도 있습니다.
② 선택한 문자 특성을 일치시켜 다른 문자에 적용합니다.
③ 선택한 문자를 굵게, 기울임 꼴, 밑줄, 밑줄 또는 밑줄로 만듭니다.
④ 선택한 문자의 글꼴 및 색상을 변경합니다.
⑤ 선택한 문자를 첨자 또는 첨자로 변경합니다.
⑥ 대문자를 소문자로 변경하거나 그 반대로 변경합니다.
⑦ 문자 형식을 지웁니다.
⑧ 선택한 문자의 경사 각도를 변경합니다.
⑨ 추적을 변경합니다(문자 사이의 공백을 늘리거나 줄입니다).
⑩ 폭 비율을 변경합니다.

❏ 단락 패널(Paragraph panel)

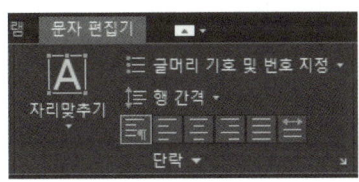

① '단락' 패널에서 선택한 문자의 자리 맞춤, 줄 간격, 번호 지정 및 글머리 기호를 제어합니다.
② '자리맞추기(Justification)' 드롭다운 옵션 중 하나를 선택하여 선택한 문자 영역과 관련된 문자의 맞춤을 변경합니다.
③ 글머리 기호 및 번호 매기기를 사용하도록 선택한 문자를 변경합니다.
   아래에 나열된 세 가지 선택 항목(번호 매겨짐, 글자로 번호 매겨짐, 글머리 기호)이 있습니다.

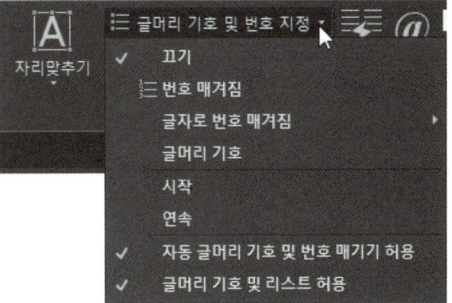

④ 아래와 같이 6개 버튼 중 하나를 사용하여 텍스트의 수평 맞춤을 변경합니다.

❑ 삽입 패널(Insert panel)

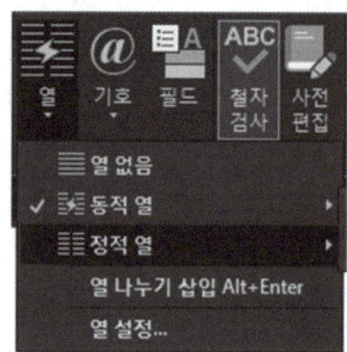

① '삽입' 패널을 통해 기호, 열 및 필드(예: 작성자 및 날짜)를 삽입할 수 있습니다.
② 문자를 두 개 이상의 열로 변환합니다. 열(Columns) 드롭다운을 클릭하면 다음 메뉴가 나타납니다. AutoCAD에서 높이를 지정할지(자동 높이) 또는 높이를 설정할지(수동 높이)를 선택할 수 있는 동적 열이 표시됩니다. 정적 열을 사용하려면 정적 열 옵션을 선택하여 열 수를 지정합니다.
③ '열 나누기 Alt+Enter 삽입' 옵션을 선택하여 열 나누기를 특정 행에 삽입합니다.
　이는 나머지 열이 다음 열로 이동함을 의미합니다.
④ '열 설정(Column Settings)' 옵션을 선택하여 '열 설정' 대화상자를 표시합니다.
　이 대화상자에서는 위의 모든 설정을 수행할 수 있을 뿐만 아니라 열 폭(Column Width) 및 열 사이 거리(Gutter)를 설정할 수 있습니다.

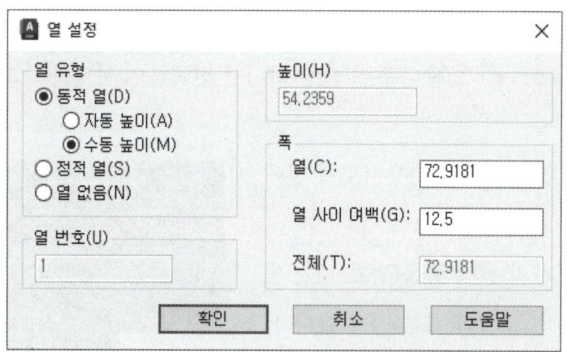

⑤ 키보드에서 사용할 수 없는 과학 기호나 문자를 문자 행에 추가하려면, '기호'를 선택합니다.
　다음 그림과 같이 '기호' 드롭다운을 클릭하면, 사용할 수 있는 20개의 기호가 표시됩니다.

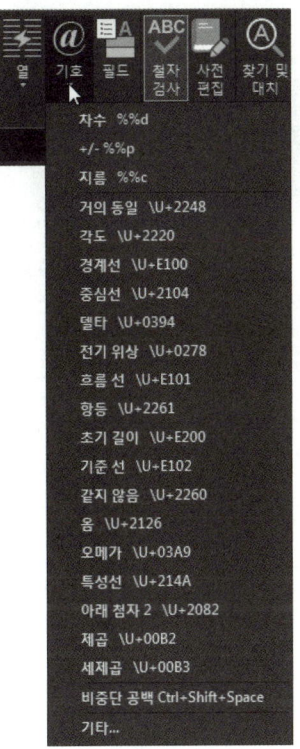

❏ 철자 검사 패널(Spell Check panel)

① '맞춤법 검사'를 통해 맞춤법을 검사할 수 있습니다.
② 문자 편집기에 있는 동안 맞춤법 검사 아이콘을 클릭해서 활성화하면 다음 예제와 같이 철자가 틀린 단어를 찾을 수 있습니다. 단어 아래에 점선이 표시됩니다.

③ 올바른 단어에 대한 제안을 받으려면, 단어로 이동하고 마우스 오른쪽 버튼을 클릭하면, 다음 하위 메뉴가 표시됩니다.

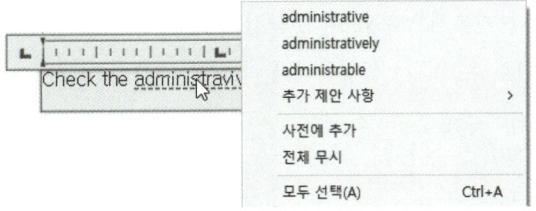

④ 기본 사전이 아닌 다른 사전을 선택할 수 있는 사전 편집 아이콘을 선택합니다.

❏ 도구 패널(Tools panel)

 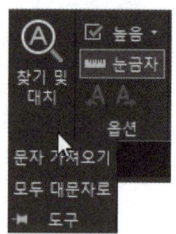

① '도구' 패널에는 찾기 및 바꾸기, 텍스트 가져오기, 대/소문자 변경 옵션이 포함되어 있습니다.
② 다음 대화상자에 표시되는 것처럼 찾기 및 대치 아이콘을 눌러 단어를 검색한 다음 다른 단어로 바꿉니다.

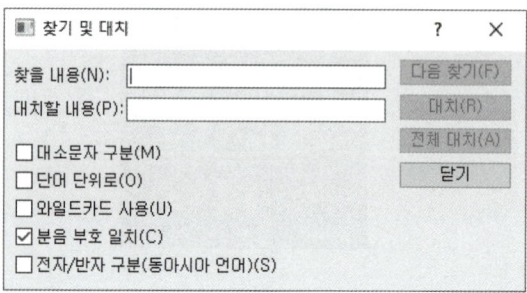

③ 문자 가져오기를 사용하여 문자 파일에서 문자를 가져옵니다.
④ 모두 대문자로(auto caps) 사용하여 대문자를 사용하여 문자 편집기에 쓸 수 있습니다.

❏ 옵션 패널(Options panel)

① '옵션' 패널은 문자 상자 눈금자의 표시를 제어하고 문자 세트 및 편집기 설정을 변경합니다.
② 위의 오른쪽 그림과 같이 문자 세트 변경, 선택한 문자 변경 형식 제거, 편집기 설정 변경 또는 여러 줄 문자에 대한 추가 도움말을 봅니다.
③ 눈금자를 표시하거나(기본적으로 표시됨) 숨깁니다.
④ 문자 작업을 실행 취소하고 다시 실행합니다.

❏ 닫기 패널(Close panel)

① [닫기]를 클릭하면, 여러 줄 문자 편집기를 닫을 수 있습니다.

❏ 여러 줄 문자 내부 문자 편집기(Mtext in-place editor)

우리는 '문자 편집기'에서 다음과 같은 작업을 할 수 있습니다.

① 다음 컨트롤(폭 크기 조정기, 높이 크기 조정기, 구석 크기 조정기)을 사용하여 영역의 폭 크기와 높이 크기를 변경할 수 있습니다.

② 눈금자를 사용하여 첫 번째 줄 들여쓰기와 단락 들여쓰기를 설정할 수 있습니다.

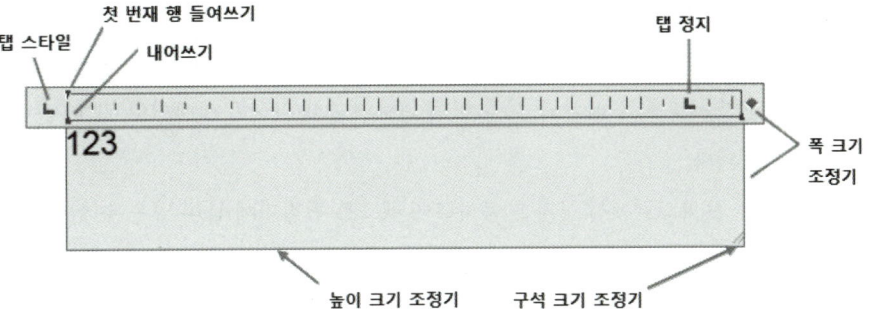

③ 마우스 오른쪽 버튼을 클릭하면 위에서 설명한 모든 기능이 포함된 다음 메뉴가 나타납니다. 패널과 버튼을 사용하거나, 이 방법으로 이러한 명령에 액세스할 수 있습니다.

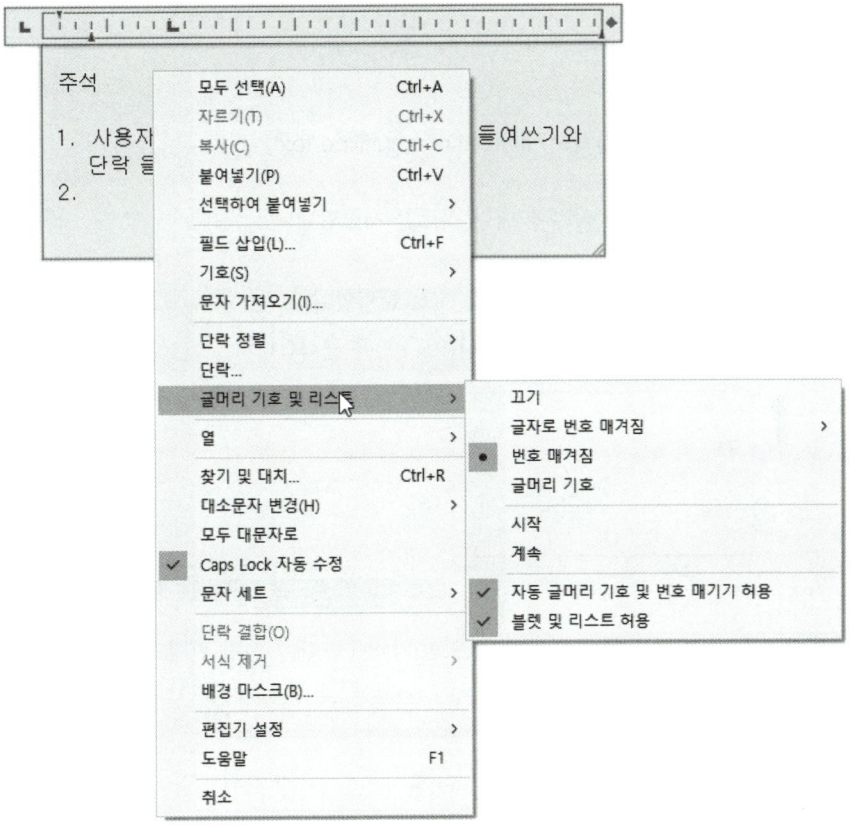

❑ 여러 줄 문자 지침(Multiline text guidelines)

① 문자를 도면에 표시할 영역을 기준으로 문자 창 크기를 유지합니다. 그립을 사용하여 폭과 높이를 조정합니다.

② 형식 지정 패널에서 특정 글꼴 옵션을 설정하여 현재 스타일의 글꼴을 재정의할 수 있습니다.

③ 여러 줄의 문자 단락이 문자 상자 내에서 줄 바꿈 기능을 유지하도록 하려면 엔터키를 눌러 새 줄이나 단락을 시작합니다.

④ 선택한 문자의 형식을 지정하려면 먼저 문자를 선택한 다음 형식 지정 옵션을 선택합니다. 한 번 클릭하면 커서가 새 위치에 배치되고, 두 번 클릭하면 전체 단어가 선택되며, 세 번 클릭하면 전체 단락이 선택됩니다.

⑤ 다른 위치 또는 프로그램에서 문자를 복사하여 텍스트 편집기에 붙여 넣을 수 있습니다. 그러나 원본과 관련된 문자 형식을 유지할 수 있습니다. 먼저 문자를 메모장에 붙여 넣은 후 다시 복사하여 여러 줄 문자 편집기에 붙여 넣습니다. 이렇게 하면 AutoCAD에서 지정한 문자 스타일을 유지할 수 있습니다.

⑥ '문자 편집기' 창에서 마우스 오른쪽 버튼을 클릭하여 여러 줄 문자 옵션에 액세스할 수도 있습니다.

⑦ 문자는 항상 고유한 도면층에 배치하는 것이 좋습니다.

연습 과제〉 여러 줄 문자 입력하기(Creating multiline text)

다음 연습에서는 여러 줄 문자 작성에 대한 개요를 제공합니다.

1 리본 [주석] 탭 [문자] 패널에서 ▲[여러 줄 문자]를 클릭합니다.

문자를 입력할 영역을 지정할 대각선의 두 점(P1, P2)을 클릭합니다.

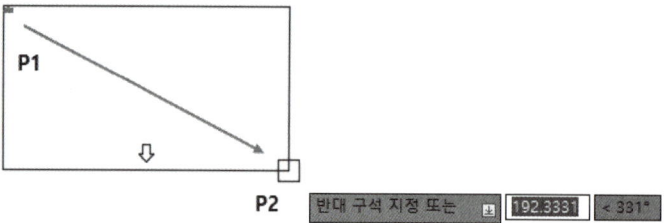

리본 메뉴에는 '문자 편집기' 탭이 표시되고, 도면 영역에는 내부 문자 편집기가 표시됩니다.

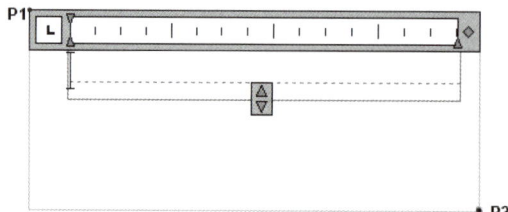

2 '스타일' 패널에서 ① 문자 스타일로 'Standard'를 클릭하고, ②문자 높이를 설정합니다.

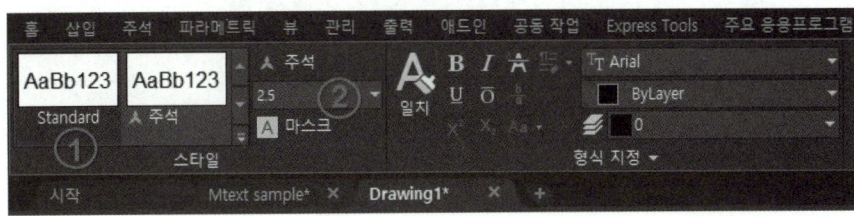

3 번호 또는 글머리 기호 목록과 기호에 필요한 옵션을 사용하여 문자 작성을 시작합니다.

4 필요한 경우 눈금자를 사용하여 문자 영역의 폭과 높이를 조정합니다.

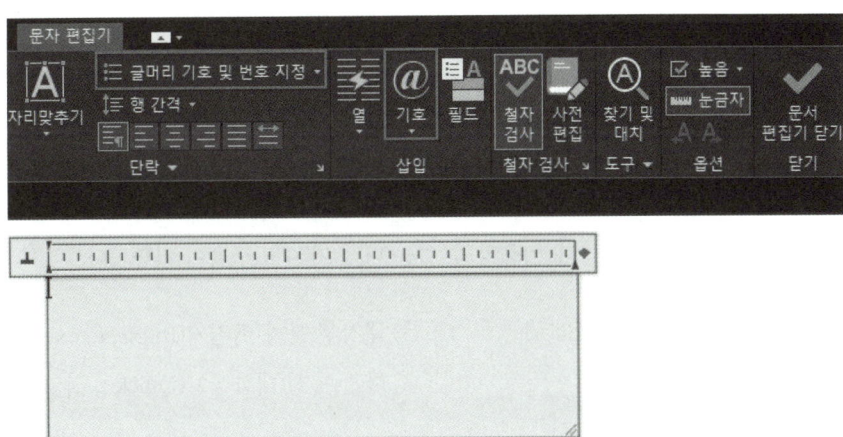

5 문자를 수용하고 종료하려면 텍스트 편집기 바깥쪽 도면 영역에 더블 클릭합니다.

02 문자 편집하기 (Editing text)

이 단원에서 우리는 AutoCAD에서 단일 행 문자(Text)와 여러 줄 문자(Mtext) 모두 편집하는 방법에 관해 소개하고, 설명합니다. 대부분의 일반적인 도면에는 최소한 어떤 특정 문자 객체들이 포함됩니다. 그래서 우리는 도면에서 기존 문자 객체를 빠르고 효율적으로 편집할 수 있어야 합니다. 우리는 AutoCAD에서 간혹 문자를 처음부터 생성하는 것보다 기존 문자 객체의 복사본을 만든 다음 복사본을 편집하기가 오히려 쉬운 경우가 많습니다.

2.1 문자 편집하기(Editing text)

AutoCAD에서 문자를 편집하는 데 이용할 수 있는 다섯 가지 도구들이 있습니다.

① 여러 줄 문자 편집기(Mtext editor) ② 내장된 문자 편집기(In-place text editor)
③ 특성 대화상자(Properties) ④ 빠른 특성 대화상자(Quick properties)
⑤ 그립(Grip)

❏ **문자를 더블 클릭(Double-click text)**

도면 영역에서 문자들을 편집하는 가장 빠른 방법은 문자 객체를 더블 클릭하는 것입니다. 도면 창에서 문자를 편집하려면, 단일 행 문자 또는 여러 줄 문자를 더블 클릭합니다.

만일 단일 행 문자 객체를 더블 클릭하면, 그 문자를 작성한 것과 동일한 방식으로 TEXTED 혹은 MTEXTED 시스템 변수 설정에 따라 편집할 수 있는 내장 문자 편집기 혹은 '문자 편집' 대화상자가 열립니다. 다음 그림처럼 선택한 문자가 표시되므로 그것에 추가하거나 수정할 수 있습니다.

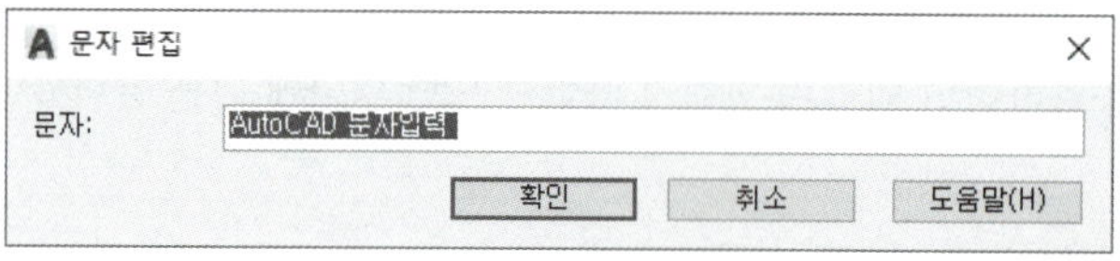

리본 메뉴에 '문자 편집기' 상황 탭이 맨 위에 나타납니다. 도면 창에 여러 줄 문자 편집기가 내장 문자 편집기와 함께 표시됩니다. 원하는 내용을 모두 변경합니다.

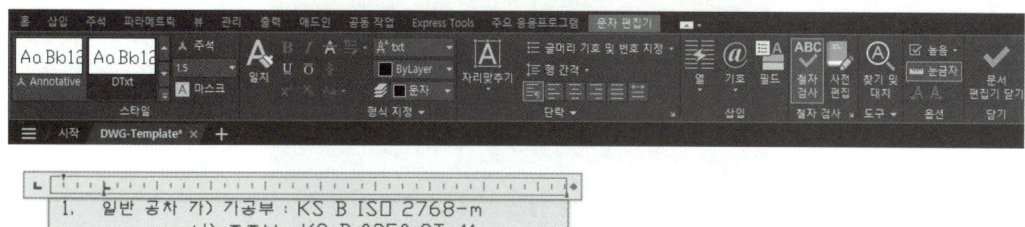

❑ 빠른 특성 팔레트로 단일 행 문자 편집하기

빠른 특성 팔레트를 사용하여 문자 내용뿐 아니라 단일 행 문자와 관련된 대부분 특성을 수정할 수 있습니다. 다음 그림에서는 빠른 특성 팔레트를 사용하여 문자 회전 옵션이 30도로 변경되었습니다.

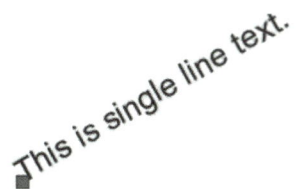
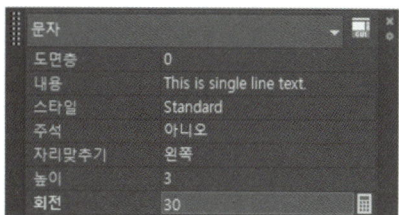

❑ 빠른 특성 팔레트로 여러 줄 문자 편집하기

문자 객체를 편집하는 또 다른 옵션은 빠른 특성 팔레트를 사용하는 것입니다. 문자 내용뿐 아니라 문자와 관련된 대부분 특성을 수정할 수 있습니다.

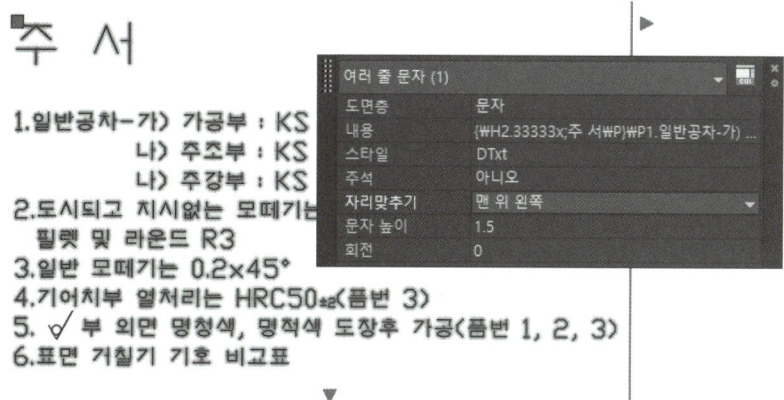

다음 그림에서 빠른 특성 팔레트를 사용하여 문자 맞춤 옵션이 중간 중앙으로 변경됩니다.

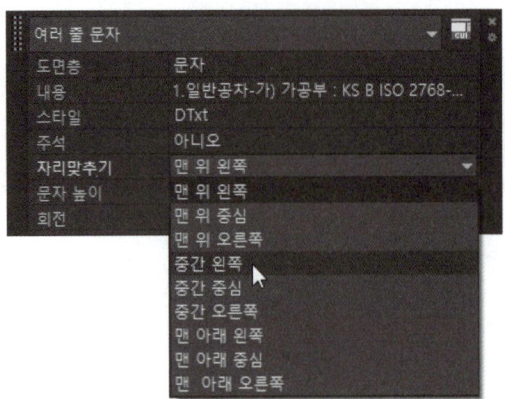

우리는 그립(Grip)을 사용하여 문자의 위치와 너비 혹은 폭을 편집할 수도 있습니다. 우리가 도면 영역에서 문자를 선택하면 그립이 표시됩니다. 우리는 그립을 이용해서 형상 편집하는 것과 동일한 방법을 사용하여 문자 객체를 그립으로 편집할 수 있습니다.

다음 그림에서는 '문자 편집(Ddedit)' 명령을 사용하여 치수 문자를 편집할 수 있습니다.

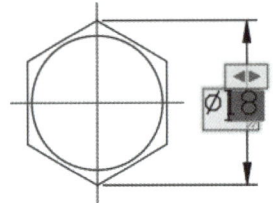

❏ 특수 문자 입력

입력 코드	설명	입력 샘플	표시
%%O	문자 위 줄긋기	%%oHole	Hole
%%U	문자 밑 줄긋기	%%uHole	Hole
%%D	각도 표시	45%%d	45°
%%P	공차 표시	20%%p5	20±5
%%C	지름 표시	%%c30	Ø30
%%%	퍼센트 표시	45%%%	45%
%%%nnn	ASCII 코드	%%100	d

❏ 특성 팔레트로 문자 편집하기

단일 행 문자 또는 여러 줄 문자를 선택하고, 마우스 오른쪽 버튼으로 클릭한 후 '특성' 옵션을 선택하면, 다음의 특성 팔레트가 나타납니다.

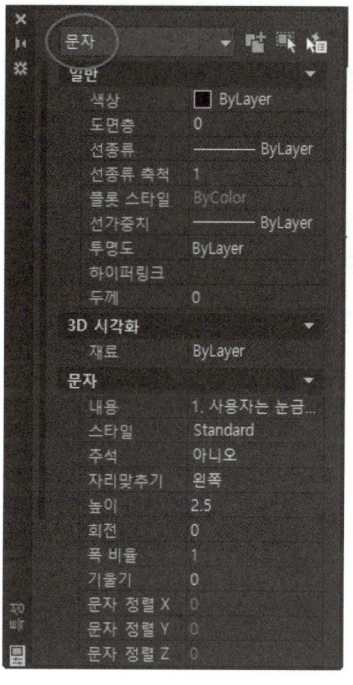 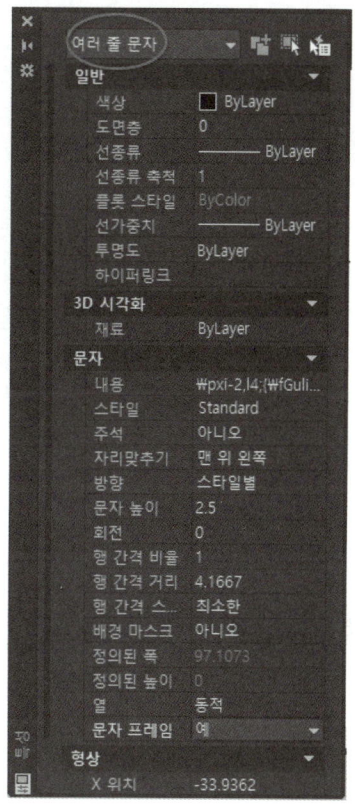

위 그림에서 볼 수 있듯이 선택한 문자와 관련된 모든 내용을 변경할 수 있습니다. 여러 줄 문자 특성에는 '문자 프레임' 옵션이 있습니다.

> 주석
> 1. 사용자는 눈금자를 사용하며 첫 번째 줄 들여쓰기와 단락 들여쓰기를 설정할 수 있습니다.
> 2.

연습 과제〉 단일 행 문자 편집하기(Editing single line text)

다음 연습은 단일 행 문자를 편집하는 것에 대한 개요를 제공합니다.

1 도면 영역에서 편집할 단일 행 문자를 더블 클릭합니다.
2 '내장 문자 편집기'가 표시되며 문자의 각 한 줄에 있는 내용을 편집합니다.

마우스 커서를 클릭하여 잘못된 철자를 확인하고 수정할 수 있습니다.

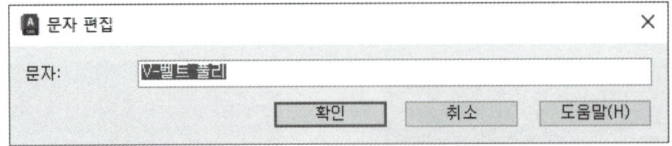

만일 시스템 변수 DTEXTED 혹은 TEXTED = 1이면,

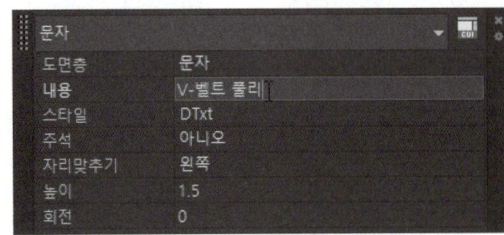

만일 빠른 특성 팔레트의 내용 필드에서 잘못된 철자를 확인하고 수정할 수 있습니다.

3 문자 편집기 창 외부를 클릭하거나 [확인] 버튼을 클릭해서 편집 작업을 종료합니다.

연습 과제〉 여러 줄 문자 편집하기(Editing multiline text)

다음 연습은 여러 줄 문자를 편집하는 것에 대한 개요를 제공합니다.

1 도면 영역에서 편집할 여러 줄 문자를 더블 클릭합니다.
2 '내장 문자 편집기'를 사용하여 문자 내용을 편집하거나 리본 메뉴 '문자 편집기' 상황 탭에 있는 옵션을 사용하여 형식(포맷)을 지정할 문자를 선택합니다.
3 리본 메뉴에 있는 '문자 편집기' 상황 탭에 있는 옵션을 사용하여 선택한 문자의 형식을 지정하면 선택한 문자에 기호, 선 간격, 번호 지정, 글머리 기호 또는 단락 정렬을 삽입할 수 있습니다.

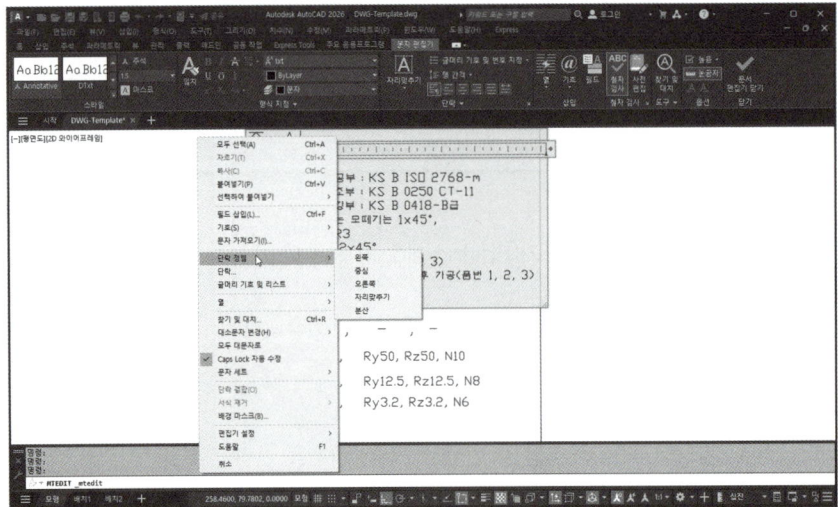

연습 과제〉 문자 편집하기(Editing text)

이 연습 과제에서 단일 행 문자(Text)와 여러 줄 문자(MText)를 편집하여 특성을 변경하고 번호가 매겨진 목록을 만듭니다.

1 다음 그림처럼 그립을 표시하기 위해 'Arbor Press' 문자를 선택합니다.
문자가 왼쪽 자리 맞춤임을 표시하는 그립의 위치를 주목합니다.

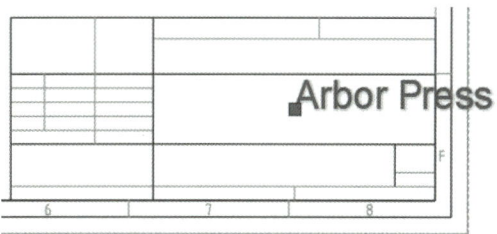

2 빠른 특성 팔레트가 열려 있지 않았으면 상태 막대에서 '빠른 특성' 도구를 선택하거나 마우스 오른쪽 버튼을 클릭하여 바로 가기 메뉴에서 '빠른 특성'을 클릭합니다.

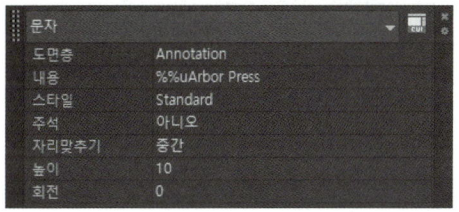

① 빠른 특성 팔레트의 문자 아래의 내용 필드에 '%%uArbor Press'를 입력합니다.

> **참고〉 특수 문자**
>
> %%u는 문자에 밑줄을 표시하기 위한 ASCII 문자입니다. 여러 줄 문자면 리본 메뉴 문자 편집기 탭에서 형식 지정 옵션을 사용할 수 있습니다.

② 빠른 특성 팔레트의 자리맞추기에 중간으로 설정합니다.
③ 빠른 특성 팔레트의 높이에 10으로 설정합니다.

3 문자 선택을 해제하기 위해 Esc 키를 누릅니다. 문자의 새로운 모양에 주목합니다.

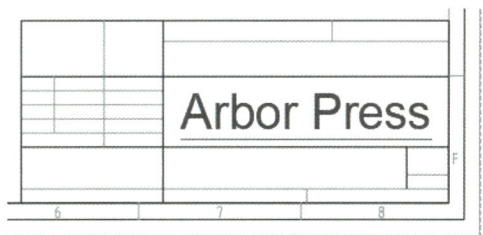

4 다음 그림처럼 주석 문자를 더블 클릭합니다. 문자 형식 도구 막대는 내장 문자 편집기에 표시됩니다.
각 행의 시작에 있는 숫자를 제거합니다.

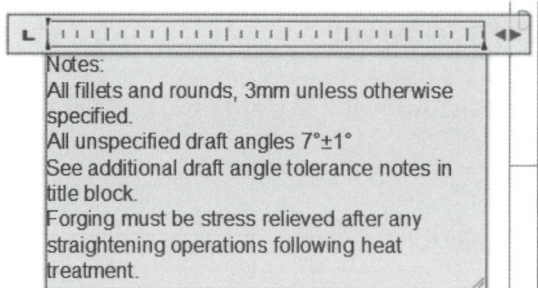

5 Notes 단어 아래의 모든 문자를 선택합니다.

리본 메뉴 [문자 편집기] 탭 ▷ [단락] 패널에서 글머리 기호 및 번호 지정 드롭다운을 클릭하고, 번호 매겨짐을 클릭합니다.

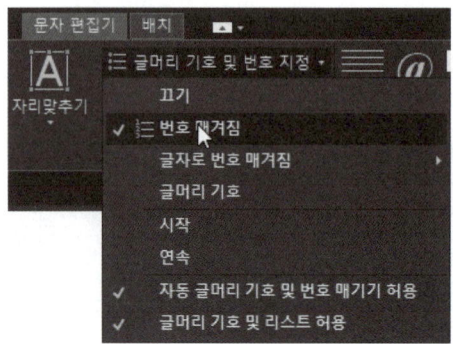

이제 문자들은 다음 그림처럼 표시됩니다.

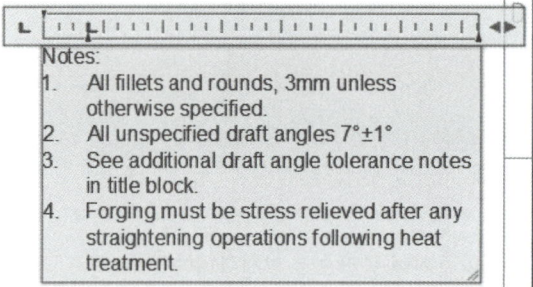

6 3번 행의 시작 위치에 커서를 배치하고 Tab 키를 누릅니다.

행 번호가 자동으로 하위 노트로 다시 매겨지고 번호가 다시 정렬됩니다.

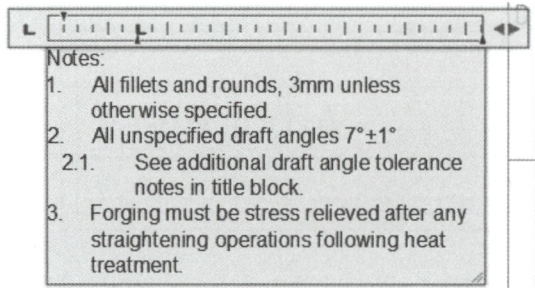

7 '닫기' 패널에서 [문서 편집기 닫기] 아이콘을 클릭합니다.

TIP 〉 누락된 글꼴 맵핑(Missing font mapping)

외부 도면 파일을 열 때, 다음과 같은 대화상자가 표시된다면, 도면을 열면서 AutoCAD가 검색한 결과 해당 폰트 파일이 컴퓨터 AutoCAD fonts(폰트) 폴더에 없어서 때문에 발생합니다.

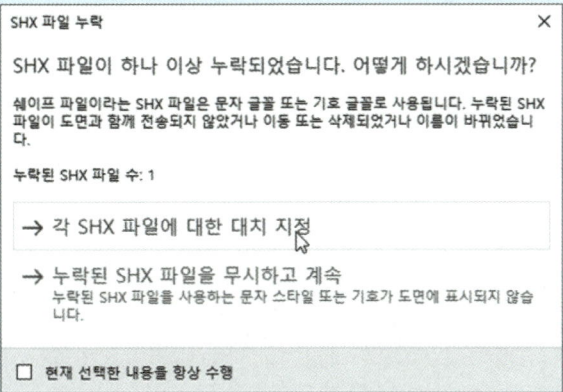

누락된 글꼴 맵핑(Missing font mapping) 문제를 해결하는 두 가지 방법이 있습니다.

① 도면 파일 작성자로부터 누락된 해당 폰트 파일을 요구해서 컴퓨터 AutoCAD 폰트(Fonts) 폴더에 복사한 후 다시 이 도면 파일을 엽니다.

② [각 SHX 파일에 대한 대치 지정] 항목을 클릭하고, 다음 대화상자에서 'w'로 시작하는 4개의 한글 폰트 중 하나(whgtxt.shx - 한글 단선 고딕체) 를 선택한 후 [확인] 버튼을 클릭하면, 선택한 한글 폰트로 대체되면서 도면은 정상적으로 열리게 됩니다.

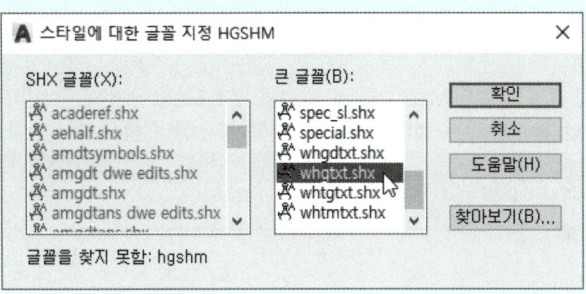

2.2 여러 줄 문자열과 그립(Mtext columns and grips)

도면에서 여러 줄 문자 객체를 사용하면 문자를 열로 형식 지정을 할 수 있습니다.
테이블과 유사한 방식으로 그립을 사용하여 문자를 편집할 수도 있습니다.

❑ 여러 줄 문자 배치(Placing mtext)

'여러 줄 문자(Mtext)'를 배치하면, '문자 편집기(Text editor)' 탭이 리본 메뉴에 활성화됩니다. 또한, 삽입 창의 열 옵션을 사용하여 문자 형식을 열로 지정하도록 지정할 수 있습니다.

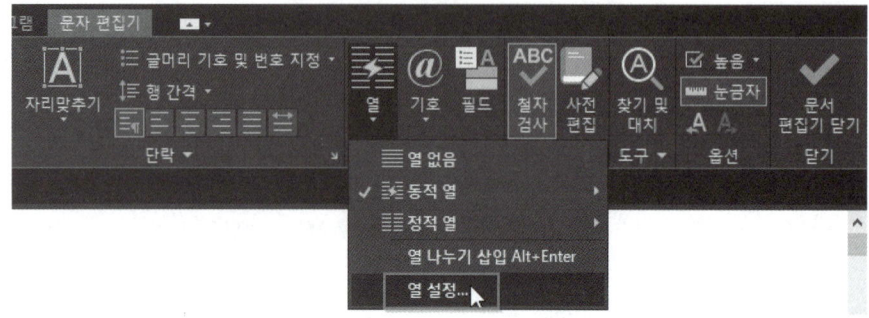

동적 열	동적 열 모드를 현재 Mtext 객체로 설정합니다. 동적 열은 문자 기반입니다. 열을 조정하면 문자 흐름에 영향을 미치며 문자 흐름으로 인해 열이 추가 또는 제거됩니다. 자동 또는 수동 높이 옵션을 사용할 수 있습니다.
정적 열	정적 열 모드를 현재 Mtext 객체로 설정합니다. Mtext 객체의 총 너비 및 높이와 열 수를 지정할 수 있습니다. 모든 열이 동일한 높이를 공유하며 양쪽에서 정렬됩니다.
열없음	현재 Mtext 객체에 대해 열을 지정하지 않습니다.

리본 메뉴에서 수동 열 구분 기호를 삽입할 수도 있습니다. 열이 없음을 선택하면 이 옵션이 실행 중지됩니다.

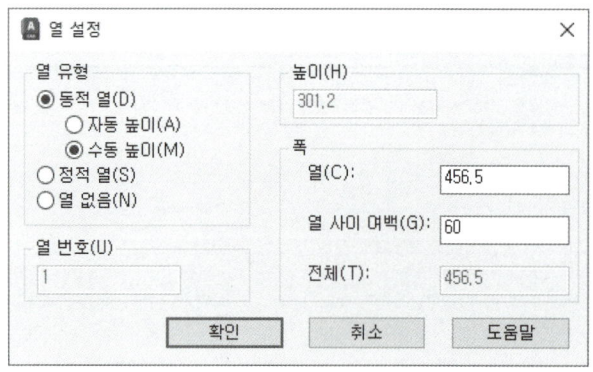

❏ **그립으로 여러 줄 문자 편집하기(Editing mtext with grips)**

도면 창에서 여러 줄 문자를 선택하면, 기준선의 시작 지점에 그립이 표시되고 자리맞추기 지점에 그립이 표시됩니다(두 점이 일치하는 경우 하나만 표시될 수 있음).

만일 단일 행 문자를 클릭하면, 그림 점은 다음과 같이 표시됩니다,

1. 사용자는 눈금자를 사용하여

다음 그림처럼 여러 줄 문자를 선택할 때(아래 예제에서는 맞춤 점이 TL임) 한 개의 그립이 맞춤점에 나타나고 하단과 오른쪽에 하나씩 두 개의 삼각형이 나타납니다. 삼각형의 아랫부분을 사용하여 여러 줄 문자를 열로 자를 수 있습니다. 단순히 그것을 늘려서 문자가 두 개의 열로 잘린 것을 볼 수 있습니다. 오른쪽의 삼각형을 사용하면 문자의 수평 거리를 늘리거나 줄일 수 있으므로 문자의 높이를 늘리거나 줄일 수 있습니다. 그립으로 여러 줄 문자(Mtext) 편집하면, 다음 그림처럼 그립을 사용하여 열 너비와 높이를 조정하는 기능입니다.

주석

1. 사용자는 눈금자를 사용하여 첫 번째 줄 들여쓰기와 단락 들여쓰기를 설정할 수 있습니다.
2.

다음 그림처럼 여러 열 문자를 클릭하면, 왼쪽의 첫 번째 열에도 동일한 내용이 표시됩니다. 단, 맨 아래의 화살표가 위쪽이 아닌 아래쪽을 가리키고 있습니다. 다른 열의 경우 오른쪽에 화살표가 표시됩니다. 오른쪽의 마지막 열에는 오른쪽의 일반 화살표 외에 오른쪽 아래 모서리에 화살표가 표시되어 전체 문자가 한 번에 너비와 높이를 늘리거나 줄일 수 있습니다.

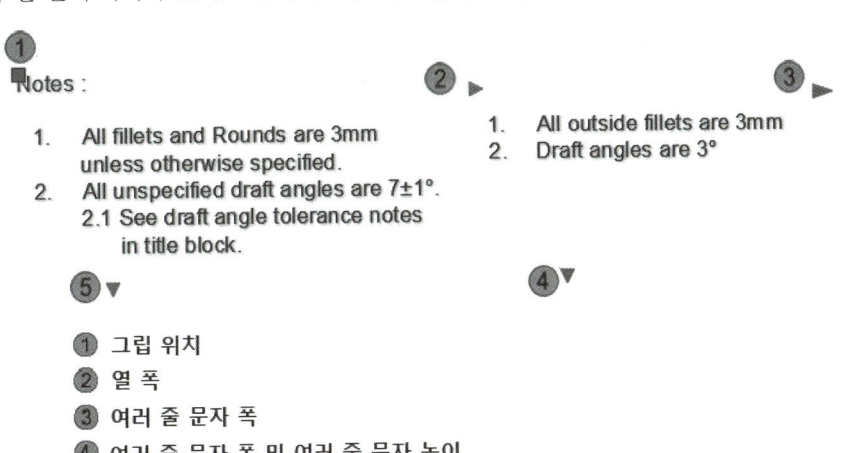

① 그립 위치
② 열 폭
③ 여러 줄 문자 폭
④ 여러 줄 문자 폭 및 여러 줄 문자 높이
⑤ 여러 줄 문자 높이

실습과제 37〉 다음 지시대로 문자를 입력합니다.

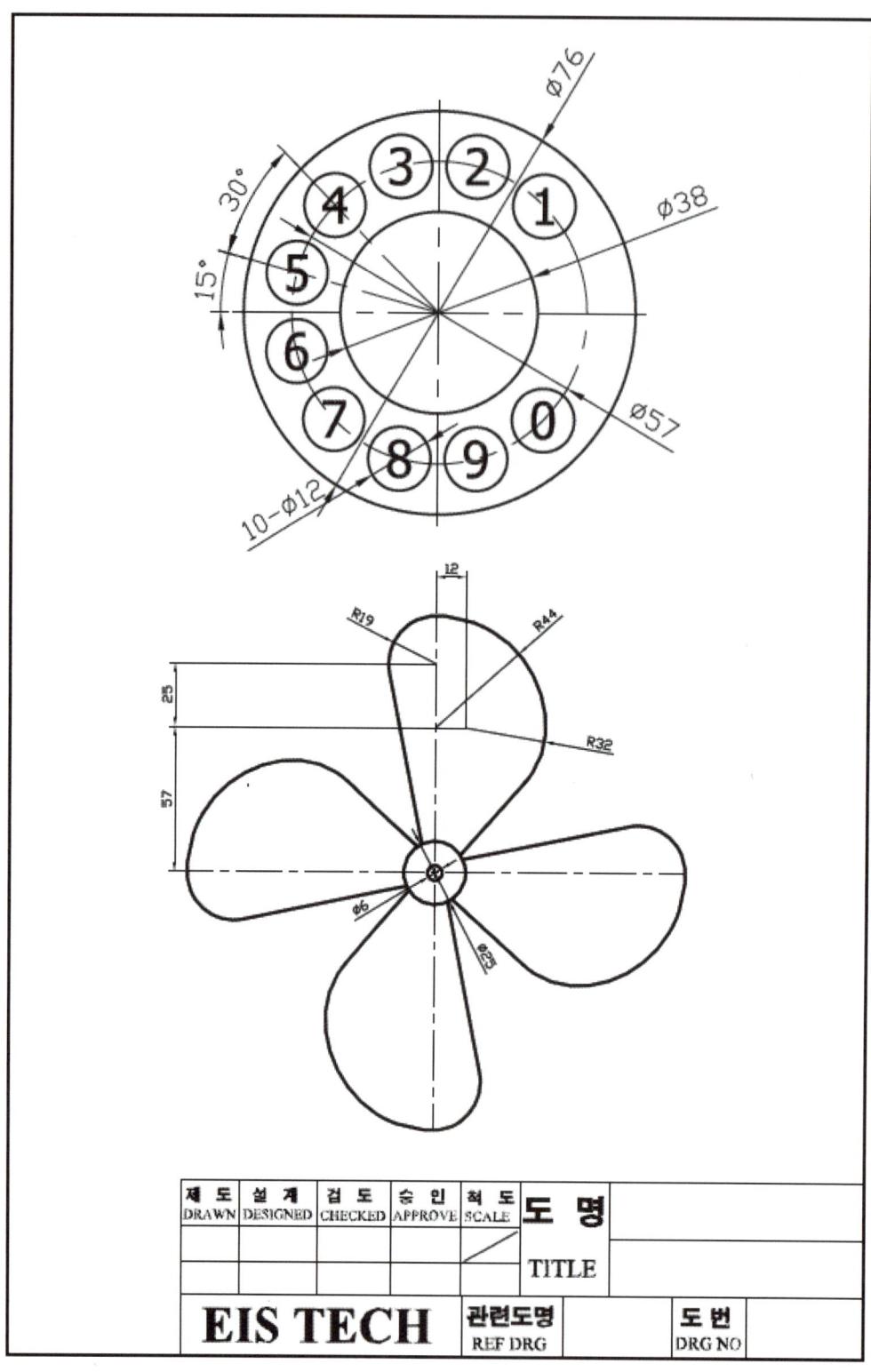

실습과제 38〉 다음 지시대로 문자를 입력합니다.

주 석

1. 일반 공차 가)가공부 : KS B ISO 2768-m
              나)주조부 : KS B 0250 CT-11
              다)주강부 : KS B 0418 보통급

2. 도시되고 지시없는 라운드 및 필렛R3,모떼기1×45°

3. 일반 모떼기 0.2×45°

4. ―・― 열처리 H$_R$C55$_{±0.2}$(품번 3)

5. ∨부 외면 명회색 도장후 가공 (품번 1, 2)

6. 기어 치부 열처리H$_R$C55$_{±0.2}$

7. 표면 거칠기

∀ = ∨ , ― , ―
∀ = ∀(12.5) , Ry50, Rz50   , N10
∀ = ∀(3.2) , Ry12.5, Rz12.5 , N8
∀ = ∀(0.8) , Ry3.2, Rz3.2   , N6

5	스퍼 기어	SCM 415	2	
3	측	SM 45C	1	
2	하우징 커버	SC 49	1	
1	하우징	SC 49	1	
품번	품 명	재 질	수 량	비 고

EIS TECH 설계제도 /CAD 학습과제

척 도	각 법	도 명	제 도	도 번
1:2	3		성 명	
			일 자	

실습과제 39〉 다음 그림과 같이 요목표와 표제란을 작성하세요.

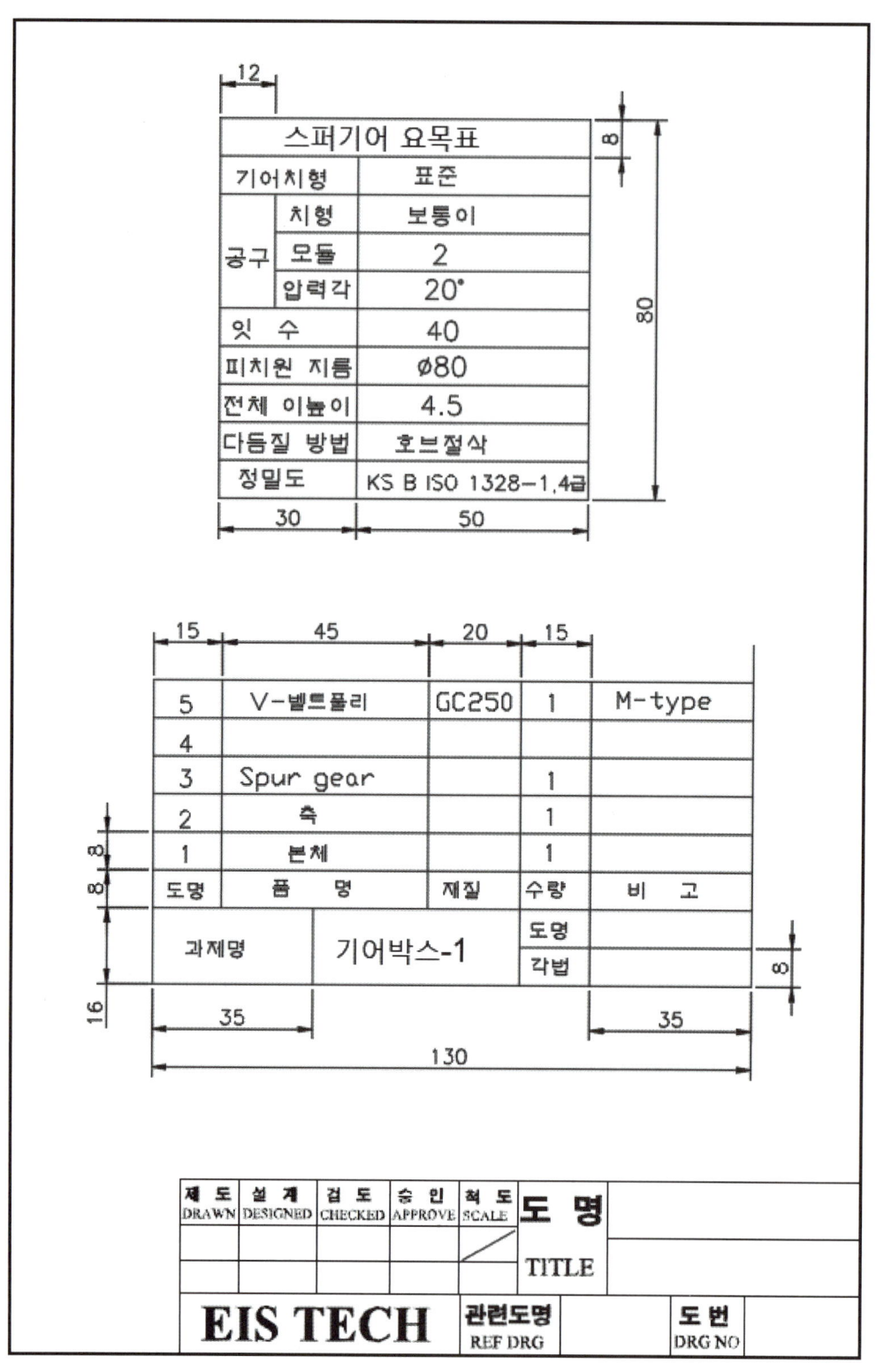

03 해치 객체 (Hatching objects)

우리는 도면의 특정 영역에 주목이나 집중을 초래하거나 주의를 환기할 수 있도록 도면에 해치 패턴 및 그러데이션 채우기를 사용할 수 있습니다. 예를 들어, 지붕 또는 바닥 타일을 초안으로 고려할 때 혹은 가공된 부품들의 단면 뷰를 작성할 때 해치를 추가할 수 있습니다. 또한, 우리는 건설, 철골 공사 또는 도로 설계에 해치(Hatch)를 사용할 수도 있습니다.

 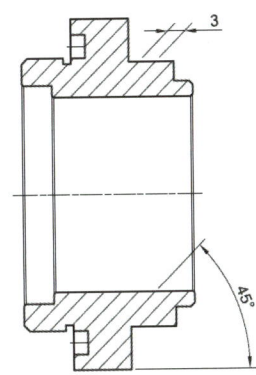

3.1 해치 객체(Hatching objects)

해치(Hatch)는 도면 뷰를 강화하고, 설계 특징을 명확히 하며, 클라이언트와 통신할 때 도면에서 수정된 영역을 표시하는 데 사용됩니다.

1) 해치 패턴 및 그러데이션 채우기(Hatch patterns and gradient fills)

우리는 자기 아이디어를 전달하는 데 도움이 될 수 있도록 도면에 재료, 특수 영역 또는 질감을 나타내는 패턴들을 도면 형상에 추가할 수 있습니다. 해치 패턴들을 우리의 도면 영역 혹은 형상에 적용하는 것은 외관이 빠르게 확대되고 설계 의도를 전달하는 데 도움이 될 수 있습니다. 우리는 제공된 솔리드, 그러데이션 및 사전 정의된 해치 패턴을 사용하거나 설계자 자신의 고유한 해치 패턴을 정의할 수 있습니다.

❏ 해치 및 채우기 경계 정의(Definition of hatch and fill boundaries)

해치 패턴은 도면 영역 혹은 형상에 재료, 특수 영역 또는 질감을 나타내는 데 사용되는 그래픽 요소입니다. 해치 패턴을 사용하여 영역을 정의하는 것뿐만 아니라 우리는 도면에 그라데이션 또는 솔리드 채우기를 사용할 수 있습니다. 해치(Hatch) 명령은 평면의 벽체 및 바닥 타일의 여러 영역에 해치 패턴 및 그라데이션을 만드는 데 사용합니다. 벽돌 주위에 강조 표시된 가장자리는 패턴을 만드는 데 사용된 경계를 나타냅니다. 해치 또는 채우기의 경계는 선, 폴리선, 원 및 호와 같이 닫힌 영역을 만들기 위해 선택된 객체들의 모든 조합입니다.

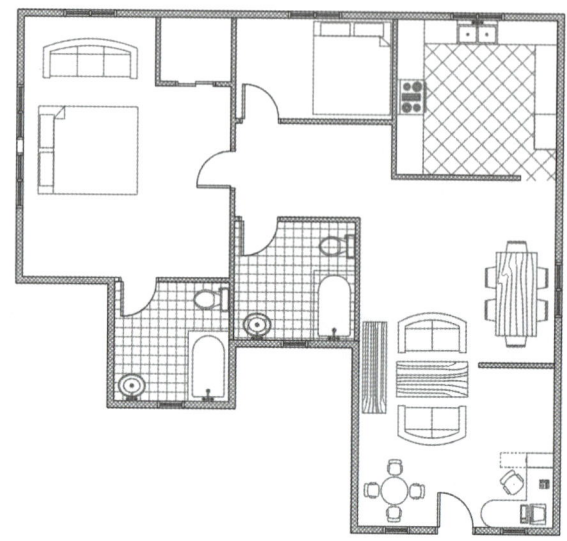

❏ 해치 경계(Hatch boundaries)

우리가 해치를 추가하기 위해 도면에서 영역을 클릭하면, 리본 메뉴 해치 작성 탭 혹은 해치 및 그라데이션 대화상자에 설정한 사양에 따라 해치를 배치하는 방법을 결정하기 위해 도면의 경계가 자동으로 평가됩니다. 해치 경계를 결정할 수 없는 경우, 지정된 내부점(Point)을 완전하게 둘러싸인 영역 내부에 있지 않았기 때문일 수 있습니다. 다음 그림에서 빨간색 원들은 해치 경계에 있는 어떤 틈새들을 식별하기 위해 경계의 연결되지 않은 끝점 주위에 표시되어 있습니다.

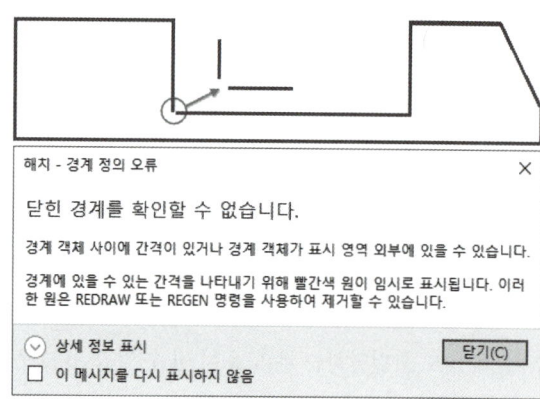

'해치(Hatch)' 명령을 종료한 후에도 빨간색 원이 계속 표시됩니다. 그들은 해치의 다른 내부점을 선택하거나 '다시 그리기(Redraw)', '재생성(Regen)' 또는 '전체 재생성(Regenall)' 명령을 실행해서 제거됩니다.

❏ 해치 및 채우기 패턴의 예(Example of hatch and fill patterns)

해치 패턴(Hatch pattern) 및 채우기(Fill)를 사용하는 것은 한 영역의 색상과 비슷하지만 좀 더 정교합니다. 예를 들어, 우리는 파란색을 선택하여 바다를 물들일 수 있습니다. 이 색상만으로도 물을 나타낼 수 있지만, 해치 및 채우기(Hatch fill) 기능을 통해 단순한 색상을 넘어 파도나 잔물결 같은 패턴(Pattern)과 질감(Texture)을 추가할 수 있습니다.

다음 그림은 건물 전면의 벽돌 색상 외에도 실제 벽돌의 모습을 더 잘 나타내기 위해 해치(Hatch)를 적용했음을 보여 줍니다.

2) 해치 및 그러데이션 채우기 요점(Key points for hatch and gradient fill)

해치 및 그라데이션 채우기(Hatch and Gradient Fill)를 사용할 때 다음 사항들을 고려해야 합니다.
① 해치 패턴은 도면에서 재료, 특수 영역 또는 질감을 나타내는 데 사용되는 그래픽 요소입니다.
② 우리는 제공된 솔리드, 그라데이션 및 미리 정의된 해치 패턴을 사용하거나 우리 자신만의 고유한 해치 패턴을 정의할 수 있습니다.
③ 경계는 도면의 어느 영역에 해치를 추가하거나 채울 수 있는지를 정의합니다.
④ 해치 또는 채우기의 경계는 선, 폴리선, 원 및 호와 같이 닫힌 영역을 만드는 모든 선택된 객체의 조합입니다.

3) 연관 해치 패턴(Associative hatch patterns)

기본적으로 해치 패턴은 지정된 패턴이 채우는 영역과 연관(Associative)됩니다. 즉, 해치 된 객체를 편집할 때 해치 객체가 그것에 따라 새 모양으로 조정됩니다. 이 기능은 도면 내에서 해칭된 객체 또는 영역을 편집할 때마다 해치 패턴을 다시 만드는 재작업을 하지 않아도 됩니다.

❏ 연관 제거(Removing associativity)

해치 패턴을 객체 또는 영역과 연결하지 않도록 선택할 수 있습니다. 이렇게 하려면, '해치 작성' 탭 혹은 '해치 및 그라데이션' 대화상자의 옵션에서 '연관' 항목의 선택을 취소합니다.

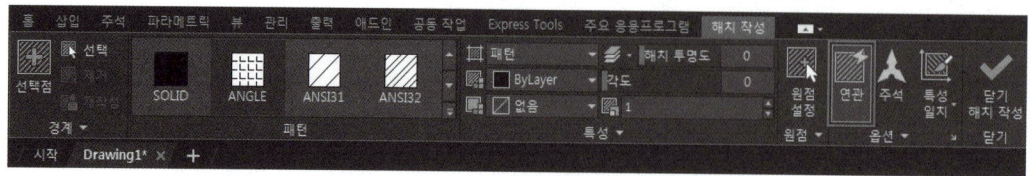

명령: _hatch
내부점 선택 또는 [객체 선택(S)/그리기(D)/명령취소(U)/설정(T)]: T〈CR〉

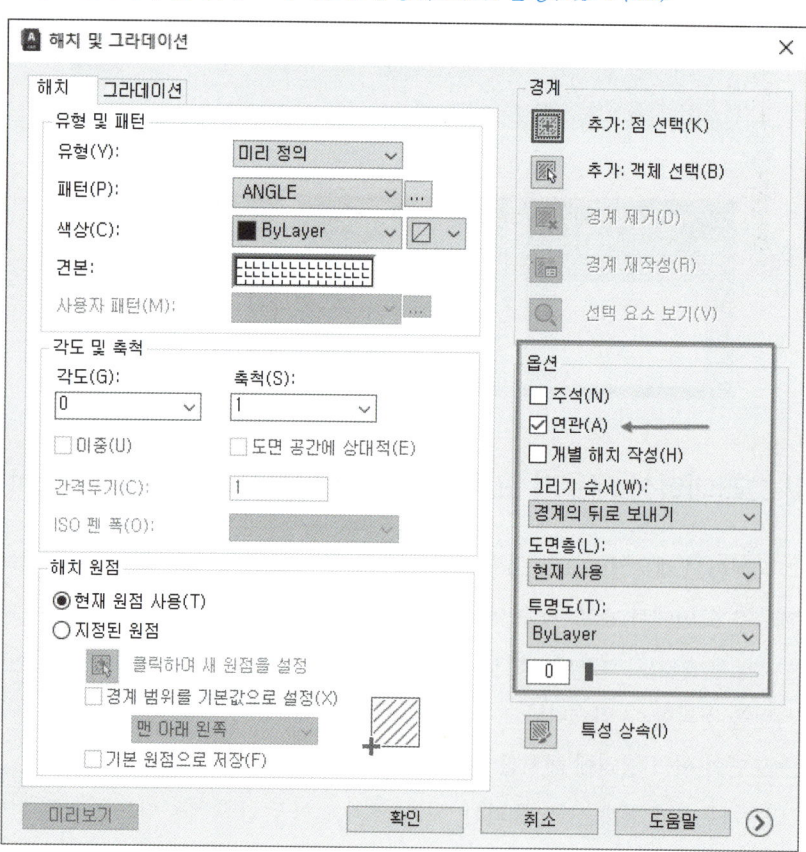

❏ 비연관 해치 패턴(Nonassociative hatch patterns)

'차이 공차(Gap tolerance)' 기능을 사용하여 만든 해치 패턴은 연관성이 없습니다. 즉, 해치 패턴이 들어 있는 닫히지 않은 영역을 수정한 후 해치를 다시 연결해야 합니다. '차이 공차(Gap tolerance)' 기능을 사용하는 경우 이후의 모든 해치 패턴도 연관성이 없습니다. 해치 패턴을 다시 연관시키려면, [해치 설정(T)] 옵션을 호출해서 '해치 및 그라데이션' 대화상자의 옵션에서 '연관' 항목을 선택합니다.

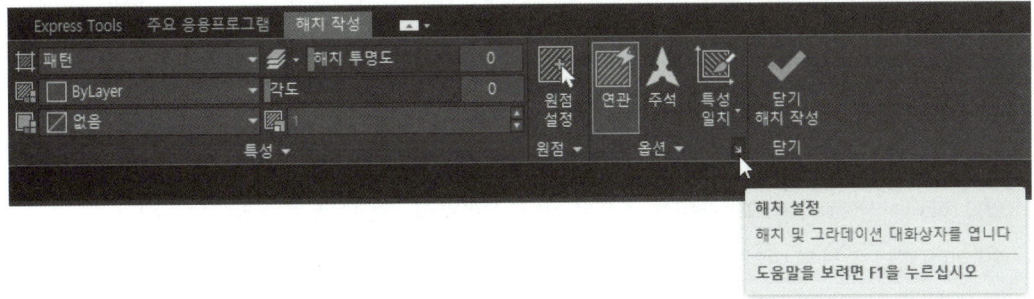

명령: _hatch
내부점 선택 또는 [객체 선택(S)/그리기(D)/명령취소(U)/설정(T)]: T〈CR〉

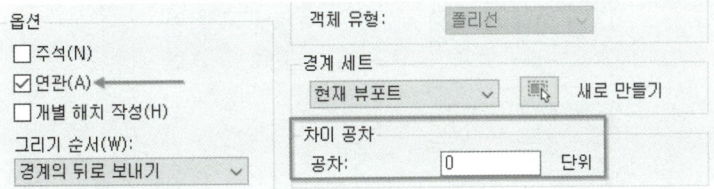

❏ 연관 해치 패턴의 예(Example of an associative hatch pattern)

벽돌 벽난로의 개구부를 변경해야 한다고 가정해 봅시다. 만일 해치 패턴이 연관성이 있는 경우 개구부 패턴이 새 공간에 맞게 조정됩니다. 해치 패턴이 연관성이 없는 경우 해치 패턴이 조정되지 않으므로 해치 패턴을 삭제하고 영역을 다시 해칭해야 합니다.

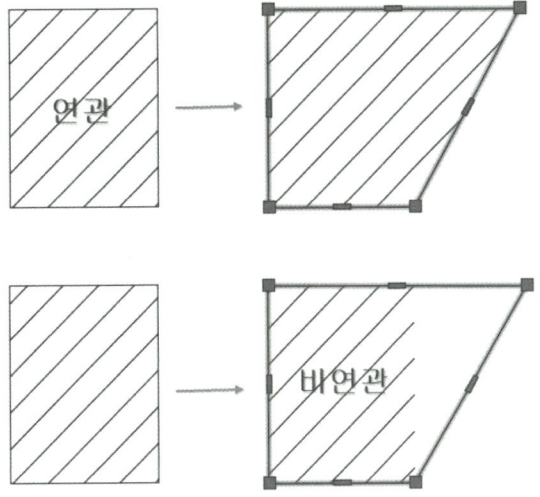

AutoCAD는 닫힌 영역과 닫힌 영역이 아닌 영역(설계자가 정의한 최대 거리)을 해치할 수 있습니다.

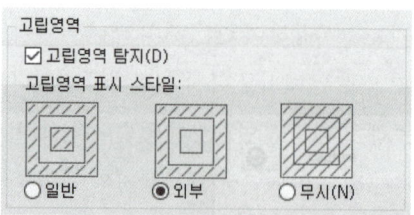

AutoCAD와 함께 제공되는 해치 패턴 파일은 acad.pat 및 acadiso.pat 입니다.

다음은 네 가지 패턴 유형입니다.

① 단색(단일 패턴이 단색으로 영역을 덮음)

② 그라데이션(두 가지 그라데이션 색상이 여러 가지 방식으로 함께 혼합됨)

③ 패턴(미리 정의된 여러 패턴)

④ 사용자 정의(가장 간단한 패턴: 평행선)

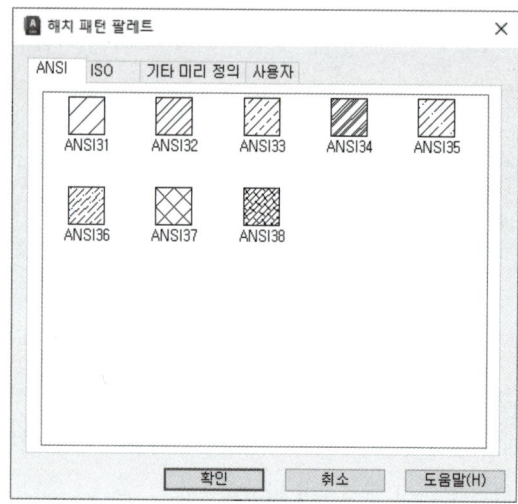

❏ 연관 해치 요점(Associative hatch key points)

해치 작업을 할 때 다음 사항들을 고려해야 합니다.

① 기본적으로 해치 패턴은 지정된 패턴이 채우는 영역과 연관됩니다. 즉, 해치 된 객체를 편집할 때 해치 패턴이 새 모양으로 조정됩니다.

② '차이 공차(Gap tolerance)' 기능을 사용하여 만든 해치는 연관성이 없습니다. 즉, 해치 패턴이 들어 있는 닫히지 않은 영역을 수정한 후 해치 패턴을 다시 연결해야 합니다.

③ '차이 공차(Gap tolerance)' 기능을 사용하는 경우 이후의 모든 해치도 연관성이 없습니다. 해치 패턴을 다시 연관시키려면, [해치 설정(T)] 옵션을 호출해서 '해치 및 그라데이션' 대화상자의 옵션에서 '연관' 항목을 선택합니다.

3.2 해치 명령(Hatch command)

'해치(Hatch)' 명령을 사용하여 도면에서 선택한 영역을 패턴, 색상 또는 그라데이션으로 채울 수 있습니다. 우리는 도면의 점 또는 객체를 기준으로 경계를 정의하여 지정된 해치 패턴으로 이러한 영역을 채웁니다.

1 [홈] 탭 ⇨ [그리기] 패널에서 [해치(Hatch)] 명령 아이콘을 클릭합니다.

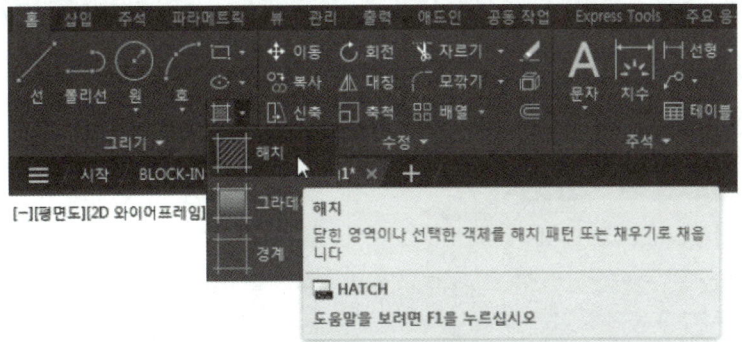

리본 메뉴에 '해치 작성' 새 상황 탭이 추가됩니다. 여러 개의 패널이 표시됩니다.

2 [특성] 패널에서 해치 유형으로 [패턴]을 선택합니다.

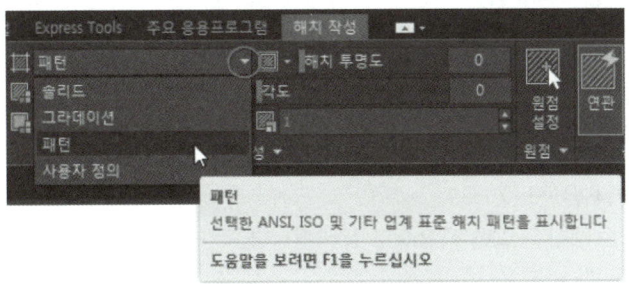

3 '패턴' 패널에서 [ANSI31] 패턴 아이콘을 클릭합니다.
4 원하는 영역으로 이동하면(클릭 없이) 영역이 채워집니다.

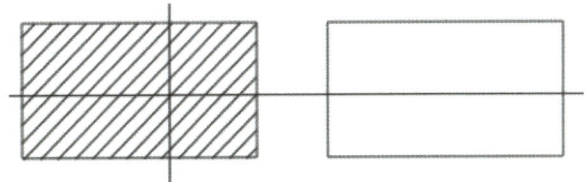

이때 두 가지 선택을 할 수 있습니다.
① 미리보기 해치 결과가 마음에 들면 클릭하여 영역을 선택한 다음 [닫기] 패널로 이동하여 [닫기 해치 작성] 아이콘을 클릭합니다.
② 결과가 만족스럽지 않으면 해치의 특성을 제어하여 결과를 수정해야 합니다.

❑ 해치 특성(Hatch properties)

영역 내부를 클릭했지만, 결과가 마음에 들지 않으면 해치의 특성을 변경해야 합니다. 이러한 모든 기능은 '특성' 패널에 있습니다.

① 해치 색상(Hatch color)

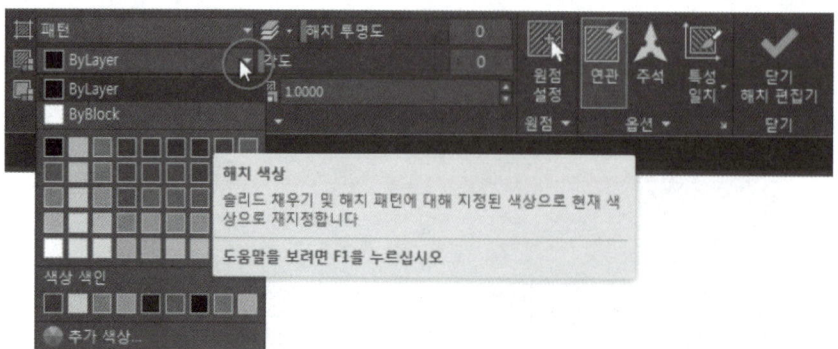

② 배경 색상(Background color)

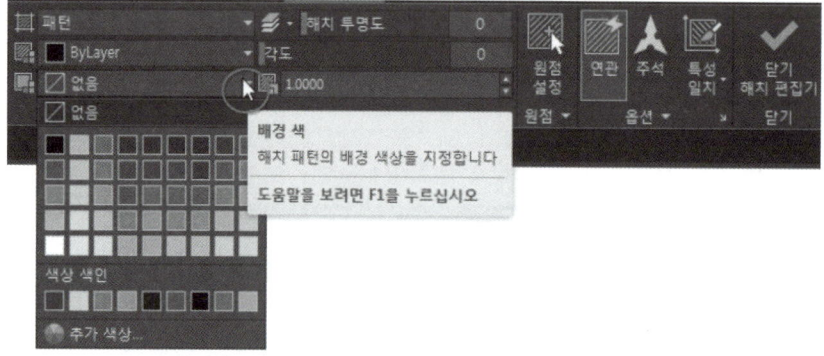

③ 해치 투명도(Transparency)

기본적으로 모든 색상은 일반 색상으로 표시됩니다. 투명도 값(최대 90)을 높여 색상의 강도(색상 및 배경색)를 낮출 수 있습니다.

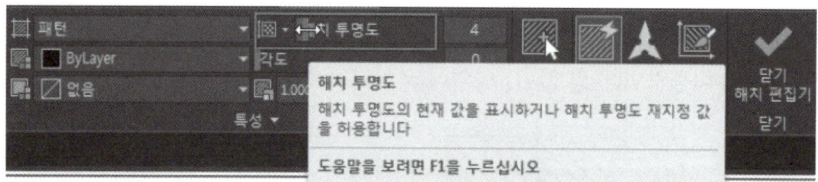

④ 각도(Angle)

⑤ 축척(Scale)

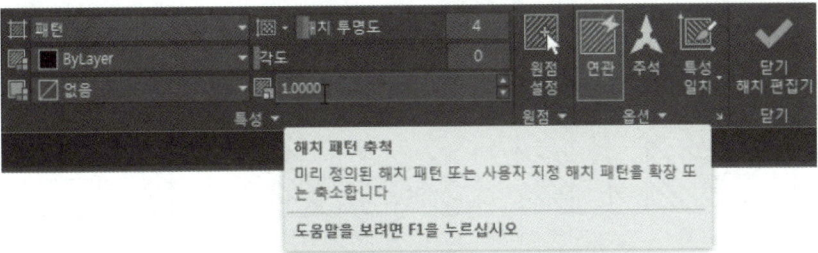

⑥ 해치 도면층 재지정(Hatch layer override)

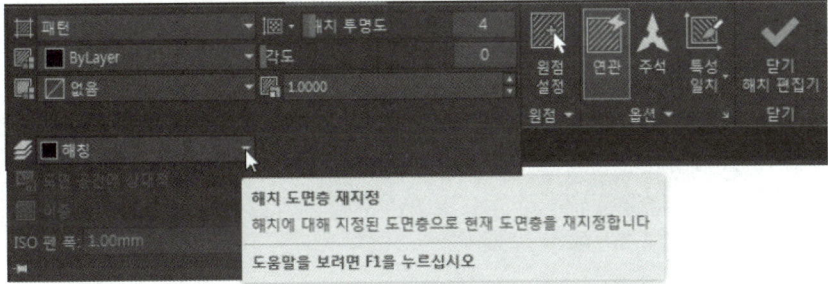

⑦ 이중(Double) : 이 옵션은 해치 유형이 사용자 정의인 경우에만 유효합니다. 선이 한 방향인지 교차해칭인지를 제어합니다.

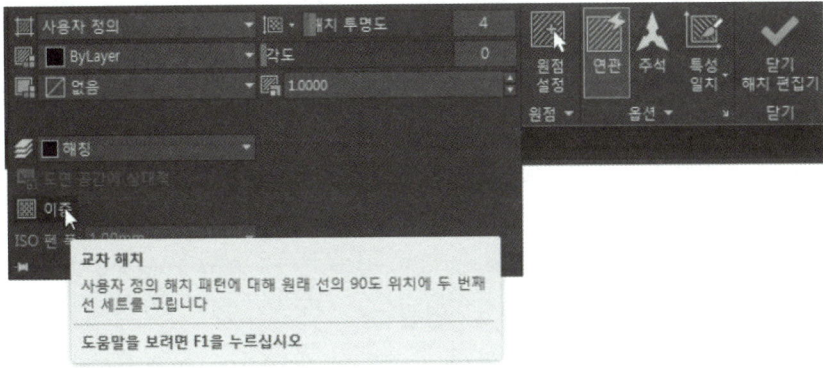

❏ 해치 원점 설정(Setting hatch origin)

영역에 해치 패턴을 배치하고, 패턴을 특정 지점에서 시작하게 하고, AutoCAD의 기본 설정을 따르지 않으려면, 해치 원점을 수동으로 설정해야 합니다. 기본적으로 AutoCAD는 해치에 대해 0,0을 시작점으로 사용하므로 해치가 올바르게 표시되는지를 확실히 알 수 없습니다.

해치 원점을 제어하려면, [해치 작성] 상황 탭 ➪ [원점] 패널에서 [원점 설정] 아이콘을 클릭합니다.

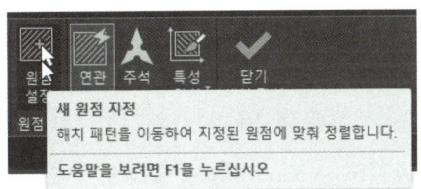

원하는 점을 지정하거나 다른 미리 정의된 점(왼쪽 아래, 왼쪽 위 등)을 사용합니다.
0,0을 사용하는 대신 선택한 점을 나중에 사용할 수 있도록 저장할 수 있습니다.

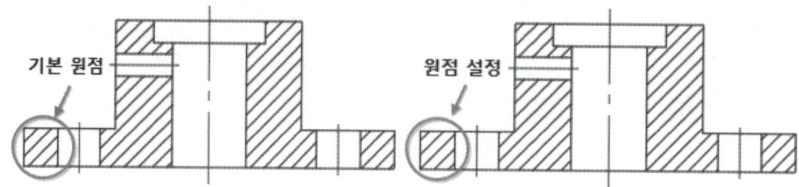

❑ 해치 옵션(Hatch option)

'해치(Hatch)' 명령의 몇 가지 옵션은 해치 프로세스의 결과를 제어합니다. 이러한 옵션을 사용하면, 열린 영역(차이 공차)을 해치 하거나 별도의 해치를 만들 수 있으며, 메뉴는 다음 그림과 같습니다.

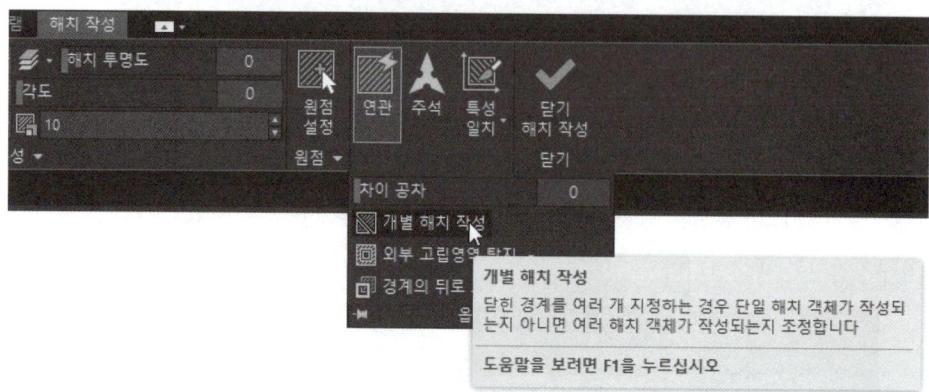

① 연관 해치(Associative hatching)

AutoCAD의 해치는 연관성이 있으므로 해치가 채우는 경계를 인식합니다. 만일 이 경계가 변경되면, 해치가 올바르게 업데이트됩니다.

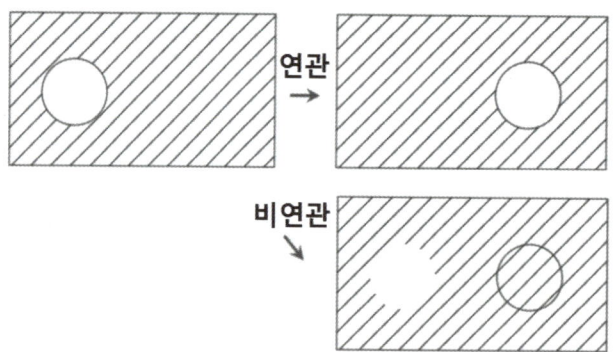

② 해치 주석(Hatch annotative)

주석은 인쇄(Plot)와 관련된 고급 기능으로, 이 책의 뒷부분에서 설명합니다.

③ 해치 특성 일치(Hatch match properties)

'옵션' 패널에서 [특성 일치] 아이콘을 클릭하면, 기존 해치에서 동일한 해치를 배치할 수 있습니다 (동일한 도면층에 위치하며 각도, 척도, 투명도 등도 동일합니다). 이 옵션에는 현재 원점을 사용하거나 원본 해치 원점을 사용하는 두 가지 버튼이 연결되어 있습니다.

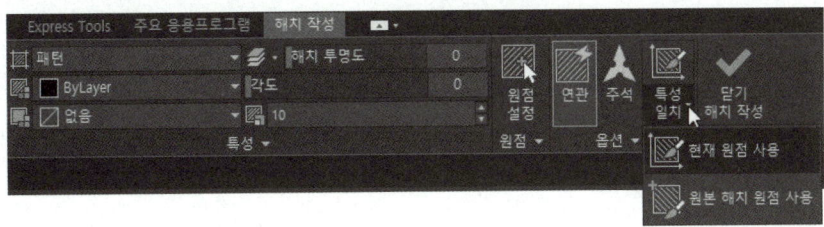

- [특성 일치] 아이콘을 선택합니다.
- 도면 영역에서 원하는 기존 해치를 선택합니다.
- 해치를 원하는 영역의 내부를 클릭하고, 영역을 계속 선택하고 완료되면 엔터키를 눌러 명령을 종료합니다.

④ 열린 영역에 해칭하기(Hatching an open area)

기본적으로 AutoCAD는 닫힌 영역만 해치합니다. 그러나 AutoCAD에서 미세하게 열린 부분이 있는 영역을 해치하도록 요청할 수 있습니다. AutoCAD에서 열린 영역에서 해치를 허용하도록 하려면, 허용할 수 있는 '최대 차이 공차(Gap tolerance)'를 설정하기만 하면 됩니다. 이 값보다 큰 열린 부분을 가진 영역은 해치 되지 않습니다.

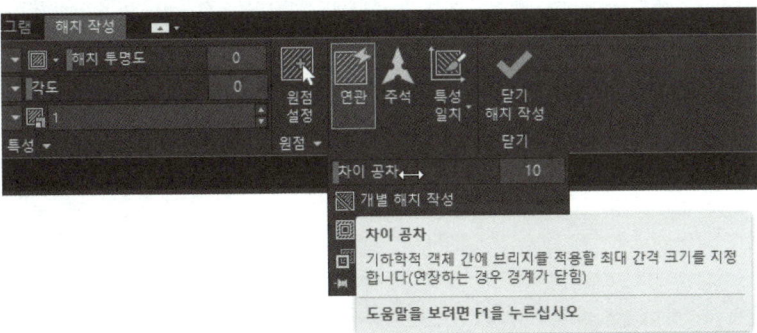

이러한 열린 영역에 해치를 배치하려고 시도하면, 미리보기가 표시되지 않습니다. 따라서 열린 영역 내부를 클릭해야 합니다. 그러면 다음 경고 메시지가 표시됩니다.

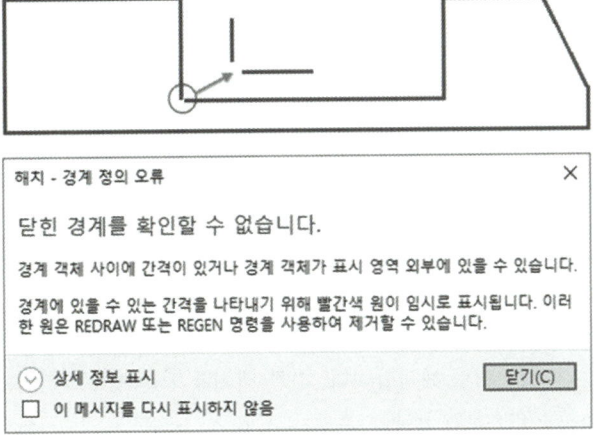

⑤ 동일 명령으로 분리된 해치 배치(Separate hatches in the same command)

동일한 명령을 사용하여 여러 개의 분리된 영역을 해칭하는 경우 AutoCAD는 이러한 영역을 단일 해치(단일 객체)로 간주합니다. 별도의 영역에 대해 별도의 해치를 원하는 경우 개별 해치 작성 아이콘을 클릭하여 이 기본 설정을 재정의할 수 있습니다.

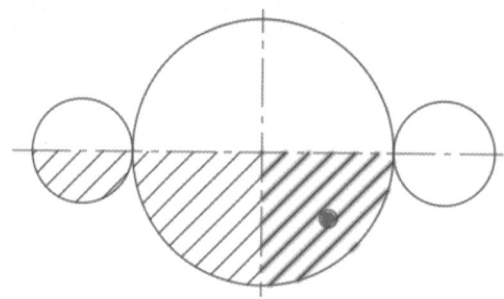

⑥ 고립영역 탐지(Island detection)

여러 고립영역을 포함하는 영역을 해치할 경우 이러한 내부 영역에 더 많은 고립영역이 포함될 수 있습니다. AutoCAD가 이 고립 영역들을 어떻게 다룰지 알고 싶습니다. 4개의 다른 방법이 있습니다.

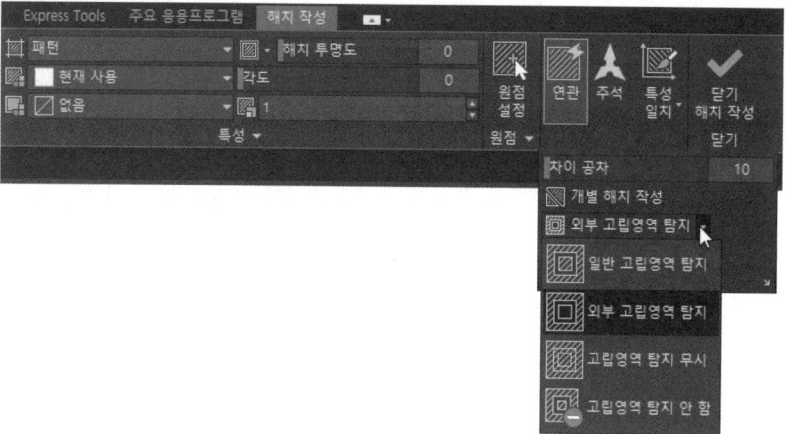

- 일반 고립영역 탐지(Normal island detection) : AutoCAD는 첫 번째 영역(외부 영역)을 해치하고, 다음 두 번째 영역을 남기고 세 번째 영역에 해치를 하고, 프로세스를 계속합니다.
- 외부 고립영역 탐지(Outer island detection) : AutoCAD는 외부 영역만 해치합니다.
- 고립영역 탐지 무시(Ignore island detection) : AutoCAD는 내부의 모든 섬을 무시하고 내부에 영역이 없는 것처럼 외부 영역을 해치합니다.
- 고립 영역 탐지 안 함(No islands detection) : 이 옵션은 섬 탐지 기능을 해제합니다. 이는 섬 탐지 무시 옵션과 동일한 결과입니다.

⑦ 해치 그리기 순서 설정(Set hatch draw order)

AutoCAD에서 다른 객체처럼 해치합니다. 다른 객체를 기준으로 그리기 순서를 설정할 수 있습니다. 다음과 같은 5가지 옵션 중에서 선택할 수 있습니다.

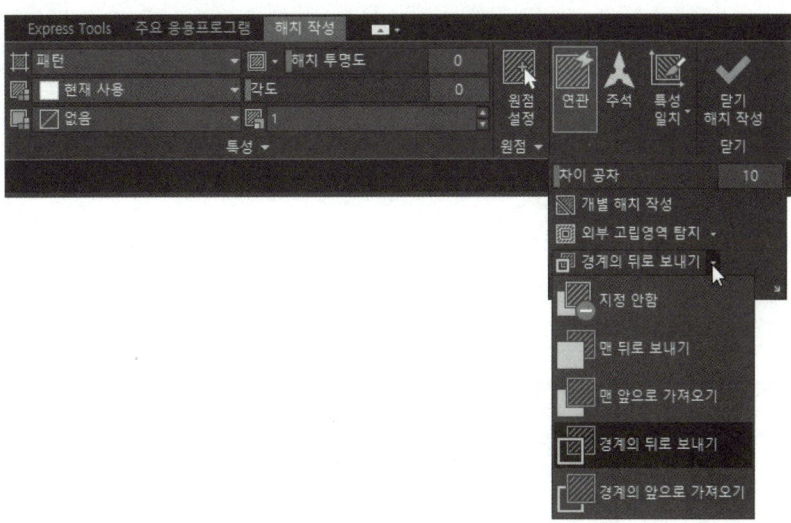

❏ 해치 경계(Hatch boundaries)

'경계' 패널에는 새 해치 만들기 또는 기존 해치 편집에 따라 일부 아이콘은 꺼지고 일부 아이콘은 활성화됩니다.

① 선택점 : 선택점 아이콘은 항상 켜져 있으며, 이 아이콘으로 해치할 영역을 선택할 수 있습니다.

② 선택/제거 : 선택/제거 아이콘을 클릭하면, 해치 경계에 포함할 객체를 추가/제거할 수 있습니다.

③ 재작성 : 재작성 아이콘은 기존 해치를 클릭하여 편집하는 경우 활성화됩니다. (어떤 이유로든) 경계가 삭제되었을 때 이 아이콘을 사용하여 경계를 다시 작성할 수 있습니다.

경계 없는 해치를 클릭한 다음 재작성 아이콘을 클릭합니다. 프롬프트에 따라 작업을 진행하면 경계를 재작성할 수 있습니다.

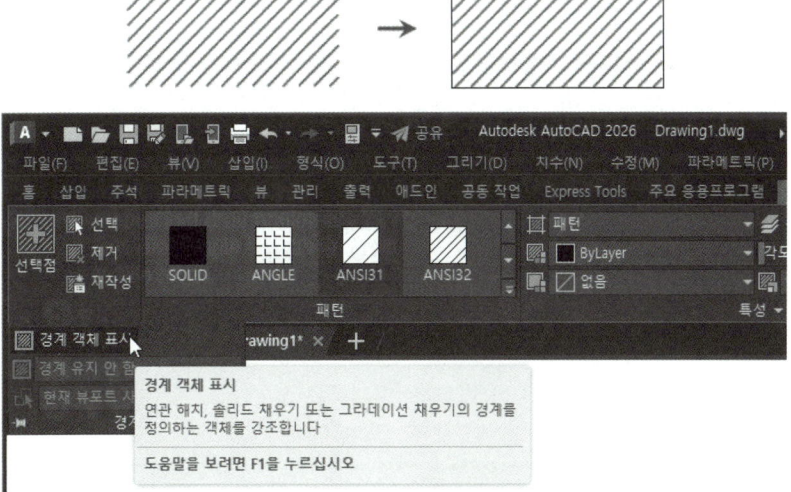

④ 경계 객체 표시 : 경계 객체 표시 아이콘은 기존 해치를 선택하면, AutoCAD에서 경계 객체를 강조 표시(표시)할 수 있으므로 경계를 편집할 수 있습니다.

⑤ 경계 객체 유지 : 해치를 작성하면, 일반적으로 AutoCAD는 경계에 정확히 맞는 폴리선(또는 영역)을 작성합니다. 명령이 끝나면 AutoCAD가 해치를 삭제합니다. '경계 유지' 팝업 목록을 사용하여 AutoCAD에서 경계를 '폴리선' 또는 '영역'으로 유지하거나 전혀 유지하지 않도록 요청할 수 있습니다.

⑥ 새 경계 세트 선택 : 해치 명령이 작동하려면, 현재 뷰포트에 있는 모든 객체를 분석해야 합니다. (모델 공간에서 이것은 지금 보고 있는 영역을 의미합니다.)

이는 객체 수에 따라 매우 오랜 시간이 걸릴 수 있습니다. AutoCAD에서 모든 객체가 아닌 관련 객체만 분석하도록 요청할 수 있습니다. '새 경계 세트 선택' 아이콘을 클릭합니다. 프롬프트에 따라 경계로 이용할 객체들을 선택하고, 내부점을 클릭하면 해치가 배치됩니다.

참고로 경계로 이용할 원하는 객체를 선택한 다음 엔터키를 누릅니다. 팝업 목록은 이번에는 기본 프롬프트 대신 '경계 세트 사용(Use boundary set)'으로 표시됩니다.

❏ 해치 지침(Hatch guidelines)

객체에 해치를 배치할 때는 다음 지침을 고려해야 합니다.

① 모든 해치 및 그라데이션 패턴은 경계를 채워야 합니다. 경계는 선, 폴리선, 원 및 호로 구성될 수 있는 닫힌 영역입니다.
② 경계를 지정하는 가장 쉬운 방법은 해치할 영역을 확대/축소하고 [선택점] 혹은 [선택] 옵션을 사용하여 해당 영역 내의 점을 선택하거나 객체를 선택하는 것입니다.
③ 해치 또는 그라데이션 채우기를 삭제하지 않고 경계를 삭제할 수 있습니다.
④ 촘촘하게 해치된 패턴을 사용하여 솔리드 채우기의 효과를 생성하지 않는 것이 좋습니다. 그 대신 소프트웨어에서 제공하는 솔리드 해치 패턴을 사용합니다. 솔리드 해치 패턴은 패턴 목록의 맨 위에 있습니다.
⑤ '해치 및 그라데이션(Hatch and gradient)' 대화상자의 오른쪽 아래에 있는 '확장(Expand)' 버튼을 클릭하여 고급 옵션들에 액세스할 수 있습니다.
⑥ 대부분은 해칭된 객체를 생성할 때 연관 옵션을 선택해야 합니다.
⑦ 만일 둘 이상의 경계 영역 내에 해치 또는 그라데이션 채우기를 배치하는 경우 '개별 해치 작성'을 선택해서 체크하지 않으면 단일 해치로 처리됩니다.
⑧ 해치 패턴의 축척은 문자 및 치수와 축척 조정과 유사합니다. 채우고 있는 객체의 표시 축척에 비례하여 크기를 조정해야 합니다. 예를 들어 $\frac{1}{4}$' = 1" 척도로 표시할 객체가 있다면 해치 척도는 48(4 x 12)이어야 한다. (1' =12")
⑨ 도면 배치에 다중 축척에서 객체의 다중 뷰들이 있는 경우 [주석(Annotative)] 옵션을 선택합니다. 그러면 모든 뷰포트에서 해치 축척이 일관되게 유지됩니다.
⑩ 만일 해치의 각도를 입력하면 해치가 패턴에 이미 정의된 각도에 추가됩니다.
⑪ 해치 원점 옵션을 사용하여 해치 배치를 미세 조정할 수 있습니다.
⑫ 그리기 순서를 사용하여 해치 패턴과 그라데이션 또는 솔리드 색상을 모두 포함하는 여러 패턴 채우기를 작성할 수 있습니다.
⑬ 도면에 해치 패턴을 추가하기 전에 해치를 위한 도면층을 작성합니다.
⑭ 분해된 해치 패턴으로 인해 수천 개의 객체가 생성되고 도면의 크기가 증가합니다.
⑮ 명령행에 HPScale을 입력하고 새 값을 입력하여 대화상자에 표시될 원하는 기본 축척으로 해치 패턴 축척 계수를 설정할 수 있습니다.

연습 과제〉 해치 패턴 만들기(Creating a hatch pattern)

이 연습에서 다음 도면과 유사한 형상을 작성하고 해치 및 그라데이션 명령을 사용합니다.

1 스크래치 도면에 다음 형상을 작도하기 위해,
① 다음 그림처럼 도면층 들을 정의합니다.

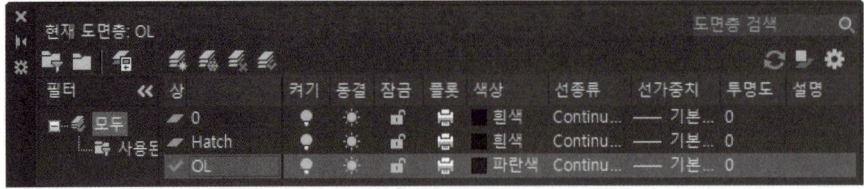

② 다음 그림처럼 임의 크기로 형상들을 작도합니다.

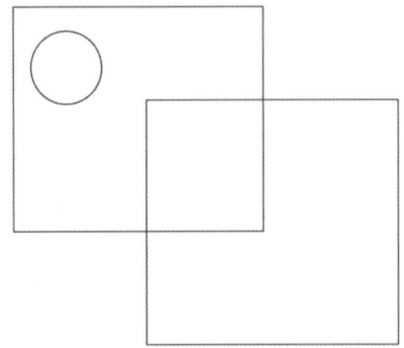

③ 'Hatch' 도면층을 현재 도면층(Current layer)으로 설정합니다.

2 리본 메뉴 ⇨ [홈] 탭 ⇨ [그리기] 패널 ⇨ [해치(Hatch)] 명령 아이콘을 클릭합니다.

① '해치 작성' 탭 '패턴' 패널에서 [ANSI31]을 클릭합니다.

② '특성' 패널에서 '해치 각도'를 0으로 설정합니다.

③ '특성' 패널에서 '해치 패턴 축척'을 1.0으로 설정합니다.

④ '경계' 패널에서 [선택] 아이콘을 클릭합니다.

⑤ 다음 왼쪽 그림처럼 아래 사각형을 클릭해서 선택합니다.

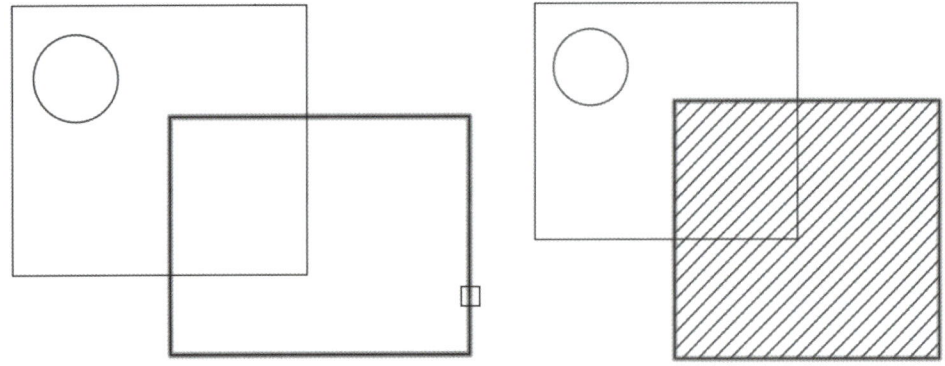

⑥ 해치의 미리보기를 확인합니다.

⑦ [닫기] 패널에서 [닫기 해치 작성] 아이콘을 클릭합니다.

3 리본 메뉴 [그리기] 패널 [해치] 명령 아이콘 드롭리스트에서 [그라데이션] 명령을 클릭합니다.

① '해치 작성' 패널 '특성' 패널에서 그라데이션 색상 1 = 파란색, 그라데이션 2 = 노란색으로 설정합니다.

② '패턴' 패널에서 'GR_CYLIN' 아이콘을 클릭합니다.

③ '경계' 패턴에서 [선택점] 아이콘을 클릭합니다.

CHAPTER 8 문자, 해치 및 블록(Text, hatch and block)

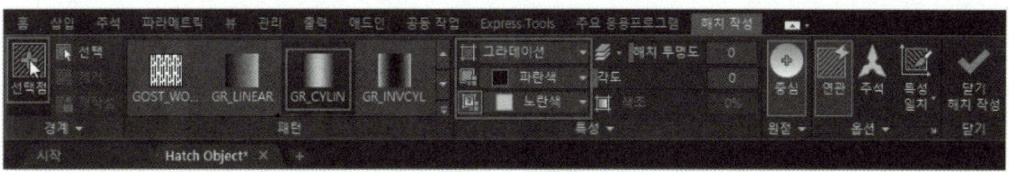

④ 다음 그림처럼 상단 사각형 내부를 클릭합니다. 경계가 탐지되고 하이라이트 됩니다.

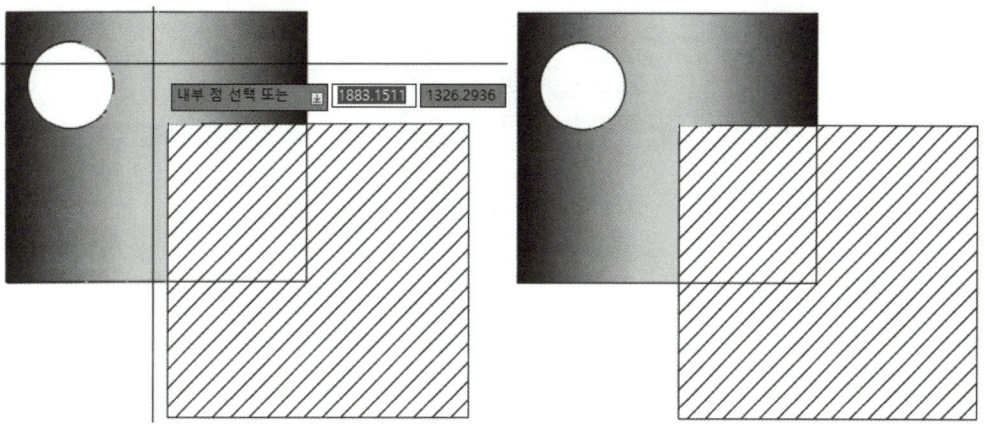

⑤ 그라데이션 채우기 미리보기를 확인하고 '닫기' 패널에서 [닫기 해치 작성] 아이콘을 클릭합니다.

4 솔리드 채우기 해치 패턴을 배치하기 위해,

① [홈] 탭 [그리기] 패널에서 [해치(Hatch)] 명령 아이콘을 클릭합니다.

② 명령행 프롬프트에서 [설정(T)] 옵션을 클릭합니다.

③ '해치 및 그라데이션' 대화상자의 '유형 및 패턴' 영역에서 다음 그림처럼 [색상] 목록을 클릭하고 [색상 선택]을 클릭합니다.

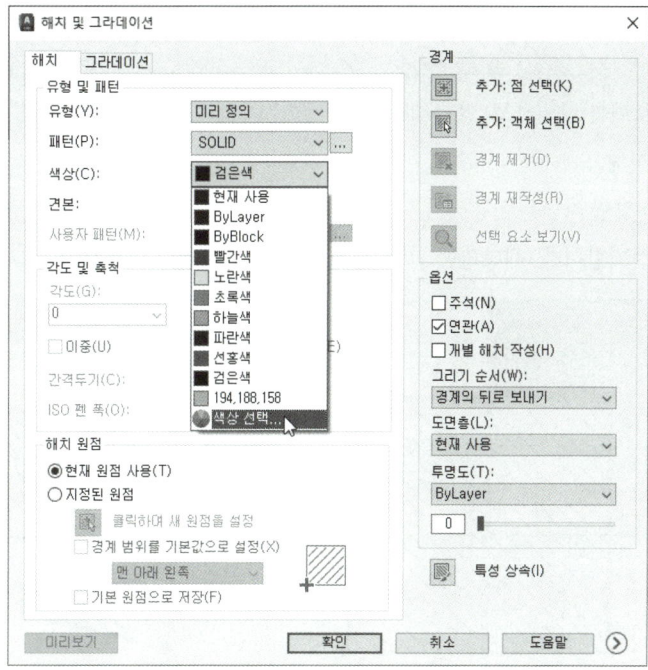

④ '색상 선택' 대화상자에서 [색상표] 탭을 클릭합니다.

⑤ '색상표' 영역에서 [DIC 5]를 클릭하고 [확인] 버튼을 클릭합니다.

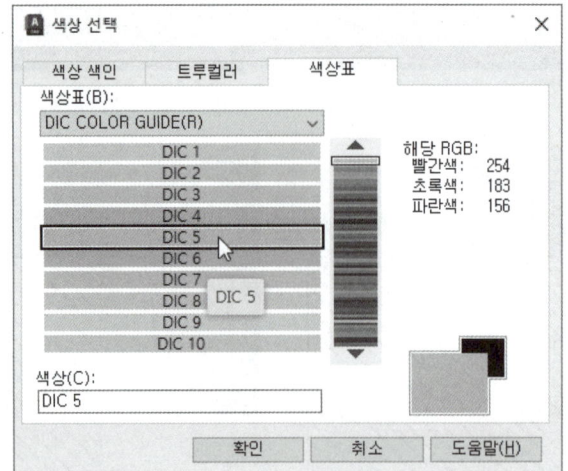

⑥ '해치 및 그라데이션' 대화상자의 '경계' 영역에서 [추가: 점 선택] 아이콘을 클릭합니다.

⑦ 다음 그림처럼 원 객체의 내부를 클릭합니다.

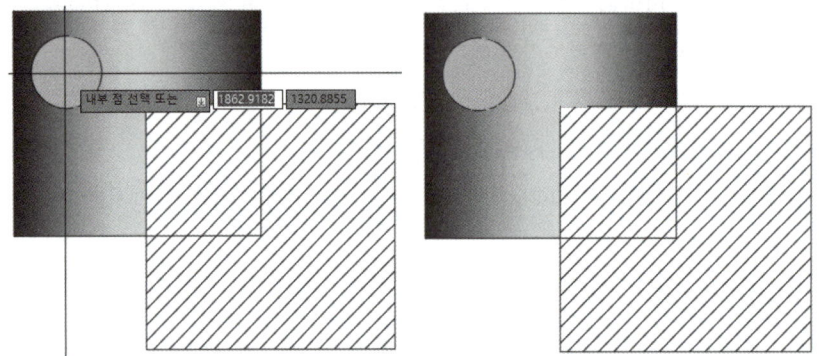

⑧ 패턴의 미리보기를 확인하고 '닫기' 패널에서 [닫기 해치 작성] 아이콘을 클릭합니다.

5 연관 해치 패턴 객체를 수정하기 위해,

① 다음 그림처럼 그립 기능을 이용하기 위해 해치 및 그라데이션 채우기 패턴의 경계로 이용된 객체들을 클릭해서 선택합니다. 해당하는 그립 점을 선택해서 다음 그림처럼 드래그합니다.

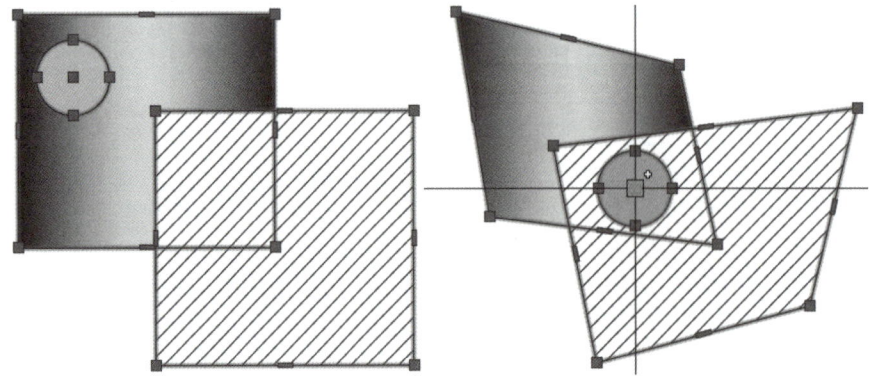

② 그립점을 해제하기 위해 ESC 키를 누릅니다. 해치 및 그라데이션 대화상자의 연관 옵션이 선택되었기 때문에 해치 및 그라데이션 채우기가 객체의 수정된 모양에 맞게 조정됩니다.

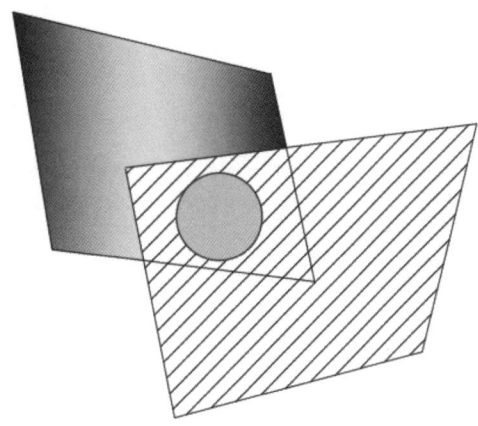

3.3 해치 객체 편집(Editing hatch objects)

AutoCAD에서 해치를 편집하는 방법에는 도면 영역에서 해치를 한 번 클릭하거나 더블 클릭해서 '특성' 팔레트를 사용하는 두 가지 편리한 방법이 있습니다.

한 번의 클릭으로 해치를 클릭하면, 다음과 같은 세 가지 작업이 수행됩니다.

① 해당 해치 영역의 중앙에 그립(작은 점)이 표시됩니다.
② 해치 작성에 포함된 동일한 패널이 포함된 상황 해치 편집기 탭이 나타납니다.
③ 빠른 속성 팔레트가 나타납니다.

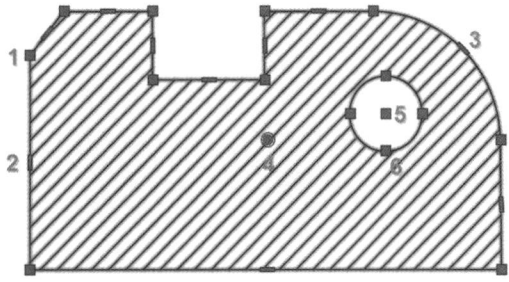

① 정점 선택 : 선택된 점을 이동하거나 제거합니다.
② 모서리 선택 : 선(Line) 세그먼트에 새로운 점을 추가하거나 선(Line) 세그먼트를 호(Arc) 객체로 변환합니다.
③ 모서리 선택 : 호(Arc) 세그먼트에 새로운 점을 추가하고, 호(Arc)를 신축하거나 호(Arc) 세그먼트를 선(Line)으로 변환합니다.

④ 그립 위치 : 선택한 그립 지점을 기준점으로 사용하여 전체 해치 객체를 새 위치로 이동합니다.
⑤ 고립영역 위치 : 고립영역을 새 위치로 이동합니다.
⑥ 고립영역 신축 : 지정된 모서리를 신축합니다.

만일 마우스를 클릭하지 않고, 그립으로 이동하면 다음 단축 메뉴가 나타납니다.

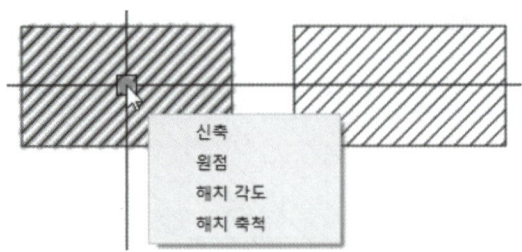

우리는 다음의 작업을 할 수 있습니다.

① 해치를 늘립니다(해치를 늘여야 하지만 대신 해치를 이동합니다).
　해치를 신축하려면 위에서 설명한 대로 경계 객체를 표시하는 것이 좋습니다.
② 그 자리에서 원점 수정
③ 그 자리에서 해치 각도 수정
④ 즉석에서 해치 척도 수정

또한 '해치 편집기' 상황 탭에는 '해치 작성' 탭과 동일한 패널이 포함되어 있으므로 필요한 모든 수정 작업이 수행됩니다.
　빠른 특성 팔레트도 나타나므로 사용자는 다음과같이 필요한 편집을 수행할 수 있습니다.

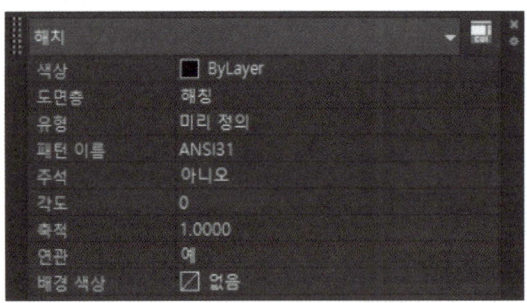

반면에 원하는 해치를 두 번 클릭하거나 해치를 선택하고 마우스 오른쪽 버튼을 클릭한 다음 '특성' 옵션을 선택하면 '특성 팔레트'가 표시됩니다. 편집에 유효한 데이터는 해치 특성, 옵션 및 경계와 관련된 모든 데이터입니다. 또한 '특성 팔레트'는 해치 패턴의 영역인 다른 방법에서는 제공하지 않는 단일 정보를 제공합니다.

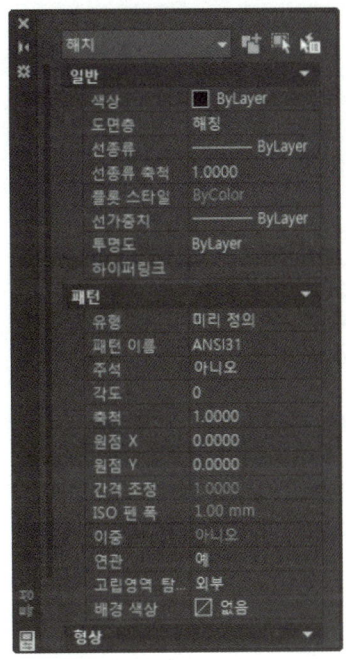
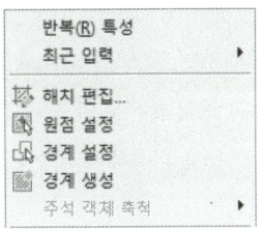

단일 해치(단일 영역 또는 여러 영역이 단일 영역으로 해치된 경우)를 선택하면 면적 필드와 누적 영역이 동일합니다.

서로 다른 명령으로 작성된 여러 곳의 해치 영역을 선택하면, 누적 영역만 값으로 표시되고 영역 필드에 값으로 다양함이 표시됩니다.

도면 영역에서 해치를 선택하고 마우스 오른쪽 버튼을 클릭하면 위의 오른쪽 그림과 같이 해치 관련 편집 명령이 표시됩니다.

❏ 해치 편집 명령 호출(Access Hatchedit command)

리본 메뉴 [홈] 탭 ➡ [수정] 패널을 확장하고 [해치 편집(Hatchedit)] 명령 아이콘을 클릭합니다.

프롬프트에 따라 해치 객체를 선택하면, 즉시 표시되는 해치 편집 대화상자의 옵션 및 기능들은 '해치 및 그라데이션' 대화상자에 있는 옵션과 동일합니다. 해치 패턴 또는 채우기를 편집할 때 해치 또는 채우기를 만들 때 사용한 것과 동일한 옵션을 사용할 수 있습니다.

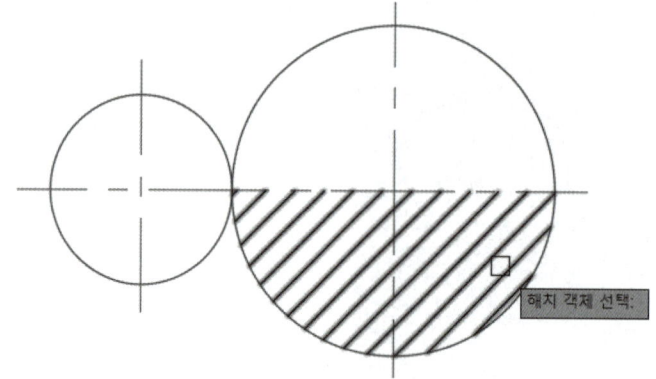

해치 패턴을 선택하면 '해치 편집(Hatch edit)' 대화상자가 표시되고 선택한 해치 패턴 또는 채우기의 특성이 표시됩니다. 해치 패턴을 만드는 데 사용되는 특성을 조정하고 변경 사항을 즉시 적용할 수 있습니다. 또한, 그립 기능을 이용해서 비연관 해치를 편집할 수 있습니다.

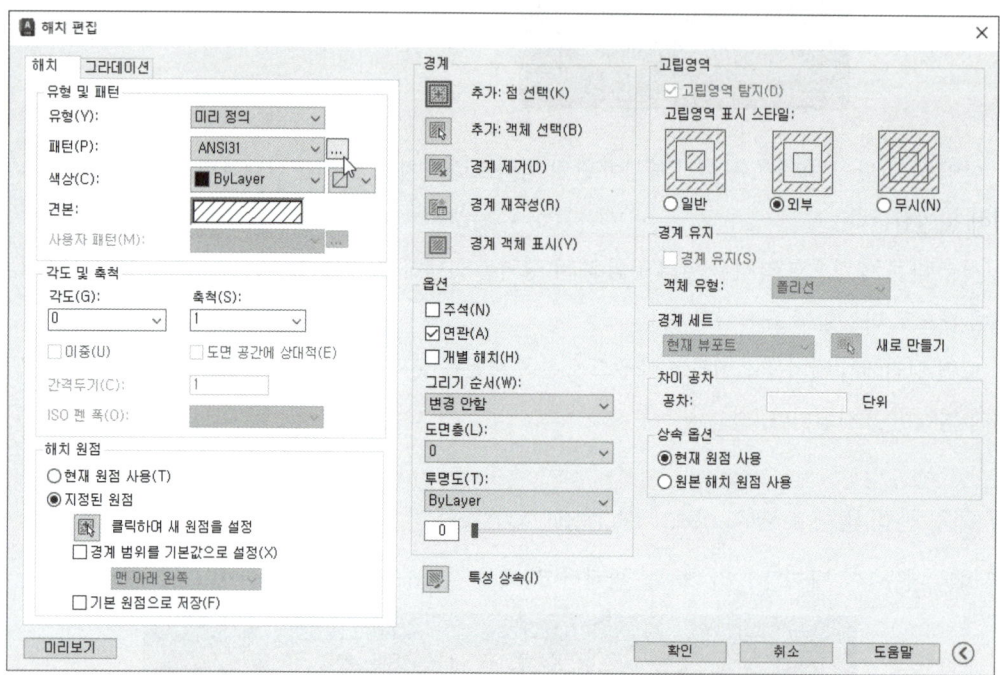

연습 과제〉 해치 편집하기(Editing hatch patterns and fills)

다음 작업 과정은 해치 패턴 및 채우기를 편집하기 위한 개요를 제공합니다.

1 해치 패턴 혹은 그라데이션 채우기를 더블 클릭합니다.
2 '해치 편집기' 탭 메뉴에서 패턴 및 옵션들을 적절하게 변경합니다.
3 '닫기 해치 편집기' 아이콘을 클릭합니다.

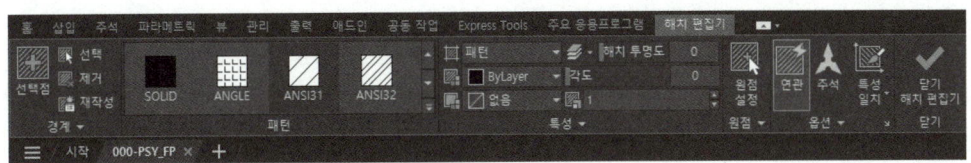

연습 과제〉 해치 편집하기(Editing hatch patterns and fills)

1 풀다운 메뉴 [수정] ⇨ [객체] ⇨ [해치](Hatch)를 클릭합니다.

2 해치 패턴 혹은 그라데이션 채우기를 클릭해서 선택합니다.

3 '해치 편집' 대화상자에서 패턴을 적절하게 변경하고 미리보기를 클릭합니다.

4 도면의 빈 곳에 마우스 오른쪽 버튼으로 클릭하여 변경 내용을 적용하거나 도면의 빈 곳에 마우스 왼쪽 버튼으로 클릭하여 대화상자로 돌아갑니다.

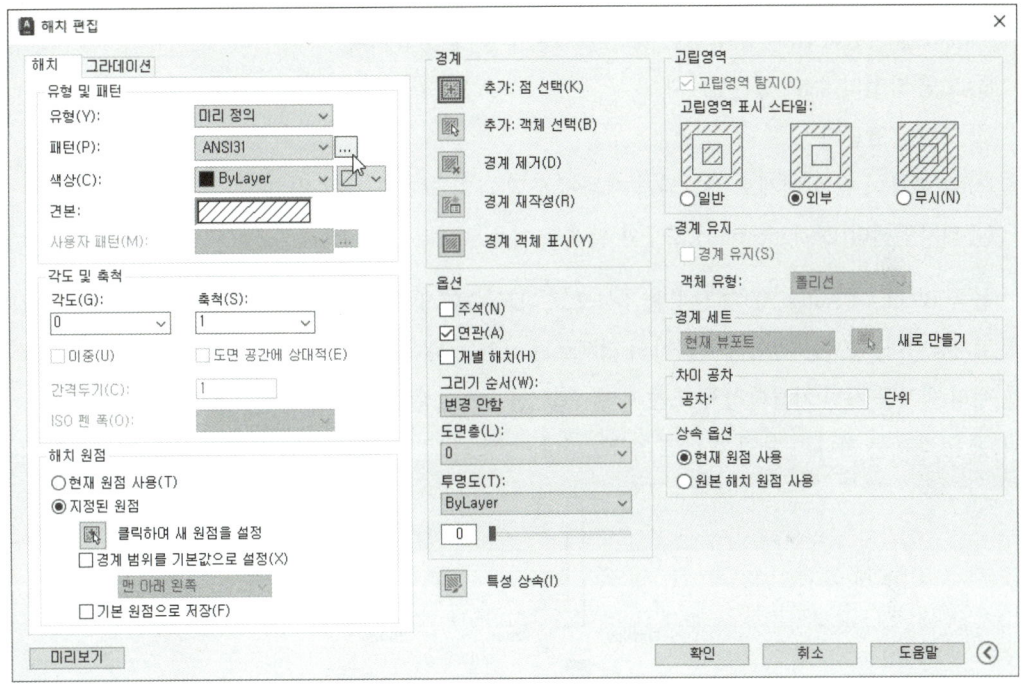

04 블록 이용하기
(Using blocks)

우리는 일상적인 도면 작업에서 반복적으로 작도해야 하는 객체 형상이 있을 것입니다. 이러한 경우에 AutoCAD에서는 두 가지 기능을 지원하고 있습니다. 매번 작도하거나 한 번 작도하면, '블록(Block)'으로 저장하여 현재 활성 도면 파일과 다른 도면 파일에 원하는 횟수만큼 사용(삽입)할 수 있습니다. '블록(Block)'을 사용하면, 다음과 같은 많은 이점을 얻을 수 있습니다.

① 도면 작업의 속도(생산성)
② 도면의 표준화
③ 각 블록이 단일 객체로 계산되기 때문에 도면 파일 크기가 작아집니다.
④ 디자인센터(Designcenter) 도구와 팔레트 이용

블록(Block)은 AutoCAD의 강력한 기능으로 작도 속도 및 효율성을 높이며, 시간을 절약할 수 있도록 도와줍니다. 블록은 결합하여 하나의 객체로 동작하는 복합 객체로 엔티티의 집합입니다. 다음 그림은 여러 객체를 가진 기하학적 구조를 보여 주고, 블록으로 변환한 후 동일한 기하학적 구조를 보여 주며, 모든 객체는 하나의 단일 객체로 취급됩니다.

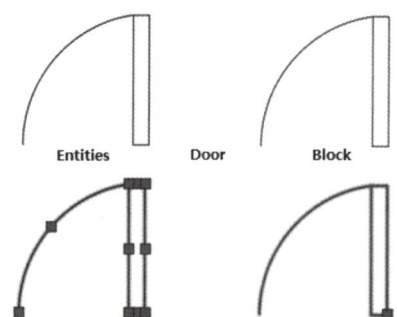

AutoCAD에서는 내부 블록(internal Block)과 외부 블록(external Wblock)의 두 가지 유형의 블록을 만들 수 있습니다. 내부 블록은 현재 활성 도면에 내부적으로 저장되며 그 도면 내에서만 여러 번 사용할 수 있는 객체 그룹입니다. '블록(BLOCK)' 명령을 사용하여 생성되며, 블록(Block)이라고 합니다.

외부 블록은 객체 그룹 또는 전체 도면으로 외부 파일로 저장되며 모든 도면에서 여러 번 사용할 수 있습니다. 'WBLOCK' 명령을 사용하여 생성되며, WBLOCK이라고 합니다.

4.1 블록 만들기(Create blocks)

❏ **내부 블록 만들기(Creating internal block)**

내부 블록을 작성하는 과정은 다음과 같습니다.

1️⃣ 도면층 0(Zero)에 블록을 작성할 도형을 작도합니다.
도면층 0(Zero)을 사용하면, 블록을 삽입할 도면층의 특성(색상, 선종류, 선가중치)을 상속할 수 있습니다.

2️⃣ AutoCAD가 블록을 자동으로 확대 및 축소하여 다른 도면에 올바른 크기로 표시할 수 있도록 하는 '블록 단위'를 제어해야 합니다.

3️⃣ 블록을 작성할 도형을 실제 치수로 작성합니다. 다음 도형이 그려졌다고 가정합니다.

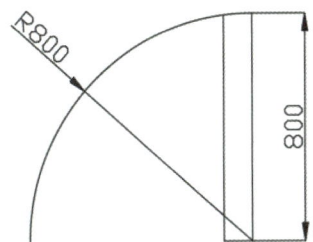

4️⃣ [삽입] 탭 ⇨ [블록 정의] 패널에서 [블록 작성] 명령 아이콘을 클릭합니다.
또는 [홈] 탭 ⇨ [블록] 패널에서 [블록 작성] 명령 아이콘을 클릭합니다.

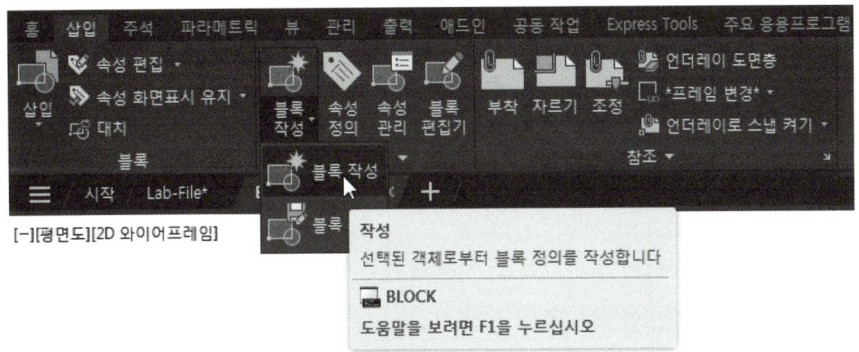

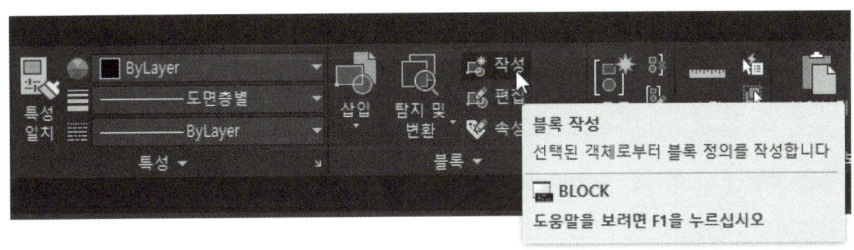

5 '블록 정의' 대화상자에서

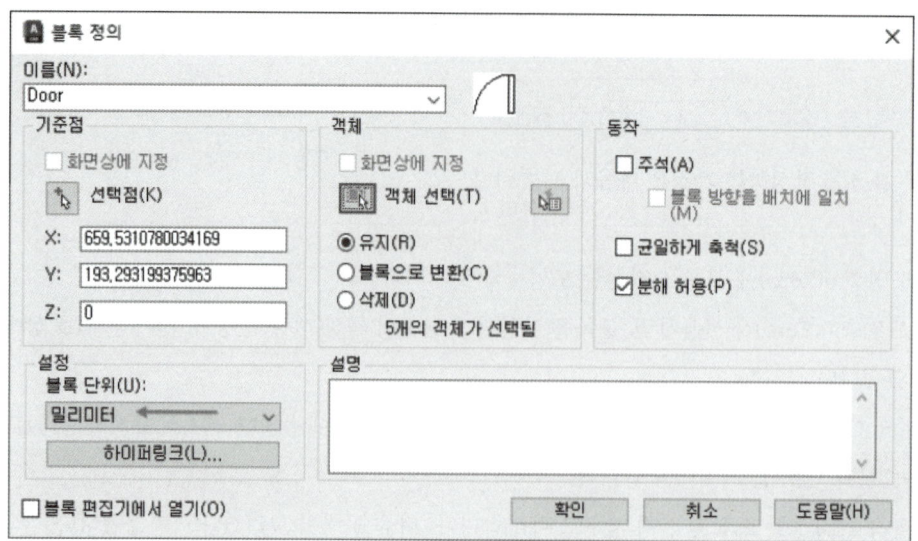

① 블록의 이름을 입력합니다.
② '선택점' 버튼을 클릭해서 기준점을 지정합니다.
③ '객체 선택' 버튼을 클릭해서 원하는 객체를 선택합니다.
  AutoCAD는 그려진 객체에서 필요한 블록을 생성하지만, 이후 객체에 대해 어떻게 해야 합니까?
  설계자는 객체를 그대로 유지(보관), 블록으로 변환 또는 삭제 중 하나를 선택해야 합니다.
④ 블록이 주석인지 아닌지, 블록이 X와 Y 모두에서 균일하게 확장되도록 허용할지 여부, 나중에 블록을 분해할 수 있는지를 선택합니다.
⑤ 블록 단위를 설정합니다.
⑥ 블록의 설명을 입력합니다.
⑦ 동적 블록을 만드는 데 사용되는 고급 기능이므로 '블록 편집기에서 열기' 확인란을 해제합니다.
⑧ 대화상자를 닫기 위해 [확인] 버튼을 클릭합니다.

현재 활성 도면에 내부 블록이 정의되었고, 이제 블록을 사용할(삽입) 수 있습니다. 블록 정의 복사본을 삽입하면, 원래 블록 정의는 그대로 유지됩니다.

연습 과제〉 내부 블록 만들기(Creating internal blocks)

'블록 작성(Block)' 명령을 이용해서 내부 블록을 만드는 개요를 제공합니다.

1 다음 도형을 작도하고, 형상은 '0(Zero)' 도면층에 치수는 'DIM' 도면층에 작도합니다.
  작도가 완료되면 'DIM' 도면층을 끕니다.

CHAPTER 8 문자, 해치 및 블록(Text, hatch and block)

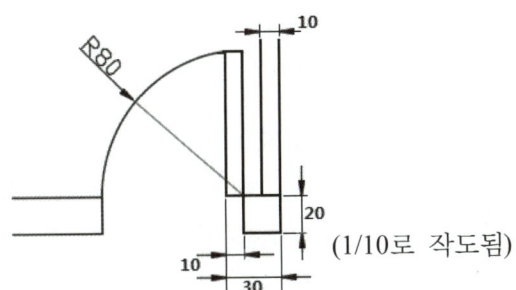

(1/10로 작도됨)

2 리본 메뉴 [삽입] 탭 ⇨ [블록 정의] 패널에서 [블록 작성] 아이콘을 선택합니다.

'블록 정의' 대화상자의 '이름' 필드에 'Door'라는 블록의 이름을 입력합니다.

3 대화상자 기준점 영역에서 [선택점]을 클릭하고 기준점으로 P1을 지정합니다.

4 객체 영역에서 [객체 선택] 버튼을 클릭하고, 도면 영역에서 블록을 구성하는 엔티티 P2, P3, P4, P5, P6들을 선택하고 [유지] 버튼을 체크합니다.

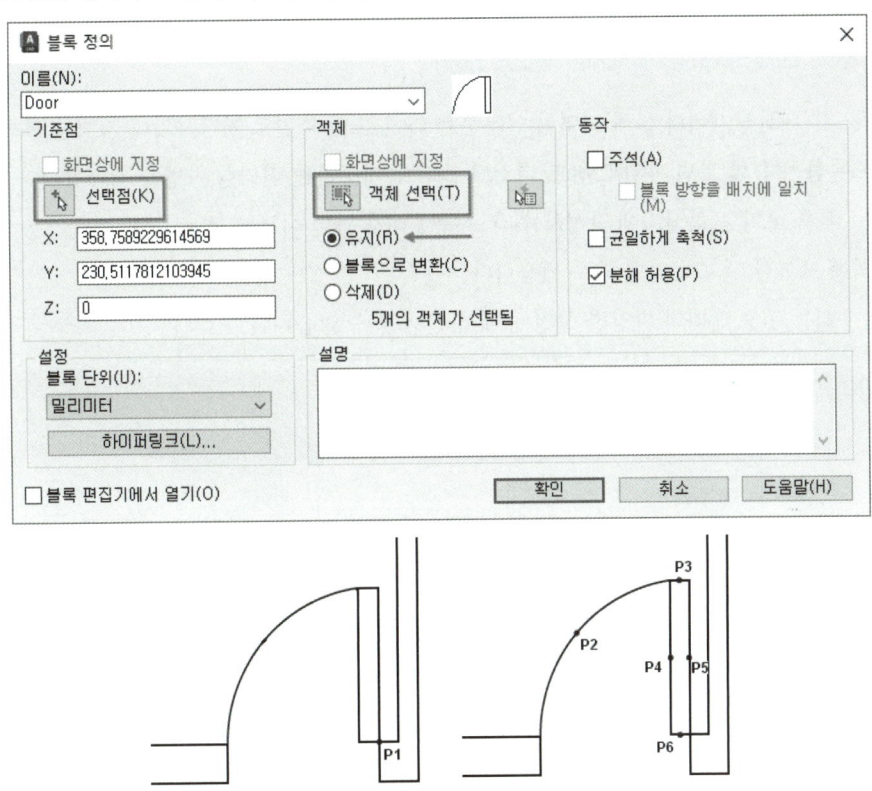

5 '블록 정의' 대화상자에서 [확인] 버튼을 클릭합니다.

이제 도면 파일에는 'Door'라고 하는 내부 블록이 작성되었습니다.

6 나중 사용을 위해 도면 파일을 '**Block-Insert.dwg**' 이름으로 저장합니다.

❏ 외부 블록 만들기(Creating external blocks)

'블록 쓰기(Wblock)' 명령은 도면 영역에 작도된 도형에 기준점을 지정하고, 선택한 객체를 블록으로 정의해서 지정한 도면 파일로 변환 및 저장합니다.

[삽입] 탭 ⇨ [블록 정의] 패널에서 '블록 작성' 드롭다운 ⇨ '블록 쓰기' 명령 아이콘을 클릭합니다.

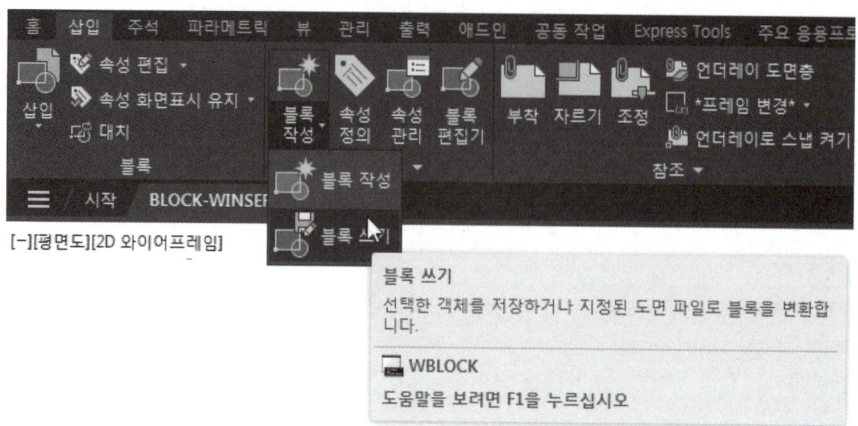

❏ 블록 쓰기 대화상자(Block write dialog box)

'블록 쓰기' 대화상자에서 현재 도면의 일부분을 다른 도면 파일로 저장하거나 지정한 블록 정의를 별도의 고유한 이름의 도면 파일로 하드 디스크 폴더에 저장하는 편리한 방법을 제공합니다.

우리는 '블록 쓰기' 대화상자에 작성하는 각 블록에 대해 파일 이름 및 경로, 삽입 기준점을 지정하고 블록 정의에 포함할 객체를 선택할 수 있습니다.

또한, 우리는 필요에 따라 다양한 설정 중에서 선택할 수 있습니다.

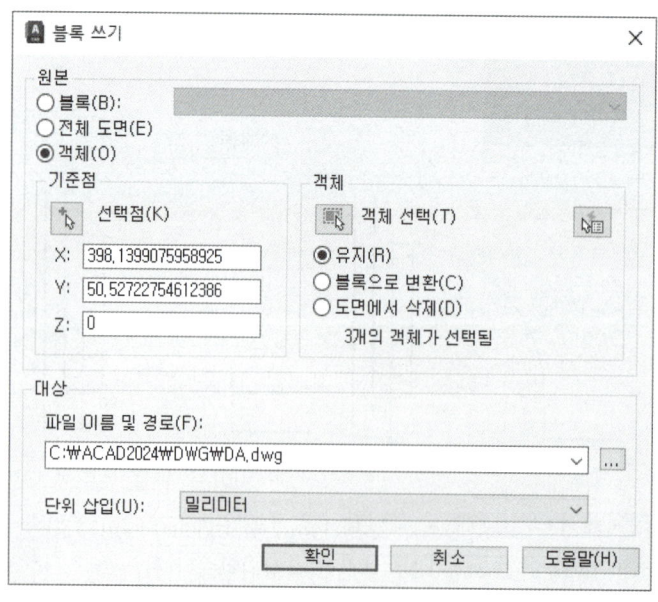

옵션	설 명
원본	기존 블록과 객체를 지정하고, 삽입점을 지정해서 외부 블록 파일로 저장합니다.
원본/블록	기존 내부 블록을 외부 블록으로 만들기 위해 내부 블록 리스트에서 이름을 선택합니다.
원본/전체 도면	전체 도면을 외부 블록으로 만들기 위해 현재 도면을 외부 블록 파일로 저장하도록 선택합니다.
객체 영역	[객체 선택] 버튼을 클릭하고 이 블록에 포함할 형상을 선택합니다. 객체에서 확인을 클릭하여 블록을 작성한 후 선택한 형상에 대해 수행할 작업을 정의하는 옵션을 선택합니다. 객체는 개별 객체로 남아 있거나(유지), 블록 참조로 변환되거나 삭제됩니다.
기준점 영역	기준점을 정의합니다. 선택점을 클릭하고 객체의 위치를 클릭해서 지정하고 X, Y 및 Z 좌표값을 반환하거나 절대 X, Y 및 Z 좌표값을 입력합니다.
대상	파일의 새로운 이름 및 위치와 블록이 삽입될 때 사용될 측정 단위를 지정합니다. ● 파일 이름 및 경로 – 블록 또는 객체를 저장할 파일 이름 및 경로를 지정합니다. ● ... – 표준 파일 선택 대화상자를 표시합니다. ● 삽입 단위 – 새 파일을 DesignCenter에서 끌어오거나 다른 단위를 사용하는 도면에 블록으로 삽입할 때 자동 축척에 사용될 단위값을 지정합니다. 도면을 삽입할 때 자동 축척을 원하지 않으면, 단위 없음을 선택합니다.

연습 과제〉 외부 블록 만들기(Creating external blocks)

'블록 쓰기(Wblock)' 명령을 이용해서 외부 블록을 만드는 개요를 제공합니다.

1 다음 그림과 같이 다듬질 기호 도형을 작도합니다.

형상은 0(Zero) 도면층에 치수는 DIM 도면층에 작도합니다. 작도가 완료되면, DIM 도면층의 '켜기'를 클릭해서 끕니다.

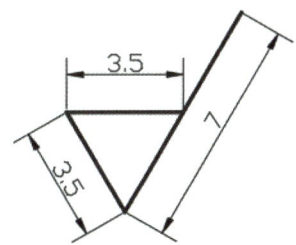

2 리본 [삽입] 탭 ⇨[블록 정의] 패널에서 [블록 작성] 드롭다운에서 [블록 쓰기]를 클릭합니다.

3 '블록 쓰기' 대화상자의 '파일 이름 및 경로' 우측 ... 버튼을 클릭합니다.

① '도면 파일 찾아보기' 탐색기의 '파일 이름' 영역에 '다듬질 기호'라는 블록의 이름을 입력합니다.

② [저장] 버튼을 클릭합니다.

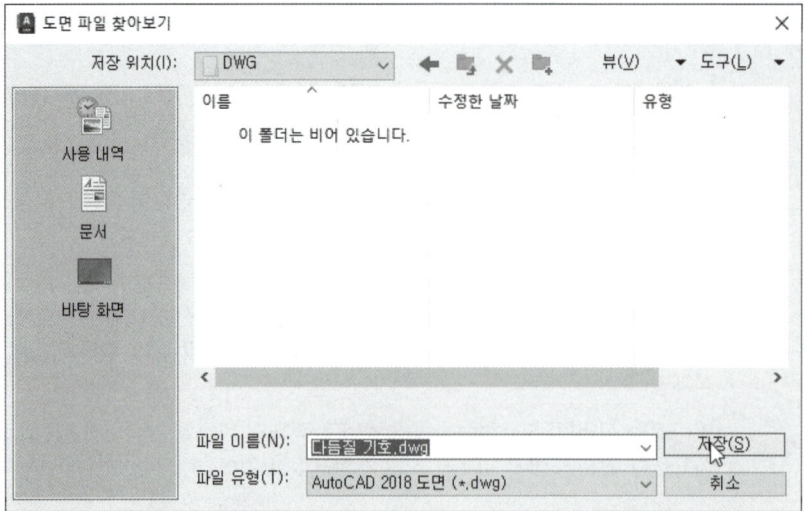

4 '블록 쓰기' 대화상자 '기준점' 영역에서

① [선택점] 버튼을 클릭하고, 기준점으로 다음 그림처럼 'P1'을 지정합니다.

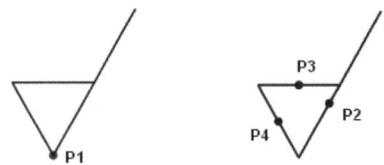

② 객체 영역에서 [객체 선택] 버튼을 클릭하고, 다듬질 기호를 구성하는 엔티티 P2, P3, P4들을 선택합니다.

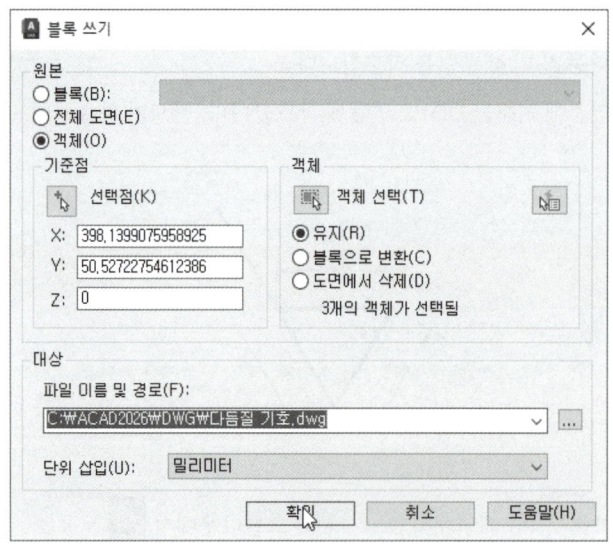

③ [유지] 버튼을 체크하고, [확인] 버튼을 클릭합니다.

5 도면 파일을 '**Block-WInsert.dwg**' 이름으로 저장합니다.

❑ 블록을 작성하기 위한 지침(Guideline for creating blocks)

① 블록의 이름을 논리적인 순서로 지정합니다.
② '소거(Purge)' 명령을 호출하여 도면에 사용하지 않은 참조되지 않은 블록을 삭제합니다.
③ 외부 블록을 작성하려면, '블록 쓰기(Wblock)' 명령을 사용합니다.
  또는 W를 입력하여 '블록 쓰기' 대화상자에 액세스합니다.
④ 도면과 대상 폴더에서 블록을 선택합니다. 모든 블록 정의가 다른 도면에서 사용할 수 있도록 폴더에 보관합니다.
⑤ 우리는 블록을 중첩할 수 있습니다. 즉, 블록 내에 다른 블록이 있는 블록을 만들 수 있습니다. 다른 블록에 내포할 수 있는 블록 수에는 제한이 없습니다.
⑥ 도면에 블록 정의가 존재하고 도면층을 참조하는 경우 블록을 삭제하지 않으면 도면층을 삭제할 수 없습니다.
⑦ 도면에 블록 참조의 인스턴스가 있는 경우 참조를 소거할 수 없습니다.
⑧ 블록을 변경하려면 블록을 분해하고 다시 만듭니다. 이전에 정의된 블록과 이름이 같은 블록을 다시 만들면 도면의 모든 블록이 해당 이름으로 변경됩니다.
⑨ 블록을 만들고 기준점을 지정하지 않으면, 기본 기준점은 0, 0, 0이 됩니다.
⑩ 블록의 이름을 변경하려면, '이름 바꾸기(Rename)' 명령을 사용합니다.
  다음 그림과 같이 대화상자 목록에서 이전 블록 이름을 선택하고 이름을 변경합니다.

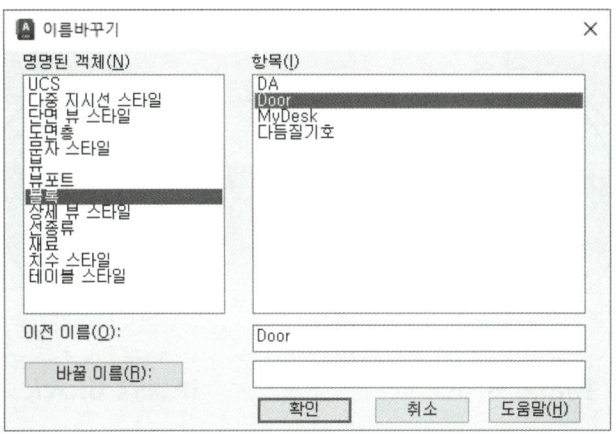

❑ 블록 동작 예(Example of block behavior)

우리는 M10 나사 블록을 만들고, 삽입할 때 그 나사 블록이 현재 도면층의 특성 상속하기를 원한다고 가정합니다.

1 먼저 도면층 0(Zero)을 현재 상태로 만들고 색상, 도면층, 선종류 및 선가중치 특성을 'ByLayer'로 설정해야 합니다.

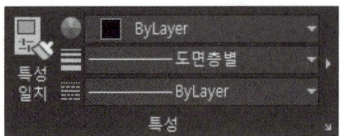

② 다음 그림의 M10 나사형상을 작도합니다.

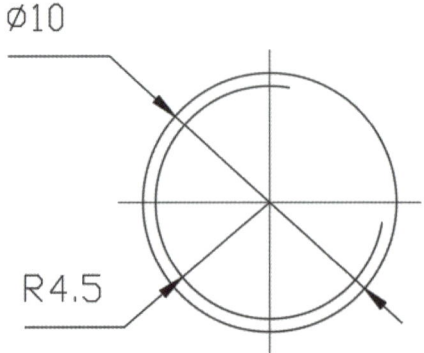

③ 블록(외부 블록)으로 만듭니다. 외부 블록을 만드는 방법은 앞부분에서 참고합니다.

④ 나사 블록을 삽입하면, 현재 도면층(OL)으로부터 색상, 선종류 및 선가중치가 상속됩니다.

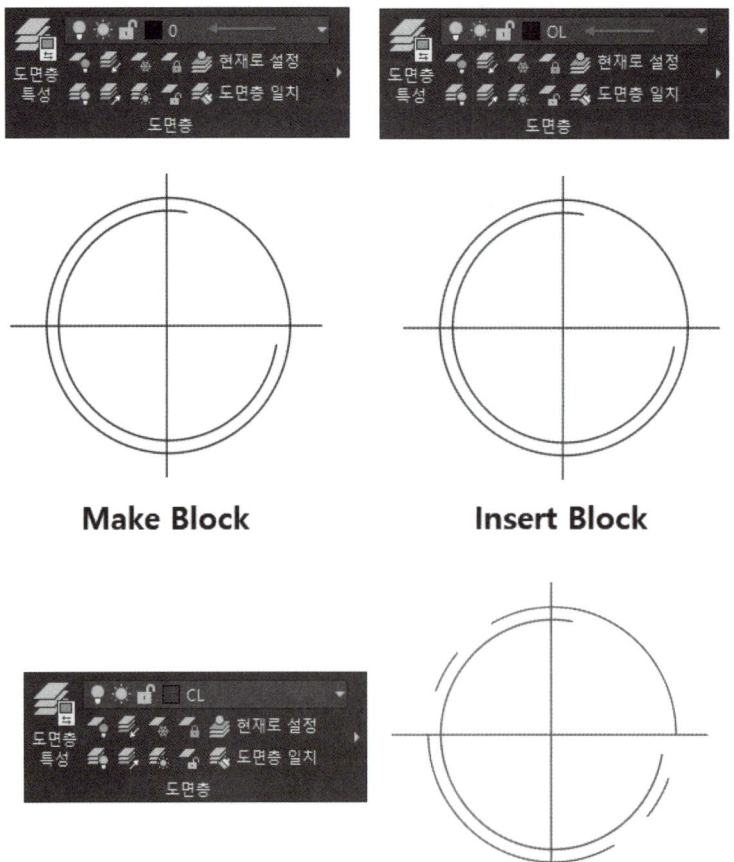

4.2 블록 삽입하기(Inserting blocks)

블록 정의를 작성하면, 설계자는 현재 도면에서 블록을 사용할 준비가 됩니다. 그러나 올바른 도면 층에 있는지, 도면이 블록을 수용할 준비가 되었는지 확인해야 합니다.

[삽입] 탭 ⇨ [블록] 패널에서 [삽입(Insert)] 아이콘을 클릭합니다.

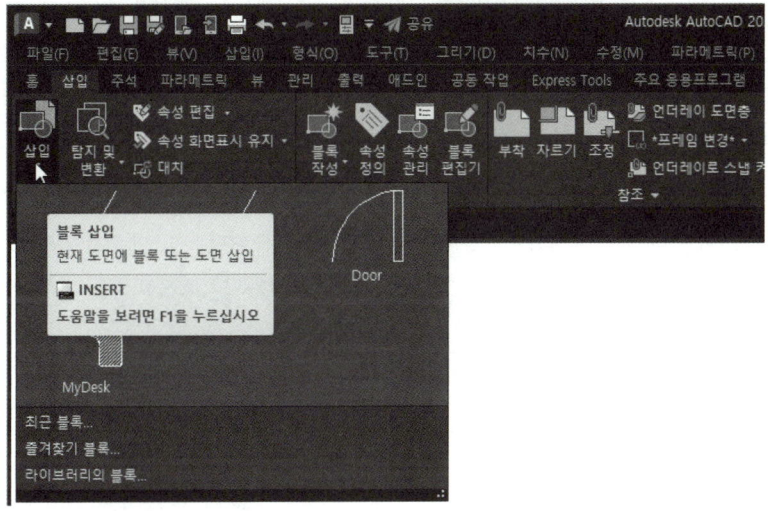

활성 도면에서 사용할 수 있는 현재 블록 목록이 표시됩니다. 이 방법을 사용하면, 척도 또는 회전 각도를 변경할 수 없습니다. 이것은 도면에 블록을 삽입하는 매우 빠른 방법입니다. 한편, 삽입 프로세스를 사용자 지정하려면, '최근 블록', '즐겨찾기 블록' 또는 '라이브러리의 블록' 옵션을 선택하면, 다음 팔레트가 표시됩니다.

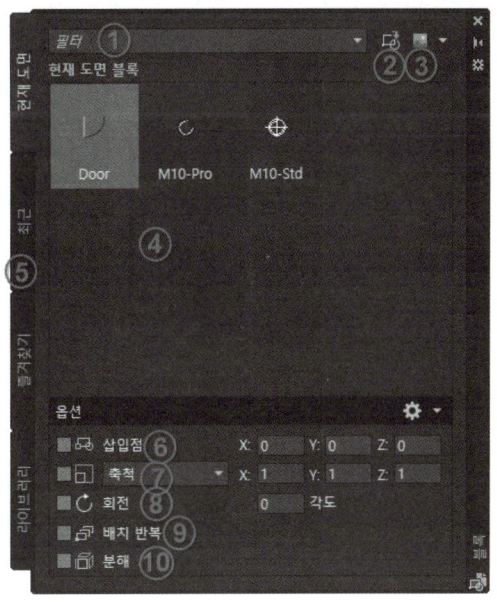

팔레트의 '현재 도면' 탭에서 이 도면에서 사용할 수 있는 블록들을 볼 수 있습니다. 설계자는 삽입점, 축척, 회전 각도, 반복 배치 여부, 마지막으로 분해된 블록을 삽입할지 또는 하나의 단위로 삽입할지를 지정해야 합니다. 블록을 마우스 오른쪽 버튼으로 클릭하면, 다음 하위 메뉴가 표시됩니다.

이 메뉴에서 '블록 삽입', '블록 삽입 및 분해' 또는 '즐겨찾기에 복사'를 선택할 수 있습니다.

'최근' 탭을 클릭하면 현재 활성 도면과 관계없이 아래 그림과 마찬가지로 최근에 삽입된 모든 블록이 표시됩니다. 이는 도면과 세션 사이에 유지됩니다. 이 탭에서 블록을 마우스 오른쪽 버튼으로 클릭하고 '최근 리스트에서 제거'를 선택하여 블록을 제거할 수 있습니다.

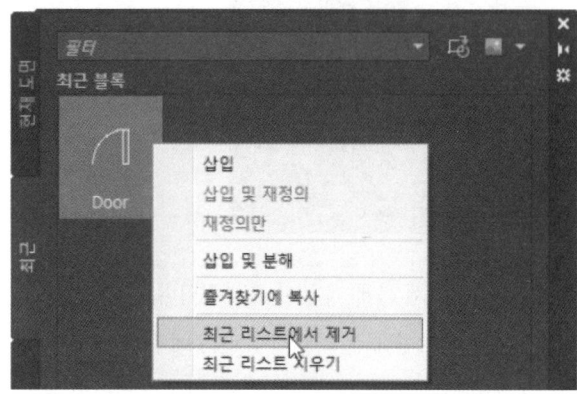

'즐겨찾기' 탭으로 이동하면, 나중에 사용할 즐겨찾기로 선택한 블록이 표시됩니다.

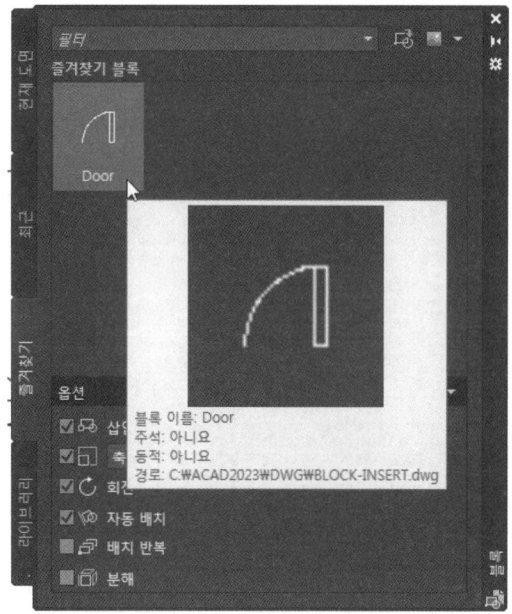

'라이브러리' 탭을 클릭하고, 오른쪽 위에 있는 책 모양을 클릭하고, 원하는 블록이 들어 있는 도면 파일을 지정하거나 원하는 블록이 들어 있는 여러 도면 파일이 들어 있는 폴더를 선택합니다. 다음과 같은 내용이 표시됩니다.

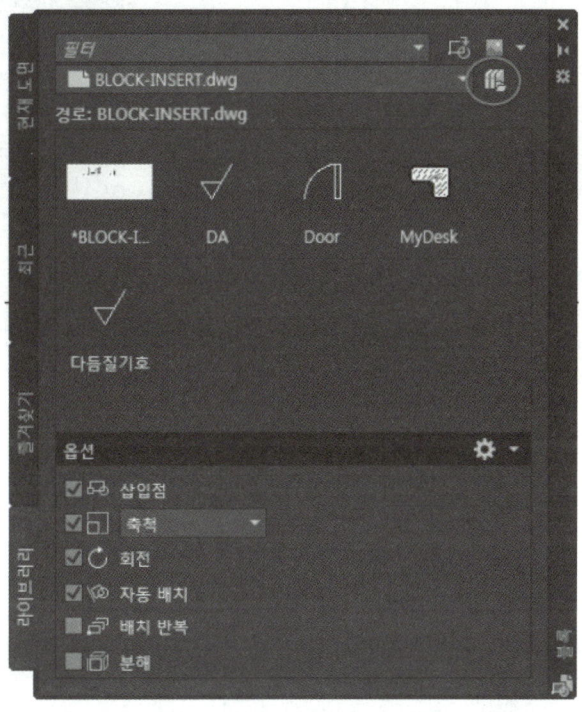

축척에 음수 값을 사용하여 블록의 대칭 형상을 삽입할 수 있습니다. '배치 반복' 확인란이 켜져 있으면, 원하는 블록을 마우스 오른쪽 버튼으로 클릭한 후 '삽입' 옵션을 선택하면 이 블록이 도면에 원하는 만큼 동일한 명령으로 삽입됩니다. 이렇게 하면 삽입 프로세스에서 시간이 절약됩니다.

❏ **블록 삽입점 객체 스냅(Block insertion point OSNAP)**

도면 영역에 블록을 삽입한 후 클릭하면, 다음을 확인할 수 있습니다.

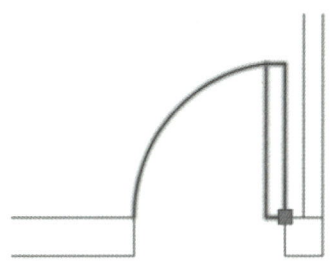

전체 블록은 하나의 단위이며, 삽입 지점인 그립 하나만 강조 표시됩니다. 삽입(또는 찾는 위치에 따라 삽입)이라고 하는 특정 객체 스냅(OSNAP)이 있습니다.

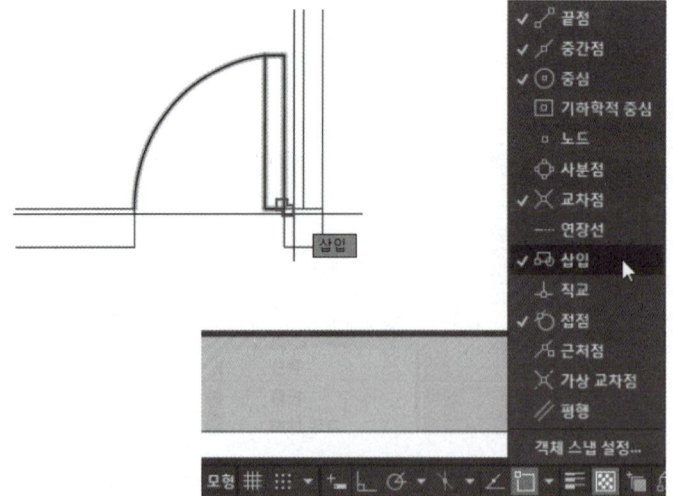

❑ 블록 개수(Block count)

'개수(Countlist)' 명령은 현재 도면에서 블록의 인스턴스(instance)를 빠르고 정확하게 카운트합니다. 그러면 지정된 블록의 인스턴스를 확대/축소하고 탐색할 수 있습니다.

[뷰] 탭 ⇨ [팔레트] 패널에서 [개수(Countlist)] 명령 아이콘을 클릭합니다.

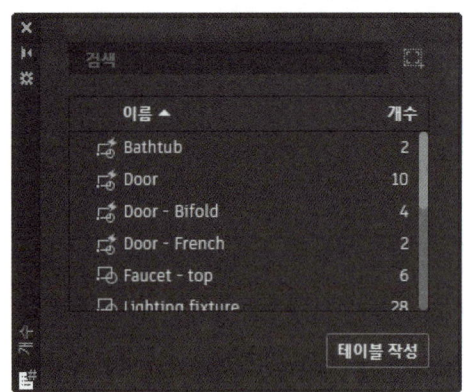

전체 도면에서 개수 명령을 사용하거나 도면 내부의 블록 수를 계산할 도면에서 창(팔레트 오른쪽 위 끝 녹색 버튼 클릭)을 지정할 수 있습니다. 팔레트에서 블록 중 하나를 클릭하면, 화면 주위에 파란색 프레임이 나타나고 블록이 녹색으로 강조 표시되며 개수 도구 모음이 나타납니다.

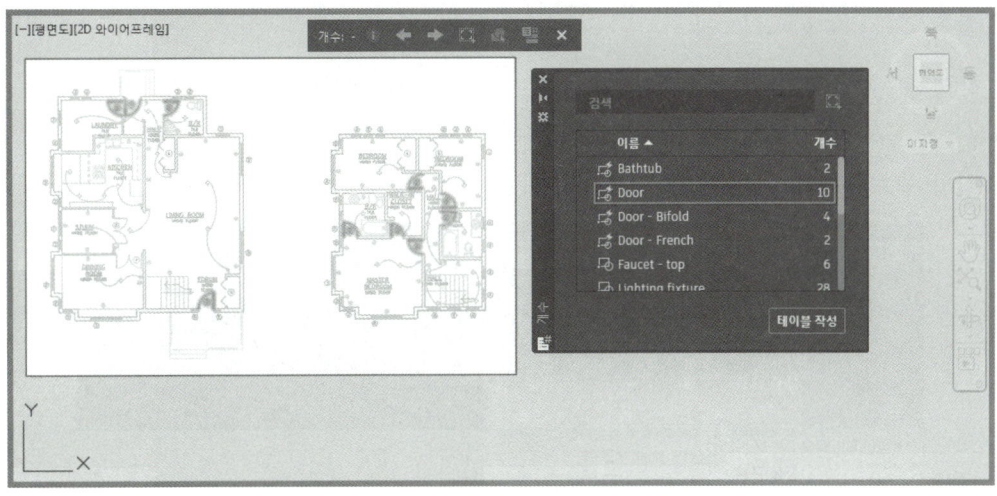

개수 도구 모음에서 다음 작업을 할 수 있습니다.

① 왼쪽 및 오른쪽 화살표를 사용하여 블록 인스턴스를 확대합니다.

② 도면 내에서 영역(창) 지정하여 확대/축소를 제한할 수 있습니다.

③ 도면 영역에서 블록 인스턴스를 선택할 수 있습니다.

④ 개수 필드를 삽입할 수 있습니다.

개수 도구 팔레트의 하단에서 테이블 작성(Create Table) 버튼을 클릭하면 다음이 표시됩니다.

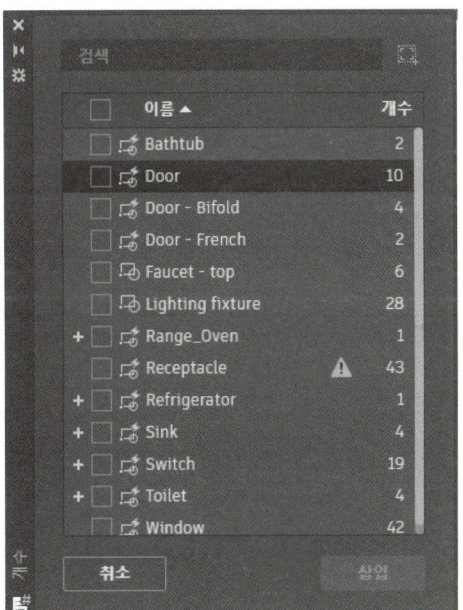

테이블을 만들 블록을 선택한 다음 [삽입] 버튼을 클릭하여 도면 영역에 테이블을 삽입하면, 위의 오른쪽 그림과 같이 테이블이 표시됩니다.

❏ 블록 대치(Block Replace)

이 명령은 지정된 블록 참조를 다른 블록으로 바꿉니다. 하나 이상의 블록을 도면 또는 최근 또는 제안된 블록 목록에서 지정한 다른 블록으로 바꿀 수 있습니다.

[삽입] 탭 ⇨ [블록] 패널에서 '대치' 명령 아이콘을 클릭합니다.

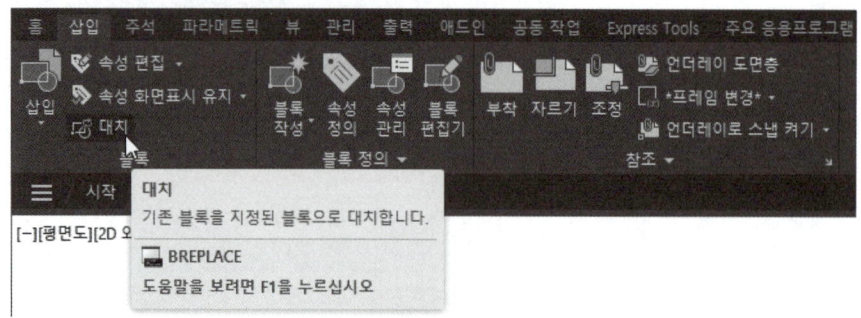

다음 프롬프트가 표시됩니다.

대치할 블록을 하나 이상 선택:

대치할 블록을 선택합니다. 대치할 원하는 블록(또는 블록, 다른 블록을 선택할 수 없으며 동일한 이름을 가져야 함) 을 선택하면, 다음 팔레트가 표시됩니다:

다음의 세 가지 옵션 중 하나를 선택할 수 있습니다.

① 현재 도면에서 기존 블록 선택
② 추천된 블록 중 하나를 선택
③ 최근 블록 중 하나를 선택

❑ 블록 삽입 지침(Guidelines for inserting blocks)

① 제목 블록을 작성할 때 우리는 일반적으로 삽입점이 0,0이 되도록 해야 합니다. 그렇지 않으면 도면에서 삽입점을 선택합니다.
② 우리는 축척 및 회전에 대한 화면 지정을 선택 취소하면, 블록을 삽입할 때 명령행에 X, Y 축척 및 회전 각도를 지정할 수 있습니다.
③ 우리는 다른 X와 Y 척도를 지정할 수 있습니다. 블록은 비례적으로 조정됩니다.
④ 도면 파일 또는 도면 외부에 있는 블록을 선택하기 위해 검색합니다.
⑤ 도면 파일이 현재 도면에 삽입되면, 도면 형상이 참조하는 모든 파일의 블록, 도면층, 선종류, 문자 스타일 및 치수 스타일 등이 함께 제공됩니다.
⑥ '소거(Purge)' 명령을 사용하여 도면에 필요하지 않은 참조되지 않은 정보를 도면에서 삭제합니다. 이렇게 하면 도면 크기가 더 효율적으로 됩니다.
⑦ 블록이 도면에 삽입되면서 다른 형상처럼 이동, 복사, 회전, 축척, 대칭 또는 처리할 수 있습니다.
⑧ 블록을 분해하면 형상들은 원래 특성으로 돌아갑니다.
⑨ 내포된 다른 블록이 있는 블록을 분해하면 내포된 블록을 분해할 수 있습니다.

연습 과제〉 내부 블록 삽입하기(Inserting internal block)

1 'Block-Insert.dwg' 파일을 엽니다.

2 리본 메뉴에서 [뷰] 탭 ⇨ [팔레트] 패널 ⇨ [블록] 아이콘을 클릭합니다.

다음 그림처럼 '블록' 팔레트가 표시됩니다.

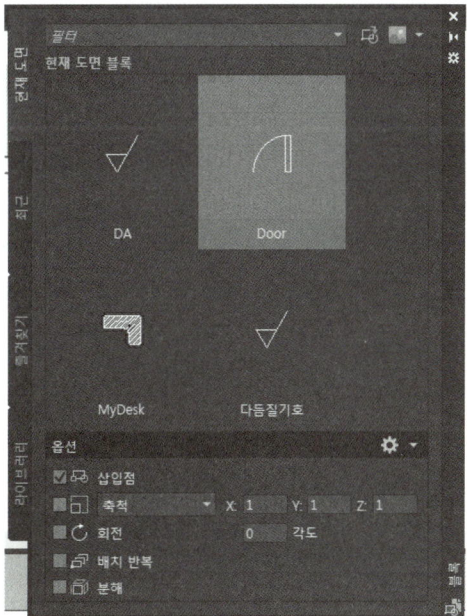

3 팔레트 창에서 [Door] 블록을 클릭 & 드롭해서 다음 그림처럼 삽입합니다.

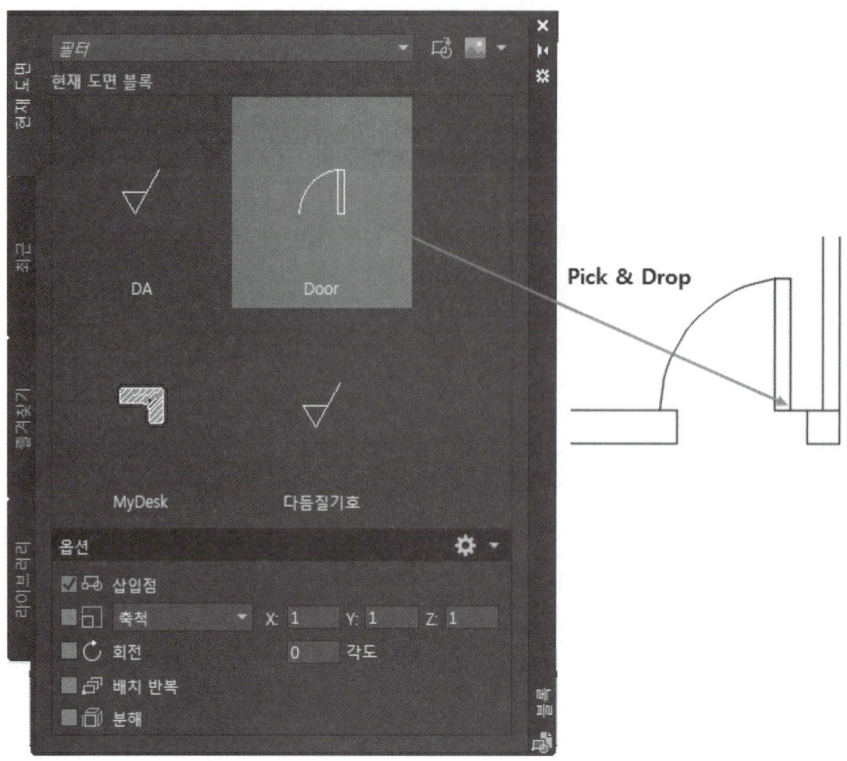

연습 과제〉 외부 블록 삽입하기(Inserting external block)

1 'Block-WInsert.dwg' 도면 파일을 열고, 여백에 다음 그림처럼 임의 크기의 사각형을 그립니다.

2 리본 메뉴에서 [뷰] 탭 ⇨ [팔레트] 패널 ⇨ [블록] 아이콘을 클릭합니다.

① 다음 그림처럼 '축척 = 1' '회전각도 = 0°'의 값을 확인합니다.

CHAPTER 8 문자, 해치 및 블록(Text, hatch and block)

② 팔레트 창에서 [다듬질 기호] 블록을 선택한 후 마우스 오른쪽 버튼을 클릭해서 [삽입]을 클릭합니다.

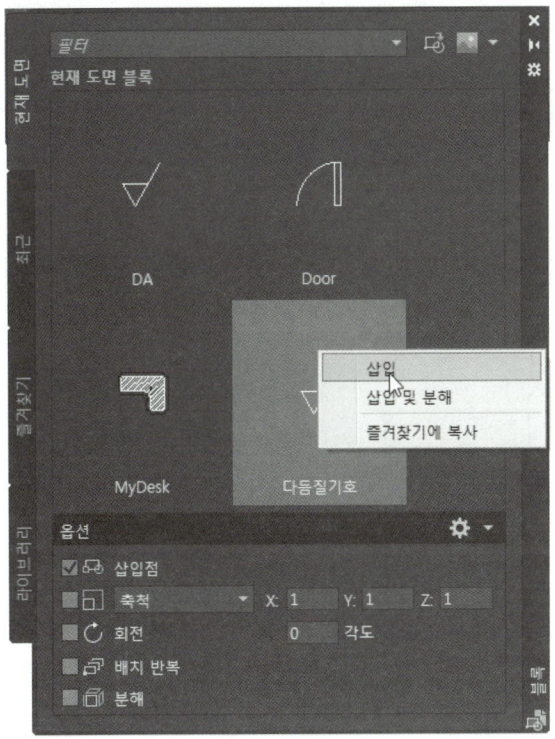
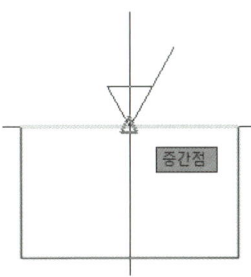

③ 팔레트 창에서 '단일 축척 = 0.5' '회전각도 = 270°'의 값을 설정합니다.

④ 팔레트 창에서 [다듬질 기호] 블록을 선택한 후 마우스 오른쪽 버튼을 클릭해서 [삽입]을 클릭합니다.

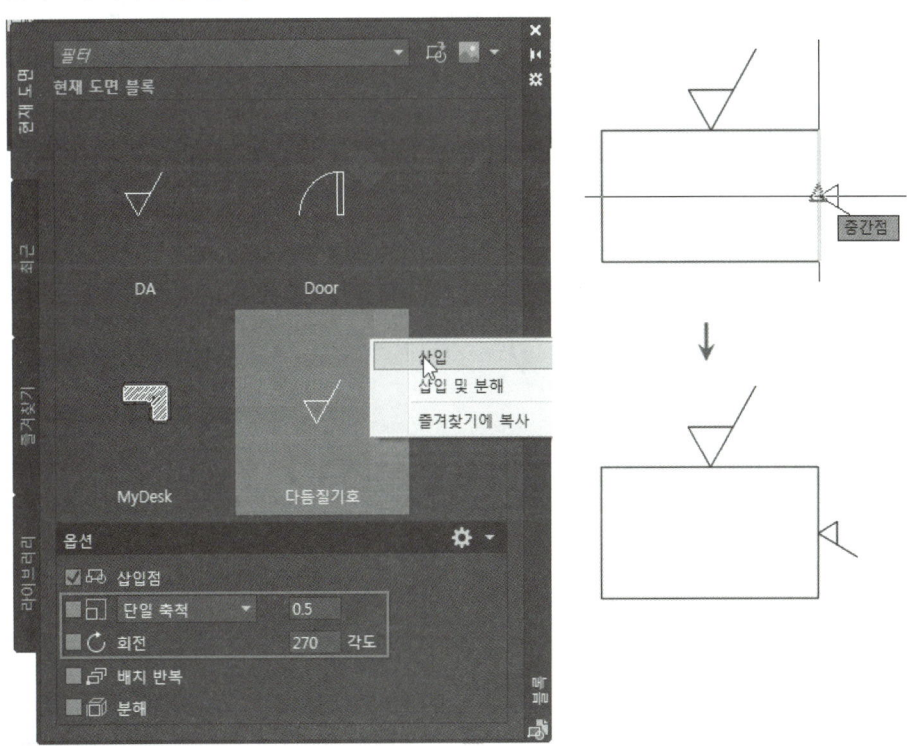

실습과제 40⟩ 다음 볼트/너트 도형을 내부 및 외부 블록으로 작성하세요.

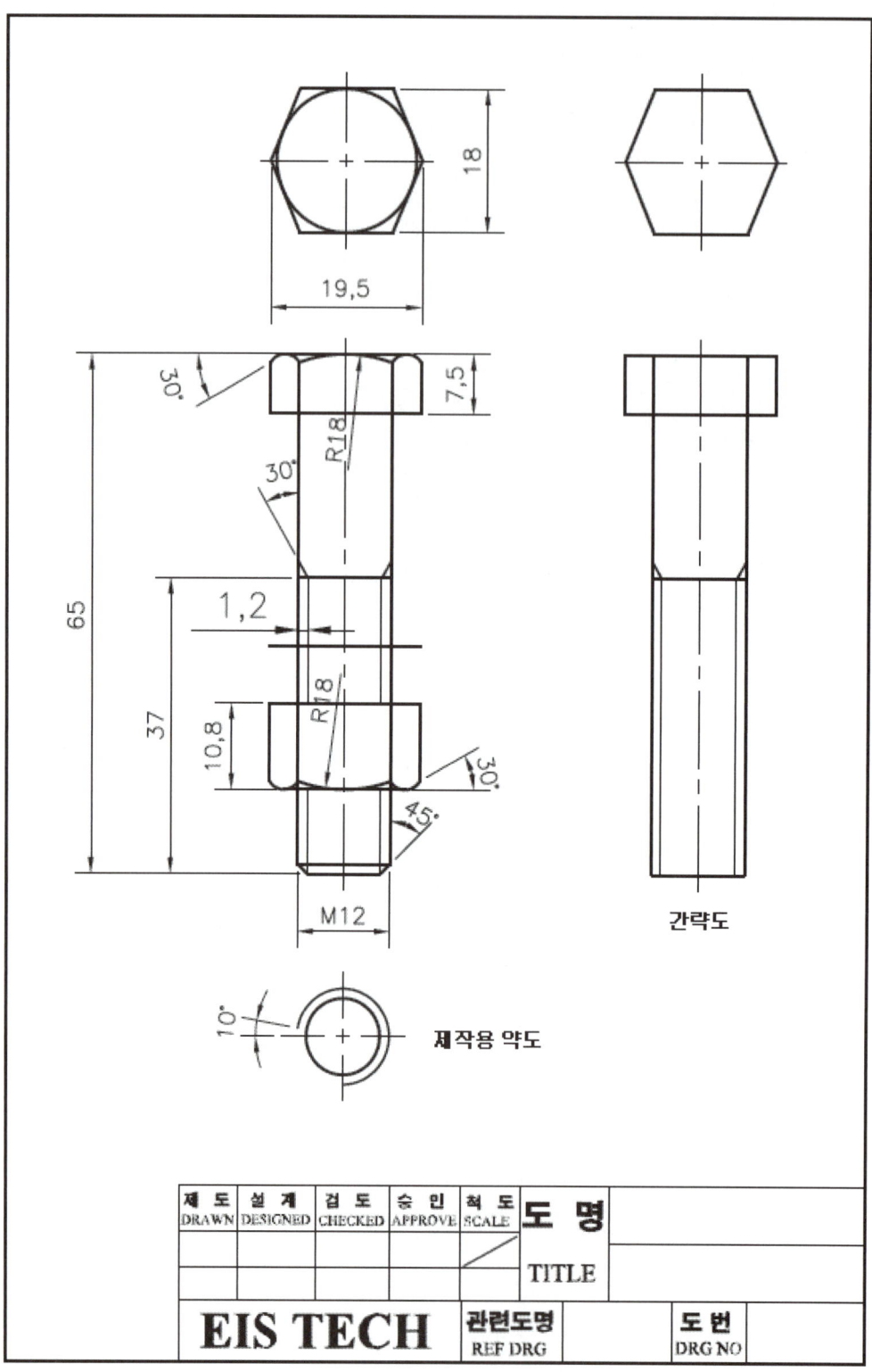

실습과제 41〉 다음 그림처럼 다듬질 기호를 작도하세요.

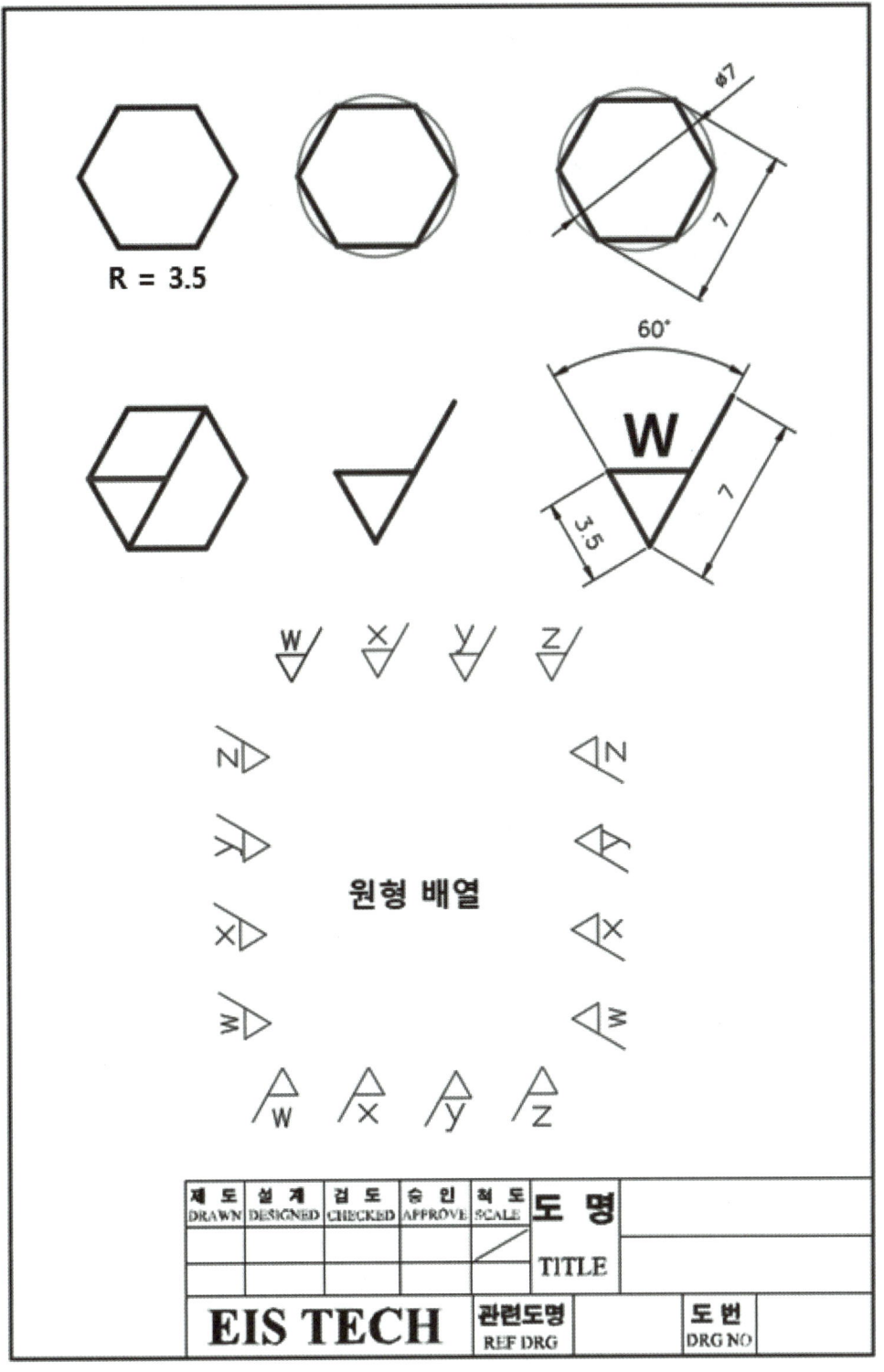

■ 이 장에서 다음의 내용을 학습하게 됩니다.

① 치수 작업을 할 수 있습니다.
② 치수들을 관리하기 위해 치수 스타일을 이용할 수 있습니다.
③ 선형 객체들에 다른 치수 유형들을 배치할 수 있습니다.
④ 곡선 객체들에 다른 치수 유형들을 배치할 수 있습니다.
⑤ 다중 지시선 스타일 및 다중 지시선을 배치하고, 수정할 수 있습니다.
⑥ 치수 객체들을 수정하기 위한 다른 명령들 및 방법들을 이용할 수 있습니다.
⑦ 그립(Grip), 치수 편집(Dimedit) 명령 및 치수 문자 편집(Dimtedit) 명령을 이용해서 치수들을 편집할 수 있습니다.

CHAPTER

9

치수 작업
(Dimensioning)

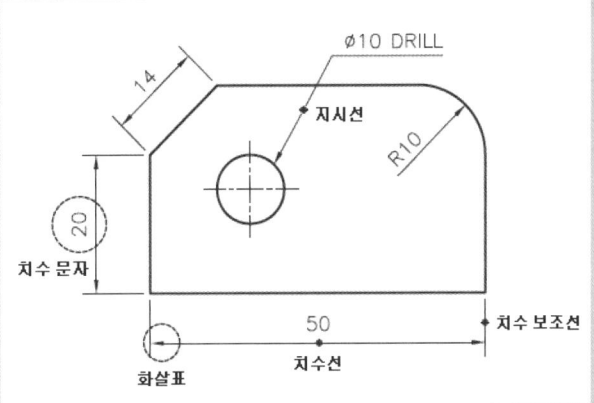

01 치수 스타일 (Dimension styles)

1.1 치수(Dimension)란?

도면에서 '치수(Dimension)'를 사용하여 형상들의 크기와 사양을 도시해서 전달할 수 있습니다. 도면은 치수를 추가할 때까지 완성되지 않습니다.

도면에 치수 작업을 할 때, 도면의 최종 출력 척도, 치수 기입 및 배치에 대한 제도 규칙을 준수해야 하고 치수 표시 방법을 고려해야 합니다.

AutoCAD의 치수 작업은 주석 문자(Annotative text) 및 표(Table)의 작업과 유사합니다. 설계자는 먼저 '치수 스타일(Dimension style)'을 작성한 다음 치수 작업을 하는 데 사용해야 합니다. 치수 스타일은 다양한 유형의 치수 명령에 따라 생성된 치수 객체(특수 블록)의 모양과 특성을 제어합니다.

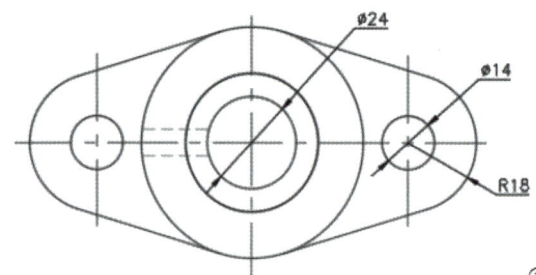

① 치수선(Dimension line)
② 치수 보조선(Dimension Extension lines)
③ 치수 문자(Dimension Text)

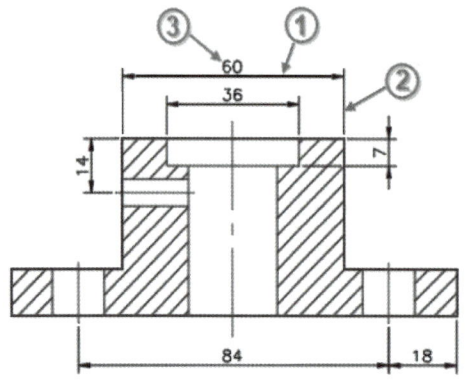

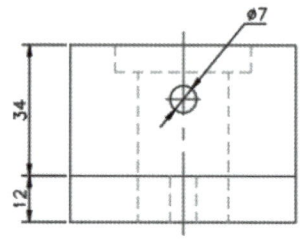

1.2 치수 스타일 명령(Dimstyle command)

'치수 스타일(Dimstyle)' 명령은 새로운 치수 스타일을 만들거나 기존 치수 스타일을 수정합니다. [주석] 탭 ⇨ [치수] 패널에서 '치수 스타일(Dimstyle)' 명령 아이콘을 클릭합니다.

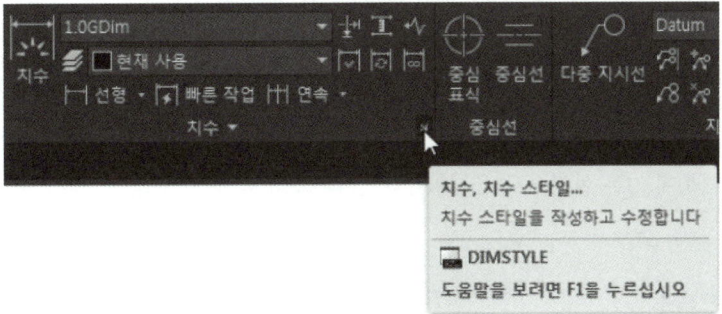

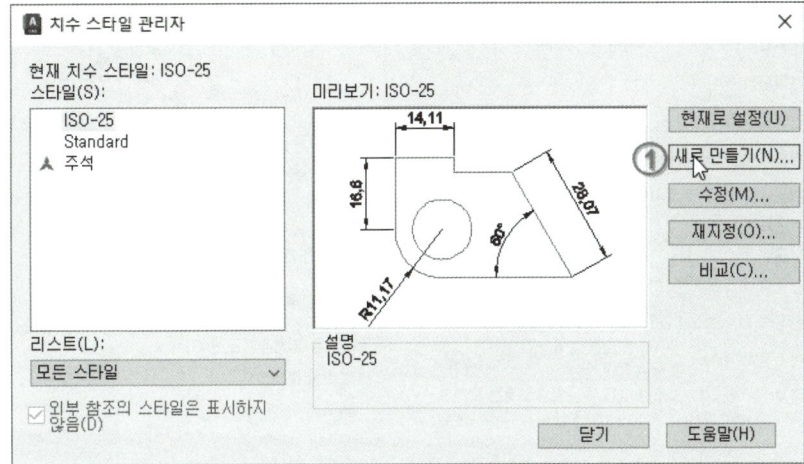

스타일 목록에 '표준(Standard)', 'ISO-25' 및 '주석(Annotative)'이라는 세 가지 미리 정의된 치수 스타일이 있습니다. [새로 만들기(N)] 버튼을 클릭하여 새 스타일을 만듭니다. 다음 대화상자가 표시됩니다.

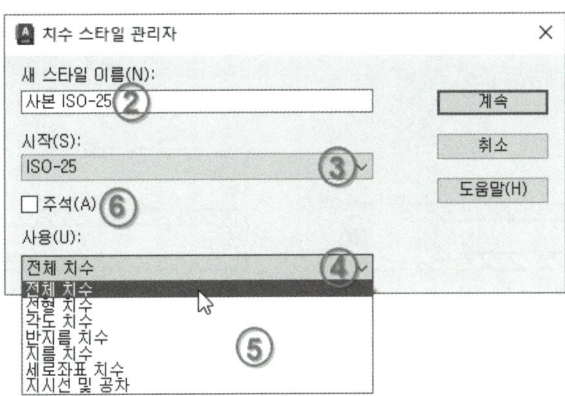

작성할 '새 스타일 이름'을 입력하고 '시작' 드롭다운에서 참조할 기존 스타일(ISO-25)을 선택합니다. '주석' 확인란은 대로 둡니다(다음에 설명). '사용' 드롭다운에서 '전체 치수(Use for all dimensions)'를 확인하고, 새 스타일 만들기를 시작하려면, [계속] 버튼을 누릅니다.

❏ 치수 스타일 – 선 탭(Lines tab)

치수 스타일 대화상자의 첫 번째 탭은 '선(Lines)'입니다. 이 탭을 사용하면 치수선과 치수 보조선을 제어할 수 있습니다. 우리는 '치수 스타일(Dimstyle)' 명령의 '선(Lines)' 탭뿐만 아니라 나머지 탭에 관해 설명하는 동안 색상, 선종류 및 선가중치는 개별 치수 객체(블록)가 아닌 도면층(Layer)에 의해 제어되기를 원하기 때문에 기본 설정으로 유지합니다.

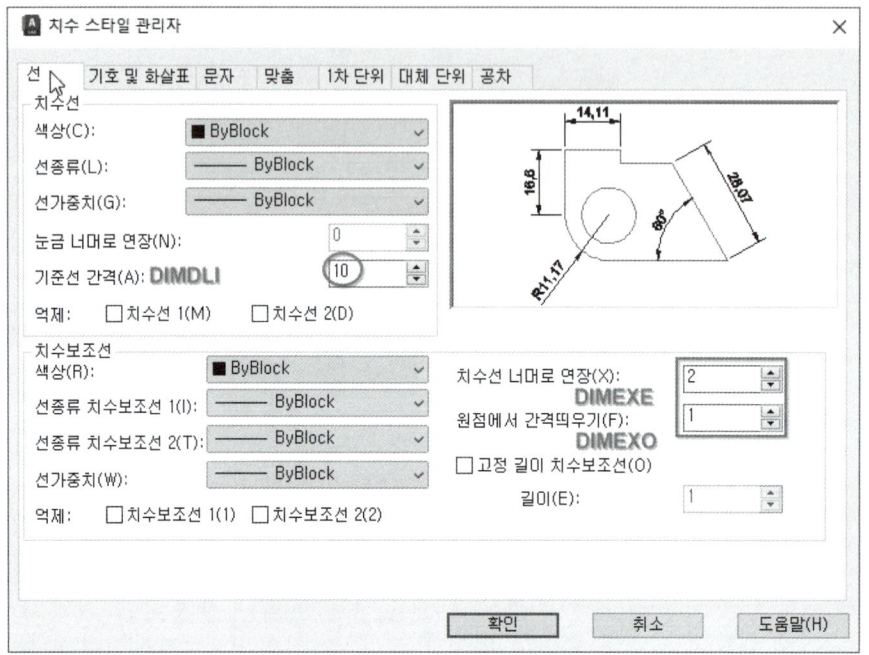

'치수선' 영역에서 다음 설정을 모두 또는 일부 변경합니다.

① 눈금 너머로 연장 : 이 옵션은 건축 눈금(Architectural tick)인 정렬 치수에 대해서만 작동합니다.

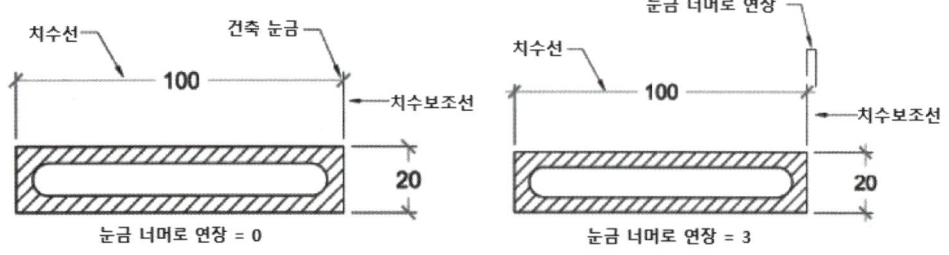

② 기준선 간격 : 기준선 치수를 추가할 때 아래 그림과 같이 한 치수와 다른 치수 사이의 간격을 제어하거나 기준선 간격을 제어하지 않습니다.

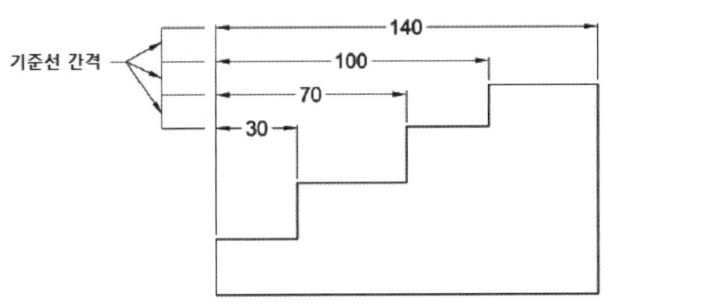 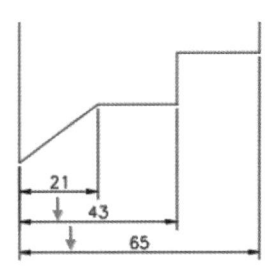

③ 억제 : 치수선 1 또는 치수선 2를 억제 또는 그대로 둘 것인지 선택합니다.

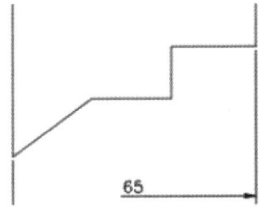 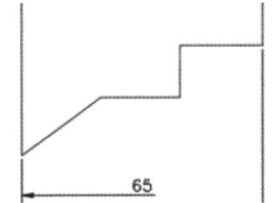

'치수 보조선' 영역에서

④ 억제 : 치수 보조선 1 또는 치수 보조선 2를 억제 또는 그대로 둘 것인지 선택합니다.

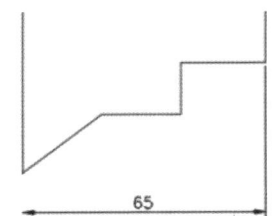 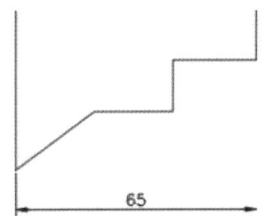

⑤ 치수선 너머로 연장 :

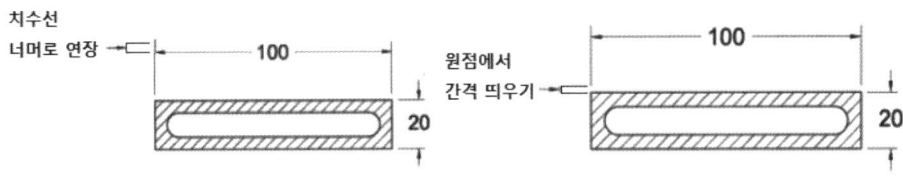

⑥ 원점에서 간격띄우기 :

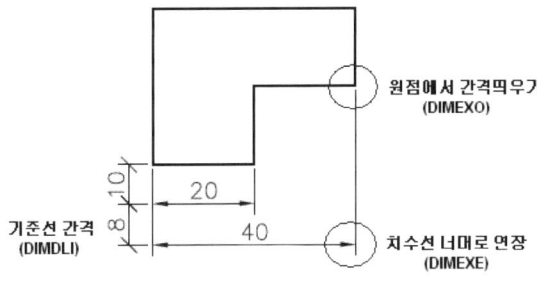

⑦ 고정 길이 치수 보조선 : 치수 보조선의 길이를 수정할지를 선택합니다.

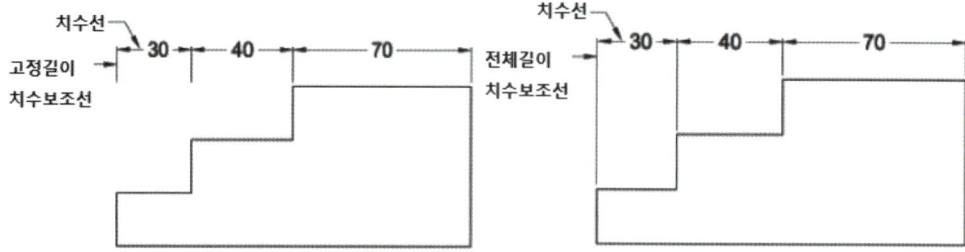

❏ 치수 스타일 – 기호 및 화살표 탭(Symbols and arrows tab)

이 탭은 화살표 및 관련 기능을 제어합니다.

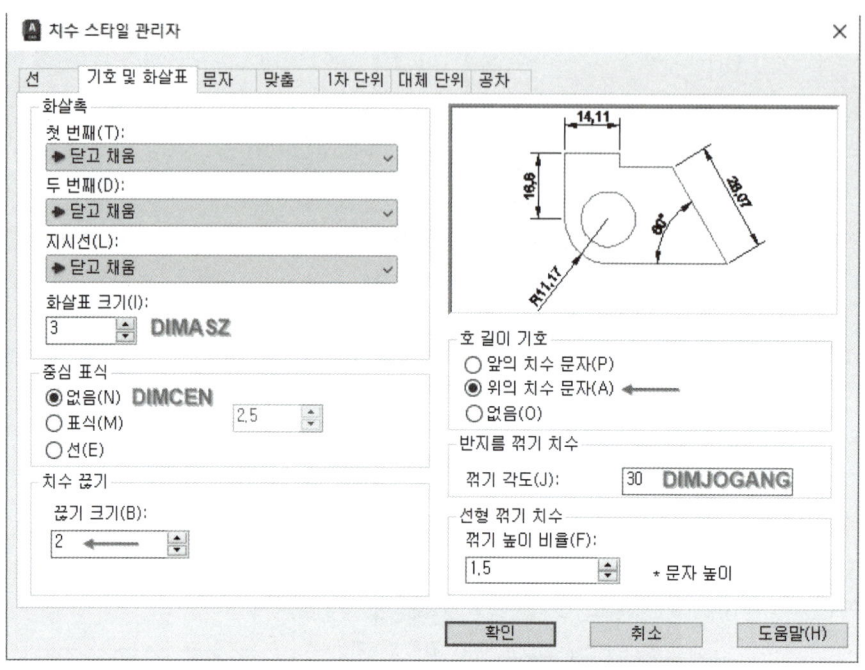

'화살촉' 영역에서

① 첫 번째 화살촉의 모양입니다. 첫 번째 화살표의 모양을 설정하면 두 번째 화살표가 자동으로 변경됩니다. 서로 달라지기를 원한다면 두 번째를 변경합니다.

② 지시선에 사용할 화살표 모양입니다. (참고로 반지름 및 지름은 지시선이 아닙니다.)

③ 화살표 크기, 중심 표식

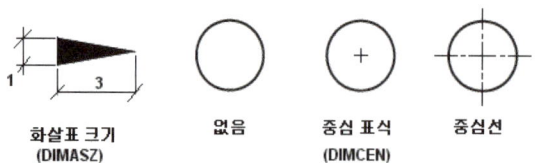

'치수 끊기'에서

④ 치수선 혹은 치수 보조선이 외형선을 가로질러 배치되면 그것을 잘라내기 해야 합니다.

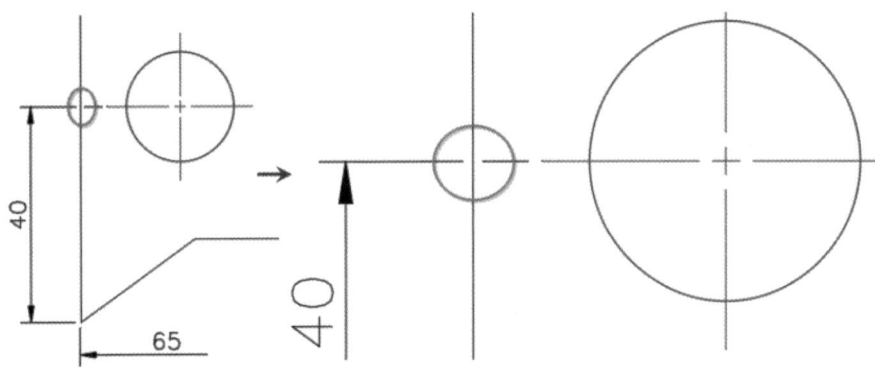

⑤ '호 길이 기호'에서 호 길이 기호를 표시할지 숨길지 선택합니다.

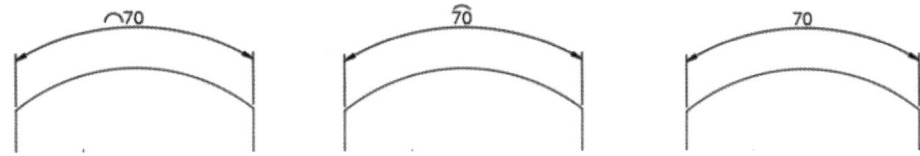

⑥ '반지름 치수 꺾기'에서 아래 그림과 같이 꺾기 각도를 입력합니다.

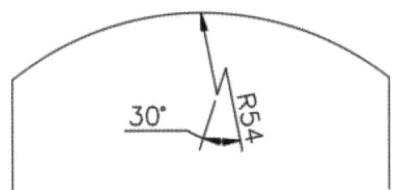

⑦ '선형 꺾기 치수'에서 아래 그림과 같이 꺾기 높이 계수를 입력합니다. 꺾기 높이 계수는 치수에 사용된 문자의 높이를 곱하는 계수로 정의됩니다.

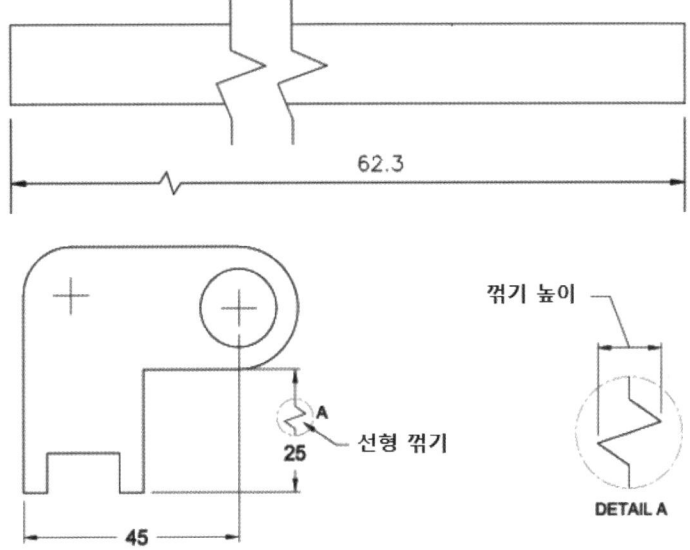

❏ 치수 스타일 – 문자(Text tab)

이 탭은 치수 블록에 나타나는 치수 문자를 제어합니다.

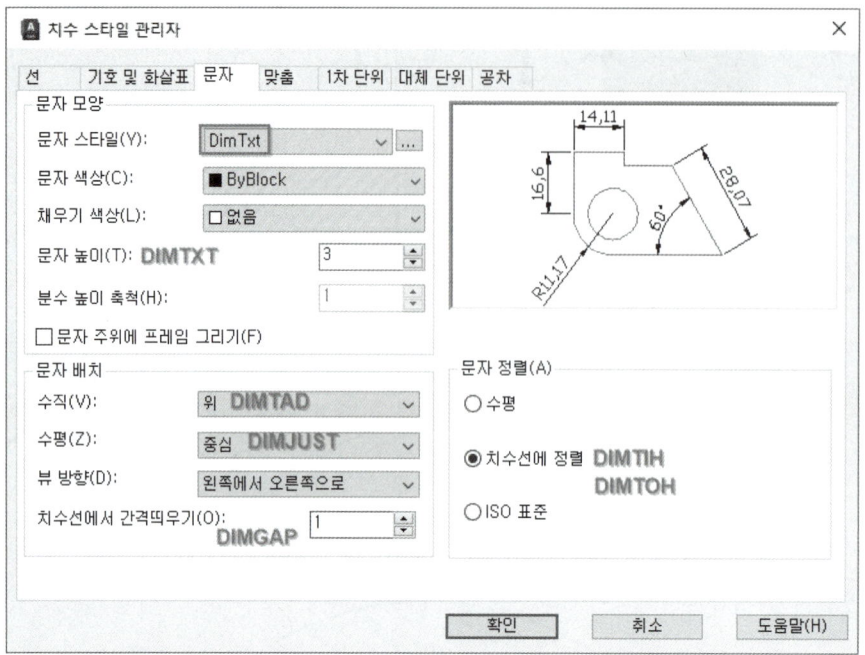

'문자 모양' 영역에서

① 원하는 문자 스타일을 선택하거나 새 문자 스타일을 작성합니다.
② 문자 색상 및 채우기 색상(문자 배경 색상)을 지정합니다.
③ 제도 규정에 따라 문자 높이를 지정합니다.
④ 주 단위(잠시 후에 설명)에 따라 분수 높이 축척을 설정합니다.
⑤ 문자에 프레임을 포함할지 또는 포함하지 않을지 선택합니다.

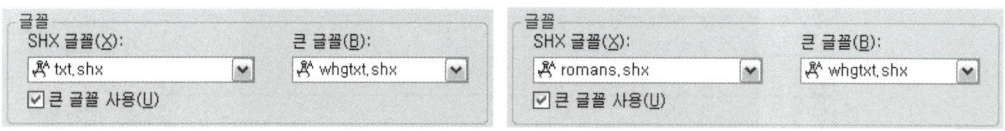

'문자 배치' 영역에서

① 치수선과 관련된 문자의 수직 배치를 선택합니다. 사용할 수 있는 다섯 가지 옵션이 있습니다.

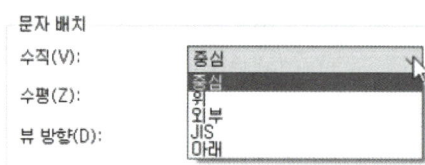

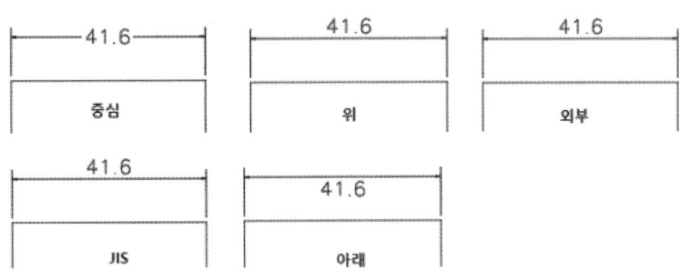

② 수평 배치를 선택합니다. 설계자는 5가지 선택사항을 선택할 수 있습니다.

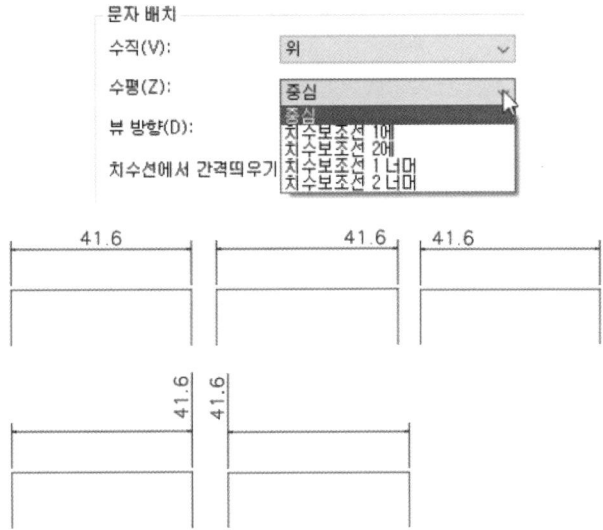

③ 치수 문자의 '뷰(View)' 방향(왼쪽에서 오른쪽으로 또는 오른쪽에서 왼쪽으로)을 선택합니다.

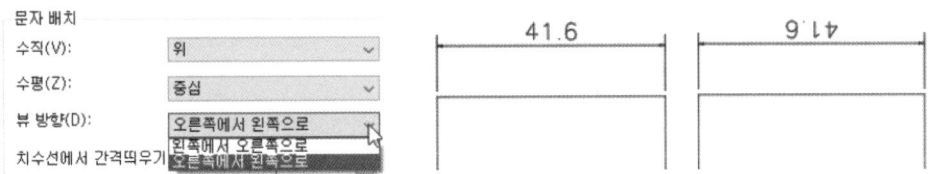

④ 치수선에서 간격띄우기는 치수 문자의 위치를 제어합니다.

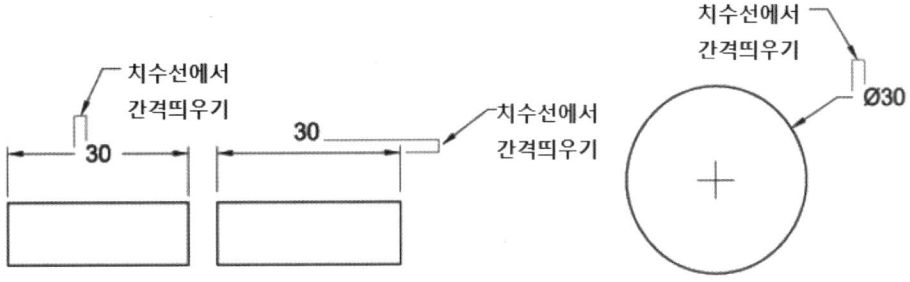

'문자 정렬' 영역에서

① 치수선의 정렬과 관계없이 항상 수평으로 치수선과 정렬되었는지와 관계없이 치수선과 관련된 문자의 정렬을 제어합니다. ISO는 반지름 및 지름 치수에만 영향을 미치며, 두 치수 유형을 제외한 모든 치수 유형이 정렬됩니다.

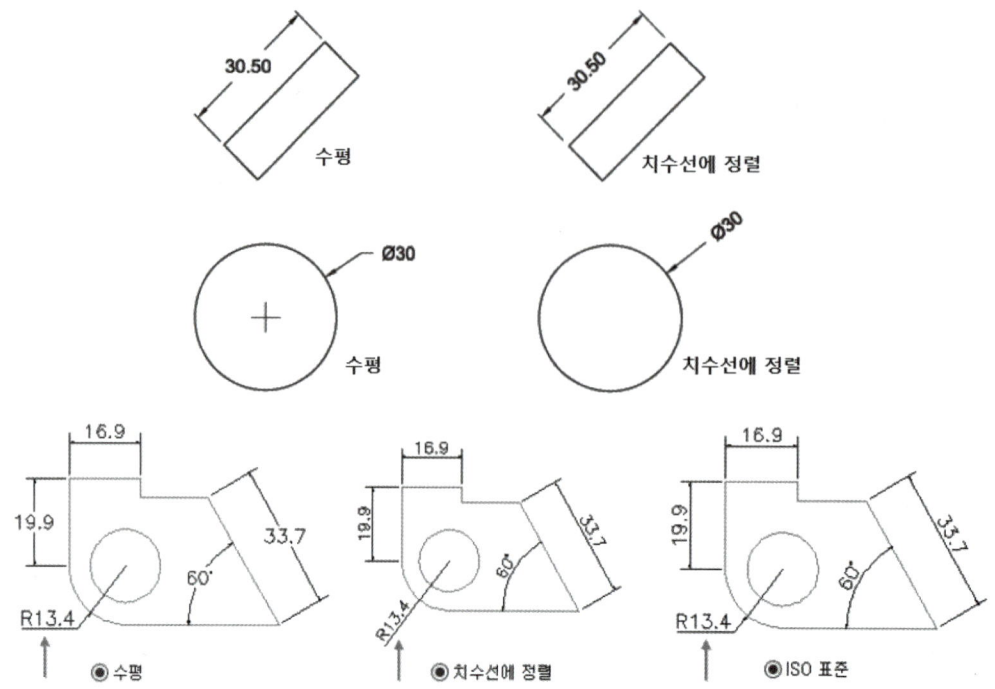

❏ 치수 스타일 – 맞춤 탭(Fit tab) :

이 탭은 치수 블록 구성요소 간의 관계를 제어합니다.

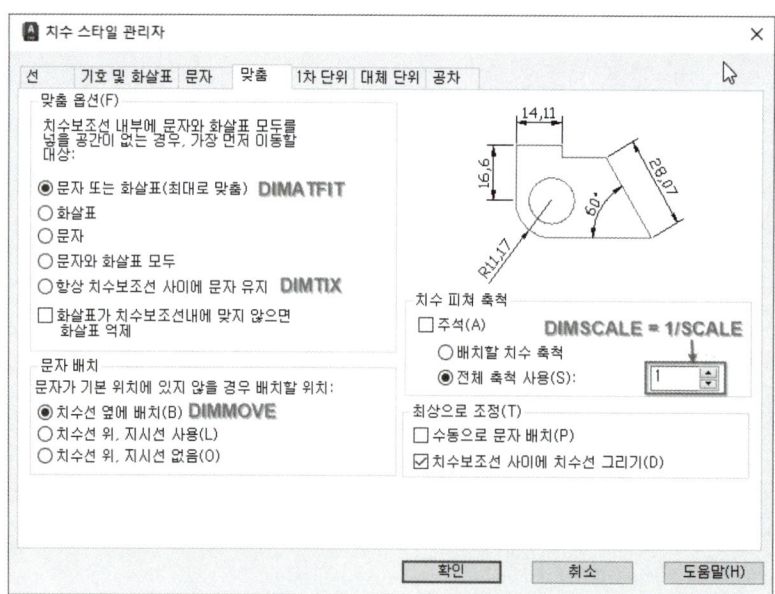

① '맞춤 옵션' 영역에서 치수 보조선 내부에 문자 및 화살표를 넣을 공간이 없는 경우 AutoCAD에서 수행할 작업을 선택합니다. 적절한 옵션을 선택합니다.

② 화살표가 치수 보조선 내부 안에 있을 공간이 없는 경우 AutoCAD에서 화살표를 외부로 배치합니다.

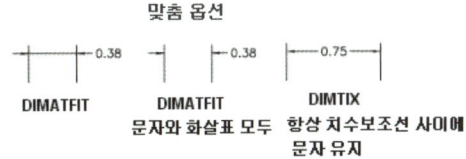

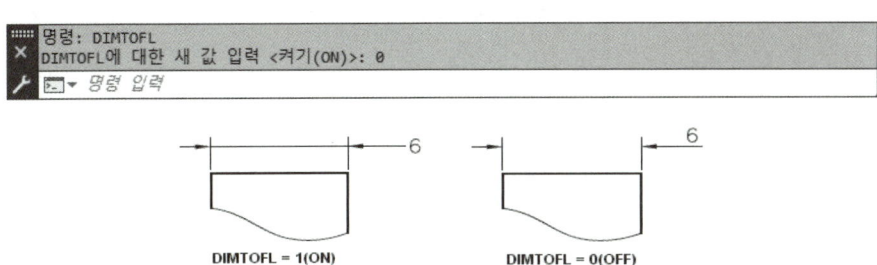

③ '문자 배치' 영역에서 문자를 치수 보조선 외부로 보낼 때 세 가지 옵션 중 하나를 선택합니다.

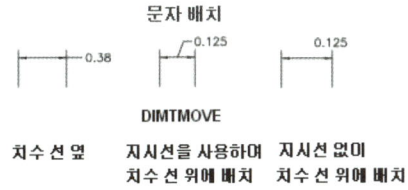

④ '치수 피처 축척' 영역에서 설계자는 문자 피처의 크기(길이, 크기 등)를 제어합니다.

주석이 있는 경우 자동으로 크기가 조정됩니까? 또는 배치에 입력되었을 때 뷰포트 척도를 따르거나 모형 공간에 입력하려는 경우 배율을 설정할 수 있습니다.

⑤ 최상으로 조정에서 문자를 AutoCAD에 두지 않고 수동으로 배치할지를 선택합니다. 또한 문자를 항상 치수 보조선으로 지정하려면 선택합니다.

❑ DIMTOH, DIMTIX 변수

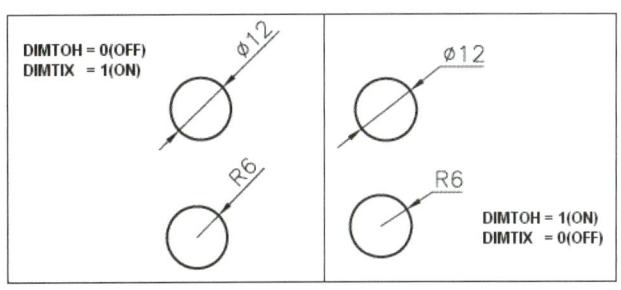

❑ 치수 스타일 – 1차 단위 탭(Primary units tab)

'1차 단위(Primary units)' 탭을 사용하여 치수에 표시되는 기본 단위에 대한 옵션을 설정할 수 있습니다. 선형 및 각도 치수에 대한 단위 형식을 설정하고, 정밀도 설정을 조정하고, 치수의 시작 및 끝부분에 대해 0(Zero) 억제를 사용하고, Full Scale(1:1)로 그려지지 않은 치수 객체에 대해 [측정 축척] 계수를 조정할 수 있습니다.

기본 단위는 항상 표시되며 현재 작도 단위 설정을 반영합니다.

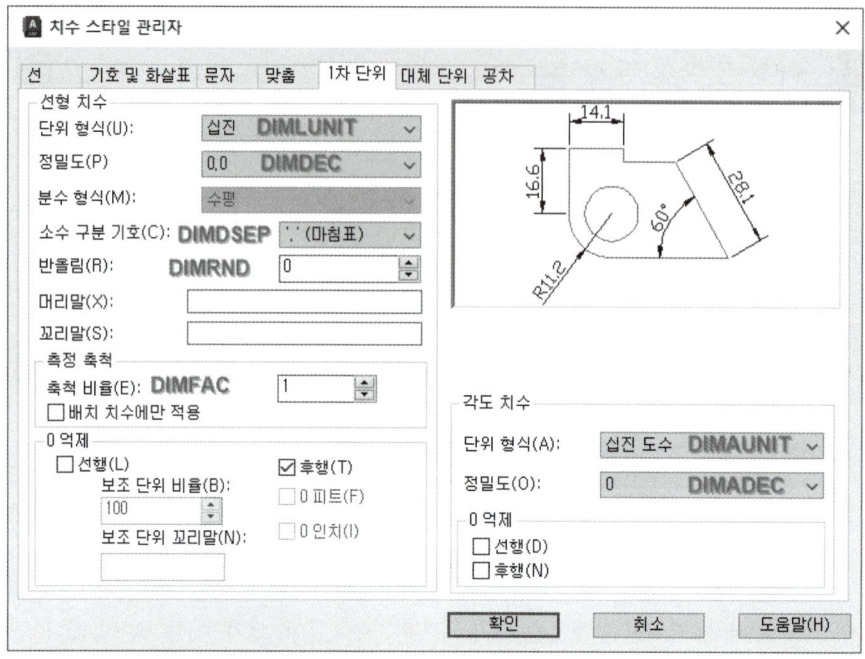

'선형 치수' 영역에서

① 단위 형식을 지정하고, 정밀도를 설정합니다.

② 선택한 항목이 건축 또는 분수일 때 원하는 분수 형식을 선택합니다. 다음 중에서 선택할 수 있는 세 가지 항목이 중에서 선택할 수 있습니다.

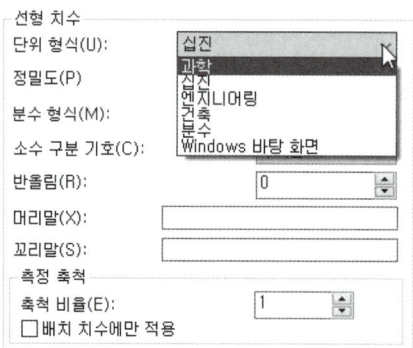

③ 선택한 항목이 십진이면 '소수 구분 기호'를 선택합니다.

마침표, 쉼표 및 공백의 세 가지 옵션이 있습니다.

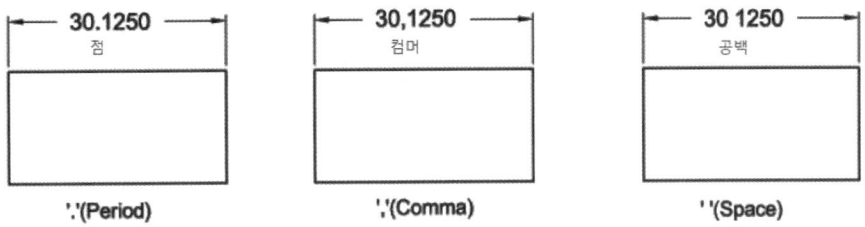

④ 반올림 번호 입력합니다.
⑤ 치수 문자의 머리말 및/또는 꼬리말을 입력합니다.

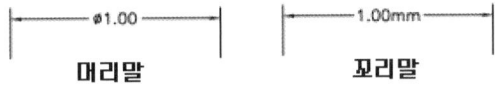

'측정 축척' 영역에서

① 기본적으로 AutoCAD는 설계자가 지정한 두 점 사이의 거리(즉, 선형인 경우)를 측정하고 설계자가 설정한 형식으로 치수 값을 입력합니다. 하지만 측정된 값과 다른 값을 표시하려면 어떻게 해야 합니까? 이때 측정 비율을 입력합니다.

② 이 측정 축적이 배치의 치수 입력에만 영향을 미치는지를 선택합니다.

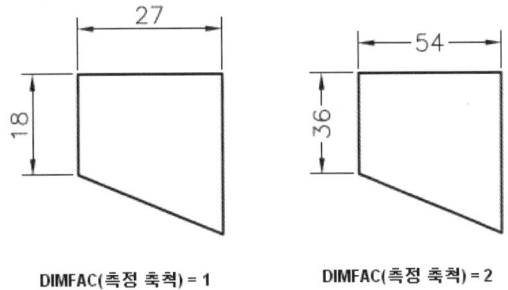

'0(Zero) 억제' 영역에서

① 선행 및/또는 후행 0을 억제할지를 선택합니다.
② 단위로 미터가 있고 측정된 값이 1(cm) 미만일 때 이를 보조 단위라고 합니다.
③ 보조 단위 비율과 해당 비율에 대한 접미사를 선택합니다.

 예를 들어 꼬리말이 m인데 보조 단위 꼬리말은 cm으로 표시하게 되어 있다면 100을 입력합니다.

'각도 치수' 영역에서

① 단위 형식과 정밀도를 선택합니다.
② 각도에 대해서도 0 억제를 제어합니다.

❏ 치수 스타일 – 대체 단위 탭(Alternate units tab)

도면에서 치수에 미터법과 영국식의 두 측정 단위를 표시해야 하는 경우 대체 단위가 사용됩니다. '대체 단위(Alternate Units)' 탭을 사용하여 치수에 다른 단위를 표시하고 형식을 지정합니다.

대체 단위를 켜려면, '대체 단위 표시(Display alternate units)' 옵션을 선택합니다. 나머지 하위 옵션은 이 옵션을 선택한 후에만 사용할 수 있습니다. 단위 형식, 정밀도, 0 억제 및 배치를 조정할 수 있습니다. 대체 단위의 승수는 미터법 단위 도면에서는 밀리미터에서 인치로, 영국식 단위 도면에서는 인치에서 밀리미터로 변환하도록 사전 설정됩니다.

기본적으로 '표준(Standard)' 및 'ISO-25' 치수 스타일에서는 대체 단위 표시 옵션이 실행 중지되어 있습니다.

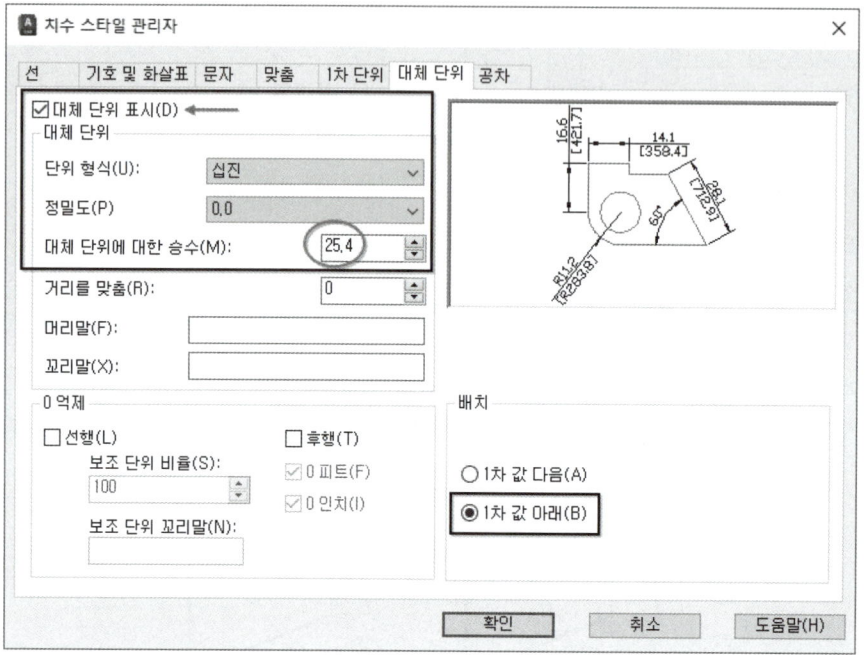

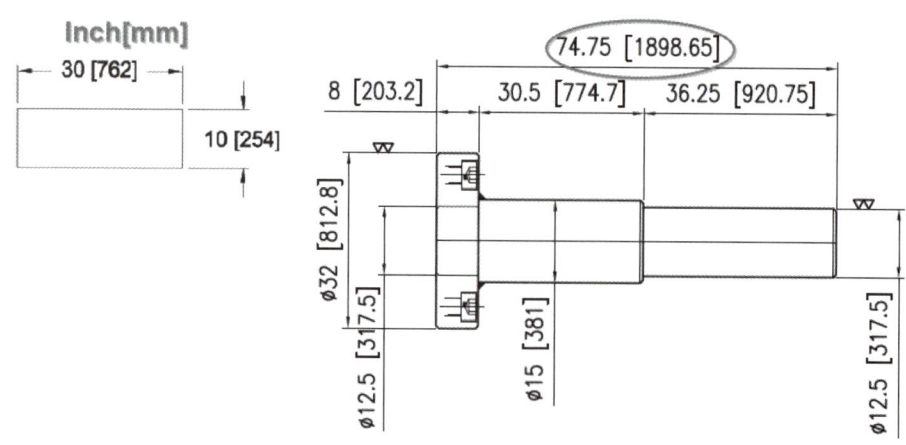

❏ 치수 스타일 – 공차 탭(Tolerances tab)

'공차(Tolerance)' 탭을 사용하여 치수에 공차를 추가합니다. 치수에 공차를 추가하면, 기능을 보장하기 위해 기능의 As-Built 측정이 유지되어야 하는 유효한 범위를 설정할 수 있습니다.

공차 형식 영역에서

① 방법 드롭다운에서 원하는 방법을 선택하고,

② 정밀도 드롭다운에서 '공차 정밀도'를 설정하고,

③ 상한 및 하한값을 설정하고,

④ 공차 문자 높이 축척을 조정하고,

⑤ 수직 위치를 설정하고,

⑥ 0(Zero) 억제를 제어할 수 있습니다.

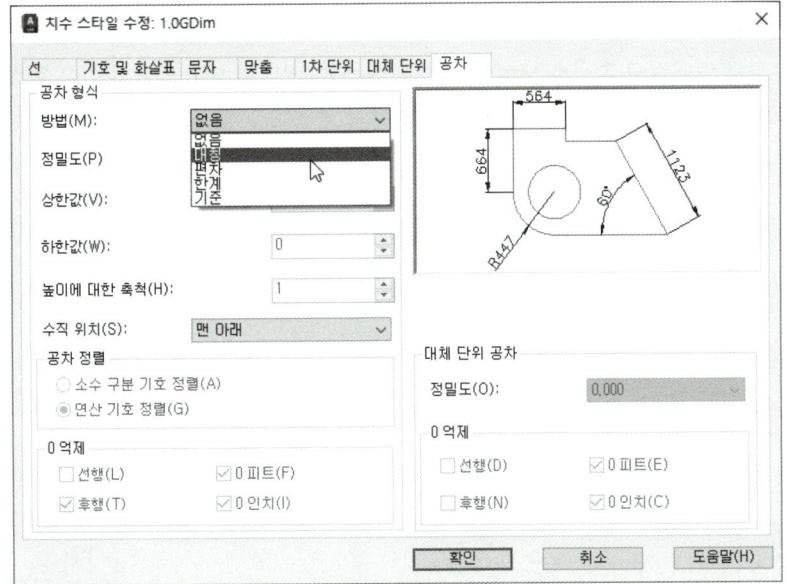

공차 형식 영역에서

① 방법 드롭다운에서 공차 형식을 조정합니다.

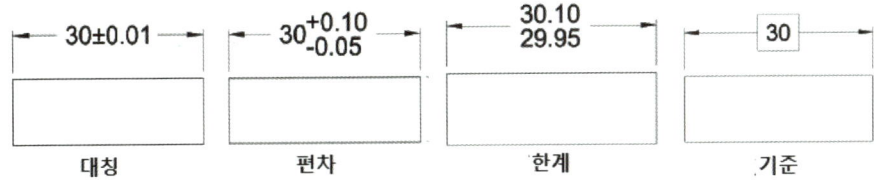

② 수직 위치 드롭다운에서 대칭 및 편차 공차의 문자 자리맞추기를 조정합니다.

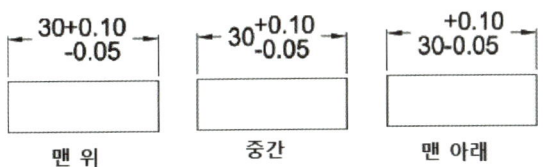

공차 정렬 영역에서

① 소수 구분 기호 정렬은 값은 소수 구분 기호에 의해 스택 됩니다.

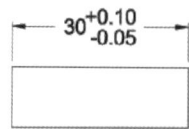

② 연산 기호 정렬은 값은 연산 기호에 의해 스택 됩니다.

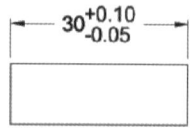

0(Zero) 억제 영역에서 '0 억제' 옵션은 공차 값의 선행 및 후행 0을 억제하거나 억제 해제하는 데 사용됩니다.

대체 단위 공차 영역에서 옵션은 대체 공차 단위에 대한 정밀도 및 0 억제와 같은 형식을 지정하는 데 사용됩니다. 이러한 옵션은 기본 치수 단위와 함께 대체 치수 단위의 표시가 켜져 있는 경우에만 활성화됩니다.

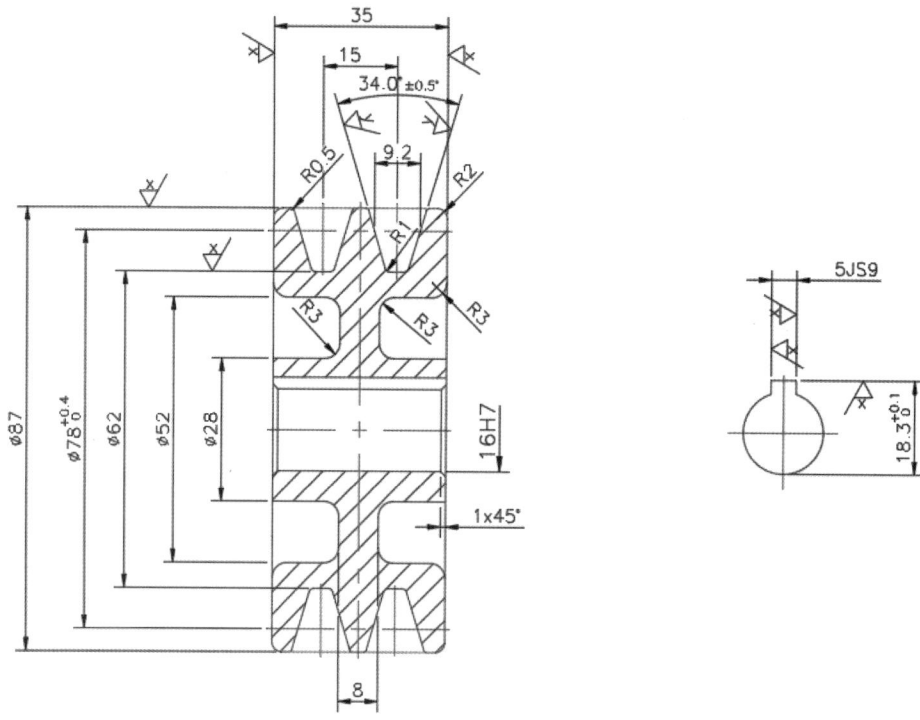

〈치수, 공차 샘플 도면〉

1.3 치수 스타일 수정(Modify a dimension style)

AutoCAD에서는 치수 스타일 관리자(Dimension style manager) 대화상자의 수정(Modify) 버튼을 사용하여 필요에 따라 기존 치수 스타일을 수정할 수도 있습니다.

이렇게 하려면, 명령행에 D를 입력한 다음 엔터키를 눌러 '치수 스타일 관리자(Dimension style Manager)' 대화상자를 호출합니다. 다음으로 대화상자의 스타일(Styles) 영역에서 수정할 치수 스타일을 선택한 다음 [수정(Modify)] 버튼을 클릭합니다.

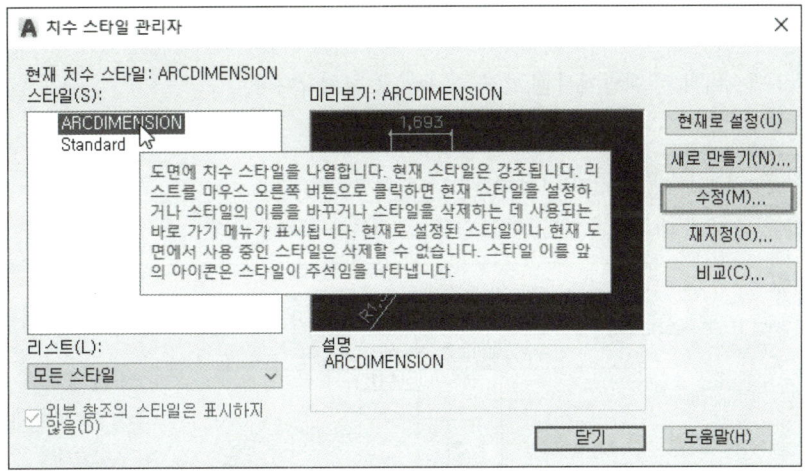

'치수 스타일 수정(Modify dimension style)' 대화상자가 나타납니다.

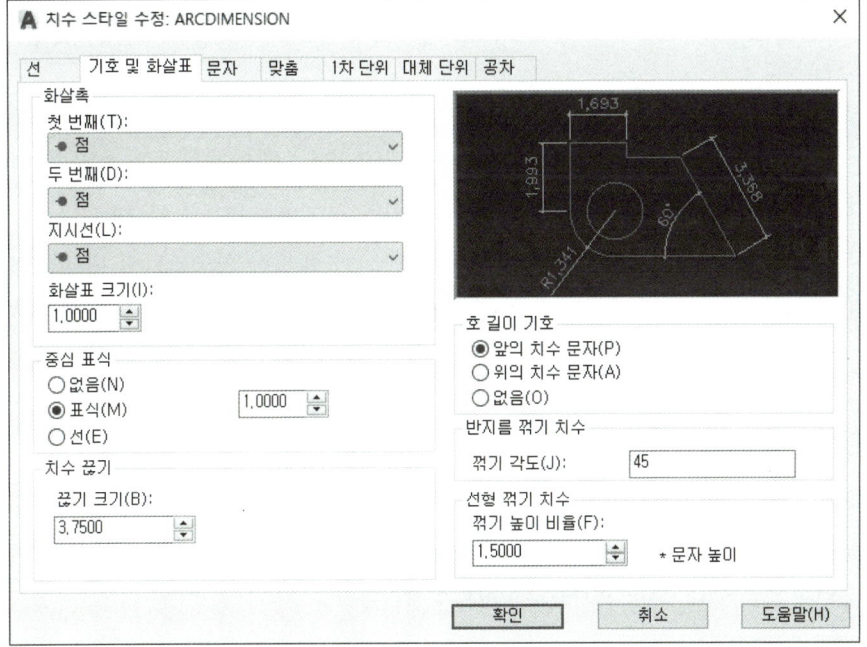

선택한 치수 스타일을 수정하기 위해 '치수 스타일 수정' 대화상자에서 사용할 수 있는 옵션은 새 치수 스타일을 만들 때 앞서 설명한 옵션과 동일합니다. 이러한 옵션을 사용하여 치수 스타일 설정을 편집한 다음 [확인] 버튼을 클릭하여 수정 사항을 수락하고 대화상자를 종료합니다.

그런 다음 '치수 스타일 관리자(Dimension style manager)' 대화상자에서 [닫기(Close)] 버튼을 클릭하여 닫습니다.

연습 과제〉 치수 스타일 설정하기(Creating & modifying dimension styles)

다음 작업 순서는 치수 스타일을 만들고 수정하는 개요를 제공합니다.

1 리본 [주석] 탭 ⇨ [치수] 패널에서 ▣(치수 스타일)을 클릭합니다.

새로운 치수 스타일을 만들려고 한다면,

2 '치수 스타일 관리자' 대화상자에서 [새로 만들기] 버튼을 클릭합니다.

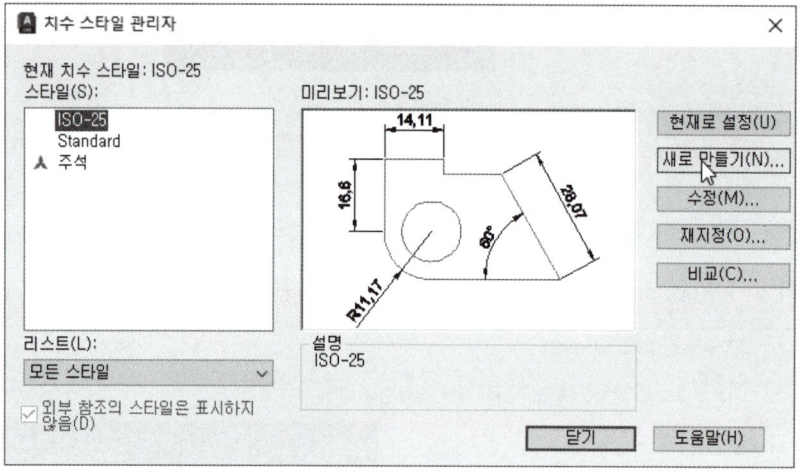

3 '새 치수 스타일 작성' 대화상자에서 스타일 이름을 입력하고 [계속] 버튼을 클릭합니다.

다음 작업 프로세스에 따라 진행합니다. 조정해야 하는 기능에 따라 '치수 스타일' 대화상자에서 적절한 탭을 선택합니다. 필요에 따라 치수 스타일 옵션을 선택합니다. [확인] 버튼을 클릭합니다.

만일 기존의 치수 스타일을 수정하려고 한다면,

2 '치수 스타일 관리자' 대화상자에서 [수정] 버튼을 클릭합니다.

3 다음 작업 프로세스에 따라 진행합니다. 조정해야 하는 기능에 따라 '치수 스타일 수정' 대화상자에서 적절한 탭을 선택합니다. 필요에 따라 치수 스타일 옵션을 선택합니다. [확인] 버튼을 클릭합니다.

4 '치수 스타일 관리자' 대화상자에서 [닫기] 버튼을 클릭합니다.

1.4 치수 스타일 재지정(Overriding a dimension style)

새 치수 스타일을 만들고, 기존 치수 스타일을 수정할 뿐만 아니라 기존 치수 스타일의 특정 매개 변수를 재정의하거나 변경할 수도 있습니다. 일반적으로 도면 전체에서 동일한 치수 스타일이 사용됩니다. 그러나 때로는 전체 치수 스타일을 변경하지 않고 일부 치수 매개 변수/설정을 약간 변경해야 할 수도 있습니다. 이 경우 '치수 스타일 재지정(Overriding a Dimension Style)'을 사용할 수 있습니다.

예를 들어 부모 치수 스타일에 할당된 색상을 재정의하여 치수보조선에 다른 색상을 할당할 수 있습니다. 치수 스타일 재지정을 작성할 때 상위 치수 스타일/원래 치수 스타일과 다른 하위 치수 스타일이 작성됩니다.

치수 매개 변수에 대해 재지정을 작성하면, 원래/부모 치수 스타일은 변경되지 않고 유지되며 색상에 대한 새 값은 DIMCLRE 시스템 변수에 저장됩니다. 재지정을 삭제하거나 다른 스타일을 현재 치수 스타일로 설정할 때까지 적용하는 모든 치수에는 재정의가 포함됩니다.

치수 재지정을 작성하려면, 명령행에 D를 입력한 다음 엔터키를 눌러 '치수 스타일 관리자' 대화상자를 호출합니다. 치수 스타일 관리자(Dimension Style Manager) 대화상자가 호출되면, 대화상자의 스타일(Styles) 영역에서 재지정할 치수 스타일을 선택한 다음 '재지정(Override)' 버튼을 클릭합니다. '현재 스타일 재지정(Override current style)' 대화상자가 나타납니다.

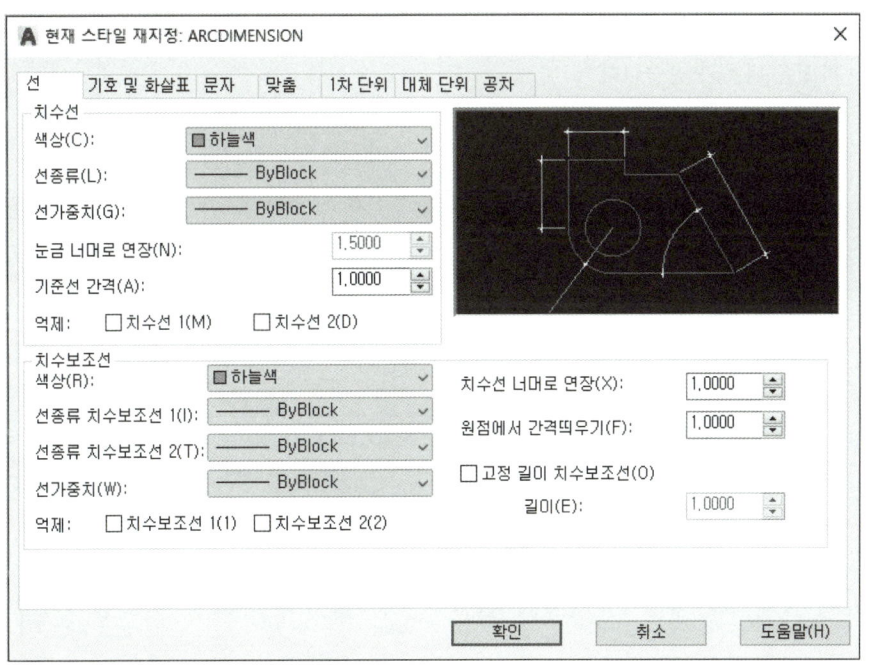

'현재 치수 스타일 재정의' 대화상자의 옵션은 새 치수 스타일을 작성할 때 앞서 설명한 옵션과 동일합니다. 재정의를 정의했으면 [확인] 버튼을 클릭합니다.

'현재 스타일 재정의(Override current style)' 대화상자가 닫히고 하위 치수 스타일 재지정(style override)이 생성되어 다음 그림과 같이 대화상자의 스타일(Style) 영역의 상위 치수 스타일 아래에 나타납니다.

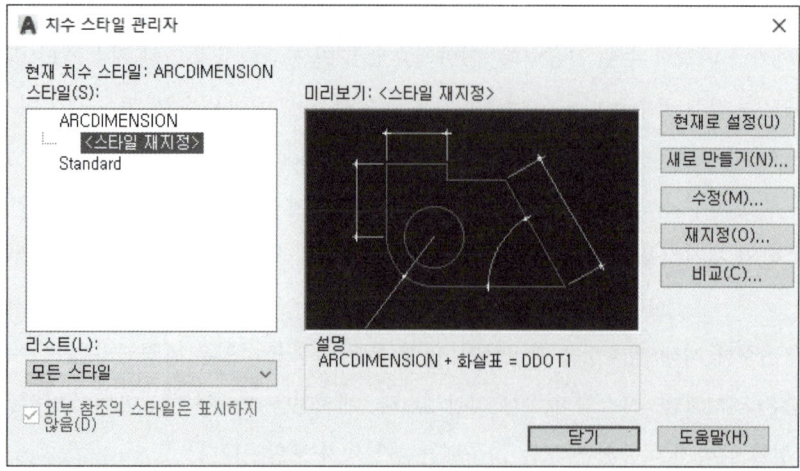

또한 기본적으로 작성된 치수 스타일은 모든 치수 유형에 영향을 미칩니다. 치수 스타일이 특정 유형의 치수에만 영향을 주고 다른 치수에는 영향을 주지 않으려면, '치수 스타일 재지정(Overriding a dimension style)' 혹은 '보조 치수 스타일(Dimension sub style)'을 작성해야 합니다.

'치수 스타일 재지정(Overriding a dimension style)' 혹은 '보조 치수 스타일(Dimension sub style)'을 만드는 과정은 다음과 같습니다.

1 '치수 스타일 관리자' 대화상자에서 기존의 치수 스타일을 선택합니다.

2 [새로 만들기(New)] 버튼을 사용하여 새 스타일을 만들면 다음 대화상자가 나타납니다.

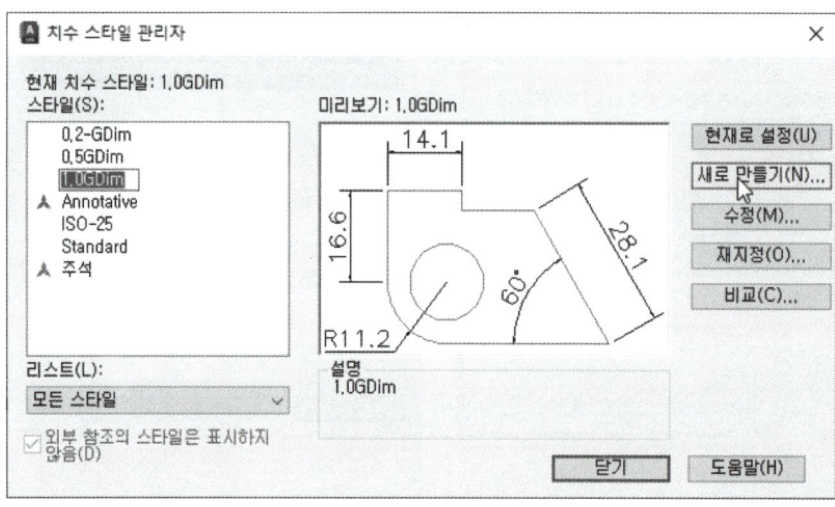

3 '사용' 드롭다운에서 각도 치수를 선택합니다.

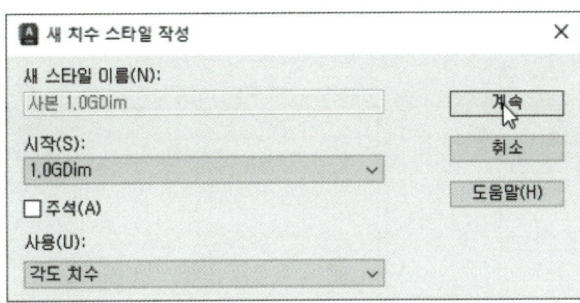

4 [계속] 버튼을 클릭하고 각각의 탭에서 원하는 내용을 변경합니다.

이러한 변경 사항은 각도 치수에만 영향을 미칩니다.

5 '치수 스타일 관리자' 대화상자에서 치수 스타일과 그것의 보조 스타일을 구분할 수 있으며, 어떤 기능을 사용하는지 확인할 수 있습니다.

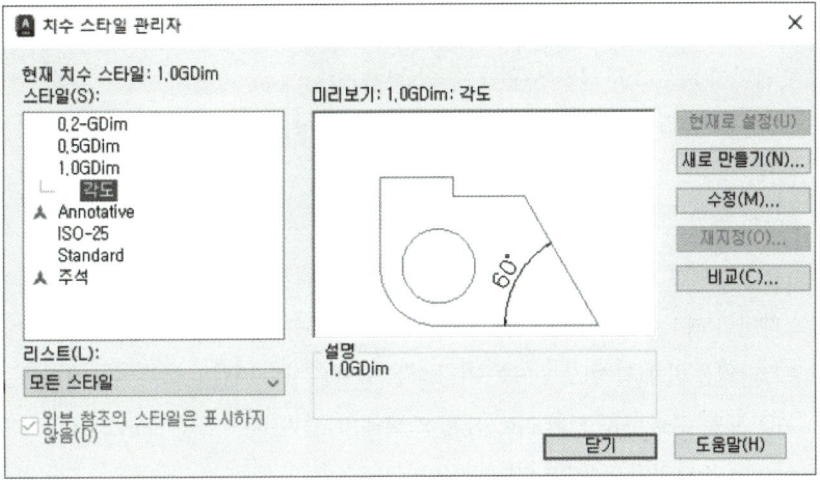

연습 과제〉 보조(하위) 치수 스타일 작성하기

1 '치수 스타일 관리자'에서 보조(하위) 스타일을 작성할 대상 스타일을 선택하고 [새로 만들기] 버튼을 클릭합니다.

2 다음 그림처럼 '새 치수 스타일 작성' 대화상자에서 '사용' 리스트로부터 보조(하위) 스타일에 적용할 치수 유형을 선택하고 [계속] 버튼을 클릭합니다.

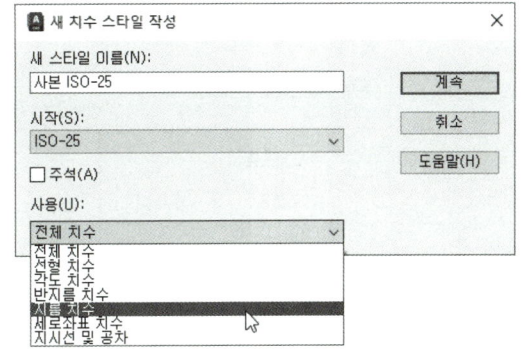

3 '새 치수 스타일' 대화상자에서 해당 탭을 선택한 후 변경하여 치수 하위 스타일을 정의하고, [확인] 버튼을 클릭합니다.

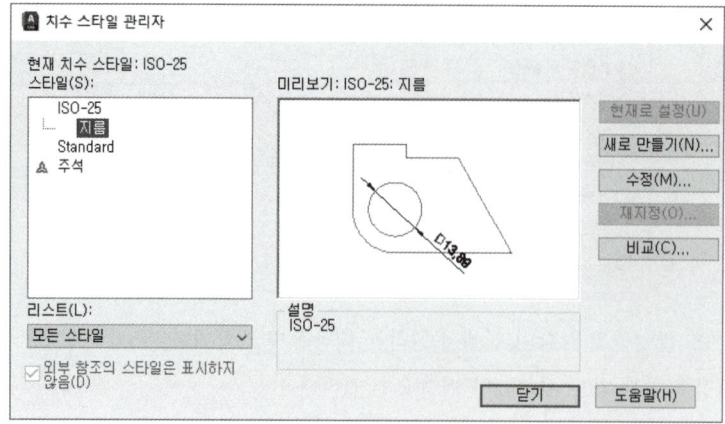

❑ 치수 스타일 작성 및 수정 요점(Key points for creating and modifying dimension styles)

① 치수 스타일은 일반 제도 표준을 기반으로 치수 특성의 모양을 제어합니다.
② 한 번에 하나의 치수 스타일만 사용할 수 있습니다.
③ 치수 스타일을 수정하면 도면 업데이트에서 해당 스타일을 사용하는 모든 치수가 자동으로 업데이트됩니다.
④ 치수 스타일 현재로 설정, 치수 스타일을 수정하거나 삭제하려면, '치수 스타일 관리자' 대화상자에서 이름을 선택하고 마우스 오른쪽 버튼을 클릭하여 하위 메뉴 옵션에 클릭해서 액세스합니다.
⑤ 치수 스타일이 최신이거나 도면에서 참조되는 경우 치수 스타일을 삭제할 수 없습니다.
⑥ 새 치수 스타일을 현재(활성)로 만드는 가장 빠른 방법은 치수 패널의 목록에서 선택하는 것입니다.
⑦ AutoCAD 도면 템플릿을 기반으로 하는 스크래치 도면에는 '표준(Standard)' 스타일과 '주석(Annotative)' 스타일이 포함됩니다.
⑧ '주석(Annotative)' 치수 스타일은 도면 배치의 뷰포트 축척과 관계없이 크기가 동일한 치수를 표시합니다.
⑨ 주석이 없는 치수의 경우 치수 척도를 플롯 척도와 동일하게 설정해야 합니다.

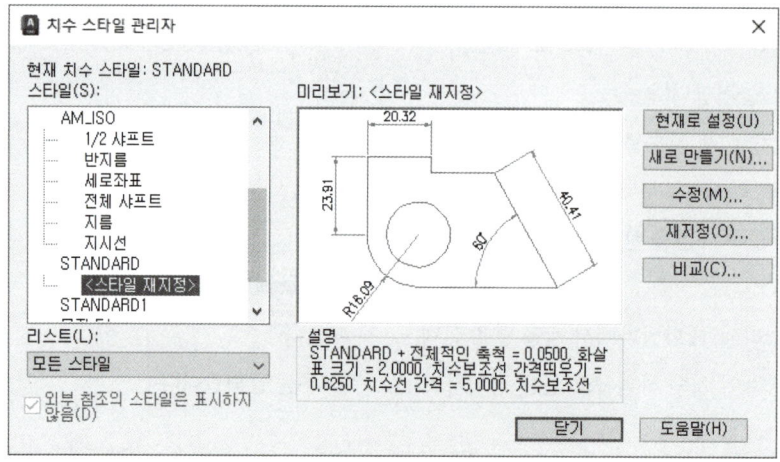

02 치수 작업 (Creating dimensions)

2.1 치수 객체(Dimension object)

AutoCAD에서 치수 작업은 문자(Text) 작업과 유사합니다. 치수 객체는 치수선, 치수보조선, 치수 문자로 구성된 일종의 지능형 특수 블록(복합 객체)입니다.

설계자는 첫 번째 단계로 '치수 스타일(Dimstyle)'을 준비한 다음 치수 작업을 해야 합니다. '치수 스타일'은 다양한 유형의 치수 명령에 따라 생성된 치수 객체(블록)의 전체 결과를 제어합니다.

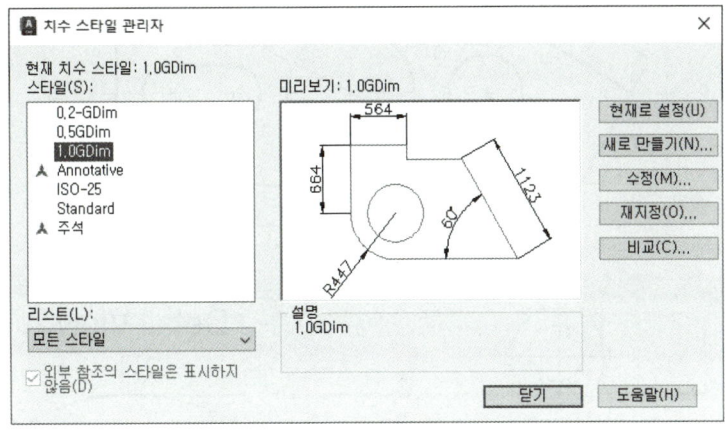

치수를 삽입하려면, 치수 유형에 따라 설계자가 점을 지정하거나 객체를 선택해야 합니다.

그러면 치수 객체(블록)가 도면에 추가됩니다. 예를 들어 선형 치수를 추가하기 위해 설계자는 측정할 거리를 나타내는 두 점을 선택하고 세 번째 점은 치수 문자의 위치가 됩니다.

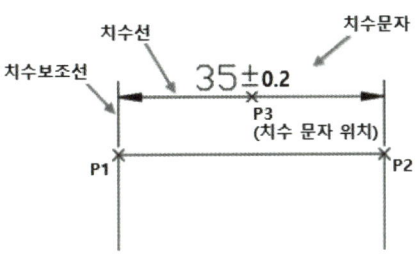

❏ 치수 유형(Dimension types)

① 선형 치수(Linear dimension)
- 수평 선형 치수(Horizontal linear dimension)
- 수직 선형 치수(Vertical linear dimension)
- 정렬 치수(Aligned dimension)
- 기준선 및 연속 치수(Base and continue dimension)

② 원호 치수(Circular dimension)
- 지름 치수(Diameter dimension)
- 반지름 치수(Radius dimension)
- 호 치수(Arc dimension)

③ 각도 치수(Angle dimensions)

④ 세로좌표 치수(Ordinate dimension)

⑤ 지시선 및 공차(Leader and tolerance)

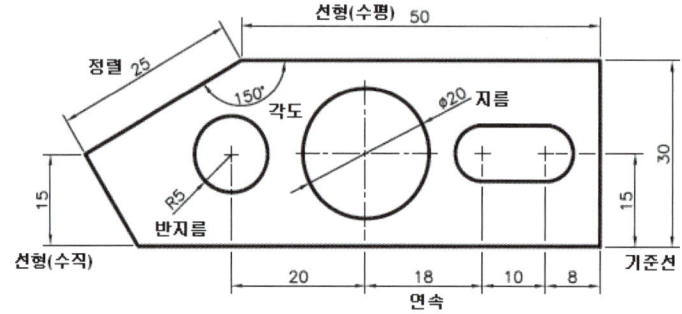

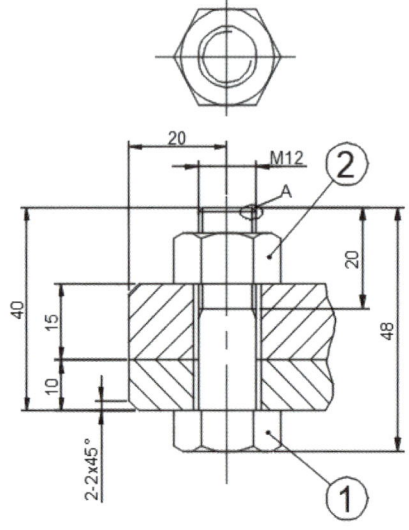

〈샘플 도면〉

2.2 선형 치수 명령(Dimlinear command)

'선형 치수(Linear dimension)' 명령은 수평 및 수직 치수를 배치합니다.

[주석] 탭 ⇨ [치수] 패널에서 '선형 치수(Dimlinear)' 명령 아이콘을 클릭합니다.

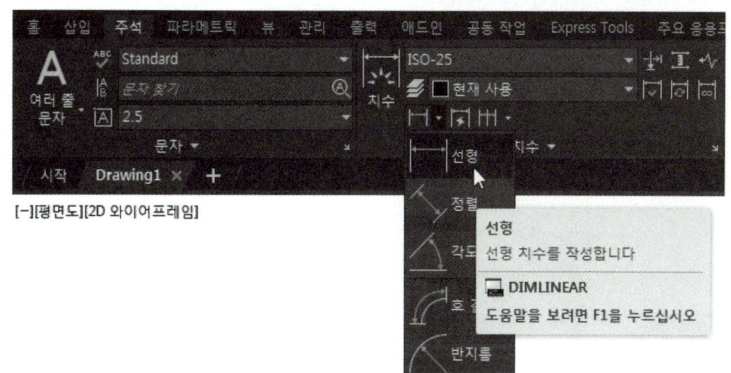

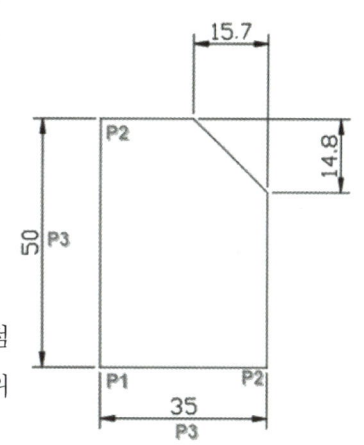

명령: _dimlinear
첫 번째 치수보조선 원점 지정 또는 <객체 선택>: P1
두 번째 치수보조선 원점 지정: P2
치수선의 위치 지정 또는 [여러 줄 문자(M)/문자(T)/각도(A)/
수평(H)/수직(V)/회전(R)]: P3
치수 문자 = 35

프롬프트에서 측정할 치수 거리의 첫 번째 점(P1)과 두 번째 점(P2)을 지정한 다음 치수선의 위치(P3)를 지정하여 치수 객체의 위치를 지정합니다. 프롬프트에서

[여러 줄 문자(M)] 옵션은 Mtext 모드에서 측정된 거리를 편집할 수 있습니다.

[문자(T)] 옵션은 단일 행(Dtext) 문자모드에서 측정된 거리를 편집합니다.

[각도(A)] 옵션은 치수 문자의 각도를 변경합니다[기본값은 0(Zero)].

[수평(H)] 및 [수직(V)] 옵션은 치수를 수평 또는 수직으로 설정합니다(기본값).

마지막으로 [회전(R)] 옵션은 설계자가 지정한 다른 각도와 평행한 치수선을 배치합니다.

연습 과제〉 선형 치수(Linear dimensions)

다음 작업 순서는 선형 치수들을 배치하는 개요를 제공합니다.

1 리본 [주석] 탭 ⇨ [치수] 패널에서 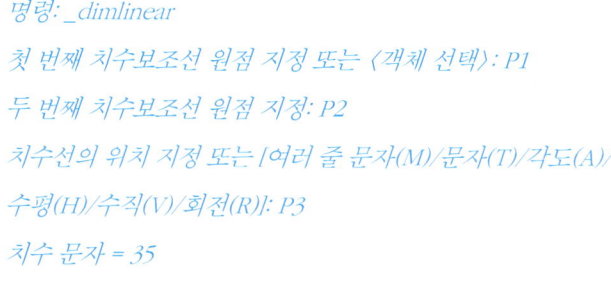(선형) 아이콘을 클릭하거나 선형 플라이아웃을 클릭하고 (선형) 명령 아이콘을 클릭합니다.

2 엔터키를 눌러 객체를 선택하거나 객체 스냅(OSNAP)을 사용하여 첫 번째 연장선 원점(1)과 두 번째 연장선 원점(2)을 선택합니다.

3 치수 문자를 배치할 지점(3)을 클릭합니다.

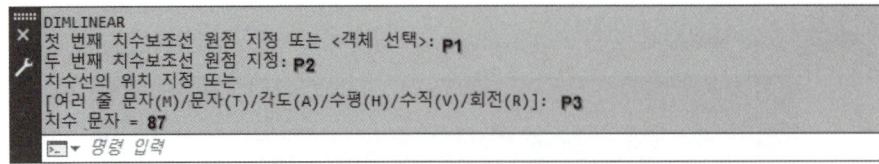

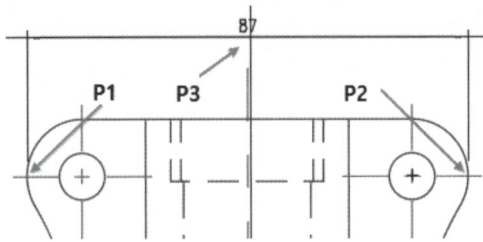

2.3 정렬 치수 명령(Dimaligned command)

'정렬 치수(Aligned dimension)' 명령은 지정한 두 점에 평행한, 즉 경사진 치수 객체를 배치합니다. [주석] 탭 ⇨ [치수] 패널에서 [정렬 치수(Dimaligned)] 명령 아이콘을 클릭합니다.

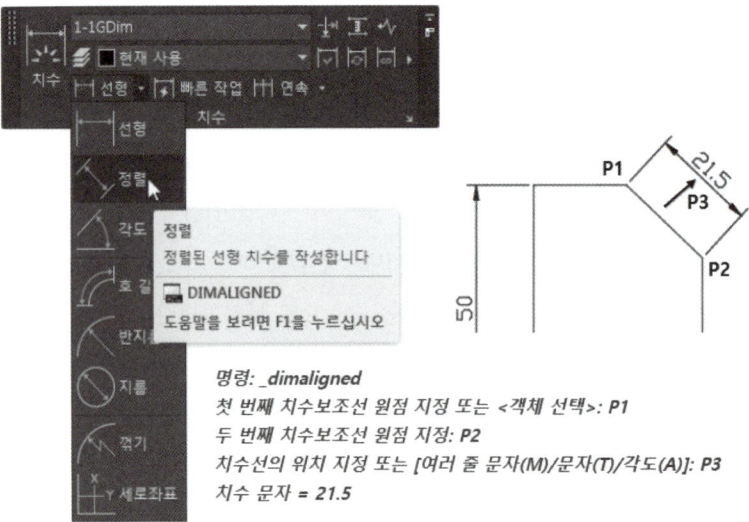

프롬프트에서 측정할 치수 거리의 첫 번째 점(P1)과 두 번째 점(P2)을 지정한 후 다음 그림과 같이 치수선의 위치(P3)를 지정하여 치수 객체의 위치를 지정합니다. 옵션은 선형 치수 명령의 옵션과 동일합니다.

연습 과제〉 정렬 치수(Aligned dimensions)

다음 작업 과정들은 정렬 치수를 배치하는 개요를 제공합니다.

1 리본 [주석] 탭 ▷ [치수] 패널에서 선형 플라이아웃을 클릭하고, [정렬] 아이콘을 클릭합니다.
2 객체를 선택하기 위해 엔터키를 누르거나 객체 스냅을 이용해서 첫 번째 연장선 원점(P1) 및 두 번째 연장선 원점(P2)을 클릭해서 선택합니다.
3 치수선을 배치할 지점(P3)으로 드래그해서 지정합니다.

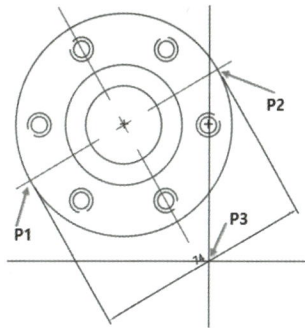

2.4 각도 치수 명령(Dimangular command)

'각도 치수(Angular dimension)'는 두 선 사이에 원 호의 포함 각도, 두 점 및 원의 중심 또는 세 점의 각도 치수를 배치합니다. [주석] 탭 ▷ [치수] 패널에서 '각도 치수(Dimangular)' 명령 아이콘을 클릭합니다.

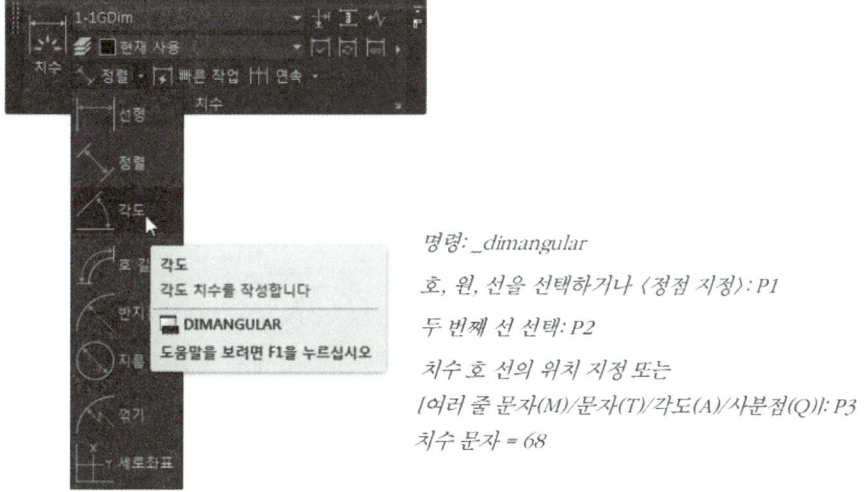

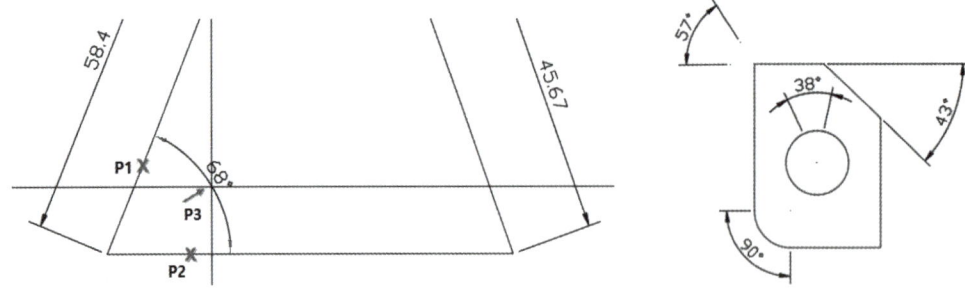

AutoCAD는 선택한 객체를 기준으로 다음 방법의 하나를 사용할 수 있습니다.

① 원형 호를 선택하면 AutoCAD가 포함된 각도를 측정합니다.
② 원을 선택하면 선택한 점이 첫 번째 점이 되고 원의 중심이 두 번째 점이 되며 설계자는 세 번째 점을 선택합니다.
③ 선을 선택하면 두 번째 선을 선택하라는 프롬프트가 표시됩니다.
④ 점을 선택하면 해당 점이 중앙점으로 간주하고 AutoCAD는 설계자에게 추가로 두 개의 점을 지정하도록 요청합니다.

연습 과제〉 각도 치수(Angular dimension)

다음 작업 과정들은 각도 치수를 배치하는 개요를 제공합니다.

1 리본 [홈] 탭 ⇨ [주석] 패널에서 ┥선형┝ 플라이아웃을 클릭하고, ◢ [각도] 아이콘을 클릭합니다.
2 객체를 선택하기 위해 엔터키를 누르거나 객체 스냅을 이용해서 첫 번째 연장선 원점(P1) 및 두 번째 연장선 원점(P2)을 클릭해서 선택합니다.
3 치수선을 배치할 지점(P3)으로 드래그해서 지정합니다.

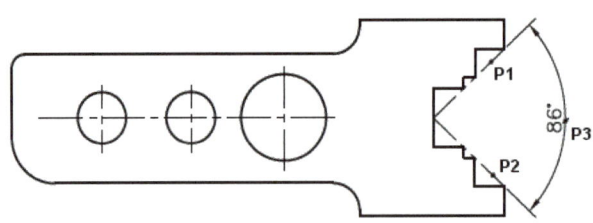

2.5 연속 치수 명령(Dimcontinue command)

'연속 치수(Continue dimension)' 명령을 사용하면 일련의 치수들을 입력할 수 있습니다. 연속 치수 명령은 마지막 치수의 마지막 점이 다음 치수의 첫 번째 점으로 간주한다고 가정하고 두 번째 점을 입력하도록 요청하여 마지막 치수 명령을 따릅니다.

[주석] 탭 ➪ [치수] 패널에서 '연속 치수(Dimcontinue)' 명령 아이콘을 클릭합니다.

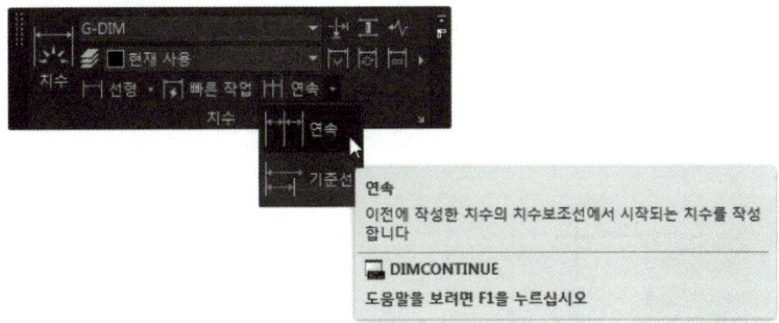

명령: _dimcontinue

연속된 치수 선택: P1

두 번째 치수보조선 원점 지정 또는 [선택(S)/명령 취소(U)] 〈선택〉: P2

치수 문자 = 12

두 번째 치수보조선 원점 지정 또는 [선택(S)/명령 취소(U)] 〈선택〉: P3

치수 문자 = 23

두 번째 치수보조선 원점 지정 또는 [선택(S)/명령 취소(U)] 〈선택〉: 〈CR〉

연속된 치수 선택: 〈CR〉

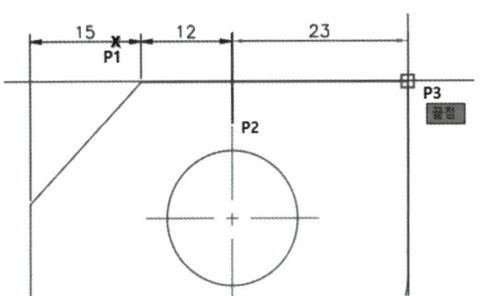 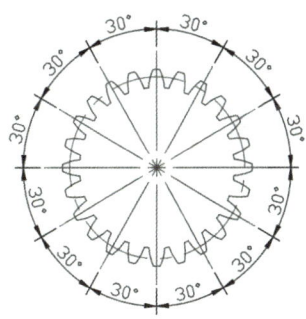

연속 치수 명령을 사용하는 시나리오는 두 가지가 있습니다.

① 현재 AutoCAD 세션에서 실행된 치수 명령이 없는 경우 AutoCAD는 기존 치수(선형, 세로좌표 또는 각도)를 선택하라는 메시지를 표시합니다.

② 현재 AutoCAD 세션에서 실행된 치수 명령이 있는 경우 AutoCAD는 두 번째 점을 지정하도록 요청하여 연속 치수 명령을 계속 진행하도록 요청합니다. 또한 기존 치수 객체를 선택하여 계속하

거나 마지막 연속 치수 명령을 명령 취소할 수 있습니다.

연습 과제〉 연속 치수(Continuous dimension)

이 연습에서 우리는 다음 그림의 객체를 작도하고 연속 치수를 기입합니다.

1 리본 [주석] 탭 ⇨ [치수] 패널에서 ▥ (선형) 명령 아이콘을 클릭합니다.

다음 그림처럼 P1, P2, P3 점들을 차례로 클릭해서 선형 수평 치수를 추가합니다.

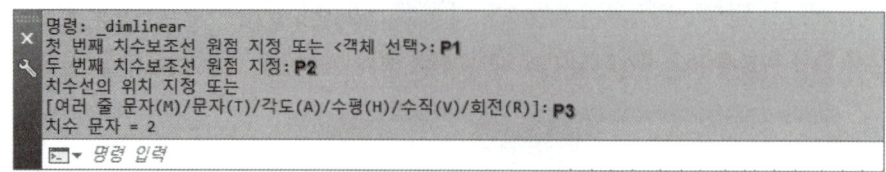

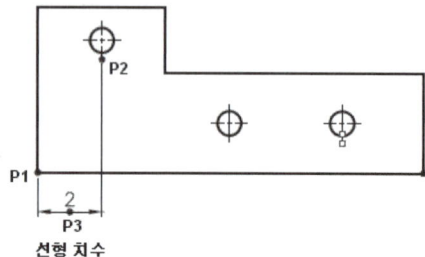

2 리본 메뉴 [주석] 탭 ⇨ [치수] 패널에서 ▥▾ (연속) 플라이아웃을 클릭하고 ▥ (연속) 명령 아이콘을 클릭합니다.

3 다음 그림처럼 프롬프트에 따라 연속 치수를 기입합니다.

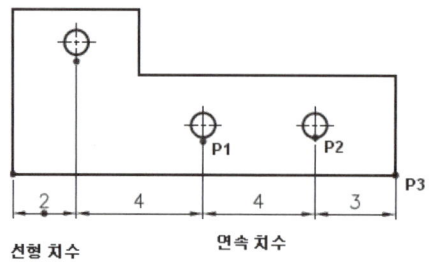

❏ **연속 치수가 기준 치수로 선형 치수를 인식하지 못하는 경우**

다음 그림처럼 연속 치수 명령 호출 후 먼저 기준이 될 선형 치수를 클릭해서 선택하고, 연속 치수를 배치할 객체의 치수보조선 원점들을 순서대로 지정합니다.

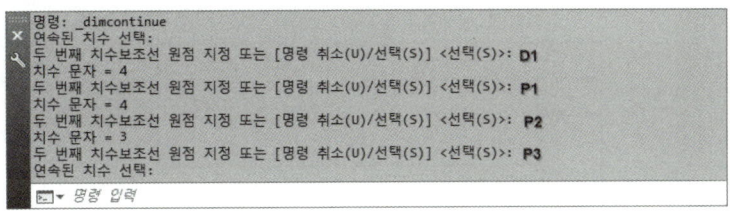

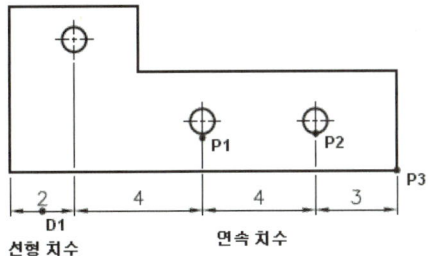

2.6 기준선 치수 명령(Dimbaseline command)

'기준선 치수(Baseline dimension)' 명령은 기존의 선형 치수를 기준 치수로 치수 보조선을 기준으로 지정한 첫 번째 점을 참조하여 모든 치수가 측정된다는 점을 제외하고는 연속 치수 명령과 동일합니다. [주석] 탭 ➪ [치수] 패널에서 '기준선 치수(Dimbaseline)' 아이콘을 클릭합니다.

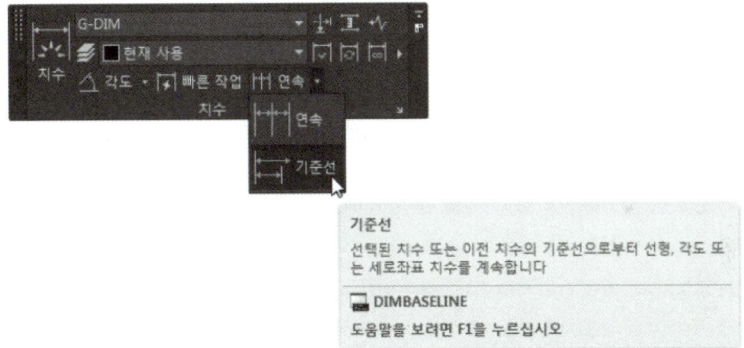

명령: _dimbaseline

기준 치수 선택: P1

두 번째 치수보조선 원점 지정 또는 [선택(S)/명령 취소(U)] 〈선택〉: P2

치수 문자 = 27

두 번째 치수보조선 원점 지정 또는 [선택(S)/명령 취소(U)] 〈선택〉: P3

치수 문자 = 50

두 번째 치수보조선 원점 지정 또는 [선택(S)/명령 취소(U)] 〈선택〉: 〈CR〉

기준 치수 선택: 〈CR〉

프롬프트는 연속 치수 명령 프롬프트와 유사하므로 프롬프트를 따라서 작업을 진행하시면 됩니다.

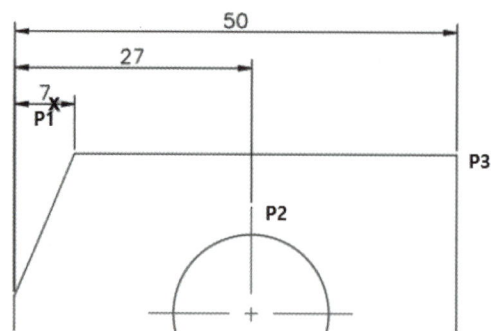

연습 과제〉 기준선 치수 명령(Baseline dimension command)

다음 작업 순서는 기준선 치수를 배치하는 개요를 제공합니다.

1. 기준선 치수를 배치하기 위해서는 먼저 선형 치수를 배치합니다.
2. 리본 메뉴 [주석] 탭 ⇨ [치수] 패널에서 [연속] 플라이아웃을 클릭하고, [기준선] 아이콘을 클릭합니다.

   기본적으로 생성된 마지막 선형, 정렬 또는 각도 치수가 기준 치수로 사용되거나 기준 치수를 선택하라는 메시지가 표시됩니다. 필요하다면, 기준 치수를 선택합니다.
3. 첫 번째 연장선 원점(P1)과 두 번째 연장선 원점(P2)을 선택합니다.

   기준선은 첫 번째 연장선 원점에서 제작됩니다.
4. 기준선 치수를 배치하기 위해 드래그해서 클릭(P3)합니다.
5. 기준선 치수 명령을 종료하기 위해 엔터키를 누릅니다.

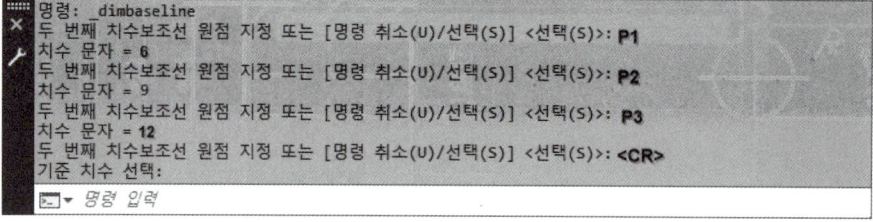

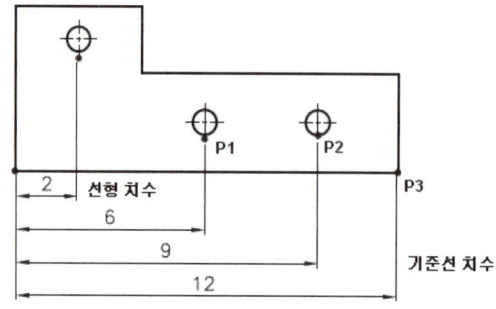

❑ 선형 객체를 위한 치수 지침(Dimension guidelines for linear objects)

① 항상 객체 스냅을 사용하여 치수 원점을 선택합니다.
② 치수를 배치할 형상에 따라 우리는 끝점을 지정하는 대신 치수를 지정할 객체를 선택할 수 있습니다.
③ 선형 치수는 객체에서 치수선을 드래그하는 방향에 따라 수평 또는 수직이 됩니다.
④ 각도 치수는 호 형상 위치를 드래그하는 위치에 따라 각도 내부 또는 외부에 배치할 수 있습니다.
⑤ 연속 및 기준선 치수가 올바르게 작성되도록 하려면 첫 번째 및 두 번째 원점 점을 선택하여 기준선 치수로 선형, 정렬 또는 각도 치수를 작성합니다. 기준 치수는 첫 번째 원점부터 작성됩니다. 연속 치수는 두 번째 원점에서 작성됩니다.
⑥ 연속 또는 기준선 치수에 대한 기준 치수를 선택할 때 연속 또는 기준선 치수가 참조할 측을 향한 치수를 선택합니다.
⑦ 필요한 경우 그립을 사용하여 치수 위치를 조정합니다.
⑧ 선택한 원점 위치가 올바르지 않으면 객체 가까이 확대하여 그립을 사용하여 원점을 객체로 재배치합니다.

> **참고** 선형 및 정렬 치수 명령 객체 선택 프롬프트
>
> 선형(Dimlinear) 및 정렬(Dimaligned) 명령은 두 점을 요구하거나 객체를 선택하라는 메시지를 표시합니다. 이때 엔터키를 눌러 치수를 지정할 객체를 선택합니다. 이것은 종종 두 점을 선택하는 것보다 빠릅니다.

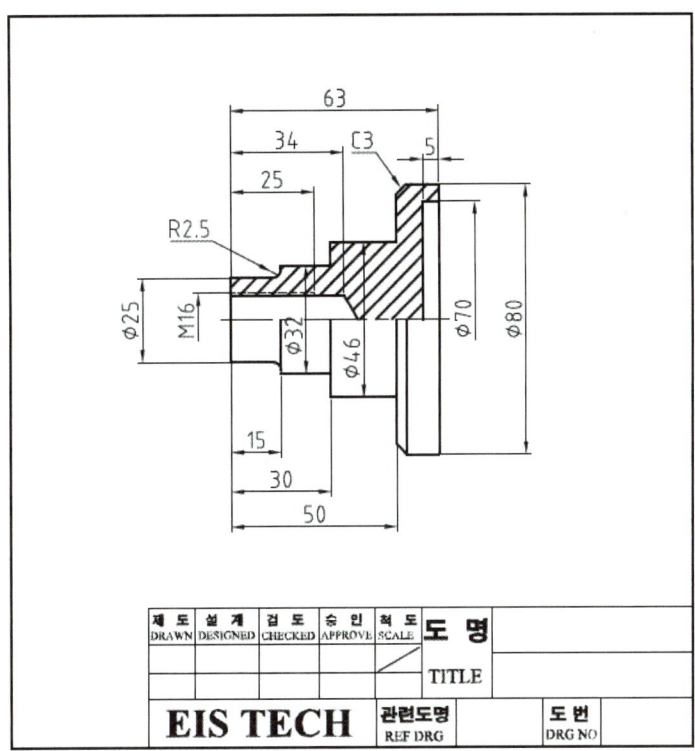

03 곡선 객체에 치수 작업
(Creating dimensions on curved objects)

3.1 반지름 치수 명령(Dimradius command)

'반지름 치수(Dimradius)' 명령은 호 혹은 원의 반지름 치수를 배치합니다.
[주석] 탭 ⇨ [치수] 패널에서 [반지름 치수(Dimradius)] 명령 아이콘을 클릭합니다.

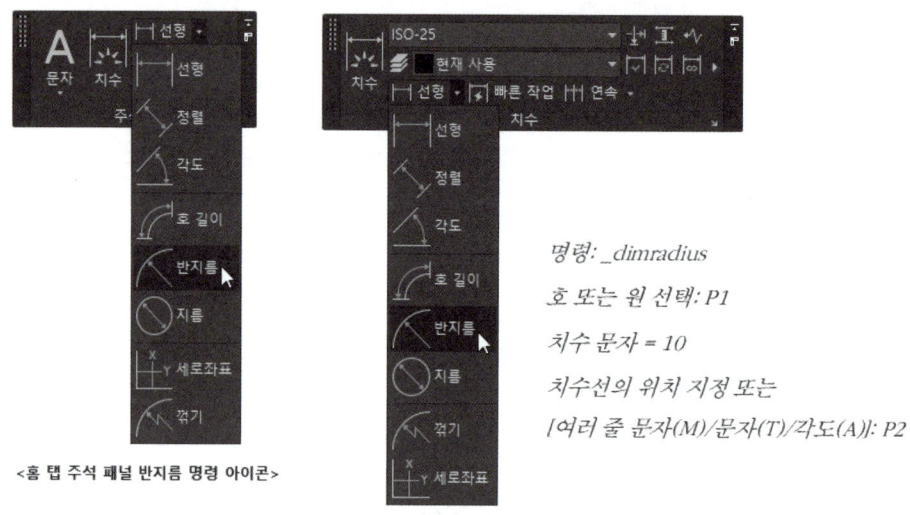

프롬프트에서 원하는 원(P1) 혹은 호(P1)를 선택하고, 치수를 배치할 지점(P2)을 클릭합니다.

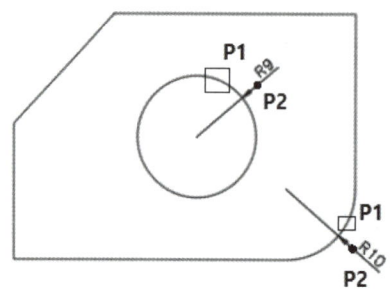

연습 과제〉 반지름 치수(Radius dimension)

다음 작업 순서는 반지름 치수를 배치하는 개요를 제공합니다.

1 리본 메뉴 [홈] 탭 ➡ [주석] 패널에서 선형 플라이아웃을 클릭하고, (반지름) 명령 아이콘을 클릭합니다.

2 호(P1) 혹은 원 객체를 선택합니다.

3 반지름 치수를 배치하기 위해 드래그해서 클릭(P2)합니다.

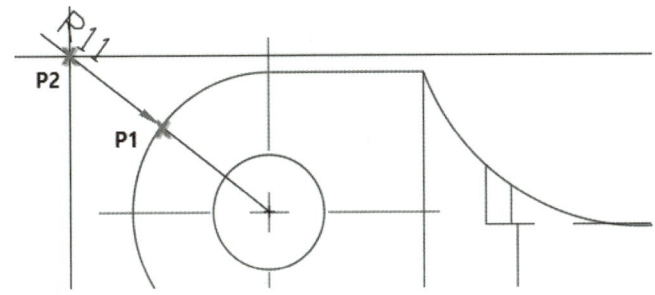

연습 과제〉 반지름 치수(Radius dimension)

이 연습에서 우리는 다음 그림의 객체를 작도하고, 반지름 치수를 기입합니다.

1 리본 메뉴 [홈] 탭 ➡ [주석] 패널에서 선형 플라이아웃을 클릭하고, (반지름) 명령 아이콘을 클릭합니다.

2 호(P1) 객체를 선택합니다.

3 반지름 치수를 배치하기 위해 드래그해서 클릭(P2)합니다.

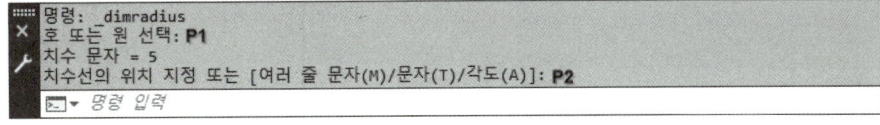

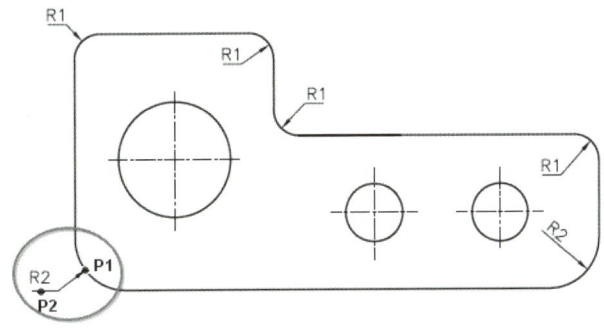

3.2 지름 치수 명령(Dimdiameter command)

'지름 치수(Dimdiameter)' 명령은 원 혹은 호에 지름 치수를 배치합니다.

[주석] 탭 ➪ [치수] 패널에서 [지름 치수(Dimdiameter)] 명령 아이콘을 클릭합니다.

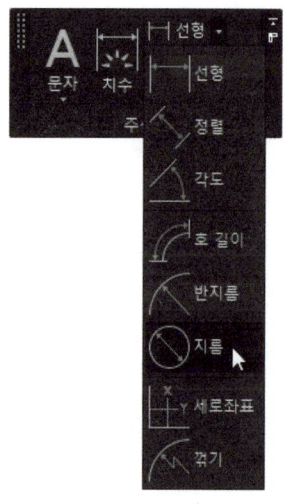

<홈 탭 주석 패널 지름 명령 아이콘>

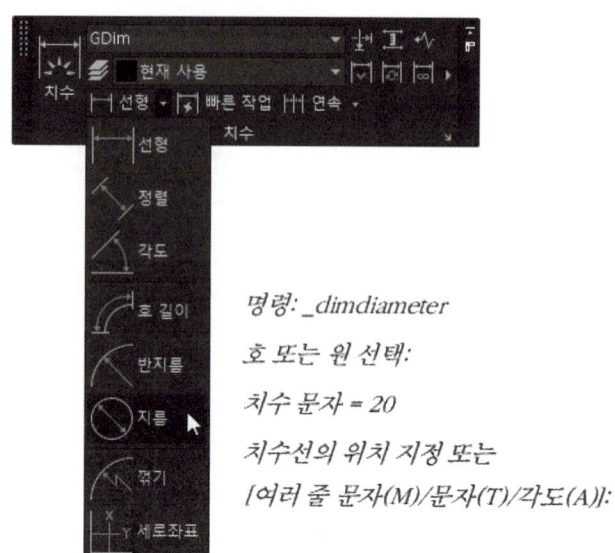

<주석 탭 치수 패널 지름 명령 아이콘>

프롬프트에서 원하는 원(P1) 혹은 호(P1)를 선택하고, 치수를 배치할 지점(P2)을 클릭합니다.

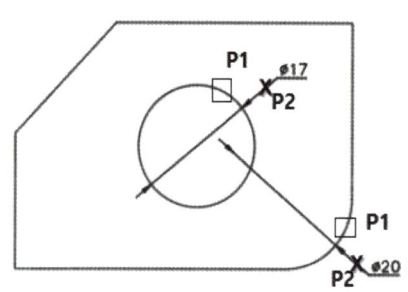

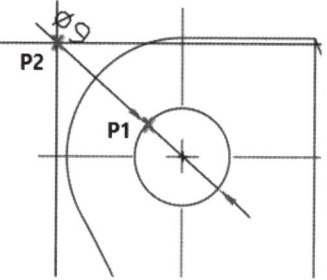

연습 과제〉 지름 치수(Diameter dimension)

다음 작업 순서는 지름 치수를 배치하는 개요를 제공합니다.

1 리본 메뉴 [홈] 탭 ➪ [주석] 패널에서 ⊢선형⊣ 플라이아웃을 클릭하고, ⊘ (지름) 명령 아이콘을 클릭합니다.

2 위 오른쪽 그림에서 원(P1) 객체를 선택합니다.

3 치수를 배치하기 위해 드래그해서 클릭(P2)합니다.

연습 과제〉 지름 치수(Diameter dimension)

이 연습에서 우리는 다음 그림의 객체를 작도하고 지름 치수를 기입합니다.

1 리본 메뉴 [홈] 탭 ⇨ [주석] 패널에서 선형 플라이아웃을 클릭하고, (지름) 명령 아이콘을 클릭합니다.

2 원(P1) 객체를 선택합니다.

3 지름 치수를 배치하기 위해 드래그해서 클릭(P2)합니다.

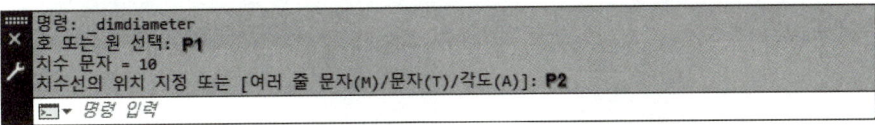

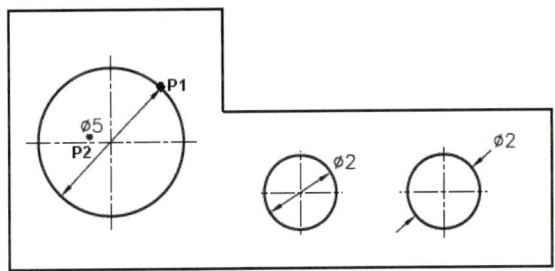

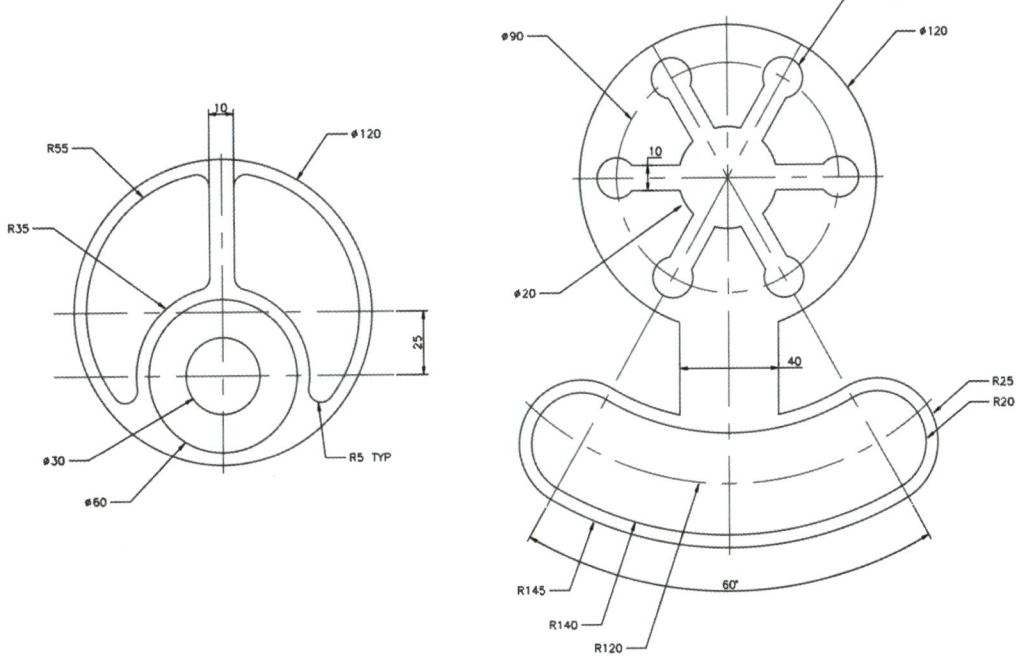

〈샘플 도면〉

3.3 호 길이 치수 명령(Dimarc command)

'호 길이 치수(Dimarc)'는 호 또는 폴리선 호 세그먼트의 거리를 측정합니다. 이 치수는 보통 캠(Cam) 주위의 진행 거리 측정 및 케이블 길이 표시등에 사용됩니다.

[주석] 탭 ⇨ [치수] 패널에서 [호 길이 치수(Dimarc)] 명령 아이콘을 클릭합니다.

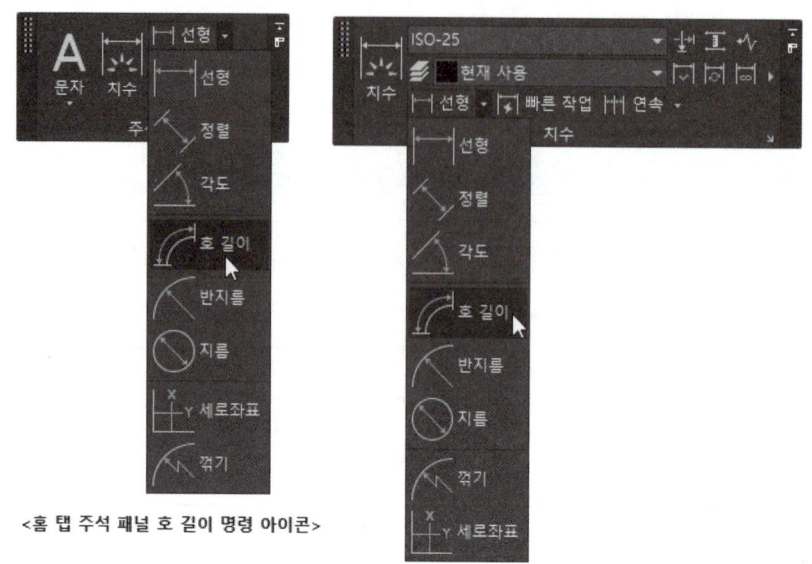

<홈 탭 주석 패널 호 길이 명령 아이콘>

<주석 탭 치수 패널 호 길이 명령 아이콘>

명령: _dimarc
호 또는 폴리선 호 세그먼트 선택: P1
호 길이 치수 위치 지정 또는 [여러 줄 문자(M)/문자(T)/각도(A)/부분(P)/지시선(L)]: P2
치수 문자 = 150

프롬프트에서 원하는 호(P1)를 선택한 다음 호 내부 또는 외부에서 치수 객체를 배치(P2)합니다.

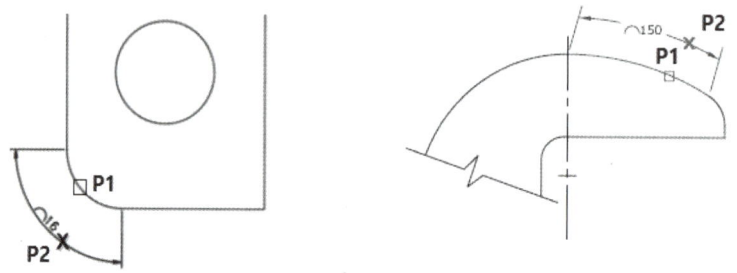

[여러 줄 문자(M)], [문자(T)] 및 [각도(A)] 옵션은 이미 앞에서 소개되었습니다.

[부분(P)] 옵션은 호의 일부에 호 길이 치수를 삽입하려는 것을 의미합니다.

이 절차에서는 호를 선택한 후에 호에서 두 개의 내부점을 선택하여 치수를 얻습니다.

연습 과제〉 호 길이 치수(Arc length dimension)

다음 작업 순서는 호 길이 치수를 배치하는 개요를 제공합니다.

1. 리본 메뉴 [홈] 탭 ⇨ [주석] 패널에서 [선형] 플라이아웃을 클릭하고 (호 길이) 명령 아이콘을 클릭합니다.
2. 호 객체(P1)를 선택합니다.
3. 호 길이 치수를 드래그 클릭(P2)해서 배치합니다.

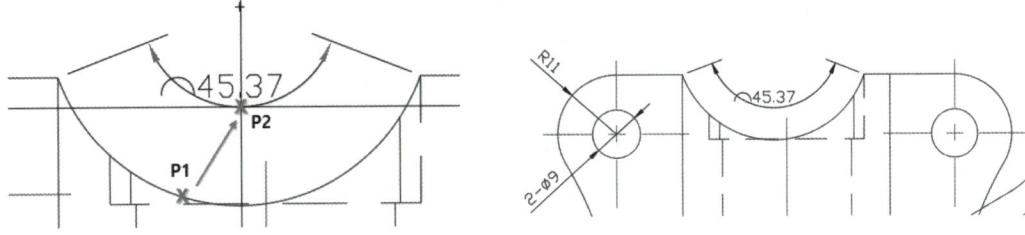

연습 과제〉 호 길이 치수(Arc length dimension)

이 연습에서 우리는 다음 그림의 객체를 작도하고 호 길이 치수를 기입합니다.

1. 리본 메뉴 [홈] 탭 ⇨ [주석] 패널에서 [선형] 플라이아웃을 클릭하고 (호 길이) 명령 아이콘을 클릭합니다.
2. 호(P1) 객체를 선택합니다.
3. 호 길이 치수를 배치하기 위해 드래그해서 클릭(P2)합니다.

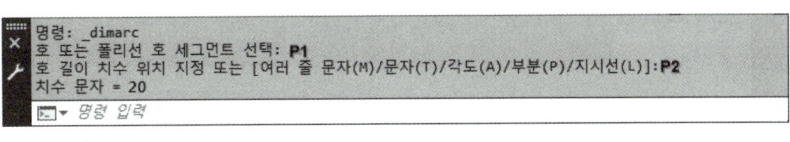

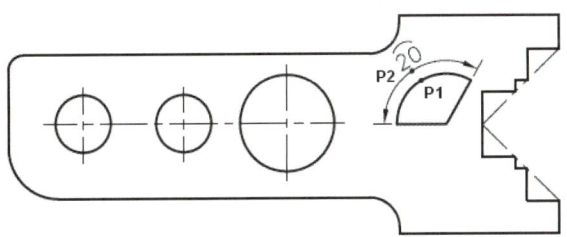

참고〉 호 길이 기호

원호 길이 기호는 치수 문자 앞, 치수 문자 위 또는 꺼질 수 있습니다. 이 기호는 치수 스타일(Dimstyle) 명령을 사용하여 제어할 수 있습니다. 치수 스타일 대화상자에서 기호 및 화살표 탭 ⇨ 호 길이 기호를 선택합니다.

3.4 꺾기 치수 명령(Dimjogged command)

'꺾기 치수 명령(Dimjogged)'을 사용하여 치수의 중심 원점 점을 다른 위치로 재정의할 반지름을 치수화 할 수 있습니다. 그러면 꺾기 된 반지름 치수가 생성됩니다. 실제 중심점 대신에 가상의 중심점을 재지정해서 꺾어진 반지름 치수를 기입합니다.

[주석] 탭 ⇨ [치수] 패널에서 [꺾기 치수(Dimjogged)] 명령 아이콘을 클릭합니다.

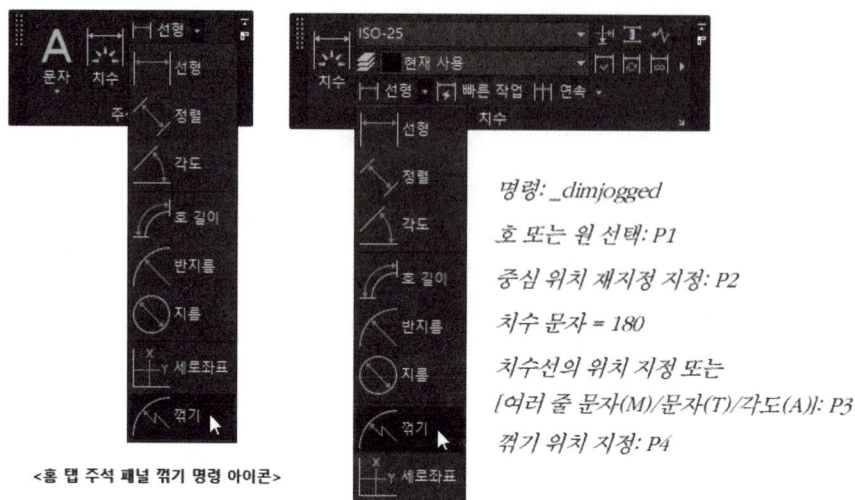

<홈 탭 주석 패널 꺾기 명령 아이콘>

<주석 탭 치수 패널 꺾기 명령 아이콘>

명령: _dimjogged
호 또는 원 선택: P1
중심 위치 재지정 지정: P2
치수 문자 = 180
치수선의 위치 지정 또는
[여러 줄 문자(M)/문자(T)/각도(A)]: P3
꺾기 위치 지정: P4

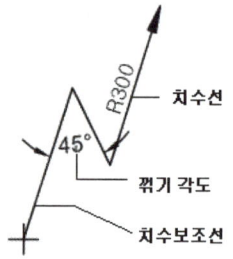
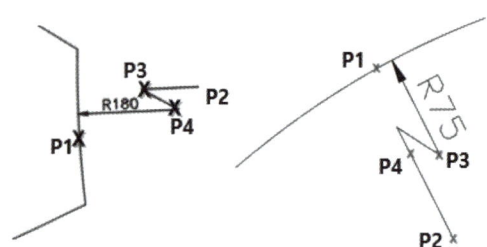

연습 과제〉 꺾기 치수(Jogged radius dimension)

다음 작업 순서는 꺾기 반지름 치수 배치를 위한 개요를 제공합니다.

1. 리본 메뉴 [홈] 탭 ⇨ [주석] 패널에서 선형 플라이아웃을 클릭하고 (꺾기) 명령 아이콘을 클릭합니다.
2. 위 오른쪽 그림에서 호(P1) 혹은 원 객체를 선택합니다.
3. 재정의할 중심점(P2)을 재지정하기 위해 클릭합니다.
4. 치수선 위치(P3)를 지정하기 위해 클릭합니다.
5. 꺾기 위치(P4)를 지정하기 위해 클릭합니다.

3.5 중심 표식 명령(Centermark command)

원, 호 및 다각형 호에 대한 연관 중심 표식 및 선, 폴리선에 대한 중심선은 AutoCAD에서 중심 표식 및 중심선을 만들고 편집하기 위해 제공하는 강력한 도구입니다. 연관성은 형상이 변경되면 중심선과 중심 표식 모두 그에 따라 업데이트된다는 것을 의미합니다.

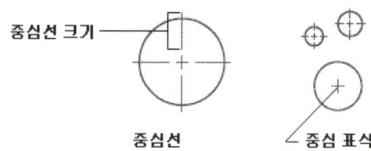

[주석] 탭 ⇨ [중심선] 패널에서 [중심 표식(Center mark)] 명령 아이콘을 클릭합니다.

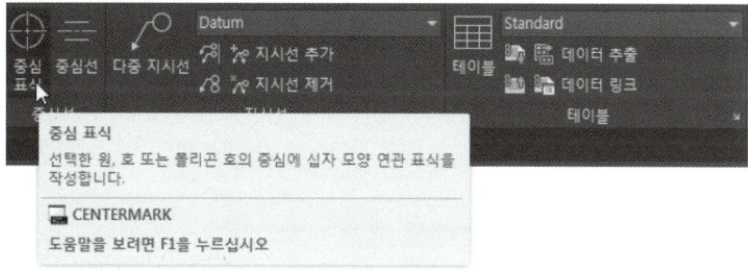

명령: _centermark

중심 표식을 추가할 원 또는 호 선택 또는 [도면층(L)]: P1

중심 표식을 추가할 원 또는 호 선택 또는 [도면층(L)]:

원하는 호, 원 또는 다각형 호를 클릭하면 중심 표식이 추가됩니다.

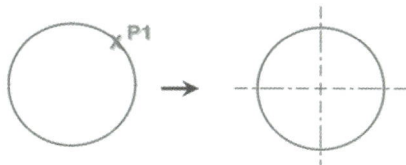

연습 과제〉 중심 표식 배치하기(Inserting Center mark)

다음 작업 순서는 중심 표식을 배치하는 개요를 제공합니다.

1 [주석] 탭 ⇨ [중심선] 패널에서 [중심 표식(Center Mark)] 명령 아이콘을 클릭합니다.

2 호 또는 원(P1) 객체를 선택합니다.

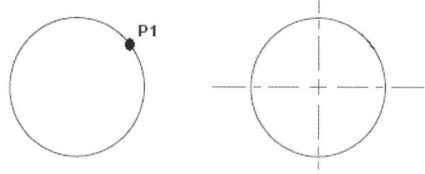

연습 과제〉 중심선 배치하기(Inserting Center line)

평행한 두 선에 중심선을 추가하기 위해

1 리본 메뉴 [주석] 탭 ⇨ [중심선] 패널에서 [중심선(Centerline)] 명령 아이콘을 클릭합니다.

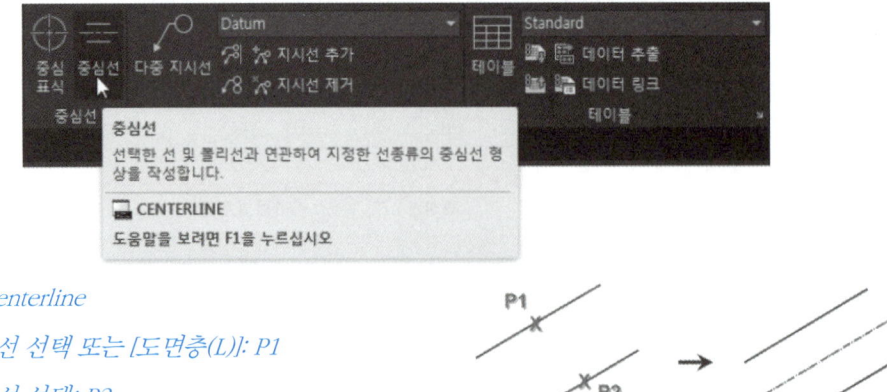

명령: _centerline

첫 번째 선 선택 또는 [도면층(L)]: P1

두 번째 선 선택: P2

2 첫 번째 선(P1)을 선택하고, 평행한 두 번째 선(P2)을 클릭합니다.

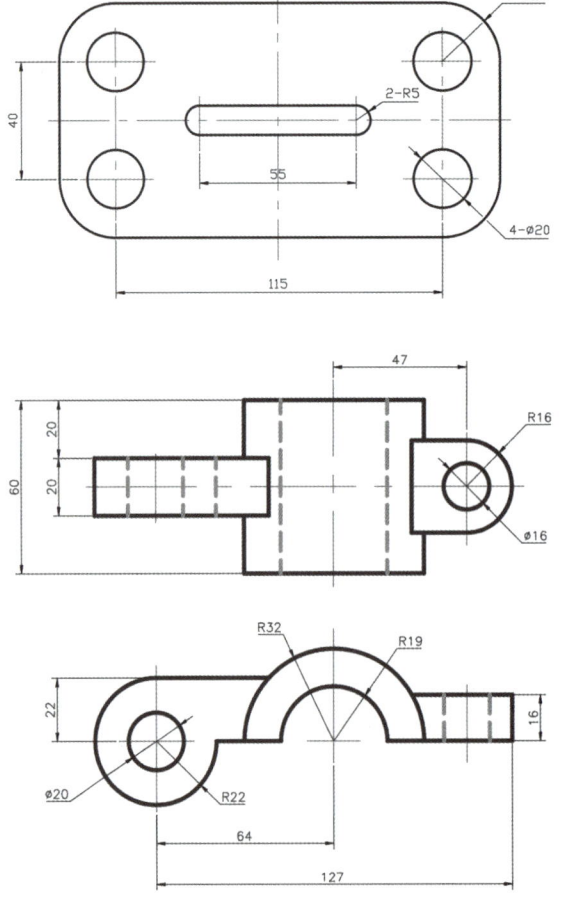

04 개선된 치수 작업 (Enhancing dimensions)

4.1 치수 명령(Dim command)

'치수(Dim)' 명령은 8개의 기본 치수 명령을 모아둔 것입니다. 이 명령을 호출하고, 마우스 커서를 객체 위로 이동하면 적절한 치수 유형을 예측할 수 있으며 도면에서 이를 찾을 수 있습니다. '치수(Dim)' 명령은 단일 치수 명령 세션 내에서 여러 유형의 치수를 작성합니다. 치수를 배치할 객체 위에 마우스를 놓으면 '치수(Dim)' 명령이 사용할 적합한 치수 유형의 미리보기를 자동으로 표시합니다. 치수 배치할 객체, 선 또는 점을 선택하고 치수를 그릴 도면 영역의 아무 곳이나 클릭합니다.

지원되는 치수 유형 범위에는 수직, 수평, 정렬된 및 회전된 선형 치수부터 각도 치수, 반지름, 지름, 꺾기 반지름 및 호 길이 치수, 기준선 및 연속 치수가 있습니다. 필요한 경우 명령행 옵션을 사용하여 치수 유형을 변경할 수 있습니다. 이것을 '스마트 치수(Smart dimensioning)' 작업 기능이라고 합니다.

[홈] 탭 ⇨ [치수] 패널에서 [치수(Dim)] 명령 아이콘을 클릭합니다.

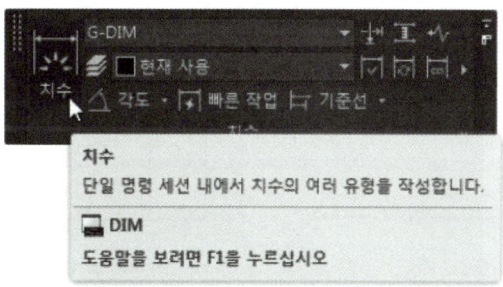

마우스 커서를 객체 중 하나 위로 드래그하면 다음에 따라 치수 유형이 생성되는 것을 볼 수 있습니다.
① 수평 또는 수직선(폴리선 세그먼트) 위로 마우스 커서를 가져가면 '치수(Dim)' 명령이 선형 치수를 생성합니다.
② 경사선(폴리선) 위로 마우스 커서를 가져가면 '치수(Dim)' 명령이 정렬 치수를 생성합니다.
③ 마우스 커서를 호(폴리선 호) 위로 가져가면 '치수(Dim)' 명령이 반지름 치수를 생성합니다.
④ 마우스 커서를 원 위로 가져가면 '치수(Dim)' 명령은 지름 치수를 생성합니다.

⑤ 마우스 커서를 선(선형 또는 정렬됨) 위에 놓고 치수 객체를 미리 볼 때 마우스를 클릭하고 다른 선 위에 마우스 커서를 가져가면 각도 치수가 만들어집니다.

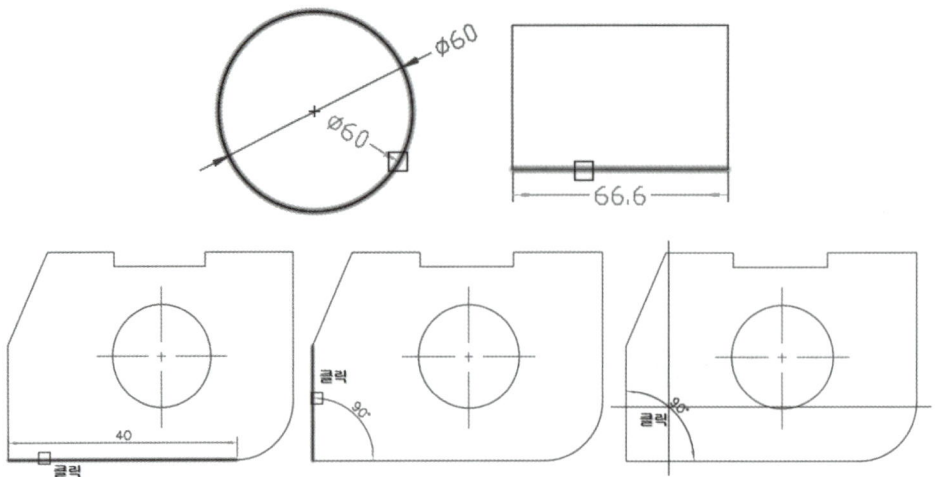

연습 과제〉 치수 명령 이용하기(Using Dim command)

다음 작업 순서는 '치수(Dim)' 명령의 개요를 제공합니다.

1 리본 [홈] 탭 ⇨ [주석] 패널에서 [치수] 아이콘을 클릭합니다.
2 다음 그림처럼 치수를 기입할 객체 위로 커서를 가져가면 해당 치수가 표시됩니다.
3 객체를 클릭해서 선택하고, 치수 값을 배치할 위치로 드래그해서 클릭합니다.

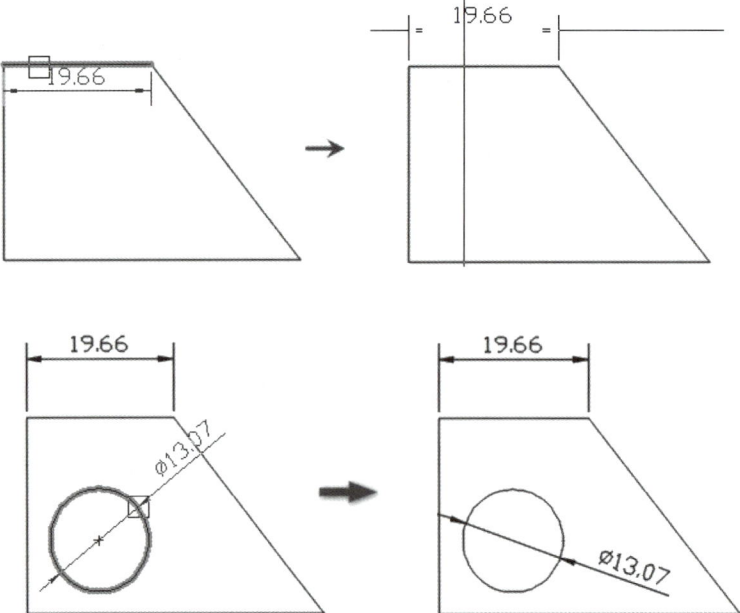

4.2 빠른 작업 치수 명령(Qdim command)

'신속 치수' 혹은 '빠른 작업 치수(Qdim)' 명령을 사용하여 일련의 치수를 신속하게 작성하거나 편집합니다. 이 명령은 '기준선' 또는 '연속 치수'를 작성하거나 일련의 원과 호에 치수를 배치하는 데 특히 유용합니다. '신속 치수(Qdim)' 명령은 한 번의 작업에 치수 그룹을 삽입합니다.

[주석] 탭 ⇨ [치수] 패널에서 '신속 치수(Qdim)' 명령 아이콘을 클릭합니다.

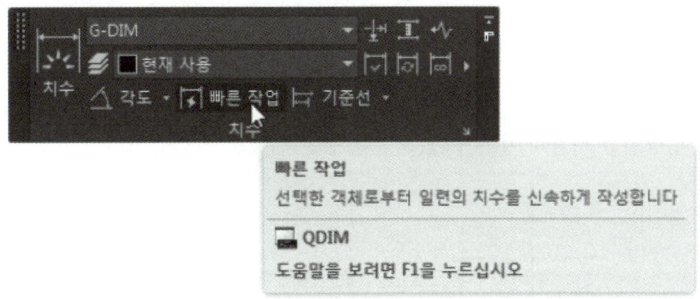

명령: _qdim
연관 치수 우선순위 = 끝점(E)
치수 기입할 형상 선택: 반대 구석 지정: 11개를 찾음
치수 기입할 형상 선택: ⟨CR⟩
치수선의 위치 지정 또는 [연속(C)/다중(S)/기준선(B)/세로좌표(O)/반지름(R)/지름(D)/
데이텀 점(P)/편집(E)/설정(T)] ⟨연속(C)⟩: T⟨CR⟩
연관 치수 우선순위 [끝점(E)/교차점(I)] ⟨끝점(E)⟩:

첫 번째 프롬프트에서 윈도우(W) 선택, 걸치기(C) 선택 또는 익숙한 다른 선택 모드를 사용하여 치수를 지정할 형상을 선택합니다. 현재 AutoCAD 세션에서 명령을 처음 사용하는 경우 AutoCAD는 기본 옵션으로 '연속 치수'를 사용합니다. 도면 영역에 마우스 오른쪽 버튼을 클릭하면, 다음 메뉴가 표시됩니다.

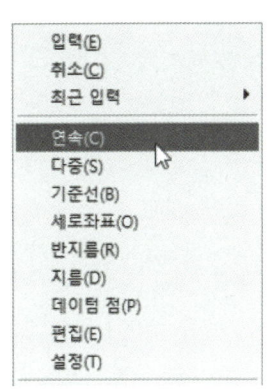 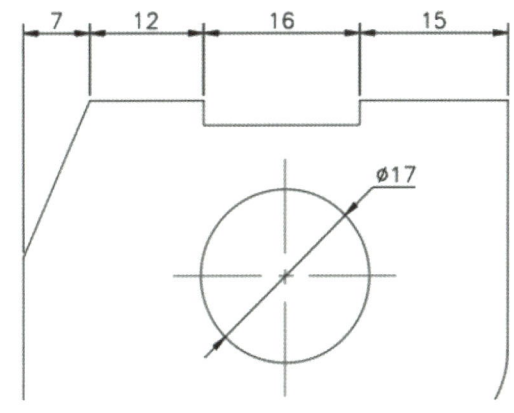

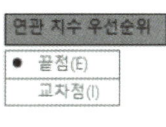

이 바로 가기 메뉴를 사용하여 원하는 치수 유형을 선택한 다음 치수선 위치를 지정하면 위 오른쪽 그림처럼 치수 세트가 삽입됩니다. 만일 [설정(T)] 옵션을 클릭하면, 연관 치수 우선순위 메뉴가 표시됩니다. 이 옵션을 사용하면 연장선 원점을 지정하기 위한 기본 객체 스냅을 설정할 수 있습니다.

연습 과제〉 빠른 작업 치수 명령 이용하기(Using Qdim command)

다음 작업 순서는 빠른 작업 치수 명령의 개요를 제공합니다.

이 명령은 모형 공간에서만 치수 작업이 가능합니다.

1 리본 [주석] 탭 ⇨ [치수] 패널에서 ▫(빠른 작업) 명령 아이콘을 클릭합니다.

2 '걸치기(C)' 선택 방법을 사용하여 치수를 지정할 형상 객체를 선택합니다.

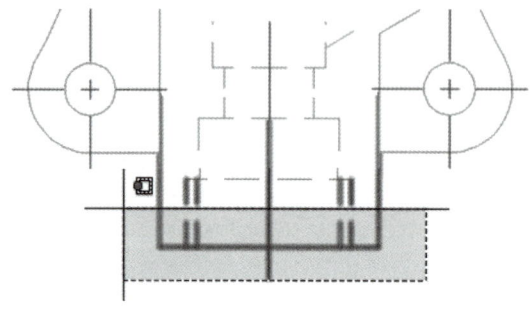

3 엔터키를 누르고, 프롬프트에서 [기준선(B)] 옵션을 선택합니다.

4 치수를 배치하기 위해 드래그해서 클릭합니다.

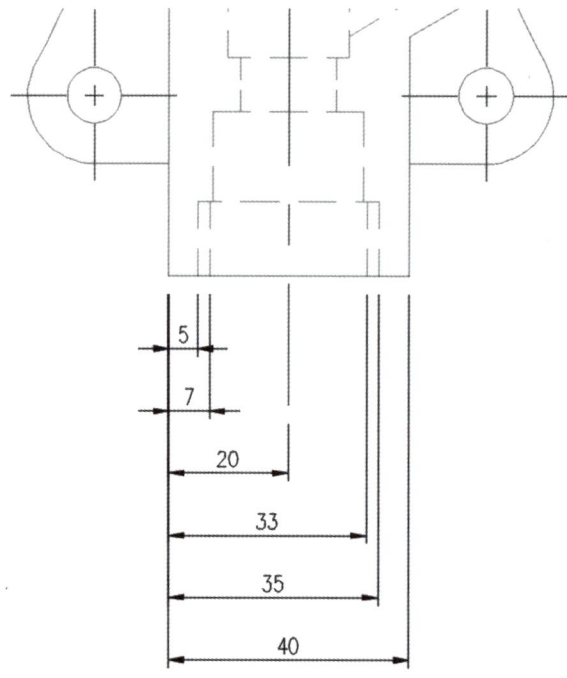

4.3 세로좌표 치수 명령(Dimordinate command)

'세로좌표 치수(Dimordinate)' 명령은 X 또는 Y 중 하나로 데이텀과 관련된 치수를 삽입합니다. 이 치수는 판금 도면에 주로 기입합니다.

[주석] 탭 ⇨ [치수] 패널에서 [세로좌표 치수(Dimordinate)] 명령 아이콘을 클릭합니다.

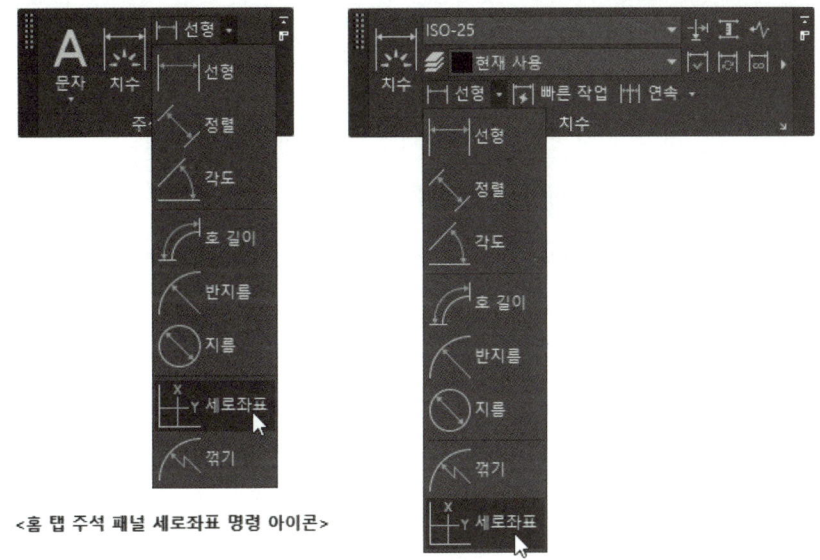

<홈 탭 주석 패널 세로좌표 명령 아이콘>

<주석 탭 치수 패널 세로좌표 명령 아이콘>

명령: _dimordinate

피처 위치를 지정:

지시선 끝점을 지정 또는 [X데이텀(X)/Y데이텀(Y)/여러 줄 문자(M)/문자(T)/각도(A)]:

치수 문자 = 0

프롬프트에서 원하는 점을 선택합니다. 기본적으로 AutoCAD는 X 또는 Y 방향으로 이동할 수 있는 자유를 제공합니다. 마우스가 X축과 관련된 점을 측정하도록 하려면 [X 데이텀(X)] 옵션을 선택합니다. Y축도 마찬가지입니다. 나머지 옵션은 이미 논의되었습니다.

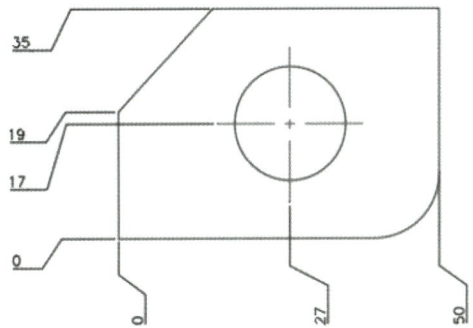

연습 과제〉 세로좌표 치수 명령 이용하기(Using Dimordinate)

다음 작업 순서는 '세로좌표 치수(Dimordinate)'들을 배치하기 위한 개요를 제공합니다. '세로좌표 치수(Dimordinate)' 명령을 이용해서 치수를 배치하기 위해서는 먼저 원점을 변경해야 합니다.

1 명령행에 UCS를 입력하고 엔터키를 누릅니다.

객체에서 참조할 세로좌표 치수에 대한 원점을 지정하고, 엔터키를 눌러 선택을 수락합니다.

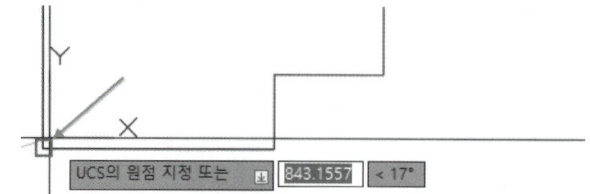

2 리본 메뉴 [주석] 탭 ⇨ [치수] 패널에서 치수 플라이아웃을 클릭하고, (세로좌표) 명령 아이콘을 클릭합니다.

3 객체 스냅을 사용하여 객체 위치(P1)를 지정한 다음 지시선 끝점(P2)을 지정합니다.

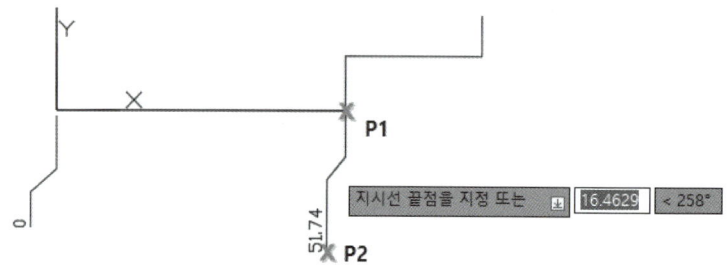

4 세로좌표 명령을 반복하고 다음 객체 위치 및 지시선 끝점을 계속 선택합니다.

① 그런 다음 UCS 원점을 [표준(W)]으로 되돌립니다.

② '신속 치수' 명령과 함께 [세로좌표(O)] 옵션을 사용할 수 있습니다.

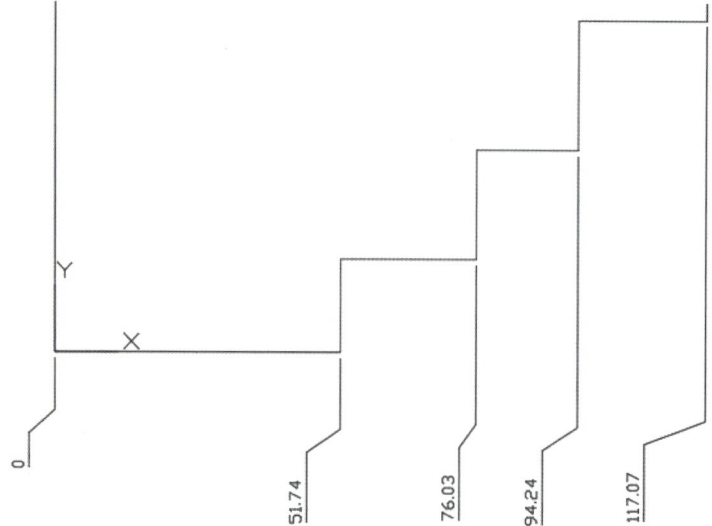

4.4 치수 꺾기선 명령(Dimjogline command)

'꺾기선'을 치수선에 추가하기 위해 치수 '꺾기선(Dimjogline) 치수' 명령을 이용합니다. 또한, 선형 또는 정렬 치수에 꺾기선을 추가하거나 제거합니다.

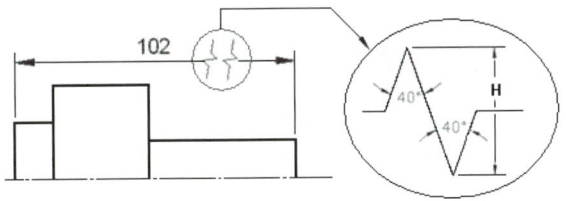

[주석] 탭 ⇨ [치수] 패널에서 [치수 꺾기선 치수(Dimjogline)] 명령 아이콘을 클릭합니다.

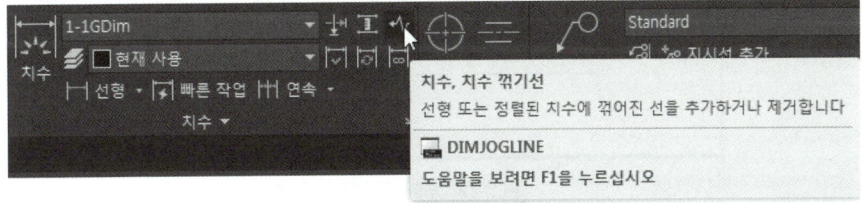

명령: _DIMJOGLINE
꺾기를 추가할 치수 선택 또는 [제거(R)]: P1
꺾기 위치 지정(또는 ENTER 키 누르기): P2

첫 번째 프롬프트는 꺾기를 추가할 선형 또는 정렬 치수를 선택하라는 메시지입니다. 다음 그림처럼 설계자는 수평 선행 치수(P1)를 선택하고, 꺾기 위치 지정하기 위해 위치를 클릭(P2)합니다. 꺾기 위치를 지정할 수 있지만, 엔터키를 눌러 AutoCAD가 꺾기 위치를 자동으로 찾을 수 있도록 할 수 있습니다.

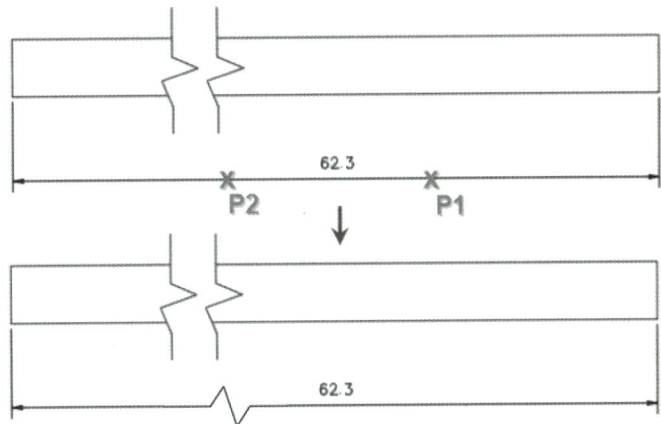

연습 과제〉 치수 꺾기선 명령 이용하기(Using Dimjogline)

다음 작성 순서는 꺾기선을 치수선에 추가하기 위한 개요를 제공합니다.

1 리본 메뉴 [주석] 탭 ⇨ [치수] 패널에서 (치수, 치수 꺾기선) 명령 아이콘을 클릭합니다.
다음 그림처럼 치수선을 클릭해서 선택합니다.

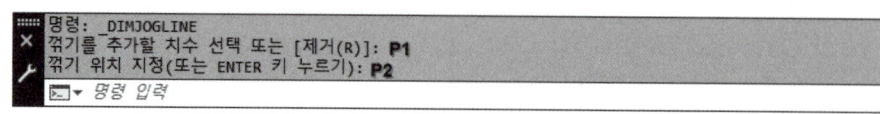

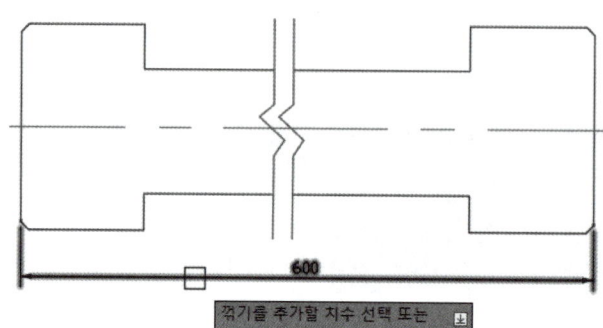

2 꺾기선(Jogline) 기호를 배치하기 위한 치수선의 위치 지점을 지정합니다.
필요하다면 객체 스냅(OSNAP)을 끕니다.

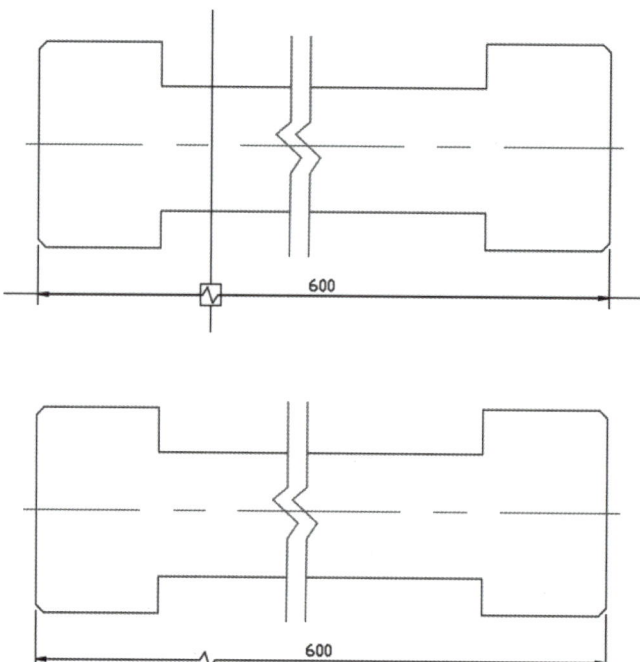

4.5 치수 간격 명령(Dimspace command)

평행 선형 치수들 사이에 공간을 조정하기 위해 '치수 간격(Dimspace)' 명령을 이용합니다.
[주석] 탭 ⇨ [치수] 패널에서 [공간 조정(Dimspace)] 명령 아이콘을 클릭합니다.

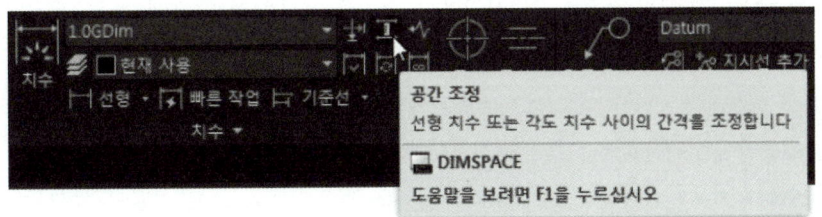

명령: _DIMSPACE
기준 치수 선택: P1
간격을 둘 치수 선택: P2   1개를 찾음
간격을 둘 치수 선택: P3   1개를 찾음, 총 2개
간격을 둘 치수 선택: ⟨CR⟩
값 또는 [자동(A)] 입력 ⟨자동(A)⟩ : 10 ⟨CR⟩

첫 번째 프롬프트는 기준 치수 객체를 선택하고, 간격을 지정할 치수 객체들을 모두 선택하고 완료되면, 엔터키를 누릅니다. 다음 프롬프트에서 AutoCAD는 값을 요구하며 다음과 같은 세 가지 옵션이 있습니다.

① 값 = 0(0). 이것은 다른 모든 블록이 기본 치수 블록과 연속 정렬됨을 의미합니다.
② 값 > 0, 이것은 기본 치수 블록과 가장 가까운 블록을 분리하는 거리가 될 것이며 다른 블록도 마찬가지입니다.
③ 값 = 자동. 즉, AutoCAD가 선택한 블록에 대한 최적의 배열을 파악하려고 시도합니다.

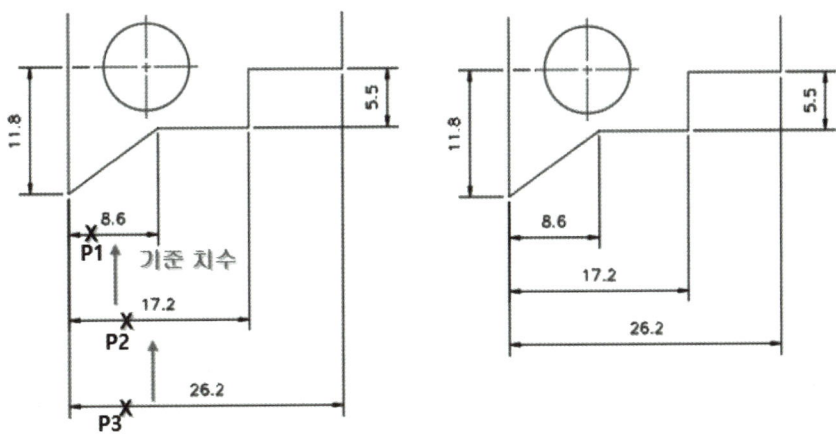

연습 과제〉 공간 조정 명령 이용하기(Using Dimspace)

다음 작성 순서는 도면에 치수들을 배치한 후 치수 간격을 조정하는 개요를 제공합니다.

1 [주석] 탭 ➪ [치수] 패널에서 [공간 조정(Dimspace)] 명령 아이콘을 클릭합니다.

다음 왼쪽 그림처럼 기준 치수를 선택합니다.

2 다음 오른쪽 그림처럼 기준 치수와 간격을 조정할 치수를 선택하고 엔터키를 누릅니다.

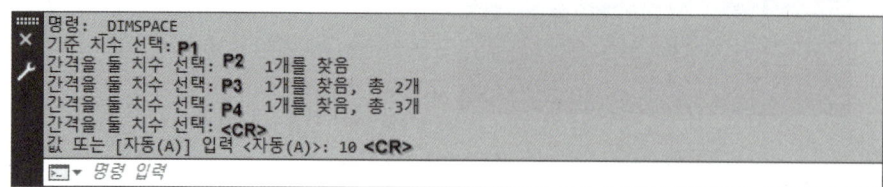

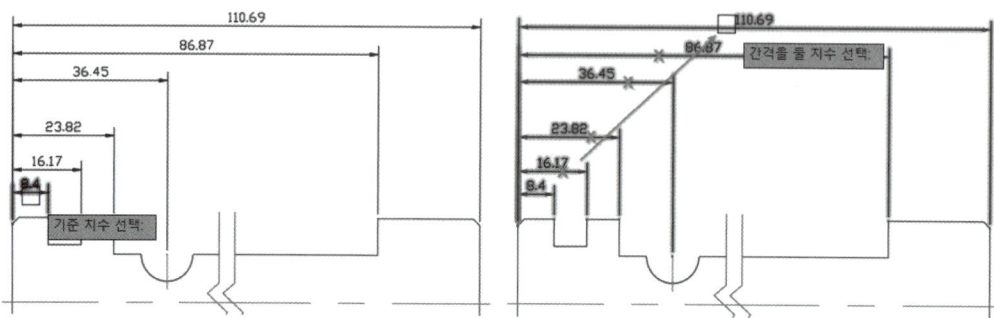

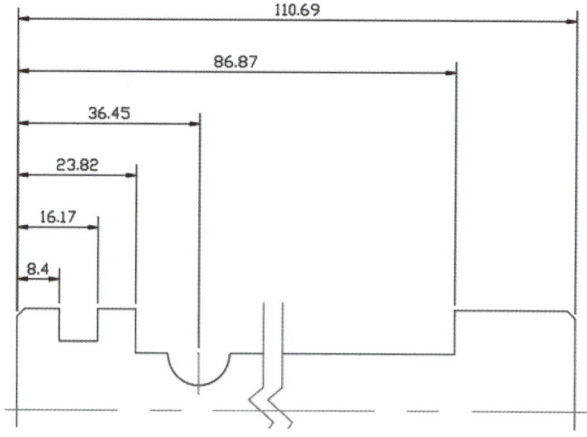

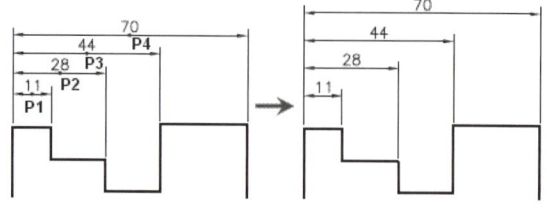

4.6 치수 끊기 명령(Dimbreak command)

치수선이나 치수 보조선이 형상을 나타내는 선들과 교차하는 경우 그것들을 끊어야 합니다.

[주석] 탭 ⇨ [치수] 패널에서 [치수 끊기(Dimbreak)] 명령 아이콘을 클릭합니다.

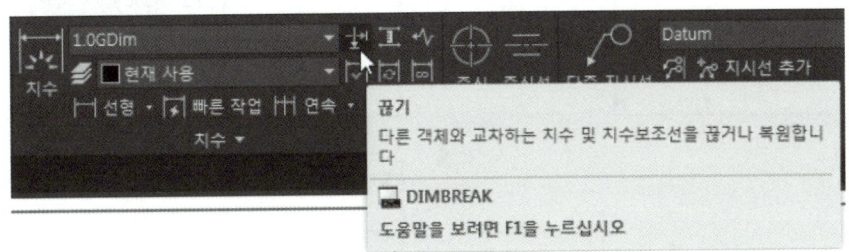

명령: _DIMBREAK

끊기를 추가/제거할 치수 선택 또는 [다중(M)]: P1

치수를 끊을 객체 선택 또는 [자동(A)/수동(M)/제거(R)] <자동>: P2

치수를 끊을 객체 선택: <CR>

1개의 객체 수정됨   치수가 연관 해제됨.

첫 번째 프롬프트에서는 끊을 치수를 선택하라는 메시지가 표시되고, 두 번째 프롬프트에서는 치수를 끊을 객체를 선택하라는 메시지가 표시됩니다.

이러한 프롬프트는 중단이 있는 경우 해당 중단을 제거합니다. 두 번째 프롬프트에서 마우스 오른쪽 버튼을 클릭하고, [제거(R)] 옵션을 선택합니다. 엔터키를 눌러 명령을 종료할 때까지 이 두 가지 프롬프트가 반복됩니다.

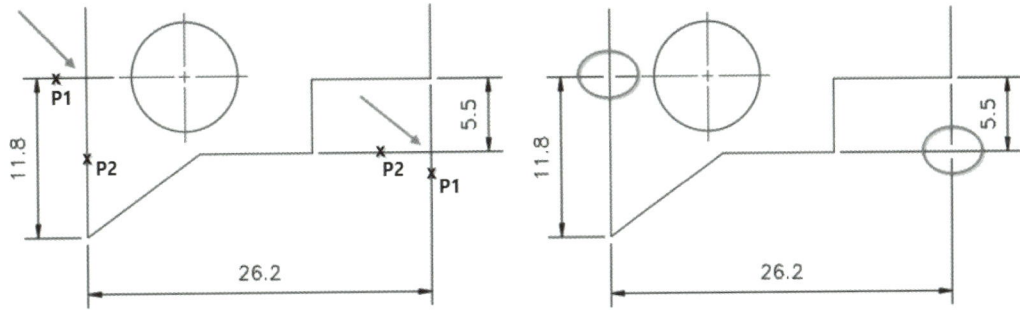

연습 과제〉 치수 끊기 명령 이용하기(Using Dimbreak)

다음 작업 순서는 '치수 끊기(Dimbreak)' 명령에 대한 개요를 제공합니다.

1️⃣ [주석] 탭 ⇨ [치수] 패널에서 [치수 끊기(Dimbreak)] 명령 아이콘을 클릭합니다.

2️⃣ 끊기기를 할 치수(P1)를 선택합니다. 다중 치수들을 끊기 위해 다중 치수들을 선택할 수 있습니다.

3 치수를 끊을 객체(P2)를 선택하고 엔터키를 누릅니다.

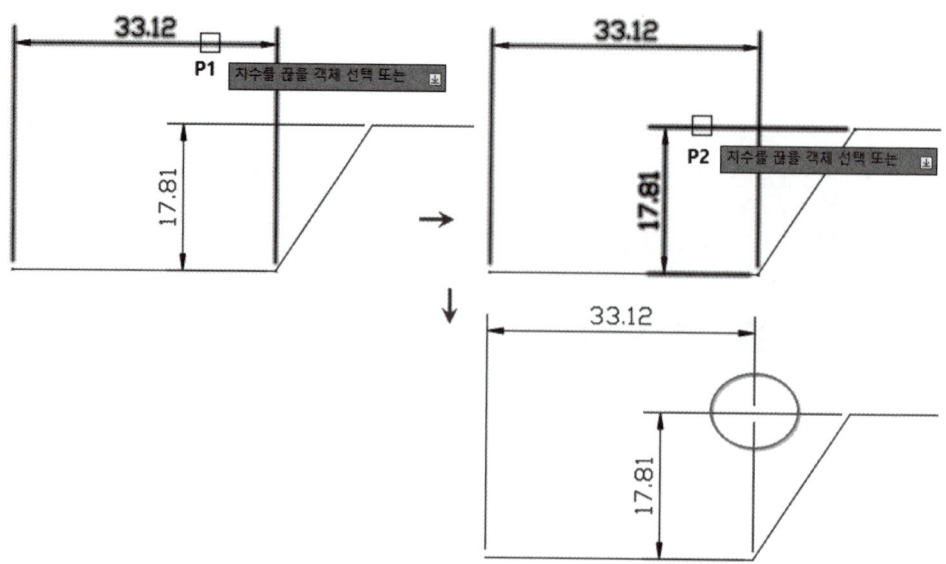

도면의 객체에 치수를 배치하는 것은 간단한 프로세스이지만 제도 표준에 따라 도면을 작성하려면 몇 가지 추가 치수 도구를 사용해야 할 수 있습니다. 치수 명령을 호출하면, 그 프롬프트는 필요한 선택 항목을 안내하므로 주의 깊게 살펴야 합니다.

다음 그림은 제도 표준을 준수하기 위해 개선된 다양한 치수들을 도시한 것을 보여 줍니다.

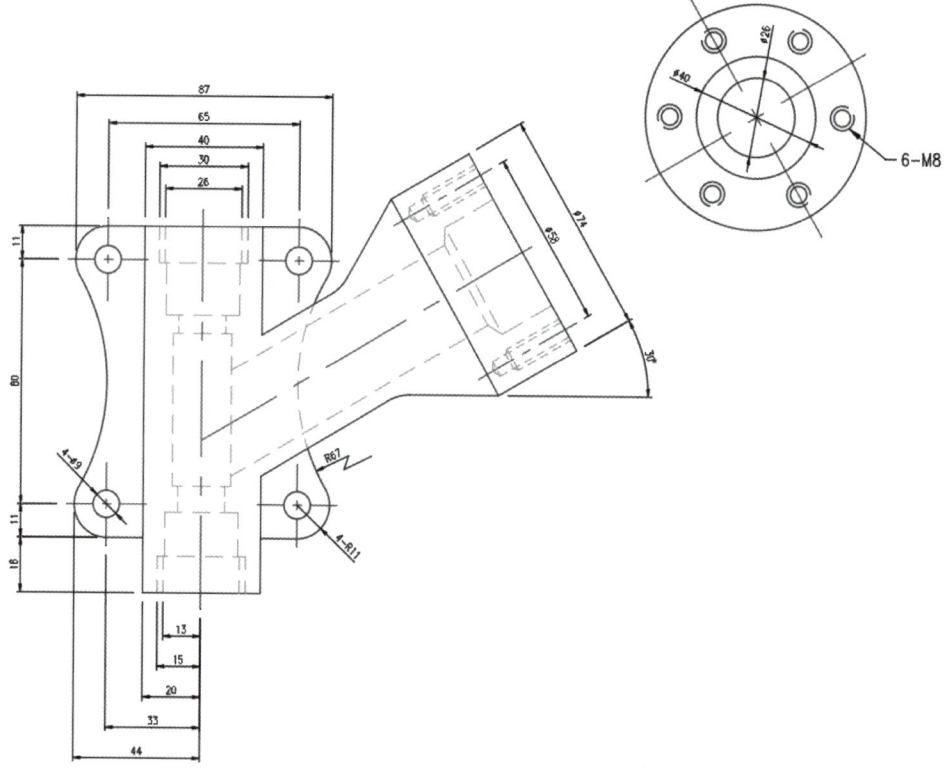

〈샘플 도면〉

05 치수 편집 (Editing dimension)

5.1 치수 편집(Editing dimensions)

'치수 편집(Dimedit)' 명령을 사용하여 치수 문자를 편집하거나 재정의할 수 있을 뿐 아니라 치수 문자의 위치를 편집할 수 있습니다. 또한, 선택한 치수를 마우스 오른쪽 버튼으로 클릭하여 치수 스타일 특성을 편집할 수 있는 빠른 특성 또는 특성 팔레트에 액세스할 수도 있습니다. 치수 스타일을 전역으로 변경하는 경우 선택한 치수를 한 치수 스타일에서 다른 치수 스타일로 변경하지 않는 한 개별 치수에 대한 변경에는 영향을 주지 않습니다.

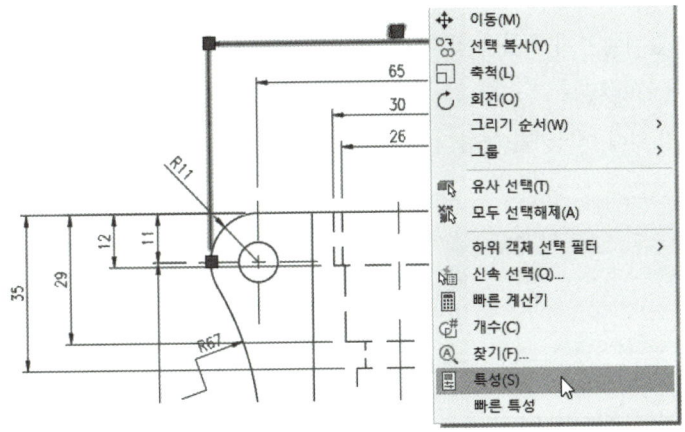

우리는 특성 팔레트에서 치수 스타일 특징을 편집할 수 있을 뿐 아니라 치수 문자도 편집할 수 있습니다.

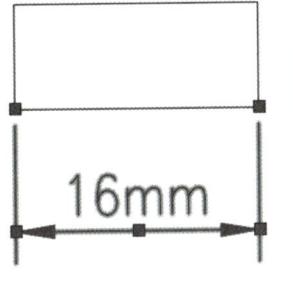
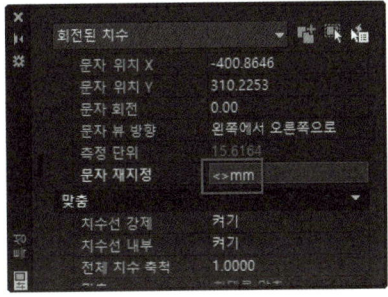

참고〉

화살표(〈〉)는 치수화된 객체에 연관되도록 원래 문자 측정을 유지합니다.

연습 과제〉 치수 문자 편집(Editing dimension text)

다음 작업 순서는 '치수 편집(Dimedit)' 명령을 이용해서 치수에 문자를 추가하는 방법의 개요를 제공합니다.

1️⃣ 명령행에 Ddedit라고 입력합니다.

2️⃣ 편집할 치수 문자를 선택하면 내장 문자 편집기가 표시됩니다.

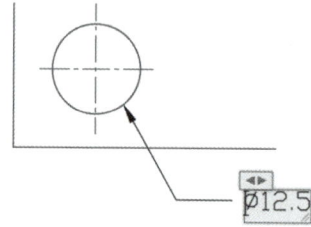

3️⃣ 강조 표시된 숫자는 치수 조정되는 부품과 관련된 실제 치수 값을 나타냅니다.

연관 치수 문자 앞뒤에 추가 주석을 입력하고 리본 메뉴에서 [문서 편집기 닫기] 명령 아이콘을 클릭합니다.

4️⃣ 명령을 종료하기 위해 엔터키를 누릅니다.

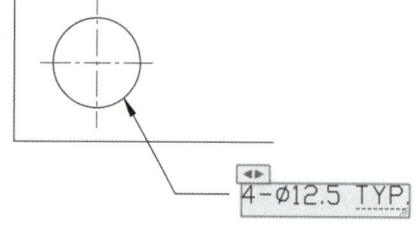 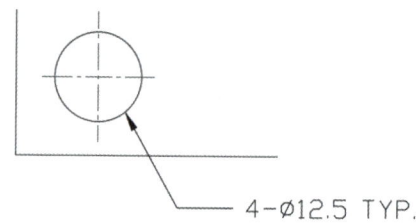

참고〉 문자 편집

치수 문자를 편집하는 가장 빠른 방법은 Ddedit 명령을 사용하는 것입니다. 우리가 문자 위에 입력하면 치수 문자 측정의 연관성이 무시됩니다. 만일 우리가 연관 치수 문자 전후에〈〉를 입력하면 연관 측정치가 계속 표시됩니다.

❏ 치수 편집(Dimedit) 명령 – Dimension oblique

'치수 편집(Dimedit)' 명령은 치수 문자를 편집하고 치수보조선 각도를 변경하고, [기울기(O)] 옵션은 치수 보조선의 각도를 원하는 각도로 변경합니다.

[주석] 탭 ⇨ [치수] 패널을 확장하고 [기울기] 명령 아이콘을 선택합니다.

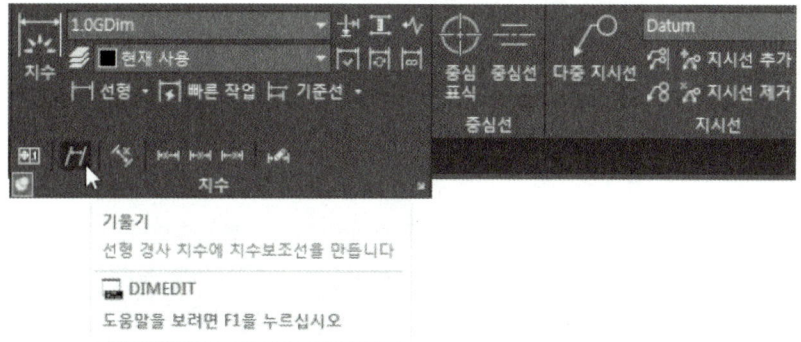

명령: _dimedit

치수 편집의 유형 입력 [홈(H)/새로 만들기(N)/회전(R)/기울기(O)] <홈(H)>: _o

객체 선택: P1   1개를 찾음

객체 선택: <CR>

기울기 각도 입력 (없는 경우 ENTER 키): 60<CR>

프롬프트에서 원하는 치수 객체를 선택하고, 엔터키를 누릅니다.

다음 프롬프트에서 양 또는 음이 될 수 있는 기울기 각도를 입력합니다.

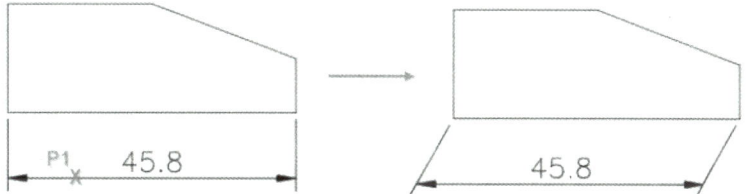

연습 과제 〉 치수 기울기 하기

다음 작업 순서는 '치수 편집(Dimedit)' 명령을 이용해서 치수의 기울기 각도를 입력하는 방법의 개요를 제공합니다.

1 리본 메뉴 [주석] 탭 ⇨ [치수] 패널을 확장하고 [기울기] 명령 아이콘을 선택합니다.

2 치수를 선택하고 엔터키를 누릅니다.

3 기울기 각도로 80을 입력합니다.

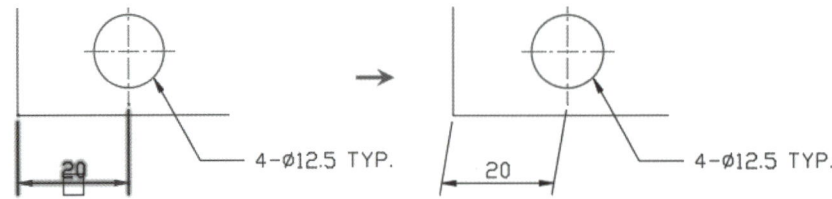

❏ 치수 문자 편집(Dimtedit) 명령 - Dimension text angle

'치수 문자 편집(Dimtedit)' 명령을 사용하여 치수 문자의 위치, 자리맞추기 및 각도를 변경하거나 복원할 수 있으며, 치수선의 위치를 변경할 수도 있습니다.

[주석] 탭 ⇨ [치수] 패널을 확장하고 [문자 각도] 명령 아이콘을 클릭합니다.

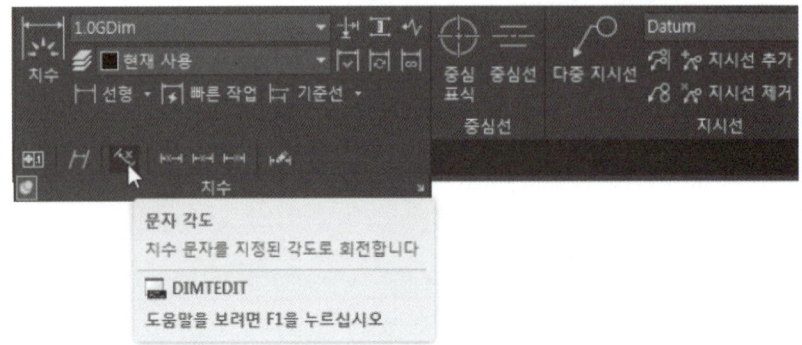

명령: _dimtedit
치수 선택: P1
치수 문자에 대한 새 위치 또는 다음을 지정 [왼쪽(L)/오른쪽(R)/중심(C)/홈(H)/각도(A)]: _a
치수 문자에 대한 각도를 지정: 90 〈CR〉

프롬프트에서 원하는 치수 객체를 선택하고, 문자 각도(양 또는 음)를 입력합니다.

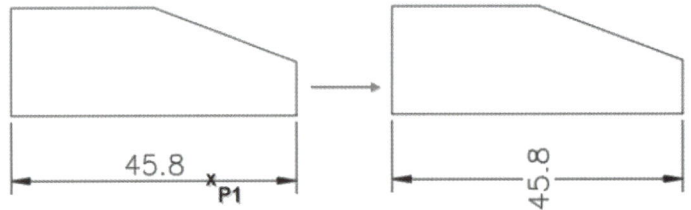

연습 과제〉 치수 문자 기울기 하기

다음 작업 순서는 '치수 문자 편집(Dimtedit)' 명령을 이용해서 치수 문자의 기울기 각도를 입력하는 방법의 개요를 제공합니다.

1 리본 메뉴 [주석] 탭 ⇨ [치수] 패널을 확장하고 [문자 각도] 명령 아이콘을 클릭합니다.

2 치수를 선택하고 엔터키를 누릅니다.

3 기울기 각도로 30도를 입력합니다.

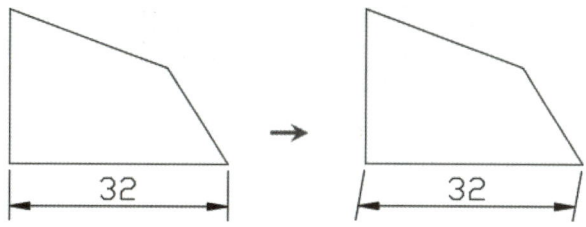

❏ 치수 문자 편집(Dimtedit) 명령 - Dimension text justify

'치수 문자 편집(Dimtedit)' 명령을 사용하여 치수 문자의 수평 위치를 변경합니다.

[주석] 탭 ⇨ [치수] 패널을 확장하고, [왼쪽, 가운데, 오른쪽 자리맞추기] 명령 아이콘을 클릭합니다.

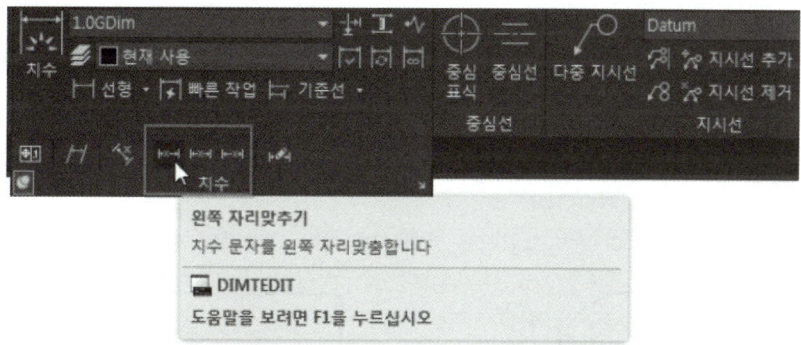

프롬프트에서 치수를 클릭해서 선택합니다.

각 기능은 치수 문자를 왼쪽, 가운데 또는 오른쪽으로 이동합니다.

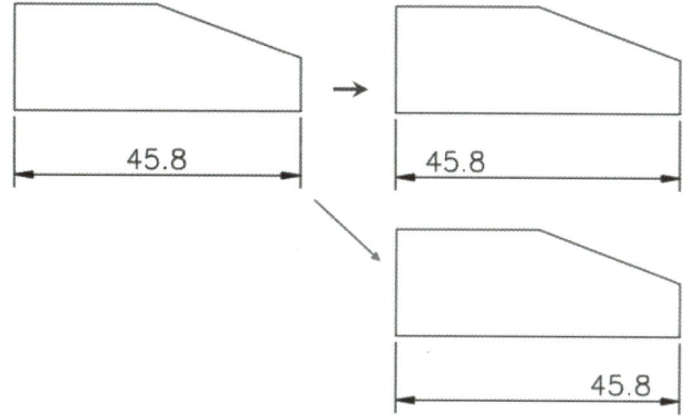

연습 과제〉 치수 문자 자리맞추기

다음 작업 순서는 '치수 문자 편집(Dimtedit)' 명령을 사용하여 치수에 문자 자리 맞춤 하는 방법의 개요를 제공합니다.

1 리본 메뉴 [주석] 탭 ⇨ [치수] 패널을 확장하고 [왼쪽 자리맞추기] 명령 아이콘을 클릭합니다.

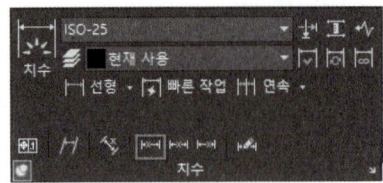

2 다음 그림처럼 선형 수평 치수를 선택합니다.

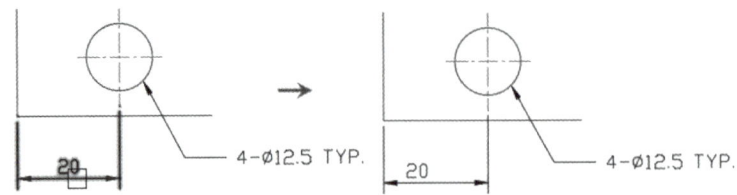

5.2 치수 편집 – 화살표 반전
(Editing dimension – Flip arrow)

1 치수 객체를 선택한 후 치수 문자 그립점을 선택하면, 다음 그림처럼 커서 메뉴가 표시됩니다.

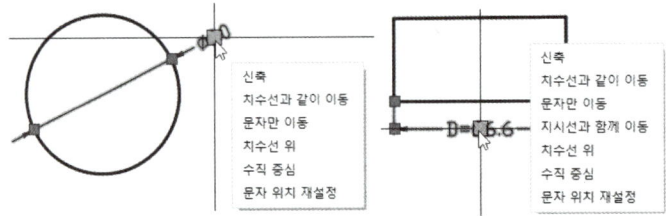

2 치수 화살표 그립점(오른쪽 그림)을 선택하면, 다음 그림처럼 커서 메뉴가 표시됩니다.

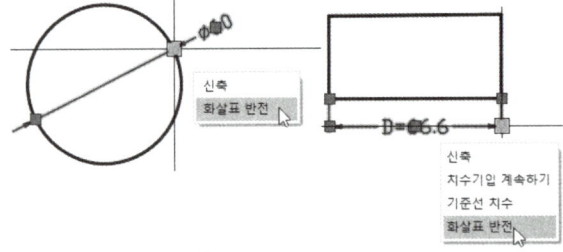

3 그때 [화살표 반전] 메뉴를 클릭합니다. 그러면 하나의 화살표가 반전되고, 반대쪽 화살표에 한 번 더 반복하면 두 화살표 모두 반전됩니다.

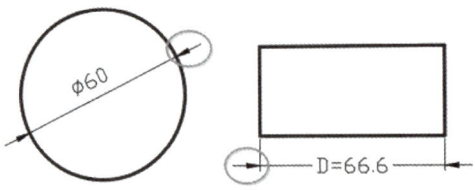

5.3 유용한 치수 편집 도구
   (Useful dimension editing tools)

❑ 치수 도면층 재지정(Redefine dimension layer)

치수 명령에서 생성된 치수 객체가 있어야 하는 도면층의 이름을 지정할 수 있습니다.

이 작업은 다음 두 가지 작업 중 하나를 수행하여 수행할 수 있습니다.

① 명령 프롬프트에서 시스템 변수 DIMLAYER를 입력한 다음 원하는 도면층의 이름을 입력합니다.

② [주석] 탭 ⇨ [치수] 패널에 있는 드롭다운에서 원하는 도면층을 클릭해서 지정합니다.

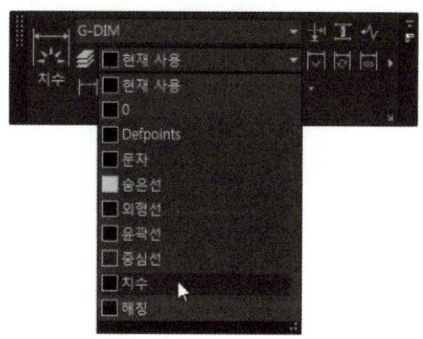

위의 두 가지 방법의 하나를 사용하면, 도면층 패널에 표시된 현재 도면층과 관계없이 이 도면층에 치수 객체를 추가하거나 선택한 치수 객체가 이 도면층으로 이동하게 됩니다.

❑ 그립으로 치수 객체 편집(Editing dimension object)

도면 영역에 치수 객체를 배치한 후 그립이나 마우스 오른쪽 버튼 클릭을 사용하여 쉽게 편집할 수 있습니다. 치수 유형에 따라 치수 객체를 클릭하면 특정 위치에 그립이 표시됩니다. 몇 가지 예입니다.

① 선형 및 정렬 치수의 경우 그립은 측정된 두 점, 치수선의 두 끝, 마지막으로 치수 문자의 다섯 위치에 나타납니다. 문자 그립 위에 마우스를 놓으면 다음이 표시됩니다.

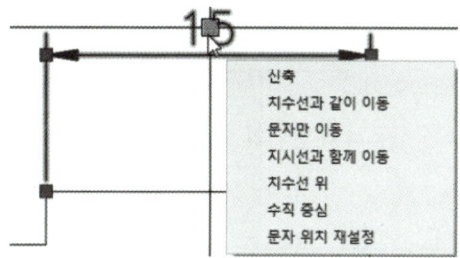

② 양 끝에 있는 두 개의 그립 위에 마우스를 놓으면 다음과 같이 표시됩니다.

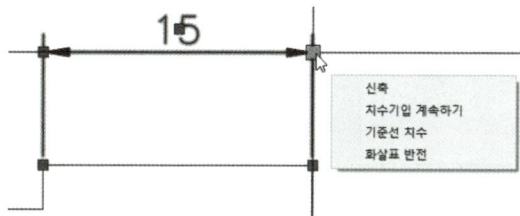

③ 위의 작업 목록은 선택한 치수 유형을 기준으로 연속 치수 또는 기준선 치수를 확장하고 작성합니다. 설계자가 마지막으로 할 수 있는 것은 선택한 그립에 가장 가까운 화살표를 뒤집는 것입니다.

④ 각도 치수에서 그립은 관련된 두 선의 끝점, 치수선, 마지막으로 치수 문의 다섯 위치에 나타납니다. 문자 그립 위에 마우스를 놓으면 다음이 표시됩니다.

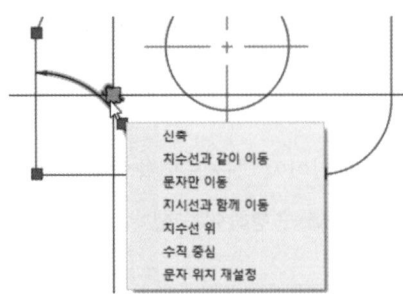

⑤ 세로좌표 치수에서 그립은 원점과 측정점, 치수선, 마지막으로 치수 문자의 네 위치에 나타납니다. 문자 그립 위에 마우스를 놓으면 다음이 표시됩니다.

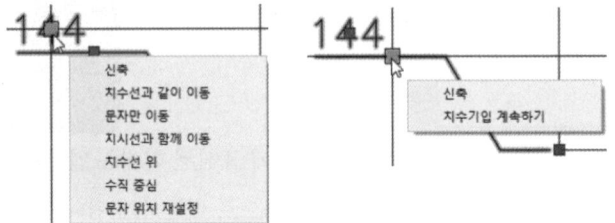

⑥ 반지름 및 지름 치수 그립은 선택한 점, 중심 및 마지막으로 치수 문자의 세 위치에 나타납니다. 문자 그립 위에 마우스를 놓으면 다음이 표시됩니다.

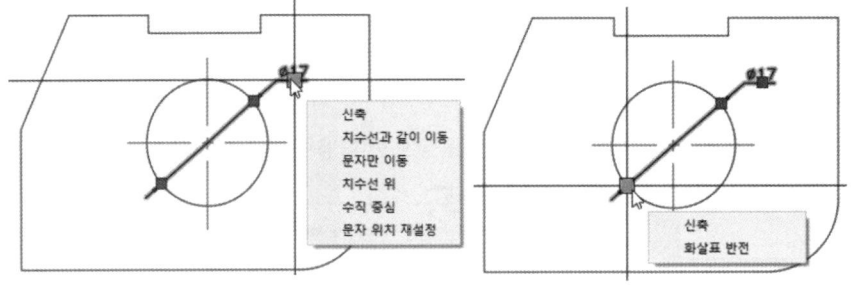

다음 그림에서는 그립 기능을 사용하여 일련의 연속 치수를 새 위치로 옮깁니다.

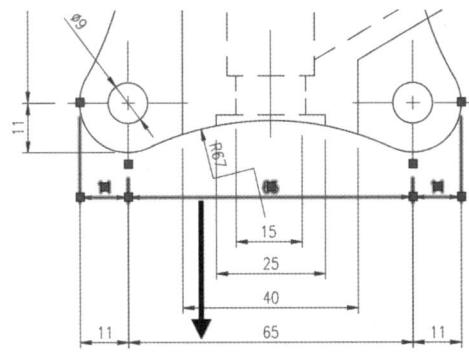

❏ 치수 단축 메뉴 및 특성 대화상자(Dimension shortcut and properties dialog box)

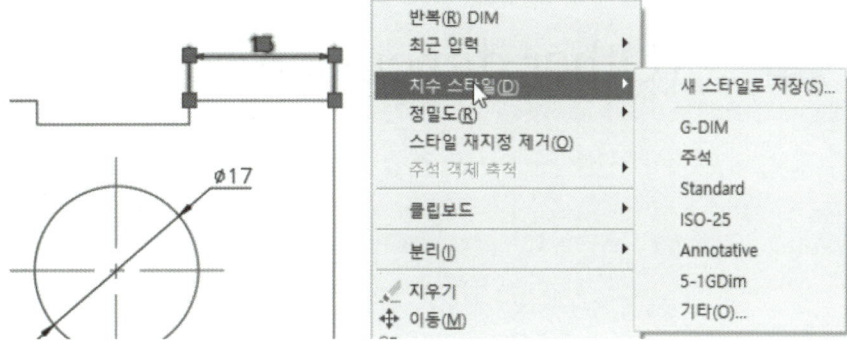

빠른 특성 및 특성 대화상자에서 치수 스타일을 재정의하는 치수 특성을 편집하고, 하나의 스타일에서 다른 스타일로 치수를 변경하고, 치수 문자를 편집할 수 있습니다.

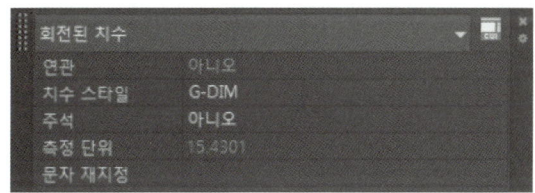

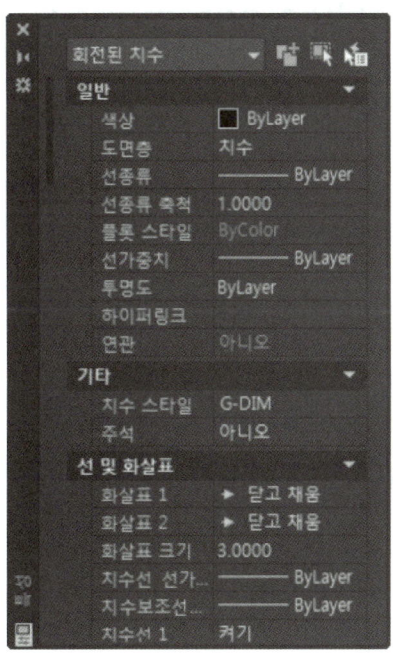
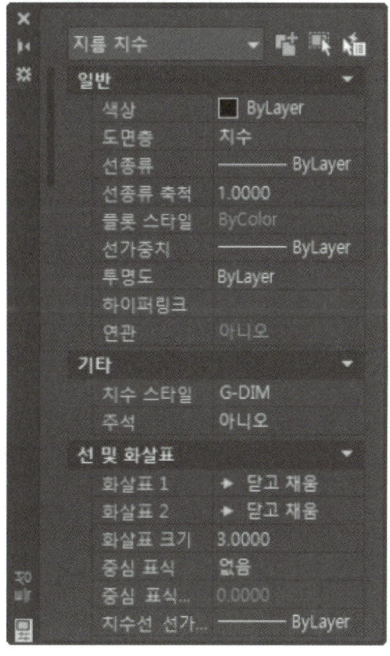

06 기타 치수 명령 (Other dimension command)

치수 객체 혹은 치수 스타일(Dimension style)에 문제가 발생했을 때 치수 시스템 변수로 치수 객체를 제어하고, 치수 스타일을 복원할 수 있습니다. 선택한 치수에 대해서 지정된 치수 시스템 변수를 재지정하거나, 선택한 치수 객체의 재지정을 지우고 해당 치수 스타일에 정의된 설정으로 돌아갈 수도 있습니다. 또한, 선택된 치수 객체를 기하학적 객체에 연관시킵니다. 즉 이전 AutoCAD 버전에서 작성된 치수에 연관성을 추가하는 등 치수의 연관성을 변경해야 할 경우가 있습니다.

이와 같은 치수 객체 및 치수 스타일에 관련된 명령을 설명하도록 합니다.

6.1 치수 업데이트 명령(-Dimstyle command)

'치수 업데이트(-Dimstyle)' 명령은 현재 설정된 치수 스타일을 도면에 존재하는 치수에 적용하고, 치수 시스템 변수를 선택한 치수 스타일로 저장하거나 복원할 수 있습니다. 또한, 치수의 스타일을 변경하기 위해서 이 명령을 이용할 수 있습니다. 문자 스타일과 달리 치수 스타일(DimStyle)은 스타일이 변경되면, 자동으로 업데이트되지 않습니다.

'치수 업데이트(-Dimstyle)' 명령은 치수들이 현재 치수 스타일에 표시되도록 하는 데 이용합니다.
[주석] 탭 ⇨ [치수] 패널에 있는 [업데이트] 명령 아이콘을 클릭해서 지정합니다.

명령: _-dimstyle
현재 치수 스타일: 1-1GDim 주석: 아니오
치수 스타일 옵션 입력

[주석(AN)/저장(S)/복원(R)/상태(ST)/변수(V)/적용(A)/?] <복원(R)>: _apply
객체 선택:

프롬프트의 첫 번째 행은 현재 치수 스타일과 주석 치수가 아니라는 메시지를 표시합니다. [적용(A)] 옵션이 활성화되면서 *객체 선택:* 프롬프트에서 치수 객체를 선택하면, 현재 치수 스타일을 적용하게 됩니다.

❏ 치수 업데이트 명령 옵션(-Dimstyle command option)

- 주석(AN) : 주석 치수 스타일을 작성합니다.
- 저장(S) : 치수 시스템 변수의 현재 설정을 치수 스타일로 저장합니다.
  새 치수 스타일이 현재 치수 스타일이 됩니다.
- 복원(R) : 치수 시스템 변수 설정을 선택된 치수 스타일의 설정으로 복원합니다.
- 상태(ST) : 도면에 있는 모든 치수 시스템 변수의 현재 값을 표시합니다.
- 변수(V) : 치수 스타일의 치수 시스템 변수 설정 또는 현재 설정을 수정하지 않은 선택된 치수를 나열합니다.
- 적용(A) : 현재 치수 시스템 변수 설정을 선택된 치수 객체에 적용하여 이 객체에 적용된 기존 치수 스타일을 모두 영구 재지정합니다.
- ? : 현재 도면의 명명된 치수 스타일을 나열합니다.

6.2 치수 재지정 명령(Dimoverride command)

'치수 재지정(Dimoverride)' 명령은 치수 시스템 변수를 재정의하거나(설계자가 시스템 변수를 기억해야 함) 재정의를 제거합니다. 이 명령은 마우스 오른쪽 버튼 메뉴를 사용하여 치수 객체에서 수행한 모든 재정의 단계를 제거(지우기)하려는 경우에 매우 유용합니다.

[주석] 탭 ⇨ [치수] 패널을 확장하고, [재지정(Dimoverride)] 명령 아이콘을 클릭합니다.

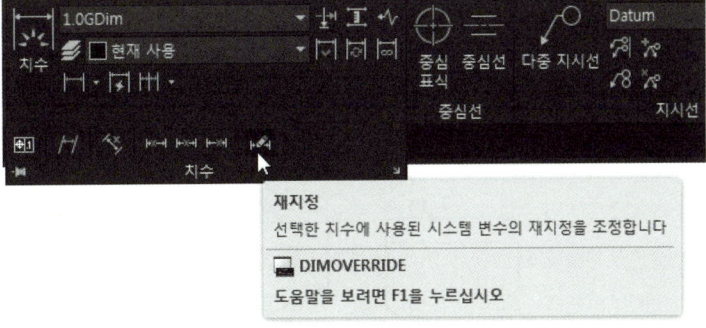

프롬프트에 따라 치수 시스템 변수의 이름을 입력하거나 C를 입력하여 재정의를 지웁니다.

재지정할 치수 변수 이름 입력 또는 [재지정 지우기(C)]: dimtad

치수 변수에 대한 새 값 입력 ⟨1⟩: 0

재지정할 치수 변수 이름을 입력: ⟨CR⟩

객체 선택: P1   1개를 찾음

객체 선택: ⟨CR⟩

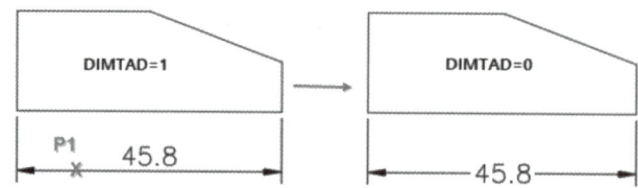

연습 과제〉 치수 재지정(Dimoverride)

1 명령행에서 Dimoverride 혹은 Dimover이라고 입력합니다.

혹은 리본 [주석] 탭 ⇨ [치수] 패널에서 확장하고 [재지정] 명령 아이콘을 클릭합니다.

① 명령행에 DIMCLRD라고 입력합니다.

② 치수 변수값 1을 입력합니다.

③ 치수 객체를 클릭하고, 엔터키를 누릅니다.

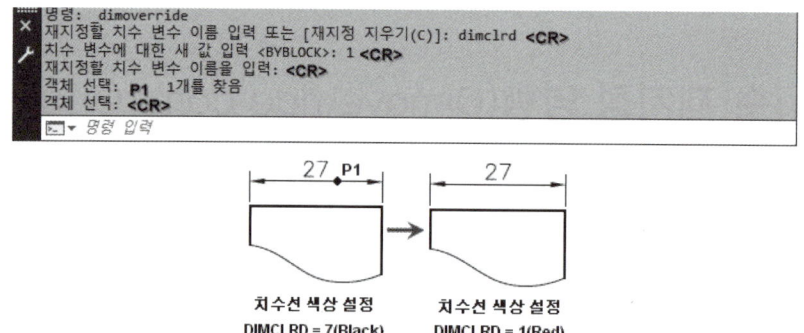

2 동일한 방법으로 치수 문자의 크기를 재지정합니다.

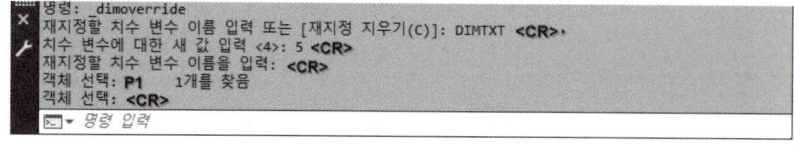

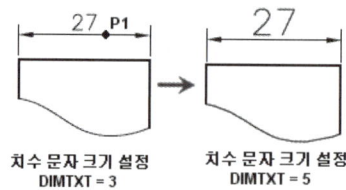

3 동일한 방법으로 치수 문자의 위치 설정을 재지정합니다.

CHAPTER 9 치수 작업(Dimensioning) 555

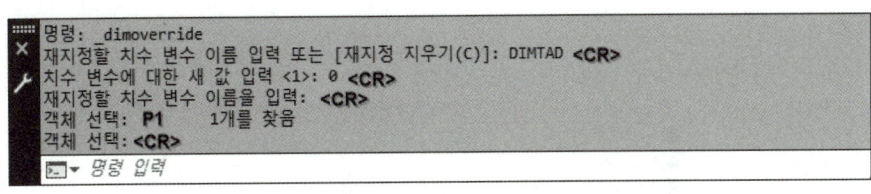

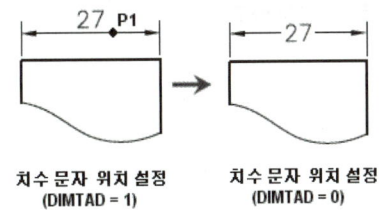

치수 문자 위치 설정
(DIMTAD = 1)   치수 문자 위치 설정
                      (DIMTAD = 0)

> **참고** 치수 재지정(Dimoverride)
>
> 치수 객체를 선택한 후 특성 팔레트를 호출해서 치수 재지정 작업을 할 수 있습니다.
> 특성 팔레트를 이용하는 것이 더욱 편리할 것입니다.

연습 과제〉 치수 업데이트 및 재지정

1 [주석] 탭 ⇨ [치수] 패널에서 '[치수 스타일(Dimstyle)]' 명령 아이콘을 클릭합니다.

'치수 스타일 관리자' 대화상자에서 [재지정] 버튼을 클릭합니다.

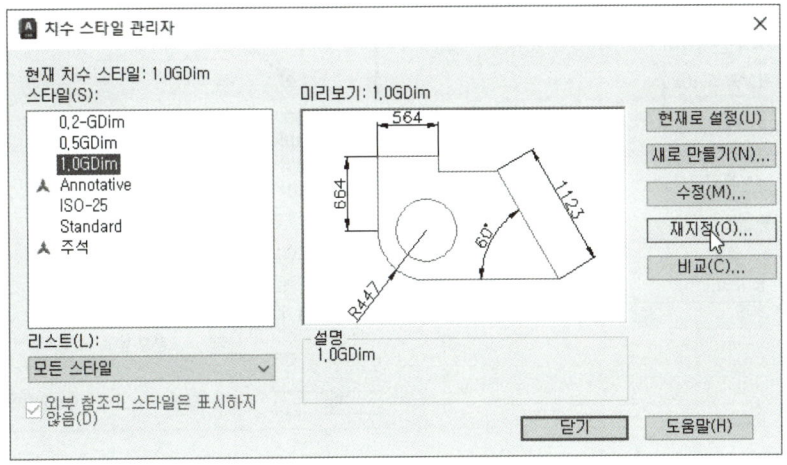

2 다음 그림과 같이 대화상자 '선' 탭에서

치수선과 치수 보조선의 색상 드롭다운에서 '빨간색'으로 설정합니다.

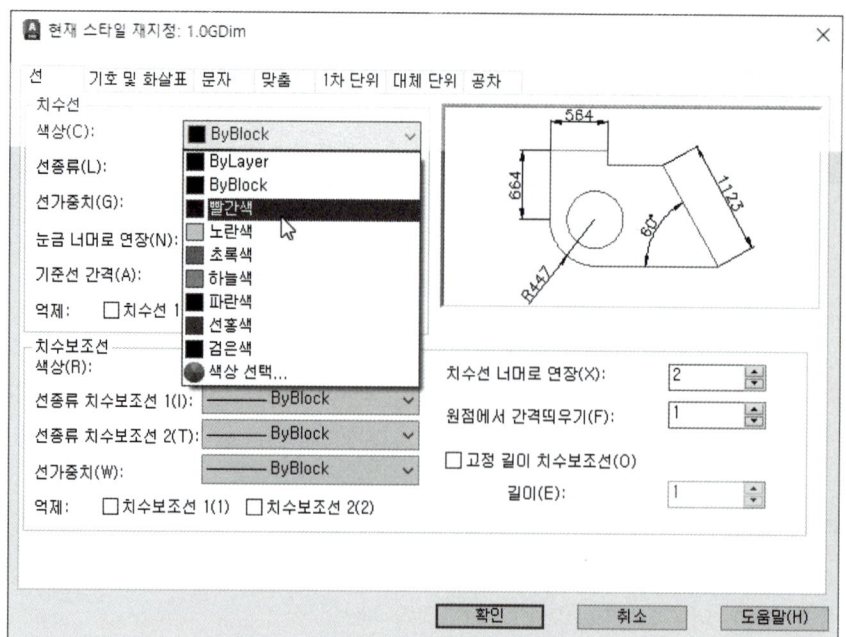

3 '기호 및 화살표' 탭에서 화살표 크기를 5로 입력합니다.

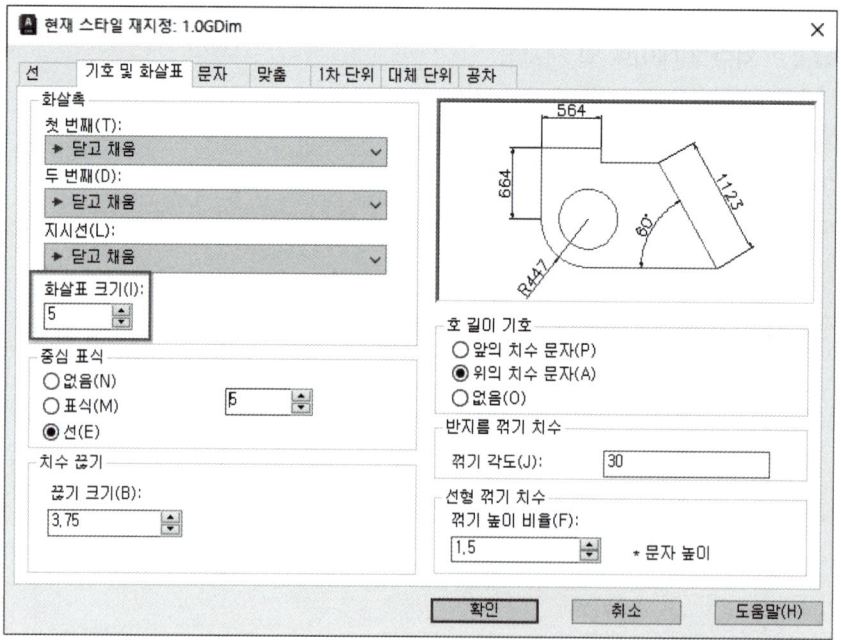

4 다음 그림과 같이 대화상자 '문자' 탭에서
문자 색상을 빨간색, 문자 높이를 5로 설정하고, '문자 배치' 부분에서 수직을 중심, 치수선에서 간격 띄우기를 2로 입력 및 설정합니다.

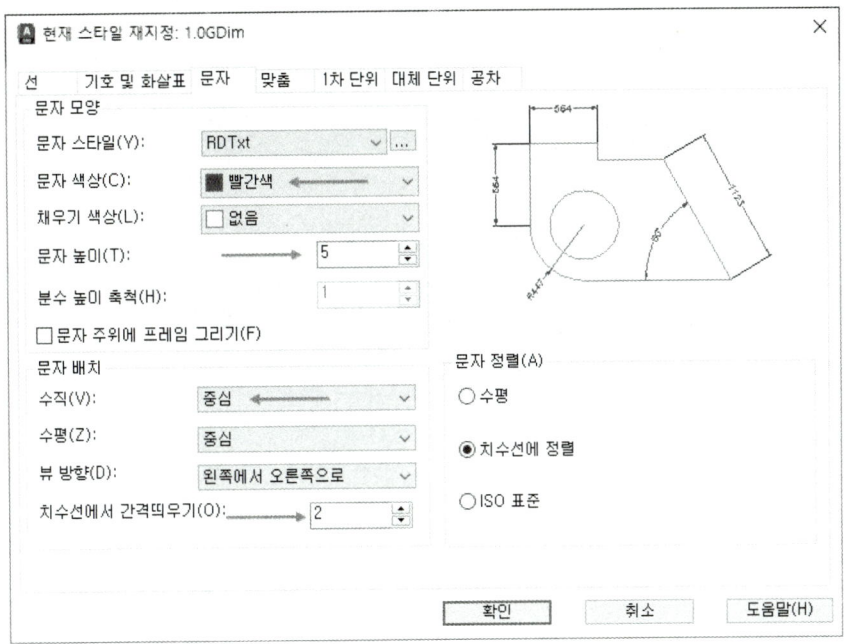

5 [확인] 버튼을 클릭하면 치수 스타일 관리자 대화상자로 복귀합니다.

'〈스타일 재지정〉'이 작성되어 현재 스타일로 자동으로 지정됩니다.

'치수 스타일 관리자' 대화상자를 종료하기 위해 [닫기] 버튼을 클릭합니다.

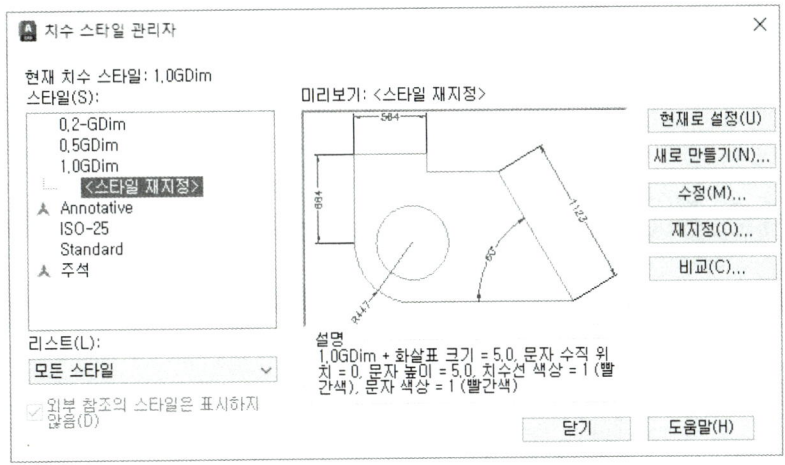

6 리본 메뉴 [주석] 탭 ➯ [치수] 패널에서 [업데이트] 아이콘을 클릭합니다.

도면 영역에서 치수들을 클릭합니다.

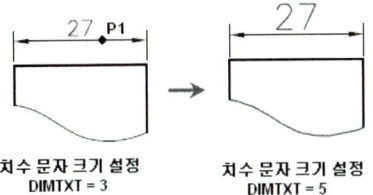

치수 문자 크기 설정
DIMTXT = 3

치수 문자 크기 설정
DIMTXT = 5

TIP 〉 제어 코드 및 특수 문자

입력방법	내용	입력	출력
%%u	밑줄	%%uCAD	CAD
%%d	각도	50%%d	50°
%%p	공차	%%p50	±50
%%c	지름	%%c50	Ø50
%%%	퍼센트	50%%%	50%

입력코드	설명	입력 샘플	표시
%%O	문자 위 줄긋기	%%oHole	Hole
%%U	문자 밑 줄긋기	%%uHole	Hole
%%D	각도 표시	45%%d	45°
%%P	공차 표시	20%%p5	20±5
%%C	지름 표시	%%c30	Ø30
%%%	퍼센트 표시	45%%%	45%
%%%nnn	ASCII 코드	%%100	d

6.3 치수 재연관 명령(Dimreassociate command)

AutoCAD 치수 객체는 디폴트로 연관성을 유지합니다. 그래서 사유가 없는 한 연관 치수 객체를 분해하면 안 됩니다.

- 다음과 같은 일부 환경에서 치수의 연관성을 변경해야 합니다.
① 도면에서 상당 부분 편집된 치수의 연관성을 재정의합니다.
② 부분적으로 연관 해제된 치수에 연관성을 추가합니다.
③ 기존 도면의 치수에 연관성을 추가합니다.
④ AutoCAD 2002 이전 릴리즈에서 작업하지만, 도면에 프록시 객체를 포함하지 않으려면 도면의 치수에서 연관성을 제거합니다.
⑤ 치수는 연관, 비연관 또는 분해 치수입니다.
⑥ 연관 치수는 측정되는 기하학적 객체의 변경에 따라 조정됩니다.
⑦ 치수 연관성은 기하학적 객체와 치수 사이의 관계를 정의하여 기하학적 객체에 거리와 각도를 제

공합니다.

- 기하학적 객체와 치수 간에 세 가지 연관성 유형이 있습니다.

① 연관 치수 : 연관된 기하학적 객체가 수정될 때 치수의 위치, 방향 및 측정값을 자동으로 조정합니다. 배치의 치수는 모형 공간의 객체와 연관시킬 수 있습니다.

(DIMASSOC = 2).

② 비연관 치수 : 측정한 객체와 함께 선택 및 수정됩니다. 비연관 치수는 측정한 기하학적 객체가 수정될 때 변경되지 않습니다(DIMASSOC = 1).

③ 분해된 치수 : 단일 치수 객체가 아닌 분리된 객체 모음입니다(DIMASSOC = 0).

- 치수를 선택하고 다음 방법의 하나로 치수가 연관인지 비연관인지 확인할 수 있습니다.

① [Properties(특성)] 명령 팔레트를 사용하여 '치수 특성'을 표시합니다.

② [LIST(리스트)] 명령을 사용하여 '치수 특성'을 표시합니다.

③ '신속 선택' 대화상자에서 연관 또는 비연관 치수 선택을 필터링할 수 있습니다.

④ 치수는 치수의 한 쪽 끝만 기하학적 객체와 연관되어 있어도 연관 치수로 간주합니다.

⑤ [Dimreassociate(치수 재연관)] 명령으로 치수의 연관 및 비연관 요소가 표시됩니다.

⑥ [Dimreassociate(치수 재연관)] 명령은 선택한 치수를 객체 또는 객체의 점에 연관시키거나 재연관 시킵니다. 이 명령을 호출하면, 선택된 각 치수가 차례로 강조 표시되고 선택된 치수에 적절한 연관점을 지정하라는 프롬프트가 표시됩니다. 각 연관점 프롬프트마다 표식기가 표시됩니다.

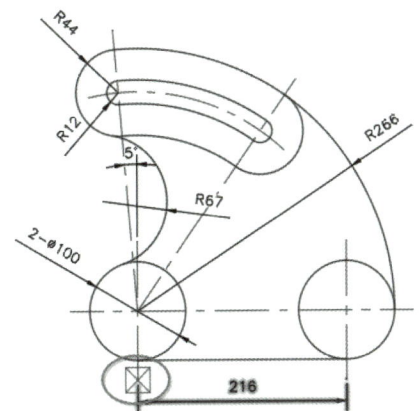

- 현재 치수의 정의점이 기하학적 객체와 연관되어 있지 않으면 X 표식기가 표시됩니다.
- 정의점이 연관된 상태라면 상자 안에 X 표식기가 표시됩니다.

'치수 재연관(Dimreassociate)' 명령은 선택한 치수를 객체 또는 객체의 점에 연관시키거나 재연관시킵니다. [주석] 탭 ⇨ [치수] 패널에 있는 [재연관] 명령 아이콘을 클릭해서 지정합니다.

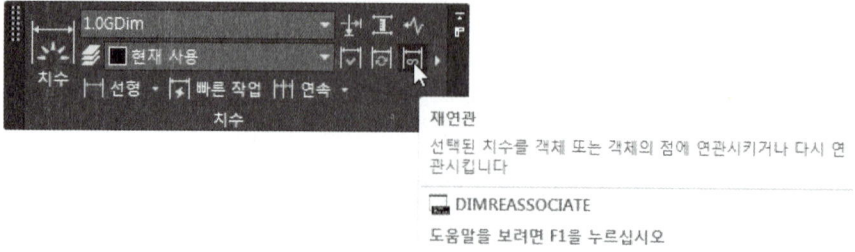

연습 과제〉 치수 재연관(Dimreassociate)

1 리본 [주석] 탭 ⇨ [치수] 패널에서 확장하고 (재연관)을 클릭합니다.

① 치수 객체를 클릭해서 선택합니다.
② 도면 영역에서 도형 객체를 선택합니다.
③ 첫 번째 치수보조선 원점을 클릭합니다.
④ 두 번째 치수보조선 원점을 클릭합니다.

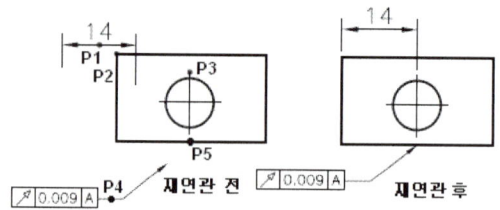

07 지시선을 갖는 주석 (Annotation with leader)

7.1 다중 지시선 개요(Multileader overview)

'다중 지시선(Multileader)'을 사용하여 우리는 단일 객체로, 지능적으로 작동하는 연관 지시선 기반 주석 객체를 생성할 수 있습니다. 연관 치수와 유사한 다중 지시선들은 특정 객체 특성을 가진 단일 객체로 다룰 수 있는 복합 객체입니다.

다음 그림은 다중 지시선의 구성 요소들입니다.

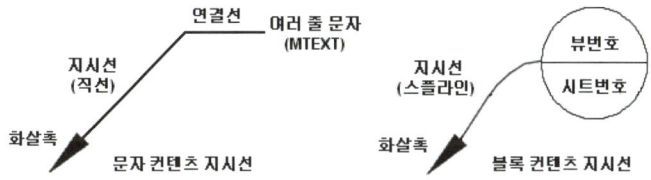

이러한 연관성 외에도 다중 지시선들은 지시선 기반 주석 객체를 배치, 편집 및 관리할 수 있는 추가적인 옵션들을 제공합니다.

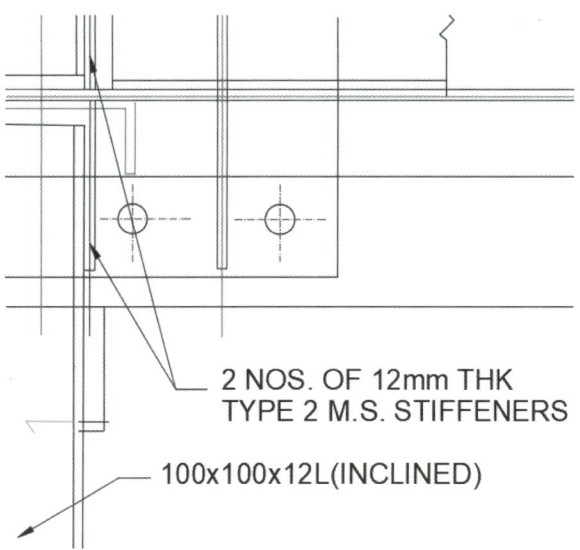

❏ 다중 지시선 정의(Definition of a multileader)

지시선이란 화살표, 지시선, 부착 및 문자 또는 다른 객체의 어떤 형식을 포함하는 주석 객체입니다.

다중 지시선이란 연결선 및 문자와 같은 다양한 공통 요소를 단일 연결 객체로 결합하는 스타일 기반 연관 지시선 객체입니다. 우리가 다중 지시선 객체를 선택하면 객체의 여러 곳에 그립이 표시됩니다. 우리는 이러한 그립점을 편집할 수 있습니다.

즉 그립을 선택하고 다른 위치로 이동할 수 있습니다. 만일 우리가 다중 지시선을 두 번 클릭하면 특성 팔레트가 표시되어 다중 지시선 객체 관련 특성을 표시합니다.

초기 특성 설정은 현재 다중 지시선 스타일에서 시작되지만, 다른 객체의 특성처럼 재정의될 수 있습니다.

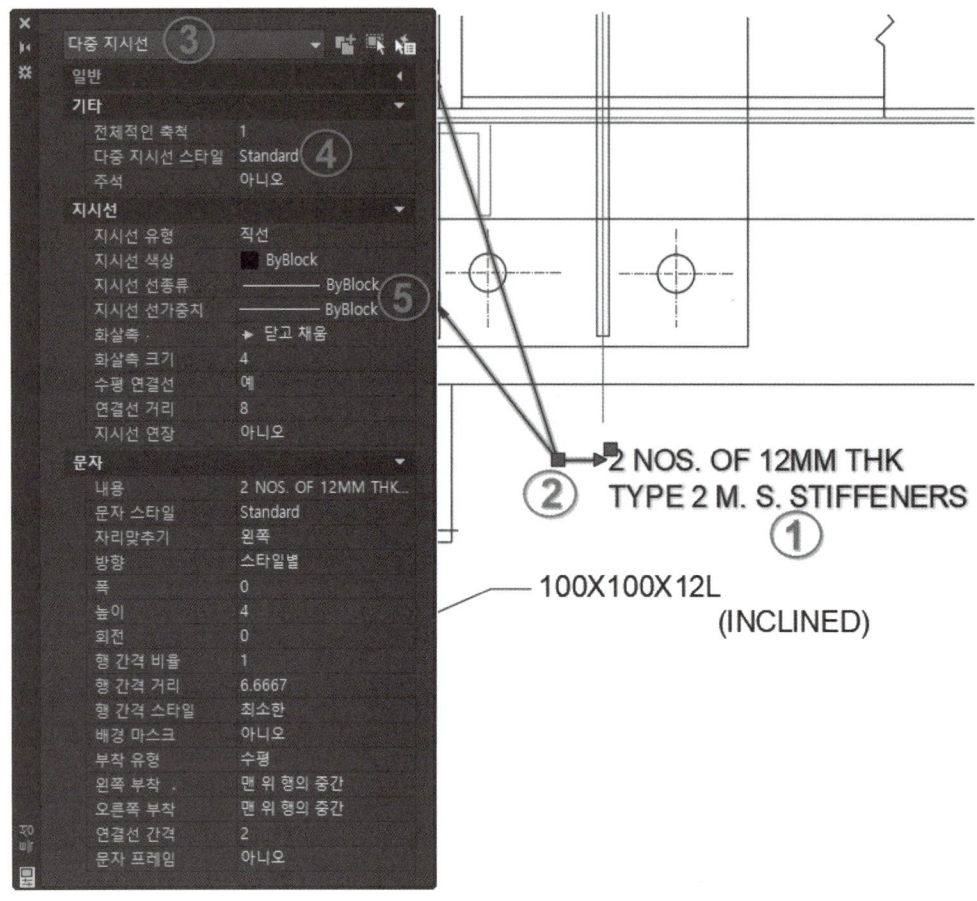

① 선택된 다중 지시선 객체(여러 줄 문자)

② 다중 지시선 그립

③ 특성 팔레트에 식별된 다중 지시선 객체 유형

④ 다중 지시선 객체 관련 특성(스타일)

⑤ 다중 지시선 객체 관련 특성(선종류, 선가중치)

❑ 지시선과 객체 연관

- 연관 치수 기입이 켜져 있으면 객체 스냅(OSNAP)을 사용하여 지시선 화살촉을 객체의 특정 위치에 연관시킬 수 있습니다.
- 객체가 재배치되면 화살촉은 객체에 부착된 상태로 있고 지시선은 신축되지만 여러 줄 문자는 제자리에 있습니다.
- 주석 감시를 사용하여 지시선 연관성을 추적할 수 있습니다. 주석 감시가 켜져 있으면 연관성이 손실된 지시선에 배지를 표시하고 해당 지시선에 플래그를 지정합니다.

다음 그림에서는 다중 지시선 및 품번 기호로 사용된 다중 지시선 객체들을 보여 줍니다.

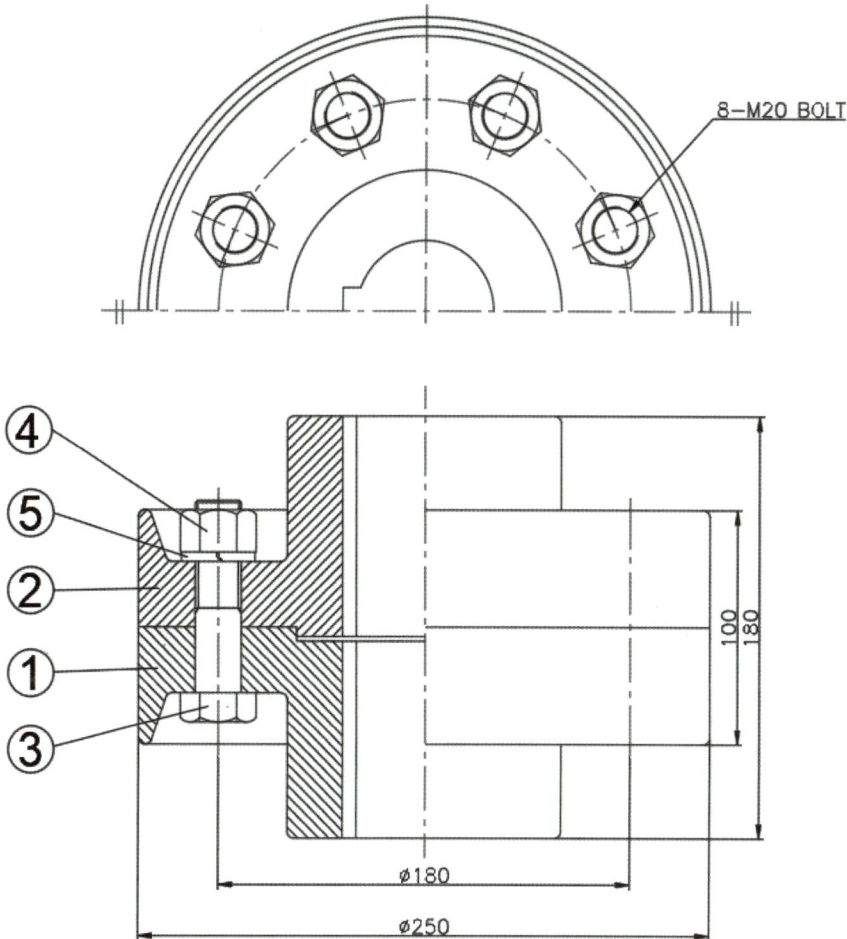

7.2 다중 지시선 스타일 명령(Mleaderstyle command)

'다중 지시선(Multileader)'은 AutoCAD에 존재하던 일반 지시선을 대체하는 것입니다. 지시선들은 현재의 치수 스타일을 따르고, 그들은 항상 단일 객체이었습니다. 다중 지시선에는 고유한 스타일이 있으며 단일 지시선은 도면의 다른 위치를 가리킬 수 있습니다. 다중 지시선 스타일은 다중 지시선 객체(블록)의 특성을 설정합니다. [주석] 탭 ⇨ [지시선] 패널에서 [다중 지시선 스타일(Mleaderstyle)] 명령 아이콘을 클릭합니다.

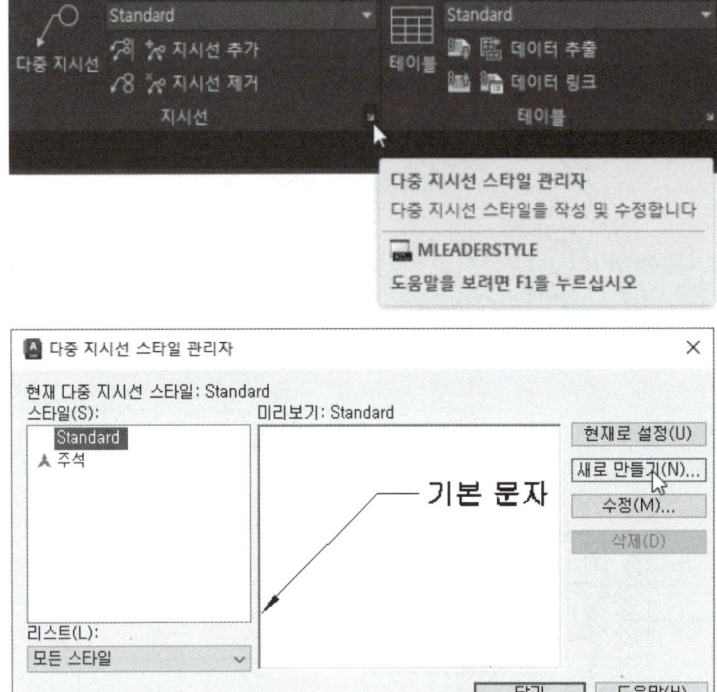

'다중 지시선 스타일 관리자' 대화상자에는 두 가지 미리 정의된 다중 지시선 스타일이 있습니다. 하나는 '표준(Standard)'이고, 다른 하나는 '주석(Annotative)'입니다. [새로 만들기(N)] 버튼을 클릭하여 다음 대화상자에서 새로운 다중 지시선 스타일을 만듭니다.

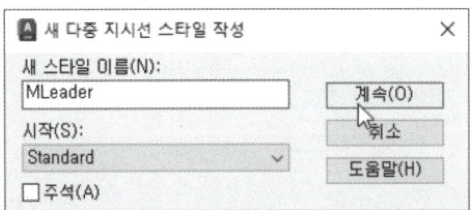

새 다중 지시선 스타일의 이름을 입력하고, [계속] 버튼을 클릭합니다.

'다중 지시선 스타일 수정' 대화상자가 표시되는데 세 개의 탭이 있으며 각 탭은 다중 지시선 객체의 일부를 제어합니다.

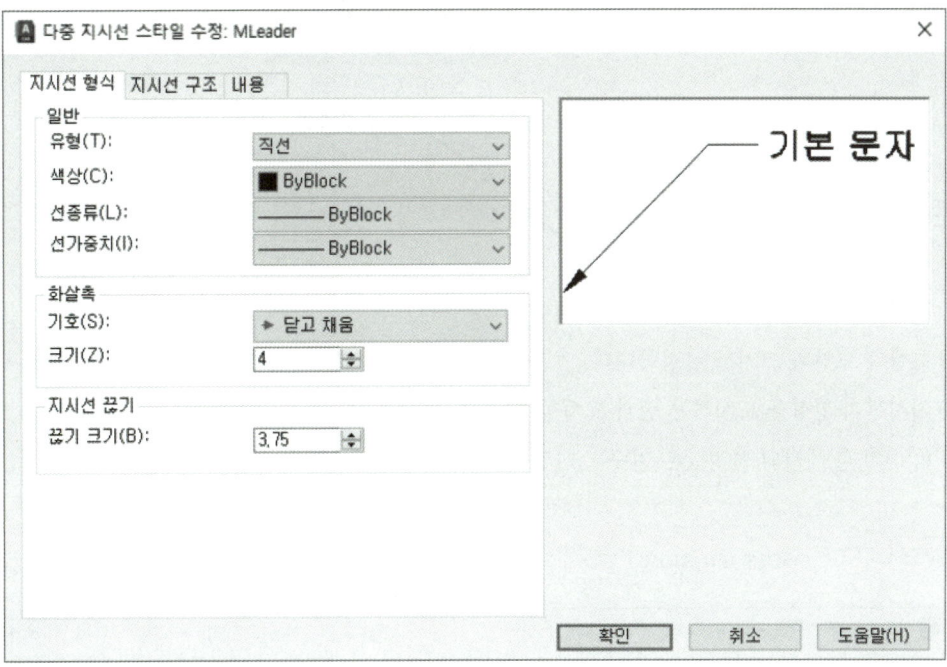

❑ 지시선 형식(Leader format) tab

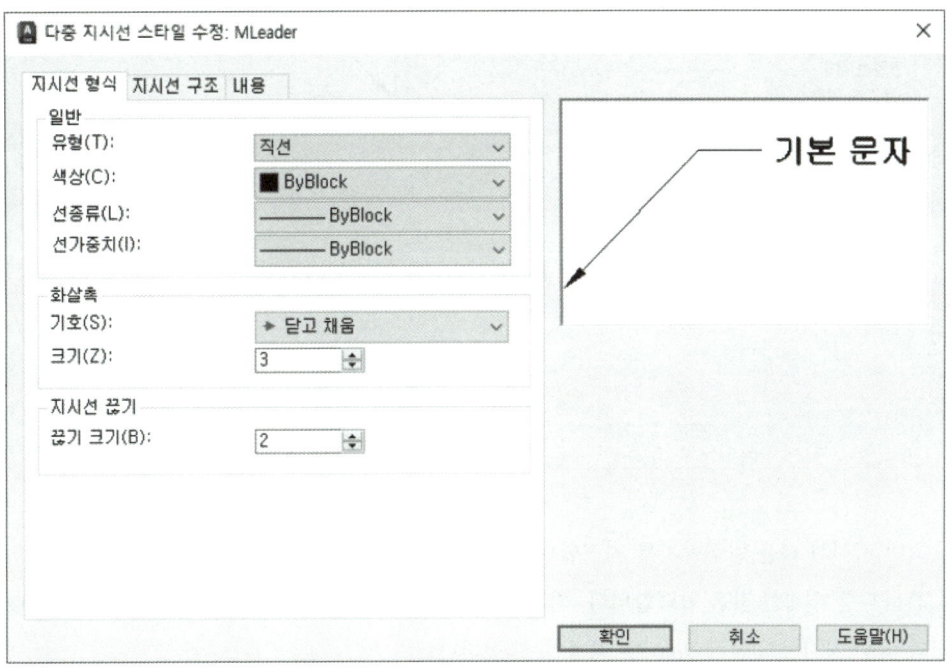

① 지시선 유형을 편집하고, 다음 세 가지 선택 항목 중 하나를 선택합니다.

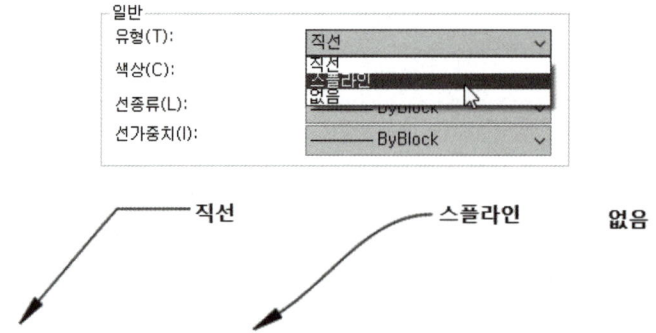

② 색상, 선종류 및 선가중치를 설정합니다.

③ 화살촉 모양과 크기를 설정합니다.

④ 지시선이 형상을 도시하는 선과 교차할 때 끊기 거리를 설정합니다.

　(②, ③, ④에서의 설정값은 치수 스타일의 그것들과 일치해야 합니다.)

❑ 지시선 구조(Leader structure) tab

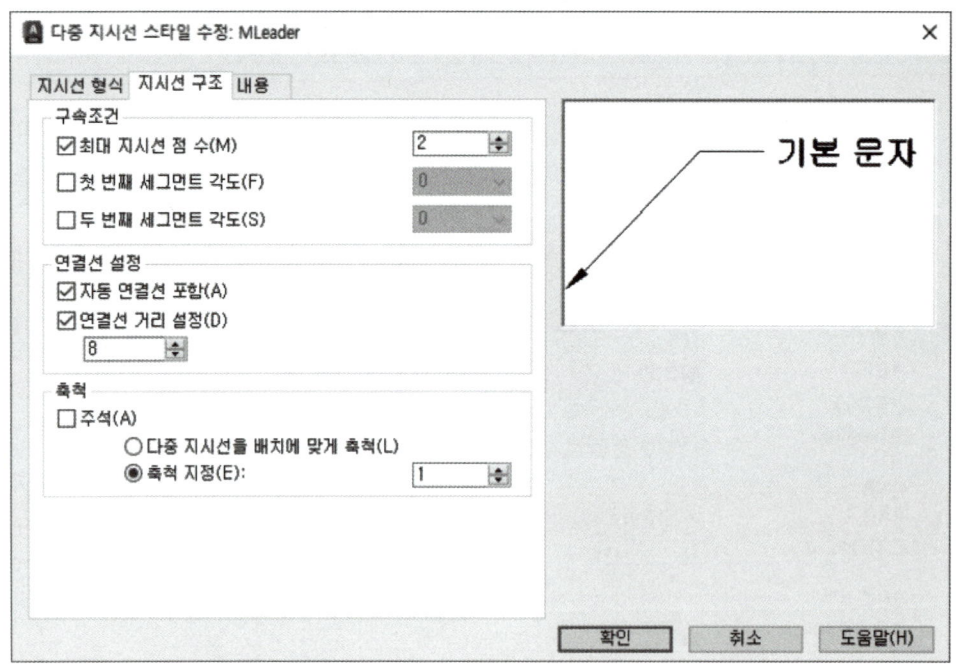

① 최대 지시선 점을 변경할지를 지정합니다.

　그런 다음 원하는 값을 입력합니다. 기본적으로 이 값은 2이며, 이는 형상을 가리키는 첫 번째 점과 다중 지시선의 끝에 있는 두 번째 점을 의미합니다.

② 첫 번째 세그먼트 각도와 두 번째 세그먼트 각도를 변경할지를 지정합니다.

③ AutoCAD에 연결선을 자동으로 포함할지를 지정합니다.

④ 다중 지시선의 주석 여부를 지정합니다.

❏ 내용(Content) tab

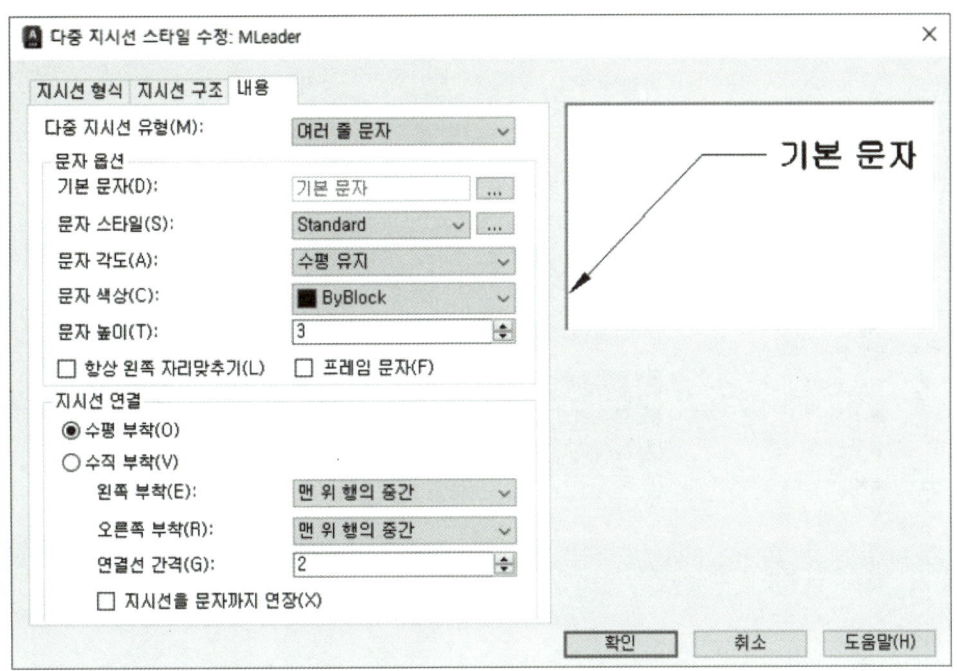

다중 지시선은 두 가지 유형이 있습니다.

① 여러 줄 문자

② 블록(기존 정의된 블록 또는 사용자 정의 블록)

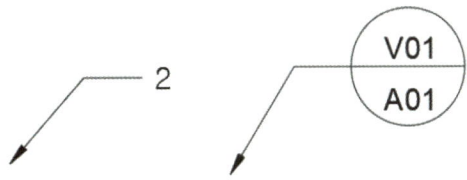

만일 '여러 줄 문자(Mtext)' 유형을 선택하면 다음을 모두 또는 모두 변경할 수 있습니다.

① 기본 문자가 있는 경우
② 문자 스타일, 문자 각도, 문자 색상 및 문자 높이를 설정합니다.
③ 자리맞추기 및 프레임을 설정합니다.
④ 지시선 연결이 수평인지 수직인지 선택합니다.
　　수직이면 왼쪽 및 오른쪽 지시선 모두에 대해 연결선의 기준으로 문자의 위치를 편집한 다음 연결선 끝과 문자 사이의 간격 거리를 제어합니다.

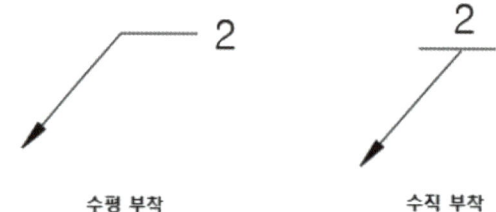

만일 '블록(Block)' 유형을 선택하면, 다음을 모두 또는 모두 변경할 수 있습니다.

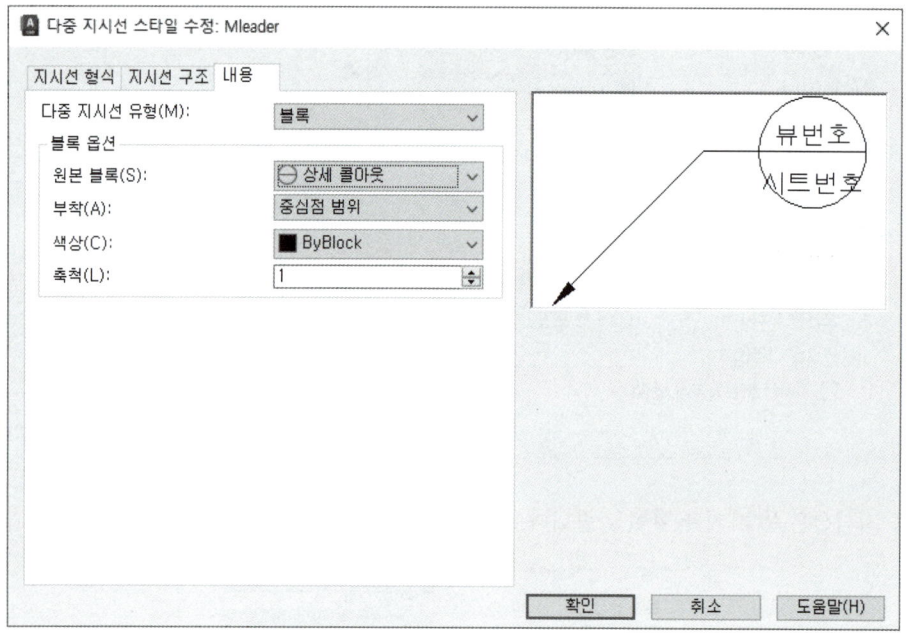

① 원본 블록을 지정합니다.

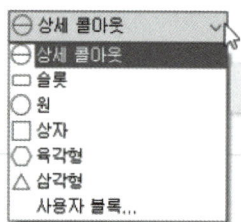

② 부착 위치를 지정합니다.
③ 색상을 지정합니다.
④ 축척을 지정합니다.

'다중 지시선(Multileader)' 객체들은 치수 스타일과 유사한 스타일 기반이며, 이것들은 개별 요소들에 대한 특성이 현재 다중 지시선 스타일에서 비롯됨을 의미합니다.

다음 그림에는 일반적인 다중 지시선 객체가 표시되어 있습니다. 다중 지시선과 관련된 몇 가지 특성이 있지만, 이러한 특성은 세 가지 주요 범주로 분류될 수 있습니다.

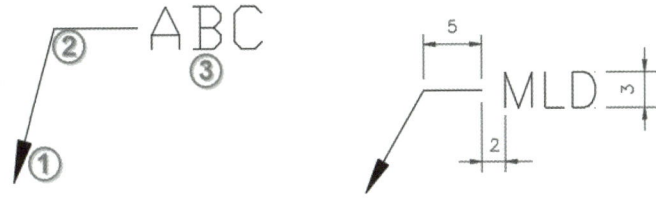

① 지시선 형식 특성들은 우리가 화살표 유형 및 크기뿐만 아니라 지시선 유형으로 직선 또는 스플라인을 지정할 수 있도록 해 줍니다.
② 지시선 구조 특성들은 우리가 세그먼트 각도, 부착 설정, 전체 지시선 축척 또는 주석 특성과 같은 지시선에 구속 조건을 지정할 수 있도록 해 줍니다.
③ 내용 특성들은 지시선에 첨부할 내용 유형을 지정할 수 있도록 해 줍니다.

7.3 다중 지시선 이용하기(Using multileader)

❏ 다중 지시선 명령(Mleader command)

이 명령 그룹은 단일 다중 지시선을 추가한 다음 기존 다중 지시선에 지시선을 추가하고, 기존 다중 지시선에서 지시선을 제거하고, 기존 다중 지시선을 정렬하고 그룹화합니다. 항상 단일 지시선을 삽입하는 다중 지시선 명령으로 시작합니다.

[주석] 탭 ⇨ [지시선] 패널에서 [다중 지시선(Mleader)] 명령 아이콘을 클릭합니다.

명령: _mleader

지시선 화살촉 위치 지정 또는 [문자 사전 입력(T)/지시선 연결선 먼저(L)/컨텐츠 먼저(C)/옵션(O)]
〈옵션〉: P1

지시선 연결선 위치 지정: P2

프롬프트에 따라서 먼저 지시선 화살표 위치를 지정한 다음 지시선 연결선 위치를 지정한 다음 지시선 옆에 표시할 문자를 입력합니다.

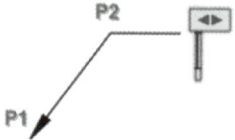

❏ 다중 지시선 추가하기

기존 다중 지시선에 지시선을 추가하려면,

[주석] 탭 ⇨ [지시선] 패널에서 [지시선 추가] 명령 아이콘을 클릭해서 지시선을 추가합니다.

다음 그림처럼 도면 영역에서 기존 다중 지시선을 선택하고, 화살촉 위치를 지정합니다.

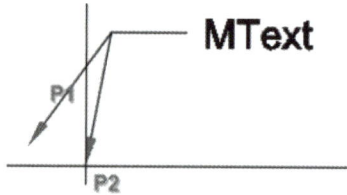

❏ 다중 지시선 제거하기

기존 다중 지시선에서 지시선을 제거하려면,

[주석] 탭 ⇨ [지시선] 패널에서 [지시선 제거] 명령 아이콘을 클릭하여 지시선을 제거합니다.

다음 그림처럼 도면 영역에서 다중 지시선을 선택하고, 제거할 화살촉을 클릭해서 선택하고 엔터키를 누릅니다.

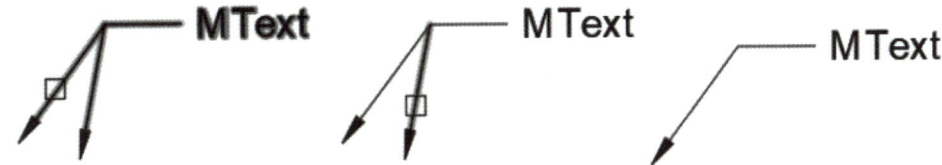

❑ 다중 지시선 정렬하기

다중 지시선 그룹을 정렬하려면,

[주석] 탭 ➪ [지시선] 패널에서 [정렬] 명령 아이콘을 클릭합니다.

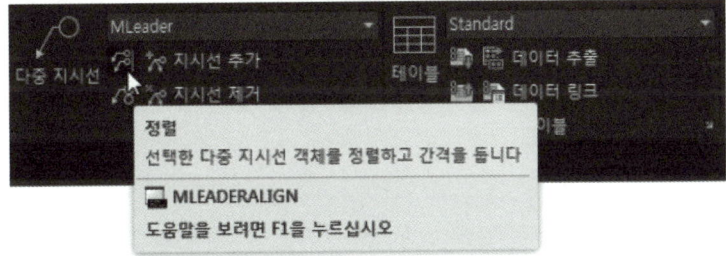

❑ 다중 지시선 수집하기

유사한 다중 지시선 그룹을 단일 지시선으로 수집하려면,

[주석] 탭 ➪ [지시선] 패널에서 [수집] 명령 아이콘을 클릭합니다.

이 명령은 블록이 포함된 지시선에서만 작동합니다.

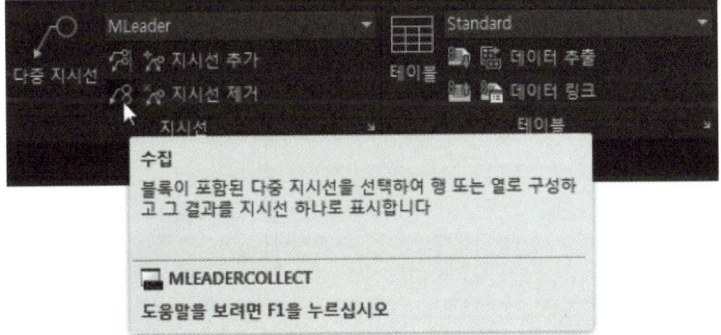

연습 과제〉 다중 지시선 이용하기(Using multileader)

다음 작업 순서는 다중 지시선을 이용하기 위한 전체 과정들을 설명합니다.

1 먼저 사용할 선호하는 다중 지시선 스타일을 결정하고, 정의합니다.

필요에 따라 새 스타일을 만들거나 기존 스타일을 편집할 수 있습니다.

다중 지시선 스타일에는 다중 지시선 유형을 세 가지 기본 스타일을 제공합니다.

이러한 유형을 그대로 사용하거나 수정하거나 새 유형을 생성할 수 있습니다.

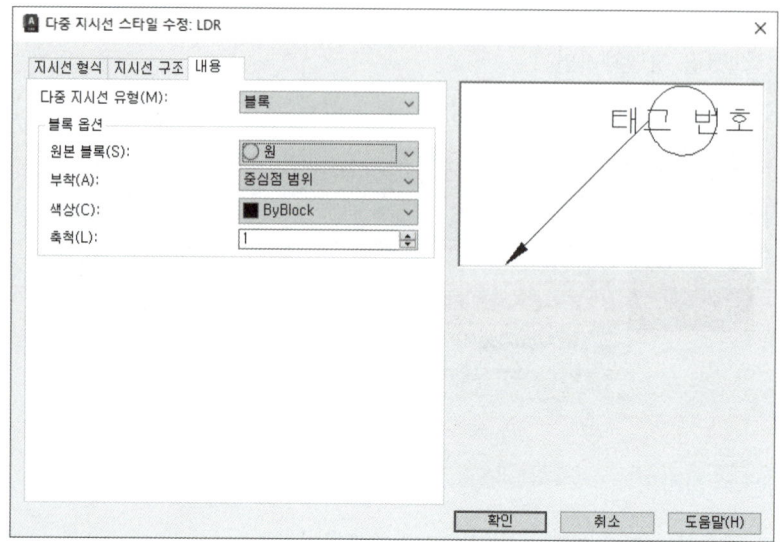

2 다중 지시선을 배치하기 위해

① 지시선 패널에서 다중 지시선 명령 아이콘을 클릭합니다.
② 객체 스냅을 이용해서 키의 중간점(1)을 클릭해서 선택합니다.
③ 풀리 위로 커서를 이동해서 배치 위치(2)를 클릭해서 지정합니다.

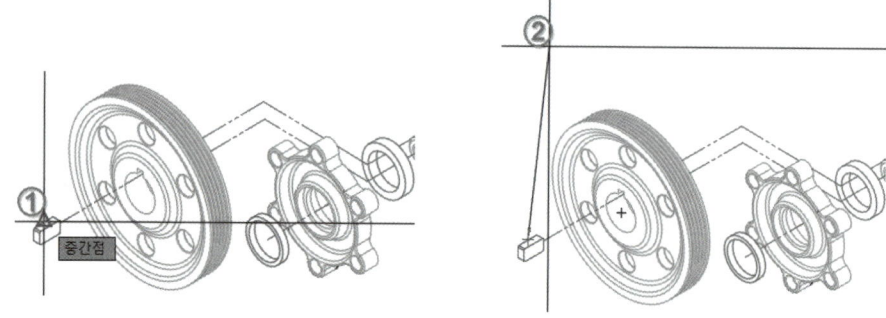

④ '속성 편집' 대화상자의 태그 번호로 1을 입력하고 [확인] 버튼을 클릭합니다.

3 위와 동일한 방법으로 다음 그림처럼 다중 지시선들을 배치합니다.

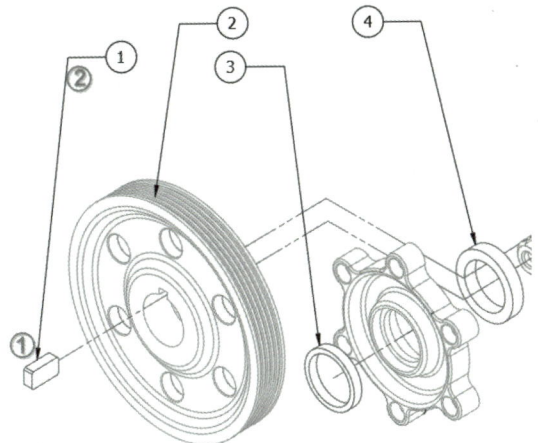

4 배치된 다중 지시선들을 정렬하기 위해

① 지시선 패널에서 정렬 명령 아이콘을 클릭해서 호출합니다.

② 세 개의 다중 지시선들을 선택하고 엔터키를 누릅니다.

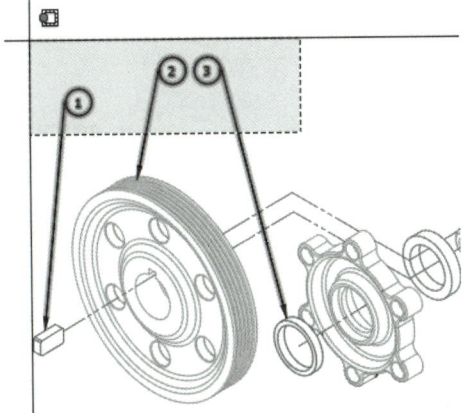

③ 명령행 프롬프트에서 [옵션(O)]을 클릭하고, 다음 프롬프트에서 [분산(D)] 옵션을 클릭합니다.

④ 다음 그림처럼 한 지점을 클릭해서 지정합니다.

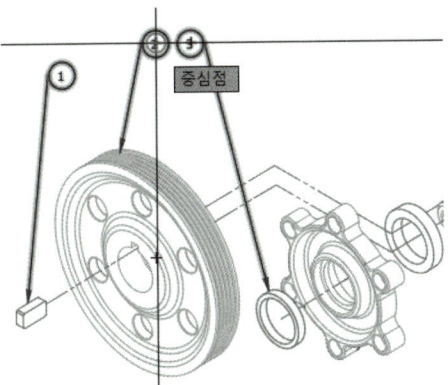

⑤ 커서를 왼쪽으로 이동하면서 미리보기 형상을 확인하면서 적당한 위치를 클릭해서 지정합니다.

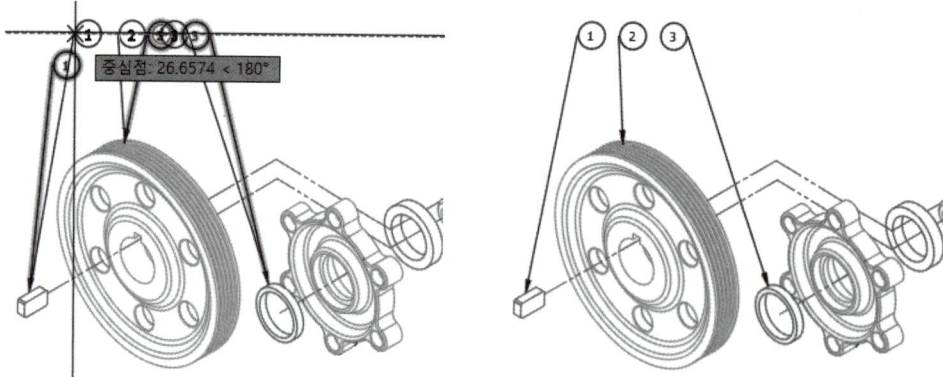

5 다음 그림처럼 다중 지시선을 배치합니다.

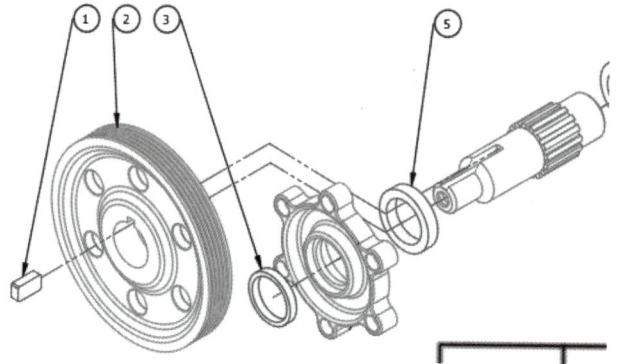

6 기존 다중 지시선에 지시선을 추가하기 위해

① 지시선 패널에서 지시선 추가 명령 아이콘을 클릭해서 호출합니다.

② 기존 다중 지시선들을 선택합니다.

③ 커서를 이동해서 오른쪽 부시 부품을 클릭하고 엔터키를 누릅니다.

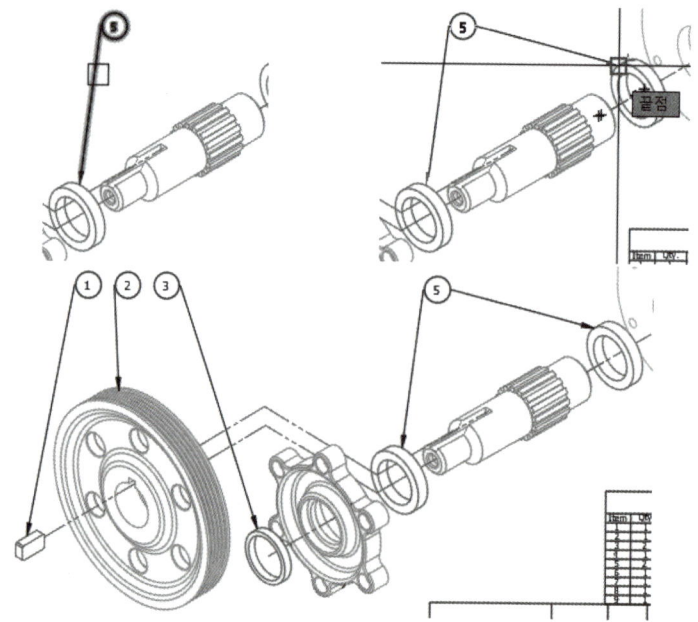

7 다음 그림처럼 다중 지시선(4, 8, 9)들을 추가로 배치합니다.

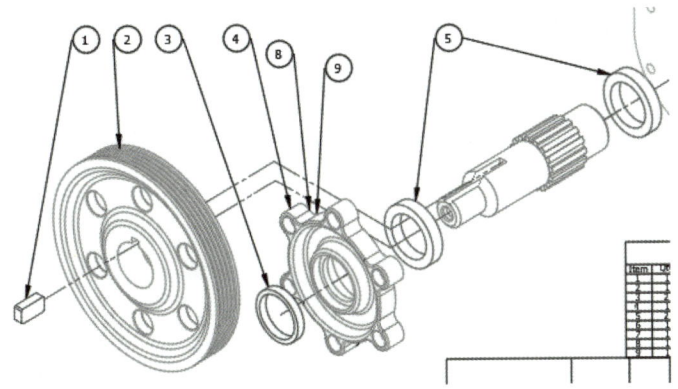

8 다중 지시선을 수집하기 위해

① 지시선 패널에서 수집 명령 아이콘을 클릭해서 호출합니다.

② 다음 왼쪽 그림과 같이 4, 8, 9 순서로 다중 지시선들을 선택하고 엔터키를 누릅니다.

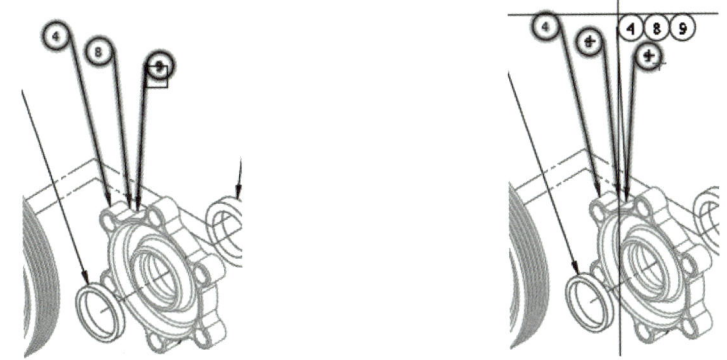

③ 명령행 프롬프트에서 [수평(H)] 옵션이 활성화되어 있는지 확인합니다.

④ 다음 오른쪽 그림과 같이 수집된 다중 지시선들의 위치를 지정합니다.

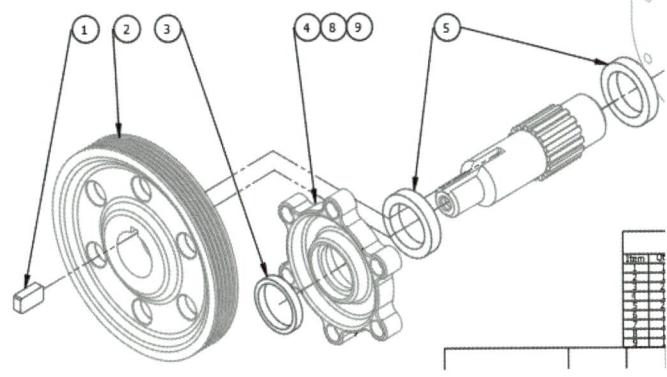

9 먼저 내용(콘텐츠)을 지정해서 다중 지시선을 배치하기 위하여

① 지시선 패널에서 다중 지시선 명령 아이콘을 클릭해서 호출합니다.

② 명령 프롬프트에서 [콘텐츠 먼저(C)] 옵션을 클릭합니다.

③ 다음 그림처럼 내용을 배치할 지점(1)을 클릭하고 속성 편집 대화상자에 6을 입력하고 [확인] 버튼을 클릭합니다.

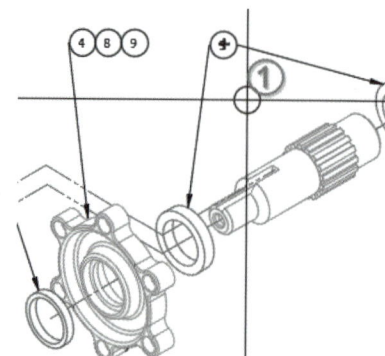

④ 다음 그림처럼 커서를 이동해서 샤프트에 화살표가 배치되도록 클릭(2)합니다.

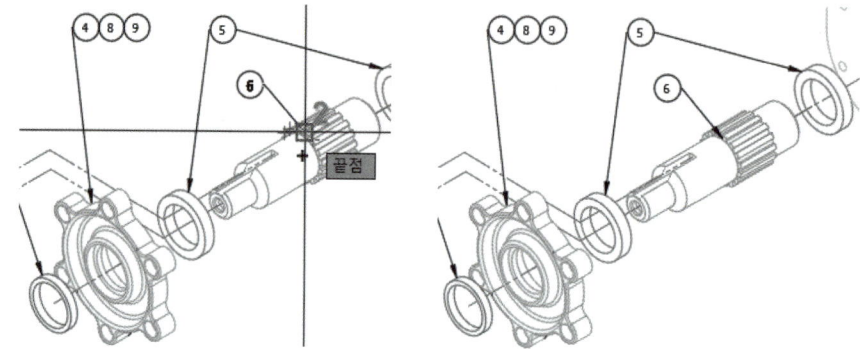

10 먼저 착지를 지정해서 다중 지시선을 배치하기 위해

① 지시선 패널에서 다중 지시선 명령 아이콘을 클릭해서 호출합니다.

② 명령 프롬프트에서 지시선 연결선 [먼저(L)] 옵션을 클릭합니다.

③ 다음 그림처럼 지시선 연결선을 배치할 지점(1)을 클릭합니다.

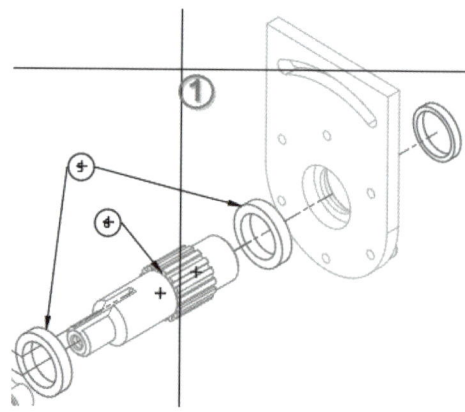

④ 커서를 이동해서 하우징 모서리의 지점(2)을 클릭해서 화살표를 부착하고 속성 편집 대화상자에 7을 입력하고 [확인] 버튼을 클릭합니다.

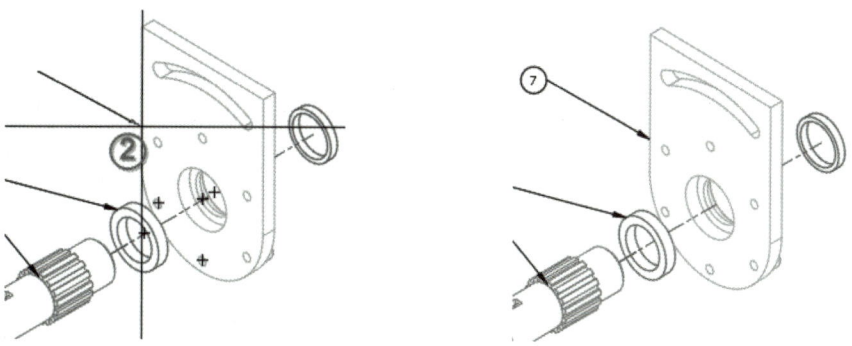

11 다음 그림처럼 맨 오른쪽 부시 부품에 다중 지시선(3)을 추가로 배치합니다.

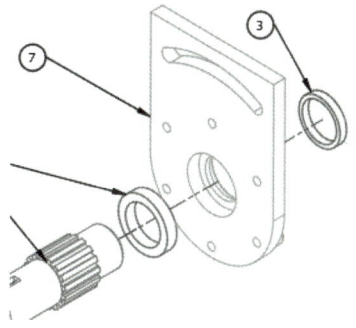

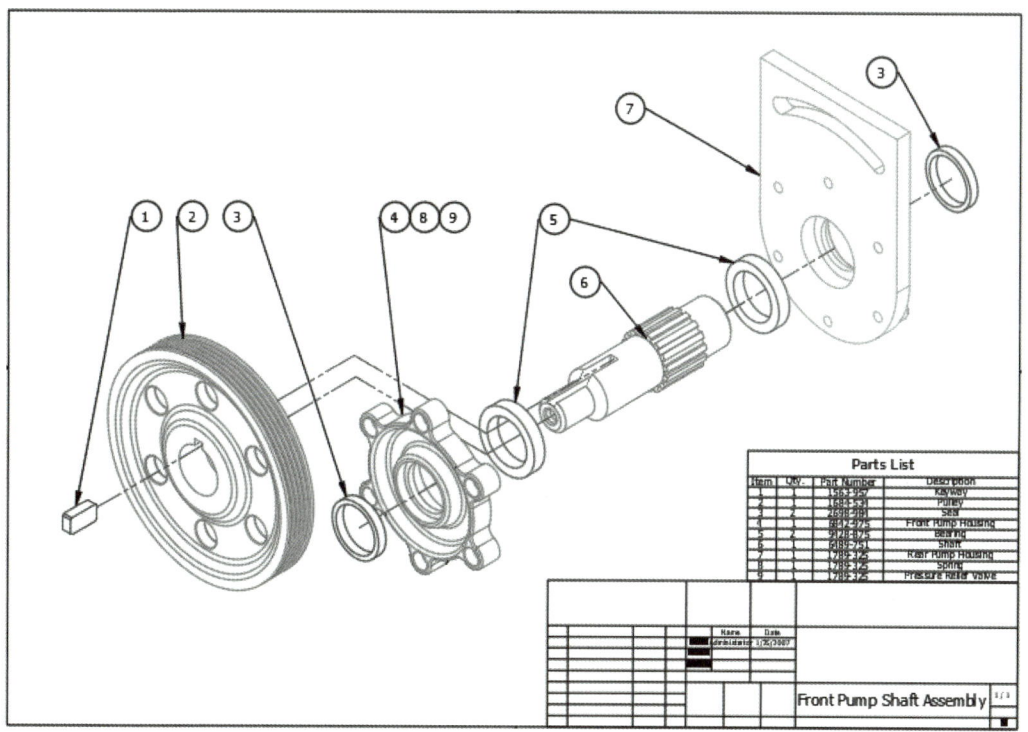

〈품번 작업 완성된 도면〉

연습 과제〉 블록을 이용한 다중 지시선 이용하기

1 지름이 10mm인 원을 그리고 'MAT-NO' 이름으로 블록을 정의합니다.

2 리본 [주석] 탭 ⇨ [지시선] 패널에서 아이콘을 클릭합니다.

- 새 다중 지시선 스타일(BLK-MLDR)을 만듭니다.

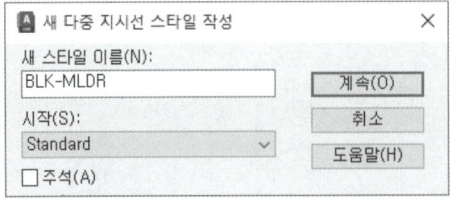

- [내용] 탭에서 다음 그림처럼 설정합니다.

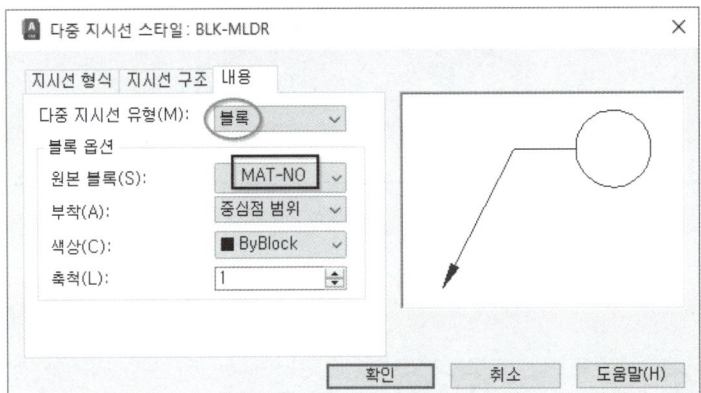

- [확인] 버튼을 클릭합니다.
- [BLK-MLDR] 스타일을 선택한 후 [현재로 설정] 및 [닫기] 버튼을 클릭합니다.

3 리본 [주석] 탭 ⇨ [지시선] 패널에서 [다중 지시선] 아이콘을 클릭합니다.

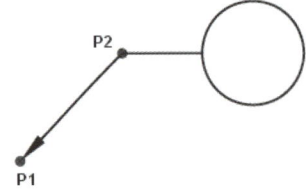

❏ 다중 지시선 지침(Multileader guidelines)

① 다중 지시선을 위한 주석 축척 혹은 주석 스타일을 이용합니다.

이것은 배치 모드의 다중 뷰(뷰포트)가 있는 도면에 동일한 크기의 다중 지시선들을 배치합니다.

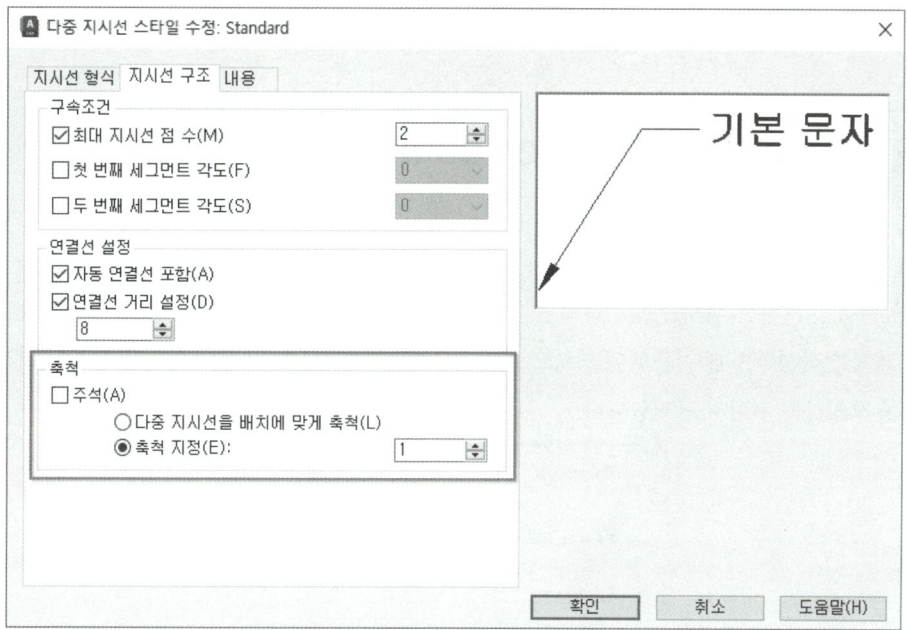

② 우리는 다중 지시선에 대한 소규모 혹은 개별 변경에는 스타일이 필요하지 않습니다.

우리는 특성 팔레트를 사용하여 선택한 다중 지시선 객체에 대한 개별 특성을 변경할 수 있습니다.

③ 다중 지시선을 배치한 후에는 그립을 사용하여 위치를 조정할 수 있습니다.

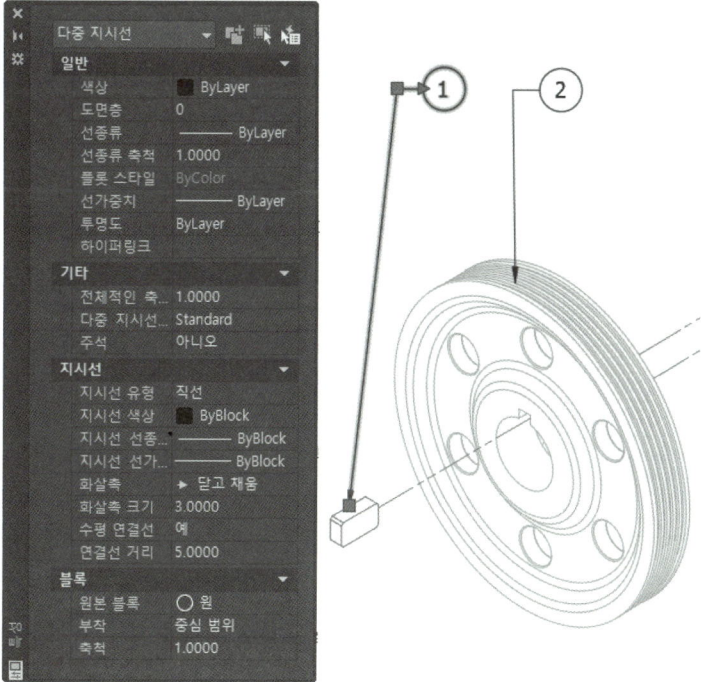

❏ 치수 끊기 이용하기

'치수 끊기(Dimbreak)' 명령을 사용하여 도면의 객체 또는 치수의 교차점에서 다중 지시선 객체를 분리할 수 있습니다.

7.4 지시선 명령(Leader command)

- '지시선(Leader)' 명령은 객체에 주석을 연결해 주는 지시선을 작성합니다.
- 가능하다면 지시선 객체를 생성하려면, '지시선(Leader)' 명령은 AutoCAD 초창기 버전에서 지시선 객체를 작성하는 데 이용했던 명령으로 지금은 '다중 지시선(Mleader)' 명령을 통해서 지시선 객체를 작성하는 것이 바람직합니다.

🛠 메뉴:	
🛠 도구막대:	
🛠 리본:	
⌨ 명령 입력:	LEADER, LEAD

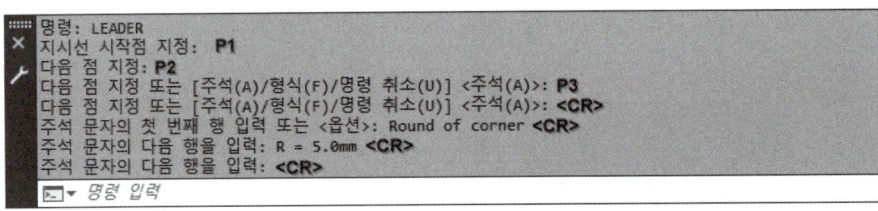

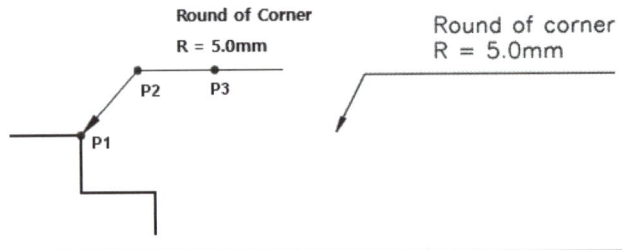

7.5 지시선 명령(Qleader command)

- '지시선(Qleader)' 명령은 '지시선(Leader)' 명령의 GUI로 업데이트된 기능으로 다음 그림처럼 지시선, 데이텀, 공차 및 지시선 주석을 작성합니다.

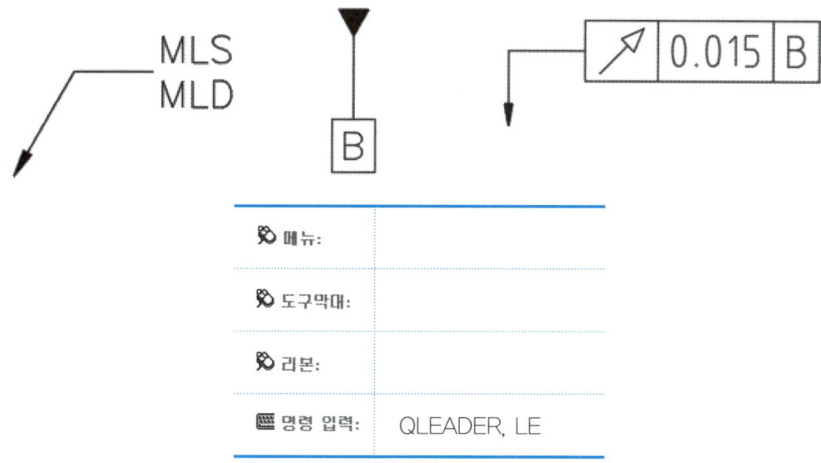

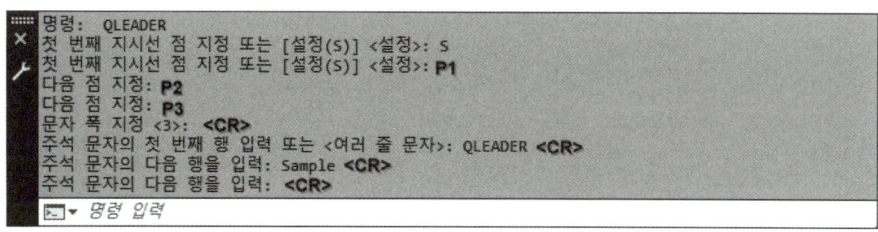

❏ 설정(S) 옵션 – [주석] 탭

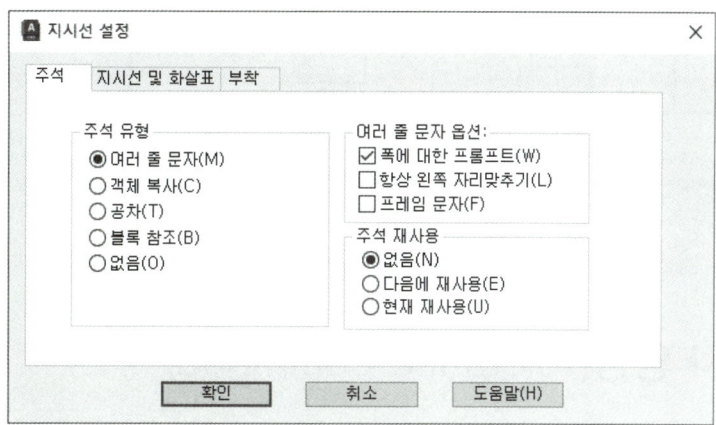

❏ 설정(S) 옵션 – [지시선 및 화살표] 탭

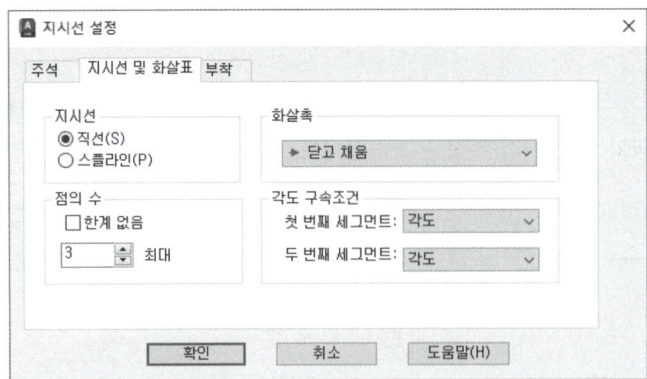

❏ 설정(S) 옵션 – [부착] 탭

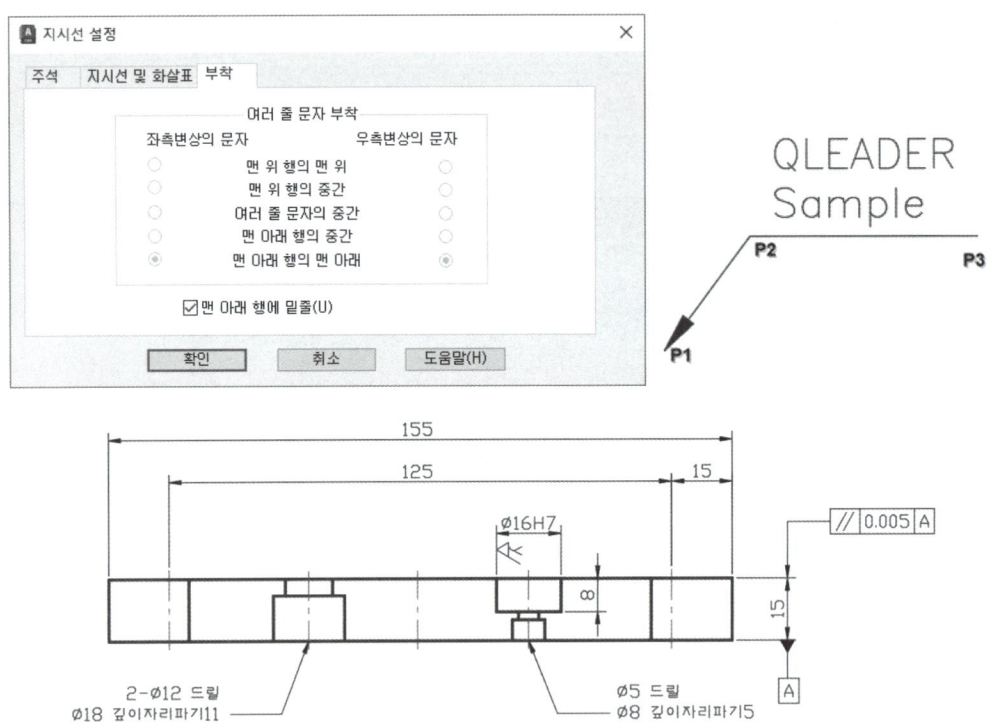

7.6 공차 명령(Tolerance command)

- '공차(Tolerance)' 명령은 도면에 기하학적 공차를 작성합니다.
- 기하학적 공차는 피처의 형식, 윤곽, 방향, 위치, 런아웃 등의 편차를 표시하고, 또한, 객체 조정 프

레임에 단일 치수의 모든 공차 정보가 들어 있습니다.

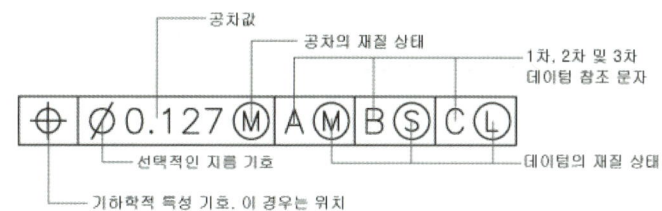

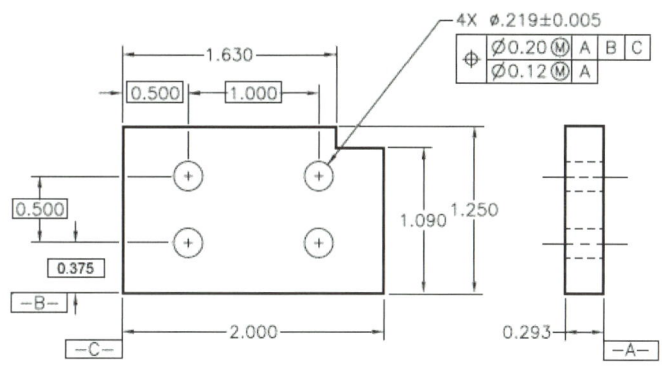

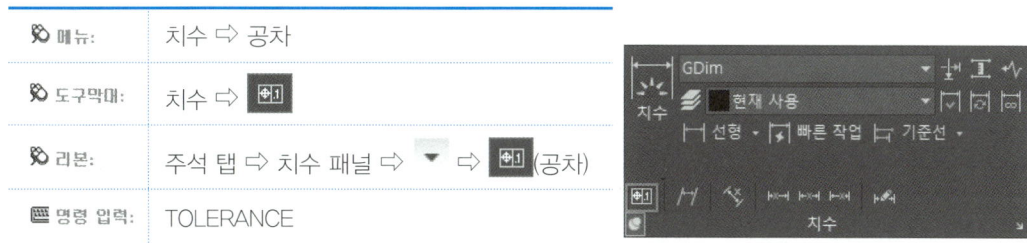

다음 작업 순서는 치수 공차를 배치하는 개요를 제공합니다.

1 리본 [주석] 탭 ⇨ [치수] 패널을 확장하고 ⊞ (공차) 명령 아이콘을 클릭합니다.

2 기하학적 공차 대화상자에서, 원하는 기호, 공차 및 데이텀을 선택합니다.

[확인] 버튼을 클릭합니다.

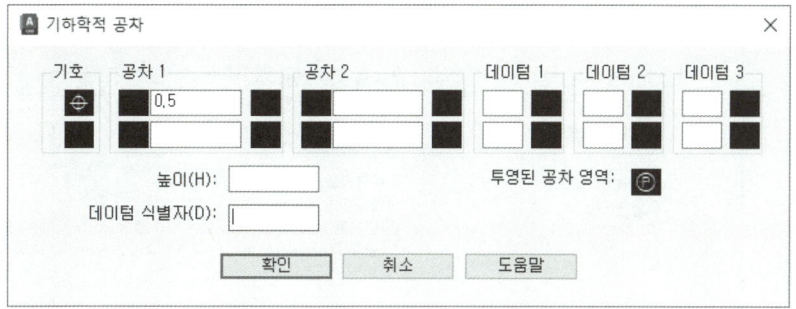

3 도면 영역에 공차를 배치하기 위해 클릭합니다.

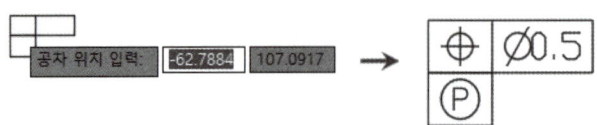

기하학적 특성 기호						
기호	특성	유형		기호	특성	유형
⌖	위치	위치		⌓	평면형	양식
◎	동심 또는 동축	위치		○	원형 또는 구형	양식
═	대칭	위치		—	일직선	양식
//	평행	방향		⌒	표면의 프로파일	프로파일
⊥	수직	방향		⌒	선의 프로파일	프로파일
∠	각짐	방향		↗	원형 런아웃	런아웃
⌀	원통형	양식		↗↗	전체 런아웃	런아웃

연습 과제 〉 데이텀 작성하기(1)

1 명령행에 LE 혹은 Qleader이라고 입력합니다.

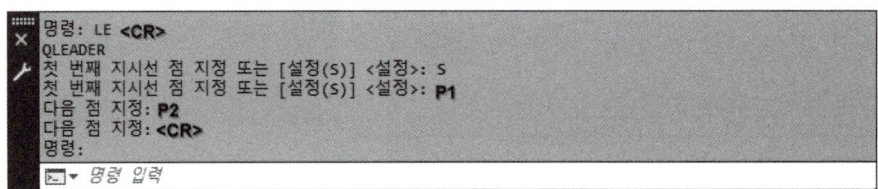

① [설정(S)] 옵션을 클릭해서 선택합니다.

② '지시선 설정' 대화상자에서 [주석] 탭을 클릭합니다.

③ 다음 그림처럼 '주석 유형'을 [없음]으로 설정합니다.

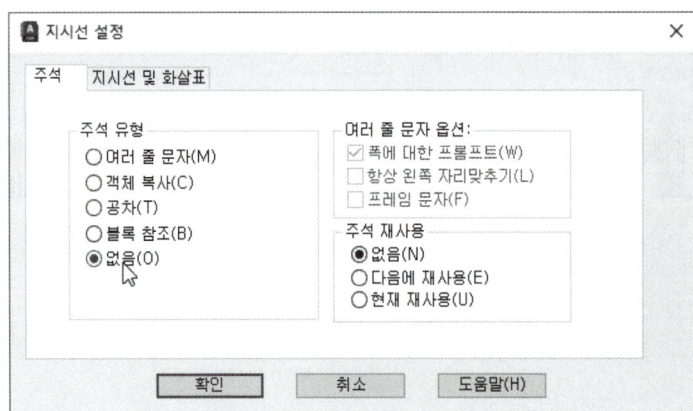

④ '지시선 설정' 대화상자에서 [지시선 및 화살표] 탭을 클릭합니다.

⑤ 다음 그림처럼 '화살촉' 드롭다운 리스트에서 [데이텀 삼각형 채우기]를 선택해서 설정합니다. 대화상자를 닫기 위해 [확인] 버튼을 클릭합니다.

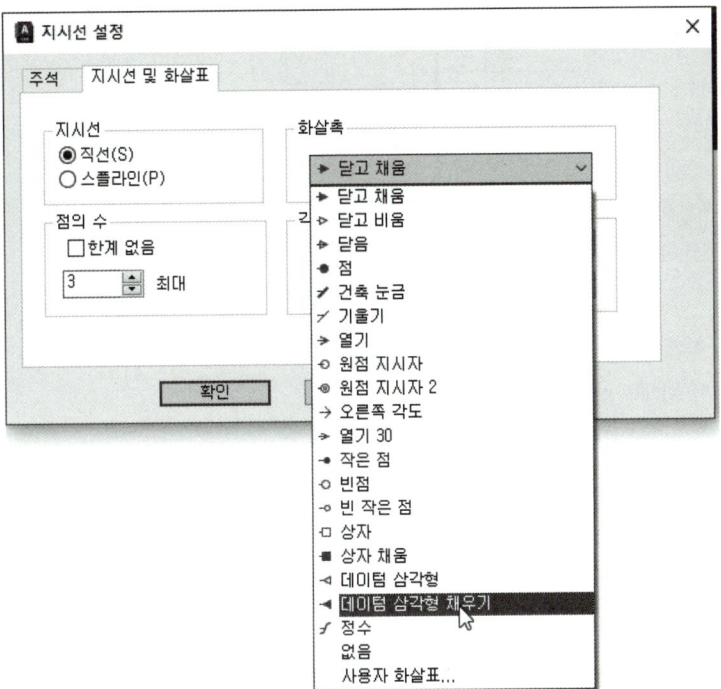

② 다음 그림처럼 축의 오른쪽 중심선의 적당한 위치(P1)를 '근처점' 스냅으로 클릭합니다. 아래쪽으로, 수직으로 이동해서 적당한 위치(P2)를 클릭하고 엔터키를 누릅니다.

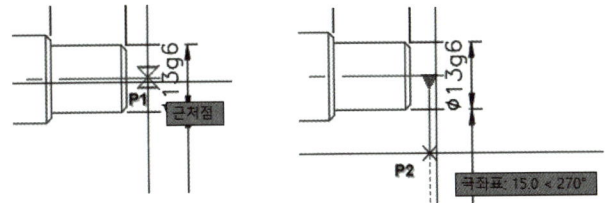

③ 명령행에 TOL이라고 입력합니다.

① 다음 그림처럼 '기하학적 공차' 대화상자에서 '데이텀 1' 아래에 A라고 입력합니다. 또는 '데이텀 식별자' 오른쪽란에 입력해도 됩니다.

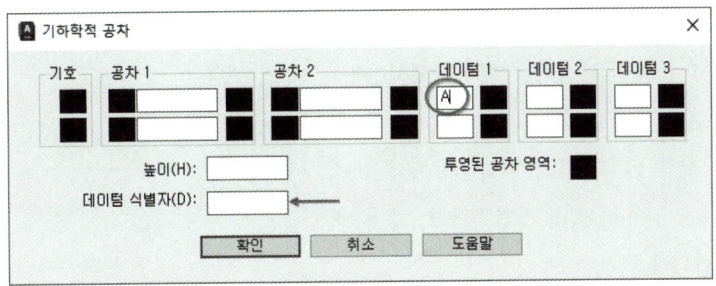

② 대화상자를 닫기 위해 [확인] 버튼을 클릭합니다.

③ 적당한 위치(P1)를 클릭해서 데이텀 문자 기호를 배치합니다.

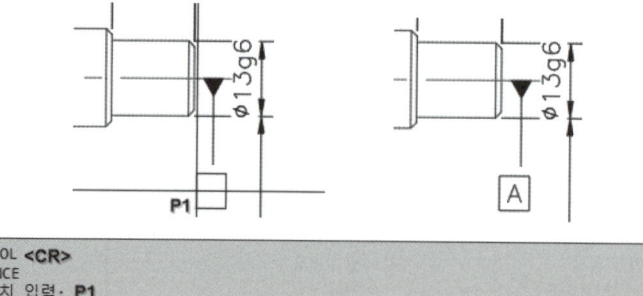

4️⃣ 'MOVE(이동)' 명령을 호출해서 데이텀 문자 기호를 선택한 후 기준점으로 다음 그림처럼 '중간점'을 지정하고, 데이텀 지시선의 '끝점'을 지정합니다.

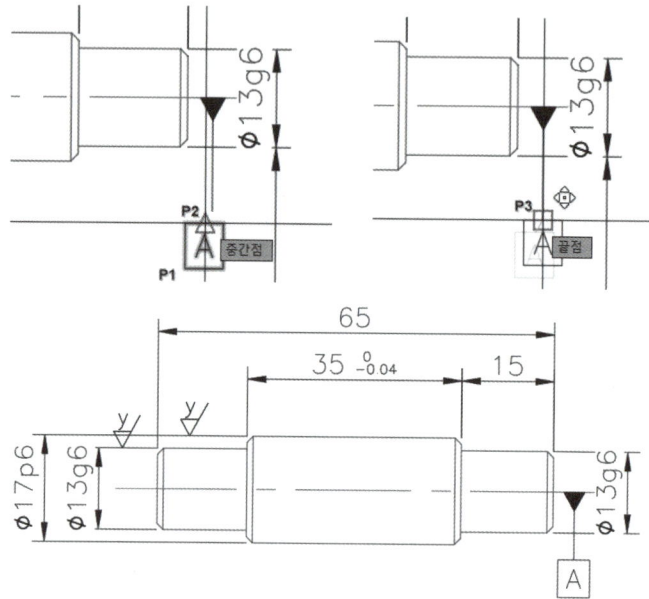

5️⃣ 도면 파일을 저장합니다.

연습 과제〉 데이텀 작성하기(2)

1️⃣ 명령행에 MLS 혹은 Mleaderstyle이라고 입력합니다.

① '다중 지시선 스타일 관리자' 대화상자에서 [새로 만들기] 버튼을 클릭합니다.

② '새 다중 지시선 스타일 작성' 대화상자에서 새 스타일 이름으로 'Datum'이라고 입력하고, [계속] 버튼을 클릭합니다.

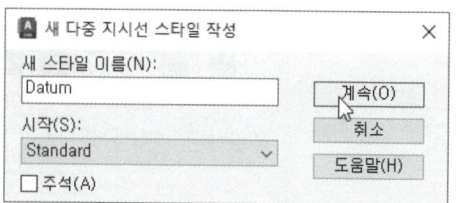

③ 다음 그림처럼 '지시선 형식' 탭에서 화살촉 기호와 크기를 설정합니다.

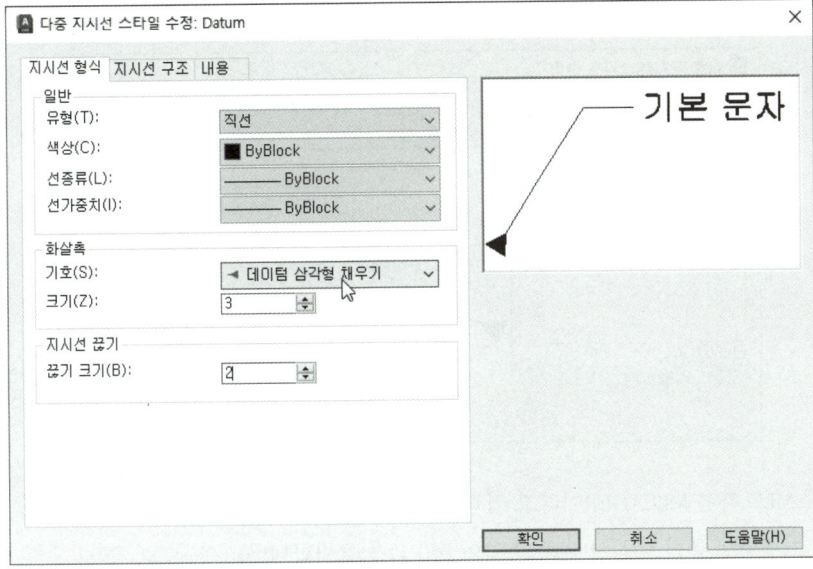

④ '다중 지시선 스타일 수정' 대화상자에서 [내용] 탭을 클릭합니다.

⑤ 다음 그림처럼 원하는 '문자 스타일', '문자 색상'을 설정합니다.

⑥ '문자 높이'를 3으로 입력합니다.

⑦ [프레임 문자] 항목을 check 합니다.

⑧ '지시선 연결' 영역에서 [수직 부착]을 체크합니다.

⑨ '연결선 간격'을 1로 입력합니다.

⑩ 대화상자를 닫기 위해 [확인] 를 클릭합니다.

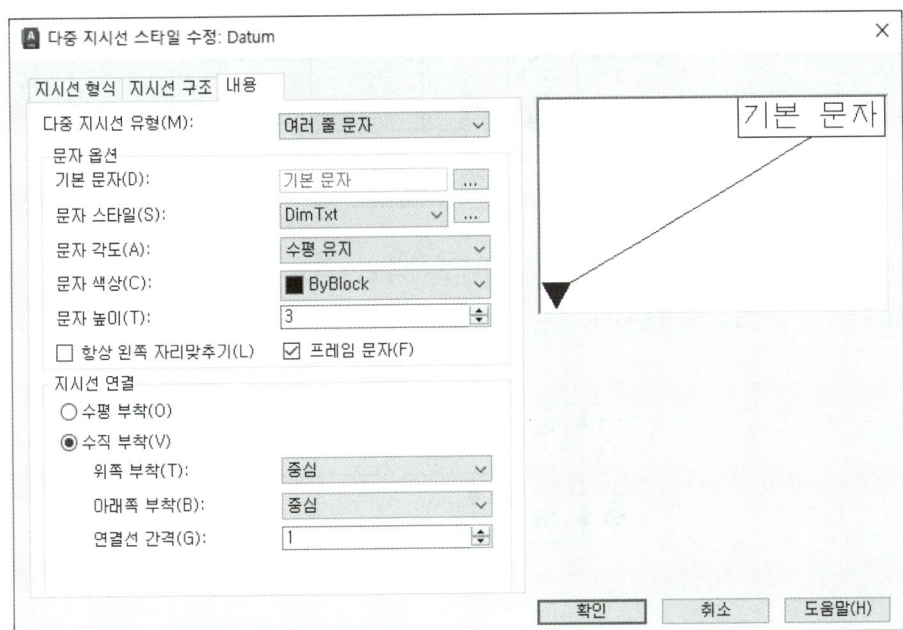

2 '다중 지시선 스타일 관리자' 대화상자에서 'Datum' 스타일을 선택하고, [현재로 설정] 버튼을 클릭합니다. 대화상자를 닫기 위해 [닫기] 버튼을 클릭합니다.

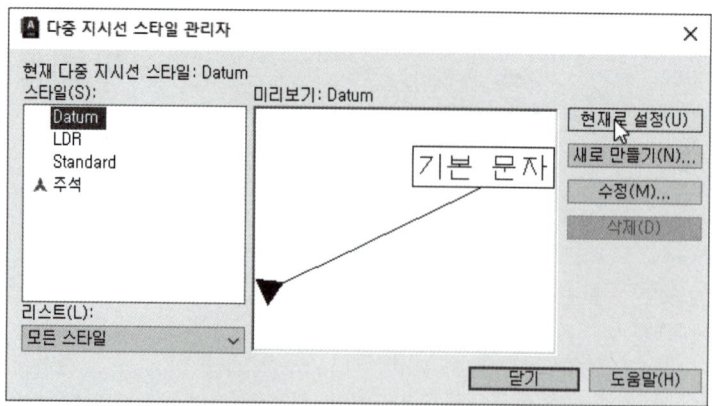

3 명령행에 MLD 혹은 MLEADER이라고 입력합니다.

① 다음 그림처럼 축의 중심선 왼쪽의 임의 점(P1)을 클릭합니다.

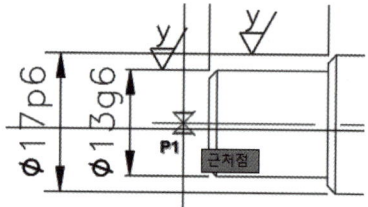

② 다음 그림처럼 아래쪽으로 드래그해서 임의의 점(P2)을 클릭합니다.

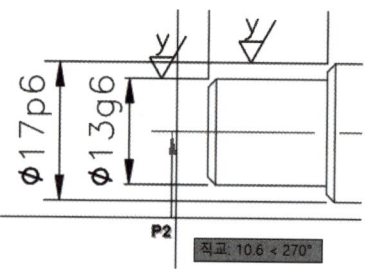

③ 다음 그림처럼 리본 메뉴에 '문자 편집기' 탭이 표시되면, A라고 입력한 후 [닫기] 패널에서 [문자 편집기 닫기] 아이콘을 클릭합니다.

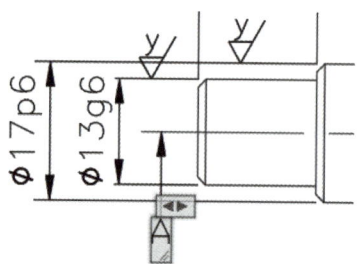

4 도면 파일을 저장합니다.

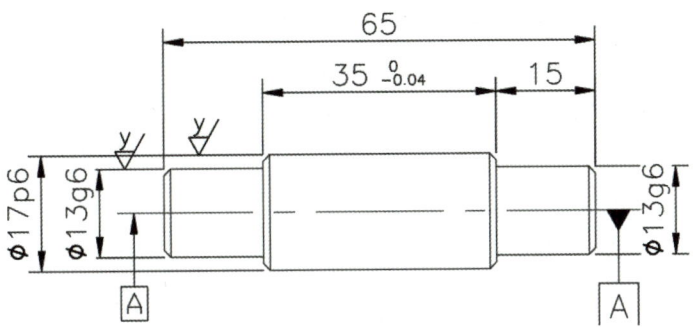

연습 과제〉 기하 공차 작성하기

1 명령행에 LE 혹은 Qleader이라고 입력합니다.

① [설정(S)] 옵션을 클릭해서 선택합니다.
② '지시선 설정' 대화상자에서 [주석] 탭을 클릭합니다.
③ 다음 그림처럼 '주석 유형'을 [공차]로 설정합니다.

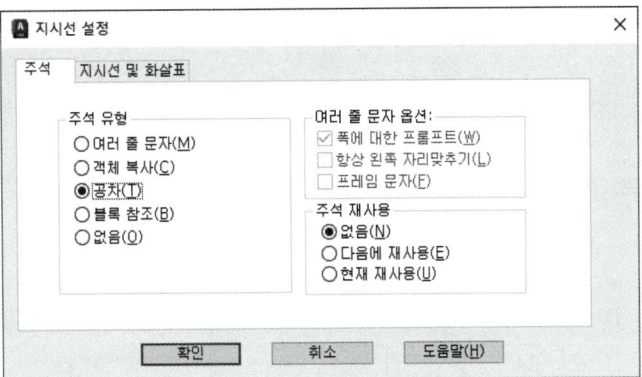

④ '지시선 설정' 대화상자에서 [지시선 및 화살표] 탭을 클릭합니다.
⑤ 다음 그림처럼 '화살촉' 드롭다운 리스트에서 [닫고 채움]으로 설정합니다. 대화상자를 닫기 위해 [확인] 버튼을 클릭합니다.

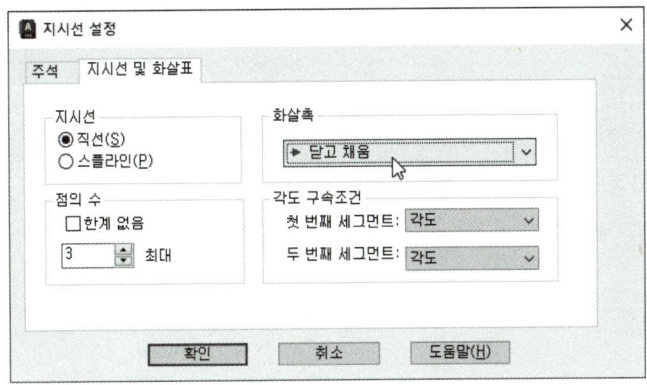

2 다음 그림처럼 축의 오른쪽에의 치수선 화살표 끝점(P1)을 클릭합니다.

① 아래쪽으로 수직으로 이동해서 적당한 위치(P2)를 클릭합니다.

② 왼쪽으로 드래그해서 적당한 위치(P3)를 클릭합니다.

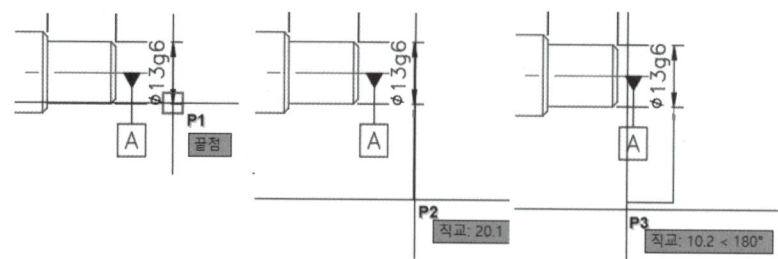

3 다음 그림처럼 '기하학적 공차' 대화상자가 표시되면 공차 값들을 입력 및 설정하고, 데이텀 문자를 A 라고 입력합니다.

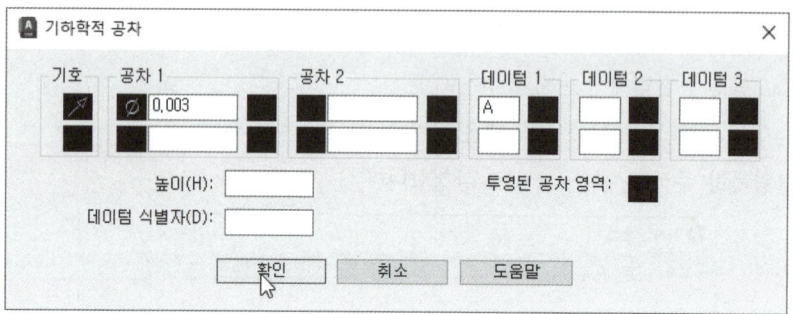

① 대화상자를 닫기 위해 [확인] 버튼을 클릭합니다.

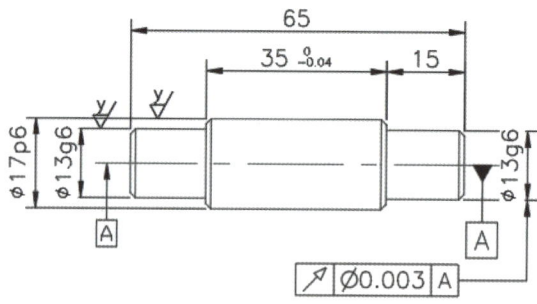

4 명령행에 LE 혹은 Qleader이라고 입력합니다.

① 다음 그림처럼 축의 왼쪽에의 치수선 화살표 끝점(P1)을 클릭합니다.

② 아래쪽으로, 수직으로 이동해서 적당한 위치(P2)를 클릭합니다.

③ 왼쪽으로 드래그해서 적당한 위치(P3)를 클릭합니다.

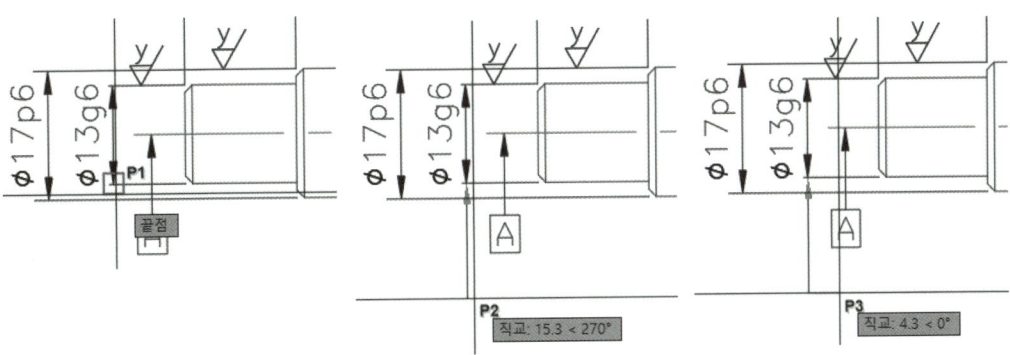

④ 다음 그림처럼 '기하학적 공차' 대화상자가 표시되면 공차 값들을 입력 및 설정하고, 데이텀 문자를 A라고 입력합니다. 대화상자를 닫기 위해 [확인] 버튼을 클릭합니다.

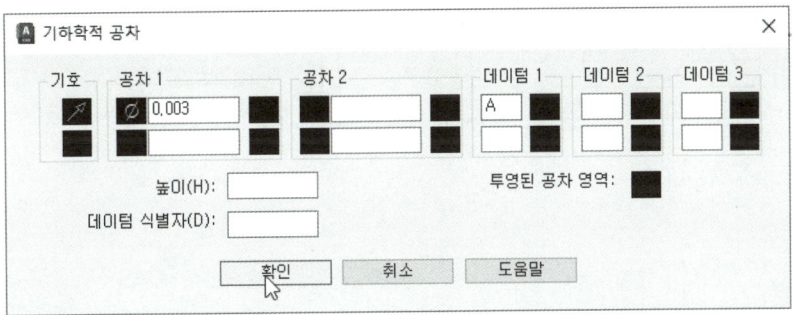

5 동일한 방법으로 다음 그림처럼 세 번째 기하 공차를 추가하고, 도면 파일을 저장합니다.

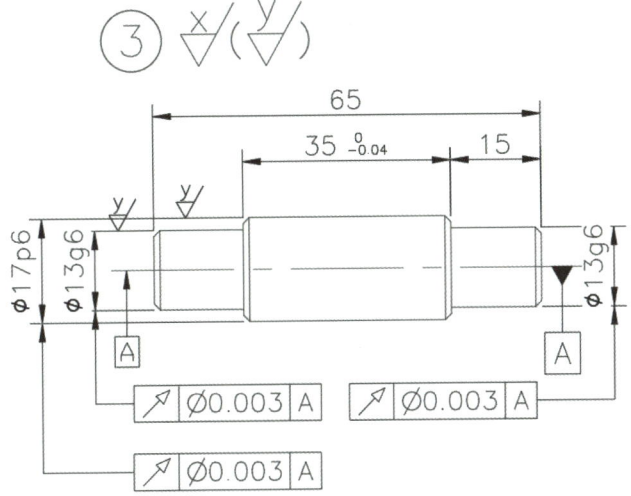

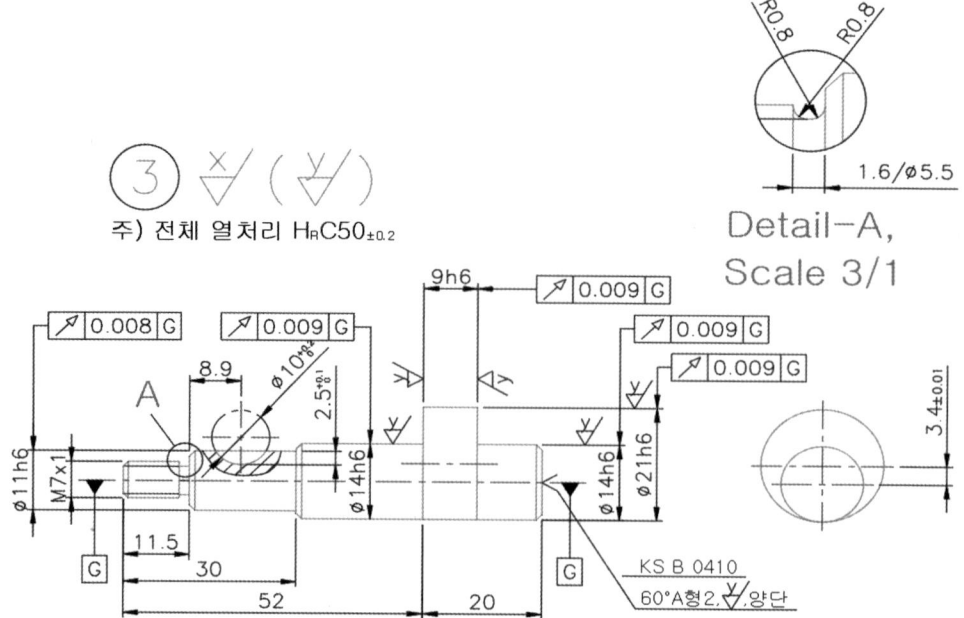

실습과제 42> 도면층, 선종류를 이용해서 다음 도형을 작도합니다.

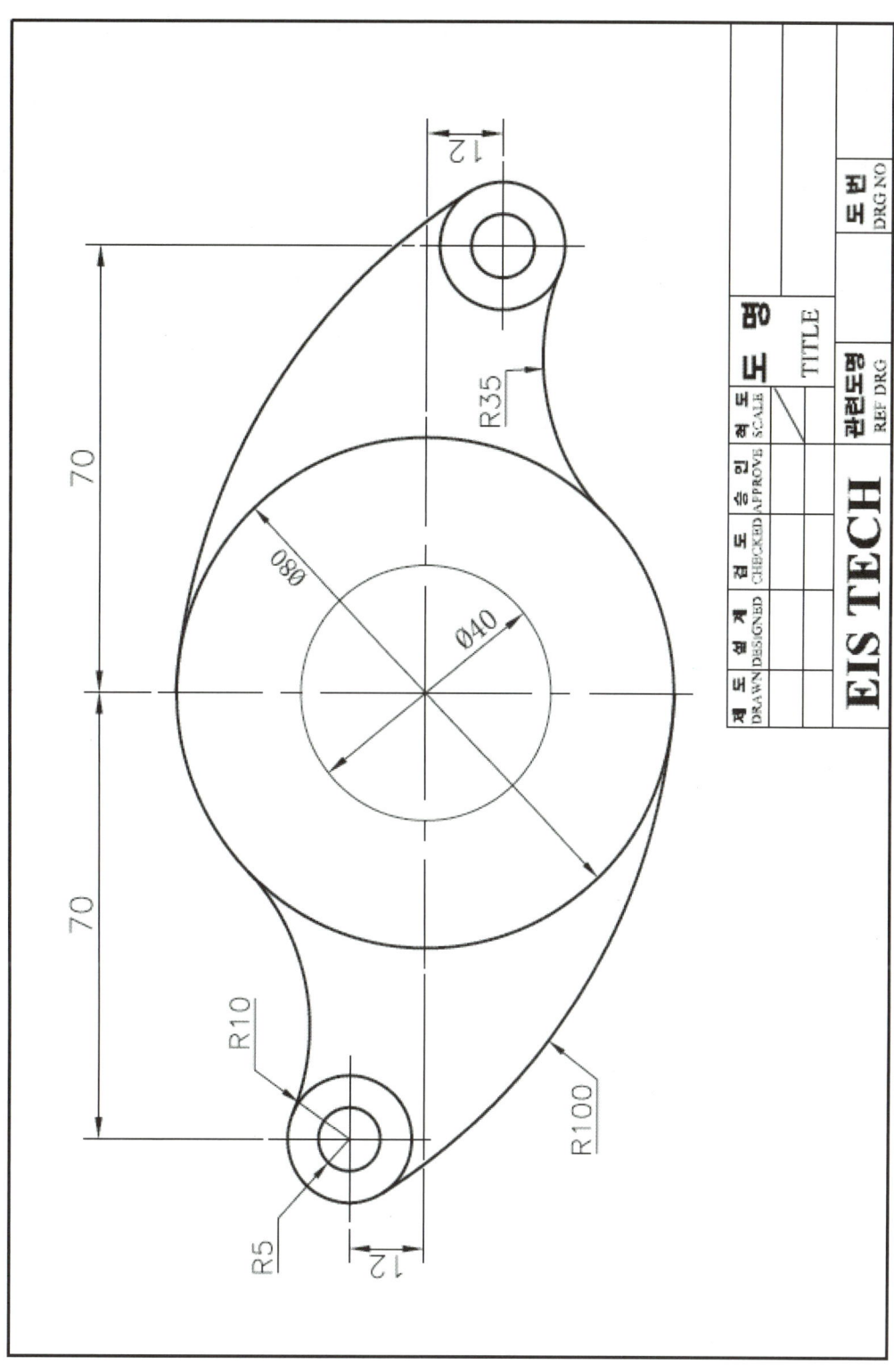

실습과제 43〉 도면층, 선종류를 이용해서 다음 도형을 작도합니다.

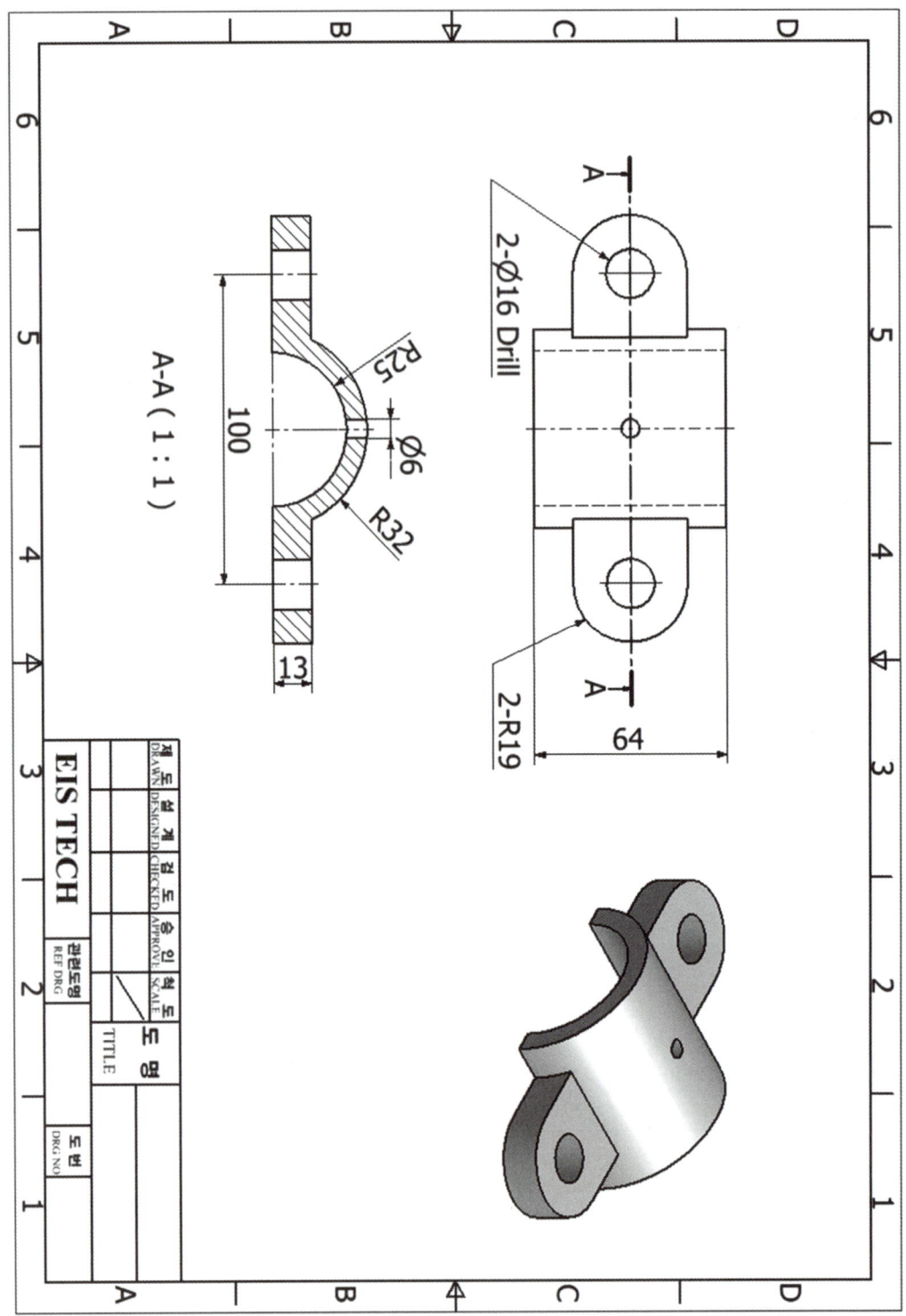

실습과제 44〉 도면층, 선종류를 이용해서 다음 도형을 작도합니다.

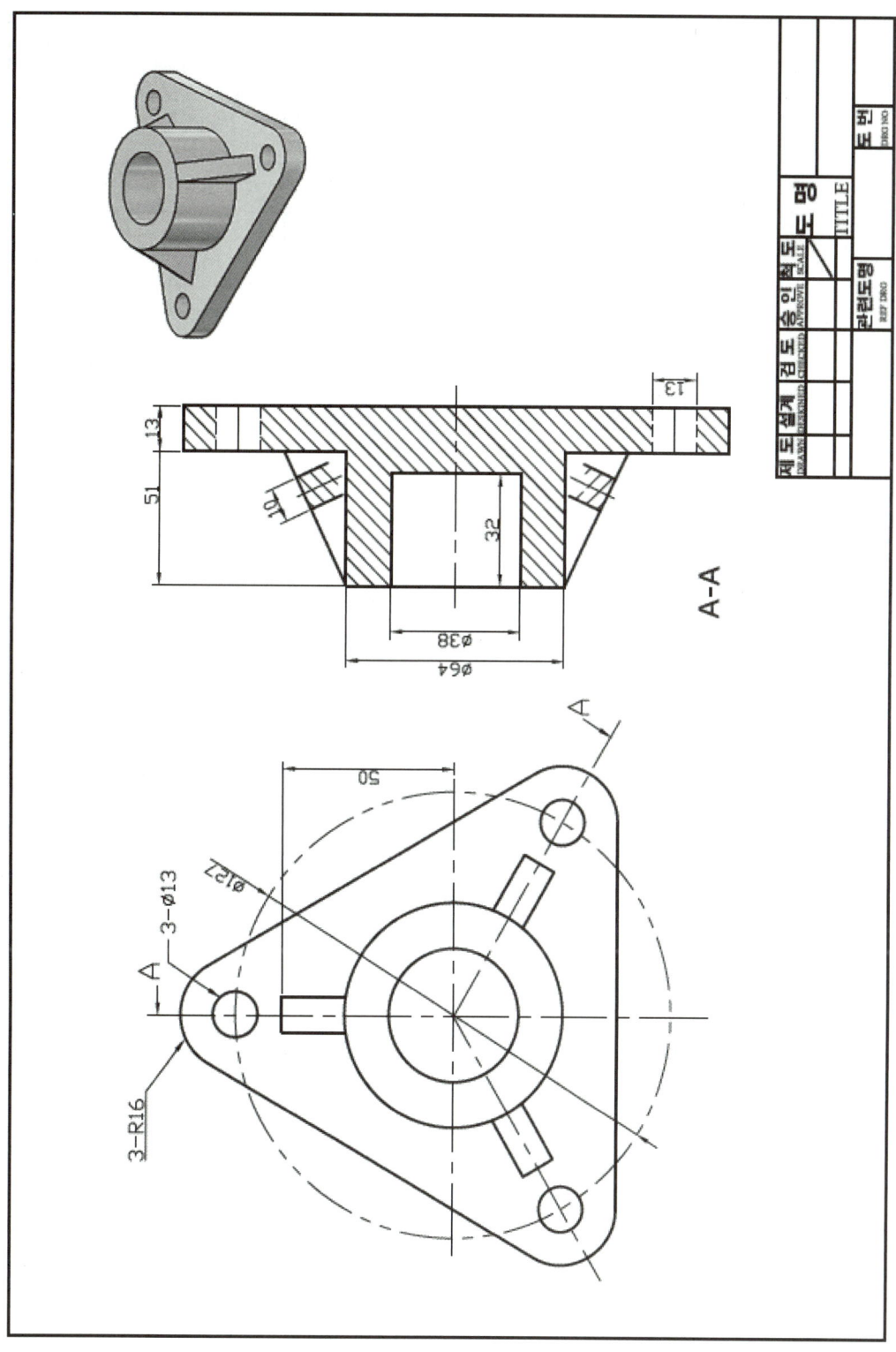

실습과제 45〉 다음 도형을 작도하고, 치수를 기입합니다.

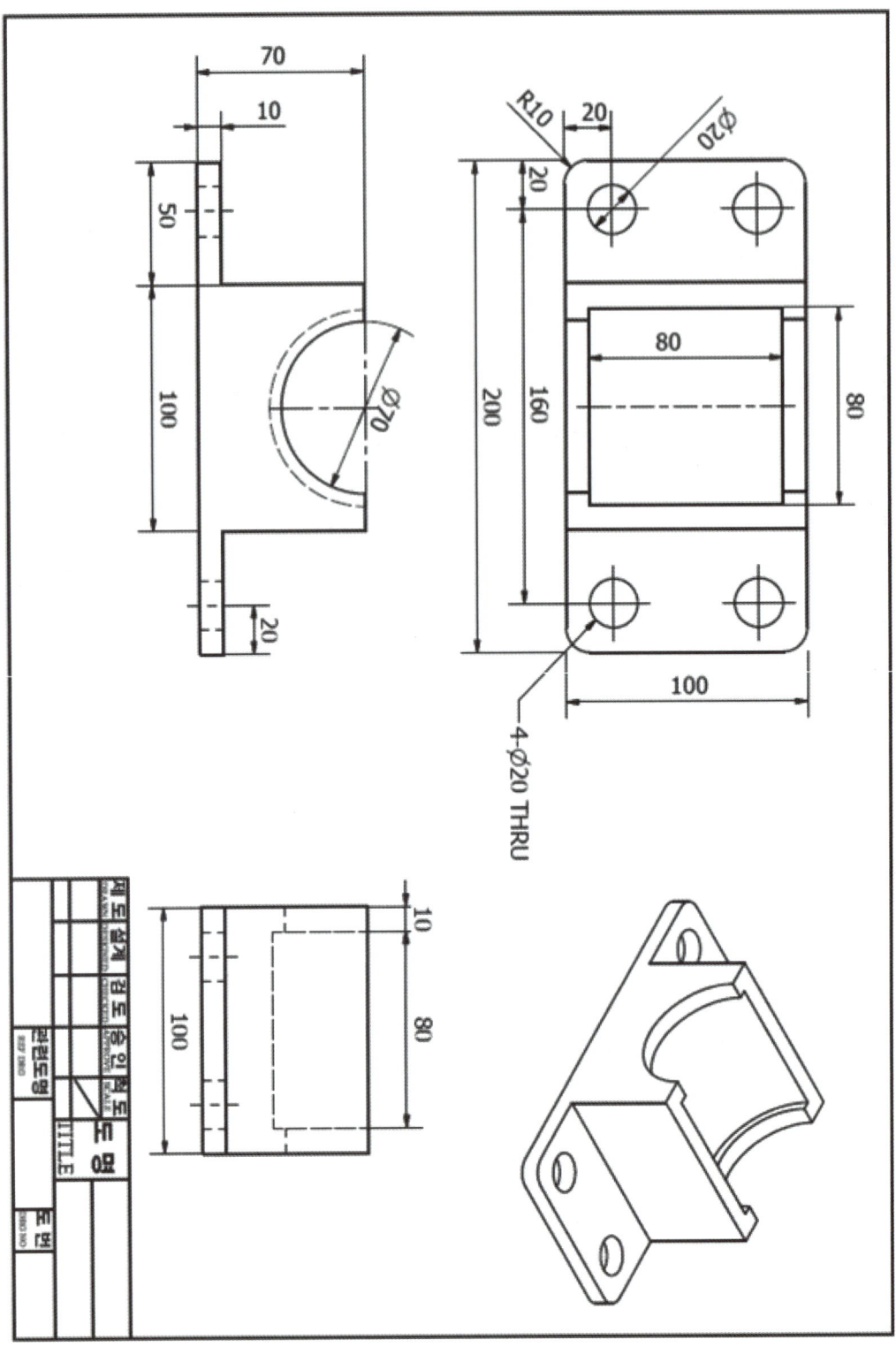

실습과제 46〉 다음 도형을 작도하고, 치수를 기입합니다.

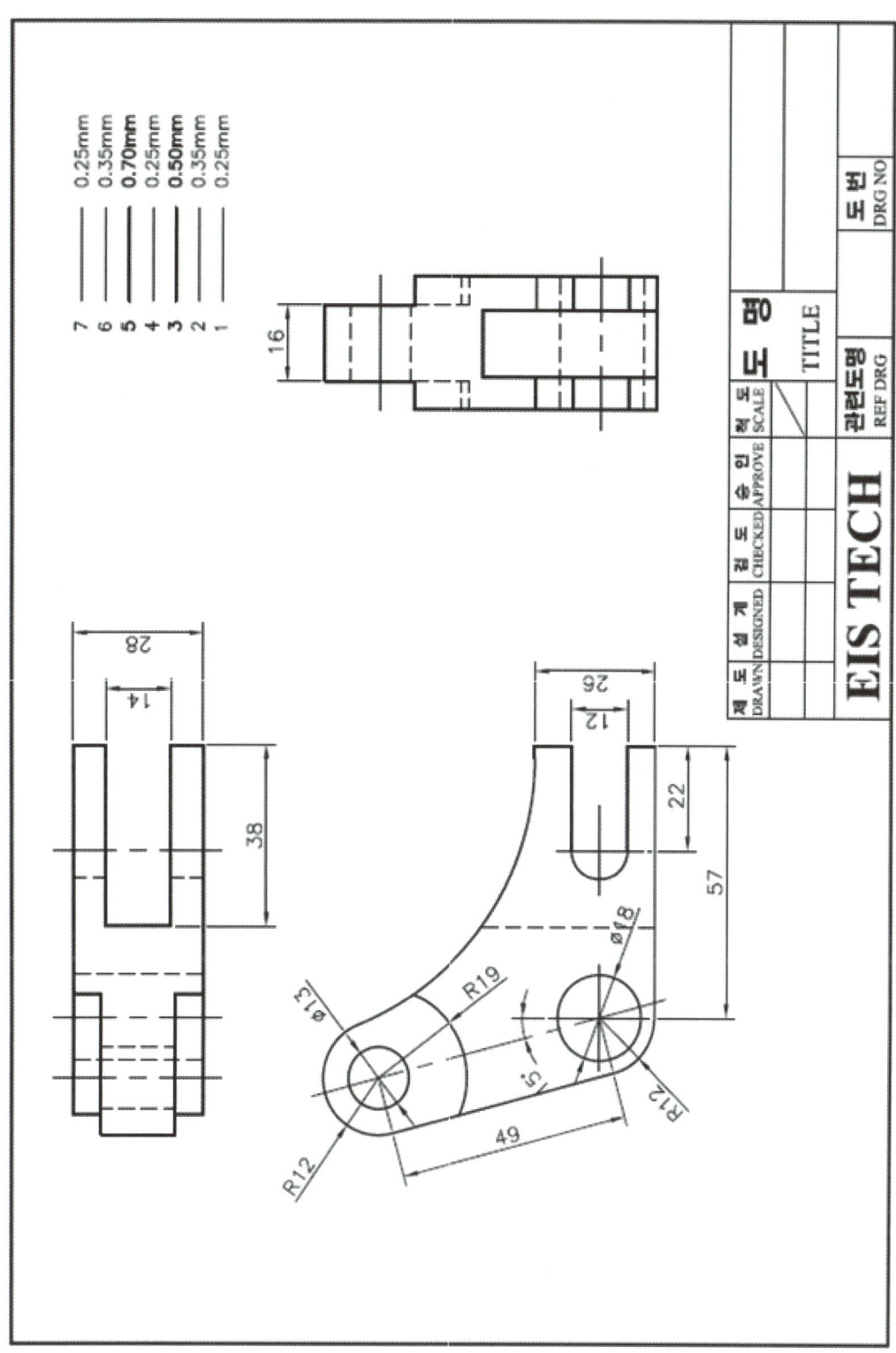

실습과제 47〉 다음 도형을 작도하고, 치수를 기입합니다.

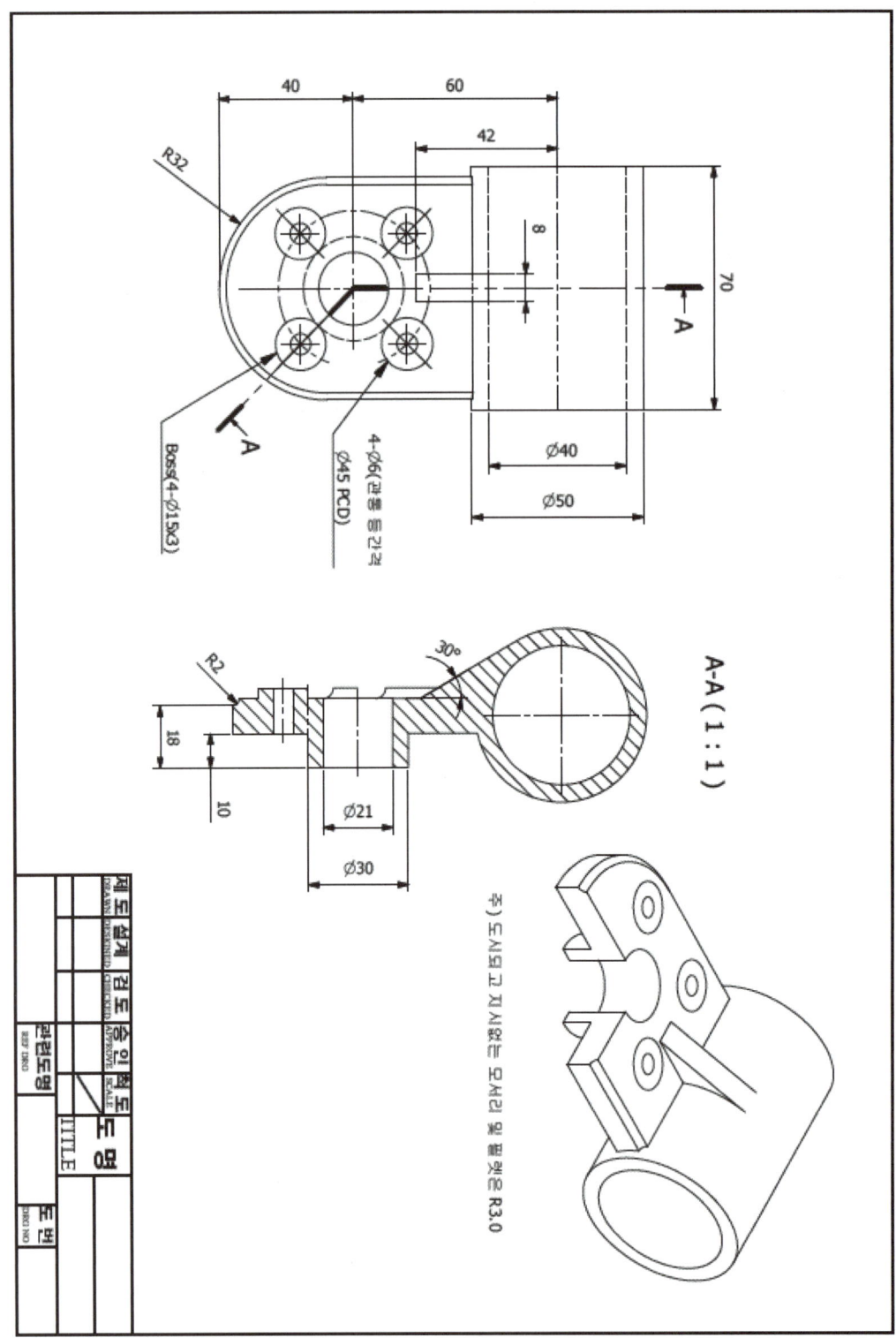

실습과제 48〉 다음 도형을 작도하고, 치수를 기입합니다.

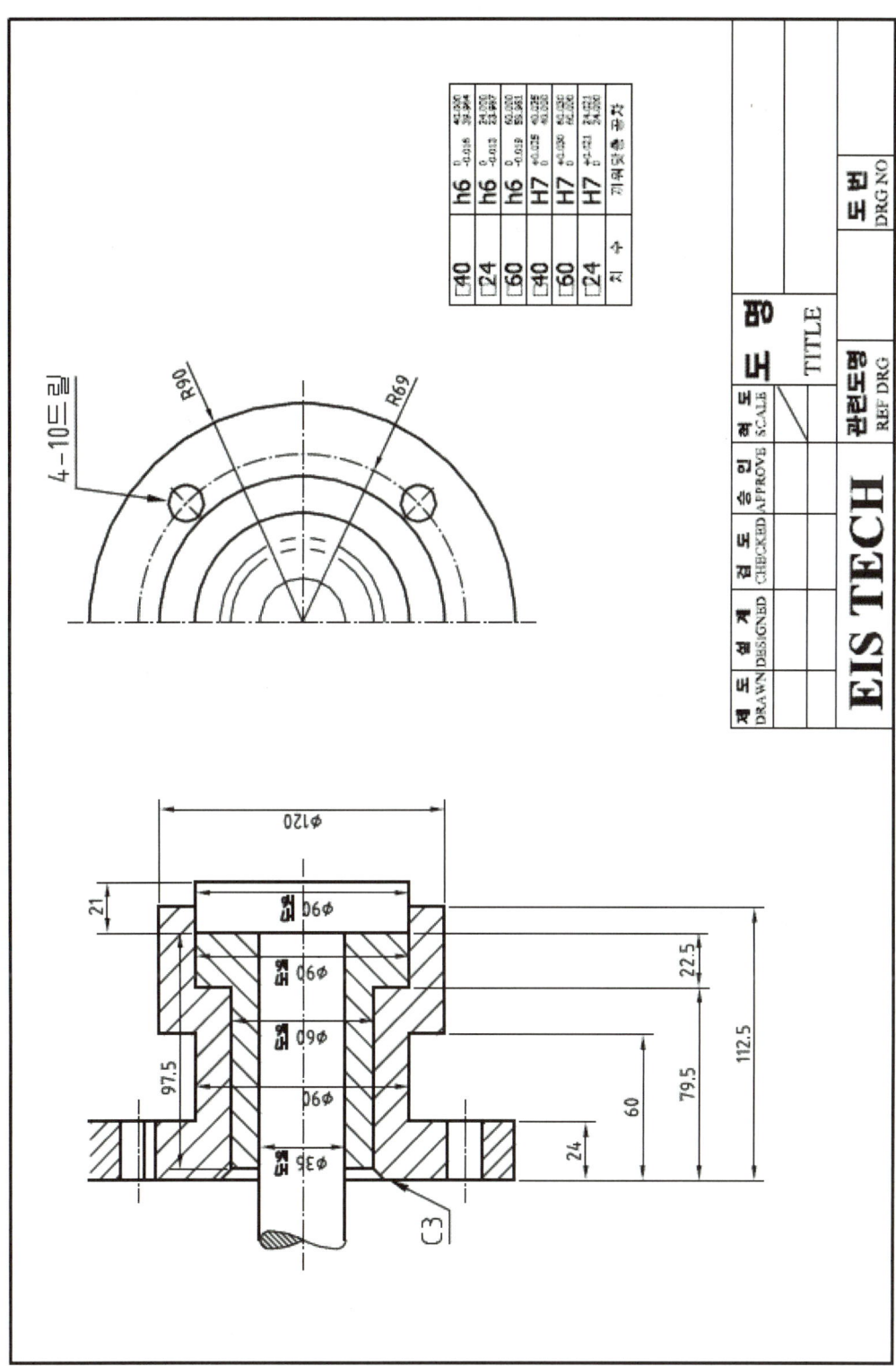

실습과제 49〉 다음 도형을 작도하고, 치수를 기입합니다.

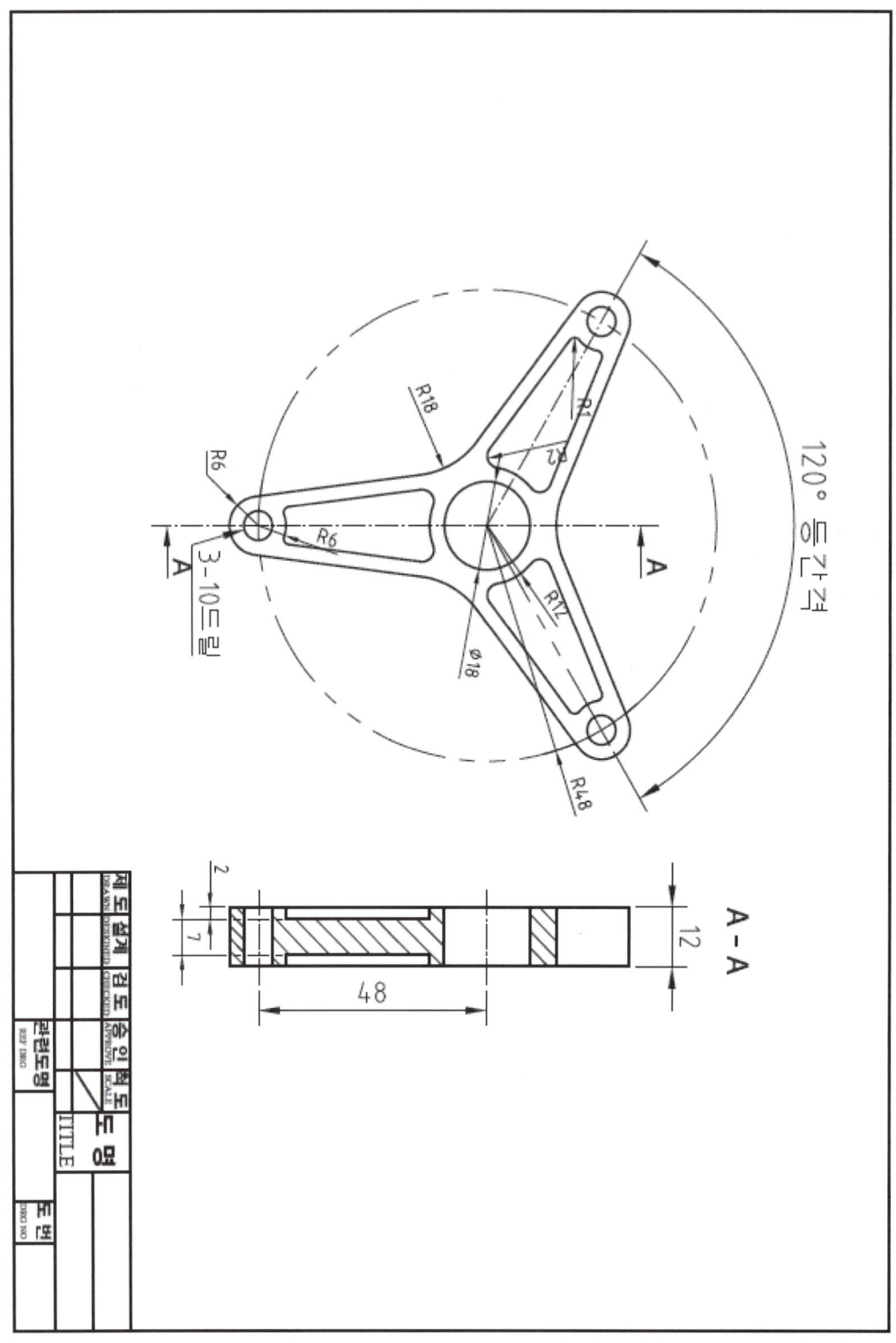

실습과제 50〉 다음 도형을 작도하고, 치수를 기입합니다.

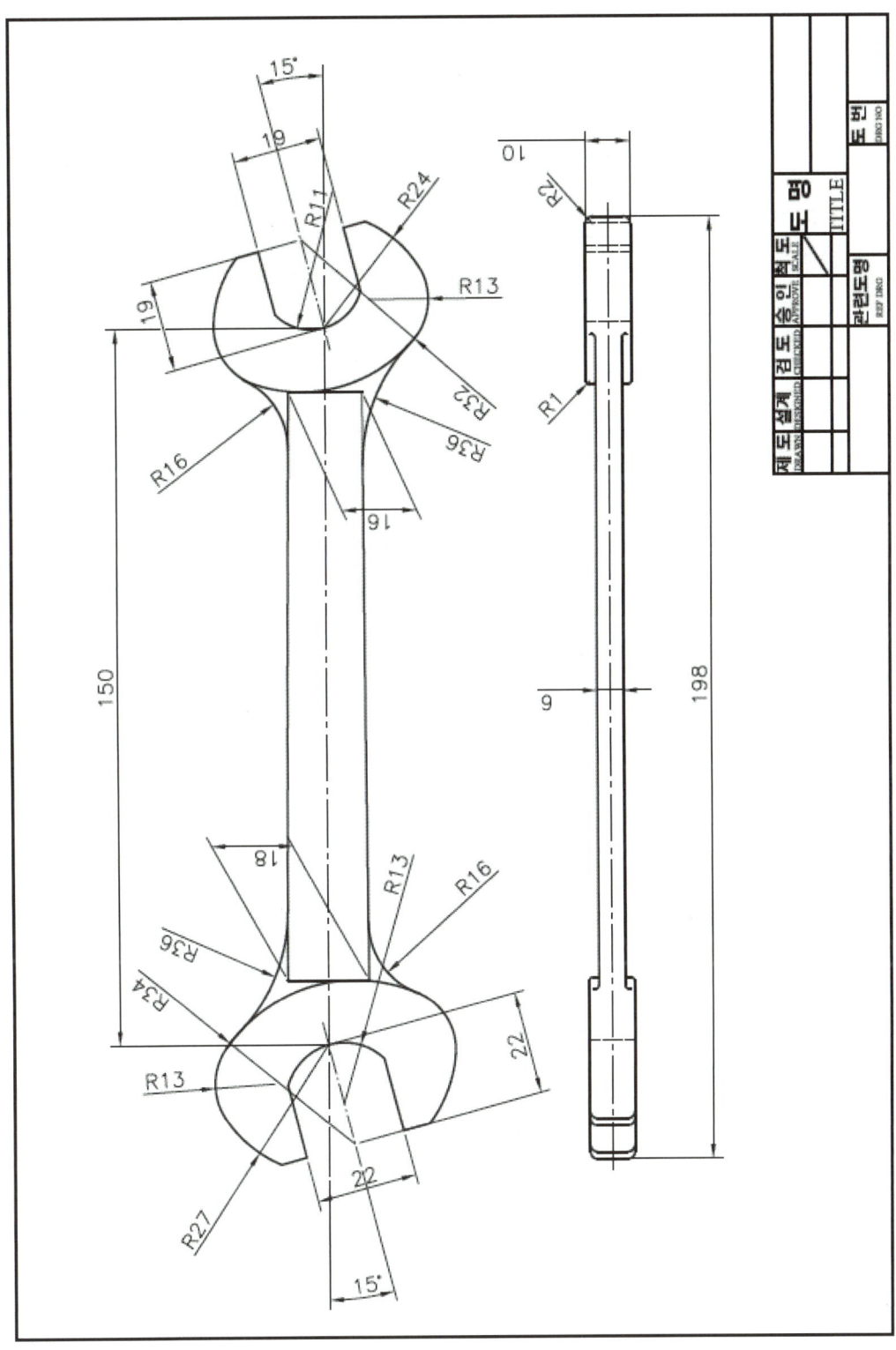

실습과제 51〉 다음 도형을 작도하고, 치수를 기입합니다.

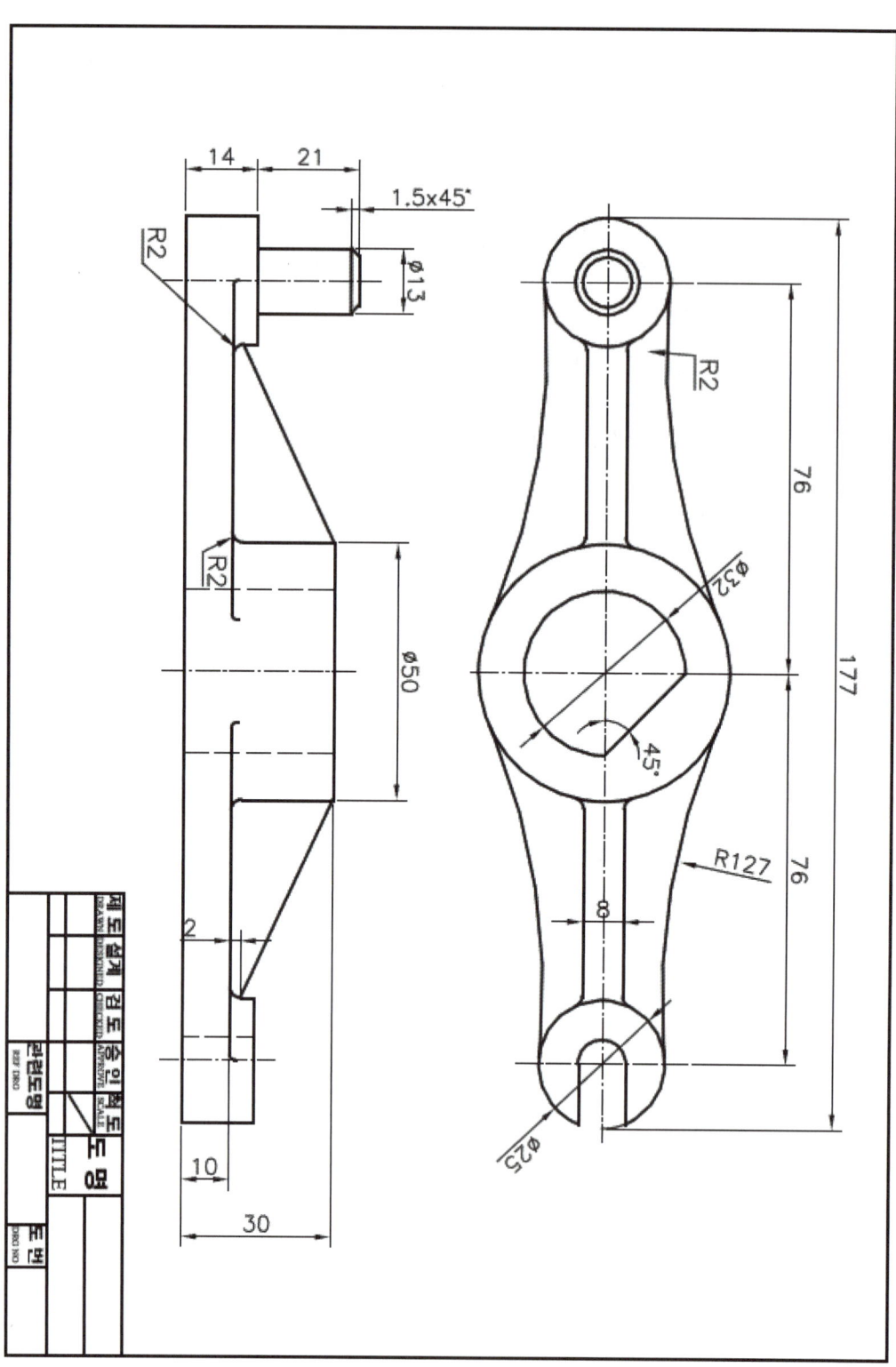

실습과제 52〉 도면층, 선종류를 이용해서 다음 도형을 작도합니다.

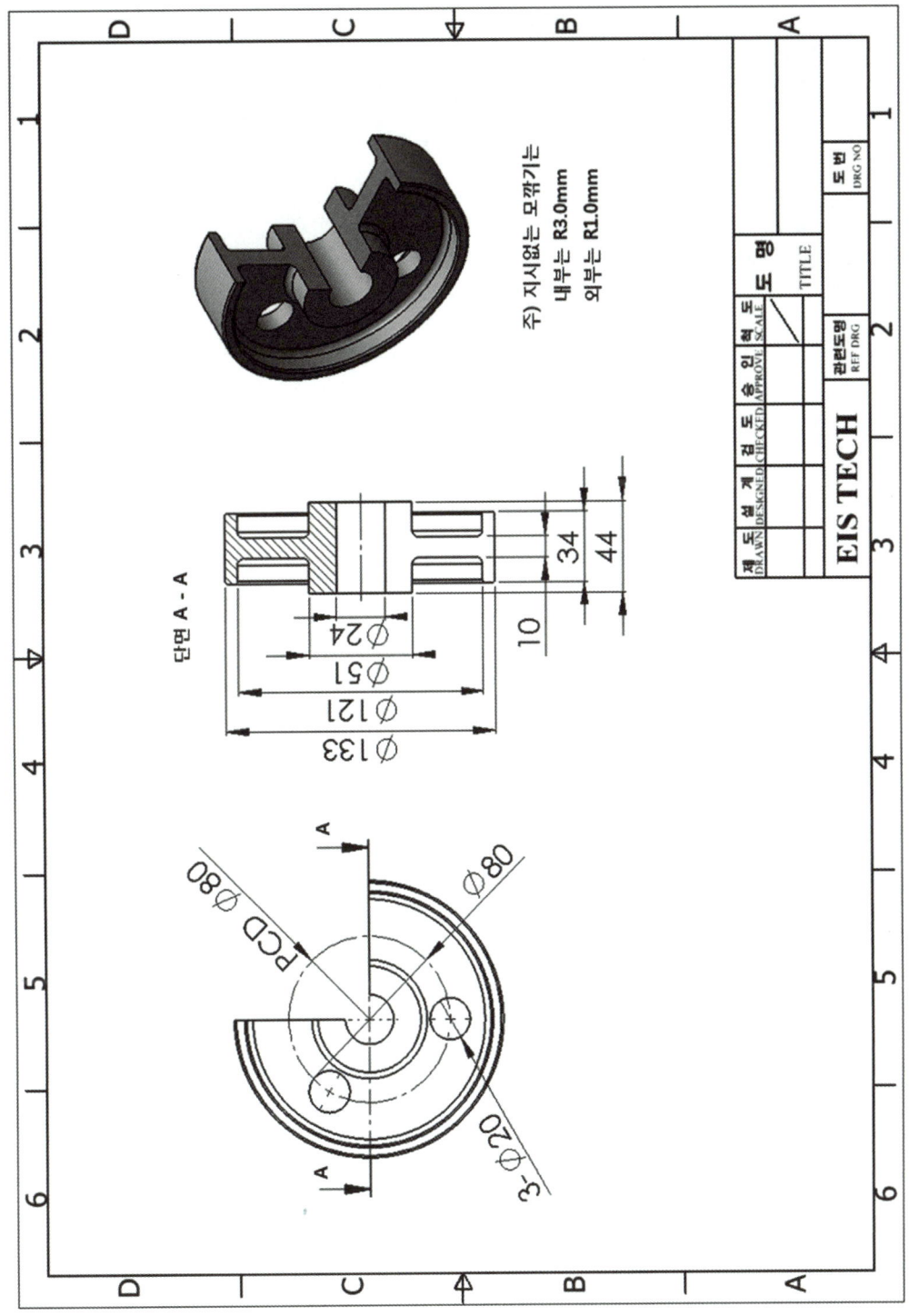

■ 이 장에서 다음의 내용을 학습하게 됩니다.

① 도면 출력을 위해 플로터를 구성할 수 있습니다.
② 도면 출력을 위해 플롯 스타일을 작성할 수 있습니다.
③ 플롯(Plot) 명령을 호출하고, 옵션을 설정할 수 있습니다.
④ 모형(Model) 공간 혹은 배치(Layout) 공간에서 설계한 형상을 플롯 할 수 있습니다.
⑤ 일반적인 도면 작성 과정을 숙달할 수 있습니다.

CHAPTER

10

도면 출력
(Plot drawings)

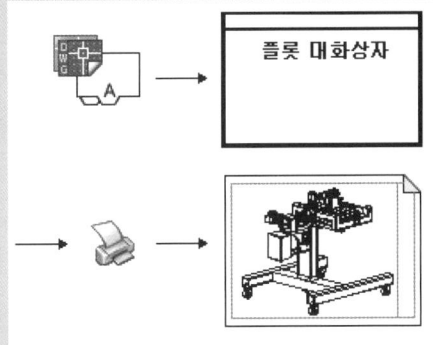

01 도면 출력 (Plot a drawings)

도면 출력(Plotting a drawing)은 도면의 하드카피 인쇄를 작성하는 프로세스입니다. 도면 작도가 완료되면, 설계자는 최종 제품에 대한 아이디어와 정보를 현장에서 작업하는 엔지니어에게 전달하려면 도면의 하드카피가 필수적입니다.

그러나 AutoCAD에서 도면을 플롯/인쇄(Plotting/printing)하는 방법을 배우기 전에 플로터(출력 장치)를 구성하는 방법과 플롯 스타일(Plot style)을 설정하는 방법을 이해하는 것이 중요합니다.

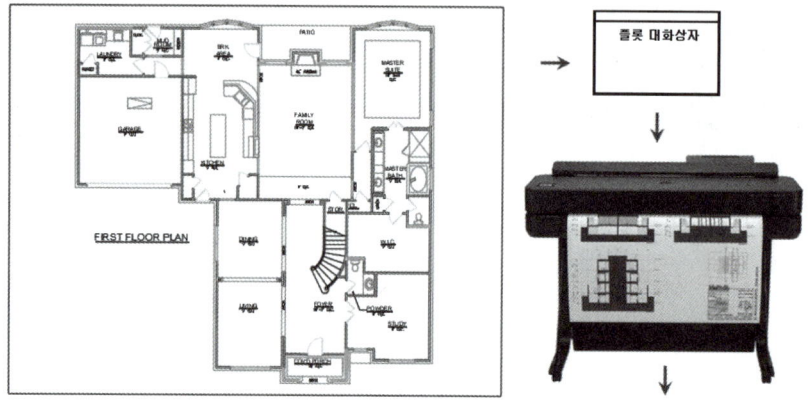

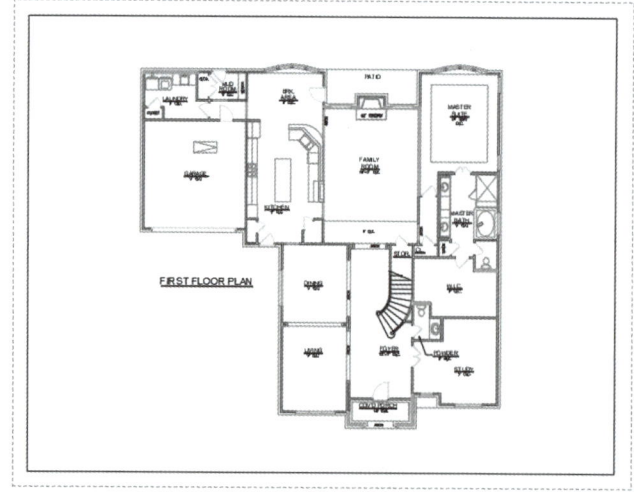

〈Drawing output〉

1.1 플로터 구성(Configuring a plotter)

AutoCAD에서 플로터(Plotter)는 도면의 하드카피를 얻기 위해 출력 정보를 시스템 프린터로 전송하는 데 사용됩니다. 먼저 컴퓨터 시스템에 플로터 구성을 추가해야 하는데 우리는 플로터 관리자 명령을 호출해서 플로터 구성을 추가하거나 편집할 수도 있습니다.

❏ 플로터 관리자 명령(Plottermanager command)

플로터를 구성하려면, 리본 메뉴 '출력' 탭 ⇨ '플롯' 패널에서 '플로터 관리자' 도구를 클릭합니다. 또는 명령행에 Plottermanager를 입력한 다음 엔터키를 누릅니다.

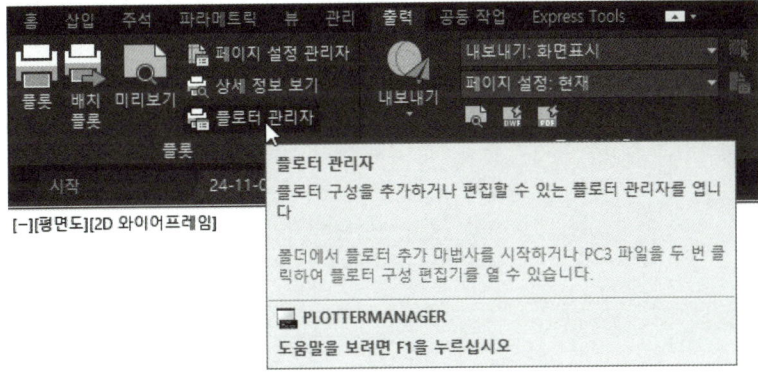

AutoCAD 플로터 목록을 표시하는 플로터(Plotters) 탐색기 창이 나타납니다.

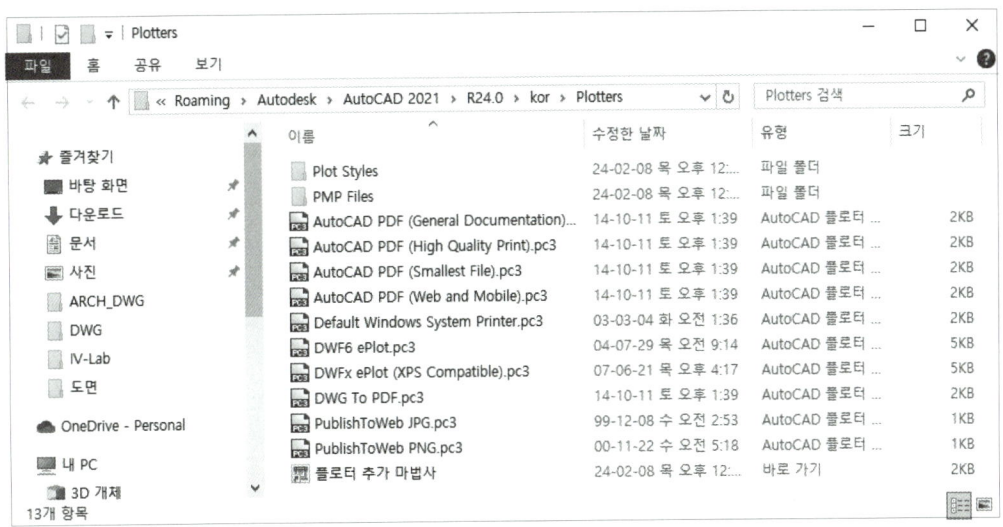

플로터(Plotters) 탐색기 창에서 '플로터 추가 마법사(Add-A-Plotter Wizard)'를 더블 클릭합니다. '플로터 추가(Add plotter)' 대화상자가 개요 페이지와 함께 표시됩니다. [다음(N)] 버튼을 클릭합니다.

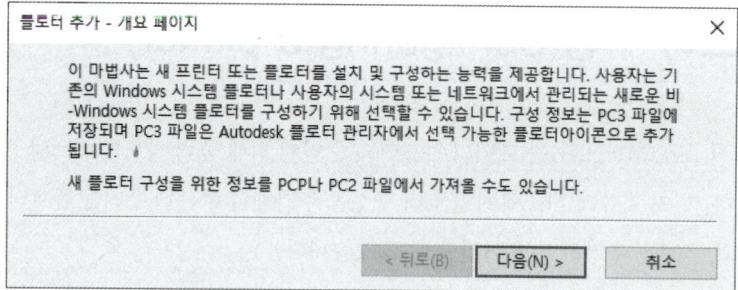

'플로터 추가(Add Plotter)' 대화상자의 시작(Begin) 페이지가 나타납니다.

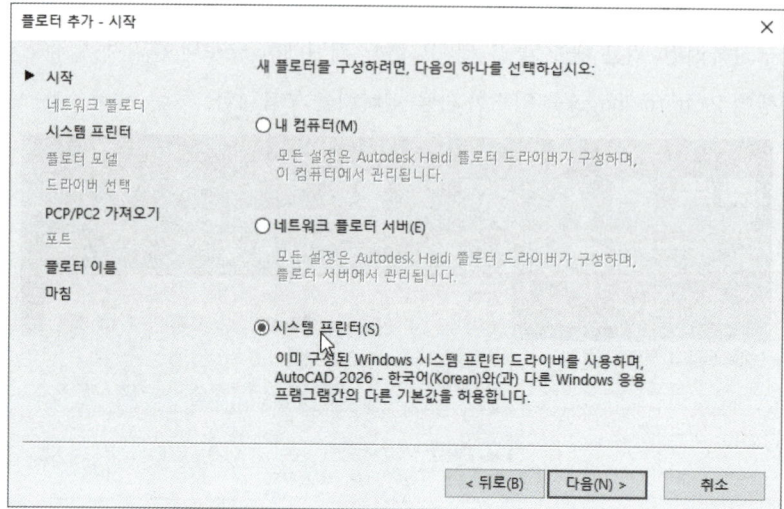

❏ 내 컴퓨터

만일 '내 컴퓨터'를 선택하면, 로컬 비시스템 플로터를 구성할 수 있습니다. 모든 설정은 Autodesk Heidi 플로터 드라이버를 구성하며, 이 컴퓨터에서 관리됩니다.

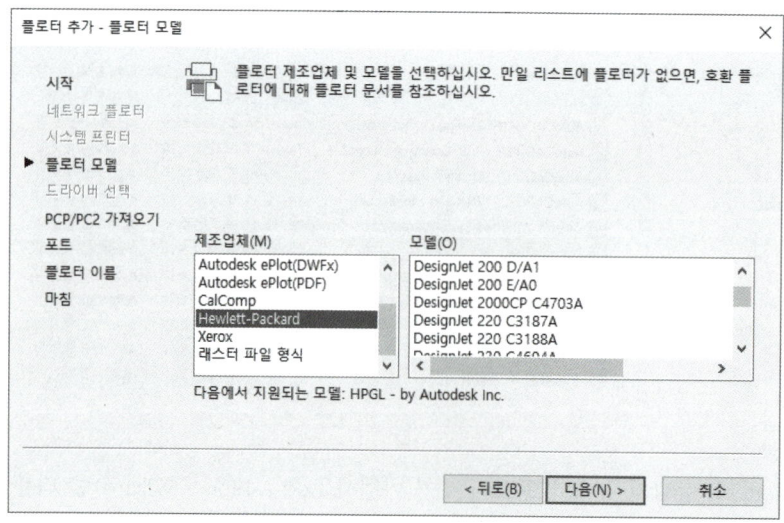

1 플로터 추가 - 플로터 모델 페이지에서 제조업체와 모델을 선택합니다. 다음을 클릭합니다.

PostScript 장치를 구성할 경우, 제조업체 리스트에서 Adobe를 선택합니다. 원하는 플로터가 사용할 수 있는 플로터 리스트에 없으며 해당 플로터에 대한 드라이버 디스크가 있는 경우 디스크 있음을 클릭하여 해당 드라이버 디스크에서 HIF 파일을 찾은 다음 플로터와 함께 제공된 드라이버를 설치합니다.

2 PCP 또는 PC2 가져오기 페이지에서 다음을 클릭하여 계속합니다.

주: PCP 및 PC2 가져오기는 더 이상 지원되지 않습니다.

3 플로터 추가 - 포트 페이지에서 플롯할 때 사용할 포트를 선택합니다. 다음을 클릭합니다. 지정된 장치에 사용할 수 있는 포트가 표시됩니다.

4 플로터 추가 - 플로터 이름 페이지에서 현재 구성한 플로터를 식별하는 이름을 입력합니다. 다음을 클릭합니다.

5 플로터 추가 - 마침 페이지가 표시되면 마침을 클릭하여 플로터 추가 마법사를 종료할 수 있습니다. 새로 구성된 플로터에 대한 PC3 파일은 플로터 윈도우에 표시되며, 플롯할 때 장치 리스트에서 이 플로터를 선택할 수 있습니다.

이때 플로터 추가 - 마침 페이지에서 플로터 구성 편집을 클릭하여 플로터의 기본 설정을 변경할 수 있습니다. 플로터 추가 - 마침 페이지에서 플로터 교정을 클릭하여 새로 구성한 플로터에 대해 플롯 교정을 수행할 수도 있습니다.

❏ 네트워크 플로터 서버

만일 '네트워크 플로터 서버'를 선택하면, 네트워크 비시스템 플로터를 구성할 수 있습니다.

모든 설정은 Autodesk Heidi 플로터 드라이버를 구성하며, 플로터 서버에서 관리됩니다.

1 플로터 추가 - 네트워크 플로터 페이지에서 사용할 네트워크 플로터 서버의 공유 이름을 입력합니

다. 네트워크에 서버가 있어야 합니다. 자세한 정보는 시스템 관리자를 참고하십시오.
UNC(Universal Naming Convention)를 사용해야 합니다. UNC 경로의 올바른 형식은 ₩₩server name₩share name입니다. 찾아보기를 선택하여 네트워크에 있는 기존의 공유 이름을 선택할 수 있습니다.

② 플로터 추가 - 플로터 모델 페이지에서 제조업체와 모델을 선택합니다. 다음을 클릭합니다.
PostScript 장치를 구성할 경우, 제조업체 리스트에서 Adobe를 선택합니다.
원하는 플로터가 사용할 수 있는 플로터 리스트에 없으며 해당 플로터에 대한 드라이버 디스크가 있는 경우 디스크 있음을 클릭하여 해당 드라이버 디스크에서 HIF 파일을 찾은 다음 플로터와 함께 제공된 드라이버를 설치합니다.

③ PCP 또는 PC2 가져오기 페이지에서 다음을 클릭하여 계속합니다.
주: PCP 및 PC2 가져오기는 더 이상 지원되지 않습니다.

④ 플로터 추가 - 플로터 이름 페이지에서 현재 구성한 플로터를 식별하는 이름을 입력합니다. 다음을 클릭합니다.

⑤ 플로터 추가 - 마침 페이지가 표시되면 마침을 클릭하여 플로터 추가 마법사를 종료할 수 있습니다. 새로 구성된 플로터에 대한 PC3 파일은 플로터 윈도우에 표시되며, 플롯할 때 장치 리스트에서 이 플로터를 선택할 수 있습니다.
이때 플로터 추가 - 마침 페이지에서 플로터 구성 편집을 클릭하여 플로터의 기본 설정을 변경할 수 있습니다. 플로터 추가 - 마침 페이지에서 플로터 교정을 클릭하여 새로 구성한 플로터에 대해 플롯 교정을 수행할 수도 있습니다.

❑ 시스템 프린터

'시스템 프린터(System Printer)' 라디오 버튼을 선택하고, [다음(N)] 버튼을 클릭합니다. 시스템에 설치된 시스템 프린터 목록을 표시하는 플로터 추가(Add Plotter) 대화상자의 시스템 프린터 페이지가 나타납니다.

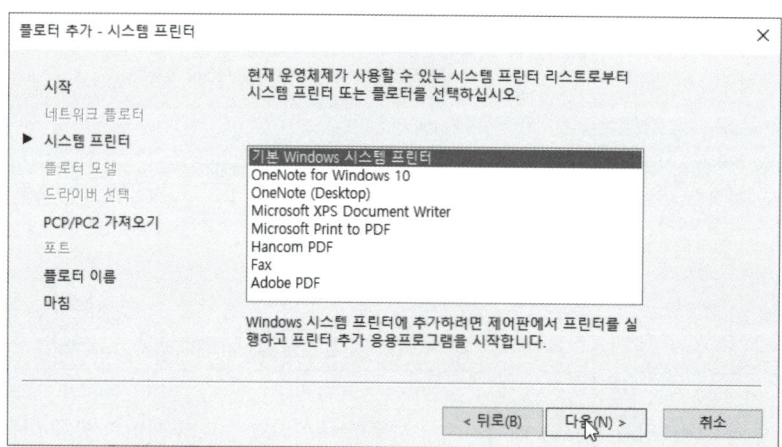

1 플로터 추가 - 플로터 모델 페이지에서 제조업체와 모델을 선택합니다. 다음을 클릭합니다. PostScript 장치를 구성할 경우, 제조업체 리스트에서 Adobe를 선택합니다.

원하는 플로터가 사용할 수 있는 플로터 리스트에 없으며 해당 플로터에 대한 드라이버 디스크가 있는 경우 디스크 있음을 클릭하여 해당 드라이버 디스크에서 HIF 파일을 찾은 다음 플로터와 함께 제공된 드라이버를 설치합니다.

2 PCP 또는 PC2 가져오기 페이지에서 다음을 클릭하여 계속합니다.

주: PCP 및 PC2 가져오기는 더 이상 지원되지 않습니다.

3 플로터 추가 - 포트 페이지에서 플롯할 때 사용할 포트를 선택합니다. 다음을 클릭합니다. 지정된 장치에 사용할 수 있는 포트가 표시됩니다.

4 플로터 추가 - 플로터 이름 페이지에서 현재 구성한 플로터를 식별하는 이름을 입력합니다. 다음을 클릭합니다.

5 플로터 추가 - 마침 페이지가 표시되면 마침을 클릭하여 플로터 추가 마법사를 종료할 수 있습니다. 새로 구성된 플로터에 대한 PC3 파일은 플로터 윈도우에 표시되며, 플롯할 때 장치 리스트에서 이 플로터를 선택할 수 있습니다.

이때 플로터 추가 - 마침 페이지에서 플로터 구성 편집을 클릭하여 플로터의 기본 설정을 변경할 수 있습니다. 플로터 추가 - 마침 페이지에서 플로터 교정을 클릭하여 새로 구성한 플로터에 대해 플롯 교정을 수행할 수도 있습니다.

만일 '플로터 추가 – 시스템 프린터' 대화상자에서 '기본 Windows 시스템 프린터'를 선택하고, [다음(N)] 버튼을 클릭한다면, '플로터 추가 – 마침' 대화상자가 표시됩니다.

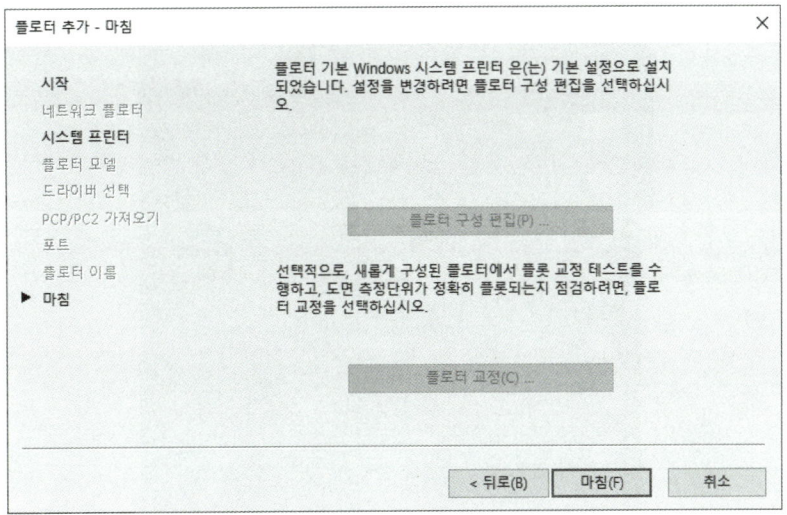

이 대화상자의 마침 페이지는 기본 구성 설정으로 플로터가 성공적으로 설치되었음을 알려줍니다. 만일 이 페이지의 플로터 구성 편집(Edit Plotter Configuration) 버튼이 활성화되어 있으면, 이 버튼을 클릭하여 설치된 플로터의 기본 구성 설정을 수정할 수 있습니다.

플로터에 대한 기본 구성 설정을 수락한 다음 대화상자에서 마침(Finish) 버튼을 클릭합니다. 대화상자가 닫히고 AutoCAD에 플로터가 추가됩니다.

플로터를 추가하고 USB나 와이파이를 통해 시스템 프린터를 컴퓨터와 연결한 후 도면을 출력할 수 있습니다. 그러나 출력을 시작하기 전에 도면을 그리기 위한 '플롯 스타일'을 만드는 방법을 이해하는 것이 중요합니다.

1.2 플롯 스타일 작성하기(Creating a plot style)

플롯 스타일(Plot Style)은 색상, 선종류, 선가중치, 선 끝 스타일 등을 포함하는 도면 객체의 모양을 정의하는 데 사용됩니다. 플롯 스타일은 도면 객체의 도면층 특성을 재정의합니다. 예를 들어, 빨간색이 도면층에 할당되고 파란색이 플롯 스타일에 할당된 다음 도면을 플롯할 때 객체가 파란색으로 표시됩니다. 그러나 플롯 스타일이 할당되지 않는 경우 객체는 도면층에 할당된 빨간색으로 표시됩니다.

❏ 플로터 스타일 관리자(Plotter style manager) 명령

플롯 스타일 관리자(Plot style manager) 명령을 사용하면, 새 플롯 스타일을 편집하거나 추가할 플롯 스타일을 선택할 수 있는 기존 플롯 스타일의 폴더가 열립니다.

플롯 스타일을 만들려면, 명령행에 Stylesmanager이라고 입력한 다음 엔터키를 누릅니다.

또는 Application Menu ⇨ 인쇄 ⇨ '플롯 스타일 관리' 명령 아이콘을 클릭합니다.

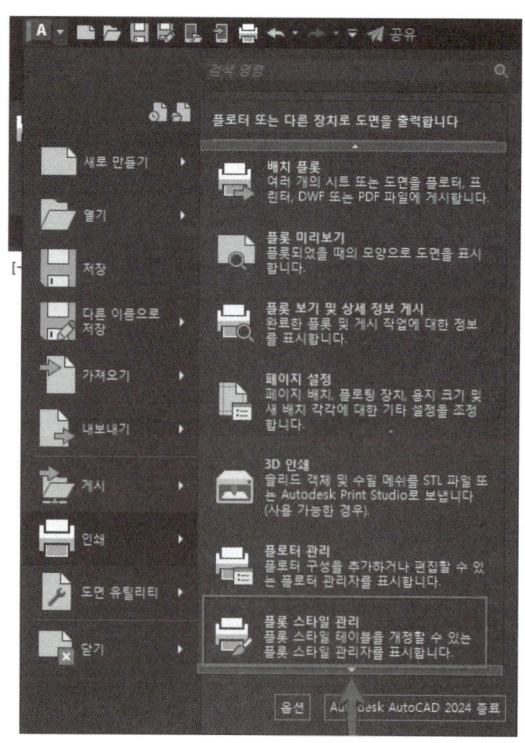

플롯 스타일 시스템 창이 열리고 사전 정의된 플롯 스타일 파일 목록이 표시됩니다.

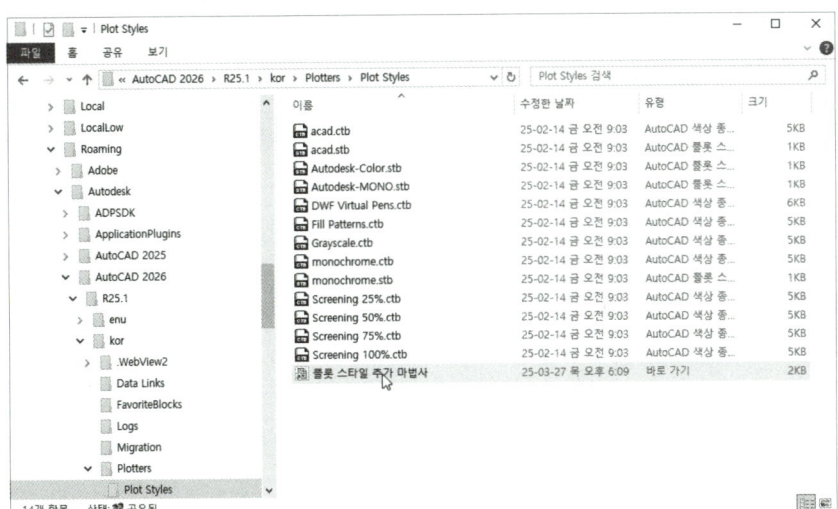

이 플롯 스타일 탐색기에서 '플롯 스타일 추가 마법사'를 더블 클릭합니다. '플롯 스타일 테이블 추가 (Add plot style table)' 대화상자가 나타납니다.

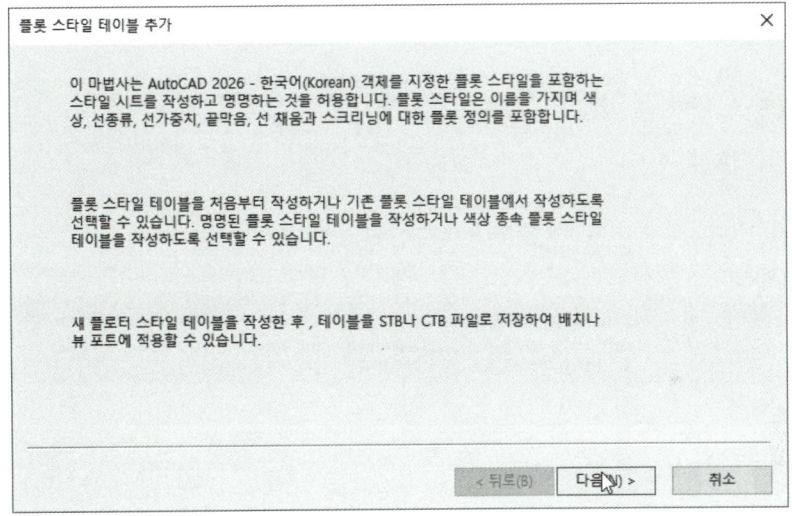

지정된 정보를 읽은 다음 '플롯 스타일 테이블 추가(Add plot style table)' 대화상자에서 [다음(Next)] 버튼을 클릭합니다.

플롯 스타일 테이블 추가(Add plot style table) 대화상자의 시작(Begin) 페이지에서 '처음부터 시작 (Start from scratch)' 라디오 버튼이 기본적으로 선택되어 있습니다. 이 라디오 버튼은 처음부터 새 플롯 스타일을 만드는 데 사용됩니다.

'기존의 플롯 스타일 테이블 사용 라디오' 버튼을 선택하면, 기존 플롯 스타일을 기본 스타일로 선택하여 새 플롯 스타일을 만들 수 있습니다.

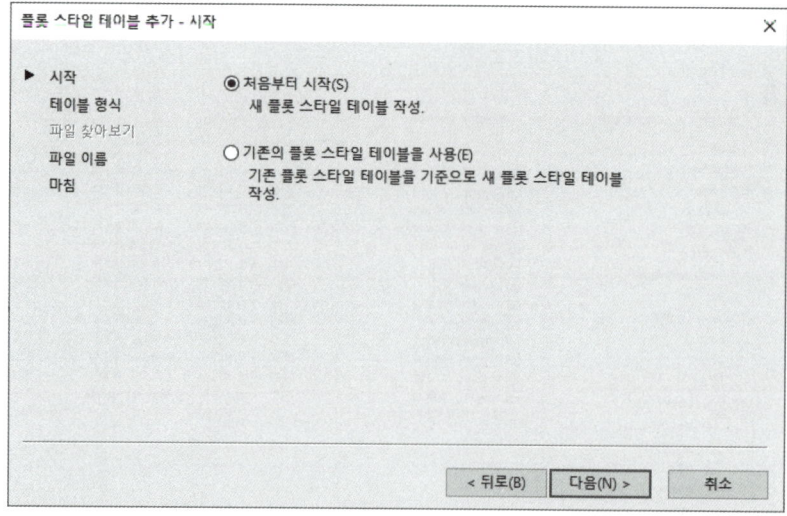

대화상자에서 '처음부터 시작(Start from scratch)' 라디오 버튼을 선택하고, [다음(Next)] 버튼을 클릭합니다. 대화상자의 플롯 스타일 테이블 추가 - 플롯 스타일 테이블 선택(Pick plot style table) 페이지가 나타납니다.

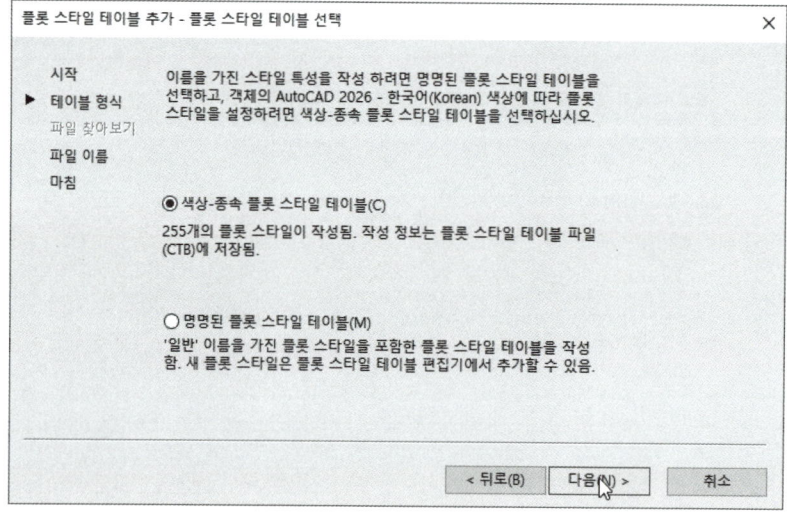

대화상자의 플롯 스타일 테이블 선택(Pick plot style table) 페이지를 사용하여 작성할 플롯 스타일(Plot style) 유형을 선택합니다. 대화상자에서 각각의 라디오 버튼을 선택하여 '색상-종속' 및 '명명된 플롯' 스타일의 두 가지 유형을 만들 수 있습니다.

색상-종속 플롯 스타일 테이블(Color-dependent plot style table)을 사용하면, 개별 AutoCAD 색상에 플롯 스타일을 할당할 수 있습니다. 예를 들어 도면의 빨간색 객체에는 0.5mm 굵기를 할당하고 도면의 파란색 객체에는 0.75mm 굵기를 할당할 수 있습니다. 이 경우 모든 빨간색 객체는 0.5mm 굵기(펜)로 출력되고, 파란색 객체는 0.75mm 굵기(펜)로 출력됩니다.

색상-종속 플롯 스타일 테이블(Color-dependent plot style table)은 특정 물리적 펜으로 도면 객체를 강조 표시하는 이전 방법과 유사하지만, 명명된 플롯 스타일 테이블(Named plot style table)을 사용하면, 색상 대신 도면의 객체 또는 도면층에 직접 플롯 스타일을 할당할 수 있습니다.

해당 라디오 버튼 '색상-종속 플롯 스타일 테이블(Color-dependent plot style table)' 또는 '명명된 플롯 스타일 테이블(Named plot style table)'을 선택하여 대화상자에서 필요한 플롯 스타일 유형을 선택한 후에 [다음(Next)] 버튼을 클릭합니다.

플롯 스타일 테이블 추가 대화상자의 파일 이름(File name) 페이지가 나타납니다. 대화상자의 파일 이름(File name) 필드에 플롯 스타일의 이름을 입력한 후에 다음(Next) 버튼을 클릭합니다.

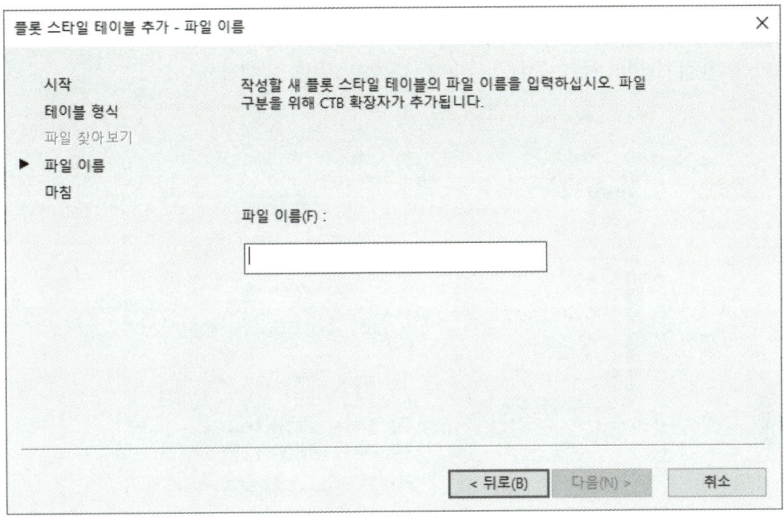

플롯 스타일 테이블 추가(Add plot style table) 대화상자의 마침(Finish) 페이지가 나타납니다.

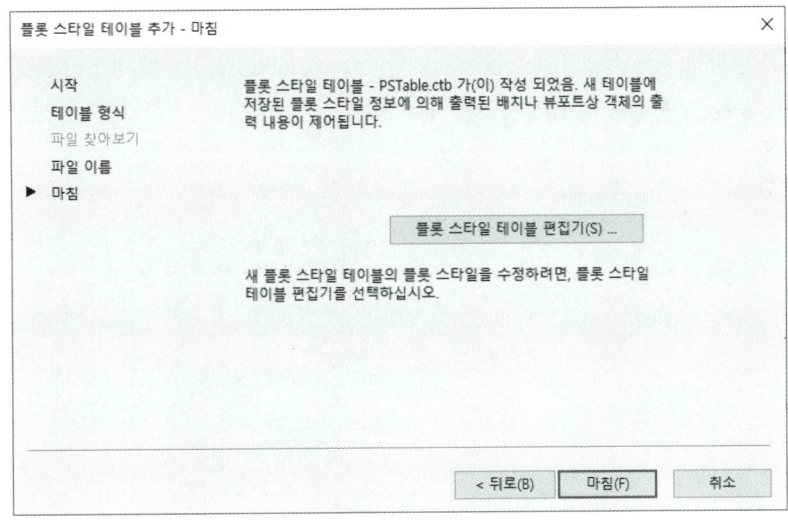

대화상자의 마침(Finish) 페이지는 대화상자의 플롯 스타일 테이블 선택(Pick plot style table) 페이지에서 선택한 플롯 스타일(Plot style) 유형에 따라 나타납니다.

위 그림은 색상-종속 플롯 스타일 테이블(Color-dependent plot style table) 라디오 버튼을 플롯 스타일로 선택했을 때 마침(Finish) 페이지를 보여 줍니다. 대화상자의 마침(Finish) 페이지에서는 플롯 스타일이 기본 설정으로 생성되었음을 알려줍니다.

마침(Finish) 페이지의 플롯 스타일 테이블 편집기(Plot style table editor) 버튼을 사용하여 추가된 플롯 스타일(Plot style)의 기본 설정을 편집할 수 있습니다.

플롯 스타일 테이블 편집기(Plot style table editor) 버튼을 클릭하면, 플롯 스타일 테이블 편집기 대화상자가 나타납니다. 플롯 스타일 테이블 편집기 대화상자의 표시는 선택한 플롯 스타일 유형에 따라 달라집니다.

다음 그림은 색상-종속 플롯 스타일 테이블(Color-dependent plot style table)을 선택한 경우의 플롯 스타일 테이블 편집기(Plot style table editor) 대화상자를 보여 줍니다.

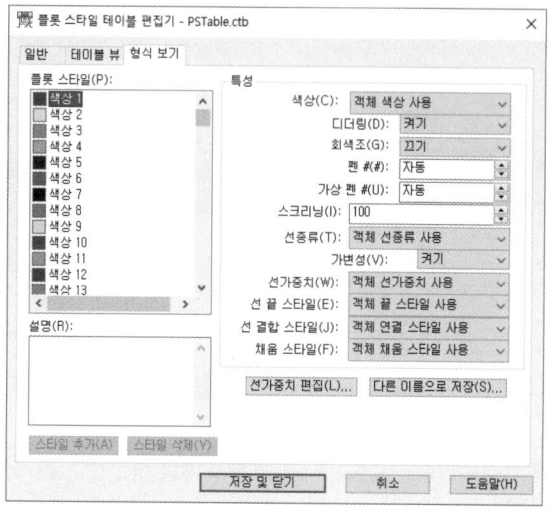

다음 그림은 명명된 플롯 스타일 테이블(Named plot style table)을 선택한 경우의 플롯 스타일 테이블 편집기(Plot style table editor) 대화상자를 보여 줍니다.

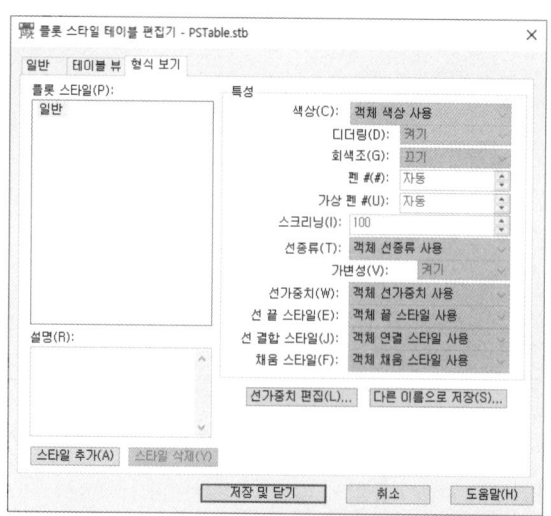

플롯 스타일 테이블 편집기(Plot style table editor) 대화상자에는 일반(General), 테이블 뷰(Table view) 및 형식 보기(Form view)의 세 가지 탭이 있습니다. 이 탭을 사용하면 플롯 스타일의 모든 특성을 편집할 수 있습니다.

대화상자의 일반(General) 탭에는 플롯 스타일의 이름, 경로, 축척 계수 및 설명과 같은 정보가 표시됩니다. 이 탭에서는 설명을 제외하고 제공된 모든 정보만 읽습니다.

대화상자의 테이블 뷰 탭에는 플롯 스타일에서 생성된 기존 스타일이 해당 특성과 함께 모두 표시됩니다. 색상-종속 플롯 스타일 테이블(Color-dependent plot style table)의 경우 대화상자의 테이블 뷰(Table view) 탭에 다양한 색상 스타일(Color 1, Color 2, Color 3…. 및 Color 255)이 표시됩니다. 대화상자의 이 탭에서 Color 1, Color 2 또는 Color 3과 같은 색상 스타일을 선택한 다음 대화상자에 있는 테이블 뷰(Table view) 탭의 각 필드 또는 드롭다운 목록을 사용하여 해당 특성을 편집할 수 있습니다.

반면, 명명된 플롯 스타일 테이블(Named plot style table)의 경우 일반(Normal) 스타일이 기본적으로 생성된 스타일이며 대화상자의 테이블 뷰(Table view) 탭에 표시됩니다.

대화상자의 스타일 추가(Add style) 버튼을 사용하여 기본 스타일을 편집하거나 새 스타일을 추가할 수 있습니다(위 그림 참조).

대화상자의 테이블 뷰 탭에서 스타일 추가(Add style) 버튼을 클릭하면, 기본 스타일 이름이 "스타일 1"인 새 열이 대화상자에 추가됩니다.

새로 추가된 열(스타일 1)의 필드 또는 드롭다운 목록을 사용하여 스타일 이름을 변경하고 객체 색상, 선종류, 선가중치, 스크리닝 및 선 끝 스타일과 같은 스타일 특성을 편집할 수 있습니다.

플롯 스타일 테이블 편집기(Plot style table editor) 대화상자의 형식 보기(Form view) 탭에는 사용할 수 있는 모든 스타일 목록이 표시됩니다. 사용할 수 있는 스타일은 대화상자의 플롯 스타일 영역에 표시되고 선택한 스타일의 특성은 대화상자의 특성 영역에 표시됩니다.

플롯 스타일 영역에서 스타일을 선택한 다음 대화상자의 특성 영역에서 스타일을 편집할 수 있습니다.

플롯 스타일 테이블 편집기(Plot style table editor) 대화상자에서 기존 스타일의 특성을 편집하거나 플롯 스타일에 대한 새 스타일을 만든 후 저장 및 닫기(Save & close) 버튼을 클릭하여 변경 내용을 저장하고 대화상자를 닫습니다.

다음으로 Add plot style table 대화상자에서 Finish(완료) 버튼을 클릭합니다.

플롯 스타일은 시스템의 로컬 드라이브의 플롯 스타일 폴더에 *.ctb 또는 *.stb 파일로 생성 및 저장됩니다.

색상-종속 플롯 스타일은 *.ctb 파일 확장명을 사용하여 저장되지만, 명명된 플롯 스타일은 *.stb 파일 확장명을 사용하여 저장됩니다.

1.3 기본 플롯 스타일 설정(Setting up a default plot style)

플롯 스타일(색상 의존 또는 명명된)을 만든 후 플롯을 위해 도면에 플롯 스타일을 추가해야 합니다. '옵션' 대화상자를 사용하여 플롯 스타일을 추가할 수 있습니다.

도면을 표시하기 위한 플롯 스타일을 추가하려면, 명령행에 OP를 입력한 다음 엔터키를 누릅니다. '옵션' 대화상자가 나타납니다. '옵션' 대화상자에서 '플롯 및 게시' 탭을 클릭합니다.

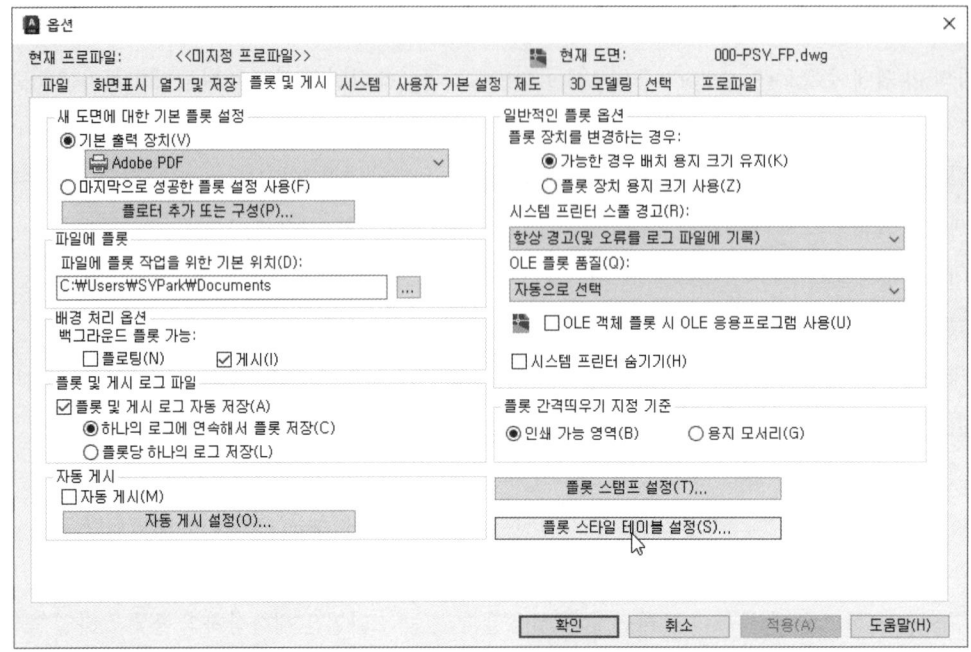

다음으로 대화상자 오른쪽 아래에 있는 플롯 스타일 테이블 설정(Plot style table settings) 버튼을 클릭합니다.

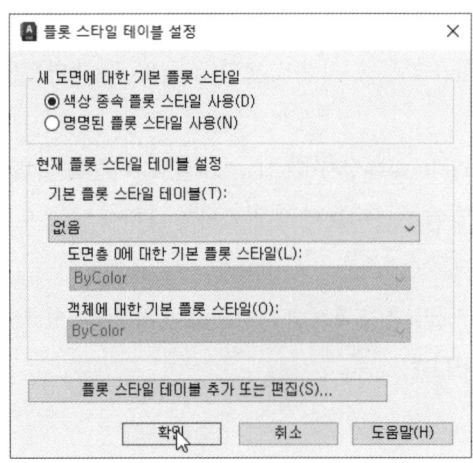

'플롯 스타일 테이블 설정(Plot style table settings)' 대화상자에서 '색상 종속 플롯 스타일 사용(Use color dependent plot styles)' 라디오 버튼이 새 도면의 기본 플롯 스타일 동작 영역에서 선택되고, 기본 플롯 스타일 테이블 드롭다운 목록에서 '없음' 옵션이 선택됩니다.

결과적으로 색상 종속 플롯 스타일이 도면을 표시하기 위한 기본 플롯 스타일로 사용됩니다.

기본 플롯 스타일 테이블 드롭다운 목록에서 색상 종속 플롯 스타일을 기본 플롯 스타일로 선택할 수 있습니다.

명명된 플롯 스타일을 기본 플롯 스타일로 정의하려면, 대화상자의 '새 도면에 대한 기본 플롯 스타일' 영역에서 명명된 플롯 스타일 사용 라디오 버튼을 선택합니다. 그런 다음 기본 플롯 스타일 테이블 (Default plot style table) 드롭다운 목록에서 필요한 명명된 플롯 스타일(Named plot styles)을 선택합니다.

또한 대화상자의 도면층 0에 대한 기본 플롯 스타일(Default plot style for layer 0) 드롭다운 목록에서 도면층 0에 대한 기본 플롯 스타일(Default plot style for layer 0)의 객체에 대한 디폴트 플롯 스타일 (Default plot style)과 객체에 대한 기본 플롯 스타일(Default plot style for objects) 드롭다운 목록에서 도면 객체에 대한 기본 플롯 스타일(Default style)을 선택할 수 있습니다.

기본 플롯 스타일('색상 종속' 또는 '명명된')을 지정한 후 '플롯 스타일 테이블 설정' 대화상자에서 [확인] 버튼을 클릭한 다음 '옵션' 대화상자에서 [확인] 버튼을 클릭합니다.

기본 플롯 스타일이 지정됩니다. 플롯 스타일 테이블 설정(Plot style table settings) 대화상자에서 변경된 내용은 새 도면에만 반영됩니다(현재 도면에는 반영되지 않음).

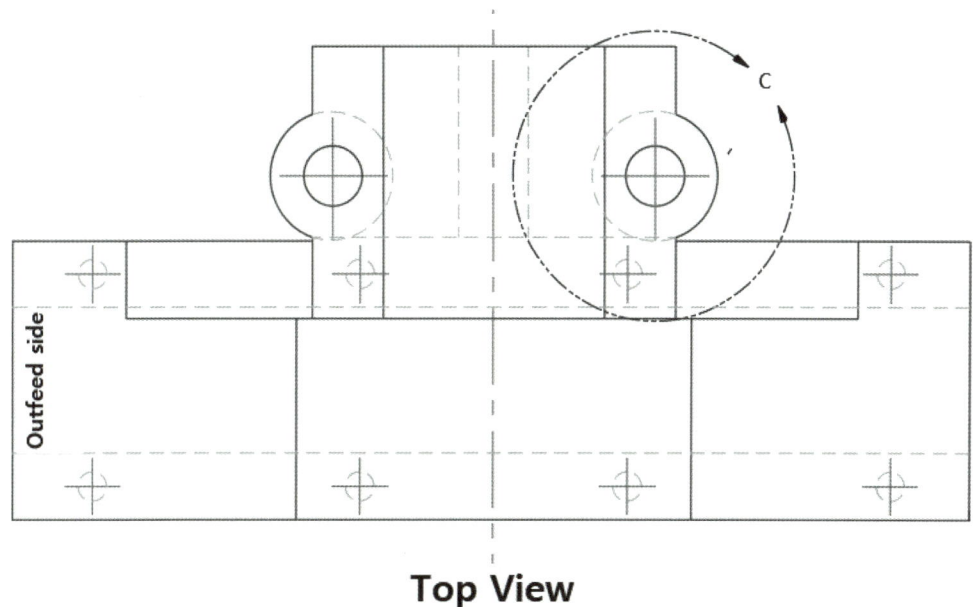

〈샘플 도면〉

02 도면 출력하기 (Plotting drawings)

2.1 도면 플롯하기(Plotting a drawing)

플로터를 추가하고 플롯 스타일(Plot style)을 만든 후 필요에 따라 용지에 도면을 플롯(Plot)할 수 있습니다. 모형(Model) 공간뿐만 아니라 용지(Layout) 공간에도 도면을 그릴 수 있습니다. 모형 공간에 도면을 도시하는 것은 일반적으로 테스트 플롯(Test plot)을 만들기 위해 수행됩니다. 반면에 용지(Layout) 공간은 다양한 뷰포트에 여러 축척된 도면 뷰를 표시할 수 있는 도면을 표시하는 데 권장되는 환경입니다.

두 환경(모델 공간 및 용지 공간)에서 도면을 표시하는 방법은 동일합니다. 도면을 표시하려면, 도면을 표시하는 데 필요한 환경(모델 공간 또는 용지 공간)을 활성화합니다. 모형(Model) 공간을 활성화하려면, 모형(Model) 탭을 클릭합니다. 도면(Paper) 공간을 활성화하려면, 도면 영역의 왼쪽 아래 모서리에 있는 필요한 배치 탭(Layout1, Layout2⋯.)을 클릭합니다.

❏ 플롯 명령(Plot command) – 플롯 대화상자(Plot dialog box)

플롯(Plot) 명령은 플롯 대화상자의 설정을 이용하여 활성 도면의 데이터를 플로터, 프린터 또는 파일로 인쇄합니다. 또한 플롯 명령은 배치에서 설정한 내용을 지정된 플로터로 전송하는 것입니다.

[출력] 탭 ➪ [플롯] 패널에서 '플롯' 명령을 클릭합니다. 또는 CTRL+ P를 눌러 플롯 대화상자를 호출할 수 있습니다.

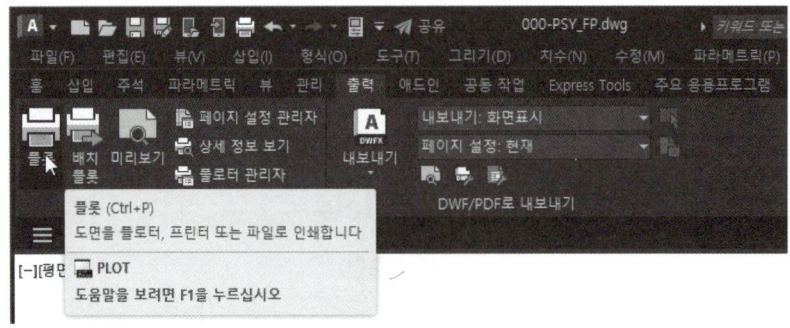

활성 '모형' 탭 또는 활성 '배치(Layout)' 탭을 마우스 오른쪽 버튼으로 클릭한 다음 단축 메뉴에서 '플롯' 옵션을 클릭하여 '플롯' 대화상자를 호출할 수도 있습니다.

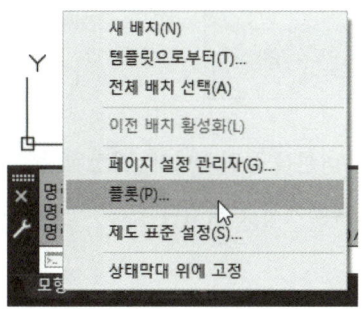
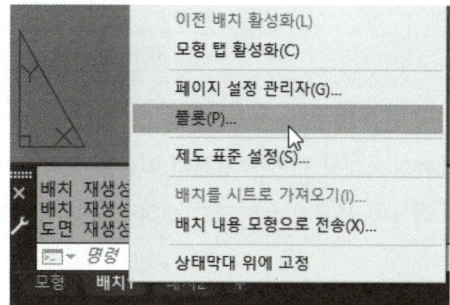

'플롯' 대화상자가 나타납니다.

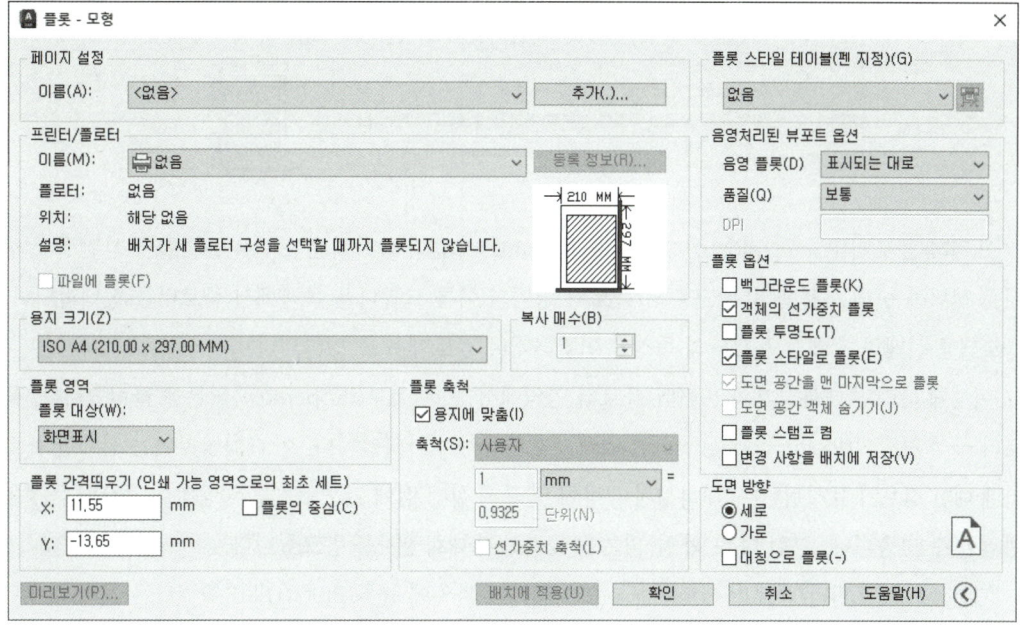

'플롯' 대화상자의 옵션은 플로터, 용지 크기, 플롯 영역, 플롯 축척, 플롯 스타일 및 도면 방향과 같은 플롯 설정을 지정하는 데 사용됩니다.

❏ 플롯 대화상자 – 페이지 설정(Page setup area)

페이지 설정 영역은 이미 저장된 페이지 설정을 선택하는 데 사용됩니다. 그것은 플로터, 용지 크기, 플롯 영역, 플롯 축척, 플롯 스타일, 플롯 옵션 및 도면 방향과 같은 플롯 설정으로 구성됩니다. 페이지 설정 영역의 이름 드롭다운 목록에서 이미 저장된 페이지 설정을 선택할 수 있습니다. 이 영역의 '추가' 버튼을 사용하여 도면에 새 페이지 설정을 추가할 수도 있습니다. 새 페이지 설정을 추가하려면, 먼저 대화상자에서 플로터, 용지 크기, 플롯 영역 및 플롯 축척과 같은 플롯 설정을 지정한 다음 '추가' 버튼을 클릭합니다. '페이지 설정 추가(Add page setup)' 대화상자가 나타납니다.

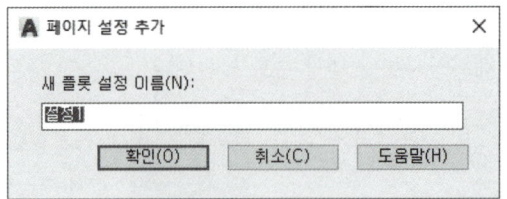

이 대화상자에서 페이지 설정의 이름을 입력한 다음 '확인' 버튼을 클릭합니다. 지정된 플롯 설정이 있는 새 페이지 설정이 추가되고 대화상자의 이름 드롭다운 목록에서 선택됩니다.

❑ 플롯 대화상자 – 프린터/플로터(Printer/plotter area)

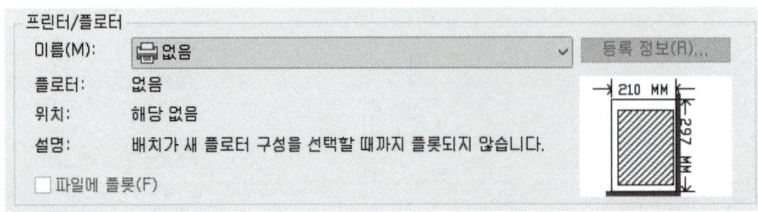

프린터/플로터(Printer/plotter) 영역의 이름(Name) 드롭다운 목록은 도면을 플롯할 구성된 플롯 장치를 선택하는 데 사용됩니다. 프린터/플로터 영역의 이름 드롭다운 목록에서 플로터를 선택합니다. 플로터를 선택한 후에는 플로터의 특성을 편집하거나 검토할 수도 있습니다.

이렇게 하려면 대화상자의 프린터/플로터 영역에서 '등록 정보(Properties)' 버튼을 클릭합니다. 플로터 구성 편집기(Plotter configuration editor) 대화상자가 나타납니다. 이 대화상자에는 선택한 플로터에 대한 정보가 표시됩니다. 대화상자의 장치 및 문서 설정 탭에 있는 옵션을 사용하여 플로터 특성을 편집할 수 있습니다. 그런 다음 '확인' 버튼을 클릭하여 대화상자를 종료합니다.

기본적으로 프린터/플로터(Printer/plotter) 영역의 '파일에 플롯(Plot to file)' 확인란은 선택 해제되어 있습니다. 따라서 선택한 플로터를 사용하여 도면이 인쇄됩니다. 만일 '파일에 플롯(Plot to file)' 확인란을 선택하면, 선택한 플로터에 따라 출력을 .dwf, .plt, .jpg 또는 .png 와 같은 파일로 표시할 수 있습니다. 출력을 .pdf 파일로 플롯할 수도 있습니다. 이렇게 하려면 이름 드롭다운 목록에서 Microsoft Print to PDF 옵션을 선택한 다음 나머지 플롯 설정을 지정합니다.

❑ 플롯 대화상자 – 용지 크기(Paper size)

용지 크기 드롭다운 목록은 선택한 플로터의 표준 용지 크기를 선택하는 데 사용됩니다. 이 드롭다운 목록에는 표준 용지 크기 목록이 표시됩니다.

이 드롭다운 목록의 용지 크기는 대화상자의 프린터/플로터 영역의 이름 드롭다운 목록에서 선택한 플로터에 따라 달라집니다. 이름 드롭다운 목록에서 '없음' 옵션을 선택하면, 모든 표준 용지 크기들이 이 드롭다운 목록에 나열됩니다. 복사 매수(Number of copys) 필드는 인쇄할 복사본 수를 지정하는 데 사용됩니다. 프린터/플로터(Printer/plotter) 영역에서 '파일에 플롯(Plot to file)' 확인란을 선택하면, 복사 매수(Number of copys) 필드가 비활성화됩니다.

❑ 플롯 대화상자 – 플롯 영역(Plot area)

플롯(Plot) 영역의 '플롯 대상(What to Plot)' 옵션은 인쇄할 도면의 부분을 지정하는 데 사용됩니다. 표시할 내용 드롭다운 목록의 옵션은 모형(Model) 공간 또는 용지(Layout) 공간에 표시되는지에 따라 표시됩니다. 다음 왼쪽 그림은 모형(Model) 공간에 있을 때 표시할 내용 드롭다운 목록을 보여 주고, 오른쪽 그림은 용지(Layout) 공간에 있을 때 표시할 내용 드롭다운 목록을 보여 줍니다.

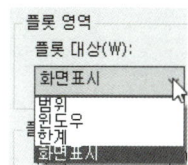 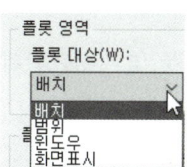

① 화면표시(Display)

플롯 대상(What to Plot) 드롭다운 목록의 화면표시(Display) 옵션은 화면에 현재 표시되는 도면 부분을 표시하는 데 사용됩니다.

② 범위(Extents)

범위(Extent) 옵션은 객체가 포함된 도면의 부분을 표시하는 데 사용됩니다. 이 옵션을 사용하면, 일부 객체가 현재 화면에 표시되지 않더라도 전체 도면을 플롯할 수 있습니다.

③ 한계(Limits)

한계(Limits) 옵션은 도면 한계에 의해 정의되는 전체 영역을 표시하는 데 사용됩니다.

이 옵션은 모형 공간에 도면을 표시하는 경우에만 사용할 수 있습니다.

④ 윈도우(Window)

윈도우 옵션은 인쇄할 도면의 영역/부분 주변에 창을 정의하는 데 사용됩니다. 윈도우 옵션을 선택하면, 플롯 대화상자가 사라지고 윈도우의 첫 번째 모서리를 지정하라는 메시지가 표시됩니다. 첫 번째 모서리를 지정하려면 클릭합니다. 창의 반대쪽 모서리를 지정하라는 메시지가 나타납니다. 반대쪽 모서리를 지정하려면 클릭합니다. 플롯 될 영역이 창에 의해 정의되고 플롯 대화상자가 다시 나타납니다.

⑤ 배치(Layout)

배치(Layout) 옵션은 활성 배치의 인쇄 가능 영역 내에 있는 도면을 표시하는 데 사용됩니다.

이 옵션은 용지 공간(배치)에 도면을 표시하는 경우에만 사용할 수 있습니다.

❑ 플롯 대화상자 – 플롯 간격띄우기(인쇄 가능 영역으로의 최초 세트)
(Plot offset (origin set to printable area))

플롯 간격띄우기(Plot offset)(인쇄 가능 영역으로의 최초 세트) 영역의 옵션은 원점(0, 0)에서 간격 거리를 지정하여 인쇄 가능 영역의 왼쪽 아래 모서리를 정의하는 데 사용됩니다. 기본적으로 원점(0, 0)은 인쇄 가능 영역의 왼쪽 아래 모서리로 정의됩니다. 원점(0, 0)에서 X과 Y 간격띄우기 거리를 지정하여 이 영역의 X과 Y 필드에서 인쇄 가능 영역의 왼쪽 아래 모서리를 정의할 수 있습니다.

플롯의 중심 확인란을 선택하면, AutoCAD가 자동으로 수행됩니다. X와 Y 오프셋 값을 계산하여 용지에 플롯의 중심을 맞춥니다.

플롯 영역의 플롯 대상(What to Plot) 드롭다운 목록에서 배치(Layout) 옵션을 선택하면, 플롯의 중심(Center the Plot) 확인란이 활성화되지 않습니다.

❑ 플롯 대화상자 – 플롯 축척(Plot scale)

플롯 축척 영역의 옵션은 플롯 영역과 관련된 도면의 축척을 제어하는 데 사용됩니다. 기본적으로 축척(Scale) 드롭다운 목록에서 축척은 1:1로 설정되어 있습니다. 필요에 따라 축척 드롭다운 목록에서 플롯에 대한 축척을 지정할 수 있습니다. '용지에 맞춤(Fit to paper)' 확인란을 선택하면 AutoCAD가 자동으로 전체 도면을 용지에 맞춥니다.

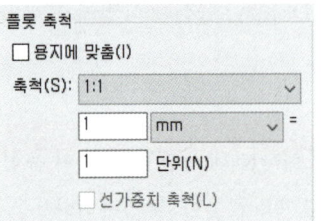 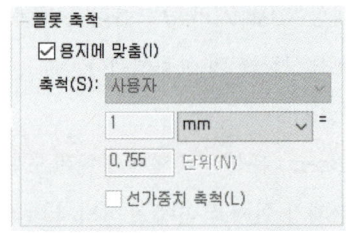

플롯 대상에 '배치' 옵션을 지정하면, '용지에 맞춤(Fit to paper)' 확인란이 활성화되지 않습니다. 이 영역의 '선가중치 축척' 확인란을 선택하면, 표시할 객체의 선가중치가 지정된 플롯 축척에 비례하여 축적됩니다. 모형 공간에 플롯을 할 때는 이 선가중치 척도 확인란이 활성화되지 않습니다.

❑ 플롯 대화상자 – 플롯 스타일 테이블(펜 지정)[Plot style table (pen assignments)]

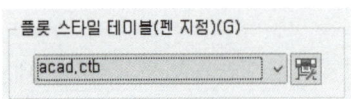 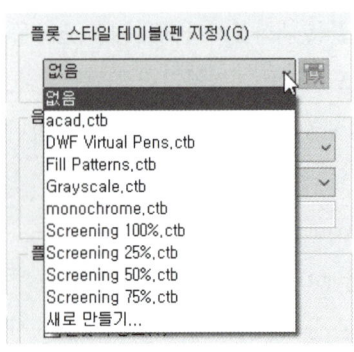

플롯 스타일 테이블(펜 지정) 영역은 도면을 플롯하는 플롯 스타일을 선택하는 데 사용됩니다. 이 영역의 플롯 스타일(Plot style) 테이블 드롭다운 목록에는 이미 작성된 플롯 스타일(Plot style) 목록이 표시됩니다. 이 드롭다운 목록에서 필요한 플롯 스타일을 선택할 수 있습니다.

기본적으로 플롯 스타일 테이블 드롭다운 목록에서 '없음' 옵션이 선택됩니다. 따라서 도면을 플롯 하는 데 플롯 스타일이 사용되지 않으며 도면은 도면 객체의 도면층 특성에 따라 플롯 됩니다. 논의한 바와 같이 플롯 스타일은 도면 객체의 도면층 특성을 재정의합니다. 이 드롭다운 목록에서 플롯 스타일을 선택하면 질문 창이 나타날 수 있습니다.

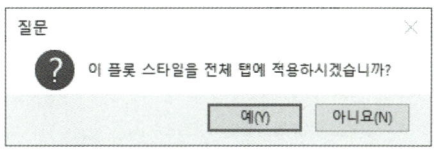

이 창에서 '예(Yes)' 버튼을 클릭하여 선택한 플롯 스타일을 도면의 모든 배치에 할당합니다. 선택한 플롯 스타일을 현재 활성 배치에만 할당하려면 이 창에서 '아니오(No)' 버튼을 클릭합니다.

> **참고** 기본 도면 템플릿(acadiso.dwt)
>
> 기본 도면 템플릿(acadiso.dwt)으로 작업하는 경우, 플롯 스타일 테이블(펜 할당) 영역의 플롯 스타일 테이블 드롭다운 목록에 색상 종속 도면 스타일 목록이 표시됩니다. 기본 지정된 플롯 스타일을 표시하려면 플롯 스타일 테이블 설정 대화상자에 지정된 이름 또는 색상에 따라 지정된 기본 플롯 스타일을 표시하려면 기본 템플릿 없이 도면을 열어야 합니다.
>
> 이렇게 하려면 빠른 액세스 도구 모음에서 새 도구를 클릭합니다. 템플릿 선택(Select template) 대화상자가 나타납니다.

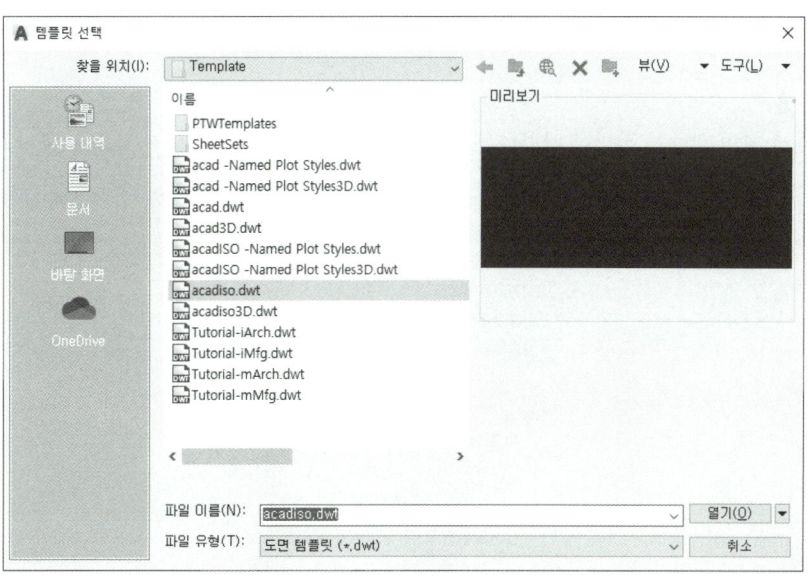

이 대화상자에서 acadiso.dwt 템플릿 파일을 선택한 후에 대화상자의 [열기] 버튼 옆에 있는 화살표를 클릭합니다. 플라이아웃이 나타납니다.

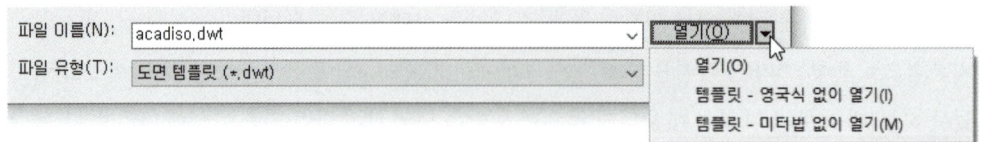

이 플라이아웃에서 필요에 따라 [열기], [템플릿 - 영국식 없이 열기] 또는 [템플릿 - 미터법 없이 열기] 옵션을 누릅니다. 기본 템플릿이 없는 새 도면 파일이 열립니다.

대화상자의 플롯 스타일 테이블(펜 지정) 영역에 있는 플롯 스타일 테이블 드롭다운 목록 옆에 있는 편집(Edit) 버튼을 사용하여 선택한 플롯 스타일의 특성을 편집하거나 수정할 수도 있습니다.

편집(Edit) 버튼을 클릭하면 플롯 스타일 테이블 편집기(Plot Style Table Editor) 대화상자가 나타납니다. 이 대화상자는 선택한 플롯 스타일의 특성을 편집하는 데 사용됩니다.

선택한 플롯 스타일을 변경한 후 플롯 스타일 테이블 편집기(Plot Style Table Editor) 대화상자에서 저장 및 닫기(Save & Close) 버튼을 클릭하여 변경한 내용을 저장하고 대화상자를 종료할 수 있습니다.

❑ 플롯 대화상자 – 음영 처리된 뷰포트 옵션(Shaded viewport options)

대화상자의 음영 뷰포트 옵션 영역에 있는 옵션은 음영 또는 렌더링된 도면 이미지를 표시하는 데 사용됩니다. 기본적으로 음영 플롯 드롭다운 목록에서 '표시되는 대로(As displayed)' 옵션이 선택되어 있습니다.

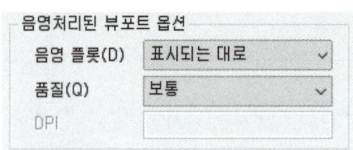

결과적으로 도면 객체가 화면에 나타나는 대로 표시됩니다. 모형 공간에서 도면을 표시하는 경우 이 영역의 음영 플롯 드롭다운 목록이 활성화됩니다. 음영 플롯 드롭다운 목록에서 옵션을 선택하면, 도면이 각 표시 스타일과 함께 표시됩니다.

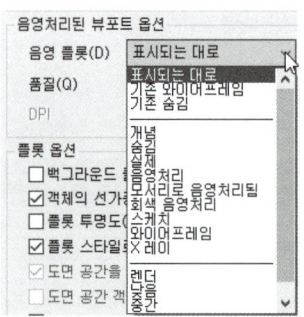

음영 뷰포트 옵션 영역의 품질(Quality) 드롭다운 목록에 있는 옵션은 음영 및 렌더링 된 도면 객체를 표시할 인쇄 품질/해상도를 선택하는 데 사용됩니다.

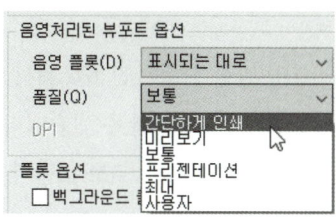

❏ 플롯 대화상자 – 플롯 옵션(Plot options)

플롯 옵션 영역에는 플롯 출력물의 도면 객체 표시를 제어하는 추가 옵션이 제공됩니다.

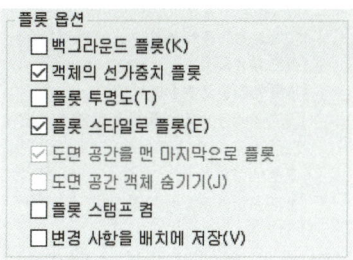

① 백그라운드 플롯(Plot in background)

백그라운드 플롯(Plot in background) 확인란을 선택하면 도면을 플롯 하는 프로세스가 백그라운드에서만 수행됩니다.

② 객체의 선가중치 플롯(Plot object lineweights)

기본적으로 객체의 선가중치 플롯(Plot object lineweights) 확인란이 이 영역에서 선택됩니다. 결과적으로 객체와 도면층에 할당된 선가중치에 따라 객체가 표시됩니다.

③ 플롯 투명도(Plot transparency)

플롯 투명도(Plot transparency) 확인란을 선택하면 객체가 지정된 투명도로 표시됩니다.

④ 플롯 스타일로 플롯(Plot with plot styles)

기본적으로 플롯 스타일로 플롯 확인란이 이 영역에서 선택됩니다. 결과적으로 객체는 지정된 플롯 스타일로 표시됩니다.

⑤ 도면 공간을 맨 마지막으로 플롯(Plot paperspace last)

도면을 배치에 표시할 때는 도면 공간을 맨 마지막으로 플롯(Plot paperspace last) 확인란이 활성화됩니다. 기본적으로 이 확인란이 선택되어 있습니다. 결과적으로, 모형 공간 형상이 먼저 표시되고 그다음에 용지(배치) 공간 형상이 표시됩니다.

⑥ 도면 공간 객체 숨기기(Hide paperspace objects)

배치 작업 중일 때 용지(Layout) 공간 객체 숨기기 확인란이 활성화됩니다. 도면 공간 객체 숨기기(Hide paperspace objects) 확인란을 선택하면, 배치에 그려진 3D 모델이 숨겨진 선을 제거한 디스플레이 스타일로 표시됩니다. 모형 공간에 그려진 3D 모델을 복사하여 배치에 붙여 넣을 수 있습니다.

⑦ 플롯 스탬프 켬(Plot stamp on)

플롯 스탬프 켬(Plot stamp on) 확인란을 선택하면 플롯에서 플롯 스탬프 표시가 켜집니다. 플롯 스탬프 설정은 플롯 스탬프 대화상자에서 지정할 수 있습니다. 플롯 스탬프는 도면 이름, 배치 이름, 날짜 및 시간, 용지 크기 등 현재 도면에 대한 로고 또는 추가 정보를 추가하는 데 사용됩니다. 플롯 스탬프(Plot stamp) 대화상자를 호출하려면, 플롯 스탬프 켬(Plot stamp on) 확인란을 클릭합니다. 플롯 스탬프 설정(Plot stamp settings) 버튼이 나타납니다. 이 버튼을 클릭하여 플롯 스탬프(Plot stamp) 대화상자를 호출합니다.

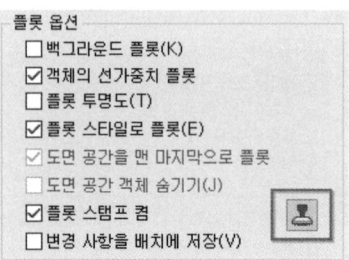

또는 '옵션' 대화상자의 '플롯 및 게시' 탭에서 플롯 스탬프 설정 버튼을 클릭하여 플롯 스탬프 설정을 지정하는 플롯 스탬프 대화상자를 호출할 수 있습니다.

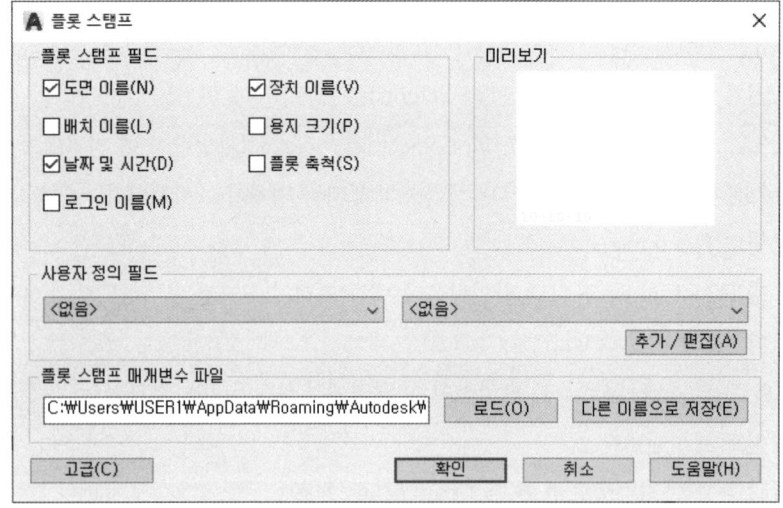

⑧ 변경 사항을 배치에 저장(Save changes to layout)

변경 사항을 배치에 저장(Save changes to layout) 확인란을 선택하면 Plot(플롯) 대화상자에서 변경된 내용이 현재 배치와 함께 저장됩니다.

❏ 플롯 대화상자 – 도면 방향(Drawing orientation)

도면 방향 영역의 옵션은 다음 그림을 참조하여 용지에 도면의 방향(세로(Portrait) 또는 가로(Landscape))을 지정하는 데 사용됩니다.

필요에 따라 '세로(Fortrait)' 라디오 버튼을 선택하여 도면의 방향을 지정할 수 있습니다. 대칭으로 플롯(Plot inverse-down) 확인란은 세로(Portrait) 또는 가로(Landscape) 라디오 버튼을 선택 여부에 따라 플롯의 방향을 거꾸로 뒤집는 데 사용됩니다.

❏ 플롯 대화상자 – 확인(OK)

플롯 대화상자에서 모든 플롯 설정/파라미터를 지정한 후 확인(OK) 버튼을 클릭합니다. 작업 진행률 표시(Plot job progress) 창이 나타나 도면 표시 프로세스가 진행 중임을 나타냅니다. 도면을 플롯 하는 프로세스가 완료되면, 작업 진행률 표시(Plot job progress) 창이 닫히고 도면의 Plotter 출력을 얻을 수 있습니다.

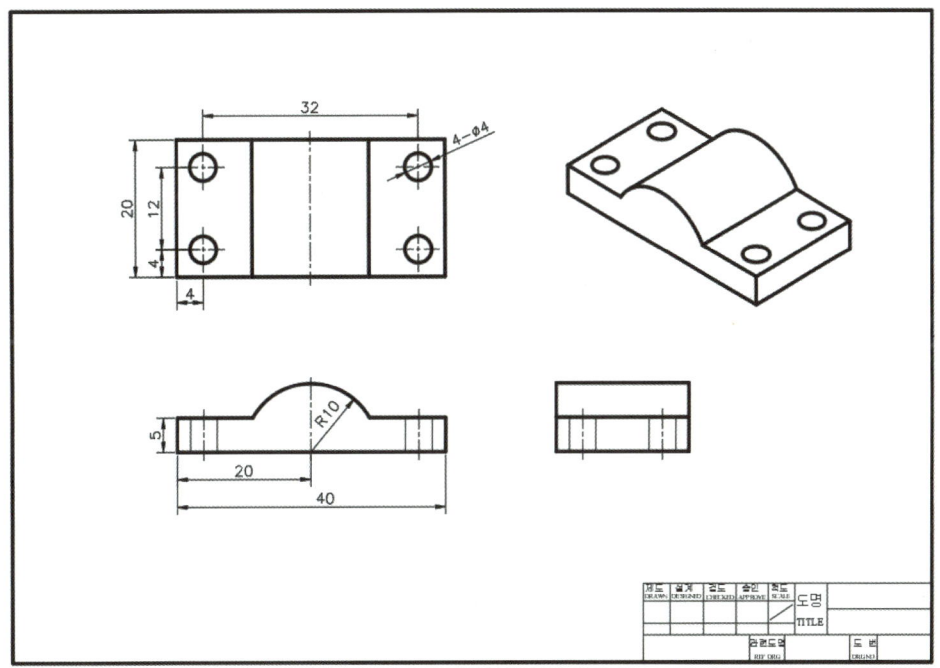

〈출력 도면〉

2.2 모형 공간에서 출력하기(Plotting from model space)

모형 공간에서 플롯을 하는 주된 이유는 설계 형상을 검토할 수 있도록 설계의 특정 영역을 용지에 인쇄할 수 있도록 하기 위함입니다. 다음 그림은 플롯 할 수 있는 모형 공간 형상의 예입니다.

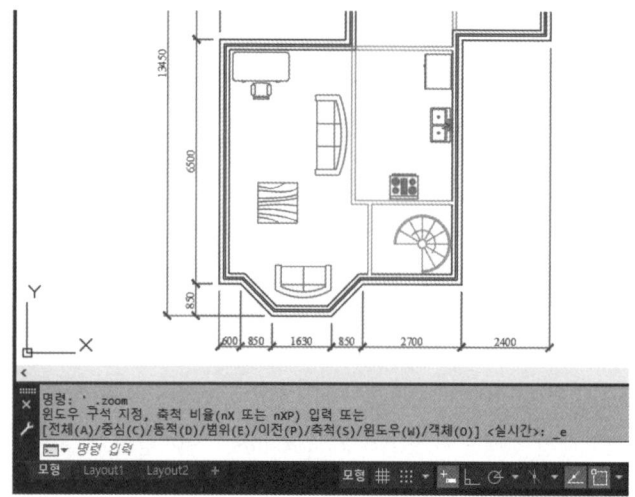

모형 공간에서 플롯을 할 때, 모형 공간 환경에 작도된 모든 형상을 인쇄할 수 있습니다. 만일 우리가 도면의 특정 부분을 플롯 하려면, 우리는 플롯 할 영역을 지정해야 합니다. 만일 우리가 도면을 특정 축척으로 플롯 하려면, 플롯 축척을 지정해야 합니다. 만일 우리가 모형 공간의 형상 주위에 경계 및 제목 블록을 삽입해서 배치하려면, 우리는 사용 중인 플롯 축척을 기반으로 그것을 올리거나 내려서 축척을 지정해야 합니다. 예를 들어 1 : 20의 축척으로 출력해야 할 도면은 20배로 배척된 경계 및 제목 블록이 필요합니다. 우리가 도면을 1 : 20의 축척으로 플롯 하면, 경계, 제목 블록 및 도면은 용지에 맞게 축척될 것입니다. 모형 공간에서 특정 크기의 문자 및 치수 객체를 플롯 하려면, 각 스타일을 위한 주석 특성을 선택하고, 도면을 위한 주석 축척을 설정합니다.

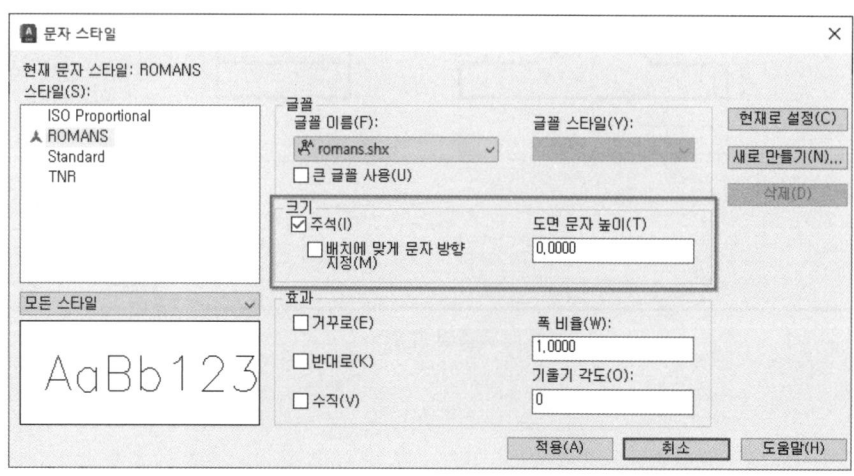

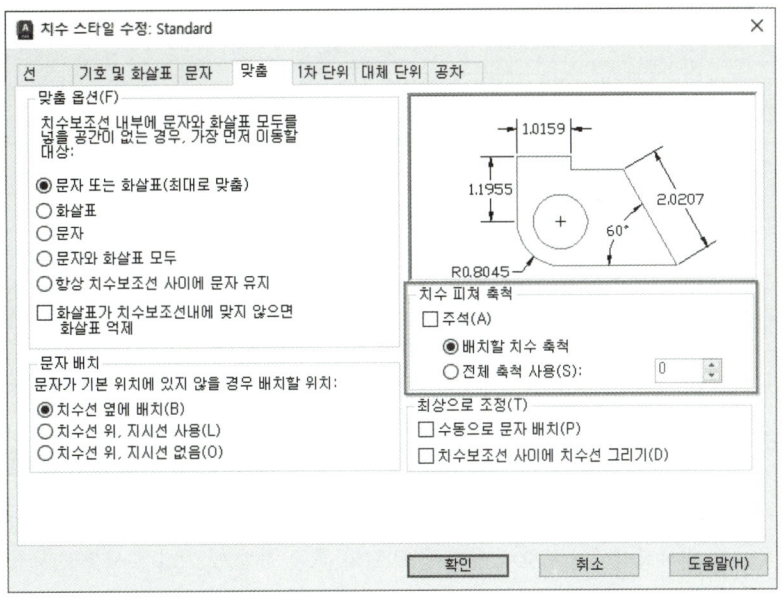

다음 그림은 상태 막대의 주석 축척 목록에 액세스할 수 있는 위치를 보여 줍니다.

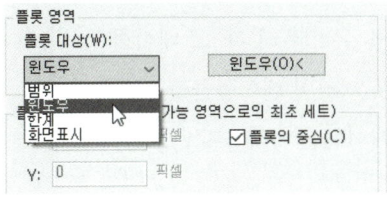

❏ 주석 출력하기(Plotting annotations)

우리가 모형 공간에서 플롯 할 때, 모든 객체는 화면에 나타나는 것과 동일한 상대 축척으로 나타납니다. 지정된 주석 특성을 가진 객체들은 현재 상태 막대에 설정된 주석 축척을 사용하여 화면에 표시하고 플롯 합니다. 따라서 주석 객체들을 위해 우리는 도면을 플롯 하기 전에 화면에서 읽을 수 있는 주석 크기를 제공하는 값으로 주석 축척을 조정해야 합니다. 만일 우리가 문자 스타일 및 치수 스타일과 같은 객체에 주석 특성을 지정하지 않는다면, 우리는 그들을 읽기 쉽도록 플롯 축척에 비례하는 높이와 맞춤으로 텍스트 및 치수를 작성해야 합니다.

❏ 모형 공간에서 출력하기(Plotting from model space)

다음 작업 과정에서는 모형 공간에서 도면의 윈도우 영역을 플롯 하는 개요를 제공합니다.

1 플롯(PLOT) 명령을 호출합니다.

① 플롯 대화상자에서 플롯 영역 아래의 플롯 대상 드롭다운 리스트에서 [윈도우]를 선택합니다.

② 플롯 할 윈도우를 지정하라는 메시지가 표시되면 다음 그림과 같이 출력할 영역 주위에 대각선

으로 두 점을 지정합니다.

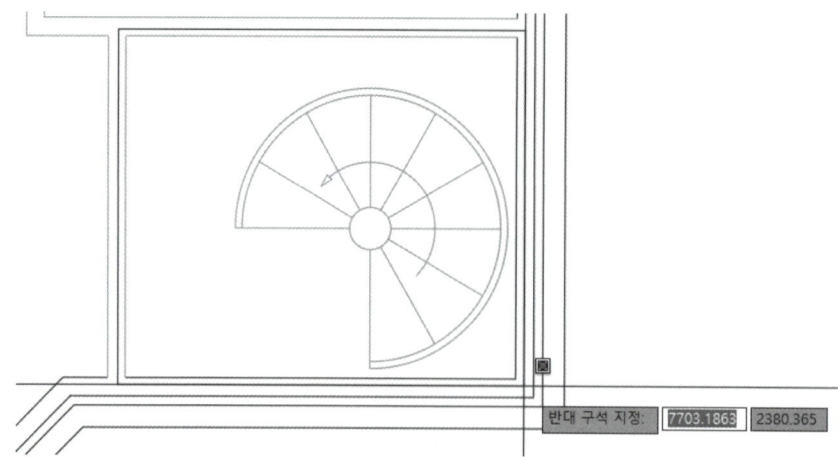

③ 플롯 - 모형 대화상자에서 필요에 따라 용지 크기, 플롯 축척 및 기타 옵션을 조정 및 설정합니다.
④ 미리보기를 클릭하여 선택한 영역을 보고 플롯 합니다.

❏ 플롯 명령 지침(Guidelines for the plot command)

① 플롯(Plot)과 인쇄(Print)는 동일 명령으로 도면을 인쇄하려면, PLOT 명령을 사용합니다.
② 플롯 설정은 모형 탭 또는 각 배치의 페이지 설정 관리자에 저장할 수 있습니다.
③ 플롯(Plot) 대화상자에서 페이지 설정 관리자(Page setup manager)의 설정을 재정의할 수 있습니다.
④ 우리는 플롯 대화상자에서 [추가] 버튼을 클릭하고 페이지 설정의 이름을 지정하여 플롯 설정을 저장할 수 있습니다. 나중에 재사용할 수 있도록 명명된 플롯 설정이 목록에 나타납니다.
⑤ 플롯 설정의 변경 사항을 저장하려면 [추가]를 클릭하고 새 페이지 설정의 원래 이름을 입력합니다. 이것은 이전에 명명된 설정을 재정의합니다.
⑥ 우리는 플롯 설정을 미리 보려면 프린터 또는 플로터를 선택해야 합니다.
⑦ 우리는 CTRL+P를 사용하여 플롯 대화상자를 시작할 수 있습니다.
⑧ 우리는 플로터 구성을 저장하고 다른 도면으로 가져올 수 있습니다. 저장된 플롯 구성은 PC3 파일입니다. AutoCAD 이전 버전의 플로터 구성은 PCP 또는 PC2 파일입니다. 플롯(Plot) 대화상자에서 등록 정보(Properties)를 클릭하여 다른 이름으로 저장(Save) 및 가져오기(Import) 옵션에 액세스합니다.
⑨ 나중에 도면을 플롯 하거나 다른 컴퓨터 워크스테이션을 사용하여 도면을 플롯 할 때 재사용할 수 있도록 플로터 구성 및 플롯 스타일 테이블들을 저장합니다.
⑩ 만일 우리가 플롯 스타일 테이블을 지정하지 않으면, 도면은 기본 프린터 설정에 따라 출력됩니다.

CHAPTER 10 도면 출력(Plot drawing)

따라 하기 〉 모형 공간에서 출력하기(Plotting from model space)

1 다음 그림과 같이 치수를 참고해서 작도하고, 'A4-Formpart' 이름으로 도면 파일을 저장합니다.

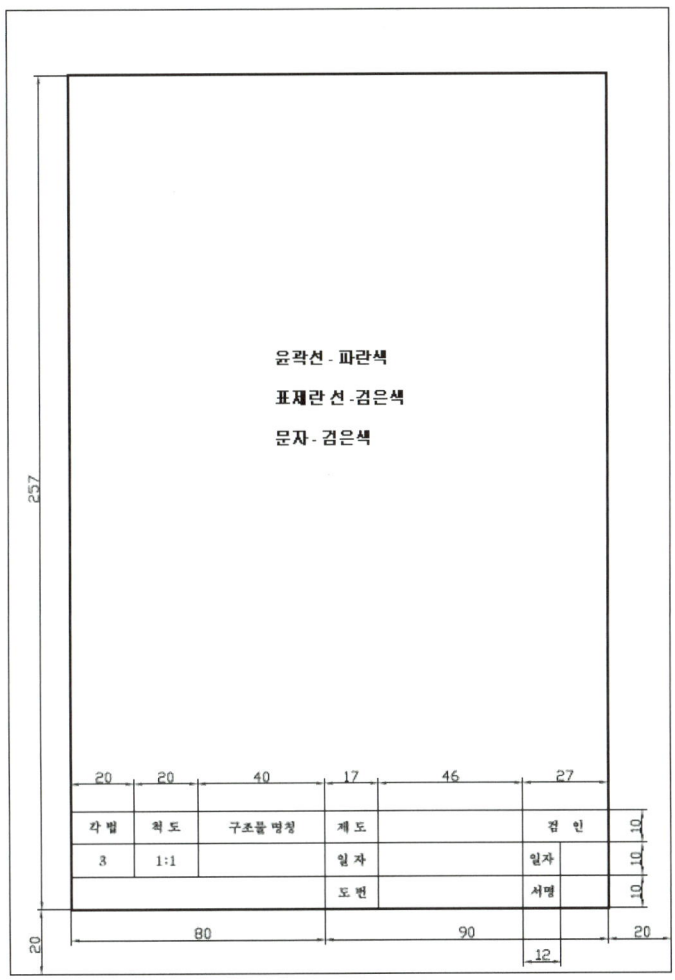

2 [응용프로그램 메뉴] ⇨ [인쇄] ⇨ [플롯(Plot)] 명령을 호출합니다.

'플롯 - 모형' 대화상자가 표시됩니다.

3 '플롯 - 모형' 대화상자의 '프린터/플로터 이름' 드롭다운을 클릭해서 다음 그림과 같이 설정합니다.

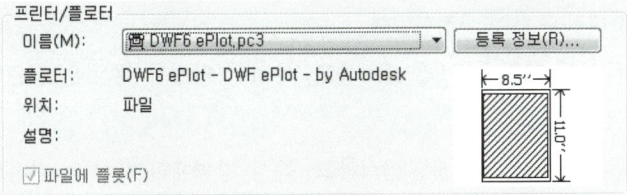

4 대화상자에서 '용지 크기' 드롭다운을 클릭해서 다음 그림과 같이 설정합니다.

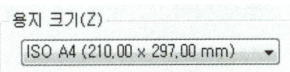

5 대화상자에서 '플롯 대상' 드롭다운을 클릭해서 '윈도우'로 설정하고, 계속해서 대각선으로 두 점 (0, 0)과 (210, 297) 지점을 클릭해서 플롯 영역을 지정합니다.

6 대화상자에서 '플롯 간격띄우기'를 X =5.0, Y = 0.0으로 설정합니다.

7 대화상자에서 플롯 축척을 다음 그림과 같이 설정합니다.

8 대화상자 오른쪽 아래 ⊙ 버튼을 클릭하고, 도면 방향을 다음과 같이 설정합니다.

9 대화상자에서 '플롯 스타일 테이블(펜 지정)' 드롭다운을 클릭해서 'acad.ctb'로 설정합니다. '질문' 대화상자에서 [예] 버튼을 클릭합니다.

10 대화상자에서 '플롯 스타일 테이블(펜 지정)' 드롭다운 오른쪽에 있는 (편집) 버튼을 클릭하면, '플롯 스타일 테이블 편집기 - acad.ctb' 대화상자가 표시됩니다.

① '플롯 스타일 테이블 편집기' 대화상자의 '형식 보기' 탭을 클릭합니다.

② 선 가중치를 다음과 같이 설정합니다.

'플롯 스타일' 영역에서 '색상 1'을 클릭하고, '특성' 영역에서 '색상'은 '검은색'으로, '선가중치'는 '0.13mm'로 설정합니다.

'플롯 스타일' 영역에서 '색상 5'를 클릭하고, '특성' 영역에서 '색상'은 '검은색'으로, '선가중치'는 '0.50mm'로 설정합니다.

'플롯 스타일' 영역에서 '색상 7'을 클릭하고, '특성' 영역에서 '색상'은 '검은색'으로, '선가중치'는 '0.25mm'로 설정합니다.

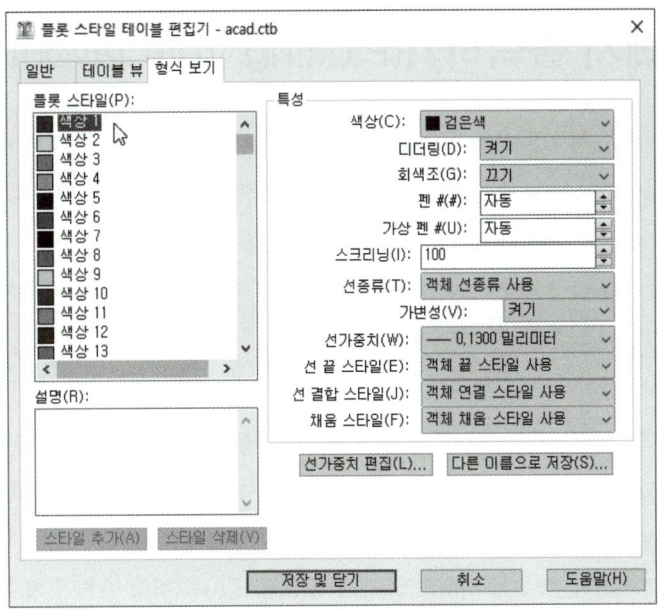

③ '플롯 스타일 테이블 편집기' 대화상자에서 [저장 및 닫기] 버튼을 클릭합니다.

11 '미리보기' 버튼을 클릭하고, 출력 이미지를 확인합니다.

12 [확인] 버튼을 클릭하고, 프로세스를 따라 진행해서 도면을 출력합니다.

2.3 배치에서 출력하기(Plotting from layout)

우리가 출력을 원하는 정보를 설정하기 위해 배치(Layout)를 이용합니다. 각 배치를 위해 우리는 원하는 용지 크기를 선택하고 플롯 축척을 1:1로 설정합니다. 용지 배치에서, 1단위(Unit)는 플롯된 시트 용지에서 용지 거리를 나타내며 단위는 밀리미터(mm) 또는 인치(inch)입니다.

플롯 프로세스 중에는 형상의 축척이 조정되지 않으므로 우리는 원하는 출력 크기로 배치에 경계 및 문자 노트를 추가할 수 있습니다. 예를 들어, 만일 도면 문자 노트의 높이가 1/8 인치로 출력을 원한다고 가정하면, 문자 높이를 1/8"로 설정합니다.

배치(Layout)의 또 다른 장점은 동일한 용지 시트(Sheet)에 형상들의 다중 뷰를 작성할 수 있고 그들을 서로 다른 축척으로 표시하거나 모형 공간 형상들의 다른 여러 뷰(View)'를 표시하기 위해 여러 개의 배치(Layout)를 작성할 수 있다는 것입니다.

또한 문자 또는 치수와 같은 주석 객체의 하나의 예(Instance)를 서로 다른 축척으로 여러 뷰에 동일한 크기로 표시할 수 있습니다.

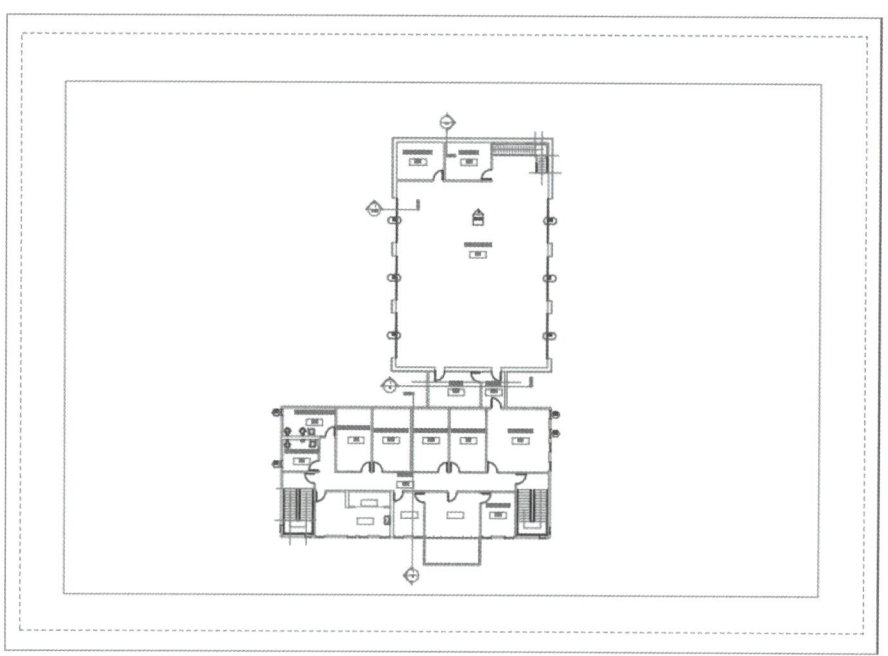

❏ 배치에서 출력하기(Plotting from layouts)

다음 작업 과정들은 배치로부터 플롯 하는 개요를 제공합니다.

1 플롯(Plot) 명령을 호출합니다.
　① 플롯 영역이 [배치(Layout)]로 설정되어 있는지 확인합니다.
　② 플롯 척도가 [1:1]로 설정되어 있는지 확인합니다.

용지 시트 크기는 배치를 작성하는 동안 설정되었으므로 그것을 변경할 필요가 없습니다.

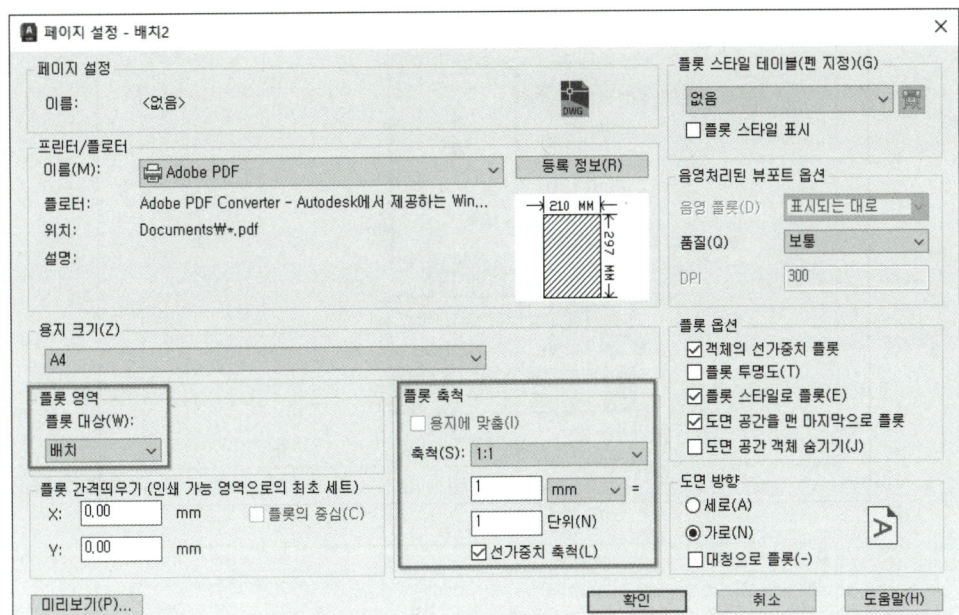

2. 우리의 배치는 하나의 페이지 설정을 하고 있고, 플로터는 배치 탭으로부터 페이지 설정 관리자를 사용하여 이미 지정되었습니다.

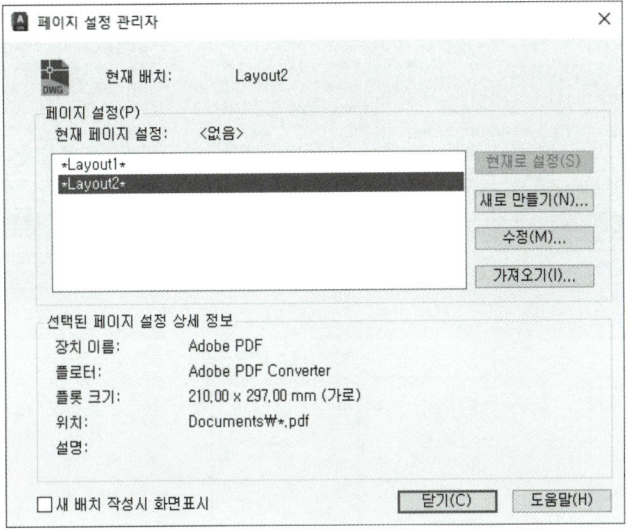

① 이러한 설정들이 우리가 원하는 대로 설정되었는지 확인합니다.

② [미리보기] 버튼을 클릭하여 출력을 검토합니다.

③ 미리보기가 올바르게 표시되면 마우스 오른쪽 버튼을 클릭하고 [플롯]을 클릭합니다.

④ 변경해야 하는 경우 마우스 오른쪽 버튼을 클릭하고 [종료]를 클릭하여 플롯 대화상자로 돌아가 변경합니다.

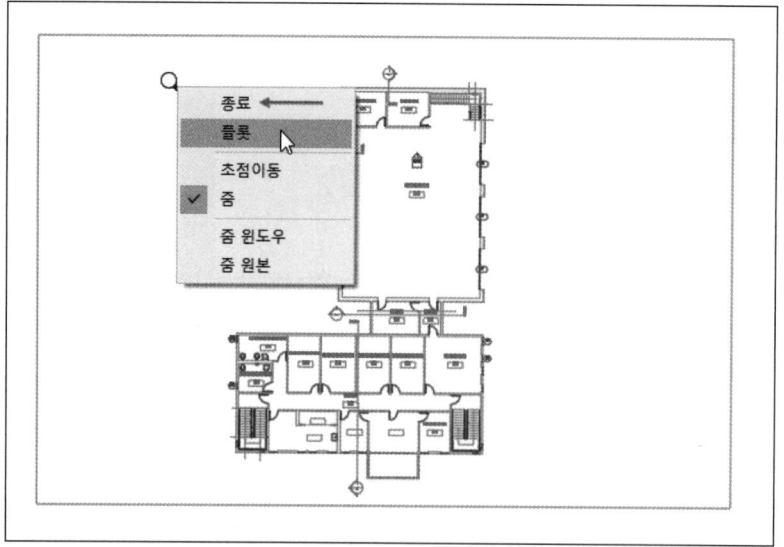
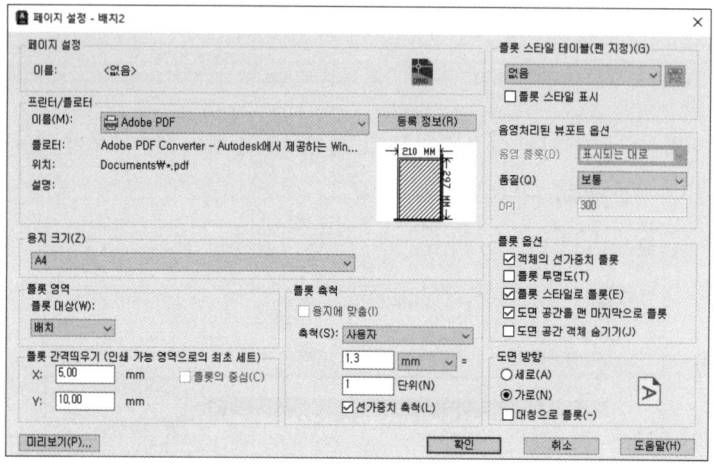
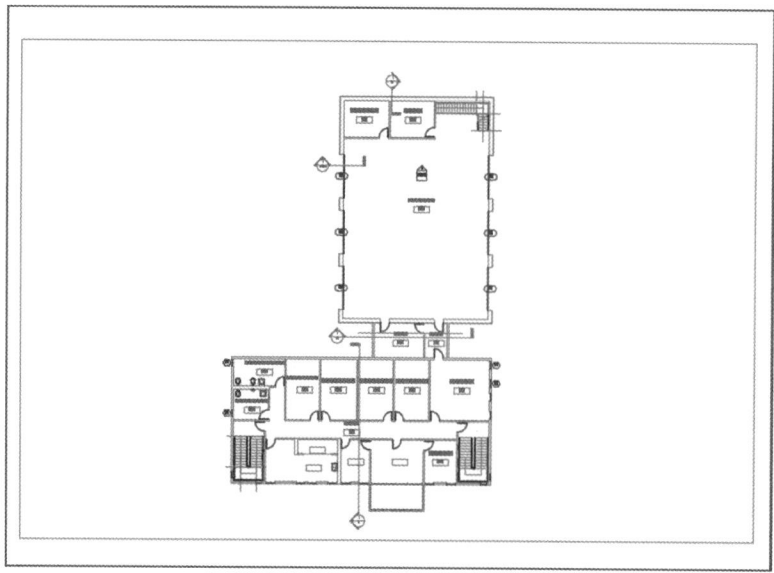

❏ 배치에서 출력하기 위한 지침(Guidelines for plotting from a layout)

① 모형 환경에서 설계 형상을 전체 축척(1:1)으로 작성합니다.
② 페이지 설정 관리자를 사용하여 배치의 용지 크기와 용지의 플롯 축척을 1:1로 설정합니다.
③ 배치에서 모형 형상의 축척 계수는 각 뷰포트에 대해 설정한 축척 계수에 따라 결정됩니다.
④ 모형 공간에 작성된 텍스트 및 치수의 경우 주석 스타일을 사용해야 합니다. 주석 스타일은 선택한 뷰포트 축척에 따라 축척됩니다. 주석들은 우리가 주석 스타일로 설정할 때 선택한 문자 크기로 플롯 됩니다.
⑤ 다중 뷰포트를 작성하여 모델 형상의 다른 섹션을 표시 및 다른 축척으로 표시할 수 있습니다.
⑥ 다중 뷰포트가 있는 배치에서 선택한 뷰포트의 도면층을 독립적으로 고정하여 동일한 형상의 서로 다른 디스플레이를 작성할 수 있습니다.
⑦ 배치에 전체 축척(1:1)으로 경계 및 제목 블록을 삽입합니다.
⑧ 배치에서 플롯 할 때 뷰포트의 모형이 아니라 도면(용지) 공간이 활성화되어 있는지 확인합니다.

연습 과제〉 도면 출력하기(Plot a drawing)

이 연습에서는 도면을 작성한 후 기본 설정과 함께 용지에 도면의 인쇄물을 플롯 합니다.

1 모형 공간에서 치수를 참고하여 다음 형상을 작도합니다.

> ### 참고〉
> 도면을 작성하려면 숨은선, 중심선, 객체 엔티티 및 치수에 대해 다양한 도면층을 작성해야 합니다. 또한 치수의 경우 치수 문자, 화살표 등이 도면에 명확하게 나타나도록 설정을 변경해야 합니다. 이전 장에서 설명한 대로 새 치수 스타일을 만들거나 치수 스타일 관리자 대화상자를 사용하여 기존 스타일을 편집하여 치수 설정을 제어할 수 있습니다.

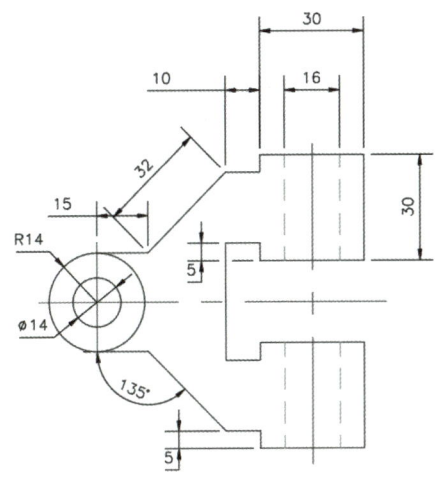

2 플로터 구성 및 추가

① 플로터가 컴퓨터 시스템에 구성되어 있는지 확인합니다. 플로터를 구성하기 전에 시스템 프린터 (출력 장치)가 컴퓨터에 설치되어 있는지 확인합니다.

플로터를 구성하려면,

- 명령줄 창에 PLOTTERMANGER를 입력한 다음 엔터키를 누릅니다. Plotter 시스템 창을 호출하기 위해 리본의 출력 탭의 플롯(Plot) 패널에서 '플로터 관리자(Plotter Manager)' 명령 아이콘을 클릭합니다.
- Plotter 탐색기 창에서 플로터 추가 마법사(Add-A-Plotter Wizard)를 더블 클릭합니다.
  '플로터 추가(Add Plotter)' 대화상자의 개요 페이지(Introduction Page)가 나타납니다.
- '플로터 추가(Add Plotter)' 대화상자의 Introduction Page(소개 페이지)에 있는 정보를 읽은 후 '다음(Next)' 버튼을 클릭합니다. 대화상자의 시작(Begin) 페이지가 나타납니다.
- 시작 페이지에서 시스템 프린터 라디오 버튼을 선택한 후 '다음(Next)' 버튼을 클릭합니다.
- 대화상자의 시스템 프린터 페이지가 나타납니다.
  이 페이지에서 시스템 프린터 또는 'Hancom PDF'를 선택합니다.
  만일 이 페이지에 시스템 프린터가 나열되어 있지 않으면, 시스템에 프린터 드라이버를 설치해야 합니다.
- Pcp 또는 Pc2 가져오기 페이지가 나타납니다.
  Import Pcp 또는 Pc2 페이지에서 '다음(Next)' 버튼을 클릭합니다.
- 플로터 이름(Plotter Name) 페이지가 나타납니다.
  이 페이지에서 플로터의 이름을 입력 후 '다음(Next)' 버튼을 클릭합니다.
- 대화상자의 마침(Finish) 페이지가 나타납니다.
  '마침' 버튼을 클릭합니다. 플로터가 시스템에 구성됩니다.

시스템 프린터로 구성을 완료했다면,

② 시스템 프린터가 USB, Wifi 또는 기타 모드를 통해 컴퓨터에 연결되어 있는지 확인합니다.

도면을 출력하기 위해

3 도면 영역의 왼쪽 아래 모서리에 있는 '배치1(Layout1)' 탭을 클릭합니다.

① '배치' 탭 ⇨ '배치 뷰포트' 패널에서 '직사각형' 뷰포트 아이콘을 클릭합니다.

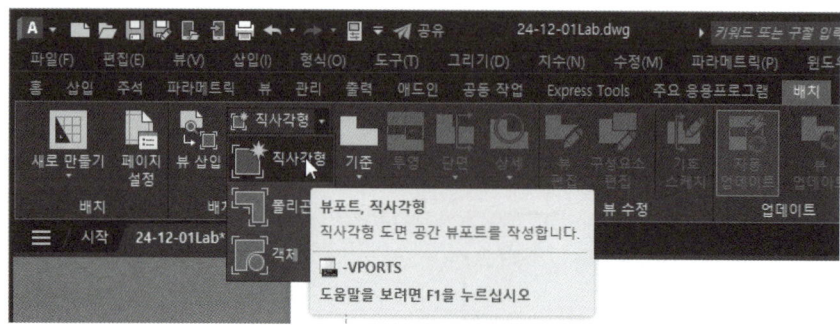

'배치1(Layout1)' 탭이 활성화되고 모델 공간에 생성된 도면이 배치의 기본 뷰포트에 표시됩니다.

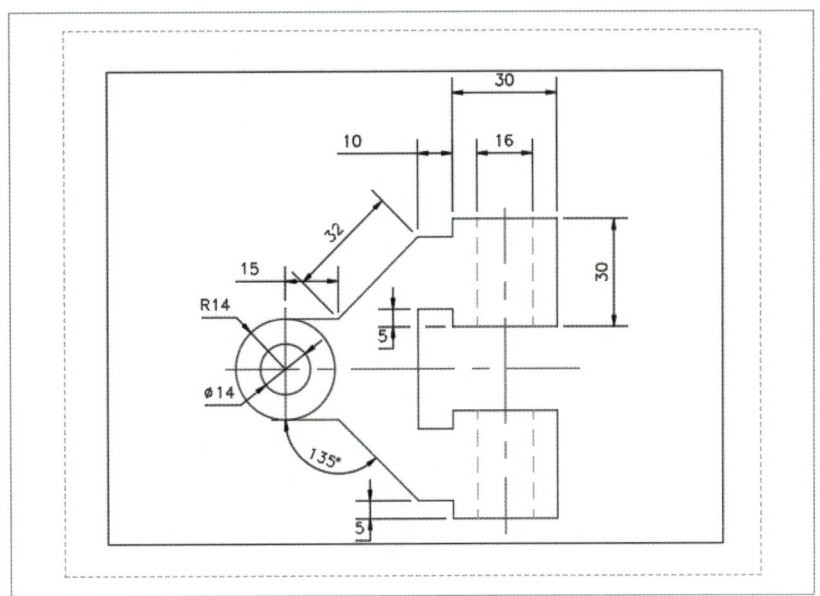

MV 명령을 사용하거나 리본의 배치 탭의 배치 뷰포트 패널에 있는 도구를 사용하여 필요에 따라 기본 뷰포트를 삭제하고 새 뷰포트를 만들 수도 있습니다.

4 리본의 '출력' 탭 ▷ 플롯 패널에서 '플롯' 명령 아이콘을 클릭합니다. 또는 CTRL + P를 눌러 플롯(Plot) 대화상자를 호출합니다.

AutoCAD의 현재 세션에서 여러 도면/배치를 연 다음 플롯(Plot) 명령을 클릭하면, 배치 플롯(Batch Plot) 창이 나타납니다. 이 창에서 '단일 시트 플롯 계속(Continue to plot single sheet)' 버튼을 클릭하여 플롯(Plot) 대화상자를 호출합니다.

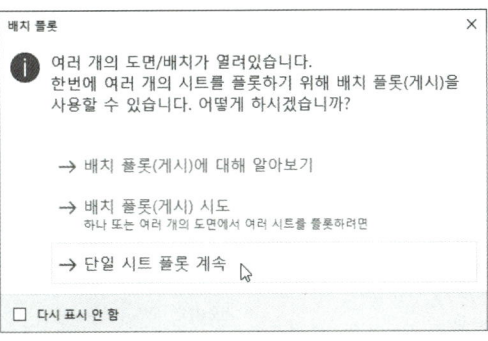

① 대화상자의 프린터/플로터 영역의 이름 드롭다운 목록에서 플로터를 선택합니다.
  'Hancom PDF' 플로터를 선택합니다.
② 대화상자의 용지 크기(Paper size) 드롭다운 목록에서 'A4' 용지 크기를 선택합니다.
③ 대화상자에 있는 플롯 영역의 플롯 대상(What to Plot) 드롭다운 목록에서 '윈도우(Window)' 옵션을 선택합니다.

플롯 대화상자가 사라지고 플롯 윈도우의 첫 번째 모서리를 지정하라는 메시지가 표시됩니다.

> **참고**
> 기본적으로 플롯 대상(What to Plot) 드롭다운 목록에서 윈도우(Window) 옵션을 선택하였으면 플롯 대상(What to Plot) 드롭다운 목록 옆에 나타나는 윈도우(Window) 버튼을 클릭해야 합니다.

④ 플롯 윈도우의 첫 번째 모서리를 지정하려면 클릭합니다.

플롯 윈도우는 인쇄할 도면의 영역을 정의합니다.

플롯 윈도우의 반대쪽 모서리를 지정하라는 메시지가 나타납니다.

플롯 윈도우의 반대쪽 모서리를 지정하려면 클릭합니다.

플롯 가능 영역이 정의되고 플롯 대화상자가 다시 나타납니다.

⑤ 대화상자에서 '플롯의 중심' 확인란이 선택되어 있는지 확인합니다.

⑥ 대화상자에서 플롯 축척을 다음 그림과 같이 설정합니다.

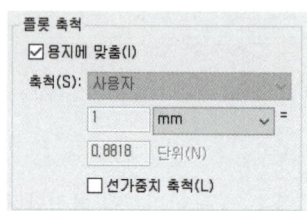

⑦ 대화상자 오른쪽 아래 ⓘ 버튼을 클릭하고, 도면 방향을 다음과 같이 설정합니다.

⑧ 대화상자에서 '플롯 스타일 테이블(펜 지정)'에서 'acad.ctb'로 설정하고 선 굵기를 지정합니다.

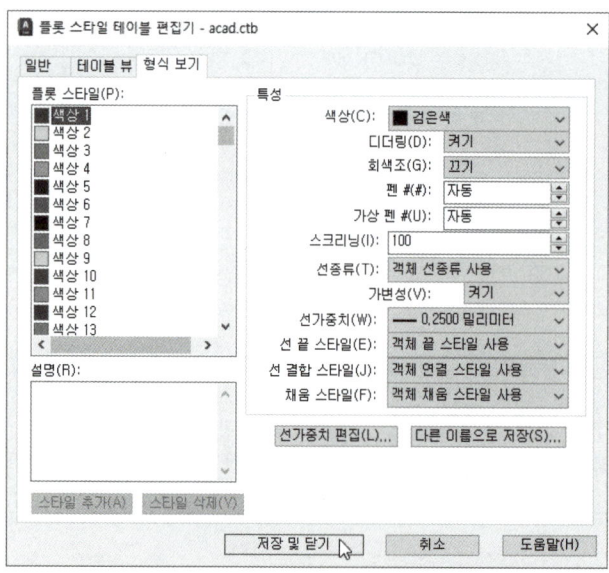

⑨ 인쇄하기 전에 '미리보기' 버튼을 클릭하고, 출력 이미지를 확인합니다.

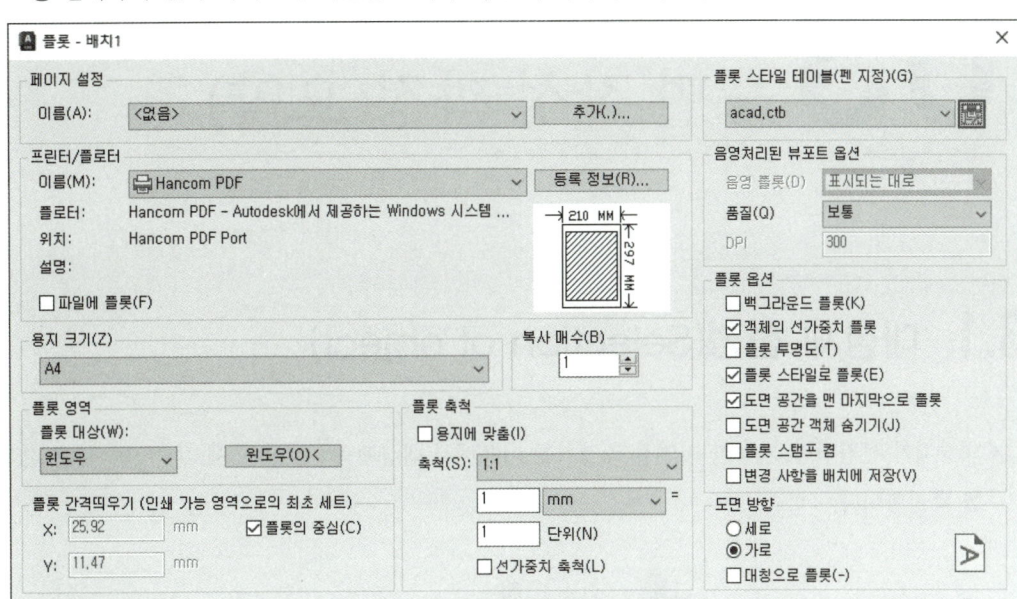

5 대화상자의 나머지 기본 플롯 설정을 수락한 다음 '확인(OK)' 버튼을 클릭합니다.

작업 진행률 표시(Plot job progress) 창이 나타나고, 플롯 프로세스가 시작됩니다.

도면 표시 프로세스가 완료되면, 작업 진행률 표시(Plot job progress) 창이 사라지고 용지에 도면이 표시됩니다.

6 다음 그림과 같이 '다른 이름으로 PDF 저장' 대화상자에서 '저장' 버튼을 클릭합니다.

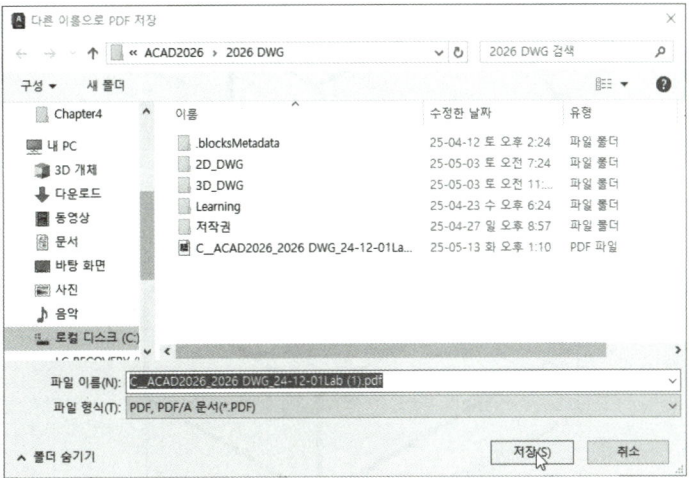

7 도면에서 인쇄물을 꺼내기 전에 프린터 장치가 USB 또는 Wi-Fi를 통해 컴퓨터에 연결되어 있는지 확인합니다.

03 도면 작성 과정(요약)

3.1 대상체 선정(Selection of object)

- 대상체가 선정되면, 가능한 정밀한 측정기를 이용해서 대상체의 가로(H), 세로(V), 높이(H) 길이를 측정합니다.

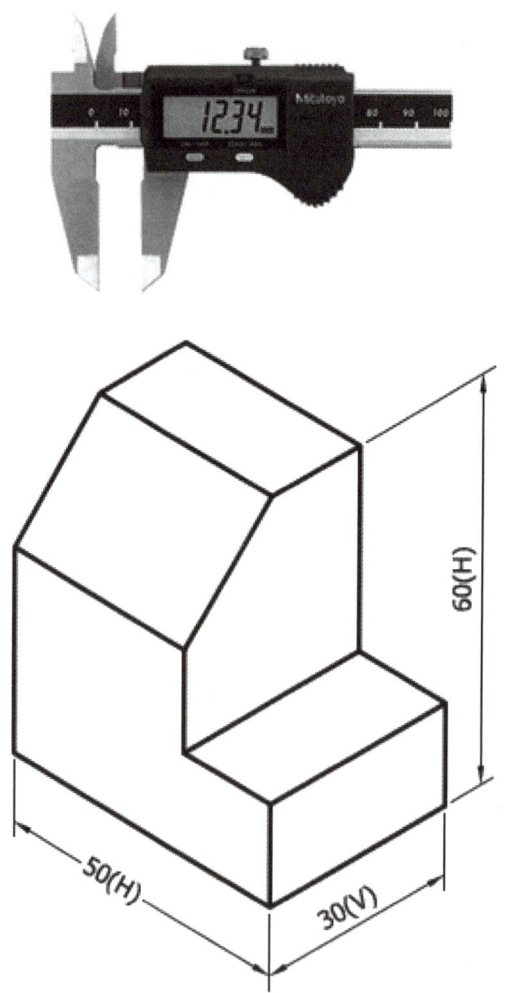

3.2 도면 시트 설정과 축척 계산(Drawing Sheet Settings and Scale Calculation)

- 대상체에서 측정된 세 가지 길이(가로, 세로, 높이)를 다음 그림처럼 적용해서 용지 크기와 축척을 결정합니다.

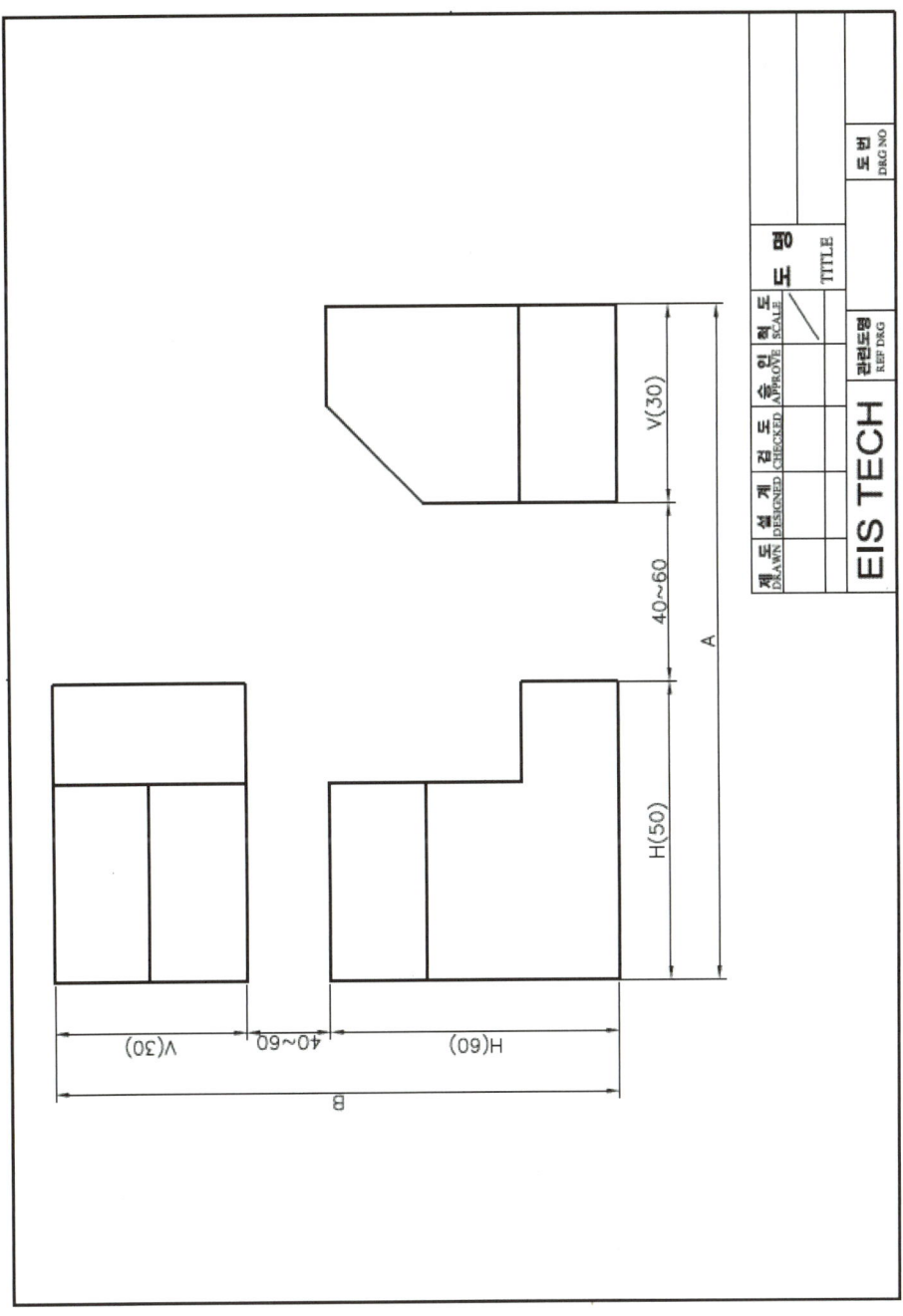

3.3 단위 및 정밀도 설정(Setting units & accuracy)

- [Units(단위)] 명령을 이용해서 작도 시 필요한 단위(mm)와 정밀도를 설정합니다.

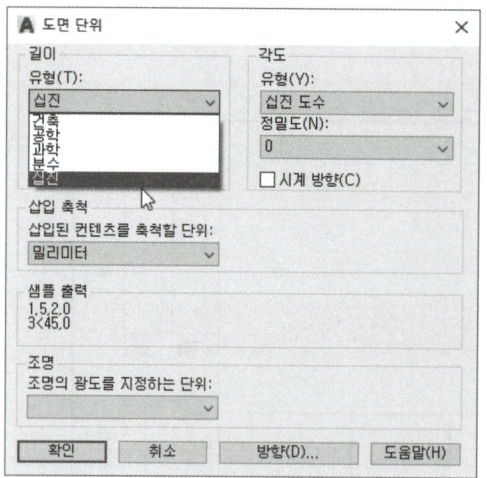 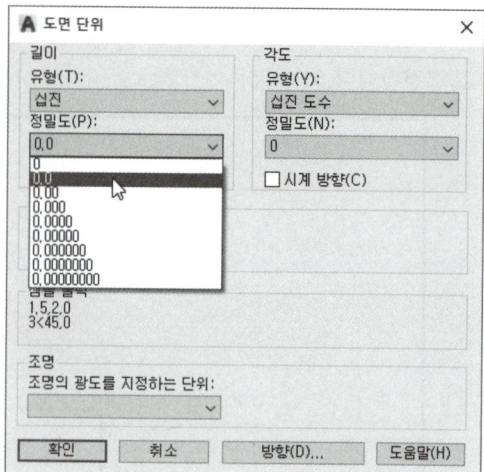

3.4 도면 한계 설정 및 윤곽선과 중심마크 작도 (Setting drawing limits and draw contours and center marks)

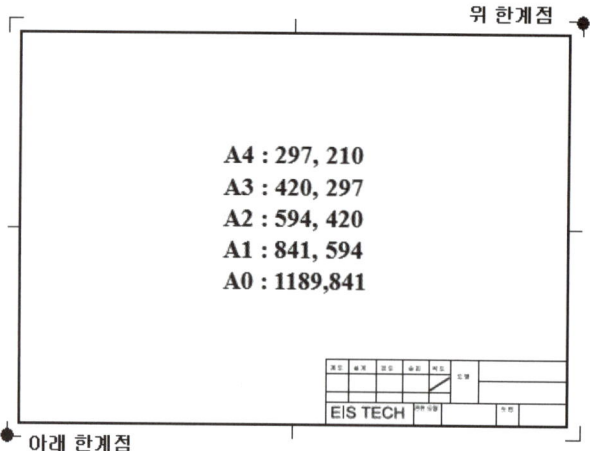

3.5 선종류 축척 설정(Linetype scale setting)

$(2:1 = 0.5,\ 1:1 = 1.0,\ 1:2 = 2.0)$

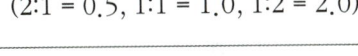

3.6 도면층 만들기(Creating a layer)

❑ CAD 도면에서의 도면층 설정

도면층	선종류	색상	선가중치	선 이름
윤곽선(OL)	Continuous	Blue	0.8mm	윤곽선
외형선(VL)	Continuous	Green	0.5mm	외형선
숨은선(HL)	HIDDEN2	Yellow	0.35mm	숨은선
중심선(CL)	CENTER2	Red	0.18mm	중심선
가상선(IL)	PHANTOM2	Pink	0.18mm	가상선
치수선(FL)	Continuous	White	0.18mm	가는 실선(치수, 해칭)
표면선(SL)	CENTER	Green	0.5mm	표면처리 표시선
절단선(DL)	CENTER	White	0.18mm	절단선
다듬질선(RS)	Continuous	Cyan	0.26mm	다듬질 기호

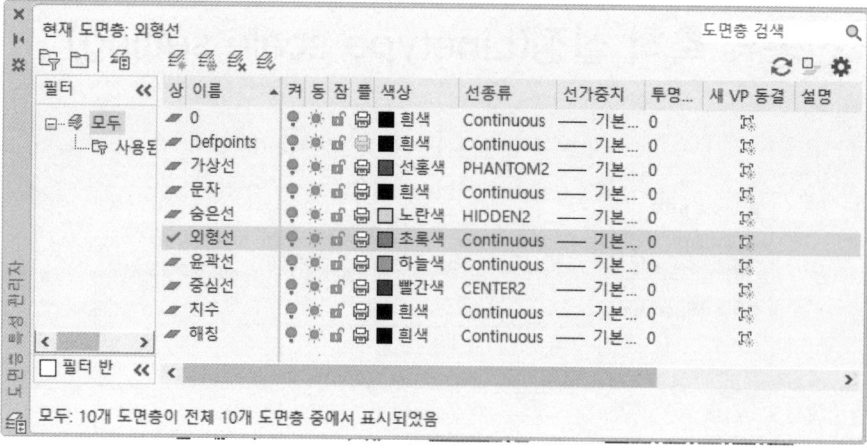

3.7 삼각 투상법에 따른 도면 뷰 작도(Drawing view by triangular projection)

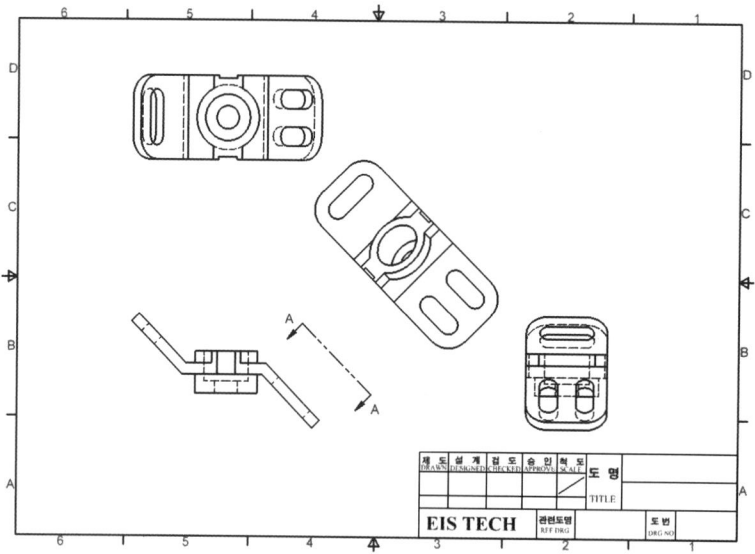

3.8 해치 작업(Hatch work)

- 해치 도면층 작성, 축척 적용(2:1 = 0.5, 1:1 = 1.0, 1:2 = 2.0)

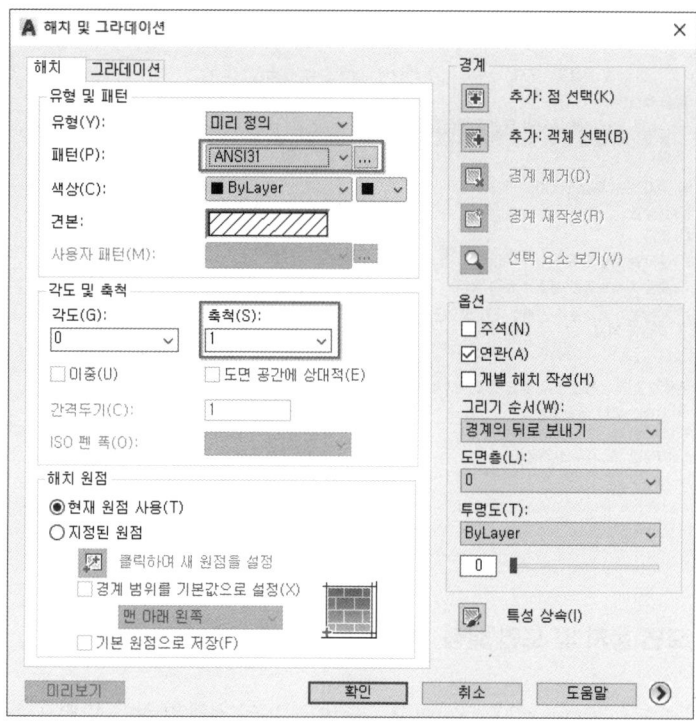

3.9 주서 작업(Text work)

- 문자 도면층 작성, 문자 스타일, 축척 적용

3.10 치수 작업(Dimensional work)

- 치수 도면층 작성, 치수 스타일, 축척 적용(2:1 = 0.5, 1:1 = 1.0, 1:2 = 2.0)

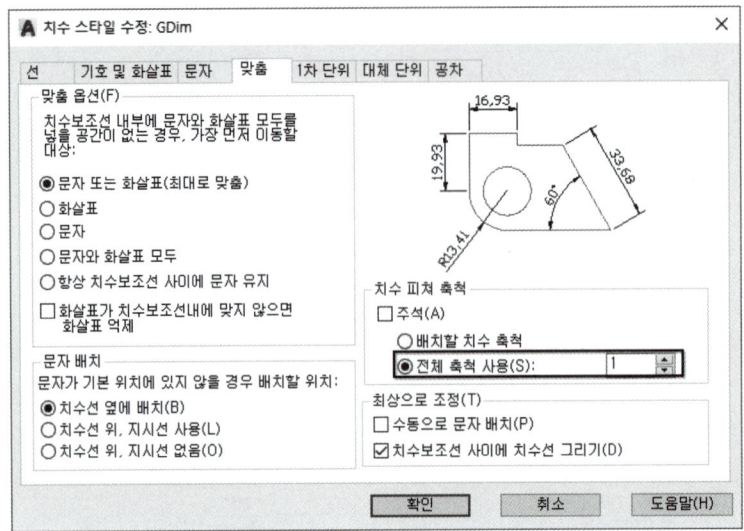

따라 하기〉 도면 용지 및 도면 설정

도면 용지 크기는 A3(420mm x 297mm)이고, 축척이 1:10인 철하지 않는 도면으로 윤곽선과 중심 마크를 작도합니다.

❶ 대상체의 실제크기(1:1)로 작도할 수 있도록 도면 용지를 설정합니다.

❷ 윤곽선 크기(1:10)

　　Width = 420mm x 10 - (2 x 10mm x 10) = 4,000mm

　　Height = 297mm x 10 - (2 x 10mm x 10) = 2,770mm

❸ 도면 한계(limits) - (0, 0), (4200, 2970)

❹ 도면층(Layer) 설정

❺ 선종류 축척(LTSCALE) = 10

❻ 문자 높이(TEXTSIZE) = 3mm x10 = 30mm(출력 도면에서 문자 높이가 3mm)

❼ 해치 패턴 축척(HPSCALE) = 10

❽ 치수 스타일 축척 (DIMSCALE) = 10

CHAPTER 10 도면 출력(Plot drawing)   651

① 새 도면 파일을 열고, 축척을 적용한 도면 시트 용지를 위한 도면 한계(영역)를 A3로 설정합니다.

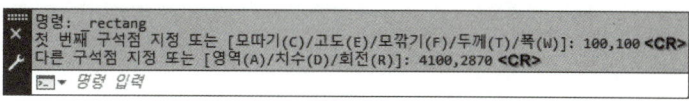

② 도면 용지 윤곽선(경계)을 작도 합니다.

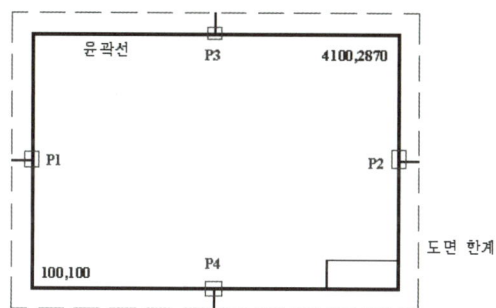

③ 도면 윤곽선의 좌우상하 중심점에 4개의 중심 마크를 작도합니다.

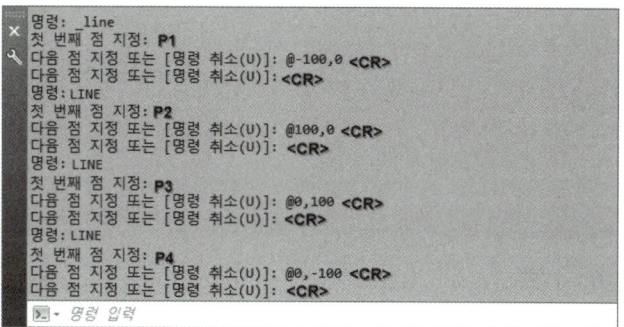

④ 단위(Units) 설정을 위해서 풀다운 메뉴에서 [형식] ⇨ [단위]를 클릭합니다.

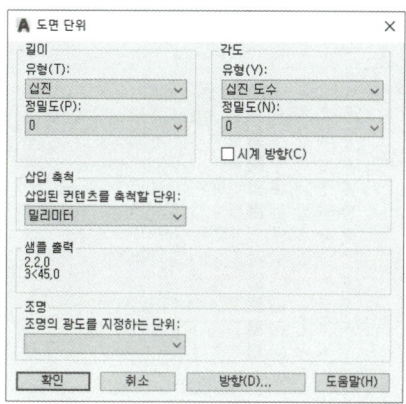

5 선종류 축척 설정합니다.

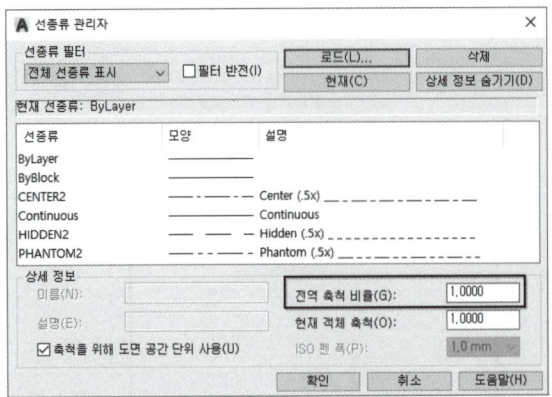

- 또 다른 방법으로 풀다운 메뉴에서 [형식] ➪ [선종류]를 클릭하고 [자세히] 버튼을 클릭하고 '전역 축척 비율'을 [10.0]으로 설정합니다.

6 도면층(LAYER) 만들기

도면층	선종류	색상	선가중치	선 이름
윤곽선(OL)	Continuous	Blue	0.8mm	윤곽선
외형선(VL)	Continuous	Green	0.5mm	외형선
숨은선(HL)	HIDDEN2	Yellow	0.35mm	숨은선
중심선(CL)	CENTER2	Red	0.18mm	중심선
가상선(IL)	PHANTOM2	Pink	0.18mm	가상선
치수선(FL)	Continuous	White	0.18mm	가는 실선(치수, 해칭)
표면선(SL)	CENTER	Green	0.5mm	표면처리 표시선
절단선(DL)	CENTER	White	0.18mm	절단선
다듬질선(RS)	Continuous	Cyan	0.26mm	다듬질 기호

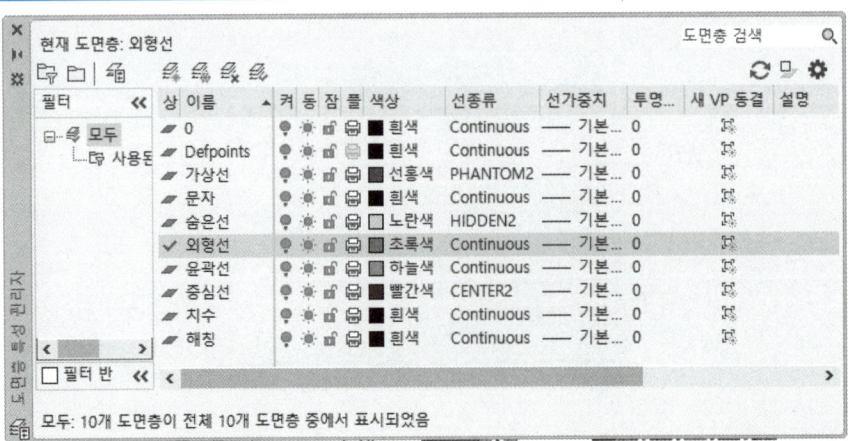

7 삼각 투상법에 의한 도면 뷰 작도합니다.

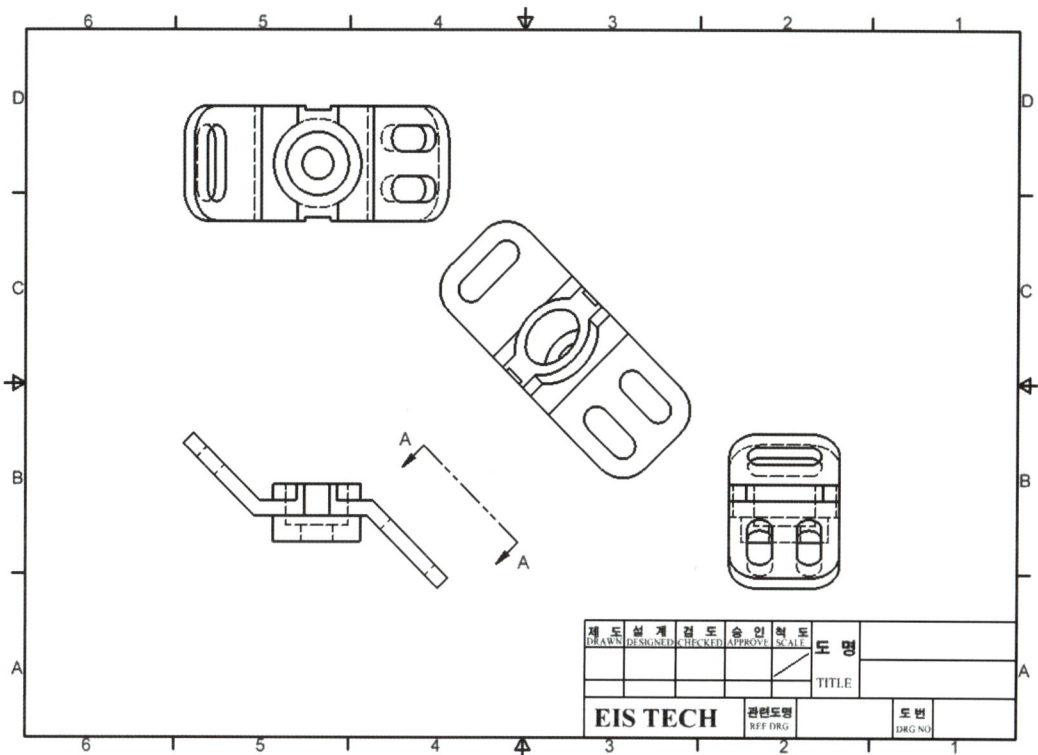

8 문자, 해치, 치수 객체의 축척(1:10)을 설정해서 작도합니다.

- 문자 높이(TEXTSIZE) = 3mm x10 = 30mm(출력 문자 높이 = 3mm)

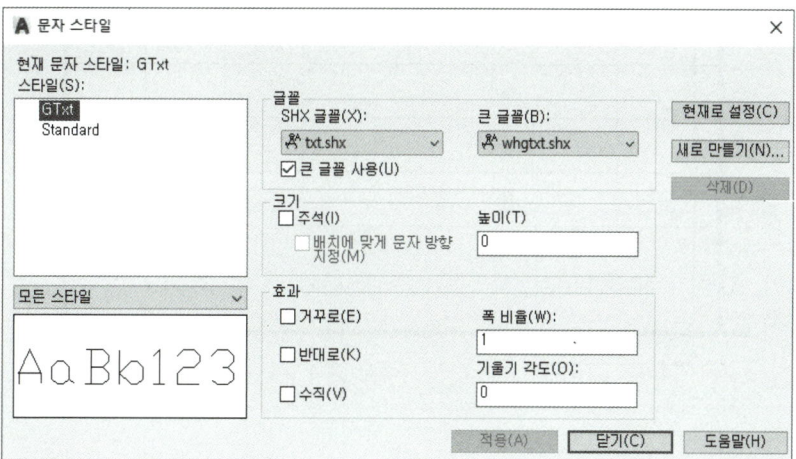

- 치수 축척 (DIMSCALE) = 10

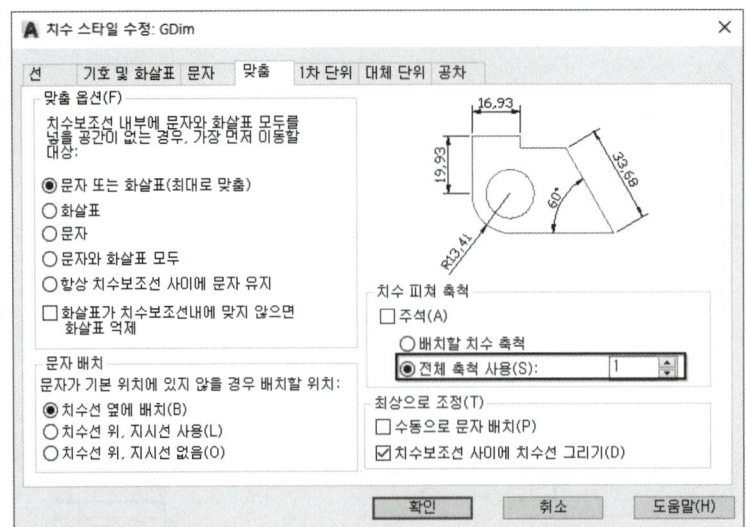

- 해치 패턴 축척(HPSCALE) = 10

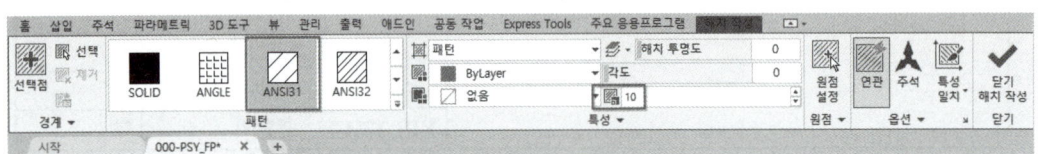

9 [LINE(선)] 명령을 이용해서 표제란 및 자재 리스트를 작도합니다.

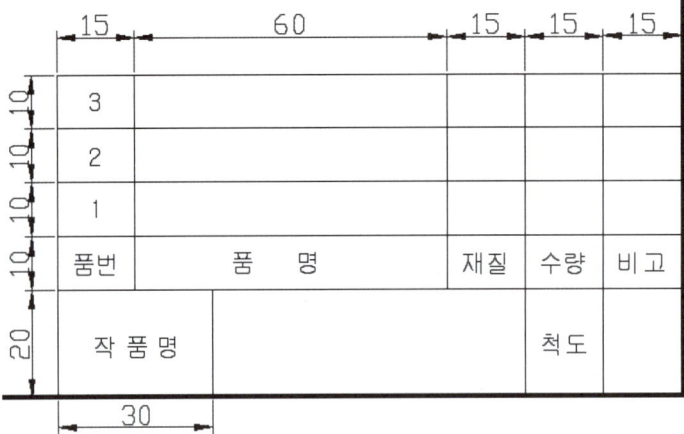

설계자를 위한 입문서!

AutoCAD 2026 기본 + 활용

초판 1쇄 인쇄	2025년 7월 20일
초판 1쇄 발행	2025년 7월 25일

저 자	박석용
발행인	유미정
발행처	도서출판 청담북스
주 소	(우)10909 경기도 파주시 하우3길 100-15(야당동)
전 화	(031) 943-0424
팩 스	(031) 600-0424
등 록	제406-2009-000086호
정 가	25,000원
ISBN	979-11-91218-37-4 13000

※이 책은 저작권법에 따라 보호를 받는 저작물이므로 무단 전재나 복제를 금지하며,
　이 책 내용의 전부 또는 일부를 이용하려면 반드시 저작권자나 발행인의 서면동의를 받아야 합니다.

※잘못된 책은 구입하신 서점에서 교환하여 드립니다.